Frank Engster

Das Geld als Maß, Mittel und Methode

Das Rechnen mit der Identität der Zeit

Neofelis Verlag

Bibliografische Information der Deutschen Nationalbibliothek
Die Deutsche Nationalbibliothek verzeichnet diese Publikation in der Deutschen
Nationalbibliografie; detaillierte bibliografische Daten sind im Internet über
http://dnb.d-nb.de abrufbar.

© 2014 Neofelis Verlag UG (haftungsbeschränkt), Berlin
www.neofelis-verlag.de
Alle Rechte vorbehalten.

Zugleich Dissertation Freie Universität Berlin 2010.

Umschlaggestaltung: Marija Skara
Druck: PRESSEL Digitaler Produktionsdruck, Remshalden
Gedruckt auf FSC-zertifiziertem Papier.
ISBN: 978-3-943414-18-9

MEINEN ELTERN

Inhalt

Vorwort 13

Einleitung
1. Die Frage der Arbeit 19
2. Die Durchführung der Arbeit. Der Kritische Marxismus
   und die Suche nach dem Maß der Kapitalismuskritik 35
3. Aufbau 41
4. Das Ziel der Arbeit. Das Dilemma der Kritik 42

I. Wie ist eine Kritik der bürgerlich-kapitalistischen Gesellschaft möglich?
1. Ihre Möglichkeit als Problem der Kritik 47
2. Darstellung durch Kritik et vice versa – Das letzte Wort der Kritik 52
3. Marx' KdpÖ als Vergesellschaftung der Vermittlung von Objekt und Subjekt 57
   3.1 Die Frage nach der Vermittlung von Objektivität und Subjektivität 57
   3.2 Die gesellschaftliche Vermittlung durch Arbeit und Wert 60
   3.3 Kritik der politischen Ökonomie durch die Entwicklung des Wertbegriffs –
       Der Ertrag der neuen Marx-Lektüre 69
4. Geld 79
5. Die drei Bestimmungen des Geldes und die Dreifaltigkeit des Werts 86
   5.1 Die Voraussetzungslosigkeit des Anfangs:
       Die Maßgeblichkeit einer ideellen Werteinheit und ihre Realisierung 87
   5.2 Die Darstellung des Übergehens (Wert) durch die Entwicklung
       seines Übergangs (Geld) als „Kritik durch Darstellung" 92
6. Die Analogie zwischen Geist und Kapital 95
   6.1 Die Analogie zwischen Geist und Kapital und das Problem der Darstellung .. 96
   6.2 Der Status der Analogie 100
   6.3 Das Absolute 104
   6.4 Das spekulative Rechnen mit der Identität 107
7. Das Abgeben des Maßes 111
   7.1 Die Maßgeblichkeit der Objektivität für sie selbst 112
   7.2 Die Technik des Maßes 113
   7.3 Das Maß bei Hegel 123
   7.4 Das Maß bei Marx 133

II. Lukács und das identische Subjekt-Objekt der Geschichte: Die Idee des Kommunismus und die Identifikation der Arbeit durch das Maß der Zeit

Erster Teil. Die Idee des Kommunismus. Die Identifikation von Objektivität
und Subjektivität durch das Selbstbewusstsein der Produktivkraft 149

1. Lenin und der subjektive Faktor: Gesellschaftskritik als politische Praxis
   und die Vermittlungsfunktion der Partei 156

2. Das Formproblem der bürgerlichen Gesellschaft und Lukács' implizite Kritik
   der Arbeitsontologie und Geschichtsmetaphysik in der Kapitalismuskritik 161
3. Die Selbsterkenntnis des Proletariats als existenzielle Entscheidung 167

**Zweiter Teil. Arbeit und Kapital: Die Selbstbeherrschung der Arbeit in Gestalt
ihrer Entfremdung und der blinde Fleck des Geldes** **179**

1. Das identische Subjekt-Objekt und das Geld als Maß 179
   1.1 Die Totalität und ihr Bruch. Entfremdung als Arbeit des Bewusstseins (Hegel) –
       Bewusstsein der Entfremdung der Arbeit (Lukács) 182
   1.2 Marx und das Selbstbewusstsein einer bewusstlosen gesellschaftlichen Totalität: Geld 186
2. Marx' kritische Unterscheidung in die besondere Ware Arbeitskraft
   und die universelle Ware Geld und ihr Zusammenfallen
   in Lukács' Idee eines identischen Subjekt-Objekts 189
   2.1 Das Selbstbewusstsein gesellschaftlicher Totalität. Die Werteinheit,
       für die das Geld steht, und die Funktionen Maß und Tauschmittel 190
   2.2 Das Bewusstsein des Geldes in der besonderen Ware Arbeitskraft 195
   2.3 Die Entwertung des Arbeiters als Setzung der besonderen Ware,
       die über ihren Wert erhaben ist, und die Parteilichkeit des Selbstbewusstseins
       der Ware Arbeitskraft für den Standpunkt des Geldes 198
3. Marx' Bestimmung der Arbeit durch kritische Unterscheidungen
   und die bewusstlose Bestimmung der Arbeit durch das Geld 207
4. Das Maß – Das unverfügbare Mittel,
   die Gesellschaft in ihr eigenes Verhältnis eintreten zu lassen 218
5. Die Identität des gesellschaftlichen Verhältnisses im Geld 225
   5.1 Das Einspringen des Geldes für das Selbstverhältnis der Gesellschaft 225
   5.2 Die Naturalisierung und Verdinglichung der Zeit durch Geld 228
   5.3 Die Identität des Werts im Geld und ihre Unverfügbarkeit 232
6. Das Zu-Grunde-Gehen der Produktivkraft 235
   6.1 Das Selbstbewusstsein als Maß der Erkenntnis.
       Die Selbstüberwindung des Bewusstseins in der Erfahrung des Anderen-seiner-Selbst 239
   6.2 Die Ökonomie der Selbstbeherrschung durch Entfremdung:
       Herrschaft und Knechtschaft und die produktive Kraft der Überwindung des Todes 245
   6.3 Das Selbstbewusstsein als Gestalt des Übergangs zwischen Verstand und Vernunft 254
   6.4 Die ursprüngliche Akkumulation. Die Trennung von Arbeit und Kapital
       als Selbstbeherrschung der Arbeit in der Gestalt ihrer Entfremdung 261
   6.5 Die Überwindung des Todes durch die Ökonomie der Zeit 279
7. Die Unverfügbarkeit der Geschichte.
   Die Messung der Verwertung von toter und lebendiger Arbeit durch die Zeit 299
   7.1 Negativität als Identität des Geistes und der kapitalistischen Gesellschaft
       und die beiden Gestalten ihrer Realisierung: Selbstbewusstsein und Geld 300
   7.2 Geld als Übergang der Zeit 303
   7.3 Der Ursprung von Arbeit und Kapital aus der Zeit 305

**Resümee
Die kapitalistische Idee des Kommunismus –
Die Enthebung aus der Notwendigkeit der Reflexion** **310**

III. Adornos negative Dialektik und die Logik der Identifikation durch das Maß

Erster Teil. Gesellschaftliche Synthesis als gewaltsame Subsumtion 325

1. Identifikation durch Begriff und Tauschwert 329
2. Negative Kritik als Abkehr von Hegel'scher Dialektik und von traditioneller Gesellschaftskritik 340
3. Das Nicht-Identische als Maß negativer Gesellschaftskritik 346

Zweiter Teil. Das Maß negativer Kritik bei Adorno und bei Hegel und Marx 352

1. Das Nicht-Identische – Das Maß der Kritik, das die Identifikation durch ihr Scheitern abgibt 352
2. Die wahre Unendlichkeit bei Hegel und Marx:
   Die Maßgeblichkeit des (gesellschaftlichen) Seins für sich selbst 356
   2.1 Negativität als Bestimmung des Seins durch nichts als sich selbst:
       Die wahre Unendlichkeit 357
   2.2 Die Notwendigkeit des Daseins:
       Die Durchführung der Endlichkeit durch ihre Unendlichkeit 370
   2.3 Das Fürsichsein der Qualität als Quantität 427
   2.4 Die Maßgeblichkeit des (gesellschaftlichen) Seins für sich selbst:
       Einigkeit von Qualität und Quantität – Indifferenz der objektiven Bestimmtheit
       sich selbst gegenüber 436
3. Die Entwicklung des Maßes als Darstellung *und* als Kritik
   der Identität des (gesellschaftlichen) Seins 450
4. Das Etwas bei Hegel, Marx und Adorno 460
   4.1 Vermittelte Unmittelbarkeit und Unmittelbarkeit von Vermittlung –
       Das Etwas bei Hegel und Marx 461
   4.2 Das kleine irgendetwas und das große Etwas schlechthin: Ware und Geld 476
   4.3 Nicht-aufgehender Rest, Bestimmungsort des Nicht-Identischen
       und materialistischer Rettungsanker. Das Etwas bei Adorno 503

Resümee
Die unkritische Setzung des Nicht-Identischen als Maß der Identitätskritik 513

IV. Zwischen Lukács und Adorno. Alfred Sohn-Rethel, die Wertform als Transzendentalsubjekt und dessen blinder Fleck: Die kapitalistische Bestimmung von Ware und Arbeit, Wert und Geld

Erster Teil. Die Einheit von Warenform und Denkform 517

1. (Natur-)Wissenschaftskritik.
   Der weiße Fleck im Marxismus und die zwei großen Ideen Sohn-Rethels 521
2. Sohn-Rethel und das Dritte zu Lukács' emphatischer
   und Adornos pessimistischer Kritik der Warenform 532
3. Sohn-Rethels Abweichungen von Marx' *Kapital* 540
4. Das Maß als blinder Fleck im Verhältnis von Substanz und Form des Werts:
   Die Setzung des Doppelcharakters der Arbeit und der Ware 548
   4.1 Die Substanzialisierung der Arbeit durch die Form
       der Vermittlung ihrer Resultate – Das Geld 550
   4.2 Die Substanzialisierung der Arbeit durch die Form ihres Austauschs
       als Setzung des Doppelcharakters der Arbeit und der Ware 551

5. Die erkenntniskritischen Implikationen der Wertformanalyse:
   Der Schein eines unmittelbaren Warentauschs und seine Manifestation
   in Sohn-Rethels geschichtsmaterialistischer Rekonstruktion 554
   5.1 Analytischer und synthetischer Wertbegriff oder:
       Wie sind die erkenntniskritischen Implikationen der Wertformanalyse aufzuheben? 557
   5.2 Die ‚exoterische' Verbindung von Warenform und Denkform bei Sohn-Rethel
       und die ‚esoterische', erste erkenntniskritische Implikation der Wertformanalyse 560
   5.3 Der Eintritt des Geldes durch die Verlegenheit im Denken und Handeln der Warenbesitzer 565
   5.4 Selbsterkenntnis als das Paradox der Erkenntnis und Sohn-Rethels Ausweg 572

6. Vor welche Aufgabe sieht sich die Gesellschaftskritik nach der Kritik
   der Warenform durch Lukács, Adorno und Sohn-Rethel gestellt? 577

**Zweiter Teil. Der Selbstbezug des Geistes und des Kapitals:
Das Rechnen mit der Identität durch Begriff und Geld** **582**

1. Die überindividuelle Subjektivität des Begriffs und des Geldes 582
   1.1 Die einfache Reflexion und die Realität des Scheins 586
   1.2 Die Realisierung des Seins/des Werts
       als Rückkehr des Begriffs/des Geldes 589

2. Die Kapitalform. Der Eintritt des Geldes in die Verwertung 595
   2.1 Die Identität des Werts im Geld.
       Die Verwertung des Werts und der Selbstbezug des Geldes 597
   2.2 Die Identität des Werts im Geld:
       Die tautologische und die reflektierte Identität des abstrakten Reichtums 599
   2.3 Die Begründung des Geld-als-Geld durch G-W-G' 602
   2.4 Die Verwertung und die quantitative Bestimmung
       der Werteinheit durch die Kapitalform 603
   2.5 Die Maßgeblichkeit des Geldes für die Verselbständigung des Werts 605
   2.6 Das Auslegen des Werts in den Prozess seiner Herkunft
       als Kapitalumschlag des Geldes 607

3. Das Begreifen der Verwertung durch die Ermittlung
   des Maßes ihrer Produktivität 610
   3.1 Die Umwandlung der Verwertung in Preise
       und Marx' kritische Unterscheidung zwischen Wert und Preis 611
   3.2 Das Umwandeln der Verwertung in Preise:
       Das Geld als Ereignis der Differenz 622
   3.3 Die Messung der Verwertung im Geld. Das Umwandeln des Werts
       in Preise als Bildung maßgeblicher Durchschnittsgrößen 626
   3.4 Ermittlung gesellschaftlich notwendiger Durchschnittsarbeitszeit =
       Identifikation von Allgemeinheit und Totalität 630
   3.5 Das Erschließen der Produktivkraft im Geld:
       Das Erheben der Verwertung zum Maß ihrer selbst 633
   3.6 Die Entwicklung der Produktivkraft:
       Der Wiedereintritt des Werts in seine Verwertung und der Messprozess des Geldes 635
   3.7 Die Wissenschaft als Subjekt des Wissens der ersten Natur,
       das Geld als Subjekt des Wissens der zweiten Natur 637

**Resümee
Die Wertform als Transzendentalsubjekt (Alfred Sohn-Rethel)
und die automatische Subjektivität einer in der Kapitalform
begriffenen Verwertung (Marx)** **643**

V. Die Rätselhaftigkeit des Geldes durch die Auflösung der Ökonomie in Zeit

1. Die Naturalisierung des rein gesellschaftlichen Verhältnisses und das Abgeben seines Maßes 647
2. Das Rechnen mit der Identität der Zeit.
   Die Maßgeblichkeit des Geldes für die zeitlose, abstrakte Zeit 652
3. Der Eintritt der abstrakten Zeit durch endliche Werte:
   Das Maß als Tauschmittel und das Währen der Zeit im Geld 656
4. Die Verzeitlichung der Zeit durch die Verwertung von Kapital und Arbeit.
   Das Konstante und das Variable der Verzeitlichung 659
   4.1 Die lebendige Arbeit und ihr Übertragen der eigenen Vergangenheit –
       Die Konstante im Verhältnis lebendiger und toter Arbeitszeit 660
   4.2 Die Warenform der Arbeitszeit als zeitliche Variable:
       Das Verhältnis von notwendiger und zusätzlicher Arbeitszeit 663
   4.3 Der kapitalistische Selbstbezug des Geldes
       und das Rechnen mit der Konstanten und der Variablen 666
5. Die automatische Subjektivität des Geldes als Übereinkunft zwischen dem individuellen
   und dem überindividuellen Rechnen mit der Identität der Zeit 668
6. Das Auslegen des Geldes in die Mittel seiner Rückkehr
   als Rechnen mit der Gewordenheit der Zukunft. Futur II/G-G' 671
   6.1 Die Zeitigung des Geldes durch seine Entäußerung in die Verwertung 672
   6.2 Der unbedingte Materialismus 674
   6.3 Die Differenz zwischen Verwertung und Geld.
       Die Unverhältnismäßigkeit der Gesellschaft sich selbst gegenüber
       und die Schuld gegenüber der Zukunft 677
   6.4 Die Krise als Einbruch der Normalität und Rückkehr des Verdrängten 681
7. Die zwei Methoden zur Steigerung der Produktivkraft 684
8. Das Geld als Schnittstelle von zeitlos-physikalischer und geschichtlich bestimmter Zeit –
   Die zwei Zeiten der kapitalistischen Gesellschaft 691
   8.1 Die Qualität quantitativer Verhältnisse
       und der Eintritt der Zeit in ‚ihre' Geschichte 691
   8.2 Das Geld als Schnittstelle *zwischen* Natur und Geschichte 693
9. Der Mehrwert.
   Die Ausbeutung der besonderen Ware Arbeitskraft und der Exzess der abstrakten Zeit 698
   9.1 Die exzessive Zeit der Produktion und die verlorene Zeit ihrer Realisierung 703
   9.2 Die Zeit, die bleibt.
       Der Wiedereintritt des Mehrwerts und die Erweiterung der Reproduktion 709
10. Das Erinnern der Verwertung und die Gleichzeitigkeit des Ungleichzeitigen:
    Die Ermittlung gesellschaftlich notwendiger Durchschnittsarbeitszeit
    und die Bildung einer allgemeinen Profitrate 713
11. Die geschichtliche Durchsetzung der Geschichtslosigkeit:
    Weltgeld und Globalisierung 719
12. Die Umwandlung der Verwertung in Durchschnittsgrößen als Spezifizierung ihres Maßes 722
13. Die Relativität des absoluten Maßes 727
14. Die Maßlosigkeit des Maßes 728
15. Der Historische Materialismus des Geldes 732
16. Das Vorenthalten des Kommunismus 735

VI. Schluss

Die Verlegenheit einer Kritik-durch-Darstellung und das Maß der Kritik 745

1. Ware Arbeitskraft, Nicht-Identisches und Realabstraktion.
   Das Maß der Kapitalismuskritik bei Lukács, Adorno und Sohn-Rethel 746
2. Maß der Kritik und Kritik des Maßes. Die Idee der Dialektik 756

Siglen **765**
Literaturverzeichnis **766**

Vorwort

Endlich gibt es wieder ein Bedürfnis nach Kapitalismuskritik. Die Frage ist allerdings, ob sich die Kapitalismuskritik auf der Höhe ihres Gegenstandes befindet. Denn eine radikale Kritik muss sich, um ihrem Gegenstand angemessen zu werden, nicht nur in die kritisierte kapitalistische Gesellschaft gleichsam hineinversetzen und von ihr her denken. Sie muss von dort her auch nach der Bedingung genau dieser Möglichkeit fragen: Warum können wir unsere Gesellschaft überhaupt zum Gegenstand machen? Warum können wir unsere eigene Vergesellschaftung reflektieren, als sei sie ein äußeres Objekt? Und wie muss eine angemessene wissenschaftliche oder kritische Darstellung aussehen, wenn angemessen heißt, dass die kritisierte Gesellschaft in ihrer Darstellung geradezu sich selbst ent-sprechen soll?
Auf eine solche Entsprechung zielen Hegel und Marx in ihrer dialektischen Darstellung des Geistes bzw. der kapitalistischen Gesellschaft. Entsprechung heißt hier wie dort allerdings nicht, dass Geist und Gesellschaft durch ihre dialektische Darstellung zu Bewusstsein kommen, um dann hier, in Wissenschaft, Theorie und Kritik, reflexiv zu werden. Die Pointe ist vielmehr darzustellen, dass Geist und Gesellschaft *sich selbst* entsprechen, dass sie bereits *in-sich* reflektiert sind, und genau *das* muss durch Wissenschaft und Kritik zu Bewusstsein kommen.

Diese Entsprechung gründet darin, dass Geist und Gesellschaft, so die These dieser Arbeit, ein *Maß* für sich haben. Und indem sie sich an dieses Maß halten, werden sie, gebrochen durch dieses Maß, reflexiv und erschließen dasjenige Selbstverhältnis, in das sie zugleich eintreten. Das Maß ist ihnen mithin das Mittel, die eigene Identität zu erfahren und maßgeblich zu werden für – sich selbst. Im Falle des Geistes ist dieses Maß, so wird mit Hegel gezeigt, das Selbstbewusstsein und der Begriff, im Fall der kapitalistischen Gesellschaft ist das Maß, so wird mit Marx gezeigt, das Geld. Dass Geist und Gesellschaft durch Selbstbewusstsein und Begriff bzw. das Geld maßgeblich sind für sie selbst, ist der Grund, warum Hegel und Marx vom Standpunkt dieses Maßes aus von der Sache selbst her denken und eine ebenso äußerlich reflektierende wie immanente Kritik entwickeln können. Eine kritische Darstellung von Geist und Gesellschaft, die im Darstellen zugleich die Möglichkeit dieser kritischen Darstellung selbst einholt und ausweist, muss folgerichtig mit der Kritik des Maßes ihren Anfang nehmen. Und in der Tat beginnen die großen Werke von Hegel und Marx damit, dass das Kritisierte jeweils selbst das Maß für seine kritische Darstellung abgibt: Hegels *Phänomenologie des Geistes* zeigt, dass das Subjekt durch sein Selbstbewusstsein beständig an das eigene Bewusstsein gehalten ist und darüber maßgeblich wird für alle seine Erfahrungen; die *Wissenschaft der Logik* entwickelt ein Sein, das maßgeblich ist für sich selbst und den Begriff der Objektivität ergibt; Marx' Analyse der Wertform stellt zu Beginn des ersten Bandes des *Kapitals* das Geld als Maß des Werts heraus.

Genau dieses „Abgeben" des Maßes, so wird für Marx' Wertformanalyse und im Rückgriff auf das Selbstbewusstsein und die Logik des Seins bei Hegel zunächst gezeigt, muss für die Kritik der kapitalistischen Gesellschaft der Anfang sein. Statt die Gesellschaft wie einen fertig gegebenen, äußerlichen Gegenstand gleichsam direkt darzustellen, muss die Kritik als Erstes zeigen, wie die Gesellschaft dasjenige Maß für sich abgibt, durch das sie sich gleichsam selbst der Gegenstand ist und, gebrochen durch das eigene Maß, reflexiv wird – und allererst in das eigene Verhältnis eintritt. Das Eintreten ist, so wird des Weiteren gezeigt, buchstäblich zu verstehen, denn die Gesellschaft tritt im Kapitalismus in ein *reines* Verhältnis ein: in das rein quantitative Verhältnis von Wertgrößen. Die kapitalistische Gesellschaft *kann* nicht, sie *muss* sich in den durch das Geld ermittelten Werten selbst angemessen sein, und die Werte *müssen* der inneren Notwendigkeit der Gesellschaft objektiv entsprechen, und zwar schlicht darum, weil das Geld diese innere Notwendigkeit im Ermitteln allererst herstellt. Mehr noch, es bringt das innere Wesen der Gesellschaft dem Bewusstsein auf aktive Weise zur Erscheinung, wenn auch rein quantitativ, es *gibt* mithin durch diese Werte das gesellschaftliche Wesen allererst zu denken im starken Sinne einer Gabe und konstituiert mit der Wertgegenständlichkeit bestimmte Denknotwendigkeiten. Entsprechend soll in der vorliegenden Arbeit durch die Entwicklung der Geldfunktionen die Methode dargestellt werden, auf welche Weise die Gesellschaft, gebrochen und gemessen durch eine maßgebliche Einheit, reflexiv wird, durch die ermittelten Werte sich selbst angemessen wird und sich im Geld auf sprach- und begriffslose, aber buchstäbliche Weise ent-spricht.

Die Aufgabe der Arbeit ist es, diesen ‚Ursprung' der Kritik herauszustellen: Wir können unsere eigene Vergesellschaftung wie einen gegebenen äußeren Gegenstand zum Objekt der Kritik machen, wenn wir uns mit dem Geld auf den Standpunkt einer gleichsam aus der Gesellschaft herausgesetzten Werteinheit stellen, auf den Standpunkt derjenigen ideellen Werteinheit, an welche die kapitalistische Gesellschaft durch das Geld in ihrer Vermittlung ganz automatisch wie an ein äußerliches Maß gehalten wird, und zwar so, dass sie durch die realisierten Werte ihre Produktivkraft sowie ihren inneren Zusammenhang und ihre innere Notwendigkeit erfährt. Um diese Kritik zu begründen und unsere Gesellschaft kritisch und zugleich objektiv darzustellen, muss folgerichtig dieser Zusammenhang, den das Geld im Vermitteln herstellt und zugleich ermittelt, wie ein bewusstlos-automatischer, überindividuell-gesamtgesellschaftlicher *Messprozess* entwickelt werden: Es ist dieser Messprozess, in dem sich unsere Gesellschaft durch ihre Ökonomie befindet.

Diese Übereinkunft zwischen dem Maß, das die Gesellschaft wie in einer Messung vermittelt und sie in ein Selbstverhältnis (ver-)setzt, und der Möglichkeit einer kritischen Darstellung eben dieses Verhältnisses und seiner Vermittlung deutet bereits an, dass diese Übereinkunft als Einheit von Gesellschafts- und Erkenntniskritik durchgeführt werden muss. Die vorliegende Arbeit wird daher um den Zusammenhang von ökonomischer Form, spezifisch kapitalistischer Gegenstandskonstitution und einer ebenso spezifisch kapitalistischen Erkenntnisweise kreisen sowie um das Problem der Darstellung dieses Zusammenhangs, mithin um das Verhältnis von Marx'scher und Hegel'scher Dialektik, von Logik und Geschichte sowie von Philosophie und Wissenschaft.

Der Zusammenhang lässt sich am Geld festmachen und im Begriff des Geldrätsels zusammenfassen. Die vorliegende Arbeit kann das Geldrätsel nicht lösen. Aber sie kann zeigen, weshalb das Geld rätselhaft sein *muss*, sodass die Darstellung dieses Rätsels bereits eine Art Lösung ist. Das Geld verstehen hieße nämlich zu begreifen, warum wir unser gesellschaftliches Verhältnis und dessen produktive Kraft durch das Geld rein *quantitativ* umschlagen können und warum wir uns durch diese im Geld begriffenen Werte vergesellschaften können. Das Geld verstehen hieße mithin, die eigene Vergesellschaftung zu durchschauen und dadurch auch hinter die Konstitutionsbedingungen bestimmter Denknotwendigkeiten und bestimmter Begriffe zu gelangen – genau dies aber muss das Denken an die eigenen Grenzen führen und eine – wie auch immer kritische – Wissenschaft in eine Wissenschaftskritik wenden.

Doch das Umschlagen gesellschaftlicher Verhältnisse in quantitative Größen entspricht zwar einem Messprozess, der überindividuell und gesamtgesellschaftlich funktioniert und dadurch der wissenschaftlichen Verfügung entzogen ist. Aber dieser Entzug *ist* das Umschlagen und Messen, das wir durch das Geld durchführen und das in seinem Wert in Kraft ist. Verstehen können wir daher immerhin, dass das Geld durch seine Funktionen als Maß des Werts, Mittel seiner Realisierung und Methode seiner Verwertung eine *Technik* ist, diejenige Technik, die für uns eine Vergesellschaftung praktisch durchführt, deren Verständnis sich uns zwar entzieht, die uns aber in genau dem Maße zur Verfügung steht, wie wir das Geld eben als Maß des Werts, als Mittel seiner Realisierung und als Form seiner Verwertung einsetzen. Das Geld *rechnet* durch die ideelle Werteinheit, für die es steht, sowie durch seine Funktionen und Kreisläufe und durch die ermittelten Werte *für* uns, oder vielmehr, es rechnet für unsere *Gesellschaft*. Es rechnet gleichsam anstelle eines gesamtgesellschaftlichen

Bewusstseins für unsere Gesellschaft, wenn es im Rechnen ihren inneren Zusammenhang herstellt und zugleich objektiv herausstellt und darüber letztlich, wie der Untertitel der Arbeit ankündigt, mit der „Identität der Zeit" rechnet und ein gesellschaftliches Selbstverhältnis erzeugt, das zeitlich ist. Der Grundzug, der die Arbeit durchzieht und der schließlich im Abschnitt über die Ökonomie der Zeit mündet, ist daher der Zusammenhang von Geld, Zeit und Technik.

Um zu dieser Ökonomie der Zeit zu gelangen, werden das Geld und seine Maßfunktion als der blinde Fleck in der bisherigen Gesellschaftskritik an drei großen Entwürfen ausgewiesen und im Zuge einer immanenten Kritik eingeholt. Im Zuge dessen werden außerdem zahlreiche Fragen und Probleme vom Maß und von der Messung her neu und anders gefasst, die seit der neuen Marx-Aneignung, die um das einschneidende Jahr 1968 in vielen Ländern begann und im deutschsprachigen Raum als Neue Marx-Lektüre bezeichnet wird, im Raum stehen. Es wird um das Verhältnis von Form und Substanz des Werts gehen, um den Status der Geldware, die Einheit von Wert und Geld, den Begriff der abstrakten Arbeit, den Status der Wertformanalyse und ihre Bedeutung für die Entwicklung des inneren Zusammenhangs der ökonomischen Kategorien, aber auch um die damit zusammenhängenden erkenntniskritischen Begriffe wie Verdinglichung und Verkehrung, Entfremdung und Fetischismus; des Weiteren wird es um die Verwertung von Arbeit und Kapital gehen; und schließlich wird es um die Produktivkraft der kapitalistischen Gesellschaft und um den Zusammenhang von Ökonomie und Geschichte sowie von Ökonomie und Naturwissenschaft gehen. Alle diese Fragen hängen mit dem Geld zusammen. Ja, sie laufen geradezu von sich aus auf das Geld zu und verlangen, vom Standpunkt des Geldes aus bestimmt zu werden, d. h. vom Standpunkt derjenigen ideellen Werteinheit aus, der die Produktivkraft der kapitalistischen Verwertung Gegenstand einer Bestimmung qua Messung ist und welche die gemessenen Werte wiederum für diese Verwertung maßgeblich werden lässt und zu einer im Geld sich selbst messenden und die eigene Produktivkraft ermittelnden Ökonomie führt.

Doch wenn all die genannten Fragen und Begriffe auf das Geld hinauslaufen und geradezu von sich aus verlangen, in einen gesamtgesellschaftlichen Messprozess überführt zu werden – warum ist diese Neubestimmung dann ausgeblieben? Warum ist das Geld und insbesondere seine Maßfunktion der blinde Fleck der Gesellschaftskritik? Meinem Ermessen nach aus hauptsächlich vier Gründen.
Der erste ist, dass die neue Marx-Aneignung, und hier insbesondere die Neue Marx-Lektüre in der BRD, zwar die Notwendigkeit einer Einheit von Wert- und Geldtheorie erkannt hat, sie aber die erkenntniskritischen Implikationen daraus nicht konsequent genug gezogen hat.
Der zweite Grund ist, dass diese Konsequenzen auch gar nicht hätten gezogen werden können, weil diese Einheit eben – und das ist der entscheidende Mangel – nicht an der Maßfunktion festgemacht wurde; folgerichtig hätte die Einheit von Geld und

Wert auch nicht als Messprozess entwickelt werden können, d. h. als Verschränkung zwischen der Kapitalform und dem Wert des Geldes einerseits und der gemessenen Produktivkraft der Verwertung andererseits. Die gängigen Interpretationen des Geldes und insbesondere der Wertformanalyse bleiben im Gegenteil auf das Tauschmittel und die Logik des Austauschs fixiert und teilen diese Fixierung unglücklicherweise, bei aller Abgrenzung und Kritik, letztlich mit der bürgerlichen Ökonomietheorie und ihren Geldtheorien.

Der dritte Grund ist die allgemeine Entwicklung, die diese neue Marx-Aneignung nach ihrem Aufbruch um 1968 genommen hat. So hat die Neue Marx-Lektüre im deutschsprachigen Raum stärker als anderswo in einer sog. Phase der Rekonstruktion der Marx'schen Kritik der politischen Ökonomie die ökonomischen Kategorien in den Mittelpunkt gestellt und das Ökonomische der Ökonomie – vor allem durch eine formanalytische Marx-Lesart – freigelegt. Doch diese enorm produktive Phase ist längst erschöpft; heute gibt es, bis auf wenige Ausnahmen, nur mehr eine mitunter recht selbstgefällige Verwaltung und Sicherung der Wissensbestände. Dort, wo dagegen im Anschluss an die neue Marx-Aneignung in anderen Ländern – insbesondere an diejenige in Frankreich und Italien, die vor allem im angelsächsischen Raum verarbeitet wird – eine vergleichsweise dramatische, von (post-)strukturalen, existenzialen, bio-politischen und (post-)operaistischen Lesarten geprägte Entwicklung stattfindet und sich mittlerweile ein sog. Post-Marxismus herausgebildet hat, geht diese Entwicklung wiederum in Richtung einer politischen Ontologie; hier fehlt also wiederum das Ökonomische der Ökonomie. Oder vielmehr fehlt es nicht einfach, sondern das Ökonomische wird durch die genannten Lesarten eben bio- und machtpolitisch, ontologisch, dekonstruktiv gelesen.

Der vierte Grund ist, dass so gut wie keine Auseinandersetzung mit der Naturwissenschaft geführt wurde, obwohl doch auch sie die Natur, ganz wie das Geld die Ökonomie, einer Messung unterzieht, um Verhältnisse durch Werte objektiv zu bestimmen.

Es waren vor allem diese vier Gründe, die dazu geführt haben, dass die Kritik der kapitalistischen Gesellschaft, aber auch die Suche nach einer anderen, kommunistischen Gesellschaft um das „Ereignis" (Alain Badiou) kreisen, um den „general intellect", die „Multitude" und das „Common" (Antonio Negri/Michael Hardt), um das „Mit-Sein" (Jean-Luc Nancy), um die „unverfügbare" oder die „kommende" oder die „undarstellbare" Gemeinschaft (Jacques Derrida, Giorgio Agamben, Jean-Luc Nancy), dass mithin das Universelle und Produktive im Politischen, in Sprache und Schrift, im Immateriellen und in der Kommunikation gesucht wird und dabei einen geradezu ontologischen Status erfährt, obwohl es doch die erste Aufgabe der Kapitalismuskritik sein sollte, das Universelle und Produktive mit allem, was an Ereignishaftem, Gemeinsamem, Unverfügbarem damit verbunden ist, in der kapitalistischen Ökonomie zu suchen: im Universalismus einer maßgeblichen Werteinheit und in der produktiven Kraft der gemessenen Verwertung.

Ich möchte mich bei Prof. Andreas Arndt bedanken, der mir trotz Bedenken den Freiraum gelassen hat, der eine Universität auszeichnen sollte. Mein Dank gilt des Weiteren denen, die mit mir seit vielen Jahren um eine Kritik auf Höhe des Kritisierten ringen und die mich z.T. bei der Drucklegung finanziell erheblich unterstützt haben: Min Geum, Andreas Harms, Sami Khatib, Jens Niemann, den verschiedenen politischen Gruppen und Lesekreisen, in denen ich aktiv war, sowie der Scout-Finch-Stiftung. Ich muss jemanden hervorheben: Wenn ich so etwas wie einen Lehrer hatte, dann Andreas Schröder. Danken möchte ich auch David und Bianca – mögen sie mich immer begleiten!

Frank Engster, November 2013

Einleitung

> Alle Illusionen des Monetarsystems stammen daher, daß dem Geld nicht angesehen wird, daß es ein gesellschaftliches Produktionsverhältnis darstellt, aber in der Form eines Naturdings von bestimmten Eigenschaften.
>
> (Karl Marx, *Zur Kritik der Politischen Ökonomie*)

1. Die Frage der Arbeit

Wie ist eine Kritik der bürgerlich-kapitalistischen Gesellschaft möglich? – Das ist die Frage, die der vorliegenden Arbeit zugrunde liegt.

Die Frage nach der Möglichkeit von Kritik führt zurück in das Dreieck Kant-Hegel-Marx. Ihr Kritikbegriff zeichnet sich dadurch aus, die Vermittlung an den Anfang zu stellen, allerdings auf verschiedene Weise. Kants Vernunftkritik stellt die Vermittlung an den Anfang durch die Begründung des Apriorismus des Verstandes, Hegel entwickelt die Vermittlung als absoluten Geist und Vernunft, Marx begreift sie als gesellschaftliche, und zwar spezifisch kapitalistische Vermittlung. Trotz dieser Unterschiede steht die Vermittlung in demselben kritischen Sinne am Anfang: Sie ist als Voraussetzung der Wirklichkeit ebenso zu entwickeln wie einzuholen – aber *nicht*, weil die Wirklichkeit nicht anders erfahrbar ist denn als verstandesmäßig (Kant), vernünftig (Hegel) oder gesellschaftlich (Marx) vermittelt. Es geht letztlich um die Unmittelbarkeit, dass Vermittlung Wirklichkeit *ist*, und Kant, Hegel und Marx unterscheiden sich erst in der Begründung, auf welche Weise Vermittlung diese unmittelbare Wirklichkeit ist.

Die Frage nach der Wirklichkeit der Vermittlung ist nicht nur in logischer Hinsicht an den Anfang der Kritik gestellt worden, auch geschichtlich betrachtet haben Kant, Hegel und Marx die bürgerlich-kapitalistische Gesellschaft einer ‚ersten' Kritik unterzogen. Die Frage nach der Wirklichkeit von Vermittlung ist durch die heutige

Philosophie, etwa durch die analytische Philosophie, die Systemtheorie, den Poststrukturalismus oder die Dekonstruktion, eher verschoben als beantwortet. ‚Verschieben' meint weniger ein Aufschieben, also ein Verschieben in zeitlicher Hinsicht, es meint vielmehr, dass die Frage nach der Wirklichkeit von Vermittlung in andere Diskurse verschoben ist. Sie taucht nunmehr in Diskursen über die Sprache, über die Selbstreferenzialität von Systemen oder, noch allgemeiner gefasst, über die *Produktion von Bedeutung* auf.

Allerdings stellt sich durch solche Verschiebungen auch die Frage nach der Wirklichkeit von Vermittlung jeweils anders. So ist etwa die Form der Vermittlung von Subjekt und Objekt, mithin die Konstitution ihrer Gegenständlichkeit, spätestens seit dem sog. linguistic turn in die Sprache ‚verschoben'.[1] Entsprechend werden Subjekt und Objekt von der analytischen Philosophie nur mehr von der Sprache und ihrer Grammatik aus in Frage gestellt; die Vermittlung von Subjekt und Objekt ergibt sich durch eine Produktion von Bedeutung *innerhalb* der Sprache. Die analytische Philosophie begreift ihre Analyse der Immanenz der Sprache nicht nur als Überwindung der Metaphysik und der Geistes- und Bewusstseinsphilosophie, die Analyse soll deren Probleme auch delegitimieren und als Scheinprobleme erweisen.[2] Dagegen ist Hegel im Rahmen eben jener Bewusstseinsphilosophie und ihres Paradigmas vom Subjekt-Objekt auf geradezu umgekehrte Weise mit der Sprache umgegangen. Bei Hegel ist es der Begriff, der die Wirklichkeit überhaupt erst *zur* Sprache *bringt*. Der Begriff ist hier die Arbeit der Identifikation wie der Entgegen-Setzung von Gegenstand und Bewusstsein, Objektivität und Subjektivität; der Begriff ist diejenige Negativität, die Denken und Sein ebenso identifiziert wie radikal trennt und in die Gegenständlichkeit von Subjekt und Objekt entlässt. Auch Marx hatte alles andere als eine Analyse der Sprache im Sinn, als er seine Kritik der bürgerlich-kapitalistischen Gesellschaft entwickelte. Und doch hat er in der einfachen Wertform „x Ware A = y Ware B" einen mathematischen Term analysiert, den er in die Aussage „x Ware A ist y Ware B wert" übersetzt,[3] und durch die Analyse jener Wertform bzw. dieses Satzes hat er gezeigt, dass das gemeinsame ‚Sein' von Ware A und B (ihr Wert und seine Bestimmung im „x" und im „y") *vom Geld ausgesagt wird*. Spricht das Geld dann nicht auch eine Sprache?[4] Eine ebenso

---

1 Zu dieser „Transformation der Philosophie" vgl. die gleichnamige Untersuchung Karl-Otto Apel: *Transformation der Philosophie*. Frankfurt am Main: Suhrkamp 1976.

2 Vgl. dazu Ludwig Wittgensteins programmatische Worte aus dem Vorwort in ders.: *Tractatus logico-philosophicus*. Frankfurt am Main: Suhrkamp 1984, S. 9–10. Mittlerweile sind die Alleinvertretungsansprüche, welche die analytische Philosophie für sich geltend gemacht hatte, stillschweigend zurückgenommen worden. Zum Stand der analytischen Philosophie vgl. die Diskussion in *Deutsche Zeitschrift für Philosophie* 54,1 u. 3; 55,6; 56,1 u. 4 (2006–2008).

3 Karl Marx: *Das Kapital. Kritik der Politischen Ökonomie. Erster Band. Marx-Engels-Werke (MEW)*, Bd. 23. Berlin, DDR: Dietz 1953ff., S. 63 (im Folgenden *Kapital I*).

4 „Daß das Paradoxon der Wirklichkeit sich auch in Sprachparadoxen ausdrückt, die dem common sense widersprechen [...], versteht sich von selbst. Die Widersprüche, die daraus hervorgehen, daß auf Grundlage der Warenproduktion Privatarbeit sich als allgemeine gesellschaftliche darstellt, daß die Verhältnisse der Personen sich als Verhältnisse von Dingen und Dinge sich darstellen – diese Widersprüche liegen in

negative wie universelle Sprache, dieselbe Sprache, die auch die Mathematik und die quantifizierende Naturwissenschaft sprechen, nur dass das Geld eine andere Identität aussagt? Keine *reine* Identität, wie die Mathematik, auch keine Identität bestimmter *Eigenschaften*, wie die Naturwissenschaft, aber die Identität eines rein gesellschaftlichen Seins: des Werts? Eine Identität, die, wie Marx dann in der weiteren Entwicklung des *Kapitals* zeigt, in der Verwertung begriffen ist, sodass es letztlich diese Verwertung sein muss, die das Geld auf rein quantitative Weise aussagt?

Die Systemtheorie hat die Produktion von Bedeutung auf die Selbstreferenzialität und Autopoiesis von Systemen sowie auf Medien und Kommunikation zurückgeführt. Ein System kommt durch Selbstreferenz auf sich zurück, aber nicht ohne die Differenz eines Mehrwerts, sodass sich außer der Umwelt noch eine Differenz ergibt, mit der die Autopoiesis und Selbstreferenz eines Systems *rechnen* muss. Ein System ist durch Selbstreferenz also *nicht* einfach unmittelbar sich selbst das Andere, sondern genau *das* erschließt sich nicht ohne diejenige Differenz, die durch das Hinausgehen und Wieder-Zurückkommen auf den eigenen Zustand hineinkommt. Hier springt die Notwendigkeit der *Entwicklung* und der *Verzeitlichung* des Systems ein, und in gewisser Weise liegt hier erst das eigentlich Systematische des Systems.[5]

Indes lässt sich auch in diesem Grundzug der Systemtheorie auf verschobene Weise der Grundzug der Hegel'schen und Marx'schen Dialektik finden. Denn steckt in der Notwendigkeit der Entwicklung und der Verzeitlichung eines Systems nicht dieselbe Notwendigkeit, um die auch Hegel und Marx in der Entwicklung des Absoluten bzw. des Kapitals kreisen, nämlich die Einheit von logisch-systematischem und geschichtlichem Werden sowie eines nicht aufgehenden, überschießenden Restes?

Auch Poststrukturalismus und Dekonstruktion kreisen, wie die Systemtheorie, um die Frage nach der Produktion von Bedeutung, und auch hier wird die produktive Kraft an einer Differenz ‚festgemacht'. Allerdings ist die Differenz im Poststrukturalismus und in der Dekonstruktion weniger funktional für eine bestimmte Systematik als vielmehr produktive Kraft dadurch, dass jede Bedeutung sich durch eine ebenso vorgängige wie unverfügbare Differenz zeitigt und die Differenz dadurch Sinn (er-)gibt – ‚gibt' im starken Sinne einer Gabe.[6] Zudem tritt durch die Selbständigkeit der Zeichen sowie durch die Zeitlosigkeit der Buchstaben und den Materialismus der

---

der Sache, nicht in dem sprachlichen Ausdruck der Sache." (Karl Marx: *Theorien über den Mehrwert. Dritter Teil. MEW*, Bd. 26.3, S. 134 (im Folgenden *ThM III*.)

5 Für „das Wirtschaften" hat Dirk Baecker das im Sinne der Systemtheorie zusammengefasst in ders.: Gott rechnet anders. Das Risikokalkül des Kapitalismus und der Fingerzeig des Unbestimmten. In: *Lettre International* 84 (2009), S. 84–88.

6 „Geben" ist hier in dem starken Sinne zu verstehen, wie es zuerst in der „Gabe" von Marcel Mauss, im „es gibt" von Martin Heidegger und dann in den ethischen Schriften Derridas thematisiert wurde, vgl. Marcel Mauss: *Die Gabe. Form und Funktion des Austauschs in archaischen Gesellschaften*. Frankfurt am Main: Suhrkamp 1968. Das „es gibt" findet sich in Martin Heidegger: *Sein und Zeit*. Tübingen: Niemeyer 1993, S. 230; ders.: Zeit und Sein. In: Ders.: *Zur Sache des Denkens*. Tübingen: Niemeyer 1969, S. 1–25; ders: *Metaphysische Anfangsgründe der Logik im Ausgang von Leibniz*. Frankfurt am Main: Klostermann 1978, S. 272; Jacques Derrida: *Falschgeld. Zeit geben I*. München: Fink 1993.

Schrift eine Unabschließbarkeit der Bedeutung ‚in' die Zeit ein, und mit dieser Unabschließbarkeit geht eine Enthierarchisierung der Ordnung und Richtung ‚in' der Zeit einher, das heißt der Geschichte und des Sinns.[7]
Überhaupt geht es in der Dekonstruktion weniger um die Frage nach der Produktion von Bedeutung als darum, die Produktion von Bedeutung infrage zu stellen, und das muss paradoxerweise durch dieselbe Produktionsweise geschehen, die es infrage zu stellen gilt. Das ist auch der Grund, warum die Differenz nicht, wie in der Systemtheorie, an derjenigen Unschärfe situiert ist, die ein System, das sich selbst erschließen muss (denn das *ist* das Systematische eines Systems), sich auch selbst eröffnen muss (sodass ein System sich stets selbst überschreiten und an die eigene Unabschließbarkeit halten muss). Stattdessen steht in der Dekonstruktion die Differenz ‚vor' oder jenseits aller systematischen und inhaltlichen und insofern bedeutungs- und sinnvollen Differenz. Sie steht damit auch für eine gewisse Indifferenz von Gelingen und Scheitern in der Produktion von Sinn und Bedeutung, und auch die Notwendigkeit des Geschichtlichen ist eher eine ‚Lösung' im Sinne des Verschiebens und Aufschiebens von Bedeutung, als dass Geschichte Effekt einer systematischen Verschiebung wäre.[8]
Doch ob der Differenz nun ein systematischer Stellenwert zukommt, wie in der Systemtheorie, oder ob der Differenz dieser systematische Stellenwert gerade *nicht* zukommt, wie im Poststrukturalismus und in der Dekonstruktion, jedenfalls ist die Notwendigkeit der Verzeitlichung und des Geschichtlichen auch von Hegel und Marx auf eine Differenz zurückgeführt worden. Ausgerechnet bei Hegel und bei Marx, denen doch unterstellt wurde, in ihrer Dialektik um Identität und Einheit zu kreisen und sich in einer „großen Erzählung"[9] (Jean-François Lyotard) des Nicht-Aufgehenden, Abweichenden und Differenten zu entheben, ausgerechnet bei Hegel und Marx lässt sich bereits eine Differenz finden, die zur Kraft wird in jenem eröffnenden

---

7 Diese Konzeption von Differenz wird hier als ebenso radikale wie umfassende Kritik der Identität und der Repräsentation angesetzt. Sie betrifft alle Bereiche der Gesellschaft, insbesondere die Repräsentation durch Politik und Ökonomie, Recht und Wissenschaft, Zeichen und Sprache. Die Differenz soll helfen, den Zusammenhang zwischen der Repräsentation und dem Repräsentierten zu dekonstruieren, mithin das Begründen von Identität durch Herkunft, Abkunft und Originalität. Die Bedeutung der Differenz für die Kritik der kapitalistischen Gesellschaft haben v. a. Gilles Deleuze und Félix Guattari herausgestellt, vgl. u. a. Gilles Deleuze: *Differenz und Wiederholung*. München: Fink 1992; ders. / Félix Guattari: *Anti-Ödipus. Kapitalismus und Schizophrenie I*. Frankfurt am Main: Suhrkamp 1974; dies.: *Tausend Plateaus. Kapitalismus und Schizophrenie II*. Berlin: Merve 1992. Für die Differenz zwischen Politik und dem Politischen vgl. Oliver Marchart: *Die politische Differenz*. Frankfurt am Main: Suhrkamp 2010. Besonders einflussreich für den Begriff der Differenz waren zudem Ferdinand de Saussure: *Grundfragen der allgemeinen Sprachwissenschaft*. Berlin: de Gruyter 1931; Martin Heidegger: *Identität und Differenz*. Pfullingen: Neske 1957 (hier als „ontisch-ontologische" Differenz).
8 Jacques Derrida hat dafür den Begriff der „différance" gebraucht, um den viele seiner Schriften, wenn auch nicht immer explizit, kreisen, vgl. bes. Jacques Derrida: *Die Schrift und die Differenz*. Frankfurt am Main: Suhrkamp 1972; ders.: Die différance. In: Ders.: *Randgänge der Philosophie*. Wien: Passagen 1988, S. 31–56.
9 Zur Kritik der „Metadiskurse" und zum Umbruch in der Organisation des Wissens vgl. Jean-François Lyotard: *Das postmoderne Wissen*. Wien: Passagen 1999.

und geschichtsmächtigen Sinne wie in der Systemtheorie sowie im Poststrukturalismus und in der Dekonstruktion. In der dialektischen Entwicklung des Geistes und des Kapitals kommt der Differenz sogar beides zu, ein systematischer Stellenwert wie in der Systemtheorie *und* eine Unverfügbarkeit wie im Poststrukturalismus und in der Dekonstruktion, denn die Dialektik kreist auf *systematische* Weise um eine *Unverfügbarkeit*.

So ist die Identität von Denken und Sein, Hegels dialektischer Begründung der Logik zufolge, die Verwirklichung einer ‚nur' *spekulativen* Identität, und diese *spekulative* Identität von Denken und Sein verwirklicht sich nicht ohne diejenige Differenz, die durch die Logik ihrer Identifikation eintritt. Diese Logik entwickelt Hegel als Arbeit des Begriffs: Der Begriff muss die spekulative Identität von Denken und Sein verwirklichen, und für die Verwirklichung muss er ihre Identität in Subjekt und Objekt einerseits auseinandersetzen und andererseits eine Entsprechung bilden. Die Arbeit des Begriffs ist gleichsam als ebenso gemeinsames wie ausgeschlossenes Drittes von Denken und Sein im Spiel, und in dieser Arbeit ist das Überindividuelle und Unverfügbare, aber auch das Absolute zu suchen; die Logik des Begreifens ist diejenige ebenso negative und unverfügbare wie produktive Kraft, die einerseits Denken und Sein identifiziert und sie andererseits trennt und in die Selbständigkeit von Subjektivität und Objektivität entlässt.

Auch Marx kreist systematisch um eine Unverfügbarkeit. Während bei Hegel die spekulative Identität von Denken und Sein sich nicht ohne die Arbeit des Begriffs verwirklicht, wird Marx zufolge die spekulative Identität der kapitalistischen Gesellschaft, d. h. ihre Einheit und ihr innerer Zusammenhang, nicht ohne die Arbeit des Geldes verwirklicht. Durch seine Funktionen als Maß und Tauschmittel muss das Geld das gesellschaftliche Verhältnis der Arbeiten und der Waren realisieren, und darüber muss es wiederum die produktive Kraft der Verwertung von Arbeit und Kapital erschließen und sie in seinem Kapitalkreislauf aufheben – aber so sehr das Geld die produktive Kraft dieser Verwertung auf quantitativ eindeutige Weise realisiert und zur Verfügung stellt, so sehr ist diese Produktivkraft im Geld und in seiner Kapitalbewegung auch unverfügbar gehalten. Zudem besteht sowohl die Arbeit des Begriffs als auch des Geldes nicht nur darin, Denken und Sein bzw. das gesellschaftliche Verhältnis zu identifizieren und identisch zu halten, in dieser Arbeit und in ihrer Logik der Identifikation ist auch die Notwendigkeit der Verzeitlichung und das Eintreten des Geschichtlichen zu suchen.

Kurzum, in der heutigen Philosophie lassen sich – und mehr sollte hier nicht skizziert werden – dieselben Fragen und Probleme finden, die bereits der Hegel'schen Philosophie und der Marx'schen Gesellschaftskritik oder auch Kants Vernunftkritik zugrunde lagen. Auch wenn die Produktion von Bedeutung nicht mehr, wie noch bei Kant, Hegel und Marx, auf die Vermittlung des Verstandes bzw. des Geistes bzw. der kapitalistischen Ökonomie zurückgeführt wird, auch wenn sie stattdessen als Sprache oder als System oder als Ökonomie der Zeichen gefasst wird, so lassen sich doch dieselben grundlegenden Fragen und Probleme wiederfinden – wenn auch auf gleichsam verschobene Weise. Die vorliegende Arbeit soll eine solche Verschiebung durchführen, und zwar zwischen Hegels Absolutem und Marx' Kapital. Für die Verschiebung wurde der Begriff der *Analogie* gewählt, auch wenn das Missverständnisse wecken mag.[10] Analogie heißt zuallererst, dass für die Frage nach der Möglichkeit einer Kritik der bürgerlich-kapitalistischen Gesellschaft auf Marx *und* Hegel zurückgriffen wird.[11] Obwohl für eine solche Kritik auch eine Analogie zwischen der Marx'schen Ökonomiekritik und z. B. Heideggers Frage nach dem Sein, der Psychoanalyse Sigmund Freuds oder Jacques Derridas Dekonstruktion naheläge, gibt es zwei entscheidende Gründe, Marx, wenn es um die Frage nach der Möglichkeit einer Kritik der kapitalistischen Gesellschaft geht, gerade mit Hegel in eine Analogie zu bringen. Erstens, weil ihre Dialektik einen unhintergehbaren Grundzug gemeinsam hat: Das Kritisierte muss durch es selbst das *Maß* seiner Kritik *abgeben*. ,Abgeben' des Maßes heißt hier, dass die Kritik sich in die Sache selbst zurücknehmen und in ihrer Entwicklung ausweisen muss. Dieser

10 Zur Bedeutung des Analogiebegriffs und seines Gebrauchs in der Philosophiegeschichte, insbesondere bei Kant und Hegel, vgl. Ernst Konrad Specht: *Der Analogiebegriff bei Kant und Hegel*. Köln 1952. Der Status der Analogie in der vorliegenden Arbeit unterscheidet sich vom gewöhnlichen Gebrauch des Begriffs, weil er weniger auf eine Ähnlichkeit, eine Übereinstimmung oder ein gemeinsames Drittes zwischen Geist und Kapital zielt als vielmehr auf eine analoge *Verlegenheit*, die ihre Darstellung mit sich bringt. Die Analogie liegt m. E., wenn schon nicht in der Lösung dieser Verlegenheit, so doch wenigstens in deren Darstellung. Siehe hierzu Abschnitt I, Kap. 6, S. 95–112.
11 Die Forderung, Hegels Dialektik als Kritik zu begreifen, ist vor allem von der Kritischen Theorie erhoben worden, vgl. Theodor W. Adorno: Drei Studien zu Hegel. In: Ders.: *Gesammelte Schriften (GS)*, Bd. 5. Frankfurt am Main: Suhrkamp 1971, S. 247–381; Herbert Marcuse: *Vernunft und Revolution*. Darmstadt/Neuwied: Luchterhand 1962. Wichtige Beiträge kamen indes von der Hegel-Forschung, vgl. bes. Dieter Henrich: *Hegel im Kontext*. Frankfurt am Main: Suhrkamp 1971; Michael Theunissen: *Sein und Schein. Die kritische Funktion der Hegel'schen Logik*. Frankfurt am Main: Suhrkamp 1978; Rolf-Peter Horstmann: *Seminar: Dialektik in der Philosophie Hegels*. Frankfurt am Main: Suhrkamp 1978; ders.: *Wahrheit aus dem Begriff: Eine Einführung in Hegel*. Frankfurt am Main: Suhrkamp 1990; Rüdiger Bubner: *Dialektik und Wissenschaft*. Frankfurt am Main: Suhrkamp 1973; ders.: *Zur Sache der Dialektik*. Stuttgart: Reclam 1980; Hans Friedrich Fulda: *G. W. F. Hegel*. München: C. H. Beck 2003. Eine gute Zusammenfassung bietet die Diskussion in ders. / Rolf-Peter Horstmann / Michael Theunissen: *Kritische Darstellung der Metaphysik. Eine Diskussion über Hegels ,Logik'*. Frankfurt am Main: Suhrkamp 1980, sowie der Sammelband Oskar Negt (Hrsg.): *Aktualität und Folgen der Philosophie Hegels*. Frankfurt am Main: Suhrkamp 1970. Auch die analytische Philosophie hat den kritischen Gehalt der Hegel'schen Dialektik für sich entdeckt, vgl. Christian Demmerling / Friedrich Kambartel (Hrsg.): *Vernunftkritik nach Hegel. Analytisch-kritische Interpretation zur Dialektik*. Frankfurt am Main: Suhrkamp 1992. Im Gegensatz dazu stehen eine Reihe von Interpretationen verschiedener philosophischer oder gesellschaftskritischer Richtungen, die Hegel für das hermetische, systematisch geschlossene Einheitsdenken der Moderne und sogar für den Totalitarismus mitverantwortlich machen; bes. vereinfachend und einflussreich Karl Popper: *Die offene Gesellschaft und ihre Feinde*. Bern: Francke 1958, ausgewogener dagegen Bernd Engelmann: *Philosophie und Totalitarismus. Zur Kritik dialektischer Diskursivität. Eine Hegellektüre*. Wien: Passagen 1990; ders.: Ist der Totalitätsanspruch der Dialektik der Ursprung des Totalitarismus? In: Peter Koslowski (Hrsg.): *Die Folgen des Hegelianismus*. München: Fink 1998, S. 45–53, innerhalb des Marxismus besonders einflussreich war die – eher am Hegel-Marxismus orientierte – Hegelkritik von Althusser, vgl. die Aufsätze in Louis Althusser: *Für Marx*. Frankfurt am Main: Suhrkamp 2011.

Kritikbegriff ist als „Kritik durch Darstellung"[12] und „immanente Kritik" zusammengefasst worden.

Der zweite Grund ist dieses ‚Abgeben' des Maßes. Die Analogie soll einen blinden Fleck herausarbeiten, der, wenn es um die Frage nach der Wirklichkeit von Vermittlung, um die Produktion von Bedeutung und um die Möglichkeit von Kritik geht, all die genannten philosophischen Richtungen und Diskurse betrifft – und zwar Hegel und Marx eingeschlossen. Hegels Entwicklung des Geistes und Marx' Entwicklung der kapitalistischen Ökonomie zeichnen sich aber gegenüber den anderen Philosophien und Gesellschaftskritiken dadurch aus, den blinden Fleck *als solchen*, als blinden Fleck, zu explizieren, und zwar durch die *Entwicklung* des Maßes. Auch wenn Hegel und Marx ihre Entwicklung des absoluten Geistes bzw. des Kapitals nicht explizit als Entwicklung des Maßes ausgegeben haben, und auch wenn sie dem Maß vielleicht gar keine vorrangige Bedeutung für die Möglichkeit einer Kritik durch Darstellung et vice versa zugemessen haben, so tritt dadurch nur umso mehr die Notwendigkeit hervor, zusammen mit dem Maß auch die Notwendigkeit eines blinden Flecks zu entwickeln.[13]

12 Beide, Hegel und Marx, haben ihre Dialektik als Kritik durch Darstellung et vice versa verstanden, und Marx hat in einem Brief an Lassalle seine Ökonomiekritik auch explizit so bezeichnet, siehe Karl Marx: Brief an Ferdinand Lassalle, 22.02.1858. In: *MEW*, Bd. 29, S. 549–552, hier S. 550. Michael Theunissen hat ausführlich entwickelt, dass auch Hegel seine *Wissenschaft der Logik* als eine Kritik durch Darstellung et vice versa angelegt hat (nämlich indem er die *Kritik* der Metaphysik *darstellt* durch die Begründung einer *dialektischen Logik*), vgl. Theunissen: *Sein und Schein*. bes. S. 13–91 (Einleitung u. Teil I). Zur Diskussion um Theunissens Deutung vgl. Fulda / Horstmann / Theunissen: *Kritische Darstellung der* Metaphysik. *Eine Diskussion über Hegels „Logik"*. Frankfurt am Main: Suhrkamp 1980.

13 So weit ich sehen kann, ist die volle Bedeutung des Maßes und des Messens für eine Kritik der kapitalistischen Gesellschaft nicht gewürdigt worden; alles, was es gegeben hat, sind einzelne Ansätze. So stießen etwa in den 1970er Jahren Diskussionen, die um die Einheit von Erkenntnis- und Gesellschaftskritik kreisten, zwar auf den Zusammenhang von (Natur-)Wissenschaft und kapitalistischer Ökonomie sowie auf die zentrale Stellung des Maßes, wurden dann aber ergebnislos abgebrochen. Als Beispiel mag ein Beitrag von Bodo von Greiff dienen, in dem das Maß in den Mittelpunkt des genannten Zusammenhangs gestellt und die Ausführung des Maßes treffend als „Aufgabe nach Sohn-Rethel" formuliert wird, vgl. Bodo von Greiff: Die Aufgaben einer marxistischen Erkenntnistheorie nach Sohn-Rethels ‚Geistige und körperliche Arbeit'. In: Heinz D. Dombrowski / Ulrich Kraus / Paul Roos (Hrsg.): *Symposium Warenform und Denkform. Zur Erkenntnistheorie Sohn-Rethels*. Frankfurt am Main: Campus 1978, S. 38–48. Vgl. zur Bedeutung des Maßes für die moderne Naturwissenschaft und die kapitalistische Gesellschaft auch die Beiträge in demselben Band von Christine Woesler: Die Herausbildung des messenden Experiments im Übergang vom Kaufmannskapital zum produktiven Kapital im 16./17. Jahrhundert, S. 97–127, Gerhard Becker: Vergesellschaftungsform und Zahlbegriff, S. 139–159 und Heinz D. Dombrowski: Gegenstand und Methode der exakten Wissenschaften in ihrem inneren Zusammenhang, S. 171–189. Zudem hat Peter Ruben in den 1970er Jahren aus erkenntnistheoretischer und philosophischer Perspektive die Bedeutung von Maß und Messung untersucht, ist dabei aber eng wissenschaftstheoretisch und -geschichtlich geblieben (die Schriften dazu sind online verfügbar unter www.peter-ruben.de). Als Erster hat indes wohl der Brasilianische Philosoph und Marxist José Arthur Giannotti die Bedeutung von Maßverhältnissen für die Kritik der politischen Ökonomie thematisiert, vgl. ders.: *Origens da dialética do trabalho*. São Paulo: Difusão européia do libro 1966 (übersetzt nur ins Französische: *Origines de la dialectique du travail*. Paris: Aubier Montagne 1971). In *Empire* von Antonio Negri und Michael Hardt findet sich zwar die Bemerkung, das Maß sei in „Hegels Theorie des Maßes [...] Schlüsselelement für den Übergang von der Existenz zur Essenz" (Michael Hardt / Antonio

Um das Vorhaben dieser Arbeit besser zu verstehen, gilt es vorweg kurz zu klären, was genau als Maß einer dialektischen „Kritik durch Darstellung" bei Hegel und Marx entwickelt werden soll und warum das Abgeben des Maßes mit einem blinden Fleck einhergeht.

Hegel zufolge muss die Reflexion, um die Entsprechung von Objektivität und Subjektivität zu verwirklichen, die *Identität von Denken und Sein voraussetzen*. Es ist diese Voraussetzung, die das Maß des Wissens abgibt und zugleich zu dessen blindem Fleck wird. Dieser blinde Fleck: die Identität von Denken und Sein, ist der spekulative Gehalt der Hegel'schen Dialektik schlechthin und wird durch die Entwicklung des Absoluten begründet.

Negri: *Empire. Die neue Weltordnung*. Frankfurt am Main/New York: Campus 2002, S. 363) und auch Marx' Werttheorie sei „in Wirklichkeit eine Theorie des Maßes" (ebd., S. 408), zudem wird die Bedeutung herausgestellt, welche die Zeit als transzendentales Maß für die Konstitution von Ordnung (sowie für die Metaphysik von Aristoteles über Kant bis Heidegger) gehabt hat; allerdings zielt die Kritik von Negri und Hardt auf die Befreiung von dieser transzendentalen, maßgeblichen Zeit durch deren Auflösung in die unmittelbare, kollektive Existenz der Menge; die Befreiung soll „in der Postmoderne" (ebd.) sogar schon stattgefunden haben. *Diese* Kritik an der Herrschaft der formalen, abstrakten Zeit ist allerdings ihrerseits traditionell, jedenfalls geht sie von Anfang an in eine ganz andere Richtung als die Kritik der Zeit in der vorliegenden Arbeit. Die erste deutschsprachige Arbeit, die das Geld aus seiner Funktion als Wertmaß herleitet, kommt wohl von Bernhard Laum: *Heiliges Geld. Eine historische Untersuchung über den sakralen Ursprung des Geldes*. Tübingen: Mohr 1924. Allerdings sagt eine explizit „*historische* Untersuchung" über den „sakralen" und „heiligen Ursprung" des Wertmaßes noch nichts über diejenige spezifisch kapitalistische Logik des Maßes aus, die Marx entwickelt hat. Im Gegenteil, m.E. muss das Geld der kapitalistischen Gesellschaft nicht nur durch eine systematisch-kategoriale Kritik allein *dieser* Gesellschaft begründet werden, sondern erst dadurch werden die Bedingungen geschaffen, um begründen zu können, warum das Geld der kapitalistischen Gesellschaft *nicht* geschichtlich abgeleitet werden kann – wenn überhaupt, wäre ein radikaler *Bruch* zu rekonstruieren. Von dem Bruch ist sogar die Maßfunktion des Geldes betroffen. So hat schon Platon zwar die Bedeutung des Maßes und des Messens hervorgehoben, vgl. Platon: *Politeia*. In: Ders.: *Sämtliche Werke*, Bd. 2, aus d. Griech. v. Friedrich Schleiermacher. Hamburg: Meiner 1959, Buch 10, S. 294. Berühmt ist vor allem der Homo-Mensura-Satz des Protagoras: „...der Mensch sei das Maß aller Dinge, der seienden, daß sie sind, und der nicht seienden, daß sie nicht sind." (Platon: Theätet. In: Ders.: *Sämtliche Dialoge*, Bd. IV, aus d. Griech. v. Otto Apelt. Hamburg: Meiner 1988, S. 29–144, hier S. 45.) Noch tiefer gehen die Überlegungen von Aristoteles, der die Mittelfunktion des Geldes explizit aus dessen Maßbestimmung entwickelt hat. Aristoteles hat zudem bereits eine maßvolle Bewegung des Geldes von einer selbstzweckhaften und anormalen, künstlichen Bewegung unterschieden und kritisiert, dass das Geld das Verlangen nach (mehr) Geld weckt, und er ist dabei auch auf das Verhältnis zwischen Geld und Zeit gestoßen, vgl. Aristoteles: *Nikomachische Ethik. Philosophische Schriften*, Bd. 3, aus d. Griech. v. Eugen Rolfes. Hamburg: Meiner 1984, bes. S. 111 ff. (Kap. 8); vgl. zu Aristoteles' Kritik des Geldes Marcel Hénaff: *Der Preis der Wahrheit. Geld, Gabe und Philosophie*. Frankfurt am Main: Suhrkamp 2009, bes. S. 123–165. Gleichwohl führt von dem von Platon und Aristoteles thematisierten Zusammenhang kein direkter Weg zur Maßfunktion des Geldes in der kapitalistischen Produktionsweise. Aufschlussreiche Passagen zur Bedeutung des Maßes für die kapitalistische Ökonomie finden sich bei Hans Dieter Bahr: *Über den Umgang mit Maschinen*. Tübingen: Konkursbuch 1983, S. 388 ff., aufschlussreich für die Bedeutung des Maßes *schlechthin* (bes. für Wissenschaft, Ökonomie, Politik und Recht) sind die von Heinz-Dieter Haustein gesammelten Zitate in ders.: *Quellen der Meßkunst. Zu Maß, Zahl, Geld und Gewicht*. Berlin/New York: de Gruyter 2004. Eine der wenigen Interpretationen, die speziell die Wertformanalyse auf das Maß hin untersucht, kommt von Oliver Schlaudt: Marx als Messtheoretiker. In: Werner Bonefeld / Michael Heinrich (Hrsg.): *Kapital & Kritik. Nach der „neuen" Marx-Lektüre*. Hamburg: VSA 2011, S. 258–280.

Der blinde Fleck liegt nun darin, dass das Maß des Wissens – also jene spekulative Identität von Denken und Sein – sich nicht unmittelbar verwirklichen und nicht fixieren lässt. Die Identität muss vielmehr durch die *Reflexion* verwirklicht und dafür in die *Form der Gegenständlichkeit* von Objekt und Subjekt auseinandergesetzt werden. Dadurch betrifft der blinde Fleck nicht nur die spekulative Identität von Denken und Sein, er betrifft auch die Verwirklichung dieser Identität durch die Reflexion. Das Reflektieren muss zu einem *negativen Wesen* werden, zu einem Wesen, das zwischen Objektivität und Subjektivität ebenso zu trennen wie zu vermitteln scheint. Mehr noch, das negative Wesen existiert nur im Entzug und im Verschwinden, denn die Reflexion ist zwar das Mittel, um Sein und Denken zu identifizieren und im Wissen aufzuheben, aber dafür muss die Reflexion ihrerseits reflexiv werden: Die Reflexion muss durch eine Reflexion der Reflexion *selbstbezüglich* werden, nämlich im *Begriff*.
Zusammengefasst, setzt das Reflektieren also einerseits auf spekulative Weise die Identität von Denken und Sein voraus, andererseits muss diese Voraussetzung zum blinden Fleck werden, denn die Reflexion kann die spekulative Identität von Denken und Sein nicht anders verwirklichen als in Form der Gegenständlichkeit von Objekt und Subjekt, und dadurch muss die spekulative Identität von Denken und Sein einerseits zum negativen Wesen zwischen Objektivität und Subjektivität werden, und andererseits vergeht dieses negative Wesen, indem es in der Arbeit des Begriffs selbstbezüglich wird.
Die Verbindung zwischen der spekulativen Identität von Denken und Sein und dem Wesen der Reflexion sowie dem Selbstbezug des Begriffs ergibt Hegels dialektische Logik. Näher betrachtet, verbindet Hegel die *Kritik* des blinden Flecks mit der *Entwicklung* dieser dialektischen Logik, indem er die *Kritik* der Reflexionslogik und des Verstandesdenkens in der *Entwicklung* des Begriffs und der übergreifenden Vernunft aufhebt. Dadurch ist seine dialektische Logik einerseits Kritik des Verstandesdenkens und des unvermittelten, einfachen Reflektierens, andererseits Entwicklung einer übergreifenden Notwendigkeit – eben jener Notwendigkeit, dass die spekulative Identität von Denken und Sein begriffen und im Selbstbezug des Begriffs aufgehoben wird. Die Reflexion wird somit von zwei Seiten her einer Kritik unterzogen: Einerseits wird mit der Voraussetzung der Reflexion auch ihr blinder Fleck eingeholt (die spekulative Identität von Denken und Sein), andererseits wird die Reflexion von ihrer Selbstbezüglichkeit her entwickelt, vom begrifflichen Denken, und dadurch wird sie zum negativen Wesen und notwendigen Schein herabgesetzt.
Was ist nun das Maß einer „Kritik durch Darstellung" bei Marx? Und warum geht auch hier das Abgeben des Maßes mit einem blinden Fleck einher?
Marx stellt die kapitalistische Gesellschaft dar, schlicht indem er dasjenige Maß entwickelt, durch das die Gesellschaft *sich selbst* darstellt. Es kann sogar als Marx' Idee von Gesellschaftskritik schlechthin angesehen werden, dass *das Maß der Kritik der kapitalistischen Gesellschaft nur in der Entwicklung desjenigen Maßes liegen kann, das diese Gesellschaft für sich hat*; nur so kann die Kritik *immanente* Kritik sein, immanente Kritik einer Gesellschaft, die maßgeblich ist für sich selbst. Das Maß der kapitalistischen

Gesellschaft aber ist das Geld, und das Geld zu entwickeln heißt, seine Kapitalform durch seine drei Bestimmungen als Maß, Tausch- und Zirkulationsmittel sowie Geld als Geld zu entwickeln.

Das Abgeben des Maßes entwickelt Marx gleich am Anfang des *Kapitals Bd. I* auf eine rein logisch-systematische Weise, nämlich durch die berühmte Analyse der Wertform der Ware. In ihr zeigt er, dass das Maß ‚abgegeben' wird in einem buchstäblichen Sinne: Eine Ware muss von allen anderen ausgeschlossen sein, damit allen Waren durch diese eine ausgeschlossene Ware eine maßgebliche Werteinheit gegeben wird, eine Werteinheit, durch welche die Waren in ein gesellschaftliches Verhältnis gesetzt werden können. Die ausgeschlossene Ware, die *Geld*ware, wird dadurch zum Maß des rein gesellschaftlichen Verhältnisses aller anderen Waren, sie wird zum Maß des Werts.

Mit dem Abgeben des Maßes – der Aussonderung der Geldware und der Fixierung einer maßgeblichen Werteinheit – ist auch schon der blinde Fleck benannt. Die Geldware muss sogar gleichsam *für* einen blinden Fleck stehen, sie muss nämlich für etwas rein Gesellschaftliches stehen: für eine ideell-übersinnliche und reine Werteinheit. Diese Werteinheit *muss* blinder Fleck bleiben und kann nicht als solche verwirklicht oder empirisch erfahren oder reflektiert werden, vielmehr wird sie durch das Geld ‚nur' in Anspruch genommen, um die Waren und die Arbeiten in ein gemeinsames Verhältnis zu setzen, das Verhältnis dadurch quantitativ umzuschlagen und zu bestimmen. Obwohl also die ausgesonderte Geldware für nichts als eine übersinnliche, leere Werteinheit da ist, können sich alle Arbeiten und Waren gerade darum im Geld an ein gemeinsames Maß halten und ihr gesellschaftliches Verhältnis im Geld *realisieren* (das Geld ist darum laut Marx etwas „Sinnlich-Übersinnliches".)

Indes tritt diese Realisierung des gesellschaftlichen Verhältnisses ein, indem das Maß zum *Tauschmittel* wird und die Arbeiten in Form des Austauschens und Zirkulierens ihrer Resultate, der Waren, auf *praktische* Weise ins Verhältnis setzt und vermittelt. Das Maß ist somit nicht nur darum blinder Fleck, weil eine ausgeschlossene Geldware für eine übersinnlich-ideelle Werteinheit steht, sondern es wird, weil die Maßfunktion des Geldes erst durch seine Tauschmittelfunktion realisiert wird, auch auf ganz praktische Weise zu einem blinden Fleck. Die Maßfunktion des Geldes verschwindet, indem das Geld zum Mittel der Vermittlung und Realisierung des gesellschaftlichen Verhältnisses werden muss; es wird mithin das Wesen seiner Vermittlung im Sinne einer bewusstlosen Reflexion. (Das ist auch der Grund, warum das Geld in den gängigen Geldtheorien meist über seine Tauschmittelfunktion begründet wird, statt die Tauschmittelfunktion als Realisierung seiner Maßfunktion zu begreifen.)

Zusammengefasst, steht die ausgeschlossene Geldware also in ihrer ersten Funktion für eine maßgebliche, ideell-übersinnliche Werteinheit (im Geld ist ein Maß ‚abgegeben'); in der zweiten Funktion als Tauschmittel hält das Geld die Waren auf praktische Weise an diese Werteinheit und realisiert dadurch das gesellschaftliche Verhältnis der Waren in Form ihrer Vermittlung (d. h. in Form des Austauschens und Zirkulierens der Waren); und unmittelbar in der Form dieser Realisierung wird die ideelle Einheit einerseits im Verhältnis der Waren eingelöst, andererseits verschwindet sie dadurch und wird zum blinden Fleck. Indes setzt Marx dieses Wesen der gesellschaftlichen Vermittlung, so wie Hegel das Wesen der Reflexion, zum *Schein* herab, und mit der Vermittlung wird auch die Realität des Wertverhältnisses der Waren zu einem Schein herabgesetzt. Hegels dialektischer Logik zufolge muss das Reflektieren ja *im* Begriff *sein*, d. h. es muss begriffen werden und im Selbstbezug des Begreifens aufgehoben werden, und auf analoge Weise muss das gesellschaftliche Verhältnis der Waren im Selbstbezug des Geldes als Kapital aufgehoben und in seiner Kapitalform ‚begriffen' sein. Um die gesellschaftliche Vermittlung der Waren und um das Wesen des Maßes als Tauschmittelfunktion zu begreifen, kommt mithin noch alles darauf an, den kapitalistischen Selbstbezug des Geldes zu entwickeln.

In diesem Vorausblick zeichnet sich bereits ab, dass die Arbeit auf eine Analogie in doppelter Hinsicht zielt. Sie zielt zum einen auf die Analogie, die in der *Entwicklung* des Begriffs und des Kapitals liegt, zum anderen auf die Analogie, die in der *Kritik* der Reflexionslogik und der Tauschlogik liegt. Diese doppelte Hinsicht zeichnet bereits Hegels und Marx' Darstellungsgang aus. So verbindet Hegel die Entwicklung des Begriffs mit einer Kritik der Reflexion, indem er zeigt, dass die Reflexion auf spekulative Weise die Identität von Denken und Sein voraussetzt, und diese Identität wird von der Reflexion auch realisiert. Aber das ist nur ein Schein, weil das negative Wesen der Reflexion diejenige Vernunft verwirklicht, die in der Trennung *und* in der Vermittlung zwischen Objektivität und Subjektivität liegt, und es ist die Vernunft dieses Widerspruchs einer trennenden Vermittlung, die Hegel durch den Begriff entwickelt und in dessen Selbstbezug aufhebt. Auf analoge Weise zeigt Marx, dass die Realisierung des gesellschaftlichen Verhältnisses eine Werteinheit zwar schon voraussetzt, und diese Werteinheit wird durch das Zirkulieren der Waren auch realisiert. Aber auch Marx setzt das zu einem Schein herab durch die Entwicklung eines Selbstbezugs, des Selbstbezugs des Geldes als Kapital.

Doch so analog diese Entwicklung ist, so unterschiedlich sind die jeweiligen Kategorien und Begriffe. So müssen Hegels Kritik der Reflexionslogik und des unmittelbaren Verstandesdenkens im Fall der kapitalistischen Ökonomie gefasst werden als Kritik eines bewusstlos-blinden Reflektierens des gesellschaftlichen Verhältnisses durch die Maß- und Tauschmittelfunktion des Geldes. Des Weiteren entspricht Hegels Entwicklung der Logik des Begriffs bei Marx der Entwicklung der Kapitalform des Geldes. Entsprechend betrifft Marx' Kritik des Verstandesdenkens und der Reflexionslogik zuerst das Geld und dessen blind-naturwüchsige Realisierung des gesellschaftlichen Verhältnisses durch Tausch und Zirkulation. Das Geld *gibt* das realisierte Verhältnis durch Werte *zu denken*, auch wenn diese Realisierung sich nicht ohne den Verstand vollzieht und insofern ebenso im Bewusstsein ist. Folgerichtig wird der blinde Fleck nicht, wie bei Hegel, durch eine Kritik des unmittelbaren Bewusstseins und des reflektierenden, aber darin sich selbst nicht begreifenden Verstandes ausgewiesen, jedenfalls nicht ‚zuerst'. In Marx' Kapitalismuskritik wird der blinde Fleck ausgewiesen, indem die Realisierung des gesellschaftlichen Verhältnisses durch Austausch und Zirkulation zu einem notwendigen Schein herabgesetzt wird, und der Schein wird durchsichtig gemacht, indem Zirkulation und Austausch vom kapitalistischen Selbstbezug des Geldes her begründet werden.

Und doch: Auch wenn Hegel einerseits den Verstand kritisiert und ihn andererseits zur absoluten Vernunft bringt, während Marx den Schein der einfachen Zirkulation kritisiert und andererseits die kapitalistische Verwertung einholt, so liegt doch in der „Kritik durch Darstellung" eine Analogie, und die Begriffe und Kategorien der einen Darstellung lassen sich in die andere ‚verschieben'. Beide zeigen, dass die Reflexion ein Maß voraussetzt, nämlich die spekulativ-ideelle Identität von Denken und Sein bzw. eine ideelle, reine Werteinheit; beide zeigen, dass das Maß, weil es unmittelbar *im* Reflektieren eingelöst werden muss, nicht als solches reflektiert werden kann und zum blinden Fleck werden muss; und beide machen das negative Wesen der Reflexion und ihre trennende Vermittlung schließlich als notwendigen Schein durchsichtig, indem sie zeigen, dass dieses Wesen der Reflexion von einer übergreifenden Bewegung her eintritt und den Selbstbezug des Geistes bzw. des Kapitals verwirklicht.

Indessen ist die Bedeutung, die dem Maß bei Hegel und Marx für eine „Kritik durch Darstellung" zukommt, vollkommen verkannt worden. Folgerichtig ist auch die Bedeutung des Maßes für eine kritische Darstellung der kapitalistischen Gesellschaft verkannt worden. Besonders eindrucksvoll lässt sich das für die Maßfunktion des Geldes nachweisen, dessen konstitutive Bedeutung für die kapitalistische Vergesellschaftung gerade dort nicht erkannt wurde, wo das Geld Thema sein müsste.

So konnte ausgerechnet der Marxismus mit Marx' Entwicklung der drei Bestimmungen des Geldes viele Jahrzehnte lang nichts anfangen, vor allem nicht mit seiner ersten Funktion als Maß. Schlimmer noch, der traditionelle Marxismus hat das Maß der Gesellschaftskritik in die Arbeit und in ihr Subjekt gelegt, nämlich in eine objektive, links-ricardianische Arbeitswertlehre sowie in das Klassenbewusstsein und in den Klassenkampf.

Doch nicht nur der traditionelle Marxismus musste den Gegenstand seiner Kritik: die kapitalistische Ökonomie, ohne Kritik des Geldes verfehlen. Dasselbe trifft bis heute ebenso auf die bürgerliche Ökonomietheorie zu. Auch sie hat die kapitalistische Ökonomie zum Gegenstand, aber auch sie hat ihren Gegenstand insofern von vornherein nicht begriffen, als sie eine Theorie der Ökonomie entwickelt, die letztlich *ohne* das Geld funktioniert.[14] Zumindest ist auch hier die Bedeutung des Maßes und der Messung für die kapitalistische Ökonomie vollkommen verkannt worden.

---

14 Hans-Georg Backhaus hat wiederholt darauf hingewiesen, dass die marxistische mit der bürgerlichen Ökonomietheorie die positivistische Verkürzung des Werts teilt und beide dadurch das Geld nominalistisch erledigen, vgl. u. a. ders.: Materialien zur Rekonstruktion der Marxschen Werttheorie I–IV. In: Ders.: *Dialektik der Wertform. Untersuchungen zur Marxschen Ökonomiekritik.* Freiburg: ça ira 1997, S. 67–298 (die „Materialien" wurden zuerst veröffentlicht in *Gesellschaft. Beiträge zur Marxschen Theorie*, Bde. 1, 3, 11.

Noch mehr als der traditionelle Marxismus und als die bürgerliche Ökonomietheorie verfehlt die christliche Religion ihren Gegenstand, aber auf eine treffende Weise. Dass sie in Gott, statt im Geld und in dessen kapitalistischer Bestimmung, das übersinnliche, überindividuelle und höchste Wesen sucht, die schöpferisch-produktive Kraft und die universelle Verbindung aller Menschen, das ist in der christlichen Religion nicht einfach Blindheit gegenüber ihrer Übereinstimmung mit den Funktionen des Geldes und seiner Kapitalbewegung. Die christliche Religion ließe sich vielmehr als das begriffslose Denken des Geldes und seiner Funktionen kritisieren. Der Glaube (an Gott) entspricht auf religiöse Weise einer kapitalistischen Gesellschaft, die durch das Geld auf bewusstlose Weise begriffen wird und die durch das Geld auf begriffslose Weise im Wissen ihrer Vergesellschaftung ist, und zwar so begriffen, dass an den Wert des Geldes geglaubt werden *muss*; wenn nicht bewusst, so doch im praktischen Handeln.[15]

Die Soziologie dagegen verfehlt ihren Gegenstand nicht auf eine solch treffende Weise. Sie ist nach eigenem Anspruch eine Abkehr von Religion, Metaphysik und Ontologie, und wo sie nach der Bedeutung des Geldes fragt, da fragt sie entsprechend ihres Selbstverständnisses nach seiner Bedeutung in der Wirtschaft oder in der Politik, in der Kultur oder in der Lebenswelt. Jedenfalls aber fragt sie nicht nach einem metaphysischen oder gar nach einem absoluten oder göttlichen Wesen des Geldes.

Es bietet sich allein schon wegen dieser allseitigen Blindheit gegenüber dem Geld und seiner Maßfunktion an, für Marx' Entwicklung der kapitalistischen Bestimmung des Geldes auf Hegels Methode zurückzugreifen, genauer auf ihren Anspruch, die Metaphysik zu kritisieren, aber dadurch nichts weniger zur Darstellung zu bringen als das Absolute.

Frankfurt am Main: Suhrkamp 1974ff.; die „Materialien IV", geschrieben 1978/79, wurden in der Reihe nicht veröffentlicht.)

15 Die Analogie zwischen der Idee Gottes und dem Kapital wird in der christlichen Religion gleichsam durchgeführt, nur eben in Form des Glaubens. Dem Zusammenhang von Religion und kapitalistischer Gesellschaft, besonders zwischen dem Geist des Kapitalismus und der Ethik des Protestantismus, hat Max Weber umfangreiche religionssoziologische Untersuchungen gewidmet, vgl. ders.: *Religion und Gesellschaft. Gesammelte Aufsätze zur Religionssoziologie.* Frankfurt am Main: Zweitausendeins 2006. Inspirierend hat neben Webers großer Studie das kurze Fragment über „Kapitalismus als Religion" von Walter Benjamin gewirkt, geschrieben 1921, abgedruckt in ders.: *Gesammelte Schriften*, Bd. VI. Frankfurt am Main: Suhrkamp 1985, S. 100–103; vgl. dazu auch die Beiträge des Sammelbandes von Dirk Baecker (Hrsg.): *Kapitalismus als Religion*. Berlin: Kadmos 2003; Uwe Steiner: Kapitalismus als Religion. Anmerkungen zu einem Fragment Walter Benjamins. In: *Deutsche Vierteljahrsschrift für Literaturwissenschaft und Geistesgeschichte* 72 (1998), S. 147–171; Giorgio Agamben: *Profanierungen*. Frankfurt am Main: Suhrkamp 2005; Rudolf Thiessen: Kapitalismus als Religion. In: *PROKLA. Zeitschrift für kritische Sozialwissenschaft* 96 (1994), S. 400–418. Bislang leider nicht übersetzt Samuel Weber: *Benjamin's Abilities*. Cambridge, MA/London: Harvard University Press 2008, S. 250–280; allgemein zu Kapitalismus und Religion vgl. Philip Goodchild: *Capitalism and Religion. The Price of Piety*. London/New York: Routledge 2002; Christoph Deutschmann: *Die Verheißung absoluten Reichtums. Zur religiösen Natur des Kapitalismus*. Frankfurt am Main/New York: Campus 2001, bes. S. 104ff.; zum Gebrauch religiöser Bilder bei Marx und Engels vgl. Reinhard Buchbinder: *Bibelzitate, Bibelanspielungen, Bibelparodien, theologische Vergleiche und Anspielungen bei Marx und Engels*. Berlin: Erich Schmidt 1976.

Doch obwohl das Geld in eine Entsprechung zum Absoluten gebracht wird, ist der Anspruch der Analogie bescheiden. Die Analogie soll lediglich zeigen, wie eine kritische Darstellung der kapitalistischen Gesellschaft möglich ist, und durch die Kritik des Maßes den Einstieg in eine solche Darstellung eröffnen. Allerdings enthält die Entwicklung des Maßes, und mit ihr die Analogie von Geist und Kapital, weitreichende Implikationen. Oder vielmehr lassen sich umgekehrt die verschiedenen Anforderungen, die an eine Kritik der bürgerlich-kapitalistischen Gesellschaft gestellt werden müssen, in der Entwicklung des Maßes zusammenfassen und durch eine Analogie von Geist und Kapital, wenn auch nicht einer Lösung, so doch einer Radikalisierung zuführen. Die Implikationen des Maßes und der Analogie von Geist und Kapital werden im ersten Abschnitt expliziert und dann im Zuge der Arbeit entfaltet:

1) Die wichtigste Implikation der Analogie ist gar keine Implikation, sondern betrifft ihren Status. Es ist schlechthin entscheidend, die Analogie nicht als Begründungszusammenhang, sondern tatsächlich als *bloße* Analogie zu begreifen. Es geht darum, zwei Methoden der Kritik durch ihre beiden Darstellungen, Geist und Kapital, sich ausweisen zu lassen. Geist und Kapital stehen in keinem Ableitungs- oder Begründungsverhältnis, sie begründen allein sich selbst, und *darin* entsprechen sie sich.
2) Hegel und Marx zeigen in der *Wissenschaft der Logik* bzw. im *Kapital*, wie sich Objektivität konstituiert, und zwar allein dadurch konstituiert, dass das (gesellschaftliche) Sein maßgeblich für sich selbst sein gelassen wird. Und weil das Sein Bestimmung durch nichts als sich selbst finden muss, kann oder vielmehr *muss* es als Selbstverhältnis reflektiert werden, eben als: Objektivität. Für diese Begründung von Objektivität beanspruchen Hegel und Marx zwar einen wissenschaftlichen Status, d. h. beide treten mit dem Anspruch auf zu begründen, wie sich (gesellschaftliche) Objektivität mit derselben Notwendigkeit und Allgemeinheit konstituiert, die auch die Naturwissenschaft für ihren Gegenstand, die Natur, beansprucht.[16]

---

16 Für Hegel muss die Darstellung der Wissenschaft ihrerseits wissenschaftlich sein und auch die Naturwissenschaft einschließen. „Die wahre Gestalt, in welcher die Wahrheit existiert, kann allein das wissenschaftliche System derselben sein." (Georg Wilhelm Friedrich Hegel: *Phänomenologie des Geistes*. *Werke*, Bd. 3. Frankfurt am Main: Suhrkamp 1986, S. 14; im Folgenden *PhdG*.) Einen ähnlich umfassenden Anspruch verfolgt Marx, wenn er im Vorwort zur ersten Auflage des *Kapital*s sagt, es sei „[…] der letzte Endzweck dieses Werks, das ökonomische Bewegungsgesetz der modernen Gesellschaft zu enthüllen […]." (*Kapital I*, S. 25–26.) „Einen Menschen aber, der die Wissenschaft einem nicht aus ihr selbst (wie irrtümlich sie immer sein mag), sondern *von außen*, ihr *fremden, äußerlichen Interessen* entlehnten Standpunkt zu *akkomodieren* sucht, nenne ich *‚gemein'*." (Karl Marx: *Theorien über den Mehrwert. Zweiter Teil. MEW*, Bd. 26.2, S. 112; im Folgenden *ThM II*.) Im Zuge der Herausgabe der Marx-Manuskripte im Rahmen der zweiten *MEGA*-Edition hat sich gezeigt, dass Marx sich nach seiner Auseinandersetzung mit der Philosophie und nach seiner langjährigen Beschäftigung mit der politischen Ökonomie gegen Ende seines Lebens verstärkt der Naturwissenschaft zugewandt hat, insbesondere der Chemie, aber auch der Mathematik, der Geologie und der Physiologie, vgl. Karl Marx: *Exzerpte und Notizen zur Geologie, Mineralogie und Agrikulturchemie, März bis September 1878. Marx-Engels-Gesamtausgabe (MEGA) IV/31*. Berlin: Dietz 1975–1993 / Akademie 1998ff. Die Gründe dafür liegen im Dunkeln. Geht man davon aus, dass Marx seine Kritik der politischen Ökonomie ohnehin an der Strenge naturwissenschaftlicher Verfahren orientiert hat, und geht man des Weiteren davon aus, dass sein Interesse für die Gesellschaftskritik ungebrochen war, liegt die Vermutung nahe, dass er sich

Gleichwohl begründen beide die Objektivität durch eine *kritische Darstellung*, und diese Darstellung impliziert auch eine Kritik der Methode der Naturwissenschaft. Der Status ihrer Dialektik ist auch darin analog, die Dialektik gleichsam zwischen Wissenschaft und Kritik zu situieren und von hier aus auch die Auseinandersetzung mit der Naturwissenschaft zu führen. Die Entwicklung des Zusammenhangs von Maß und Objektivität enthält dadurch eine Grundlegung der Wissenschaft *und* eine implizite Kritik, *und* beides, Grundlegung und implizite Kritik, tritt selbst wissenschaftlich auf.[17]

Wenn aber der wissenschaftliche Anspruch auch eine umfassende Kritik der Wissenschaft einschließt, so kommt das der Begründung eines anderen, widersprüchlichen Wissenschaftstyps gleich. So geht in Hegels *Wissenschaft der Logik* die Entwicklung einer *dialektischen* Logik mit einer umfassenden Kritik an der formalen Logik, am abstrakten Verstandesdenken, an der Begriffslosigkeit der Naturwissenschaft sowie an Kants transzendentaler Grundlegung der Logik einher. Auch Marx' wissenschaftliche Entwicklung der kapitalistischen Ökonomie geht mit einer solch radikalen und umfassenden Kritik der Wissenschaft einher. Er orientiert einerseits seine Entwicklung der Politischen Ökonomie an der Wissenschaft, und zwar auch an der Naturwissenschaft, zugleich kritisiert er aber durch dieselbe Entwicklung auch die ökonomische Wissenschaft seiner Zeit.

3) Beide machen die eigentümliche Verschränkung, dass die wissenschaftliche Entwicklung des Geistes bzw. des Kapitals mit einer impliziten Kritik an der bestehenden Wissenschaft einhergehen muss, am Maß fest. Die Wissenschaft ihrer Zeit übersah nämlich, dass das Maß diejenige Trennung in Objekt und Subjekt eröffnet, welche die Wissenschaft im strengen, neuzeitlichen Sinne erst möglich macht. So zeigt Hegel gleich am Anfang der *Phänomenologie des Geistes* (PhdG), dass das Bewusstsein sich durch sein Selbstbewusstsein in aller Erfahrung des Gegenstandes zugleich an sich selbst hält, sodass im Selbstbewusstsein das gemeinsame Maß für Bewusstsein *und* Gegenstand gefunden ist und das Bewusstsein seine Identität als Subjekt des Wissens erhält. Die *Wissenschaft der Logik* (WdL) zeigt dann

---

von der Naturwissenschaft Anregungen für eine angemessene Darstellung der Ökonomie erhofft hat. Vielleicht hat er sogar nach dem Gemeinsamen verschiedener „Ökonomien" gesucht. Vielleicht hat er nach Übereinstimmungen und Analogien gesucht zwischen der kapitalistischen Ökonomie und dem (evolutionären) Selbstorganisationsprinzip, den Kreisläufen und den Gleichgewichtszuständen in der Natur (freilich nicht im Sinne einer „Dialektik der Natur" im Sinne Engels). Zur Diskussion vgl. die Beiträge in dem Heft *Karl Marx und die Naturwissenschaft im 19. Jahrhundert. Beiträge zur Marx-Engels-Forschung. Neue Folge* 2006; Hans Jörg Sandkühler: Wissenschaftliches Weltbild und Rationalität empirischer Philosophie. Der Theorietypus Marx und die epistemologische Bedeutung der Naturwissenschaften. In: *Dialektik. Enzyklopädische Zeitschrift für Philosophie und Wissenschaften* 2 (1991), S. 43–60.

17 Zum Status der Marx'schen Kritik und zu ihrer Auseinandersetzung mit der Hegel'schen Dialektik vgl. Andreas Arndt: Zwischen Philosophie und Wissenschaften. Zur Ortsbestimmung der Dialektik im Bruch von Hegel zu Marx. In: *Hegel-Jahrbuch* 1992, S. 89–97; zu Marx' Materialismusbegriff vgl. ders.: Der Begriff des Materialismus bei Marx. In: Kurt Bayertz / Walter Jaeschke / Myriam Gerhard (Hrsg.): *Weltanschauung, Philosophie und Naturwissenschaft im 19. Jahrhundert*, Bd. 1: Der Materialismusstreit. Hamburg: Meiner 2007, S. 260–274.

im ersten Buch über die Logik des Seins, dass auch die Objektivität ihre Identität erhält, indem sie an nichts als sie selbst gehalten wird und darum maßgeblich für sie selbst sein muss; dass die Objektivität maßgeblich sein muss für sie selbst, ist der *Begriff* der Objektivität. Marx zeigt am Anfang des *Kapitals* Bd. I, dass die Resultate der kapitalistischen Produktionsweise, die Waren, durch das Geld in Form des Austauschs an eine maßgebliche Werteinheit gehalten werden; die Realisierung der Waren durch diese maßgebliche Einheit konstituiert gesellschaftliche Objektivität, während das Geld zum Subjekt der Realisierung wird.

4) Für Hegel ergibt sich aus der Aufgabe, in der Entwicklung der dialektischen Logik eine Kritik *und* eine wissenschaftliche Begründung der (Natur-)Wissenschaft durchzuführen, geradezu zwangsläufig, eine übergreifende Vernunft zu begründen und dadurch das Verstandesdenken und die Reflexionslogik zu überwinden oder vielmehr beide von ihrer Überwindung her zu denken. Für Marx' Kritik der politischen Ökonomie ergibt sich die Notwendigkeit einer *Einheit von Gesellschafts- und Erkenntniskritik*, und auch hier muss die Kritik das Übergreifende von Objektivität und Subjektivität entwickeln und dabei das reflektierende Verstandesdenken einer Kritik unterziehen. Dadurch wird zwar nicht eine übergreifende Vernunft begründet. Aber die Einheit *und* die Trennungen, der innere Zusammenhang *und* die Brüche und Krisen der Gesellschaft werden von einer ebenso produktiven wie überindividuellen und unverfügbaren Verwertungs- und Reproduktionsweise her begründet.

Nach dem bisher Gesagten versteht es sich von selbst, sowohl in Hegels Entwicklung des absoluten Geistes als auch in Marx' Entwicklung des Kapitals keine geschichtliche, sondern eine logisch-systematische Begründung sowie eine kategoriale Kritik zu sehen und auch ihre Analogie einer solchen Darstellungsweise zuzuführen. Doch auch wenn die Logik des Geistes und des Kapitals durch eine geschichtliche Rekonstruktion nicht zu begründen sind, ihrer Logik vielmehr nur eine kategoriale Kritik angemessen ist, so muss doch die Logik des Geistes wie des Kapitals nicht zuletzt darin bestehen, die Notwendigkeit des *geschichtlichen* Werdens zu begründen. Die Logik des Geistes und des Kapitals (vielleicht sogar der *Mangel* ihrer Logik) besteht darin, so wird am Ende der vorliegenden Arbeit zu zeigen sein, nicht ohne Zeit aufzugehen. Das eigentliche Analogon zwischen dem absoluten Geist und dem Kapital wird die Notwendigkeit einer zeitlichen ‚Lösung' oder ‚Einlösung' der Logik sein: Das Logische des Geistes und das Logische der kapitalistischen Ökonomie ergibt sich aus einem Rechnen mit der *Identität der Zeit*. Oder vielmehr ist es nichts als dieses Rechnen selbst, durch das die Zeit eintritt und identisch gehalten wird: Geist und Kapital müssen genau die Zeit mit sich bringen, mit der sie durch das Selbstbewusstsein und den Begriff bzw. durch das Geld zugleich rechnen.

Die Aufgabe der Arbeit wird sein, durch die Analogie von Selbstbewusstsein und Begriff einerseits (Hegel) und Geld andererseits (Marx) eine analoge *Ökonomie der Messung* zu entwickeln. Die eigentliche Analogie wird darin bestehen, dass sich der Geist und die kapitalistische Gesellschaft methodisch entwickeln, indem sie im Selbstbewusstsein und im Begriff bzw. im Geld ein Maß haben, durch das mit der Identität der Zeit gerechnet wird.

2. Die Durchführung der Arbeit. Der Kritische Marxismus und die Suche nach dem Maß der Kapitalismuskritik

Der erste Abschnitt stellt zunächst noch einmal ausführlich die Bedeutung des Maßes für eine „Kritik durch Darstellung" und für eine *immanente* Kritik heraus und bereitet dadurch die Analogie zwischen absolutem Geist und Kapital vor.

Die eigentliche Entwicklung des Maßes wird dann in drei Etappen in den folgenden Abschnitten II, III und IV in Angriff genommen. Die erste Etappe setzt das Geld ins Verhältnis zum Selbstbewusstsein der *Phänomenologie des Geistes*; die zweite Etappe entwickelt das Maß durch eine Analogie zwischen Hegels Seinslogik aus der *Wissenschaft der Logik* und der Marx'schen Analyse der Wertform der Ware aus dem *Kapital* Bd. I; und in der dritten Etappe wird mittels einer Analogie zwischen der Entwicklung des Wissens durch den Begriff (*WdL*) und der Entwicklung der Verwertung des Werts durch das Geld (*Kapital*) gezeigt, dass das Maß im Messen in seinen Grund zurückgehen und sich darum ebenso entwickeln muss wie das Gemessene. Diese Verschränkung zwischen dem Maß und dem Gemessenen wird den Messprozess schließlich im Abschnitt V in eine Ökonomie der Zeit überführen.

Die Analogie zwischen dem Selbstbewusstsein und dem Begriff bei Hegel und dem Geld bei Marx soll in den drei Etappen jedoch nicht direkt angegangen werden. Das wäre eine zu gewaltige Aufgabe und käme trotz des hinführenden ersten Abschnitts zu unvermittelt. Die Analogie soll dort aufgenommen werden, wo sie bereits vorbereitet wurde – vorbereitet in der doppelten Hinsicht, dass einerseits Marx' *Kapital* als Kritik der Form gesellschaftlicher Vermittlung begriffen und in der Warenform der Einstieg in diese Vermittlung gesucht wurde und dass andererseits die warenförmige Vermittlung ins Verhältnis zum Kritikbegriff von Kant und Hegel gesetzt wurde. Die drei Etappen werden in drei großen Entwürfen der Kapitalismuskritik situiert und über die dort entwickelten Fragestellungen eingeführt. Die drei großen Entwürfe kommen von Georg Lukács, Theodor W. Adorno und Alfred Sohn-Rethel. Warum diese drei?

Es ist ein gemeinsames Problembewusstsein, das den Grundzug der Gesellschaftskritik von Lukács, Adorno und Sohn-Rethel auszeichnet, nämlich die Notwendigkeit, Kapitalismuskritik als Einheit von Gesellschafts- und Erkenntniskritik durchzuführen. Ebenfalls gemeinsam ist ihnen der Versuch, diese Einheit durch eine Kritik der Warenform durchzuführen und in der Kritik den Konstitutionszusammenhang zu treffen zwischen der – wie immer auch irrationalen oder bewusstlosen – bürgerlichen Subjektivität und der – wie immer auch verdinglicht oder verkehrt sich darstellenden – kapitalistischen Objektivität. Alle drei zielen darauf, dass die Warenform als konstitutiv für eine spezifisch kapitalistische Objektivität *und* für eine spezifisch kapitalistische Subjektivität reflektiert werden müsse und darum als Form gesellschaftlicher Totalität zu entwickeln sei. Und weil die Warenform als konstitutiv für die Form der Gegenständlichkeit von Objektivität und Subjektivität reflektiert werden muss, darum kann das Subjekt in der Kritik der Warenform die eigenen Erkenntnis- und Konstitutionsbedingungen zum Gegenstand machen. Lukács, Adorno und Sohn-Rethel folgen hier derjenigen Herausforderung, die bereits Kant, Hegel und Marx angenommen haben: dass die Kritik durch die Darstellung und Entwicklung des Kritisierten ebenso sich selbst begründen muss. Lukács, Adorno und Sohn-Rethel kommen dieser Selbstbegründung nach, indem sie ausweisen, dass in der bürgerlich-kapitalistischen Gesellschaft auch das Bewusstsein warenförmig bestimmt sein muss, und zwar *auch* das kritische Bewusstsein. Wenn die Erkenntnisweise und das Bewusstsein von derselben Warenform bedingt werden, die zur Kritik ansteht, *muss* die Kritik der Warenform auch eine zumindest implizite Erkenntnis- und Subjektkritik sein – und auf diese vertrackte Weise holt die Kritik durch die kritisierte Warenform sich selbst ein und gibt sich eine Begründung.

Alle drei wollen aber auch dasjenige treffen, was der warenförmigen Vermittlung entgeht und über sie hinausweist; und hieraus soll sich der eigentliche Standpunkt der Kritik ergeben.

Die erste Kritik beschäftigt sich mit Georg Lukács. Wenn es so etwas wie eine Initialzündung für den Kritischen Marxismus[18] gegeben hat, dann war es der Sammelband *Geschichte und Klassenbewußtsein* von 1923. Insbesondere der berühmte Aufsatz

---

18 Damit ist im Folgenden derjenige Marxismus gemeint, der sich in bewusster Abgrenzung vom traditionellen Marxismus – insbesondere vom Sowjetmarxismus und vom Marxismus-Leninismus – in den meisten westlichen Industrienationen und ansatzweise auch in Osteuropa entwickelt hat. Er wurde ‚vorbereitet' durch den sog. Westlichen Marxismus, der in Deutschland auf Georg Lukács, Karl Korsch und die Kritische Theorie, aber auch auf Ernst Bloch und Alfred Sohn-Rethel zurückgeht. Der Kritische Marxismus (im Englischen meist: Heterodoxer Marxismus) fand seinen Durchbruch in einer neuen Marx-Diskussion, die in den 1960er Jahre nahezu weltweit anhob. Er unterscheidet sich dadurch auch vom Begriff „Neomarxismus", der in der Regel die Erneuerung nach 1945 meinte. In Frankreich war der Kritische Marxismus zunächst vom Existenzialismus und von der Phänomenologie beeinflusst (Lucien Goldmann, Maurice Merleau-Ponty, Henri Lefebvre, Jean-Paul Sartre u. a.), in den 1960er Jahren dann hauptsächlich vom Strukturalismus (Louis Althusser, Jacques Rancière, Étienne Balibar u. a.). In Italien entwickelte sich ein Kritischer Marxismus über die Schriften von Antonio Gramsci, Galvano della Volpe, Lucio Colletti und in den 1960er Jahren dann im Umfeld des Operaismus (Mario Tronti, Raniero Panzieri, Sergio Bologna u. a.), der heute weitgehend vom Post-Operaismus abgelöst worden ist (Antonio Negri, Paolo Virno, Maurizio Lazzarato u. a.). „Westlicher Marxismus" wird im Folgenden verwendet (zuerst von Merleau-Ponty benutzt und nicht zu verwechseln mit dem Euromarxismus der 1970er Jahre), wenn der Schwerpunkt auf die Diskussion vor '68 gelegt werden soll. Zur näheren Bestimmung und zur Geschichte vgl. Jan Hoff: *Marx Global*. Berlin: Akademie 2009; Diethard Behrens: *Westlicher Marxismus*. Stuttgart: Schmetterling, im Erscheinen; Perry Anderson: *Über den westlichen Marxismus*. Frankfurt am Main: Suhrkamp 1978; Andreas von Weiss: *Neomarxismus. Die Problemdiskussion im Nachfolgemarxismus der Jahre 1945 bis 1970*. Freiburg/München: Alber 1970; speziell zur BRD Ingo Elbe: *Marx im Westen. Die neue Marx-Lektüre in der Bundesrepublik seit 1965*. Berlin: Akademie 2008; allgemein zur Geschichte des Marxismus vgl. Predag Vranicki: *Geschichte des Marxismus*, 2 Bde. Erw. Taschenbuchausgabe. Frankfurt am Main: Suhrkamp 1983.

Die Verdinglichung und das Bewußtsein des Proletariats war mehr als ein Aufsatz, er war ein Ereignis: Einerseits fällt er aus den marxistischen Schriften der damaligen Zeit, aber auch aus Lukács' gesamtem eigenen Werk heraus, andererseits ist er zum Ausgangspunkt einer Absetzbewegung vom traditionellen Marxismus und seines Modus der Kritik geworden. Der Verdinglichungsaufsatz wird daher in der Auseinandersetzung mit Lukács im Mittelpunkt stehen.

Obwohl später zum gewöhnlichen Marxisten-Leninisten geworden, gebühren dem jungen Lukács des Verdinglichungsaufsatzes eine Reihe bleibender Verdienste. Lukács war der erste, der nach Marx die Kritik der Warenform in den Mittelpunkt der Gesellschaftskritik und in den Umkreis philosophischer Problemstellungen gestellt hat; er war der erste, der nach Marx die ökonomischen Kategorien wieder als Kategorien gesellschaftlicher Totalität entwickelt hat; und er war der erste, der die positivistischen und geschichtsmetaphysischen Vorstellungen im Marxismus seiner Zeit mit dem Problem der *gesellschaftlichen Form der Vermittlung* konfrontiert hat, mit der Vermittlung sowohl der Arbeit als auch des Bewusstseins durch die Warenform. So stellte sich in Lukács' Kritik der Warenform nahezu zwangsläufig die Einheit von Gesellschafts- und Erkenntniskritik ein.

Doch die Auseinandersetzung mit Lukács' Verdinglichungsaufsatz steht nicht am Anfang der vorliegenden Arbeit wegen dessen kaum zu überschätzenden Bedeutung für die – wenn auch oft untergründige oder sogar geleugnete[19] – Entwicklung eines Kritischen Marxismus. Sie muss an den Anfang gestellt werden, weil hier die Idee des Kommunismus ihre vielleicht bis heute schärfste Zuspitzung erhalten hat. Lukács' Idee des Kommunismus ist, kurz zusammengefasst, dass die warenförmige Vermittlung der Arbeit in ihrem Subjekt reflexiv werden kann, sodass die gesellschaftliche Totalität als entfremdete und verdinglichte zu Bewusstsein kommt. Ja, es ist die gesellschaftliche Totalität selbst, die, wenn die Arbeitskraft sich selbst als Objekt und Gebrauchswert für das Kapital erkennt, darum zu sich kommt und ihre Entfremdung überwindet. Lukács hat das Fürsichwerden der gesellschaftlichen Totalität im Selbstbewusstsein der Ware Arbeitskraft auf die berühmte Formel eines „identischen-Subjekt-Objekts der Geschichte" gebracht. Diese Formel enthält nicht weniger als eine Kritik des Kapitalismus *und* die Idee seiner kommunistischen Revolutionierung *und* die Bestimmung eines revolutionären Subjekts.

Die Kritik an Lukács' „identischem Subjekt-Objekt der Geschichte" gehört also an den Anfang der Arbeit, weil hier die Idee des Kommunismus zum wohl bislang letzten Mal eine große systematische und positive Bestimmung erhielt. Vielleicht steht sogar *die* Idee des Kommunismus auf dem Spiel. Die Kritik an Lukács jedenfalls wird zeigen

---

19 Vgl. dazu Dossier: Geschichte und Klassenbewußtsein heute, Teil 1. In: *Jahrbuch der Internationalen Georg-Lukács-Gesellschaft* 3 (1998/99), S. 13–89 u. Dossier: Geschichte und Klassenbewußtsein heute, Teil 2. In: *Jahrbuch der Internationalen Georg-Lukács-Gesellschaft* 4 (2000) S. 9–129; speziell zur Bedeutung von Lukács für die Kritische Theorie vgl. Dossier: Georg Lukács und Theodor W. Adorno, Teil 1. In: *Jahrbuch der Internationalen Georg-Lukács-Gesellschaft* 8 (2004), S. 65–180; Dossier: Georg Lukács und Theodor W. Adorno, Teil 2. In: *Jahrbuch der Internationalen Georg-Lukács-Gesellschaft* 9 (2005), S. 55–189.

müssen, warum selbst dann, wenn die Arbeiterklasse mit einem kollektiven Bewusstsein auf ihr produktives Vermögen zur Selbstobjektivierung reflektieren könnte, kein Sozialismus darin wird gründen können. Vielmehr ist zu zeigen, dass für Lukács' Idee einer kommunistischen Revolutionierung des Kapitalismus die besondere Ware Arbeitskraft die Funktionen der universellen Ware Geld übernehmen müsste. Das Proletariat müsste durch sein Selbstbewusstsein zu genau dem Totalitätsbewusstsein kommen, das bereits der Kapitalismus auf bewusstlose Weise im Geld für sich hat – das Geld kommt Lukács' Idee eines identischen Subjekt-Objekts gleichsam zuvor. Die immanente Kritik an Lukács steht dadurch vor einer doppelten Aufgabe: Einerseits muss sie nachweisen, dass das Geld in Lukács' Kritik der Warenform übergangen wird, andererseits muss sie zeigen, dass er in der Idee des identischen Subjekt-Objekts der Geschichte auf eine Art Geldwerdung der Ware Arbeitskraft spekuliert.

Die zweite Etappe widmet sich Theodor W. Adorno. Auch er hat die Kritik der Warenform in den Kreis philosophischer Fragen gestellt und dabei auf Hegel und Kant zurückgegriffen, und auch er hat dabei eine Einheit von Erkenntnis- und Gesellschaftskritik verfolgt und sie als immanente Kritik der positivistischen Verkürzungen der Marx'schen Gesellschaftskritik durch den traditionellen Marxismus angelegt. Vor diesem gemeinsamen Hintergrund soll allerdings eine radikale Abkehr gezeigt werden. Wollte Lukács noch die Irrationalität kapitalistischer Vermittlung durch die Idee eines identischen Subjekt-Objekts der Geschichte revolutionär überwinden und die Ansprüche des deutschen Idealismus und der wissenschaftlichen Rationalität geradezu einlösen, so wendet sich Adorno von genau solchen Ansprüchen ab. Er sieht mithin in einer anderen, kommunistischen Gesellschaft auch nicht die praktische Einlösung solcher Ansprüche. Er kritisiert im Gegenteil die Identifizierung *als solche*, sei sie geistig-begrifflich, sei sie wissenschaftlich rational oder sei sie die einer unbewussten warenförmigen Praxis. Eine andere Gesellschaft erwartet Adorno nicht von der endgültigen *Ein*lösung der Identität von Objektivität und Subjektivität, sondern eher durch die *Er*lösung vom Zwang ihrer Identifizierung.

Adorno vollzieht diese Abkehr durch die Entwicklung einer negativ-zurückhaltenden Dialektik. Wo Lukács vom Selbstbewusstsein der Ware Arbeitskraft noch die Aufhebung warenförmiger Vermittlung von Objektivität und Subjektivität erwartete, da beschränkt sich Adorno darauf, das Identifizieren der Dinge durch die Warenform, aber auch durch den Begriff als eine gewaltsame, herrschaftliche Synthesis sowie als unwahr gegenüber dem Identifizierten zu kritisieren, und dieser Unwahrheit gibt er mit dem Begriff des Nicht-Identischen einen Namen.

Durch Adornos Abkehr von Lukács' emphatischer, aufhebender Dialektik steht auch die Kritik an Adorno vor einer im Vergleich zu Lukács umgekehrten Aufgabe. Es geht nicht mehr darum, diejenige Identifikation von Objektivität und Subjektivität zu kritisieren, die Lukács vom Selbstbewusstsein des Proletariats erwartet. Es geht nun um eine Kritik an Adornos Kritik der Identifikation durch den Begriff und den Tauschwert.

Trotz ihrer gegensätzlichen Ausrichtung teilen Lukács und Adorno aber denselben blinden Fleck: Beide übersehen in ihrer Kritik warenförmiger Vermittlung das Geld. Wie zuvor in der Kritik an Lukács gilt es daher, zunächst an die zentrale Idee in Adornos Kritik der Warenform anzuschließen, um dann durch eine immanente Kritik den blinden Fleck des Geldes einzuholen. Für die immanente Kritik gilt es, Adornos Idee zu bewahren, dass beide, die begriffliche und die tauschwertige Vermittlung, gleichermaßen eine Identifikation der Objektivität durchführen und dass sie dadurch gleichermaßen zum Subjekt der Vermittlung aufsteigen. Zu bewahren gilt es die Idee einer solchen Entsprechung zwischen Begriff und Tauschwert jedoch auch vor Adorno selbst, nämlich vor seiner subsumtionslogischen Auslegung von Vermittlung und von Identifikation. Zudem ist es nicht, wie Adorno meint, der Tauschwert, der in Entsprechung zur begrifflichen Identifikation gebracht werden muss, sondern das Geld. Doch weder das Geld noch der Begriff, so wird durch ihre Analogisierung zu zeigen sein, identifizieren etwas *als* etwas in der von Adorno kritisierten Weise. Objektivität wird nicht durch Abstraktion und nicht durch eine subsumierende und reduzierende Synthesis erzeugt, ebenso wenig geht eine Hypostase des Subjekts daraus hervor. Es wird im Gegenteil zu zeigen sein, dass die Subjektivität des Geldes und des Begriffs auf analoge Weise darin gründet, die Objektivität ein Selbstverhältnis *sein zu lassen*. Beide lassen die Objektivität ein Selbstverhältnis sein, das bewusstlos die eigene Bestimmung unmittelbar *an-sich* treffen muss – und eben *das* heben Begriff und Geld in ihrem Selbstbezug auf.

Die dritte Etappe würdigt Alfred Sohn-Rethel. Auf ihn trifft dasselbe zu wie auf Lukács und Adorno, d. h. auch er hat die Warenform in einen philosophischen Kontext gestellt und auf eine Einheit von Gesellschafts- und Erkenntniskritik gezielt (wobei allerdings weniger Hegel, dafür umso mehr Kant den Kontext abgibt), und auch er hat das als implizite Kritik am traditionellen Marxismus verstanden. Dabei nimmt Sohn-Rethel eine Position zwischen Lukács' kritischem Marxismus-Leninismus und Adornos Kritischer Theorie ein. Genauer gesagt, kommt diese Mittelstellung Sohn-Rethels Kritik der Warenform zu: Sie steht in systematischer Hinsicht genau zwischen Lukács, der die Aufhebbarkeit der kapitalistischen Gesellschaft positiv bestimmen und revolutionär überbieten will, und Adornos Abkehr davon. Diese systematische Mittelstellung ergibt sich aus Sohn-Rethels großer Idee: Er will – im Anschluss an Kants Vernunftkritik – die Möglichkeit reiner Erkenntnis *und* die Möglichkeit reiner Vergesellschaftung auf ein und dieselbe warenförmige Vermittlung zurückführen. Beide, reine Erkenntnis mit objektiver Geltung im Sinne der Naturwissenschaft und eine rein gesellschaftliche Objektivität, beide sind *möglich*, und beide sind aus demselben Grund möglich: Beide gründen in einer „realen Abstraktion" (Sohn-Rethel), der Realabstraktion des Tauschakts, die zum Austausch der Dinge als – im Kant'schen Sinne des Worts – empirisch *reiner* Werte notwendig ist. Diese Realabstraktion wird in der verstandesmäßigen Synthesis des Denkens und in der praktischen Synthesis des Warentauschs gleichermaßen in Geltung gesetzt, und die dadurch gewonnene Einheit von Warenform und Denkform bringt die Dinge in der Theorie wie in der Praxis objektiv gültig zur Erscheinung. Durch die Einheit von Warenform und Denkform will Sohn-Rethel zwar nicht, wie Lukács, Hegels absoluten Geist durch die gesellschaftliche Praxis und die produktive Kraft des Proletariats einlösen; er will Hegels absoluten Geist aber auch nicht, wie Adorno, durch ein Nicht-Identisches durchbrechen. Stattdessen will er das Kant'sche Transzendentalsubjekt mit der Wertform identifizieren und dadurch den *gesellschaftlichen* Ursprung transzendentaler Subjektivität begründen. Entsprechend muss die Kritik an Sohn-Rethel es mit seinem Versuch aufnehmen, Kants transzendentaler, verstandesmäßiger Grundlegung der Vernunft eine noch radikalere, gesellschaftliche Grundlegung durch die Realabstraktion zu geben.

Für Sohn-Rethel gilt indes noch mehr als für Lukács und Adorno, dass er die Größe seiner erkenntniskritischen Fragen in kein adäquates Verhältnis zur Kritik der Warenform hat setzen können, weil er in der Warenform das Geld nicht gesehen hat. Gegen Sohn-Rethel soll gezeigt werden, dass die erkenntniskritischen Implikationen der Marx'schen Wertformanalyse nicht, wie Sohn-Rethel das versucht hat, im Subjekt der Tauschhandlung zu bergen sind – sondern im Geld. Es ist *nicht* der Warentausch, der, wie Sohn-Rethel annimmt, paradoxerweise im Vermögen des Verstandes und in dessen Synthesis eine Erkenntnisweise in Kraft setzt, der die eigene Gesellschaftlichkeit und die eigene gesellschaftliche Funktion unbewusst bleiben. Stattdessen ist es in logischer Hinsicht ‚zuerst' das Vermögen des Geldes, das gesellschaftliche Verhältnis der Arbeiten und der Waren bewusstlos in Form des Austauschs zu realisieren und durch bestimmte Werte zu ‚erkennen'. Das Geld realisiert als Maß des Werts und in Form des Austauschs wie in einer bewusstlosen Reflexion auf rein quantitative Weise genau dasjenige rein gesellschaftliche Verhältnis, das es zugleich vermittelt und dadurch dem Verstand einerseits zu denken gibt und andererseits zu berechnen *erspart*. Mehr noch, in Form des Austauschs der Waren wird eine *produktive Kraft* realisiert, nämlich die produktive Kraft der Verwertung von Arbeit und Kapital. Die Einheit von Warenform und Denkform, die Sohn-Rethel begründen will, wird durch das Geld und die Verwertung gleichsam überboten, und diese Überbietung gilt es mithilfe der Hegel'schen Logik zu zeigen: Statt das von Kant analysierte reine Verstandesvermögen auf die Warenförmigkeit des Austauschs zurückzuführen, gilt es, die Verwertung des Werts als die „automatische" (Marx) Subjektivität des Geldes zu entwickeln, und hierbei gilt es nicht, Kants Erkenntniskritik zu ‚vergesellschaften', sondern Hegels *Kritik* der Erkenntniskritik.

Diese ‚Vergesellschaftung' der Hegel'schen Erkenntnis- und Vernunftkritik soll im Anschluss an die drei Etappen in Angriff genommen werden. Dafür gilt es, mithilfe der Analogie zwischen dem absoluten Geist und dem Kapital eine Kritik durchzuführen, die alle drei betrifft, Lukács, Adorno und Sohn-Rethel. Sie *muss* alle drei gemeinsam treffen, denn wenn in ihrer Kritik der Warenform, unabhängig aller sonstigen Unterschiede, das Geld blinder Fleck geblieben ist, dann muss auch die *kapitalistische Bestimmung* des Geldes fehlen. Das ist auch der Grund, warum alle drei aus Marx' *Kritik* der Waren- und Wertform eine ‚Logik des Tausches' ableiten konnten, obwohl diese Ableitung Marx' Kritik direkt entgegenläuft. Marx entwickelt zwar eine Logik des Tausches, aber das ist die Kritik eines *Scheins*, eines Scheins, den das Bewusstsein des gewöhnlichen Verstandes mit der ökonomischen Wissenschaft teilt und der überhaupt für das Selbstverständnis der bürgerlichen Gesellschaft wesentlich ist. Marx kritisiert, dass der Alltagsverstand und die Wissenschaft das Politische der Ökonomie, insbesondere die Ideen der Freiheit, der Gleichheit und der Gerechtigkeit, aus einer Logik des Austauschs und aus der Sphäre der Zirkulation ableiten. Zudem ist bei Marx die Kritik desjenigen Scheins, der in der Sphäre der Zirkulation entsteht (samt der Implikationen, die sich für eine Kritik der bürgerlichen Bewusstseins- und Erkenntnisformen ergeben), nur der Einstieg, um die Kapitalform des Geldes zu entwickeln und dadurch die Methode der Verwertung des Werts einzuholen. Diese Entwicklung der Kapitalform des Geldes *ist* unmittelbar die Kritik seiner Tauschmittelfunktion sowie des Scheins, den sie in der Zirkulation mit sich bringt.

Marx' Entwicklung der Kapitalform des Geldes und der Verwertung des Werts setzt daher die Sphäre des Austauschs und der Zirkulation endgültig zum notwendigen Schein herab. Marx macht ihren Schein durchsichtig, indem er durch die Kapitalform des Geldes etwas ganz anderes als eine Logik des Austauschs und des Zirkulierens entwickelt: Das Geld *misst* in Form des Austauschens und Zirkulierens in den Waren einen *exzessiven Prozess*. Genauer gesagt, ermittelt es in Form des Austauschens und Zirkulierens die produktive Kraft, die sich aus der Verwertung von toter und lebendiger Arbeitszeit ergibt, und in den Warenwerten wird diese produktive Kraft sowohl ins Verhältnis gesetzt und durch bestimmte Werte wiedergegeben als auch zum Verschwinden gebracht.

3. Aufbau

Die Arbeit hat sechs Abschnitte. Nach einem einleitenden Abschnitt, der die Bedeutung des Maßes für eine „Kritik durch Darstellung" im Sinne der Hegel'schen und Marx'schen Dialektik herausstellt und die Analogie zwischen dem Selbstbewusstsein und dem Begriff bei Hegel und dem Geld bei Marx vorbereitet, gliedert sich die Arbeit dann entlang der Kritik der großen gesellschaftskritischen Entwürfe von Lukács, Adorno und Sohn-Rethel in drei Abschnitte. Jeder der drei Abschnitte ist zweiteilig: Im ersten wird jeweils die zentrale Idee von Lukács bzw. Adorno bzw. Sohn-Rethel herausgearbeitet, um danach im zweiten Teil jeweils in die Analogie zwischen dem Maß in der Hegel'schen und in der Marx'schen Dialektik einzusteigen.

Für die Vorbereitung dieser Analogie werden die drei Gesellschaftskritiken jeweils im ersten Teil im Zuge einer immanenten Kritik auf ein und dasselbe oben angesprochene Problem ausgerichtet und enggeführt: In ihrer Kritik warenförmiger Vermittlung lässt sich ein und derselbe blinde Fleck ausweisen, das Geld und dessen kapitalistische Bestimmung. Entsprechend wird die immanente Kritik an Lukács, Adorno und Sohn-Rethel von der Notwendigkeit einer Einheit von Wert- und Geldkritik aus durchgeführt und auf die erste Bestimmung des Geldes als Maß hingeführt.

Im zweiten Teil wird jeweils eine eigenständige Entwicklung des Maßes in Angriff genommen, und hierbei kommt dann die Analogie zwischen dem Selbstbewusstsein und dem Begriff bei Hegel und dem Geld bei Marx zum Zuge. In den drei Abschnitten zu Lukács, Adorno und Sohn-Rethel wird somit dreimal Anlauf genommen zu einer Analogie zwischen Geist und Kapital, aber entsprechend der Unterschiede zwischen Lukács, Adorno und Sohn-Rethel fällt dann auch die Analogie unterschiedlich aus. Im Abschnitt über Lukács geht es zunächst um die spekulative Identität zwischen Maß und gemessener Qualität, genauer, zwischen Geld und Arbeit; im Abschnitt über Adorno geht es darum, auf welche Weise die Maßgeblichkeit des Seins für es selbst dessen ideelle Identität ergibt und Objektivität konstituiert; und im Abschnitt über Sohn-Rethel geht es darum, dass das Maß sich durch denselben Verwertungsprozess beständig bilden und entwickeln muss, dessen produktive Kraft es durch das Messen seiner Resultate rein quantitativ realisiert.

Im fünften Abschnitt wird die spekulative Identität zwischen Maß und Gemessenem dann in einen Messprozess überführt und in einer Ökonomie der Zeit auf- und eingelöst. Der sechste und letzte Abschnitt fasst die Bedeutung des Maßes abschließend noch einmal zusammen.

4. Das Ziel der Arbeit. Das Dilemma der Kritik

Ziel der Arbeit ist es, mithilfe der drei Kritiken zum Problem einer radikalen Kapitalismuskritik vorzudringen. Denn die drei Gesellschaftskritiken haben im Versuch, die Hegel'sche Dialektik vermittelst der Marx'schen Dialektik historisch-materialistisch zu vergesellschaften und dadurch den absoluten Geist durch die gesellschaftliche Praxis entweder einzulösen (Lukács) oder seine Hermetik zusammen mit der Immanenz der kapitalistischen Gesellschaft durch den Verweis auf ein Nicht-Identisches kritisch zu durchbrechen (Adorno) oder das Geistig-Ideelle zu einer Art Einsicht in seine geschichtlich-gesellschaftliche Vermitteltheit zu zwingen (Sohn-Rethel) – alle drei Gesellschaftskritiken haben dadurch auf ihre Weise ein grundsätzliches Problem radikaler Gesellschaftskritik zur Darstellung gebracht, ohne es jedoch lösen zu können. Diese Gesellschaftskritiken haben versucht, sich gegenüber den Geltungsansprüchen der christlichen Religion, der großen Systeme des Idealismus, der Rationalität neuzeitlicher Wissenschaft sowie, vor allem, der kapitalistischen Ökonomie in ein kritisches Verhältnis zu setzen durch die Bestimmung eines ‚Ortes', von dem aus all die genannten Geltungsansprüche als unwahr, als (notwendig) falscher Schein oder als Herrschaftsverhältnis benannt werden können; sei es, um eine endgültige Rationalität dagegen zu setzen (Lukács, Sohn-Rethel), sei es um zu eröffnen, dass etwas darin nicht aufgeht und alles (ganz) anders sein könnte (Adorno).

Diesen Ort hat die Gesellschaftskritik nicht im Sinne eines bestimmten, fixen Standpunkts eingenommen, sie hat ihn durch eine Kritik warenförmiger Vermittlung *entwickelt*. Der Grundzug dieser Kritik lag darin, das Maß der Gesellschaftskritik in der Entwicklung der warenförmigen Vermittlung eben dieser Gesellschaft auseinanderzulegen. Das sollte die Gesellschaft einerseits so darstellen, wie sie an- und-für-sich ist, dieselbe Kritik sollte die Gesellschaft aber auch an dem messen, was in ihrer warenförmigen Vermittlung unbewusst bleibt oder nicht aufgeht, was noch aussteht oder anders sein könnte, sodass die Kritik der Warenform sich auf eine immanente und doch transzendierende Kritik berufen kann und auf diese Weise ihren ‚Standpunkt' ausweist. Letztlich sollte die Kritik warenförmiger Vermittlung die Gesellschaft gleichsam zu einer Selbstkritik führen.

Für eine solche immanente und doch transzendierende Kritik versetzte sich Lukács in die paradoxe Stellung der Arbeiterklasse: In einer besonderen Ware, der Ware Arbeitskraft, soll die bewusstlos-irrationale, warenförmige Vermittlung reflexiv werden. Genau genommen soll im Selbstbewusstsein der Ware Arbeitskraft die Warenform zu ihrem (!) Bewusstsein kommen, und dadurch soll, ineins, die Möglichkeit einer sozialistischen Gesellschaft zu Bewusstsein kommen. Adorno dagegen setzte das *Nicht-Identische* für dasjenige *Etwas* ein, das in der Vermittlung und im Identifikationsprozess warenförmiger Vermittlung nicht aufgeht, sodass es die Vermittlung selbst ist, die im nicht aufgehenden Etwas das Maß einer immanenten und doch transzendierenden Kritik abgibt. Noch unmittelbarer als bei Lukács und Adorno ist Sohn-Rethel zufolge die Gesellschaft immanent an sich selbst gehalten und hat doch ein Mittel, um sich zu transzendieren: Die Gesellschaft hält sich an eine „reale Abstraktion", die in der Einheit von Warenform und Denkform in Kraft gesetzt ist. Diese Einheit besorgt einerseits eine für den Kapitalismus funktionale Synthesis, andererseits könnte sie aber auch für eine gesamtgesellschaftliche, sozialistische Synthesis sorgen.

Die Kritik an Lukács, Adorno und Sohn-Rethel soll allerdings zeigen, dass alle drei das Maß der Kapitalismuskritik in der Warenform gesucht, aber in ihr dasjenige (universelle) Maß nicht gefunden haben, das die kapitalistische Gesellschaft für sich hat – das Geld. Folgerichtig konnte gar nicht erst die Kritik desjenigen Maßes in Angriff genommen werden, an das die Gesellschaft sich auf bewusstlos-naturwüchsige Weise in ihrer Vermittlung und Verwertung hält und durch das sie überhaupt erst ein Selbstverhältnis eingeht. Mehr noch, bei Lukács wurde das identische Subjekt-Objekt, bei Adorno wurde das Nicht-Identische als Platzhalter des nicht-aufgehenden Etwas und bei Sohn-Rethel wurden die Realabstraktion und die Einheit von Warenform und Denkform zum Maß der Kritik warenförmiger Vermittlung erhoben.

Die vorliegende Arbeit ist dagegen ‚nur' Kritik einer im Geld sich selbst messenden Gesellschaft. Das soll die Gesellschaftskritik in die Lage versetzen, ihre eigene Möglichkeit als Dilemma formulierbar zu machen. Wir können, ganz wie Marx das in seiner kritischen Darstellung der politischen Ökonomie zeigt, durch das Geld unser eigenes Dasein und das der Dinge als ein rein gesellschaftliches Verhältnis durchschauen und die Aufklärung geradezu vollenden. Wir können dieses Verhältnis durch das Geld sogar auf praktische Weise zum Gegenstand machen, nämlich durch bestimmte Wertgrößen eindeutig und objektiv gültig bestimmen und überhaupt die gesamte Ökonomie als ein Übergehen und Übertragen, ein Verwerten, Vermehren und Vernichten von Werten behandeln. Mehr noch, wir können mit unserem Verhältnis produktiv umgehen und das Geld in seine Reproduktion entäußern. Aber wir können all das nur dank des Geldes, durch seine Funktionen, seine universelle Geltung und seine quantitative Bestimmung, und so ist dasselbe Verhältnis, das durch das Geld dem Denken und Handeln zum Gegenstand der Bestimmung und Verwertung wird, im Geld auch unverfügbar gehalten.

Die Möglichkeit einer radikalen Gesellschaftskritik hängt also schlicht daran, dass der Gesellschaft durch das Geld das eigene Verhältnis Gegenstand der Bestimmung ist, denn wenn eben das gezeigt wird, kommt das bereits einer kritischen Darstellung gleich: Durch das Geld ist es möglich, *von der Gesellschaft her zu denken*. Mit anderen Worten, eine kritische Darstellung der kapitalistischen Gesellschaft muss die Gesellschaft gleichsam vom Geld her denken.

Der Kritik ist durch das Geld allerdings nicht nur kein revolutionärer oder transzendenter Standpunkt *außerhalb* der kapitalistischen Gesellschaft gegeben, vielmehr macht das Geld bereits einen ebenso unhintergehbaren wie unüberbietbaren Universalismus geltend. Oder vielmehr muss die Kritik sich gerade da, wo sie wirkungsvoll und geschichtsmächtig geworden ist, auf diesen Universalismus zurückführen. Es erscheint dann als Ironie der Geschichte oder, wenn man das als sinnvolle Entwicklung betrachten will, als „List der Vernunft" (Hegel), dass noch jede Kapitalismuskritik und noch jede antikapitalistische Bewegung, von der Arbeiterbewegung über die nationalen Befreiungsbewegungen des Trikont bis zum Feminismus und den sog. Neuen Sozialen Bewegungen, sich als Durchsetzungsmoment genau der kapitalistischen Gesellschaft rekonstruieren musste, die es zu überwinden galt.

Doch während die Gesellschaftskritik dieses Dilemma für sich hat, stellt sich das Dilemma, so soll die Kritik des Maßes herausstellen, für die kritisierte Gesellschaft auf umgekehrte Weise dar. Dass sich das Dilemma ‚umgekehrt darstellt', heißt, es stellt sich in der kapitalistischen Gesellschaft in Form seiner Lösung dar: Die kapitalistische Gesellschaft muss auf bewusstlose Weise durch das Geld einen Ort in Anspruch[20] nehmen, der tatsächlich einem aus der gesellschaftlichen Totalität herausgesetzten, universellen und ebenso unhintergehbaren wie unüberholbaren Standpunkt gleichkommt, nämlich eine übersinnlich-ideelle Werteinheit. Die Gesellschaft nimmt durch das Geld diese Werteinheit für ihr eigenes Verhältnis in Anspruch, und zwar so, dass dem Geld dasjenige Verhältnis Gegenstand der Bestimmung ist, das genau dadurch erst eintritt. Während somit die Gesellschaftskritik um sich selbst kreisen muss, weil ihr kein endgültiger, revolutionärer Standpunkt zur kritischen Bestimmung und zur praktischen Überwindung der Gesellschaft gegeben ist, muss die kritisierte Gesellschaft vermittelst des Geldes um sich selbst kreisen, weil sie nur vermittelst dieser Werteinheit, für die das Geld steht, die eigene Bestimmung erfahren und das eigene

---

[20] „Anspruch" ist hier und im Folgenden in dem starken Sinne zu verstehen, den Jacques Derrida in *Marx' Gespenster* für denselben Begriff in Walter Benjamins *Über den Begriff der Geschichte* erhoben hat, d. h. als „Forderung, Apell, Anrufung, Adressierung", vgl. Jacques Derrida: *Marx' Gespenster. Der verschuldete Staat, die Trauerarbeit und die neue Internationale*. Frankfurt am Main: Fischer 1995, S. 94.

Verhältnis praktisch realisieren kann. Die kapitalistische Gesellschaft ist durch das Geld, so wird in der Arbeit zu zeigen sein, gleichsam der eigenen Identität ausgesetzt, d. h. sie muss sich durch das Geld an das Maß ihrer eigenen Vergesellschaftung halten, indem die Werteinheit beständig durch das Verhältnis der Waren die produktive Kraft ihrer Produktion realisiert und diese Produktivkraft wiederum im Kapitalkreislauf des Geldes in Kraft bleibt. Das Geld, so wird die Entwicklung seiner drei Funktionen ergeben, realisiert die produktive Kraft der Verwertung von Arbeit und Kapital unmittelbar in Form der Vermittlung ihrer Resultate, der Waren, und es stellt diese produktive Kraft nicht nur in den Wertgrößen der Waren quantitativ heraus, sondern geht mit ihr durch den eigenen Kapitalkreislauf produktiv um.

Wird das Geld über seine Maßfunktion zum Tauschmittel und zum Kapital entwickelt, so ergeben seine drei Bestimmungen eine bewusstlos-naturwüchsige, aber quantitativ eindeutige und geradezu mathematisch exakte Identifikation des gesellschaftlichen Seins durch die Messung der produktiven Kraft der Verwertung von toter und lebendiger Arbeitszeit, kurz Arbeit und Kapital. Durch seine drei Bestimmungen ergibt das Geld die *Darstellung* der *Methode* der *Verwertung*, und durch diese Darstellung ist das Geld geradezu die absolute Methode im Hegel'schen Sinne. Denn die „absolute Methode", das ist nach Hegel „das Bewußtsein über die Form der inneren Selbstbewegung ihres Inhalts"[21] – und wie, wenn nicht durch das Geld, wird die Verwertung des Werts durchgeführt und realisiert? Und wird durch die drei Geldfunktionen die Verwertung nicht sogar auf automatisch-bewusstlose Weise ‚begriffen'? Ist das Geld durch seine quantitativen Bestimmungen nicht auf bewusstlose Weise im „Bewußtsein über die Form der inneren Selbstbewegung" seines Inhalts, nämlich der Verwertung von Arbeit und Kapital?
Oder vielmehr: Befindet sich nicht auch das Geld in derselben Verlegenheit wie das Wissen, wenn es Hegel zufolge „die *Natur des Inhalts* sein [muss], welche sich im wissenschaftlichen Erkennen *bewegt*, indem zugleich diese *eigene Reflexion* des Inhalts es ist, *welche seine Bestimmungen* selbst erst setzt und *erzeugt*"?[22] Muss es nicht auch im Falle des Geldes „die Natur" seines Inhalts sein, welche sich im Geld „*bewegt*", also die Verwertung von Arbeit und Kapital? Ist die von Marx entwickelte Verwertung nicht jene „*eigene Reflexion* des Inhalts", die sich im Geld, indem es sich in die Bestandteile dieser Verwertung entäußert und im Realisieren ihrer Resultate zurückkehrt, bewegen muss? Muss nicht eine in die Selbständigkeit entlassene Verwertung von Arbeit und Kapital aus sich heraus erst diejenigen Bestimmungen setzen und erzeugen, die das Geld als rein quantitative Wertgrößen realisiert und dadurch bewusstlos ‚begreift'? Muss also das Geld durch seine Funktionen und durch seine quantitative Bestimmung auf naturwüchsige Weise zur Form der inneren Selbstbewegung seines Inhalts werden, zur Form jener in die Selbständigkeit entlassenen Verwertung? Identifiziert

---

21 Georg Wilhelm Friedrich Hegel: *Wissenschaft der Logik I. Werke*, Bd. 5. Frankfurt am Main: Suhrkamp 1986, S. 49 (im Folgenden *WdL I*).
22 *WdL I*, S. 16.

es sich nicht sogar, wenn es sich einerseits in die Bestandteile der Produktion verwandelt, um sich andererseits durch die Realisierung ihrer Resultate zurückzuverwandeln, *mit* seinem Inhalt, mit der gemessenen und realisierten Verwertung, aber so, dass diese Verwertung in den quantitativen Bestimmungen des Geldes *sich selbst* entsprechen muss?

Wie auch immer das Selbstverhältnis zu kritisieren sei, das die kapitalistische Gesellschaft durch die Geldfunktionen eingeht und das quantitativ im Geld einzutreten und anwesend zu sein scheint – anscheinend wird dadurch die Kritik einer Methode aufgegeben, die geradezu einer absoluten Methode entspricht.

I. Wie ist eine Kritik der bürgerlich-kapitalistischen Gesellschaft möglich?

> Die Ökonomen erklären uns, wie man unter den obigen gegebenen Verhältnissen produziert; was sie uns aber nicht erklären, ist, wie diese Verhältnisse selbst produziert werden [...].
>
> (Karl Marx, *Das Elend der Philosophie*)
>
> Es ist Grundlage der kapitalistischen Produktion, daß das Geld als selbständige Form des Werts der Ware gegenübertritt oder daß der Tauschwert selbständige Form im Geld erhalten muß, und dies ist nur möglich, indem eine bestimmte Ware das Material wird, in deren Wert sich alle andern Waren messen [...].
>
> (Karl Marx, *Das Kapital*)

1. Ihre Möglichkeit als Problem der Kritik

Der Kritikbegriff hat nach Kant und Hegel seinen radikalen, seinen dialektischen und seinen negativ-spekulativen Grundzug darin, dass die Kritik, obwohl sie nicht mehr als eine verstandesmäßige, begriffliche Darstellung sein kann, gleichwohl dem Kritisierten nicht äußerlich ist. Dieser Verschränkung kommt die Kritik nach, indem sie ihre Bestimmungen und Kategorien durch die Entwicklung des Kritisierten einholt: bei Kant durch eine Vernunftkritik, bei Hegel durch die systematisch-begriffliche Entwicklung des Absoluten. Dass Kritik nicht mehr sein kann als eine verstandesmäßig-begriffliche Darstellung, wird hier wie dort in die Stärke der Kritik gewendet, denn Kant und Hegel begreifen genau diese Notwendigkeit der Selbstbeschränkung vom Kritisierten her, Kant von der transzendentalen Subjektivität des Verstandes, Hegel von der absoluten Vernunft her. Indem Kant die transzendentale Subjektivität des Verstandes und indem Hegel die Vernunft systematisch-begrifflich zur Darstellung bringt, weist also jeweils die Kritik ihre eigene Methode aus.

Ja, letztlich ist es das Kritisierte selbst, das, indem es zur Darstellung getrieben wird, sich durch die Methode der begrifflich-logischen Darstellung ausweist. So zeigt Kants *Kritik der reinen Vernunft*, dass die reine Vernunft durch ihre verstandesmäßige Grundlegung einerseits eine Beschränkung erfährt, dass es aber andererseits derselbe Verstand ist, der für diese Vernunftkritik sorgt und sich dadurch der eigenen Beschränkung und des eigenen – bei Kant a priori gegebenen – Vermögens bewusst wird. Bei Hegel bringt umgekehrt der Verstand sich in der Notwendigkeit seiner Selbstbeschränkung zur Vernunft; die begrifflich-systematische Entwicklung dieser Vernunft durch den Verstand soll sogar ihr Zu-sich-Kommen sein, ja, das Absolute selbst.[1]

Doch ist auf dieselbe Weise auch eine Kritik der kapitalistischen Gesellschaft möglich? Gibt es diese Grundeinsicht des Kant'schen und Hegel'schen Kritikbegriffs: dass sich die Kritik zu ihrem Gegenstand nur in ein adäquates Verhältnis setzen kann, wenn sie ihre Vermitteltheit durch das Kritisierte einholt und sich als aus dem Kritisierten herausgesetzt begreift – gibt es diese Grundeinsicht auch in Marx' Gesellschaftskritik?[2]

---

1 Hegels Dialektik ist Kritik desjenigen Unterschieds, der zwischen der Methode und dem Inhalt der Darstellung gemacht wird. Die dialektische Methode will Aufhebung dieses Unterschieds sein, und zwar indem sie aufseiten der Erkenntnis und des Wissens die Selbstbewegung ihres Inhalts erfüllt: „Die Philosophie, indem sie Wissenschaft sein soll, kann, wie ich anderwärts erinnert habe, hierzu ihre Methode nicht von einer untergeordneten Wissenschaft, wie die Mathematik ist, borgen, sowenig als es bei kategorischen Versicherungen innerer Anschauung bewenden lassen oder sich des Räsonnements aus Gründen der äußeren Reflexion bedienen. Sondern es kann nur die *Natur des Inhalts* sein, welche sich im wissenschaftlichen Erkennen *bewegt*, indem zugleich diese *eigene Reflexion* des Inhalts es ist, *welche seine Bestimmung* selbst setzt und *erzeugt*." (*WdL I*, S. 16.)

2 Es ist von Anfang an klarzustellen, dass die *Kritik* der kapitalistischen Produktionsweise nicht mit deren *Theorie* gleichzusetzen ist. Hans-Georg Backhaus kommt im Zusammenhang seiner Untersuchung zum Kritikbegriff bei Marx für die an der KdPÖ orientierte Diskussion zu dem Ergebnis, dass die Bedeutung des *Kapitals* als *Kritik*, nicht als Theorie der politischen Ökonomie, zwar bereits von Lukács 1926 und dann von Horkheimer 1933 in seinem Aufsatz *Materialismus und Moral* sowie in dem programmatischen Aufsatz *Traditionelle und kritische Theorie* von 1937 herausgestellt wurde, aber „einem breiteren Publikum wohl erst 1967 bewußt geworden sein" dürfte (Hans-Georg Backhaus: Über den Begriff der Kritik im Marxschen Kapital und in der Kritischen Theorie. In: Joachim Bruhn / Manfred Dahlmann / Clemens Nachtmann (Hrsg.): *Kritik der Politik. Johannes Agnoli zum 75. Geburtstag*. Freiburg: ça ira 2000, S. 13–60, hier S. 14); zu Max Horkheimers Kritik vgl. ders.: Materialismus und Moral. In: Ders.: *Gesammelte Schriften*, Bd. 3. Frankfurt am Main: Fischer 1988, S. 111–149; ders.: Traditionelle und kritische Theorie. In: *Zeitschrift für Sozialforschung* 6,2 (1937), S. 245–294; (wieder abgedruckt in ders.: *Gesammelte Schriften*, Bd. 4. Frankfurt am Main: Fischer 1988, S. 162–216). Zu Marx' Kritik-Begriff vgl. Helmut Brentel: *Soziale Form und ökonomisches Objekt. Studien zum Gegenstands- und Methodenverständnis der Kritik der politischen Ökonomie*. Opladen: VS 1989, bes. S. 275ff.; Gerhard Schweppenhäuser / Dietrich zu Klampen / Rolf Johannes (Hrsg.): *Krise und Kritik. Zur Aktualität der Marxschen Theorie*. Lüneburg: zu Klampen 1987; Andreas Böhm: *Zum Begriff der Kritik bei Marx. Über die philosophiegeschichtlichen und ökonomietheoretischen Grundlagen des Methodenverständnisses kritischer Gesellschaftstheorie*, (= *Studientexte zur Sozialwissenschaft*, Sonderband 7). Frankfurt am Main: J. W. Goethe-Universität, FB Gesellschaftswissenschaften 1992; allgemein zum Verhältnis von Theorie, Kritik und Praxis Fabian Kettner / Paul Mentz (Hrsg.): *Theorie als Kritik*. Freiburg: ça ira 2008; noch radikaler wird zwischen Kritik und Theorie unterschieden in Initiative Sozialistisches Forum (Hrsg.): *Der Theoretiker ist der Wert*. Freiburg: ça ira 2000.

Setzt man Marx' Kritik der politischen Ökonomie (KdpÖ)³ demselben kritischen Grundzug aus, dann müsste es letztlich die kritisierte bürgerlich-kapitalistische Gesellschaft selbst sein, die aus sich ihre Kritik einerseits heraussetzt und sich andererseits in ihrer begrifflich-systematischen Kritik ‚wiederfinden' muss.⁴ Der kritische Grundzug

3 Mit der KdpÖ ist Marx' ‚Projekt' einer begrifflich-kategorialen Kritik kapitalistischer Totalität in seiner Gesamtheit gemeint, also nicht nur das *Kapital*, sondern auch die (teilweise von Marx nicht vollendeten und unveröffentlichten) ökonomiekritischen Schriften und Manuskripte, die im Vorfeld und im Umfeld seiner Ausarbeitung entstanden. Das sind vor allem die *Grundrisse* von 1857/58 (inklusive *Einleitung* und Fragmente des *Urtextes*), *Zur Kritik der Politischen Ökonomie. Erstes Heft* von 1859, *Das Kapital* Bd. I, in der 1. Aufl. von 1867 und in der endgültigen Fassung der 2. Auflage von 1872 sowie die von Engels herausgegebenen Bände II und III von 1885 und 1894 und die von Kautsky herausgegebenen *Theorien über den Mehrwert* (dazu noch die „Randglossen zu Adolph Wagners ‚Lehrbuch der politischen Ökonomie'" in *MEW*, Bd. 19, Berlin 1969, S. 355–383). Im Folgenden steht die Abkürzung KdpÖ für dieses ‚Projekt', wo dagegen das Werk *Kapital* mit dem gleichnamigen Untertitel gemeint ist, stehen *Kapital* und *KdpÖ* kursiv. Das Projekt einer KdpÖ ist in großen Teilen ein gewaltiger Torso geblieben. Das rechtfertigt einerseits ein selektives Zitieren, das andererseits umso mehr den jeweiligen Stand der Ausarbeitung berücksichtigen muss und nicht den Eindruck eines geschlossenen Systems erwecken darf. Wenn die vorliegende Arbeit in der KdpÖ die Idee lesbar machen will, dass eine kritische Darstellung der kapitalistischen Gesellschaft an der Entwicklung des Maßes hängt, so wird diese Idee nicht Marx unterstellt. Zur Entstehungsgeschichte der KdpÖ und des *Kapitals* vgl. Roman Rosdolsky: *Zur Entstehungsgeschichte des Marxschen ‚Kapital'. Der Rohentwurf des Kapital 1857–1858*, 2 Bde. Frankfurt am Main: EVA 1968; Andreas Arndt: *Karl Marx. Versuch über den Zusammenhang seiner Theorie*. Bochum: Germinal 1985; Michael Heinrich: *Die Wissenschaft vom Wert. Die Marxsche Kritik der politischen Ökonomie zwischen wissenschaftlicher Revolution und klassischer Tradition*. Münster: Westfälisches Dampfboot 1999; Elmar Altvater / Rolf Hecker / Michael Heinrich / Petra Schaper-Rinkel: *Kapital.doc. Das Kapital (Bd. I) in Schaubildern mit Kommentaren*. Münster: Westfälisches Dampfboot 1999.

4 Auch wenn der Begriff der bürgerlich-kapitalistischen Gesellschaft durch die gesamte Arbeit hindurch entwickelt werden muss und nicht vorweg bestimmt werden kann, soll eine Bemerkung zum Umfang gemacht werden. „Bürgerlich" ist die Gesellschaft im Hegel'schen Sinne, nämlich als „System von Bedürfnissen", von Hegel entwickelt vor allem in der Rechtsphilosophie, vgl. Georg Wilhelm Friedrich Hegel: *Grundlinien der Philosophie des Rechts. Werke*, Bd. 7. Frankfurt am Main: Suhrkamp 1986. Weil aber das System der Bedürfnisse nach Marx nicht zu trennen ist von der kapitalistischen Produktionsweise – nicht, weil die Bedürfnisse ohne gesellschaftliche Produktion nicht zu befriedigen wären, sondern weil schon die Bedürfnisse gesellschaftlich produzierte Bedürfnisse sind und weil auch das System der Bedürfnisse eine Ökonomie *ist* – weil also das System der Bedürfnisse nicht zu trennen ist von seiner Produktion, ist auch da, wo verkürzt und zugunsten von Marx nur von „kapitalistischer" Gesellschaft/Produktion/Ökonomie die Rede ist, stets *bürgerlich*-kapitalistisch gemeint. Zur Produktion eines Systems der Bedürfnisse vgl. Karl Marx: *Grundrisse der Kritik der politischen Ökonomie*. *MEW*, Bd. 42, S. 322ff. (im Folgenden *Grundrisse*). Allgemein gilt: „Das Kapital ist die alles beherrschende ökonomische Macht der bürgerlichen Gesellschaft. Es muß Ausgangspunkt wie Endpunkt bilden […]." (Ebd., S. 41.) Eine weitere vorweg zu klärende Doppelung befindet sich innerhalb des Begriffs „kapitalistisch". Marx hat das *Kapital* im Untertitel eine *Kritik der politischen Ökonomie* genannt, d. h. er hat die kapitalistische Ökonomie nicht von der Politik trennen wollen. Ist in der vorliegenden Arbeit nur von Ökonomie die Rede, ist daher immer die kapitalistische Einheit oder besser Verschränkung von Ökonomie und Politik oder von Produktionsweise und Öffentlichkeit gemeint. Wichtig für beide Doppelungen ist, sie nicht als Ableitungen zu verstehen, etwa indem das Bürgerliche aus dem Kapitalismus oder indem das Politische aus der Ökonomie abgeleitet oder das eine auf das andere reduziert wird. Mit Kojin Karatani und Slavoj Žižek sind beide Verhältnisse eher als Parallaxe zu verstehen, d. h. ihr gemeinsames Verhältnis kommt nicht ohne eine Unschärfe angemessen in den Blick. Zum Begriff der Parallaxe vgl. Kojin Karatani: *Transcritique. On Kant and Marx*. Cambridge, MA: MIT Press 2003; Slavoj Žižek: *Parallaxe*. Frankfurt am Main: Suhrkamp 2006.

würde dann statt durch die Kritik der reinen bzw. der absoluten Vernunft durch die Kritik der kapitalistischen Gesellschaft ausgewiesen.

Aber kann sich die Kritik der kapitalistischen Gesellschaft überhaupt durch denselben kritischen Grundzug ausweisen wie Kants Vernunftkritik und Hegels Entwicklung des Absoluten? Gibt es eine Übereinkunft zwischen der kapitalistischen Produktionsweise, wie sie an und für sich ist, und ihrer Kritik und Darstellung? Wenn es bei Kant und Hegel einen solchen Ort der Übereinkunft zwischen Kritik und Kritisiertem gibt, einen Punkt, an dem die Möglichkeit der Kritik festgemacht werden kann, dann ergibt sich die Übereinkunft aus eben jener reflexiven Wendung, dass die Kritik sich von ihrem Gegenstand her begreifen muss. Allerdings betreiben Kant und Hegel eben *Philosophie* und nicht die Kritik der kapitalistischen Gesellschaft. Weil sich das Denken in der Philosophie selbst zum Gegenstand macht, ist die selbstkritische Wendung gleichsam immer schon da. Das Denken zu denken, das Reflektieren zu reflektieren, das Begreifen zu begreifen, diese Verdoppelung ist in-sich schon die Übereinkunft von Kritik und Kritisiertem. Der Ort ihrer Übereinkunft ist schon eingenommen, und es geht ‚nur' noch darum, ‚dahinter' zu kommen und eine dementsprechende Darstellung hervorzubringen.

So macht Kant zufolge der Verstand in aller Erfahrung und Ordnung der Dinge etwas *Transzendentales* geltend, nämlich indem er der Erfahrung die eigenen Anschauungsformen und Kategorien als Bedingung der Möglichkeit von Erfahrung zugrunde legt. Das Transzendentale, das der Verstand in aller sinnlich-empirischen Erfahrung sich gegenüber geltend macht, ist also letztlich (oder vielmehr immer schon) – der Verstand selbst. Hegel zeigt in der *Phänomenologie des Geistes*, dass das Bewusstsein immer schon *Selbst*-Bewusstsein ist und in aller Erfahrung ebenso sich selbst erfährt. In der *Wissenschaft der Logik* zeigt er dann, dass der Begriff im Reflektieren der Objektivität das Denken mit dem Sein dieser Objektivität identifiziert und dadurch ebenso sich selbst begreift. ‚Sich selbst' heißt, der Begriff muss das Reflektieren der Objektivität nicht nur als *eigene* Wirklichkeit begreifen, er muss darüber hinaus begreifen, die absolute Idee zu verwirklichen, nämlich die Identifikation der Objektivität durch die eigene Subjektivität.

Obwohl somit Kant eine kritische *Beschränkung* der reinen Vernunft durch den Verstand vornimmt, während Hegel zufolge umgekehrt der Verstand sich durch seine Selbstbeschränkung zur absoluten Vernunft bringt (oder vielmehr von ihr her auf sich zurückkommt), denken beide ihre Kritik vom Kritisierten her und gelangen dadurch ‚hinter' die Möglichkeit zu dessen Kritik. Bei Kant stößt die Erkenntnis, will sie hinter sich selbst kommen, auf die Notwendigkeit von Anschauungsformen und Kategorien *a priori* und auf den transzendentalen Schematismus des Verstandes, zusammengefasst, auf die transzendentale Subjektivität. Der Verstand kann die Grenzen seiner Erkenntnis nicht übersteigen – und doch kann er durch die Bestimmung eben dieser Grenzen sich selbst erkennen, das eigene Vermögen und die Bedingungen der Möglichkeit von Erkenntnis schlechthin. Hegel überbietet diese verstandesmäßige Grundlegung der Vernunft, aber auch er nimmt dafür den ‚Ort' der Kritik in Anspruch, und auch hier liegt dieser ‚Ort' in der Subjektivität; nur dass die Subjektivität, anders als bei Kant, der *PhdG* zufolge „ebenso" Substanz ist und dass im „Ebenso" ihre spekulative Identität gründet, und der *WdL* zufolge begründet die begriffliche Vermittlung von Objektivität und Subjektivität die Identität von Sein und Denken. Nach Hegel bringt sich der Verstand durch sein Selbstbewusstsein und durch das begriffliche Denken sogar zu einer Vernunft, die überindividuell ist, die den Verstand übersteigt und negativ bleibt und die doch seine eigene ist.

Kann die Kritik der Gesellschaft sich auf eine vergleichbare Selbstbegegnung berufen wie die Philosophie in ihrer Vernunftkritik? Kann sie so von der kritisierten Gesellschaft her denken, wie Kant von einem transzendentalen Verstand und Hegel von einer absoluten Vernunft her denken? Kann sie einen selbstkritischen Standpunkt einnehmen, der vergleichbar ist mit der Selbstkritik des Verstandes bei Kant oder mit dem Selbstbewusstsein und dem Begriff bei Hegel? Und wenn ja, wie wird ihr dieser Standpunkt durch die kritisierte Gesellschaft eingeräumt? Der Einbruch der Selbstreflexion ins Denken, wie er Descartes widerfuhr, Kants Revolution der Denkart durch ihre transzendentale Grundlegung, Hegels Kantkritik, derzufolge das Begreifen in der Vermittlung von Objektivität und Subjektivität von ihrem gemeinsamen negativen Wesen und von einer überindividuellen Vernunft her denkt: Gibt es einen solchen Ort der Selbstreflexion und der Selbstkritik auch für die kapitalistische Gesellschaft?

Die Frage, ob auch die kapitalistische Gesellschaft die Möglichkeit ihrer Kritik aus sich heraussetze, ist im Grunde schon positiv beantwortet, denn: Warum kann die Gesellschaft *überhaupt* Gegenstand sein? Wie kann sie überhaupt Objekt der Kritik sein und im Verstand zum Bewusstsein ihrer selbst kommen? Oder vielmehr, wie kann die kapitalistische Gesellschaft durch Kritik zum Bewusstsein ihrer *Bewusstlosigkeit* kommen, etwa indem die Naturwüchsigkeit und Unverfügbarkeit der kapitalistischen Vermittlung und Entwicklung zum Gegenstand wird?

Wie immer die Gesellschaft auch infrage gestellt wird: Die erste Frage ist, warum die kritisierte Gesellschaft sich durch ihre Kritik überhaupt mit sich ins Verhältnis setzen und insofern selbstbezüglich und sich gegenüber kritisch werden kann. Diese Frage muss die Gesellschaft gleichsam an sich selbst richten, etwa im Sinne des Eingangszitats, in dem Marx sagt, dass es nicht darum gehe, lediglich zu beschreiben, wie unter den kapitalistischen Verhältnissen produziert wird, sondern wie dieses Produktionsverhältnis selbst produziert wird.[5]

Kurzum, in welcher der genannten Hinsichten auch gefragt wird, alle Fragen führen letztlich zu der für die Gesellschaftskritik *ersten* Frage, zur Frage nach den Bedingungen der Kritik selbst.

Indes muss die Antwort in eine Verlegenheit führen. Die der Gesellschaftskritik vorausliegende und sie bedingende Frage, warum die bürgerlich-kapitalistische

---

5 Ähnlich auch Karl Marx: *Das Kapital. Kritik der Politischen Ökonomie. Dritter Band. MEW*, Bd. 25, S. 826–827 (im Folgenden *Kapital III*).

Gesellschaft sich überhaupt zum Gegenstand wird und einen Begriff von sich entwickeln kann, diese Frage ist nicht von der begrifflichen Entwicklung eben dieser Gesellschaft zu trennen. Die Antwort wird geradezu durch die Entwicklung gegeben werden müssen. Die Methode der Kritik muss sich, nicht anders als in Kants *Kritik der reinen Vernunft* und in Hegels *PhdG* und *WdL*, durch eine *Darstellung* ausweisen, und d. h. für die Gesellschaftskritik, die bürgerlich-kapitalistische Gesellschaft begrifflich entwickeln zu müssen; jedenfalls kann die Methode der Gesellschaftskritik nicht a priori fixiert oder von der Darstellung der Gesellschaft getrennt werden.[6] Marx sagt explizit, dass Kritik, „zunächst", nichts anderes *ist*: „Die Arbeit, um die es sich zunächst handelt, ist Kritik der ökonomischen Kategorien oder, if you like, das System der bürgerlichen Ökonomie kritisch dargestellt. Es ist zugleich Darstellung des Systems und durch die Darstellung Kritik desselben."[7]

Doch wenn Marx im *Kapital* eine solche Darstellung durchgeführt und demnach die Methode seiner Kritik in einem Darstellungsgang auseinandergelegt hat, muss sich darin dann nicht auch eine Antwort auf die für die Kritik ‚erste Frage' finden lassen? Gibt das *Kapital* der Kritik eine Antwort auf die Frage nach ihrer eigenen Möglichkeit? Wenn Marx die Bedingungen der Gesellschaftskritik in der Darstellung der kritisierten Gesellschaft einholen musste, gibt es dann in der kapitalistischen Gesellschaft einen ‚Ort', der – gleich dem Verstand, dem Selbstbewusstsein oder dem Begriff bei Kant und Hegel – eine Art Selbstreflexion der Gesellschaft ermöglicht, ein Denken vom Kritisierten her?

Die These der Arbeit ist, dass das Marx'sche *Kapital* in Analogie zum Grundzug des Kant'schen und Hegel'schen Kritikbegriffs entwickelt werden kann und dass es auch im *Kapital* einen ‚Ort' der Verschränkung von Kritik und Kritisiertem gibt. Es gibt einen herausgesetzten ‚Ort', an dem die kapitalistische Gesellschaft sich selbst ineins bestimmt und reflektiert und *dadurch* einen Standpunkt für ihre Kritik abgibt.

Doch wo ist dieser Ort? Und wie gibt die kapitalistische Gesellschaft durch sich selbst den Standpunkt ihrer Kritik ab? Wie kann von der kapitalistischen Gesellschaft her gedacht werden?

2. Darstellung durch Kritik et vice versa – Das letzte Wort der Kritik

Gemeinhin wird davon ausgegangen, dass Marx' Standpunkt einer kritischen Darstellung der kapitalistischen Gesellschaft sich letztlich aus deren Negation ergibt. Die

---

6 Marx sagt es im Vorwort von *Zur Kritik der Politischen Ökonomie* selbst: „Eine allgemeine Einleitung, die ich hingeworfen hatte, unterdrücke ich, weil mir […] jede Vorwegnahme erst zu beweisender Resultate störend scheint […]." (Karl Marx: Zur Kritik der politischen Ökonomie. In: *MEW*, Bd. 13, S. 3–160, hier S. 7.) Auch dort, wo Marx in der genannten allgemeinen Einleitung auf die Methode der KdpÖ reflektiert, im sog. Methodenkapitel der *Einleitung zur Kritik der Politischen Ökonomie*, geht er bereits in deren Darstellung über, vgl. ebd., S. 631ff. Das angekündigte Buch über die Dialektik hat Marx bekanntlich nie geschrieben; es wäre wohl eher eine Kritik an Hegels Fassung der Dialektik als eine eigenständige und von der Gesellschaftskritik getrennte Darstellung der dialektischen Methode geworden.

7 Marx: Brief an Lassalle, S. 550.

Gesellschaft durch ihre Negation zu bestimmen heißt, die kapitalistische Gesellschaft von ihrem Werden her zu denken, aber auch von ihrer Veränderbarkeit sowie von der Notwendigkeit oder zumindest der Möglichkeit ihrer Überwindung. Indes hat Marx' Kritik die kapitalistische Gesellschaft bekanntlich keiner Überwindung zuführen können. Wenn die kommunistische Revolution dasjenige *Ereignis* – um einen aktuell gewordenen Begriff Heideggers aufzugreifen[8] – gewesen sein wird, das *nicht* aus den Widersprüchen des Kapitalismus und aus seiner geschichtlichen Entwicklung mit objektiver oder gar logischer Notwendigkeit folgen musste, wenn die kommunistische Revolution vielmehr Ereignis gerade darum sein muss, weil sie sich erst von einer neuen, anderen Gesellschaft her wird begründen können, dann kann es ohnehin keine logische oder gar wissenschaftliche Begründung der Revolution geben. Zumindest kann es keine Theorie einer zukünftigen, ganz anderen, einer kommunistischen Gesellschaft geben schon vor deren Eintritt.[9] Ein revolutionäres Ereignis wird ein solches gewesen sein erst durch den nachträglichen Prozess der Begründung einer neuen Ordnung – aber mit dieser Begründung wird das Ereignis revolutionär wiederum dadurch gewesen sein, dass es sich *nicht* aus der alten Ordnung einfach ableiten oder durch bestimmte Bedingungen zureichend begründen lässt. Was das revolutionäre Ereignis somit paradoxerweise mit sich bringen muss, ist (s)eine *fehlende*

---

8 Zum Begriff des Ereignisses bei Alain Badiou, der, im Anschluss an Heidegger und Deleuze, den Begriff des „Wahrheitsereignisses" geprägt hat, vgl. dessen Hauptwerk Alain Badiou: *Das Sein und das Ereignis*. Zürich/Berlin: Diaphanes 2005; zur Verbindung von Universalismus und Singularität im Ereignis vgl. ders.: *Paulus. Die Begründung des Universalismus*. Zürich/Berlin: Diaphanes 2002; zum Politischen des Ereignisses, des Singulären, der Entscheidung, der Situation etc. vgl. ders.: *Über Metapolitik*. Zürich/Berlin: Diaphanes 2003; ders.: *Ethik*. Wien: Turia & Kant 2003; ders.: *Dritter Entwurf eines Manifestes für den Affirmationismus*. Berlin: Merve 2007; ders.: *Wittgensteins Antiphilosophie*. Berlin: Merve 2008. Zur Auseinandersetzung Žižeks mit Badious Begriff des Ereignisses vgl. Slavoj Žižek: *Die Tücke des Subjekts*. Frankfurt am Main: Suhrkamp 2001, Teil II, S. 171–333; ders.: *Auf verlorenem Posten*. Frankfurt am Main: Suhrkamp 2009, bes. S. 181–226 (Kap. „Die Gewalt der Subtraktion"); vgl. auch Alain Badiou / Slavoj Žižek: *Philosophie und Aktualität. Ein Streitgespräch*. Wien: Turia & Kant 2005. Zur Kritik an Badious Idee des Kommunismus vgl. Frank Engster: Die Idee des Kommunismus. In: *Phase 2. Zeitschrift gegen die Realität* 32 (2009), S. 40–42. Es ließen sich weitere Autoren einer an Marx orientierten Gesellschaftskritik anfügen, die ebenfalls um das Verhältnis von Universellem und Partikularem/Singulärem kreisen, auch wenn die Verbindung nicht so existenzial und „ereignishaft" gefasst wird wie von Badiou. So hat etwa Ernesto Laclau die (vorläufige) Besetzung einer abwesenden, leeren Universalität durch eine antagonistische Partikularität thematisiert, vgl. ders.: *Politik und Ideologie im Marxismus. Kapitalismus – Faschismus – Populismus*. Berlin: Argument 1981; ders.: *Emanzipation und Differenz*. Wien: Passagen 2002; ders. / Chantal Mouffe / Michael Hintz / Gerd Vorwallner (Hrsg.): *Hegemonie und radikale Demokratie. Zur Dekonstruktion des Marxismus*. Wien: Passagen 1998. Giorgio Agamben hat das Verhältnis im Zusammenhang mit der Konstitution von Souveränität thematisiert, vgl. die Schriften um das „Homo sacer Projekt", v. a. ders.: *Homo sacer. Die souveräne Macht und das nackte Leben*. Frankfurt am Main: Suhrkamp 2002; ders.: *Ausnahmezustand (Homo sacer II)*. Frankfurt am Main: Suhrkamp 2004; ders.: *Die kommende Gemeinschaft*. Berlin: Merve 2003. Zum Begriff des Ereignisses bei Gilles Deleuze vgl. ders.: *Die Falte. Leibniz und der Barock*. Frankfurt am Main: Suhrkamp 2000, S. 126–136 (Kap. 6).

9 Marx betont noch in seiner letzten ökonomischen Schrift, in den „Randglossen zu Adolph Wagners ‚Lehrbuch der politischen Ökonomie'": „Da ich niemals ein ‚sozialistisches System' aufgestellt habe, so (ist) dies eine Phantasie […]." (Marx: Randglossen, S. 357); vgl. auch Friedrich Engels: Rezension des Ersten Bandes ‚Das Kapital' für die ‚Düsseldorfer Zeitung' (1967). In: *MEW*, Bd. 16, S. 216–218.

Begründung. (Diese Lücke zwischen alter und neuer Gesellschaft muss daher als Freiheit des Geschichtlichen, subjektiver Faktor, Überschuss der Situation, nicht aufgehender Rest, revolutionäre Zutat o.Ä. reflektiert werden. Genau genommen bringt die Revolution somit nicht einfach eine *fehlende* Begründung mit sich. Sie muss vielmehr umgekehrt begründen, dass sie das *Unbegründete* gewesen sein wird, nämlich dasjenige, was nicht in der kapitalistischen Gesellschaft aufgrund bestimmter Bedingungen oder Widersprüche objektiv angelegt war und logischer- oder notwendigerweise aus ihr folgen musste.) So wenig jedenfalls eine Kritik der kapitalistischen Gesellschaft schon heute von einer anderen, kommunistischen Gesellschaft her zu begründen ist, so wenig kann umgekehrt die kommunistische Gesellschaft aus der kapitalistischen kurzerhand abgeleitet werden. Eine radikale, auf Überwindung zielende Kritik der kapitalistischen Gesellschaft muss vielmehr in logische Widersprüche und in Aporien führen, nicht zuletzt, weil die Kritik ihre Begriffe und Kategorien als vermittelt durch eben diejenige Gesellschaft begreifen muss, die durch die Kritik überwunden werden soll. Wollte die Kritik daher die kapitalistische Gesellschaft von deren Negation und Überwindung her begründen, müsste sie auch die eigenen Begriffe und Kategorien eben dieser Begründung negieren. Aus *dieser* Richtung sind anscheinend nur Paradoxien und Aporien zu erwarten.

Und doch hat Marx eine Theorie der Revolution geliefert, versteht man darunter die Darstellung eben jenes Ereignisses, das die Bedingungen zu seiner Rekonstruktion und Begründung erst eintreten lässt, ohne dass es aus dem Vorherigen abgeleitet oder in eine logische oder gar kausale Folgerichtigkeit gebracht werden könnte. Ein solches Ereignis ist notwendig, weil es die Kategorien und Begriffe hervorgebracht haben muss, ohne welche sich die kapitalistische Gesellschaft selbst nicht verstehen oder zumindest beschreiben könnte. *Diese* Revolution muss mithin *schon stattgefunden* haben, nämlich insofern, als die Kritik ihre Begriffe und Kategorien zur Bestimmung der kapitalistischen Gesellschaft von dieser Revolution her denken muss.
Genauer gesagt, muss mit den Kategorien untrennbar beides eingetreten sein, es müssen die objektiv gültigen Kategorien der kapitalistischen Ökonomie *und* bestimmte Denknotwendigkeiten und Denkformen eingetreten sein:

> Wie überhaupt bei jeder historischen, sozialen Wissenschaft, ist bei dem Gange der ökonomischen Kategorien immer festzuhalten, daß, wie in der Wirklichkeit, so im Kopf, das Subjekt, hier die moderne bürgerliche Gesellschaft, gegeben ist, und daß die Kategorien daher Daseinsformen, Existenzbestimmungen [...] ausdrücken [...].[10]

Indes ist das von Marx dargestellte Ereignis, von dem her die kapitalistische Gesellschaft samt ihren Kategorien zu denken ist, nichts anderes als die kritisierte kapitalistische Gesellschaft selbst, und das Ereignis darzustellen, das ist schlicht die *Entwicklung* dieser Gesellschaft. Der Ort der Übereinkunft zwischen Kritik und Kritisiertem

---

10 Karl Marx: Einleitung zur Kritik der Politischen Ökonomie. In: *MEW*, Bd. 13, S. 615–642, hier S. 637.

ist demnach in Marx' Entwicklung der kapitalistischen Kategorien und Begriffe zu suchen. Allerdings kommt alles auf die *logisch-kategoriale, systematisch-begriffliche Methode* der Darstellung an, und diese ist nicht zu verwechseln und nicht zu vermischen mit einer logisch-*historischen* Entwicklung.[11] Der Kapitalismus lässt sich weder durch ein

11 Zur Konzeption der KdpÖ als Kategorialanalyse und rein logische Entwicklung vgl. *Grundrisse*, S. 40ff. Die im Marxismus vieldiskutierte Frage, wie Marx' Entwicklung der Kapitalform und ihrer zentralen Kategorien zu lesen sei, ob als logisch-begriffliche oder logisch-historische Entwicklung, kann als zugunsten der logisch-begrifflichen entschieden gelten. Besonders einflussreich für die historisierende Lesart des *Kapitals* war die viel zitierte Stelle in Engels' Rezension von *Zur Kritik der Politischen Ökonomie*, wo die „logische" Behandlungsweise bestimmt wird als nichts „andres als die historische, nur entkleidet der historischen Form und der störenden Zufälligkeiten" (Friedrich Engels: Karl Marx, ‚Zur Kritik der Politischen Ökonomie'. In: *MEW*, Bd. 13, S. 468–477, hier S. 475). Trotz seiner historisierenden Fehlinterpretationen war sich Engels aber darüber im Klaren, dass zur Darstellung der bürgerlichen Gesellschaft die „logische Behandlungsweise [...] allein am Platz" (ebd.) sei. Zu Engels' Empfehlung an Marx, die Darstellung historisch nachzuweisen, vgl. auch Friedrich Engels: Brief an Karl Marx, 16.06.1867. In: *MEW*, Bd. 31, S. 303–304, hier S. 303. Der traditionelle Marxismus jedenfalls gelangte über eine Wechselwirkung zwischen logischem Prozess und Geschichte nicht hinaus. Für den Historismus der frühen Sozialdemokratie und der Arbeiterbewegung vgl. Karl Kautsky: *Karl Marx' Oekonomische Lehren. Gemeinverständlich dargestellt und erläutert*. Stuttgart: Dietz 1887; für die Sowjetunion Mark M. Rosental: *Die Dialektik in Marx' ‚Kapital'*. Berlin, DDR: Dietz 1957, bes. S. 362–377 (Kap. 9); ders.: *Die Dialektische Methode der politischen Ökonomie von Karl Marx*. Berlin, DDR: Dietz 1973, bes. S. 459–532 (Kap. 11 u. 12); zur dialektischen Logik in der Natur und in der Gesellschaft ders.: *Die marxistische dialektische Methode*. Berlin, DDR: Dietz 1955, bes. S. 55ff. Auch in der DDR wurde das Problem von Logischem und Historischem diskutiert, und auch hier ging es in aller Regel im Engels'schen und Lenin'schen Sinn um eine Logik *in* der Geschichte, vgl. Heinz Malorny: Zum Problem des Verhältnisses von Logischem und Historischem im ‚Kapital'. In: Georg Mende / Erhard Lange (Hrsg.): *Die aktuelle philosophische Bedeutung des ‚KAPITAL' von Karl Marx*. Berlin, DDR: VEB Deutscher Verlag der Wissenschaften 1968; Gudrun Richter: *Gesetzmäßigkeit und Geschichtsprozeß. Logisches und Historisches*. Berlin, DDR: Dietz 1985. Allerdings ging z. T. auch der Marxismus des Westens in diese Richtung. Hier wurde die Auseinandersetzung insbesondere um die adäquate Lesart der Wertformanalyse geführt. So besteht Wolfgang Fritz Haug noch 1989 in der 5. Aufl. seiner *Vorlesungen zur Einführung ins ‚Kapital'*. Köln: Pahl-Rugenstein 1989, auf einer Einheit von logischer und historischer Entwicklung (vgl. ebd., S. 151); vgl. auch Wolfgang Fritz Haug: Historisches/Logisches. In: Ders. (Hrsg.): *Historisch-kritisches Wörterbuch des Marxismus*. Hamburg: Argument 2004, S. 335–366. Zur „Beharrlichkeit des ‚Engelsismus'" vgl. den gleichnamigen Aufsatz von Ingo Elbe in *Marx-Engels-Jahrbuch* 2007, S. 92–105. Die Anfänge einer bewusst streng logisch-systematischen Interpretation der KdpÖ gehen in der neuen Marx-Lektüre der BRD auf die ersten Arbeiten von Hans-Georg Backhaus und Helmut Reichelt zurück. Allerdings findet sich eine Problematisierung des Verhältnisses von Logischem und Historischem in Marx' Entwicklung der kapitalistischen Ökonomie bereits in der einflussreichen Arbeit von Roman Rosdolsky über die *Grundrisse*, vgl. Rosdolsky: *Zur Entstehungsgeschichte des Marxschen ‚Kapital'* sowie bei Jindřich Zelený: *Die Wissenschaftslogik bei Marx und ‚Das Kapital'*. Berlin, DDR: Akademie 1968. (Die ersten Arbeiten in Richtung einer solchen logischen Lesart, Isaak Rubins *Studien zur Marxschen Werttheorie* von 1924 und *Dialektik der Kategorien. Debatte in der UdSSR (1927–1929)*, erschienen auf Deutsch erst 1973 bzw. 1975, obwohl die Studien schon 1928 ins Englische übersetzt wurden; die Erstübersetzung des Kapitels „Die Marxsche Theorie des Warenfetischismus" ist mittlerweile erschienen in Devi Dumbadze / Ingo Elbe / Sven Ellmers (Hrsg.): *Kritik der politischen Philosophie. Eigentum, Gesellschaftsvertrag, Staat II*. Münster: Westfälisches Dampfboot 2010, S. 218–271. Die Arbeiten von Witali Wygodski gingen z. T. ebenfalls in diese Richtung.) Für die logisch-systematische Methode trat im Folgenden ein Joachim Bischoff: *Gesellschaftliche Arbeit als Systembegriff. Über wissenschaftliche Dialektik*. Berlin: VSA 1973; zur Kritik an Bischoff und zur Bedeutung des Historischen für die dialektische Methode vgl. Klaus Holzkamp: Die historische Methode des wissenschaftlichen Sozialismus und ihre Verkennung

einmaliges historisches Ereignis begründen noch lassen sich die Systematik und Logik der ökonomischen Kategorien logisch-historisch ableiten. Im Gegenteil, geschichtlich betrachtet muss der Eintritt des Kapitalismus kontingent bleiben – aber nicht, weil er aus der Geschichte nicht zureichend zu begründen wäre, sondern weil mit dem Kapitalismus zum ersten Mal in der Geschichte eine Ökonomie eintritt, in deren ökonomischen Kreisläufen und in deren Verwertung Resultate als Bedingungen weiteren Werdens produziert werden. Es muss der Kritik darum zuerst um die Logik eines Kapitalismus gehen, *der sein geschichtliches Werden aus sich heraus begründet*. ‚Aus sich heraus' heißt, in den Begriffen der Marx'schen Ökonomiekritik ausgedrückt, der Kapitalismus entspringt schlicht der eigenen ökonomischen Reproduktion, und Marx hat, statt eine Geschichte des Kapitalismus zu schreiben, diese Reproduktionsweise durch ihre kategoriale Entwicklung kritisch dargestellt.

Wenn es somit in Analogie zum selbstkritischen Grundzug im Kant'schen und Hegel'schen Kritikbegriff darum geht, dass die Kritik die Vermitteltheit ihrer Begriffe und Kategorien durch die Entwicklung des Kritisierten einholen muss, so muss die Entwicklung der kapitalistischen Gesellschaft *logisch-kategorial* ausfallen, und dabei sind die Begriffe und Kategorien sowohl der Ökonomie als auch des Denkens als *gesellschaftlich* vermittelt zu entwickeln. Diese gesellschaftliche Vermittlung ist von Anfang an eine *spezifisch kapitalistische* Vermittlung, und auch die Möglichkeit, die Begriffe und Kategorien durch eine wie immer auch kontingente Geschichte einzuholen und als geschichtlich geworden zu erweisen, auch dieses kritische Verfahren ist spezifisch nur

---

durch J. Bischoff. In: *Das Argument. Zeitschrift für Philosophie und Sozialwissenschaften* 16,84 (1974), S. 1–75; zum Status der dialektischen Methode in der KdpÖ vgl. Rüdiger Bubner: Zur Methode einer ‚Kritik der Politischen Ökonomie'. In: Ders.: *Dialektik und Wissenschaft*, S. 44–88; zur Differenz in der Bestimmung des Historischen zwischen Marx und Engels vgl. Heinz Dieter Kittsteiner: ‚Logisch' und ‚Historisch'. Über die Differenzen des Marxschen und Engelsschen Systems der Wissenschaft. (Engels' Rezeption ‚Zur Kritik der Politischen Ökonomie' von 1859). In: *Internationale wissenschaftliche Korrespondenz zur Geschichte der deutschen Arbeiterbewegung* 13 (1977), S. 1–47; Vladimir Petrovic Skredov: Über Engels' Historismus in seinem ‚Kapital'-Verständnis. In: *Beiträge zur Marx-Engels-Forschung Neue Folge* 1997, S. 114–130; allgemein zur Diskussion von Logischem und Historischem bei Marx und im Marxismus vgl. Diethard Behrens: Erkenntnis und Ökonomiekritik. Eine Auseinandersetzung mit neueren Ansätzen der Marx-Interpretation. In: Ders. (Hrsg.): *Gesellschaft und Erkenntnis*. Freiburg: ça ira 1993, S. 129–163, bes. S. 144ff.; Frank Kuhne: *Begriff und Zitat bei Marx*. Lüneburg: zu Klampen 1995, S. 12ff.; Dieter Riedel: Grenzen der dialektischen Darstellungsform. In: *MEGA-Studien* 1 (1997), S. 3–40; Hendrik Wallat: *Das Bewusstsein der Krise. Marx, Nietzsche und die Emanzipation des Nichtidentischen in der politischen Theorie*. Bielefeld: Transcript 2009, S. 274ff.; Bodo Kensmann: *Zur Dialektik der Macht bei Marx*. Münster: Westfälisches Dampfboot 1989, S. 119ff. Eine streng logisch-systematische Lesart hat auch der strukturale Marxismus verfolgt. Althusser zufolge ist das Verhältnis von logischer und historischer Ordnung bei Marx „vielschichtig" bestimmt, Althusser selbst wendet sich freilich explizit gegen den „Historizismus", der sich bei Marx finden lasse, vgl. Louis Althusser / Étienne Balibar: *Das Kapital lesen*, Bd. 1. Reinbek: Rowohlt 1972, bes. S. 60ff. Noch pointierter nimmt Jacques Rancière innerhalb des strukturalen Marxismus Stellung (allerdings hat er sich nach *Lire le Capital* von Althusser abgewandt), in ders.: *Der Begriff der Kritik und die Kritik der politischen Ökonomie von den ‚Pariser Manuskripten' zum ‚Kapital'*. Berlin: Merve 1972, S. 93. Allgemein zum Unterschied von historischer und systematischer Forschung sowie zur Kritik am Historismus vgl. Johannes Heinrichs: *Die Logik der Vernunftkritik. Kants Kategorienlehre*. Tübingen: Francke 1986, S. 1–49.

für die *kapitalistische* Gesellschaft und ihre Art und Weise, sich selbst zu rekonstruieren und dadurch zu historisieren.
Mit der Entscheidung für eine begrifflich-logische Lesart des Marx'schen *Kapitals* ist das Geschichtliche aber keineswegs erledigt. Das Geschichtliche ist durch den Primat des Logisch-Kategorialen nicht zu erledigen, gerade *weil* diese Logik darin besteht, dass sich die Gesellschaft aus sich heraus reproduziert und entwickelt, denn dadurch treten ein Werden *in* der Zeit und eine geschichtliche Entwicklung ein. Dieses Eintreten in die Zeit kann zwar seinerseits nicht geschichtlich abgeleitet werden, gleichwohl muss die Entwicklung des Kapitals zu einer Ökonomie führen, von der Marx sagt, dass sie sich in eine „Ökonomie der Zeit auflöst"[12], und zwar in einen *produktiven Umgang mit der Zeit*. Nur innerhalb einer Kritik dieser Ökonomie der Zeit einschließlich entsprechender Denkformen und Vorstellungen kann erst sinnvoll nach einem Eintreten *in* die Zeit im Sinne des Geschichtlichen gefragt werden.

3. Marx' KdpÖ als Vergesellschaftung der Vermittlung von Objekt und Subjekt

Die These dieser Arbeit – dass die Kritik der politischen Ökonomie (KdpÖ) die Bedingungen der Kritik in der kritisierten Gesellschaft einholt und dies den Ort der Gesellschaftskritik ergibt – diese These lässt sich nun präzisieren: Die Kritik holt ihre Bedingungen durch die *systematisch-logische Entwicklung* des Kapitals und seiner ökonomischen Kategorien ein. Doch wo genau liegt in dieser Entwicklung der gesuchte Ort der Kritik?

Wenn in Marx' kategorialer Entwicklung des Kapitals die einzelnen Kategorien der politischen Ökonomie eine innere Notwendigkeit teilen und einen Zusammenhang ergeben, dann müssen die innere Notwendigkeit und der Zusammenhang in der *Vermittlung* liegen. Die einzelnen Kategorien wie die Ökonomie als Ganze müssen ein und dieselbe Vermittlung teilen, sie muss *das Identische* sein, und so müsste sich der Ort der Kritik aus der Reflexion auf diese gesellschaftliche Vermittlung ergeben. Kritik der Gesellschaft hieße, sie von ihrer Vermittlung her zu denken.

3.1 Die Frage nach der Vermittlung von Objektivität und Subjektivität

Soll die Vermittlung der Gesellschaft Gegenstand der Gesellschaftskritik sein und soll die Vermittlung in Analogie zum Kritikbegriff Kants und Hegels entwickelt werden, so scheint die Vermittlung nichts weniger als die Konstitution von *Gegenständlichkeit* zu betreffen. Gegenständlichkeit meint keinen bestimmten Gegenstand für das Subjekt und auch keine Gegenständlichkeit schlechthin im Sinne von Objektivität überhaupt, sie meint die *Eröffnung* von Objektivität *und* Subjektivität. Es geht also um deren Gegenständlichkeit als solche. Die Kritik scheint darum auf das Wesen *zwischen* Objektivität und Subjektivität zielen zu müssen, auf ein negatives, aber für Objektivität und Subjektivität konstitutives und produktives Wesen, sodass beide von derselben Vermittlung her gedacht werden müssen. Vereinfacht zusammengefasst, scheint es

---
12 *Grundrisse*, S. 105.

darum zu gehen, diejenige Vermittlung von Objektivität und Subjektivität in den Mittelpunkt zu stellen, die in der Philosophie der Neuzeit bereits im Mittelpunkt gestanden und bei Kant und Hegel ihre systematische Entwicklung erfahren hat.

Es scheint aber auch darum zu gehen, diese Vermittlung in eine gesellschaftliche und spezifisch kapitalistische Vermittlung zu überführen und die Vermittlung als eine *Ökonomie* zu begreifen. Diese Ökonomie muss, nicht anders als die Vermittlung bei Kant und Hegel, konstitutiv sein für das Verhältnis zwischen gesellschaftlicher Objektivität und gesellschaftlicher Subjektivität. Das heißt, die ökonomische Vermittlung muss nicht nur diejenige gesellschaftliche Objektivität konstituieren, die zum Gegenstand für ein Subjekt wird, sondern *dieselbe* Vermittlung muss auch die Kategorien und Begriffe des Denkens und Handelns eben dieser Subjektivität bestimmen. Kurz, die Subjektivität muss durch dieselbe Vermittlung eingeholt werden, die ihr in der Ökonomie zum Gegenstand wird.[13] Es hat dann keinen Sinn, eine Subjektivität vor oder unabhängig von dieser Ökonomie begründen zu wollen.[14]

Und auf den ersten Blick scheint es tatsächlich so, als habe Marx' Ökonomiekritik eine Vermittlung, die in der Philosophie des deutschen Idealismus geistig-begrifflich gefasst und als Verstand und Vernunft entwickelt wurde, durch die Begriffe und Kategorien der politischen Ökonomie vergesellschaftet. Marx sagt in einer berühmt gewordenen

---

13 „Derartige Formen [gemeint sind die in der Wertformanalyse analysierten Formen, F.E.] bilden eben die Kategorien der bürgerlichen Ökonomie. Es sind gesellschaftlich gültige, also objektive Gedankenformen für die Produktionsverhältnisse dieser historisch bestimmten gesellschaftlichen Produktionsweise, der Warenproduktion." (*Kapital I*, S. 90.) Demnach sind die ökonomischen Kategorien ebenso objektive Kategorien wie subjektive (aber objektiv gültige) Gedankenformen und Vorstellungen des Verstandes, vgl. dazu auch Karl Marx: Hefte zur epikureischen, stoischen und skeptischen Philosophie. In: *MEW*, Bd. 40, S. 13–255, hier S. 159.

14 Schon in den Feuerbach-Thesen hatte Marx das Individuum als das „ensemble der gesellschaftlichen Verhältnisse" (Karl Marx: Thesen über Feuerbach. In: *MEW*, Bd. 3, S. 5–7, hier S. 6 (6. These)) bezeichnet und so ein durch und durch gesellschaftlich konstituiertes Subjekt entworfen. „Aber das menschliche Wesen ist kein dem einzelnen Individuum innewohnendes Abstraktum. In seiner Wirklichkeit ist es das Ensemble der gesellschaftlichen Verhältnisse." (Ebd., S. 534.) Allerdings zielt Marx hier noch auf einen „sinnlich-tätigen" Menschen. Weder kommen im praktisch-tätigen Wesen des Menschen die ökonomischen Kategorien als Denknotwendigkeit und Denkform in den Blick, noch sind die ökonomischen Kategorien ihrerseits ein praktisch-tätiges Wesen. In den *Grundrissen*, wo Marx sich der politischen Ökonomie zuwendet hat und aus ihr heraus auch die Subjektivität betrachtet, stellt er dann fest: „Die Gesellschaft besteht nicht aus Individuen, sondern drückt die Summe der Beziehungen, Verhältnisse aus, worin diese Individuen zueinander stehn." (*Grundrisse*, S. 189.) Versuche, Ich-Identität, individuelle Subjektivität und neuzeitliche Rationalität mit den Kategorien der Marx'schen KdpÖ zu vermitteln und als spezifisch kapitalistisch auszuweisen, kommen im deutschsprachigen Raum vor allem von der Kritischen Theorie und ihrem Umfeld, besonders einflussreich war Theodor W. Adorno / Max Horkheimer: *Dialektik der Aufklärung. Philosophische Fragmente* [1947]. Frankfurt am Main: Fischer 1969. In eine ähnliche Richtung gehen auch Rudolf Wolfgang Müller: *Geld und Geist. Zur Entstehungsgeschichte von Identitätsbewußtsein und Rationalität seit der Antike*. Frankfurt am Main/New York: Campus 1977; Edmund Jacoby: *Wissen und Reichtum. Zum Verhältnis universaler und partikularer Vergesellschaftung*. Frankfurt am Main/New York: Campus 1982; Eberhard Bolay / Bernhard Trieb: *Verkehrte Subjektivität. Kritik der individuellen Ich-Identität*. Frankfurt am Main/New York: Campus 1988. Ausführlich dazu der Abschnitt IV über Sohn-Rethel.

Formulierung, dass das gesellschaftliche Sein das Bewusstsein bestimme,[15] und wenn des Weiteren das gesellschaftliche Sein als ein ökonomisches Sein zu bestimmen ist, so muss das ökonomische Sein aufseiten der gesellschaftlichen Objektivität auch ihr entsprechende Bewusstseins- und Denkformen aufseiten der Subjektivität hervorbringen. Und in der Tat zeigt Marx insbesondere am Wert sowie an der Sphäre seiner Erscheinung und Realisierung in der Sphäre der Zirkulation, kurz an der „Oberfläche" (Marx) der Gesellschaft, dass den objektiv-gültigen Bestimmungen der Ökonomie bestimmte Denknotwendigkeiten entsprechen, und dass sich dieses Entsprechungsverhältnis zwischen ökonomischem Sein und dem (Alltags-)Bewusstsein auch im philosophischen Selbstverständnis und in der politischen und rechtlichen Verfassung der bürgerlichen Gesellschaft wiederfindet. Auf den ersten Blick scheint es somit, als habe Marx eine Vermittlung, die bei Kant und Hegel als verstandesmäßige Synthesis bzw. als Arbeit des Begriffs gefasst wurde, materialistisch an die Vermittlung und Reproduktion der Gesellschaft ‚geerdet'.

Doch auf den zweiten Blick bringt die Vergesellschaftung eine entscheidende Wendung mit sich. Marx geht über eine bloße Vergesellschaftung der verstandesmäßigen bzw. geistig-begrifflichen Vermittlung hinaus, denn er weist eine gesellschaftliche Vermittlung aus, die dem einzelnen Verstand wie der Gesellschaft als ganzer *entzogen* ist und unverfügbar bleibt. Dem Entzug entspricht die Blindheit und Naturwüchsigkeit der gesellschaftlichen Vermittlung, und es sind gerade jener Entzug und diese Naturwüchsigkeit, die im Bewusstsein nicht nur ebenso notwendige wie falsche Vorstellungen hervorbringen, vielmehr gehen diese Vorstellungen unmittelbar in die Ökonomie ein und gehören zu ihrem Funktionieren.

Dadurch sind einer Einheit von Gesellschafts- und Erkenntniskritik durch Marx zwei widersprüchliche Forderungen aufgegeben worden. Zum einen muss gezeigt werden, dass das gesellschaftliche Sein das Bewusstsein bestimmt, zum anderen wird das Bewusstsein aber ebenso notwendig wie falsch bestimmt. Sollen beide Forderungen erfüllt werden, dann kann die Vermittlung zwischen Objektivität und Subjektivität nicht in ihrer Entsprechung aufgehen. Marx zeigt daher im *Kapital* zunächst weder, dass die Objektivität in der Subjektivität sich selbst entspricht, noch zeigt er, warum sie notwendig falsch zu Bewusstsein kommt und sich darum in der Subjektivität gerade nicht entspricht. Er tritt einen Schritt zurück und zeigt zunächst etwas anderes, nämlich warum die Objektivität *sich selbst* entspricht. Die gesellschaftliche Vermittlung muss, sozusagen zuerst, eine Objektivität hervorbringen, in der die Gesellschaft auf bewusstlose und blinde Weise *sich selbst der Gegenstand* ist. Marx bestimmt das Bewusstsein von dieser Objektivität her, von der Selbstvermittlung der Gesellschaft: Sie ist das, was er das „gesellschaftliche Sein" oder das „rein gesellschaftliche Verhältnis" nennt.[16] Wie immer dieses bewusstlose gesellschaftliche Sein im Denken und Handeln der

---

15 Der berühmte Satz steht im Vorwort von Marx: Zur Kritik der Politischen Ökonomie, S. 9.
16 Zur Gesellschaftlichkeit des Seins z. B. ebd., S. 9; Karl Marx / Friedrich Engels: Die deutsche Ideologie. In: *MEW*, Bd. 3, S. 9–530, hier S. 26; zum „rein gesellschaftlichen Verhältnis" *Kapital I*, S. 62.

Subjekte anwesend wird und wie immer das Bewusstsein dadurch der Objektivität der Gesellschaft entspricht oder nicht, das Verhältnis ist *zuerst* objektiv dadurch, dass der Subjektivität ein Selbstverhältnis *gegeben* wird, nämlich durch die Vermittlung der Ökonomie mit sich selbst.

Will die Kritik die eigenen Bedingungen durch die kritisierte kapitalistische Gesellschaft einholen, scheint sie also zuerst deren Selbstvermittlung entwickeln zu müssen. In der Selbstvermittlung konstituiert sich diejenige gesellschaftliche Objektivität, der die Subjektivität wiederum entsprechen muss, allerdings nicht ohne eine Verkehrung und nicht ohne ein notwendig falsches Bewusstsein. Beides zusammen ergibt dann die Kritik der kapitalistischen Gesellschaft. Die Kritik scheint die eigene Begründung in dieses Verhältnis zwischen gesellschaftlicher Objektivität und Subjektivität ‚verschieben' zu müssen, ganz so, als könne die Kritik sich begründen, wenn ihr eine Darstellung derjenigen Selbstvermittlung gelänge, durch welche die Ökonomie einerseits Objektivität hervorbringt und andererseits eine Subjektivität, die der Objektivität entspricht und sie doch verkehrt begreift, verkehrt begreifen *muss*.

3.2 Die gesellschaftliche Vermittlung durch Arbeit und Wert

Nun gab es die Vorstellung, Marx sei eine solche Kritik vom *Standpunkt der Arbeit* aus gelungen. Anhänger wie Kritiker von Marx waren der Meinung, er habe die Vermittlung und Reproduktion der Gesellschaft durch Arbeit begründet. Arbeit, das sei bei Marx Stoffwechsel mit der Natur und ewige Naturnotwendigkeit, inneres Band der Vergesellschaftung und roter Faden der Geschichte. Es soll in letzter Instanz die Arbeit sein, die gesellschaftliche Objektivität produziert, diejenige Objektivität, durch die dem Subjekt die gesellschaftliche Bestimmung und produktive Kraft seiner Arbeit (wieder-)gegeben wird.

Insbesondere Marx' Anhänger waren zudem der Meinung, er habe von demselben Standpunkt der Arbeit aus auch die innere Spaltung und die Widersprüchlichkeit der kapitalistischen Gesellschaft bestimmen und in ihnen die treibende Kraft und den Motor der (geschichtlichen) Entwicklung nachweisen können. In den Spaltungen und Widersprüchen, insbesondere in der Klassenspaltung durch den Privatbesitz der Produktionsmittel, durch die Ausbeutung sowie die ungeplante, anarchische Anwendung der Arbeit, soll schließlich auch der Grund liegen, warum in der kapitalistischen Gesellschaft Objektivität und Subjektivität einander *nicht* – noch nicht – entsprechen können. Im Gegenteil, das Verhältnis zwischen der durch Arbeit produzierten und vermittelten gesellschaftlichen Objektivität auf der einen und dem Subjekt der Arbeit und seinem Bewusstsein auf der anderen Seite sei im Kapitalismus ein Verhältnis des Klassenantagonismus und der Fremdherrschaft, der Fremdbestimmung und der Ausbeutung. Diese Kapitalismuskritik, die sich vereinfacht als traditioneller Marxismus zusammenfassen lässt, hat auch eine bestimmte, ‚traditionelle' Idee des Kommunismus ergeben. Die Idee des Kommunismus ergibt sich aus der Kritik der kapitalistischen Vermittlung von Objektivität und Subjektivität.

Es war der hohe Anspruch des traditionellen Marxismus, das Erbe des deutschen Idealismus anzutreten und die Vermittlung von Subjekt und Objekt, die bei Hegel schließlich als „absolute Idee" entwickelt wurde, durch die Arbeit zu vergesellschaften. ‚Vergesellschaften' heißt, der traditionelle Marxismus wollte die idealistische Bestimmung der Idee einerseits auf das Wesen der gesellschaftlichen Vermittlung zurückführen, auf die Arbeit und ihre Klasse, andererseits sollte die absolute Idee dadurch revolutioniert werden und eine kommunistische Bestimmung erhalten.

Unter „Idee" verstand die Philosophie, aber auch der Alltagsverstand traditionellerweise, dass sich das Bewusstsein eine Vorstellung oder ein Bild macht. Im deutschen Idealismus wurde dann unter dem Titel „Idee" die Vermittlung von Subjekt und Objekt thematisiert. Die Frage nach der Vermittlung von Objekt und Subjekt war die Frage nach ihrer Identifikation, und diese kam im deutschen Idealismus dem Verstand und der Vernunft zu; bei Hegel wurde die Idee sogar, wie schon gesagt, zur *absoluten* Idee entwickelt.

Auf die Begründung der Identifikation von Objektivität und Subjektivität im deutschen Idealismus und auf ihre Verabsolutierung bei Hegel kommt es hier nicht an. Entscheidend ist allein, dass die Identifikation *geistig-ideell* gefasst wurde, denn hier hat der traditionelle Marxismus mit Marx eine Kritik des Idealismus und sogar eine Revolutionierung der Philosophie *als* Philosophie beansprucht, eine Überwindung der Philosophie durch ihre *praktische* Verwirklichung. Die an Marx orientierte Kapitalismuskritik zielte nämlich darauf, dass die Identifikation zwischen Subjekt und Objekt kein bloß verstandesmäßig-begriffliches und kein rein ideell-geistiges Wesen sein kann, vielmehr muss die Identifikation auch *praktisch* und sinnlich-tätig vollzogen werden. Mehr noch, die durch das Bewusstsein zu begreifende und zu identifizierende Objektivität muss auf diese praktische Weise erst *produziert werden*. Die Objektivität muss mithin von ihrer praktischen und geschichtlichen Gewordenheit und Veränderbarkeit her begriffen werden, oder vielmehr *ist* sie beständig darin begriffen. Jedenfalls kann die Identifikation zwischen Objekt und Subjekt keine Arbeit im rein begrifflich-geistigen Sinne sein, keine Arbeit, die letztlich einer begrifflichen Vernunft, einem übergreifenden (Welt-)Geist oder gar einem höheren, göttlich-schöpferischen Wesen zugeschrieben werden und die darum letztlich rein negativ und unverfügbar blieben müsste. Die Arbeit der Identifikation ist vielmehr auch oder sogar zuerst, noch vor der begrifflichen Arbeit des Bewusstseins, die *spezifisch gesellschaftliche Praxis* und *die produktive Kraft* einer bestimmten Klasse, der Arbeiterklasse.

Wenn nun die (materialistische) Vergesellschaftung der Idee darin besteht, die Identifikation von (gesellschaftlicher) Objektivität und Subjektivität durch die Arbeit zu begründen, und wenn diese Identifikation zudem dem Subjekt der Arbeit zukommen soll, der Arbeiterklasse, dann ist in der Vergesellschaftung der Idee auch bereits die Idee des Kommunismus angelegt. Genauer gesagt, sind in der Vergesellschaftung eine *Kritik* des Kapitalismus *und* dessen kommunistische Revolutionierung angelegt. Die traditionelle Kritik des Kapitalismus läuft nämlich, vereinfacht gesagt, darauf hinaus, dass die Arbeiterklasse jene Kraft der Identifikation von Objektivität und Subjektivität an-sich erkennen muss, indem sie der gesamtgesellschaftlichen Bestimmung und produktiven Kraft ihrer Arbeit inne wird. Allerdings können diese Bestimmung und produktive Kraft der Arbeit im Kapitalismus gerade nicht *unmittelbar* im Subjekt der Arbeit zu Bewusstsein kommen und praktisch angewandt werden. Im Gegenteil, die Arbeiterklasse muss zugleich die Fremdbestimmung und Fremdherrschaft erkennen, die in der kapitalistischen Privatisierung und Anwendung, Aneignung und Ausbeutung der Arbeit und ihrer Mittel liegen. Die Arbeiterklasse soll daher diejenige Identifikation von Objekt und Subjekt zunächst *ideell* im Sinne der Idee des Kommunismus vorwegnehmen, die durch die Revolution noch gewaltsam gegen das Kapital *durchgesetzt* werden muss, damit die Identifikation dann im Kommunismus *praktisch verwirklicht* werden kann.

Es ist müßig zu bestreiten, dass sich solche Vorstellungen auf Marx berufen können.[17] Wichtiger ist, dass nicht nur mittlerweile mit solchen Vorstellungen endgültig

---

17 Die vorliegende Arbeit bestreitet nicht, dass Marx im Arbeitsbegriff zwiespältig geblieben ist und dass er dem (traditionellen) Marxismus die Vorlage für eine Ontologie der Arbeit und einen emphatischen Arbeitsbegriff geliefert hat. Marx blieb insbesondere dort zwiespältig, wo er die Arbeit als „ewige Naturbedingung menschlichen Lebens" bestimmt (*Kapital I*, S. 198) und wo er ihre produktive Kraft positivistisch zu verkürzen scheint auf die „Verausgabung von Hirn, Muskel, Nerv, Hand usw." (Ebd., S. 58; ähnlich auch ebd., S. 185.) Auch der Zusammenhang von Arbeit, Wert und Geld wird in einigen Passagen einseitig zur Arbeit hin aufgelöst, und zwar so, als ob die Arbeit von sich aus eine identische Qualität sei oder die gesellschaftliche Wertsubstanz bilde, vgl. ebd., S. 109. Die vorliegende Arbeit geht auf solche Ambivalenzen allerdings nicht näher ein; einerseits, weil *diese* Kritik des Arbeitsbegriffs mittlerweile geleistet worden ist, andererseits, weil es diejenige Kritik überhaupt erst zu erschließen gilt, die Marx eröffnet hat, indem er den Zusammenhang von Geld, Wert und Arbeit als Konstitutionszusammenhang zwischen Maß, Messung und gemessener Qualität deutbar gemacht hat. Überhaupt hat der Versuch, das bei Marx zwiespältig Gebliebene zu überwinden und das Kritische bei Marx von Vor- und Unkritischem zu trennen, eine Reihe von Unterscheidungen gezeitigt. Mittlerweile führt der Weg zurück zu Marx nur mehr über bestimmte Einschnitte, die innerhalb des Marx'schen Werkes eröffnet wurden (ganz abgesehen von dem Versuch, Marx von Lenin und später auch von Engels zu unterscheiden). So versuchte unmittelbar nach dem Zweiten Weltkrieg ein humanistisch und existenzialistisch ausgerichteter Marxismus, gestützt auf Marx' von anthropologischen und entfremdungstheoretischen Vorstellungen geprägte philosophische Schriften, den starren Funktionalismus und Ökonomismus des Sowjetmarxismus, der II. Internationale und der westlichen kommunistischen Parteien aufzubrechen und ihnen einen ‚anderen Marx' entgegenzusetzen. In Frankreich ging dies von einem Marxismus aus, der vom Existenzialismus und der Phänomenologie beeinflusst war, in West-Deutschland gingen die Kritische Theorie und die Diskussionen im Umkreis der evangelischen Akademien in eine ähnliche Richtung. Doch auch wenn die Frühschriften nicht allein aus strategischen, sondern auch aus inhaltlichen Gründen nachdrücklich betont wurden, so wurde an der Einheit des Marx'schen Werkes selbst noch festgehalten. Es war Louis Althusser, der in den 1960er Jahren am konsequentesten und folgenreichsten einen Bruch im Marx'schen Werk selbst zu begründen versuchte. Er trennte das Marx'sche Frühwerk als noch historistisch und humanistisch fundierte Gesellschaftskritik von der streng wissenschaftlichen Revolution, für die seiner Ansicht nach das Spätwerk steht. Obgleich sich auch Althusser mit seiner strukturalen Marx-Interpretation gegen den offiziellen Sowjetmarxismus und den westlichen ML in Stellung brachte und obwohl auch er mit dem sog. epistemologischen Bruch die Frühschriften besonders betonte, erfuhren die Frühschriften nun gerade eine Abwertung. Althusser zufolge markiert der Bruch die Überwindung der unkritischen und unwissenschaftlichen Methode der Frühschriften, und erst mit der KdpÖ eröffne Marx der Wissenschaft ein neues Feld. Auch in Italien fand eine solche Abgrenzung gegenüber dem traditionellen Marxismus statt, und auch hier wurde eine Trennung bei Marx selbst ausgemacht. Der Operaismus setzte

aufgeräumt worden ist, sondern dass mit ihnen bereits Marx selbst aufgeräumt hat. Allerdings wurde das im Zuge der Abkehr vom traditionellen Marxismus und von dessen Arbeitsbegriff weitgehend übersehen.[18] Denn auch wenn heute niemand mehr

dem Ökonomismus und Funktionalismus des traditionellen Marxismus eine Politisierung und Subjektivierung der ökonomischen Kategorien entgegen. Antonio Negri machte dabei einen Unterschied zwischen dem *Kapital* einerseits, wo der „ökonomische Marx" die Hegel'sche Dialektik eher affirmativ angewendet denn einer Kritik unterzogen habe und zu einer wissenschaftlich objektivierten Darstellungsweise gelangt sei, und den *Grundrissen* andererseits, die den politischen und revolutionären Marx ausmachten, vgl. Antonio Negri: *Marx oltre Marx* [1978]. Rom: Manifestolibri 1998, S. 15ff. Die neue Marx-Lektüre in der BRD hat dann in der sog. Phase der Rekonstruktion Brüche noch auf der Höhe der Ökonomiekritik aufgetan. Ende der 1970er Jahre brachte Stefan Breuer ein Ergebnis dieser neueren Auseinandersetzung auf den Punkt. In *Die Krise der Revolutionstheorie* sprach er von einem „doppelten Marx", nämlich einem radikal negativen Kritiker der „abstrakt-repressiven Natur der bürgerlichen Vergesellschaftung" einerseits, der aber andererseits von einem exoterischen Marx selber zurückgenommen werde, wenn dieser nämlich die Vergesellschaftung durchs Kapital zu einem bloßen Schein erkläre, hinter dem eine unaufhaltsame Höherentwicklung und „Reifung" zum Sozialismus sich vollziehe, vgl. Stefan Breuer: *Die Krise der Revolutionstheorie. Negative Vergesellschaftung und Arbeitsmetaphysik bei Herbert Marcuse*. Frankfurt am Main: Syndikat 1977, S. 45. Die *Krisis*-Gruppe hat Ende der 1980er Jahre ebenfalls eine Aufspaltung in einen doppelten Marx vorgenommen. Ihr Verdienst besteht vor allem darin, diese Unterscheidung populär gemacht zu haben, allerdings versehen mit einem eigenen Akzent: Einer wertkritisch ausgerichteten Gesellschaftskritik, für die vor allem der erste Band des *Kapitals* und das Fetisch-Kapitel stünden und die eher „esoterisch" geblieben sei, stehe eine „exoterische", klassenkämpferische, polit-emphatische und praxisbezogene Seite gegenüber, die am deutlichsten im *Kommunistischen Manifest* hervortrete, vgl. dazu die Schriftenreihe *Marxistische Kritik* 1986ff. (ab Nr. 8 *Krisis*; seit der Spaltung gibt es zudem die Zeitschrift *Exit*). Hans-Georg Backhaus traf eine Unterscheidung in einen „exoterischen" und einen „esoterischen" Marx sogar noch auf der Ebene von dessen Werttheorie. Marx sei bei ihrer Ausarbeitung auf bestimmte Probleme des Gegenstandes und seiner Darstellung gestoßen, insbesondere habe er sich keine Klarheit verschaffen können über das Verhältnis von logischer und historisch-logischer Entwicklung des Geldes. Seine Umarbeitungen verwiesen sogar auf den Versuch, „ein irgendwie beschaffenes Korrespondenz- oder gar Widerspiegelungsverhältnis von ‚Logischem' und ‚Historischem' zu konstruieren. Was Adam Smith von Marx vorgeworfen wurde, daß in dessen Werttheorie ein ‚esoterischer' und ‚exoterischer Teil' zu unterscheiden sei, wiederholt sich in anderer Weise in der Marx'schen Werttheorie: ebenso wie bei Smith laufen die beiden ‚Darstellungsweisen nicht nur unbefangen nebeneinander, sondern durcheinander und widersprechen sich fortwährend'. Hieraus ergibt sich die Notwendigkeit einer kritischen Rekonstruktion." (Backhaus: Materialien zur Rekonstruktion der Marxschen Werttheorie IV, S. 297; das Marx-Zitat ist aus *ThM II*, S. 162). Michael Heinrich orientiert sich zwar an dem von Althusser zuerst festgestellten Bruch, und auch er spricht in diesem Zusammenhang von einer Revolution auf dem Feld der politischen Ökonomie. Er legt aber Wert darauf, dass Ambivalenzen auch noch bei diesem wissenschaftlichen Marx zu finden seien, vgl. Heinrich: *Die Wissenschaft vom Wert*, bes. S. 159ff. (Teil III. Die Ambivalenz der Grundkategorien der Kritik der politischen Ökonomie). Quer durch alle Interpretationen hindurch ist immerhin unbestritten, dass mittlerweile grundsätzlich zwischen Marx und Marxismus unterschieden werden müsse.

18 Die Kategorie der Arbeit, gefasst als das innere Wesen der Gesellschaft und ihre Vermittlung mit der Natur sowie als die produktive und geschichtsmächtige Kraft schlechthin – die Arbeit blieb im sog. Historischen und Dialektischen Materialismus über Jahrzehnte hinweg das Gravitationszentrum der Marxistisch-Leninistischen Theorie und Politik und übte eine Anziehungskraft aus, die hier die Kategorie der Arbeit geradezu zwangsläufig bestimmen werden ließ auch für die Erkenntnistheorie, die Anthropologie und die Rechts- und Staatstheorie. In den 1960er Jahren hat der Begriff der Arbeit dann einen radikalen Umbruch erfahren, einerseits im Zuge des Niedergangs des traditionellen Industrieproletariats, des Fordismus und der sozialistischen Arbeiterbewegung, andererseits durch das Aufkommen der sog. Neuen Sozialen Bewegungen. Für den Operaismus hat Antonio Negri die „Flucht aus der Arbeit" und die produktive

eine radikale Gesellschaftskritik allein vom Standpunkt der Arbeit aus beansprucht und sogar eine umfangreiche Kritik und Verabschiedung von einer solchen Kritik stattgefunden hat, so ist doch weitgehend unbeachtet geblieben, dass Marx in der *KdpÖ* keine positive Bestimmung der Arbeit im herkömmlichen (sozial-)wissenschaftlichen Sinne vorgenommen hat. Die Bestimmung der Arbeit wird im Gegenteil allein durch bestimmte *Unterscheidungen* getroffen, und diese Unterscheidungen führen nicht zu einer (sozial-)wissenschaftlichen oder auch nur formal-analytischen Bestimmung der Arbeit, sondern zu ihrer *Kritik*. Sie führen zu einer Kritik, die nicht auf eine emphatische Befreiung der Arbeit hinausläuft, stattdessen zeigt Marx schlicht, dass im Kapitalismus durch spezifisch kapitalistische Unterscheidungen auch die spezifisch kapitalistische Bestimmung der Arbeit getroffen wird. Weniger noch, Marx zeigt nicht einmal, dass die Arbeit durch ihre gesellschaftliche Bestimmung und ihre produktive Kraft die Gesellschaft gleichsam produziert und in Bestimmung setzt. Er zeigt vielmehr umgekehrt, *wie die Arbeit selbst produziert wird*. Er entwickelt, auf welche Weise das kapitalistische Produktionsverhältnis die Arbeit ins Leben ruft, sie produktiv in Kraft setzt und ihre Kraft steigert. Es geht ihm, genau wie er es im Eingangszitat fordert, darum, dass die Arbeit samt ihrer produktiven Kraft und ihrer gesamtgesellschaftlichen Bestimmung selbst produziert werden muss, und eben dafür sind die kritischen Unterscheidungen im Arbeitsbegriff wesentlich.

Funktion der Flucht für den Klassenkampf betont, vgl. Negri: *Marx oltre Marx*, S. 193ff. Eine ähnliche Kritik der Arbeit, aber auch der Freizeit und des kapitalistischen Alltags im Allgemeinen hat der eher an moderner Kunst und praktischer Subversion orientierte Situationismus vorgenommen, vgl. Günther Friesinger / Johannes Grenzfurthner / Stephan Grigat (Hrsg.): *Spektakel-Kunst-Gesellschaft*. Berlin: Verbrecher 2006; Heinz Stahlhut / Juri Steiner / Stefan Zweifel (Hrsg.): *The International Situationist (1957–1972)*. Zürich: Nautilus 2007. In der BRD hat Jürgen Habermas eine Abkehr vom Arbeitsbegriff des traditionellen Marxismus mit einer kommunikationstheoretischen Wende verbunden. Allerdings unterstellt Habermas den kritisierten Arbeitsbegriff auch Marx selbst, vgl. u. a. ders.: *Erkenntnis und Interesse*. Frankfurt am Main: Suhrkamp 1968, S. 59–87 u. ders.: *Theorie des kommunikativen Handelns*, Bd. II. Frankfurt am Main: Suhrkamp 1981, S. 489–503. Dadurch ist bei Habermas Marx' kritische Bestimmung der Arbeit gar nicht erst in den Blick gekommen. Die (mittlerweile gespaltene) *Krisis-Gruppe* hat dagegen Marx' Arbeitsbegriff von dem des traditionellen Marxismus unterschieden, vgl. Robert Kurz: *Der Kollaps der Modernisierung. Vom Zusammenbruch des Kasernensozialismus zur Krise der Weltökonomie*. Frankfurt am Main: Eichborn 1991; ders.: Die Krise des Tauschwerts. In: *Marxistische Kritik* 1,1 (1986), S. 7–48; ders.: Abstrakte Arbeit und Sozialismus. In: *Marxistische Kritik* 2,4 (1987), S. 57–108; ders.: Die Verlorene Ehre der Arbeit. In: *Krisis* 6,10 (1991), S. 11–52; ders.: Postmarxismus und Arbeitsfetisch. In: *Krisis* 10,15 (1995), S. 95–126; ders.: Die Substanz des Kapitals. Abstrakte Arbeit als gesellschaftliche Realmetaphysik und die absolute Schranke der Verwertung. Teil I u. II. In: *Exit* 1 u. 2 (2004 u. 2005), S. 44–129 u. S. 162–235; Ernst Lohoff: Sexus und Arbeit. In: *Krisis* 7,12 (1992), S. 53–96; Robert Kurz / Ernst Lohoff / Norbert Trenkle (Hrsg.): *Feierabend. Elf Attacken gegen die Arbeit*. Hamburg: Konkret 1999. (Zur Kritik der Arbeit vgl. die österreichischen Zeitschriften *Weg und Ziel* und *Streifzüge*). Allerdings sind die meisten Arbeiten über die Krise oder gar das Ende der Arbeitsgesellschaft soziologische Abhandlungen geblieben ohne Rekonstruktion des Marx'schen Arbeitsbegriffs; das gilt selbst für Arbeiten wie die von André Gorz: *Arbeit zwischen Misere und Utopie*. Frankfurt am Main: Suhrkamp 2000, oder von Jeremy Rifkin: *Das Ende der Arbeit und ihre Zukunft*. Frankfurt am Main: Fischer 1997. Grundlegende Problematisierungen des Versuchs, die Arbeit *überhaupt* einer Bestimmung zu unterziehen, kommen von Hans-Joachim Lenger: *Marx zufolge*. Bielefeld: Transcript 2004, und von Harald Strauß: *Signifikationen der Arbeit. Die Geltung des Differenzianten 'Wert'*. Berlin: Parodos 2013; in eine ähnlich Richtung gehen z. T. die Beiträge in Dirk Baecker (Hrsg.): *Archäologie der Arbeit*. Berlin: Kadmos 2002.

Die wichtigste Unterscheidung, die Marx trifft, ist die Unterscheidung in konkrete und abstrakte Arbeit, gefolgt von der zwischen Arbeit und Arbeitskraft sowie zwischen lebendiger und toter Arbeit oder Arbeit und Kapital. All diese Unterscheidungen dienen letztlich dazu, zwischen dem *materiellen* Arbeits- und (Re-)Produktionsprozess der Gesellschaft und einem *Verwertungsprozess rein quantitativer Werte* zu unterscheiden, um durch diese Unterscheidung ihre Vermittlung zu entwickeln und die Notwendigkeit ihrer Entsprechung zu begründen. Demnach trifft Marx in ‚der Arbeit' in der Tat die Kategorie gesellschaftlicher Vermittlung schlechthin, aber nur insofern, als er die genannten *Unterscheidungen* im Arbeitsbegriff trifft, diejenigen Unterscheidungen, durch die sich der Kapitalismus vermittelt und die produktive Kraft der Arbeit und ihre gesellschaftliche Bestimmung nur über die Entsprechung zwischen der materiellen (Re-)Produktion der Gesellschaft und der Verwertung rein quantitativer Werte verwirklicht.

Zudem geht mit den Unterscheidungen ein so radikaler Bruch einer mit allem, was Arbeit vor ihrer kapitalistischen Bestimmung gewesen sein mag (wenn der Allgemeinbegriff „Arbeit" überhaupt auf solche nicht-kapitalistischen Gesellschaften zutrifft), dass der kapitalistische Arbeitsbegriff maßgeblich ist noch für die Bestimmung seiner ‚Vorgeschichte'. Marx selbst hat das im berühmten Methodenkapitel der *Einleitung zur Kritik der Politischen Ökonomie* festgestellt, zunächst für das Geld:

> [...] diese ganz einfache Kategorie erscheint in ihrer Intensität nicht historisch als in den entwickeltsten Zuständen der Gesellschaft.

Anschließend sagt er dasselbe über die Arbeit:

> Arbeit scheint eine ganz einfache Kategorie. Auch die Vorstellung derselben in dieser Allgemeinheit – als Arbeit überhaupt – ist uralt. Dennoch, ökonomisch in dieser Einfachheit gefaßt, ist „Arbeit" eine ebenso moderne Kategorie wie die Verhältnisse, die diese einfache Abstraktion erzeugen. [...] Die einfachste Abstraktion also, welche die moderne Ökonomie an die Spitze stellt und die eine uralte und für alle Gesellschaftsformationen gültige Beziehung ausdrückt, erscheint doch nur in dieser Abstraktion praktisch wahr als Kategorie der modernsten Gesellschaft.[19]

Demnach ist die Arbeit erst im Kapitalismus zu einer derart abstrakt-allgemeinen, universellen Kraft und objektiven Qualität geworden, dass die Arbeit ihrer eigenen geschichtlichen Gewordenheit widerspricht und eine zeit*lose*, *überhistorische* Geltung und Notwendigkeit erlangt. Erst im Kapitalismus kann es plötzlich scheinen, als sei die Gesellschaft immer schon durch die Arbeit vermittelt und bestimmt gewesen. Doch wie kann die Arbeit spezifisch kapitalistisch und zugleich zeitlos und überhistorisch bestimmt sein? Marx nimmt es mit diesem Paradox erst im *Kapital* auf, vor allem durch die erwähnten Unterscheidungen im Arbeitsbegriff. Die wichtigste steht gleich

---

19 Marx: Einleitung zur Kritik, S. 634–635. Ganz ähnlich wie für das Geld und die Arbeit notiert Marx in den *Grundrissen* über den Wert: „Der ökonomische Begriff von Wert kömmt bei den Alten nicht vor. Wert im Unterschied von pretium (Preis) nur juristisch gegen Übervorteilung etc. Der Begriff von Wert ganz der modernsten Ökonomie angehörig, weil er der abstrakteste Ausdruck des Kapitals selbst und der auf ihm ruhenden Produktion ist. Im Wertbegriff sein Geheimnis verraten." (*Grundrisse*, S. 667.)

am Anfang, es ist die Unterscheidung zwischen konkreter und abstrakter Arbeit.[20] Erst mit ihr trifft Marx die spezifisch kapitalistische und doch zeitlos-universelle Qualität: Nur in der kapitalistischen Gesellschaft wird die abstrakte Arbeit von der konkreten Arbeit unterschieden, indem die Arbeit als abstrakte Arbeit *in Wert gesetzt* und als quantitative Größe zur Geltung gebracht wird, zu einer reinen, zeitlos-überhistorischen Geltung. Und nur die kapitalistische Gesellschaft gründet sich in der Verwertung dieses Werts, nur hier ist der materielle Arbeits- und (Re-)Produktionsprozess zugleich eine Verwertung quantitativer Werte.

Mit dem Begriff der abstrakten Arbeit hat Marx die Substanz des Werts bestimmt und sie zugleich vollkommen ent-substanzialisiert, denn in Wert gesetzt wird keineswegs die konkrete Arbeit, und sei sie auch noch so reduziert gefasst als bloße Verausgabung von Hirn, Muskel, Nerv. Im Gegenteil, für diese Arbeit stellt Marx fest, dass sie zwar Wert schafft, aber *überhaupt keinen Wert* hat – sondern nur die *Ware Arbeitskraft* (und deren Wert wird wiederum durch die Arbeitszeit bestimmt, die zu ihrer Reproduktion notwendig ist). Mit der Unterscheidung zwischen Arbeit und Arbeitskraft kommt die zweite, allerdings weit weniger beachtete Unterscheidung ins Spiel. Sie ist gleichwohl für die Bestimmung der abstrakten Arbeit als Wertsubstanz entscheidend, denn in Wert gesetzt wird nicht die konkrete oder lebendige Arbeit, sondern die Ware Arbeitskraft, und dieser kommen die produktive Kraft und das Vermögen, Wert zu schaffen, wiederum nicht durch die Arbeit in einem geistigen oder körperlich-physikalischen Sinne zu, so wenig wie der Wert selbst durch die konkrete Arbeit begründbar ist. Im Gegenteil, auch die produktive Kraft und das Vermögen der Ware Arbeitskraft werden rein gesellschaftlich gefasst: Sie liegen nicht in den geistigen und körperlich-physischen Eigenschaften und Fähigkeiten des Arbeiters oder gar des Menschen, sondern ergeben sich durch das Verhältnis, das die Ware Arbeitskraft in der Verwertung mit dem Kapital eingeht.

Hier, im Begriff der Verwertung, trifft Marx die dritte entscheidende Unterscheidung innerhalb des Arbeitsbegriffs, nämlich die Unterscheidung zwischen lebendiger und toter Arbeitszeit. Die produktive Kraft der Verwertung liegt letztlich, ganz wie es die Unterscheidung „tote" und „lebendige Arbeitszeit" bereits anklingen lässt, in einem *zeitlichen* Verhältnis, nämlich in dem Verhältnis, das die Ware Arbeitskraft durch ihre lebendige Arbeitszeit mit ihrer eigenen, im Kapital akkumulierten und vergegenständlichten Vergangenheit eingeht, mit der toten Arbeitszeit. Es ist diese produktive Kraft zwischen lebendiger und toter Arbeitszeit, die in den Resultaten dieses Verhältnisses, den Waren, verendlicht und durch das Geld realisiert wird und dadurch die Substanz der abstrakten Arbeit ergibt.

---

20 Eine Zusammenfassung des Begriffs der abstrakten Arbeit gibt Michael Heinrich unter dem gleichnamigen Stichwort in *Historisch-Kritisches Wörterbuch des Marxismus*, Bd. I. Berlin: Argument 1994, S. 56–64. Er betont, dass Marx erst im *Kapital* den Springpunkt der politischen Ökonomie gefunden habe. Zur Entwicklungsgeschichte des Begriffs bei Marx vgl. Jan Hoff: *Kritik der klassischen politischen Ökonomie. Zur Rezeption der werttheoretischen Ansätze ökonomischer Klassiker durch Karl Marx*. Köln: Papyrossa 2004.

Hier kommt es noch nicht darauf an, auf welche Weise die gesellschaftliche Bestimmung der Arbeit durch die genannten Unterscheidungen getroffen und wie die Arbeit dadurch zur identischen Qualität wird; das wird erst Aufgabe des zweiten Abschnitts sein. Entscheidend sind vorerst nur die Unterscheidungen als solche, denn sie geben Aufschluss über die Methode und den Status der KdpÖ. Wenn die gesellschaftliche Bestimmung der Arbeit von Marx nur durch kritische Unterscheidungen getroffen wird, und wenn es insbesondere die Scheidung der abstrakten von der konkreten Arbeit ist, welche die Arbeit zur identischen Qualität der Gesellschaft werden lässt, dann kann die Gesellschaftskritik nicht vom Standpunkt ‚der' Arbeit aus durchgeführt werden.

‚Die Arbeit' ist somit zwar nicht die Kategorie gesellschaftlicher Vermittlung schlechthin, dafür scheint eine kritische Darstellung der gesellschaftlichen Vermittlung durch die Entwicklung der abstrakten Arbeit und des Wertbegriffs zu gelingen. Marx selbst hat sich entsprechend geäußert: „Um den Begriff des Kapitals zu entwickeln, ist es nötig, nicht von der Arbeit, sondern vom Wert auszugehen, und zwar von dem schon in der Bewegung der Zirkulation entwickelten Tauschwert."[21] Die Frage nach dem Wert könnte demnach die für die kritische Entwicklung der kapitalistischen Gesellschaft *erste* Frage sein, und das gleich in mehrfacher Hinsicht:

- In logisch-systematischer Hinsicht scheint der Wert Ausgangspunkt zur Entwicklung der Kapitalform zu sein, weil er ihre abstrakte und gleichsam unbestimmte Bestimmung ist; er ist bereits vollständig bestimmt gerade durch diese Unbestimmtheit und insofern die erste ‚Bestimmung'. Andererseits ist der Wert Resultat eben der kapitalistischen Produktionsweise, die es zu entwickeln gilt. Der Wert ist einerseits laut Marx „ein *rein* gesellschaftliches Verhältnis", in das „kein Atom Naturstoff eingeht",[22] andererseits will Marx die *Verwertung* des Werts begründen, und aus dieser Verwertung geht der Wert überhaupt erst *hervor*. Zudem ist der Wert durch diese Verwertung je *quantitativ bestimmt*, er ist immer der Tauschwert einer bestimmten Ware. Demnach ist der Wert beides, er ist einerseits ein unbestimmtes, rein gesellschaftliches Verhältnis, und er resultiert andererseits aus seiner Verwertung und ist dadurch je quantitativ bestimmter Tauschwert einer Ware.
- Des Weiteren scheint die Frage nach dem Wert die erste Frage für die Gesellschaftskritik zu sein, weil der Wert die *gesellschaftliche Qualität schlechthin* ist. Wenn der Wert laut Marx das „rein gesellschaftliche Verhältnis" ist, in das „kein Atom Naturstoff eingeht", muss er eine übersinnliche, qualitäts-lose Qualität sein, die Qualität einer rein ideellen Identität oder geradezu der Identität als solcher. Der Wert ist dann auch keineswegs gleichzusetzen mit dem Tauschwert, der ja immer schon ein *quantitativ bestimmter* Wert einer einzelnen Ware ist – und nicht das gesellschaftliche Verhältnis rein als solches.[23]

---

21 *Grundrisse*, S. 183.
22 *Kapital I*, S. 62.
23 Nur „die quantitative Bestimmung des Tauschwerts im Auge" zu haben, ist auch Marx' Hauptkritik an

- Erst recht muss zwischen Wert und Preis unterschieden werden. Im Preis hat der Wert seine endgültige, fertige Gestalt und erscheint auf der gesellschaftlichen Oberfläche, und die wird von Marx überhaupt erst *entwickelt*. Der Preis wird erst nach der Entwicklung des Werts und der Verwertung in die Darstellung einbezogen, erst im dritten Band des *Kapitals*. Anders als die bürgerliche Ökonomietheorie, die zwischen Wert und Preis nicht klar unterscheidet, zielt Marx darauf, dass in der Erscheinung der Preise gerade diejenige gesellschaftliche Umwandlung verschwunden ist, die es durch die Entwicklung des Werts ineins zu begründen und zu kritisieren gilt. Für die Kritik der *Erscheinung* der Gesellschaft ist die Unterscheidung zwischen Wert und Preis daher wesentlich, ja, die Unterscheidung fällt in das Wesen der Gesellschaft selbst.

- Wenn die Frage nach dem Wert auf dasjenige negative Wesen zielt, das im Preis ebenso erscheint wie verschwindet, so ist sie bereits *als Frage* eine Kritik, nämlich Kritik eben jener bürgerlichen Wissenschaft, welche die Frage nach dem Wert in einem radikalen Sinn gar nicht gestellt hat und aufgrund ihres Selbstverständnisses vielleicht gar nicht hat stellen *können*: „Es ist kaum verwunderlich, dass die Oekonomen, ganz unter dem Einfluß stofflicher Interessen, den Formgehalt des relativen Werthausdrucks übersehn haben, wenn vor *Hegel* die Logiker von Profession sogar den Forminhalt der Urtheils- und Schlußparadigmen übersahen."[24] Jedenfalls stellt Marx fest, dass die politische Ökonomie „niemals auch nur die Frage gestellt [hat], warum dieser Inhalt jene Form annimmt, warum sich also die Arbeit im Wert und das Maß der Arbeit durch ihre Zeitdauer in der Wertgröße des Arbeitsprodukts darstellt."[25] Erst recht gilt dies für die „Vulgärökonomie", die Marx von der klassischen Ökonomie unterscheidet.[26] Während die von Marx kritisch gewürdigte

Ricardo (*ThM III*, S. 128). Bereits Bailey hatte die unklare Natur des Werts bei Ricardo bemängelt, allerdings nur, um seinerseits den Wert nun auf die Subjektivität zurückzuführen, sodass Marx zu dem Schluss kam, dass der Nationalökonomie von ihrem Standpunkt aus überhaupt nicht mehr zu helfen sei (vgl. ebd., S. 129ff.).

24 Karl Marx: *Das Kapital. Kritik der politischen Ökonomie. Erster Band*. Hamburg 1867. *MEGA* II/5, S. 32, Anm. 20.

25 *Kapital I*, S. 95.

26 „Um es ein für allemal zu bemerken, verstehe ich unter klassischer politischer Ökonomie alle Ökonomie seit W. Petty, die den innern Zusammenhang der bürgerlichen Produktionsverhältnisse erforscht im Gegensatz zur Vulgärökonomie, die sich nur innerhalb des scheinbaren Zusammenhangs herumtreibt, für eine plausible Verständlichmachung der sozusagen gröbsten Phänomene und den bürgerlichen Hausbedarf das von der wissenschaftlichen Ökonomie längst gelieferte Material stets von neuem wiederkaut, im übrigen aber sich darauf beschränkt, die banalen und selbstgefälligen Vorstellungen der bürgerlichen Produktionsagenten von ihrer eigenen besten Welt zu systematisieren, pedantisieren und als ewige Wahrheiten zu proklamieren." (Ebd., S. 95, Anm. 32; vgl. auch *ThM III*, S. 445, S. 489ff.; *Kapital III*, S. 825ff.; Karl Marx: Brief an Ludwig Kugelmann, 11.07.1868. In: *MEW*, Bd. 32, S. 552–554, hier S. 553.) Als im Zuge der Neuen Marx-Lektüre der 1960er und 1970er Jahre auch die damalige Nationalökonomie einer Kritik unterzogen wurde, wurde festgestellt, dass die wesentliche Kritik von Marx an der Vulgärökonomie weiterhin zutrifft, vgl. dazu den Sammelband Winfried Vogt (Hrsg,): *Seminar: Politische Ökonomie*. Frankfurt am Main: Suhrkamp 1973. Hier hat insbesondere Gerhard Kade festgestellt, dass Marx' Hauptkritikpunkte an der Vulgärökonomie: der Individualismus und Subjektivismus des homo oeconomicus, der ahistorische

klassische Ökonomie den Wert noch entweder mit der Arbeit (Smith, Ricardo) oder mit dem subjektiven Nutzen (Bailey) gleichgesetzt hat, sind die von Marx verachtete Vulgärökonomie und die heutige Volkswirtschaftslehre dazu übergegangen, nur noch von Preisen auszugehen und zwischen Wert und Preis nicht zu unterscheiden, schon gar nicht in einem kritischen Sinne.

– Dass die Frage nach dem Wert die für die Gesellschaftskritik vorrangige, „erste Frage" sein könnte, scheint Marx schließlich selbst nahezulegen, denn er beginnt das *Kapital* mit einer impliziten Kritik derjenigen Darstellungsweisen, die der Wert in der politischen Ökonomietheorie seiner Zeit erhalten hat. Diese *implizite* Kritik wird *expliziert* durch die Darstellung des Werts selbst: Marx expliziert die Kritik des Werts durch die Bestimmung seiner Substanz und seiner Form (das sind die Arbeit und die Ware) sowie durch die berühmte Analyse der Wertform der Ware.[27]

Doch bevor eine Antwort darauf gegeben wird, ob eine Kritik der Gesellschaft statt vom Standpunkt der Arbeit aus durch die Entwicklung des Wertbegriffs und durch die Konstitution gesellschaftlicher Objektivität durchgeführt werden kann, soll zunächst die Rezeptionsgeschichte zu Wort kommen, nicht zuletzt, da der Wert zum (heimlichen) Zentrum in der neueren Marx-Diskussion geworden ist, zumindest im deutschsprachigen Raum.[28]

3.3 Kritik der politischen Ökonomie durch die Entwicklung des Wertbegriffs – Der Ertrag der neuen Marx-Lektüre

In den ersten Jahrzehnten, ja, im ganzen ersten Jahrhundert nach der Veröffentlichung des *Kapitals* wurde dem Wert fast ausnahmslos keine vorrangige Bedeutung zuerkannt, weder für die kapitalistische Gesellschaft noch für ihre Kritik. Die sozialistische Bewegung und die sozialistischen Staaten sahen im Wert meist eine bloße wirtschaftliche

---

Naturalismus sowie die Fixierung und die Ideologisierung eines einfachen Warentauschs und der Zirkulationssphäre, auch in der Neoklassik vorherrschen, vgl. Gerhard Kaude: Politische Ökonomie – heute. In: Vogt (Hrsg.): *Seminar*, S. 149–168.

27 Marx hat den Zusammenhang von Ware, Geld und Austauschprozess in vier verschiedenen Versionen veröffentlicht. Die erste Version ist noch nicht im Sinne einer Wertformanalyse entwickelt und findet sich in *Zur Kritik der Politischen Ökonomie* (geschrieben 1858, veröffentlicht 1859). Es folgen drei Versionen einer Wertformanalyse, davon sind zwei in der ersten Auflage des *Kapitals* bzw. im Anhang (geschrieben 1866, veröffentlicht 1867) und eine ‚abschließende' in der endgültigen Fassung des *Kapitals* (geschrieben 1872, veröffentlicht 1873) enthalten. Gerhard Göhler hat die verschiedenen Versionen ausführlich verglichen, vgl. ders.: *Die Reduktion der Dialektik durch Marx. Strukturveränderungen der dialektischen Entwicklung in der Kritik der politischen Ökonomie*. Stuttgart: Klett-Cotta 1980.

28 Für die Diskussion um die Bedeutung des Werts in nicht-kapitalistischen Gesellschaften sind vor allem die Erträge der Ethnologie und Anthropologie relevant, allein schon darum, weil die ökonomische Wissenschaft aufgrund ihrer methodischen Zugänge meist von vornherein kein angemessenes Verständnis des Werts entwickeln konnte, sei es des Werts in der kapitalistischen Gesellschaft oder in nicht-kapitalistischen Gesellschaften; zur Wert-Diskussion in der Ethnologie vgl. die Arbeiten von David Graeber, insbesondere ders.: *Die falsche Münze unserer Träume. Wert, Tausch und menschliches Handeln*. Zürich: Diaphanes 2012; ders.: *Schulden. Die ersten 5.000 Jahre*. Stuttgart: Klett-Cotta 2012. Allerdings sind Graebers Aussagen zu Marx' Wertbegriff erstaunlich oberflächlich, vgl. z. B. in *Die falsche Münze*, S. 93 ff., 107 ff., 127 ff., 156 ff.

Größe; konsequenterweise sahen sie in Marx' Entwicklung des Werts keinen erkenntniskritischen, keinen philosophischen und nicht einmal einen spezifisch kapitalistischen Gehalt. Die wenigen ökonomietheoretischen Diskussionen, die sich für Marx' Wertbegriff interessierten, entwickelten sich unmittelbar nach der Veröffentlichung des *Kapitals* und fanden ironischerweise im innerakademischen Raum und damit im Umfeld bürgerlicher Theoriebildung statt.[29]

Die Situation änderte sich grundlegend erst 100 Jahre nach der Veröffentlichung des *Kapital*s mit den sog. Neuen Sozialen Bewegungen. Sie bildeten sich in den westlichen Industrienationen in den 1960er Jahren heraus und waren einerseits Ausdruck eines Bedürfnisses nach radikaler Kritik im Allgemeinen und speziell der sich konsolidierenden Nachkriegsgesellschaft, andererseits waren sie bereits eine Reaktion auf die Legitimationskrise des traditionellen Marxismus und des Realsozialismus und damit Ausdruck des Zerfalls der traditionellen sozialistischen Bewegung und ihres Modus der Kritik.[30] So kam es, dass etwa ab Mitte der 1960er Jahre eine neue Marx-Lektüre[31]

---

29 Die großen Ausnahmen waren die Diskussionen japanischer Marxisten um die sog. Uno-Schule sowie die Diskussionen im Austromarxismus um Otto Bauer, Rudolf Hilferding, Karl Renner, Max Adler u. a. Auf die Uno-Schule wird unten noch eingegangen, zur Bedeutung des Austromarxismus vgl. Walter Baier / Lisbeth N. Tralori / Derek Weber (Hrsg.): *Otto Bauer und der Austromarxismus. „Integraler Sozialismus" und die heutige Linke.* Berlin: Dietz 2008.

30 In der BRD fiel das Aufkommen der Neuen Sozialen Bewegungen mit zwei wichtigen Veröffentlichungen zum 100. Jahrestag der Veröffentlichung des *Kapitals* zusammen: Rosdolsky: *Zur Entstehungsgeschichte des Marxschen Kapitals*; Walter Euchner / Alfred Schmidt (Hrsg.): *Kritik der politischen Ökonomie heute. 100 Jahre ‚Kapital'.* Frankfurt am Main: Suhrkamp 1968. Beide erschienen 1968 und wurden zusätzlich befördert durch die Rezeption der Marx'schen *Grundrisse*, die zwar bereits 1939/41 in der UdSSR in deutscher Sprache veröffentlicht und im Westen um 1950 von Roman Rosdolsky, Karl Korsch und Maximilien Rubel rezipiert wurden, einer breiteren Öffentlichkeit aber erst ab 1953 mit ihrer Veröffentlichung in der DDR zugänglich waren. Auch in der DDR fand 1967 eine Tagung zum 100-jährigen Jubiläum des *Kapitals* statt; im Gegensatz zur Diskussion in West-Deutschland sind die Beiträge aber nicht an einer wirklich *neuen Kapital*-Lektüre interessiert, vgl. Internationale wissenschaftliche Session (Hrsg.): *100 Jahre ‚Das Kapital'.* Neuss: Plambeck & Co 1967.

31 Der Terminus ist zwar (noch) nicht zu einem festen Begriff geworden, er taucht aber in Variationen wiederholt auf und wird daher übernommen, vgl. Hans-Georg Backhaus: Zuvor: Die Anfänge der neuen Marx-Lektüre. In: Ders.: *Dialektik der Wertform*, S. 9–40; Michael Heinrich: *Kritik der politischen Ökonomie. Eine Einführung.* Stuttgart: Schmetterling 2004, S. 26, und vor allem Jan Hoff / Alexis Petrioli / Ingo Stützle / Frieder Otto Wolf: Einleitung. In: Dies. (Hrsg.): *Das Kapital neu lesen.* Münster: Westfälisches Dampfboot 2006, S. 10–51, sowie den Beitrag von Ingo Elbe: Zwischen Marx, Marxismus und Marxismen – Lesarten der marxschen Theorie. In: Ebd., S. 52–71. Zur neuen Marx-Lektüre in der Bundesrepublik vgl. Elbe: *Marx im Westen*; Helmut Reichelt: *Neue Marx-Lektüre.* Hamburg: VSA 2008, bes. S. 22–39 (Kap. 1); Bonefeld / Heinrich: *Kapital & Kritik.* Der Begriff „neue Marx-Lektüre" wird in der Regel auf die BRD beschränkt, gleichwohl beginnt etwa Mitte der 1960er Jahre eine neue Marx-Lektüre in den meisten fortgeschrittenen Industrienationen, vor allem des Westens, und hier wiederum vor allem in Frankreich (im Umfeld des Strukturalismus und Althussers' „symptomatischer" oder auch „symptomaler Lesart", z. T. auch in der Situationistischen Internationale) und in Italien (Operaismus). Zur Unterscheidung einer neuen Marx-Lektüre in einem weiten und einer auf die BRD begrenzten Lektüre im engeren Sinne vgl. Elbe: Zwischen Marx, Marxismus und Marxismen, S. 60ff.; zur Marx-Lektüre weltweit vgl. Hoff: *Marx Global.* In (West-)Deutschland ist diese neue Lektüre durch Lukács, Korsch und die Kritische Theorie ‚vorbereitet' worden. Die einschneidenden Kriterien, welche diese Lektüre auszeichnen, finden sich erstmals

um die zentralen Kategorien des *Kapitals* und dann auch um den Begriff des Werts zu kreisen begann, erlaubte das doch einerseits eine Abgrenzung von der marxistischen Orthodoxie des „Ostblocks" und den kommunistischen Parteien des Westens, um andererseits unmittelbarer an die Marx'sche Kritik anzuschließen und ihr in einem eigentlicheren Sinne orthodox gerecht zu werden. Die neue Marx-Lektüre ist nicht zuletzt ‚neu' durch die Einsicht, dass die Klärung der Methode der Kritik

zusammengefasst bereits 1963 bei Habermas. Es sind die Kritik an den Grundannahmen des traditionellen Marxismus im Zuge einer Reflexion auf die veränderte Situation für die Gesellschaftskritik sowie der „Rekurs auf den originalen Marx, in betonter Abhebung gegen die mit Engels bereits einsetzende ‚Verfallsgeschichte'" (Jürgen Habermas: *Theorie und Praxis*. Frankfurt am Main: Suhrkamp 1974, S. 235. Mit der „Verfallsgeschichte" sind vor allem der Leninismus und der Stalinismus gemeint). Habermas' Abkehr geht aber bereits den für die neue Marx-Lektüre entscheidenden Schritt weiter. Er kritisiert nämlich auch das Fortleben der Arbeitswertlehre als „verschwiegene Orthodoxie" in der „kulturkritischen Anwendung" bei den „älteren, noch der marxistischen Tradition verbundenen Gelehrten". (Ebd.) Gemeint ist wohl die erste Generation der Kritischen Theorie um Horkheimer und Adorno – und somit sind eben jene „Gelehrten" gemeint, die durch eine Unterscheidung zwischen traditioneller und kritischer Theorie bereits eine erste Abkehr gegenüber der marxistischen Tradition vorgenommen haben und in ihrer Marx-Interpretation in eine andere Richtung gegangen sind. Neben der Definition einer neuen Marx-Lektüre sind Wellen neuer *Kapital*-Lektüren unterschieden worden. Die Herausgeber von *Das Kapital neu lesen* unterscheiden drei solcher Wellen: Die erste wurde durch die Veröffentlichung des *Kapitals* selbst sowie durch Engels' und Kautskys Editionsarbeiten ausgelöst; sie war teils wissenschaftlich ausgerichtet, teils fand sie im Rahmen der Arbeiterbewegung statt – was sich keineswegs widersprechen musste. Während jedoch innerhalb der Arbeiterbewegung die ökonomischen Kategorien weitgehend undiskutiert blieben, wurden sie außerhalb wiederum eng ökonomietheoretisch diskutiert (Verhältnis Wert-Preis oder sog. Transformationsproblem, Arbeitswertlehre, Geldtheorie). Hier wie dort wurden der gesellschaftskritische und philosophische Gehalt zudem nicht durch die Entwicklung der ökonomischen Kategorien selbst verfolgt, sondern allgemein am Verhältnis von Marx'scher und Hegel'scher bzw. am Gegensatz von materialistischer und idealistischer Dialektik diskutiert. Die zweite Welle setzte dann mit der neuen Marx-Lektüre in den 1960er Jahren ein. Sie stand im Zeichen der Krise jener Arbeiterbewegung und des Legitimationsverlusts ihrer Kritik, verursacht vor allem durch den Stalinismus sowie durch die Spaltung in eine reformistische Sozialdemokratie und einen revolutionären Bolschewismus. Die zweite Welle der *Kapital*-Lektüre war nicht zuletzt Suche nach einem Ausweg aus diesem Legitimationsverlust, sie war des Weiteren Rückbesinnung auf die theoretischen Grundlagen und verbunden mit dem Aufkommen der sog. Neuen Sozialen Bewegungen. Die dritte Welle beginnt mit dem Epochenumbruch von 1989 und dem Abschluss der wichtigsten Marx'schen Texte im Rahmen der zweiten *MEGA*-Edition (bzw. mit deren Rezeption und Kommentierung) sowie mit den neuen Aufgaben, vor die sich die Gesellschaftskritik des 21. Jahrhunderts gestellt sieht. Zu den drei Wellen vgl. Hoff / Petroli / Stützle / Wolf: Einleitung zu *Das Kapital neu lesen*, S. 10–39 (bes. S. 31–32, vgl. auch Anm. 34). Die vorliegende Arbeit lässt sich demnach nicht nur in die neue Marx-Lektüre einordnen, sondern auch in die „dritte Welle der *Kapital*-Lektüre". Zudem soll sie auch der von den Autoren in der „Einleitung" erhobenen Forderung nach einem „Neuansatz" nachkommen. Allerdings versteht sie sich als Beitrag zu einer Aufgabe, die in der Zusammenfassung der „Einleitung" unerwähnt bleibt und die auch in den formulierten Anforderungen an eine neue Lektüre keine Berücksichtigung gefunden hat. Die Aufgabe betrifft die *Einheit von Gesellschafts- und Erkenntniskritik*. Dazu gehört auch die Klärung des Verhältnisses zwischen Kritik und Wissenschaft im Rahmen einer Wissenschaftskritik, einschließlich einer Kritik der Naturwissenschaft. Mit einer solch umfassenden Erkenntniskritik ist die an Marx ausgerichtete Gesellschaftskritik nicht nur nicht fertig geworden, sie hat m.E. gar keinen Einstieg gefunden, weil sie die erkenntniskritischen Implikationen des Geldes nicht verfolgt hat (genauer: die erkenntniskritischen Implikationen, die in der Notwendigkeit einer *Einheit* von Wert- und Geld liegen). Die Gesellschaftskritik hat insbesondere nicht die Implikationen des Maßes für eine Kritik der Naturwissenschaften verfolgt.

und der Darstellung des *Kapitals* sowie die Klärung des Verhältnisses zur Hegel'schen Dialektik nicht ohne Rekonstruktion der zentralen ökonomischen Kategorien gelingen kann und dass diese Kategorien wiederum an der Entwicklung des Wertbegriffs hängen.

Allerdings hat die neue Marx-Lektüre im Versuch einer Bestimmung des Marx'schen Wertbegriffs eher Probleme als Lösungen hervorgebracht. Besser gesagt, hat sie überhaupt erst ein angemessenes Problem*bewusstsein* hervorgebracht. Das beginnt schon damit, dass in der Bestimmung des Werts überhaupt ein *Problem* gesehen wurde. Dagegen hatten die Arbeiterbewegung und die Sozialdemokratie der ersten Stunde und dann die Staaten des Realsozialismus in Marx' Bestimmung des Werts vor allem eine *Lösung* gesehen, nämlich die Begründung des Werts durch die menschliche Arbeit. Sie haben sich zudem durchweg affirmativ auf diese Arbeit berufen und mit Marx weniger eine Kritik *an* der Arbeit als vielmehr eine Kritik *im Namen* der Arbeit vorgetragen. Hier wurde Marx' Wertbegriff durchgehend positivistisch zu einer links-ricardianischen, objektiven Arbeitswerttheorie verkürzt; dasselbe gilt allerdings auch für die Marx-Kritiker.[32]

Die neue Marx-Lektüre hat zwar die Arbeitswerttheorie, die Anhänger wie Kritiker des Marx'schen *Kapitals* in stillschweigender Übereinkunft gefunden zu haben meinten, weitgehend überwunden. Dafür hat der Versuch einer Bestimmung des Werts ganz unterschiedliche und sogar gegensätzliche Interpretationen gezeigt. Noch breiter werden die Wert-Begriffe, betrachtet man die Marx-Diskussion insgesamt. Dann reichen die Bestimmungen des Werts von der genannten links-ricardianischen, substanzialistischen Auffassung eines objektiven Arbeitswerts über den Versuch, den Wert als Abstraktionsprodukt aus der Formbestimmung des Warentauschs abzuleiten, bis hin zu Auffassungen, die den Wert als etwas Subjektives, nur Gedachtes oder, wie etwa Cornelius Castoriadis, als rein imaginär auffassen (wobei das Imaginäre wiederum „realer als alle Realität"[33] ist). Damit scheinen alle Möglichkeiten einer Bestimmung des Werts ausgeschöpft zu sein. Es ist sogar wiederholt von einem Ende des Werts und des Wertgesetzes gesprochen worden, zuletzt von Antonio Negri und Michael Hardt.[34]

---

32 Dass Marx' Kritik des Werts von Anhängern wie Kritikern im Sinne einer substanzialistisch-essenzialistischen, objektiven Arbeitswerttheorie ausgelegt wurde, ist von einer Reihe Autoren kritisiert worden, ausführlich dazu Brentel: *Soziale Form und ökonomisches Objekt*; Heinrich: *Die Wissenschaft vom Wert*, bes. S. 28–61 (Kap. I); vgl. auch Backhaus: Zur Dialektik der Wertform. In: Ders.: *Dialektik der Wertform*, S. 41–66. Gleichwohl wird auch in der neueren Literatur mitunter noch behauptet, Marx habe seine „Arbeitsmengentheorie" von David Ricardo übernommen, z. B. von Michael Berger: *Karl Marx*. Paderborn: UTB 2008, S. 29, oder Marco Iorio: Fetisch und Geheimnis. Zur Kritik der Kapitalismuskritik von Karl Marx. In: *Deutsche Zeitschrift für Philosophie* 58,2 (2010), S. 241–256, bes. S. 246, Anm. 11.

33 Cornelius Castoriadis: *Durchs Labyrinth. Seele, Vernunft, Gesellschaft*. Frankfurt am Main/Wien: EVA 1981, S. 234; vgl. ders.: *Gesellschaft als imaginäre Institution*. Frankfurt am Main: Suhrkamp 1990.

34 Antonio Negri und Michael Hardt sprechen in *Empire* von einem „Ende des Wertgesetzes" und fordern eine „neue" und zwar „politische Werttheorie" (Hardt/Negri: *Empire*, S. 43–44); zum Ende des Wertgesetzes vgl. auch Antonio Negri: Elend der Gegenwart – Reichtum des Möglichen. In: *Die Beute. Neue Folge*

Versucht man, den verschiedenen Wertbegriffen bestimmte Richtungen der Gesellschaftskritik zuzuordnen, so vertraten die Sozialdemokratie und die Arbeiterbewegung der ersten Stunde sowie der Marxismus-Leninismus[35] die oben genannte links-ricardianische, substanzialistische Auffassung, der zufolge der Wert letztlich durch die in der Ware aufgehobene Arbeit gebildet wird.

Die Kritische Theorie und ihr Umfeld kreisen um eine ideologie- und erkenntniskritisch ausgerichtete Bestimmung des Tauschwerts als eines notwendig falschen Scheins, der gleichsam zwischen Objektivität und Subjektivität vermittelt.

Strukturalismus[36] und Poststrukturalismus, aber auch Operaismus und Post-Operaismus haben ebenfalls eine Abwendung vom Positivismus und Substanzialismus der

---

2,5 (1998), S. 170–180, bes. S. 176. Entsprechend sieht der (Post-)Operaismus in der Konzentration auf den Zusammenhang von Wert und abstrakter Arbeit, Ware und Geld sowie in der kategorial-systematischen Entwicklung des Kapitals aus diesen Kategorien meist eine Verkürzung, vgl. z. B. Gerhard Hanloser / Karl Reitter: *Der bewegte Marx. Eine einführende Kritik des Zirkulationsmarxismus*. Münster: Unrast 2008. Vor allem innerhalb des Post-Operaismus wird die Auffassung vertreten, dass der Wert zunächst durch das Arbeiterwissen und den General Intellect und mittlerweile durch die immaterielle Arbeit und die Multitude gebildet werde (zur immateriellen Arbeit vgl. z. B. Hardt / Negri: *Empire*, bes. S. 300ff.).

35 Im Folgenden werden Bezeichnungen wie Sowjetmarxismus, östlicher Marxismus, dogmatischer oder orthodoxer Marxismus vereinfacht als traditioneller Marxismus zusammengefasst. Wo von Marxismus-Leninismus bzw. von ML statt von „traditionellem Marxismus" gesprochen wird, soll der Zusatz „Leninismus" vor allem die mit Lenins Namen verbundene Fixierung auf den Klassenkampf und die Partei betonen. Diese Entwicklung fing freilich schon mit Dühring, Kautsky u. a. an, insofern ist ML eine Sammelbezeichnung auch für solche Autoren und Anschauungen, die zwar chronologisch gesehen Lenin vorausliegen, die aber der systematischen Folgerichtigkeit nach zum Leninismus beigetragen haben. Zur Entwicklung des Leninismus vgl. das Standardwerk von Iring Fetscher: *Von Marx zur Sowjetideologie*. Frankfurt am Main: Diesterweg 1975; zur Entwicklung des ML in der Sowjetunion vgl. Labica Georges: *Der Marxismus-Leninismus. Elemente einer Kritik*. Hamburg: Argument 1986. Eine erste innermarxistische Kritik erhielt der Leninismus bereits vor dem Zweiten Weltkrieg, vgl. Anton Pannekoek: *Lenin als Philosoph*. Frankfurt am Main: EVA 1969; Diethard Behrens (Hrsg.): *A. Pannekoek, P. Mattik u. a. Marxistischer Anti-Leninismus*. Freiburg: ça ira 1991. Wirksam wurde die Kritik am Leninismus, insbesondere in der BRD, erst im Zuge der „Leninisierung" der Studentenbewegung, die in den 1970er Jahren durch die Organisierung in den sog. K-Gruppen einsetzte. Vgl. dazu die beiden Texte zu Lenin von Hans-Jürgen Krahl in ders.: *Konstitution und Klassenkampf*. Frankfurt am Main: Neue Kritik 1971, S. 182–198 (die Texte aus *Konstitution und Klassenkampf* wurden 2008 neu und verändert aufgelegt); Daniel Cohn-Bendit / Gabriel Cohn-Bendit: *Linksradikalismus – Gewaltkur gegen die Alterskrankheit des Kommunismus*. Reinbek: Rowohlt 1968; Bernd Rabehl: *Marx und Lenin. Widersprüche in einer ideologischen Konstruktion des „Marxismus-Leninismus"*. Berlin: VSA 1973; Rudi Dutschke: *Versuch, Lenin auf die Füße zu stellen. Über den halbasiatischen und westeuropäischen Weg zum Sozialismus. Lenin, Lukács und die Dritte Internationale*. Berlin: Wagenbach 1974; Götz Eisenberg: *Marxismus und Arbeiterbewegung. Versuch über das Verhältnis von revolutionärer Theorie und Erfahrung*. Gießen: Focus 1974. Zur linken Kritik am Bolschewismus vgl. Hendrik Wallat: *Staat oder Revolution. Aspekte und Probleme linker Bolschewismuskritik*. Münster: Edition Assemblage 2012.

36 Die bekanntesten Vertreter des Strukturalismus verorten sich selbst, bis auf Althusser, nicht im Feld der Marx'schen Ökonomiekritik; gleichwohl stehen sie ihr oft näher, als es auf den ersten Blick scheint. Beispielhaft dafür ist Michel Foucault, der zwar nur selten explizit auf Marx Bezug nimmt (etwa in ders.: *Die Ordnung der Dinge*. Frankfurt am Main: Suhrkamp 1974, S. 320–321; ders.: *Überwachen und Strafen. Die Geburt des Gefängnisses*. Frankfurt am Main: Suhrkamp 1977, S. 211; ders.: *Mikrophysik der Macht*. Berlin: Merve 1976, S. 45–46) und sparsam mit den Kategorien und Begriffen der KdpÖ umgeht, gleichwohl aber in nahezu allen seinen Schriften um die spezifisch kapitalistische ‚Ökonomie' der Disziplinierung und der Kontrolle,

objektiven Arbeitswerttheorie vorgenommen, jedoch in anderer Hinsicht als die Kritische Theorie. Operaismus und Post-Operaismus haben eine Politisierung und sogar eine emphatische Subjektivierung des Wertbegriffs vorgenommen; hier finden sich auch die Vorstellungen von einem Ende des Werts. Dafür hat der Begriff der *immateriellen* Arbeit eine zentrale Stellung bekommen.[37] Im Strukturalismus und im Poststrukturalismus hat der Wert ebenfalls eine Subjektivierung und Politisierung erhalten, hier aber eher in Richtung einer Wunsch- und Begehrensökonomie sowie der Produktion von Bedeutung, u. a. im Rückgriff auf Sigmund Freud und Jacques Lacans Freud-Lektüre.[38] Dabei wurde der Wert in das Feld des Imaginären und Symboli-

der Macht und der Gouvernementalität, der Sexualität und der Körperlichkeit kreist und dabei in vielfältiger, wenn auch meist versteckter und zudem stets strategischer Weise auf Marx Bezug nimmt. Aktuell zum Verhältnis Foucault-Marx vgl. die Beiträge in *Gesellschaftstheorie nach Marx und Foucault*. PROKLA 151 (2008).

37 Die ersten Schriften des Operaismus stammen aus den 1960er Jahren und erschienen in der Zeitschrift *Quaderni Rossi*; eine der wenigen ins Deutsche übersetzten Schriften aus diesem Umfeld kommt von Mario Tronti: *Arbeiter und Kapital*. Frankfurt am Main: Suhrkamp 1974. Ein zentrales Werk des wohl bekanntesten Vertreters ist dagegen bis heute nicht ins Deutsche übersetzt: Negri: *Marx oltre Marx*. Große Popularität erlangte dagegen die Trilogie: Hardt / Negri: *Empire*; dies.: *Multitude*. München: Campus 2004; dies.: *Common Wealth. Das Ende des Eigentums*. Frankfurt/New York: Campus 2010. Die Kapitalismuskritik des Operaismus ist hier zum Post-Operaismus weiterentwickelt, vgl. dazu auch Paolo Virno: *Grammatik der Multitude*. Wien: Turia & Kant 2005; zur Theoriegeschichte des Operaismus vgl. Steve Wright: *Den Himmel stürmen. Eine Theoriegeschichte des Operaismus*. Berlin/Hamburg: Assoziation A 2005. In der BRD fand der Operaismus vor allem Eingang in den beiden Zeitschriften *Autonomie. Materialien gegen die Fabrikgesellschaft* (Frankfurt am Main 1975–1978, von 1978–1985 dann *Autonomie. Neue Folge*, Hamburg) und *Wildcat*, vgl. außerdem Karl Heinz Roth: *Die ‚andere' Arbeiterbewegung und die Entwicklung der kapitalistischen Repression von 1880 bis zur Gegenwart. Ein Beitrag zum Neuverständnis der Klassengeschichte in Deutschland*. München: Trikont 1974; Detlef Hartmann: *Leben als Sabotage. Zur Krise der technologischen Gewalt*. Tübingen: Iva 1981.

38 Um nur einige der wichtigsten Schriften zu nennen: Althusser / Balibar: *Das Kapital lesen*; Althusser: *Für Marx*; ders.: *Marxismus und Ideologie*. Berlin: VSA 1973. Althussers strukturale, symptomatologische Lesart macht in den Marx'schen Texten auf dasjenige aufmerksam, was nicht explizit, aber implizit ausgedrückt wird. Es geht dieser ‚Lesart', die sich sowohl auf den buchstäblichen Marx'schen Text als auch auf die darin explizierte und erschlossene Struktur der kapitalistischen Ökonomie bezieht, um das, was sich der unmittelbaren Erkenntnis und Bestimmung entzieht und auch im Text implizit ausgedrückt werden *muss*, und zwar aufgrund sowohl des Charakters der Wissensproduktion und der Struktur von Texten als auch aufgrund der Struktur der kapitalistischen Ökonomie selbst. Durch diesen Entzug wird ausgerechnet das, was für die Ökonomie bezeichnend ist, in ihrer Verarbeitung und in der Wissens- und Textproduktion symptomatischerweise nur in Abwesenheit und als Leerstelle anwesend. Indes gibt es eine Leerstelle, die für Althussers *Kapital*-Lektüre selber „symptomatisch" ist: Er überspringt die Wertformanalyse (die seiner Meinung nach ein Hegelianischer Rest sei und noch mit einem Wesen des Menschen argumentiere), um seine Lesart an die fertigen Strukturen der Ökonomie und der Politik zu heften, vgl. Louis Althusser: Vorwort für die Leser des I. Bandes des „Kapital". In: Ders.: *Marxismus und Ideologie*, S. 75–110, bzw. das Vorwort in der Neuausgabe von *Das Kapital lesen*. Münster: Westfälisches Dampfboot, im Erscheinen, vgl. auch Jannis Milios: Rethinking Marx's Value-Form. Analysis from an Althusserian Perspective. In: *Rethinking Marxism*, 21,2 (2009), S. 260–274. Laut Žižek hat übrigens Lacan als erster darauf hingewiesen, dass Marx der Entdecker des Symptoms gewesen sei, vgl. Slavoj Žižek: *The Sublime Object of Ideology*. London: Verso 1989, S. 11–53 (Kap. „How did Marx Invent the Symptom?"). Eine erste Kritik seiner Lesart erhielt Althusser von einem der – ungenannten – Autoren um *Lire le Capital* selbst, vgl. Jacques Rancière: *Wider den akademischen Marxismus*. Berlin: Merve 1975. Eine – wenn auch fast durchgehend implizite – Kritik nicht nur an Althusser, sondern am Strukturalismus überhaupt, hat Derrida durch eine dekonstruktive Lesart von – im umfassenden Sinne – *Texten* durchgeführt; diese Lesart will, im Unterschied zu Althusser, nicht mehr von einem

schen überführt und zeichen- und zirkulationstheoretisch ausgelegt, allerdings meist ohne engen Bezug zur Marx'schen Analyse der Wertform (der enge Bezug fehlt allerdings meist auch im Operaismus und Post-Operaismus sowie in der ersten Generation der Kritischen Theorie). Mittlerweile finden sich in all den genannten Strängen Ansätze, den Wert – vor allem im Rückgriff auf Michel Foucault – herrschaftskritisch und machttheoretisch auf eine biopolitische In-Wert-Setzung der lebendigen Arbeit, aber auch des Lebens als solchem zurückzuführen, hier insbesondere durch bestimmte Techniken des Regierens, der Bevölkerungspolitik und der Regulierung und Steuerung.[39]

Auch Derridas Dekonstruktion lässt sich als Darstellung des Problems einer Bestimmung des Werts lesen. Zwar bezieht sich Derrida nur an wenigen Stellen explizit auf Marx, gleichwohl verfolgt die Dekonstruktion auf ihre Weise ebenfalls eine Kritik der Ökonomie, vor allem dort, wo sie die Produktion von Bedeutung durch Schrift und Bild, Zeichen und Sprache thematisiert und den produktiven Effekten der Differenz im Zirkulieren und im Aufschieben von Bedeutung auf der Spur ist. Dabei verfolgt Derrida die Notwendigkeit, dass Bedeutung sich nicht ohne Temporalisierung erhält, diese Temporalisierung sich aber niederschlagen und in der Selbständigkeit der Zeichen gründen muss. Er nimmt für diese Kritik der Präsenzmetaphysik einen Materialismus der Schrift in Anspruch, der mit Marx' ökonomischem Begriff des Materialismus mehr gemein hat als so mancher Materialismus, der sich explizit auf Marx berufen hat.[40] Allerdings löst das Verfahren der Dekonstruktion die Frage nach dem Wert eher in Richtung einer zirkulativen und subjektiven Wertlehre auf (wenn auch in ganz anderer Weise als in der Volkswirtschaftslehre).[41] Überhaupt steht das

‚wissenden Blick' ausgehen. Ergiebiger für die Verschiebung der Ökonomie des Werts in eine Ökonomie des Imaginären, des Begehrens und des Wunsches: Deleuze / Guattari: *Anti-Ödipus*; dies.: *Tausend Plateaus*; Félix Guattari: *Mikro-Politik des Wunsches*. Berlin: Merve 1977; ders.: *La rivoluzione molecularie*. Turin: Einaudi 1978; Jean-Joseph Goux: *Marx, Freud: Ökonomie und Symbolik*. Frankfurt am Main/Berlin/Wien: Fischer 1975; Jean Baudrillard: *Der symbolische Tausch und der Tod*. München: Matthes & Seitz 1982; ders.: *Der unmögliche Tausch*. Berlin: Merve 2000; ders.: *KOOL KILLER oder Der Aufstand der Zeichen*. Berlin: Merve 1978; Georges Bataille: *Die Aufhebung der Ökonomie*. München: Matthes & Seitz 2001; Pierre Klossowski: *Die lebende Münze*. Berlin: Kadmos 1998.

39 Aktuelle Beispiele liefern die Schriften der Gruppe Tiqqun, bes. Tiqqun: *Kybernetik und Revolte*. Berlin/Zürich: Diaphanes 2007, S. 39ff.; dies.: *Grundbausteine einer Theorie des Jungen-Mädchen*. Berlin: Merve 2009, S. 15ff., 71ff., 83ff., sowie Unsichtbares Komitee: *Der kommende Aufstand*. Berlin: Nautilus 2010, S. 25ff.

40 Die bekannteste, weil direkt auf Marx bezogene Schrift von Jacques Derrida ist *Marx' Gespenster*. Zur Diskussion vgl. Michael Sprinkler (Hrsg.): *Ghostly Demarcations. A Symposium on Jacques Derrida's 'Specters of Marx'*. London: Verso 1999, sowie Derridas Antwort: *Marx & Sons*. Frankfurt am Main: Suhrkamp 2004. Aufschlussreicher für die Dekonstruktion und ihre Darstellung einer Ökonomie der Differenz, der Verschiebung und des Aufschubs sowie allgemein für die Ökonomie der Temporalisierung von Bedeutung durch den Materialismus der Schrift und ihre Markierung einer différance sind jedoch Derrida: *Falschgeld. Zeit geben I*; ders.: *Über das Preislose oder: The Price is Right in der Transaktion*. Berlin: b_books 1999; ders.: Economimesis. In: *Diacritics* 11 (1981), S. 3–25. *Marx' Gespenster* gilt als Referenztext einer dekonstruktiven Marx-Lektüre, allerdings kann dieser Titel mittlerweile eher den bereits erwähnten Büchern von Lenger: *Marx zufolge* sowie von Strauss: *Signifikationen der Arbeit* gegeben werden.

41 In einer ausführlichen Untersuchung von Nadja Gernalzick wird Derrida in die subjektive Wertlehre der

Verfahren der Dekonstruktion quer zu all den genannten Richtungen, allein schon darum, weil sich Derrida als einer der wenigen für eine *Ökonomie der Zeit* interessiert hat, auch wenn er diese Ökonomie nicht, wie Marx, in der Verwertung des Werts durch Arbeit und Kapital gesucht hat, sondern vor allem im Verhältnis von Sprache und Schrift, um einem Materialismus der Schrift und ihrer Markierung einer „différance" auf die Spur zu kommen.

In der BRD, wo um 1965 die sog. neue Marx-Lektüre begonnen hat, stand die Diskussion in der Tradition einer an Hegel und an der Kritischen Theorie orientierten Marx-Interpretation. In einer „Phase der Rekonstruktion"[42] wurde zur Bestimmung des Marx'schen Wertbegriffs meist auf Hegels Dialektik zurückgegriffen, vor allem auf seine Wesenslogik; bei Autoren der Kritischen Theorie und ihres Umfelds, wo die

---

offiziellen akademischen Ökonomietheorie eingeordnet, vgl. Nadja Gernalzick: *Kredit und Kultur. Ökonomie- und Geldbegriff bei Jacques Derrida und in der amerikanischen Literaturtheorie der Postmoderne.* Heidelberg: Winter 2000. Doch so sehr Derrida die Produktion von Bedeutung an eine Ökonomie zirkulierender und verselbständigter Zeichen heranführt, so wenig hat das mit derjenigen subjektiven Wertlehre zu tun, welche die bürgerliche Volkswirtschaftslehre entwickelt hat. Schon der Status des Individuums und des Zeichens ist bei Derrida ein ganz anderer als in den subjektiven Werttheorien der Volkswirtschaftslehre, ganz abgesehen vom Status der (ökonomischen) Rationalität insgesamt.

42 Die neue Marx-Diskussion war zunächst in einem umfassenden Sinn als eine Rekonstruktion der KdpÖ angelegt und stand noch unter dem Eindruck des sog. Dialektischen und Historischen Materialismus. Teils als Aktualisierung und Weiterentwicklung desselben, teils als Kritik und Absetzbewegung konzipiert, blieb die Rekonstruktion zunächst orientiert an der Dialektik von Produktionsverhältnissen und Produktivkräften, am Basis-Überbau-Schema, an Klassenanalysen, Staatsableitungen u.Ä. Allerdings gelangen dabei Zuspitzungen, die nicht nur auf die Rekonstruktion der Marx'schen Ökonomiekritik zielten, sondern auch auf die Methode der Kritik und auf die Probleme der Darstellung. Solche Zuspitzungen zielten auf das Verhältnis von Logik und Geschichte (z. T. allerdings noch geschichtsphilosophisch ausgerichtet), auf den Zusammenhang von Warenform und Denkform im Sinne einer Erkenntniskritik (z.T. aber noch im Sinne von Widerspiegelungen und im Rahmen von geschichtsmaterialistischen Rekonstruktions- und Begründungsversuchen der Erkenntnis- und Geltungsformen), auf das Verhältnis der Marx'schen zur Hegel'schen Dialektik sowie zu Kants Vernunftkritik. Auch wenn solche Fragestellungen quantitativ hinter leninistisch verkürzten und klassenkampf-orientierten Ansätzen zurückstanden, wurden die Marx'sche KdpÖ im Allgemeinen und die Wertformanalyse im Besonderen Zug um Zug aus ihren positivistischen, vor allem soziologischen und volkswirtschaftlichen Verkürzungen herausgeholt. Allerdings blieb in der BRD die neue Marx-Aneignung in Frankreich bis in die 1980er Jahre hinein ohne größeren Einfluss, insbesondere dort, wo die neue Marx-Lektüre auf eine Rekonstruktion angelegt oder Hegel'schen Dialektik und der Kritischen Theorie verpflichtet war. Lediglich Althusser und das Umfeld des Strukturalismus haben Eingang (und zunächst vor allem Ablehnung) gefunden (ähnlich unbeachtet blieb zunächst auch die italienische Marx-Diskussion). Als Beispiele für die Phase der Rekonstruktion seien hier nur die in die Vergessenheit geratene Arbeit von Kurt Lenk genannt, ders.: *Marx in der Wissenssoziologie.* Neuwied/Berlin: Luchterhand 1972, sowie die verdienstvollen Arbeiten verschiedener Arbeits- und Projektgruppen: Marx-Arbeitsgruppe Historiker (Hrsg.): *Zur Kritik der Politischen Ökonomie. Einführung in das ‚Kapital' Band I.* Frankfurt am Main: EVA 1972 (die ersten drei Aufl. Berlin 1970–71); Projektgruppe Entwicklung des Marxschen Systems (Hrsg.): *Das Kapitel vom Geld. Interpretation verschiedener Entwürfe.* Berlin: VSA 1973; Projektgruppe zur Kritik der politischen Ökonomie (Hrsg.): *Zur Logik des Kapitals.* Berlin: VSA 1973; Veit-Michael Bader / Johannes Berger / Heiner Ganßmann / Thomas Hagelstange / Burkhard Hoffmann / Michael Krätke: *Krise und Kapitalismus bei Marx*, 2 Bde. Frankfurt am Main: EVA 1975, außerdem die Zeitschriften: *mehrwert*, Erlangen 1972ff. und *PROKLA* (damals noch: *Probleme des Klassenkampfes – Zeitschrift für politische Ökonomie und sozialistische Politik.* Erlangen 1971ff.)

Rekonstruktion stärker ideologie- und erkenntniskritisch ausgerichtet war, finden sich aber auch Bezüge auf Kant. Obwohl der Beginn einer neuen Marx-Diskussion ein geradezu weltweites Phänomen war, zeichnet sich die neue Marx-Lektüre im deutschsprachigen Raum bis heute durch eine besondere Konzentration auf das Marx'sche *Kapital*, die Wertformanalyse und den Wertbegriff aus; sie bezog zudem stärker als anderswo Erkenntnisse ein, die aus der zweiten MEGA-Edition über Marx' Ausarbeitung der KdpÖ gewonnen wurden.

Sucht man trotz der Verschiedenheit all der Beiträge nach einem gemeinsamen Ertrag, so besteht er, vereinfacht zusammengefasst, darin, dass sich statt einer einheitlichen Theorie des Werts zwei Pole herausgebildet haben. Den einen Pol bildet die Bestimmung des Werts als einer durch Arbeit und Produktion gebildeten gesellschaftlichen *Substanz*, den anderen die Entwicklung des Werts als einer durch Warentausch und Tauschabstraktion gebildeten gesellschaftlichen *Form*. Diese notwendige Unentschiedenheit innerhalb der Interpretation des Marx'schen Wertbegriffs verweist zudem auf den unentschiedenen *Status* seiner Bestimmung. Der Bestimmung des Werts muss anscheinend ein unentschiedener Status zukommen, weil er sich weder durch eine *Kritik* der bürgerlichen Ökonomietheorie noch durch eine eigenständige (gar ‚marxistische') *Theorie* eindeutig bestimmen lässt, zumindest nicht durch eine Theorie im Sinne der herkömmlichen (Einzel-)Wissenschaft.

Wenn die Interpretationen des Marx'schen Wertbegriffs derart unterschiedlich ausfallen und wenn ihnen zudem ein unentschiedener Status zwischen Kritik und Theorie zukommt, legt das den Schluss nahe, dass beides auf Marx selbst zurückgeht. Und es legt den Schluss nahe, dass sowohl die Unentschiedenheit in Marx' Darstellung des Werts – vor allem die Dichotomie zwischen Substanz und Form – als auch die Unentschiedenheit im Status seiner Darstellung kein Mangel an Eindeutigkeit sind, sondern umgekehrt für eine kohärente Darstellung des Werts geradezu notwendig.[43]

---

43 Marx hat im Zusammenhang mit der kapitalistischen Ökonomie wiederholt von „verrückten Formen" gesprochen (*Kapital I*, S. 90) und sogar von einer „Irrationalität der Sache selbst" und einem „Paradoxon der Wirklichkeit" (*ThM III*, S. 509 bzw. 134; vgl. auch ebd., S. 129). Besonders Hans-Georg Backhaus hat betont, dass die Ambivalenzen aufseiten der Darstellung auf die Ambivalenzen der Sache selbst verweisen und ein emphatischer Theoriebegriff aufzugeben sei, vgl. ders.: Der widersprüchliche und monströse Kern der nationalökonomischen Begriffsbildung. In: Iring Fetscher / Alfred Schmidt (Hrsg.): *Emanzipation als Versöhnung*. Ljubljana: Neue Kritik 2002, S. 111–141; ders.: Zur Marxschen „Revolutionierung" und „Kritik" der Ökonomie: die Bestimmung ihres Gegenstandes als Ganzes „verrückter Formen". In: Ders.: *Dialektik der Wertform*, S. 299–333 (zu den Ambivalenzen im Allgemeinen vgl. auch ebd., S. 22, 191ff., zur Ambivalenz im Verhältnis von Logischem und Historischem S. 155ff., zur Unklarheit des Verhältnisses von Form und Substanz in der Wertformanalyse S. 143, zur Subjektivität und Objektivität der Kategorien S. 152, zur Zwischenstellung der KdpÖ zwischen Erfahrungswissenschaft und Philosophie S. 153). Michael Heinrich vertritt einen vergleichsweise – schon dem Titel seines Buches nach – emphatischen Theoriebegriff, wenn er in den Ambivalenzen, die sich auch nach der „wissenschaftlichen Revolution", die Marx auf dem Feld der politischen Ökonomie gelungen sei, noch finden lassen, in erster Linie eine noch ungenügende wissenschaftliche Darstellung sieht, vgl. ders.: *Die Wissenschaft vom Wert*, bes. S. 159ff. (Teil III). Zur einseitigen Bereinigung solcher Ambivalenzen durch Engels' Edition vgl. ders.: Engels' Edition of the 3rd Volume of Capital and Marx's Original Manuscript. In: *Science & Society* 60,4 (1996/97), S. 466–542.

Wenn Marx' Entwicklung des Werts bewusst widersprüchlich angelegt ist und wenn an ihre Stelle bislang auch keine geschlossene, widerspruchsfreie Theorie hat treten können, dann gehören anscheinend bestimmte Unentscheidbarkeiten und Ambivalenzen, wenn nicht zum Wert selbst, so doch zu den Vorstellungen dazu, die er hervorruft, auch und gerade dann, wenn der Wert zu einer stringenten kritischen oder wissenschaftlichen Darstellung gebracht werden soll. Entsprechend muss eine Entwicklung des Werts auch auf die Notwendigkeit eingehen, dass der Wert, dass das rein gesellschaftliche Verhältnis solch unterschiedliche Vorstellungen mit sich bringt. So einseitig und sogar unangemessen diese Vorstellungen des Werts auch sein mögen, gehen sie doch in die bürgerlich-kapitalistische Gesellschaft ein, und sie gehen nicht nur in das Alltagsbewusstsein und seinen allgemeinen Umgang mit der Ökonomie ein, sie finden sich auch in der Wissenschaft über die Ökonomie wieder sowie in ihren Versuchen einer Theorie des Werts.

Es zeichnet vielleicht das Problembewusstsein der neuen Marx-Diskussion seit den 1960er Jahren schlechthin aus, sich mit diesem Dilemma, in das die Darstellung des Werts führt, zu konfrontieren und dadurch den prekären Status einer Gesellschaftskritik zu vergegenwärtigen, die ihre Bestimmungen weder in eine positive, wissenschaftliche Theorie der Gesellschaft entlassen noch es bei einer rein negativen Kritik belassen kann.

Doch zurück zur Frage, ob die kapitalistische Gesellschaft durch die Entwicklung des Werts einer Kritik unterzogen werden kann, statt vom Standpunkt der Arbeit aus, und ob der Wert, und nicht ‚die Arbeit', diejenige Objektivität konstituiert, die dem Bewusstsein und der Subjektivität zu denken gegeben wird.

Noch vor all den unterschiedlichen Wertbegriffen und ihren Ambivalenzen stellt sich die Frage, warum der Kritik der Wert *überhaupt* zum Gegenstand werden kann, warum er sich überhaupt reflektieren und einer (kritischen) Darstellung zuführen lässt, zumal wenn er ein *rein* gesellschaftliches Verhältnis sein soll und empirisch gar nicht erfahrbar ist. Und wenn der Wert in die Vermittlung zwischen Objektivität und Subjektivität aufgelöst werden muss und hier wiederum zuerst in diejenige Selbstvermittlung, die als Selbstverhältnis und Objektivität reflektiert werden muss – wie lässt sich dieses Selbstverhältnis reflektieren und als das Wesen der gesellschaftlichen Vermittlung bestimmen? Wie lässt sich der Wert als die rein gesellschaftliche Qualität schlechthin und das Identische in aller Vermittlung identifizieren, wenn diese Vermittlung doch nichts anderes sein kann als ein negatives Wesen, ein bloßes In-sich-Übergehen der Ökonomie durch rein quantitative Werte, durch ‚ihre' Werte? Oder, von der kritisierten Gesellschaft her gedacht: Wie kann die Ökonomie die Qualität „Wert" überhaupt *für sich* treffen und realisieren und dadurch ein Selbstverhältnis begründen? Wie kann die Ökonomie ‚ihre' Qualität blind-naturwüchsig übertragen und teilen, austauschen und im Kreis laufen lassen, vernichten und vermehren – und den Wert dadurch zu ihrer identischen Qualität allererst werden lassen?

Wird jedenfalls allein die wertförmige Vermittlung und ihre konstitutive Bedeutung für Objektivität und Subjektivität und für Form und Substanz der Gesellschaft betrachtet, dann gerät genau die *Möglichkeit dieser Betrachtung* aus den Augen. Es ist aus den Augen geraten, dass es der Kritik um die Frage gehen muss, warum das gesellschaftliche Verhältnis rein als solches zum Gegenstand werden kann, und zwar in doppelter oder unentschiedener Hinsicht. Zum einen geht es darum, warum das gesellschaftliche Verhältnis sich in seiner Vermittlung bewusstlos und unmittelbar selbst der Gegenstand sein und zu einer naturwüchsig-blinden Ökonomie der Bestimmung und Übertragung von Werten werden kann. Zum anderen geht es darum, wie eben dieses blind-naturwüchsige und an-sich bewusstlose Selbstverhältnis gleichwohl der Kritik – gleichsam noch ein Mal – zum Gegenstand werden kann. Doch wie kann der Kritik zum Gegenstand werden, dass der kapitalistischen Gesellschaft anscheinend das eigene Verhältnis Gegenstand der Bestimmung ist, der Bestimmung durch Werte? Und wie kann die Kritik die wertförmige Vermittlung mit der kritisierten Gesellschaft teilen? Warum können wir, wenn wir den Wert kritisch darstellen, von der kritisierten Ökonomie her denken? Wie gibt die kritisierte Ökonomie die Möglichkeit ihrer Kritik ab?

4. Geld

Weil die Kritik des Werts sich ‚zuerst' selbstkritisch fragen muss, warum ihr der Wert überhaupt Gegenstand sein kann, darum ist oben die Betonung darauf gelegt worden, dass die Frage nach dem Wert die für die Gesellschaftskritik in mehrfacher Hinsicht erste Frage zu sein *scheint*. Es wurde betont, dass Marx' Ökonomiekritik auf die Selbstvermittlung der Gesellschaft durch den Wert zu zielen nur *scheint* und dass sich die Kritik durch die Entwicklung des Wertbegriffs zu begründen *scheint*. Es muss allein schon darum von einem Schein gesprochen werden, weil der Wert, wenn er tatsächlich das „*rein* gesellschaftliche Verhältnis" und eine der Bestimmtheit des Daseins vorrangige, zudem negativ-übersinnliche und geradezu absolute Qualität sein soll, dann weder empirisch erfahren noch sonst irgendwie positiv getroffen und realisiert werden kann. Mehr noch, er muss im Zuge seiner Bestimmungen, wie immer sie auch ausfallen, ebenso als eine negativ-unbestimmte und reine Qualität begründet und insofern einer Bestimmung entzogen werden. Der Bestimmung des Werts ist demnach beides aufgegeben: Einerseits muss er durch seine Entwicklung *bestimmt* werden, insbesondere der Substanz und der Form nach, andererseits muss gezeigt werden, dass er sich hier nicht rein als solcher darstellt, einer Bestimmung sogar entzieht und gerade dadurch der Ökonomie zur identischen Qualität wird.

Genau hier setzt die Notwendigkeit des Geldes ein. All die Fragen, warum der Wert überhaupt der Kritik zum Gegenstand werden kann, warum er ein rein gesellschaftliches Verhältnis sein und die identische Qualität der Ökonomie ergeben kann und wie dadurch der Subjektivität die Objektivität zu denken gegeben wird, alle diese Fragen erhalten, so wird in dieser Arbeit ausführlich zu zeigen sein, erst durch das Geld eine

Antwort. Dafür muss Marx' *Kapital* von Beginn an vom Geld aus gelesen werden. Das heißt, bereits die Arbeit und die Ware sowie die Analyse ihrer Wertform müssen vom ‚Standpunkt' des Geldes aus betrachtet werden, ganz so, als sei dem Geld die Ökonomie Gegenstand der Bestimmung. Es ist dann das Geld, das der Ware eine doppelte Bestimmung gibt, und es ist auch das Geld, das die drei oben beschriebenen Unterscheidungen in Bezug auf die Arbeit trifft, insbesondere, indem es die abstrakte Arbeit von der konkreten scheidet und die Substanz des Werts bildet, die abstrakte Arbeit.

In einer solchen Lesart muss der kritische Gehalt der neuen Marx-Lektüre sowie ihrer Interpretation der Wertformanalyse gesehen werden, auch wenn sich diese Lesart keineswegs durchgesetzt hat, geschweige denn, dass die Konsequenzen für die Gesellschaftskritik daraus gezogen wären.[44] Der kritische Gehalt der neuen Lesart

---

[44] Die Frage, ob die Wertformanalyse systematisch-logisch oder logisch-historisch zu lesen sei, kann längst als entschieden gelten. Engels hat neben seiner historisch-logischen Lesart des *Kapitals* (vgl. die bereits zitierte Passage in Engels' Rezension von *Zur Kritik der Politischen Ökonomie* (Engels: Karl Marx, ‚Zur Kritik', S. 475) auch eine Periode „einfacher Warenproduktion" eingeführt, die fester Bestandteil der Geschichtsschreibung im traditionellen Marxismus wurde (auch „kleine Warenproduktion" genannt. Sie wird auch als stark abstrahierende, modelltheoretische Annahme verstanden, als aktuelles Beispiel sei Stefan Kunzmann genannt, vgl. ders: *Geld-Kredit-Krise. Monetäre Betrachtung einer Marxschen Konjunkturbetrachtung.* Münster: Lit 2001, bes. S. 31 ff.) Außerhalb des traditionellen Marxismus hat die Wertformanalyse ihre ausführlichste und einflussreichste Historisierung wohl durch Ernest Mandel erhalten, u. a. in ders.: *Marxistische Wirtschaftstheorie.* Frankfurt am Main: Suhrkamp 1970, bes. S. 50ff. Zur Kritik an Mandels „two completely false statements" (der einfachen Warenproduktion und der Gleichsetzung von Arbeit und Wert) vgl. Christopher J. Arthur: Marx, Orthodoxy, Labour, Value. In: *Beiträge zur Marx-Engels-Forschung. Neue Folge* 1999, S. 5–11, hier S. 5. In West-Deutschland ist Engels' historisch-logische Lesart und die Vorstellung einer einfachen Warenproduktion zuerst einer gründlichen Kritik unterzogen worden von Helmut Reichelt: *Zur logischen Struktur des Kapitalbegriffs bei Karl Marx.* Frankfurt am Main: EVA 1970; zur Kritik der Vorstellung einer einfachen Warenproduktion und den politischen Implikationen vgl. Nadja Rakowitz: *Einfache Warenproduktion.* Freiburg: ça ira 2000. Backhaus hat sich in seinen Texten wiederholt mit den Folgen der Historisierung der Wertformanalyse durch Engels und den traditionellen Marxismus auseinandergesetzt, vor allem in den Materialien zur Rekonstruktion der Marxschen Werttheorie I–IV. In: Ders.: *Dialektik der Wertform,* bes. in IV, § 2 sowie auf den Seiten 111 ff., 129 ff., 154 ff. Backhaus lehnt die historisierende Lesart ab, auch wenn er im Zuge seiner Beschäftigung zugesteht, dass die historisierende Lesart sich auf Marx selbst zumindest durch die veränderte und historisierende Darstellung der 2. Aufl. des *Kapitals* berufen kann, ja, dass sich „Marx über den logischen Status der von ihm in der Geld- und Kapitalanalyse wiedergefundenen oder angewandten Kategorien keine Klarheit zu verschaffen wußte" und auch die logische Lesart der „Neo-Orthodoxie" das Problem nicht zu lösen vermocht habe (ebd., S. 154ff.). Backhaus hat zudem nachgewiesen, dass eine einfache Warenproduktion in historischer Hinsicht haltlos ist (ebd., S. 163ff.). Zum Status der Wertformanalyse vgl. auch die Kontroverse zwischen Wolfgang Fritz Haug und Michael Heinrich in Michael Heinrich: Geld und Kredit in der Kritik der politischen Ökonomie. In: *Das Argument* 45,251 (2003), S. 397–409; Wolfgang Fritz Haug: Wachsende Zweifel an der Monetären Werttheorie. Antwort auf Heinrich. In: Ebd., S. 424–437; ders.: Zur Kritik monetaristischer ‚Kapital'-Lektüre. Heinrichs Einführung in die Kritik der Politischen Ökonomie. In: *Das Argument* 46,529 (2004), S. 701–709; ders.: Die „Neue Kapital-Lektüre" der monetären Werttheorie. In: *Das Argument* 49,257 (2007), S. 560–574; Michael Heinrich: Über ‚Praxeologie', ‚Ableitungen aus dem Begriff' und die Lektüre von Texten. Antwort auf W. F. Haug. In: *Das Argument* 46,254 (2004), S. 92–101; außerdem Hans-Georg Backhaus: Über das „Logische" in der Nationalökonomie. In: Ebd. S. 410–423. Haug hat seine Kritik noch einmal zusammengefasst in: Ders.: *Das ‚Kapital' lesen – aber wie? Materialien.* Berlin: Argument 2013, S. 125 ff. und S. 148ff. (zum Verhältnis von Logischem

der Wertformanalyse besteht jedenfalls m. E., vereinfacht zusammengefasst, in der Notwendigkeit der Einheit von Wert- und Geldtheorie. Genauer gesagt, muss es um die Einheit von Wert- und Geld*kritik* gehen, nämlich um die Kritik *prämonetärer Wertvorstellungen*, mithin um die Kritik eines *prämonetär bestimmten Warenwerts* sowie um das *Scheitern* eines prämonetären Warentauschs.[45] Vielleicht muss es sogar um die Kritik einer – in Anlehnung an Derrida – „Präsenzmetaphysik" des Werts gehen, nämlich um eine Kritik aller Versuche, den Wert *ohne* das Geld zu bestimmen. Die Bestimmung des Werts muss zwar über die Arbeit *und* die Warenform führen, ganz wie im Darstellungsgang des Marx'schen *Kapitals*, der mit dem Doppelcharakter der Arbeit und der Ware in die Kritik der kapitalistischen Produktionsweise einsteigt und den Wert zuerst seiner Substanz und Form nach bestimmt. Aber Marx legt in Substanz und Form nicht nur die Bestimmung des Werts aus, er legt in diese Bestimmung auch die Kritik aus, dass das gesellschaftliche Verhältnis in diesen Gestalten *noch nicht* realisiert und zu sich gekommen ist, dass der Wert in der Arbeit und in der Ware *nicht* sich selbst entspricht, ja, dass weder der Arbeit tautologisch Wert von selbst zukommt noch der Ware – beide erhalten ihren Wert erst, indem sie ihr gemeinsames Verhältnis im Geld teilen.

Kurzum, Marx holt in der Entwicklung der Substanz und der Form des Werts die *Notwendigkeit des Geldes* ein. Er holt diese Notwendigkeit ein, indem er durch eine Analyse der Wertform der Ware zeigt, dass das Geld die Lösung der Bestimmung des Werts

und Historischem S. 28ff.). Dieter Wolf hat die Debatte im Zuge eines eigenen Beitrags zusammengefasst, vgl. Dieter Wolf: Zur Methode in Marx' Kapital unter besonderer Berücksichtigung ihres logisch-systematischen Charakters. Zum Methodenstreit zwischen Wolfgang Fritz Haug und Michael Heinrich. In: Ingo Elbe / Tobias Reichardt / Dieter Wolf (Hrsg.): *Gesellschaftliche Praxis und ihre wissenschaftliche Darstellung. Beiträge zur ‚Kapital-Diskussion'*. Berlin: Argument 2008, S. 7–186.

45 Erste Diskussionen um die Notwendigkeit einer Einheit von Wert- und Geldtheorie stammen wohl aus Japan, wo bereits in den 1920er Jahren eine Diskussion um Marx' Werttheorie einsetzte, sich aber erst nach dem 2. Weltkrieg entwickelte, vor allem durch die Uno-Schule; vgl. Makoto Itoh: *Value and Crisis. Essays on Marxian Oeconomics in Japan*. London: Pluto 1980; Samezō Kuruma: *Marx's Theorie of the Genesis of Money. How, Why and Through What Is a Commodity Money?* Denver: Outskirts Press 2009. In der BRD können die ersten Arbeiten von Hans-Georg Backhaus und Helmut Reichelt Ende der 1960er Jahre als Pionierarbeiten angesehen werden, vgl. Backhaus: Zur Dialektik der Wertform; ders.: Materialien zur Rekonstruktion der Marxschen Werttheorie; die präziseste Fassung seiner Kritik der traditionellen Interpretation der Wertformanalyse ist jedoch Hans-Georg Backhaus: Rezeptionsmängel bei der Marxschen Form-Analyse. In: *Marxistische Studien. Jahrbuch des IMSF* 13 (1987), S. 402–414. Vor allem bei Helmut Reichelt steht Ende der 1960er Jahre noch die Struktur der Verdoppelung im Mittelpunkt, vgl. Reichelt: *Zur logischen Struktur des Kapitalbegriffs*, bes. S. 151ff. Er hat sich dann einer geltungslogischen Begründung von Geld und Wert zugewandt, vgl. Reichelt: *Neue Marx-Lektüre*. Einschlägig ist mittlerweile Michael Heinrichs Forderung einer „monetären Werttheorie", vgl. Heinrich: *Die Wissenschaft vom Wert*, bes. S. 196–251 (Kap. 6 „Die monetäre Werttheorie"). Zur Notwendigkeit der Einheit von Wert- und Geldkritik vgl. auch Diethard Behrens: Der kritische Gehalt der Marxschen Wertformanalyse. In: Ders. (Hrsg.): *Gesellschaft und Erkenntnis. Zur materialistischen Erkenntnis und Ökonomiekritik*. Freiburg: ça ira 1993, S. 165–190; Elbe: *Marx im Westen*, bes. S. 283ff. Die vorliegende Arbeit versteht sich als Weiterführung der Einheit von Wert- und Geldkritik. Die Einheit wird jedoch als *spekulative Identität von Maß und Qualität* entwickelt, und die Entwicklung soll die Verschränkung zwischen der qua Realisierung identifizierten Qualität (Wert) und der Qualität der Identifikation qua Realisierung (Geld) begründen.

in einem ganz unmittelbaren Sinne ist: Der Wert hat im Geld eine selbständige Form getrennt von der Arbeit und der Ware für-sich. Oder vielmehr muss umgekehrt das Geld je schon gesetzt sein, damit die Arbeit und die Ware ins Verhältnis treten und die Substanz und die Form des gesellschaftlichen Verhältnisses im Kapitalismus bilden können. Das gemeinsame gesellschaftliche Verhältnis der Arbeit und der Ware ist im Geld immer schon in einer selbständigen Form außer sich, und insofern das Verhältnis durch das Geld je schon *wiedergegeben* wird, ist ihm Präsenz durch Repräsentation gegeben.

Auch wenn dieser Ertrag der neueren Marx-Lektüre im Allgemeinen und der Wertformanalyse im Speziellen in diesem ersten Abschnitt der Arbeit nur vorläufig und vereinfacht dargestellt werden kann und erst in den folgenden Abschnitten ausführlich entwickelt werden soll, zeichnet sich in der Notwendigkeit einer Einheit von Wert- und Geldkritik erneut ein Problem ab: Anscheinend besteht die ‚Lösung' des Werts darin, dass seine reine Geltung und seine je endlich-quantitative Bestimmung gleichsam ins Geld ‚verschoben' sind. Das betrifft einerseits Marx' Darstellungsweise, welche die Geltung des Werts sowie die Realisierung seiner Substanz und Form in das Geld und dessen quantitative Bestimmung ‚verschiebt'; andererseits muss diese Darstellung aber auch einer Verschiebung entsprechen, die in der Ökonomie selbst geschieht. D. h., die Arbeit und die Ware gehen erst ein ökonomisches Verhältnis ein, wenn sie ins Geld ‚verschoben' sind; erst im Geld treten sie in ein rein gesellschaftliches Verhältnis und werden als dessen Substanz und Form realisiert.

Folgerichtig müsste die Entwicklung des Geldes ähnliche Probleme bereiten wie die des Werts. Und tatsächlich ist das Geld durch die Geldtheorien all der (Einzel-)Wissenschaften eher auf die Höhe eines Rätsels als zu einer stringenten Theorie getrieben worden,[46] und auch die Rekonstruktion des Marx'schen Geldbegriffs hat statt

---

46 Das „Geldrätsel" ist dafür zum stehenden Begriff geworden. Den ökonomischen Wissenschaften ist die Unfähigkeit, den eigenen Gegenstand wissenschaftlich begründen zu können, selbst aufgefallen; die Unfähigkeit ist bereits zu Marx' Zeiten beklagt und seitdem regelmäßig wiederholt worden, sei es als Eingeständnis einzelner Ökonomen, sei es als Vorwurf gegenüber anderen. Dazu kommt mittlerweile das Eingeständnis, nach einer Lösung des Geldrätsels gar nicht mehr zu suchen. Jedenfalls weiß „die Nationalökonomie bis zum heutigen Tage nicht […], was Geld ist" (Hajo Riese: Geld: das letzte Rätsel der Nationalökonomie. In: Waltraud Schelkle / Manfred Nitsch (Hrsg.): *Rätsel Geld. Annäherungen aus ökonomischer, historischer und soziologischer Sicht*. Marburg: Metropolis 1998, S. 45–62, hier S. 45). Backhaus hat es in seinen Schriften immer wieder unternommen, auf diese „Misere" der Ökonomietheorie hinzuweisen und auch ein entsprechendes Problembewusstsein bei zumindest einigen Ökonomen nachzuweisen, vgl. bes. Hans-Georg Backhaus: Das Problem des Geldes als Konstituens oder Apriori der ökonomischen Gegenständlichkeit; ders.: Zur logischen Misere der Nationalökonomie, beide in: Ders.: *Dialektik der Wertform*, S. 335–398 bzw. S. 431–500; vgl. außerdem ebd., S. 1ff., S. 307ff. Allerdings trifft man auch in der neueren Literatur zu Marx auf Unverständnis, schon was das genannte Problem angeht; etwa bei Christoph Henning: *Marx normative Sozialphilosophie*. Bielefeld: Transcript 2005, bes. S. 169. Henning zufolge ist das Geld weder rätselhaft noch ist es notwendig, für die Bestimmung des Geldes auf das Problembewusstsein der Philosophie zurückzugreifen. Für die offizielle Wirtschaftswissenschaft gilt jedenfalls m.E.: Wenn die Ökonomietheorie ihren eigenen Gegenstand nicht versteht, dann ist es in gewisser Weise folgerichtig, wenn sie auch dessen Kritik durch Marx nicht versteht. So behauptet etwa Niall Ferguson, Harvard-Professor und weltweit anerkannter Experte für Finanz- und Wirtschaftsgeschichte, in seinem gefeierten Buch *Der Aufstieg des Geldes*: „Laut Karl Marx und

zu einer Lösung zu ganz ähnlichen Widersprüchen geführt wie die Rekonstruktion des Wertbegriffs. So wurde Marx' Kritik des Geldes einerseits substanzialistisch und sogar metallistisch interpretiert, insbesondere, wo in ihr eine Geld-*waren*theorie gesehen wurde. Auf der anderen (und ganz überwiegenden) Seite wurde Marx' Geldkritik aber nominalistisch erledigt, vor allem dort, wo die Werttheorie im Sinne einer Arbeitswertlehre ausgelegt wurde. Hans-Georg Backhaus hat zudem gezeigt, dass der Marxismus sich im Geldnominalismus mit seinem Gegenüber, mit der bürgerlichen Geldtheorie, in unausgesprochener Übereinkunft befindet. Hier wie dort bleibt das Geld letztlich Wiedergabe und Darstellungsmittel eines Werts, der – und erst hier gehen die Vorstellungen auseinander – eben schon *ohne* das Geld gebildet sein und seine Bestimmung gefunden haben soll, entweder durch Arbeit oder durch subjektive Interessen, Überlegungen, Entscheidungen u. ä. So sehr sich die beiden Theorien in der *Bildung* des Werts auch gegenüberstehen, so sehr bleibt hier wie dort das Geld dem Wert letztlich äußerlich.

Friedrich Engels ist das Geld bloß ein Werkzeug der kapitalistischen Ausbeutung, das alle menschlichen Beziehungen, selbst diejenigen innerhalb der Familie, durch den gefühllosen ‚Geldzusammenhang' ersetzt. Wie Marx später im *Kapital* zu zeigen versuchte, ist Geld zu Ware gewordene Arbeit, also der durch ehrliche Arbeit generierte Gewinn, der privat angeeignet und dann ‚verdinglicht' wird, um die unersättliche Lust der Kapitalistenklasse an der Akkumulation zu befriedigen. Solche Vorstellungen sterben langsam." (Niall Ferguson: *Der Aufstieg des Geldes. Die Währung der Geschichte*. Berlin: Econ 2009, S. 20.) Am Aussterben sind wohl eher solche Vorstellungen über Marx und das *Kapital*. Es ist allerdings die Frage, ob Ferguson hier nicht lediglich Gerüchte über Marx wiedergibt. Es ist jedenfalls schwer vorstellbar, dass ein Harvard-Professor mit dem Schwerpunkt Finanz- und Wirtschaftsgeschichte nach der Lektüre des *Kapitals* eine solche Zusammenfassung liefern kann. Indes wäre das Bewusstsein der Unfähigkeit, das die Ökonomietheorie gleichsam sich selbst gegenüber einräumt: die Unfähigkeit zur Bestimmung ihres Gegenstandes, diese „ärmste Wahrheit" der Ökonomietheorie wäre auch ihre reichste, könnte sie entwickeln, *warum* ihr der Gegenstand diese Probleme seiner Verstehbarkeit und seiner adäquaten Darstellbarkeit bereitet. Für eine solche selbstkritische Wendung ist das Methodenverständnis dieser Wissenschaft aber nicht zureichend. Dem Geldrätsel eher angemessene Beiträge kommen aus der Soziologie und der Kommunikations- und Medientheorie. So hat Talcott Parsons das Geld symboltheoretisch als Prototyp „symbolisch generalisierter Medien der Kommunikation" gedeutet (Talcott Parsons: *Sociological Theory and Modern Society*. New York: Free Press 1967), ähnlich Habermas, der in kritischer Auseinandersetzung mit Parsons das Geld als technisiertes, machtvolles Kommunikationsmittel und „Spezialsprache" entwickelt hat, vgl. Jürgen Habermas: Handlung und System. Bemerkungen zu Parsons' Medientheorie. In: Wolfgang Schluchter (Hrsg.): *Verhalten, Handeln, System*. Frankfurt am Main: Suhrkamp 1980, S. 68–105; Habermas: *Theorie des kommunikativen Handelns*. Niklas Luhmann hat Geld als „generalisiertes Kommunikationsmedium" und „Geldcodes" als „Kommunikation der Knappheit" entwickelt, und zwar *zweier* „Knappheitssprachen", der Güter und die des Geldes" (Niklas Luhmann: Die Wirtschaft der Gesellschaft als autopoetisches System. In: *Zeitschrift für Soziologie* 13,4 (1984), S. 308–327, hier S. 310), und vor allem ders.: *Die Wirtschaft der Gesellschaft*. Frankfurt am Main: Suhrkamp 1988, außerdem ders.: Knappheit, Geld und die bürgerliche Gesellschaft. In: *Jahrbuch für Sozialwissenschaften* 23,2 (1972), S. 186–210; ders.: Das sind Preise. Ein soziologisch-systemtheoretischer Klärungsversuch. In: *Soziale Welt* 34,2 (1983), S. 153–170. Dirk Baecker geht im Anschluss an Luhmann in eine ähnliche Richtung, vgl. Dirk Baecker: Die Metamorphosen des Geldes. In: Jeff Kintzelé / Peter Schneider (Hrsg.): *Georg Simmels Philosophie des Geldes*. Meisenheim: Anton Hain 1993, S. 286–300; ders.: Die Wirtschaft als selbstreferentielles soziales System. In: Elmar Lange (Hrsg.): *Der Wandel der Wirtschaft*. Berlin: Edition Sigma 1994, S. 17–45; ders.: Die Unruhe des Geldes, der Einbruch der Frist. In: Schelkle / Nitsch (Hrsg.): *Rätsel Geld*, S. 107–124; ders.: Volkszählung. In: Ders. (Hrsg.): *Kapitalismus als Religion*. Berlin: Kadmos 2003, S. 265–282.

Allein, wie im Fall des Werts verweist auch im Fall des Geldes die *Möglichkeit* solch gegensätzlicher Interpretationen weniger auf einen Mangel an Entschiedenheit in Marx' Darstellung als auf die Notwendigkeit, das Geld eher durch bestimmte Widersprüche als durch eine kohärente Theorie zur Darstellung zu treiben. Jedenfalls bringen beide, Wert wie Geld, offensichtlich von sich aus bestimmte widersprüchliche Vorstellungen im Alltagsbewusstsein, aber auch in der Wissenschaft hervor.

Auf die Notwendigkeit einer Einheit von Wert- und Geldkritik wird in allen Abschnitten der Arbeit noch ausführlich eingegangen. Hier soll vorerst nur festgehalten werden, dass der kapitalistischen Ökonomie durch das Geld die Möglichkeit gegeben ist, sich durch Werte zu bestimmen und darzustellen und den Wert dadurch die identische Qualität der Ökonomie sein oder vielmehr *werden* zu lassen. Diese Bestimmung und Darstellung des Werts durch das Geld *ist* die Ökonomie, geradezu das Ökonomische der Ökonomie. Und folgerichtig ergibt sich aus dieser Ökonomie-der-Ökonomie auch der Standpunkt ihrer Kritik: Marx stellt die kapitalistische Gesellschaft nicht vom Standpunkt ihrer Negation kritisch dar, auch nicht vom Standpunkt der Arbeit, und er stellt sie auch nicht vom Standpunkt des Geldes aus dar, aber er zeigt, dass das Geld – und das ist der entscheidende Unterschied – gleichsam *für* die kapitalistische Ökonomie den Standpunkt ihrer Bestimmung und Darstellung einnimmt.
Demnach muss durch das Geld die eingangs aufgestellte These eingelöst werden, dass Marx die Bedingungen der Kritik durch die systematische Entwicklung der gesellschaftlichen Vermittlung einholt und dass dadurch die kritisierte Gesellschaft und ihre

---

Zum Vergleich des Geldes bei Luhmann und Marx vgl. Hanno Pahl: *Das Geld in der modernen Gesellschaft.* Frankfurt am Main: Campus 2008. Weitere soziologische Geldtheorien kommen von Klaus Heinemann: *Grundzüge einer Soziologie des Geldes.* Stuttgart: Enke 1969; Frank Hahn: *Money and Inflation.* Oxford: Basil Blackwell 1982; Joseph Beuys / Johann Phillip von Bethmann / Hans Binswanger / Werner Ehrlicher / Rainer Willert: *Was ist Geld? Eine Podiumsdiskussion.* Wangen: FIU 1991; Paul Kellermann: Das Geldparadigma – Über die Dialektik zwischen Symbolglaube und Wirtschaftsleistung. In: *Schweizerische Zeitschrift für Soziologie* 21,2 (1995), S. 283–293; Heiner Ganßmann: *Geld und Arbeit.* Frankfurt am Main/New York: Campus 1996; Deutschmann: *Die Verheißung absoluten Reichtums*; Stephan Geene: *MA i-D. Money Aided Ich-Design.* Berlin: b_ books 1998; Kintzelé / Schneider (Hrsg.): *Georg Simmels Philosophie des Geldes*; Schelkle / Nitsch (Hrsg.): *Rätsel Geld*; Paul Kellermann (Hrsg.): *Geld und Gesellschaft. Interdisziplinäre Perspektiven.* Wiesbaden: VS 2006; ders. (Hrsg.): *Die Geldgesellschaft und ihr Glaube. Ein interdisziplinärer Polylog.* Wiesbaden: VS 2007. Einen Überblick über die aktuelle Geld-Diskussion gibt Arno Bammé: Fetisch Geld. In: Kellermann (Hrsg.): *Geld und Gesellschaft*, S. 9–81. Die bekanntesten Vertreter des (Post-)Strukturalismus und der Dekonstruktion haben sich dem Geld meist nur über die Frage nach der Produktion von Sinn und Bedeutung her genähert, vgl. Jacques Lacan: Das Seminar über ‚Der entwendete Brief'. In: Ders.: *Schriften*, Bd. I. Frankfurt am Main: Suhrkamp 1975, S. 7–60; Foucault: *Die Ordnung der Dinge*; zu Deleuze, Guattari, Baudrillard und Derrida siehe die Angaben in Anm. 59 u. 61. So weit ich sehen kann, ist Marx aber der einzige geblieben, der das Geld von seiner ersten Funktion als *Maß* aus systematisch zum Kapital entwickelt hat: Es gibt, so unterschiedlich all die Geldtheorien und -kritiken auch ausfallen, keine Entwicklung der spezifisch *kapitalistischen* Funktion des Maßes außer der Marx'schen. Zwar hat schon Aristoteles festgestellt: „Das Geld macht also wie ein Maß alle Dinge kommensurabel und stellt dadurch die Gleichheit unter ihnen her." (Aristoteles: Nikomachische Ethik, S. 114.) Aber erst bei Marx, so wird im Verlauf der Arbeit zu zeigen sein, resultiert die quantitative Bestimmung des Geldes (der Geld*wert*) aus der Messung der Resultate der Verwertung von Arbeit und Kapital, und erst Marx entwickelt durch die drei Geldfunktionen ein *Produktionsverhältnis*.

Kritik einen gemeinsamen, herausgesetzten Ort teilen. Wenn daher oben gesagt wurde, dass die Entwicklung des Wertbegriffs nur *scheinbar* die für die Kritik der Selbstvermittlung und Selbstdarstellung der Gesellschaft erste Frage ist, weil der Wert ins Geld fällt und von ihm realisiert werden muss, dann kann nun gesagt werden, dass die Möglichkeit der Kritik an der *Entwicklung des Werts durch das Geld hängt*.[47] Auch der Anfang des *Kapitals* und der Einstieg in die Entwicklung der Kapitalform muss im Sinne dieser Einheit gelesen werden. In den Vorarbeiten zum *Kapital*, den *Grundrissen*, hat Marx den Anfang der Kritik der politischen Ökonomie sogar noch unmittelbar mit dem Geld gemacht. Hier hat Marx unmissverständlich klargestellt, dass es keinen Wert gibt ohne Geld:

> Es hat sich im Lauf unserer Darstellung gezeigt, wie Wert, der als eine Abstraktion erscheint, nur als solche Abstraktion möglich ist, sobald das Geld gesetzt ist; die Geldzirkulation anderseits führt zum Kapital, kann also nur vollständig entwickelt sein auf Grundlage des Kapitals […].[48]

Doch alle folgenden ökonomiekritischen Schriften – das sind vor allem *Zur Kritik der Politischen Ökonomie*, dann die erste Fassung des *Kapitals* und schließlich die zweite,

---

[47] Marx teilt mit Kant und Hegel das Problembewusstsein, dass eine Kritik nur dann ihrem Gegenstand angemessen gegenübertritt, wenn sie sich vom Gegenstand her begreift und sich gerade in dieser Trennung als immanente Kritik versteht. Auch wenn Marx, wie etwa Louis Althusser oder Michael Heinrich betonen, zu seinem eigentlichen „wissenschaftlichen" Kritikbegriff erst im Rahmen einer Kritik der politischen Ökonomie gelangt ist, also erst in den im engeren Sinne ökonomiekritischen Schriften des Haupt- und Spätwerks, so findet sich doch in den aus dieser Sicht ‚vorkritischen' Schriften eine interessante und durch keinen Bruch im späteren Werk ‚unterbrochene' Wendung des Kritikbegriffs, nämlich eine Kritik der immanenten Kritik selber. Sie findet sich insbesondere in Marx' Auseinandersetzung mit Hegels Dialektik im Rahmen der *Kritik der Hegelschen Rechtsphilosophie*. Hier findet sich insofern eine Kritik immanenter Kritik, als die kapitalistische Gesellschaft sich durch diese Immanenz auszeichnet: ihre Wirklichkeit durch ihr Ideal zu messen. Es wird eine Hauptaufgabe der vorliegenden Arbeit sein, auf der Höhe der Marx'schen Ökonomiekritik eine solche Kritik immanenter Kritik herauszuarbeiten: Es gilt zu entwickeln, dass die kapitalistische Gesellschaft sich immanent bestimmt, indem sie sich durch *das Ideal schlechthin* bricht, nämlich durch diejenige ideell-übersinnliche Werteinheit, für die das Geld steht. Und indem die kapitalistische Ökonomie durch das Geld naturwüchsig und bewusstlos die eigene produktive Kraft misst und das eigene Verhältnis bestimmt, unterzieht sie sich auch einer Art immanenter Selbstkritik, wenn auch auf ebenso naturwüchsige und bewusstlose Weise. Zur Kritik an Hegels Rechtsphilosophie und am Selbstverständnis der bürgerlichen Gesellschaft vgl. Karl Marx: Aus der Kritik der Hegel'schen Rechtsphilosophie. In: *MEW*, Bd. 1, S. 201–333; ders.: Zur Kritik der Hegel'schen Rechtsphilosophie. In: ebd., S. 378–391; ders.: Ökonomisch-philosophische Manuskripte aus dem Jahre 1844. In: *MEW*, Bd. 40, S. 465–588, hier S. 568–588. Althusser hat Marx' Schriften von 1845, in Anlehnung an Gaston Bachelard, „Werke des Einschnittes" genannt, die „ideologisch" geprägten Schriften davor „Jugendwerke", die wissenschaftlichen, ökonomiekritischen Schriften nach 1857 „Werke der Reife". Allerdings hat Althusser die Einschnitte und Brüche im Marx'schen Werk mehrfach neu definiert und seine These vom epistemologischen Bruch z. T. revidiert, er hat sich sogar in seiner „Hauptrevision" von solchen Einteilungen wieder distanziert, vgl. Louis Althusser: *Elemente der Selbstkritik*. Berlin: VSA 1975, bes. S. 54. Gemeinhin orientiert sich die Diskussion aber an der genannten Einteilung, zu finden in Althusser: *Für Marx*, S. 37.

[48] *Grundrisse*, S. 667. Allerdings steht am Anfang der *Grundrisse* zuerst die Kritik der verschiedenen Geld-*Theorien* der bürgerlichen Ökonomietheorie (auf deren Aufarbeitung dann eigenständige Überlegungen folgen). Am Anfang der *Grundrisse* wird somit noch nicht die *Notwendigkeit der Einheit von Wert- und Geldkritik* entwickelt; das zeichnet erst den Anfang des *Kapitals* und seine Wertformanalyse aus.

endgültige Fassung – fangen nicht mehr mit dem Geld an, und es wird auch keine unmittelbare Verbindung von Wert und Geld hergestellt, zumindest nicht auf den ersten Blick. An den Anfang treten die Arbeit und die Ware, und damit eben jene substanzielle und formale Bestimmung des Werts, durch deren Kritik die eigenständige Geldform des Werts entwickelt wird.[49]
Die Eigentümlichkeit des Anfangs besteht somit darin, dass auch im *Kapital* das Geld am Anfang steht und gewissermaßen den Standpunkt der Kritik markiert; es ist sogar *in* der Arbeit und *in* der Ware anwesend – aber als das „*Geheimnis*" ihrer Geltung als Werte.[50] Es ist im Doppelcharakter der Arbeit und der Ware anwesend als das Abwesende, und eben diese zwiespältige An- und Abwesenheit wird in der Wertformanalyse so lange expliziert, bis der Wert im Geld eingeholt ist und eine selbständige Form für sich hat.

5. Die drei Bestimmungen des Geldes und die Dreifaltigkeit des Werts
Mit dem Resultat der Wertformanalyse: dass der Wert im Geld eine selbständige Existenz jenseits seiner Substanz und Form für sich hat, ist der Gesellschaftskritik eine Art Anfang gegeben, mehr nicht. Die Einheit von Wert und Geld kann auch nicht mehr als ein Anfang sein, denn es geht in Marx' *KdpÖ* ja weder um den Wert noch um das Geld noch um die Notwendigkeit ihrer Einheit, sondern um die kapitalistische Produktionsweise, also um die *Verwertung* des Werts durch die *kapitalistische Form* des Geldes.[51]

---

49 „Im Unterschied zu allen späteren Darstellungen geht der Entwurf der ‚Grundrisse' vom Geldsystem aus und nicht von der Ware […]." (Arndt: *Karl Marx*, S. 144.) Andreas Arndt zeigt, warum diese entscheidende Änderung notwendig wurde: „Diese Änderung […] verweist auf eine entscheidende Entdeckung, die Marx zwischen Juli 1858, dem Abschluß des Manuskripts der ‚Grundrisse' und August, dem Beginn der Niederschrift des ersten Heftes ‚Zur Kritik' gemacht haben muß: den Doppelcharakter der in der Ware dargestellten Arbeit" (ebd., S. 153). „Mit dem Beginn bei der Warenanalyse ist die Konsequenz aus dem Scheitern des ursprünglichen Systematisierungsversuches über das Geldsystem gezogen. 1859 geht Marx über die Andeutungen zur Warenanalyse in den ‚Grundrissen' den entscheidenden Schritt hinaus, indem er Gebrauchswert und Tauschwert auf unterschiedliche Charaktere der Arbeit zurückführt" (ebd., S. 156).

50 „Das Geheimnis aller Wertform steckt in dieser einfachen Wertform." (*Kapital I*, S. 3.)

51 Wie für jede (ökonomische) Kategorie, kommt auch für die Bestimmung des Geldes alles darauf an, das Geld zu *entwickeln*, statt es fertig aufzugreifen und seine verschiedenen Bestimmungen nur wie einzelne Eigenschaften zu definieren und aufzuzählen. Marx folgt Hegels Kritik des trennenden Verstandesdenkens, wenn er die begriffliche Entwicklung der Kategorien fordert und die „ökonomische Borniertheit" der Ökonomen und des „common sense" kritisiert (*ThM III*, S. 420 bzw. 134). Zur Konzeption der KdpÖ als Kategorialanalyse vgl. *Grundrisse*, S. 40ff. Für das Geld heißt *kategoriale Kritik* zu entwickeln, dass es in all seinen Funktionen durchgehend *kapitalistisches* Geld ist, sodass die immanente Entwicklung der einzelnen Funktionen die spezifisch *kapitalistische* Bestimmung des Geldes ergibt. Die vorliegende Entwicklung beschränkt sich mit Marx auf die drei wesentlichen Geldfunktionen: erstens Maß, zweitens Tausch- und Zirkulationsmittel und drittens Geld als Geld oder Kapitalform G-W-G'; weitere Prädikate oder ‚Eigenschaften' des Geldes werden, wie bei Marx auch, wie Unterfunktionen behandelt (Wertaufbewahrungsmittel, Zahlungsmittel, Rechengeld und sogar Kreditgeld und Zins). Letztlich leitet Marx *alle* Bestimmungen des Geldes aus dem Funktionieren der Verwertung ab. Alle Funktionen und ‚Eigenschaften' des Geldes führen zusammen ein und dasselbe Verwertungsverhältnis durch und stellen es zugleich dar; sie ergeben letztlich ein *Produktionsverhältnis*.

5.1 Die Voraussetzungslosigkeit des Anfangs: Die Maßgeblichkeit einer ideellen Werteinheit und ihre Realisierung

Und doch ist die in der Wertformanalyse entwickelte Einheit von Wert und Geld *mehr* als nur ein Anfang für die Entwicklung der Kapitalform. Die Wertformanalyse ist mehr, weil sie der vorrangigen und zugleich herausgesetzten Stellung nachkommt, die das Geld im und für den Zusammenhang der Ökonomie einnimmt. Das wird bereits durch die vorgerückte Stellung der Wertformanalyse deutlich, die als Anfang des *Kapitals* und Einstieg in die Entwicklung der Kapitalform noch vor dem Austausch und der Zirkulation und noch vor der Produktion steht.

Doch wichtiger noch als ihre vorgezogene Stellung im Darstellungsgang ist ihr ‚vorgezogener' *Status*, nämlich ihr Status als nicht-empirische Ebene ‚vor' dem Austausch, ‚vor' der Produktion und ‚vor' der gesellschaftlichen Oberfläche. Die Wertformanalyse zeigt, dass der Wert von der Arbeit und der Ware – mithin von seiner eigenen substanziellen und formalen Bestimmung und Realisierung – *getrennt* sein muss; dass die Geltung des Werts vom gesellschaftlichen Dasein und der Empirie überhaupt *abgelöst* sein und dass diese ‚Ablösung' *im* Geld rein als solche existieren muss: Nur durch das Geld wird der kapitalistischen Gesellschaft ihr Verhältnis als Verhältnis (wieder)gegeben, ihr *reines* Verhältnis. Die Wertformanalyse zeigt des Weiteren, dass in dieser Ablösung des Werts nicht nur der Ursprung seiner empirischen Reinheit liegt, sondern auch seiner substanziellen und formalen Bestimmbarkeit durch die Arbeit und die Ware: Die Arbeit und die Ware treten erst getrennt von sich selbst und ‚verschoben' ins Geld in ein Verhältnis ein und werden zur Substanz und Form der kapitalistischen Gesellschaft. Folgerichtig ist es mit dem Wert auch das Geld, dem ein von der Empirie abgehobener, entrückter und vorgezogener Status zukommen muss; zumindest muss es scheinen, als sei seine Geltung eine nicht-empirische, übersinnliche und vom Dasein der Arbeit und der Ware getrennte Eigenschaft.[52]

Die Wertformanalyse bringt diesen geradezu absoluten Status des Geldes auf den Punkt: Das Übergehen der Waren als Werte ist in einer beliebigen Ware qua Ausschluss ‚beschlossen'. Der Ausschluss einer beliebigen Ware lässt sie zu derjenigen Geldware werden, die alle anderen Waren in ein und dasselbe Verhältnis (ver-)setzt. Die Geldware steht dadurch für diejenige ideelle Werteinheit, die das Übergehen der Waren als Werte realisieren kann; sie kann das wertförmige Übergehen als solches feststellen, durchführen und zur Realität der kapitalistischen Gesellschaft werden lassen.

---

52 Marx sagt sowohl über den Wert als auch – folgerichtig – über das Geld als auch über das Kapital, dass sie ein rein gesellschaftliches Verhältnis sind: „Das Eisen vertritt im Gewichtsausdruck des Zuckerhuts eine beiden Körpern gemeinsame Natureigenschaft, die Schwere, während der Rock im Wertausdruck der Leinwand eine übernatürliche Eigenschaft beider Dinge vertritt: ihren Wert, etwas rein Gesellschaftliches." (*Kapital I*, S. 71, ähnl. ebd., S. 62, 97).) „Aber was ist Geld? Geld ist kein Ding, sondern eine bestimmte Form des Werts […]." (*Kapital III*, S. 870.) „Das Geld ist nicht eine Sache, sondern ein gesellschaftliches Verhältnis." (Karl Marx: Das Elend der Philosophie. In: *MEW*, Bd. 4, S. 63–182, hier S. 107.) „Aber das Kapital ist kein Ding, sondern ein bestimmtes, gesellschaftliches, einer bestimmten historischen Gesellschaftsformation angehöriges Produktionsverhältnis, das sich an einem Ding darstellt und diesem Ding einen spezifischen gesellschaftlichen Charakter gibt." (*Kapital III*, S. 822.)

Im Anschluss an die Wertformanalyse zeigt Marx jedoch, dass die ideelle Einheit der Waren zwar qua Ausschluss einer Geldware fixiert ist, dass aber die ideelle Werteinheit erst im Austausch der Waren gegen diese ausgeschlossene Geldware eintritt und dass sie erst in diesem Austauschen auf praktische Weise als Werte übergehen. Erst im Austausch- und Zirkulationsprozess der Waren wird ihre ideelle Einheit auf *praktische* Weise durchgeführt, und dadurch erst teilen die Waren ein und dieselbe Einheit so, dass ihr wertförmiges Übergehen zur Realität bestimmter Tauschwerte wird. (Auch die Substanzialisierung der Arbeit als Wertsubstanz ereignet sich mithin erst durch die Formalisierung des Austauschs ihrer Resultate. Die Arbeiten werden in Form des Austauschs ihrer Resultate, der Waren, an ihr gemeinsames Maß gehalten und ins Verhältnis gesetzt, und dafür muss das Maß des Werts in Kauf und Verkauf als Tauschmittel der Waren eintreten.)

Marx' Wertformanalyse zieht somit nicht nur den nicht-empirischen Status der maßgeblichen ideellen Werteinheit vor die Kritik des Austauschs und der Zirkulation, er holt in dieser ersten Bestimmung des Geldes als Maß des Werts auch die Voraussetzung seiner zweiten Bestimmung als Mittel der empirischen Realisierung des Werts durch Austausch und Zirkulation ein. Dadurch beginnen die ersten Kapitel seiner Ökonomiekritik mit einem *Übergang*, dem Übergang zwischen der ersten und der zweiten Bestimmung des Geldes. Er hat bereits die Vermittlung des gesellschaftlichen Verhältnisses in sich: Das rein gesellschaftliche Verhältnis tritt durch das Übergehen der Arbeiten und der Waren als Werte ein, genauer, durch die Realisierung bestimmter Tauschwerte. Näher betrachtet, wird die Arbeit erst durch den Austausch ihrer Resultate, die Waren, als Wert gemessen und in Wert gesetzt, und die Waren werden wiederum an ihr Maß gehalten, indem das Maß als Tauschmittel eintritt. Die Wertformanalyse zeigt somit zunächst auf nur rein logische Weise, dass das Übergehen der Waren als Werte sozusagen im Geld passieren muss, doch durch die erste Funktion sind die Waren vorerst auf eine bloß *spekulative* Weise als Werte identisch gesetzt, und diese nur spekulative Identität löst sich erst in Form des Austauschens und Zirkulierens der Waren und im Übergang der Maß- in die Tauschmittelfunktion praktisch ein.

Das Übergehen der ersten beiden Funktionen des Geldes, mithin die Realisierung einer spekulativ ideellen Werteinheit, wird in der Arbeit noch ausführlich entwickelt. Hier gilt es anhand des Übergangs vorerst nur festzustellen, dass dem Geld eine bloße Definition seiner Funktionen unangemessen bleiben würde. Die Darstellung des Geldes muss dessen Funktionen ineinander übergehen und immanent hervorgehen lassen, genau so, wie das in der kapitalistischen Gesellschaft praktisch geschieht, wenn das Geld durch seine ersten beiden Funktionen eine ideell-übersinnliche Werteinheit zur praktischen Realisierung der Vermittlung der Waren in Anspruch nimmt.

Allerdings sind die ersten beiden Geldfunktionen nur die halbe Wahrheit der Realisierung des gesellschaftlichen Verhältnisses der Waren. Der nächste Übergang in die dritte Bestimmung des Geldes ist ebenso entscheidend, denn er erweist, dass der Übergang der ersten beiden Bestimmungen, und mit ihm die Realisierung der Waren als Werte, immer schon innerhalb der dritten, kapitalistischen Bestimmung eintritt, innerhalb der ebenso selbstbezüglichen wie übergreifenden Bewegung des Geldes als Kapital G-W-G' (Geld-Ware-mehrGeld). Dadurch werden zudem die realisierten Warenwerte zu einem Schein herabgesetzt, denn durch die Realisierung der Warenwerte wird die produktive Kraft ihrer Produktion ermittelt und ins Verhältnis gesetzt. Genauer gesagt, ermittelt das Geld auf blinde Weise in den Waren die produktive Kraft der *Verwertung* von Arbeit und Kapital, und in diese Verwertung war das Geld selbst ausgelegt. Die Realisierung des Wertverhältnisses der Waren ist also gleich in dreifacher Hinsicht ein notwendiger Schein: Erstens, weil die Zirkulation der Waren ihre Produktion realisiert; zweitens, weil die Verwandlung der Waren in Werte bereits die *Zurück*verwandlung des Geldes aus seiner Entäußerung und Auslegung in die Produktion ist und das Geld seinen Selbstbezug als Kapital (er-)schließt; und drittens, weil das Geld in der Realisierung der Warenwerte und in seiner Rückkehr aus der Entäußerung in die Produktion die produktive Kraft der Verwertung ermittelt.

Folgerichtig müssen die beiden Übergänge zwischen den drei Funktionen des Geldes einen Kreis schließen, und zwar den Kreislauf der kapitalistischen Ökonomie selbst, und dadurch müssen die beiden Übergänge und die drei Funktionen ein und dasselbe Geld begründen. Dieser Begründung kommt Marx' Dialektik einer „Kritik durch Darstellung et vice versa" im *Kapital* Bd. I nach: die Einheit von Kritik und Darstellung entsteht durch eine *immanente Entwicklung der drei Geldfunktionen*.[53] Die immanente Entwicklung der drei Geldbestimmungen steht zudem in direktem Gegensatz zur Methode der bürgerlichen Ökonomietheorie, die bis heute das Geld einerseits tautologisch bestimmt („Geld ist, was Geldfunktionen ausführt"[54]) und andererseits die Funktionen disparat aufzählt, ohne zu einer immanenten Entwicklung zu gelangen und dadurch die kapitalistische Bestimmung des Geldes einzuholen, und ohne durch diese Entwicklung der Kapitalform des Geldes auch den Wert durch seinen Verwertungsprozess zu begründen.[55] Kurz, Marx unterscheidet sich dadurch grundlegend

---

53 Es ist mir in der Tat ein Rätsel, warum in bald 150 Jahren durchaus intensiver und vielfältiger Interpretation des *Kapitals* Bd. I noch nie jemand auf die Idee gekommen ist, es schlicht entlang der drei Geldfunktionen zu interpretieren. Ist der erste Band nicht entlang der drei Funktionen aufgebaut? Wird die Ökonomie, wenn sie von Anfang an im Übergehen, im Verwerten und einem Vermehren von Werten beschrieben wird, nicht von den drei Funktionen des Geldes her dargestellt? Ein Grund für das Ausbleiben einer solchen Interpretation liegt sicher darin, dass die Wertformanalyse viele Jahrzehnte lang nicht als logische Entwicklung des Geldes und nicht als Begründung der Einheit von Wert und Geld interpretiert wurde und dass bis heute in der Wertformanalyse vor allem die Entwicklung der Tauschmittelfunktion des Geldes gesehen, seine erste Funktion als Maß des Werts aber übergangen wird.

54 Dieser Satz findet sich so oder ähnlich in fast allen Lehrbüchern der Volkswirtschaftslehre. Entsprechend tautologisch fällt der Zusammenhang von Wert und Geld aus, etwa bei Niall Ferguson: „Geld ist nur das wert, was ein anderer dafür zu geben bereit ist." (Ferguson: *Der Aufstieg des Geldes*, S. 28.)

55 Die Geldtheorien der klassischen Nationalökonomie und der heutigen Volkswirtschaftslehre (die eher Definitionen des Geldes als Theorien sind) verstehen unter der Maßfunktion des Geldes nur einen Maß-*Stab* der *Preise* und eine bloße Recheneinheit. Jedenfalls wird aus der Maßfunktion keine Ökonomie der Messung entwickelt. Die drei Geldfunktionen laufen, auch wenn ihre Bezeichnungen variieren, auf 1. Tauschmittel, 2. Wertaufbewahrungsmittel, 3. Recheneinheit hinaus (oder noch verkürzter: „Zahlen, Speichern und

von allen gängigen ökonomischen Theorien, dass er das Geld als ein *Produktionsverhältnis* entwickelt und durch dieselbe Entwicklung das Produktionsverhältnis seiner Kritik unterzieht: „Alle Illusionen des Monetarsystems stammen daher, daß dem Geld nicht Bewerten" (Ralph Heidenreich / Stephan Heidenreich: *Mehr Geld*. Berlin: Merve 2008, S. 124)). Da in Nationalökonomie und Volkswirtschaftslehre Geld und Wert letztlich unvermittelt auseinanderfallen, stellt sich für sie ohnehin nicht die Frage, wie die Qualität der Messung und die gemessene Qualität mit der Maßfunktion des Geldes zusammenhängen. Somit fehlt ihnen zu einer Theorie wie zu einer Kritik des Geldes schon der *Anfang*, nämlich die Notwendigkeit der *Einheit* von Geld und Wert, mithin die spekulative Identität von Maß und gemessener Qualität (ganz abgesehen davon, dass diese Geldtheorien weder die universelle und reine Geltung des Geldes noch dessen je endlich-begrenzte, quantitative Bestimmung aus seiner Maßfunktion und aus seiner Messung der Resultate der Verwertung begründen können). Zudem wird die logisch-systematische Begründung des Geldes und seiner Funktionen (und damit letztlich die Entwicklung der kapitalistischen Ökonomie) oft mit dem *geschichtlichen* Ursprung und der geschichtlichen Genese des Geldes vermischt. So heißt es etwa bei Niall Ferguson: „Will man die komplizierten modernen Finanzinstitutionen [...] verstehen, sollte man sich als Erstes ihre Herkunft ansehen." Herkunft meint hier Geschichte: „Hat man erst einmal die Ursprünge einer Institution oder eines Instruments erkannt, ist ihre heutige Rolle viel leichter zu verstehen. Dementsprechend werden im Folgenden nacheinander die Hauptelemente des modernen Finanzsystems vorgestellt [...]." (Ferguson: *Der Aufstieg des Geldes*, S. 17.) In den geschichtlichen Herleitungen der klassischen Nationalökonomie bzw. der Volkswirtschaftslehre lassen sich dann, grob vereinfacht, zwei Ursprünge des Geldes unterscheiden. Das Geld soll entweder aus dem Bereich des Tausches und Handels oder aus dem Bereich des Rechts und des Eigentums, des Kredits und der Schuld herkommen. Das Geld soll somit entweder einem Tausch- oder einem Eigentums-, Schuld- und Rechtsverhältnis entsprungen sein, wobei aus dem Tausch meist eine realistisch-metallistische Geldtheorie entwickelt wird und aus dem Eigentums-, Schuld- und Rechtsverhältnis eine nominalistische. Dagegen kommen vor allem aus der Ethnologie und der Anthropologie, der Kulturwissenschaft sowie der Psychologie Theorien zur Genesis des Geldes, die sich als implizite Kritik solcher Rationalisierungen und (Rück-)Projektionen verstehen lassen. Sie bringen meist den Bereich der (zeremoniellen) Gabe und des Opfers ins Spiel. Eine erste (zumindest im deutschsprachigen Raum) Kritik an der Ableitung des Geldes aus dem Tauschverkehr kam von Wilhelm Gerloff, vgl. u. a. ders.: *Geld und Gesellschaft*. Frankfurt am Main: Klostermann 1952, bes. S. 30ff.; eine der ersten Untersuchungen, die das Geld aus dem Opfer begründet, kam von Laum: *Heiliges Geld*. Auch das berühmte Werk von Marcel Mauss (sowie die daran anschließende und bis heute anhaltende Debatte) über die (zeremonielle) Gabe ist als Kritik der klassischen nationalökonomischen Auffassungen zu verstehen, vgl. Mauss: *Die Gabe*. Eine Kritik, aber auch eine Weiterentwicklung hat die Theorie der Gabe u. a. erhalten durch Maurice Godelier: *Das Rätsel der Gabe. Geld, Geschenke und heilige Objekte*. München: C. H. Beck 1999; eine Aufarbeitung und Weiterentwicklung der „Welt der Gabe" gibt Marcel Hénaff im gleichnamigen zweiten Teil seines Werks *Der Preis der Wahrheit*, S. 157–444 (zur Unterscheidung von Gabe und Geld vgl. S. 452ff.; ähnlich wie Hénaff versucht auch die – allerdings stärker auf den Tausch fixierte – Arbeit von Andrea Zhok: *Lo Spirito del Denaro e la Liquidazione del Mondo*. Mailand: Jaca Book 2006, die Genese des Geldes anhand ihrer philosophischen Implikationen auszuweisen). Alle Versuche, das Geld aus einem *geschichtlichen* Ursprung abzuleiten, müssen sich indes mit einem logischen Problem konfrontieren. Denn schon die Vorstellung, das Geld lasse sich *überhaupt* auf eine Art Ursprung zurückführen, gleichgültig ob auf Verhältnisse des Tauschs und des Handels bzw. des Rechts, der Schuld und des Eigentums (Nationalökonomie, Volkswirtschaftslehre) oder ob auf Zeremonien und Rituale der Anerkennung, der Verpflichtung und des Opferns (Ethnologie, Anthropologie), schon diese Vorstellung eines Ursprungs ist problematisch aufgrund einer „Gleichursprünglichkeit" (z. B. Heidegger: Sein und Zeit, S. 31). Geld muss nämlich dadurch in Kraft sein, dass es gesellschaftliche Verhältnisse von ihnen selbst trennt *und* sie allererst darstellt, sodass gesellschaftliche Verhältnisse *dadurch*, durch ihre Darstellung, gleichsam hinterrücks allererst eintreten und Bestimmung erhalten, ihre Bestimmung als Tausch-, Rechts-, Schuld-, Anerkennungsverhältnis etc. Das Geld muss dann genau denjenigen gesellschaftlichen Verhältnissen ‚entspringen', die es zugleich darstellt und präsentiert (und die ihrerseits dadurch überhaupt erst als *bestimmte* Verhältnisse eintreten).

angesehen wird, daß es ein gesellschaftliches Produktionsverhältnis darstellt, aber in der Form eines Naturdings von bestimmten Eigenschaften."[56] Die vorliegende Arbeit konzentriert sich auf die Entwicklung der ersten, vorrangigen und zugleich herausgesetzten Bestimmung des Geldes als Maß des Werts, aber so, dass die zwei weiteren, wie gefordert, immanent so daraus hervorgehen, dass sie *dadurch* die Maßbestimmung erst, gleichsam im Nachhinein, einlösen. Das ist allein schon darum notwendig, weil die erste Bestimmung des Geldes als Maß des Werts überhaupt erst durch seine dritte Bestimmung notwendig wird, durch seinen Selbstbezug Geld als Geld und seine Kapitalform G-W-G', denn erst die auf die Realisierung des Tauschwerts ausgerichtete Produktion und die Verwertung des Werts sowie die beständige Steigerung der Produktivkraft machen eine Messung durch ein einheitliches Maß notwendig, aber auch erst möglich und sinnvoll. Erst durch die Entwicklung aller drei Bestimmungen kann gezeigt werden, dass das Geld Maß nicht einfach nur des Werts ist, sondern seiner *Verwertung*, und dass das Geld als Kapital in genau die Verwertung ausgelegt ist, deren Resultate es als Tauschmittel und in Form des Austauschs einer Messung unterzieht. Wenn alle drei Bestimmungen des Geldes entwickelt sind, dann

Darum muss es scheinen, als enthalte das jeweilige gesellschaftliche Verhältnis, sei es bestimmt durch Tausch-, Eigentums- und Rechtsverhältnisse oder durch Anerkennungs- und Schuldverhältnisse, das Geld darin gleichsam schon ideell. Und ebenso muss es scheinen, als würden im Geld diese (Eigentums-, Rechts-, Ankerkennungs- etc.-)Verhältnisse nur mehr *wieder*gegeben; durch Geld erscheinen Verhältnisse, wie immer sie auch bestimmt sein mögen, so, wie sie eigentlich schon vor und unabhängig vom Geld zu sein scheinen. Kurz, Geld re-präsentiert Verhältnisse, die dadurch erst Präsenz erlangen. So unterschiedlich daher die Theorien zur Genese des Geldes auch ausfallen – es kann nicht aus Tausch-, Rechts-, Schuld- oder sonstigen Verhältnissen abgeleitet werden, wenn diese ihrerseits das Geld einerseits ideell schon enthalten und andererseits durch das Geld überhaupt erst eingegangen werden können. Dieselbe Gleichursprünglichkeit, die als methodologisches Problem in allen geschichtlichen Herleitungen des Geldes auftaucht, gilt auch für die Bestimmung der Bedeutung, die das Geld für den Ursprung der kapitalistischen Gesellschaft hat. Hier liegt die Gleichursprünglichkeit jedoch darin, dass die kapitalistische Gesellschaft im Gegensatz zu allen vorherigen durch das Geld in ein *reines* Verhältnis eintritt, d. h. in ein Verhältnis empirisch reiner *Werte*, die ein rein negatives Wesen gesellschaftlicher Vermittlung und Verwertung begründen. Im Kapitalismus erhält das Verhältnis der Gesellschaft seine Bestimmung gerade durch *un*bestimmte, weil rein quantitative Bestimmungen, durch bloße Größenverhältnisse, und auch die Rechts-, Schuld-, Anerkennungsverhältnisse etc. erhalten ihre Bestimmung nicht ohne diese Reinheit und Negativität rein quantitativer Verhältnisse. Die kapitalistische Gesellschaft ist dadurch gleichsam bereinigt von allen vorkapitalistischen Verhältnissen; sie ist sozusagen bereinigt von der eigenen Vorgeschichte und lässt sich aus ihr gerade nicht ohne *Bruch* herleiten. Marx' Wertformanalyse kommt dieser Gleichursprünglichkeit von Wert und Geld, so wird vor allem in Abschnitt III gezeigt, auf ‚ungeschichtliche' Weise nach, nämlich rein logisch-systematisch. Insofern zeigt der Anfang des *Kapitals* zwar nicht, wie das Wertverhältnis *geschichtlich* eingetreten ist, aber er zeigt, wie es beständig logisch-systematisch eintritt und darüber zur spezifisch kapitalistischen Geschichte wird. (Die Gleichursprünglichkeit von Wert und Geld eröffnet neben dieser Verschränkung von logischem und geschichtlichem Werden zwei weitere für die Gesellschaftskritik grundlegende Verschränkungen. Die erste ist die von Geldform und Denkform und betrifft die Verbindung zwischen dem gesellschaftlichen Sein und der Gesellschaftlichkeit des Denkens. Die zweite ist die von Idealismus und Materialismus und betrifft eine Vergesellschaftung, in der durch das Geld mit der *Realität* einer *ideellen* Einheit auf praktische Weise gerechnet wird; auf alle drei Verschränkungen wird die vorliegende Arbeit ausführlich eingehen.)
56 Marx: Zur Kritik, S. 22; dazu, dass Geld ein „Produktionsverhältnis ausdrückt" und selbst ein „wesentliches Produktionsverhältnis" ist, vgl. auch Marx: Hefte, S. 58–59.

misst das Geld in Form der Realisierung der Warenwerte …W-G-W… (…Ware-Geld-Ware…) die Resultate einer Verwertung, in die es sich als Kapital selbst entäußert hat und aus der es sich nach der Verwandlung ihrer Resultate in Werte wieder zurückverwandelt (um anschließend erneut in die Verwertung entäußert zu werden usw.). Durch diesen Kapitalkreislauf des Geldes ist der Wert, in welcher Gestalt er sich auch befindet, beständig in der Verwertung begriffen, beständig Moment der Form G-W-G'.

Indes soll im Verlauf der Arbeit mit Marx eine Art Radikalisierung der drei Geldfunktionen vorgenommen werden. Wenn die drei Geldfunktionen immanent auseinander hervorgehen, und mit ihnen die ideelle Werteinheit und ihre Realisierung und Verwertung, dann ergibt sich daraus die *Realisierung der produktiven Kraft der Verwertung*. Die Realisierung ist allerdings, so soll des Weiteren gezeigt werden, ein naturwüchsiger und bewusstloser Messprozess, der letztlich in den Kapitalkreislauf des Geldes fällt. Indem Marx das Maß des Werts als Mittel seiner Realisierung entwickelt, aber darüber wiederum die dritte, übergreifende Kapitalbewegung des Geldes einholt, stellt er heraus, dass das Geld in Form der Zirkulation der Waren die *produktive Kraft des Verhältnisses von Arbeit und Kapital misst*.

In dieser Messung der Verwertung identifiziert das Geld die Werteinheit, für die es steht, gleichsam *mit* der Produktivkraft der Verwertung, die es in den Waren realisiert und dadurch misst. Es erhält dann seine quantitative Bestimmung *nicht*, wie es auf der Oberfläche der Gesellschaft scheint, durch das Verhältnis der Waren, sondern durch das in den Waren ermittelte Verhältnis von Arbeit und Kapital. Mehr noch, das Geld misst im gesellschaftlichen Verhältnis der Waren die Resultate einer Verwertung, in die es selbst ausgelegt war und erneut ausgelegt werden muss. Dieser Selbstbezug wird schließlich auch der Grund sein, warum die Verwertung im Geld hinterrücks ihre Produktivkraft ermittelt und maßgeblich wird für sie selbst, und warum sie ihre Produktivität steigern kann und das Maß sich ebenso entwickeln muss wie die gemessene Verwertung. Kurzum, das Maß muss zu einem Messprozess entwickelt werden, und der Messprozess ist wiederum nichts weniger als die Begründung eines Produktionsverhältnisses. *Alle* Geldtheorien sind daran bislang, so weit ich sehen kann, vorbeigegangen.

5.2 Die Darstellung des Übergehens (Wert) durch die Entwicklung seines Übergangs (Geld) als „Kritik durch Darstellung"

Wenn die vorliegende Arbeit mit Marx die drei Geldfunktionen im Sinne eines Identifikations- und Messprozesses entwickelt, so ist das nicht nur eine implizite Kritik an der bürgerlichen Ökonomietheorie, sondern paradoxerweise vollzieht sich auch die Marx'sche Entwicklung der Ökonomie durch eine immanente Kritik. Diese immanente Kritik ergibt sich aus den *Übergängen* des Geldes. Es sind diese beiden Übergänge zwischen den drei Funktionen des Geldes, die für die Durchführung einer „Kritik durch Darstellung et vice versa" entscheidend sind, denn zusammen mit der

Darstellung der Notwendigkeit des immanenten Übergehens einer Geldbestimmung in die nächste tritt auch eine immanente Kritik ein. So tritt durch die Darstellung der ersten Bestimmung des Geldes – also durch die Notwendigkeit, dass eine ausgesonderte Geldware zur maßgeblichen Werteinheit für alle anderen werden muss – auch schon die Kritik dieser maßgeblichen, ideellen Werteinheit ein: Die Maßfunktion muss durch die Tauschmittelfunktion eintreten. Mit anderen Worten, die erste Bestimmung des Geldes wird erst durch dessen zweite realisiert. Und in die Darstellung der zweiten Bestimmung als Tausch- und Zirkulationsmittel tritt wiederum die Kritik ein, dass im Tauschwert *nicht* das Austauschverhältnis der Waren realisiert wird (das ist nur der Schein der einfachen Zirkulation). Im Gegenteil, der Austausch der Waren realisiert das Verhältnis von Arbeit und Kapital, sodass durch das Verhältnis der Waren die produktive Kraft ihrer *Produktion* eintritt. Die gesamte Sphäre der Zirkulation samt ihren politischen Implikationen (Freiheit, Gleichheit, Brüderlichkeit) realisiert mithin etwas ganz anderes als einen freien und gerechten Warentausch, durch die Bildung äquivalenter Wertgrößen wird sogar das genaue Gegenteil durchgesetzt, nämlich ein exzessives Verwertungs- und Ausbeutungsverhältnis.

Das immanente Übergehen der drei Geldfunktionen führt dazu, dass Marx für die Entwicklung der Kapitalform ein und dasselbe Geld dreimal neu bestimmen muss: zuallererst der reinen und universellen Geltung nach, als ideelle Werteinheit und Maß des Werts (Wertformanalyse, Kap. 1 des *Kapital*); dann seiner je endlichen, quantitativ-begrenzten Bestimmung nach, die das Geld als Mittel der Vermittlung und Realisierung des Werts erhält (Austausch und Zirkulationsprozess, Kap. 2 und 3); und schließlich als „Geld als Geld" und Kapital, d. h. als selbstbezügliches, Produktion und Zirkulation ebenso auseinandersetzendes wie identifizierendes und dadurch übergreifendes Mittel der Verwertung des Werts (Kap. 4–7).

Zusammen mit den drei Geldfunktionen wird auch der Wert, wird das rein gesellschaftliche Verhältnis dreimal durchgeführt und bestimmt. Zu Beginn, in der Wertformanalyse, wird der Wert seiner unbestimmten, reinen Geltung nach bestimmt. Die Analyse zeigt, dass eine Ware, die Geldware, qua Ausschluss und Fixierung für diejenige reine, ideell-übersinnliche Werteinheit steht, die für die Bestimmung des Verhältnisses aller anderen Waren da ist. Die Waren können nur als Werte in ein gesellschaftliches Verhältnis gesetzt werden, indem sie im Geld ein und dieselbe Einheit teilen und dadurch als bestimmte Wertgrößen ins Verhältnis treten. Das Teilen der Einheit und das Übergehen als Werte fällt dann, zweitens, in die gesellschaftliche Vermittlung, also in die Form der Realisierung der Werteinheit durch das Austauschen und Zirkulieren der Waren. Hier tritt die maßgebliche Geldware als Tauschmittel ein und realisiert das rein gesellschaftliche Verhältnis durch bestimmte Tauschwerte; die reine und übersinnliche Werteinheit, für die das Geld steht, wird im Verhältnis der Waren quantitativ eingelöst. Diese Realisierung des Tauschwerts wird schließlich, drittens, zum Schein herabgesetzt durch die Entwicklung des Kapitalkreislaufs des Geldes und die Verwertung des Werts. Die Entwicklung zeigt, dass die im Austausch gemessenen und realisierten

Tauschwerte nur Momente einer exzessiven Verwertung sind, und in diese Verwertung muss das Geld beständig ausgelegt werden. Die Übergänge werden von Marx so in den Darstellungsgang auseinandergelegt, dass sie zeigen, wie das Geld gleichsam von selbst, auf blind-naturwüchsige und automatische Weise, den Wert verwertet, die Produktivkraft der Verwertung erschließt und dadurch die eigene Deckung und den eigenen Selbstbezug begründet. Vereinfacht zusammengefasst, misst das Geld in seiner Kapitalform letztlich sich selbst: Es misst, was es, ausgelegt in die Bestandteile der Produktion, gewesen ist. Die erste Funktion des Geldes als Maß des Werts ergibt sich dann durch seine dritte Funktion, d. h. das Geld ist Maß des Werts, weil es Mittel seiner Realisierung ist *und* weil es sich in eben jene Verwertung auslegt, deren Resultate es durch die Form des Austauschs einer Messung unterzieht. So ergeben die drei Funktionen eine *Methode*, nämlich die von Marx im ersten Satz des *Kapitals* angesprochene „kapitalistische Produktionsweise".

Schon dieser erste grobe Überblick über die drei Geldfunktionen zeigt, dass die beiden Übergänge zwischen den drei Bestimmungen eine mehr als widersprüchliche gesellschaftliche Vermittlung verwirklichen. Der erste Übergang zwischen der Maß- und der Tauschmittelfunktion realisiert einerseits eine rein ideelle Werteinheit durch das Austauschverhältnis der Waren. Andererseits ist das ein Schein, weil das Geld in Form des Austauschs die Produktivkraft der Produktion ermittelt und dabei aus seiner Auslegung in die Verwertung zurückkehrt. Der erste Übergang wird also unmittelbar durch den zweiten zum Schein herabgesetzt: Das Wesen des Maßes als Tauschmittel und die Realisierung des Tauschwerts sind nur ein Schein, weil im Tauschwert nicht das Austauschverhältnis der Waren wiedergegeben wird, sondern die produktive Kraft der Verwertung von Arbeit und Kapital. Und doch verwirklichen sich der kapitalistische Selbstbezug des Geldes und die Verwertung des Werts nur durch jenen Schein; die Realisierung des Tauschwerts im Austausch der Waren und das Wesen des Maßes als Mittel dieses Austauschs ist für die Vermittlung wesentlich.

Die Schwierigkeit, die beiden Übergänge zwischen den drei Geldfunktionen zu unterscheiden, hängt somit damit zusammen, dass es die drei Geldfunktionen selbst sind, die zwei Unterscheidungen treffen. Sie unterscheiden, erstens, die rein ideelle, universelle Geltung des Werts von seiner Realisierung durch endlich-quantitative Bestimmungen, und zweitens unterscheiden sie diese Realität von ihrem Schein, denn das Tauschmittel ermittelt in Form der Zirkulation und durch die Realisierung des Tauschwerts die produktive Kraft der Verwertung von Arbeit und Kapital.

Werden die drei Geldfunktionen in der skizzierten Weise entwickelt, tritt hervor, wie die Kritik des Werts durch dessen Darstellung bei Marx ausfällt: schlicht indem Marx darstellt, auf welche Weise der Wert durch die Geldfunktionen zur Darstellung gebracht wird. Er legt die spekulative Identität von Wert und Geld durch die Entwicklung der drei Geldfunktionen in die Verwertung des Werts und die Form seiner Realisierung auseinander. Oder vielmehr zeigt er, dass es das Geld selbst ist, das sich in die Bestandteile der Verwertung auslegt und das Verhältnis ihrer Resultate, der Waren, in Raum und Zeit auseinanderlegt, während dieselbe Verwertung im Geld quantitativ umschlägt und dadurch identifiziert wird. Die Gesellschaft hat das Problem ihrer Darstellung somit unmittelbar an sich, weil das Geld die Durchführung der Ökonomie und die Darstellung der Produktivkraft der Verwertung *ist*. In seinen Funktionen und in seiner quantitativen Bestimmung stellt das Geld, wie Marx sagt, ein „Produktionsverhältnis *dar*", aber man sieht das dem Geld nicht an, denn es stellt das Produktionsverhältnis in Form eines „Naturdings von bestimmten Eigenschaften" dar.[57] Zusammengefasst, liegt die Schwierigkeit, die kapitalistische Produktionsweise darzustellen, in der blind-naturwüchsigen und doch quantitativ exakten Methode ihrer Selbstdarstellung: Das Geld identifiziert das gesellschaftliche Verhältnis in Form der Messung der Resultate der Verwertung von Arbeit und Kapital, aber es stellt die ermittelte Produktivkraft der Verwertung dar als ein rein quantitatives Verhältnis von Waren.

Man sieht nun, dass die Notwendigkeit der Einheit von Geld und Wert lediglich der Anfang ist, um zur ersten Bestimmung des Geldes als Maß zu gelangen, und um über das Maß wiederum in den inneren Zusammenhang der drei Bestimmungen des Geldes sowie in die Verwertung des Werts einzusteigen. Die drei Bestimmungen des Geldes als Maß, Mittel und Methode der Verwertung und die Dreifaltigkeit des Werts als rein gesellschaftliches Verhältnis, dann als Realität eines bestimmten Tauschwerts und schließlich als Moment einer Verwertung – jene drei Bestimmungen des Geldes und diese Dreifaltigkeit des Werts müssen letztlich die Kapitalform des Geldes und die Verwertung des Werts ergeben.

6. Die Analogie zwischen Geist und Kapital
Indes sollen Geld und Wert nicht allein durch Marx ausgewiesen werden. Marx' kritische Darstellung des Werts durch die Entwicklung der Kapitalform des Geldes soll im Rückgriff auf diejenige methodische Entwicklung vorgehen, die eine solche „Kritik durch Darstellung" durch die Dialektik Hegels erfahren hat.[58]

---

57 Marx: Zur Kritik, S. 22.

58 Wenn im traditionellen Marxismus überhaupt versucht wurde, die KdpÖ ins Verhältnis zum deutschen Idealismus im Allgemeinen und zu Hegels Dialektik im Besonderen zu setzen, so um ihnen in der KdPÖ Antworten auf ungelöste Fragen und Probleme zu präsentieren. Zwar hatte bereits Lenin vor doppelte Ausrufezeichen gesetzt: „Man kann das *Kapital* von Marx und besonders das I. Kapitel nicht vollständig begreifen, ohne die *ganze* Logik von Hegel durchstudiert und begriffen zu haben. Folglich hat nach einem halben Jahrhundert nicht ein Marxist Marx begriffen!!" (Wladimir I. Lenin: Konspekt zu Hegels ‚Wissenschaft der Logik'. In: Ders.: *Werke*, Bd. 38. Berlin, DDR: Dietz 1964, S. 77–229, hier S. 170.) Allerdings sind diesem Anspruch weder er selbst noch der Marxismus-Leninismus nach ihm gerecht geworden. Hier wurde die Ökonomiekritik in der Regel als materialistische Grundlegung des Geistig-Ideellen verstanden; das Geistig-Ideelle wurde aus der materiellen, ökonomischen Basis abgeleitet oder galt gar als Widerspiegelung. Die große Ausnahme war der junge Lukács, der zu dieser Zeit allerdings noch nicht dem Marxismus-Leninismus im engeren Sinne zuzurechnen ist; er wird im II. Abschnitt dieser Arbeit ausführlich gewürdigt. Noch vor Lukács war es mit Georg Simmel ein nicht-marxistischer Philosoph und Soziologe, der in einer „Philosophie des Geldes" ökonomische und philosophische Fragen auf eine eher phänomenologische Weise

6.1 Die Analogie zwischen Geist und Kapital und das Problem der Darstellung

Wenn Wert und Geld mithilfe der Hegel'schen Dialektik schärfer bestimmt werden sollen, als das einer Ökonomietheorie gelungen ist, der aufgrund ihres methodischen Selbstverständnisses das Verhältnis von Wert und Geld gar nicht erst zum Problem hat werden können, so geht es weder um eine Philosophie noch um eine Wissenschaft von Wert und Geld. Es geht ‚nur' darum, durch die Entwicklung des *Geldes* das Problem der Darstellung und Begreifbarkeit des *Werts* zu entwickeln.

Schon dieses Problem der Begreifbarkeit des Werts rechtfertigt den Rückgriff auf Hegel, der ja ebenfalls vor einem Problem der Begreifbarkeit und Darstellbarkeit stand. Hegel wollte nichts weniger als das Absolute zur Darstellung treiben, und zur Darstellung treiben hieß für Hegel, dem Absoluten durch die Methode und Systematik seiner – des Absoluten – Darstellung adäquat zu werden. So gewaltig dieser Anspruch, so trivial stellte sich die Aufgabe: Es galt, das Denken zu denken und zu begründen, dass im begrifflichen Denken Objektivität und Subjektivität einander entsprechen. Die Entwicklung dieser Entsprechung sollte die Identität von Denken und Sein begründen, allerdings ohne hinter Kant zurückzufallen, dem in der Kritik des ontologischen Gottesbeweises und in der *Kritik der reinen Vernunft* die Infragestellung dieser Identität gelungen war.

Die Aufgabe der Ökonomiekritik: den Wert darzustellen, ein „rein gesellschaftliches Verhältnis" (Marx), in das laut Marx kein Atom Naturstoff eingeht, diese Aufgabe entspricht nicht nur dem Versuch, das Denken zu denken und die Identität von Denken und Sein zu begründen – es ist nahezu dasselbe. Der Wert ist nicht nur, gleich dem Sein bei Hegel, die *ideelle Identität* der gesellschaftlichen Objektivität, nämlich ihr übersinnliches, rein gesellschaftliches Verhältnis, dieses rein gesellschaftliche Sein muss ebenso eine Denknotwendigkeit sein. Der Wert muss, wenn er denn die gesellschaftliche Objektivität sein soll, dann auch als solche gedacht werden und unmittelbar *im* Bewusstsein und *im* Denken eintreten. Ja, vielleicht ist der Wert sogar bestimmend für die Art und Weise, das gesellschaftliche Verhältnis denken und begreifen zu müssen. Dann ist der Versuch einer Darstellung des Werts ganz unmittelbar auch der Versuch, die – wie immer auch notwendig falsche oder verkehrte – Entsprechung zwischen dem gesellschaftlichem Sein und dem Bewusstsein zu begründen, und die Analogie zu Hegels Begründung der Identität von Denken und Sein drängt sich geradezu auf.

---

verbunden hat, vgl. Georg Simmel: *Philosophie des Geldes. Gesamtausgabe*, Bd. 6. Frankfurt am Main: Suhrkamp 1989. Hier taucht Marx allerdings nur am Rande auf, und Simmels subjektive Auflösung des Werts lässt sich auch nicht – auch wenn er das so angelegt haben mag – als Antwort auf Marx interpretieren, da Marx' Entwicklung von Wert und Geld jenseits einer objektiven *und* subjektiven Werttheorie steht. Im Rahmen der an Marx orientierten Ökonomiekritik wurde eine Verbindung im engeren Sinne zuerst im Westlichen und Kritischen Marxismus in Angriff genommen, in Deutschland vor allem im Umfeld der Kritischen Theorie, in Frankreich im Umfeld des Existenzialismus, der Phänomenologie und des Strukturalismus, in Italien von der Della-Volpe-Schule. In Bezug auf die Wertformanalyse ist von Backhaus regelmäßig die Forderung erhoben worden, das ökonomische „Kategoriensystem auf der Basis ‚umfunktionierter' philosophischer Begriffe und Fragestellungen zu entwickeln, und zwar im Umkreis der Hegel'schen Philosophie", vgl. Backhaus: *Dialektik der Wertform*, S. 25, außerdem S. 52, 79, 94ff., 207.

Doch auch wenn der Wert ebenso ein rein gesellschaftliches Sein wie eine Denknotwendigkeit und sogar eine Denkform ist, so verwirklicht sich diese Identität zwischen dem gesellschaftlichen Sein und der Gesellschaftlichkeit des Denkens nicht, wie bei Hegel, durch die Logik des *Begriffs*. Während es bei Hegel der Begriff ist, der die Identifikation von Denken und Sein einlöst, ist das gesellschaftliche Verhältnis, der Wert, bewusstlos und unmittelbar im Geld „begriffen", denn hier, im Geld, wird der Wert realisiert und quantitativ bestimmt. Der Wert hat im Geld eine Form für sich, in der er außer sich ist und doch zu-sich kommt, und zwar zu-sich nicht nur außerhalb seiner substanziellen und formalen Bestimmung durch die Arbeit und die Ware, sondern auch außerhalb des Denkens; das Geld ist gleichsam *anstelle* des Denkens da, es identifiziert das gesellschaftliche Verhältnis *für* das Denken.

Demnach müsste das Geld für den Wert sein, was der Begriff für das Denken ist. Genauer gesagt, müsste das Geld für die *Identität* von gesellschaftlichem Sein und gesellschaftlichem Denken das sein, was der Begriff für die Identität von Sein und Denken ist.[59] „Für die Identität von" muss heißen, dass sowohl der Begriff als auch das Geld nichts anderes sind als die *Form der Identifikation* selbst. Und in der Tat legt Hegel in der *Wissenschaft der Logik* die Identität von Denken und Sein in die Form ihrer Identifikation durch den Begriff auseinander. Hegel löst durch die Entwicklung des Begriffs die Aufgabe seiner *WdL* (die Identität von Denken und Sein zu begründen und dadurch das Denken zu denken und das Reflektieren zu reflektieren) buchstäblich in der Form der Identifikation von Objektivität und Subjektivität ein. Er zeigt nämlich in der *WdL*, dass die spekulative Identität von Denken und Sein durch das Wesen der Reflexion realisiert wird und dass diese Reflexion wiederum im Begriff selbstbezüglich sein muss. Es ist also der Begriff, der das Denken denkt, indem er das Reflektieren reflektiert und dadurch begreift, die Identität von Denken und Sein zu verwirklichen, zu verwirklichen in Form der Gegenständlichkeit von Objektivität und Subjektivität; der Begriff löst die Entsprechung von Denken und Sein ein, indem er das reflektierende Denken selbst reflexiv werden lässt und dadurch das Denken mit dem Sein identifiziert.

Soll nun die Entwicklung des Geldes in Analogie zu dieser begrifflichen Identifikation von Denken und Sein gebracht werden, so muss zunächst die Logik der Identifikation genauer betrachtet werden, die Hegel in der *WdL* entwickelt. Zumindest sollen in einer ersten groben Annäherung der dreistufige Aufbau (das Sein der Objektivität, das Wesen der Reflexion und die Subjektivität des Begriffs) und die Durchführung der Logik deutlich werden.

---

59 Dass der Begriff die spekulative Identität von Sein und Denken verwirklicht und dass er dadurch die Objektivität auf subjektive Weise identifiziert, das ist bei Hegel schlicht *die* Logik: „Die Logik bestimmt sich danach als die Wissenschaft des reinen Denkens, die zu ihrem Prinzip *das reine Wissen* habe, die nicht abstrakte, sondern dadurch konkrete lebendige Einheit, daß in ihr der Gegensatz des Bewußtseins von einem subjektiv *für sich Seienden* und einem zweiten solchen *Seienden*, einem Objektiven, als überwunden und das Sein als reiner Begriff an sich selbst und der reine Begriff als das wahrhafte Sein gewußt wird. Dies sind sonach die beiden *Momente*, welche im Logischen enthalten sind." (*WdL I*, S. 57.)

Im ersten der drei Schritte der *WdL*, in der *Seinslogik*, entwickelt Hegel, dass das Sein im In-sich-Übergehen auf rein negative Weise an-sich bestimmt wird und sich zugleich identisch hält; die Logik des Übergehens des Seins ergibt die *Objektivität*. Nach der Objektivität entwickelt Hegel im zweiten Schritt, durch das negative Wesen der Reflexion, wie sich der Begriff mit diesem Sein identifiziert und es in den Begriffsbestimmungen aufhebt, und zwar so, dass jenes Übergehen des Seins durch das Wesen der Reflexion zur Genesis des Begriffs und seiner Bestimmungen wird. Diese Genesis wird so unmittelbar durch die Begriffsbestimmungen wiedergegeben, dass die Geltung des Begriffs gleichsam eine Entsprechung zur eigenen Genesis bildet. Es muss darum scheinen, als ob sich der Begriff durch das Wesen der Reflexion *mit* dem Sein identifizierte. Das ergibt den dritten und letzten Schritt der *WdL*, die Logik des Begriffs. Der Begriff ist durch das Wesen der Reflexion die subjektive Form der Wiedergabe seines Inhalts geworden, der Objektivität. Er entspricht daher *nicht* einer gegebenen und nur äußerlich reflektierten Objektivität, sondern im Begriff entspricht die reflektierte Objektivität: sich selbst – und eben *das* muss der Begriff begreifen. Allerdings ist sie durch das negative Wesen der Reflexion zwar einerseits in den Begriffsbestimmungen realisiert, andererseits aber ist die Objektivität dadurch vergangen und subjektiv geworden, sodass sie gleichsam sich selbst entgegengesetzt und dem Begriff zum Gegenstand geworden ist.

Entsprechend muss der Begriff im Wesen des Reflektierens einerseits die eigene Wirklichkeit begreifen: Seine Genesis *ist* nichts anderes als die Identifikation des Denkens mit der Objektivität des Seins vermittelst der Reflexion. Andererseits verwirklicht das Identifizieren eine Objektivität, die *selbständig* gewesen sein muss, die dem Begriff nun *entgegengesetzt* und gegenständlich ist und durch ihn lediglich *wiedergegeben* wird. Mehr noch, der Begriff stellt im Denken und Reflektieren die Objektivität auf subjektive Weise *wieder her*, und dabei setzt er sich die Objektivität zugleich entgegen; sie wird ihm zu einem Gegenstand, den er so sein lassen muss, wie er an sich ist.

Den Widerspruch des Reflektierens: dass es Objektivität und Subjektivität entgegensetzt, *indem* es beide miteinander identifiziert (und umgekehrt), muss der Begriff als die eigene widersprüchliche Wirklichkeit begreifen. Indem er begreift, dass die Objektivität sich durch seine Subjektivität so äußert und so zur Sprache kommt, als ob die Objektivität sich gleichsam selbst, im Wortsinn: entspräche, kommt der Begriff im Bezug auf sein eigenes Begreifen zum *Übergreifenden* von Objektivität und Subjektivität. Mit einem Wort, er kommt zur Vernunft.

Für die Analogie zwischen Begriff und Geld gilt es vorerst nur die Entsprechung zwischen den drei Schritten der *WdL* und den drei Geldfunktionen zu betrachten. Soll das Geld auf eine dem Begriff analoge Weise das rein gesellschaftliche Sein und die Identität gesellschaftlicher Objektivität wiedergeben, also die Qualität des Werts und die Identität eines rein gesellschaftlichen Verhältnisses, so müsste die erste Bestimmung des Geldes als Maß des Werts ebenfalls darin bestehen, das gesellschaftliche Verhältnis der Waren ein selbständiges Übergehen sein zu lassen und der eigenen ideellen

Identität auszusetzen. Beide, Begriff wie Geld, würden dadurch die Objektivität selbständig und durch sie selbst bestimmt sein lassen. Des Weiteren müsste sich das Geld, um dem zweiten Schritt der *WdL* zu entsprechen (dem Wesen der Reflexion), durch seine zweite Bestimmung als Tauschmittel mit dem gesellschaftlichen Sein einerseits identifizieren und es andererseits sich entgegensetzen. Das Tauschmittel müsste die Waren wie in einer äußeren Reflexion ein Selbstverhältnis sein lassen, und doch müsste dieses Verhältnis im Geld eintreten und von ihm verinnerlicht werden. Diese widersprüchliche Identifikation müsste schließlich den dritten Schritt der *WdL* ergeben. Die Identifikation des gesellschaftlichen Verhältnisses durch das Geld müsste auf eine dem Begreifen analoge Weise selbstbezüglich ausfallen und zur übergreifenden Bewegung des Geldes als Kapital führen. Die Identifikation müsste einerseits die bloße Reflexion, Realisierung und Wiedergabe des Wertverhältnisses der Waren sein, so dass das Geld in der Realisierung der Warenwerte ein selbständiges, für-sich seiendes und objektives Wertverhältnis wiedergibt. Andererseits müsste das Geld im Verhältnis der Waren das Verhältnis ihrer *Produktion* wiedergeben, einer Produktion, in die es selbst ausgelegt gewesen war und in die es erneut eingeht, sodass es durch seine selbstbezügliche kapitalistische Bewegung beständig das in den Waren zu realisierende Wertverhältnis übergreift und dessen Form wird. Die ersten beiden Funktionen des Geldes (Maß des Werts und Mittel seiner Realisierung) würden demnach einerseits durch das Realisieren des gesellschaftlichen Verhältnisses der Waren auf unmittelbare Weise auch die Genesis der quantitativen Bestimmung des Geldes ergeben; andererseits würde im gesellschaftlichen Verhältnis der Waren genau dasjenige Produktionsverhältnis realisiert, in welches das Geld zuvor entlassen war und in das es erneut eingehen wird, sodass die ersten beiden Bestimmungen des Geldes seine dritte realisieren, seine Kapitalform. Das beständige Eingehen des Geldes in die Warenproduktion und die Rückkehr daraus müssten eine ebenso übergreifende wie selbstbezügliche Bewegung ergeben, die analog der überindividuellen Subjektivität des Begriffs funktioniert.

An dieser Stelle soll, wie schon gesagt, noch nicht in die Analogie eingestiegen werden. Es geht allein darum zu zeigen, dass Hegel und Marx vor einer analogen Aufgabe standen, nämlich zu begründen, dass die Objektivität durch den Selbstbezug des Begriffs bzw. des Geldes so identifiziert wird, dass die Objektivität sich in den Bestimmungen des Begriffs bzw. in den quantitativen Bestimmungen des Geldes *entspricht*. Das Geld *rechnet* durch seine drei Funktionen auf bewusstlose und überindividuellspekulative Weise damit, dass die Ökonomie durch Werte in-sich übergeht. Es rechnet mit einer übersinnlichen Werteinheit, die analog dem Sein die ideelle Identität der Objektivität ergibt, und das Rechnen mit dieser Einheit entspricht einem begrifflichen Denken, das in seinem Reflektieren ebenfalls mit der Identität des Seins rechnet und dadurch die Objektivität realisiert. Beide identifizieren sich in Form dieses Rechnens mit ihrem Inhalt: Der Begriff rechnet im Reflektieren der Objektivität auf eine spekulative Weise mit der Identität von Denken und Sein, und das Geld rechnet durch seine

Funktionen auf spekulative Weise mit einer Werteinheit, die das gesellschaftliche Verhältnis der Waren quantitativ umschlägt und dadurch die Objektivität der Gesellschaft durch bestimmte Werte realisiert.

6.2 Der Status der Analogie

So wenig die skizzierte und in der Arbeit auszuführende Analogie zwischen Begriff und Geld, Geist und Kapital mit einem Begründungsverhältnis zu verwechseln ist, so sehr muss die Analogie doch sich selbst begründen. Das heißt, die Analogie muss *als* Analogie zeigen, dass es im Verhältnis von Begriff und Geld *nur* um eine Analogie gehen kann und nicht um ein Verhältnis der Begründung, der „Umstülpung" oder gar der Ableitung. Es geht nicht darum, die Genesis der Geltung des Begrifflichen und Geistig-Ideellen aus der von Marx entwickelten ökonomisch-gesellschaftlichen Bewegung abzuleiten oder gar an sie materialistisch zu erden. Es geht auch nicht darum, die Identifikation von Denken und Sein, die Hegel zufolge durch den Begriff verwirklicht wird, durch das Geld zu ersetzen und sie in dessen ökonomischer Bewegung einzulösen. Erst recht geht es nicht darum, die begriffliche Identifikation zu einer bloßen Widerspiegelung oder gar zu einem Schein herabzusetzen. Stattdessen sind beide, Geld und Begriff, jeweils für sich genommen die selbstbezügliche Bewegung einer überindividuellen Subjektivität, innerhalb derer die Objektivität gleichsam in sich selbst eintritt und dadurch den Geist bzw. die kapitalistische Gesellschaft ergibt. Der Begriff rechnet auf spekulative Weise mit dem seinslogischen Übergehen, und das entspricht einem Geld, das in seinen Funktionen ebenfalls mit dem wertförmigen Übergehen der Waren rechnet; der Begriff realisiert im Reflektieren das Sein als die absolute Qualität oder die Identität der Objektivität, und auch das Geld realisiert in den Tauschwerten all der Waren ein und dasselbe gesellschaftliche Sein, sodass es scheint, als sei der Wert die absolute Qualität oder die Identität der Gesellschaft; und beide, Begriff und Geld, begründen dadurch eine überindividuelle, übergreifende Bewegung.

Weil die vorliegende Arbeit es bei einer *bloßen* Analogie belässt, unterscheidet sie sich grundsätzlich von vorangegangenen Analogien. Denn auf den ersten Blick ist ja der Versuch, Geist und Kapital im Sinne einer Entsprechung ins Verhältnis zu setzen, keineswegs neu. Solche Analogien oder auch (Struktur-)Homologien[60] wurden vor allem im deutschsprachigen Raum unternommen und sollten außer der Sache selbst – Geist und Kapital – auch das Verhältnis ihrer Darstellung klären, also das Verhältnis zwischen der Hegel'schen und Marx'schen Dialektik. Sie hatten ihre Blütezeit in den 1970er Jahren, sind unter dem Schlagwort „kapitallogische"[61] Interpretation bekannt geworden und gelten, zumindest deren Kritikern, als gescheitert.

60 Das Verfahren der „strukturalen Homologie" ist von Claude Lévi-Strauss in die Ethnologie eingeführt worden und hat dann auch andere Bereiche der Geisteswissenschaften inspiriert, vgl. ders.: *Strukturale Anthropologie*, Bd. 1. Frankfurt am Main: Suhrkamp 1975, bes. S. 74ff.

61 Der Begriff ist wohl zuerst vom dänischen Marxisten Hans-Jørgen Schanz verwandt worden und danach pejorativ von Peter Ruben: Über Methodologie und Weltanschauung der Kapitallogik. In: *Sozialistische*

Die vorliegende Arbeit stellt zwar ebenfalls eine Analogie her, aber in anderer Weise, als das bisher versucht wurde. Oder vielmehr soll *überhaupt* erst einmal eine Analogie hergestellt werden, denn streng genommen ging es in den bisherigen Versuchen gar nicht um eine Analogie. Das fängt bereits mit der Art und Weise an, wie Geist und Kapital ins Verhältnis gesetzt wurden. Nicht allein in den sog. kapitallogischen Analogieversuchen, sondern *durchweg* wurde bislang stets versucht, Marx' Kritik des Kapitals als eine *Kritik* an Hegels Geist anzusetzen. Damit wurde nicht nur Marx' eigenem Anspruch gefolgt, der ja Hegels Idealismus „vom Kopf auf die Füße stellen" wollte, um den „rationalen Kern in der mystischen Hülle zu entdecken".[62] Es wurde auch ganz grundsätzlich angenommen, dass eine radikale Kritik der bürgerlich-kapitalistischen Gesellschaft letztlich wohl verlange, Hegels Absolutem zu entkommen. Foucault hat das in der Diagnose auf den Punkt gebracht, „daß unsere gesamte Epoche, sei es in der Logik oder in der Epistemologie, sei es mit Marx oder mit Nietzsche, Hegel zu entkommen trachtet."[63] Kritik nach Marx, das schien zu verlangen, das Absolute *als* Absolutes zu durchbrechen.[64] Darum wurde auch von der Kritik stets mehr und anderes erwartet als eine bloße Umstülpung Hegels, die den Geist „vom Kopf auf die Füße stellt" und den „rationellen Kern" der Dialektik entbirgt. Es galt auch, den Ausgang aus einer Hermetik zu finden, die, auch wenn sie von Hegel geistig-ideell und spekulativ gefasst wurde, doch der Logik kapitalistischer Verwertung

Politik (SOPO) 42 (1977), S. 40–64; vgl. auch ders.: Von der Wissenschaft der Logik und dem Verhältnis der Dialektik zur Logik. In: Hermann Ley (Hrsg.): *Zum Hegelverständnis unserer Zeit: Beiträge marxistisch-leninistischer Hegelforschung.* Berlin, DDR: VEB Deutscher Verlag der Wissenschaften 1972, S. 58–99. Gemeint sind mit dem Begriff „kapitallogisch" Arbeiten wie die bereits genannte von Reichelt: *Zur logischen Struktur des Kapitalbegriffs*, und von Hans-Jürgen Krahl: Zur Wesenslogik der Marxschen Warenanalyse; ders.: Bemerkungen zur Akkumulation und Krisentendenz des Kapitals, beide in ders.: *Konstitution und Klassenkampf*, S. 31–81 (einschließlich der „Materialien") bzw. S. 82–97. Eine der ersten Arbeiten aus dieser Richtung stammt aus dem Jahr 1962. Sie kommt von einem tschechischen Marxisten, der wiederum an Diskussionen der französischen Zeitschriften *La Nouvelle Critique* und *Les Temps Modernes* anschließt; sie erschien 1968 auf Deutsch in der DDR, siehe Zelený: *Die Wissenschaftslogik bei Marx und ‚Das Kapital'*. Weitere Arbeiten, die eine „kapitallogische Lesart" verfolgen, kommen von Jacoby: *Wissen und Reichtum*; Hiroshi Uchida: *Logik der Produktion.* Hannover: Verlag für die Gesellschaft 1994; Horst Friedrich: *Hegels Wissenschaft der Logik. Ein marxistischer Kommentar*, 2 Bde. Berlin: Dietz 2000 u. 2006. Helmut Brentel spricht vorsichtiger von einer „Isomorphie der Strukturen" (er bezieht sich dabei auf Hegels Begriff des Widerspruchs und Marx' Entwicklung der Ware zum Geld), vgl. Helmut Brentel: *Widerspruch und Entwicklung bei Marx und Hegel.* Frankfurt am Main: VS 1986, S. 68. Von der kapitallogischen Lesart zu unterscheiden sind Arbeiten, welche die Kritik der Metaphysik und ihre Aufhebung einerseits in Logik durch Hegel und andererseits in Gesellschaftskritik durch Marx verfolgen, wie z. B. Herbert Schnädelbach: Zum Verhältnis von Logik und Gesellschaftstheorie bei Hegel. In: Oskar Negt (Hrsg.): *Hegel und die Folgen.* Frankfurt am Main: Suhrkamp 1970, S. 58–80; Eberhard Braun: *‚Aufhebung der Philosophie.' Marx und die Folgen.* Stuttgart: Metzler 1992; Martin Bondeli: Dialektische Methode und empirische Wissenschaft. Hegels Dialektische Methode in Marx' ‚Methode der politischen Ökonomie'. In: *Hegel Jahrbuch* 1989, S. 435–446.

62 Karl Marx: Nachwort zur 2. Auflage des Kapitals. In: *MEW*, Bd. 23, S. 18–28, hier S. 27.
63 Michel Foucault: *Die Ordnung des Diskurses.* München: Hanser 1974, S. 49–50.
64 Zu der Kritik, die Hegels spekulative Dialektik und ihre Verabsolutierung der Vernunft erhalten hat, vgl. Andreas Arndt: *Dialektik und Reflexion. Zur Rekonstruktion des Vernunftbegriffs.* Hamburg: Meiner 1994, bes. S. 230–358 (Abschnitte IV u. V).

zu entsprechen schien.⁶⁵ Aus dieser Perspektive *musste* es um mehr als eine Analogie gehen, sollte Marx' Entwicklung des Kapitals nicht den absoluten Geist lediglich reformulieren, wenn auch materialistisch umgestülpt. Zumindest musste es eine kritische Zutat geben, sollte die Selbstaffirmation, die der Geist, Hegels Selbstanspruch zufolge, durch eine systematisch-logische Darstellung erfährt, nicht gleichsam ein zweites Mal erfüllt werden, nur diesmal in der Darstellung der Selbstbewegung des Kapitals. Es ging der Marx-Rezeption daher um den Nachweis, dass Marx die geistig-begriffliche Selbstvermittlung, die Hegel als das Selbstkonstitutionsprinzip des Geistes verabsolutiert, zwar in eine gesellschaftliche und spezifisch kapitalistische Bewegung überführt, aber gerade *nicht* im Sinne einer Analogie. Marx' kritische Zutat soll vielmehr darin liegen, den Geist als Verkehrung, Mystifizierung und Hypostasierung einer eigentlich materiell-praktischen gesellschaftlichen Vermittlung durchsichtig werden zu lassen, einer Vermittlung, deren Widersprüchlichkeit Hegel im Geist versöhnt habe. Entsprechend wurde die bei Hegel geistig-begrifflich gefasste Vermittlung mit Marx in der Regel auf die gesellschaftlich-praktische, widersprüchliche, krisenhafte und spezifisch kapitalistische Vermittlung zurückgeführt. Auch dass diese Vermittlung sich bei Hegel – und überhaupt in der Philosophie und im Alltagsverstand – verkehrt darstellt, eben geistig-begrifflich und in Form einer zeitlos gültigen Wahrheit, konnte nun mit den kapitalistischen Produktionsverhältnissen begründet werden, insbesondere mit der Warenförmigkeit des Austauschs und der Aneignungsweise, mit der gesellschaftlichen Arbeitsteilung und der Anarchie des Marktes sowie mit dem Privateigentum an den Produktionsmitteln und der bürgerlichen Rechtsordnung. Hegels begriffliche Identifikation von Denken und Sein konnte ihm als einseitig

---

65 Soll eine Analogie jenseits aller Ableitungen und Umstülpungen unternommen werden, versteht es sich von selbst, dass auch der Gegensatz von Idealismus und Materialismus hinfällig ist. Nicht nur Marx ist jenseits dieses Gegensatzes zu stellen, sondern bereits Hegel. Georg Lukács hat schon 1919 klargestellt, dass das Verhältnis von Idealismus und Materialismus bei Marx nicht auf „Ersatz" hinausläuft, vgl. Georg Lukács: *Taktik und Ethik. Politische Aufsätze I (1918–1920)*. Darmstadt/Neuwied: Luchterhand 1975, S. 59. (Vgl. auch ders.: *Der junge Marx*. Pfullingen: Günther Neske 1965, S. 30ff.; allerdings wird hier nun, anders als noch in den frühen Schriften, der Marx'sche Materialismus gegen die „unsinnige Mystik der Hegel'schen idealistischen Methodologie" (ebd., S. 30) ausgespielt.) Doch erst die Problematisierung des von Marx gebrauchten Begriffs der Umstülpung durch Louis Althusser hat in der Marx-Interpretation eine bleibende Wirkung hinterlassen. Althusser bestand darauf, dass eine bloße Umstülpung des Hegel'schen Systems unzulänglich bleibe, dass der zu entbergende Kern durch seine Extraktion nicht unverändert bleiben könne, ja, dass letztlich Hegels dialektische Methode als solche das Problem sei, vgl. Althusser: *Für Marx*, bes. S. 105–144 (Kap. „Widerspruch und Überdeterminierung"). Es ist jedoch die Frage, ob Althusser, wenn er den Hegelianismus im Marxismus austreiben will, ein Hegelverständnis teilt, das bereits aufseiten des kritisierten Hegelianismus problematisch ist. Fragwürdig wird Althussers Hegelverständnis insbesondere, wenn er die Forderung nach einer anderen „*Struktur*" als der bei Hegel stellt. Sind denn bei Hegel, abgesehen von realphilosophischen Betrachtungen, überhaupt Strukturen thematisch? Wenn es in Hegels dialektischer Logik um die Identifikation von Denken und Sein geht, mithin um die Entsprechung zwischen Begriff und Wirklichkeit: Ist die Entwicklung einer dialektischen Logik dann nicht eher eine *Auflösung* aller Struktur bzw. die Frage nach der Logik ihrer Bildung und dem Wesen ihrer Verbindungen, mithin die Frage nach dem Identischen und Übersinnlichen ‚in' der Struktur? Und sind nicht auch Wert und Geld in der KdpÖ in diesem Sinne zu lesen?

und zugleich als Hypostase ausgelegt werden, als ein „Panlogismus" (Bloch), „Logizismus" und „Teleologismus" (Lukács), worin das Gesellschaftliche zwar wiedergeben werde, aber ohne es als solches zu reflektieren, geschweige denn Gesellschaft als Verhältnis der Verkehrung, der Mystifizierung und der unversöhnten (oder der gewaltsam versöhnten) Widersprüche zu kritisieren. In Hegels Entwicklung des Ideell-Geistigen sei die kapitalistische Vermittlung der Gesellschaft nur durch ihre Verkehrung hindurch zu fassen, oder vielmehr sei das Ideell-Geistige bereits Ausdruck einer in-sich verkehrten, weil sich selbst nicht bewussten und sogar im Bewusstsein sich selbst verkennenden Gesellschaftlichkeit im Kapitalismus.
Folgerichtig wurde bei Marx außer nach dem Ursprung der Verkehrung auch nach der Möglichkeit ihrer Überwindung gesucht. Die Suche endete, da Marx' „Kritik durch Darstellung et vice versa" nicht das letzte Wort bleiben sollte, regelmäßig im Verweis auf die gesellschaftliche Praxis und die Offenheit der Geschichte. Nicht zuletzt wurde daher auch eine andere Einheit von Logisch-Systematischem und Geschichtlichem gesucht als bei Hegel, dem vorgeworfen wurde, in der Geschichte das Zeitlose und Absolute einer Vernunft hervorzukehren, die sich *in* der Zeit bereits äußerlich geworden sein soll. Da bei Hegel historisches und logisches Werden zur unhintergehbaren Einheit eines in allen Entäußerungen auf sich bezogenen und bei-sich-bleibenden Absoluten werde, sei bei Hegel der Geist Anfang und Ende der Geschichte und diese durch ihn hindurch vollendet.

Die Versuche, Hegels dialektische Darstellung des absoluten Geistes mit Marx' dialektischer Darstellung des Kapitals in der skizzierten Weise in ein Verhältnis zu setzen, haben es nicht nur nicht mit einer echten Analogie versucht, sie sind auch mit drei Problemen nicht fertig geworden.
Das erste Problem geht mit dem Versuch einher, Marx und Hegel überhaupt ins Verhältnis zu setzen. Oder vielmehr wird das erste Problem dadurch übergangen, denn Geist und Kapital in ein wie auch immer geartetes Verhältnis zu setzen, das setzt ja bereits die Klärung voraus, was Geist und Kapital jeweils für sich bedeuten. Doch was genau Dialektik bei Hegel eigentlich ist und in Geist und Wissen, Idee und Vernunft als das Absolute entwickelt wird, ist bis heute keineswegs geklärt.[66] Auch über Marx' Methode der Kritik und Darstellung herrscht keine Einigkeit. Es herrscht weder Einigkeit darüber, wie die einzelnen Kategorien, noch darüber, wie ihr innerer Zusammenhang zu entwickeln seien, und ausgerechnet der Anfang des *Kapitals* wird bis heute kontrovers diskutiert. Folglich steht letztlich aus, wie überhaupt das Ganze der Kritik:

---

66 Dass Hegels Dialektik keine Klärung gefunden hat, ist immer wieder betont worden, und zumindest über diese Unklarheit herrscht Klarheit: „Was ist Dialektik? Diese Frage, bezogen auf die besondere Bedeutung des Wortes, die Hegel ihm gab, ist bisher ohne Antwort geblieben. Nicht einmal ein Verfahren, wie sich eine Antwort finden lasse, hat allgemeine Zustimmung gefunden." (Dieter Henrich: Hegels Grundoperation. Eine Einleitung in die Wissenschaft der Logik. In: Ute Guzzoni / Bernhard Rang / Ludwig Siep (Hrsg.): *Der Idealismus und seine Gegenwart. Festschrift für Werner Marx*. Hamburg: Meiner 1976, S. 208–230, hier S. 208–209); zur Hegel'schen Dialektik und den Problemen ihrer Bestimmung vgl. auch die Beiträge in *Hegel-Studien* Beiheft 1 (1964).

die kapitalistische Gesellschaft, zu entwickeln sei. Daraus ergibt sich geradezu zwangsläufig, dass auch „das Verhältnis Hegel-Marx großenteils ungeklärt bleibt."[67]
Die zweite Schwierigkeit lag in der Art und Weise, *wie* Marx als Kritik an Hegel angesetzt wurde. Da der Anspruch stets war, *mehr* als eine bloße Analogie zu leisten, und da letztlich doch eine Art Ableitung versucht und ein Begründungszusammenhang erwartet wurde, ging es von vornherein darum, das Spekulative und Geistig-Ideelle der Vermittlung als einseitig, als falschen Schein sowie als Verkehrung und Mystifizierung einer eigentlich gesellschaftlichen, unabgeschlossenen und spezifisch kapitalistischen Vermittlung zu erweisen.
Die beiden Schwierigkeiten ergaben eine dritte. Solange im Verhältnis von Geist und Kapital letztlich doch mehr als eine Analogie gesucht wurde, solange eine Umstülpung des Geistigen und Ideellen, eine Kritik der darin liegenden Verkehrung oder auch ein materialistischer rationeller Kern gesucht wurden, solange konnte gar nicht erst der Einstieg in eine Analogie gefunden werden. (So wurde denn auch das eigentliche Analogon nie gefunden.)
Statt all diese Probleme aufzuarbeiten, nimmt die vorliegende Arbeit Abstand von diesen erwartungsvollen Versuchen und versucht es mit einer *bloßen* Analogie. Denn es ist die Frage, ob man in der Klärung des Verhältnisses zwischen Geist und Kapital sowie des Verhältnisses zwischen Hegels und Marx' Dialektik nicht einen Schritt weiter kommt durch einen Schritt zurück; durch einen Schritt zurück, der Abstand nimmt von all den Ansprüchen und Erwartungen an eine Analogie, die letztlich doch auf einen Begründungszusammenhang hinauslaufen sollte. Durch eine *bloße* Analogie wird nicht nur Abstand von den bisherigen Versuchen genommen, auch Geist und Kapital sind dann zueinander auf Abstand gehalten. Mehr oder besser weniger noch, in der vorliegenden Arbeit ist das Analoge nur derjenige Abstand, der beide, Geist und Kapital, für-sich sein und insofern in-sich abgeschlossen sein lässt. Die bloße Analogie verhilft der Verlegenheit zum Ausdruck, dass gerade *keine* Umstülpung des absoluten Geistes im Sinne seiner Ableitung aus der Logik des Kapitals möglich ist, dass aber bei Gelingen einer Analogie genauso wenig die Logik des absoluten Geistes eine andere sein kann als die der kapitalistischen Verwertung.

6.3 Das Absolute
Wird eine bloße Analogie ohne weitere Erwartungen gesucht, dann gilt es plötzlich nicht mehr, dem Absoluten bei Hegel zu entkommen, sondern im Gegenteil seinen kritischen Gehalt zu suchen, um ihn in die Analogie zur Entwicklung des Kapitals zu bringen. Doch was genau ist bei Hegel das Absolute?

---

67 Diethard Behrens / Kornelia Hafner: Totalität und Kritik. In: Behrens (Hrsg.): *Gesellschaft und Erkenntnis*, S. 89–128, hier S. 127 (der Aufsatz stellt die verschiedenen Versuche vor, das Verhältnis Hegel-Marx zu klären). Zu den (neuen) Problemen, die für die Klärung des Verhältnisses Hegel-Marx anstehen, vgl. Hoff / Petroli / Stützle / Wolf: Nachwort. In: Dies. (Hrsg.): *Das Kapital neu lesen*, S. 351–366, hier S. 352ff. Die Marxrezeption ist zu einem der Hegelrezeption vergleichbaren Problembewusstsein allerdings verhältnismäßig spät gekommen, denn zumindest dem kanonisierten Marxismus-Leninismus schien es über Jahrzehnte hinweg, als lasse das Marx'sche Werk an Klarheit nichts zu wünschen übrig.

Das Absolute hat seine stringenteste Darstellung in der *WdL* erhalten. Wie oben bereits skizziert, zeigt die *WdL*, dass die Identität von Objektivität und Subjektivität durch das negative Wesen einer Reflexion begründet wird, die dazwischen ebenso zu trennen wie zu vermitteln scheint und die im Begriff aufgehoben werden muss. Der Begriff verwirklicht durch das Aufheben der Reflexion ein zwiespältiges Wesen, und er führt eine widersprüchliche Vermittlung zwischen Objektivität und Subjektivität durch. Einerseits muss er das Reflektieren als Identifikation von Denken und Sein begreifen und diese Identifikation muss die Form der Gegenständlichkeit von Objekt und Subjekt annehmen, andererseits muss der Begriff im Wesen der Reflexion die eigene Wirklichkeit begreifen und so dafür sorgen, dass die Reflexion selbstbezüglich wird:

> Der wichtigste Punkt für die Natur des Geistes ist das Verhältnis nicht nur dessen, was er an sich ist, zu dem, was er wirklich ist, sondern dessen, als was er sich weiß; dieses Sichwissen ist darum, weil er wesentlich Bewußtsein [ist], Grundbestimmung seiner Wirklichkeit.[68]

Das Absolute verwirklicht sich demnach im Selbstbezug eines Begriffs, der „sich weiß"; der Begriff muss die eigene Existenz in dem Widerspruch gründen, dass das Wesen der Reflexion ebenso Entgegensetzung wie Vermittlung von Subjektivität und Objektivität ist. Entsprechend ist das Begreifen einerseits eine subjektive Realisierung der Objektivität, d. h. die Objektivität kommt im Begriff erst zu-sich; andererseits ist das Begreifen nur die bloße Wiedergabe einer Objektivität, die in dieser Wiedergabe wie ein selbständiges Wesen erscheint. So kommt es zu der eigentümlichen Wendung, dass das Begreifen sich selbst nur begreift, wenn es erkennt, dass die Objektivität durch das Begreifen sich selbst reflektiert, sodass sie durch das Begreifen gleichsam zu *ihrem* Bewusstsein und zu *ihrem* Begriff kommt. Denn die Objektivität ist durch das Wesen der Reflexion zwar vergangen, aber die Objektivität ist vergangen, *indem* sie dem reflektierenden Denken Gegenstand geworden ist, und dieser Gegenstand ist durch das negative Wesen der Reflexion dem Begreifen ebenso entgegen-gesetzt, wie er in der Subjektivität des Begreifens aufgehoben ist.

Vereinfacht gesagt, muss das Begreifen sich also von dieser trennenden Vermittlung her begreifen, vom negativen Wesen der Reflexion. Der zwiespältige Schein der Reflexion löst sich auf, indem die Objektivität in die – oder in der – Subjektivität vergeht. Doch das negative Wesen der Reflexion, das zwischen Objektivität und Subjektivität ebenso zu trennen wie zu vermitteln scheint, vergeht nicht einfach im Selbstbezug des Begriffs, es wird ihm auch zu derjenigen Vernunft, die darin liegt, zwischen Objektivität und Subjektivität ebenso zu trennen wie zu vermitteln und dadurch beide in einer übergreifenden Bewegung aufzuheben. Während das Vergehen der Reflexion zur Bildung einer Entsprechung zwischen Subjektivität und Objektivität wird, muss der Begriff genau darin, im Reflektieren und Bilden einer Entsprechung, seine Arbeit begreifen und den eigenen Selbstbezug begründen. Er muss sich von der absolute Idee oder der Idee des Absoluten her begreifen: dass die Objektivität durch

---

[68] *WdL* I, S. 27.

den Begriff auf subjektive Weise ihrer Bewusstlosigkeit bewusst wird und dadurch Sein und Denken identisch werden.

Diese *Idee*, die durch den Selbstbezug des Begriffs verwirklicht wird, lässt sich in Analogie bringen zum kapitalistischen Selbstbezug des Geldes. Hier ist es nicht der Begriff, aber das Geld, das (gesellschaftliche) Objektivität konstituiert, indem es als Maß des Werts die Arbeiten und die Waren demselben Selbstverhältnis aussetzt, das es als Tauschmittel zugleich realisiert. Dadurch wird die Objektivität zwar nicht dem Begriff einerseits zum Gegenstand und andererseits von ihm realisiert, aber sie ist der Maß- und Tauschmittelfunktion des Geldes Gegenstand, und dadurch wird die Objektivität zwar nicht in Begriffsbestimmungen wiedergegeben, aber sie wird durch die vom Geld realisierten Werte wiedergegeben. Und so unmittelbar durch die begriffliche Reflexion und Realisierung der Objektivität deren Identität im Begriff eintritt, so unmittelbar tritt auch durch die Realisierung des gesellschaftlichen Verhältnisses der Arbeiten und der Waren die Identität der Gesellschaft im Geld ein.

Auch hier kommt indes noch alles darauf an, dass jene selbständige Objektivität immer schon im Geld eintritt aufgrund seines übergreifenden Selbstbezugs, seines Selbstbezugs als Kapital. Während der Begriff selbstbezüglich sein muss, um das Sein einerseits ein Selbstverhältnis sein zu lassen und andererseits genau das als Objektivität zu begreifen und aufzuheben, muss das Geld sich einerseits in die Bestandteile der Verwertung entäußern und sie in die Selbständigkeit entlassen, um die Verwertung andererseits durch ihre Resultate, die Waren, zu realisieren und die realisierten Warenwerte in der eigenen Kapitalbewegung aufzuheben.

Beide, Begriff wie Geld, begründen dadurch ein Produktionsverhältnis. Hegel fasst dieses Produktionsverhältnis als Vernunft: Der Selbstbezug des Begriffs begründet die Vernunft, die darin liegt, zwischen Objektivität und Subjektivität einerseits zu trennen, andererseits dieselbe Trennung das Wesen ihrer reflexiven Vermittlung sein zu lassen. Der Begriff hebt diesen Widerspruch einer trennenden Vermittlung im Wissen auf und geht produktiv mit ihm um, denn er muss das reflektierende Denken als Mittel begreifen, die Gegenständlichkeit von Objektivität und Subjektivität sowohl zu eröffnen als auch zu erschließen. Sein Reflektieren geht in dieser Gegenständlichkeit zugrunde, aber zugrunde gehen heißt Hegel zufolge „zu Grunde gehen", d. h. das Reflektieren geht in seinen Grund zurück, nämlich in jene spekulative Identität von Denken und Sein, die das Reflektieren durch die trennende Vermittlung von Objektivität und Subjektivität begründet. Mehr noch, das Begreifen geht, wenn es die Reflexion als das Mittel einsetzt, Objektivität und Subjektivität ebenso zu trennen wie zu identifizieren, auf spekulative Weise einerseits von der Identität von Denken und Sein je schon aus; andererseits kann es dadurch der Verwirklichung dieser Identität gleichsam zuvorkommen und von der *Rückkehr* zu sich selbst ausgeht. Mit anderen Worten, das Begreifen übergreift vorweg diejenige Identität von Denken und Sein, die es in die Gegenständlichkeit von Objektivität und Subjektivität auslegen und deren

Entsprechung es begründen wird; das Begreifen muss die Bildung dieser Entsprechung als Moment einer übergreifenden, überindividuellen und geistig-ideellen Bewegung begreifen. Kurz gesagt, das Begreifen muss sich selbst begreifen und dadurch das Produktionsverhältnis des Wissens begründen.
Und entwickelt Marx nicht ein Produktionsverhältnis, das dieser Logik des Begreifens entspricht? Zeigt nicht auch Marx die Notwendigkeit, dass das Geld, noch bevor es als Tauschmittel die Waren an ihr gemeinsames Maß hält und in Form der Zirkulation der Waren deren Produktion realisiert – dass das Geld schon in diese Produktion entäußert und auf seine *Rückkehr* daraus ausgelegt worden sein muss? Muss das Geld nicht sogar in die *Bedingungen* dieser Rückkehr ausgelegt werden, nämlich in die Bestandteile derjenigen Produktion, deren Resultate es wird realisieren müssen, um sich einerseits zurückzuverwandeln und zu sich zurückzukehren und dadurch andererseits als Kapital umzuschlagen und erneut in die Produktion eingehen zu können? Geht das Geld durch diesen Kapitalkreislauf dann nicht ebenfalls beständig in seinen Grund zurück? Und begründet es dadurch nicht eine übergreifende und überindividuelle Bewegung, und in ihr die eigene, automatische Subjektivität?

6.4 Das spekulative Rechnen mit der Identität

Wenn es also in Marx' Entwicklung der Kapitalform eine Analogie zu Hegels absoluter Idee gibt, so ist sie im kapitalistischen Selbstbezug des Geldes zu suchen. Die Analogie muss in der Methode liegen, wie das Geld für seinen kapitalistischen Selbstbezug der Verwertung des Werts durch Arbeit und Kapital unterzogen ist und dadurch dieselbe Objektivität produziert, die es als Maß und Tauschmittel in den Waren zum Gegenstand hat und als Werte realisiert und die es schließlich in Form seiner Kapitalbewegung aufhebt. Für die Analogie soll der Selbstbezug des Begriffs bzw. des Geldes in der vorliegenden Arbeit daher in die Methode des Begreifens bzw. in die Methode der Verwertung ausgelegt werden, ganz wie in der *WdL*, wo der Selbstbezug des Begriffs durch die Entwicklung von Sein, Wesen und Begriff durchgeführt wird, und ganz wie im *Kapital* Bd. I, wo der Selbstbezug des Geldes durch die Entwicklung der drei Geldfunktionen durchgeführt wird. Die eigentliche Analogie muss in dieser analogen Entwicklung liegen; jedenfalls gibt es keine Möglichkeit, die Analogie anders zu begründen als durch eine systematisch-kategoriale Durchführung des Begriffs und des Geldes.[69]

---

69 Die spekulative Identität von Denken und Sein fällt in der *WdL* allein schon darum in eine dialektische *Durchführung*, weil die *WdL* diese spekulative Identität in die Logik der *Trennung* der Welt in Objektivität und Subjektivität auseinanderlegt. Die Methode der Identifikation von Denken und Sein fällt der *WdL* zufolge in einen Begriff, der in Objekt und Subjekt trennt und die Reflexion als das negative Wesen ihrer Vermittlung begreifen muss. Die Darstellung dieser begrifflichen Identifikation ist für Hegel nicht zu trennen vom Durchführen derjenigen Logik, die im Begreifen selbst liegt. So unvollkommen die Darstellung dieser Logik für sich genommen auch bleiben muss: Indem sich die Darstellung der Begriffslogik von eben dieser Logik des Begreifens her denkt (vom Trennen in Objektivität und Subjektivität und vom negativen Wesen ihrer reflexiven Vermittlung), muss sie nach Hegel wissenschaftlich und wahr sein. „Wie würde ich meinen können, daß nicht die Methode, die ich in diesem System der Logik befolge – oder vielmehr, die dieses System

Doch obwohl sich die Analogie erst durch eine kategoriale Entwicklung des Begriffs bzw. des Kapitals begründen lässt, kann ihr methodischer Selbstbezug dennoch zusammengefasst und auf den Punkt gebracht werden: Das Methodische liegt im spekulativen Rechnen mit der Identität, das beide, Begriff und Geld, verwirklichen. Das spekulative Rechnen mit der Identität ist derjenige Identifikationsprozess, den Begriff und Geld auf praktische Weise durchführen müssen. Auf dieses spekulative Rechnen gilt es hier, wo es vorerst noch um die Vorbereitung der Analogie und noch nicht um ihre eigentliche Durchführung geht, näher einzugehen. Entscheidend ist zu zeigen, dass es eine Möglichkeit gibt, die Analogie in Hinsicht auf dieses spekulative Rechnen zusammenzufassen. Das ist umso wichtiger, als der Marxismus für dieses Rechnen mit der Identität blind geblieben ist: So wenig er den kritischen Gehalt der Hegel'schen Dialektik ausgerechnet im Absoluten gesucht und ihn in Entsprechung zu Marx' Entwicklung des Kapitals gesetzt hat, so wenig hat er den kritischen Gehalt des Absoluten im spekulativen Rechnen mit der Identität gesucht und dieses Rechnen dann im Verhältnis von Geld und Wert, Kapital und Verwertung gefunden.

Was ist also unter diesem spekulativen Rechnen mit der Identität zu verstehen? Und warum lässt sich gerade hier die Analogie zwischen Geist und Kapital auf den Punkt bringen?

In Hegels *WdL*, so wurde skizziert, ist es der Begriff, der durch die Reflexion auf eine spekulative Weise mit der Identität von Denken und Sein rechnet. In diesem Rechnen stellt er, während er in seinen Begriffsbestimmungen die Identität der Objektivität wiedergibt und ihr Sein expliziert, seinen Selbstbezug und seine Subjektivität her. Das Rechnen besteht hier darin, das Denken mit dem begrifflich explizierten Sein zu identifizieren und sich eben darauf zu beziehen, also im Begreifen mit der Identifikation von Denken und Sein methodisch umzugehen. Insbesondere in der begrifflichen Verarbeitung des Wissens wird mit der Identität von Denken und Sein gerechnet. Hier erlangt die Identifikation von Denken und Sein durch den Begriff ihre eigentliche Wirklichkeit, denn durch die Arbeit des Begriffs soll diese Wirklichkeit der Identifikation von Denken und Sein unmittelbar und im Wortsinn zur Sprache kommen, ja, diese Arbeit des Zur-Sprache-Bringens ist bereits nichts weniger als die Wirklichkeit der Vernunft.

Auf die Arbeit des Begriffs und auf die Methode des begrifflichen Denkens kommt es hier, wie schon gesagt, im Einzelnen noch nicht an. Entscheidend ist vorerst festzuhalten, dass diese Arbeit des Begriffs, und mit ihr die Wirklichkeit der Vernunft, der Gesellschaftskritik nach Marx als idealistisch und unmaterialistisch galt, als eine

an ihm selbst befolgt –, noch vieler Vervollkommnung, vieler Durchbildung im einzelnen fähig sei; aber ich weiß zugleich, daß sie die einzige wahrhafte ist. Dies erhellt für sich schon daraus, daß sie von ihrem Gegenstande und Inhalt nichts Unterschiedenes ist; – denn es ist der Inhalt in sich, *die Dialektik, die er an ihm selbst hat*, welche ihn fortbewegt. Es ist klar, daß keine Darstellungen für wissenschaftlich gelten können, welche nicht den Gang dieser Methode gehen und ihrem einfachen Rhythmus gemäß sind, denn es ist der Gang der Sache selbst." (*WdL I*, S. 50.)

letztlich nur ideell-geistige Arbeit. Ihr wurde der Materialismus einer gesellschaftlich-praktischen Arbeit entgegengesetzt, und mit ihr all das, was der geistig-ideellen Vermittlung vorausgesetzt sein und wovon sie abhängen soll: die Endlichkeit und Widersprüchlichkeit des Daseins und der Bedürfnisse, die Notwendigkeiten der praktischen Arbeit und der (Re-)Produktion, aber auch die natürlich vorgefundenen sowie die geschichtlich gewordenen Bedingungen.

All das wurde gegen Hegels negative und rein geistig-ideelle Bestimmung der Arbeit und gegen die Vernunft eines übersinnlichen Geistes ausgespielt – obwohl doch auch in der kapitalistischen Ökonomie durch das Geld eine ideelle und überindividuelle Werteinheit für die Arbeiten und ihre Resultate so in Anspruch genommen wird, dass durch das Geld mit dieser ideellen Werteinheit gerechnet wird und das Geld ebenfalls auf eine negativ-ideelle Weise für die gesellschaftliche Totalität ‚arbeitet'. Durch das Geld wird eine ideelle, von aller empirischen Daseinswelt abgelöste Werteinheit in Anspruch genommen, und zugleich wird diese Einheit in der Vermittlung des gesellschaftlichen Verhältnisses der Arbeiten und der Waren auf praktische und ganz ‚materialistische' Weise eingelöst und zur Realität endlicher Werte. Durch dieses Einlösen einer übersinnlichen, ideellen Einheit stellt sich im Geld die Realität der Vermittlung des gesellschaftlichen Verhältnisses all der Arbeiten und all der Waren auf ebenso bewusstlos-überindividuelle wie unmittelbare, quantitativ eindeutige und in-sich reflektierte Weise heraus. Analog dem Begriff, der in seinen Reflexionsbestimmungen das Sein von allem Seienden und von allen Bestimmungen des Daseins ab- und zugleich einlöst und dadurch eine Entsprechung zur realisierten Objektivität bildet, bildet auch das Geld eine Entsprechung zu demselben gesellschaftlichen Verhältnis der Arbeiten und der Waren, das es zugleich vermittelt, ganz so, als würde durch die Geldfunktionen mit dem Verhältnis der Arbeiten und der Waren auf eine blind-naturwüchsige Weise gerechnet und als würde das Geld durch die realisierten Werte im Wissen dieses gesellschaftlichen Verhältnisses sein; es muss darum scheinen, als sei die gesellschaftliche Objektivität im Geld begriffen und würde sich im Wert des Geldes entsprechen.

Kurzum, analog dem Begriff, der im Reflektieren auf spekulative Weise mit der Identität von Sein und Denken rechnet, kann auch durch die Geldfunktionen mit dem gesellschaftlichen Sein auf spekulativ-ideelle und doch praktische Weise gerechnet werden. Indem das Geld buchstäblich für eine übersinnlich-ideelle und überindividuelle Werteinheit steht, können Denken und Handeln durch das Geld und dessen Funktionen mit dieser Werteinheit rechnen und durch die Realisierung der Resultate der Arbeit als Wertgrößen das Verhältnis der kapitalistischen Gesellschaft bestimmen und deren inneren Zusammenhang bilden. Oder vielmehr müssen Denken und Handeln damit rechnen, dass die Ökonomie durch das Geld blind und bewusstlos *mit sich selbst rechnet* und dass *das* in den quantitativen Bestimmungen des Geldes wiedergegeben wird. In diesem Rechnen der Ökonomie mit sich selbst durch die Werteinheit, für die das Geld steht, gerät auch das gesellschaftliche Verhältnis in einen Objektivität und Subjektivität übergreifenden Prozess, nur dass die Gesellschaft dadurch nicht, wie bei

Hegel, zur Vernunft kommt, sondern blind-naturwüchsig ihr eigenes Verhältnis durch Werte bestimmt, überträgt und verwertet und es auf diese blinde und doch quantitativ eindeutige Weise herstellen und bilden und zugleich begreifen muss.[70]

In diesem ersten, noch vorbereitenden Abschnitt kommt es noch nicht auf das Rechnen selbst an, das Begriff bzw. Geld durchführen, sondern zunächst nur auf den analogen Status. Es ist unbedingt darauf zu achten, dass Begriff und Geld durch das Rechnen mit der Identität einerseits nichts weniger als den absoluten Geist bzw. die kapitalistische Ökonomie begründen, dass aber andererseits dieses Rechnen jeweils ein nur *spekulatives* Rechnen mit der Identität ist. Das Rechnen hält den Geist und die Ökonomie zwar identisch, und das Rechnen realisiert auch, was *ist*. Aber es unterscheidet sich vom mathematischen Rechnen, das mit der Identität rein als solcher rechnet, und es unterscheidet sich auch vom naturwissenschaftlichen Rechnen, das durch bestimmte Werte mit der Identität von Natureigenschaften rechnet. Das spekulative Rechnen unterscheidet sich allein schon darum vom Rechnen in der Mathematik und in der Naturwissenschaft, weil das Rechnen im Begriff und im Geld selbstbezüglich und überindividuell wird; durch eben diese Selbstbezüglichkeit begründen Begriff und Geld ja einen absoluten Geist bzw. eine kapitalistische Ökonomie.

Dieser Selbstbezug ergibt sich aus der Verschränkung, dass Begriff und Geld unmittelbar mit sich bringen, womit sie zugleich wie mit einem gegebenen Inhalt rechnen. Sie sind das Subjekt eines Rechnens, das dem Inhalt des Rechnens zur Form werden und dadurch dessen Objektivität hervorbringen muss: Der Begriff rechnet im Reflektieren mit der Identität von Sein und Denken und hebt diese Identität im Wissen auf; durch das Geld wird mit einer ideellen Werteinheit gerechnet, und durch diese wird das gesellschaftliche Verhältnis der Arbeiten und Waren quantitativ realisiert und zugleich durch bestimmte Werte aufgehoben. Darüber hinaus rechnen beide dabei aber paradoxerweise (oder vielmehr tautologischerweise) auch unmittelbar mit der eigenen Identität. Wenn der Begriff nämlich mit der Identität von Denken und Sein rechnet, so werden Denken und Sein im Begriff nicht einfach nur identifiziert, es ist vielmehr das Rechnen mit dieser Identifikation selbst, das durch den Begriff reflexiv wird. Das Begreifen rechnet damit, dass es die Objektivität reflexiv werden lässt und

---

70 Weil das Geld für eine *über*sinnliche und *über*individuelle Werteinheit steht und weil auch im individuellen Umgehen mit dem Geld und seinen Funktionen es letztlich das Geld ist, das auf überindividuelle und blind-bewusstlose Weise mit der Ökonomie und ihrer inneren Notwendigkeit und Allgemeinheit rechnet, darum ist Marx' Kritik der Ökonomie, analog Hegels Entwicklung der Vernunft, als Kritik des Verstandesdenkens zu verstehen. Bei Marx richtet sich die Kritik des Verstandesdenkens vor allem gegen die Borniertheiten der Methode der Nationalökonomie, aber auch gegen die Borniertheiten aufseiten der sozialistischen Gegner und Kritiker. Darüber hinaus entspricht Marx' Kritik des unmittelbaren Warentauschs, der einfachen Zirkulation und der erscheinenden Oberfläche der Gesellschaft Hegels Kritik des formalisierenden, abstrahierenden und äußerlich-reflektierenden Verstandesdenkens. Vgl. zu Marx' Kritik des Verstandesdenkens und der Alltagsvorstellungen u. a. Karl Marx: Verhandlungen des 6. rheinischen Landtags, 3. Artikel. In: *MEW*, Bd. 1, S. 109–147, hier S. 118; Marx: Zur Kritik, S. 139; *Kapital III*, S. 787; *Grundrisse*, S. 173ff.; vgl. dazu auch Hans-Georg Backhaus: Zur logischen Misere der Nationalökonomie. In: Ders: *Dialektik der Wertform*, S. 431–500, bes. S. 433ff. (dass die KdpÖ als Kategorialanalyse zu verstehen ist, ebd., S. 347).

die Objektivität so expliziert und so zur Sprache bringt, als würde die Objektivität sich selbst im Wortsinn ent-sprechen. Der Begriff wird also schlicht dadurch subjektiv, dass er die Objektivität *wiedergibt*. Auch das Rechnen des Geldes mit einer maßgeblichen Werteinheit ist ein Rechnen, in dem das Geld die Werteinheit, für die es steht, in Form des Rechnens (nämlich in seiner Funktion als Maß und Tauschmittel) unmittelbar mit seinem Inhalt, mit dem Verhältnis der Arbeiten und der Waren, identifiziert, aber auch hier wird diese Identifikation durch die Kapitalform des Geld reflexiv, und auch hier tritt die (gesellschaftliche) Objektivität innerhalb des übergreifenden kapitalistischen Selbstbezugs des Geldes ein. So wie die Identität von Denken und Sein nur darum im Begriff eintritt, weil der Begriff selbstbezüglich ist und genau dieses Identifizieren begreift, so tritt auch das Verhältnis der Arbeiten und der Waren nur darum im Geld ein, weil das Geld für seinen kapitalistischen Selbstbezug beständig in die Produktion der realisierten Warenwerte (wieder) ausgelegt wird. Folgerichtig wird das gesellschaftliche Verhältnis der Arbeiten vom Geld nicht nur durch deren Resultate realisiert (von Marx formalisiert als ...W-G-W.../...Ware-Geld-Ware...), vielmehr wird das Geld in die Produktion dieser Resultate ausgelegt und erschließt in ihrer Realisierung den eigenen Selbstbezug (von Marx formalisiert als G-W-G'/Geld-Ware-Geld+Profit). Im Auslegen des Geldes wird damit gerechnet, dass die Produktion durch die Zirkulation ihrer Resultate realisiert wird und dass dadurch der in die Produktion entäußerte Wert zurückkehren und verwertet sein wird, und auf diese übergreifende Weise rechnet auch das Geld auf blind-naturwüchsige Weise mit – sich selbst.

Kurzum, das Geld ist in seiner Kapitalform, analog dem sich selbst begreifenden Begriff, ein ebenso blind-spekulatives wie objektiv gültiges und ein ebenso übergreifendes wie selbstbezügliches Rechnen.

7. Das Abgeben des Maßes

Die Ausführungen zum spekulativen Rechnen mit der Identität sollten die Analogie zwischen Geist und Kapital, wie schon gesagt, nicht vor der eigentlichen Durchführung begründen. Sie steht weiterhin noch aus und wird erst im Rahmen einer Kritik an Lukács, Adorno und Sohn-Rethel in Angriff genommen. Die Ausführungen sollten aber vorab deutlich machen, dass eine bloße Analogie bislang verpasst wurde, und sie sollten zeigen, worin die verpasste Analogie eigentlich besteht.

Indes gibt es die Möglichkeit, noch einen weiteren Schritt zurückzugehen und die Analogie von Geist und Kapital noch radikaler und ursprünglicher anzusetzen. Wenn die Analogie von Geist und Kapital im spekulativen Rechnen mit der Identität liegt und Geld und Begriff dieses spekulative Rechnen durchführen, muss folgerichtig versucht werden, ‚hinter' dieses Rechnen zu gelangen und nach seinem Anfang oder seinem Ursprung zu suchen: Warum ist durch Begriff und Geld ein spekulatives Rechnen mit der Identität möglich? Gibt es einen Ursprung dieses Rechnens? Dieser Ursprung, und mit ihm das Analoge, müssten dann *vor* der eigentlichen Durchführung der Analogie liegen. Mit ‚vor' ist gemeint, Hegels und Marx' Methode der Darstellung ins Verhältnis zu setzen, auch ohne dass die Analogie erst durch die kategoriale Durchführung von Geist und Kapital begründet werden müsste.

7.1 Die Maßgeblichkeit der Objektivität für sie selbst

Das Rechnen mit der Identität betrifft nicht die Identität von etwas schon Bestimmtem, Seiendem, es betrifft die Identität als solche, also eine ideelle Identität. Mit dieser ideellen Identität machen Hegel und Marx einen reinen, voraussetzungslosen Anfang insofern, als sie mit einer radikalen Trennung beginnen – aber *nicht* mit der Trennung in Objektivität und Subjektivität. Sie beginnen also nicht mit derjenigen Trennung, welche die Notwendigkeit der Reflexion begründen würde.[71] Hegel und Marx beginnen im Gegenteil mit einer Kritik dieser Reflexion, indem sie deren Voraussetzung einholen: Sie beginnen mit derjenigen Trennung, *durch welche die Objektivität so an sie selbst gehalten ist, dass sie gleichsam ihrer eigenen ideellen Identität ausgesetzt ist*. Sie muss dadurch genau dasjenige Selbstverhältnis eingehen, das dadurch erst als Objektivität zum Gegenstand der Reflexion werden kann. Entsprechend steht am Anfang der Entwicklung auch noch nicht das negative Wesen einer Reflexion, die zwischen Objektivität und Subjektivität ebenso zu trennen wie zu vermitteln scheint, im Mittelpunkt. Im Mittelpunkt steht anfangs allein die Notwendigkeit desjenigen Selbstverhältnisses, das als Objektivität reflektiert werden muss; erst danach wird das Wesen der Reflexion eingeholt, und mit ihm das Wesen der (überindividuellen) Subjektivität.

Wenn also Geist und Kapital im Begriff bzw. im Geld auf spekulative Weise mit der Identität rechnen und darüber sich selbst verwirklichen, so ist der Einstieg in dieses Rechnen die Konstitution von Objektivität: *WdL* und *Kapital* beginnen damit zu zeigen, auf welche Weise die (gesellschaftliche) Objektivität einerseits ihrer Bestimmung durch sie selbst ausgesetzt ist, sodass sie andererseits ein Selbstverhältnis eingehen muss und dadurch identisch gehalten wird – und genau das, diese Identität, muss zum Gegenstand der Reflexion werden und im Selbstbezug des Begriffs bzw. des Geldes aufgehoben werden. Mit anderen Worten, die Objektivität muss, noch bevor sie reflektiert wird, zuerst allein durch sie selbst, durch ihre innere Notwendigkeit, ihre Bestimmung abgeben, und sie muss dementsprechend dann so reflektiert werden, als sei sie ein durch sich selbst bestimmtes Verhältnis.

---

71 Hegel hat der Eigentümlichkeit der dialektischen Logik, dass sie der Weg ‚hinter' die Voraussetzungen des Wissens und seines Gegenstandes ist, ‚hinter' die Identifikation wie Entgegensetzung von Subjekt und Objekt, die wohl denkbar radikalste Formulierung gegeben: „Man kann sich deswegen ausdrücken, daß dieser Inhalt *die Darstellung Gottes ist, wie er in seinem ewigen Wesen vor der Erschaffung der Natur und eines endlichen Geistes ist.*" (*WdL* I, S. 44.) Über die Kritik eines Denkens, das Voraussetzungen mitbringt, ohne deren Vermitteltheit zu erkennen, schreibt Hegel in der Vorrede zur 2. Auflage: „[…] haben sich mir zu häufig und zu heftig solche Gegner gezeigt, welche nicht die einfache Reflexion machen mochten, daß ihre Einfälle und Einwürfe Kategorien enthalten, welche Voraussetzungen sind und selbst erst der Kritik bedürfen, ehe sie gebraucht werden." (*WdL* I, S. 31.) Ausführlich zur Voraussetzungslosigkeit äußert sich Hegel dann am Anfang der „Einleitung. Allgemeiner Begriff der Logik" (*WdL* I, S. 35ff.).

Das ‚Abgeben' der eigenen Bestimmung ist wörtlich zu verstehen. Obwohl die Hegel'sche und die Marx'sche Dialektik keine Ursprungsphilosophie betreiben, zeigen beide, dass es scheinen muss, als sei es die Objektivität selbst, die durch ihre Maßgeblichkeit für sie selbst ihre Identität abgibt. Da die gesamte vorliegende Arbeit um den durch das Maß gestifteten Zusammenhang von Kritik und Darstellung kreist und die Entwicklung des Maßes eine Antwort auf die Frage geben soll, wie Gesellschaftskritik möglich sei, ist es für das Vorhaben der Arbeit sinnvoll, vorweg auf die Technik des Maßes und ihre Konstitution von Objektivität einzugehen.

7.2 Die Technik des Maßes

Zuletzt wurde gesagt, dass Hegel und Marx nicht durch die Reflexion und die Vermittlung von Objektivität und Subjektivität in die Entwicklung des Geistes bzw. Kapitals einsteigen, sondern über das Maß und seine Technik, Objektivität zu konstituieren. Doch was ist bei Hegel und Marx überhaupt: das Maß?

Dazu zunächst ein Überblick:

- Zu Beginn der *Phänomenologie des Geistes* entwickelt Hegel, dass das Bewusstsein durch sein Selbstbewusstsein an sich selbst gehalten ist und darum im Reflektieren des Gegenstandes ebenso sich selbst Gegenstand ist und seine dadurch eintretende Identität reflektiert. Das Selbstbewusstsein ist also das ausgeschlossene Dritte derselben Gegenständlichkeit von Bewusstsein und Erfahrung, die es eröffnet; es ist das Maß für die Objektivität der Gegenstandserfahrung *und* für die Objektivität derjenigen Subjektivität, die sich durch diese Erfahrung konstituiert.
- Zu Beginn der *WdL* entwickelt Hegel dann, wie sich durch die Maßgeblichkeit des Seins für es selbst zunächst die Objektivität konstituiert; erst danach zeigt er, dass es der Begriff ist, der diese Objektivität einerseits durch sie selbst bestimmt sein lässt, um andererseits genau das, diese durch sie selbst bestimmte Objektivität, durch das Wesen der Reflexion zu realisieren und im begrifflichen Denken aufzuheben.
- Marx zeigt in der Wertformanalyse zu Beginn des *Kapitals*, dass die kapitalistische Gesellschaft durch die Maßfunktion des Geldes einem Selbstverhältnis ausgesetzt ist und dass dieses Verhältnis durch Werte objektiv bestimmt wird; erst danach geht er darauf ein, wie das Geld im Austauschprozess jene Objektivität durch die Warenwerte praktisch realisiert und wie das Geld in seiner Form als Kapital zum Produktionsverhältnis dieser Objektivität wird.

Demnach ist der *PhdG* zufolge durch das Selbstbewusstsein ein Maß für die Objektivität subjektiver Erfahrung gegeben; der *WdL* zufolge muss der Begriff begreifen, dass er die Objektivität als maßgeblich für sie selbst reflektiert; und Marx' *Kapital* zufolge realisiert das Geld als Maß des Werts die Objektivität der kapitalistischen Produktionsweise. In allen drei Fällen tritt Objektivität ein, indem sie durch das Selbstbewusstsein bzw. den Begriff bzw. das Geld der eigenen Identität ausgesetzt wird und dadurch maßgeblich sein muss für sich selbst.

Doch Selbstbewusstsein, Begriff und Geld ist ebenso gemeinsam, *nicht* der herkömmlichen Vorstellung eines Maßes zu entsprechen. Das Maß wird für gewöhnlich mit der Naturwissenschaft verbunden, und hier konstituiert das Maß die Objektivität nicht des Subjekts, nicht des Seins und nicht der Gesellschaft, sondern der *Natur*. Demnach müsste die Entwicklung von Geist und Kapital neben einer Kritik der Reflexionslogik und des Verstandesdenkens auch eine zumindest implizite Kritik der Naturwissenschaft sein. Um zur Bedeutung des Maßes für den absoluten Geist und den Kapitalprozess vorzudringen, bietet es sich daher an, zunächst die implizite Kritik der Reflexionslogik und des Verstandesdenkens explizit zu machen, und dafür bietet sich wiederum die Naturwissenschaft an, weil in ihr beides zusammenkommt, einerseits die Logik der Reflexion und des Verstandesdenkens und andererseits der Gebrauch des Maßes zur Konstitution der Natur als Objekt des Wissens. Bevor daher gezeigt wird, auf welche Weise Hegel und Marx zufolge die Objektivität maßgeblich für sich selbst ist, gilt es zunächst die Bedeutung des Maßes für die Kritik des reflektierenden Verstandesdenkens und der Naturwissenschaft auszuweisen.

Das Maß des Wissens und die Kritik des Verstandesdenkens
Die neuzeitliche Naturwissenschaft hat ihre erste grundlegende Kritik zusammen mit einer Begründung des Verstandesdenkens erhalten, nämlich durch die Vernunftkritik von Immanuel Kant.[72] Kant hat seine Vernunftkritik an der Geltung der Naturwissen-

---

[72] Wo die Naturwissenschaft versucht, hinter die Bedingungen ihrer Möglichkeit zu gelangen, erschöpft sich das meist in Selbstbeschreibungen ihrer Methoden. Solche Selbstbeschreibungen lösen die Möglichkeit der Naturwissenschaft entweder in ihre Axiome oder in ihre Geschichte von Entdeckungen, Erfindungen und Entwicklungen. So aufschlussreich dieses unkritische Selbstverständnis der Naturwissenschaft für die Gesellschaftskritik auch sein mag – am aufschlussreichsten ist, dass die kapitalistische Gesellschaft in solchen Selbstverständigungen außen vor bleibt. Die eigentliche Aufgabe, sei es für eine Selbstverständigung der Naturwissenschaft, sei es für eine Kritik der Gesellschaft, kommt dadurch gar nicht erst in den Blick, nämlich den Zusammenhang zwischen der gesellschaftlichen Natur der Naturwissenschaft und der Natur der kapitalistischen Gesellschaft zu begründen. Allerdings ist auch aufseiten der Gesellschaftskritik kein solcher innerer Zusammenhang begründet worden; auch hier blieb die Logik der Naturwissenschaft der kapitalistischen Verwertung letztlich äußerlich. Insbesondere wurde hier wie dort nicht gesehen, dass sowohl die Naturwissenschaft als auch die kapitalistische Ökonomie in derselben Technik gründen, nämlich in der Technik, durch Messung Gegenständlichkeit zu konstituieren und zugleich diesen Gegenstand: das Verhältnis der Natur bzw. der Gesellschaft, durch Werte objektiv zu bestimmen und zu identifizieren. Wo von gesellschaftskritischer Seite beansprucht wurde, die Naturwissenschaft jenseits soziologisch-positivistischer Beschreibungen zu kritisieren, wie etwa in der Kritischen Theorie und ihrem Umfeld, richtete sich die Kritik meist gegen eine angeblich subsumierende und reduzierende Rationalität, die Objektivität letztlich durch Abstraktion erziele. Wesentlich radikaler ist demgegenüber das Vorhaben, von der Stellung der Kybernetik her die Schnittstelle zwischen Geist und Natur zu bestimmen und ihre fixe Opposition infrage zu stellen, vgl. Stefan Rieger: *Kybernetische Anthropologie. Eine Geschichte der Virtualität*. Frankfurt am Main: Suhrkamp 2003. Eine zumindest implizite Kritik der Naturwissenschaft und der wissenschaftlichen Rationalität hat vor allem die neuere französische Philosophie geliefert. Oft an Spinoza, Nietzsche, Freud und Heidegger orientiert, ist die implizite Kritik allerdings eher eine Abkehr von der (Natur-)Wissenschaft als der Versuch, sich in den Umkreis der Stärke ihres Gegners (Hegel, s.u.) zu stellen.

schaft ausgerichtet und nach den Bedingungen ihrer Möglichkeit gefragt. Er ging von der unbestreitbaren *Möglichkeit* der Naturwissenschaft im Sinne der notwendigen und allgemeinen Geltung ihrer Aussagen aus, aber er ließ die *Bedingung* dieser Möglichkeit in einer transzendentalen Subjektivität gründen. In dieser transzendentalen Grundlegung jeder Erkenntnis mit objektiver Geltung hat er eine Erkenntnis- und Vernunftkritik entwickelt, die auch die Naturwissenschaft einschließt.

Hegel und Marx erhoben für ihre Entwicklung des absoluten Geistes bzw. der kapitalistischen Gesellschaft zwar ebenfalls einen wissenschaftlichen Anspruch, und der läuft zumindest bei Hegel sogar auf eine Art Wissenschaft der Wissenschaft hinaus, aber auf den ersten Blick ist dabei keine Kant vergleichbare kritische Grundlegung der Naturwissenschaft gelungen. In Hegels Entwicklung des Geistes und in Marx' Kritik der kapitalistischen Gesellschaft scheint zwar das *Andere* der Natur seine vielleicht bis heute umfassendste systematische Darstellung erhalten zu haben – aber es scheint auch, als sei es eben beim bloßen Anderen der Natur geblieben. Die Entwicklung des Geistes und der kapitalistischen Gesellschaft scheint, dem Anspruch auf Totalität zum Trotz, mit der Naturwissenschaft nicht recht fertig geworden zu sein: Weder ist ihre Aufhebung noch ist ihre grundlegende Kritik gelungen. Kant, der „Alleszermalmer" (Moses Mendelssohn) der alten Metaphysik und Begründer „einer jeden künftigen Metaphysik, die als Wissenschaft wird auftreten können",[73] gilt als der letzte, dem eine Verbindung von Geistes- und Naturwissenschaft im Rahmen einer ebenso umfassenden wie grundlegenden Vernunftkritik gelungen ist.

Indes ist nicht in den Blick gekommen, dass auch durch Hegel und Marx die Möglichkeit einer solch grundsätzlichen Kritik der Naturwissenschaft und ihrer Methode gegeben wird. Diese Möglichkeit kann nicht in den Blick kommen, solange die Dialektik zwar als eine Methode gilt, die zwischen negativer Kritik und systematisch-positiver Begründung mit wissenschaftlichem Anspruch steht, aber diese Unentschiedenheit eben nur die Darstellung des Geistes bzw. der Gesellschaft betrifft. Beide dialektischen Darstellungen, die des Geistes und des Kapitals, gelten zwar gemeinhin als wissenschaftliche Darstellung *und* Kritik, einschließlich einer Kritik der Metaphysik und der Philosophie – aber sie gelten eben nicht als Kritik der *Natur* und ihrer Wissenschaft.[74]

Eben das aber zeichnete Kant, Hegel und Marx aus, die alle drei die Naturwissenschaft als Herausforderung für die eigene Kritik begriffen. Alle drei setzten sich nicht nur der strengen Notwendigkeit und Allgemeinheit aus, welche die Aussagen der Naturwissenschaft auszeichnen, sondern auch dem Dilemma einer Kritik, welche die Grundlagen dieser Wissenschaft nicht infrage stellen kann, ohne selbst wissenschaftlich vorgehen und für ihre Kritik dieselbe allgemeine und notwendige Geltung beanspruchen zu müssen. „Die wahrhafte Widerlegung muß in die Kraft des Gegners eingehen und sich in den Umkreis seiner Stärke stellen; ihn außerhalb seiner selbst anzugreifen und da Recht zu behalten, wo er nicht ist, fördert die Sache nicht." Georg Wilhelm Friedrich Hegel: *Wissenschaft der Logik II. Werke*, Bd. 6. Frankfurt am Main: Suhrkamp 1969, S. 250 (im Folgenden *WdL II*).

73 So der vollständige Titel seiner Prolegomena zur *Kritik der reinen Vernunft*, siehe Immanuel Kant: *Prolegomena zu einer jeden künftigen Metaphysik, die als Wissenschaft wird auftreten können*. Hamburg: Meiner 1965.

74 In Bezug auf Marx war es wohl Franz Petry, der im Anschluss an Heinrich Rickerts Unterscheidung

Das ist umso erstaunlicher, als sich der Entwicklung von Geist und Gesellschaft dieselbe Frage zugrunde legen lässt, die Kant von der Naturwissenschaft her aufgegeben sieht und die er durch die transzendentale Subjektivität zu beantworten suchte: Wie sind Bestimmungen mit objektiver Geltung im Sinne der Naturwissenschaft möglich? Nur dass bei Hegel und Marx die Antwort nicht durch ein transzendentales Erkenntnissubjekt gegeben wird, das empirisch gegebenes Material durch eine transzendentale Synthesis ordnet. Die Antwort fällt in eine trennende Vermittlung, die ihre beiden Seiten, Subjektivität und Objektivität, allererst hervorgehen lässt, und zwar so, dass, anders als bei Kant, beide einander ohne Rücksicht auf ein erkenntnisjenseitiges An-sich-Sein *entsprechen* müssen.

Dem Subjekt bleibt also das An-sich-Sein der Dinge gerade *nicht* erkenntnisjenseitig – hier liegt der grundsätzliche Unterschied zu Kant. Denn näher betrachtet, geht es in der Dialektik von Hegel und Marx gar nicht um die Entsprechung zwischen Objekt und Subjekt. Es geht gleichsam noch davor darum, dass die Objektivität *sich selbst entspricht*, und dafür ist, so wird zu zeigen sein, das Maß wesentlich. Es geht, noch vor aller Vermittlung zwischen Objekt und Subjekt, zuerst darum, dass die Objektivität nicht nur sich selbst entsprechen muss, sondern dass genau *das*, diese innere Notwendigkeit ,der Sache selbst', zum Gegenstand einer (subjektiven) Reflexion werden kann. (Es muss dann diese Selbstentsprechung der Objektivität sein, die im Selbstbezug des Begriffs und des Geldes aufgehoben und verarbeitet wird.)

Für eine solche Entwicklung muss das Verhältnis von Objekt und Subjekt noch radikaler infrage gestellt werden als in Kants Vernunftkritik. Die Frage muss lauten: Wie kann zum Gegenstand werden, dass Objektivität durch nichts als sie selbst bestimmt sein muss? Und warum kann eine solche Objektivität so reflektiert werden, dass es scheinen muss, als ob sie auf subjektive Weise zu ,ihrem' Bewusstsein käme?

Durch die Entwicklung der Objektivität sowie des Widerspruchs einer trennenden Vermittlung begründen Hegel und Marx eine Kritik, die folgerichtig die Naturwissenschaft betreffen muss *und* die Kritik, welche sie bereits durch Kant erhalten hat. Denn genau in der Unterscheidung, in der Kant seine Vernunftkritik gründet – in der Unterscheidung zwischen dem transzendentalen Erkenntnissubjekt und dem erkenntnisjenseitigen Ding an sich – teilt Kant die entscheidende Voraussetzung der Naturwissenschaft, und er lässt sie, wie die Naturwissenschaft auch, unkritisch stehen. Vereinfacht gesagt, unterscheidet Kant zwar kritisch die Erkenntnisjenseitigkeit der Dinge an-sich davon, wie sie der Erkenntnis aufgrund der transzendentalen Subjektivität erscheinen müssen. Aber schon diese *Trennung*, und mit ihr die *Form der*

---

zwischen naturwissenschaftlicher und kulturwissenschaftlicher Methode als erster einen Dualismus ausmachte, vgl. Franz Petry: *Der soziale Gehalt der Marxschen Werttheorie*. Jena: Fischer 1916. Bis heute ist ungeklärt, wie sich Wissenschaft und Kritik in Marx' Kritik der politischen Ökonomie zueinander verhalten; die unkritische Verbindung eines „wissenschaftlichen Sozialismus" jedenfalls ist endgültig haltlos geworden. Während das Verhältnis zwischen Wissenschaft und Kritik lediglich ungeklärt geblieben ist, ist die Frage, inwiefern in der KdpÖ auch eine (wissenschaftliche) Kritik der *Natur*wissenschaft enthalten ist, gar nicht erst gestellt worden.

Gegenständlichkeit zwischen dem Ansichsein und der Erkenntnis, setzt er unkritisch voraus.[75] Es gibt eine chaotische Mannigfaltigkeit aufseiten der Dinge, der Natur oder der Materie (hier muss die Erkenntnis ein „transzendentales x" (Kant) annehmen), und es gibt ein transzendentales Vermögen auf der anderen Seite, aufseiten der Subjektivität (hier muss das Erkenntnisvermögen als „a priori" gegeben angenommen werden).

An dieser unkritischen Trennung setzt Hegels Dialektik an. Aus Hegels Sicht muss Kant innerhalb dieser Trennung auf dem Standpunkt des Verstandesdenkens und der Reflexionslogik stehen bleiben,[76] und mit Hegels *PhdG* und *WdL* lässt sich zeigen, dass die Trennung in Objektivität und Subjektivität durch ein Maß getroffen werden muss. Mehr noch, es lässt sich zeigen, dass die Trennung in Objekt und Subjekt bereits eine spekulative Identität so voraussetzt, dass mit der Trennung bereits die Form ihrer reflexiven Vermittlung eintritt, ja, die Vermittlung löst bereits jene Voraussetzung ein, nämlich nichts weniger als die *Identität von Denken und Sein* oder das – Absolute. Marx' Entwicklung des Kapitals lässt sich zu Hegels Kritik der transzendentalen Logik und des Verstandesdenkens in Analogie bringen, denn auch in der kapitalistischen Gesellschaft bringt ein Maß die Trennung in Objektivität und Subjektivität hervor, und auch hier so, dass das Maß eine spekulative Identität schon voraussetzt, die in Form der Gegenständlichkeit ‚nur' noch eingelöst werden muss. Es gibt somit einen gemeinsamen kritischen Grundzug in Hegels und Marx' Dialektik, nämlich Subjekt und Objekt nicht nur von ihrer Vermittlung, sondern schon von ihrer radikalen Trennung her zu denken.

Wenn sich Hegels und Marx' dialektische Logik derart von Kants transzendentaler Logik unterscheidet, muss auch die Kritik der Naturwissenschaft entsprechend anders ausfallen als bei Kant. Oder vielmehr muss die Kritik der Naturwissenschaft genauso ausfallen wie die implizite Kritik an Kant, sie muss nämlich diejenige Voraussetzung einholen, die hier wie dort unreflektiert geblieben ist und die überhaupt dem Verstandesdenken entgeht. Allerdings muss auch dieses Einholen als eine nur *implizite* Kritik der Naturwissenschaft gelesen werden, denn explizit wird von Hegel und Marx im Einholen des Maßes diejenige Logik, die sich aus der radikalen Trennung in Subjektivität und Objektivität ergibt. Durch die Entwicklung des Maßes zeigen beide zwar, wie sich Objektivität konstituiert, aber diese Objektivität betrifft nicht die Natur, sondern die Konstitution von Objektivität *als solcher*. Folglich geht es auch nicht um die objektive Identifikation *bestimmter* Qualitäten und Eigenschaften, wie in der wissenschaftlichen Bestimmung der Natur, sondern es wird die *Qualität des Bestimmens* selbst

---

[75] Bei Kant ist der Apriorismus der Subjektivität für die Erkenntnis der unhintergehbare Ausgangspunkt. Das Vermögen der Subjektivität ist nicht nur empirisch unableitbar und vor aller Erfahrung fertig da, es liegt dadurch der Erfahrung auch unhintergehbar zugrunde: „Wir sind im Besitze gewisser Erkenntnisse a priori, und selbst der gemeine Verstand ist niemals ohne solche." (Immanuel Kant: *Kritik der reinen Vernunft*. Nach der ersten und zweiten Originalausgabe. Hamburg: Meiner 2003, B 3. Im Folgenden *KdrV*.)
[76] *WdL I*, S. 38ff.

entwickelt, das reine Sein (Hegel) bzw. das rein *gesellschaftliche* Sein des Werts (Marx), und es ist diese Qualität des Bestimmens, die Objektivität ergibt. Dadurch entwickeln Hegel und Marx zwar keine *bestimmte* Objektivität, aber die Objektivität des *Bestimmens*: Sie zeigen, dass Objektivität die Bestimmung des Daseins durch es selbst ist und diese Bestimmung als ein Selbstverhältnis reflektiert werden muss. Die Objektivität dieses Selbstverhältnisses wird nicht wie ein gegebener Gegenstand entwickelt und bestimmt, sondern entwickelt wird die Voraussetzung, dass Objektivität *überhaupt* voraussetzungslos allein durch sie selbst bestimmt sein kann und *das* zum Gegenstand der Reflexion wird und bestimmte Denknotwendigkeiten hervorbringt. Diese Konstitution der Objektivität muss der Naturwissenschaft schon insofern entgehen, als sie von der Trennung zwischen sich und der Natur je ausgehen muss, und sie selbst enthebt sich der Notwendigkeit, ‚hinter' die Trennung zu gelangen.

Mithilfe der Hegel'schen und Marx'schen Entwicklung des Maßes lässt sich diese ‚Technik' der Naturwissenschaft zeigen, d. h. es lässt sich zeigen, warum die Naturwissenschaft sich einer kritischen Selbstreflexion entheben und sich ganz auf ein ‚einfaches', scheinbar unvermitteltes Reflektieren der Natur einlassen kann. Für die implizite Kritik an der Naturwissenschaft sowie an Kants transzendentaler Logik gilt es daher zu betrachten, wie das Maß der Naturwissenschaft die Trennung in Subjekt und Objekt, Wissen und Gegenstand, Geist und Natur eröffnet und wie es mit der Trennung der Naturwissenschaft auch ein einfaches oder unmittelbares, gleichsam unreflektiertes Reflektieren der Natur ermöglicht. Anschließend wird gezeigt, wie der *WdL* und dem *Kapital* zufolge das Maß Objektivität konstituiert.

Das Maß in der Naturwissenschaft
Der blinde Fleck der Naturwissenschaft – und mehr soll hier nicht gezeigt werden – liegt darin, ihr Objekt, die Natur, zu konstituieren, indem sie so an sich selbst gehalten ist, dass sie zur Natur *erst wird*, nämlich indem sie *ihrem eigenen Verhältnis* ausgesetzt ist. Genau diese Tautologie: die Natur an sie selbst zu halten, ist in der Naturwissenschaft die Technik des Maßes. Sie lässt sich in dem schlichten Satz zusammenfassen, dass die Natur, weil sie an-sich selbst gehalten ist, dadurch dem eigenen Verhältnis und gleichsam der eigenen Identität ausgesetzt wird.
Die Natur an sie selbst zu halten, heißt schlicht, sie durch ihr eigenes Maß zu messen. Dadurch trägt die Naturwissenschaft keine äußerlichen, gar subjektiven Maßstäbe an die Natur heran. Es muss im Gegenteil scheinen, als nähme die Wissenschaft die Maße zur Bestimmung ihres Gegenstandes – also der Natur – tautologisch aus der Natur selbst. Genauer gesagt, entnimmt sie der zu bestimmenden *Qualität*, etwa der Zeit oder dem Raum, ein *bestimmtes Quantum*, etwa die Sekunde oder den Meter. Dieses bestimmte Quantum wird ausgesondert, isoliert und fixiert, um es identisch zu halten und als Maßstab zur Messung genau derjenigen Qualität, der sie scheinbar

entnommen wurde, (wieder) einzusetzen.[77] Auf diese Weise werden dann Raum und Zeit durch bestimmte Maßstäbe an sie selbst gehalten.

Das Maß wird durch diesen tautologischen Vorgang in zweifacher Hinsicht konstitutiv für die Identität der Natur als Gegenstand und Objekt der Wissenschaft. Erstens, weil die Natur durch ihre Maße gleichsam von ihr selbst getrennt wird, aber so, dass sie zweitens in der Messung an diese eigenen Maße wieder gehalten wird und gleichsam sich selbst der Gegenstand ist und genau *das* einem Subjekt zum Gegenstand werden kann. Mit anderen Worten, das Maß wird vom Subjekt der Wissenschaft in der Messung als Mittel eingesetzt, die Verhältnisse der Natur durch Werte gleichsam herauszufordern und sie durch die gemessen Werte zu bestimmen.

Dass die gemessenen Werte den Verhältnissen der Natur entsprechen und die Natur sich in den Werten selbst angemessen wird, ist: Objektivität. Das Maß konstituiert mit dem Gegenstand und mit der Trennung in das Subjekt und das Objekt des Wissens somit auch die *Idee* oder den Begriff der Natur, nämlich dass sie einerseits ein Selbstverhältnis ist und durch sie selbst bestimmt sein muss und dass andererseits dasselbe Selbstverhältnis in der Messung zum Gegenstand gemacht und durch Werte herausgefordert werden kann. Dieses durch Werte erschlossene Selbstverhältnis *ist* Natur, sozusagen die Natur der Natur oder ihre ideelle Identität.

Diese *Technik*, durch das Maß Naturverhältnisse herauszufordern und durch Werte zu erschließen, gilt es näher zu betrachten.

Zunächst ist das Einsetzen (oder Wieder-einsetzen) des ausgesonderten und fixierten Maßes ganz unmittelbar und buchstäblich zu verstehen: An die eigenen Maße gehalten – wobei Maß im Fall der Naturwissenschaft genau genommen immer heißt: Maß-Stäbe, nämlich ausgesonderte und fixierte Quanta – wird die Qualität durch ein bestimmtes Quantum ihrer selbst gebrochen. Die Qualität wird durch denjenigen Teil gebrochen, der für ein bestimmtes Quantum der Qualität steht. Das Quantum *repräsentiert* gleichsam die *Identität* der zu messenden Qualität; es ist derjenige repräsentative Teil, durch den die Qualität die eigene Identität im Messen auf quantitative Weise umschlägt und durch Größen bestimmt. Entsprechend ist der Naturwissenschaft die Identität jeder Qualität (sozusagen die Qualität jeder Qualität) ihre *quantitative* Bestimmbarkeit.

---

77 Da es hier nur um die *Idee* der Natur geht, d. h. darum, wie die Natur ein Gegenstand und ein selbständiges Objekt für das Subjekt des Wissens sein kann, soll von den Problemen und Aporien abgesehen werden, welche die Konstitution des Maßes mit sich bringen. Entscheidend ist, dass es, genau wie in der Analogie zwischen dem Maß bei Hegel und dem Maß bei Marx, auch im Fall der Naturwissenschaft weder darum geht, das Maß geschichtlich zu rekonstruieren, noch darum, es aus dem praktischen Handeln zu begründen. Die Frage müsste vielmehr sein, warum solche Ableitungen gerade *nicht ohne Bruch* möglich sind: Die Genesis des Maßes und die Logik des Messens lassen sich nicht geradewegs auf einen Ursprung aus dem menschlichen Handeln zurückführen oder geschichtlich rekonstruieren. Zu den Aporien der Konstruktion eines Maßes vgl. Peter Janich: *Das Maß der Dinge. Protophysik von Raum, Zeit und Materie*. Frankfurt am Main: Suhrkamp 1997; zur Rekonstruktion des Maßes aus dem (vorwissenschaftlichen) Handeln und zu dessen geschichtlicher Situierung vgl. Oliver Schlaudt: *Messung als konkrete Handlung. Eine kritische Untersuchung über die Grundlagen der Bildung quantitativer Begriffe in den Naturwissenschaften*. Würzburg: Königshausen & Neumann 2009, bes. S. 9–25.

Die Natur durch ihre Maße einerseits von ihr zu trennen, um sie andererseits an sie selbst zu halten und zu messen, ist gleichsam beides, die Naturalisierung der Natur *und* die Naturalisierung ihres Maßes; denn das Heraussetzen und Identisch-Halten des Maßes muss auch das Identisch-Halten des Mittels zur Identifizierung genau derjenigen Naturverhältnisse sein, denen das Maß ‚entnommen' wurde und die im Messen quantitativ umgeschlagen werden. Dementsprechend ist es die Technik des Maßes, in der Messung die Natur wie in einer bewusstlosen Reflexion durch einen bestimmten Teil ihrer selbst zu brechen, um sie dasselbe Selbstverhältnis sein zu lassen, das zugleich Gegenstand der Messung und Bestimmung ist. In einem Satz zusammengefasst: Die Technik des Maßes ist die *Identifizierung* der Natur qua Messung. Mehr noch, dasselbe Messen, dasselbe Brechen der Qualität durch einen bestimmten repräsentativen Teil ihrer selbst lässt die Naturverhältnisse in den quantitativen Bestimmungen (in ‚ihren' Werten) auch in-sich reflektiert sein, nur eben auf eine bewusstlose Weise. Dieses Reflexiv-Werden der Natur ist nur die blinde, bewusstlose Bestimmung durch sie selbst – und genau diese Bewusstlosigkeit muss durch die Messung und die gemessenen Werte zur Erscheinung kommen, ins Wissen der Naturwissenschaft fallen und gleichsam noch einmal reflektiert werden; hier erst kommt die Natur zu ‚ihrem' Bewusstsein.

Auf diese Weise versetzt die Technik des Maßes die Wissenschaft in die Lage, die Natur einer bewusstlosen Selbstbestimmung zu unterziehen, einer Selbstbestimmung, die durch bestimmte Werte gleichsam herausgefordert und durch deren Formalisierung erschlossen und aufgehoben wird, insbesondere in Form von Gesetzen. Die Natur zu identifizieren, heißt demnach für die Wissenschaft letztlich, Qualitäten im Messen durch quantitative Werte zu bestimmen und die Werte als Eigenschaft der Natur an-sich zu reflektieren; durch die ermittelten Werte lässt sich die Natur dann formalisieren und berechnen.

Die Wissenschaft versetzt sich vermittelst der herausgesetzten Maße sogar gleichsam *in* die Natur, aber so, dass es scheinen muss, als reflektierte die Natur, gebrochen durch die eigenen Maße, nichts als sich selbst. Es ist dann nicht die Wissenschaft, welche die Natur äußerlich reflektierend bestimmt, jedenfalls nicht ‚zuerst'. Es ist zuerst die Natur selbst, die, während sie in der Messung der eigenen Bestimmung unterzogen ist, diese Bestimmung zugleich entäußert. Dadurch ist der Natur ihre Bestimmung nicht äußerlich, denn die Bestimmung ereignet sich ja durch sie selbst: Gehalten an dasjenige Quantum, das als Maß dient, *muss* es scheinen, als würde die Natur zu sich selbst ins Verhältnis gesetzt und zugleich das eigene Verhältnis, gebrochen durch die eigenen Maße, reflektieren und durch bestimmte Werte exakt entäußern.

Da sich die Naturwissenschaft diese ebenso unmittelbare wie bewusstlose Reflexion durch bestimmte Werte fertig geben lässt, gibt sie durch die ermittelten Werte die Natur nur noch *wieder*; der Naturwissenschaft wird durch das Maß ein unreflektiertes Reflektieren auf die Natur ermöglicht, weil ihr das Maß das Mittel ist, die Natur einer Art Selbstreflexion auszusetzen. Diese – im Wortsinn – *Herausforderung* ist *die* Technik der Naturwissenschaft schlechthin. Die Natur auf praktische Weise ihrem Selbstverhältnis zu unterziehen, ist diejenige Technik, die *vor* aller praktischen Umsetzung und Anwendung der Naturwissenschaft steht. ‚Vor' heißt, die Herausforderung der Natureigenschaften durch die Technik des Maßes und die Messung ist bereits für die Theorie und die Wissenschaft, was dann in der eigentlichen Technik der Maschinen und Produktionsmittel, der Werkzeuge und Instrumente zur Technik einer *praktischen* Herausforderung der Natur werden muss. Die Herausforderung der Eigenschaften der Natur durch ihre Messung und durch bestimmte Werte ermöglicht der Wissenschaft dieselbe *theoretische* Reproduktion der Natureigenschaften, die dann in der technischen Umsetzung in einem Produktionsprozess *praktisch* herausgefordert und praktisch reproduziert werden können.

Es ist nur konsequent, wenn die Naturwissenschaft unreflektiert von ihrer Voraussetzung schlechthin ausgeht, von der Trennung zwischen einem identischen Erkenntnissubjekt auf der einen Seite und einer ebenso mit-sich identischen Natur auf der anderen Seite; denn sie bringt durch das Maß ihren Gegenstand ja nur in ein Selbstverhältnis, sei es begrifflich-ideell, in der Idee von der Natur, sei es in der wissenschaftlichen Praxis, vor allem in der Messung und im Experiment, aber auch in der Berechnung und Formalisierung. Die Wissenschaft *muss* sogar der Natur äußerlich bleiben, denn das Maß hat für die Wissenschaft die radikale Trennung vom Gegenstand je vollzogen und lässt für die Wissenschaft die Natur in der Messung so sein, wie sie an sich ist. Entsprechend dieser je vorausgesetzten Trennung ist auch das unreflektierte, einfache Reflektieren der Wissenschaft auf den Gegenstand nur konsequent, denn das Maß hat die gleichsam erste, noch bewusstlose und unmittelbare (Selbst-)Reflexion der Natur für die Wissenschaft je übernommen. Die Wissenschaft bekommt in ihrem nachträglichen und einfachen, äußerlichen und unreflektierten Reflektieren zwar nicht aus eigener Kraft die Bestimmungen der Natur heraus. Aber sie fordert durch die Organisation eines Messprozesses die Selbstbestimmung der Natur heraus, und dadurch muss die Natur über sich selbst sagen, was sie ist. Diese Aussagen können und *müssen* sogar als objektiv gültig angenommen werden, *ohne* dass die Subjektivität, wie Kant es fordert, die eigenen Anschauungsformen und Kategorien selbstkritisch als konstitutiv für diese Objektivität reflektieren müsste. Es muss der Wissenschaft im Gegenteil scheinen, als bliebe ihre Subjektivität der Natur immer schon vollkommen äußerlich, während die Natur durch die Messung einerseits ein Selbstverhältnis eingeht, das andererseits wie in einer unmittelbaren Selbstreflexion durch die gemessenen Werte gleichsam außer sich gerät. Die Naturwissenschaft muss sich und ihr Reflektieren sogar aus dem Messprozess *abziehen* oder als Störfaktor einrechnen.

Kurzum, die erste Aufgabe der Naturwissenschaft ist es, eine ebenso bewusstlose wie unmittelbare Selbstreflexion ihres Gegenstandes zu organisieren; in der Wissenschaft kommen die durch Werte gewonnenen Naturverhältnisses dann ‚nur' noch zu Bewusstsein. Letztlich kommt die Natur, gebrochen durch sich selbst, in der Wissenschaft zu ‚ihrem' Bewusstsein. Oder vielmehr ist es die Bewusst-*losigkeit* der Natur, die *im* Wissen *ist*; jedenfalls muss der Wissenschaft das bewusstlos-naturwüchsige Selbstverhältnis, in das sie ihren Gegenstand im Messen (ver-)setzt, gleichsam die Natur der Natur sein.

Die kurzen Ausführungen müssen ausreichen, um zu zeigen, warum durch die Kritik des Maßes eine andere als die Kant'sche Kritik der Naturwissenschaft möglich wird. Bei Kant sind es die Anschauungsformen und Kategorien des Verstandes, die der Natur auf subjektive Weise ihre Gesetze a priori vorschreiben.[78] Geht man dagegen vom Maß aus, dann wird die Natur allein dadurch, dass sie gehalten an ihre eigenen Maße ein Selbstverhältnis eingehen muss, zum Gegenstand eines objektiv gültigen Wissens. Die subjektive Zutat des Erkenntnissubjekts besteht dann nicht darin, wie Kant meint, Anschauungsformen und Kategorien den Erscheinungen a priori zugrunde zulegen. Es ist nicht diese transzendentale Subjektivität, die der Natur ihre Bestimmung vorschreibt und der Natur dadurch ihre Ordnung gibt. Die subjektive Zutat besteht im Gegenteil darin, buchstäblich nichts dazuzutun. Die Wissenschaft ist voraussetzungslos insofern, als sie die Natur durch deren eigene Maße lediglich an sie selbst hält und ihrem Selbstverhältnis aussetzt, um sie so sein zu lassen, als sei sie tautologisch durch sie selbst bestimmt, ganz so, als müsse die Natur sich *dieses* eine Gesetz auf unmittelbar praktische Weise selbst vorschreiben. Der Naturwissenschaft entgeht dann nicht, wie Kant meint, eine transzendentale Subjektivität als gegenstandskonstitutiv zu reflektieren. Sondern beiden, Kant und der Naturwissenschaft, entgeht, dass Maß und Messung mit dem Gegenstand auch die gemeinsame *Gegenständlichkeit* von Objekt und Subjekt eröffnen, d. h. die Form der Gegenständlichkeit von Subjektivität und Objektivität oder von Wissen und Natur.

Um genau diese Möglichkeit, dass der Subjektivität die Objektivität *überhaupt* zu einem Gegenstand der Erfahrung und des Wissens wird, geht es gleich zu Anfang in Hegels *Phänomenologie des Geistes* und in der *Wissenschaft der Logik* sowie in Marx' *Kapital*. Alle drei Werke zeigen zu Beginn, wie durch das Maß die Subjektivität (*PhdG*), das Sein (*WdL*) und die Gesellschaft (*Kapital*) identisch gehalten werden und Objektivität überhaupt erst eintreten kann. Das expliziert einerseits, wie die Form der Gegenständlichkeit allererst eröffnet wird, andererseits ist das eine implizite Kritik der unkritischen, weil die eigene Voraussetzung nicht reflektierenden Reflexionslogik und des Verstandesdenkens. Weil es allerdings um die Konstitution von Objektivität *als solcher* geht, geht es auch um die Kritik des Maßes *schlechthin*. Es geht nicht um diejenigen Maße, die scheinbar einer a priori gegebenen Natur mit ihren ebenso fertig gegebenen Qualitäten entnommen werden (und die dadurch den Gegenstand Natur erst konstituieren). Es geht darum, wie das Maß die Subjektivität (*PhdG*), das Sein (*WdL*) und die Gesellschaft (*Kapital*) identisch hält und dadurch Objektivität allererst eintreten lässt.

---

78 „Der Verstand schöpft seine Gesetze (a priori) nicht aus der Natur, sondern schreibt sie dieser vor." (Kant: *Prolegomena*, S. 79 (Teil II, § 36).) Allgemein zur Möglichkeit von Naturwissenschaft vgl. ebd., S. 49ff. (Teil II § 14ff.).

7.3 Das Maß bei Hegel

Hegel hat zwei unterschiedliche Darstellungen des Absoluten vorgenommen, eine phänomenologische in der *PhdG* und eine rein systematisch-logische in der *WdL*. Beide beginnt Hegel mit dem Maß. Der phänomenologische Darstellungsgang *holt* das Maß aus einer je konstituierten Gegenständlichkeit von Bewusstsein und Erscheinung *ein*. Für diese Gegenständlichkeit maßgeblich ist das Selbstbewusstsein, denn das Selbstbewusstsein hält das Bewusstsein in aller Erfahrung des Gegenstandes identisch und lässt es zum Subjekt des Wissens der Objektivität werden. Der rein logisch-systematische Darstellungsgang der *WdL* dagegen *entwickelt* allererst diese Gegenständlichkeit von Objektivität und Subjektivität und beginnt sie voraussetzungslos mit der Maßgeblichkeit der Objektivität für sie selbst; danach erst wird begründet, warum die Objektivität im Begriff sich selbst entspricht und der Begriff zum Subjekt des Wissens wird.

Obwohl beide Darstellungen bereits am Anfang – oder vielmehr: von Anfang an – um das Maß kreisen, und obwohl beide Darstellungen über das Maß in die Trennung wie in die Vermittlung von Objektivität und Subjektivität einsteigen, ist die Hegelforschung an der zentralen Stellung des Maßes vorbeigegangen. Während Kategorien wie Bewusstsein und Erscheinung, Sein, Nichts und Werden, Einheit und Widerspruch, Negativität und Negation der Negation, Wesen und Erscheinung ausführlich gewürdigt und zur Dialektik von Subjekt-Objekt entwickelt wurden, oder als „Substanz, die ebensosehr als *Subjekt* aufzufassen und ausgesagt" (Hegel) werden muss, oder als Entsprechung von Begriff und Wirklichkeit, ist in allen Interpretationen der Dialektik die entscheidende Bedeutung des Maßes der blinde Fleck geblieben. Obwohl insbesondere der Anfang der *WdL*, in dem es zunächst um das reine Sein und dann um das seinslogische In-sich-Übergehen der Objektivität geht, intensiv interpretiert und diskutiert wurde, ist kaum in den Blick genommen worden, dass das Maß den Abschluss der Bestimmung des Seins bildet, dieser ersten Bestimmung des Absoluten, und dass das Maß dadurch am Übergang in das Wesen der Reflexion steht. Das Maß steht mithin an jenem Übergang, durch den sich Sein und Denken ebenso zu identifizieren wie entgegenzusetzen scheinen und dieser Widerspruch zur Genesis der Begriffsbestimmungen wird.

So wenig die Bedeutung des Maßes für die in der *WdL* entwickelte Form der Logik – die *dialektische* Logik – in den Blick gekommen ist, so wenig ist die Bedeutung in den Blick gekommen, die das Maß bereits in der *PhdG* innehat, insbesondere für die Kritik an Kants transzendentaler Grundlegung der Logik sowie für die Kritik des reflektierenden Verstandesdenkens schlechthin. Bildet aber das Maß in der *WdL* nichts weniger als den Übergang zwischen Sein und Wesen, mithin den Übergang zwischen Objektivität und Subjektivität, so hängt in der *PhdG* am Maß nichts weniger als die Überwindung des Dualismus des Verstandesdenkens sowie der Kant'schen Vernunft- und

Erkenntniskritik (u.a. darum war die *PhdG* auch als Einleitung in das „System der Wissenschaften" geplant).[79]

Die Phänomenologie des Geistes *und das Maß für ein Wissen aus der Erfahrung*
Hegels Ausgangspunkt in der *PhdG* ist, dass Kants Vernunftkritik, genau wie das gewöhnliche reflektierende Verstandesdenken, sich selbst gegenüber unkritisch bleibt insofern, als die Trennung zwischen Subjekt und Objekt (natur-)gegeben hingenommen wird (und mit der Trennung die Notwendigkeit reflexiver Vermittlung).[80] Die Trennung wird dadurch, Hegel zufolge, statt als Vermittlung, ja, statt als die Unmittelbarkeit und Negativität der Vernunft selbst, nur einseitig als Beschränkung der Subjektivität erfahren, und genau diese Beschränkung habe Kant in seiner Vernunftkritik entwickelt. Er habe sich auf den Standpunkt des reflektierenden, abstrahierenden und sich beschränkenden Verstandesdenkens gestellt und bleibe darum in der Reflexionsphilosophie gefangen. Das habe eine Formalisierung der Vernunft gebracht und sie zudem dualistisch gespalten und in Antinomien geführt. Die Vernunft sei nicht absolut, sondern liege einerseits im Vermögen eines transzendentalen Subjekts, das andererseits auf Erscheinung angewiesen sei und noch ein Ansichsein jenseits der Erscheinung annehmen müsse. Das habe zu „*zwei* Wahrheiten" mit einem „trüben Unterschied" geführt, zu einer Wahrheit der Erscheinung und zu noch einer erkenntnisjenseitigen Wahrheit der Dinge an sich.[81]

In der *PhdG* überwindet Hegel diese Trennung, aber er überwindet sie in gewisser Weise *mit* Kant, nämlich indem er noch radikaler als Kant von der Trennung ausgeht. In der Trennung von Objektivität und Subjektivität wird die Kraft einer ebenso trennenden wie vermittelnden, ebenso voraussetzungslosen wie übergreifenden Vernunft eingeholt: Es ist schlicht die Vernunft des Verstandes, in Objekt und Subjekt einerseits zu trennen, andererseits in der Trennung ihre Vermittlung zu gründen und die Vermittlung im Wissen aufzuheben. In der Trennung in Objekt und Subjekt ist somit bereits die Vernunft ihrer Vermittlung anwesend, aber eben nur negativ. Diese *spekulative Identität*: dass Trennen *ebenso* Vermittlung ist, macht sich zwar in der Notwendigkeit geltend, Objektivität und Subjektivität durch das negative Wesen der Reflexion zu identifizieren; aber die Reflexion begründet ihr zwiespältiges Wesen einer trennenden Vermittlung von Objektivität und Subjektivität nicht, ohne deren spekulative Identität schon *vorauszusetzen*.

Genau in diesem Voraussetzen besteht nun Hegel zufolge das Problem des Verstandesdenkens, denn der Verstand kann die Vernunft, die im Trennen liegt, nicht als seine

---

79 Zur Kritik an Kant vgl. vor allem die Vorrede und die Einleitung der *PhdG*, S. 11–81, die Vorreden zur ersten und zweiten Auflage der *WdL* sowie ihre Einleitung (*WdL I*, S. 13–61).
80 „Aber der *reflektierende* Verstand bemächtigte sich der Philosophie. […] es ist überhaupt darunter der abstrahierende und damit trennende Verstand zu verstehen, der in seinen Trennungen beharrt. Gegen die Vernunft gekehrt, beträgt er sich als *gemeiner Menschenverstand* und macht seine Ansicht geltend, daß die Wahrheit auf sinnlicher Realität beruhe, daß die Gedanken *nur* Gedanken seien […]." (*WdL I*, S. 38.)
81 Vgl. *PhdG*, S. 70.

eigene begreifen. Der Verstand muss zwar voraussetzen, dass er im Reflektieren das Bewusstsein mit der Erfahrung des Gegenstandes identifiziert, und er muss in demselben Reflektieren auch eine je vorausgesetzte spekulative Identität von Denken und Sein realisieren – aber er kann die Trennung eben nicht als seine *Setzung* reflektieren.[82] Im Gegenteil, die Trennung scheint a priori gegeben zu sein, und die Reflexion scheint mithin einseitig nur in der *Trennung* von Objekt und Subjekt zu gründen und sich nur in ihrer Entgegensetzung einzulösen, nur in der Form ihrer dualistischen Gegenständlichkeit. Dem Verstand entgeht dadurch nicht nur, dass er der Trennung eine spekulative Identität schon voraussetzt, sondern auch, dass er dadurch von derjenigen übergreifenden, übersinnlichen Vernunft ausgeht, die aus ihrer Vermittlung resultieren wird.[83] Kurzum, der reflektierende Verstand befindet sich in der eigentümlichen Situation, die eigene Vernunft nicht reflektieren zu können, und zwar genau diejenige Vernunft, die er doch im Reflektieren realisiert. Dadurch ist es zwar die Vernunft des Verstandes selbst, in Objektivität und Subjektivität zu trennen und in der Trennung die Logik ihrer Vermittlung zu gründen, nämlich jenes negative Wesen der Reflexion, das unentschieden und zwiespältig zwischen Objektivität und Subjektivität ebenso zu trennen wie zu vermitteln scheint. Aber das Reflektieren verschwindet in der Entgegensetzung von Objekt und Subjekt und hinterlässt eine in-sich gespaltene Welt.

Der in Objekt und Subjekt entzweiten Welt jene spekulative Identität von Denken und Sein zu zeigen, ist Hegel zufolge das Bedürfnis der Philosophie.[84] Am Anfang

---

82 „Die exoterische Lehre der Kantischen Philosophie – daß der *Verstand die Erfahrung nicht überfliegen dürfe*, sonst werde das Erkenntnisvermögen *theoretische Vernunft*, welche für sich nichts als *Hirngespinste* gebäre – hat es von der wissenschaftlichen Seite gerechtfertigt, dem spekulativen Denken zu entsagen." (*WdL I*, S. 13.)

83 Hegel betont immer wieder, dass es die Vernunft ist, die Grenzen zieht wie etwa die zwischen Ding-an-sich und Erscheinung oder Subjekt und Objekt, und der Verstand geht, indem er sich an diese Grenzen hält, über sich hinaus und kommt zu eben dieser Vernunft: „Die schon namhaft gemachte Reflexion ist dies, über das konkrete Unmittelbare *hinaus*zugehen und dasselbe zu *bestimmen* und zu *trennen*. Aber sie muß *ebensosehr* über diese ihre *trennenden* Bestimmungen *hinausgehen* und sie zunächst *beziehen*. Auf dem Standpunkte dieses Beziehens tritt der Widerstreit derselben hervor. Dieses Beziehen der Reflexion gehört an sich der Vernunft an; die Erhebung über jene Bestimmungen, die zur Einsicht des Widerstreits derselben gelangt, ist der große negative Schritt zum wahrhaften Begriffe der Vernunft." (*WdL I*, S. 39.)

84 „Die Gegensätze, die sonst unter der Form von Geist und Materie, Seele und Leib, Glaube und Verstand, Freiheit und Notwendigkeit usw. [...] sind im Fortgang der Bildung in die Form der Gegensätze von Vernunft und Sinnlichkeit, Intelligenz und Natur (und), für den allgemeinen Begriff, von absoluter Subjektivität und absoluter Objektivität übergegangen. Solche festgewordene Gegensätze aufzuheben, ist das einzige Interesse der Vernunft. Dies ihr Interesse hat nicht den Sinn, als ob sie sich gegen die Entgegensetzung und Beschränkung überhaupt setzte; denn die notwendige Entzweiung ist ein Faktor des Lebens, das ewig entgegensetzend sich bildet, und die Totalität ist in der höchsten Lebendigkeit nur durch Wiederherstellung aus der höchsten Trennung möglich. Sondern die Vernunft setzt sich gegen das absolute Fixieren der Entzweiung durch den Verstand, und umso mehr, wenn die absolut Entgegengesetzten selbst aus der Vernunft entsprungen sind. Wenn die Macht der Vereinigung aus dem Leben der Menschen verschwindet und die Gegensätze ihre lebendige Beziehung und Wechselwirkung verloren haben und Selbständigkeit gewinnen, entsteht das Bedürfnis der Philosophie." (Georg Wilhelm Friedrich Hegel: Differenz des Fichteschen und Schellingschen Systems der Philosophie. In: Ders.: *Jenaer Schriften 1801–1807. Werke* Bd. 2. Frankfurt am Main: Suhrkamp 1970, S. 9–139, S. 20–21.)

der *PhdG* holt Hegel diese spekulative Identität ein, und mit ihr holt er der Reflexion ihre ‚vergessene' Voraussetzung ein. Daraus ergibt sich der spekulative Grundzug seiner Dialektik, und dieser Grundzug löst auch die zentrale Kritik am Dualismus des reflektierenden Verstandesdenkens und am Schein der Gespaltenheit der Welt ein, aber auch an Kants kritischer Unterscheidung zwischen der transzendentalen Subjektivität und dem Ding an sich. Der Grundzug liegt darin, dass das Maß der Erkenntnis *ebenso* im Erkannten liegt, gemäß der berühmten Formel, dass die Substanz „ebensosehr" Subjekt ist.[85] Das Maß der Erkenntnis liegt ebenso im Erkannten, aber es ist *weder* aufseiten der Objektivität *noch* der Subjektivität zu finden – das Maß der Erkenntnis liegt nämlich schon darin, überhaupt zwischen Objektivität und Subjektivität radikal zu *trennen*.

Allerdings ist hier genau auf die Pointe der *PhdG* zu achten. Hegel holt zwar gleich zu Beginn der *PhdG* aus der radikalen Trennung das Maß für ein Wissen aus Erfahrung ein, nämlich durch die Entwicklung der Unmittelbarkeit der sinnlichen Erfahrung, der Wahrnehmung sowie der Kraft des Verstandes (so die Titel der ersten drei Kapitel der *PhdG*). Das Maß entspringt aber nicht der Trennung in Bewusstsein und Gegenstand, *sondern der Trennung des Bewusstseins von ihm selbst*. Die Trennung zwischen Bewusstsein und Gegenstand, und mit ihr die Notwendigkeit der Vermittlung, gründet darin, dass das Bewusstsein sich von sich selbst trennt und zugleich auf sich bezieht.

Für diese spekulative Identität von Trennung und Selbstbezug, von Entfremdung und Rückkehr, steht: das Selbstbewusstsein. Das Selbstbewusstsein eröffnet ‚zuerst', dass das Bewusstsein sich selbst der Gegenstand ist; dem Bewusstsein wird seine Subjektivität gleichsam zum Objekt. Das Bewusstsein hat seinen Ursprung in der Kraft der eigenen Negativität, darin, sich zu entfremden und von seiner Überwindung allererst auf sich zurück und zu-sich zu kommen. Das Maß entspringt somit einem Unterschied, der darum vor der Erfahrung des Unterschieds von Bewusstsein und Gegenstand und vor all den Unterscheidungen aufseiten des Gegenstands und seiner Bestimmungen liegen muss, weil dieser erste, entscheidende Unterschied die Erfahrung des *Anderen* des Bewusstseins allererst im Bewusstsein eintreten lässt. Oder vielmehr ist das Bewusstsein durch seine Entfremdung immer schon von sich unterschieden und *sich selbst* das Andere. Jedenfalls eröffnet erst die innere Spaltung des Bewusstseins die beiden Seiten der Erfahrung, Bewusstsein und Gegenstand, und erst durch das Selbstbewusstsein tritt eine Gegenstandserfahrung ein, die als immer schon *reflexive* Erfahrung ebenso Selbsterfahrung des Bewusstseins ist.

Die innere Spaltung führt zu der Eigentümlichkeit, dass sich das Bewusstsein kraft Selbstbewusstseins nur *hinterrücks* zur Negativität derjenigen Vernunft bringt, die darin liegt, in Subjekt und Objekt zu trennen und in der Trennung ihre reflexive Vermittlung und Identifikation zu gründen. Das Selbstbewusstsein ist dasjenige ausgeschlossene Dritte, durch das der Verstand in der Erfahrung des Gegenstandes von der Maßgeblichkeit einer negativ-übergreifenden und ideellen Vernunft so auf sich

---

85 *PhdG*, S. 22–23.

zurückkommt, dass er in der Erfahrung weder von sich noch vom Gegenstand ausgeht, weder von der Subjektivität noch von der Objektivität; stattdessen hat er beide Seiten gleichermaßen überwunden und kommt sowohl vom Anderen-seiner als auch vom Anderen des Gegenstandes auf ihr gemeinsames Verhältnis und auf die Notwendigkeit ihrer gemeinsamen Vermittlung zurück.

Eine solche Vernunft übersteigt den Verstand und ist doch nichts anderes als dessen Kraft, sich qua Selbstbewusstsein in aller Erfahrung an sich selbst und dadurch das eigene Bewusstsein identisch zu halten. Das Selbstbewusstsein ist darum auch *nicht* das Mittel der Reflexion – aber es ist das Mittel, das Reflektieren zwischen Bewusstsein und Gegenstand selbst reflexiv werden zu lassen. Damit das Bewusstsein die Reflexion als Mittel der Gegenstandserfahrung im Sinne einer Identifikation mit dem Gegenstand begreifen kann, muss sein Reflektieren über den ‚Umweg' des Selbstbewusstseins selber reflexiv werden – es ist diese tautologische Reflexion der Reflexion, die nicht ohne Selbstbewusstsein gelingt. Das Selbstbewusstsein muss ‚einspringen', damit das Bewusstsein sein Reflektieren als das Identische in aller Erfahrung reflektieren kann; nur das Selbstbewusstsein ermöglicht es dem Bewusstsein, sein Reflektieren als trennende Vermittlung zwischen Subjekt und Objekt zu erfahren und gleichsam noch einmal zu reflektieren; nur dann wird das Mittel der Reflexion als solches reflektiert; und nur dadurch wird das Bewusstsein im Reflektieren zum Identischen in aller Erfahrung, löst durch eine *reflexive* Erfahrung des Gegenstandes gleichsam sich selbst ein und wird alle Realität

Das ist auch der Grund, warum oben gesagt wurde, dass durch das Maß mit der Identität *gerechnet* werden kann; nicht mit der Identität von etwas Bestimmtem, Seiendem, sondern mit der Identität als solcher. Das Bewusstsein ist sich durch das Selbstbewusstsein dasjenige Objekt, das in aller Erfahrung und in aller Veränderung zugleich un-verändert und zeitlos bleibt. Das Bewusstsein ist sich in der Erfahrung aller anderen Objekte das einzige Objekt, das nicht nur jene Erfahrung als solche reflektiert, sondern das Bewusstsein tritt dadurch allererst ein, sozusagen in sich selbst, d. h. es erfährt schlicht sich selbst und reflektiert das eigene Reflektieren. Und weil es dasjenige Objekt ist, das im Reflektieren aller Objekte auf sich zurückkommt und, welche Erfahrungen es auch immer macht, sich selbst als Realität erfährt, darum rechnet es mit der eigenen Identität. Es kann durch sein Selbstbewusstsein von der spekulativen Identität von Bewusstsein und Gegenstand ausgehen, und dadurch kann es wiederum davon ausgehen, dass die Reflexivität der Erfahrung das Mittel der Realisierung dieser spekulativen Identität sein wird. Das Bewusstsein kann dann mit der eigenen Identität *in der Zeit* rechnen und dieses Rechnen als seine Subjektivität entwerfen.

Die Subjektivität eines solchen mit sich rechnenden Bewusstsein besteht dann darin, dass das Bewusstsein sich durch sein Selbstbewusstsein mit seinen Erfahrungen identifiziert und diejenige Substanz bildet, in der jene Subjektivität die eigene Realität erfährt; darum ist die Substanz „ebensosehr als Subjekt auszudrücken und auszusagen".[86] Die spekulative Identität von Bewusstsein und Gegenstand durch reflexive, sich selbst bewusste Erfahrung bildet nicht nur eine Substanz, die ebenso Subjekt ist, sie bildet letztlich das, was Hegel im Verlauf der *PhdG* zum „absoluten Geist" entwickeln wird.[87]

Doch hier geht es vorerst allein darum, dass das Bewusstsein durch das Selbstbewusstsein zur Vernunft dadurch kommt, dass es die Maßgeblichkeit einer rein negativen Vermittlung erfährt. Die Vernunft liegt in der Notwendigkeit, dass sich das Wissen durch Erfahrung *bilden* muss und ein gemeinsamer Prozess ist, der Prozess der Bildung einer Entsprechung zwischen Objekt und Subjekt. Damit ist noch nichts über den Inhalt der Erfahrung sowie der Erkenntnis und des Wissens gesagt. Aber Hegel zeigt, dass das Bewusstsein sich im Selbstbewusstsein erst die Möglichkeit eröffnet, dass *überhaupt* durch Erfahrung objektives Wissen eintritt, und dass dieses Wissen mit Notwendigkeit und Allgemeinheit eintritt, denn das Bewusstsein ist im Selbstbewusstsein auf ein ebenso gemeinsames wie unabhängiges Maß für sich *und* den Gegenstand gestoßen und hat es gleichsam herausgesetzt. Ein solches Maß ist, im Gegensatz zum Maß in der Naturwissenschaft, nichts Positives, nichts irgendwie Bestimmtes, sondern es ist nur dafür da, Bewusstsein und Gegenstand zu unterscheiden und auseinanderzuhalten und dadurch zugleich die Notwendigkeit ihrer Identifikation durch das Wesen der Reflexion zu eröffnen.[88] Es ist diese Technik des Maßes: die Gegenständlichkeit eines Subjekts des Wissens und die Objektivität seines Gegenstandes zu eröffnen, die Hegel entwickelt und die der Naturwissenschaft und dem Verstandesdenken entgeht.

---

86 Zum Bewusstsein als identischer Qualität sowie zur spekulativen Identität von Denken und Sein vgl. *PhdG*, S. 53ff. Dazu, dass „die Vernunft die Gewißheit des Bewußtseins (ist), alle Realität zu sein" (ebd., S. 179), vgl. ebd., S. 178ff. Erhebt das Bewusstsein seine Gewissheit, alle Realität zu sein, zur Wahrheit, so ist die Vernunft Geist, vgl. ebd., S. 324.

87 „Der *Verstand bestimmt* und hält die Bestimmungen fest; die *Vernunft* ist negativ und *dialektisch*, weil sie die Bestimmungen des Verstands in nichts auflöst; sie ist *positiv*, weil sie das *Allgemeine* erzeugt und das Besondere darin begreift. Wie der Verstand als etwas Getrenntes von der Vernunft überhaupt, so pflegt auch die dialektische Vernunft als etwas Getrenntes von der positiven Vernunft genommen zu werden. Aber in ihrer Wahrheit ist die Vernunft *Geist*, der höher als beides, verständige Vernunft oder vernünftiger Verstand ist. Er ist das Negative, dasjenige, welches die Qualität sowohl der dialektischen Vernunft als des Verstandes ausmacht […]." (*WdL I*, S. 16–17.)

88 Eine erste Zusammenfassung dieser Bedeutung des Maßes gibt Hegel auf den letzten Seiten der Einleitung in die *PhdG*, S. 75ff., wo es um das Maß wahrer Erkenntnis und die Abgrenzung zum Maß in der Naturwissenschaft geht. Hier bestimmt Hegel den Begriff als den Maßstab eines Wissens, der im Messen des Gegenstandes (in der „Prüfung" oder in der Erfahrung) sich ebenso entwickeln muss wie der gemessene („geprüfte" oder erfahrene) Gegenstand, und zwar allein schon darum, weil das Bewusstsein in der Erfahrung des Gegenstandes auch sich selbst bewusst ist, mithin sich selbst der Gegenstand ist und die eigene Realität erfährt (nämlich die Realität des Realisierens der Gegenstandserfahrungen zu sein). Das Bewusstsein muss daher durch sein Selbstbewusstsein *begreifen*, dass es die Unterscheidung in Bewusstsein und Gegenstand trifft und dass es diese Unterscheidung ist, welche die Reflexion überhaupt erst zur gemeinsamen Vermittlung werden lässt.

Es muss dem zweiten Abschnitt über Lukács vorbehalten bleiben genauer zu zeigen, auf welche Weise das Bewusstsein durch das Selbstbewusstsein mit der eigenen Identität rechnen kann und dadurch zum Subjekt eines Wissens aus der Erfahrung wird, und inwiefern auch durch das Geld mit der Identität so gerechnet wird, dass die Gesellschaft eine Art Selbstbewusstsein für sich hat. Im Anschluss an den Abschnitt über Lukács wird es dann im dritten Abschnitt um das Maß in der *WdL* gehen, die zur ersten Orientierung ebenfalls kurz vorab skizziert werden soll.

Die Wissenschaft der Logik: *Die Maßgeblichkeit des Seins für es selbst*
Die *PhdG* beginnt damit, dass das Bewusstsein, damit es überhaupt die Erfahrung der Objektivität machen kann, je von sich getrennt sein muss. Es muss vom Selbstbewusstsein aus auf sich *und* den Gegenstand zurückkommen, um in aller Erfahrung des Gegenstandes ebenso sich selbst der Gegenstand der Erfahrung zu sein und das Maß für ein objektives Wissen aus der Erfahrung zu erhalten. Erst wenn die Subjektivität nichts als sich selbst ausgesetzt ist, erfährt sie, indem ihr anderes eintritt, die Objektivität, ebenso sich selbst.
Die Selbstentfremdung des Bewusstseins, durch welche die Unterscheidung in Subjektivität und Objektivität eintritt, ist in der *WdL* dagegen je gegeben, und ihre Aufgabe ist nun, die Logik der Identifikation der Objektivität durch die Subjektivität des begrifflichen Denkens zu entwickeln.

Die *WdL* beginnt mit der Objektivität. Während der *PhdG* zufolge das Bewusstsein durch das Selbstbewusstsein der eigenen Identität ausgesetzt ist und dadurch in aller Erfahrung stets ebenso sich selbst zum Objekt der Erfahrung hat, wird der *WdL* zufolge die Objektivität begriffen, indem sie im begrifflichen Denken ebenfalls ihrer Identität ausgesetzt und an nichts als sie selbst gehalten wird, ganz so, als würde die Objektivität dadurch ihre eigene innere Notwendigkeit erfahren und mit ihr die eigene Bestimmung oder kurz, das eigene Sein.
Somit geht es auch in der *WdL* zunächst um die Voraussetzung der Reflexion. Im Gegensatz zur *PhdG* wird die Voraussetzung aber nicht phänomenologisch aus dem Gegensatz von Bewusstsein und Gegenstand *eingeholt*, sie wird rein systematisch-logisch *entwickelt*. Während die *PhdG* auf phänomenologische Weise zeigt, dass das Bewusstsein durch das Selbstbewusstsein seine Identität als Subjekt des Wissens erhält, zeigt die *WdL*, dass auch die Objektivität, indem sie durch jene Subjektivität an sie selbst gehalten wird, durch sie selbst bestimmt sein und dadurch ihre Identität erhalten muss. Die Maßgeblichkeit einer negativen Vernunft tritt hier zwar nicht dadurch ein, dass sich ein Bewusstsein qua Entfremdung und innerer Spaltung an sich selbst hält und im Reflektieren seine Identität erhält, aber sie tritt ein, indem dasselbe Bewusstsein die Objektivität im begrifflichen Denken an sie selbst hält und ein Selbstverhältnis sein lässt. Die Notwendigkeit, dass die Objektivität durch nichts als sie selbst bestimmt und maßgeblich für sie selbst sein muss, ergibt diejenige ideelle

Identität, von der her der Begriff denken muss, um die Logik des Seins und die Identität der Objektivität zu erschließen.
Hegel entwickelt diese Logik in der *WdL* in drei Teilen. Der erste beginnt mit der Vernunft, die darin liegt, die Objektivität voraussetzungslos durch sie selbst bestimmen sein zu lassen; im zweiten und dritten Teil wird die Logik dieses bewusstlosen Selbstbezugs dann durch das Wesen der Reflexion begriffen und aufgehoben.
Wie sieht diese Entwicklung der Logik im Einzelnen aus?

Hegel beginnt die Seinslogik, den ersten der drei Teile der *WdL*, mit der *Qualität* der Objektivität, dem „reinen Sein" (Hegel). Er zieht das reine Sein sogar noch vor dessen eigentliche Entwicklung, vor dasjenige seinslogische Übergehen, in welchem das Sein dann zur Form der Bestimmung wird und *Da-Sein* ist.[89] Entsprechend ist dieses der eigenen Bestimmung vorgezogene Sein das *Un*bestimmte, und als solches ist das Sein ebenso – Nichts. Doch genau dieses nichtige Sein wird im Fortgang als *die Qualität des Bestimmens selbst* ausgelegt und ergibt die Objektivität. Das Sein muss mithin als die Qualität der Objektivität *schlechthin* gedacht werden, als die unbestimmte, negative Qualität, die zugleich das Bestimmen der Objektivität selbst ist. Wird Objektivität auf diese Weise als durch sie selbst bestimmt gedacht, identifiziert das Denken sich gleichsam mit ihrem Sein.

Diese reine, unbestimmte und als solche nichtige und doch absolute Qualität des Seins legt Hegel dann im ersten Teil der *WdL* in drei Schritten in die Objektivität auseinander; zuerst in die Bestimmung der Qualität oder, was dasselbe ist, die Qualität des Bestimmens, dann in die Qualität der Qualität oder die Quantität und schließlich in die Vereinigung von Qualität und Quantität, wodurch die Objektivität sich bewusstlos und unmittelbar selbst erschließt und maßgeblich wird für sich. Um zu dieser Maßgeblichkeit zu gelangen, gilt es also, die „Dreifaltigkeit" des Seins nachzuvollziehen.

Entscheidend für den Begriff der Objektivität wird der reine Anfang bleiben, denn indem er das „reine Sein" dessen eigentlicher Entwicklung durch die drei genannten Schritte vorzieht, stellt er vorweg heraus, dass die Qualität des Seins nichts ist als ein unmittelbares und unbestimmtes Übergehen; dieses Übergehen wird die Logik der Objektivität ergeben. Gleichwohl nimmt er dieses eben noch vorgezogene, reine und unbestimmte Sein und sein Übergehen in Nichts unmittelbar wieder zurück, nämlich in die Unmittelbarkeit des Bestimmens. Er nimmt das Sein buchstäblich *in* dessen Bestimmung zurück, denn er zeigt, dass die Qualität des Seins – also seine Reinheit und Unbestimmtheit durch sein Übergehen in Nichts – erst *im Übergegangensein da* ist: Die Qualität des Seins entsteht in der Notwendigkeit, dass es sich im Übergehen

---

89 Hegel trennt im Darstellungsgang der *WdL* das reine Sein von dessen Entwicklung zunächst durch die Frage, womit der Anfang der Logik gemacht werden muss (*WdL I*, S. 65–78). Dann wird das Sein gleich am Anfang seiner Entwicklung (also am Anfang des ersten Kapitels des ersten Buches des ersten Teils der *WdL*) noch einmal getrennt: Im ersten Kapitel „Sein" trennt Hegel das Sein gleichsam von dessen Bestimmung, indem er in „A. Sein; B. Nichts; C. Werden" das Sein zunächst vollkommen unbestimmt sein lässt (*WdL I*, S. 82–83). Danach erst entwickelt er in den Kapiteln zwei und drei des ersten Abschnitts genau diese *Unbestimmtheit* zur Qualität der Bestimmung des Daseins und zum Fürsichsein.

unmittelbar an-sich bestimmt. In dieser Bestimmung durch sich selbst ist das Sein im unmittelbarsten Sinne da, ist es im Da-sein. Das Sein ist also darum vollkommen unbestimmt und ebenso Nichts, weil es nichts ist als das Bestimmen selbst.
Das Dasein hält sich im Übergehen, während es sich auf rein negative Weise an-sich bestimmt und darin für-sich ist, identisch; das Übergehen wird durch diese Identität zur Qualität des Daseins schlechthin. Diese ebenso unmittelbare wie bewusstlose Form der Selbstbestimmung durch das bloße In-sich-Übergehen legt Hegel in die berühmte Form der „Negation der Negation" aus.[90] Genauer gesagt zeigt er, dass es gleichsam die Negation der Negation selbst ist, die sich die Form der unmittelbaren Selbstbestimmung des Daseins auslegt, nämlich im Verhältnis von Etwas und ein Anderes. Beide haben dieselbe Negation der Negation unmittelbar als ihre Bestimmung an-sich aufgehoben und teilen dadurch dasselbe Sein; sie sind somit zwar im Widerspruch bestimmt, aber eben durch ein und dieselbe Bestimmung-gebende Form.
Weil das Sein im Bestimmen des Daseins in sich selbst übergeht und zur identischen Qualität aller Bestimmungen wird, ist das Sein im Dasein *für-sich*.[91] Dieses Fürsichsein ergibt den zweiten Schritt in der Logik des Seins. Denn wenn das Sein in aller Bestimmung *im* Dasein bleibt und dessen Identität ausmacht, so bleibt das Übergehen des Seins in aller Bestimmung ein und dieselbe, unbestimmte und leere, gleichgültige Qualität, und genau *das* wird zur eigentlichen Qualität der Qualität – nämlich rein *quantitativ* umzuschlagen. Da das Sein in all seinen Bestimmungen, auseinandergelegt in das Verhältnis von Etwas und Anderes, auf nichts als sich selbst trifft und ein und dasselbe bleibt, muss es sich gleichsam gegen sich selbst richten und auf sich selbst anwenden, d. h. es muss im Verhältnis von Etwas und Anderes die eigene Identität *umschlagen* und sich durch bloße *Unterscheidungen* bestimmen, durch bloße Unterscheidungen in-sich. Dieses Umschlagen der Identität des Seins ergibt die Qualität der Qualität, die *Quantität*.[92]
Im Umschlagen in Quantität geht das Sein, das zunächst durch das Verhältnis Etwas und ein Anderes Bestimmung erhielt, quantitative Verhältnisse ein und erhält *dadurch*, durch bloße quantitative Unterscheidungen, seine Bestimmung. Dieses Umschlagen der Qualität in Quantität und das Eintreten des Seins in quantitative Verhältnisse ergibt den dritten Schritt der Logik des Seins, das Maß. Das Maß ergibt sich aus der *Qualität quantitativer* Verhältnisse, in Hegels Worten, aus der „Vereinigung" und der „Einigkeit" von Qualität und Quantität,[93] wobei sowohl das Umschlagen in Quantität als auch das Vereinigen von Qualität und Quantität letztlich meint, dass sich in quantitativen Verhältnissen die Qualität des Bestimmens auf sie selbst anwen-

---

90 Vgl. *WdL I*, S. 125ff.
91 Vgl. *WdL I*, S. 115–208 (Erster Abschnitt mit den zwei übrigen Kap. „Das Dasein" u. „Das Fürsichsein").
92 Vgl. *WdL I*, S. 209–386 (Zweiter Abschnitt über die Quantität (Größe) mit den drei Kap. „Quantität", „Quantum" u. „Das quantitative Verhältnis").
93 Vgl. *WdL I*, S. 387–394.

det. Die Bestimmung des Daseins durch Etwas und Anderes ist, wenn ihr Verhältnis rein als solches bestimmt wird und in der Quantität die eigene Identität durch Werte bestimmt, auf blind-naturwüchsige, aber genau darin objektive Weise selbstbezüglich. In der Qualität quantitativer Verhältnisse ist die Objektivität vollkommen und eindeutig durch sie selbst bestimmt, aber vollkommen bewusstlos; sie ist daher indifferent gegen die eigene Bestimmtheit.

Das Sein ist somit, zusammengefasst, erstens ein Übergehen-in-sich und dadurch sowohl das Bestimmen des Daseins als auch dessen identische Qualität, auseinandergelegt im Verhältnis von Etwas und ein Anderes; das Verhältnis schlägt, zweitens, quantitativ um; und im Eingehen quantitativer Verhältnisse ist das Sein schließlich, drittens, vollkommen durch es selbst bestimmt und beschließt die Maßgeblichkeit für sich selbst.[94]

Die Identität des Seins ist durch das reine In-sich-Übergehen, das Umschlagen in Quantität sowie durch das Vereinigen von Qualität und Quantität bereits eine *Reflexion*, allerdings im Sinne eines vollkommen unmittelbaren und bewusstlosen Reflektierens. In diesem naturwüchsig-blinden Reflektieren ist die Objektivität unentschieden beides, sie ist einerseits im In-sich-Übergehen durch nichts als sie selbst bestimmt oder besser, sie ist sich selbst das Objekt der Bestimmung und darum maßgeblich für sich selbst, aber darin bleibt sie andererseits vollkommen bewusstlos; sie hält sich gleichsam in der eigenen Unmittelbarkeit auf und bleibt der eigenen Bestimmung gegenüber indifferent.

Erst nachdem die Objektivität vollständig entwickelt ist, zeigt Hegel, dass ihre Bewusstlosigkeit und Unmittelbarkeit im Wesen der Reflexion vergeht; sie vergeht, indem das seinslogische Übergehen als ebenso unmittelbares wie bewusstloses Reflektieren reflektiert wird und diese Reflexion einer bewusstlosen, Objektivität konstituierenden Reflexion im Begriff aufgehoben wird. Hier, im Begriff, kommt das blinde und bewusstlose In-sich-Übergehen der Objektivität im Wortsinn zur Sprache, und zwar so, dass die Objektivität im Begriff sich selbst entspricht, d. h. sie wird so wiedergegeben, als würde sie sich selbst äußern und sagen, was sie an-sich ist.

Das seinslogische Übergehen und die Maßgeblichkeit des Seins für sich selbst werden, wie schon gesagt, in der zweiten großen Auseinandersetzung betrachtet. Sie beschäftigt sich zunächst mit Adorno und setzt dann das seinslogische Übergehen der *WdL* mit dem wertförmigen Übergehen analog, das Marx in der Wertformanalyse entwickelt. Die dritte Auseinandersetzung beschäftigt sich dann mit Alfred Sohn-Rethel; in ihr wird es schließlich um die Analogie gehen zwischen dem Selbstbezug des Begriffs und dem Selbstbezug, der in der Kapitalform des Geldes liegt.

Doch zurück zur Konstitution der Objektivität durch das Maß! Bevor in die eigentliche Analogie eingestiegen werden kann, stehen noch das Abgeben und die Technik

---

94 Vgl. *WdL I*, S. 387–457 (Dritter Abschnitt über das Maß mit den drei Kap. „Die spezifische Quantität", „Das reale Maß" und „Das Werden des Wesens").

des Maßes bei Marx aus. Hegel, so wurde gezeigt, kommt durch zwei unterschiedliche Darstellungen zur Technik des Maßes. Der phänomenologischen Darstellung zufolge ist das Bewusstsein durch das Selbstbewusstsein der eigenen Identität ausgesetzt und wird dadurch zu dem Subjekt, das in aller Erfahrung der Objektivität ebenso sich selbst Objekt ist und die eigene Objektivität erfährt; es muss daher mit der eigenen Identität rechnen. Der rein logisch-systematischen Darstellung der *WdL* zufolge rechnet diese Subjektivität mit der Identität der Objektivität, indem sie nun diese Objektivität einer ideellen Identität aussetzt und so vom *Sein* der Objektivität her denkt. Beide Darstellungen implizieren eine Kritik der Naturwissenschaft und des reflektierenden Verstandesdenkens. Es gilt zu skizzieren, inwiefern Marx' Entwicklung des Geldes zu dieser umfassenden Kritik in Analogie gebracht werden kann.

7.4 Das Maß bei Marx

Wurde schon die Bedeutung des Maßes für die Hegel'sche Dialektik übergangen, so ist es fast folgerichtig, dass das Maß auch in der Interpretation der Marx'schen Dialektik der blinde Fleck blieb. Auch hier wurden die zentralen Begriffe und Kategorien der *KdpÖ* ausführlich gewürdigt und zur Dialektik von Wertform und Wertsubstanz, Produktion und Zirkulation, Produktivkräften und Produktionsverhältnissen, Arbeit und Kapital entwickelt, aber auch hier, ohne die Bedeutung des Maßes für die dialektische Bestimmung all dieser Kategorien zu erkennen und ohne in der Kapitalform des Geldes einerseits und in der Verwertung des Werts andererseits einen Messprozess zu erkennen. Folgerichtig wurde die Kapitalform des Geldes auch nicht zu einer Ökonomie entwickelt, die im Geld sich selbst misst und durch die gemessenen Werte die Produktivität der Verwertung von Arbeit und Kapital bestimmt. So blieb ein blinder Fleck, dass die kapitalistische Ökonomie eine ebenso rein ideelle wie maßgebliche Werteinheit für sich hat, indem sie ihre Resultate, die Waren, durch das Geld als Werte realisiert und dadurch gleichsam an diese ideelle, maßgebliche Einheit hält. Mehr noch, die Waren treten durch dieselbe Werteinheit, die sie als Werte realisiert und vermittelt, nicht nur in ihr eigenes Verhältnis ein, dieselbe Realisierung ermittelt in den Warenwerten auch die produktive Kraft der Verwertungsbestandteile ihrer Produktion.

Genau genommen ist das Maß in der Marx-Interpretation sogar in doppelter Hinsicht ein blinder Fleck geblieben. Zum einen in Hinsicht auf die Bedeutung, die das Maß in Marx' *KdpÖ* für eine Kritik durch Darstellung hat, zum anderen in Hinsicht darauf, dass diese *KdpÖ* ja darstellt, auf welche Weise die ideelle Werteinheit, die Maßfunktion des Geldes und die Form der Messung auf ganz praktische Weise zu einem blinden Fleck werden, indem sie in der Unmittelbarkeit und Selbständigkeit ökonomischer Kategorien verschwinden, und zwar verschwinden ausgerechnet durch die *Bestimmung* und *Darstellung* des gesellschaftlichen Verhältnisses und durch die *Realisierung* der produktiven Kraft, die aus der Verwertung resultiert.

Die Blindheit gegenüber der Bedeutung von Maß und Messung gilt auch für die neue Marx-Lektüre, sei es im oben genannten weiteren Sinne (die verschiedenen strukturalen, operaistischen, dekonstruktiven, biopolitischen usw. Marx-Lektüren seit 1968ff.) oder im engeren Sinne (die Phase der Rekonstruktion, besonders im deutschsprachigen Raum). Die Bedeutung des Geldes für Marx' Ökonomiekritik wurde zwar erkannt, aber nicht die Bedeutung seiner Maßfunktion. Im Gegenteil, in der Regel wurde das Geld statt als Maß weiterhin nur als allgemeines Äquivalent und Tauschmittel interpretiert, und davon ausgehend wurde dann auch seine Kapitalform entwickelt. Solange aber das Geld nicht über seine erste Funktion als Maß entwickelt wird, solange ist auch seine Bedeutung als Tauschmittel und als Kapital nicht ermessen. Weder ist der Einstieg in sein Wesen als Tauschmittel und in seine Form als Kapital gefunden, noch der Einstieg in die Einheit von Erkenntnisweise und ökonomischer Gegenstandskonstitution, noch ist die Bedeutung des Maßes für eine Kritik des Kapitals durch seine Darstellung erkannt, noch kann das Verhältnis zwischen der Messung der Gesellschaft und der Messung der Natur geklärt werden. Ja, es kam gar nicht erst in den Blick, dass die Tauschmittelfunktion als ein *Schein* kritisiert werden muss, weil das Geld im Kapitalismus, im Gegensatz zu allen vor- und nichtkapitalistischen Gesellschaften, als Tauschmittel und in Form der Warenzirkulation eine *Messung* durchführt und in den Waren die Produktivkraft der Arbeit und ihre Steigerung durch das Kapital ermittelt. Es ist diese produktive Kraft, die das Tauschmittel durch die Realisierung der Warenwerte ins Verhältnis setzt.

Dass diese Bedeutung nicht erkannt wurde, ist umso erstaunlicher, als auch das *Kapital* von Anfang an um das Maß kreist, genau wie die *PhdG* und die *WdL*. Mit der Analyse der Wertform der Ware stellt Marx sogar den Ursprung des Maßes an den Anfang: Die Analyse der Wertform der Ware zeigt auf logisch-systematische Weise, wie das rein gesellschaftliche Verhältnis der Waren ein Maß für sich abgibt. Die ausführliche Entwicklung des Maßes bleibt allerdings den drei Abschnitten über Lukács, Adorno und Sohn-Rethel vorbehalten. Hier soll vorweg nur gezeigt werden, warum dem *Kapital* zufolge das gesellschaftliche Verhältnis der Waren im Geld ein Maß für sich hat und inwiefern Marx' Entwicklung des Maßes in eine Analogie sowohl zur *PhdG* als auch zur *WdL* gesetzt werden kann.

Das Abgeben des Maßes als Einstieg in eine Kritik durch Darstellung
Betrachtet man zunächst die Analogie zum Maß in der *PhdG*, so beginnt auch das *Kapital* mit einer Kritik der Unmittelbarkeit, nämlich mit der Kritik, dass im Kapitalismus die Arbeit und die Ware eine doppelte Bestimmung an sich haben. Die Kritik zielt darauf, dass in der doppelten Bestimmung der Ware (Gebrauchswert und Tauschwert) und der Arbeit (konkrete und abstrakte Arbeit) genau diejenige Voraussetzung verschwunden ist, welche alle Arbeiten und alle Dinge überhaupt erst in ein und dasselbe gesellschaftliche Verhältnis *setzt*, und das so, dass ihr gesellschaftliches Verhältnis *rein als solches* erfahrbar wird. Um diese Voraussetzung einzuholen, zeigt Marx gleich im Anschluss an die doppelte Bestimmung der Arbeit und der Waren, wie der kapitalistischen Gesellschaft ein Maß gegeben wird – jenes Maß, durch das

die Arbeit und die Ware ein und dasselbe Verhältnis teilen und ihre doppelte Bestimmung erhalten.

Das Abgeben des Maßes zeigt Marx in der Analyse der Wertform der Ware.[95] Die Analogie zur *PhdG* und zum ‚Abgeben' des Selbstbewusstseins wird hier besonders augenfällig, denn auch in der Wertformanalyse geht es um eine ebenso radikale wie grundlegende Trennung. Die Wertformanalyse zeigt nämlich, dass eine beliebige Ware A so von der Warenwelt getrennt und ausgesondert sein muss, dass sie für alle Waren eine rein ideelle Werteinheit fixiert und dadurch die gesamte Warenwelt in ein und dasselbe Verhältnis (ver-)setzt. Indem durch diese eine ausgesonderte Ware, die Geld-Ware, eine übersinnlich-ideelle Werteinheit fixiert wird, steht die Geldware buchstäblich *für* das Maß des Werts. Sie hält als Maß des Werts diejenige ideell-spekulative und noch vollkommen unbestimmte Einheit identisch, in der die kapitalistische Gesellschaft anstelle eines Selbstbewusstseins ein allgemeines Äquivalent für ihr eigenes Verhältnis hat. Durch dieses Äquivalent wird der Gesellschaft gleich einem Selbstbewusstsein eine überindividuelle, ideelle Einheit gegeben, vermittelst der sie in das eigene Verhältnis eintreten und zugleich dessen Bestimmung ineins durchführen und erfahren kann. Während also das Bewusstsein durch das Selbstbewusstsein in aller Erfahrung hinterrücks sich selbst erfährt und dadurch allererst eintritt und identisch bleibt, tritt die Gesellschaft durch die Werteinheit, die durch das Geld in Anspruch genommen wird, hinterrücks in ihr eigenes Verhältnis ein, erfährt zugleich dessen Bestimmung und hält es in aller Veränderung identisch. Von hier aus ergeben sich die weiteren Schritt einer Analogie: So wie das Bewusstsein sich entfremden muss, um durch sein Selbstbewusstsein auf sich zurück und allererst zu sich zu kommen, so kommen auch die Waren durch die ausgeschlossene Geldware auf ihr eigenes Verhältnis zurück und treten dadurch erst in ein gemeinsames Verhältnis ein; so wie das Bewusstsein sich durch das Selbstbewusstsein in aller Erfahrung eins ist und identisch hält, ist auch im Geld das Verhältnis der Waren eins und wird identisch gehalten; und so wie das Bewusstsein durch das Selbstbewusstsein in all seinen Erfahrungen zugleich sich selbst identifizieren kann und dadurch sich als Realität der Vermittlung erfährt, so kann die Gesellschaft durch das Geld das eigene Verhältnis realisieren

---

95 *Kapital I*, S. 62ff. Der Begriff „Abgeben" soll, wie in Anm. 6 bereits angekündigt, den eigentümlichen Status der Marx'schen Entwicklung des Maßes kennzeichnen. Die Wertformanalyse ist keine historische Rekonstruktion des Maßes und auch nicht als die Konstruktion einer Art Ursprungsszene zu verstehen, schon gar nicht im Sinne einer praktischen (Tausch-)Handlung. Sie ist aber auch noch keine systematisch-logische Entwicklung des Maßes (denn die muss zeigen, dass das Geld die Waren als Resultate der Verwertung von Arbeit und Kapital realisiert, dadurch die Produktivkraft dieser Verwertung misst und die für die weitere Verwertung von Arbeit und Kapital maßgeblichen Größen ermittelt und sie in den Wertgrößen der Waren sowie der Profite herausstellt). Es geht in der Analyse tatsächlich nur darum, *dass* es überhaupt ein Maß gibt und dass dieses Maß durch keine bewusste Tat oder Erfindung gegeben ist. Das Abgeben soll anspielen auf eine erste, anonyme und einseitige *Gabe*, die Gabe einer ideellen Werteinheit, und die muss nicht nur von allen Geldbesitzern und -benutzern auf bewusstlose Weise angenommen und anerkannt werden, sie wird auch von allen Arbeiten und allen Waren, indem sie durch das Geld in ein gemeinsames Verhältnis (ein-)treten, gleichsam bewusstlos und naturwüchsig anerkannt.

und erfährt zugleich die Realität der Negativität ihrer eigenen Vermittlung, kurz, das eigene Sein. Entscheidend für eine Analogie ist, dass sowohl durch das Selbstbewusstsein als auch durch das Geld eine *über*individuelle Vernunft eintritt und maßgeblich wird; nur dass das Geld ein solch überindividuelles Selbstbewusstsein *ersetzt* und dafür sorgt, dass das gesellschaftliche Verhältnis auf eine bewusst-*lose* Weise sich selbst bestimmt. Obwohl natürlich nicht nur die Waren, sondern auch ihre *Besitzer* durch das Geld diese überindividuelle und bewusstlose (Wert-)Einheit für sich haben, abstrahiert Marx in der Wertformanalyse von den Warenbesitzern und ihrem Bewusstsein. Es geht zunächst darum, wie die kapitalistische Gesellschaft sich bewusstlos-naturwüchsig überhaupt *mit sich* ins Verhältnis setzt und wie sie dadurch auf blinde Weise die eigene Objektivität ineins herstellt und gleich einer Reflexion realisiert, und das gelingt eben nur, indem durch eine ausgeschlossene Geldware gleichsam hinterrücks diejenige ideelle Werteinheit eintritt, die zum maßgeblichen Mittel einer überindividuellen Reflexion des gesellschaftlichen Verhältnisses wird. Die Gesellschaft tritt durch das Geld in dasjenige Verhältnis ein, das demselben Geld in den Waren Gegenstand ist und realisiert wird, ganz so, als würde die Gesellschaft vermittelst des Geldes die eigene Objektivität wie in einer naturwüchsig-bewusstlosen Reflexion begreifen.

Näher betrachtet, steht das Geld für diejenige Werteinheit, der durch das Verhältnis der Waren auch das Verhältnis der in ihnen verendlichten Verwertung von Arbeit und Kapital zum Gegenstand wird, zum Gegenstand der *Messung* oder phänomenologisch ausgedrückt: zum Gegenstand der Erfahrung. Diese unmittelbare Erfahrung im Sinne einer Messung gelingt, indem das Geld die Verwertung und ihre Resultate einerseits von ihrem empirischen Dasein trennt und auf eine rein negativ-ideelle Werteinheit bezieht, dasselbe Geld andererseits die Verwertung und die Waren durch diese Trennung und durch diesen Bezug überhaupt erst in ein objektives, rein gesellschaftliches Verhältnis *setzt*. Unmittelbarer noch, es löst die ideelle Werteinheit, auf die es die Verwertung von Arbeit und Kapital vermittelst der Realisierung ihrer Resultate, der Waren, bezieht, geradezu *im* Wertverhältnis der Waren *ein* und sorgt so für die Realität der Idealität der maßgeblichen Werteinheit. Durch dieses Einlösen der Werteinheit geht die Gesellschaft mit den realisierten Werten ein Selbstverhältnis ein, dasjenige Selbstverhältnis, das in den Wertgrößen der Waren und der Profite expliziert wird und eine rein gesellschaftliche Substanz bildet, von Marx bezeichnet als „abstrakte Arbeit".[96]

Wenn aber das Geld bewusstlos diejenige rein gesellschaftliche Substanz erfährt, die es im Einlösen der ideellen Werteinheit erst realisiert und bildet, dann gibt es hier offensichtlich diese Verschränkung: Durch das Ausschließen einer Geldware wird eine *ideelle* Werteinheit im Verhältnis aller anderen Waren *realisiert* und bildet ihre Substanz. Mit anderen Worten, es muss beständig ein und dieselbe Geldware ausgeschlossen

---

96 *Kapital I*, S. 52.

werden, damit durch diesen Ausschluss das Verhältnis all der einzelnen Waren eintreten kann. Es muss dann scheinen, als würden alle Waren im Ausschließen immer ein und derselben Geldware eine gemeinsame Einheit teilen, und diese Einheit wird ihnen zum Mittel der Realisierung ihres Verhältnisses gleich einer ideellen Reflexion durch ein übergreifendes, überindividuelles Selbstbewusstsein. Analog dem Bewusstsein in der *PhdG*, das sich von sich selbst entfremden und trennen muss, um durch das dadurch eintretende Selbstbewusstsein in der Erfahrung des Gegenstandes ebenso die Erfahrung seiner selbst machen zu können, muss durch das Ausschließen einer Geldware eine maßgebliche, übersinnliche Einheit eintreten und identisch gehalten bleiben, damit diese realisiert und eingelöst, was der Geldware zugleich Gegenstand einer bewusstlosen Erfahrung ist: Das gesellschaftliche Verhältnis der Waren (und in dem wird wiederum das Verwertungsverhältnis ihrer Produktion realisiert).

Der Materialismus dieser Verschränkung, dieses Realisierens einer ideellen Einheit durch das Ausschließen einer Geldware, löst sich nur *praktisch* ein. Folgerichtig muss das Geld das gesellschaftliche Verhältnis der Waren auf *praktische Weise* bewusstlos erfahren. Marx zeigt durch die Analyse der Wertform zunächst ja lediglich, auf welche Weise den Waren eine Einheit rein *logisch* gegeben ist; eine zudem noch ideell-übersinnliche Einheit, die vorerst nur für ein reines und unbestimmtes Verhältnis und eine bloß spekulative und ideelle Identität steht. Er muss daher im Anschluss an die Analyse noch zeigen, wie die ideelle Identität *praktisch* eintritt und ihre Realität praktisch geltend macht – nämlich indem das Geld zum *Tauschmittel* wird.⁹⁷ Die Waren können ihr gesellschaftliches Verhältnis durch die übersinnliche Werteinheit, für die das Geld steht, nur realisieren, wenn das Geld in die Vermittlung der Waren praktisch eintritt und die Maßgeblichkeit einer ideellen Werteinheit in Form dieser Vermittlung praktisch einlöst.

Auch diese Notwendigkeit der Praxis entspricht dem Selbstbewusstsein in der *PhdG*, denn so wie hier das Selbstbewusstsein erst in der praktischen Erfahrung eintritt, erst im Reflektieren, so tritt auch das Maß erst im Austauschprozess praktisch ein, erst im Austauschen und Zirkulieren der Waren; so wie das Bewusstsein erst in der Reflexion des Gegenstandes zugleich sich selbst erfährt und das Identische in aller Erfahrung bildet, mithin sich als Realität einer Vermittlung erfährt, so müssen auch die Waren auf praktische Weise durch das Geld an eine ideelle Einheit gehalten werden, damit sie vermittelst der Einheit ins Verhältnis treten und die Realität dieser Vermittlung ineins durch bestimmte Werte erfahren wird.

So wird das in der Wertformanalyse zunächst rein logisch analysierte Ausschließen einer maßgeblichen Geldware durch die Tauschmittelfunktion und dessen Austauschen der Waren zu einer gesellschaftlichen Praxis, und mit ihr werden das bewusstlose Realisieren des gesellschaftlichen Verhältnisses und das Bilden einer Wertsubstanz

---

97 Die Tauschmittelfunktion, die zweite Funktion des Geldes, entwickelt Marx im Anschluss an die Wertformanalyse und das Verhältnis von Ware und Geld, im zweiten Kapitel über den Austauschprozess, vgl. *Kapital I*, S. 99ff.

zu einem ebenso bewusstlosen wie praktischen Reflektieren. Die Waren werden durch das Tauschmittel in Kauf und Verkauf (G-W/W-G) auf ganz praktische Weise an ihre maßgebliche Einheit gehalten und sie werden wie in einer Reflexion durch diese Einheit gebrochen und als Werte eingelöst. Die ideelle Einheit nimmt dadurch die Form des Austauschens und Zirkulierens der Waren (…W-G-W…) an, ganz so, als würde die Einheit mit den Waren identifiziert und in ihren Wertgrößen verendlicht, und ganz so, als würden durch das Geld Reflexionsbestimmungen ineins getroffen und wiedergegeben. Gleich dem Bewusstsein, das sich im Reflektieren des Gegenstandes gleichsam hinterrücks an das eigene, übersinnliche und überindividuelle Selbstbewusstsein hält, werden auch die Waren durch das Tauschmittel hinterrücks an ihre eigene, ideell-übersinnliche und für das Verhältnis maßgebliche Werteinheit gehalten.

Auf die Analogie zwischen dem Geld und dem Selbstbewusstsein als Maß eines Wissens aus der Erfahrung wird die Auseinandersetzung mit Lukács im Anschluss an diesen ersten, noch vorbereitenden Abschnitt ausführlich zurückkommen. Noch ergiebiger ist es allerdings, das Geld in Analogie zu der rein logisch-systematischen Entwicklung des Maßes zu bringen, die Hegel in der *WdL* durchführt.

Diese Analogie wird im Abschnitt über Adorno in Angriff genommen. Sie muss statt an der Subjektivität und ihrer Möglichkeit objektiver Erfahrung (oder der Erfahrung von Objektivität) unmittelbar an der Objektivität selbst ansetzen, nämlich an ihrer *Qualität*. Die Qualität der Objektivität entwickelt Hegel in der *WdL* wie skizziert aus dem seinslogischen Übergehen, Marx entwickelt sie im *Kapital* aus dem wertförmigen Übergehen. Hegel entwickelt aus dem Übergehen sogar die *absolute* Qualität, das Sein oder die ideelle Identität der Objektivität, und auch Marx entwickelt im Wert die Qualität der Gesellschaft *schlechthin*, das „rein gesellschaftliche Verhältnis" oder die Qualität eines rein *gesellschaftlichen* Seins.

Wie muss diese Analogie zwischen Sein und Wert aussehen?

Der erste Überblick über Hegels Seinslogik hat bereits ergeben, dass das seinslogische Übergehen die identische Qualität aller Bestimmungen ist, weil es nichts ist als die Qualität des Bestimmens selbst: Das Übergehen von Sein und Nichts wird zum Umschlagen von Qualität in Quantität, und die Vereinigung von Qualität und Quantität beschließt wiederum in der Qualität quantitativer Verhältnisse die Maßgeblichkeit der Objektivität für sie selbst. Dieser Dreischritt lässt sich in Analogie zum wertförmigen Übergehen bringen. Auch in Marx' Entwicklung des Werts geht es um jene eigentümliche Qualität, die das Identische aller Bestimmungen ist, weil sie nichts ist als die Qualität des Bestimmens selbst, und auch Marx zeigt auf rein logisch-kategoriale Weise, dass die kapitalistische Ökonomie im Realisieren und Umschlagen einer maßgeblichen Werteinheit und im Übergehen endlicher Werte diejenigen quantitativen Verhältnisse eingeht, durch die sie maßgeblich wird für sich selbst.

Wenn die Analogie also an der Qualität, an der Quantität und an ihrer Vereinigung ansetzen kann, wie sieht dann dieser Dreischritt aus?

Die Analogie beginnt schon mit dem ‚reinen Anfang'. So wie Hegel das reine, unbestimmte Sein ‚vor' die eigentliche Durchführung der Seinslogik stellt und zunächst die

Qualität rein als solche zeigt, so zieht auch Marx im *Kapital* die Qualität rein als solche, den Wert, ‚vor' dessen Realisierung sowie ‚vor' die Entwicklung seiner kapitalistischen Verwertung: Er zieht ihn vor durch eine Wertformanalyse, die das Abgeben und Fixieren einer maßgeblichen Werteinheit zeigt. Die Analyse zeigt mithin, wie die Qualität des gesellschaftlichen Seins ‚gegeben' wird.

Diese Werteinheit, und mit ihr die gesellschaftliche Qualität, wird schlicht durch die oben genannte Aussonderung irgendeiner beliebigen Ware abgegeben. Indem die ausgesonderte Geldware für eine ideelle Werteinheit da ist, können in dieser einen Ware alle anderen Waren auf ihr ideelles Einssein zurückkommen, dieses Einssein quantitativ umschlagen und dadurch dasselbe Verhältnis, das sie eingehen, zugleich durch endliche Werte teilen und objektiv bestimmen. Allein dadurch also, dass die Waren im Geld quantitativ umschlagen und rein quantitative Verhältnisse eingehen, wird dieses gesellschaftliche Verhältnis durch die in den Waren ermittelten Wertgrößen maßgeblich für sich selbst, analog der Logik des Seins bei Hegel, die ebenfalls durch die Qualität quantitativer Verhältnisse die Maßgeblichkeit für sich selbst beschließt.

Weil das gesellschaftliche Verhältnis der Waren im Geld quantitativ umschlägt, muss es scheinen, als träten die Waren durch das Geld in ihr eigenes Verhältnis ein und gingen durch das Geld als Werte über. Das Maß des Werts ist somit zwar einerseits von den Waren insofern abgelöst, als die ausgeschlossene Geldware für ihr übersinnliches Sein und ihre Identität rein als solche steht. Andererseits ist das Geld so unmittelbar für die ideell-übersinnliche Werteinheit da, es steht so unmittelbar an der Stelle des Übergehens der Waren als Werte, und es wird dadurch so unmittelbar in eine quantitative Bestimmung gesetzt, dass die Existenz des Geldes nichts anderes *ist*, als das gesellschaftliche Verhältnis der Waren quantitativ umzuschlagen und durch dieses Realisieren quantitativer Verhältnisse die gesellschaftliche Objektivität buchstäblich herauszustellen.

Für dieses Realisieren muss das Maß indessen, wie oben schon gesagt, als Tauschmittel eintreten, und das Übergehen der Waren als Werte und das Eingehen quantitativer Verhältnisse muss die Form des Austauschens und Zirkulierens der Waren annehmen. Das Geld löst die Werteinheit, für die es steht, erst in Form der *praktischen Vermittlung* des Wertverhältnisses ein, und auch das Umschlagen und Vereinigen von Qualität und Quantität wird erst in Form des Austauschs zur Realität des gesellschaftlichen Verhältnisses. So sehr daher das Geld in seiner ersten Funktion als Maß des Werts für eine nur ideelle Identität der Objektivität steht, so sehr muss es diese ideelle Identität in seiner zweiten Funktion als Mittel der Realisierung des Werts auf *praktische* Weise realisieren.

Dieses praktische Realisieren des wertförmigen Übergehens kann nicht nur in Analogie gebracht werden zum oben skizzierten reflektierenden Bewusstsein in der *PhdG*, sondern auch zu demjenigen Reflektieren, das Hegel in der *WdL* im Anschluss an das seinslogische Übergehen entwickelt. Hier ist das Reflektieren das negative Wesen, das die Realität der Vermittlung zwischen Objektivität und Subjektivität begründet, und auch die Realität der gesellschaftlichen Vermittlung des Wertverhältnisses ist ein solches negatives Wesen. Indem das Wertverhältnis der Waren in Form des Austauschs und der Zirkulation im Geld übergeht und quantitativ umschlägt, wird es vom Geld so unmittelbar getroffen, als würde das Verhältnis durch eine ebenso unmittelbare wie praktische Reflexion realisiert. Entsprechend muss es scheinen, als seien die quantitativen Bestimmungen des Geldes Reflexionsbestimmungen, die dem Verhältnis der Waren entsprechen, also der gesellschaftlichen Objektivität, und als würden die Reflexionsbestimmungen im Wert des Geldes aufgehoben.

Durch die Vermittlung der Waren als Werte realisiert somit auch das Geld die ideelle Identität der gesellschaftlichen Objektivität auf die von Hegel in der Seinslogik entwickelte Weise, nämlich indem es das Verhältnis der Waren durch eine ideelle Werteinheit quantitativ umschlägt und im Bestimmen identisch hält, und auch das Geld beschließt in der Qualität quantitativer Verhältnisse die Maßgeblichkeit des gesellschaftlichen Verhältnisses für es selbst.

Soweit zum ersten Überblick über die Stellung und die Funktion des Maßes in Hegels *PhdG* und der *WdL* sowie in Marx' *Kapital*. Zum Abschluss dieses ersten, vorbereitenden Abschnitts soll Marx' Kritik des Maßes noch ins Verhältnis gesetzt werden zum Maß in der Naturwissenschaft. Das soll vor allem die Bedeutung des Maßes für eine Kritik der Reflexionslogik und des Verstandesdenkens noch einmal deutlich machen.

Das Maß als blinder Fleck der Naturalisierung der Natur und der Gesellschaft
Marx' Entwicklung der Maßfunktion und der kapitalistischen Bestimmung des Geldes lässt sich, wie allgemein üblich, als implizite Kritik der Nationalökonomie lesen, und die Entwicklung lässt sich zudem auf die skizzierte Weise in eine Analogie zu Hegels Kritik des reflektierenden Verstandesdenkens bringen. Sie kann darüber hinaus aber auch als Kritik der Naturwissenschaft gelesen werden, und diese Kritik lässt sich in Analogie bringen zu derjenigen impliziten Kritik der Naturwissenschaft, die in der *PhdG* und in der *WdL* angelegt ist.

So explizert Marx in der Analyse der Wertform, dass das Maß, nicht anders als in der Naturwissenschaft, der zu messenden Qualität selbst entnommen zu sein scheint. Im Fall der kapitalistischen Ökonomie ist die zu messende Qualität der Wert, also das rein gesellschaftliche Verhältnis der Waren (und die darin verendlichte Verwertung der Arbeit durch das Kapital), und entnommen wird das Maß, indem eine Ware, wie für die Wertformanalyse eben skizziert, von allen anderen ausgesondert ist und dadurch für diejenige übersinnliche, von allen Waren abgelöste Werteinheit steht, die das Übergehen der Waren als Werte realisiert. Marx zeigt allerdings, dass die Qualität des Werts dem Maß nicht äußerlich und nicht fertig gegeben ist. Im Gegenteil, Maß (Geld) und gemessene Qualität (Wert) sind untrennbar ineinander verschränkt. Diese Verschränkung zwischen Geld und Wert macht überhaupt die Schwierigkeit aus, die kapitalistische Ökonomie zu verstehen, ja, an der Verschränkung (und ihrer Darstellung) hängt vielleicht sogar die *gesamte* Ökonomiekritik.

Während jedenfalls die Naturwissenschaft das Maß der Natur quasi direkt zu entnehmen scheint und so bereits voraussetzen muss, was ihr durch das Maß doch erst

Gegenstand der Messung wird, geht Marx auf den gemeinsamen Ursprung oder die „Gleichursprünglichkeit"[98] (Heidegger) von Maß und gemessener Qualität, Geld und Wert zurück. Der gemeinsame Ursprung liegt darin, dass die Waren überhaupt erst in ein *rein* gesellschaftliches Verhältnis eintreten, indem sie durch das Geld an eine Werteinheit gehalten werden und quantitativ umschlagen. Durch das Geld treten die Waren gleichsam hinterrücks in ihr eigenes Verhältnis ein und realisieren es zugleich durch ihre Werte, und weil sie auf diese Weise je ein und dieselbe Werteinheit quantitativ teilen, treten sie nicht nur auf eine bestimmte Weise ins Verhältnis, sie sind auch je schon reflektiert worden.

Näher betrachtet, ist dieses Teilen und Umschlagen derselben Einheit, ist diese Unmittelbarkeit einer Reflexion aber die *Form einer Messung*, auch wenn diese Messung nur das Austauschen und Zirkulieren von Ware und Geld zu sein scheint. Die Form des Realisierens der Warenwerte bringt einerseits beständig die beiden Seiten der Messung hervor, das Geld auf der einen und das Wertverhältnis der Waren auf der anderen Seite, während sie andererseits beide Seiten wie in einer Reflexion miteinander verschränkt. Weil die Form des Austauschens und Zirkulierens ebenso Trennung wie Verschränkung zwischen messendem Geld und dem gemessenen Verhältnis der Waren ist, bildet sie eine *Entsprechung*, ganz so, als würde das Geld die ideelle Werteinheit, für die es steht, in Form des Austauschens und Zirkulierens der Waren einlösen und sie in den Warenwerten durch bestimmte Größen verendlichen und explizieren. Die Werteinheit wird im Einlösen des gesellschaftlichen Seins der Waren zu ihrem negativen Wesen, sie verschwindet im Verhältnis *als* Verhältnis – und doch *realisiert* dieses negative Wesen das gesellschaftliche Verhältnis der Waren und wird zum Identifikationsprozess zwischen dem Verhältnis der Waren und dem Geld.

Marx' Rückgang in die Gleichursprünglichkeit von Maß und gemessener Qualität führt zum blinden Fleck der naturwissenschaftlichen Konstitution von Objektivität, aber der blinde Fleck ist nicht im Sinne eines bloßen Mangels zu verstehen. Er ist nicht das, was in der Naturwissenschaft einfach übersehen wird, sondern er ist auch die Bedingung ihrer Möglichkeit im Kant'schen Sinne, denn dass die Messung die Natur an sie selbst hält und im Messen ihr Selbstverhältnis herausfordert, das ist auch die *Naturalisierung* der Natur und ermöglicht mithin erst eine Wissenschaft der Natur. Marx zeigt diese Naturalisierung der Natur zwar nicht durch eine Kritik der Naturwissenschaft. Aber er zeigt, dass auch die Gesellschaft durch ihre Messung an sie selbst gehalten ist und ein Selbstverhältnis eingehen muss – und auch hier *ist* dieses Selbstverhältnis die ‚Natur' der Gesellschaft. Obwohl die kapitalistische Gesellschaft durch die Maßfunktion des Geldes und in Form der Zirkulation der Waren in das eigene Verhältnis allererst eintritt, wird dieses *rein gesellschaftliche* Selbstverhältnis vom Geld wie ein *natürliches* Selbstverhältnis realisiert; die Identität der Gesellschaft wird durch rein quantitative Werte nicht anders zur Erscheinung gebracht als die Identität der Natur

---

98 Heidegger: *Sein und Zeit*, S. 131.

in der Wissenschaft, obwohl es doch Werte eines *rein gesellschaftlichen* Verhältnisses sind. In einer solchen Messung ist die Gesellschaft sich nicht nur selbst der Gegenstand, sondern sie wird sich selbst das Andere, d. h. ausgerechnet das rein Gesellschaftliche wird durch seine Messung und die gemessenen Werte ‚naturalisiert'. Unmittelbarer noch, die Gesellschaft äußert dasselbe rein gesellschaftliche Selbstverhältnis, das sie durch die Messung überhaupt erst eingeht, *als* ihre Natur; sie geht durch die Maßfunktion des Geldes dasselbe Verhältnis ein, das zugleich vom Geld wie ein selbständiges Naturverhältnis gemessen und durch bestimmte Werte wiedergegeben wird.

Marx' Entwicklung des Maßes enthält somit einerseits eine implizite Kritik der Naturwissenschaft (denn das Maß zeigt die Technik der Naturalisierung), andererseits wird diese Kritik an der gesellschaftlichen Natur oder an der Natur der Gesellschaft expliziert (nämlich indem die Naturalisierung einer zugleich rein gesellschaftlichen Qualität dargestellt wird).

Des Weiteren lässt sich mit Marx' Entwicklung des Maßes zeigen, dass das Maß nicht nur sowohl in der Naturwissenschaft als auch in der kapitalistischen Ökonomie Objektivität konstituiert, sondern mit ihr auch die Trennung in die Gegenständlichkeit von Objekt und Subjekt, ganz wie das oben für die Technik des Messens ansatzweise gezeigt wurde. Auch im Fall des Geldes wird dieselbe Differenz, die es als Maß zwischen Objekt und Subjekt eröffnet, erschlossen, wenn es die Objektivität ihrem Selbstverhältnis aussetzt und genau *das*, dieses Selbstverhältnis, einem Subjekt wie einen fertigen Gegenstand gibt. Allerdings zeigt sich hier auch der entscheidende Unterschied zur Naturwissenschaft. So scheint im Fall der Naturwissenschaft das Maß für die Wissenschaft die Unterscheidung zwischen dem Subjekt des Wissens und dem Gegenstand je getroffen zu haben: Das Maß setzt die Natur ihrem Selbstverhältnis aus und fordert es im Messen zugleich wie einen selbständigen und unabhängigen Gegenstand heraus. Die Wissenschaft kann sich durch die gemessenen Werte die Natureigenschaften fertig geben lassen; sie selbst bleibt der Natur äußerlich gegenüber und lässt sie so sein, wie sie ist. Sie *muss* die Natur sogar ein solch selbständiges Anderes sein lassen, denn nur dadurch geht die Natur ein reines – eben objektives – Selbstverhältnis ein (ganz abgesehen davon, dass dadurch auch erst ein entsprechendes Subjekt des Wissens hervorgerufen wird). Dagegen ist in der kapitalistischen Ökonomie nicht die Wissenschaft das Subjekt des Wissens, sondern ‚zuerst' das Geld selbst. Es ist das Geld, das als Maß dem gemessenen Verhältnis einerseits wie in einer äußerlichen Reflexion gegenübersteht und es ein Selbstverhältnis sein lässt und das andererseits als Tauschmittel ganz praktisch in dieses Verhältnis eintritt; das Verhältnis wird sogar im Geld selbst realisiert und macht seinen Wert aus. Insofern ist im Fall der Ökonomie nicht die Wissenschaft im Wissen über die Natur ihres Gegenstandes, sondern das Geld sorgt einerseits durch seine Realisierung bestimmter Werte dafür, dass die Ökonomie überhaupt Gegenstand des Wissens werden kann, und andererseits ist es selbst durch die ermittelten Werte beständig ‚im Wissen' um das realisierte Verhältnis. Es ist nicht nur im Wissen um dasselbe Verhältnis, das ihm in den Waren zugleich Gegenstand der Vermittlung und Realisierung ist, es sorgt darüber hinaus dafür, dass die realisierten Werte in der kapitalistischen Ökonomie, wie vielfältig sie auch immer erscheint und welche Gestalten ihre Metamorphosen und Kreisläufe auch annehmen, übertragen werden. Oder vielmehr kann umgekehrt die Ökonomie darum jede Gestalt annehmen und darum durch ihre Metamorphosen Formwechsel durchlaufen, weil das Geld dazwischen tritt und Werte überträgt und dadurch gleichsam sein Wissen weitergibt. Durch das Geld gehen Werte über, die durch alle Metamorphosen und Kreisläufe hindurch nur ihre Größe ändern und das Identische einer Ökonomie bilden, die durch die quantitative Bestimmung dieser Identität naturwüchsig ihre Verwertungsverhältnisse regelt, und mit ihnen bestimmte Auf- und Zuteilungen, Verteilungen und Anteilnahmen, das Wachstum und seine Begrenzungen.

So kommt es, dass das Geld zwar dasselbe äußerliche, einfache Reflektieren auf die Natur der Gesellschaft, dasselbe rein quantitative Identifizieren und dasselbe Rechnen mit bestimmten Werten ermöglicht, das die Technik des Maßes der Naturwissenschaft ermöglicht. Es ermöglicht jedem einzelnen Verstand, die kapitalistische Ökonomie durch Werte zu realisieren und mit ihnen zu rechnen – aber das Geld ermöglicht das eben nur darum, weil auch in diesem individuellen Realisieren und Rechnen des Verstandes es letztlich das Geld ist, das zum Subjekt des Realisierens und Rechnens wird. Wie immer das individuelle Bewusstsein in der Ökonomie auch mit Werten rechnet, es muss dadurch die Werteinheit, für die das Geld steht, in Anspruch nehmen und an seinem bewusstlosen, überindividuellen und objektiv gültigen Rechnen mit der Identität der Ökonomie teilnehmen. Letztlich kann einzig und allein durch das Geld mit der Identität der Gesellschaft gerechnet werden.

Der Unterschied zwischen dem Verhältnis von Maß und gemessener Qualität in der Naturwissenschaft und in der kapitalistischen Ökonomie lässt sich am Maß selbst festmachen, denn im Unterschied zum Maß in der Naturwissenschaft ist das Geld ein *absolutes* Maß. Die Naturwissenschaft entnimmt ja, so wurde vereinfachend gesagt, ihre Maße der Natur, indem sie ein bestimmtes Quantum definiert, etwa den Meter für den Raum oder die Sekunde für die Zeit, um dieses Quantum tautologisch zur Messung derselben Qualität, der es entnommen wurde, (wieder) einzusetzen. Die ausgesonderte Geldware steht dagegen, was immer sie als einzelne, besondere Ware materiell-stofflich auch sein mag, sich selbst wie allen anderen Waren *gleichgültig* gegenüber. Durch diese absolute Gleichgültigkeit steht sie für eine absolut negative, unbestimmte Qualität, die aber darum unbestimmt sein muss, weil sie die Qualität des Bestimmens selbst ist: Sie schlägt das Verhältnis der Waren quantitativ um und erhält *dadurch* allererst ihre endliche Bestimmung, diejenige Bestimmung, für die das Geld (ein-)steht. Im Geld ist also im Gegensatz zur Naturwissenschaft kein spezifisches Quantum genau derjenigen Qualität ausgesondert, zu deren Messung das Geld (wieder) eingesetzt wird. Umgekehrt, die ausgesonderte Geldware steht für die vollkommen *un*bestimmte Qualität einer rein ideellen Werteinheit, und diese ideelle Einheit wird erst im Prozess der Messung, also in der Form der Realisierung des Wertverhältnisses der Waren und der darin erschlossenen Verwertung der Arbeit, zum sich spezifizierenden Quantum. Die maßgebliche Werteinheit muss dasselbe Verhältnis der Waren, zu dem es sich im Messen wie in einer äußeren Reflexion seinerseits ins Verhältnis setzt, so umschlagen und verinnerlichen, dass das Geld durch seine quantitative Bestimmung das realisierte Verhältnis präsentiert (letztlich, so wird in der Arbeit noch zu zeigen sein, realisiert das Geld die Waren als Resultate ihrer kapitalistischen Produktionsweise und präsentiert in den Warenwerten die Produktivkraft von Arbeit und Kapital).

Marx geht in einer Passage explizit auf den Unterschied ein zwischen dem Maß in der Naturwissenschaft, wo ein je spezifisches Quantum definiert und durch Ausschluss und Fixierung für die Identifikation der zu messenden Qualität identisch gehalten ist, und dem Geld, in dem umgekehrt eine unbestimmte, reine und leere Werteinheit für die Identifikation des Wertverhältnisses der Waren durch Ausschluss und Fixierung identisch gehalten wird:

> Da keine Ware sich auf sich selbst als Äquivalent beziehen, also auch nicht ihre eigne Naturalhaut zum Ausdruck ihres Werts machen kann, muß sie sich auf andre Ware als Äquivalent beziehen oder die Naturalhaut einer andren Ware zu ihrer Wertform machen. Dies veranschauliche uns das Beispiel eines Maßes, welches den Warenkörpern als Warenkörpern zukommt, d. h. als Gebrauchswerten. Ein Zuckerhut, weil Körper, ist schwer und hat daher Gewicht, aber man kann keinem Zuckerhut sein Gewicht ansehn oder anfühlen. Wir nehmen nun verschiedne Stücke Eisen, deren Gewicht vorher bestimmt ist. Die Körperform des Eisens, für sich betrachtet, ist ebensowenig Erscheinungsform der Schwere als die des Zuckerhuts. Dennoch, um den Zuckerhut als Schwere auszudrücken, setzen wir ihn in ein Gewichtsverhältnis zum Eisen. In diesem Verhältnis gilt das Eisen als ein Körper, der nichts darstellt außer Schwere. Eisenquanta dienen daher zum Gewichtsmaß des Zuckers und repräsentieren dem Zuckerkörper gegenüber bloße Schwergestalt, Erscheinungsform der Schwere. Diese Rolle spielt das Eisen nur innerhalb dieses Verhältnisses, worin der Zucker oder irgendein andrer Körper, dessen Gewicht gefunden werden soll, zu ihm tritt. [...] Hier hört jedoch die Analogie auf. Das Eisen vertritt im Gewichtsausdruck des Zuckerhuts eine beiden Körpern gemeinsame Natureigenschaft, die Schwere, während der Rock im Wertausdruck der Leinwand eine übernatürliche Eigenschaft beider Dinge vertritt: ihren Wert, etwas rein Gesellschaftliches.[99]

Marx unterscheidet zudem nicht nur zwischen den empirisch-sinnlich gegebenen Qualitäten der Natur und der unbestimmten, ideellen und rein gesellschaftlichen Qualität des Werts, er unterscheidet auch das Maß des *Werts* vom Maß-*Stab* der *Preise*. Hier grenzt er sich entscheidend nicht nur von der Wissenschaft der Natur ab, sondern auch von der Wissenschaft der Ökonomie:

> Als Maß der Werte und als Maßstab der Preise verrichtet das Geld zwei ganz verschiedne Funktionen. Maß der Werte ist es als die gesellschaftliche Inkarnation der menschlichen Arbeit, Maßstab der Preise als ein festgesetztes Metallgewicht. Als Wertmaß dient es dazu, die Werte der bunt verschiednen Waren in Preise zu verwandeln, in vorgestellte Goldquanta; als Maßstab der Preise mißt es diese Goldquanta. Am Maß der Werte messen sich die Waren als Werte, der Maßstab der Preise mißt dagegen Goldquanta an einem Goldquantum, nicht den Wert eines Goldquantums am Gewicht eines anderen.[100]

---

99 *Kapital I*, S. 71.
100 *Kapital I*, S. 113; vgl. auch *Grundrisse*, S. 69. In der zweiten Auflage des *Kapitals* hat er in einer Note ergänzt: „In den englischen Schriften ist die Konfusion über Maß der Werthe (measures of value) und

Das Maß verhält sich zum Maß*stab* wie das Geld zur Geld*ware*: So unbedingt ein Maß für den übersinnlichen, reinen Wert da sein muss (Geld), so beliebig ist, *was* als Maß-Stab (Geld-*Ware*) dient und den Wert in Preise verwandelt. Als Maß steht das Geld für immer ein und dieselbe, noch unbestimmte Qualität, und diese Qualität wird jeweils erst im Messen durch das Gemessene bestimmt, auch wenn als Maßstab immer irgendeine Geldware (z. B. Gold) ausgesondert und als etwas Seiendes endlich da sein muss (z. B. als Quantum Gold). Was immer daher als Maßstab dienen mag, was immer er als endliches Quantum sein mag und wie immer dieses Quantum auch vermehrt oder verringert werden mag (z. B. durch die Zentralbanken oder den Staat), entscheidend ist die Maß*funktion* des Geldes, und diese Funktion realisiert das Gemessene, dem eigenen Dasein gegenüber gleichgültig, stets durch bestimmte Werte und erhält dadurch auch seinerseits erst seine jeweilige quantitative Bestimmung.

Entscheidend ist daher nicht der Unterschied zwischen Maß und Maßstab, sondern der Unterschied zwischen der übersinnlichen und rein gesellschaftlichen Qualität des Werts, für die das Geld als Maß steht, und der endlich-quantitativen Bestimmung, die das Geld erst im Messen des gesellschaftlichen Verhältnisses der Waren erhält. Diese Unterscheidung ist allein schon darum wichtig, weil sie Aufschluss gibt über die Verschränkung zwischen dem Maß und der gemessenen Qualität, zwischen Geld und Wert. Sie ist aber auch deshalb wichtig, weil hier bei Marx eine Ambivalenz auftaucht. Genauer gesagt, ist es Marx' Ambivalenz im Begriff der Arbeit als Substanz des Werts, die auch in seine Bestimmung der Maßfunktion des Geldes eingeht. Denn auch wenn Marx keine substanzialistische oder gar metallistische Auffassung des Geldes und seines Werts vertritt,[101] so besteht er doch darauf, dass das Geld eine Ware mit Wert ist und dass daher *dieses bestimmte Quantum* die übrigen Warenwerte ins Verhältnis setzt. Obwohl die Geldware durch ihre bloße Aussonderung eine noch unbestimmte und übersinnlich-reine Werteinheit fixieren muss, und obwohl diese Werteinheit erst in Form der Messung des Verhältnisses der Waren eine endliche quantitative Bestimmung erhält und als „gesellschaftliche Inkarnation der menschlichen Arbeit" gilt, stellt Marx doch fest: „Als Maß der Werte kann Gold nur dienen, weil es selbst Arbeitsprodukt, also der Möglichkeit nach ein veränderlicher Wert ist."[102] Marx' Auffassung, dass die maßgebliche Geldware selbst ein bestimmter Wert sein muss, ist nicht allein dem historischen Umstand geschuldet, dass zu seiner Zeit Gold die Geldware war und, im Gegensatz etwa zum Papiergeld, durch Arbeitszeit bestimmt zu sein schien. Es hat auch logisch-systematische Gründe, da nämlich, wo Marx noch eher im Sinne einer ricardianischen objektiven Arbeitswertlehre argumentiert. Wenn die Geldware – im Zitat: Gold – selber ein durch die Arbeitszeit bestimmter Wert ist, dann ist es nur folgerich-

---

Maßstab der Preise (standard of value) unsäglich. Die Funktionen und daher ihre Namen werden ständig verwechselt." (Karl Marx: *Kapital*, Bd. 1. 2. Auflage, Hamburg 1872. *MEGA* II/6, S. 125.)

101 Gleichwohl wird ihm das auch heute noch unterstellt, z. B. von Nadja Gernalzick: Medium Geld. In: Jens Schröter / Gregor Schwering / Urs Stäheli (Hrsg.): *Media Marx. Ein Handbuch*. Bielefeld: Transcript 2006, S. 85–106, bes. S. 86.

102 *Kapital I*, S. 113; vgl. auch ebd., S. 131–132; *Grundrisse*, S. 73; *Kapital III*, S. 588.

tig, dass auch das Maß schon ein bestimmtes Quantum Arbeitszeit ist (also ein Quantum derselben Qualität, die es zugleich in allen anderen Waren misst). Es scheint dann, als wäre in einem bestimmten Quantum (letztlich in der für das Gold aufgewandten Arbeitszeit), derjenige Maßstab abgegeben, der alle übrigen in den Waren verendlichten Arbeitszeiten ins Verhältnis setzt (auch wenn das maßgebliche Quantum dann durch dieses gemessene Verhältnis seinerseits seine quantitative Bestimmung erhält). Selbst dort, wo Marx die Ersetzung des Goldes durch quasi wertloses – aus Sicht einer Arbeitswerttheorie – Papiergeld thematisiert, gilt ihm das Papier letztlich als Repräsentant der Goldware und ihres Werts. Das Papiergeld muss auf die für Gold verausgabte Arbeitszeit bezogen werden (oder zumindest auf die als Geld ausgesonderte Goldmenge) und letztlich ein bestimmtes Quantum Wert repräsentieren.[103]

Doch auch wenn Marx darauf besteht, dass das Maß selbst ein bestimmtes Quantum der gemessenen Qualität sein muss, so besteht er doch ebenso darauf, dass dieses *bestimmte* Verhältnis zwischen Wertmaß und Gemessenem das grundlegendere, der quantitativen Realisierung immer schon vorausgehende Verhältnis je unterstellt, nämlich das gesellschaftliche Verhältnis rein als *solches* oder die identische *Qualität*, und es ist diese identische Qualität oder sogar die Qualität *der* Identität, die durch die Maßfunktion allererst gegeben wird. Die Qualität besteht in nichts als ihrer *Quantifizierbarkeit*, und es ist diese Qualität *quantitativen* Umschlagens, für die das Geld steht, und es ist die Qualität quantitativer Verhältnisse, die durch das Geld eintritt. Kurz, es ist das Messen selbst, das zur Qualität wird. Das Messen ist allein schon dadurch eine Qualität, dass das Geld im Umschlagen der maßgeblichen Werteinheit dem gesellschaftlichen Verhältnis mit dessen quantitativer Bestimmung auch eine, wie Marx immer wieder betont, *selbständige, losgelöste Existenzform* gibt.[104]

Die spekulative Identität zwischen der gemessenen Qualität (Wert) und der Qualität der Messung (Geld) soll erst im Verlauf der Arbeit ausführlich entwickelt werden. Hier sollte vorweg nur auf die zentrale Ambivalenz hingewiesen werden, dass bei Marx das Maß einerseits eine Geldware ist, die wie jede andere Ware durch ihre Arbeitszeit bestimmt ist:

> Um die *Werte* der Waren zu messen – für ein *äußres* Maß der Werte –, ist es nicht nötig, daß der Wert der Ware, worin sich die andren Waren messen, unveränderlich sei. (Er muß vielmehr, wie ich nachgewiesen habe […], veränderlich sein, weil das Maß der Werte selbst Ware ist und Ware sein muß, indem es sonst kein gemeinsames *immanentes* Maß mit den andren Waren hätte.)[105]

---

103 Vgl. *Kapital I*, S. 141–142.
104 Z.B. *ThM III*, S. 134: „Es zeigt sich aber im Geld […], daß durch den Prozeß der Ware selbst ihr *Tauschwert* verselbständigt und in freier Gestalt neben ihrem Gebrauchswert real dargestellt wird, wie er es in ihrem Preise schon ideell ist. […] Noch mehr tritt diese Verselbständigung im Kapital hervor, was nach einer Seite hin *prozessierender Wert* – also, da der Wert selbständig nur im Geld existiert –, *prozessierendes Geld* genannt werden kann, das eine Reihe Prozesse durchläuft, in denen es sich erhält, von sich ausgeht, zu sich zurückkehrt in vergrößertem Umfang."
105 Ebd., S. 131–132.

Andererseits deutet er hier schon an, was er dann im nächsten Satz explizit sagt: Es ist gleichgültig, dass die Geldware selbst ein bestimmtes Quantum ist. Die Geldware bleibt das Unveränderliche und Identische in der kapitalistischen Ökonomie insofern, als sie für eine reine Werteinheit steht und bloß dafür da ist, dass die verwertete Arbeit durch ihre Resultate, die Waren, durch immer ein und dieselbe Werteinheit gemessen wird und dadurch in ein *rein* gesellschaftliches und in ein zugleich *quantitativ bestimmtes* Verhältnis eintreten kann: „Verändert sich der Wert des Geldes z. B., so verändert er sich allen andren Waren gegenüber gleichmäßig. Ihre relativen Werte drücken sich daher ebenso richtig in ihm aus, als wäre es unveränderlich geblieben."[106]

Dass die vorliegende Arbeit sich trotz der Ambivalenzen in der KdpÖ durchweg auf sie beruft, liegt daran, dass letztlich eindeutig ist, *was* das für eine Qualität ist, die durch das Geld gegeben ist. Es ist die *Zeit*. Durch das Ausschließen einer Geldware wird mit der ideellen Werteinheit auch die Zeit so identisch gehalten, als ob das Geld durch die maßgebliche Werteinheit immer ein und dieselbe Zeit in Anspruch nehmen und die Verwertung der Arbeit einer Messung durch diese Zeit aussetzen würde. Das lässt die kapitalistische Ökonomie zu einem im Geld sich selbst messenden, bestimmenden und darüber verzeitlichenden Prozess werden, zu einem Prozess, in dem die Maß- und Tauschmittelfunktion des Geldes (erste und zweite Bestimmung) die Resultate einer Verwertung realisieren, die durch die Kapitalform des Geldes (dritte Bestimmung) beständig wieder in sich selbst eintritt.

In dieser Arbeit wird es daher *mit* Marx' *KdpÖ*, bei all ihrer Ambivalenz, darum gehen, den Zusammenhang von Maß, Qualität und Zeit am Geld festzumachen und durch die Entwicklung der drei Geldfunktionen den Wert- und Geldbegriff von jedem Substanzialismus und Essenzialismus, aber auch von jedem Nominalismus zu befreien.

---

106 Der nächste Satz zeigt, dass die Frage, ob das Maß des Werts unveränderlich sein müsse oder nicht, bereits auf die *quantitative Bestimmung* bezogen ist. Die eigentliche, grundlegendere Frage ist aber die nach derjenigen *Qualität*, die durch ihre Quantifizierung bestimmt wird, und diese *reine* Qualität, diese Qualität rein als solche wird durch eine maßgebliche Einheit gegeben: „Damit war das Problem, ein ‚unveränderliches Maß der Werte' zu finden [Marx bezieht sich hier auf Bailey, F.E.], beseitigt. Allein dieses Problem [...] ging selbst aus einem Mißverständnis hervor und hüllte eine viel tiefere und wichtigere Frage ein. [...] Aber damit die Waren ihren Tauschwert selbständig im Geld darstellen, in einer dritten Ware, der ausschließlichen Ware – sind schon die *Warenwerte* unterstellt. Es handelt sich nur noch darum, sie quantitativ zu vergleichen. Eine *Einheit*, die sie zu denselben – zu Werten macht – als Wert qualitativ gleichmacht, ist schon unterstellt, damit ihre Werte und Wertunterschiede sich in dieser Weise darstellen. [...] Aber um sie so darzustellen, müssen sie als *Werte schon identisch* sein." (Ebd., S. 131–132.) Dieselbe Argumentation findet sich im *Kapital* (*Kapital I*, S. 113–114), hier allerdings nicht in Auseinandersetzung mit Bailey und in sich geschlossener. Dass eine ideelle Einheit im Sinne eines gemeinsamen ausgeschlossenen Dritten schon gefunden ist, ist auch der Grund, warum in der Gleichung x Ware A = y Ware B nicht nur das x/y die identische Qualität „Wert" aussagt, sondern warum in Ware A und B auch je besondere und gegenüber dem im x/y ausgesagten rein ökonomischen Wert scheinbar *natürliche* Mengen einer quantifizierbaren Eigenschaft in ein Wertverhältnis zueinander gebracht werden können. Z. B. 20 m Leinwand = 1 kg Eisen: Beide Mengen, Meter wie Kilogramm, können notwendige, aber gleichgültige Quantitäten von Trägern der Äquivalentform sein, weil beide im Geld je schon ihr Maß haben, sodass *dadurch* beide Seiten der Tauschgleichung in die Unabhängigkeit gegenüber der anderen Seite gesetzt sind (und letztlich gleichgültige Darstellungen desselben Wert- und Verwertungsprozesses sind).

Ausgehend von der Maßfunktion wird die Entwicklung herausstellen, dass das Geld zum einen den materiellen Arbeits- und (Re-)Produktionsprozess radikal scheidet von einem Verwertungs- und Akkumulationsprozess abstrakt-allgemeiner, aber quantitativ eindeutig bestimmter Werte, um beide andererseits von dieser radikalen Scheidung her ins Verhältnis zu setzen. Das Ins-Verhältnis-Setzen funktioniert wie ein überindividueller, gesamtgesellschaftlicher Messprozess und begründet letztlich die spekulative Identität zwischen dem Kapitalkreislauf des Geldes und der produktiven Kraft der Verwertung von Arbeit und Kapital; es ist diese spekulative Identität, die das Geld durch die realisierten Werte herausstellt und die eine Entsprechung zwischen Geld und Wert, Kapital und Verwertung ergibt, die letztlich eine „Ökonomie der Zeit"[107] begründet.

Der kurze Überblick über Ursprung und Technik des Maßes soll hier sein Bewenden haben; der erste, noch vorbereitende Abschnitt ist damit abgeschlossen. Für das Vorhaben der vorliegenden Arbeit, Geist und Kapital über die Entwicklung des Maßes in eine Analogie zu bringen, lassen sich abschließend drei wesentliche Stränge zusammenfassen. Erstens gelingt der Einstieg in eine „Kritik durch Darstellung et vice versa" des Geistes bzw. des Kapitals durch das Maß. Zweitens kann Hegels und Marx' Entwicklung des Maßes als eine implizite Kritik des bewusstlosen Reflektierens des Verstandesdenkens und der Naturwissenschaft gelesen werden; diese implizite Subjekt- und Erkenntniskritik ist sogar als Überwindung der Kant'schen transzendentalsubjektiven Grundlegung der Vernunft angelegt. Und drittens eröffnet das Maß durch die Technik des Messens eine Verschränkung: Es bringt, so wird am Geld auszuweisen sein, die gemessene Qualität erst mit, ja, das Maß identifiziert sich im Messen *mit* der gemessenen Qualität und ihrer quantitativen Bestimmung. Dass die Qualität der Messung sich mit der gemessenen Qualität verschränkt, macht die spekulative Identität von Geld und Wert, Kapital und Verwertung aus. Sie begründet die Rätselhaftigkeit des Geldes, sie lässt das Geld aber auch, so wird im letzten Abschnitt der Arbeit schließlich zu zeigen sein, eine Lösung sein: Der Zusammenhang zwischen Maß, Messung und gemessener Qualität ist *zeitlich*, er begründet eine „Ökonomie der Zeit".

Der Weg zu dieser Ökonomie der Zeit führt über die Analogie von Geist und Kapital. Sie gilt es nun mithilfe derjenigen Probleme und Fragen in Angriff zu nehmen, auf die bereits Lukács, Adorno und Sohn-Rethel im Zuge ihrer Auseinandersetzung mit Marx, Hegel und Kant gestoßen sind.

---

107 *Grundrisse*, S. 105.

II. Lukács und das identische Subjekt-Objekt der Geschichte: Die Idee des Kommunismus und die Identifikation der Arbeit durch das Maß der Zeit

Erster Teil. Die Idee des Kommunismus. Die Identifikation von Objektivität und Subjektivität durch das Selbstbewusstsein der Produktivkraft

> So ist der Mensch zum Maß aller (gesellschaftlichen) Dinge geworden.
>
> (Georg Lukács, *Die Verdinglichung und das Bewußtsein des Proletariats*)[1]

Ein Wort von Bertolt Brecht, mit dem sich die Situation nach dem Ende des deutschen Idealismus und dem Niedergang der großen philosophischen Systeme kennzeichnen lässt, trifft auch die Entwicklung, die unmittelbar nach der Veröffentlichung des Marx'schen *Kapital* einsetzte: Es begann der „Verfall der großen Methode"[2]. Bereits die Bearbeitung des Marx'schen Nachlasses durch Friedrich Engels weist Popularisierungen auf,[3] vor allem im Sinne von Historisierungen und empirisch-positivisti-

---

[1] Georg Lukács: Die Verdinglichung und das Bewußtsein des Proletariats. In: Ders.: *Geschichte und Klassenbewußtsein*. Neuwied: Luchterhand 1970 (Sonderausgabe), S. 320 (203). Zitiert wird im Folgenden aus dieser Neuauflage unter dem Kürzel *GuK*; sie entspricht Georg Lukács: *Geschichte und Klassenbewußtsein. Werke* Bd. 2: *Frühschriften II*. Neuwied: Luchterhand 1968; beide textgleich mit der Erstauflage von 1923 des Berliner Malik-Verlags (die Seitenzahl in der Klammer bezieht sich auf diese Originalausgabe).

[2] Bertolt Brecht: *Me-ti. Buch der Wendungen. Fragment. Prosa*, Bd. 5. Frankfurt am Main: Suhrkamp 1965 S. 143.

[3] Marx selbst hat nach eigener Aussage im *Kapital* eine Popularisierung seiner Schrift *Zur Kritik der Politischen Ökonomie* angestrebt (vgl. Karl Marx: Brief an Friedrich Engels, 09.12.1861. In: *Marx-Engels-Werke (MEW)*, Bd. 30. Berlin, DDR: Dietz 1953ff., S. 206–207, hier S. 207) und zumindest z. T. auch vorgenommen (vgl. Karl Marx: *Das Kapital. Kritik der Politischen Ökonomie. Erster Band. MEW*, Bd. 23, S. 11 (im Folgenden *Kapital I*)); jedenfalls weicht die endgültige Fassung des *Kapitals*, die als *MEW*, Bd. 23 die allgemeine Rezeptionsgrundlage gebildet hat, von früheren Versionen (von jener *Zur Kritik der Politischen Ökonomie*

schen Verkürzungen.[4] Die Aneignung durch die sozialistische Bewegung stärkte die klassenkämpferischen und praxisbezogenen Momente des Marx'schen Werks, obwohl sie darin nur einen Teil ausmachen und im *Kapital* keine entscheidende Rolle spielen.[5]

in *MEW*, Bd. 13, S. 3–160, und von der 1. Auflage des *Kapitals*) z.T. deutlich ab. Bereits Max Horkheimer hat, zumindest in internen Diskussionen, die Popularisierung der Marx'schen Kritik bemängelt, er bezog sich hierbei jedoch auf die Marx-Rezeption, nicht auf Marx selbst; vgl. Max Horkheimer: Die Problematik der Marxschen Geschichtstheorie. In: Ders.: *Gesammelte Schriften*, Bd. 14: Nachgelassene Schriften 1949–72. Frankfurt am Main: Fischer 1988, S. 438–439, hier S. 439. Im Zuge der Neuen Marx-Lektüre haben vor allem Helmut Reichelt, Hans-Georg Backhaus und Gerhard Göhler Verkürzungen im Marxismus auf eine von Marx selbst angestrebte Popularisierung der dialektischen Methode zurückgeführt, vgl. Hans-Georg Backhaus: *Dialektik der Wertform. Untersuchungen zur Marxschen Ökonomiekritik*. Freiburg: ça ira 1997, bes. die Materialien zur Rekonstruktion der Marxschen Wertformanalyse IV, S. 229–298; Helmut Reichelt: Warum hat Marx seine Methode versteckt? In: *Beiträge zur Marx-Engels-Forschung. Neue Folge* 1996, S. 73–110; ders.: *Neue Marx-Lektüre*. Hamburg: VSA 2008, S. 194–213 (Kap. 8); Gerhard Göhler: *Die Reduktion der Dialektik durch Marx. Strukturveränderungen der dialektischen Entwicklung in der Kritik der politischen Ökonomie*. Stuttgart: Klett-Cotta 1980. Es ist allerdings umstritten, ob es sich im eine Popularisierung im Sinne einer Reduktion oder um eine Vereinfachung der Verständlichkeit handelt (dies ist etwa die Einschätzung der Herausgeber der *MEGA* in ihrer Einleitung zur Neuedition des *Kapitals* Bd. I nach der 1. Auflage, vgl. Karl Marx: *Das Kapital. Kritik der politischen Ökonomie. Erster Band*. Hamburg 1867. *Marx-Engels-Gesamtausgabe (MEGA)* II/5. Berlin: Dietz 1975–1993 / Akademie 1998ff., S. 21*–22*, im Folgenden *MEGA* II/5), oder ob es sich gar um eine qualitative Verbesserung handelt. Zur Diskussion vgl. auch Rolf Hecker / Hans-Georg Backhaus: Die Dialektik der Wertform. In: *Utopie Kreativ* 94 (1998), S. 89–92.

4 Wie immer Engels' Nachlassverwaltung zu bewerten ist, eventuelle auf ihn (und auf Kautsky) zurückgehende Verkürzungen der ersten Edition der Bände II und III des *Kapitals* sind jedenfalls durch die Herausgabe der zweiten *MEGA*-Edition weitgehend überwunden.

5 Das ist freilich dem traditionellen Marxismus selbst aufgefallen, genau wie dessen marxistischen Kritikern. So hat bereits Lukács im Aufsatz „Klassenbewußtsein" festgestellt: „In einer für Theorie und Praxis des Proletariats verhängnisvollen Weise bricht das Hauptwerk Marx' gerade dort ab, wo es auf das Bestimmen der Klassen losgeht." (Georg Lukács: Klassenbewußtsein. In: *GuK*, S. 119–169, hier S. 119 (57–93, hier 57.) Ähnlich wie Lukács sieht auch Michael Mauke darin aber keinen wirklichen Mangel, „denn Marx' Theorie der Gesellschaft, die Kritik der politischen Ökonomie, enthält als solche bereits eine allgemeine Klassentheorie des Kapitalismus. Das gesamte Werk von Marx und Engels, nicht nur jede einzelne historisch-konkrete Klassenanalyse, ist durch das Problem von Klassenantagonismus und Klassenkampf bestimmt und zielt, gleich dem historischen Interesse des Proletariats, auf die Umwälzung der kapitalistischen Klassengesellschaft." (Michael Mauke: *Die Klassentheorie von Marx und Engels*. Frankfurt am Main: EVA 1970, S. 8.) Auch Althussers Strukturalismus konnte, allerdings abgesichert durch seine „symptomatische Lesart", gerade in der KdpÖ den Klassenkampf als zentrales Thema ausfindig machen. Und auch Stuart Hall, obwohl als Vertreter der Cultural Studies eher ein Kritiker der strukturalen Lesart, meint, dass „Klassen, Klassenverhältnisse und Klassenkampf Begriffe sind, die im Zentrum von allem standen, was Marx geschrieben hat – einschließlich natürlich des *Kapitals*" (Stuart Hall: Das ,Politische' und das ,Ökonomische' in der Marxschen Klassentheorie. In: Ders.: *Ausgewählte Schriften*. Hamburg: Argument 1989, S. 11). Auch Nicos Poulantzas hat die Bedeutung und die Aktualität des Marx'schen Klassenbegriffs betont, vgl. Nicos Poulantzas: *Zum marxistischen Klassenbegriff*. Berlin: Merve 1972; ders.: *Klassen im Kapitalismus – heute*. Berlin: VSA 1975. Auch im Operaismus ist das Verständnis ähnlich. Zur Aktualität des Marx'schen Klassenbegriffs vgl. Michael A. Lebowitz: *Beyond 'Capital': Marx's Political Economy of the Working Class*. London: Macmillan 1992; Jürgen Ritsert: *Soziale Klassen*. Münster: Westfälisches Dampfboot 1998; ders.: *Der Kampf um das Surplusprodukt. Einführung in den klassischen Klassenbegriff*. Frankfurt am Main: Campus 1988; Joachim Bischoff / Sebastian Herkommer / Hasko Hüning: *Unsere Klassengesellschaft. Verdeckte und offene Strukturen sozialer Ungleichheit*. Hamburg: VSA 2002; Sven Ellmers: *Die formanalytische Klassentheorie von Karl Marx. Ein Beitrag zur neuen Marx-Lektüre*. Duisburg: Universitätsverlag Rhein-Ruhr 2007; Marcel van der Linden / Karl-Heinz Roth (Hrsg.): *Über*

Das verkürzte die KdpÖ auf eine Kritik des Privatbesitzes der Produktionsmittel, der privaten Aneignung und der Ausbeutung, des freien Marktes und der Konkurrenz, der Distributionsweise und der Klassenherrschaft. Nicht die Kritik der grundlegenden ökonomischen Kategorien (Wert, Geld, Ware, abstrakte Arbeit etc.) und nicht ihr Zusammenhang mit der Konstitution gesellschaftlicher Subjektivität und Objektivität standen im Zentrum, allein der Mehrwert wurde zu einer zentralen Kategorie – allerdings positivistisch verkürzt und zurechtgelegt für den Kampf gegen Ausbeutung und Klassenherrschaft. Derart verkürzt lief die Revolutionstheorie, die an der bürgerlichen Revolution ihr (uneingestandenes) Vorbild hatte, auf das jakobinische Modell einer bloßen Machtübernahme hinaus, deren archimedischer Punkt die Aneignung der Produktionsmittel und des Staates am Tag X sein sollte, dem Tag der Revolution.

Zum revolutionären Standpunkt sowohl in der Theorie als auch in der Praxis wurde die Arbeit, die einerseits zu einer ahistorischen Kategorie im Sinne einer ontologischen Substanz aufgeladen und andererseits als historische Mission einer Klasse ausgelegt wurde. Die Arbeiterklasse sollte sich ihrer Entfremdung, Ausbeutung und Unterdrückung, aber auch ihrer Stärke und Macht als der eigentlichen gesellschaftlichen und geschichtlichen Produktivkraft nur noch bewusst werden, um sich zunächst als Klasse gegen das bornierte ausbeuterische Partikular- und Privatinteresse der Bourgeoisie durchzusetzen und dann das wahrhaft universelle Interesse der Gattung im sozialistischen Staat zu verallgemeinern.[6]

Weil die Arbeit als die zentrale Kategorie der Vermittlung von Natur und Gesellschaft und als die gesellschaftliche Produktivkraft schlechthin begriffen wurde, musste sie zwangsläufig auch als Mittel der Erkenntnis verstanden werden. Bereits Engels suchte die Erkenntnis als durch Arbeit vermittelte Widerspiegelung von Naturbestimmungen im Bewusstsein zu begründen. Als produktive Vermittlung mit der Natur beweise die Arbeit im Produktionsprozess, namentlich in der Industrie, die Wahrheit der Erkenntnis in dem Maße als eine *praktische* Wahrheit, in dem die Arbeit durch die produktive Anwendung der Natur auch deren An-sich-Sein erkenne.[7] Lenin griff

---

Marx hinaus. Berlin: Assoziation A 2009. Allgemein zur Diskussion um den Begriff der Klasse bei Marx vgl. Étienne Balibar / Immanuel Wallerstein. *Rasse Klasse Nation. Ambivalente Identitäten*. Hamburg: VSA 1990.

6 Zu dieser Kritik des traditionellen Marxismus vgl. das gleichnamige Kapitel in Moishe Postone: *Zeit, Arbeit und gesellschaftliche Herrschaft. Eine neue Interpretation der kritischen Theorie von Marx*. Freiburg: ça ira 2010, S. 27–39.

7 Vgl. Friedrich Engels: Dialektik der Natur. In: *MEW*, Bd. 20, S. 305–570. In *GuK* richtet sich Lukács' Kritik an Engels gegen dessen Kantkritik. Engels *Dialektik der Natur* müsste zwar derselben Kritik verfallen, war aber in der Zeit von *GuK* noch unveröffentlicht und Lukács nicht bekannt. Gleichwohl kritisiert Lukács eine „Naturalisierung" der Dialektik im Sinne einer Dialektik *in* der Natur, wenn er die Natur – allerdings nur beiläufig – als „gesellschaftliche Kategorie" bezeichnet, vgl. dazu im Vorwort zur Neuauflage von *GuK* von 1967 die S. 16ff. Der Marxismus-Leninismus hat Lukács' Naturbegriff scharf abgelehnt, und auch Lukács kritisiert im genannten Vorwort seine frühere Auffassung (vgl. ebd.). Eine erste Zustimmung erhielt *GuK* von Josef Révai: Rezension von G. Lukács' Geschichte und Klassenbewußtsein. In: *Archiv für die Geschichte des Sozialismus und der Arbeiterbewegung* 11 (1925), S. 227–236. Auch die Kritische Theorie bezog sich positiv auf Lukács' Naturbegriff, vgl. Alfred Schmidt: *Der Begriff der Natur in der Lehre von Marx*. Hamburg: EVA 1993, S. 176ff.

diese sog. Widerspiegelungstheorie in seinem philosophischen Hauptwerk wieder auf, dem gegen Ernst Mach und andere Positivisten gerichteten *Materialismus und Empiriokritizismus*, und lieferte mit ihm die Vorlage der offiziellen Erkenntnistheorie des Marxismus-Leninismus (ML).[8] Da die Widerspiegelungstheorie die Formen der Erkenntnis weitgehend unkritisch-naiv behandelte und letztlich auf die realistische Abbildung des materiellen Seins im Bewusstsein hinauslief, ist die unbedeutende Stellung, die der Erkenntnistheorie im offiziellen Kanon des ML eingeräumt wurde, auf diese Weise ihrem Gehalt gerecht geworden.[9] Wo jedoch das Bedürfnis nach einer materialistischen Erkenntniskritik in einem strengeren Sinne aufkam, musste es von der vulgärmaterialistischen Widerspiegelungstheorie unbefriedigt bleiben und deren Beschlagnahme der Dialektik infrage stellen. Nicht zufällig gingen die wichtigsten erkenntniskritischen Impulse dann von Marxisten aus, die wie Georg Lukács und später Alfred Sohn-Rethel von kantischen Fragestellungen und vom Neo-Kantianismus herkamen; dasselbe gilt für die Vertreter der Kritischen Theorie. Innerhalb des ML jedenfalls wurden die Erkenntnisformen ebenso unproblematisch hingenommen wie die grundlegenden Kategorien der Politischen Ökonomie, die vor allem zum Nachweis der Ausbeutung gebraucht wurden.

Doch das Problembewusstsein und die erkenntniskritischen Implikationen, die Marx in den Kategorien seiner Kritik der politischen Ökonomie angelegt hat: dass die Kategorien der kapitalistischen Ökonomie auch konstitutiv sind für eine ihnen entsprechende Subjektivität und dass beides, die ökonomischen Kategorien wie auch die ihnen entsprechenden Erkenntnis- und Bewusstseinsformen, als spezifisch bürgerlich-kapitalistische kritisiert werden müssen, das wurde von der Arbeiterbewegung, der Sozialdemokratie der ersten Stunde und später dann vom ML nicht etwa einfach nur übergangen – es kam ihnen im Gegenteil sogar darauf an, die ökonomischen Kategorien in den Besitz der eigentlich allgemeinen und produktiven Klasse zu bringen. Mehr noch, gerade die bewusste Anwendung und Planung der ökonomischen Kategorien sollte sie erst zu einer allgemeinen gesellschaftlichen Entfaltung bringen (das gipfelte in Stalins Vorstellung einer „sozialistischen Anwendung des Wertgesetzes"[10]).

So entstand in den ersten Jahrzehnten nach der Veröffentlichung des *Kapital* die eigentümliche Situation, dass eine revolutionäre Kritik der bürgerlichen Gesellschaft mit deren ureigensten Kategorien durchgeführt wurde und auf eine bloße Überbietung

---

8 Vgl. Wladimir I. Lenin: *Materialismus und Empiriokritizismus. Kritische Bemerkungen über eine reaktionäre Philosophie. Werke*, Bd. 14. Berlin, DDR: Dietz 1962. Zur Diskussion, ob Lenin tatsächliche eine Erkenntnistheorie ausgearbeitet hat und inwieweit sie auf eine Widerspiegelung angelegt ist, vgl. Andreas Arndt: *Lenin – Politik und Philosophie. Zur Entwicklung einer Konzeption materialistischer Dialektik*. Bochum: Germinal 1982, S. 152–252 (Kap. 3 „Materialismus und Empiriokritizismus"), bes. S. 180ff.

9 Vgl. Iring Fetscher: *Der Marxismus. Seine Geschichte in Dokumenten*. München: Piper 1967, S. 195ff.

10 Josef W. Stalin: *Ökonomische Probleme des Sozialismus in der UDSSR. Werke*, Bd. 15. Dortmund: Verlag roter Morgen 1976 (laut online scan: 1979), S. 195–217.

hinauslief.¹¹ Das betraf vor allem die zentrale Kategorie der kapitalistischen Ökonomie schlechthin: Aus der Marx'schen Kritik der *spezifisch kapitalistischen Form* der Arbeit wurde der revolutionäre Standpunkt *der* Arbeit, und auf diesem Standpunkt stand folgerichtig das Subjekt der Arbeit, die Arbeiterklasse.

Zusammengefasst, sahen die Sozialdemokratie der ersten Stunde, die Arbeiterbewegung und später dann der ML also in den Kategorien der Marx'schen Ökonomiekritik in der Regel bloße wirtschaftliche Größen.¹² Der philosophische, der erkenntniskritische, ja selbst der spezifisch kapitalistische Gehalt blieb dagegen weitgehend unbeachtet. Die wenigen ökonomietheoretischen Diskussionen, die sich unmittelbar nach der Veröffentlichung des *Kapital* entwickelten, blieben im innerakademischen Raum und damit im Umfeld bürgerlicher Theoriebildung.¹³ Hier blieb die Diskussion eng ökonomietheoretisch ausgerichtet (Verhältnis Wert-Preis, sog. Transformationsproblem, Arbeitswertlehre, Geldtheorie). Der gesellschaftskritische und philosophische Gehalt wurde wiederum nicht an den grundlegenden ökonomischen Kategorien, sondern allgemein am Verhältnis von Marx'scher und Hegel'scher bzw. am Gegensatz von materialistischer und idealistischer Dialektik diskutiert. Diese Situation blieb unverändert bis etwa zum Ende des Ersten Weltkriegs.

Es war Georg Lukács, der in dem wohl einflussreichsten Aufsatz für die Entwicklung des Westlichen und Kritischen Marxismus: *Die Verdinglichung und das Bewußtsein des Proletariats,* erschienen 1923 in der berühmten Aufsatzsammlung *Geschichte und Klassenbewußtsein* – es war Georg Lukács, der explizit an die ökonomiekritische Seite des Marx'schen Werks anschloss, ihre zentrale Kategorie, die Ware, als Form gesellschaftlicher Totalität innerhalb philosophischer und erkenntniskritischer Problemstellungen entfaltete und dadurch auch den herkömmlichen Arbeitsbegriff einer zumindest impliziten Kritik unterzog:

> Es ist keineswegs zufällig, daß beide großen und reifen Werke von Marx, die die Gesamtheit der kapitalistischen Gesellschaft darzustellen und ihren Grundcharakter aufzuzeigen unternehmen, mit

---

11 Zum Realsozialismus als staatlichem Akkumulationsregime nachholender, kapitalistischer Modernisierung vgl. Robert Kurz: *Der Kollaps der Modernisierung. Vom Zusammenbruch des Kasernensozialismus zur Krise der Weltökonomie.* Frankfurt am Main: Eichborn 1991; Peter Klein: *Die Illusion von 1917. Die alte Arbeiterbewegung als Entwicklungshelferin der modernen Demokratie.* Nürnberg: Horlemann 1992. Diese Einschätzung hat der antileninistisch orientierte Marxismus freilich schon in den 1930er Jahren getroffen, etwa durch Karl Korsch, Paul Mattick und Anton Pannekoek. Auch Georges Bataille ist Anfang der 1950er Jahre in einer distanziert-ambivalent gehaltenen Betrachtung des Stalinismus, in der er die entscheidenden Abweichungen der Durchsetzungsgeschichte der sozialistischen Staaten von Marx' eigener Konzeption verfolgt, zu dem Schluss gekommen, dass der Sozialismus, wie schon der Kapitalismus, eine „ursprüngliche Akkumulation" durchführte und eine auf Reichtumsakkumulation basierende Produktionsweise etablierte, allerdings auf kollektiver statt privat-interessierter Basis, vgl. Georges Bataille: Kommunismus und Stalinismus. In: Ders.: *Die Aufhebung der Ökonomie.* München: Matthes & Seitz 2001, S. 237–288.

12 Zur Verkürzung der Marx'schen Ökonomiekritik und ihrer Kategorien vgl. Hans-Georg Backhaus: Zur Dialektik der Wertform; ders.: Materialien zur Rekonstruktion der Marxschen Wertformanalyse I–IV, beide in ders: *Dialektik der Wertform,* S. 41–298.

13 Diethard Behrens: Der kritische Gehalt der Marxschen Wertformanalyse. In: Ders. (Hrsg.): *Gesellschaft und Erkenntnis.* Freiburg: ça ira 1993, S. 165–190, hier S. 165.

der Analyse der Ware beginnen. Denn es gibt kein Problem der Entwicklungsstufe der Menschheit, das in letzter Analyse nicht auf diese Frage hinweisen würde, dessen Lösung nicht in der Lösung des Rätsels der Waren*struktur* gesucht werden müßte. Freilich ist diese Allgemeinheit des Problems nur dann erreichbar, wenn die Problemstellung jene Weite und Tiefe erreicht, die sie in den Analysen von Marx selbst besitzt; wenn das Warenproblem nicht bloß als Einzelproblem, auch nicht bloß als Zentralproblem der einzelwissenschaftlich gefaßten Ökonomie, sondern als zentrales, strukturelles Problem der kapitalistischen Gesellschaft in allen ihren Lebensäußerungen erscheint. Denn erst in diesem Falle kann in der Struktur des Warenverhältnisses das Urbild aller Gegenständlichkeitsformen und aller ihnen entsprechenden Formen der Subjektivität in der kapitalistischen Gesellschaft aufgefunden werden.[14]

Wenn die Aufsatzsammlung *Geschichte und Klassenbewußtsein* in ihrem Einfluss für den Westlichen Marxismus kaum überschätzt und vielleicht sogar als dessen „Initialzündung" angesehen werden kann,[15] so ist in diesem Zitat aus ihrem mit Abstand wichtigsten Aufsatz bereits dessen Programmatik enthalten.[16] Jedenfalls nahm der Aufsatz diejenige Herausforderung an, vor der die damalige Gesellschaftskritik zu stehen schien: Lukács' Verdinglichungskritik ist der Versuch, die arbeitsontologischen und geschichtsmetaphysischen Grundannahmen der sozialistischen Arbeiterbewegung und der Sozialdemokratie erkenntniskritisch zu überschreiten – und doch die Notwendigkeit der Revolution weiterhin aus Marx' Ökonomiekritik sowie aus der Geschichte zu begründen.[17] Denn das zentrale Problem einer revolutionären Gesellschaftskritik: dass das Subjekt der Kritik sich als Resultat derjenigen gesellschaftlichen Vermittlung begreifen muss, die es zu kritisieren und überwinden gilt, dieses zentrale Dilemma wurde in der damaligen Sozialdemokratie und in der sozialistischen Bewegung dort unkritisch aufgelöst, wo ihnen der gesellschaftliche Nutzen als An-sich der konkreten Arbeit, ihrer Mittel und ihrer Produkte erschien. Die Arbeit wurde dadurch

---

14 *GuK*, S. 170 (94). Lukács meint mit den „beiden großen Werken" *Zur Kritik der Politischen Ökonomie* und *Das Kapital*.

15 Bereits 1929 wurde von Karl Mannheim Lukács' „Marxismus" (mit dem *GuK* gemeint war) als „Neomarxismus" bezeichnet, vgl. Karl Mannheim: *Ideologie und Utopie*. Bonn: Friedrich Cohen 1929, S. 239.

16 Allerdings lief der Einfluss dann Lukács' späteren Intentionen entgegen. Im Nachwort zur Neuauflage stellt er 1967 fest: „Es ist eine Tatsache, daß ‚Geschichte und Klassenbewußtsein' auf viele Leser einen starken Eindruck machte und heute noch macht. […] Leider weiß ich, daß aus Gründen der gesellschaftlichen Entwicklung und der von ihr produzierten theoretischen Einstellung das, was ich heute als theoretisch falsch ansehe, oft zu den wirksamsten und einflußreichsten Momenten der Wirkung gehört" (*GuK*, S. 30). Zuvor stellt Lukács fest, worin diese Wirksamkeit gelegen hat, nämlich darin, „daß ‚Geschichte und Klassenbewußtsein' in seiner Analyse der ökonomischen Phänomene nicht in der Arbeit, sondern bloß in komplizierten Strukturen der entwickelten Warenwirtschaft seinen Ausgangspunkt sucht" (*GuK*, S. 20). Die vorliegende Auseinandersetzung mit Lukács bezieht sich daher nur auf den jungen Lukács von *Geschichte und Klassenbewußtsein*. Hier konzentriert sie sich wiederum auf den Verdinglichungsaufsatz und auf dessen zentrale Idee, das „identische Subjekt-Objekt der Geschichte". Zum Verhältnis zwischen Lukács und der Neuen Linken vgl. die Beiträge im gleichlautenden Abschnitt (und seinen Anhang) in Rüdiger Dannemann (Hrsg.): *Lukács und 1968: Eine Spurensuche*. Bielefeld: Aisthesis 2009, S. 73–343.

17 Helmut König zufolge ist es „durchgängige Intention" von *GuK*, „dem Marxismus den Status einer Revolutionstheorie zurückzugeben, den er, nach Lukács' Auffassung, durch die in der II. Internationale vorherrschende Interpretation als reine Wissenschaft verloren hatte". (Helmut König: *Geist und Revolution*. Stuttgart: Klett-Cotta 1981, S. 12.)

von ihrer Vermitteltheit durch das Kapitalverhältnis getrennt, sodass sie – zumindest der Möglichkeit nach – als eine für-sich-seiende Entität verstanden wurde, die es im Sozialismus nur noch gesamtgesellschaftlich anzuwenden und mit Bewusstsein zu planen gelte.

Allerdings hatte es bereits *vor* Lukács eine entscheidende ‚Zutat' gegeben. Denn auch wenn in der Sozialdemokratie und in der Arbeiterbewegung in den ersten Jahrzehnten nach Marx davon ausgegangen wurde, dass in der Arbeit geradezu objektiv das Allgemeine, Produktive und Geschichtsmächtige der Gesellschaft an-sich schon fertig vorzufinden sei, so mussten sie doch feststellen, dass hier vorerst nur das *Potenzial* für den Kommunismus gleichsam *da* war. In der Arbeiterklasse schien das objektive Gattungsinteresse und das Geschichtsmächtige nur *an-sich* vorhanden – es könne sich aber noch nicht selbst verwirklichen, weil es (noch) nicht für-sich sei.[18] Diesem Verständnis nach könne die Arbeit nur dann eine bei-sich-bleibende Form annehmen und ihre gesellschaftliche Bestimmung und ihre produktive Kraft könnten nur dann bewusst verwirklicht werden, wenn die Arbeit nicht durch ihre kapitalistische Anwendung und Ausbeutung zum Mittel für einen äußerlichen, partikularen und borniertem Zweck würde. Demnach müsse beides, die gesellschaftliche Bestimmung und die produktive Kraft der Arbeit einerseits, deren Anwendung und Ausbeutung durch das Kapital und die Bourgeoisie andererseits, in der Arbeiterklasse noch zu Bewusstsein kommen, und dieses Bewusstsein würde dann geradezu notwendig dazu führen, die kapitalistische Gesellschaft zu revolutionieren – aber genau dieses Bewusstsein wurde zum Problem. Genauer gesagt, wurde das *Fehlen* des revolutionären Bewusstseins zum Problem. Zum Problem wurde, dass die Arbeiterklasse aufgrund der Klassenspaltung nicht nur nicht die gesellschaftliche Bestimmung und die produktive Kraft ihrer eigenen Arbeit bewusst in Bestimmung setzen konnte (um dadurch sich selbst zu verwirklichen), sondern die Arbeiterklasse war sich dieser gesellschaftlichen Bestimmung ihrer Arbeit *gar nicht recht bewusst*. Sie war sich mithin der Möglichkeit einer (kommunistischen) Selbstverwirklichung nicht bewusst. Schlimmer noch, sie war sich nicht einmal der kapitalistischen Anwendung und Ausbeutung ihrer Arbeit voll bewusst, jedenfalls nicht in einem revolutionären Sinne.

Es war Lenin, der in dieser Situation noch vor Lukács jene angekündigte entscheidende ‚Zutat' einforderte, eine Zutat, die dann durch Lukács eine Wendung erhielt. Es gilt somit, zunächst Lenins Zutat zu betrachten und anschließend die Wendung, die sie durch Lukács erhielt.

---

18 Solche Überlegungen über das Verhältnis von Klasse an-sich und für-sich lassen sich bei Marx selbst (auch wenn er nirgendwo von der „Klasse an-sich" spricht) vor allem in seiner Schrift „Das Elend der Philosophie" finden. Dort heißt es u. a.: „Die ökonomischen Verhältnisse haben zuerst die Masse der Bevölkerung in Arbeiter verwandelt. Die Herrschaft des Kapitals hat für diese Masse eine gemeinsame Situation, gemeinsame Interessen geschaffen. So ist die Masse bereits eine Klasse gegenüber dem Kapital, aber noch nicht für sich selbst. In dem Kampf, den wir nur in einigen Phasen gekennzeichnet haben, findet sich diese Masse zusammen, konstituiert sie sich als Klasse für sich selbst." (Karl Marx: Das Elend der Philosophie. In: *MEW*, Bd. 4, S. 63–182, hier S. 180f.) Zu dieser viel diskutierten Grundfigur im Marxismus vgl. Peter Furth: Rückblick auf den Marxismus. In: *Berliner Debatte INITIAL* 3 (1993), S. 3–18, bes. S. 6ff.

1. Lenin und der subjektive Faktor: Gesellschaftskritik als politische Praxis und die Vermittlungsfunktion der Partei

Lenin hatte bemerkt, dass die Arbeiterklasse „spontan" nur zu „trade-unionistischem Bewußtsein", nicht zu revolutionärem Bewusstsein neige:

> Die Geschichte aller Länder zeugt davon, daß die Arbeiterklasse ausschließlich aus eigener Kraft nur ein trade-unionistisches Bewußtsein hervorzubringen vermag, d. h. die Überzeugung von der Notwendigkeit, sich in Verbänden zusammenzuschließen, einen Kampf gegen die Unternehmer zu führen, der Regierung diese oder jene für die Arbeiter notwendigen Gesetze abzutrotzen u. a. m.[19]

Ihm zufolge bleibt das Bewusstsein der Arbeiterklasse den kapitalistischen Verhältnissen ohne eine äußere Zutat letztlich immanent. Diese Immanenz will Lenin überwinden durch die Organisierung des Bewusstseins und der Kraft der Massen, genauer, durch die Organisierung des Klassenkampfs und durch die Führung des Proletariats. Diese organisierte Kraft ist die *Partei*.[20] Mit ihrer Hilfe sollen die Arbeiter ihr in der kapitalistischen Unmittelbarkeit befangenes Bewusstsein durchschauen und überwinden, insbesondere die Unmittelbarkeit ihrer rein ökonomischen und reformistischen Interessen.[21]

---

19 Wladimir I. Lenin: Was tun? Brennende Fragen unserer Bewegung. In: Ders.: *Werke*, Bd. 5. Berlin, DDR: Dietz 1955, S. 355–551, hier S. 385–386. Lenins Konzentration auf den Klassenkampf sowie auf dessen Organisation und Leitung durch die politische Praxis der Partei wird hier nur exemplarisch und grob vereinfacht dargestellt. Es kommt nur darauf an, seine Kritik der gesellschaftlichen Unmittelbarkeit und des fehlenden Klassenbewusstseins zu zeigen sowie die Hypostase politischer Vermittlung, die sich aus dieser Kritik im ML ergab; diese vielleicht folgenreichste Entwicklung im Marxismus, zumindest in praktisch-politischer Hinsicht, ist wesentlich mit Lenins Wirkung verbunden (das rechtfertigt auch die Zusammenfassung dieser Entwicklung als Marxismus-Leninismus). Die Differenz zwischen dem spontanen, unmittelbaren Bewusstsein der Massen einerseits und der Notwendigkeit ihrer Organisation und Führung andererseits wurde freilich auf ganz ähnliche Weise auch von den anderen Theoretikern und Praktikern der Arbeiterbewegung problematisiert, etwa von Karl Kautsky, Leo Trotzki, Rosa Luxemburg und später auch von Mao Tse Tung, um nur die einflussreichsten zu nennen. Vgl. zu Lenins Auseinandersetzung mit dem Spontaneismus in der Arbeiterbewegung und in der Sozialdemokratie sowie zur Notwendigkeit der Bildung einer organisierten Kraft Lenin: Was tun?; ders.: Unsere nächste Aufgabe. In: Ders.: *Werke*, Bd. 4. Berlin, DDR: Dietz 1955, S. 209–214; ders.: Entwurf eines Programms unserer Partei. In: Ebd., S. 221–248; ders.: Eine rückläufige Richtung in der russischen Sozialdemokratie. In: Ebd., S. 249–279. Positiv zu Lenins Kritik des unmittelbaren Massenbewusstseins, aber kritisch zu Lenins Vorstellung einer politischen Führung desselben äußert sich Klein: *Die Illusion von 1917*, bes. S. 57ff., S. 178ff. Zu Kautsky, der noch vor Lenin auf der Notwendigkeit einer Partei bestand, vgl. Ingrid Gilcher-Holtey: *Das Mandat der Intellektuellen. Karl Kautsky und die Sozialdemokratie*. Berlin: Siedler 1986; dies.: Karl Kautsky. In: Walter Euchner (Hrsg.): *Klassiker des Sozialismus*, Bd. 1. München: C. H. Beck 1991, S. 233–249.

20 Lenins Konzeption zum Aufbau einer revolutionären Partei entstand vor allem in Abgrenzung zum Ökonomismus und Determinismus, die sich Lenin zufolge im trade-unionistischen Massenbewusstsein, aber auch im Revisionismus Bernsteins finden, seine Partei-Konzeption entstand aber auch in Abgrenzung zum Spontaneismus des Linksradikalismus. Zur Lenin'schen Parteikonzeption vgl. vor allem Lenin: Was tun?; ders.: Der ‚linke Radikalismus', die Kinderkrankheit im Kommunismus. In: Ders.: *Werke*, Bd. 31. Berlin, DDR: Dietz 1964, S. 5–106; ders.: Zwei Taktiken der Sozialdemokratie in der demokratischen Revolution. In: Ders.: *Werke*, Bd. 9. Berlin, DDR: Dietz 1957, S. 1–130. Zur Auseinandersetzung und Einschätzung der Lenin'schen Parteikonzeption vgl. Arndt: *Lenin – Politik und Philosophie*, S. 94ff.

21 „Wir müssen die politische Erziehung der Arbeiterklasse, die Entwicklung ihres politischen Bewußtseins aktiv in Angriff nehmen. […] Es fragt sich nun, worin die politische Erziehung bestehen muß. Kann

Die Partei erhielt dadurch eine zentrale Stellung, die sie als universellen Vermittler, weil Vermittler des Universellen auszeichnet: Es ist Aufgabe der Kommunistischen Partei, sich in die Differenz zwischen Klasse an-sich und Klasse für-sich gleichsam einzusetzen, um diese Lücke zu schließen – und diese Repräsentation und Vermittlung der Arbeit und ihrer Klasse im Sozialismus schließlich überflüssig zu machen. Revolutionäre Politik muss sich demnach für die gesellschaftliche, ja, universelle Bestimmung einer Arbeit einsetzen, die in jeder Gesellschaft notwendig ist und die insofern zeitlos bleibt, aber sie muss sich dafür einsetzen, dass die universelle Bestimmung und die zeitlose Notwendigkeit noch geschichtlich durchgesetzt wird und für-sich wird. Die Partei muss sich dadurch für das Paradox eines transzendenten Transzendentals einsetzen, nämlich für eine Arbeit, deren gesellschaftliche Bestimmung und produktive Kraft jeder Vergesellschaftung zwar zeitlos zugrunde liegt, jedoch ohne dass die Arbeit bislang endgültig zu-sich kommen und im Bewusstsein der Arbeiterklasse für sich sein konnte – und gerade durch diesen Widerspruch muss die Arbeit zur revolutionären geschichtlichen Kraft werden.[22]

Solange die Revolution aber noch aussteht, solange sie gleichsam die leere Stelle zwischen dem Ansichsein und dem Fürsichsein bleibt, muss sie, Lenins Revolutionstheorie zufolge, durch die Partei, den Platzhalter für die kommende Gesellschaft, besetzt werden. Die Partei vereinnahmt diese leere Stelle und beansprucht dadurch diejenige Zutat zu sein, die für das fehlende revolutionäre Bewusstsein einspringen und die gesellschaftliche Bestimmung und die produktive Kraft der Arbeit auf sich nehmen muss. Die Partei durchbricht nicht nur das in der kapitalistischen Unmittelbarkeit gehaltene, spontan nur reformistische Bewusstsein, indem sie anstelle des Bewusstseins und zugleich für das Bewusstsein die Notwendigkeit einer kommunistischen Revolution in Anspruch nimmt, sie zeichnet sich selbst dadurch auch als einen geradezu entscheidenden Faktor aus: Sie setzt sich an die Stelle der Vermittlung zwischen Ansichsein und Fürsichsein. Vereinfacht gesagt, übernimmt sie die Identifikation zwischen der gesellschaftlichen Bestimmung der Arbeit und dem Subjekt der Arbeit.

Weil bei Lenin die Partei diese Identifikation gleichsam nur ideell und spekulativ in Anspruch nimmt, steht die Verwirklichung der Identität zwar noch aus, und die Verwirklichung bleibt auch Sache der Arbeiterklasse; die Partei soll den Arbeiter ja nur zu seinem *eigenen* Bewusstsein bringen. Und doch hat die Partei für das in der Unmittelbarkeit befangene Bewusstsein des Arbeiters *mehr* als nur Partei ergriffen. Die

---

man sich darauf beschränken, die Idee der Feindschaft der Arbeiterklasse gegen die Selbstherrschaft zu propagieren? Natürlich nicht. […] Und da die verschiedensten Gesellschaftsklassen unter *dieser* Unterdrückung zu leiden haben […] – ist es da nicht klar, daß wir *unsere Aufgabe*, das politische Bewußtsein der Arbeiter zu entwickeln, *nicht erfüllen werden*, wenn *wir* es nicht *übernehmen*, die *allseitige politische Entlarvung* der Selbstherrschaft zu organisieren?" (Lenin: Was tun?, S. 394.)

22 Zur Kritik der Verkehrung der Transzendenz in ein Transzendental vgl. Fabian Kettner: In welchem Detail steckt der leibhaftige Gott? Über merkwürdige Genossenschaften. In: Joachim Bruhn / Manfred Dahlmann / Clemens Nachtmann (Hrsg.): *Kritik der Politik. Johannes Agnoli zum 75. Geburtstag*. Freiburg: ça ira 2000, S. 173–200.

Partei hat die gesellschaftliche Bestimmung seiner Arbeit sowie ein entsprechendes Bewusstsein auf sich genommen und sich dadurch gleichsam an die Stelle des Selbstbewusstseins des Arbeiters gesetzt. Sie hat die Selbstreflexion der Arbeiterklasse vorweggenommen, auf sich genommen und sozusagen stellvertretend verallgemeinert, ja, letztlich hat sie ein solches Selbstbewusstsein und eine solche Selbstreflexion bereits *ersetzt*. Die Partei ist der repräsentative Körper, in dem sich das Selbstbewusstsein aller Arbeiter einfinden, zu einheitlicher Geltung kommen, schlagkräftig werden und über die Unmittelbarkeit des eigenen Bewusstseins hinausgehen kann.[23]

Entscheidend ist, warum der Partei, obwohl sie von Lenin nur als verschwindender Vermittler mit einer vorübergehenden Aufgabe konzipiert war, diese zentrale Stellung zukommen *muss*: Wenn die gesellschaftliche Bestimmung der Arbeit mit dem Subjekt der Arbeit bereits im Kapitalismus potenziell oder spekulativ – der *Idee* des Kommunismus nach – identifiziert werden kann, dann ergreift die Partei für *diese* Identifikation, für diese Idee des Kommunismus Partei. Damit nicht genug. Wenn sich die Kommunistische Partei für diese Identität zwischen der gesellschaftlichen Bestimmung der Arbeit und ihrem Subjekt einsetzt, dann kann die Partei gar nicht für einen kommenden Kommunismus einstehen, *ohne* dass ihre eigene Stellung und ihre Aufgabe die Partei dazu nötigten, sich der Logik der Perversion[24] zu ergeben. Sie muss sich jener Logik hingeben, die dann den Realsozialismus gekennzeichnet hat: Die Partei muss unmittelbar wissen, was objektiv notwendig ist. Sie selbst hat sich in diese Verlegenheit gebracht, denn einerseits tritt sie zwar nur im *Namen* der Arbeit und ihres Subjekts auf, andererseits hat sie die Identifikation zwischen der gesellschaftlichen Bestimmung der Arbeit und ihrem Subjekt auf sich genommen und die Spontaneität und die Selbstreflexion des Proletariats ersetzt.[25]

Allerdings hat erst im Stalinismus die Partei vollends die Stelle gesellschaftlicher Vermittlung für sich beansprucht: Im Stalinismus ist die Identifikation zwischen der gesellschaftlichen Bestimmung der Arbeit und ihrem Subjekt Staat geworden – die Partei ist Staats-Partei. Lenin dagegen hatte für die Partei, obwohl er ihr eine zentrale Position einräumte, statt einer Selbstverewigung im Staat ein jähes Ende vorgesehen. Der Partei kommt der entscheidende revolutionäre Einsatz nur als *Aufgabe* zu, sie

---

23 „Müssen wir es aber übernehmen, eine wirklich vom ganzen Volk ausgehende Entlarvung der Regierung zu organisieren, worin drückt sich dann der Klassencharakter unserer Bewegung aus? [...] Eben darin, daß wir, die Sozialdemokraten, diese vom ganzen Volk ausgehende Entlarvung organisieren; darin, daß alle durch die Agitation aufgerollten Fragen in streng sozialdemokratischem Geiste erläutert werden; darin, daß diese allseitige politische Agitation von einer Partei geführt wird, die zu einem unmittelbaren Ganzen vereinigt: Sowohl den Ansturm gegen die Regierung im Namen des ganzen Volkes als auch die revolutionäre Erziehung des Proletariats bei gleichzeitiger Wahrung seiner politischen Selbständigkeit [...]." (Lenin: Was tun?, S. 430.)

24 Zur Logik der Perversion in der stalinistischen Politik vgl. auch Slavoj Žižek: *Das fragile Absolute. Warum es sich lohnt, das christliche Erbe zu verteidigen*. Berlin: Verlag Volk und Welt 2000, bes. S. 23ff.; vgl. zur Logik der Perversion im Christentum auch ders.: *Die Puppe und der Zwerg. Das Christentum zwischen Perversion und Subversion*. Frankfurt am Main: Suhrkamp 2003.

25 Zum „Syllogismus" von Geschichte, Partei und Proletariat bei Lenin und Lukács vgl. das Nachwort von Slavoj Žižek: Georg Lukács as the Philosopher of Leninism. In: Georg Lukács: *A Defence of History and Class Consciousness. Tailism and the Dialectic*. London/New York: Pluto 2000, S. 151–182.

spricht nur *im Namen* der Arbeit und tritt nur *im Interesse* des Subjekts der Arbeit auf – die Partei soll nicht sich selbst zum Durchbruch verhelfen, sondern der gesellschaftlichen Bestimmung der Arbeit und dem Interesse ihres Subjekts, und die Partei soll sich in der Diktatur des Proletariats auch nur verallgemeinern, um den Staat zu zerschlagen und mit ihm schließlich auch sich selbst überflüssig zu machen.[26]
Doch welches Ende Lenin für die Partei auch immer vorgesehen hat, entscheidend bleibt, dass Lenin für die Notwendigkeit eines *subjektiven Faktors* steht. Die kommunistische Revolutionierung des Kapitalismus tritt nicht ohne ein revolutionäres Bewusstsein ein, und es ist die Revolutionierung dieses in der kapitalistischen Unmittelbarkeit befangenen Bewusstseins, für das sich die Partei einsetzen muss.

Es ist dieser subjektive Faktor, der durch den jungen Lukács eine Radikalisierung und sogar eine Art Wendung erhält, und durch diese Wendung kehrt sich Lukács auch radikal von der zentralen Stellung der Partei ab. Zwar führt auch bei ihm die Kritik der kapitalistischen Unmittelbarkeit und eines fehlenden revolutionären Bewusstseins zur Notwendigkeit eines subjektiven Faktors. Aber bei Lukács muss für die Arbeit und für ihr Subjekt nicht die Partei einspringen, vielmehr bringt die kapitalistische Unmittelbarkeit das Proletariat in die geradezu existenzielle Situation, für die eigene Arbeit Partei ergreifen zu müssen, d. h. für – sich selbst.[27] Denn wo Lenin die Differenz zwischen an-sich und für-sich, zwischen der gesellschaftlichen Bestimmung der Arbeit und dem Bewusstsein der Arbeiterklasse durch die Vermittlung der Partei zu schließen suchte (und die Hypostase der Partei und des Staatssozialismus zumindest vorbereitet hat), da zielt der junge Lukács auf eine existenzielle Verschränkung. Wenn das Bewusstsein des Arbeiters, so Lukács, nicht unmittelbar revolutionär ist, wenn es vielmehr Moment derselben kapitalistischen Unmittelbarkeit ist, die es zu überwinden gilt, dann hängt die Möglichkeit eines revolutionären Bewusstseins – sozusagen noch bevor es die kapitalistische Gesellschaft überwindet – an der Überwindung seiner selbst. Das heißt, das in der kapitalistischen Unmittelbarkeit gehaltene Bewusstsein des Arbeiters muss die eigene Form, die eigene kapitalistische Vermitteltheit

---

26 So betont Lenin in seiner Schrift *Staat und Revolution* unermüdlich, dass „das Proletariat nach Marx nur einen absterbenden Staat braucht, d. h. einen so eingerichteten Staat, daß er sofort abzusterben beginnt und zwangsläufig absterben muß" (Wladimir I. Lenin: Staat und Revolution. In: Ders.: *Werke*, Bd. 25. Berlin, DDR: Dietz 1972, S. 393–507, hier S. 415). Auch für den jungen Lukács, der im Gegensatz zu Lenin die Partei radikal vom Klassenbewusstsein unterschied, in ihr ein bloßes Vollzugsorgan des Klassenbewusstseins sowie ein vorübergehendes und sogar beschränkendes Mittel sah, war noch mehr als für Lenin der Staat ein bloßes Mittel zur Verwirklichung und endgültigen Beendigung des Klassenkampfes, vgl. Georg Lukács: Die Taktik des siegreichen Proletariats. In: Ders.: *Taktik und Ethik. Politische Aufsätze I (1918–1920)*. Darmstadt/Neuwied: Luchterhand 1975, S. 89–92.
27 Lukács sieht in einer bestimmten Form der Sozialdemokratie sogar den Versuch, das Proletariat in die Unmittelbarkeit *zurück* zu führen: „Die Gefahr, der das Proletariat von seinem geschichtlichen Auftreten an unaufhörlich ausgesetzt war, daß es in der – mit der Bourgeoisie gemeinsamen – Unmittelbarkeit seines Daseins stecken bleibt, hat mit der Sozialdemokratie eine politische Organisationsform erhalten, die die bereits mühsam errungenen Vermittlungen künstlich ausschaltet, um das Proletariat in sein unmittelbares Dasein […] zurückzuführen." (*GuK*, S. 337 (214).) Diese Kritik richtet sich freilich nicht gegen Lenins Parteikonzeption, sondern gegen die Sozialdemokratie vom Typ Lassalles und Kautskys.

überwinden, und es muss durch dieselbe Überwindung so auf sich zurückkommen, dass es an-sich die Möglichkeit des Kommunismus erkennt. Die Revolutionierung des Bewusstseins ist somit bei Lukács nicht Aufgabe der Partei, sondern dem Bewusstsein ist die eigene Revolutionierung aufgegeben, und diese Revolutionierung ist wiederum nicht zu trennen von derjenigen kapitalistischen Vermittlung, die revolutioniert werden soll.[28] Ja, letztlich ist es diese kapitalistische Vermittlung selbst, die, indem sie erkannt wird und zu Bewusstsein kommt, überwunden werden soll.
Die Form dieser kapitalistischen Vermittlung ist die *Warenform*.

28 Bereits in den *GuK* vorausgehenden Schriften zwischen 1918 und 1920, in denen Lukács seine Hinwendung zum Marxismus vollzog, unterschied er stets scharf die Partei vom Klassenbewusstsein. Immer ist es das Klassenbewusstsein, das zuerst und zuletzt für die Revolution entscheidend bleibt. Die Partei ist dagegen eine vorübergehende Notwendigkeit, ein bloßer Übergang und ein notwendiges Übel. Die parteiliche Organisation des Proletariats ist überhaupt nur der „*erste Versuch*, die gesellschaftliche Totalität nach der eigenen Gestalt zu formieren"; letztlich bleibt es für das Proletariat notwendig, fur sich selbst Partei zu ergreifen, „um jede Organisation einer Partei" (mithin von letztlich immer bürgerlicher Interessenvertretung und Repräsentation) „zerschlagen zu können" (Georg Lukács: Partei und Klasse. In: Ders.: *Taktik und Ethik*, S. 74–84, hier S. 79 u. 83, (Hervorhebungen F.E.). Es ist die große Idee des jungen Lukács, dass die gesellschaftliche Totalität unmittelbar im Proletariat zu Bewusstsein kommt und präsent wird, sodass der Kommunismus *diese* Gestalt annimmt: die Identität von Bewusstsein und Praxis, von Theorie und Handeln. In dieser Idee löst Lukács mit Marx die lebens- und geschichtsphilosophischen Leitmotive seiner zuvor ästhetisch ausgerichteten Gesellschaftskritik ein. Vgl. zur Parteitheorie, die Lukács in der Zeit um *GuK* vertrat, sowie zu den Auswirkungen seiner impliziten Kritik der Partei auf die sozialistische Bewegung und die Gesellschaftskritik Seppo Toiviainen: Die Parteitheorie des jungen Lukács. In: Georg Ahrweiler (Hrsg.): *Betr. Lukács. Dialektik zwischen Idealismus und Proletariat*. Köln: Pahl-Rugenstein 1978, S. 246–270. Es ist wichtig, die Differenz zwischen Lenin und Lukács eigens zu fassen, weil sich an ihr diejenige Spaltung festmachen lässt, die sich in der Frage um den subjektiven Faktor der Kapitalismuskritik ergeben hat. Bei Lenin muss die Partei, wie gezeigt, für das fehlende revolutionäre Bewusstsein *einspringen*, d.h. sie muss Partei ergreifen für die gesellschaftliche Bestimmung der Arbeit und für das objektive Interesse der Arbeiter sowie für die historische Mission der Arbeiterklasse. Bei Lukács muss sich dagegen das Proletariat unmittelbar der Bestimmung und der produktiven Kraft der eigenen Praxis bewusst werden, um für die Notwendigkeit der Selbstorganisation und Selbstbestimmung Partei zu ergreifen und *dadurch* geschichtsmächtig zu werden. In der Geschichte der sozialistischen Bewegung bilden die Organisierung und Repräsentation der Arbeit und ihrer Klasse einerseits, die Selbstorganisation der Arbeit und ihrer Klasse andererseits die beiden Pole, die in der Frage einer (revolutionären) Organisierung immer wieder auftauchen. Während der spontaneistische, undogmatische und antileninistische Teil der sozialistischen Bewegung die praxis-philosophische Seite von Lukács positiv hervorgehoben hat, ist ihm das vom Marxismus-Leninismus meist als – im Anschluss an Lenins Kritik – „Linksradikalismus" angerechnet worden (so noch in der von Jörg Kammler geschriebenen Einleitung in die eben zitierten und erst 1975 herausgegeben *Politischen Aufsätze* von Lukács aus den Jahren 1918–1920, vgl. Jörg Kammler: Einleitung. In: Georg Lukács: *Taktik und Ethik*, S. 7–26, bes. S. 18ff.). Hans-Jürgen Krahl hat im Zuge der zunächst anti-autoritär und spontaneistisch geprägten Studentenbewegung die Aktualität der von Lukács herausgestellten subjektiven Dimension betont. Krahl zufolge hat Lukács die Organisationsfrage neu gestellt, indem er das Verhältnis von Spontaneität und Massenbewusstsein zur organisatorischen Praxis untersucht und auf das Problem zugespitzt hat, wem die transzendentale Stellung für eine revolutionäre Praxis zukommt, dem proletarischen Bewusstsein oder der kommunistischen Partei Lenin'schen Typs, vgl. Hans-Jürgen Krahl: Materialien. Lukács (Geschichte und Klassenbewußtsein). In: Ders.: *Konstitution und Klassenkampf*, S. 62–73; ders.: Aus einer Diskussion über Lukács. In: Ebd., S. 199–203; sowie bes. ders.: Zu Lukács: Geschichte und Klassenbewußtsein. In: Ebd., S. 164–181. Dass auch Lenin einen radikalen Subjektivismus in den Marxismus eingebracht hat, wurde u.a. von Slavoj Žižek wiederholt hervorgehoben, z.B. in ders.: *Die Revolution steht bevor. Dreizehn Versuche über Lenin*. Frankfurt am Main: Suhrkamp 2002.

2. Das Formproblem der bürgerlichen Gesellschaft und Lukács' implizite Kritik der Arbeitsontologie und Geschichtsmetaphysik in der Kapitalismuskritik

Im Verdinglichungsaufsatz geht auch Lukács davon aus, dass die Arbeit und ihre Klasse die Totalität der Gesellschaft bilden; insofern teilt er die Grundannahmen der Arbeiterbewegung, der Sozialdemokratie und des ML seiner Zeit. Und auch Lukács zufolge ist die gesellschaftliche Totalität noch durch einen Klassenantagonismus in sich gespalten, sodass sie unverwirklicht bleibt und gleichsam im Widerspruch steht zu ihrer eigenen Notwendigkeit und Erfüllung. Doch Lukács unterscheidet sich dadurch radikal von der Gesellschaftskritik seiner Zeit, dass die Arbeit *nicht*, jedenfalls nicht ‚zuerst', durch die Klassenspaltung und den Klassenantagonismus daran gehindert wird, die Allgemeinheit und Totalität der Gesellschaft zu bilden – die Arbeit wird daran gehindert durch die *Form ihrer kapitalistischen Vermittlung*. Entsprechend kommt es für die Verwirklichung des Kommunismus nicht einfach nur darauf an, die Arbeiterklasse zum Bewusstsein der gesellschaftlichen Bestimmung und der produktiven Kraft ihrer Arbeit zu bringen und die Klassenspaltung zu überwinden. Es kommt ‚zuerst' auf die Überwindung jener Form der kapitalistischen Vermittlung der Arbeit an. Diese Form ist die Warenform:

> Die Universalität der Warenform bedingt also sowohl in subjektiver wie in objektiver Hinsicht eine Abstraktion der menschlichen Arbeit, die sich in den Waren vergegenständlicht. [...] Objektiv, indem die Warenform als Form der Gleichheit, der Austauschbarkeit qualitativ verschiedener Gegenstände nur dadurch möglich wird, daß sie [...] als formal gleiche aufgefaßt werden. [...] Subjektiv, indem diese formale Gleichheit der abstrakten menschlichen Arbeit nicht nur der gemeinsame Nenner ist, auf den die verschiedenen Gegenstände in der Warenbeziehung reduziert werden, sondern zum realen Prinzip des tatsächlichen Produktionsprozesses der Ware wird. [...] Für uns ist das *Prinzip*, das hierbei zur Geltung gelangt, am wichtigsten: das Prinzip der auf Kalkulation, auf *Kalkulierbarkeit* eingestellten Rationalisierung.[29]

Die Formulierung „Universalität der Warenform" deutet an, dass für Lukács die Warenform nichts weniger ist als die Totalität kapitalistischer Vermittlung.[30] Entsprechend ist in seiner Kritik der Warenform eine umfassende Kritik dieser Vermittlung angelegt, einschließlich ihres philosophischen Ausdrucks im deutschen Idealismus und einschließlich der Möglichkeit ihrer Überwindung. Lukács entwickelt aus der Warenform die dualistische Gegenständlichkeit von Subjektivität und Objektivität, er situiert den Dualismus innerhalb der Problemstellungen der Philosophie des deutschen Idealismus, und er nimmt mit der Kritik warenförmiger Verdinglichung eine implizite erkenntniskritische Wendung der geschichtsmetaphysischen Vorstellungen des Marxismus sowie der entfremdungstheoretischen Leitmotive der Phänomenologie seiner Zeit vor.

---

29 *GuK*, S. 175–176 (98).

30 Zur herausragenden Bedeutung der kritischen Methode und des Begriffs der Totalität, die Lukács zufolge sogar statt „ökonomischer Motive" die „entscheidenden" Unterscheidungskriterien zwischen Marxismus und bürgerlicher Wissenschaft sind, vgl. vor allem Georg Lukács: Rosa Luxemburg als Marxistin. In: *GuK*, S. 94–118, bes. S. 94ff. (39–56, bes. 39ff.).

Diese implizite Kritik wird expliziert an der gleichsam verkehrten Wahrheit der idealistischen Philosophie, denn die warenförmige Verdinglichung zeigt sich Lukács zufolge in den ungelösten Problemen der bürgerlichen Philosophie, insbesondere in den Antinomien der Erkenntnis und des Denkens, und dieselbe warenförmige Verdinglichung hält zudem auch das proletarische Bewusstsein in den bürgerlichen Erkenntnis- und Denkformen auf – aber allein durch das Proletariat können die bürgerliche Erkenntnis- und Denkweise auch überwunden werden, und allein dadurch können auch die ungelösten Probleme jener Philosophie ihre Lösung erfahren.[31] Um diese Lösung zu zeigen, entwickelt Lukács die Marx'sche Ökonomiekritik auf der Höhe des Hegel'schen Weltgeistes und stellt dabei den von Hegel wie von Marx gebrauchten Begriff der Entfremdung in den Mittelpunkt.[32]

Ausgangspunkt seiner Entfremdungs- und Verdinglichungskritik ist das von Kant und vom Neo-Kantianismus thematisierte Formprinzip des rationalen Denkens, als dessen fundamentales Problem Lukács den erkenntnisjenseitigen Charakter des Dings-an-sich bestimmt. Das Ding-an-sich zeige in zweifacher Hinsicht die Gespaltenheit der bürgerlichen Gesellschaft an, zum einen durch das Problem des materiellen Inhalts der Erkenntnisformen und zum anderen durch das Problem „des Ganzen und [...] der letzten Substanz der Erkenntnis"[33], zusammengenommen, durch das Problem des Systems einer vollständig begreifbaren Totalität. Beide Probleme gehen Lukács zufolge aus der warenförmigen Verdinglichung und Entfremdung hervor, aus derselben Warenform geht aber auch die Möglichkeit ihrer Revolutionierung hervor.

Beides, sowohl Lukács' kantischer Ausgangspunkt (die Erkenntnisjenseitigkeit des Dings-an-sich und die Notwendigkeit einer antinomischen Erkenntnis der Gesellschaft) als auch die ‚Vergesellschaftung' der Kant'schen Vernunftkritik (durch die Kritik warenförmiger Entfremdung und Verdinglichung), zielt darauf, die bürgerliche Gesellschaft durch die Entwicklung der Form ihrer Vermittlung, die Warenform, kritisch darzustellen. Dieselbe kritische Darstellung soll darüber hinaus aber auch die Möglichkeit der Überwindung dieser Form zeigen, und zwar so, dass die Überwindung noch aus der Form selbst hervorgeht. Lukács geht davon aus, dass die warenförmige Vermittlung die Lösung der kapitalistischen Gesellschaft bereits enthält, aber nur, indem sie die für diese Gesellschaft *unlösbaren* Widersprüche und Antinomien auf

---

31 Dieser Aufbau entspricht ungefähr den drei Kapiteln des Verdinglichungsaufsatzes, vgl. daher zur Kritik der Verdinglichung ebd., S. 170–209 (94–122) (Kap. I); zu den Problemen und der antinomischen Konstitution des bürgerlichen Denkens ebd. S. 209–267 (122–164) (Kap. II); zur Lösung dieser Probleme und Antinomien im Klassenbewusstsein des Proletariats ebd., S. 267–355 (164–228) (Kap. III).
32 Die Kritik der Entfremdung ist bis zuletzt eine treibende Kraft in Lukács' Gesellschaftskritik geblieben; noch in der postum veröffentlichten Arbeit *Zur Ontologie des gesellschaftlichen Seins* ist ihr im zweiten Teil ein eigenständiger Abschnitt gewidmet. Allerdings hat der Entfremdungsbegriff nicht mehr die zentrale Bedeutung, die ihm im Verdinglichungsaufsatz zukommt, und er steht nun auch in einem anderen Kontext (das gleiche gilt für die Begriffe ‚Arbeit' und ‚gesellschaftliche Praxis'), vgl. Georg Lukács: *Zur Ontologie des gesellschaftlichen Seins* I u. II. Werke, Bde. 13 u. 14. Darmstadt/Neuwied/Berlin: Luchterhand 1984 u. 1986.
33 *GuK*, S. 215 (127).

bewusstlose, aber praktische Weise sozusagen formalisiert. Die Widersprüche und Antinomien seien zudem durch das bürgerliche Selbstverständnis bereits verarbeitet und endgültig formuliert worden, nämlich insofern, als sie sich in den Problemen der Philosophie adäquat darstellen, insbesondere im deutschen Idealismus. Weil aber Lukács zufolge die Lösung der Widersprüche und Antinomien auch die Form der Philosophie selbst transzendieren muss, müssen die Widersprüche und Antinomien das letzte Wort der Philosophie bleiben, und so kommt das Formproblem der bürgerlichen Gesellschaft in deren Philosophie letztlich sogar auf eine für *diese* Gesellschaft abschließende und vollständige Weise zum Ausdruck.

Die Frage ist demnach: In welcher Weise wird die bürgerliche Gesellschaft, Lukács zufolge, in ihrem Selbstverständnis, insbesondere in der idealistischen Philosophie, der Form ihrer kapitalistischen Vermittlung adäquat? Und inwiefern formuliert die Philosophie, wenn sie ihre eigene Form thematisiert, das Problem warenförmiger Vermittlung?

Das zentrale Problem warenförmiger Vermittlung ist aus Lukács' Sicht die *Verdinglichung*: Das gesellschaftliche Verhältnis der Menschen, insbesondere die gesellschaftliche Bestimmung ihrer Arbeit, erscheint in der dinglichen Gestalt der Ware. Oder vielmehr erscheint das gesellschaftliche Verhältnis gerade *nicht* in der Ware, sondern es verschwindet. Es verschwindet in einem Warenwert, der dinglich vorhanden zu sein scheint und wie eine gegebene, quasi natürliche Eigenschaft eines Dings reflektiert werden muss. Das gilt nicht nur für die einzelne Ware, dieselbe Verdinglichung gilt auch für die Gesellschaft in ihrer Totalität: Weil sich der Schein dinglicher, selbständiger und zufälliger Einzeltatsachen nicht auf die Arbeit zurückführen und in das Wesen der Gesellschaft auflösen lässt, muss auch die Gesellschaft in ihrer Totalität entsprechend dem Schein der Faktizität dieser unmittelbar-dinglichen Einzeltatsachen wie ein objektiver, fertig gegebener und quasi natürlicher Gegenstand aufgefasst werden.[34] Die Gesellschaft muss darum nicht nur wie ein gegebenes Ding reflektiert werden, sondern gerade ihr geschichtliches *Werden* und ihre *Veränderbarkeit* geraten dem bürgerlichen Bewusstsein zum Ding-an-sich, und zwar genau im Maß ihrer kalkulierenden und rationalisierenden Erkenntnisweise: „Die scheinbar restlose, bis ins tiefste physische und psychische Sein des Menschen hineinreichende Rationalisie-

---

34 Zum Phänomen der Verdinglichung vgl. den gleichnamigen Abschnitt I, *GuK*, S. 170ff. (94ff.). Der Begriff der Verdinglichung taucht bereits in Lukács' letztem großem Werk vor seiner Wende zum Marxismus an zentraler Stelle auf, in der *Theorie des Romans*, entstanden in den Jahren 1914/15 (zuerst veröffentlicht 1916). Hier ist die Verdinglichung noch lebensphilosophisch ausgerichtet und wird noch nicht aus der warenförmigen Vermittlung der kapitalistischen Gesellschaft entwickelt. Mit seiner Wendung zum Marxismus hat sich Lukács von dieser romantischen Kritik eines „primitiven Utopismus" (Lukács) abgewandt und sie ausdrücklich kritisiert, u. a. im Vorwort zur Neuauflage von 1962, vgl. Georg Lukács: *Die Theorie des Romans*. Darmstadt/Neuwied: Luchterhand 1971. Ausführlich zum Begriff der Verdinglichung bei Lukács vgl. Rüdiger Dannemann: *Das Prinzip Verdinglichung. Studien zur Philosophie Georg Lukács'*. Frankfurt am Main: Sendler 1987; Axel Honneth: *Verdinglichung. Eine anerkennungstheoretische Studie*. Frankfurt am Main: Suhrkamp 2005, S. 19ff.

rung der Welt findet jedoch ihre Grenzen an dem formellen Charakter ihrer eigenen Rationalität."[35]

Doch nicht nur das Werden der einzelnen Erkenntnisinhalte wie auch der Gesellschaft als ganzer entgleitet dem bornierten Standpunkt des rationalisierenden Denkens, sondern ausgerechnet diese rationalisierende Denkmethode kann sich selbst nicht begreifen. Das bürgerliche Subjekt kann seinen Erkenntnisstandpunkt nicht auf die spezifisch bürgerlich-kapitalistische Produktions- und Aneignungsweise und seine Denkform nicht auf die warenförmige Vermittlung zurückführen. Es kann in seinem kontemplativen Standpunkt einer rein theoretischen, unpraktischen Erkenntnis nicht den Standpunkt der besitzenden und aneignenden Klasse erkennen, derjenigen Klasse, die sich die Resultate der Arbeit anderer aneignet, die sich sogar die Arbeitskraft selbst wie eine Ware aneignet und dadurch gleichsam kontemplativ von der Arbeit anderer lebt. Im Gegenteil, dem bürgerlichen Denken erscheinen der eigene Erkenntnisstandpunkt und die eigene Denkform geschichtslos und rein statt geschichtlich geworden und gesellschaftlich konstituiert sowie beschränkt auf einen bestimmten Klassenstandpunkt.

Weil das gesellschaftliche Werden der Erkenntnisinhalte einerseits dem rationalen Denken zur unmittelbaren Faktizität dinglicher Einzeltatsachen wird und in ihnen verschwindet, andererseits dieses rationale Denken aber sich selbst nicht das zu überwindende Problem werden kann, darum muss, Lukács zufolge, dem rationalen Denken das Werden gesellschaftlicher Totalität letztlich zu einem irrationalen Jenseits werden. Es wird ihm zu eben jenem Ding-an-sich im Kant'schen Sinne, das nach Lukács als für die bürgerlich-kapitalistische Form rationaler Erkenntnis *notwendig* erkenntnisjenseitiges Ding-an-sich die Irrationalität dieser Form selbst ausweist. So „[…] wird die Wissenschaft außerstande gesetzt, das Entstehen und das Vergehen, den gesellschaftlichen Charakter der eigenen Materie, sowie den der möglichen Stellungnahmen zu ihr und den des eigenen Formsystems zu begreifen".[36]

Das rationalisierende und verdinglichende bürgerliche Bewusstsein entspricht somit im Denken zwar der warenförmigen Vermittlung, aus deren Unmittelbarkeit es sich aber nicht befreien kann ohne den eigenen Untergang. Für die bürgerliche Gesellschaft kann die Lösung bestimmter Antinomien des Denkens daher nur in deren *Notwendigkeit* bestehen, nur in der von Kant gezeigten Notwendigkeit der Verstrickung des Verstandes in bestimmten Antinomien, zuerst und zuletzt in der, dass die menschliche Vernunft

> […] durch Fragen belästigt wird, die sie nicht abweisen kann; denn sie sind ihr durch die Natur der Vernunft selbst gegeben, die sie aber auch nicht beantworten kann, denn sie übersteigen alles Vermögen der menschlichen Vernunft.[37]

---

35 *GuK*, S. 195 (112). Dass Lukács' Kritik der Verdinglichung eher an Max Weber als an Marx erinnert, ist vielfach bemerkt worden, vgl. u. a. Klaus Maretzky: Georg Lukács als Schüler Max Webers in Geschichte und Klassenbewußtsein. In: Ahrweiler (Hrsg.): *Betr.: Lukács. Dialektik zwischen Idealismus und Proletariat*, S. 164–189; Dannemann: *Das Prinzip Verdinglichung*, S. 83ff.

36 *GuK*, S. 201 (116).

37 Immanuel Kant: *Vorrede* (zur ersten Aufl. der *Kritik der reinen Vernunft* von 1781). In: Immanuel Kant:

Das bürgerliche Denken bleibt, weil es das vollständige Bewegungsprinzip der Gesellschaft nicht ohne Selbstaufgabe entdecken kann, einerseits in der Kontemplation befangen, darum sind ihm andererseits die Erkenntnisinhalte nicht restlos rationalisierbar, und der unbewältigbare Rest macht sich als Ding-an-sich und Notwendigkeit der Selbstbeschränkung des Verstandes geltend. Der kontemplative bürgerliche Verstand bringt sich bis zum Bewusstsein seiner Grenzen und zur kritischen Selbstprüfung seiner Antinomien, er bringt sich aber zu keiner Selbstüberwindung – diese liegt, wie der Inhalt des Dings-an-sich, außerhalb des kontemplativen bürgerlichen Denkens.[38]

Lukács kann also in der skizzierten Weise an die Philosophie der bürgerlichen Gesellschaft, aber auch an ihre Kunst und Ästhetik[39] insofern anknüpfen, als hier das unbewältigte gesellschaftliche Werden des Erkenntnisinhalts als Grenze, Ohnmacht und Krise reflektiert wird. Er muss aber noch zeigen, auf welche Weise dasselbe unbewältigte gesellschaftliche Werden auch das Transzendente und Revolutionäre geltend macht und die bürgerlichen Formen des Bewusstseins und des Wissens, der Kunst und der Ästhetik überwinden kann.[40]

Auch dafür kann Lukács noch an das Problembewusstsein des deutschen Idealismus anschließen. Er setzt mit dem deutschen Idealismus an der „Zweiheit von Subjekt und Objekt in der Empirie" an, um nach ihrer Einheit zu suchen, genau wie der deutsche Idealismus selbst: „Die Forderung, das Programm ging viel mehr darauf hinaus, jenen Einheitspunkt aufzufinden, um von dort aus die Zweiheit von Subjekt und Objekt in der Empirie, also die Gegenständlichkeitsform der Empirie verständlich zu machen, abzuleiten, zu ‚erzeugen'."[41] Nach einer kurzen Einlassung zum dogmatischen Hinnehmen der Wirklichkeit stellt Lukács dann fest: „Diese Einheit ist aber *Tätigkeit*", um schließlich, nach einem Blick auf Kants Versuch einer Vermittlung von theoretischer und praktischer Vernunft, mit Bezug auf Fichtes praktisch-tätiger Tathandlung, dem methodischen Mittelpunkt in dessen Wissenschaftslehre, festzustellen: „Es gilt also das Subjekt der ‚Tathandlung' aufzuzeigen und von der Identität mit seinem Objekt ausgehend alle zweiheitlichen Subjekt-Objekt-Formen als von ihr abgeleitet, als ihr Produkt zu begreifen."[42]

Kritik der reinen Vernunft. Nach der ersten und zweiten Originalausgabe. Hamburg: Meiner 2003, S. 5–14, hier A VII. (Im Folgenden *KdrV*).
38 Vgl. *GuK*, S. 207ff. (121ff.).
39 Vgl. *GuK*, S. 249ff. (151ff.).
40 Lukács will sich zudem von derjenigen Philosophie abgrenzen, die sich zwar ebenfalls auf das Transzendente der bürgerlichen Vernunft beruft, aber dabei laut Lukács eine irrationale Entwicklung verfolgt. Diese Philosophie reagiere zwar bereits auf die Ohnmachtserfahrungen der bürgerlichen Vernunft, sie sei sogar der Versuch der Bewältigung dieser Vernunft, operiere aber weiterhin auf ihrer prekären bürgerlichen Grundlage und müsse darum immanent bleiben. Diesen anderen, laut Lukács offen destruktiven Strang in der Philosophie will er von Schelling bis zur faschistischen Ideologie ausweisen, vgl. Georg Lukács: *Die Zerstörung der Vernunft. Der Weg des Irrationalismus von Schelling zu Hitler*. Berlin, DDR/Weimar: Aufbau 1955.
41 *GuK*, S. 227–228 (136).
42 *GuK*, S. 228 (136). Die „methodische Lebensfrage" der Philosophie wiederholt er noch einmal auf S. 250 (152).

Demnach muss die endgültige Lösung des Subjekt-Objekt-Dualismus in der materiellen und praktischen Wirklichkeit des Menschen und seiner Geschichte liegen – aber diese Wirklichkeit wird von Lukács nicht, wie in der Kapitalismuskritik seiner Zeit üblich, unvermittelt mit der Arbeit gleichgesetzt. Des Weiteren werden Bewusstsein und Erkenntnis auch nicht, wie in dieser Kritik ebenfalls üblich, aus einer Widerspiegelung der praktischen Arbeit, der materiellen Bedingungen sowie der Klassenlage begründet und auf eine Art Wechselwirkung reduziert. Und auch der von Hegel thematisierte produktive Selbstbezug des Geistes wird nicht als der reine Idealismus abgetan. Im Gegensatz zu jener Kritik ist die revolutionäre Praxis bei Lukács nicht nur *auch* eine Frage des Bewusstseins, die revolutionäre Praxis ist geradezu ein *entscheidender Akt der Erkenntnis*. Es ist freilich weder ein rein individueller Erkenntnisakt noch der eines Bewusstseins schlechthin oder gar eines höheren geistigen Wesens, sondern der Erkenntnisakt einer bestimmten gesellschaftlichen Klasse, der Arbeiterklasse. Nur das proletarische Bewusstsein kann den Dualismus von Objektivität und Subjektivität überwinden, weil nur hier die *Subjektivität* der Erkenntnis auf die *Objektivität der eigenen Praxis* trifft. Die revolutionäre Praxis besteht in der Aneignung einer Selbsterkenntnis, die das Bewusstsein des Proletariats auf die Form seiner warenförmigen Vermittlung zurückführt *und* diese zugleich radikal in Frage stellt, mithin das Bewusstsein des Proletariats verändert und darum beide, das Bewusstsein wie auch sein ‚Objekt': seine eigene Vermitteltheit durch die Warenform, überwindet. Diese Selbsterkenntnis führt das proletarische Bewusstsein sozusagen *zurück* in seine Form gesellschaftlicher Vermittlung, aus der genau dadurch einer *andere, neue* Form hervorgehen muss.

In dieser eigentümlichen Verschränkung sieht Lukács die praktische Wahrheit des Idealismus, nämlich dass die Subjektivität der Erkenntnis eine aktive, produktive Kraft ist. Er greift insbesondere auf Hegels Dialektik von Subjekt und Objekt zurück, der zufolge die Erkenntnis eine produktive Kraft ist, weil das Subjekt in der Erkenntnis des Objekts auch sich selbst zum Objekt der Erkenntnis macht und dadurch *beide*, Erkenntnisobjekt und Erkenntnissubjekt, im Erkenntnisprozess verändert. Bei Hegel wird der Prozess dieser Verschränkung jedoch zur produktiven Kraft der Geschichte des *Geistes*, eines Geistes, in dem Lukács zufolge die produktive Kraft jener Verschränkung sich gerade noch *nicht* erschlossen hat. Der Geist ist vielmehr Ausdruck davon, dass diese produktive Kraft *keinen* Ort für sich hat. Erst die Selbsterkenntnis der Ware Arbeitskraft wird zu einer Lösung dieser Selbstverkennung führen.[43] Sie wird zu einer Lösung führen, die Hegels Anspruch, den Subjekt-Objekt-Dualismus sowie die Beschränkung der Vernunft auf einen kontemplativen und individuell-transzendentalen Verstand zu überwinden durch einen absoluten Geist, noch überbietet, nämlich indem die Selbsterkenntnis im Proletariat keine rein theoretische Erkenntnis mehr ist, sondern zu einer *praktischen* Lösung wird.

---

43 Zur produktiven Verschränkung von Subjekt und Objekt durch die Selbsterkenntnis der Ware Arbeitskraft vgl. *GuK*, S. 267ff. (164ff.), 295–296 (185–186), 309 (195), 349ff. (224ff.).

3. Die Selbsterkenntnis des Proletariats als existenzielle Entscheidung

In der emphatischen Bestimmung der Arbeit und ihres Subjekts folgt Lukács zwar dem Weg der an Marx orientierten Gesellschaftskritik seiner Zeit. Doch es war gerade der entscheidende Schritt, den Lukács forderte: der Schritt der revolutionären Selbsterkenntnis des Proletariats, durch den er aus Sicht des ML,[44] aber auch aus Sicht seiner späteren Selbstkritiken ‚idealistisch abhob' und die Bodenhaftung mit den materiellen Grundlagen der Gesellschaftskritik des ML verlor, namentlich mit der Arbeit als Vermittlung von Mensch und Natur sowie mit der Ausbeutung.[45] Denn während der ML die Allgemeinheit und die Totalität der Gesellschaft als unmittelbar durch die Arbeit gebildet versteht und vom Bewusstsein des Proletariats nur noch eine Entsprechung erwartet, durchbricht Lukács dieses Abbildverhältnis und setzt an dessen Stelle eine geradezu existenzielle, aber spezifisch kapitalistische Unentschiedenheit. Sie besteht zunächst darin, dass für das Proletariat gesellschaftliches Sein und Bewusstsein auseinanderfallen. Genauer gesagt, fallen die gesellschaftliche Bestimmung seiner Arbeit einerseits und sein Bewusstsein andererseits durch die warenförmige Vermittlung so auseinander, dass beide Seiten verdinglichte Gestalt annehmen, einander in ihrer unmittelbaren Gegebenheit nicht entsprechen können und insofern entfremdet sind. Beide verharren in der Unmittelbarkeit der „Wechselwirkung von streng gesetzlicher Notwendigkeit in allen Einzelerscheinungen und [...] relativer Irrationalität des Gesamtprozesses".[46] In dieser Unmittelbarkeit ist weder der allgemeine gesellschaft-

---

44 Der Vorwurf des Idealismus wurde gegen Lukács vor allem erhoben in den Beiträgen des Sammelbandes: Ahrweiler (Hrsg.): *Betr. Lukács*. In dieselbe Richtung gingen bereits die Kritiken an Lukács von Iwan Luppol, Grigori Sinowjew, László Rudas u. Abram Deborin, veröffentlicht unter II. Stellungnahmen des Kommunismus. In: *Geschichte und Klassenbewußtsein heute*, Bd. 2: Beiträge 1923–1969. Frankfurt am Main: Materialis 1977, S. 63–162. Luppol wird hier fälschlich „Luppov" geschrieben. Im selben Band sind zudem „Stellungnahmen der Sozialdemokratie" sowie des „westlichen Marxismus" versammelt.

45 Lukács hat sich mehrfach einer Selbstkritik unterzogen und insbesondere den „Idealismus" seiner frühen Schriften kritisiert. Die erste öffentliche Selbstkritik gab er in einer Erklärung 1929 ab (die er 1956 revidierte; sie betrifft allerdings nicht *GuK*, sondern seine „Blum-Thesen"). 1933 kritisiert er dann in einem Beitrag zum internationalen Schriftstellerkongress u. a. seinen „ultralinks-subjektivistischen Aktionismus" (Georg Lukács: Mein Weg zu Marx. In: Ders.: *Schriften zur Ideologie und Politik. Werkauswahl*, Bd. 2. Neuwied/Berlin: Luchterhand 1967, S. 323–329, hier S. 327). 1934 verfasste er in einem Vortrag dann die erste Selbstkritik, die sich explizit auf *GuK* bezieht (der Vortrag erschien auf Deutsch unter dem Titel Die Bedeutung von ‚Materialismus und Empiriokritizismus' für die Bolschewisierung der kommunistischen Parteien. Selbstkritik zu ‚Geschichte und Klassenbewußtsein'. In: *Geschichte und Klassenbewußtsein heute*, Bd. 2, S. 253–262. 1967 verfasste er im Vorwort zur Neuauflage von *GuK* schließlich erneut eine umfassende Kritik. Es gibt allerdings auch die zu Lebzeiten unveröffentlichte Studie *Chvostismus und Dialektik*, die Lukács in den Jahren 1925/26 schrieb und die er wohl für verloren hielt. Sie gilt als „Verteidigung der Ideen von *Geschichte und Klassenbewußtsein*" und ist unter diesem neu hinzugefügten Obertitel in englischer Übersetzung mit dem bereits zitierten Nachwort von Žižek erschienen, vgl. Lukács: *A Defence of History and Class Consciousness* (veröffentlicht zuerst 1996 in ungarischer Sprache, auf Deutsch ist bislang nur der erste Teil der Chvostismus-Studie veröffentlicht in *Jahrbuch der Internationalen Georg-Lukács-Gesellschaft* 3 (1998/99), S. 119–159; die Gesamtveröffentlichung ist für den 3. Band der Werkausgabe geplant). Lukács selbst erklärt am Anfang der Studie, dass sie keine Verteidigung von *GuK* sei, aber eine Art Gegenangriff auf die daran geübte Kritik.

46 *GuK*, S. 196 (113).

liche Charakter der Arbeit als Wesen der gesellschaftlichen Vermittlung und Bildung einer konkreten gesellschaftlichen Totalität fertig gegeben, noch drängen umgekehrt die Entfremdung und Verdinglichung des Arbeiters und seines Bewusstseins von selbst zur sozialistischen Aufhebung eines irrationalen Gesamtprozesses. Vielmehr ist die Verwirklichung einer Entsprechung von gesellschaftlicher Objektivität und subjektivem Bewusstsein, mithin einer rationalen Totalität, nicht ohne weiteres offen.

Im „Nicht-ohne-Weiteres" kommt nun der genannte praktische Erkenntnisakt ins Spiel. Er tritt gleichsam unmittelbar in die Entfremdung der gesellschaftlichen Totalität selbst ein, denn es ist jene fehlende Entsprechung, es ist die fehlende Identität von Objektivität und Subjektivität, die Lukács zufolge durch die Kritik der Verdinglichung und Entfremdung verwirklicht werden kann, und zwar durch das *Selbstbewusstsein der Ware Arbeitskraft*. Die identifizierende Kraft dieses Selbstbewusstseins liegt nämlich darin, dass die Arbeitskraft durch die warenförmige Verdinglichung ihrer Arbeit auf das eigene subjektive Vermögen wie auf ein Objekt zurückkommt. Gerade *weil* also nicht nur die Objektivität, sondern auch die Subjektivität des Arbeiters durch die Warenform verdinglicht ist, kann die Ware Arbeitskraft durch nichts als ihr Selbstbewusstsein dasjenige Subjekt werden, das die produktive Kraft der eigenen Subjektivität, der eigenen Arbeit, zugleich wie ein Objekt reflektiert – nicht nur aufseiten der verdinglichten Resultate der Arbeit: der Waren, sondern auch unmittelbar an-sich selbst, am Zur-Ware-Werden der Arbeit in der Ware Arbeitskraft. So wird das Proletariat, in Lukács Worten, das „identische Subjekt-Objekt der Geschichte".[47]

Um die Überwindung des Kapitalismus und die Idee des Kommunismus zu begreifen, muss betrachtet werden, auf welche Weise Lukács dieses „identische Subjekt-Objekt der Geschichte" aus der Entfremdung und Verdinglichung einholt. Hierbei ist wiederum auf den Status der Kritik zu achten, denn obwohl es sich um ein logisch-begriffliches ‚Einholen' handelt, wird das identische Subjekt-Objekt, und mit ihm die kommunistische Revolutionierung der Warenform, durch eine Art ‚Rückzug' in die Geschichte eingeholt. Das Subjekt-Objekt entspringt einer gesellschaftlichen Totalität, die sich selbst entfremdet ist und die diesen Mangel in einem *fehlenden Sinn der bisherigen Geschichte* geltend macht.

Was ist unter diesem eigentümlichen Rückzug zu verstehen?[48]

Wenn Lukács die Problematisierung der Entwicklung eines revolutionären Bewusstseins durch einen Rückzug in die Geschichte antritt, so nicht, weil in den fortgeschrittenen Industrienationen entgegen den Erwartungen der damaligen Sozialdemokratie und der Arbeiterbewegung eine revolutionäre Entwicklung aus der Logik der objektiven Widersprüche des Kapitalismus ausgeblieben war, sodass nun die Geschichte einspringen soll, um auf geschichtlichem statt logischem Wege die Notwendigkeit der Revolution – oder deren Ausbleiben – zu erklären. Es ist geradezu umgekehrt:

---

47 *GuK*, S. 267 (164).
48 Vgl. zum Verhältnis von Genesis und Geschichte *GuK*, S. 258ff. (158ff.).

Der Rückzug in die Geschichte führt das Proletariat gleichsam auf einem *logischen* Weg zu einem Akt der (Selbst-)Erkenntnis, und die führt wiederum zu einem revolutionären, existenziellen Sprung aus der bisherigen *Geschichte*. Der Rückzug in die Geschichte besteht nämlich darin zu begreifen, warum sie *keinem* höheren Sinn und *keiner* inneren Notwendigkeit folgt, warum Geschichte stattdessen zufällig und unverfügbar bleibt. Der Grund liegt schlicht darin, dass die bürgerliche Gesellschaft durch ihre anarchisch-ungeplante Produktionsweise Bedeutung immer nur ex post erhalten kann,[49] erst wenn die vereinzelten Resultate der Arbeiten durch die Warenform synthetisch aufeinander bezogen werden. Die gesellschaftliche Bestimmung der Arbeiten wird nur durch bereits fertige Resultate realisiert, nur indem ihre Resultate als *Waren* aufeinander bezogen und auf ebenso nachträgliche wie äußerliche Weise als Einzeltatsachen zur Erscheinung gebracht werden, einerseits durch die praktische, aber blinde und naturwüchsige Synthesis der Warenform, andererseits durch die Synthesis der einzelnen Verstandestätigkeiten. Entsprechend blind-naturwüchsig muss Lukács zufolge der bürgerlichen Gesellschaft die eigene Geschichte erscheinen, philosophie-immanent auf den Punkt gebracht bei Hegel, wo Geschichte durch „blinde List" zur Vernunft kommt.[50]

Das geschichtliche Werden der Gesellschaft und das gesellschaftliche Wesen ihrer Totalität können nach Lukács daher erst dann endgültig und vollständig zu-sich kommen, d.h. sie können erst dann bewusst in Bestimmung *gesetzt* werden, wenn das Proletariat darin die eigene Praxis erkennt und darum das geschichtliche Werden und das Wesen der Gesellschaft zu seiner Gegenwart macht:

> [...] die dialektische Methode als Methode der Geschichte ist jener Klasse vorbehalten geblieben, die das identische Subjekt-Objekt, das Subjekt der Tathandlung, das ‚Wir' der Genesis von ihrem Lebensgrund aus in sich selbst zu entdecken befähigt war: dem Proletariate. [...] Die Selbsterkenntnis des Proletariats ist also zugleich die objektive Erkenntnis des Wesens der Gesellschaft.[51]

Der ‚Rückzug' in die Geschichte ist somit genau derjenige Erkenntnisakt, der erschließt, auf welche Weise Geschichte allererst ‚ihre' Bestimmung und ‚ihren' Sinn erhalten könnte.[52] Aber eben nur *könnte*. Denn dem Proletariat gerät die Reflexion auf Bedeutung und Sinn der Geschichte zwar zu einer Selbstreflexion auf seine Produktivkraft und dadurch wiederum auf die eigene Geschichtsmächtigkeit – doch in der Geschichte erkennt es zunächst nur die eigene *Negation*. Weil innerhalb der warenförmigen Vermittlung die gesellschaftliche Praxis des Proletariats das entfremdete Wesen einer in-sich gespaltenen Totalität bleibt, ein totales Sein-für-Anderes, ein Sein für das

---

49 Zum Post-festum-Charakter des bürgerlichen Geschichtsbewusstseins vgl. den Aufsatz von Georg Lukács: Was ist orthodoxer Marxismus. In: *GuK*, S. 58–93, bes. S. 81 ff. (13–38, bes. 30).
50 Zur Bewusstlosigkeit in Hegels „List der Vernunft" und zur Notwendigkeit, die List durch die bewusste gesellschaftliche Praxis zu verwirklichen, vgl. *GuK*, S. 263–264 (161–162).
51 *GuK*, S. 267 (164–165).
52 So ist laut Lukács denn auch „die *logische Notwendigkeit* der Verknüpfung von Genesis und Geschichte [...] für die klassische Philosophie selbst nicht völlig bewußt geworden und konnte [...] auch nicht völlig bewußt werden." (*GuK*, S. 259 (158).)

Kapital und dessen Klasse, kann das Proletariat im geschichtlichen Werden der einzelnen Dinge wie der Gesellschaft als ganzer nicht das eigene Wesen einholen. Oder vielmehr kann es nicht sich selbst als Produzenten des gesellschaftlichen Werdens einholen, ohne auch die Negation seiner selbst darin einholen zu müssen. Es muss daher in der gesellschaftlichen Bestimmung und in der produktiven Kraft seiner Arbeit zwar das eigene Wesen und das eigene Selbst erkennen – aber erkennen als die negierte Voraussetzung des Werdens der einzelnen Dinge wie der gesellschaftlichen Totalität. Das Proletariat muss durch den Rückzug in die Geschichte auf die eigene Situation zurückkommen, auf die Gegenwart seiner Entfremdung – und dadurch sich selbst, mit einem Schlag, als den eigentlichen Sinn der Geschichte und als die eigentliche Totalität gesellschaftlicher Vermittlung durchschauen. Es kann in der eigenen Praxis nicht nur das substanzielle Wesen der Gesellschaft und ihres geschichtlichen Werdens durchschauen, es hat auch die Verdinglichung und Entfremdung dieses Wesen und dieses geschichtlichen Werdens ganz unmittelbar zum Gegenstand in der eigenen Existenz, in seinem Dasein als Ware und Gebrauchswert für das Kapital.

Durch seine Selbstreflexion gelingt somit dem Proletariat das Kunststück, unmittelbar an sich selbst, am Zur-Ware-Werden und Zum-Objekt-Werden des eigenen produktiven Vermögens, einerseits die objekthafte Wahrheit und andererseits die objektive Unwahrheit der kapitalistischen Gesellschaft zu erkennen. Objekthafte *Wahrheit*, denn das Proletariat erkennt im Zur-Ware-Werden seines Vermögens die eigene Objektivierung und dieses Vermögen ist ihm selbst ein dingliches Objekt; objektive *Unwahrheit*, denn dieses Objekt ist entfremdet, es ist Gebrauchswert für das Kapital und für das Interesse seiner Klasse. So steht die produktive Kraft des Proletariats zur Objektivierung, und mit ihr seine Subjektivität, inmitten einer gesellschaftlichen Totalität, die auch seine eigene ist, aber das Proletariat befindet sich in der paradoxen Situation, dass die gesellschaftliche Totalität sich gleichsam selbst gegenüber noch unentschieden und noch unentschlossen ist. Das Vermögen der Produktivkraft wird verwirklicht nur für das Kapital, aber es kann nicht sich selbst verwirklichen im Werden der gesellschaftlichen Totalität und im Sinn der Geschichte.

Durch sein Selbstbewusstsein aber kann das proletarische Bewusstsein die Geschichtsmächtigkeit seines Vermögens zum Gegenstand machen und dadurch zugleich Anlauf nehmen zum Sprung aus dem geschichtslos-blinden Formprinzip der warenförmigen Verdinglichung und Vermittlung. Es kann durch sein Selbstbewusstsein Anlauf nehmen zu einem Sprung, der in der Erkenntnis gründet, dass das Vermögen der Objektivierung und das Vermögen der Produktion des geschichtlichen Werdens entfremdet sind, und durch diese scheinbar bloß theoretische Erkenntnis kann das Proletariat auch in die praktische Verwirklichung seines Vermögens überspringen, ganz so als ob das Proletariat durch die erkenntnismäßig-theoretische Reflexion auf sein eigenes Vermögen bereits unmittelbar in die eigene Praxis und in die eigene Geschichte einträte.[53]

---

53 Es drängt sich aus mehreren Gründen auf, Lukács' Kritik des Kapitalismus und seine Idee des

Der existenzielle Akt der Entscheidung-zu-sich setzt paradoxerweise auch erst die Bedingung für die Möglichkeit, dass das Proletariat sich in der Geschichte als deren verborgener oder ‚eigentlicher' Sinn einholen kann, gleichsam rückwirkend oder retroaktiv. Die Entscheidung führt nämlich erst dazu, dass Geschichte überhaupt ‚ihren' Sinn bekommt – aber nicht, wie es auf den ersten Blick scheint, durch die bloße Erfüllung einer Geschichte, die bislang entfremdet gewesen ist. Vielmehr kommt der eigentliche ‚Rückzug' in die Geschichte aus dem Vorlauf in die *Zukunft*, d. h. er kommt

Kommunismus existenzialistisch auszulegen. Zunächst liegt das in der Folgerichtigkeit seiner lebensphilosophischen Leitmotive, die er mit Marx' Ökonomiekritik gesellschaftlich aufheben will. Zudem hat es ja tatsächlich in der Zeit von *Geschichte und Klassenbewußtsein* eine große und einflussreiche existenzialistische Überbietung lebensphilosophischer und phänomenologischer, auch religiöser Motive gegeben, nämlich durch Martin Heidegger; auch in der Politik und in der Kunst jener Zeit findet sich eine Hinwendung zum Existenzialismus. Des Weiteren tauchen bereits in Lukács' ästhetischen Frühschriften sowie in den ersten Schriften nach seiner Hinwendung zum Marxismus die zentralen Begriffe des Existenzialismus auch explizit auf, etwa Entschlossenheit, Wille, Entscheidung, Glaube. Ihnen kommt eine buchstäblich entscheidende Stellung für die Revolution zu. Allerdings hat Lukács in diesen ersten marxistischen Schriften den subjektiven Faktor der Revolution noch nicht, wie später dann im Verdinglichungsaufsatz, am Reflexiv-Werden der Produktivkraft durch ihre warenförmige Vermittlung festgemacht. Stattdessen überträgt er das entfremdungs- und geschichtsphilosophische Leitmotiv seiner ästhetischen Kritik direkt in eine marxistische Moral und Ethik. Dadurch vollzieht der Verdinglichungsaufsatz innerhalb der Wendung des jungen Lukács zum Marxismus gleichsam noch einmal eine Wendung, denn in seinen marxistischen Schriften aus der Zeit vor dem Verdinglichungsaufsatz sollen die Überwindung der Entfremdung und die Verwirklichung gesellschaftlicher Totalität noch allein kraft Klassenbewusstseins und -zugehörigkeit gelingen. Hier ist die Revolution letztlich eine *moralische* Frage. Der Kommunismus verlangt noch eine Entscheidung im moralischen Sinne, der subjektive Faktor ist „ein Wollen", und selbst *nach* der Revolution soll die Moral die treibende Kraft sein. Gleichwohl unterscheidet sich Lukács bereits hier von der partei- und staatsfixierten Kapitalismuskritik seiner Zeit, und auch ein wichtiger existenzialistischer Grundzug ist schon da: Die Revolution ist zu *jedem Zeitpunkt* möglich, denn sie ist qua Entscheidung spontan möglich: „[…] daß das meistgebrauchte Argument in der Diskussion um den Bolschewismus – die Frage nämlich, ob die wirtschaftliche und gesellschaftliche Situation reif genug sei für einen sofortigen Machtantritt – von vornherein zu einem unlösbaren Problem führt. Meiner Meinung nach gibt es keine Situation, in der man die Frage *mit völliger Sicherheit und schon vorher* beantworten könnte: das *Wollen* der sofortigen und um jeden Preis angestrebten Erfüllung ist mindestens so wichtig für den Reifegrad der Situation wie die objektiven Verhältnisse es sind." (Georg Lukács: Der Bolschewismus als moralisches Problem. In: Ders.: *Taktik und Ethik*, S. 27–33, hier S. 27.) Im Zitat wird zudem ein weiterer Grund für eine existenzialistische Auslegung deutlich: Lukács schlägt einen Weg ein, der jenseits des auch von ihm als haltlos kritisierten Voluntarismus und Utopismus des Linksradikalismus und Anarchismus liegt, jedoch ohne dem Objektivismus und Determinismus, aber auch der Vertröstungspolitik zu folgen; demjenigen Weg, den die Sozialdemokratie (die sich in jener Zeit bereits auf reformistisch-evolutionärem Weg befand), aber auch die Kommunisten einschlugen (insbesondere dort, wo die Revolution, wie von Lukács im Zitat kritisiert, erst am Ende eines Reifeprozesses stehen soll bzw. noch bestimmter objektiver Bedingungen bedarf und auf eine revolutionäre Zuspitzung gesellschaftlicher Widersprüche warten muss). Lukács schlägt gleichsam einen dritten Weg ein, wobei sich das Dritte allerdings aus einer Art Zusammenschluss von Voluntarismus-Dezisionismus einerseits und Objektivismus-Determinismus andererseits ergibt: Die Ware Arbeitskraft muss die eigene Subjektivität zu denjenigen objektiven Bedingungen dazuzählen, die für eine revolutionäre Situation notwendig sind. Der wichtigste Grund für eine existenzialistische Auslegung aber ist die große Idee, die erst im Verdinglichungsaufsatz zum Durchbruch kommt, und sie allein gilt es hier zu entwickeln: Die Idee, dass die gesellschaftliche Totalität zum Bewusstsein ihrer Spaltung kommt und sie praktisch überwindet, wenn die objektive gesellschaftliche Bestimmung der Arbeit durch die Warenform im Subjekt der Arbeit reflexiv wird.

aus dem Vermögen der Ware Arbeitskraft, sich selbst zu verobjektivieren und das in der Geschichte, oder unmittelbarer, *als* Geschichte ebenso nachzuvollziehen wie zu entwerfen. Für diese geschichtliche Selbstverwirklichung ist jener Sprung notwendig, der aus der Selbsterkenntnis und dem Selbstbewusstsein der Ware Arbeitskraft resultieren wird. Es ist gleichsam das Begreifen der Entfremdung als solches, das in jenem von Lukács angesprochenen „Wir" der Tathandlung existiert;[54] in einem „Wir", das sowohl die bisherige Unwirklichkeit des Proletariats in der Gesellschaft, aber auch die Gespaltenheit und Unentschiedenheit der gesellschaftlichen Totalität erschließt – und damit die praktische Wirksamkeit der Selbsterkenntnis des Proletariats erweisen wird. Der Erkenntnisakt des „Wir" ist diejenige ebenso revolutionäre wie praktische ‚Zutat', welche die bisherige Bedeutung der Gesellschaft und ihrer Geschichte transzendieren und neu schreiben kann, denn der Erkenntnisakt existiert in einer Produktivkraft, die ihr Selbstbewusstsein, sozusagen rückwirkend, für die Gespaltenheit der gesellschaftlichen Totalität und für die Zufälligkeit, Schicksalhaftigkeit und Unverfügbarkeit ihrer geschichtlichen Entwicklung einsetzen kann und dadurch, ineins, für eine zukünftig geschlossene, rationale Totalität sorgen wird – das Selbstbewusstsein der Produktivkraft beweist auf praktische Weise, dass über den endgültigen Sinn der Geschichte noch nicht entschieden ist.

Dieses Reflexiv-Werden ist der „existenzielle Augenblick", in dem das Proletariat seine verdinglichte warenförmige Existenz ineins erkennt und überwindet; seine Erkenntnis wird ihm mithin zu einem *praktischen* Sprung. Allerdings ist Lukács' Versuch, den Subjekt-Objekt-Dualismus durch ein identisches Subjekt-Objekt zu überwinden und Hegels Weltgeist zu vergesellschaften, in aller Regel nicht existenzialistisch ausgelegt worden. Stattdessen wurde der junge Lukács bei seinen Anhängern zum Gründungsvater der Praxisphilosophie, während seine Kritiker ihm Dezisionismus und Voluntarismus vorwarfen und er selbst sich später „idealistisch-utopischen, revolutionären Messianismus" (*GuK*, S. 13, vgl. auch S. 18) attestierte. Lucien Goldmann dagegen hat wiederholt auf Lukács' Bedeutung für die „Entstehung des modernen Existenzialismus" sowie auf die Nähe von *Geschichte und Klassenbewußtsein* zu Heideggers *Sein und Zeit* aufmerksam gemacht, vgl. Lucien Goldmann: Georg Lukács: Der Essayist. In: Ders.: *Dialektische Untersuchungen (Soziologische Texte,* Bd. 29, hrsg. v. Heinz Maus / Friedrich Fürstenberg). Neuwied/Berlin: Luchterhand 1966, S. 173–187, hier S. 173); ders.: Zu Georg Lukács: Die Theorie des Romans. In: Ebd., S. 283–313; ders: *Lukács und Heidegger. Nachgelassene Fragmente.* Darmstadt/Neuwied: Luchterhand 1975; ders.: Reflexionen über Geschichte und Klassenbewußtsein. In: István Mészáros (Hrsg.): *Aspekte von Geschichte und Klassenbewußtsein.* München: List 1972, S. 96–123, bes. S. 96ff. Die Nähe des jungen Georg (von) Lukács zum Existenzialismus Kierkegaards tritt am ehesten hervor in seinem Aufsatz Metaphysik der Tragödie: Paul Ernst. In: *Logos. Internationale Zeitschrift für Philosophie und Kultur* 2,1 (1911/12), S. 79–91 (wieder abgedruckt in Georg Lukács: *Die Seele und die Formen.* Darmstadt/Neuwied: Luchterhand 1971, S. 218–250). Lukács hat sich viele Jahre nach seinem Verdinglichungsaufsatz mit dem Existenzialismus auseinandergesetzt (1946/47), vgl. die Aufsätze in ders.: *Marxismus oder Existenzialismus?* Berlin, DDR: Aufbau 1951. Hier kritisiert er den Existenzialismus in der Manier des Marxismus-Leninismus. Der Existenzialismus, ob der „präfaschistische" (Heidegger) oder der „postfaschistische" (der Heidegger des „Humanismusbriefs" und Sartre), sei Ausdruck der Wesenlosigkeit und Krisenhaftigkeit des imperialistischen Kapitalismus, wobei dessen Ausweglosigkeit zu der für den Existenzialismus typischen Freiheit einer rein individuellen, subjektiven Entscheidung aus dem Nichts heraus führe. Das sei der Versuch, einen dritten Weg zwischen Kapitalismus und Sozialismus zu eröffnen, obwohl dieser dritte Weg nur die affirmative Wendung des Nichts sei: der Ausweglosigkeit eines wesenlos gewordenen Kapitalismus.

54 Vgl. in Anm. 164 angegebenes Zitat, *GuK*, S. 267 (164–165).

Lukács fasst das so zusammen:

> Denn die Einheit von Subjekt und Objekt, von Denken und Sein, die die ‚Tathandlung' nachzuweisen und aufzuzeigen unternahm, hat tatsächlich ihren Erfüllungsort und ihr Substrat in der Einheit von Genesis der Gedankenbestimmungen und von Geschichte des Werdens der Wirklichkeit. Diese Einheit kann aber nur dann als begriffene Einheit gelten, wenn in der Geschichte nicht bloß auf den methodischen Ort der Auflösbarkeit all dieser Probleme hingewiesen wird, sondern das ‚Wir', das Subjekt der Geschichte, jenes ‚Wir', dessen Handlung die Geschichte wirklich ist, *konkret* aufgezeigt werden kann.[55]

Im Zitat klingt an, dass die Geschichtsmächtigkeit des Proletariats zwar in der produktiven Kraft seiner Arbeit gründet, aber der revolutionäre Umbruch der bisherigen Geschichte daran hängt, dass die kollektive Selbsterkenntnis dieser Produktivkraft zur Tathandlung wird. Die bisherige Geschichte muss sich in einer Situation brechen, die in zeitlicher Hinsicht paradox ist: Wenn die Ware Arbeitskraft durch ihr Selbstbewusstsein erkennt, die eigene Subjektivität zu den objektiven Bedingungen der Revolution dazuzählen zu müssen, wird die Ware Arbeitskraft das Überzählige einer Situation, in der sie in *zeitlicher* Hinsicht *unzeitgemäß* ist. Sie kommt gegenüber den objektiven Bedingungen der Revolution immer zu früh, denn die objektiven Bedingungen sind nie reif, ohne dass die Subjektivität sich selbst dazuzählte, aber auch dann bringt sie durch sich selbst ‚nur' das Moment der Freiheit und der Offenheit der Geschichte ins Spiel, diejenige Offenheit, für die (oder in die) das Proletariat die eigene Praxis einsetzen muss.

Dass Lukács eine logisch-kategorial gehaltene Gesellschaftskritik durch einen Rückzug in die Geschichte antritt, läuft somit auf einen existenzialistischen Sprung hinaus. Wo der ML in der revolutionären Entwicklung nur die Zuspitzung eines tendenziell ohnehin fortschrittlichen, geradewegs durch die objektiven Widersprüche des Kapitalismus vorgeschriebenen und durch den Fortschritt der Produktivkräfte substanziell vorbereiteten Entwicklungs- und Reifeprozesses gesehen hat, da setzt Lukács' erkenntniskritischer Gegenentwurf den revolutionären Augenblick als subjektiv-existenziellen Sprung aus dem Formprinzip warenförmiger Vermittlung an. Dieser Gegenentwurf ist die entscheidende Konsequenz, die er aus der vom Idealismus übernommenen, logisch-begrifflichen Entwicklung der Formproblematik bürgerlicher Vernunft gezogen hat. Mit dieser Thematisierung des Problems der Form der bürgerlichen Gesellschaft und mit der Orientierung am Problembewusstsein der idealistischen Philosophie droht Lukács auch die Substanz- und Geschichtsmetaphysik des ML offenzulegen. Das betrifft die unkritische, unmittelbare Setzung der Arbeit als allgemeiner Substanz der gesellschaftlichen Vermittlung und der geschichtlichen Entwicklung. Das betrifft aber vor allem den Versuch, durch Politik und Partei diese Substanz mit dem Bewusstsein des Arbeiters in eine durch keine Klassengegensätze gebrochene, unmittelbare Übereinstimmung zu bringen, um in der Identifikation von Substanz und Subjekt den Kommunismus zu gründen. Lukács' Kritik droht diese

---

55 *GuK*, S. 262 (161).

unkritische Identifikation von Substanz und Subjekt, kurz die *Idee* des Kommunismus, als naives Abbildverhältnis sowie als Geschichtsteleologie bloßzustellen. Indes begründet auch Lukács, wie eingangs bereits gesagt, die Idee einer kommunistischen Revolutionierung des Kapitalismus letztlich durch die Arbeit. Auch bei ihm gründet der Kommunismus in der Identifikation von Substanz und Subjekt, nur dass dafür bei Lukács auch die kapitalistische *Form der Vermittlung* der Arbeit revolutioniert werden muss. Es gelingt ihm, diese Vermittlung der Arbeit durch die Warenform derart in das Subjekt der Arbeit zurückzunehmen, dass gerade die totale warenförmige Vermittlung einen revolutionären Ausgang eröffnet, eröffnet durch die Schwelle, auf der eine durch die Warenform gleichsam bekehrte Arbeiterklasse steht, wenn sie qua Selbsterkenntnis das eigene Vermögen wie ein gegebenes Ding reflektiert. Während aus Lukács' Perspektive das Selbstbewegungsprinzip der kapitalistischen Gesellschaft sich zwar in den Möglichkeitsbedingungen der Erkenntnis (Kant) bzw. im absoluten Geist (Hegel) bereits selbst erkennt, aber bei Kant nur auf eine verstandesmäßig-kontemplative und bei Hegel nur auf eine geistig-begriffliche Weise, setzt er darauf, dass die produktive Kraft der Gesellschaft und der Geschichte durch das Selbstbewusstsein der Ware Arbeitskraft reflexiv wird.[56] In dieser Idee eines identischen Subjekt-Objekts kommt alles auf die *praktische* Dimension der Selbsterkenntnis und des Totalitätsbewusstseins an, ganz wie sie Lukács zufolge bereits der Idealismus für die Subjektivität zwar beanspruchte, aber die Subjektivität auf den einzelnen Verstand begrenzte (Kant) oder nur als überindividuellen Geist fassen konnte (Hegel). „Die Selbsterkenntnis des Arbeiters als Ware ist aber bereits als Erkenntnis: praktisch."[57] Es kommt also darauf an, dass im Selbstbewusstsein der Ware Arbeitskraft und in der Selbsterkenntnis des Proletariats die gesellschaftliche Totalität durch die eigene Produktivkraft erschlossen wird. Zwar hat bereits die bürgerlich-kapitalistische Gesellschaft in der Warenform eine Lösung für sich, die praktisch ist, aber die Warenform vollzieht die praktische Vermittlung nur, weil sie von einer geistigen Vermittlung im Sinne einer bewussten Planung getrennt ist. Wegen dieser Trennung muss der Verstand sich in der bürgerlich-kapitalistischen Gesellschaft als rationale Form der Lösung dessen ausgeben, was er praktisch nicht erzeugen und durchführen kann; er erzeugt sich darum genau das Ding-an-sich, das er wenigstens der Erscheinung nach erkennen und in der Theorie aneignen kann.[58] Allein im Proletariat aber kann die

---

56 Vgl. *GuK*, S. 289ff. (180ff.).

57 *GuK*, S. 296 (185).

58 „So bleibt das bürgerliche Denken bei diesen Formen als den unmittelbaren und ursprünglichen stehen und versucht gerade von hier, sich den Weg zum Verständnis der Ökonomie zu bahnen, nicht wissend, daß damit bloß seine Unfähigkeit, die gesellschaftlichen Grundlagen seiner selbst zu begreifen, einen gedanklichen Ausdruck erhalten. Dagegen eröffnet sich hier für das Proletariat die Perspektive auf das vollkommene Durchschauen der Verdinglichungsformen, indem es von der dialektisch klarsten Form (der unmittelbaren Beziehung von Arbeit und Kapital) ausgehend, die von dem Produktionsprozeß entfernteren Formen auf diese bezieht und solcherart sie in die dialektische Totalität einbeziehen und sie begreift." (*GuK*, S. 320 (202–203).) Die Kernaussage dieses letzten Abschnitts des vierten Kapitels steht im ersten Satz des folgenden: „So ist der Mensch zum Maß aller (gesellschaftlichen) Dinge geworden." (Ebd) Auf

praktisch-materielle Bewegung der Geschichte gleichsam sich selbst in einem Subjekt durchsichtig werden. Nur wenn im Proletariat theoretische und praktische Vernunft übereinstimmen, werden sowohl die rein formale gesellschaftliche Vermittlung (wie sie ideell-verstandesgemäß durch die bürgerliche Kontemplation vollzogen wird) als auch die bewusstlos-praktische Vermittlung (wie sie die Synthesis der Warenform vollzieht) überwunden:

> Das Hinausgehen über diese Unmittelbarkeit kann nur die Genesis, die ,Erzeugung' des Objektes sein. Dies setzt aber hier bereits voraus, daß jene Vermittlungsformen, in denen und durch die über die Unmittelbarkeit des Daseins der gegebenen Gegenstände hinausgegangen wird, *als struktive Aufbauprinzipien und reale Bewegungstendenzen der Gegenstände selbst aufgezeigt werden*, daß also: gedankliche und gesellschaftliche Genesis – dem Prinzip nach – zusammenfallen.[59]

Lukács' Idee einer kommunistischen Revolutionierung des Kapitalismus hängt somit daran, dass der Universalismus warenförmiger Vermittlung die gesellschaftliche Totalität in eine Gegenständlichkeit von Subjekt und Objekt spaltet, durch die unterschiedslos allen Subjekten das geschichtliche Werden der Gesellschaft nur durch verdinglichte Einzeltatsachen erscheint – auch das Bewusstsein der Arbeitskraft muss diese Form teilen.[60] Reflektiert jedoch die Ware Arbeitskraft an der eigenen Verdinglichung, dass sie nicht nur Verstandesvermögen ist und vom Ansichsein der Dinge geschieden, reflektiert sie vielmehr an sich das Vermögen zur praktischen Produktion jenes Ansichseins, so kann sie sich zur Produktion der einzelnen Dinge wie ihres Zusammenhangs erheben und die gesellschaftliche Totalität fortan mit Bewusstsein geschichtlich entwickeln:

> Die Selbsterkenntnis des Proletariats ist also zugleich die objektive Erkenntnis des Wesens der Gesellschaft. Die Verfolgung der Klassenziele des Proletariats bedeutet zugleich die bewußte Verwirklichung der – objektiven – Entwicklungsziele der Gesellschaft, die aber ohne sein bewußtes Hinzutun abstrakte Möglichkeiten, objektive Schranken bleiben müssen.[61]

---

den ersten Seiten des 5. Kapitels ist dann die große Idee des Verdinglichungsaufsatzes Gegenstand: dass der Mensch im Proletariat „wirklich" zum Maß der Gesellschaft wird, wobei „wirklich" für Lukács heißt, sowohl jenseits metaphysischer Verabsolutierung wie dogmatisch abgesicherter Relativierung, vgl. *GuK*, S. 320ff. (203ff.).
59 *GuK*, S. 276 (171).
60 „Die Verdinglichung aller Lebensäußerungen teilt das Proletariat also mit der Bourgeoisie. [...] Konkreter gesagt: die objektive Wirklichkeit des gesellschaftlichen Seins ist *in ihrer Unmittelbarkeit* für Proletariat und Bourgeoisie ,dieselbe'." (*GuK*, S. 268–269 (165).)
61 *GuK*, S. 267–268 (165). Eine ähnliche Bestimmung der kritischen, ja revolutionären „Zutat", die dem Proletariat durch seine gesellschaftliche Lage zukommt, findet sich *GuK*, S. 303 (190). Hier bestimmt Lukács allerdings eher die existenzielle *Situation* des Proletariats und weniger dessen Lage oder Position: „Das Einzigartige seiner Lage beruht darauf, daß das Hinausgehen über die Unmittelbarkeit hier eine [...] *Intention auf die Totalität* der Gesellschaft hat; daß es deshalb – seinem *Sinne* nach – nicht auf einer relativ höheren Stufe der wiederkehrenden Unmittelbarkeit stehen bleiben muß, sondern sich in einer ununterbrochenen Bewegung auf diese Totalität hin, also im dialektischen Prozeß der sich ständig aufhebenden Unmittelbarkeit befindet."

Kurzum, im Selbstbewusstsein des Proletariats wird die gesellschaftliche Vermittlung reflexiv und die Unmittelbarkeit von Vermittlung zum Subjekt, während für das bürgerliche Bewusstsein „*sein letzter und für das Ganze des Denkens entscheidender Standpunkt der der bloßen Unmittelbarkeit*" ist.[62]
So fügt es sich, dass „das Schicksal des Arbeiters [...] zum allgemeinen Schicksal der ganzen Gesellschaft" wird.[63] Ihr Schicksal hängt schlicht darum am Proletariat, weil hier das Schicksal nicht Schicksal bleibt. Dem Proletariat ist das Schicksal weder vorbestimmt, noch bleibt es unbestimmt oder beliebig; stattdessen liegt die Wahrheit der Geschichte in der Freiheit des Proletariats, sich für das entscheiden zu können, was es *sein will*. Nur das Proletariat hat diese Freiheit, denn nur sein Selbstbewusstsein bezieht sich auf die Kraft der Objektivierung, nur seine Subjektivität besteht darin, die gesellschaftliche Bestimmung und produktive Kraft der eigenen Arbeit zum Objekt zu machen und Objektivität wie Subjektivität in das Wesen gesellschaftlicher Totalität aufzuheben. Dem bürgerlichen Selbstverständnis dagegen muss der Grund subjektiver Freiheit ebenso unergründlich bleiben wie die volle Rationalität der Objektivität und der Sinn der Geschichte. Das bürgerliche Bewusstsein existiert in dem Widerspruch, die eigene Existenz nicht vollständig aus sich selbst heraus begreifen zu können, denn es hat den Grund seiner Freiheit außerhalb seiner selbst, in der Arbeit und der Ausbeutung anderer. Die Freiheit, sich aufgrund seiner selbst zu begründen, hat nur ein Subjekt, das den Dingen ihre allgemeine Bestimmung und ihren inneren Zusammenhang nicht nachträglich und äußerlich durch die Warenform verleiht, sondern das die allgemeine Bestimmung und den inneren Zusammenhang von vornherein so produziert, dass es seine Subjektivität im Entwerfen ins Wesen der Objektivität gleichsam nachvollzieht und dadurch auch den Sinn der Geschichte bewusst produziert.
Im Proletariat fallen somit vor wie nach der Revolution Schöpfung und Offenbarung zusammen. Vor der Revolution, in der kapitalistischen Gesellschaft, muss der Ware Arbeitskraft qua Selbstbewusstsein die eigene schöpferische Kraft offenbar werden, und auf diese Kraft muss das Proletariat dann für die Revolution wie in einem Selbstaneignungsakt zurückkommen. Im Kommunismus steht das Proletariat dann permanent an der Schwelle des Eintretens in ein selbstbestimmtes geschichtliches Werden; in seiner Gegenwart ist der Eintritt in die Geschichte gleichsam zur permanenten Revolution geworden. Der Weltgeist, der in Hegels Idealismus freischwebend bleiben musste und dessen geschichtsbildende Kraft nur als „List der Vernunft" bestimmt werden konnte, der daher keinen bestimmten Ort hatte und keinen Körper fand, dieser Weltgeist ist bei Lukács der Kapitalismus. Und der Kapitalismus bringt durch seine warenförmige Vermittlung in der Ware Arbeitskraft ein Ding hervor, das in der warenförmigen Vermittlung die Form derjenigen Selbstanschauung hat, durch die es sich als Verkörperung des identischen Subjekt-Objekts der Geschichte erkennen kann.

---

62 *GuK*, S. 277 (172).
63 *GuK*, S. 181 (102); zur Verknüpfung von Schicksal und proletarischem Bewusstsein vgl. auch S. 182 u. S. 193 (103 u. 111).

Die anonyme List der Vernunft in der Geschichte wird zur persönlichen Selbsterfahrung eines Proletariats, das durch sein Selbstbewusstsein, analog dem Geist der Hegel'schen *Phänomenologie des Geistes*, in den Gestalten der Gesellschaft und in ihrer Geschichte seine Entäußerungen erkennt und in ihnen zur „Gewißheit seiner selbst als aller Realität" (Hegel) gelangt.

Lukács' Idee einer kommunistischen Revolutionierung des Kapitalismus durch ein identisches Subjekt-Objekt soll im zweiten Teil einer ausführlichen Kritik unterzogen werden. Dabei soll insbesondere der Zusammenhang zwischen der Produktivkraft, der Warenform der Arbeit und dem Selbstbewusstsein einer Kritik unterzogen werden. Vorher soll Lukács' Idee noch einmal abschließend kurz zusammengefasst werden.

Weil die gesellschaftliche Bestimmung und die produktive Kraft der Arbeit im Kapitalismus keinen Ort der Reflexion für sich haben, werden sie nicht als das Wesen sowohl der Einzeltatsachen als auch der gesellschaftlichen Totalität erkannt, und darum kann ihre gesellschaftliche Bestimmung auch nicht mit Bewusstsein und auf rationale Weise gesamtgesellschaftlich verwirklicht werden. Die gesellschaftliche Bestimmung und die produktive Kraft der Arbeit müssen stattdessen einerseits im Denken und Handeln warenförmig vermittelt und wie natürliche Eigenschaften von Dingen reflektiert werden, andererseits werden sie dadurch dasjenige Ansichsein der Dinge, das, wie in Kants Vernunftkritik, erkenntnisjenseitig und unverfügbar bleiben muss.

Die gesellschaftliche Totalität existiert darum nur verdinglicht und gleichsam sich selbst entfremdet, aber so, dass sie sich ihrer Verdinglichung und Entfremdung im Proletariat bewusst werden kann, denn das Proletariat kann an seiner eigenen Existenz als Ware Arbeitskraft die Verdinglichung und die Entfremdung der gesellschaftlichen Bestimmung und der produktiven Kraft seiner Arbeit reflektieren. Kommt daher, Lukács zufolge, in der idealistischen Philosophie – und zwar nicht nur in ihren inhaltlichen Problemen und Antinomien, sondern in der Philosophie *als* Philosophie – die kontemplative Befangenheit der bürgerlichen Klasse adäquat zum Ausdruck, so ist das Proletariat die *praktische* Lösung einer Vergesellschaftung, die, weil sie nicht unmittelbar praktisch ebenso erschlossen wie entworfen werden kann, eben nur auf philosophische Weise zu begreifen ist. Das philosophische Begreifen dieser Vergesellschaftung findet sich dann in Kants kritischer Begrenzung des Verstandes auf angemessene Weise wieder, und auch Hegel konnte durch das Absolute diese Begrenzung und kontemplative Befangenheit lediglich unpraktisch überwinden, nämlich nach wie vor nur *philosophisch*; konsequenterweise ist in seiner Philosophie die Arbeit nur begrifflich-ideelle Arbeit und das Absolute bleibt *Geist*.[64]

Im Proletariat gerät dagegen die Erkenntnis der totalen Entfremdung und Reduzierung auf objekthafte Gegenständlichkeit zu einer Selbsterkenntnis, die nicht länger

---

64 In gewisser Weise ist für Lukács mit Hegel das Ende der Philosophie gekommen, denn nach Hegel gilt es sie nur mehr *als* Philosophie zu überwinden, d. h. in einer „nicht mehr kontemplativen Beziehung von Denken und Sein" (*GuK*, S. 252 (154), Anm. 93).

kontemplativ und die nicht bloß theoretisch sein kann. Indem das Proletariat zu dem Bewusstsein gelangt, dass sein Vermögen zur produktiven Entäußerung und Selbstobjektivierung nur Objekt für das Kapital ist, hat es im Begreifen dieser Verdinglichung und Entfremdung seines Vermögens sich gleichsam schon selbst am Schopf gepackt und seinen Erkenntnisstandpunkt *als* Praxis erkannt, als einen *produktiven* Standpunkt, der seinen Ort nur in jener Entäußerung und Selbstobjektivierung hat, d. h. im Werden der Gesellschaft und ihrer Geschichte. Es kommt zu sich im paradoxen Zustand der Gleichzeitigkeit von entfremdeter Geschichtsmächtigkeit und dem Bewusstsein derselben, und in diesem Ausnahmezustand kann es durch die eigene Praxis die existenzielle Entscheidung treffen, zum identischen Subjekt-Objekt der Geschichte zu werden.

Diese erkenntniskritische Zutat ist die mit messianischem Eifer[65] betriebene Einlösung und sogar Überbietung der großen Ideen des Idealismus: die praktisch-materialistische Auflösung des Kant'schen Dings-an-sich; die Identifizierung der Fichte'schen Tathandlung mit der selbstbewussten Praxis des Proletariats; das praktische Zu-sich-Kommen des Hegel'schen Weltgeistes im Kierkegaard'schen Augenblick existenzieller Entscheidung. Die Einlösung und Überbietung des Idealismus ist aber auch eine implizite Kritik an der Geschichtsteleologie in der Kapitalismuskritik der damaligen Zeit. Im Rückzug in den fehlenden Sinn der bisherigen Menschheitsgeschichte soll das Proletariat Anlauf nehmen zu dem ,großen Sprung', der sowohl die geschichtslose Reinheit der bürgerlichen Erkenntnis- und Bewusstseinsformen überspringen wird als auch die gediegene Geschichtsteleologie der damaligen Kapitalismuskritik. Wo diese Kapitalismuskritik die Revolution als logische Konsequenz der Entwicklung und Zuspitzung gesellschaftlicher Widersprüche versteht, sind bei Lukács diese Widersprüche, gleich den Antinomien des Denkens, das Zittern der bürgerlichen Form vor dem revolutionären Sprung; sie sind ein Zittern, welches das Proletariat in der Spannung der revolutionären Ungeduld hält vor demjenigen Sprung, zu dem es als die gesellschaftliche Produktivkraft schlechthin spontan und jederzeit, nämlich allein qua Erkenntnis der Verdinglichung und Entfremdung ihres Vermögens, ansetzen kann, um im Augenblick der Entscheidung zu-sich, d. h. zu jenem entfremdeten, verdinglichten Vermögen, aktiv in die Geschichte einzutreten und fortan qua Selbstverwirklichung über ihren Sinn zu entscheiden.

---

65 Vgl. Lukács' Selbstbezichtigungen im Vorwort zur Neuauflage von *GuK* 1967, S. 12–13.

Zweiter Teil. Arbeit und Kapital: Die Selbstbeherrschung der Arbeit in Gestalt ihrer Entfremdung und der blinde Fleck des Geldes

1. Das identische Subjekt-Objekt und das Geld als Maß

So radikal Lukács' Kritik der Warenform auch ansetzt, letztlich hat sie die *objektive* Notwendigkeit, die von der Arbeiterbewegung, der Sozialdemokratie der ersten Stunde und dann vom Marxismus-Leninismus als das ‚wahrhaft objektive Interesse' und als die ‚historische Mission der Arbeiterklasse' verfolgt wurde, nur um die *subjektive* Notwendigkeit ergänzt. Und auch wenn der ML ihm das als idealistische Verirrung auslegte, so hat Lukács doch ganz in dessen Sinne die Wahrheit der idealistischen Philosophie in die produktive Kraft der Arbeit zurückgenommen. Die Bildung gesellschaftlicher Allgemeinheit und Totalität ist auch bei Lukács durch die gesellschaftliche Bestimmung und die produktive Kraft der Arbeit möglich, auch wenn er die unkritische unvermittelte Setzung der Arbeit als substanzielles Wesen der Gesellschaft einer impliziten Kritik unterzieht, wenn er ihre warenförmige Vermittlung revolutionieren will und auf das Reflexiv-Werden der Warenform in der Ware Arbeitskraft zielt. Es war diese ‚erkenntniskritische Zutat', die dem ML und überhaupt dem traditionellen Marxismus in all seinen Variationen, wenn nicht als idealistische Abirrung, so doch zumindest überflüssig erscheinen musste. Denn in ihrem Verständnis ist die Arbeit an-sich je schon allgemein-gesellschaftlich bestimmt und entäußert aus sich heraus sowohl die objektive Substanz des gesellschaftlichen Daseins als auch dessen allgemeine Bestimmung. Werden aber derart die gesellschaftliche Bestimmung der Arbeit und ihre Allgemeinheit unkritisch als Eigenschaften der Arbeit an-sich vorausgesetzt, kommt die Vermitteltheit der Arbeit durch die kapitalistische Produktionsweise gar nicht erst in den Blick. So hat sich der ML des Dilemmas enthoben, dass die Arbeit als Bildnerin des Abstrakt-Allgemeinen (Tauschwert) wie auch des Besonderen (Gebrauchswert) nur in Bestimmung gesetzt wird durch ihre spezifisch kapitalistische Form der Vermittlung. Weil im Verständnis des ML und überhaupt im traditionellen Marxismus die Arbeit ihre gesellschaftliche Qualität unmittelbar an-sich hat, haben sie sich dem Problem gar nicht erst stellen können, dass der objektive und allgemeingesellschaftliche Charakter der Arbeit sowie ihre vermeintlich ewige Notwendigkeit nur zum Maß einer Kritik an der bürgerlich-kapitalistischen Gesellschaft haben werden können durch diejenige Objektivierung, Substanzialisierung und Naturalisierung, die ironischerweise einzig und allein gerade *diese* Gesellschaft an der Arbeit vornimmt: Nur die kapitalistische Gesellschaft realisiert die Arbeit als abstrakte Arbeit, als Wert, und nur hier wird sie dadurch zu einer universell gültigen, rein gesellschaftlichen und zugleich quasi natürlichen, objektiv messbaren Qualität.[66]

---

[66] Die von Marx in der „Einleitung zur Kritik der Politischen Ökonomie" (*MEW*, Bd. 13, S. 615–642) angeschnittene (und im Abschnitt I dieser Arbeit zitierte) Antinomie, dass die Arbeit einerseits eine geschichtlich gewordene Kategorie ist und nur innerhalb der bürgerlich-kapitalistischen Gesellschaft als die Kategorie gesellschaftlicher Vermittlung schlechthin erscheinen kann (sowie als Form des Stoffwechsels mit ihrem Anderen, der Natur), dass aber die Arbeit andererseits in dieser Gesellschaft eine zeitlos gültige Kategorie

Beruft sich die Gesellschaftskritik daher auf eine Arbeit, die Wesen und Substanz der Gesellschaft sein und darum ihre Allgemeinheit und Totalität bilden soll, so nimmt sie gegenüber der Arbeit uneingestanden *denselben* Standpunkt ein wie die kritisierte kapitalistische Gesellschaft in ihrem ökonomischen Umgang mit der Arbeit – statt zu kritisieren, dass die Arbeit *allein* im Kapitalismus zu diesem substanziellen und scheinbar überhistorischen Wesen wird. Die Gesellschaftskritik enthebt sich mithin des Widerspruchs, dass allein im Kapitalismus und somit in einer *historisch spezifischen* Gesellschaft die Arbeit zu einer Qualität wird, die der logischen Geltung nach umgekehrt eine ahistorische, natürliche und objektive Qualität zu sein scheint. Stattdessen zielt der ‚Standpunkt der Arbeit' ironischerweise darauf, eine vermeintlich für jede Gesellschaft notwendige Arbeit mit an-sich gesellschaftlicher Bestimmung und von allgemeiner, ja, universeller Qualität von genau derjenigen historischen und spezifisch kapitalistischen Form zu befreien, innerhalb der die Arbeit überhaupt erst zu jener überhistorischen und universellen Qualität wird, zu einer Qualität, die für jede Gesellschaft notwendig zu sein scheint und *in* der Zeit nur noch ihre besonderen Gestalten ändert und darüber geschichtlich fortschreitet. So sehr nach dem Verständnis einer solchen Kritik der Kapitalismus die Produktivkraft der Arbeit auch entwickelt haben mag, letztlich sollen der Arbeit diese kapitalistischen Produktionsverhältnisse äußerlich und unangemessen bleiben. Jedenfalls aber weist die Arbeit durch ihre gesamtgesellschaftliche Bestimmung über die kapitalistischen Produktionsverhältnisse hinaus.

Es ist daher das große Verdienst von Georg Lukács, an der Notwendigkeit einer Art ‚Selbstkritik' der Arbeit anzusetzen und die Ware Arbeitskraft mit der Form ihrer kapitalistischen Vermittlung zu konfrontieren. Und doch gerät diese Konfrontation zu einer existenzialistischen Überbietung der Arbeitsontologie und der Geschichtsmetaphysik in der Kapitalismuskritik seiner Zeit. Denn Lukács besteht zwar auf der Vermitteltheit der Arbeit durch ihre kapitalistische Form, die Warenform. Aber dieselbe Warenform führt den Arbeiter zu einer kritischen Selbsterkenntnis, wenn er das eigene Zur-Ware-Werden an-sich reflektiert und dadurch über die Warenform hinausgehen soll: „Er [der Arbeiter] ist deshalb gezwungen, sein Zurwarewerden, sein Auf-reine-Quantität-Reduziertsein als Objekt des Prozesses zu erleiden. Gerade dadurch wird er aber über die Unmittelbarkeit dieses Zustandes hinausgetrieben."[67] Während Lukács zufolge das bürgerliche Bewusstsein in der Abstraktion von der Praxis kontemplativ gefangen bleibt und nur in inhaltsloser Transzendenz Zuflucht nehmen kann, soll der Arbeiter gerade *durch* die Entfremdung und gerade *wegen* der Verdinglichung auf seine gesellschaftliche Bestimmung und auf seine produktive Kraft wie auf ein äußerlich gegebenes Objekt reflektieren und sein Selbstbewusstsein zum Mittel einer *praktischen*

---

ist und eine ewige Notwendigkeit und eine universelle Qualität zu sein scheint – dieser Antinomie geht Marx im letzten Abschnitt des ersten Kapitels von *Zur Kritik der Politischen Ökonomie* nach, vgl. „A. Historisches zur Analyse der Ware", Marx: Zur Kritik, S. 37–48. Hier wird das Problem – in kritischer Abgrenzung zur klassischen Ökonomietheorie – im Zuge der Frage behandelt, durch welche Form die Arbeit in der kapitalistischen Gesellschaft zu Tauschwert setzender Arbeit wird.

67 *GuK*, S. 292 (182).

Identifikation von Subjektivität und Objektivität machen. So wendet sich, indem die warenförmige Verdinglichung und Entfremdung der Arbeit im Subjekt der Arbeit zu Bewusstsein kommt und reflexiv wird, die *Kritik* des Kapitalismus in die *Idee* des Kommunismus.

In dieser Idee eines identischen Subjekt-Objekts liegt eine verführerische subjektive Wendung des Determinismus und Objektivismus, der in der damaligen, auf der Kategorie der Arbeit gegründeten Kapitalismuskritik vorherrschend war. Die Wendung übt eine unwiderstehliche Anziehung aus, weil nun die *Subjektivität* sich selbst *objektiv* notwendig macht: Das Proletariat ist – geradezu spontan – in der Lage, sich allein qua Selbstbewusstsein mit seiner produktiven, konstituierenden Kraft und mit der Substanzialität seiner gesellschaftlichen Praxis zu identifizieren. (Darum ist der Augenblick der Revolution auch *jederzeit* gekommen; er muss nicht durch die Entwicklung gesellschaftlicher Widersprüche heranreifen und er hängt nicht von bestimmten objektiven Bedingungen ab. Der revolutionäre Augenblick ist da, wenn die Arbeiterklasse das eigene Klassen- und Totalitätsbewusstsein zu den für die kommunistische Revolution notwendigen objektiven Bedingungen dazuzählt – in diesem Zusammenfallen von Subjektivität und Objektivität ist die Situation schlagartig reif für die Revolution.)

Die unwiderstehliche Anziehungskraft wirkt ebenso umgekehrt von der Totalität her. Es ist gewissermaßen die gespaltene Totalität, die im Selbstbewusstsein des Proletariats mit objektiver Notwendigkeit denjenigen subjektiven Faktor heraussetzt, durch den die Totalität auf ihre Gespaltenheit und ihre unbewusste und irrationale Vermittlung zurückkommen kann; sie kommt im Selbstbewusstsein des Proletariats zu *ihrem* Bewusstsein, zu *ihrer* Rationalität. Oder vielmehr kommt die Totalität dadurch zum Bewusstsein ihrer irrationalen Gespaltenheit. Diesen revolutionären Augenblick, wenn die Totalität durch das Selbstbewusstsein des Proletariats gleichsam auf die eigene Entfremdung zurückkommen wird, kündigt bei Lukács die Totalität geradezu selbst drohend an:

> Die Totalität der Geschichte ist vielmehr selbst eine – wenn auch bis jetzt nicht bewußt gewordene und darum nicht erkannte – reale geschichtliche Macht, die sich von der Wirklichkeit (und darum von der Erkenntnis) der einzelnen geschichtlichen Tatsachen nicht ablösen läßt, ohne auch ihre Wirklichkeit, ihre Faktizität selbst aufzuheben. Sie ist der wirkliche, letzte Grund ihrer Wirklichkeit, ihrer Faktizität, und darum ihrer wahren Erkennbarkeit auch als Einzeltatsachen.[68]

Doch wie schon gesagt, auch wenn Lukács die Arbeit mit der Form ihrer kapitalistischen Vermitteltheit konfrontiert, so ist auch bei ihm die Arbeit die Kategorie gesellschaftlicher Vermittlung schlechthin. Er überwindet zwar die unkritische Annahme der Kapitalismuskritik seiner Zeit, dass die Arbeit im Grunde allein aus ihr selbst heraus eine gesellschaftliche Totalität bildet, eine Totalität, die nur durch die kapitalistischen Produktionsverhältnisse noch in-sich gespalten ist (d. h. hier durch die Ausbeutung und die ungeplante Anwendung der Arbeit sowie durch den Klassenantagonismus

---

[68] *GuK*, S. 271 (167).

und den Privatbesitz der Produktionsmittel); gleichwohl bleibt auch Lukács' Vorstellung problematisch, dass die gesellschaftliche Totalität zwar durch die Warenform sich selbst entfremdet ist, aber durch das Selbstbewusstsein der Ware Arbeitskraft rational erschlossen werden könnte.
Als Einstieg in die Problematik bietet sich zunächst Lukács' Totalitätsbegriff an. Von ihm ausgehend gilt es dann seine Vorstellung des Selbstbewusstseins einer Kritik zu unterziehen, insbesondere die Vorstellung, das Selbstbewusstsein könne Objektivität und Subjektivität identifizieren und dadurch eine rationale Totalität bilden.

1.1 Die Totalität und ihr Bruch. Entfremdung als Arbeit des Bewusstseins (Hegel) – Bewusstsein der Entfremdung der Arbeit (Lukács)

Der Begriff der Totalität ist bei Lukács zwiespältig. Obwohl er im Verdinglichungsaufsatz Totalität nicht mehr, wie z. T. noch in den Frühschriften,[69] als in-sich harmonische und sogar organische Ganzheit begreift, sondern als zu *produzierende* Totalität und als den Prozess ihrer Bildung selbst, unterscheidet sich sein Totalitätsbegriff doch entscheidend von Hegels und auch von Marx' Totalitätsbegriff. Denn gerade das, was Lukács als Entfremdung, Spaltung und Verdinglichung der Totalität erscheint, und gerade das, was ihm zufolge eine nur dualistische und letztlich irrationale Schließung der Totalität sein soll (die einseitig geistig-kontemplative Reflexion aufseiten der Erkenntnis und die blind-naturwüchsige Praxis aufseiten der warenförmigen Vermittlung), gerade das wäre umgekehrt als die von Lukács gesuchte *Produktion* einer Totalität zu entwickeln und als ihr Prozessieren selbst. Doch bei Lukács steht gerade *nicht* eine gesellschaftliche Totalität zur Kritik an, die sich durch ihre Spaltung und Entfremdung überhaupt erst als solche herstellt. Er gelangt mithin nicht zu der Kritik, dass dieser Widerspruch einer Totalität *qua* Entfremdung und *qua* Spaltung zwar auch die Notwendigkeit eines Übergreifenden und Ganzheitlichen hervorbringt, dass dieses Übergreifende aber allein in dieser spekulativen Identität liegt: *dass* die Spaltung der Totalität auch ihre Vermittlung ist. Das Übergreifende liegt im negativen Wesen einer Totalität, die nur im Prozessieren existiert.
In dieser spekulativen Identität von Trennung und Vermittlung sowie in der Negativität und Unverfügbarkeit der darin gründenden übergreifenden Aufhebungsbewegung liegt der Grundzug des Hegel'schen Totalitätsbegriffs – und gerade diesem spekulativen Grundzug versucht Lukács zu entkommen. Lukács glaubt nämlich, im Proletariat existiere das negative und unverfügbare, aber prozessierende und übergreifende Wesen, das zwischen Objektivität und Subjektivität ebenso trennt wie vermittelt und dadurch Totalität bildet, auf eine positiv bestimmbare, daseiende und sogar

---

69 Vgl. Lukács: *Die Seele und die Formen*; v. a. ders.: *Theorie des Romans*. Lukács' orientiert seinen Totalitätsbegriff hier noch nicht an Marx' Ökonomiekritik, befindet sich aber bereits in einem Übergang zur Philosophie Hegels. Gleichwohl bleibt Lukács an Kunst- und Literaturkritik und philosophisch noch an Kant und den Motiven der Phänomenologie und der Lebensphilosophie orientiert, auch dort, wo er die Totalität der antiken Welt einer Moderne gegenüberstellt, in der Totalität nur mehr ein Herzustellendes und die Vermittlung selbst sei, so z. B. in Lukács: *Theorie des Romans*, S. 26ff., 65.

dingliche Weise. Aus Lukács' Sicht müsste das Prozessierende und Übergreifende nicht so negativ und unverfügbar bleiben wie der absolute Geist und die List der Vernunft bei Hegel, denn die Ware Arbeitskraft könnte durch ihr Selbstbewusstsein diesen übergreifenden Standpunkt der Identifikation von Objektivität und Subjektivität einnehmen und durch ihre Praxis das (geschichtliche) Werden der eigenen Totalität ebenso entwerfen wie erschließen. Das Proletariat könnte, weil es mit Bewusstsein die eigene Geschichte produzieren kann, sie geradezu *vorweg* nachvollziehen; es könnte mithin das Wesen gesellschaftlicher Totalität mit Bewusstsein rational planen. Der Standpunkt, der Denken und Handeln übergreift und gesellschaftliche Totalität bildet, müsste daher auch nicht, wie in den von Kant thematisierten Selbstbeschränkungen des Verstandes, lediglich durch den notwendigen *Schein* eines höchsten Wesens, durch ein Postulat oder durch eine regulative Idee besetzt werden und dadurch einem Wesen vorbehalten bleiben, das der vollständigen Erkenntnis und Verfügung durch den Verstand letztlich entzogen bleiben muss. Aus Lukács' Sicht muss sich der einzelne Verstand nur darum der Vorstellung eines all die Einzeltatsachen noch Übergreifenden, Übersinnlich-Ideellen im Sinne eines absoluten Geistes (Hegel) oder einer regulativen Idee (Kant) hingeben, weil er seinem Gattungswesen (noch) entfremdet ist, ja, weil sich bereits etwas anderes an die Stelle dieses übergreifenden Ideellen gesetzt hat, aber kein absoluter Geist und keine regulative Idee – sondern die Warenform.

Der Unterschied zwischen Hegels und Lukács' Totalitätsbegriff lässt sich am Selbstbewusstsein festmachen. Er *muss* sogar hier festgemacht werden: Bei beiden steht das Selbstbewusstsein für das Wesen zwischen Subjekt und Objekt und vermittelt dadurch die Bildung einer Totalität, aber sowohl das Selbstbewusstsein als auch die Totalität werden geradezu gegensätzlich gefasst.
Betrachten wir zunächst die Stellung des Selbstbewusstseins bei Hegel!
Bei Hegel stellt sich die Totalität, noch einmal vereinfacht zusammengefasst, durch die Form gegenständlicher Vermittlung von Subjekt und Objekt überhaupt erst her; der Totalität ist also *diese* Spaltung ebenso Vermittlung. Aber Totalität setzt – noch zusätzlich und gleichsam noch davor – einen übergreifenden, spekulativen ‚Ort' der Identität voraus, d. h. einen ‚Ort', an dem die Spaltung *als* Vermittlung gilt, an dem das Unterscheiden in Objekt und Subjekt *ebenso* Beziehen ist. Und genau dieser übergreifende ‚Ort' der spekulativen Identität von Subjekt und Objekt, von Bewusstsein und Gegenstand oder von Subjekt und Substanz, wird von Hegel in der *Phänomenologie des Geistes*, wie in Abschnitt I bereits skizziert, als Selbstbewusstsein entwickelt.
Damit räumt auch Hegel, genau wie Lukács, dem Selbstbewusstsein die zentrale Stellung der Identifikation von Objektivität und Subjektivität ein. Aber im Gegensatz zu Lukács, wo die gesellschaftliche Bestimmung der Arbeit diese Identifikation herstellen könnte, aber entfremdet ist und für eine rationale Totalität erst im Selbstbewusstsein der Ware Arbeitskraft zu sich kommen muss, ist bei Hegel Entfremdung geradezu umgekehrt *die Arbeit des Bewusstseins*. Und wo bei Lukács auch das Subjekt der Arbeit aufgrund der warenförmigen Verdinglichung sich selbst entfremdet ist und darum

keine Totalität zwischen Objektivität und Subjektivität bilden kann, aber durch dieselbe warenförmige Verdinglichung zum Bewusstsein seiner selbst als Ware Arbeitskraft kommen und zum identischen Subjekt-Objekt werden könnte, da nimmt bei Hegel umgekehrt das Selbstbewusstsein die Arbeit der Entfremdung auf sich, und zwar die Arbeit der Entfremdung des Bewusstseins *von ihm selbst* – und dadurch tritt erst die Vernunft ein, die Totalität in Objekt und Subjekt zu unterscheiden.

Um zu begreifen, warum Hegel zufolge das Selbstbewusstsein die Arbeit der Entfremdung auf sich nimmt, muss noch einmal auf den Anfang seiner *Phänomenologie des Geistes* eingegangen werden, nämlich auf die bereits in Abschnitt I thematisierte Bedeutung des Selbstbewusstseins für die Vernunft, die darin liegt, in Objekt und Subjekt radikal zu trennen und in der radikalen Trennung zugleich die Negativität ihrer Vermittlung zu gründen.[70]

Der *PhdG* zufolge wird Totalität hergestellt, indem das Bewusstsein sich nötigt, das Verhältnis zwischen sich und dem Gegenstand, also zwischen Subjekt und Objekt, als das Wesen einer nur negativ erfahrbaren Vernunft zu reflektieren. Jedes einzelne Bewusstsein muss, wie im ersten Abschnitt bereits skizziert, einerseits zu der Vernunft kommen, die in der Trennung in Bewusstsein und Gegenstand liegt sowie im Wesen ihrer reflexiven Vermittlung. Aber es muss zur Vernunft durch den Widerspruch kommen, in der unmittelbaren Erfahrung des Gegenstandes bereits ein Selbstbewusstsein für oder anstelle jenes vernünftigen Wesens anzunehmen. Durch das Selbstbewusstsein kommt das Bewusstsein nämlich auf sich *und* den Gegenstand so zurück, als habe es ein ausgeschlossenes Drittes als Maß für ihr gemeinsames Verhältnis gefunden, mithin ein Maß für ein objektives Wissen aus subjektiver Erfahrung. Das Bewusstsein begreift den Gegenstand, aber auch sich selbst von diesem maßgeblichen, ausgeschlossenen Dritten her, und so bringt das Selbstbewusstsein den Verstand zu einer Vernunft, die er wie eine fremde – ent-fremdende – Kraft erfährt.

Die Kraft der Entfremdung entspringt also dem Bewusstsein selbst, aber paradoxerweise liegt sie eben in seiner *Trennung* von ihm selbst, und aufgrund dieser Trennung muss das Bewusstsein die eigene Kraft wie eine fremde, äußere Gewalt erfahren. Die Kraft der Entfremdung ist ihm eine Gewalt, die durch eine innere Spaltung auch den Abgrund der Trennung zwischen Bewusstsein und Gegenstand eröffnet, und mit ihm die Notwendigkeit einer Erfahrung, in der das Bewusstsein in der Erfahrung des Gegenstandes ebenso auf sich selbst zurückkommen und das eigene Bewusstsein zum Gegenstand haben muss – aber dann hat es im eigenen Bewusstsein wiederum

---

70 Der Entfremdungsbegriff, vor allem der an Marx und dessen Hegel-Kritik orientierte, war unmittelbar nach dem Zweiten Weltkrieg noch fester Bestandteil der humanistisch, phänomenologisch und existenzialistisch ausgerichteten Marx-Diskussion. Er wurde damals insbesondere von der Kritischen Theorie und der französischen Marx-Diskussion betont, durch letztere geriet der Begriff aber auch im Zuge der radikalen Subjektkritik des Strukturalismus, des Post-Strukturalismus und der Dekonstruktion in die Kritik. In der BRD hat er eine kleine Renaissance erfahren, u. a. durch die neueren Arbeiten von Axel Honneth, vgl. Honneth: *Verdinglichung*, Rahel Jaeggi: *Entfremdung. Zur Aktualität eines sozialphilosophischen Problems*. Frankfurt am Main: Suhrkamp 2005.

zum Gegenstand, dass es sich mit der Gegenstandserfahrung identifiziert. Kurzum, das Bewusstsein muss sich je entfremdet haben, damit das Bewusstsein *sowohl* sich selbst *als auch* seinen Gegenstand erfahren und diese reflexive Erfahrung zum *Identischen* ihrer Vermittlung werden kann, zum gemeinsamen, negativen Wesen zwischen Subjektivität und Objektivität.

Auf Hegels Entwicklung des Selbstbewusstseins wird unten noch genauer eingegangen. Hier kommt es zunächst nur darauf an, dass sich Lukács' Totalitätsbegriff grundsätzlich darin von dem Hegels unterscheidet, dass bei Lukács die Gegenständlichkeit von Subjekt und Objekt zwar ebenfalls Ausdruck einer Entfremdung ist, genau wie bei Hegel, aber die Totalität stellt sich durch die Entfremdung des Bewusstseins nicht allererst her. Im Gegenteil, gerade diesem spekulativen Grundzug der Hegel'schen Dialektik sucht Lukács zu entkommen, und dafür soll nun ausgerechnet das Selbstbewusstsein, das bei Hegel ja für des Bewusstseins Arbeit der Entfremdung von sich selbst steht, zum Mittel werden. Lukács setzt dadurch auf eine ganz andere Überwindung des reflektierenden Verstandesdenkens und der im starren Subjekt-Objekt-Gegensatz gefangenen Reflexionsphilosophie als Hegel. Bei Hegel *ist* die Spaltung je überwunden, denn die bürgerliche Welt kommt in ihrer Gespaltenheit bereits von der Maßgeblichkeit einer negativen Vernunft her auf sich *zurück*. Das Unterscheiden von Subjektivität und Objektivität wird bereits eröffnet durch denjenigen vernünftigen Unterschied, den das Bewusstsein im Selbstbewusstsein je zu sich gemacht haben muss, und durch ihn kommt der reflektierende, kontemplative Verstand so von seiner Überwindung her auf sich zurück, dass das Bewusstsein durch seine Entfremdung überhaupt erst eintritt, nämlich in die Erfahrung seiner selbst. Dagegen wird Lukács zufolge in der bürgerlich-kapitalistischen Gesellschaft die Gegenständlichkeit von Subjektivität und Objektivität nur auf nachträgliche, dualistische und letztlich irrationale Weise geschlossen, nämlich einerseits unpraktisch-kontemplativ durch das reflektierende und rationalisierende Verstandesdenken und andererseits auf zwar praktische, aber bewusstlose Weise durch die Warenform. Dasjenige Selbstbewusstsein aber, das in der Objektivität ebenso auf die eigene Subjektivität und darum auf das Identische ihrer Vermittlung zurückkommen könnte, kommt bei Lukács der Ware Arbeitskraft zu.

So unterschiedlich die Entfremdung und die Form der Gegenständlichkeit von Objekt und Subjekt bei Hegel und Lukács ausfallen, so unterschiedlich fällt folgerichtig das Wesen ihrer Vermittlung aus. Das betrifft vor allem den Status der Reflexion. Bei Hegel eröffnet das Selbstbewusstsein, ineins mit der Gegenständlichkeit von Bewusstsein und Gegenstand, dem Bewusstsein auch das Identische seiner Vermittlung mit dem Gegenstand, denn das Selbstbewusstsein eröffnet dem Bewusstsein, dass jede Erfahrung *reflexive Erfahrung* sein muss. Das Bewusstsein trifft durch sein Selbstbewusstsein in jeder Gegenstandserfahrung ebenso auf sich selbst, und weil es in der Erfahrung des Gegenstandes stets auf sich zurückkommt und ebenso sich selbst erfährt, muss es das Reflektieren als Wesen der Identifikation mit seinen Erfahrungen – gleichsam noch einmal – reflektieren. So stellt das Bewusstsein im Reflektieren die eigene

Identität allererst her *und* löst sie zugleich in Form der Gegenständlichkeit von Subjektivität und Objektivität ein. Lukács dagegen lässt weder die Entfremdung noch das Reflektieren als die eigentliche Arbeit des Selbstbewusstseins und als Identifikation zwischen Bewusstsein und Gegenstand gelten. Die Notwendigkeit der Reflexion ist nicht der Arbeit des Selbstbewusstseins geschuldet, und die Reflexion ist auch nicht das negative Wesen, das durch seine trennende Vermittlung zum Identischen zwischen Objekt und Subjekt wird. Stattdessen ist die Reflexion umgekehrt dem *Scheitern* einer ebenso bewussten wie praktisch-produktiven Bildung gesellschaftlicher Totalität geschuldet. Lukács zufolge verwirklicht das reflektierende Bewusstsein eine nur geistig-kontemplative Identifikation, während die Warenform eine zwar praktische, aber dafür bewusstlos-naturwüchsige Identifikation vollzieht; beide bleiben so dualistisch und einseitig, wie das Verhältnis von Objektivität und Subjektivität einander entfremdet und äußerlich bleibt. Aus Lukács' Sicht kann auch allein durch die Reflexivität von Erfahrung und rein geistig-kontemplativ gar keine rationale gesellschaftliche Totalität gebildet werden, denn eine rationale, sich selbst durchsichtige Totalität muss durch das Selbstbewusstsein derjenigen gesellschaftlichen Produktivkraft gebildet werden, die unmittelbar in ihren *praktischen* und *produktiven* Entäußerungen auf sich selbst zurückkommt, sodass sie sich gleichsam vorweg mit der produzierten Objektivität identifiziert und sich durch diese Praxis als das Identische von Subjekt und Objekt erfährt. *Dieses* Selbstbewusstsein soll keine Trennung von Subjekt-Objekt und keine Notwendigkeit reflexiver Vermittlung eröffnen, es soll die Trennung in Subjekt und Objekt *vorweg* überwinden, und mit ihr die Notwendigkeit der Reflexion.

Letztlich hängt bei Lukács somit die Notwendigkeit der Reflexion daran, dass die bürgerlich-kapitalistische Gesellschaft in zwei Klassen gespalten bleibt. Vom Standpunkt der bürgerlichen Subjektivität aus, vom Standpunkt der besitzenden und aneignenden, unproduktiven Klasse, kann die Objektivität nur durch die Reflexion scheinbar natürlicher und zufällig gegebener, disparater Einzelerscheinungen zu Bewusstsein kommen; darum entstehen Antinomien, will der bürgerliche Verstand sich in die Form des gesellschaftlichen Werdens und in die Identität von Objektivität und Subjektivität hineindenken. Das Proletariat aber kann sich auf praktische Weise in die Bildung einer gesellschaftlichen Totalität entäußern, die qua Selbstbewusstsein seiner Praxis und seiner Produktivkraft gleichsam a priori in-sich reflektiert ist.

1.2 Marx und das Selbstbewusstsein einer bewusstlosen gesellschaftlichen Totalität: Geld

Auf den Unterschied in der Bestimmung des Selbstbewusstseins bei Hegel und Lukács wird später noch ausführlich eingegangen. Zuvor gilt es, mit Marx' Ökonomiekritik etwas einzuführen, das Hegels Konzeption des Selbstbewusstseins analog ist und doch als Kritik daran verstanden werden kann. Denn die Notwendigkeit, dass ein Selbstbewusstsein da sein muss, damit die Trennung in Objekt und Subjekt allererst eröffnet wird und *zugleich* ihre reflexive Vermittlung eintritt, diese Notwendigkeit einer übergreifenden, spekulativen Identität kann ebenso schlagend in den Begriffen der Politischen Ökonomie gegen Lukács vorgebracht werden. In Marx' *Kapital* ist es zwar nicht, so wird auch hier im Anschluss an den ersten Abschnitt der Arbeit zu zeigen sein, das Selbstbewusstsein, das für diese übergreifende spekulative Identität steht – aber das Geld. Das Geld hält durch seine Maßfunktion einerseits die Arbeiten durch die Vermittlung ihrer Resultate, die Waren, an eine gemeinsame maßgebliche Einheit und stellt durch Werte ein objektives Verhältnis her. Dasselbe Geld gibt andererseits diese realisierte Objektivität zu denken. Die maßgebliche ideale Werteinheit wird mithin zum praktischen Mittel, zwischen der gesellschaftlichen Objektivität der Arbeiten und Waren und dem Denken und Handeln der Subjekte ebenso zu trennen wie zu vermitteln und dadurch eine Identifikation durchzuführen.

Um diese Identifikation zu begreifen, muss die Werteinheit, für die das Geld steht, gleich einem Selbstbewusstsein der Waren und der in ihnen verendlichten Arbeiten entwickelt werden: Das Geld steht *anstelle* des gesellschaftlichen Verhältnisses der Arbeiten und Waren, es steht mithin anstelle ihres Selbstbewusstseins. Und weil die Waren im Geld ein Selbstbewusstsein je für sich haben, muss die Warenform nicht erst noch, wie Lukács das vorsieht, durch das Selbstbewusstsein der besonderen Ware Arbeitskraft zu sich kommen, um überwunden zu werden. Durch die Entwicklung des Geldes gilt es im Gegenteil Lukács' Vorstellung zu kritisieren, nach der die proletarische Praxis das Identische der gesellschaftlichen Vermittlung produzieren und sich, ineins, damit identifizieren könne (und sich dadurch der Notwendigkeit des äußerlich-kontemplativen Reflektierens enthebt).

Zur Klarstellung: Das Problem an Lukács' Kritik der Warenform ist *nicht*, dass er die warenförmige Vermittlung überwinden will, indem er sie dem Totalitätsbewusstsein des Proletariats zurechnet, sondern dass er übersieht, dass die Warenform durch das Geld *immer schon aufgehoben ist*. Hier, im Geld, hat die Warenform bereits in der kapitalistischen Gesellschaft eine Überwindung des Verstandesdenkens und der Reflexionslogik jenseits des Proletariats gefunden, und das Geld wird im Vermitteln von Objektivität und Subjektivität auch zum Identischen dieser Vermittlung und stellt eine gesellschaftliche Totalität her. Wenn Lukács somit das Selbstbewusstsein der besonderen Ware Arbeitskraft, wenn auch uneingestanden, an diejenige Stelle setzt, die das Geld in der kapitalistischen Gesellschaft einnimmt, dann übersieht er das Geld nicht nur in einem trivialen Sinn. Er kommt vielmehr nicht zu einer Kritik des Geldes, weil er einerseits die Warenform prämonetär auffasst und sie andererseits durch das Selbstbewusstsein der besonderen Ware Arbeitskraft überwinden will. Lukács sagt ja explizit, dass er die Warenform durch die Ware Arbeitskraft zu *ihrem* – der Warenform – Selbstbewusstsein bringen will – nur dass er eben übersieht, dass das Geld gleichsam je schon für dieses Selbstbewusstsein der Warenform steht:

> Hier zeigen sich jene Momente, die das gesellschaftliche Sein des Arbeiters und seine Bewußtseinsformen dialektisch machen und dadurch über die bloße Unmittelbarkeit hinaustreiben […]. Vor allem kann sich der Arbeiter über sein gesellschaftliches Sein nur dann bewußt werden, wenn er über sich

selbst als Ware bewußt wird. Sein unmittelbares Sein stellt ihn [...] als reines und bloßes Objekt in den Produktionsprozeß ein. Indem sich diese Unmittelbarkeit als Folge von mannigfaltigen Vermittlungen erweist, indem es klar zu werden beginnt, was alles diese Unmittelbarkeit voraussetzt, beginnen die fetischistischen Formen der Warenstruktur zu zerfallen: der Arbeiter erkennt sich selbst und seine eigenen Beziehungen zum Kapital in der Ware. Soweit er noch praktisch unfähig ist, sich über diese Objektrolle zu erheben, ist sein Bewußtsein: *das Selbstbewußtsein der Ware*; oder anders ausgedrückt: die Selbsterkenntnis, die Selbstenthüllung der auf Warenproduktion, auf Warenverkehr fundierten kapitalistischen Gesellschaft.[71]

Der Arbeiter soll „das Selbstbewußtsein der Ware" sein – folgerichtig steht bei Lukács nicht, wie bei Marx, die Kritik derjenigen bewusstlosen „Selbsterkenntnis" und „Selbstenthüllung" der Gesellschaft an, die das Geld durchführt, als wäre es das blind-naturwüchsige Selbstbewusstsein gesellschaftlicher Totalität. Während Marx die bewusstlos-naturwüchsige Form der Selbsterkenntnis, die der Gesellschaft durch das Geld zukommt, durch die Entwicklung der Geldfunktionen darstellt und durch diese Darstellung zugleich kritisiert, soll bei Lukács das Proletariat sich diese Selbsterkenntnis zurechnen, um sich zum identischen Subjekt-Objekt der Geschichte zu erheben.

Folglich ist Lukács' große Idee einer kommunistischen Revolution: dass das Proletariat sich die Einheit der Gesellschaft zurechnen könnte und dass es dieselbe gesellschaftliche Totalität, die es auf praktische Weise bildet, auch durch sein Bewusstsein erkennen und bewusst realisieren könnte, bereits diese große Idee ist dem Geld geschuldet. Es wird zu zeigen sein, dass bei Lukács das Proletariat sich genau diejenige ideelle Einheit der Gesellschaft zurechnen soll, die dem Geld zugerechnet werden muss, sodass Lukács das Selbstbewusstsein des Proletariats, wenn auch unbewusst und uneingestanden, an die Stelle des Geldes setzt. Er will mithin das Selbstbewusstsein des Proletariats zu den Funktionen bringen, die das Geld praktisch in der kapitalistischen Gesellschaft durchführen muss, damit die ideelle Werteinheit, für die es steht, Realität wird. Entsprechend gilt es in der Kritik an Lukács zu zeigen, dass das Selbstbewusstsein, das die Waren im Geld je schon für sich haben, seiner Idee, die Warenform im Selbstbewusstsein der Ware Arbeitskraft zu Bewusstsein zu bringen, gleichsam zuvor kommt.

Für die Kritik an Lukács gilt es somit, die zwei Stränge zu verbinden. Es gilt einerseits zu zeigen, dass bei Lukács die Emphase des Proletariats als identischen Subjekt-Objekts genau an der Stelle eines Geldes steht, das eine ideelle Werteinheit zur praktischen Realisierung der gesellschaftlichen Totalität in Anspruch nimmt, und es

---

71 *GuK*, S. 295 (184–185). Auch die weiteren Ausführungen lassen sich lesen, als ob Lukács von der Ware Arbeitskraft das Bewusstsein des Geldes erwarte: „Die Selbsterkenntnis des Arbeiters als Ware ist aber bereits als Erkenntnis: praktisch. D. h. *diese Erkenntnis vollbringt eine gegenständliche, strukturelle Veränderung am Objekt ihrer Erkenntnis.* Der objektive Spezialcharakter der Arbeit als Ware, ihr ‚Gebrauchswert' (ihre Fähigkeit, ein Mehrprodukt zu liefern), der wie jeder Gebrauchswert in den quantitativen Tauschkategorien des Kapitalismus spurlos untertaucht, erwacht in diesem Bewußtsein, durch dieses Bewußtsein *zur gesellschaftlichen Wirklichkeit*. Der Spezialcharakter der Arbeit als Ware, ohne dieses Bewußtsein ein unerkanntes Triebrad der ökonomischen Entwicklung, objektiviert sich selbst durch dieses Bewußtsein." (*GuK*, S. 296 (185–186).)

gilt andererseits zu zeigen, dass eine angemessene Kritik warenförmiger Vermittlung nur durch die Kritik des Geldes möglich ist.

2. Marx' kritische Unterscheidung in die besondere Ware Arbeitskraft und die universelle Ware Geld und ihr Zusammenfallen in Lukács' Idee eines identischen Subjekt-Objekts

Lukács beruft sich zwar auf die Marx'sche Kritik der Warenform, wenn er kritisiert, dass die Arbeit und ihre Produkte nicht bewusst und unmittelbar in ihre gesellschaftliche Bestimmung gesetzt werden können, sondern durch die Warenform vermittelt werden müssen. Bereits einem ersten Blick auf den Anfang der „beiden großen und reifen Werke"[72], auf deren Kritik der Warenform sich Lukács in den ersten Worten seines Verdinglichungsaufsatzes beruft, stellt sich das aber anders dar, und das gleich in zweifacher Hinsicht. Zum einen ist nicht ‚die Arbeit' das Identische der gesellschaftlichen Vermittlung, und zum anderen ist die Warenform nicht die Vermittlung der Arbeit. Lukács entgeht das ebenso ausgeschlossene wie gemeinsame Dritte von Arbeit und Ware, von Substanz und Form der kapitalistischen Gesellschaft. Ihm entgeht, dass es das Geld ist, das die Arbeit in Form der Vermittlung ihrer Resultate, der Waren, in ein und dasselbe gesellschaftliche Verhältnis setzt, und erst dadurch bringt es die Vorstellung der Arbeit als einer identischen Substanz hervor. Diese identische Qualität ist das, was im Geld als *Wert* zur Geltung kommt. Das Geld bringt durch diese Bestimmung der Arbeitsprodukte als Werte nicht nur die Vorstellung einer identischen Qualität mit sich, es selbst ist zugleich das Mittel ihrer Realisierung und Identifikation. Während Lukács zufolge dieses Mittel *fehlt* und an seiner Stelle eine dualistische und irrationale Vermittlung steht (einerseits der kontemplative, die Einzelerscheinungen rationalisierende Verstand, andererseits die warenförmige Praxis), kommt bei Marx die Identifikation der gesellschaftlichen Bestimmung der Arbeiten und der Waren dem Geld zu.

Marx stellt somit in seiner Kritik der Warenform weder ihre Irrationalität noch das Fehlen einer rationalen Vermittlung dar. Er stellt stattdessen gleich am Anfang des *Kapitals* durch eine Analyse der Wertform der Ware heraus, dass die Arbeiten und die Waren durch das Geld in ein gesellschaftliches Verhältnis *gesetzt* werden, und zwar in ein Verhältnis gesellschaftlicher *Totalität*. Bei Marx steht mithin die Notwendigkeit zur Kritik an, dass im Wortsinn an der Stelle oder anstelle eines Selbstbewusstseins gesellschaftlicher Totalität das Geld *da* sein muss, nämlich indem das Geld für eine ideell-übersinnliche, reine Werteinheit steht. Das Geld setzt, indem es für diese ideelle Einheit steht, die Arbeiten und die Waren derart ihrem gemeinsamen Verhältnis aus, dass sie dessen Substanz und Form bilden und dadurch die ideelle Einheit realisieren müssen.

Wenn die Arbeiten und die Waren im Geld bereits ein Selbstbewusstsein für sich haben und wenn sie vom Geld her in ihr gesellschaftliches Verhältnis eintreten und dessen

---

[72] Vgl. die bereits am Anfang dieses II. Abschnitts zitierte Passage aus *GuK*, S. 170 (94).

Substanz und Form bilden, müsste Lukács' Idee, dass die Warenform im Selbstbewusstsein der Ware Arbeitskraft reflexiv werden kann, ins Leere laufen. Es gilt daher, mit Marx die ersten beiden Funktionen des Geldes zu entwickeln, um zu zeigen, dass im Kapitalismus für die Realisierung der gesellschaftlichen Bestimmung der Arbeit und ihrer Resultate gerade nicht, wie Lukács meint, die Warenform notwendig ist, sondern dass die Arbeiten und die Waren durch die Maß- und Tauschmittelfunktion des Geldes in ein Verhältnis gesellschaftlicher Totalität gesetzt werden.

2.1 Das Selbstbewusstsein gesellschaftlicher Totalität. Die Werteinheit, für die das Geld steht, und die Funktionen Maß und Tauschmittel

In einer kurzen Passage aus der ersten Auflage des *Kapitals* Bd. I geht hervor, warum die erste Bestimmung des Geldes als Maß des Werts für die Konstitution gesellschaftlicher Totalität vorrangig ist. Marx sagt hier, dass der Gesellschaft durch das Geld eine ideell-übersinnliche Einheit entspringe, eine Einheit, auf die alle Arbeiten, statt unmittelbar ins Verhältnis zu treten, Bezug nehmen, um *dadurch* erst ins Verhältnis zu treten. Durch das Geld als Maß des Werts sind alle Arbeiten gleichsam ihrer eigenen Totalität ausgesetzt, nämlich ihrer Einheit als Werte:

> Der Maßstab der „Gesellschaftlichkeit" muß aus der Natur der jeder Produktionsweise eigenthümlichen Verhältnisse, nicht aus ihr fremden Vorstellungen entlehnt werden. Wie vorhin gezeigt ward, daß die Waare von Natur die unmittelbare Form allgemeiner Austauschbarkeit ausschließt und die allgemeine Aequivalentform daher nur *gegensätzlich* entwickeln kann, so gilt dasselbe für die in den Waaren steckenden Privatarbeiten. Da sie nicht *unmittelbar gesellschaftliche* Arbeit ist, so ist erstens die *gesellschaftliche Form* eine von den Naturalformen der wirklichen nützlichen Arbeiten unterschiedne, ihnen fremde, und abstrakte Form, und zweitens erhalten alle Arten Privatarbeit ihren *gesellschaftlichen* Charakter nur *gegensätzlich*, indem sie alle einer ausschließlichen Art Privatarbeit, hier der Leineweberei, *gleich*gesetzt werden. Dadurch wird letztere die unmittelbare und allgemeine Erscheinungsform abstrakter menschlicher Arbeit und *so* Arbeit in unmittelbar gesellschaftlicher Form. Sie stellt sich daher auch unmittelbar in einem gesellschaftlich geltenden und allgemein austauschbaren Produkt dar.[73]

Dieses ausgeschlossene Produkt – im Zitat die Leineweberei – ist das Geld. Erst im Bezug auf ein Geld, das für die ideelle Identität aller Arbeiten und ihrer Produkte steht, erhalten die Arbeiten und die Waren ihre gesellschaftliche Bestimmung; allein im Bezug auf das Geld kommen sie als Momente derselben Einheit zur Geltung und bilden eine gesellschaftliche Totalität: „Als Gebrauchsgegenstände oder Güter sind die Waaren *körperlich verschiedne* Dinge. Ihr *Werthsein* bildet dagegen ihre *Einheit*. Diese Einheit entspringt nicht aus der Natur, sondern aus der Gesellschaft."[74]

Auf welche Weise diese Einheit entspringt, stellt Marx im *Kapital* Bd. I in der Wertformanalyse dar. Deren Pointe ist in Abschnitt I bereits skizziert worden: Die Wertformanalyse stellt auf eine rein logische Weise dar, dass der Gesellschaft im buchstäblichen Sinne ihre Einheit entspringt, indem durch das Aussondern einer beliebigen Ware eine übersinnliche Einheit fixiert und auf spekulative Weise für das Verhältnis aller

---

73 *MEGA* II/5, S. 42.
74 Ebd., S. 19.

anderen Waren in Anspruch genommen wird. Die Waren können auf blinde, naturwüchsige Weise durch die Geldware Bezug auf eine identische Qualität nehmen – im Grunde auf ihr gemeinsames Sein, auf ihre gesellschaftliche Qualität und Identität – und die Waren scheinen ihre identische Qualität zu erfahren, indem das Geld, einem Selbstbewusstsein gleich, alle Waren an ihr gemeinsames Sein hält. Durch das Geld scheinen die Arbeiten und die Waren ihr eigenes Verhältnis sogar wie durch eine bewusstlose Reflexion zu erfahren. Demnach scheint die kapitalistische Gesellschaft ihre Bestimmung durch das Geld erfahren zu müssen, denn allein das Geld kann als Stellvertreter jener ideellen Werteinheit das Verhältnis der Arbeiten und der Waren realisieren.

So bewusstlos das Geld das Verhältnis der Arbeiten und Waren auch realisiert, so sehr erhalten diese dadurch nichts weniger als eine objektive und eigenständige Existenz: „Aber weil die Ware [...] von sich als Wert unterschieden ist, ist sie als Wert von sich als Produkt unterschieden. Ihre Eigenschaft als Wert kann nicht nur, sondern muss zugleich eine von ihrer natürlichen Existenz verschiedne gewinnen."[75] Das Geld steht also nicht nur für eine *übersinnliche* und rein *ideelle* Werteinheit, sondern es *realisiert* diese ideelle Einheit auch im oder noch unmittelbarer als Verhältnis der Waren und sorgt für die zitierte eigenständige Existenz ihres gesellschaftlichen Verhältnisses. Es ist letztlich diese Existenz, die der Gesellschaft durch das Geld entspringen muss.[76]

---

75 Karl Marx: *Grundrisse der Kritik der politischen Ökonomie*. *MEW*, Bd. 42, S. 76 (im Folgenden *Grundrisse*).

76 Marx geht immer wieder darauf ein, dass das gesellschaftliche Verhältnis der Arbeiten und der Waren eine eigenständige Existenz im Geld für sich braucht, vgl. auch ebd., S. 80: „Die Bestimmung des Produkts im Tauschwert bringt es also notwendig mit sich, daß der Tauschwert eine vom Produkt getrennte, losgelöste Existenz erhält. Der von den Waren selbst losgelöste und selbst als eine Ware neben ihnen existierende Tauschwert ist – *Geld*. Alle Eigenschaften der Ware als Tauschwert erscheinen als ein von ihr verschiedner Gegenstand, eine von ihrer natürlichen Existenzform losgelöste soziale Existenzform im *Geld*", und dann immer wieder, z. B. ebd., S. 82, 105, 119; ähnlich auch Karl Marx: *Das Kapital. Kritik der Politischen Ökonomie. Dritter Band. MEW*, Bd. 25, S. 532, 588–589 (im Folgenden *Kapital III*). Die eigentliche systematische Entwicklung nimmt Marx erst durch eine Analyse der Wertform der Ware vor, auf sie wird erst in den beiden Abschnitten über Adorno und Sohn-Rethel ausführlich eingegangen. Dafür wird dann auch das *Kapital* Bd. I zugrunde gelegt, während in der Kritik an Lukács vor allem auf die *Grundrisse* zurückgegriffen wird, auch wenn Marx hier das Geld noch ohne eine Analyse der Wertform der Ware einführt und sogar zu einer symbol- und zeichentheoretischen Begründung des Geldes neigt. Gleichwohl beginnt er auch in den *Grundrissen* mit der Kritik der Vorstellung, die Arbeit könne ohne Geld *unmittelbar* identische Qualität sein und als Wert gelten, vgl. dazu bes. *Grundrisse*, S. 87ff. In der folgenden Passage fasst Marx zusammen, dass die Ware ihren Wert (also „ihr gesellschaftliches Verhältnis, ihre ökonomische Qualität" (*Grundrisse*, S. 76)) nur erhält in Gestalt einer Repräsentation ihrer selbst, wobei „ihrer selbst" ein gesellschaftliches Verhältnis meint, dem das Geld erst durch Repräsentation Präsenz gibt. Mit anderen Worten, durch das Geld wird der Ware *ihr* gesellschaftliches Verhältnis in einer *selbständigen* Gestalt *wiedergegeben*: „Der Prozeß ist also einfach der: Das Produkt wird Ware, d. h. *bloßes Moment des Austauschs*. Die Ware wird in Tauschwert verwandelt. Um sie selbst als Tauschwert gleichzusetzen, wird sie mit einem Zeichen vertauscht, das sie als Tauschwert als solchen repräsentiert. Als solcher symbolisierter Tauschwert kann sie dann wieder in bestimmten Verhältnissen mit jeder andren Ware ausgetauscht werden. Dadurch, daß das Produkt Ware und die Ware Tauschwert wird, erhält es erst im Kopf eine doppelte Existenz. Diese ideelle Verdoppelung geht (und muß dazu fortgehn), daß die Ware im wirklichen Austausch doppelt erscheint: als natürliches Produkt auf der einen Seite, als Tauschwert auf der andren. D. h. ihr Tauschwert erhält eine materiell von ihr getrennte Existenz. [...] Der von den Waren selbst losgelöste und selbst als eine Ware neben ihnen existierende Tauschwert

Im Fortgang der zitierten Passage über das „Entspringen der Einheit" wird zudem bereits diese Realisierung einer ideellen Einheit deutlich, nämlich im Übergang des Maßes ins Tauschmittel, also im Übergang der ersten Bestimmung des Geldes in seine zweite. Der Übergang entspricht einer *ideell-spekulativen* Gleichsetzung der Arbeitsprodukte (Maß) durch die *praktische Realisierung* ihres Wertseins (Tauschmittel). Während das Geld die Waren in seiner Maßfunktion nur ideell in ein gemeinsames Verhältnis setzt und darüber auch die Arbeiten, gleichsam indirekt, ideell identisch setzt, wird den Waren im Austausch dann diese ideelle Gleichsetzung zur praktischen Vermittlung und Realisierung ihres gesellschaftlichen Verhältnisses:

> Weil die Waren als Werte nur quantitativ voneinander verschieden sind, muß jede Ware qualitativ von ihrem eignen Wert verschieden sein. Ihr Wert muß daher auch eine von ihr qualitativ unterscheidbare Existenz besitzen, und im wirklichen Austausch muß diese Trennung zur wirklichen Trennung werden, weil die natürliche Verschiedenheit der Waren mit ihrer ökonomischen Äquivalenz in Widerspruch geraten muß und beide nur nebeneinander bestehn können, indem die Ware eine doppelte Existenz gewinnt, neben ihrer natürlichen eine rein ökonomische, in der sie ein bloßes Zeichen, ein Buchstabe für ein Produktionsverhältnis ist, ein bloßes Zeichen für ihren eignen Wert.[77]

Was bedeuten nun diese zwei Funktionen des Geldes für die Kritik an Lukács?

Lukács entgeht nicht nur, dass die Arbeit durch die Werteinheit, für welche die *erste* Funktion des Geldes steht, in ein Verhältnis gesellschaftlicher Totalität gesetzt wird, ihm entgeht auch die Bedeutung, die das Geld in seiner *zweiten* Funktion für die *praktische* Realisierung der Arbeit und für die *Bildung* gesellschaftlicher Totalität hat. Durch seine erste Funktion als Maß setzt das Geld zwar die Arbeit und ihre Resultate auf nur *spekulative* Weise einer ideellen Einheit aus. Aber diese maßgebliche Werteinheit wird zur gesellschaftlichen *Praxis* und die ideelle Einheit wird *Realität*, wenn das Maß als Tauschmittel in die Vermittlung des gesellschaftlichen Verhältnisses eintritt und zur Realität seiner Vermittlung wird. Als Tauschmittel setzt es die Arbeiten in Form der Vermittlung ihrer Resultate auf eine praktische Weise so in ein und dasselbe Verhältnis, als hielte es die Arbeiten vermittelst der Waren auf praktische Weise an eine gemeinsame, maßgebliche Werteinheit und als würde das bewusstlose Selbstbewusstsein dadurch auch praktisch wirksam.

Bereits auf der Ebene von Ware und Geld lässt sich somit angeben, woran Lukács' Idee des Kommunismus hängt: Indem Lukács einerseits die der Warenform je vorausgesetzte, universelle Ware Geld ‚übersieht' und andererseits die besondere Ware Arbeitskraft mit dieser universellen Ware unkritisch ineins setzt, entsteht bei ihm die

---

ist – Geld." (*Grundrisse*, S. 79–80.) Auch wenn in den *Grundrissen* der Zusammenhang von Geld und Wert noch nicht durch eine rein logisch-kategorial gehaltene Wertformanalyse durchgeführt wird, bieten sie sich für eine ersten Annäherung an das Geld sowie für die Auseinandersetzung mit Lukács an, da hier die Darstellung noch den Charakter eines Entwurfs und einer Selbstverständigung hat und auch die dialektische Methode der Darstellung und ihre Nähe zu Hegels Dialektik deutlicher hervortritt als in den späteren Schriften. Die Darstellung des Geldes ist daher offener für eine Analogie zu Hegels phänomenologischem Weg der Kritik, wie er ihn in der *Phänomenologie des Geistes (PhdG)* darlegt, und um die Analogie zu dieser Phänomenologie, genauer, um die Analogie zwischen Geld und Selbstbewusstsein, wird es im Folgenden gehen.

77 *Grundrisse*, S. 76.

Idee, die besondere Ware Arbeitskraft könne den universellen Zusammenhang all der Waren, all der Einzeltatsachen auf genau diese identische Qualität hin durchschauen, die sie selbst produziert. Nur indem er das Selbstbewusstsein der Ware Arbeitskraft auf den Standpunkt des Geldes stellt und statt der ausgeschlossenen, universellen Geldware der Ware Arbeitskraft die Bildung gesellschaftlicher Totalität zurechnet, kann er die kapitalistische Gesellschaft von derjenigen ihrer Gestalten aus kritisieren, die all die Einzelerscheinungen identifizieren können müsste.[78] Nur wenn das Selbstbewusstsein der Ware Arbeitskraft anstelle des Geldes gesetzt wird, kann es scheinen, als könne die Arbeit zum Bewusstsein ihrer gesellschaftlichen Bestimmung durch das Selbstbewusstsein der Ware Arbeitskraft kommen, und es kann des Weiteren scheinen, als müsse die Arbeiterklasse sich selbst auch das Mittel der Realisierung dieser gesellschaftlichen Bestimmung ihrer Arbeit sein; einer Realisierung, die sich der nachträglichen und äußerlichen Reflexion durch den Verstand wie auch der blind-naturwüchsigen Vermittlung durch die Warenform sozusagen von vornherein enthebt.

Wenn Lukács also fordert, den inneren Zusammenhang all der Waren zu identifizieren und dadurch die gesellschaftliche Bestimmung der Arbeit zu realisieren, so sieht er nicht, dass dies in der kapitalistischen Gesellschaft bereits geschieht; aber das Mittel dazu braucht nicht das Selbstbewusstsein der besonderen Ware Arbeitskraft zu sein, weil das Selbstbewusstsein *aller* Waren bereits in der ideellen Werteinheit existiert, für die das Geld steht. Entsprechend wird Lukács' Kritik der Unmittelbarkeit, in der sich ihm zufolge die warenförmige Praxis und das dieser Praxis entsprechende Bewusstsein befinden, bereits in der kapitalistischen Gesellschaft durch das Geld und seine Maß- und Tauschmittelfunktion in gewisser Weise ‚erledigt'. Die Arbeiten und die Waren sind in Bezug auf die Werteinheit, für die das Geld da ist, bereits bestimmt, Momente ein und desselben gesellschaftlichen Verhältnisses zu sein; sie sind auf spekulative Weise genau derjenigen Identität ausgesetzt, die für ein Bewusstsein gesellschaftlicher Totalität steht und es zugleich ersetzt. Sie sind nicht nur ein und demselben Verhältnis, sondern auch dessen Realisierung ausgesetzt, denn das Geld steht als Maß für genau diejenige ideell-übersinnliche Werteinheit, die es als Tauschmittel praktisch durchführt und dadurch realisiert. Kurzum, weil das Geld für eine Werteinheit steht, die für die Gesellschaft in ihrer Totalität wie ein Selbstbewusstsein funktioniert, ist das einzelne Bewusstsein, aber auch die Gesellschaft in ihrer Totalität dem von Lukács geforderten Totalitätsbewusstsein enthoben.

Die von Lukács kritisierte Unmittelbarkeit, in der sich die kapitalistische Gesellschaft und das ihr entsprechende Bewusstsein aller Subjekte befinden, muss demnach als eine *je durch die Geldfunktionen vermittelte Unmittelbarkeit* eingeholt werden. Wenn die kapitalistische Gesellschaft durch all ihre Waren in die Unmittelbarkeit zufälliger Einzeltatsachen zu zerfallen scheint, so sind all diese Einzeltatsachen als solche

---

[78] Vgl. *GuK*, S. 322–323 (204), wo Lukács fordert, dass der Mensch als Maß aller Dinge diesen Maßstab an sich selbst anwenden und „der Mensch dialektisch gemacht" werden soll; ähnlich auch *GuK*, S. 295 (184–185).

doch bereits durch das Geld ausgezeichnet. Alle Waren haben ihre doppelte Bestimmung als Gebrauchs- und Tauschwerte nicht unmittelbar von sich aus an-sich, sondern durch das Geld erhalten. Die Waren sind durch die Maßfunktion des Geldes auf ideell-spekulative Weise dazu bestimmt, dass ihre Gebrauchswerte als Tauschwerte ins Verhältnis treten, und auch wenn dieses Verhältnis noch nicht realisiert ist, so ist die Tauschmittelfunktion des Geldes doch nur noch dessen Realisierung. Der innere Widerspruch jeder Ware, Gebrauchswert und Tauschwert zu sein, kommt den Waren nur darum zu, weil sie in Bezug auf das Geld auf spekulative Weise an ein und dasselbe Maß gehalten werden und weil sie diese ideelle Einheit unmittelbar an-sich aufgehoben und verinnerlicht haben.[79] Diese Verinnerlichung wird in der Realisierung nur noch äußerlich: „[...] das Verhältnis des Produkts zu sich als Tauschwert wird sein Verhältnis zu einem neben ihm existierenden Gelde oder aller Produkte zu dem außer ihnen existierenden Geld."[80]

Während Lukács das Geld übergeht und darum einem gleichsam prämonetären Warentausch unterstellen muss, qualitativ an-sich und quasi von Natur aus verschiedene Gebrauchswerte qua Abstraktion gleichzusetzen und in einer irgendwie gewaltsamen und äußerlichen Rationalisierung nur mehr quantitativ zu bestimmen, sind in Marx' *Kapital* umgekehrt die Waren je durch das Geld in die Unmittelbarkeit *gesetzt*, einerseits qualitativ verschiedene und insofern unvergleichbare Gebrauchswerte zu sein und andererseits qualitativ identische und darin quantitativ unterscheidbare Tauschwerte.[81] Näher betrachtet ist die Maßfunktion notwendig *vorausgesetzt*, damit die Waren in-sich widersprüchliche Dinge sein können, und die Tauschmittelfunktion sorgt dann nur noch für den Eintritt dieses Widerspruchs in Form seiner Realisierung und Bewegung. Als Maß muss das Geld ‚zuerst' eine abgelöste und abwesende, ideell-übersinnliche Werteinheit geltend machen, damit jede Ware unmittelbar *sowohl* Gebrauchswert *als auch* Tauschwert sein kann, und im Tausch muss dasselbe Geld dann nur noch praktisch anwesend werden und vermittelnd eintreten, damit die

---

79 „Indem sie die *andre* Waare sich *als Werth gleichsetzt, bezieht sie sich auf sich selbst als Werth.* [...] Indem sie sich so als ein in sich selbst Differenziertes darstellt, stellt sie sich erst wirklich *als Waare* dar – nützliches Ding, das zugleich Werth ist." (*MEGA* II/5, S. 29.)

80 *Grundrisse*, S. 81.

81 Zur Notwendigkeit, dass die Ware ein zu-sich-selbst ins Verhältnis gesetztes Ding ist und dass diese Notwendigkeit durch das Geld gesetzt ist, vgl. *Grundrisse*, S. 76ff. In den *Grundrissen* zeigt Marx das, wie schon gesagt, noch nicht durch eine Analyse der Wertform der Ware, stattdessen operiert er noch mit Begriffen wie „Verdoppelung" und mit Wendungen wie „von sich selbst unterschieden" und „sich selbst ungleich gesetzt". Gleichwohl wird bereits deutlich, dass Marx das Geld nicht aus der Ware und nicht aus ihrem Tausch irgendwie *ableitet*, sondern dass er umgekehrt *aus* der doppelten Bestimmung der Ware sowie aus dem Zirkulieren der Waren das Geld *einholt*, vgl. *Grundrisse*, S. 79ff. Lukács' Vorstellung, dass der Ware der Widerspruch von Gebrauchswert und Tauschwert sozusagen an-sich zukommt und nicht durch das Geld, ist in der Marx-Interpretation bis heute vorherrschend. Als Beispiel für die gängige Interpretation sei David Harvey genannt, bei dem die Maßfunktion des Geldes nur für Verwandlung der Werte in Preise sorgt, nicht aber für den inneren Widerspruch der Ware konstitutiv ist, und die Tauschmittelfunktion ist dann nur noch die Form, in der sich der Widerspruch bewegen kann, vgl. David Harvey: *A Companion to Marx's Capital*. London/New York: Verso 2010, S. 62.

ideelle Werteinheit eingelöst wird in Form der äußeren Bewegung des inneren Widerspruchs der Waren.[82] Durch die beiden ersten Geldfunktionen ist die Ware also in die unmittelbar-widersprüchliche Bestimmung gesetzt, Gebrauchswert und zugleich Tauschwert zu sein, *und* sie ist auch der Realisierung dieser Bestimmung durch das Geld ausgesetzt; dasselbe Geld, das als Maß jede Ware in ein Selbstverhältnis setzt und ihrem inneren Widerspruch aussetzt, dasselbe Geld muss als Tauschmittel diesen unmittelbaren Widerspruch gleichsam *für* die Waren und anstelle ihres direkten, nichtmonetären Austauschs einlösen.

2.2 Das Bewusstsein des Geldes in der besonderen Ware Arbeitskraft

Wenn die maßgebliche Werteinheit, für welche die universelle Ware Geld steht, Voraussetzung aller *gewöhnlichen, allgemeinen* Waren ist, inwiefern ist sie dann auch die Voraussetzung der *besonderen* Ware Arbeitskraft? Wenn die Geldware all die gewöhnlichen Waren in ihr gesellschaftliches Verhältnis setzt, wie zeichnet sie dann die Ware Arbeitskraft als eine *besondere* Ware aus?

Da zunächst gezeigt wurde, dass Lukács die Bedeutung des Geldes entgeht und er sogar die besondere Ware Arbeitskraft mit der universellen Ware Geld geradezu ineins setzt, ist es nur folgerichtig, für die Kritik an Lukács als nächstes zu untersuchen, wie Marx die universelle Ware Geld und die besondere Ware Arbeitskraft unterscheidet, und mit ihnen die beiden *Vermögen* der kapitalistischen Gesellschaft: zum einen das Vermögen, den Reichtum rein als solchen zu *realisieren*, und zum anderen dasjenige, diesen Reichtum zu *produzieren*.

Obwohl die Arbeitskraft, wie jede gewöhnliche Ware, einen Tauschwert hat, nämlich den Lohn, den sie für ihre Arbeit zur Reproduktion erhält, wird sie zur besonderen Ware durch ihren Gebrauchswert, in den Waren mehr Tauschwert zu produzieren, als die Ware Arbeitskraft selbst zu ihrer Reproduktion benötigt und im Lohn erhält.[83] Die Ware Arbeitskraft wird somit in den Stand gesetzt, über dasselbe Verhältnis, das sie in den gewöhnlichen Waren produziert, hinauszugehen und dadurch zu einer *besonderen* Ware zu werden. Demnach muss die Ware Arbeitskraft ein *produktives* Vermögen sein. Während all die gewöhnlichen Waren ihr rein gesellschaftliches Verhältnis sowie ihre widersprüchliche Bestimmung als Gebrauchs- und Tauschwerte unmittelbar

---

[82] Vgl. zur Form der Bewegung der Widersprüche der Ware durch das Eintreten des Maßes als Tausch- und Zirkulationsmittel *Kapital I*, S. 118.

[83] „Der Wert der Arbeitskraft, gleich dem jeder andren Ware, ist bestimmt durch die zur Produktion, also auch Reproduktion, dieses spezifischen Artikels notwendige Arbeitszeit." (*Kapital I*, S. 184.) Im Anschluss an die Widersprüche, die sich aus der allgemeinen Formel des Kapitals G-W-G' ergeben, bestimmt Marx unter „3. Kauf und Verkauf der Arbeitskraft" die Arbeitskraft als die einzige Ware, deren Gebrauchswert darin besteht, Wert und Mehrwert zu produzieren, vgl. *Kapital I*, S. 181–191. „Der Wert der Arbeitskraft und ihre Verwertung im Arbeitsprozeß sind also zwei verschiedne Größen. [...] Ihre nützliche Eigenschaft, Garn oder Stiefel zu machen, war nur eine conditio sine qua non, weil Arbeit in nützlicher Form verausgabt werden muß, um Wert zu bilden. Was aber entschied, war der spezifische Gebrauchswert dieser Ware, Quelle von Wert zu sein und von mehr Wert, als sie selbst hat." (*Kapital I*, S. 208.)

an-sich aufgehoben haben und ihre Realisierung eine Äquivalenzrelation bildet, muss die besondere Ware Arbeitskraft anscheinend dasjenige *produktive* Verhältnis unmittelbar an-sich aufgehoben haben, das jene Äquivalenzrelation produziert *und* darüber hinausgeht.

Die genaue Entwicklung dieses produktiven Vermögens der Ware Arbeitskraft bleibt einem späteren Zeitpunkt der vorliegenden Arbeit vorbehalten. Hier kommt es vorerst nur darauf an, dass das Produktionsverhältnis der kapitalistischen Gesellschaft sich anscheinend, genau wie in Lukács' Idee eines identischen Subjekt-Objekts, in einer bestimmten Ware, wie bewusstlos auch immer, *reflektiert*. Auch Marx macht die Kritik der kapitalistischen Produktionsweise an einer von den gewöhnlichen Waren unterschiedenen, besonderen Ware fest, denn auch bei ihm ist offenbar die Ware Arbeitskraft der ‚Ort', an dem die kapitalistische Produktionsweise auf eine unmittelbare und geradezu verdinglichte Weise in-sich reflektiert ist, und auch bei ihm kommt darum dieser einen besonderen Ware eine zentrale Stellung für die Kritik der kapitalistischen Produktionsweise zu. Aber, so wird nun zu zeigen sein, in ganz anderer Weise als bei Lukács.

Schon ein erster Blick zeigt, dass diese besondere Ware, anders als bei Lukács, lediglich das Andere des *Kapitals* ist. Sie ist *dessen* Anderes und nicht das Andere im Sinne einer – wenn auch bei Lukács vorerst nur der Möglichkeit oder *Idee* des Kommunismus nach – selbständigen, für-sich seienden Produktivkraft. Sie hat ihren Gebrauchswert als produktive Kraft nur als Gebrauchswert des Kapitals, und für diesen Gebrauchswert *muss* die Arbeitskraft entfremdet sein. ‚Entfremdet' heißt zunächst lediglich, sie muss dem Kapital ebenso entgegengesetzt sein, wie das Kapital seinerseits die Arbeit sich entgegensetzen muss: „Als Kapital kann es sich nur setzen, indem es die Arbeit als Nicht-Kapital, als reinen Gebrauchswert setzt."[84]

Genauer betrachtet, wird Marx zufolge jedoch die Arbeit der Arbeitskraft durch diese Entgegensetzung nicht nur überhaupt erst in den Stand gesetzt, produktiv zu sein, sondern das Kapital setzt die Arbeit auch als das *an-sich* – also ohne das Kapital – *Unproduktive*. So sehr die Arbeit der Ware Arbeitskraft die Waren auch produziert und mit ihnen den zu realisierenden abstrakten gesellschaftlichen Reichtum, so sehr ist sie allein von sich aus – nichts. Das Kapital setzt die Arbeit somit auf doppelte Weise in ein gesellschaftliches Verhältnis: Es setzt die Arbeit als eine Kraft, die nur durch die kapitalistische Anwendung produktiv ist, *und* es setzt die Arbeit als das an-sich *Unproduktive*, d. h. sie wird ohne diese kapitalistische Anwendung oder getrennt vom Kapital *nicht* produktiv in Kraft gesetzt:

> Die Arbeit, wie sie im Gegensatz zum Kapital *für sich* im Arbeiter existiert, die Arbeit also in ihrem *unmittelbaren Dasein*, getrennt vom Kapital, ist *nicht produktiv*. Als Tätigkeit des Arbeiters wird sie auch nie *produktiv*, dieweil sie nur in den einfachen, nur formell verändernden Prozeß der Zirkulation eingeht. Diejenigen daher, die nachweisen, daß alle dem Kapital zugeschriebne Produktivkraft eine *Verrückung* ist, eine *Transposition der Produktivkraft* der Arbeit, vergessen eben, daß das Kapital selbst wesentlich diese *Verrückung, diese Transposition* ist und daß die Lohnarbeit als solche das Kapital

---

84 *Grundrisse*, S. 214.

voraussetzt, also auch ihrerseits betrachtet die *Transsubstantiation* ist; der notwendige Prozeß, ihre eignen Kräfte als dem Arbeiter *fremde* zu setzen.[85]

Der unterschiedliche Status der gewöhnlichen, allgemeinen Waren und der besonderen Ware Arbeitskraft wird nun deutlich. Was die gewöhnlichen Waren angeht, zeigte bereits der erste Überblick über die Maß- und Tauschmittelbestimmung des Geldes, dass sie auf ideelle Weise je an eine maßgebliche Werteinheit gehalten sind und *darum* als Waren ins Verhältnis treten (dasjenige Verhältnis, das dann im Austausch- und Zirkulationsprozess praktisch realisiert wird). Die besondere Ware Arbeitskraft wird dagegen nicht durch die Maß und Tauschmittelfunktion des Geldes ins Verhältnis gesetzt, sondern durch dessen *kapitalistische Bestimmung*. Sie wird dadurch zudem in ein *produktives* Verhältnis gesetzt, aber so, dass die Arbeit an-sich, ohne dieses Verhältnis, unproduktiv ist. Bei Lukács scheint diese Setzung der Arbeit in ein produktives Verhältnis *ohne* die kapitalistische Bestimmung des Geldes möglich zu sein, genau wie bei ihm auch die Realisierung der gesellschaftlichen Bestimmung der Arbeit ohne Geld möglich zu sein scheint. Seine Idee eines identischen Subjekt-Objekts der Geschichte und sogar des Kommunismus ist ja, dass die Ware Arbeitskraft gerade durch die Entfremdung und durch die Verdinglichung ihrer Arbeit zugleich auf deren produktive Kraft und deren gesellschaftliche Bestimmung wie auf ein Objekt reflektieren kann und durch dieses Selbstbewusstsein das eigene gesellschaftliche Verhältnis bewusst entwerfen und produzieren könnte. Bislang muss es daher scheinen, als liefe Lukács' Idee darauf hinaus, das Bewusstsein der Ware Arbeitskraft auf den Standpunkt der Geldware zu stellen, damit das Selbstbewusstsein der besonderen Ware Arbeitskraft die ersten beiden Funktionen der universellen Ware Geld sowie deren kapitalistischen Verwertung auf sich nimmt.

Indes greift diese Kritik noch zu kurz. Gegen Lukács' Idee ist nicht nur einzuwenden, dass sie die Ware Arbeitskraft zu einem Selbstbewusstsein bringen will, das der Stellung und den Funktionen des Geldes entspricht. Gegen Lukács' Idee ist auch einzuwenden, *dass der Arbeiter seine Arbeit bereits im Kapitalismus vom Standpunkt des Geldes aus betrachten muss* und dass der Arbeiter genau dadurch auch sein Selbstbewusstsein als Ware Arbeitskraft erhält. Er muss darum nicht nur alle Waren vom universellen Standpunkt des Geldes her betrachten, sondern auch seine Arbeit, also die Substanz oder das innere Wesen der Waren. Und weil er vom Standpunkt des Geldes auf seine Arbeit und ihre Resultate zurückkommen muss, hat er sich auch bereits auf eine eigentümliche Weise der Warenform enthoben: Während alle gewöhnlichen, allgemeinen Waren, wie oben gezeigt, im Geld auf bewusst-*lose* Weise ein Selbstbewusstsein für-sich haben, kommt die Arbeit, gleichsam umgekehrt, durch das Selbstbewusstsein des Arbeiters zum Bewusstsein des Geldes.

85 *Grundrisse*, S. 229–230. „Die" Arbeit ist ohne ihr gesellschaftliches Verhältnis, das sie in Kraft und in Wert setzt und dadurch bestimmt, für Marx eine unsinnige Abstraktion; „die" Arbeit ist an-sich weder produktiv, noch ist sie oder hat sie Wert: „[…] ein bloßes Gespenst – ‚die' Arbeit, die nichts ist als eine Abstraktion und für sich genommen überhaupt nicht existiert […]." (*Kapital III*, S. 823.)

2.3 Die Entwertung des Arbeiters als Setzung der besonderen Ware, die über ihren Wert erhaben ist, und die Parteilichkeit des Selbstbewusstseins der Ware Arbeitskraft für den Standpunkt des Geldes

Die ersten kurzen Ausführungen haben gezeigt, dass sich mit Marx die Realisierung des gesellschaftlichen Verhältnisses und die Bildung einer gesellschaftlichen Totalität am Geld festmachen lassen, genauer, am Übergang der ersten Funktion des Geldes in seine zweite. Während Lukács zufolge die gesellschaftliche Bestimmung der Arbeit und der Dinge durch die Warenform vermittelt werden muss und diese Vermittlung nur eine irrationale und in-sich gespaltene Totalität realisiert, dieselbe Warenform aber im Selbstbewusstsein der Ware Arbeitskraft reflexiv werden und zu einer Art Selbstaufhebung gelangen könnte, ist bei Marx umgekehrt die Warenform immer schon in der Geldform aufgehoben, und es ist das Geld, das die Arbeiten und die Waren einer doppelten Bestimmung sowie der Bildung einer rein gesellschaftlichen Form und einer gesellschaftlichen Substanz aussetzt, mithin der Bildung einer gesellschaftlichen Totalität. Das Geld steht bereits für ein Bewusstsein gesellschaftlicher Totalität insofern, als es für eine ideelle, aber objektiv gültige Werteinheit steht und als Maß der Warenwerte zugleich das Mittel ihrer Realisierung und der Bildung ihres inneren Zusammenhangs ist. Doch nicht nur die gewöhnlichen, allgemeinen Waren haben im Geld eine Art Selbstbewusstsein für sich, dasselbe gilt auch für die Arbeit, die, so ist im Folgenden zu zeigen, durch die besondere Ware Arbeitskraft zu ‚ihrem' Bewusstsein kommt, nämlich indem die Arbeitskraft für ihre Arbeit den Standpunkt des Geldes einnimmt.

Lukács kritisiert, dass im Kapitalismus alle Arbeiten erst über ihre gemeinsamen Resultate, die Waren, reflektierbar werden und ihre gesellschaftliche Bestimmung erhalten. Diese Reflexion passiert Lukács zufolge bewusstlos im Austausch der Waren, sodass die gesellschaftliche Bestimmung der Arbeiten erst nachträglich und auch nur blind-naturwüchsig zur Erscheinung kommt. Doch auch wenn Arbeit und Produktion im Kapitalismus, ganz wie Lukács das in seiner Kritik der Unmittelbarkeit zerstreuter Einzeldinge kritisiert, erst nachträglich und nur über ihre verdinglichten Resultate realisiert werden, so ist ihnen diese nachträgliche Realisierung doch *vorausgesetzt*. Der Bezug auf die Maß- und Tauschmittelfunktion des Geldes bestimmt schon das gemeinsame Verhältnis aller Arbeiten in der Produktion, wenn auch auf eine ideelle und spekulative Weise. Der Produktion ist die Notwendigkeit, dass sie ihre Resultate durch eine Werteinheit wird realisieren müssen, nicht nur vorausgesetzt und spekulativ vorweggenommen, die Produktion ist durch diese Notwendigkeit ihrerseits insofern ‚produziert', als sie von Anfang an auf ihre nachträgliche Realisierung ausgerichtet sein muss, und mit der Produktion erhalten auch die Arbeiten ihre gesellschaftliche Bestimmung dadurch, dass sie auf die zukünftige Realisierung ihrer Resultate ausgerichtet sind.

Auch wenn daher die Realisierung der gesellschaftlichen Bestimmung der Arbeit und ihrer Produkte auf eine nachträgliche Weise und durch eine äußerliche Vermittlung passiert, so geschieht sie dem Arbeiter gleichwohl nicht im Sinne einer Entfremdung und Enteignung natürlicher, an-sich unverlierbarer oder dieser Realisierung vorgängiger Eigenschaften; vielmehr gewinnt er überhaupt erst im Bezug auf diese Realisierung eine gegenständliche Beziehung auf die eigene Arbeit und ihre gesellschaftliche Bestimmung. Er sieht von dort her, von der ebenso ideellen wie maßgeblichen Werteinheit und ihrer Realisierung der Arbeitsprodukte, auch seine Arbeit und ihre Resultate in Wert gesetzt. Der Arbeiter kann gleichsam vom Standpunkt des Geldes aus auf die gesellschaftliche Bestimmung seiner Arbeit zurückkommen und einen Allgemeinbegriff der Arbeit erhalten; er kann auf die gesellschaftliche Bestimmung seiner Arbeit und auf ihre produktive Kraft äußerlich wie auf ein Ding reflektieren; dadurch sind sie ihm (s)ein *Vermögen*, und dieses Vermögen ist ihm eine Ware mit einem Gebrauchswert und einem Tauschwert. Kurz, erst im Bezug auf das Geld, erst im Bezug auf die universelle, maßgebliche Einheit des gesellschaftlichen Verhältnisses und auf das Mittel seiner Realisierung kann der Arbeitskraft die Selbstobjektivierung ihrer Arbeit gelingen. Der Arbeiter kann nur von demselben Standpunkt, den auch das Geld einnimmt: vom Standpunkt einer ideellen Einheit sowie vom Standpunkt der Realisierung der gesellschaftlichen Bestimmung der Arbeit durch diese Einheit – der Arbeiter kann nur von diesem Standpunkt aus sein Selbstbewusstsein als Ware Arbeitskraft erhalten. In einem Satz, nur in Bezug auf das Geld kann ihm die eigene Arbeit ein Objekt sein und er selbst ihr Subjekt.

Doch Marx dreht das Verhältnis zwischen der Ware Arbeitskraft und ‚ihrer' Arbeit sogar um: Damit dem Kapital die Arbeit in Gestalt der Ware Arbeitskraft gegenübertritt, muss nicht der Arbeiter seine Arbeit vom Standpunkt des Geldes aus wie ein Ding betrachten, *sondern ‚zuerst' ist es umgekehrt die Arbeit, die in der Ware Arbeitskraft eine selbständige Gestalt annehmen muss*. Die gesellschaftliche Bestimmung der Arbeit wird erst präsent, wenn es ein Subjekt der Arbeit gibt, das für sie denselben Standpunkt ergreift wie das Geld, wenn also der Arbeiter die Arbeit von der Notwendigkeit ihrer Verwertung her begreift sowie von der Realisierung und Repräsentation ihrer Resultate und diese Notwendigkeit verinnerlicht und verkörpert:

> Schon daß *die Arbeit* dem Kapital gegenüber als Subjekt erscheint, d. h. der Arbeiter nur in der Bestimmung der *Arbeit*, und diese ist nicht *er selbst*, müßte die Augen öffnen. Es liegt darin schon, abgesehn vom Kapital, eine Beziehung, ein Verhältnis des Arbeiters zu seiner eignen Tätigkeit, das keineswegs das „*natürliche*" ist, sondern selbst schon eine spezifische *ökonomische* Bestimmung enthält.[86]

---

[86] *Grundrisse*, S. 231. Zur Naturalisierung von Arbeit und Kapital bemerkt Marx: „Es ist nicht genug, daß die Arbeitsbedingungen auf den einen Pol als Kapital treten und auf den andren Pol Menschen, welche nichts zu verkaufen haben als ihre Arbeitskraft. [...] Im Fortgang der kapitalistischen Produktion entwickelt sich eine Arbeiterklasse, die [...] die Anforderungen jener Produktionsweise als selbstverständliche Naturgesetze anerkennt." (*Kapital I*, S. 765.) „Tantae molis erat, die ‚ewigen Naturgesetze' der kapitalistischen Produktionsweise zu entbinden, den Scheidungsprozeß zwischen Arbeitern und Arbeitsbedingungen zu vollziehn, auf dem einen Pol die gesellschaftlichen Produktions- und Lebensmittel in Kapital zu verwandeln, auf dem Gegenpol die Volksmassen in Lohnarbeiter, in freie ‚arbeitende Arme', dies Kunstprodukt der modernen Geschichte." (*Kapital I*, S. 787–788.) Zur Trennung von Arbeit und Geld und dem Geld als „realem Gemeinwesen" vgl. auch *Grundrisse*, S. 152.

Diese eigentümliche Subjektivität, welche „die Arbeit" gegenüber dem Kapital führt, indem sie in der Ware Arbeitskraft Gestalt annimmt, gilt es näher zu betrachten. Marx betont immer wieder die verschiedenen Trennungen, Auflösungen und Freisetzungen, die notwendig sind, damit Arbeit und Kapital in ein gegenständliches, produktives Verhältnis zueinander treten. Er bringt das in einer Art Ursprung von Arbeit und Kapital auf den Punkt: „Die erste Voraussetzung ist, daß auf der einen Seite das Kapital steht und auf der andren die Arbeit, beide als selbständige Gestalten gegeneinander; beide also auch fremd gegeneinander."[87] Es kommt hier nur auf diese „erste Voraussetzung" an, d. h. auf diejenige grundlegende Trennung, die das Selbstbewusstsein des Arbeiters auf sich nehmen muss, um für seine Arbeit dasselbe Maß des Werts und dasselbe Mittel der Realisierung des Werts geltend zu machen, das auch für die dinglichen Resultate der Arbeit gilt, sodass die Arbeit in der Ware Arbeitskraft Präsenz erhält und in ihr eine, wie Marx sagt, „selbständige Gestalt" annimmt. Wie sieht diese subjektive Übernahme der Arbeit durch einen Arbeiter aus?

Marx zufolge ist der Arbeiter in der genannten „ersten Voraussetzung" durch eine radikale Trennung „doppelt frei" gesetzt.[88] Er ist zum einen frei von den Produktionsmitteln (historisch betrachtet vor allem durch die Scheidung der Agrarbevölkerung von Grund und Boden), und er ist dadurch zum anderen der Freiheit ausgesetzt, seine Arbeitskraft für die Verwertung der Produktionsmittel zu verkaufen. Näher betrachtet, ist der Arbeiter aber durch die Trennung und die doppelte Freiheit auch – und das ist entscheidend dafür, dass die Arbeit in der Ware Arbeitskraft eine selbständige Gestalt annimmt und zu Bewusstsein kommt – in ein Verhältnis *zu sich selbst* als Mittel der Produktion geraten. Er tritt ins Verhältnis zu sich, indem die Verwendung seiner Arbeit für die Verwertung des Kapitals (vor allem in Gestalt des Geldkapitals und der kapitalistischen Produktionsmittel) für beide Seiten, für den Besitzer der Arbeit wie für den Eigentümer des Geldkapitals und der kapitalistischen Produktionsmittel, zum Gegenstand wird: „Die Arbeit", obwohl ein nicht-dingliches Vermögen, muss selbst zu einer Ware werden, zu einer Ware, die wie jede gewöhnliche Ware gegen

---

[87] *Grundrisse*, S. 190. Auf den folgenden Seiten geht Marx immer wieder auf die Trennungen, Enteignungen und Ablösungen ein, die den Arbeiter zu einem *reinen* Gebrauchswert und zu *reiner* Subjektivität, zu einem *bloßen* Vermögen und zu einer *Kraft* für die Produktion werden lassen. Es ist jedoch zu beachten, dass Marx in den *Grundrissen* noch von Vermögen, Subjektivität etc. spricht, erst im *Kapital* fasst er all das als „Arbeitskraft". Entscheidend ist aber hier wie dort, dass die Arbeit nicht zu einem bloßen Vermögen bzw. zu einer produktiven Kraft wird, *ohne* die kapitalistische Form ihrer Aneignung und Anwendung. Derselbe Prozess, der die Arbeit als Ware Arbeitskraft anwendet und ausbeutet, konstituiert sie als Vermögen, Gebrauchswert und produktive Kraft. Da es in der vorliegenden Arbeit grundsätzlich nicht um eine geschichtliche Begründung geht, soll auch die Trennung von Arbeit und Geld, Arbeitskraft und Kapital nicht in geschichtlicher, sondern in logisch-systematischer Hinsicht betrachtet werden. Marx hat diese Trennung gleichwohl auch einer ausführlichen geschichtlichen Betrachtung unterzogen, vor allem in den Abschnitten „Ursprüngliche Akkumulation" und „Formen, die der kapitalistischen Produktion vorhergehen". (*Grundrisse*, S. 371–383 bzw. 383–421; vgl. bes. S. 373ff.) Über den Status dieses Ursprungs wird weiter unten noch eingegangen.

[88] *Kapital I*, S. 183.

Geld ausgetauscht wird.[89] Die Arbeit wird also von einem Arbeiter übernommen, der, obwohl er die eigene Arbeit wie ein Objekt betrachten und sogar entäußern und verkaufen muss, Arbeit *ist*:

> Der Gebrauchswert, den der Arbeiter dem Kapital gegenüber anzubieten hat, den er also überhaupt anzubieten hat für andre, ist nicht materialisiert in einem Produkt, existiert überhaupt nicht außer ihm, also nicht wirklich, sondern nur der Möglichkeit nach, als seine Fähigkeit. Wirklichkeit wird er erst, sobald er von dem Kapital sollizitiert, in Bewegung gesetzt wird [...].[90]

Weil die Arbeit mit etwas Unveräußerlichem, Unverkäuflichem und daher im Tausch nicht Aufgehendem zusammenhängt, an dem die Arbeit sich festmacht und welches das Residuum eines bei-sich bleibenden Selbst bildet: dem Arbeiter, darum liegt der lebendige Körper des Arbeiters auf dieselbe irreduzible Weise der besonderen Ware Arbeitskraft zugrunde, wie die Beschaffenheit der gewöhnlichen Ware ihrem Tauschwert zugrunde liegt und die Beschaffenheit der universellen Ware Geld ihrer Funktion als Maß und Tauschmittel: „Denn der Gebrauchswert, den er anbietet, existiert nur als Fähigkeit, Vermögen seiner Leiblichkeit; hat kein Dasein außerhalb derselben."[91] Dass der Körper des Arbeiters der besonderen Ware Arbeitskraft auf diese irreduzible Weise zugrunde liegt, heißt, ihre Besonderheit lässt sich gerade *nicht* daraus ableiten: So sehr das Vermögen der Ware Arbeitskraft mit der Leiblichkeit des Arbeiters zusammenhängt und so sehr es sich in ihm verdinglichen muss, so sehr muss das Vermögen doch, damit es zum Gebrauchswert des Kapitals werden und sich verwirklichen kann, von jedem leiblichen und endlich-materiellen Selbst *radikal geschieden* sein, ganz wie der Tauschwert der gewöhnlichen, allgemeinen Waren von ihrem stofflich-materiellen Dasein geschieden sein muss und ganz wie die Funktionen und die universelle Geltung des Geldes von seinem stofflich-materiellen Dasein als Geldware geschieden sein müssen. So kauft das Kapital auch nicht den Körper des Arbeiters (dafür muss vielmehr ein Äquivalent gezahlt werden), sondern nur, wie Marx betont, sein *Vermögen* oder die Arbeits-*kraft*. Marx fasst diese Eigentümlichkeit, dass die Arbeitskraft einerseits mit einem unveräußerlichen Körper zusammenhängt und andererseits rein als solche vom Kapital angeeignet wird, in einer Passage aus den *Grundrissen* wie die innere Spaltung der Arbeitskraft zusammen:

> Die Arbeit als das *Nicht-Kapital* als solches gesetzt, ist: 1. *Nicht-vergegenständlichte Arbeit, negativ gefaßt* [...] die von allen Arbeitsmitteln und Arbeitsgegenständen, von ihrer ganzen Objektivität getrennte Arbeit. Die lebendige als *Abstraktion* von diesen Momenten ihrer realen Wirklichkeit existierende Arbeit (ebenso Nicht-Wert); diese völlige Entblößung, aller Objektivität bare, rein subjektive Existenz der

---

89 Marx zufolge ist der Tauschwert der Ware Arbeitskraft, genau wie bei jeder gewöhnlichen Ware, nicht durch ihren Gebrauchswert bestimmt, sondern – und auch das entspricht jeder gewöhnlichen Ware – durch das Quantum Arbeit, das ihre Produktion kostet. Das schließt die *gesamte* Reproduktion der Ware Arbeitskraft ein, also auch Ausbildung und Qualifikation, die Reproduktion der Familie u.Ä., vgl. *Kapital I*, S. 184 ff.; *Grundrisse*, S. 208.

90 Ebd., S. 190–191; vgl. auch *Kapital I*, S. 181–182.

91 *Grundrisse*, S. 208, ähnlich auch S. 219 sowie 218: „Träger der Arbeit als solcher, d. h. der Arbeit als *Gebrauchswert* für das Kapital zu sein, macht daher seinen ökonomischen Charakter aus; er ist *Arbeiter* im Gegensatz zum Kapitalisten."

Arbeit. [...] Oder auch als *der* existierende *Nicht-Wert* und daher rein gegenständliche Gebrauchswert, ohne Vermittlung existierend, kann diese Gegenständlichkeit nur eine nicht von der Person getrennte: nur eine mit ihrer Leiblichkeit zusammenfallende sein. Indem die Gegenständlichkeit rein unmittelbar ist, ist sie ebenso unmittelbar Nicht-Gegenständlichkeit. In andren Worten keine außer dem unmittelbaren Dasein des Individuums selbst fallende Gegenständlichkeit."[92]

So sehr Marx hier noch um eine angemessene Formulierung für das Verhältnis von Arbeit und Arbeitskraft ringt, entscheidend ist, dass obwohl, oder vielmehr gerade weil die Arbeitskraft untrennbar mit einem unveräußerlichen und unverkäuflichen Körper verbunden ist, sie doch von ihm getrennt und *rein als solche* verhandelbar sein muss. Sonst könnte sie weder für den Arbeiter noch den Kapitalisten zum ‚eigentlichen' Objekt werden, weder der Verkäufer noch der Käufer könnten sich zur Arbeitskraft verhalten wie zu einer Ware: „Was er verkauft, ist die Disposition über seine Arbeit, die eine bestimmte ist, bestimmte Kunstfertigkeit etc."[93] Auch Lukács hat das hervorgehoben: „Wie betont, muß der Arbeiter sich selbst als ‚Besitzer' seiner Arbeitskraft als Ware vorstellen"[94] – nur dass Lukács einen „entmenschlichenden Charakter"[95] am Werk sieht und eine Entfremdung und Verdinglichung überwinden will, wo durch eine radikale Trennung und Objektivierung einerseits ein Vermögen überhaupt erst hervorgebracht wird, andererseits aber auch die Vorstellung eines Unveräußerlichen, das dem Vermögen in Gestalt des Körpers wie ein Objekt zugrunde liegen bleibt – aber nur, wenn es von einem Subjekt bewusst für sich in Anspruch genommen wird. (Die Trennung bringt sogar die Vorstellung hervor, die Arbeit sei das Maßlose, über jede Äquivalenz Erhabene, nämlich eine kreative und produktive Kraft, die allem Wert zugrunde zu liegen scheint, ohne selbst Wert zu sein oder zu haben – die reine Subjektivität oder vielleicht sogar: das Leben.[96])

---

92 *Grundrisse*, S. 217.
93 *Grundrisse*, S. 207.
94 *GuK*, S. 183 (103).
95 Ebd.
96 In den Schriften aus der Zeit vor *Geschichte und Klassenbewußtsein* nahm der Begriff des Lebens bei Lukács noch eine zentrale Stellung ein. Der Begriff hat dann Einfluss genommen auch auf seine ökonomisch-politisch ausgerichtete Kritik der Entfremdung und Verdinglichung, auch wenn er für diese Verdinglichungs- und Entfremdungskritik eine marxistische Wendung beansprucht, und auch wenn er in Politik und Ökonomie, Kunst und Philosophie nicht mehr pauschal Ausdrücke „des Lebens" (bzw. seiner Probleme und Fragen) sehen will, sondern Ausdrücke bestimmter gesellschaftlicher und geschichtlicher Verhältnisse. Einen der wenigen Ansätze, der die Kapitalisierung des Körpers nicht als Vereinnahmung oder gar Entfremdung eines produktiven Vermögens verfolgt, der stattdessen zeigt, dass die Kapitalisierung das zu Vereinnahmende ebenso produziert und territorialisiert und dadurch den Körper als die Gestalt des Reichtums hervorbringt, unternimmt Pierre Klossowski: *Die lebende Münze*. Berlin: Kadmos 1998. Ilse Bindseil hat, z. T. in kritischer Auseinandersetzung mit Sohn-Rethel, die Vergesellschaftung des Körpers einerseits und die gesellschaftliche Konstitution des Geistes andererseits untersucht, vgl. Ilse Bindseil: *Es denkt. Für eine gesellschaftliche Definition des Geistes und einen Verzicht auf die Definition des Körpers*. Freiburg: ça ira 1995. Foucault, der sich in einem Brief an Klossowski von dessen Buch beeindruckt zeigt (Klossowski: *Die lebende Münze*, S. 5–6), hat bei seinen Untersuchungen der Produktion des Humanen die Kategorien Ware- und Geldbesitzer, Arbeitskraft etc. in dem von Marx gezeigten Sinne ausgelassen. Das gilt auch für die von Foucault beeinflusste Gesellschaftskritik, die um den Begriff der Biopolitik und die Schnittstelle von Leben und

Noch einmal zusammengefasst: So wie alle gewöhnlichen Waren, damit sie in ein gesellschaftliches Verhältnis treten können, von sich selbst getrennt und als Werte in Geltung gesetzt werden müssen durch den Bezug auf ein abgelöstes, je vorausgesetztes Maß, so muss auch der Arbeiter seine Arbeit vom Standpunkt dieser ideellen Werteinheit aus betrachten, damit sie wie von ihm getrennt existiert und ihr Gebrauchswert, ihr Vermögen oder ihre Produktivkraft wie eine Ware zum Objekt wird.

An dieser Stelle lässt sich auf die oben genannte Feststellung zurückkommen, dass das Kapital die Arbeit produktiv in Kraft setzt *und* dass es sie als an-sich unproduktiv setzt. Marx sagt ausdrücklich, dass der Arbeiter einerseits „*entwertet*" sein muss, um andererseits Wert nicht zu haben oder zu sein, sondern Wert *erzeugend* zu sein, wenn er sein produktives Vermögen, seine Arbeitskraft, verkauft. Sein Arbeit ist an-sich wertlos und entwertet, sie ist nur in Verbindung mit dem Kapital werterzeugend und muss dafür verkauft werden – nur darin ist der Arbeiter: frei.

> Als Sklave hat der Arbeiter *Tauschwert*, einen *Wert*; als freier Arbeiter hat er *keinen Wert*; sondern nur die Disposition über seine Arbeit, durch Austausch mit ihm bewirkt, hat Wert. [...] Seine *Wertlosigkeit* und *Entwertung* ist die Voraussetzung des Kapitals und die Bedingung der *freien* Arbeit überhaupt.[97]

Marx fügt sofort hinzu, dass in dieser Entwertung und im Zur-Ware-Werden nicht die (später von Lukács beklagte) Entfremdung des Lebens am Werk ist und auch keine Reduzierung und Verdinglichung, dass vielmehr mit der Entwertung und Wertlosigkeit auch das Gegenteil entsteht, nämlich eine Subjektivität, die aus dem Bezug auf das Vermögen der Selbstobjektivierung herkommt und dadurch der Arbeit eine selbständige Gestalt gibt:

> Linguet betrachtet sie [also die Wertlosigkeit und Entwertung als Bedingung der freien Arbeit überhaupt] als Rückschritt; er vergißt, daß damit der Arbeiter formell als Person gesetzt ist, der noch etwas *außer seiner* Arbeit für sich ist und der seine Lebensäußerungen nur veräußert als Mittel für sein eigenes Leben.[98]

Es ist also gerade der nicht-aufgehende Rest „außer" der Arbeit, der über sie erhaben ist und nicht verkauft und nicht getauscht werden kann.
Nimmt man all die Aussagen zur doppelten Freisetzung der Arbeit und zum Verhältnis zwischen Arbeit und Ware Arbeitskraft zusammen, so ist die Arbeit durch das Kapital gesetzt, einerseits an-sich unproduktiv und wertlos, andererseits ein reines

---

Politik, Körper und Macht kreist, aber zu den entsprechenden Kategorien in der Kritik der politischen Ökonomie einen eigentümlichen Abstand hält. Diese Gesellschaftskritik sucht die In-Wert-Setzung des Lebens in den Techniken der Biopolitik und der Biomacht und geht dabei an der Technik des Geldes, insbesondere an der Technik der Messung, vollkommen vorbei.

97 *Grundrisse*, S. 214.
98 *Grundrisse*, S. 214. Dazu, dass die Arbeit zwar Wert bildet, aber keinen Wert hat, vgl. auch Karl Marx: *Das Kapital. Kritik der Politischen Ökonomie. Zweiter Band. MEW*, Bd. 24, S. 35 (im Folgenden *Kapital II*). Auch Engels hat die Bedeutung der Unterscheidung zwischen Arbeit und Arbeitskraft hervorgehoben, etwa im Vorwort zum zweiten Band des *Kapitals*: „Es ist nicht die Arbeit, die einen Wert hat. [...] Es ist nicht die Arbeit, die als Ware gekauft und verkauft wird, sondern die Arbeits*kraft*." (*Kapital II*, S. 25.)

Vermögen und Gebrauchswert nur für ihr Anderes zu sein, für das Kapital, und beides hängt zudem an etwas Unveräußerlichem und Unverkäuflichem, dem Körper der Ware Arbeitskraft, der das Unverkäufliche, Unveräußerliche und Unbezahlbare ist (und genau *dadurch* wertvoll und geradezu heilig wird). So ist die Arbeit ein Objekt genau zwischen ihrem Verkäufer aufseiten der Ware Arbeitkraft und ihrer Anwendung durch die kapitalistischen Produktionsmittel, ein Objekt, das sich entzieht und keiner Seite wirklich angehört, das aber einerseits in der Ware Arbeitskraft eine subjektive Gestalt annehmen und andererseits durch die kapitalistischen Produktionsmittel in Kraft gesetzt werden muss. (Es wird noch zu zeigen sein, dass in der Unverfügbarkeit des ‚Objekts' Arbeit auch ihr eigentliches Wesen liegt. Dieses Wesen wird für die kritische Bestimmung der Arbeit und der Produktivkraft schlechthin entscheidend sein: Die Arbeitskraft wird *nur auf Zeit verkauft*. Nur für bestimmte Zeit wird sie Gebrauchswert für das Kapital, und diese Zeit ist auch der eigentliche ‚Inhalt' ihrer Anwendung und Verwertung.[99] Überhaupt liegt das Vermögen der Ware Arbeitskraft für die kapitalistische Verwertung und Reichtumsproduktion nicht in ihrer körperlichen, geistigen oder immateriellen Arbeit, ihr Vermögen ist, so viel soll hier schon vorweggenommen werden, *zeitlich*. Entsprechend wird es die Zeit sein, die in der besonderen Ware Arbeitskraft durch eine subjektive und die in der universellen Ware Geld durch eine objektive Repräsentation Präsenz erlangt.)

Auch ohne bereits tiefer in das Verhältnis von Arbeit und Kapital einzusteigen, ist die angeschnittene „erste Voraussetzung" – die doppelte Freisetzung des Arbeiters und die Unterscheidung in Arbeit und Arbeitskraft – ausreichend, um zu zeigen, dass der Arbeiter in Bezug auf sein Vermögen den Standpunkt des Geldes einnehmen muss, den Standpunkt einer ebenso ideellen wie für die Objektivität maßgeblichen Werteinheit, damit die Arbeit durch eine eigenständige Gestalt Präsenz erhalten und dem Kapital gegenübertreten kann.[100] Bei Lukács soll dagegen die Arbeiterklasse im

---

99 „Es ist ganz gleichgültig, was der Kapitalist mit seiner Arbeit macht, obgleich er sie natürlich nur ihrer Bestimmtheit nach verwenden kann und seine Disposition selbst sich nur auf eine *bestimmte* Arbeit und eine *zeitlich bestimmte* Verfügung über dieselbe (soundso viel Arbeitszeit) beschränkt." (*Grundrisse*, S. 207.)

100 Der Arbeiter erhält das Äquivalent für seine Reproduktion nicht nur im Lohn, er erhält im bürgerlichen Recht auch eine der Geldform entsprechende Geltungsform für seine Rechte als Besitzer der eigenen Arbeitskraft. Diese Rechtssubjektivität meint die bürgerliche, individuelle Rechtssubjektivität rein als solche, d. h. das Recht, Rechte zu haben. Im Einzelnen betrifft diese Rechtssubjektivität zuallererst die – in Anspielung auf Giorgio Agamben zentrale Begriff in *Homo sacer* – „Souveränität" über das eigene „nackte Leben" (vgl. Agamben: *Homo sacer*), also das Recht am eigenen Körper und der eigenen Arbeit (Abschaffung von Sklaverei, Leibeigenschaft und Fronarbeit), aber auch den politischen und ökonomischen Liberalismus (vor allem in Bezug auf Handel, Eigentum und den Gebrauch der Produktionsmittel) sowie die volle Vertragsfreiheit. Marx deutet immer wieder an, dass sich das ökonomische Verhältnis im Rechtsverhältnis wiederfindet: „Um diese Dinge als Waren aufeinander zu beziehn, müssen die Warenhüter sich zueinander als Personen verhalten, deren Willen in jenen Dingen haust, so daß der eine nur mit dem Willen des andren, also jeder nur vermittelst eines, beiden gemeinsamen Willensakts sich die fremde Ware aneignet, indem er die eigne veräußert. Sie müssen sich daher wechselseitig als Privateigentümer anerkennen. Dies Rechtsverhältnis, dessen Form der Vertrag ist, ob nun legal entwickelt oder nicht, ist ein Willensverhältnis, worin sich das ökonomische Verhältnis widerspiegelt. Der Inhalt dieses Rechts- und Willensverhältnisses ist

unmittelbaren Bezug auf ihre Praxis zugleich sich selbst bewusst werden, obwohl der Arbeitskraft das Kunststück ihrer Selbstreflexion und Selbstobjektivierung weder im unmittelbaren Bezug auf die gesellschaftliche Bestimmung der eigenen Arbeit noch im unmittelbaren Bezug auf ihre Resultate gelingen kann. Selbstreflexion und Selbstobjektivierung gelingen nur in jener Selbstanschauung, die sich, wenn auch im Rücken des Arbeiters, bereits auf die von allen Arbeiten und von allen Dingen abgelöste, darum universelle Werteinheit bezieht und die Arbeit wie auch ihre Resultate vom Standpunkt des Geldes aus betrachtet. Damit der Arbeiter sich als Besitzer einer wertbildenden und produktiven Ware zu sich selbst verhalten kann, muss er für sich dasselbe übersinnliche, äußerliche Maß wie für seine Arbeit und ihre Produkte beanspruchen – aber während die gewöhnlichen Waren auf bewusst*lose* Weise im Geld zu ‚ihrem' Selbstbewusstsein kommen, nimmt die Ware Arbeitskraft für ihre Arbeit den Standpunkt des Geldes ein; das Geld ist unmittelbar im Bewusstsein des Arbeiters insofern anwesend, als der Arbeiter sich auf die gesellschaftliche Bestimmung und die produktive Kraft seiner Arbeit bezieht und sie wie ein Objekt zum Gegenstand des Verkaufs macht. Die Arbeit kommt durch die Ware Arbeitskraft also gleichsam zum Bewusstsein des Geldes; der Arbeiter ist als doppelt frei-gesetzter und entwerteter je schon außer sich und betrachtet seine Arbeit vom Standpunkt des Geldes aus.

Doch in der Notwendigkeit der Arbeitskraft, sich in ihrer Arbeit und in ihren Resultaten selbst zu objektivieren und zum Subjekt der Arbeit zu werden, ist die Übereinstimmung mit dem Geld nur in ideell-geistiger Hinsicht betrachtet worden – Lukács zielt aber gerade darauf, dass das Selbstbewusstsein der Ware Arbeitskraft *praktisch* ist oder besser, gesellschaftliche Praxis *ist*. Lukács kommt es darauf an, dass die Subjektivität des Arbeiters in ihrer *praktischen* Entäußerung liegt und dass sie Objektivität dadurch *materiell* verwirklicht. Auf dieses praktische Vermögen zur Verwirklichung soll der Arbeiter durch sein Selbstbewusstsein im Kommunismus beständig zurückkommen, um die gesellschaftliche Vermittlung durch die Arbeit ebenso ideell wie praktisch einzulösen; die Warenform scheint Lukács dagegen der Arbeit nachträglich und äußerlich zu sein. Sie ist nur der Versuch oder der Ersatz einer Rationalität, die eigentlich

---

durch das ökonomische Verhältnis selbst gegeben." (*Kapital I*, S. 99.) Auch wenn Marx dem Verhältnis der Waren- und Geldform zur Rechtsform keine eigenständige Entwicklung gewidmet hat, legen diese und die folgenden Passagen nahe, dass die Warenform eine entsprechende Rechtsform nicht *noch finden* muss, sondern in der Geltung des Geldes unmittelbar für sich hat. Das Recht muss sich aber noch an *dieselbe* Stelle setzen, auf die sich auch das Geld setzt, und das Recht muss an der Stelle des Geldes noch ausformulieren und definieren, wie das gesellschaftliche Verhältnis sich aufeinander beziehen und wie es zur Geltung kommen soll. Vgl. bezogen auf den Besitz und den Austausch von Waren im Allgemeinen: „Soweit nun diese natürliche Verschiedenheit der Individuen und der Waren derselben […] das Motiv bildet zur Integrierung dieser Individuen, zu ihrer gesellschaftlichen Beziehung als Austauschende, worin sie sich als Gleiche *vorausgesetzt* sind und *bewähren*, kömmt zur Bestimmung der Gleichheit noch die *Freiheit* hinzu. Obgleich das Individuum A Bedürfnis fühlt nach der Ware des Individuums B, bemächtigt es sich derselben nicht mit Gewalt, noch vice versa, sondern sie erkennen sich wechselseitig an als Eigentümer, als Personen, deren Willen ihre Waren durchdringt. Danach kommt hier zunächst das juristische Moment der Person herein und der Freiheit, soweit sie darin enthalten ist." (*Grundrisse*, S. 169.)

nur gelingen könnte, wenn die gesellschaftliche Bestimmung der Arbeit durch das Bewusstsein der Arbeiterklasse realisiert wird, sodass die durch Arbeit gebildete gesellschaftliche Totalität zu *ihrem* Bewusstsein kommt. Dagegen ist als nächstes mithilfe der ersten beiden Bestimmungen des Geldes zu zeigen, dass das Geld auch in ganz praktischer Weise für die Realisierung der gesellschaftlichen Bestimmung der Arbeit notwendig ist. Um diese praktische Bedeutung des Geldes zu zeigen, gilt es nach der ersten grundlegenden Unterscheidung in Arbeit und Arbeitskraft noch weitere Unterscheidungen zu treffen, diesmal in Bezug allein auf die Arbeit. Es gilt die bereits in Teil I getroffene Feststellung weiter zu verfolgen, dass Marx die gesellschaftliche Bestimmung der Arbeit nicht auf positive, gar wissenschaftliche Weise trifft, sondern nur durch *kritische Unterscheidungen*. Durch diese kritischen

Bezogen auf die Ware Arbeitskraft: „Die Sphäre der Zirkulation oder des Warentausches, innerhalb deren Schranken Kauf und Verkauf der Arbeitskraft sich bewegt, war in der Tat ein wahres Eden der angebornen Menschenrechte. Was allein hier herrscht, ist Freiheit, Gleichheit, Eigentum und Bentham. Freiheit! Denn Käufer und Verkäufer einer Ware, z. B. der Arbeitskraft, sind nur durch ihren freien Willen bestimmt. Sie kontrahieren als freie, rechtlich ebenbürtige Personen. Der Kontrakt ist das Endresultat, worin sich ihre Willen einen gemeinsamen Rechtsgrund geben. Gleichheit! Denn sie beziehen sich nur als Warenbesitzer aufeinander und tauschen Äquivalent für Äquivalent. Eigentum! Denn jeder verfügt nur über das Seine. Bentham! Denn jedem von den beiden ist es nur um sich zu tun." (*Kapital I*, S. 189–190.) Auch in der marxistischen Diskussion ist der Zusammenhang von Warenform und Rechtsform nur selten eingehend behandelt worden. Es war Eugen Paschukanis, der ihm 1929 in der UdSSR als erster eine eigenständige Untersuchung widmete, vgl. Eugen Paschukanis: *Allgemeine Rechtslehre und Marxismus*. Frankfurt am Main: Neue Kritik 1966. Davor lassen sich von marxistischer wie nicht-marxistischer Seite allenfalls Verweise finden, u. a. auch bei Lukács, vgl. *GuK*, S. 204ff.; allerdings blieb die Bedeutung des Geldes für den Zusammenhang durchgehend Anathema. Zum Stand der damaligen Forschung vgl. die Rezension des Buches durch Karl Korsch. Rezension von: Eugen Paschukanis: Allgemeine Rechtslehre und Marxismus – sowie: Karl Renner: Die Rechtsinstitute des Privatrechts und ihre soziale Funktion zuerst in: *Archiv für die Geschichte des Sozialismus und der Arbeiterbewegung* 15 (1930), S. 1–11, erneut abgedruckt dann im Buch von Paschukanis, ebd., S. I–XI. Zum aktuellen Stand der Forschung sowie über den Zusammenhang von Warenform und Rechtsform im Allgemeinen und bei Paschukanis im Besonderen vgl. Andreas Harms: *Warenform und Rechtsform. Zur Rechtslehre von Eugen Paschukanis*. Baden Baden: Nomos 1999. Burkhard Tuschling kritisiert dagegen den Versuch, die Rechtsverhältnisse aus den Warentauschbeziehungen und der Zirkulationssphäre abzuleiten, und entwickelt stattdessen das Recht als Bewegungsform der entwickelten Kapitalproduktion, vgl. Burkhard Tuschling: *Rechtsform und Produktionsverhältnisse. Zur materialistischen Theorie des Rechtsstaates*. Frankfurt am Main/Köln: EVA 1976. Ungeachtet solcher Differenzen muss für die Rechtsform grundsätzlich dasselbe gelten wie für die Wertform der Waren: So wie das Geld aus der Wertform der Ware nicht *abzuleiten*, sondern *einzuholen* ist, so kann auch die Rechtsform aus der Wertform der Ware nicht einfach abgeleitet werden. Eine Ableitung wäre eher für die *Trennung von Geld und Recht* gefordert, d. h. es gälte abzuleiten, warum das gesellschaftliche Verhältnis der Waren sowohl in der Geldform als auch in der Rechtsform jeweils eine eigenständige Gestalt annehmen muss, eine Gestalt, durch welche sowohl der Wert als auch das Recht eine von den Waren und ihren Besitzern getrennte, selbständige und reine Form erhalten. Zum Verhältnis Warenform-Rechtsform vgl. auch Ulrich Krause: Über Gleichgültigkeit. In: Heinz D. Dombrowski / Ulrich Krause / Paul Roos (Hrsg.): *Symposium Warenform und Denkform. Zur Erkenntnistheorie Sohn-Rethels*. Frankfurt am Main: Campus 1978, S. 160–170; allgemein zur Diskussion um das Verhältnis von Ökonomie und Recht bei Marx vgl. Bernhard Blanke / Ulrich Jürgens / Hans Kastendiek: *Kritik der Politischen Wissenschaft. Analysen von Politik und Ökonomie in der bürgerlichen Gesellschaft*. Frankfurt am Main/New York: Campus 1975; Andrea Maihofer: *Das Recht bei Marx. Zur dialektischen Struktur von Gerechtigkeit, Menschenrechten und Recht*. Baden Baden: Nomos 1992.

Unterscheidungen lässt sich die Arbeit auch nur als ein gesellschaftliches *Verhältnis* entwickeln, und allein dadurch lässt sie sich auf eine positive Weise bestimmen (auch wenn das keine wissenschaftliche Bestimmung im herkömmlichen Sinne ist). Genauer genommen muss gezeigt werden, dass es eben nicht allein Marx' Kritik ist, die diese Unterscheidungen trifft; dann blieben die Unterscheidungen rein analytischer Natur und der kritisierten Arbeit letztlich äußerlich. Die Kritik muss vielmehr zeigen, *dass es das Geld ist, das durch seine Funktionen bestimmte Unterscheidungen für die Arbeit trifft, sie dadurch in ein gesellschaftliches Verhältnis setzt und dieses Verhältnis realisiert*. Das führt zu der Eigentümlichkeit, dass die gesellschaftliche Bestimmung und die produktive Kraft der Arbeit sich der unmittelbaren positiven Bestimmung durch das Bewusstsein oder durch die Wissenschaft *entziehen*.[101] So bildet zwar die Arbeit laut Marx Wert und Mehrwert, und sie bildet dadurch sogar die Substanz des gesellschaftlichen Verhältnisses schlechthin, aber mit dieser Bildung eines gesellschaftlichen Verhältnisses entzieht sich die Arbeit – ihre gesellschaftliche Bestimmung steht weder dem einzelnen Bewusstsein noch der Wissenschaft zur Verfügung, noch kann sie, wie Lukács das vorsieht, dem Totalitätsbewusstsein der Arbeiterklasse zur Verfügung stehen. Aber – und das gilt es mit Marx gegen Lukács und überhaupt gegen den emphatisch-affirmativen Arbeitsbegriff der sozialistischen Gesellschaftskritik sowie gegen alle positivistischen Bestimmungen der Arbeit zu zeigen – aber die gesellschaftliche Bestimmung der Arbeit entzieht sich *im* Geld. Sie wird durch die Realisierung des gesellschaftlichen Verhältnisses der Waren im Geld gleichsam anwesend und durch bestimmte Größen wiedergegeben und entzieht sich einerseits ins Geld und ist in ihm doch auf bestimmte Weise unverfügbar *gehalten*. Es ist diese Technik der Realisierung der gesellschaftlichen Bestimmung der Arbeit durch die Geldfunktionen, die der Arbeit ihre gesellschaftliche Bestimmung (wieder-)gibt.

3. Marx' Bestimmung der Arbeit durch kritische Unterscheidungen und die bewusstlose Bestimmung der Arbeit durch das Geld

Lukács, so wurde kritisiert, hat das Geld als bewusstloses Mittel der Realisierung und Identifizierung der gesellschaftlichen Bestimmung der Arbeit vollkommen

---

101 Dass die Arbeit, gerade indem sie in Wert gesetzt und zum Ausdruck gebracht wird, sich entzieht, und dass sich die Präsenz des Werts in der Logik seines Ausdrucks, vor allem im Austausch und in den ökonomischen Kreisläufen, stets nachträglich und gleichsam verschoben und „zu spät" einstellt, ist ein durchgehendes Thema in Hans-Joachim Lenger: *Marx zufolge*. Bielefeld: Transcript 2004. Lengers dekonstruktive Lesart der Marx'schen Texte macht Derridas Kritik der Präsenzmetaphysik in der Marx'schen Ökonomiekritik lesbar. Ein weiteres durchgehendes und eng mit der Nachträglichkeit des Werts zusammenhängendes Thema in *Marx zufolge* betrifft den Versuch der kapitalistischen Ökonomie, der lebendigen Arbeit und dem Wert nicht nur Ausdruck zu verleihen, sondern sie durch Symbolisierung auch kommunizierbar und durch Einschreibung in Technologie und Programme kontrollierbar und verwertbar zu machen. Lenger zufolge ist es diese Logik des Ausdrucks sowie der Symbolisierung und der Bewältigung, die das Ausgedrückte und Bewältigte zugleich entzieht, sodass die ökonomische Ordnung – und ihre Darstellung durch Marx – als eine „Arbeit der Differenz" (vgl. u. a. ebd., S. 17 u. 162ff.) entzifferbar werden. Ähnl. auch Harald Strauß: *Signifikationen der Arbeit. Die Geltung des Differenzianten ‚Wert'*. Berlin: Parodos 2013, bes. S. 177ff. u. 307ff.

übergangen. Die Unverfügbarkeit dieser Realisierung der gesellschaftlichen Bestimmung der Arbeit, so wurde zuletzt gesagt, findet sich in Marx' Methode wieder, die Arbeit statt im Sinne einer positiven Wissenschaft ‚nur' durch kritische *Unterscheidungen* zu bestimmen. Er entwickelt die Arbeit als spezifisch kapitalistisches (Verwertungs-) Verhältnis und zeigt, dass für dieses Verhältnis das Geld bestimmte Unterscheidungen gleichsam *für* die Arbeit und für die Gesellschaft treffen muss.

Diese Unterscheidung betraf bisher die „erste Trennung", nämlich die Trennung der Arbeit von ihr selbst. Sie wurde von Marx als doppelte Freisetzung bestimmt und führte zu einer Unterscheidung, die der Arbeiter vom Standpunkt einer ideellen, maßgeblichen Einheit aus an sich selbst treffen muss, damit ihm die Arbeit ein Objekt – *sein* Objekt – wird und damit er ihr durch seine Subjektivität als Ware Arbeitskraft eine selbständige Gestalt gegenüber dem Kapital gibt.

Die folgenden Unterscheidungen betreffen nun nur noch diese von der Arbeitskraft unterschiedene und doch untrennbar mit ihr verbundene Arbeit. Für sie sind drei weitere Unterscheidungen wesentlich, nämlich die Unterscheidung in konkrete und abstrakte Arbeit, in lebendige und tote Arbeit sowie in produktive und unproduktive Arbeit. Entscheidend für alle drei Unterscheidungen ist, dass nur durch sie die Arbeit ihre Bestimmung erhält und dass diese Unterscheidungen nicht durch die Wissenschaft oder durch das Bewusstsein getroffen werden, sondern durch das Geld.

Wie sehen diese drei Unterscheidungen im Einzelnen aus?

Grundsätzlich wird die gesellschaftliche Bestimmung der Arbeit durch die Unterscheidung in *konkrete* und *abstrakte Arbeit* getroffen, und zwar durch die erste Bestimmung des Geldes als Maß des Werts. Die gesellschaftliche Bestimmung wird im Unterscheiden *als solchem* getroffen: Der Bezug auf das Geld scheidet die Arbeit von ihrer konkreten, gebrauchswertsetzenden Gestalt und setzt sie als „abstrakt menschliche Arbeit" in Geltung. Wie diese Scheidung funktioniert, ist bereits ausgeführt worden: Indem die Resultate der konkreten Arbeit, die Waren, durch die Tauschmittelfunktion im Tauschakt Geld-Ware auf die maßgebliche, ideelle Werteinheit, für die das Geld steht, bezogen werden, werden die Waren als Werte derselben Qualität realisiert. Die Realisierung verleiht den Produkten der Arbeit im Tauschakt Geltung als „bloße Gallerte unterschiedsloser menschlicher Arbeit" und „gemeinschaftliche gesellschaftliche Substanz".[102] In Form des Austauschs Ware gegen Geld wird die ideelle Werteinheit, für die das Geld steht, im Verhältnis der Waren eingelöst und in ihren Tauschwerten expliziert; die konkreten Arbeiten werden dadurch zu abstrakter Arbeit gleichsam substanzialisiert und bilden die rein gesellschaftliche „Substanz" (Marx) des gesellschaftlichen Verhältnisses.

Da in der gesamten Arbeit auf die Bedeutung des Maßes und auf die Form der Messung noch ausführlich eingegangen wird, soll gleich zur zweiten Unterscheidung übergegangen werden, zur Unterscheidung in lebendige und tote Arbeit.

---

102 *Kapital I*, S. 52. Auf den folgenden Seiten geht Marx bereits auf die grundsätzliche Unterscheidung zwischen konkreter und abstrakter Arbeit ein.

Marx sagt, dass die unmittelbare Verausgabung der Arbeit, also die „lebendige Arbeit", als *einzige* Quelle des Werts und des Mehrwerts angenommen werden muss. Er zeigt aber, dass die lebendige Arbeit sich nicht nur in die von Lukács kritisierte Verdinglichung entzieht, in eine Ware, sie entzieht sich auch insofern, als die lebendige Arbeit ihren Wert und ihre wertbildende Kraft weder unmittelbar an-sich selbst darstellen kann, noch unmittelbar in der geschaffenen Ware, noch kann eine Ware unmittelbar an einer anderen den Wert der lebendigen Arbeit zur Darstellung bringen. Der Wert der lebendigen Arbeit entzieht sich nicht nur schlechthin jeder positiven Bestimmung und Darstellung, sondern die lebendige Arbeit *schafft* zwar Wert, aber sie selbst *hat keinen* Wert: „Menschliche Arbeitskraft im flüssigen Zustand oder menschliche Arbeit bildet Wert, aber ist nicht Wert."[103] Es kann gar nicht genug betont werden, dass nach Marx die lebendige Arbeit *keinen Wert hat*.

Um zu begreifen, warum die lebendige Arbeit Wert schafft und doch keinen Wert hat, ist die bereits getroffene „erste" Unterscheidung entscheidend, die Unterscheidung zwischen Arbeit und Arbeitskraft: Die Arbeit hat keinen Wert – sondern nur die *Ware* Arbeitskraft. Und ihr Wert wiederum wird nun bestimmt durch Arbeit, denn der Wert der Ware Arbeitskraft bestimmt sich, wie bei jeder gewöhnlichen Ware auch, durch die zu ihrer Produktion notwendige Arbeitszeit, d.h. im Fall der Ware Arbeitskraft, durch ihre Reproduktionskosten. Dazu gehören nicht nur die unmittelbar für die individuelle Arbeitskraft anfallenden Reproduktionskosten (Nahrung, Kleidung, Wohnung etc.), sondern auch diejenigen Reproduktionskosten, die für die gesellschaftliche Reproduktion der jeweiligen Ware Arbeitskraft notwendig sind, also für die Ärztin, den Krankenpfleger, die Reinigungskraft usw.; letztlich geht es um die Reproduktionskosten der gesamten *Klasse* der Arbeitskräfte.[104] (Hier ist auch die Antwort auf die Frage zu suchen, wie sich einfache, unqualifizierte zu qualifizierter Arbeit verhält. Die Marx-Diskussion hat hierfür meist keine befriedigende Antwort gefunden, weil sie den Grund für den höheren Wert oder die höhere Bewertung qualifizierter Arbeit in der konkreten Arbeit gesucht hat, statt diese Arbeit auf die höheren gesellschaftlichen Reproduktionskosten der jeweiligen Ware Arbeitskraft zurückzuführen.)[105] Der zur Reproduktion der Ware Arbeitskraft notwendige Wert jedenfalls bestimmt ihren Tauschwert, den Lohn – auch wenn der Gebrauchswert der Ware Arbeitskraft wiederum darin besteht, mehr Tauschwerte zu produzieren, als sie selbst im Lohn zur Reproduktion erhält.

---

103 *Kapital I*, S. 65. „Die Arbeit [...] nicht als selbst *Wert*, sondern als die *lebendige Quelle* des Werts." (*Grundrisse*, S. 217.) Marx bezeichnet „Wert der Arbeit" auch als „imaginären" und „irrationalen" Ausdruck (*Kapital I*, S. 559, 561). Marx hat sich vor allem in den *Theorien über den Mehrwert* (im Zuge seiner Kritik an Smith und Ricardo) mit dem Unterschied zwischen „Wert der Arbeit" und „Wert der *Ware Arbeitskraft*" auseinandergesetzt, vgl. Karl Marx: *Theorien über den Mehrwert. Erster Teil. MEW*, Bd. 26.1, S. 40ff. (zu Smith) (im Folgenden *ThM I*) u. Karl Marx: *Theorien über den Mehrwert. Zweiter Teil. MEW*, Bd. 26.2, S. 397ff. (im Folgenden *ThM II*).
104 *Kapital I*, S. 185.
105 Zur Problematik vgl. Karl Reitter: *Prozesse der Befreiung. Marx, Spinoza und die Bedingungen eines freien Gemeinwesens*. Münster: Westfälisches Dampfboot 2011, S. 78ff.

Wert hat also nur die Ware Arbeitskraft – der Wert der lebendigen Arbeit dagegen entzieht sich. Die Arbeitskraft muss sich verausgaben und ihre Arbeit in einer Ware verendlichen, aber dann ist auch schon ein Unterschied eingetreten:

> Der einzige Unterschied von der *vergegenständlichten* Arbeit ist die *nicht vergegenständlichte*, sondern sich noch vergegenständlichende, die *Arbeit* als Subjektivität. Oder die *vergegenständlichte*, d. h. als *räumlich vorhandne Arbeit* kann auch als *vergangne Arbeit* der *zeitlich vorhandnen* entgegengestellt werden.[106]

An diesem Entzug der lebendigen Arbeit in ihre Vergegenständlichung lässt sich nun der oben angesprochene Unterschied zwischen der lebendigen Arbeit und der toten Arbeit festmachen. Der Entzug der lebendigen Arbeit ist für ihr Leben wesentlich, denn die Arbeit erhält ihre Lebendigkeit nicht von sich aus; sie lebt sich nicht unmittelbar im Arbeiten aus, in der Verausgabung. Im Gegenteil, sie erhält ihr Leben erst von ihren Entäußerungen her, also von ihrer Vergegenständlichung in einem Gebrauchswert. Erst durch ihn wird die gesellschaftliche Bestimmung der Arbeit realisiert, sodass die Arbeit von ihrer Vergegenständlichung her und durch deren Realisierung gleichsam zum Leben erweckt wird, nachträglich, erst im Zeitpunkt des Austauschs, und auch das nur, falls sich der Gebrauchswert durch einen Austausch gegen Geld realisiert.

Präsenz erhält das Leben der lebendigen Arbeit also erst, wenn sie einerseits in einer Ware verendlicht und vergangen ist und andererseits durch ihre Realisierung gleichsam wieder zum Leben erweckt wird. Dann lebt die lebendige Arbeit einerseits im Warenwert weiter, andererseits lebt sie im Geld geschieden von allen Waren nun weiter als *abstrakte* Arbeit. Kommt die lebendige Arbeit aber erst zu sich, indem sie einerseits in den Waren vergangen, andererseits aber im Geld realisiert ist und weiterlebt, so ist sie ausgerechnet durch ihre Realisierung etwas anderes geworden: Im Wertverhältnis der Waren lebt sie einerseits als tote, vergegenständlichte Arbeit weiter, andererseits im Geld als abstrakte Arbeit.

Doch dass die lebendige Arbeit durch ihre nachträgliche Realisierung weiterlebt, ist noch nicht alles. Auch das Leben der Arbeit ‚vor' ihrem Tod, auch die lebendige Arbeit der Ware Arbeitskraft wird durch die tote Arbeit – ihren Tod – überhaupt erst ins Leben gerufen und in Kraft gesetzt. Sie wird nämlich von derjenigen lebendigen Arbeit ins Leben gerufen, die in die kapitalistischen Produktionsmittel und -bedingungen eingegangen und in der toten Arbeit des Kapitals akkumuliert ist – und nun auf ihre Verwertung durch die lebendige Arbeit drängt.

Durch diesen Kreislauf erst offenbart sich das ‚eigentliche' Leben der Arbeit: Die lebendige Arbeit existiert in der Übertragung ihrer bereits in die Produktionsmittel und -bedingungen eingegangenen vergegenständlichten Arbeitszeit; sie existiert in der Bewahrung ihrer eigenen Vergangenheit durch die Übertragung der im Kapital akkumulierten toten Arbeitszeit auf neue Waren.[107] Hier erst, erst indem Marx unmittelbar

---

106 *Grundrisse*, S. 197.
107 Marx fasst die Unterscheidung von lebendiger und toter Arbeitszeit durch eine noch schärfere Bestimmung, auf die noch ausführlich einzugehen sein wird, nämlich zwischen variablem und konstantem Kapital;

im Arbeitsprozess selbst die Unterscheidung der Arbeit in lebendige und tote Arbeit trifft, zeigt er, warum die Arbeit überhaupt eine *produktive Kraft* ist: Die lebendige Arbeit geht ein Verwertungsverhältnis mit ihrer eigenen im Kapital akkumulierten Vergangenheit ein. Die Arbeit wird zwar je durch dieses *Andere* ins Leben angerufen, durch das Kapital, aber das Kapital *ist* lebendige Arbeit, ist *ihr* anderes – lebendige Arbeit in vergangener, toter, vergegenständlichter Gestalt. Die Arbeit ruft somit sich selbst ins Leben, aber von ihrer eigenen entfremdeten Vergangenheit her, von denjenigen Vergegenständlichungen, die ihr in den kapitalistischen Produktionsmitteln und -bedingungen fremd gegenübertreten und die auf Übertragung bereits vergangener Arbeit durch neue lebendige Arbeit drängen.

Die Unterscheidung in lebendige und tote Arbeitszeit führt zu derjenigen Unterscheidung, die für Marx' Ökonomiekritik schlechthin entscheidend ist: Das kapitalistische Produktionsverhältnis bezieht seine produktive Kraft daraus, dass der Arbeits-prozess *ebenso* ein Verwertungs-prozess zwischen lebendiger und toter Arbeitszeit ist. Die produktive Kraft liegt allerdings in einem „Ebenso", das eine nur *spekulative* Identität ist, d. h. der Arbeits- und der Verwertungsprozess fallen nicht *unmittelbar* zusammen. Stattdessen muss die Verwirklichung ihrer spekulativen Identität in das eben gezeigte Verhältnis fallen, das die lebendige Arbeit mit ihrer im Kapital akkumulierten Vergangenheit eingehen muss, und dieses Verhältnis muss wiederum vom Geld realisiert werden und in seine ökonomischen Kreisläufe fallen. Dadurch fällt die spekulative Identität einerseits in das zeitliche Verhältnis zwischen der lebendigen Arbeit und ihrer Vergangenheit, der toten Arbeit in Gestalt des Kapitals, mithin in die Notwendigkeit der Verwertung, d. h. in die Notwendigkeit der Übertragung der toten Arbeit durch die lebendige auf neue Waren. Andererseits muss diese spekulative Identität, die in diesem zeitlichen Verhältnis und im Übertragen liegt, noch vom Geld durch die Realisierung der Warenwerte verwirklicht werden (und das realisierte Verhältnis muss wiederum in die ökonomischen Kreisläufe des Geldes fallen und darin bewahrt bleiben).

Auf die spekulative Identität von lebendiger und toter Arbeit und ihre Verwirklichung und Bewahrung durch die ökonomischen Kreisläufe des Geldes wird noch einzugehen sein; hier reicht es vorerst festzustellen, dass der Arbeitsprozess sich erst als Verwertungsprozess verwirklicht, wenn er sich in den Waren verendlicht und durch das Geld realisiert wird, sodass er im Geld in Wert gesetzt wird und als abstrakte Arbeit weiterleben kann. Zudem muss an das genannte Verhältnis noch die letzte der angekündigten drei kritischen Unterscheidungen angeschlossen werden. Es ist die Unterscheidung in produktive und unproduktive Arbeit: Arbeit ist im Kapitalismus dann produktiv, wenn sie das skizzierte Verhältnis mit ihrer eigenen Vergangenheit eingeht und für deren Übertragung und Bewahrung sorgt, mithin für deren zukünftige Wiederkehr. Mehr noch, die lebendige Arbeit setzt dabei ‚ihren' Wert zu, den Wert der

vgl. dazu das gleichnamige sechste Kapitel in *Kapital I*, S. 214–225; zum variablen Kapital vgl. bes. *Kapital II*, S. 220ff.

Ware Arbeitskraft, *und* die Ware Arbeitskraft geht wiederum über ‚ihren' Wert hinaus. D. h. sie setzt nicht nur denjenigen Wert zu, den sie im Lohn für ihre Reproduktion erhält und der ihren Tauschwert ausmacht, sie setzt dabei ihren *Gebrauchs*wert zu, und dieser besteht ja, wie oben schon gesagt, wiederum darin, mehr Tauschwert zu produzieren, als sie selbst zu ihrer Reproduktion benötigt und im Lohn erhält. Vereinfacht gesagt, wird im Kapitalismus die Arbeit also produktiv in Kraft gesetzt, wenn sie mit ihrer eigenen, in den kapitalistischen Produktionsmitteln und -bedingungen akkumulierten Vergangenheit ein Verwertungsverhältnis eingeht, ein Verhältnis des Übertragens und Bewahrens der eigenen Vergangenheit und des Zusetzens zukünftiger Vergangenheit.[108]

Auch auf die produktive Kraft dieses Verwertungsverhältnisses wird noch ausführlich einzugehen sein. Hier soll nur deutlich werden, dass Marx die gesellschaftliche Bestimmung der Arbeit und ihre produktive Kraft nur durch bestimmte Unterscheidungen trifft. Durch sie gelingt zwar eine positive Bestimmung der Arbeit, und die Arbeit wird sogar als die gesellschaftliche Qualität überhaupt und die produktive Kraft schlechthin entwickelt, aber die Arbeit wird dadurch, statt sie auf einen Allgemeinbegriff zu bringen oder sie irgendwie zu definieren, in ein Verhältnis auseinandergelegt. Er zeigt durch die Unterscheidungen in Arbeit und Arbeitskraft, in konkrete und abstrakte Arbeit, in lebendige und tote Arbeit sowie in produktive und unproduktive Arbeit, auf welche naturwüchsige Weise die Gesellschaft ein Selbstverhältnis eingeht, eingehen *muss*. Seine Darstellung zielt somit auf die Methode, *wie*, auf welche Weise, die kapitalistische Gesellschaft jene Unterscheidungen für sich trifft und sich blind selbst ins Verhältnis setzt. Daher sind die Unterscheidungen im Arbeitsbegriff auch keine Unterscheidungen allein der Kritik, und sie sind erst recht keine formalen, analytischen Unterscheidungen. Die Kritik besteht vielmehr darin zu zeigen, dass sie für jenes Selbstverhältnis statt durch das Bewusstsein oder die Wissenschaft durch das Geld und seine Funktionen getroffen werden. Folgerichtig ist es das Geld, das die Arbeit in ein gesellschaftliches Verhältnis setzt und das Selbstverhältnis der Gesellschaft sowohl durchführt als auch darstellt. Durch das Geld gibt es mithin bereits im Kapitalismus das oben angesprochene Selbstbewusstsein gesellschaftlicher Totalität, aber dieses Selbstbewusstsein besteht ‚nur' darin, die gesellschaftliche Bestimmung der Arbeit durch bestimmte Unterscheidungen zu treffen.

Eine letzte Bestimmung der Arbeit ist jedoch noch zu treffen. Sie liegt allerdings jenseits der Arbeit, mithin jenseits aller genannten Unterscheidungen. Es gibt noch eine

---

108 Zur Diskussion um produktive Arbeit vgl. auch *ThM I*, S. 130ff., sowie das sog. sechste Kapitel des *Kapitals*, das Marx nicht in das *Kapital* aufgenommen hat, Karl Marx: Resultate des unmittelbaren Produktionsprozesses. In: Karl Marx: *Ökonomische Manuskripte 1863–1867*. MEGA II/4.1., S. 24–130 (als Einzelausgabe: Karl Marx: *Das Kapital 1.1. Resultate des unmittelbaren Reproduktionsprozesses*. Berlin: Dietz 2009). Das produktive Verhältnis von Arbeit und Kapital ist durchgehend Thema im *Kapital* Bd. I ab dem II. Abschnitt; in den *Grundrissen* bes. in den Kapiteln „Arbeitsprozeß und Verwertungsprozeß, absoluter und relativer Mehrwert, Mehrwert und Profit" sowie „Reproduktion und Akkumulation des Kapitals", *Grundrisse*, S. 255–371.

Bestimmung der Arbeit, die buchstäblich in ihrem Jenseits liegt. Sie betrifft die *ersparte* Arbeit, diejenige Arbeitszeit, die *nicht* (mehr) für die Produktion einer Ware notwendig ist, die mithin auch nicht mehr für die Reproduktion der Ware Arbeitskraft notwendig sein wird. Diese ersparte Arbeitszeit wird durch die Steigerung der Produktivkraft der Arbeit erreicht.

Produktive Arbeit ist im Kapitalismus nämlich auch diejenige Arbeit, die für die Reduzierung und Ersparnis notwendiger Arbeitszeit sorgt und sich eben dadurch für das eben gezeigte Verhältnis von lebendiger und toter Arbeit produktiv auswirkt. Diese gleichsam indirekt produktive Arbeit besteht vor allem darin, den Naturprozess zu formalisieren und in die Verwertung von Arbeit und Kapital einzuschreiben, zu Marx' Zeiten vor allem durch Wissenschaft und Technik, Maschine und Industrie, heute zudem durch Digitalisierung, Programmierung und Informationsverarbeitung.[109] Das Einschreiben wirkt sich für das Verhältnis von lebendiger und toter Arbeitszeit darum produktiv aus, weil die Formalisierung des Naturprozesses und dessen Einschreiben in den Produktionsprozess die zur Produktion von Waren und Produktionsmitteln notwendige Arbeitszeit reduziert. Durch die Reduzierung der Warenwerte reduzieren sich wiederum für das Kapital die Reproduktionskosten der Ware Arbeitskraft (Löhne), und auch die Werte der produzierten Produktionsmittel werden vermindert, sodass für das Kapital auch diese Reproduktionskosten sinken.[110] Die eigentliche Steigerung

---

109 Die Arbeit kann somit *unmittelbar* produktiv sein, nämlich in der Verwertung mit dem Kapital, aber sie kann es auch *indirekt* sein, wenn sie die Bedingungen dieser Verwertung produziert bzw. verbessert und z. B. in der Erziehung und Ausbildung stattfindet, im Gesundheitsbereich, in Wissenschaft und Forschung, im Dienstleistungsbereich und in der Finanzindustrie, im Kultur und Freizeitbereich u.Ä. Generell ist jede Arbeit im Kapitalismus produktiv, die Kapital reproduziert: „*Produktive Arbeit* ist bloß die, die *Kapital* produziert." (*Grundrisse*, S. 226). Dass produktive Arbeit im Kapitalismus nur diejenige Arbeit ist, die sich entweder durch das Kapital verwertet und es reproduziert oder in die Bedingungen dafür eingeht, heißt jedoch *nicht*, dass im Kapitalismus nicht auch diejenige Arbeit produktiv wirkt, die statt lebendige Arbeitszeit zu reduzieren und zu ersparen (und in zusätzliche umzuwandeln), gleich die Ware Arbeitskraft als solche rationalisiert. Auch wenn es sich für den Kapitalismus *insgesamt* nicht produktiv auswirken mag, wenn Arbeitskräfte aus der Produktion freigesetzt werden, wirkt sich das doch für die *individuellen* Kapitale produktiv aus, zumindest kurzfristig (ganz abgesehen davon, dass diese beständige Rationalisierung und Freisetzung erst die Differenzierung gesellschaftlicher Arbeitsteilung und die Verlagerung von Arbeitskräften ermöglichen). „Das Kapital ist selbst der prozessierende Widerspruch [dadurch], daß es die Arbeitszeit auf ein Minimum zu reduzieren strebt, während es andrerseits die Arbeitszeit als einziges Maß und Quelle des Reichtums setzt." (Ebd., S. 601.)

110 Marx betont, dass die Revolutionierung der dem Kapital vorhergehenden Produktionsweise durch die Schaffung der Ware Arbeitskraft und der Arbeiterklasse sowie durch die Steigerung ihrer Produktivkraft den Ausgangspunkt zwar in der Manufaktur und der Kooperation genommen hat. Aber erst die Maschine und die Industrie haben die Produktivität der Arbeit maßlos gesteigert und den Arbeitsprozess in ein „automatisches System" überführt. „Die Umwälzung der Produktionsweise nimmt in der Manufaktur der Arbeitskraft zum Ausgangspunkt, in der großen Industrie das Arbeitsmittel." (*Kapital I*, S. 391.) Vgl. auch *Kapital I*, S. 399, Anm. 100. In der entwickelten Maschinerie ist es wiederum ein bestimmter Teil, von dem die industrielle Revolution ausgeht: die Werkzeugmaschine. „Dieser Teil der Maschine, die Werkzeugmaschine, ist es, wovon die industrielle Revolution ausgeht." (*Kapital I*, S. 393.) Dazu, dass die Maschine, indem sie zugleich konstantes Kapital ist, die Produktivkraft der Arbeit steigert, vgl. das berühmte „Maschinenfragment" in *Grundrisse*, S. 590–609. Überhaupt besteht die eigentliche von Marx beschriebene Revolutionierung der Produktionsweise nicht in den materiellen und technischen Eigenschaften der Produktionsmittel,

der Produktivkraft der Arbeit liegt aber nun darin, dass durch die Ersparnis von zur Warenproduktion ehemals notwendiger Arbeitszeit die lebendige Arbeit zunehmend *überflüssig* wird. Allerdings – und das ist für die Steigerung der Produktivkraft entscheidend – wird die ersparte Arbeitszeit nicht wirklich überflüssig, sie wird für das Kapital gleichsam flüssig gemacht, denn die ersparte Arbeitszeit entzieht sich nicht im Sinne eines spurlosen Verschwindens. Sie wird vielmehr umgewandelt in *zusätzliche* Arbeitszeit, in diejenige Mehr-Arbeitszeit, die über die zur Reproduktion der Ware Arbeitskraft notwendige Arbeitszeit hinausgeht und zum Überfluss wird. Marx führt das am Produktionsmittel seiner Zeit schlechthin aus, der Maschine:

> Es wird daher auch von der Maschinerie gesagt, daß sie *Arbeit spart*; das *bloße* Sparen der Arbeit ist indes [...] nicht das Charakteristische; da mit Hülfe der Maschinerie die menschliche Arbeit Dinge tut und schafft, die sie absolut ohne sie nicht schaffen könnte. [...] Das *Sparen* der notwendigen Arbeit und das Schaffen der *Surplusarbeit* ist das Charakteristische.[111]

sondern diese erlangen ihre Bedeutung dadurch, dass das Produktionsmittel *konstantes* Kapital ist und als produziertes Produktionsmittel und bestimmter Wert ein Verwertungsverhältnis mit der Quelle seines eigenen Werts eingeht, nämlich mit der Ware Arbeitskraft. Das Produktionsmittel ist einerseits ein bereits produzierter, vergegenständlichter und akkumulierter Wert, der aber dazu bestimmt ist, auf neue Waren übertragen und anteilig abgeschrieben zu werden und der für diese ‚Arbeit der Übertragung' die lebendige Arbeit der Arbeitskraft benötigt; andererseits dient dieser bereits produzierte Wert des Produktionsmittels dem Zusetzen neuen Werts durch eben diese Arbeitskraft sowie der Reduzierung notwendiger zugunsten zusätzlicher Arbeitszeit, also der Ausbeutung eines Mehrwerts. Welche Technik das Produktionsmittel daher auch immer in den Produktionsprozess einbringt, diese Technik ist immer untrennbar verbunden mit der Technik, die Arbeitskraft zum Übertragen des im Produktionsmittel akkumulierten Werts und zum Zusetzen neuen Werts anzuhalten sowie die Produktivkraft der Arbeitskraft durch die Reduzierung notwendiger Arbeitszeit zu steigern. Allgemein zur „Ökonomie des Produktionsmittels" sagt Marx in diesem Zusammenhang, dass sie „überhaupt von doppeltem Gesichtspunkt zu betrachten [ist]. Das eine Mal, soweit sie Waren verwohlfeilert und dadurch den Wert der Arbeitskraft senkt. Das andre Mal, soweit sie das Verhältnis des Mehrwerts zum vorgeschoßnen Gesamtkapital, d. h. zur Wertsumme seiner konstanten und variablen Bestandteile, verändert." (*Kapital I*, S. 344; vgl. auch *Kapital I*, S. 411.)

111 *Grundrisse*, S. 303. Das gibt der anonymen „List", die nach Hegel darin liegt, die Natur durch die Maschine an ihr selbst abarbeiten zu lassen und den Mensch daneben stehen und zusehen zu lassen, eine ökonomische und spezifisch kapitalistische Bestimmung, vgl. Georg Wilhelm Friedrich Hegel: *Jenaer Realphilosophie*. Hamburg: Meiner 1967, S. 198–199, 215. Auf den ersten Blick bezeichnet auch Marx das Eingehen einer Natur, die „reiner" Gegenstand und „rein Sache der Nützlichkeit" ist, in das Mittel der Produktion, als „List": „Die Natur wird erst rein Gegenstand für den Menschen, rein Sache der Nützlichkeit; hört auf, als Macht für sich anerkannt zu werden; und die theoretische Erkenntnis ihrer selbständigen Gesetze erscheint selbst nur als List, um sie den menschlichen Bedürfnissen, sei es als Gegenstand des Konsums, sei es als Mittel der Produktion, zu unterwerfen." (*Grundrisse*, S. 323.) Die eigentliche *Ökonomie* der Maschine erschließt sich allerdings erst an der ökonomischen Natur der Maschine, d. h. erst wenn berücksichtigt wird, dass ja auch die Maschine durch Arbeitszeit produziert wurde und der zu bewahrende Bestandteil der Verwertung ist. Der Wert der Maschine liegt nicht nur darin, Arbeitszeit zu ersparen und dadurch den Wert der produzierten Waren zu senken (und darüber wiederum die Reproduktionskosten der besonderen Ware Arbeitskraft), vielmehr ist auch diese Maschine eine produzierte Ware, und auch ihr Wert hängt von der zu ihrer Produktion notwendigen Arbeitszeit ab (und nicht von den zu produzierenden Produkten), sodass die Maschine (und überhaupt das konstante Kapital) in *diesem* Sinne ihrerseits variabel sind; vgl. dazu *Kapital I*, S. 220, 426–427; *Kapital III*, S. 272ff. Die produktive Dynamik im Innern der kapitalistischen Ökonomie entsteht dann aus dem Verhältnis zwischen einerseits dem Übertragen und Bewahren der für die Produktion der Produktionsmittel aufgewandten Arbeitszeit (diese Arbeit der Übertragung muss die Ware Arbeitskraft

Marx führt daher zu den oben bereits genannten Unterscheidungen noch eine weitere Unterscheidung in den Arbeitsbegriff ein, nämlich die Unterscheidung in notwendige und zusätzliche Arbeitszeit. Notwendige Arbeitszeit ist der zur Reproduktion der Ware Arbeitskraft notwendige Teil der Arbeitszeit; die darüber hinausgehende, zusätzliche Arbeitszeit wird dagegen für die Reproduktion des Kapitals gewonnen und ist dafür wiederum unbedingt notwendig.[112] Die vorliegende Untersuchung wird

leisten), und andererseits der Ersparnis dieser ‚Arbeit der Übertragung' von vorhandenem Wert, welche die Ware Arbeitskraft leisten muss, durch *dieselben* Produktionsmittel; darum muss das Produktionsmittel als *produziertes* Produktionsmittel und *Verwertungsmittel* begriffen werden, vgl. *Kapital III*, S. 856. Im Unterschied zu Hegel liegt also die List der Vernunft, Marx' Ökonomiekritik zufolge, nicht allein darin, Produktionsmittel zu produzieren, um durch sie die Natur an sich selbst abarbeiten zu lassen. Die List liegt vor allem darin, dass dieser selbstbezügliche *Natur*prozess zugleich ein *rein gesellschaftlicher Verwertungsprozess* ist, und dieser wird in der Kapitalform des Geldes selbstbezüglich. (Auf das Verhältnis zwischen der toten Arbeitszeit des Kapitals und der lebendigen Arbeitszeit der Ware Arbeitskraft wird noch ausführlich im V. Abschnitt eingegangen.) Michael Städler hat darauf hingewiesen, dass die Entwertung des Werts, der in der Technik steckt, selbst zur Verwertung dazugehört. Allerdings hat er die Entwertung auf den „gesellschaftlichen Zweck der Anwendung von Technik" zurückgeführt und nicht darauf, dass auch die Produktionsmittel produziert werden und, indem sie wiederum die zu ihrer Produktion notwendige Arbeitszeit reduzieren, auch selbst für die eigene Entwertung sorgen (vgl. Michael Städler: Selbstbestimmung zwischen Natur und Technik. In: *Deutsche Zeitschrift für Philosophie* 58,2 (2010), S. 257–271, bes. S. 266–267, hier S. 267). Allgemein zur Ökonomie der Maschine vgl. Hans Dieter Bahr: *Über den Umgang mit Maschinen*. Tübingen: Konkursbuch 1983; zur List der Vernunft bei Hegel und Marx und zur Ökonomie des Produktionsmittels vgl. ders.: *Kritik der ‚politischen Technologie'. Eine Auseinandersetzung mit Herbert Marcuse und Jürgen Habermas*. Frankfurt am Main: EVA 1970, bes. S. 13ff. Bei der Steigerung der Produktivkraft der lebendigen Arbeit durch die Ersparnis notwendiger Arbeitszeit geht Marx sogar noch einen Schritt weiter. Nicht nur ist es gleichsam die Arbeit der Produktionsmittel aufseiten des (konstanten) Kapitals, notwendige lebendige Arbeit zu ersparen, nicht nur entspricht die ersparte Arbeit der Steigerung der Produktivkraft durch die Reduzierung desjenigen Anteils an der Arbeitszeit, der für die Reproduktion der Ware Arbeitskraft gezahlt werden muss. Darüber hinaus *kostet* die durch Wissenschaft und Technik, Industrie und Kooperation etc. ersparte Arbeit das Kapital nichts. (Kosten verursacht aber die Produktion dieser Ersparnis, etwa durch die Entwicklung von Wissenschaft und Technik, durch Ausbildung und Qualifizierung der Ware Arbeitskraft etc. Im Kapitalismus werden Wissenschaft und Technik nicht einfach unvermittelt zur Hauptproduktivkraft, sondern die *Reduzierung* und die *Ersparnis* von notwendiger Arbeitszeit werden zur Hauptproduktivkraft, und diejenige Arbeit, die notwendig ist, um diese Reduzierung und Ersparnis notwendiger Arbeitszeit zu produzieren, ist wissenschaftliche „allgemeine Arbeit" (*Kapital III*, S. 114).) Die einmal ersparte Arbeitszeit der Arbeitskraft muss also nicht bezahlt werden, im Gegenteil, die Ersparnis zählt sich für das Kapital aus. Bereits für die Teilung der Arbeit und für die Kooperation gilt, „daß die aus Kooperation und Teilung der Arbeit entspringenden Produktivkräfte dem Kapital nichts kosten. Sie sind Naturkräfte der gesellschaftlichen Arbeit". (*Kapital I*, S. 407.); vgl. auch *Grundrisse*, S. 657, wo Marx neben der „scientific power" weitere Faktoren aufzählt, die das Kapital nichts kosten: „die Teilung der Arbeit und die Kombination der Arbeit innerhalb des Produktionsprozesses" und das „Wachstum der Bevölkerung". Zur „Ökonomie durch Erfindungen" vgl. das gleichnamige Kapitel in *Kapital III*, S. 113–114. Zur Kostenlosigkeit der Erfindung vgl. auch Friedrich Engels: Umrisse zur Kritik der Nationalökonomie. In: *MEW*, Bd. 1, S. 499–524, hier S. 508–509.
112 Zur Bestimmung des Mehrwerts aus dem Verhältnis von notwendiger und zusätzlicher Arbeitszeit vgl. *Kapital I*, S. 226ff.; zur Bestimmung der Mehrwertrate vgl. ebd., S. 231ff. Dazu, dass „aller Mehrwert, in welcher besondern Gestalt von Profit, Zins, Rente usw. er sich später kristallisiere, […] seiner Substanz nach Materiatur unbezahlter Arbeitszeit" ist und die kapitalistische Akkumulation und Reproduktion darauf aufbaut, vgl. ebd., S. 589–802 (Abschnitt VII, Zitat S. 556). Es kann nicht oft genug betont werden, dass Marx zufolge die Produktivkraft der Arbeit *nicht* gesteigert wird, indem mehr oder bessere Waren produziert werden als zuvor, sondern indem die zu dieser Produktion notwendige lebendige Arbeitszeit reduziert wird,

im letzten Abschnitt über die Ökonomie der Zeit darauf zurückkommen, auf welche Weise die ersparte notwendige Arbeitszeit in zusätzliche Arbeitszeit umgewandelt wird. Vorerst geht es weiterhin allein um die Notwendigkeit, dass auch diese Unterscheidung innerhalb der lebendigen Arbeit durch das Geld realisiert werden muss, denn für die Ausbeutung und (Auf-)Bewahrung der umgewandelten Arbeitszeit muss das Geld einspringen: Nur das Geld kann die zusätzliche Arbeitszeit von der notwendigen insofern unterscheiden, als es sie ausbeutet, im Gewinn buchstäblich herausstellt und gleichsam aufbewahrt. Wenn daher laut Marx „die Vermehrung der Produktivkraft der Arbeit und die größte Negation der notwendigen Arbeit [...] die notwendige Tendenz des Kapitals"[113] schlechthin ist, so muss für diese geradezu ‚zivilisatorische Mission des Kapitals'[114] das Geld ins Spiel kommen, denn diejenige Arbeitszeit, die nicht mehr für die Reproduktion der Ware Arbeitskraft notwendig und in zusätzliche Arbeitszeit umgewandelt ist, kann als solche *überhaupt nicht getroffen werden*, durch kein einzelnes oder kollektives Bewusstsein und durch keine gesellschaftliche Instanz – und doch wird sie durch das Geld realisiert, ganz so, als würde das Geld jene zusätzliche Arbeitszeit ausbeuten und der Gesellschaft zum Überfluss werden

sodass durch die Reduzierung der Warenwerte wiederum auch der zur Reproduktion der Ware Arbeitskraft notwendige Anteil an Arbeitszeit sinkt. Marx betont in Variationen immer wieder: „Die Vermehrung der Produktivkraft der lebendigen Arbeit vermehrt den *Wert* des Kapitals [...] nicht dadurch, daß sie das Quantum der mit derselben Arbeit geschaffnen Produkte oder Gebrauchswerte vermehrt [...], sondern weil sie die *notwendige* Arbeit vermindert [...]." (*Grundrisse*, S. 257.) Im Kapitalismus führt die Reduzierung notwendiger Arbeitszeit nur zur Steigerung der Produktivkraft, wenn die (Re-)Produktionskosten *einer* Ware reduziert werden, der Ware Arbeitskraft. Dadurch ist die Arbeit der Ware Arbeitskraft *gegen sie selbst gerichtete Arbeit*, nämlich Arbeit, die nicht nur aufseiten der kapitalistischen Produktionsmittel und -bedingungen das Gegenüber der eigenen zukünftigen Anwendung produziert (wobei das Anwenden das Übertragen und Bewahren ihrer dann vergangenen und vergegenständlichten Arbeitszeit sein wird), sondern die Arbeit produziert in den Produktionsmitteln und -bedingungen auch die Bedingungen ihrer eigenen Produktivität und deren Steigerung, und die muss wiederum, was immer auch gearbeitet und produziert wird, zur der Senkung der Reproduktionskosten der Ware Arbeitskraft und der dafür notwendigen Arbeitszeit führen. Kurz: „*Produktiv ist die Arbeit nur, indem sie ihr eignes Gegenteil produziert.* [...] nur die Arbeit, die Kapital produziert, [ist] produktiv." (*Grundrisse*, S. 226.) Die dem Kapital adäquate Methode zu dieser Steigerung der Produktivkraft ist die der *relativen* Mehrwertproduktion. Die beiden Formen der Mehrwertproduktion, der absoluten und der relativen, entwickelt Marx im *Kapital* in den Abschnitten III, IV und V (*Kapital I*, S. 192–556). Von der relativen Mehrwertproduktion handelt vor allem der Abschnitt IV „Die Produktion des relativen Mehrwerts" (ebd., S. 331–530). Vgl. auch in den *Grundrissen* die Kapitel „Arbeitsprozeß und Verwertungsprozeß" sowie „Absoluter und relativer Mehrwert" (*Grundrisse*, S. 225–283), in denen Marx auf die Steigerung der Produktivkraft durch die Senkung der notwendigen Arbeitszeit (und damit der Reproduktionskosten der Ware Arbeitskraft) durch Kooperation, Maschine und Industrie eingeht. Zur Steigerung der Produktivkraft durch das „fixe Kapital" vgl. das Kapitel „Fixes Kapital und die Entwicklung der Produktivkräfte der Gesellschaft" (sog. *Maschinenfragment*) in *Grundrisse*, S. 590–609. Zusammengefasst gilt: „Die Produktivkraft, die der Arbeiter als gesellschaftlicher Arbeiter entwickelt, ist daher die Produktivkraft des Kapitals." (*Kapital I*, S. 353.) Ähnl. auch *Kapital II*, S. 43; *Kapital III*, S. 259.

113 *Grundrisse*, S. 594.

114 „Es ist eine der zivilisatorischen Seiten des Kapitals, daß es diese Mehrarbeit in einer Weise und unter Bedingungen erzwingt, die der Entwicklung der Produktivkräfte, der gesellschaftlichen Verhältnisse und der Schöpfung der Elemente für eine höhere Neubildung vorteilhafter sind als unter den frühern Formen der Sklaverei, Leibeigenschaft usw." (*Kapital III*, S. 827.)

lassen. Ohne das Geld könnte dagegen die spezifisch kapitalistische und eigentlich produktive Arbeit ‚vor' aller Arbeit – derjenigen Arbeit, die zur Ersparnis notwendiger Arbeit führt – weder getroffen noch realisiert werden; nur in den quantitativen Bestimmungen des Geldes löst sich diejenige produktive Kraft ein, die aus der Reduzierung notwendiger und der Vergrößerung zusätzlicher Arbeitszeit gewonnen wird, also aus der Steigerung der Produktivkraft der Ware Arbeitskraft. Folgt man dagegen Lukács' Idee eines identischen Subjekt-Objekts, dann müsste die Ware Arbeitskraft im Bewusstsein ihrer Arbeit irgendwie auch die eigene Ersparnis bewirken und ausbeuten sowie irgendwie herausstellen und aufbewahren können. Und das Bewusstsein des Proletariats müsste allein aus sich heraus auch all die anderen genannten Unterscheidungen treffen, durch die im Kapitalismus die gesellschaftliche Bestimmung der Arbeit getroffen wird, jene Unterscheidungen, die durch die Geldfunktionen auf bewusstlose Weise so getroffen und realisiert werden, dass die kapitalistische Gesellschaft durch all die verschiedenen (Privat-)Arbeiten eine Wertsubstanz bilden und ein Selbstverhältnis eingehen kann.

Überhaupt ist Lukács' Idee des Kommunismus: dass das Subjekt der Arbeit im Selbstbewusstsein die eigene gesellschaftliche Bestimmung und die eigene produktive Kraft treffen und für sich realisieren kann, nur möglich, wenn die gesellschaftliche Bestimmung und die produktive Kraft wie eine positiv identifizierbare Qualität der Arbeit vorgestellt werden. Da Lukács aber übersieht, dass die Qualität der Arbeit nur darum identifizierbar zu sein scheint, weil das Geld bestimmte Unterscheidungen trifft und dadurch die Arbeit wie eine identische Qualität realisiert und in Wert setzt, hat seine Kapitalismuskritik einen ganz anderen Status als die von Marx. Lukács' Vorstellung, dass ein Kommunismus durch die bewusste, gar wissenschaftlich-rationale und gesamtgesellschaftliche Anwendung und Planung der Arbeit möglich sei, ist nur dann möglich, wenn diejenigen Bestimmungen, die Marx im Zuge der Entwicklung der Arbeit trifft, nicht als bestimmte Unterscheidungen im Zuge einer *Kritik* der Arbeit ausgelegt werden, sondern wie eine formallogisch-analytische oder gar wissenschaftliche Bestimmung der Arbeit. Nur wenn die Begriffe der abstrakten Arbeit und der Wertsubstanz, der produktiven Arbeit und der Produktivkraft substanzialistisch im Sinne einer objektiven Arbeitswertlehre ausgelegt werden – wie in der damaligen Sozialdemokratie, in der Arbeiterbewegung und im ML, aber eben z. T. auch bei Lukács –, nur dann kann es auch scheinen, als könnten all die Unterscheidungen und Bestimmungen der Arbeit im Prinzip auch durch das Bewusstsein und die Wissenschaft getroffen und durch Selbstorganisation oder durch Sowjets oder den Staat oder sonst irgendeine Instanz geplant werden, sozusagen anstelle des Geldes. So kommt weder in den Blick, dass die Arbeiten nur darum in ein Verhältnis gesellschaftlicher Totalität gesetzt werden können, weil ihre Resultate durch das Geld in Form der Zirkulation an ein und dieselbe Werteinheit gehalten und durch das Realisieren dieser Werteinheit identifiziert werden, noch kommt in den Blick, dass nur das Geld anstelle dieser Werteinheit stehen und die Identifizierung der Waren durchführen kann, noch kommt in den Blick, dass es die gesellschaftliche Bestimmung der Arbeit ineins mit ihrer Realisierung auch entzieht. Zusammengefasst: Nur durch das Geld teilen alle Arbeitsprodukte dieselbe Werteinheit, nur durch das Geld kann es scheinen, als lasse sich die abstrakte Arbeit von der konkreten Arbeit scheiden und als führe sie eine eigenständige Existenz und bilde durch den Wert die rein gesellschaftliche Substanz der gesellschaftlichen Totalität.

Spätestens aber für die ersparte Arbeit kann es endgültig keinen anderen ‚Ort' geben als das Geld. Die ersparte notwendige (und in zusätzliche umgewandelte) Arbeitszeit ist nirgends als solche realisierbar außer im Geld; nur hier kann die überflüssig gewordene, aber zusätzlich verausgabte Arbeitszeit gewonnen und der Gesellschaft zum Überschuss werden. In den *Grundrissen* bezeichnet Marx die Produktion nichtnotwendiger Arbeit sogar als die „wirkliche" Ökonomie: „Die wirkliche Ökonomie – Ersparung – besteht in Ersparung von Arbeitszeit; (Minimum (und Reduktion zum Minimum) der Produktionskosten); diese Ersparung aber identisch mit Entwicklung der Produktivkraft"[115], und mit dieser „wirklichen Ökonomie" ist eine Arbeit verbunden, die endgültig jenseits aller substanzialistisch-essenzialistischen, positiven Vorstellungen von Arbeit liegen muss. Einerseits gibt es hier eine Arbeit, die noch vor der Verwertung von Arbeit und Kapital liegt insofern, als sie die Produktivität dieser Verwertung produziert; sie produziert die zitierte „Ersparung von Arbeitszeit" und entwickelt dadurch die Produktivkraft, die in der Verwertung der Ware Arbeitskraft liegt. Andererseits entzieht sich genau diese ersparte Arbeitszeit jeder wissenschaftlichen wie bewusstseinsmäßigen positiven Identifikation und Aneignung – sie kann allein durch die Maß- und Tauschmittelfunktion des Geldes realisiert und im Gewinn auf eine positive Weise herausgestellt werden.

Nachdem die Bedeutung der Maß- und Tauschmittelfunktion des Geldes für die Realisierung eines durch Arbeit gebildeten Verhältnisses gesellschaftlicher Totalität gezeigt wurde, und nachdem gezeigt wurde, dass die Realisierung nur durch bestimmte Unterscheidungen im Bezug auf die Arbeit gelingt und diese Unterscheidungen vom Geld ebenso bewusstlos wie praktisch getroffen werden müssen, um eine identische gesellschaftliche Substanz zu bilden, gilt es beides zusammenzufassen. D. h. als nächstes ist zu zeigen, auf welche Weise das Geld durch seine Maß- und Tauschmittelfunktion die Arbeiten durch ihre Resultate in ein gesellschaftliches Verhältnis setzt und dadurch die Arbeit einerseits realisiert, andererseits jeder unmittelbaren Verfügung entzieht.

4. Das Maß – Das unverfügbare Mittel, die Gesellschaft in ihr eigenes Verhältnis eintreten zu lassen

Lukács' Idee einer kommunistischen Revolutionierung des Kapitalismus hängt an der Identifikation der gesellschaftlichen Substanz durch ihr Subjekt. Eine Realisierung gesellschaftlicher Totalität, die Marx' *Kapital* zufolge nicht ohne die Maß- und Tauschmittelfunktion des Geldes gegeben ist und hier blind-naturwüchsig funktioniert, erwartet Lukács durch die Konstituierung des Proletariats als selbstbewusster Klasse, und zwar indem die Ware Arbeitskraft qua Selbstbewusstsein einen unmittelbaren

[115] *Grundrisse*, S. 607.

Bezug auf die gesellschaftliche Bestimmung ihrer Arbeit nimmt, mithin auf die Bildung gesellschaftlicher Totalität.
Daran wurde zunächst kritisiert, dass Lukács übersieht, dass die Warenform im Geld je aufgehoben ist. Während die gewöhnlichen, allgemeinen Waren in der Werteinheit, für die das Geld steht, auf bewusstlose Weise ein Selbstbewusstsein für sich haben, nimmt die besondere Ware Arbeitskraft für ihre Arbeit den Standpunkt einer maßgeblichen Werteinheit ein und steht insofern auf dem Standpunkt des Geldes; die Ware Arbeitskraft muss mithin bereits den Standpunkt gesellschaftlicher Totalität einnehmen, wenn auch unbewusst und hinter ihrem Rücken, um von diesem Standpunkt her auf die gesellschaftliche Bestimmung ihrer Arbeit zurückzukommen.
Um auf dem von Lukács anvisierten Weg zum Kommunismus zu kommen, müsste das in der Unmittelbarkeit befangene Bewusstsein des Proletariats zu demjenigen Totalitätsbewusstsein kommen, das im Kapitalismus allen Waren, den allgemeinen Waren wie der besonderen Ware Arbeitskraft, durch das Geld auf bewusstlose Weise zukommt. Im Bewusstsein seiner Arbeit müsste dem Proletariat unmittelbar das Maß des gesellschaftlichen und geschichtlichen Prozesses gegeben sein, und dasselbe Bewusstsein müsste ihm des Weiteren das Mittel sein, sich unmittelbar mit seiner Praxis, ihrer Produktivkraft und der Vielfalt ihrer einzelnen Resultate zu identifizieren und dadurch die gesamte Gesellschaft bewusst in Bestimmung zu setzen. Auf den Punkt gebracht: Das Proletariat müsste zum Idealismus des Geldes kommen. Denn im Kapitalismus ist das Geld ja gerade Ausdruck der Verlegenheit, dass die Gesellschaft weder unmittelbar durch die Natur noch durch die Arbeit noch durch das Bewusstsein oder das Wissen ins Verhältnis gesetzt wird und ein Selbstverhältnis eingehen kann. Die Gesellschaft muss vielmehr immer schon durch eine ausgesonderte Geldware, durch die wiederum eine übersinnlich-ideelle Werteinheit anwesend wird, von sich selbst getrennt und entfremdet sein, damit durch diese Einheit die Resultate der Arbeit realisiert werden und die Gesellschaft dadurch wiederum in ihr eigenes Verhältnis eintreten kann.
Gemäß der bisherigen Kritik an Lukács scheint es daher, als könne die kapitalistische Gesellschaft ihre Bestimmungen durch das Geld in genau der Weise erfahren, die von Lukács kritisiert wird: auf unmittelbare und verdinglichte, entfremdete und kontemplative Weise – nämlich allein, indem das Geld auf dem Standpunkt einer von aller Empirie abgelösten, ideellen Werteinheit steht und die kapitalistische Gesellschaft alle Arbeiten und Waren durch das Geld an diese Einheit wie an ein Selbstbewusstsein hält. Ausgerechnet indem das Geld für eine rein *ideelle*, abgelöste und insofern rein kontemplative Werteinheit steht, nimmt irgendetwas Materielles, irgendeine beliebige Geldware, auf *praktische Weise* zum gesellschaftlichen Verhältnis der Arbeiten und ihrer Resultate Stellung.
Insofern wird die Überwindung der Verdinglichung und falschen Unmittelbarkeit, die Lukács von der praktischen Selbsterkenntnis des identischen Subjekt-Objekts erwartet, bereits durch das Geld in der kapitalistischen Gesellschaft erledigt. Lukács könnte sich in seiner Kritik der Unmittelbarkeit demnach mit dem Geld einig wissen; jedenfalls wird hier, im Geld, der rein kontemplative Standpunkt, der Lukács zufolge im

bürgerlichen Bewusstsein vereinzelt, entfremdet und unpraktisch bleibt (und der in Kants Verstandesvermögen und in Hegels absolutem Geist einen nur ideell-geistigen Ausdruck findet), *praktisch*.[116]

Durch die Entwicklung der ersten beiden Geldfunktionen lässt sich zum einen exakt bestimmen, wo dieser Umschlag einer äußerlich-kontemplativen Anschauung in die praktische Vermittlung und Realisierung gesellschaftlicher Objektivität stattfindet. Zum anderen lässt sich zeigen, dass er nicht allein im Geld, sondern auch im Denken stattfindet. Oder vielmehr ist das Geld nicht nur, wie in der bisherigen Betrachtung, die vom Bewusstsein der Subjekte abgesehen hat, als bewusstlose Form des gesellschaftlichen Verhältnisses der Arbeit und der Waren zu betrachten, vielmehr bringt dasselbe Geld auch bestimmte Denknotwendigkeiten hervor, ja es *ist* ebenso Denkform.

Was den Übergang der äußerlich-kontemplativen Reflexion in eine praktische Vermittlung und Realisierung angeht, so findet er in der Verschränkung der ersten zwei Funktionen des Geldes statt. Und es ist dieser Übergang, mit dem auch bestimmte Denknotwendigkeiten eintreten: Die *Idealität* des Geldes als Maß des Werts, durch die es alle Waren nur *spekulativ* identisch setzt und ihrer Identität als Werte derselben Qualität aussetzt, diese Idealität und spekulative Identität wird vom Geld selbst negiert durch seine *Realität* als Tauschmittel. Marx:

> Die doppelte Bestimmung des Geldes als 1. *Maß* oder Element, worin die Ware als Tauschwert realisiert wird, und seine Bestimmung als 2. *Tauschmittel*, Zirkulationsinstrument, wirken in ganz verschiedner Richtung. Das Geld zirkuliert nur Waren, die *ideell*, nicht nur im Kopf des einzelnen, sondern in der Vorstellung der Gesellschaft [...] schon in Geld verwandelt sind. Diese ideelle Verwandlung in Geld und die reelle sind keineswegs durch dieselben Gesetze bestimmt.[117]

Die ideelle Werteinheit, für die das Geld steht, tritt im Tausch in zweifacher Hinsicht praktisch ein und gibt durch die Realisierung des gesellschaftlichen Verhältnisses der Waren als Werte die Objektivität der Gesellschaft buchstäblich *zu denken*. Zum einen muss die Werteinheit, für die das Geld steht, das Verhältnis der Waren wie einen gegebenen Gegenstand und wie in einer äußeren Reflexion realisieren; zum anderen muss sich die Werteinheit dadurch so im Wertverhältnis einlösen, dass das Geld immer ein bestimmtes, je endliches Quantum zu sein und zum realisierten Verhältnis eine Entsprechung zu bilden scheint. Marx beschreibt das Verhältnis zwischen der ideellen Werteinheit und ihrer Realisierung des Wertverhältnisses der Waren so:

> Das Geld als Maß, als Element der Preisbestimmung, als messende Einheit der Tauschwerte bietet also das Phänomen dar, daß es 1. nur als vorgestellte Einheit nötig ist [...]; 2. daß, während es so nur ideell gesetzt zu sein braucht [...], es gleichzeitig als einfaches Quantum der natürlichen Substanz, in der es sich darstellt, als ein bestimmtes als Einheit angenommnes Gewicht Gold, Silber etc., den Vergleichspunkt, die Einheit, das Maß abgibt. [...] Gehn wir aber nun zur zweiten Bestimmung des Geldes über, als Tauschmittel und Verwirklicher der Preise, so haben wir gefunden, daß es hier in einer

---

116 Vgl. Lukács' Ausführungen zum Begriff des Absoluten in der Philosophie, *GuK*, S. 320ff. (203ff.).
117 *Grundrisse*, S. 118–119.

bestimmten *Quantität* vorhanden sein muß; daß das als Einheit gesetzte Gewicht Gold oder Silber in einer bestimmten Anzahl nötig ist, um dieser Bestimmung adäquat zu sein.[118]

Eine maßgebliche Einheit wird durch das Geld also – „nicht nur im Kopf des einzelnen, sondern in der Vorstellung der Gesellschaft" – nur ideell in Anspruch genommen; sie muss durch das Geld buchstäblich vor-gestellt oder voraus-gesetzt werden. Aber dieselbe ideelle Werteinheit muss, um Realität zu sein und maßgeblich zu werden, als Tauschmittel praktisch eingesetzt werden. Sie muss durch das Geld in die Warenwelt eintreten und das rein gesellschaftliche Verhältnis der Waren realisieren, und dadurch ist das Geld nicht nur irgendeine beliebige ausgeschlossene Ware, die für diese ideelle Werteinheit da ist, sondern durch das Geld ist etwas da, das jene ideelle Werteinheit auf praktische Weise mit dem gesellschaftlichen Verhältnis der Waren identifiziert und dadurch ihr gesellschaftliches Verhältnis auf eine endliche Weise einlöst; darum ist das Geld, wie Marx im Zitat sagt, immer eine „bestimmte Quantität". Irgendetwas muss für diese vorgestellte Werteinheit stehen und den „Vergleichspunkt" bilden, sei es Silber, Gold oder irgendetwas anderes, und dasselbe Etwas muss dadurch die Werteinheit der Waren in Form des Austauschs der Waren praktisch umsetzen und sie verendlichen: „Im unsichtbaren Maß der Werte lauert das harte Geld."[119]

Auf den Übergang des Maßes ins Tauschmittel und auf die Notwendigkeit, dass etwas buchstäblich für das Maß steht, wird im nächsten Kapitel über Adorno noch ausführlich eingegangen. Hier kommt es nur auf diesen Übergang von Idealität und Praxis an: Als Maß nimmt das Geld den Standpunkt einer ideellen Werteinheit ein, es nimmt mithin eine kontemplativ-ideelle, passiv-rationalisierende Stellung gegenüber der gesamten Warenwelt ein, ganz so, wie Lukács das dem rationalisierenden, warenförmigen Verstandesdenken, aber auch Hegels Weltgeist vorwirft. Aber dieselbe abgelöste, ideelle Werteinheit, für die das Geld als Maß steht, muss als Tauschmittel der Waren als reales Ding zwischen den Waren verkehren und ihre gesellschaftliche Bestimmung auf ebenso bewusstlose wie praktische Weise erfahren.

Im Eintreten des Maßes als Tauschmittel tritt aber auch hervor, dass das Geld nicht nur eine bewusst*lose* gesellschaftliche Vermittlung ist, sondern bestimmte Denknotwendigkeiten und „gesellschaftlich gültige, also objektive Gedankenformen"[120] hervorbringt. Im obigen Zitat sagt Marx ja bereits, dass das Geld nur Waren zirkuliert, „die nicht nur im Kopf des Einzelnen, sondern in der Vorstellung der Gesellschaft schon in Geld verwandelt sind". Die Waren müssen also in der Vorstellung des einzelnen Kopfes, aber auch „in der Vorstellung der Gesellschaft" im Geld je spekulativ identisch gesetzt sein. Das ideelle Gleichsetzen und das Verwandeln, ob in der Vorstel-

---

118 *Grundrisse*, S. 137.
119 Marx: Zur Kritik, S. 54. Auf den folgenden Seiten von *Zur Kritik der Politischen Ökonomie* tritt das Besetzen der maßgeblichen Werteinheit durch eine ausgesonderte und fixierte Geldware und die Realisierung der Maßfunktion durch die Praxis des Tauschmittels deutlicher hervor als in den anderen Versionen, die den Zusammenhang zwischen dem Wert und der Maß- und Tauschmittelfunktion des Geldes darstellen (das sind vor allem die *Grundrisse* sowie das *Kapital* Bd. I in der ersten Auflage sowie in der endgültigen Fassung).
120 *Kapital I*, S. 90.

lung des Kopfes oder „der Gesellschaft", realisieren sich dann aber nur, wenn dieselbe Werteinheit auch zum praktischen Mittel der Erfahrung wird, und zwar wieder sowohl für den „Kopf des Einzelnen" wie „in der Vorstellung der Gesellschaft":

> Jeden Augenblick, im Rechnen, Buchführen etc. verwandeln wir die Waren in Wertzeichen, fixieren wir sie als bloße Tauschwerte [...]. Auf dem Papier, im Kopf geht diese Metamorphose durch bloße Abstraktion vor sich; aber im wirklichen Umtausch ist eine wirkliche *Vermittlung* notwendig, ein Mittel, um diese Abstraktion zu bewerkstelligen. [...] Die Waren werden im Kopf erst und in der Sprache in bars verwandelt, bevor sie sich gegeneinander austauschen.[121]
> Ich setze jede der Waren = einem Dritten; d.h. sich selbst ungleich. Dies Dritte, von beiden verschieden, da es ein Verhältnis ausdrückt, existiert zunächst im Kopfe [...]. Zum bloßen Vergleichen [...], zu ihrer ideellen Wertbestimmung, reicht es hin, diese Transformation im Kopfe vorzunehmen [...]. Beim Vergleichen der Waren reicht diese Abstraktion hin; beim wirklichen Austausch muß die Abstraktion wieder vergegenständlicht, symbolisiert, durch ein Zeichen realisiert werden.[122]

Direkt im Anschluss zeigt Marx, dass das Geld durch dieses Umtauschen der Idealität in Realität den Subjekten das gesellschaftliche Verhältnis der Waren zu Bewusstsein bringt *und* dass auch die Ware im Geld auf bewusstlose Weise gleichsam zum Bewusstsein ihres gesellschaftlichen Verhältnisses kommt. Alle Waren kommen durch das Geld zu ‚ihrem' Bewusstsein, insofern, als sie einen ideellen Ausdruck und eine praktische Repräsentation für sich haben, und diese Repräsentation wird ihnen zur eigenständigen Existenzform eines gemeinsamen Verhältnisses:

> Die Ware wird in Tauschwert verwandelt. Um sie sich selbst als Tauschwert gleichzusetzen, wird sie mit einem Zeichen vertauscht, das sie als den Tauschwert als solchen repräsentiert. Als solcher symbolisierter Tauschwert kann sie dann wieder in bestimmten Verhältnissen mit jeder andren Ware ausgetauscht werden. Dadurch, daß das Produkt Ware und die Ware Tauschwert wird, erhält es erst im Kopfe eine doppelte Existenz. Diese ideelle Verdopplung geht (und muß dazu fortgehen), daß die Ware im wirklichen Austausch doppelt erscheint: als natürliches Produkt auf der einen Seite, als Tauschwert auf der andren. D.h., ihr Tauschwert erhält eine materiell von ihr getrennte Existenz.[123]

Fasst man die Realisierung und praktische Umsetzung des rein gesellschaftlichen Verhältnisses zusammen, so stellt das Geld in seiner Maß- und Tauschmittelfunktion durch die Realisierung einer ideell-übersinnlichen Werteinheit gesellschaftliche Objektivität her, aber diese Realisierung der Objektivität kommt einer Subjektivität gleich, die zwiespältig ist, weil sie im bewussten Denken *und* in einem bewusstlosen Ding existiert. Es gibt somit eine Subjektivität, die zur objektiv gültigen Identifikation aller dinglichen Einzelerscheinungen praktisch fähig ist und sie auf den Zusammenhang der Arbeiten hin durchschaut, aber diese Subjektivität kommt nicht dem Selbstbewusstsein der Ware Arbeitskraft und nicht dem Zusammenfallen von Klassen- und Totalitätsbewusstsein zu, sondern dem Selbstbewusstsein der Waren, dem Geld, das für eine ideelle Einheit steht und dadurch sowohl bewusstlos und überindividuell funktioniert als auch im Denken und Handeln all der einzelnen Subjekte anwesend

---

121 *Grundrisse*, S. 77.
122 *Grundrisse*, S. 78.
123 *Grundrisse*, S. 79–80.

ist. Marx hat in einer vielzitierten Formulierung zusammengefasst, wie das einzelne Bewusstsein in der kapitalistischen Gesellschaft durch sein gesellschaftliches Handeln gleichsam für den Standpunkt des Geldes Partei ergreift und sich auf den Standpunkt einer ideellen Werteinheit stellt: „Indem sie ihre verschiedenartigen Produkte einander im Austausch als Werte gleichsetzen, setzen sie ihre verschiednen Arbeiten einander als menschliche Arbeit gleich. Sie wissen das nicht, aber sie tun es."[124] Im ideellen (Maß) und im praktischen (Tauschmittel) Bezug auf das Geld wird von den Warenbesitzern also nicht nur das Identische in Anspruch genommen, das durch die Vermittlung des gesellschaftlichen Verhältnisses der Arbeiten und der Waren Realität wird; das Geld ermöglicht dem rein kontemplativen, äußerlich-reflektierenden Standpunkt der Warenbesitzer auch die *praktische* Identifizierung und Realisierung ihrer Arbeiten. In dieser Identifizierung kommt das Geld im subjektiv *und* objektiv gültigen Verschränken von Idealität und Realität Lukács' identischem Subjekt-Objekt gleichsam zuvor.

Indes gerät die Kritik an Lukács an dieser Stelle in eine Verlegenheit. Während Lukács für das Proletariat einen Standpunkt der Kritik beansprucht, der über die warenförmige Vermittlung hinausgehen und sie als Entfremdung, Verdinglichung und irrationale Form ausweisen soll, kann die Kritik an Lukács zwar nun dessen Idee eines identischen Subjekt-Objekts der Geschichte auf das Geld zurückführen. Sie kann zeigen, dass die warenförmige Vermittlung in den Funktionen des Geldes bereits aufgehoben ist, und dass das Geld sogar eine ebenso ideelle wie praktische Identifizierung gesellschaftlicher Totalität schon im Kapitalismus durchführt und eine Objektivität realisiert, die es zugleich zu denken gibt. Die Kritik des Geldes führt aber nicht zum wahren Subjekt-Objekt, als ob das Geld bereits im Kapitalismus diejenige rationale Totalität verwirklichen würde, die Lukács vom Selbstbewusstsein der Ware Arbeitskraft erwartet. Die Kritik des Geldes trifft umgekehrt auf eine Verschränkung von Subjektivität und Objektivität, die sich einer eindeutigen Zuordnung entzieht. Allein die Verschränkungen, dass die selbständige Form des Werts im Geld einerseits in einem Ding existiert und hier bewusstlos funktioniert, andererseits das Geld aber auch im Denken und Handeln anwesend wird (und hier wiederum als maßgebliche universelle Einheit nur ideell und hinter dem Rücken der Subjekte in Anspruch genommen und als Mittel des Austausches zwar praktisch realisiert wird, aber dann nur durch ein vereinzeltes Handeln eintritt), allein diese Verschränkung führt die bislang an Lukács geübte Kritik eher in die Verlegenheit, *kein* wahres identisches Subjekt-Objekt präsentieren zu können.

---

124 *Kapital I*, S. 88. Marx führt im Folgenden aus, wie die Warenbesitzer im Austausch ihrer Waren auf praktische Weise für den Standpunkt des Geldes Partei ergreifen, nämlich indem die Warenbesitzer sich als Personifikationen ihrer Ökonomie zueinander verhalten. Wir müssen uns daher, in Marx' Worten, nach den „Hütern" umsehen, die „sich zueinander als Personen verhalten, deren Willen in jenen Dingen haust", deren Willen also nicht zu trennen ist von dem zuvor analysierten wertförmigen Verhältnis der Dinge (*Kapital I*, S. 99).

Die Frage, ob eine Identifizierung der Totalität gesellschaftlicher Vermittlung bereits im Kapitalismus durch das Geld gelinge, ist daher verkehrt gestellt. Die Frage ist umgekehrt, ob dieser Identifikationsprozess des Geldes nicht lediglich als eine *Kritik* warenförmiger Vermittlung und Verdinglichung nachzuvollziehen sei, und zwar im Sinne eines Nachvollzugs derjenigen Identifikation, die auf bewusstlose Weise durch das Geld erledigt wird. Marx' Darstellung des Geldes wäre dann als diejenige Kritik wert- und warenförmiger Vermittlung zu lesen, die das Geld durch seine Funktionen selber vollziehen muss, wenn auch bewusstlos, so doch praktisch. Marx würde dann im Grunde die kapitalistische Gesellschaft *überhaupt nicht bestimmen*. Er bestimmt sie nicht durch eine Theorie oder Wissenschaft im herkömmlichen Sinne, ja, er bestimmt sie überhaupt nicht in einem *positiven* Sinne – aber er zeigt, auf welche Weise sich die kapitalistische Gesellschaft durch das Geld selbst bestimmen muss. Der ebenso negative wie unhintergehbare Grundzug seiner Kritik läge demnach darin, dass er die Gesellschaft zwar nicht direkt darstellt, aber er stellt dar, auf welche Weise den Geldfunktionen das gesellschaftliche Verhältnis der Arbeiten durch ihre Resultate, die Waren, zum Gegenstand wird und wie sie es auf blinde und naturwüchsige und doch objektive Weise durch Werte realisieren und darstellen. Marx' Kritik kann demnach die Gesellschaft zum Gegenstand machen, indem sie sich sozusagen auf den Standpunkt des Geldes stellt, um von dessen Standpunkt aus die Gesellschaft zu betrachten. Oder vielmehr betrachtet er, wie die Gesellschaft dem Geld zum Gegenstand wird. Wenn Marx' Kritik diesen ‚Standpunkt' des Geldes einnimmt, so ist das keineswegs gleichzusetzen mit dem Standpunkt des Wissens, gar eines absoluten Wissens. Vielleicht können wir sogar im Gegenteil durch Marx' Entwicklung des Geldes die kapitalistische Ökonomie überhaupt nicht begreifen, vielleicht bleibt sie unserem Wissen so unbegreifbar, wie sie einer kollektiven gesellschaftlichen Praxis letztlich unverfügbar bleibt. Aber wir begreifen, wie die Gesellschaft sich durch die Funktionen des Geldes praktisch vermittelt und wie sie sich auf eine naturwüchsige Weise objektiv gültig realisieren und insofern begreifen muss. Und über den Umweg dieser Entwicklung des Geldes begreifen wir dann auch sozusagen indirekt, warum die kapitalistische Ökonomie dem Wissen wie der praktischen Verfügung entzogen ist, warum sich die gesellschaftliche Bestimmung der Arbeit und der Zusammenhang der Dinge entziehen.

Marx' Kritik des Doppelcharakters der Arbeit und der Ware sowie die Analyse der einfachen Wertform der Ware wäre dann gleich zu Anfang des *Kapitals* in dasjenige bewusstlose Selbstbewusstsein versetzt, das die Arbeiten und die Waren im Geld für sich haben. Dadurch wird im Geld, und nicht im Standpunkt des Proletariats und in der gesellschaftlichen Bestimmung seiner Praxis, die Kritik der Warenform und überhaupt der kapitalistischen Totalität eingeholt. Auch Lukács' Kritik der Unmittelbarkeit wird dadurch erledigt, denn die Unmittelbarkeit wird als eine je durch das Geld in Bestimmung gesetzte und vermittelte Unmittelbarkeit erwiesen: Alle Arbeiten und alle Waren sind durch den Bezug auf das Maß demjenigen ideellen Selbstverhältnis ausgesetzt, das durch die Tauschmittelfunktion des Geldes realisiert wird, und vermittelst dieser Realisierung tritt die gesellschaftliche Unmittelbarkeit ein. Das Geld sorgt dadurch einerseits für ein Bewusstsein, das von Marx als ‚notwendig falsch' kritisierte wird, nämlich für Vorstellungen, nach denen der Wert unmittelbar den Dingen an-sich oder unmittelbar der Arbeit an-sich zukommt, es sorgt also für den „gegenständlichen Schein der gesellschaftlichen Arbeitsbestimmungen",[125] mithin für die „sachliche[n] Verhältnisse der Personen und gesellschaftliche[n] Verhältnisse der Sachen"[126]. Andererseits ist aber auch die Kritik solcher Vorstellung nur durch die Kritik des Geldes gegeben.

5. Die Identität des gesellschaftlichen Verhältnisses im Geld

Löst das Geld durch seine Maß- und Tauschmittelfunktion einerseits eine ideelle Werteinheit unmittelbar im Verhältnis der Waren ein und erzeugt es dadurch andererseits in der gesellschaftlichen Realität den von Lukács kritisierten Schein unmittelbar gegebener, zerstreuter und zufälliger Einzeltatsachen, dann versteht es sich von selbst, dass die Kritik an Lukács' Idee, der zufolge eine solche Auf- und Einlösung durch das Totalitätsbewusstsein der Ware Arbeitskraft gelingen könnte, sich als nächstes dem Geld und seiner Form der Ein- und Auflösung gesellschaftlicher Unmittelbarkeit zuwenden muss. Dafür muss gezeigt werden, wie das Geld die maßgebliche Werteinheit so in die gesellschaftliche Unmittelbarkeit ein- und auflöst, dass es in den Waren das Verhältnis der Arbeiten realisiert und dadurch die Identität der gesellschaftlichen Totalität ‚erfährt'.

5.1 Das Einspringen des Geldes für das Selbstverhältnis der Gesellschaft

Bislang trifft das Geld als Maß und Tauschmittel die gesellschaftliche Bestimmung der Arbeit, indem es eine übersinnliche, rein negative Werteinheit zur Realisierung der Resultate der Arbeit in Anspruch nimmt, sodass alle Arbeiten durch ihre Resultate ein gemeinsames gesellschaftliches Sein teilen müssen. Dadurch haben beide, die Arbeit und die Ware, ihre spekulative Identität sowie das Mittel zur Realisierung derselben im Geld in einer eigenständigen Existenz außer sich.

Diese Realisierung der Arbeit durch den Austausch ihrer Resultate wird zur *Form* der gesellschaftlichen Identität. Das Eigentümliche ist der Inhalt dieser Form, also *was*, welche Qualität das Geld realisiert und als Substanz des Werts zur Identität des gesellschaftlichen Verhältnisses werden lässt. Das Geld realisiert als Wertsubstanz nämlich weder irgendwelche Eigenschaften der konkreten Arbeiten, etwa ihre physische oder ihre geistige Kraft, noch realisiert es die gebrauchswertige Bestimmung oder die stoffliche Beschaffenheit ihrer Resultate, der Waren. Im Gegenteil, das Geld löst das gesellschaftliche Verhältnis der Arbeiten ein, indem es alle ihre Resultate, alle Waren, auf immer ein und dieselbe ideelle Einheit bezieht, ganz so, als würde das Geld eine ideelle Werteinheit in Form der Vermittlung der Waren unmittelbar in deren Verhältnis

---

125 *Kapital I*, S. 97; ähnl. auch S. 86.
126 *Kapital I*, S. 87.

einlösen (sozusagen *in* ihre Unmittelbarkeit), und ganz so, als würde es dadurch auch die Arbeiten dieser Einheit unterziehen und ihr Verhältnis realisieren.

Hier kann noch nicht vertieft werden, auf welche Weise das Maß mit der gemessenen Qualität verschränkt ist und auf welche Weise die Form der Messung die gemessene Qualität gleichsam mit sich bringt und eine rein gesellschaftliche Substanz bildet. Es kann aber bereits festgehalten werden, dass die durch das Geld gebildete Wertsubstanz, nach Marx die „abstrakte Arbeit", nichts mit den konkreten Eigenschaften der Arbeit und nichts mit ihrer physischen oder geistigen oder immateriellen Gestalt zu tun hat. Die Arbeiten müssen vielmehr, indem ihre Resultate durch den Austausch gegen Geld auf immer ein und dieselbe ideelle Einheit bezogen werden, nicht nur immer ein und dieselbe ideelle Einheit durch bestimmte Werte teilen, das Geld hält diese Werteinheit auch in der *Zeit* identisch, ja es hält gleichsam die Zeit als solche identisch oder zeitlos. Entsprechend teilen die Waren mit der Einheit auch immer ein und dieselbe Zeit, und wenn sie im Teilen der Einheit als endliche Werte hervorgehen, so treten sie dadurch *in* die Zeit ein und teilen ein und dasselbe zeitliche Verhältnis. Das Realisieren dieser Einheit im Wertverhältnis bildet somit eine Wertsubstanz, die in den Wertgrößen der Waren letztlich ein zeitliches Verhältnis expliziert, und da das Geld durch die Waren auch alle warenproduzierenden Arbeiten gleichsam rückwirkend und retroaktiv ins Verhältnis setzt, sorgt es dafür, dass es letztlich die Arbeiten sind, die durch die Vermittlung ihrer Resultate dasjenige Verhältnis eingehen, das der kapitalistischen Gesellschaft zu einem zeitlichen Selbstverhältnis wird.

Marx stellt diesen inneren Zusammenhang zwischen Arbeit, Zeit und Wert immer wieder her, auch wenn er die Realisierung dieser inneren Verbindung nicht explizit auf das Geld zurückführt. Er sagt allerdings auch, dass dieses Verhältnis über sich hinausgeht und gleichsam gerichtet ist:

> So entscheidend es für die Erkenntnis des Werts überhaupt, ihn als bloße Gerinnung von Arbeitszeit, als bloß vergegenständlichte Arbeit, so entscheidend ist es für die Erkenntnis des Mehrwerts, ihn als bloße Gerinnung von Surplusarbeitszeit, als bloß vergegenständlichte Mehrarbeit zu begreifen.[127]

Auch wenn auf diese „Ökonomie der Zeit"[128] erst später genauer eingegangen wird, so gilt es unbedingt darauf zu bestehen, dass die Verbindung von Arbeit und Zeit durch das Geld realisiert wird und dass das Geld diese Verbindung im Wertverhältnis der Waren herausstellt. Allerdings muss das Geld nicht nur für die Realisierung der Wertsubstanz und ihre Explikation in den Wertgrößen der Waren einspringen, sondern auch für die zitierte Surplusarbeitszeit, also für die Realisierung eines Mehrwerts und die Bildung von Kapital – nur das Geld kann das Verhältnis der Waren durch Werte realisieren *und* zugleich durch die Realisierung eines Gewinns darüber hinausgehen. Wie ist das zu verstehen?

---

127 *Kapital I*, S. 231. Bezogen auf die Quantität des Werts als bestimmte *Größe*: „Es ist also nur das Quantum gesellschaftlich notwendiger Arbeit oder die zur Herstellung eines Gebrauchswerts gesellschaftlich notwendige Arbeitszeit, welche seine Wertgröße bestimmt." (*Kapital I*, S. 54).
128 *Grundrisse*, S. 105.

Das Ein-springen des Geldes für das Ent-springen eines Gewinns und die Bildung von Kapital ist wörtlich zu verstehen. Weil das Kapital „nicht aus der Zirkulation entspringen kann, und [...] ebensowenig aus der Zirkulation nicht entspringen"[129] kann, das Geld aber im Austauschen und Zirkulieren der gewöhnlichen Waren letztlich nur eine Äquivalenzrelation realisiert, ein bloßes Entsprechungsverhältnis zwischen den Waren, darum kann Marx zufolge das Kapital nur derjenigen besonderen Ware entspringen, die das Wertverhältnis aller anderen Waren hervorbringt *und* darüber zugleich hinausgeht und für die Bildung von Kapital sorgt: der Ware Arbeitskraft. Im Austausch der Ware Arbeitskraft mit dem Kapitalisten gehen beide ein Verhältnis ein, dem sowohl die Äquivalenzrelation der Warenwerte entspringt, aber auch eine Nicht-Äquivalenz, ein Gewinn:

> Der Austausch also, der zwischen Kapitalist und Arbeiter vorgeht, ist also vollständig den Gesetzen des Austauschs entsprechend; aber nicht nur entsprechend, sondern seine letzte Ausbildung. Denn solang das Arbeitsvermögen nicht selbst sich austauscht, beruht die Grundlage der Produktion noch nicht auf dem Austausch, sondern der Austausch ist bloß ein enger Kreis, der auf dem Nichtaustausch als seiner Basis ruht, wie in allen der bürgerlichen Produktion vorhergehenden Stufen. Der Gebrauchswert des Werts aber, den der Kapitalist eingetauscht hat, ist selbst das Element der Verwertung und ihr Maß, die lebendige Arbeit und Arbeitszeit, und zwar mehr Arbeitszeit als vergegenständlicht ist im Arbeitsvermögen, d. h. mehr Arbeitszeit, als die Reproduktion des lebendigen Arbeiters kostet. Dadurch, daß also das Kapital das Arbeitsvermögen als Äquivalent eintauscht, hat es die Arbeitszeit – soweit sie über die im Arbeitsvermögen enthaltne hinausgeht – ohne Äquivalent eingetauscht; sich fremde Arbeitszeit *ohne Austausch* vermittelst der *Form* des Austauschs angeeignet.[130]

Auf diesen Austausch zwischen Arbeiter und Kapitalist, die für Arbeit und Kapital stehen, führt Marx diejenige Substanz zurück, die durch die Maß- und Tauschmittelfunktion des Geldes realisiert wird. Es muss also letztlich dieses produktive Verhältnis von Arbeit und Kapital sein, das sich in den Waren verendlicht und durch das Geld so realisiert wird, dass die abstrakte Arbeit der konkreten Arbeit und ihren Produkten „entspringt" und durch das Geld eine selbständige Form erhält. Für dieses Entspringen *muss* nun das Geld einspringen; nur das Geld kann eine ideelle Werteinheit für die Realisierung des Verhältnisses von Arbeit und Kapital in Anspruch nehmen und dadurch die Wertsubstanz bilden. Noch mehr gilt die Notwendigkeit dieses Einspringens aber für die Nicht-Äquivalenz, also für das Hinausgehen der besonderen Ware Arbeitskraft über die von ihr produzierten Warenwerte. Während das Geld im Zuge des Austauschens der gewöhnlichen, allgemeinen Waren lediglich ein Entsprechungsverhältnis zwischen Äquivalenten herstellt und darüber auch die zur Produktion der Waren notwendigen Arbeiten in eine Relation der Entsprechung bringt, muss es außerdem, sozusagen noch darüber hinaus, für die zusätzliche Arbeitszeit einspringen, damit der Form des Warentauschs auch eine *Nicht*-Äquivalenz entspringt. Obwohl die gesamte verausgabte Arbeitszeit in all den Waren unterschiedslos verendlicht zu sein scheint und sich, wenn die Waren durch das Geld realisiert wurden, dann ebenso

---

129 *Kapital I*, S. 180.
130 *Grundrisse*, S. 574–575; zum Entspringen des Mehrwerts vgl. auch *Grundrisse*, S. 240ff. sowie *Kapital I*, S. 181–191.

unterschiedslos in ihrem Wertverhältnis aufzuhalten scheint, kann doch die zusätzliche Arbeitszeit einzig und allein vom Geld realisiert und als Nicht-Äquivalenz in einem Gewinn, geschieden von den Waren, extra herausgestellt werden. So sehr dieser Gewinn der besonderen Ware Arbeitskraft entspringt und ihrer zusätzlichen Arbeitszeit geschuldet ist, sodass aller Gewinn in letzter Instanz auf ausgebeuteter zusätzlicher Arbeitszeit beruht,[131] und so sehr auch diese zusätzliche Arbeitszeit, genau wie alle andere Arbeitszeit, in den Waren unterschiedslos verendlicht ist, so sehr kann doch nur das Geld diese zusätzliche Arbeitszeit von der Äquivalenzrelation der Waren so trennen, als ob es einen Mehrwert ausbeutete und im Profit herausstellte. Darum muss also das Geld für das Ent-springen des Mehrwerts im Wortsinn einspringen. Die zusätzliche Arbeitszeit kann als Gewinn und Überschuss einerseits nicht im Äquivalenzverhältnis der gewöhnlichen Waren aufgehen, andererseits hat sie aber außer den Waren keinen ‚Ort' für sich. Sie könnte sich ohne das Geld nirgends aufhalten, sie könnte ohne das Geld nicht bewahrt und der Gesellschaft zum Überschuss werden.

5.2 Die Naturalisierung und Verdinglichung der Zeit durch Geld

Für die Kritik an Lukács gilt es die Bedeutung der maßgeblichen Werteinheit für die Realisierung der gesellschaftlichen Bestimmung und der produktiven Kraft der Arbeit weiter zu verfolgen.

Das Geld ist nicht nur notwendig für die bislang gezeigt Realisierung, an ihr macht Marx auch eine ‚erste' und grundlegende Verkehrung fest, die Lukács unkritisch aufnimmt. Marx nimmt einerseits eine kritische Denaturalisierung scheinbar unveräußerlicher und unverlierbarer Natureigenschaften des Arbeiters und der Arbeit vor.[132]

---

131 „Mehrwert ist überhaupt Wert über das Äquivalent hinaus." (*Grundrisse*, S. 243.) „Die Summe der zirkulierenden Werte kann offenbar durch keinen Wechsel ihrer Verteilung vermehrt werden […]. Werden Äquivalente ausgetauscht, so entsteht kein Mehrwert, und werden Nicht-Äquivalente ausgetauscht, so entsteht auch kein Mehrwert." (*Kapital I*, S. 177–178.) „Die Zirkulation oder der Warentausch schafft keinen Wert". (*Kapital I*, S. 178.) „Es hat sich gezeigt, daß der Mehrwert nicht aus der Zirkulation entspringen kann, bei seiner Bildung also etwas hinter ihrem Rücken vorgehn muss, das in ihr selbst unsichtbar ist." (*Kapital I*, S. 179.) „Die Verwandlung des Geldes in Kapital ist auf Grundlage dem Warentausch immanenter Gesetze zu entwickeln, so daß der Austausch von Äquivalenten als Ausgangspunkt gilt." (*Kapital I*, S. 180.) Die Unmöglichkeit der Bildung von Wert und Mehrwert durch die Zirkulation behandelt Marx im *Kapital* in Abschnitt II, Kap. 4, unter „2. Widersprüche der allgemeinen Formel", nachdem er zuvor, unter „1. Die allgemeine Formel des Kapitals", die vollständige Kapitalform, G-W-G', bestimmt hat, vgl. *Kapital I*, S. 170–181; vgl. auch *Grundrisse*, S. 531 ff. Auf welche Weise das Gesetz der Warenproduktion und Warenzirkulation: der Austausch zu qualitativ identischen Werten und die Bildung quantitativ äquivalenter Größen, in sein Gegenteil umschlägt und durch eine Nicht-Äquivalenz ein Mehrwert herausspringt, vgl. *Kapital I*, S. 609 ff.

132 In seiner Kritik an Pierre-Joseph Proudhon, der von einer an-sich produktiven Arbeit ausgeht, spricht Marx zwar nicht von natürlichen, dafür von „mystischen" Eigenschaften der Arbeit, und er nimmt an der Arbeit eine Demystifizierung vor, die sich auch als Denaturalisierung begreifen und an Lukács adressieren ließe: „Daß über die notwendige Arbeit *hinaus gearbeitet* wird, verwandelt Proudhon in eine mystische Eigenschaft der Arbeit. Aus dem bloßen Wachstum der Produktivkraft der Arbeit dies nicht zu erklären; sie mag die Produkte einer bestimmten Arbeitszeit vermehren; sie kann ihnen keine plus-value geben. Sie kommt hier nur herein, insofern sie surplus time, time zur Arbeit über die notwendige hinaus, freisetzt." (*Grundrisse*, S. 540.)

Diese Kritik setzt er bereits auf der Ebene der Wertformanalyse an, nämlich indem er die durch Arbeit gebildete Substanz des Werts von allen ihren körperlichen und geistigen Eigenschaften radikal trennt. Die produktive Kraft der Arbeit legt Marx im Anschluss an die Wertformanalyse und den Austausch- und Zirkulationsprozess dann in das Verwertungsverhältnis von Arbeit und Kapital auseinander; letztlich muss die produktive Kraft der kapitalistischen Ökonomie also statt in den Naturkräften in einem rein gesellschaftlichen Verwertungsverhältnis gesucht werden. Andererseits zeigt Marx aber, dass diese Kritik scheinbarer Naturkräfte – „*Naturkraft* nennen wir auf diesem Standpunkt die *gesellschaftliche Kraft*. *Alle Naturkräfte der gesellschaftlichen Arbeit* sind selbst historische Produkte"[133] – sowie ihre Auflösung in eine *Ökonomie der Zeit* – „Ökonomie der Zeit, darin löst sich schließlich alle Ökonomie auf"[134] – dass diese Kritik scheinbarer Naturkräfte mit der Notwendigkeit einer *Naturalisierung* einhergeht. Es ist die Naturalisierung der Zeit selbst: „Da die Arbeit Bewegung ist, ist die Zeit ihr natürliches Maß. Der barter in seiner rohsten Form unterstellt die Arbeit als Substanz und die Arbeitszeit als Maß der Waren."[135]

Hier spricht Marx die vielleicht grundsätzlichste Unterscheidung an, die unmittelbar innerhalb der kapitalistischen Gesellschaft selbst getroffen wird, und mit ihr geht eine ebenso grundsätzliche Verkehrung einher. Und erneut wird diese Unterscheidung, und mit ihr die Verkehrung, vom Geld getroffen. Denn ausgerechnet das Maß des Werts, ausgerechnet die ideelle Werteinheit, für die das Geld steht und durch die es ein rein *gesellschaftliches* Verhältnis realisiert, ausgerechnet diese maßgebliche Werteinheit wird *naturalisiert*. Das Geld nimmt mit der universellen maßgeblichen Werteinheit gleichsam die Identität der Zeit in Anspruch und setzt die Gesellschaft der Messung durch diese Identität aus, aber es nimmt die Identität der Zeit wie eine Naturqualität in Anspruch, und entsprechend tritt auch die Gesellschaft, indem die Arbeiten durch ihre Resultate im Austausch gegen Geld an dieses Maß gehalten werden, durch Werte in ein zeitliches Selbstverhältnis ein, das sie wie eine (zweite) Natur an sich hat. Das Geld macht also für die kapitalistische Gesellschaft die Zeit wie ein natürliches Maß allein dadurch geltend, dass es schlicht immer ein und dieselbe Werteinheit für die Messung und Realisierung der Resultate der Arbeit in Anspruch nimmt und alle Arbeiten auf immer ein und dieselbe, scheinbar physikalische Zeit bezieht.

Im Geld entspringt der Gesellschaft das Maß für ihr eigenes Verhältnis somit aus diesem Gegensatz: Die Werteinheit realisiert ein *rein gesellschaftliches* Verhältnis, indem die Zeit wie eine *Naturqualität* in Anspruch genommen und in Wert gesetzt wird.

Auch auf diese Naturalisierung des rein gesellschaftlichen Verhältnisses durch die Maßgeblichkeit einer ideellen Werteinheit und durch eine scheinbar naturgegebene Zeit wird die vorliegende Untersuchung an ihrem Ende, wenn es um die Ökonomie

---

133 *Grundrisse*, S. 314.
134 *Grundrisse*, S. 105.
135 *Grundrisse*, S. 135.

der Zeit geht, noch ausführlich eingehen. Vorerst wird die Naturalisierung nur für den nächsten Schritt in der Kritik an Lukács gebraucht. Es ist ein Schritt mit und gegen Lukács, denn sein Arbeitsbegriff geht über den des damaligen Marxismus hinaus und fällt doch noch auf ihn zurück.

So geht Lukács zwar zunächst über alle ‚positiven', d. h. substanzialistisch-essenzialistischen Vorstellungen von Arbeit hinaus, wenn er fordert, dass die Ware Arbeitskraft ihre Arbeit als eine gesellschaftliche Praxis und ein *zeitliches* Vermögen begreifen und genau dadurch auf praktische Weise in die eigene Geschichte eintreten soll. Nach Lukács soll die Revolution ja der ebenso paradoxe wie existenzielle Augenblick sein, in welchem die Ware Arbeitskraft sich der warenförmigen Verdinglichung ihres zeitlichen Vermögens bewusst wird und darin die Verdinglichung des Wesens der Geschichte erkennt; sie erkennt dadurch die Entfremdung der gesellschaftlichen Totalität und tritt ineins mit der Erkenntnis in die eigene gesellschaftliche Bestimmung und Geschichtsmächtigkeit ein. In demselben Augenblick also, in dem das zeitliche Vermögen der Ware Arbeitskraft reflexiv wird und das Proletariat darum Geschichte mit Bewusstsein ebenso nachvollziehen wie entwerfen kann, in demselben Augenblick wird die schicksalhafte Naturgeschichte des Kapitals samt seiner ‚klassischen' Revolutionstheorie, die auf eine objektive Notwendigkeit in der gesellschaftlichen Entwicklung und auf die Reife bestimmter Bedingungen abstellt, existenzialistisch übersprungen. Der Arbeitskraft wird das Bewusstsein der eigenen Praxis fortan zur Form der Identifikation mit der Gesellschaft, und dieselbe Identifizierung soll dem Proletariat auch einen reflektierten Umgang mit der Zeit und eine bewusste Planung und Produktion der Geschichte ermöglichen, ja, dem Proletariat soll seine praktische Objektivierung zur Geschichte der Selbstverwirklichung werden. Kurzum, so sehr Lukács die Vermittlung von Objekt und Subjekt und die Bildung einer gesellschaftlichen Totalität auch auf die Arbeit und auf die gesellschaftliche Praxis des Proletariats zurückführt, so sehr fasst er Arbeit und Praxis doch *zeitlich* und löst sie in *Geschichte* ein.

Und doch gibt sich Lukács genau hier der kritisierten Verdinglichung hin. Er verortet das zeitliche Vermögen nämlich so in der Ware Arbeitskraft, als wäre es hier gleichsam dinglich vorhanden und stünde der Arbeitskraft quasi unmittelbar zur Verfügung. Obwohl er über die substanzialistisch-essenzialistischen Vorstellungen von Arbeit und über die damit verbundene – in Anlehnung an Derrida – ‚Präsenzmetaphysik' im damaligen Marxismus hinausgeht, übersieht auch er die spezifisch kapitalistische Voraussetzung der Arbeit *schlechthin*, nämlich dass das Geld die Zeit für die Messung der Arbeit in Anspruch nehmen muss, damit die Arbeit zur identischen Qualität und gesellschaftlichen Substanz wird und ihre schlechthin gesellschaftliche Bestimmung erhält. Die Arbeiten können ihre gesellschaftliche Bestimmung vertrackterweise nur ‚erfahren', wenn das Geld für das Maß einer scheinbar natürlichen Zeit einspringt und die Arbeiten in Form des Austauschs ihrer Resultate an dieses Maß hält. Die Arbeit wird über ihre Resultate auf immer ein und dieselbe ebenso ideelle wie maßgebliche Einheit bezogen, und dadurch wird auch die Zeit so identisch gehalten, dass die Arbeit, wenn ihre Resultate durch immer dieselbe Einheit gemessen werden, gleichsam an immer ein und dieselbe Zeit gehalten wird. Diese Zeit tritt dann durch die Warenwerte auf je endliche Weise ein, und entsprechend existiert dann in diesen Werten auch die Arbeit, obwohl sie nur mehr nichts ist als abstrakte Arbeit, eine „gespenstige Gegenständlichkeit, eine bloße Gallerte"[136] (Marx) oder substanzlose Substanz, auf eine in-sich reflektierte Weise.

Es ist diese durch das Geld in Wert gesetzte und naturalisierte Zeit, die Lukács im Arbeiter verdinglicht und hier, im Arbeiter und in seiner Arbeit, zur unmittelbaren Anwesenheit von Vermittlung werden lässt. Wenn Lukács im Reflexiv-Werden der Produktivkraft durch das Selbstbewusstsein der Ware Arbeitskraft darauf zielt, dass die gesellschaftliche Substanz, die ein Subjekt-Objekt durch seine Arbeit als das Identische der Gesellschaft produzieren muss, zeitlich sein muss (denn es geht ja um das identische Subjekt-Objekt der *Geschichte*), so entgeht ihm also, dass die Arbeit durch das Geld auf das Maß der Zeit bezogen sein muss, damit ihre gesellschaftliche Bestimmung reflektiert wird und die Arbeit zum Wesen gesellschaftlicher Totalität wird.

Mit Marx stünde demnach eine Kritik an, die noch vor der von Lukács kritisierten Verdinglichung und Entfremdung ansetzt. Mit Marx wäre die Kritik der Arbeit an der grundlegenden, ‚ersten' Verkehrung anzusetzen, dass das Geld ein rein *gesellschaftliches* Verhältnis herstellt, sogar ein Verhältnis gesellschaftlicher Totalität, aber nur indem es für die Arbeit die Zeit wie eine *Natur*qualität in Anspruch nimmt, die Arbeit in Gestalt ihrer Resultate an diese quasi natürliche Zeit hält und gleich einer Messung realisiert und erst dadurch alle Arbeiten in ein gesellschaftliches Verhältnis eingehen lässt; die Gesellschaft geht durch diese Verkehrung überhaupt erst ein *Selbst*verhältnis ein. Lukács dagegen übergeht diese Kritik nicht nur, bei ihm scheint es sogar, als habe die Ware Arbeitskraft unmittelbar durch ihr Selbstbewusstsein eine maßgebliche Einheit für sich und als könne die Arbeiterklasse sich durch dieses Selbstbewusstsein letztlich unmittelbar an sich selbst halten und dadurch ihrer Arbeit gesellschaftliche Bestimmung *geben*. Es scheint, als könne die Arbeiterklasse, bruchlos und unmittelbar ausgehend vom Bewusstsein der produktiven Kraft und von der gesellschaftlichen Bestimmung ihrer Arbeit, die Zeit auf praktische Weise in Bestimmung setzen, ganz so, als stünde die Zeit zur freien Verfügung, ganz so, als wäre sie quasi vorhanden und müsste nur noch durch Arbeit und gesellschaftliche Praxis gefüllt oder gar er-füllt werden, und ganz so, als könnten die Arbeiter auf die Arbeit wie auf ein zeitliches Vermögen oder ein Vermögen der Verzeitlichung reflektieren. Kurzum, es scheint, als könne die Arbeiterklasse auch ohne Realisierung und ohne Vermittlung durch das Geld, allein im Bewusstsein ihrer materiellen Praxis, im unmittelbarsten Sinne *Geschichte machen*.

Im Folgenden soll dagegen gezeigt werden, dass die Zeit nicht einfach im von Lukács anvisierten Sinne durch eine kollektive Praxis der Arbeiterklasse so in Bestimmung

---

[136] *Kapital I*, S. 52.

gesetzt werden kann, als ob das Proletariat sich selbst durch eine Dialektik von Entäußerung und Aneignung oder von Subjektivität und Substanz in die Zeit entlassen und zugleich in die eigene Geschichte eintreten könnte. Stattdessen, so ist zu zeigen, ist es das Bei-sich-Bleiben des gesellschaftlichen Verhältnisses im Geld, durch das die Arbeiten vermittelst ihrer Resultate in ein zeitliches Verhältnis eingehen können, in ein Verhältnis, das, wie immer es auch konkret in-sich bestimmt sein mag, nur realisiert durch das Geld in der Zeit identisch bleibt und dadurch der Gesellschaft zu ihrem *Selbst*verhältnis wird. Die letzten Kapitel werden dann zum Abschluss der Kritik an Lukács entwickeln, dass nicht nur der Umgang mit der Zeit im Geld reflexiv werden muss, sondern dass das Geld *seinerseits* produktiv mit der Zeit ‚umgehen' muss, nämlich mit der Verwertung von lebendiger und toter Arbeitszeit, kurz Arbeit und Kapital. Hier wird sich zeigen, dass das Geld, während es in seinen ersten beiden Bestimmungen die Zeit gleichsam passiv für die Arbeit und die Waren in Anspruch nimmt, für seine dritte, kapitalistische Bestimmung mit dieser Zeit produktiv umgehen muss, es muss nämlich in die Verwertung der Zeit durch Arbeit und Kapital eingehen, genauer, es muss in die Verwertung von lebendiger und toter Arbeitszeit eingehen. Dass das Geld produktiv *mit* der Zeit umgeht, heißt: Die Zeit geht unmittelbar *im* Geld *um*, nämlich in dem Wert, den das Geld im Realisieren der Resultate dieser Verwertung von lebendiger und toter Arbeitszeit erhält und den es in seinem Kapitalkreislauf bewahrt.

5.3 Die Identität des Werts im Geld und ihre Unverfügbarkeit
Marx entwickelt den Wert als ein gesellschaftliches Verhältnis, das nicht ohne konkrete Arbeit und die Gebrauchswerte existiert – aber in der konkreten Arbeit und in den Gebrauchswerten fällt das Werden der Gesellschaft mit ihrer Unmittelbarkeit zusammen; sie ‚ist' nur unmittelbar im Vergehen, ihr Sein wird ihr Nichtsein:
Wert, von seiner nur symbolischen Darstellung im Wertzeichen abgesehen, existiert nur in einem Gebrauchswert, einem Ding. (Der Mensch selbst, als bloßes Dasein von Arbeitskraft betrachtet, ist ein Naturgegenstand, ein Ding, wenn auch lebendiges, selbstbewußtes Ding, und die Arbeit selbst ist dingliche Äußerung jener Kraft.) Geht daher der Gebrauchswert verloren, so geht auch der Wert verloren. Die Produktionsmittel verlieren mit ihrem Gebrauchswert nicht zugleich ihren Wert, weil sie durch den Arbeitsprozeß die ursprüngliche Gestalt ihres Gebrauchswerts in der Tat nur verlieren, um im Produkt die Gestalt eines andren Gebrauchswerts zu gewinnen. So wichtig es aber für den Wert ist, in irgendeinem Gebrauchswert zu existieren, so gleichgültig ist es, in welchem er existiert, wie die Metamorphose der Waren zeigt.[137]
Gleich am Anfang des Zitats, noch bevor Marx darauf eingeht, dass im Kapitalismus der Wert der Produktionsmittel, im Gegensatz zum Wert der übrigen Waren, *nicht* im Konsum ihres Gebrauchswerts verloren geht, sondern auf neue Gebrauchswerte übertragen wird und dadurch erhalten bleibt – gleich am Anfang gibt Marx

---

137 *Kapital I*, S. 217.

den entscheidenden Hinweis darauf, warum der Wert *jenseits* der konkreten Arbeit und *jenseits* der Gebrauchswerte existieren kann und warum *überhaupt* das unmittelbare Werden und Vergehen eine jenseitige, überirdische und zeitlose Existenz annehmen kann: „von seiner nur symbolischen Darstellung im Wertzeichen *abgesehen* [Hervorhebung F.E.]". Das „abgesehen" ist entscheidend: Der Wert kann überhaupt nur eine unmittelbare, vorübergehende Existenz ‚in' den konkreten Arbeiten und ‚in' den Gebrauchswerten der Dinge führen, und er kann überhaupt nur durch die konkrete Arbeit von den Produktionsmitteln auf neu produzierte Gebrauchswerte übertragen werden, weil er im Geld, wie in den letzten Kapiteln gezeigt, realisiert wird und hier eine andauernde Darstellung erhält und in einer eigenständigen Gestalt existiert. Der Wert muss im Geld diese zeitlose Darstellung und diese eigenständige Gestalt *für* jene zerstreute Unmittelbarkeit annehmen, welche die kapitalistische Gesellschaft in den konkreten Arbeiten, in den Gebrauchswerten und in den Produktionsmitteln eingeht. Die Gesellschaft kann durch all das Werden und Vergehen ihrer Arbeiten und Gebrauchswerte hindurch ein Selbstverhältnis eingehen, weil und solange dieses Verhältnis der Gesellschaft, welche konkrete Gestalt es in den Arbeiten und in den Gebrauchswerten der Dinge und der Produktionsmittel auch immer annimmt, im Geld eine eigenständige, gegenüber den konkreten Arbeiten und Gebrauchswerten gleichgültige Existenz erhält.

Die Notwendigkeit einer allen konkreten Arbeiten und allen Gebrauchswerten gegenüber gleichgültigen Form, in welcher das gesellschaftliche Verhältnis auf eine ideelle und doch eindeutig bestimmte Weise bei-sich bleibt, diese Notwendigkeit der Geldform ist das entscheidende Problem für jeden Versuch, die Bedeutung, welche die Arbeiten, die Dinge und die Produktionsmittel für die Gesellschaft haben (werden), allein durch das Bewusstsein zu bestimmen oder allein durch eine kollektive Planung in ein gesellschaftliches Verhältnis zu setzen. Das Problem ist nicht nur, dass die gesellschaftliche Bestimmung der konkreten Arbeiten und der Gebrauchswerte der Dinge und der Produktionsmittel unverfügbar ist *ohne* Geld, dass also ihr Verhältnis *ohne* die Maß- und ohne die Tauschmittelfunktion des Geldes nicht zu vermitteln und realisieren ist, zumindest nicht objektiv gültig und gesellschaftlich einheitlich und universell. Das Problem ist, dass auch umgekehrt das gesellschaftliche Verhältnis durch das Geld und im Geld *unverfügbar gehalten sein muss*. Durch das Geld muss das gesellschaftliche Verhältnis aller Arbeiten und Waren in einem starken Sinne *gegeben* werden, aber so, dass es nur mehr durch rein quantitative Größen zur Verfügung steht, während die konkreten Arbeiten und die Waren sich in diese Größen entziehen. Dieser Zusammenhang von Geben und Entziehen, von Realisieren und Unverfügbar-Halten, wird bereits am Status der Geldware deutlich, durch deren Ausschluss ja paradoxerweise eine übersinnlich-ideelle und als solche für die Gesellschaft als ganze wie für all ihre einzelnen Mitglieder unverfügbare Werteinheit als Maß für die Bestimmung des Verhältnisses aller Arbeiten und Waren gegeben wird und zur Verfügung steht. Die ausgeschlossene Geldware muss wiederum alle anderen Waren im Tauschakt Ware gegen Geld an diese unverfügbare Werteinheit halten, damit dasjenige Selbstverhältnis realisiert wird und erfahren werden kann, das die Gesellschaft durch all die Privatarbeiten und deren Resultate eingeht. Aber auch diese Erfahrung besteht in einer nur quantitativen Wiedergabe, da die Realität des Werts ja nur der Einlösung jener reinen, übersinnlichen Werteinheit entspricht. Das Geld gibt im Wert das gesellschaftliche Verhältnis der Arbeiten so wieder, als ob es dieses Verhältnis in Form des Austauschs ihrer Resultate wie in einer bewusstlosen Reflexion ‚begriffen' hätte, und nur dadurch ist auch für das Bewusstsein die Gesellschaft nachvollziehbar und bestimmbar, kontrollierbar und beherrschbar – aber kein individuelles und kein kollektives Bewusstsein kann sich anstelle des Geldes für jene übersinnliche Werteinheit einsetzen und die Geldfunktionen auf sich nehmen oder ersetzen; kein Bewusstsein kann alle Arbeiten und Waren allein durch das Denken ins Verhältnis setzen; und kein Bewusstsein kann dieses Verhältnis im Begreifen so bewahren und so übertragen, wie das Geld es durch Werte vollzieht.

Kurzum, die konkreten Arbeiten und die Waren können darum ein Selbstverhältnis eingehen und dabei *jede* Gestalt annehmen, weil das Geld sie auf immer ein und dieselbe Einheit bezieht und vermittelst derselben als gestaltlose Werte einlöst. Durch diese Werte erhält die Gesellschaft ihre Identität, aber die Identität bleibt allen konkreten Gestalten gegenüber gleichgültig und gleichermaßen unverfügbar. Noch unmittelbarer, es sind die Arbeiten und die Waren selbst, die im Geld eine Identität erhalten, durch die sie ihren eigenen konkreten und gebrauchswertigen Gestalten gegenüber gleichgültig sind. Sie lösen im Geld eine Identität ein, die letztlich nichts ist als ihr *zeitliches* Verhältnis, dasjenige *Selbst*verhältnis, das die Gesellschaft eingeht, indem alle Arbeiten durch ihre Resultate, die Waren, im Geld immer ein und dieselbe maßgebliche Einheit teilen und als Werte realisiert werden.

Schon die ersten beiden Funktionen des Geldes kommen dadurch Lukács' Idee eines bewussten Umgangs mit der Zeit durch ein identisches Subjekt-Objekt der Geschichte ‚zuvor'. Wenn Lukács zufolge im Selbstbewusstsein der Ware Arbeitskraft die Gesellschaftlichkeit ihrer Praxis und ihre geschichtliche Kraft reflexiv werden sollen, dann müsste das Klassenbewusstsein dieselbe selbständige, zeitlich bei-sich-bleibende Form annehmen, die alle Arbeiten und alle Waren bereits im Kapitalismus durch das Geld erhalten. Die Arbeiten und ihre Resultate müssten im Totalitätsbewusstsein des Proletariats auf ihre Identität bezogen werden, und sie müssten diese Identität teilen, als ob sie im Totalitätsbewusstsein jene übersinnliche Werteinheit für sich hätten, für die im Kapitalismus das Geld da ist. Lukács' identisches Subjekt-Objekt müsste die durch die Geldfunktionen gegebene Identität auf sich nehmen oder ersetzen, jedenfalls müsste es einem bewussten Umgang mit einer maßgeblichen, Identität stiftenden Einheit gleichkommen.

Doch auch wenn das Geld Lukács' Idee eines identischen Subjekt-Objekts der Geschichte zuvorkommt, so sind doch vorerst nur seine beiden ersten Bestimmungen getroffen worden, und diese werden von Marx, so wird im nächsten Kapitel zu zeigen sein, zu einem notwendigen *Schein* herabgesetzt. Und mit den ersten beiden

Geldfunktionen wird auch das realisierte Wertverhältnis zu einem notwendigen Schein. Beides, Maß und Tauschmittel einerseits, ihre Realisierung des Wertverhältnisses der Arbeiten und der Waren andererseits, beides wird von Marx zum Schein der „Oberfläche"[138] des gesellschaftlichen Verhältnisses und seiner Vermittlung herabgesetzt. Die Realisierung des gesellschaftlichen Verhältnisses der Arbeiten in Form des Austauschs ihrer Resultate ist nur ein Schein, weil in Form dieser Realisierung einer rein gesellschaftlichen Substanz zugleich eine *exzessive, produktive Kraft* gemessen und realisiert wird, nämlich diejenige produktive Kraft, die aus der *Verwertung* von Arbeit und Kapital hervorgeht, von lebendiger und toter Arbeitszeit.

Diese produktive Kraft der Verwertung kann nun endgültig nicht mehr, wie Lukács es vorsieht, durch das Selbstbewusstsein der Arbeiterklasse gebändigt und in die bewusste Produktion von Geschichte überführt werden. Stattdessen muss auch diese produktive Kraft, so wird im nächsten Kapitel ausführlich gezeigt, durch das Geld gemessen und realisiert werden. Dadurch wird auch die produktive Kraft der Verwertung, ganz wie eben für das Wertverhältnis gezeigt, einerseits durch das Geld realisiert, andererseits unverfügbar gehalten. Allerdings mit einem entscheidenden Unterschied gegenüber der bisherigen Entwicklung: Die Produktivkraft ist im Geld darum unverfügbar gehalten, *weil auch das Geld selber der Bestimmung durch diese produktive Kraft ausgesetzt ist*. Das Geld erhält somit seinen Wert und seine quantitative Bestimmung nicht, obwohl es so scheinen muss, durch die Realisierung des Wertverhältnisses der Waren, auch nicht durch das Verhältnis aller zugrunde liegenden Arbeiten, sondern durch die Verwertung dieser Arbeit mit dem Kapital. Es ist letztlich die produktive Kraft dieser Verwertung von Arbeit und Kapital, die im Geld auf eine bloß quantitative Weise Gestalt annehmen und auf diese Weise währen und in Kraft bleiben muss.

6. Das Zu-Grunde-Gehen der Produktivkraft

Auch wenn Lukács durch die Entwicklung der ersten beiden Funktionen des Geldes nachgewiesen werden konnte, dass seine Idee des identischen Subjekt-Objekts der Geschichte die Ware Arbeitskraft zu demjenigen Selbstbewusstsein bringen will, das im Geld schon existiert und bereits im Kapitalismus eine gesellschaftliche Totalität herstellt, so ist Lukács' Idee des Kommunismus dadurch noch nicht endgültig erledigt. Wenn schon kein Kommunismus *ohne* Geld denkbar ist, so könnte immer noch eine Art kommunistische Aneignung und Übernahme der Geldfunktionen möglich sein. Es kann dann immer noch scheinen, als könnte die Arbeiterklasse wenigstens *mit* dem Geld beständig auf das Vermögen der Arbeitskraft zurückkommen, um die eigene Subjektivität in der Gesellschaft zu objektivieren und die Geschichte mit Bewusstsein zu gestalten, oder vielmehr um selbst die Gestalt der Geschichte zu *sein*. Auch wenn das Klassenbewusstsein nicht allein durch den Bezug auf die eigene Arbeit in der Lage sein mag, von sich aus das Identische der gesellschaftlichen Vermittlung zu reflektieren, um in vollkommener Selbstbestimmung und allein aus sich heraus

[138] Besonders einschlägig *Kapital I*, S. 189.

die eigene Geschichte zu entwickeln, so könnte es doch wenigstens *mit* Bezug auf das Geld möglich sein, auf die Resultate der Arbeit zu reflektieren und sowohl die Arbeit als auch ihre Resultate durch eine gesamtgesellschaftliche, übergreifende Planung in Bestimmung zu setzen. Ein kollektives Bewusstsein, notfalls in Gestalt einer gemeinsamen Instanz oder auch eines sozialistischen Staates, könnte die Geldfunktionen übernehmen und sie fortan geplant und bewusst als Mittel verwenden, um die Arbeit und die Dinge in ihre gesellschaftliche Bestimmung zu setzen. Das Geld wäre zwar nicht überwunden, aber es würde im Kommunismus durch ein Kollektiv zur gesellschaftlichen Planung und Steuerung benutzt und könnte etwa nach Maßgabe der Bedürfnisse funktionieren. Der Kommunismus hätte sich dann insoweit über das Geld erhoben, als es nun in einer bewusst geplanten und ganz auf die Bedürfnisse ausgerichteten Produktion das Mittel wäre, die Arbeiten und die Waren weiterhin vergleichbar und austauschbar zu halten.

Und tatsächlich kann der Realsozialismus ja als der Versuch begriffen werden, das Geld in seinen ersten beiden Funktionen als Maß und Tauschmittel beizubehalten und nur seine scheinbar eigentlich kapitalistische Bestimmung, nämlich seinen selbstzweckhaften und exzessiven Selbstbezug als Kapital teils zu liquidieren, teils in die Regie eines bürokratischen Planungsstaats zu überführen.[139]

Es scheint sogar, als könnte die Arbeiterklasse den deutschen Idealismus in der von Lukács versprochenen Weise einlösen, wenn sie nicht nur die ersten beiden Geldfunktionen bewusst anwenden, sondern auch die selbstbezügliche Kapitalform des Geldes ersetzen oder ganz auf sich nehmen könnte. Im kollektiven Selbstbewusstsein scheint die Arbeiterklasse sich dann auf eine Weise verwirklichen zu können, die dem Geist entspricht, wie er von Hegel in der *Phänomenologie des Geistes* entwickelt wird. In der *PhdG* nämlich scheint es ganz im Sinne von Lukács' Idee, als könne das Bewusstsein durch sein Selbstbewusstsein in aller Erfahrung beständig so auf sich zurückkommen, dass es in aller Erfahrung des Gegenstandes zugleich sich selbst bildet und, noch darüber hinaus, in derselben Bildung die Geschichte eines überindividuellen (Welt-)Geistes erkennt. Würde auch die Arbeiterklasse auf kollektive Weise zu einem solchen Selbstbewusstsein kommen, dann könnte sie anscheinend in der bisherigen Geschichte sich selbst *und* ihre Entfremdung erkennen, um dadurch fortan kraft Selbstbewusstseins (und mithilfe des Geldes) in die Geschichte der Selbstverwirklichung einzutreten. Diesem kollektiven und zeit-übergreifenden Selbstbewusstsein müsste dann dieselbe Dialektik von vergegenständlichender Entäußerung und wieder auflösender Aneignung dieser Äußerlichkeit zukommen, wie Hegel sie scheinbar in den ersten Kapiteln der *PhdG* entwickelt. Und diese Dialektik wäre dann keine, wie Lukács an Hegel kritisiert, nur *geistige* und letztlich *kontemplative* Entäußerung und Aneignung mehr, sie bliebe keine Bildung eines übersinnlichen, rein negativen (Welt-)Geistes, sie wäre stattdessen eine kollektive und produktive gesellschaftliche Praxis.

---

139 Vgl. Nadja Rakowitz: *Einfache Warenproduktion. Ideal und Ideologie.* Freiburg: ça ira 2000.

Kurzum, gelingt dem kollektiven Selbstbewusstsein eine Übernahme der Geldfunktionen, so scheint einer gesamtgesellschaftlichen Planung der Geschichte im Sinne eines kollektiv-existenziellen Selbstentwurfs der Arbeiterklasse nichts im Wege zu stehen. Das Geld, das im Kapitalismus Maß und Mittel einer bewusstlosen, ungeplanten Reflexion bleibt, könnte übernommen werden vom Selbstentwurf einer Arbeiterklasse, die sich kollektiv der Bedeutung der eigenen Arbeit bewusst ist, sie mithilfe des Geldes einer bewussten Planung und Kontrolle unterzieht und dadurch genau die Geschichte aus sich entlässt, in die sie zugleich eintreten will.

Indes geht diese Vorstellung an Hegels Entwicklung des Selbstbewusstseins – die wohl das große Vorbild für Lukács' Idee abgegeben hat, Hegels Weltgeist durch die selbstbewusste Praxis des Proletariats zu ,vergesellschaften' und praktisch zu verwirklichen[140] – vorbei. Sie geht dadurch auch an Hegels Dialektik von Subjektivität und Objektivität vorbei. Hegels Entwicklung des Selbstbewusstseins führt nämlich das Verhältnis von Subjekt und Objekt keineswegs emphatisch einer souveränen Identifikation zu. Im Gegenteil, er unterzieht das am Anfang der *PhdG* entwickelte Selbstbewusstsein – hier noch die Wahrheit von Bewusstsein und unmittelbarer Erfahrung – gleich im Anschluss daran wieder einer Kritik. Mit dieser Kritik lässt sich auch Lukács' emphatische Vorstellung des Selbstbewusstseins und dessen Identifikation von Objektivität und Subjektivität einer Kritik unterziehen. Zudem lässt sich zeigen, dass das Selbstbewusstsein bei Hegel nicht, wie von Lukács unterstellt, nur für eine Arbeit im geistig-begrifflichen Sinne steht, sondern dass es im Gegenteil bereits bei Hegel für ein *praktisches* Verhältnis wirksam ist.

Und analog zu Hegels Kritik des Selbstbewusstseins gibt es auch bei Marx eine vergleichbare Kritik desjenigen Selbstbewusstseins, das die kapitalistische Gesellschaft im Geld scheinbar für sich hat. Marx unterzieht nämlich die Maß- und Tauschmittelfunktion des Geldes – die bislang ja für eine Art bewusstloses Selbstbewusstsein der Gesellschaft steht – samt ihrer Realisierung des gesellschaftlichen Verhältnisses einer Kritik, die einen gleichsam noch ,ursprünglicheren' Ursprung des Wertverhältnisses zeigt als den, der aus dem Verhältnis der Arbeiten und der Waren sowie aus ihrer Realisierung als Substanz und Form des gesellschaftlichen Verhältnisses zu entspringen scheint. Er führt das realisierte Wertverhältnis auf die Produktion und die

---

140 Lukács hat sich in der Zeit von *Geschichte und Klassenbewußtsein* in seiner Auseinandersetzung mit der Hegel'schen Dialektik vor allem an der *PhdG* orientiert – sie enthalte seine gesamte Philosophie in nuce; vgl. dazu Georg Lukács: Moses Hess und die Probleme der idealistischen Dialektik. In: *Archiv für die Geschichte der Arbeiterbewegung und des Sozialismus* 12 (1926), S. 105–155. (Überhaupt hat Hegels *PhdG* im Marxismus – und nicht nur dort – eine wesentlich größere Wirkung gehabt als seine *Wissenschaft der Logik*). Auch Georg Ahrweiler geht davon aus, „daß das Lukács'sche Klassenbewußtsein eine Entfaltung des Hegel'schen Selbstbewußtseins, wie es in der ,Phänomenologie des Geistes' expliziert ist, darstellt", und auch Ahrweiler hat das Verhältnis zwischen dem Selbstbewusstsein in der *PhdG* und dem Klassenbewusstsein in *GuK* untersucht, vgl. Georg Ahrweiler: Weltgeist und Klassenbewußtsein. Zur Theorie des politischen Bewußtseins bei Lukács und Hegel. In: Ders.: *Betr. Lukács*, S. 127–163, hier S. 128.

kapitalistische Verwertung zurück und lässt es einer „ursprünglichen Akkumulation"[141] entspringen. In der Verwertung und in ihrem Entspringen einer ursprünglichen Akkumulation liegt eine produktive Kraft, die durch die beiden Geldfunktionen zwar realisiert wird, die aber auch ihnen unverfügbar bleibt. Sie bleibt ihnen nicht nur unverfügbar, vielmehr muss das Geld selbst dieser Verwertung unterzogen werden, nämlich durch seine Bewegung als Kapital.

Vereinfacht gesagt nehmen somit beide, Hegel und Marx, dasjenige Selbstbewusstsein des Geistes bzw. der kapitalistischen Gesellschaft, das am Anfang der *PhdG* bzw. des *Kapital* entwickelt wird, wieder zurück, und beide nehmen es in eine ebenso produktive wie unverfügbare Kraft zurück.[142]

Die ursprüngliche, negative und unverfügbare Kraft soll zuerst in der *PhdG* betrachtet und dann zur kapitalistischen Ökonomie und ihrer „ursprünglichen Akkumulation" ins Verhältnis gesetzt werden. Die Analogie soll zeigen, dass Hegel ein Selbstbewusstsein, das bereits am Anfang der *PhdG* scheinbar fertig entwickelt ist und in sein Fürsichsein entlassen wurde,[143] im Herrschaft-Knechtschaft-Kapitel noch einer ursprünglichen, ‚*letzten*' *Erfahrung* aussetzt; derjenigen unverfügbaren Erfahrung, die das Selbstbewusstsein zu einer übergreifenden und höheren, nur negativ erfahrbaren Vernunft bringt und es *praktisch* werden lässt. Analog dazu führt auch Marx das Selbstbewusstsein, das am Anfang des *Kapital* die kapitalistische Gesellschaft durch die Maß- und Tauschmittelbestimmung des Geldes für sich zu haben scheint, auf eine ursprüngliche, produktive Kraft zurück, auf diejenige Kraft, die in der Spaltung der Gesellschaft in Arbeit und Kapital liegt.

Zunächst also zum Selbstbewusstsein in der *PhdG*. Bevor Hegel jedoch das Selbstbewusstsein auf die angekündigte ‚letzte', ursprüngliche Erfahrung zurückführt, holt er es zunächst durch eine ‚erste' Erfahrung ein. Mit ihr ist daher, im Anschluss an den bereits in Abschnitt I gezeigten Ursprung des Maßes, der Anfang zu machen.

---

141 *Kapital I*, S. 741–791.

142 Die Analogie zwischen Hegels Entwicklung des absoluten Geistes und Marx' Kritik des Kapitals wird dort am anschaulichsten, wo beide die auflösende Negativität als die produktive Kraft schlechthin entwickeln und Hegel ihr die Gestalt des Verstandes und des Geistes gibt, Marx die des Kapitals. Hegel: „Es ist darin innerlich aufgelöst worden, hat durchaus in sich selbst erzittert, und alles Fixe hat in ihm gebebt. Diese reine allgemeine Bewegung, das absolute Flüssigwerden alles Bestehens, ist aber das einfache Wesen des Selbstbewußtseins, die absolute Negativität, *das reine Fürsichsein*, das hiermit *an* diesem Bewußtsein ist." (Georg Wilhelm Friedrich Hegel: *Phänomenologie des Geistes*. *Werke*, Bd. 3. Frankfurt am Main: Suhrkamp 1986, S. 153 (im Folgenden *PhdG*.) Marx: „Die fortwährende Umwälzung der Produktion, die ununterbrochene Erschütterung aller gesellschaftlichen Zustände, die ewige Unsicherheit und Bewegung zeichnet die Bourgeoisieepoche vor allen anderen aus. Alle festen eingerosteten Verhältnisse mit ihrem Gefolge von altehrwürdigen Vorstellungen und Anschauungen werden aufgelöst, alle neugebildeten veralten, ehe sie verknöchern können. Alles Ständische verdampft, alles Heilige wird entweiht, und die Menschen sind endlich gezwungen, ihre Lebensstellung, ihre gegenseitigen Beziehungen mit nüchternen Augen anzusehen." (Karl Marx / Friedrich Engels: Manifest der Kommunistischen Partei: In: *MEW*, Bd. 4, S. 459–493, hier S. 465.)

143 Vgl. in *PhdG* Abschnitt A. Das Bewußtsein, S. 82–136.

6.1 Das Selbstbewusstsein als Maß der Erkenntnis. Die Selbstüberwindung des Bewusstseins in der Erfahrung des Anderen-seiner-Selbst

Hegel entwickelt die Möglichkeit von Erfahrung durch eine Ent-täuschung. Es ist die Enttäuschung des Bewusstseins über sich selbst. Diese Ent-täuschung des Bewusstseins über sich selbst ist jedoch sein Weg zum „absoluten Wissen".[144]
In der Einleitung der *PhdG* bezeichnet Hegel diesen Weg als den „sich vollbringenden Skeptizismus" und den „Weg des Zweifels" und der „Verzweiflung".[145] Durch die Enttäuschung erfährt das Bewusstsein nämlich, dass das Wissen *nicht* in den wechselnden Inhalten der Erfahrung liegt, aber auch nicht in der Subjektivität des Bewusstseins – in beidem liegt vielmehr eine Täuschung. Stattdessen ist es *diese Unterscheidung* zwischen Bewusstsein und Gegenstand, die für das Wissen maßgeblich ist:

> Allein gerade darin, daß es [das Bewusstsein] überhaupt von einem Gegenstande weiß, ist schon der Unterschied vorhanden, daß *ihm* etwas das *Ansich*, ein anderes Moment aber das Wissen oder das Sein des Gegenstandes *für* das Bewußtsein ist. Auf dieser Unterscheidung, welche vorhanden ist, beruht die Prüfung.[146]

In den ersten Kapiteln der *PhdG* – die von der sinnlichen Gewissheit über die Wahrnehmung zur Kraft des Verstandes führen – muss das Bewusstsein zunächst die schlechthin erste Enttäuschung machen, nämlich diejenige Erfahrung, durch die es *allererst zu sich selbst* kommt:

> Das Bewußtsein aber ist für sich selbst sein *Begriff*, dadurch unmittelbar das Hinausgehen über das Beschränkte und, da ihm dies Beschränkte angehört, über sich selbst; mit dem Einzelnen ist ihm zugleich das Jenseits gesetzt, wäre es auch nur, wie im räumlichen Anschauen, *neben* dem Beschränkten. Das Bewußtsein leidet also diese Gewalt, sich die beschränkte Befriedigung zu verderben, von ihm selbst.[147]

Hegel führt die Enttäuschung demnach auf diejenige Gewalt zurück, die das Bewusstsein „von ihm selbst erleidet". Diese gewaltsame Enttäuschung entspricht einer radikalen Kritik der Unmittelbarkeit, denn die Kritik erweist, dass die unmittelbare Erfahrung, die das Bewusstsein in Bezug auf sich wie auch auf den Gegenstand macht, *je vermittelt ist*. Das Bewusstsein muss nämlich zu seiner Enttäuschung erfahren, es in der sinnlichen Gewissheit, des Weiteren in der Wahrnehmung der Dinge und schließlich in der Kraft des Verstandes nicht unmittelbar mit einer äußerlichen, gegenständlich gegebenen und fremden Wirklichkeit zu tun zu haben, aber auch nicht unmittelbar mit sich selbst, mit dem eigenen Sein oder eben Bewusst-Sein; das Bewusstsein kann *weder* unmittelbar in der Erfahrung des Gegenstandes *noch* unmittelbar in sich gründen. Es muss das aber zu *seiner* Enttäuschung erfahren, d. h. es erfährt, dass bereits *diese Trennung* zwischen sich und dem Gegenstand ebenso ihre *Vermittlung* ist und dass es der Bezug des Bewusstseins auf sich selbst in aller Erfahrung des

---

144 Mit ihm beschließt Hegel die *PhdG*, vgl. *PhdG*, S. 575–591.
145 *PhdG*, S. 72.
146 *PhdG*, S. 78.
147 *PhdG*, S. 74.

Gegenstandes ist, der diese Vermittlung ausmacht. Es ist mithin diese *Trennung*, in der das Bewusstsein seine Erfahrung gründet, und zwar gründet es in ihr sowohl die Erfahrung des Gegenstandes als auch die Erfahrung seiner selbst:

> Der Geist wird aber Gegenstand, denn er ist diese Bewegung, *sich* ein *Anderes*, d. h. *Gegenstand seines Selbsts* zu werden und dieses Anderssein aufzuheben. Und die Erfahrung wird eben diese Bewegung genannt, worin das Unmittelbare, das Unerfahrene, d. h. das Abstrakte, es sei des sinnlichen Seins oder des nur gedachten Einfachen, sich entfremdet und dann aus dieser Entfremdung zu sich zurückgeht und hiermit jetzt erst in seiner Wirklichkeit und Wahrheit dargestellt wie auch Eigentum des Bewußtseins ist.[148]

In der Unmittelbarkeit der Erfahrung macht das Bewusstsein somit bereits die Erfahrung eines negativen Wesens, eines Wesen zwischen sich und dem Gegenstand, denn es muss ihre gemeinsame Trennung als die Unmittelbarkeit ihrer gemeinsamen Vermittlung begreifen.

Diese Unmittelbarkeit: dass Trennung zugleich Vermittlung ist, dass Trennung *als* Vermittlung verstanden werden muss, diese Unmittelbarkeit scheint das negative Wesen der *Reflexion* zu sein. Allerdings kann das Bewusstsein die Reflexion – gleichsam die Erfahrung rein als solche – nur als dasjenige negative, zwiespältige Wesen ‚erfahren', das zwischen ihm und dem Gegenstand ebenso zu trennen wie zu vermitteln scheint; die Reflexion selbst aber, diese reine Form der Erfahrung, entzieht sich jeder Erfahrung. Das Bewusstsein muss daher das negative Wesen der Reflexion durch etwas Übergreifendes erfahren, durch ein Drittes, das für die *spekulative Identität* von Trennung und Vermittlung steht. Oder vielmehr muss dieses Dritte die Trennung in Bewusstsein und Gegenstand *allererst eröffnet haben*, sodass *dadurch* die Notwendigkeit der Reflexion überhaupt erst eintritt.

Dieses ebenso ausgeschlossene wie gemeinsame Dritte zwischen Bewusstsein und Gegenstand ist: das Selbstbewusstsein. Das Selbstbewusstsein eröffnet allerdings die Trennung zwischen Bewusstsein und Gegenstand nicht, wie es auf den ersten Blick scheint, indem es sie einfach trennt und diese Trennung ebenso ihre Vermittlung und das negative Wesen der Reflexion sein lässt. Im Selbstbewusstsein trennt vielmehr das Bewusstsein, sozusagen zuerst, sich von – sich selbst. *Darum*, weil das Bewusstsein im Selbstbewusstsein *entfremdet* ist und sich fremd gegenübertritt und sich zum Gegenstand hat, darum tritt die Möglichkeit der Erfahrung des Anderen ein, die Erfahrung des Gegenstandes. Durch die Entfremdung begreift das Bewusstsein somit weder sich noch den Gegenstand, aber es begreift die Notwendigkeit *reflexiver Vermittlung*.

Im Selbstbewusstsein hat sich das Bewusstsein somit je schon der Notwendigkeit der Reflexion ausgesetzt durch dasjenige übergreifende Dritte von Bewusstsein und Gegenstand, das *für* oder *anstelle* ihrer trennenden Vermittlung steht. Das Bewusstsein muss folgerichtig zu seiner Enttäuschung erfahren, dass es in der Unmittelbarkeit seiner Erfahrungen auf dem Standpunkt dieses übergreifenden Dritten steht, eines

---

148 *PhdG*, S. 38–39.

Dritten, das weder für das Bewusstsein noch für dessen Gegenstand, sondern für die spekulative Identität beider da ist. Dieses übergreifende Dritte ist für das Bewusstsein allein dadurch anwesend, dass es ihm die Notwendigkeit reflexiver Vermittlung geltend macht: Dem Bewusstsein ist das Selbstbewusstsein das Maß für die Prüfung seines Wissens aus der Erfahrung.

Es ist diese ‚Arbeit der Entfremdung', die, wie oben bereits an Hegels Totalitätsbegriff kurz ausgeführt wurde, das Bewusstsein leisten und durch sich selbst erleiden und doch wie eine fremde Gewalt erfahren muss. Die Arbeit der Entfremdung muss das Selbstbewusstsein gleichsam für das Bewusstsein auf sich nehmen, ganz so, als sei das Selbstbewusstsein diejenige fremde Kraft, die das Bewusstsein von ihm selbst unterscheidet und dadurch all seine Gegenstandserfahrungen zugleich reflexiv, also zugleich Selbst-Erfahrung sein lässt.

Das Bewusstsein muss also erfahren, dass es in der Unmittelbarkeit seiner sinnlichen Erfahrung und in der Wahrnehmung sowie in der Kraft des Verstandes sich selbst täuscht, weil es nach Hegel vergisst, dass es sowohl sich selbst als auch sein Anderes, den Gegenstand, gleichermaßen durch das Andere-seiner-Selbst erfährt, durch das Selbstbewusstsein. Es täuscht sich in der unmittelbaren Gewissheit, in der Wahrnehmung sowie in der Kraft des Verstandes über sich selbst, weil es hier einseitig nur sich selbst oder ebenso einseitig nur den Gegenstand erfährt – statt ihr gemeinsames Maß. Und das Bewusstsein ent-täuscht sich folgerichtig über sich wie seinen Gegenstand, wenn es in der Gegenständlichkeit von Bewusstsein und Gegenstand sein Selbstbewusstsein als das Maß der Erfahrung begreift. Es muss dann zu seiner Ent-täuschung begreifen, dass es nur durch das Selbstbewusstsein die Unterscheidung zwischen Bewusstsein und Gegenstand treffen kann, und nur durch das Selbstbewusstsein erfährt es sich selbst als das Mittel, den Gegenstand durch die Reflexion zu erschließen und sein Wissen durch *reflexive* Erfahrung zu bilden.

Im Selbstbewusstsein macht das Bewusstsein somit weder die Erfahrung des Gegenstandes, noch macht es die Erfahrung seiner selbst, sondern es macht die Erfahrung des Anderen-seiner-Selbst – und so macht es die Erfahrung, über die Form der Gegenständlichkeit *hinausgegangen* zu sein; im Selbstbewusstsein hat das Bewusstsein sich und den Gegenstand gleichermaßen *überwunden*.[149] Mehr noch, es kommt vom

---

149 Zum Selbstbewusstsein als dem Anderen-seiner-Selbst des Bewusstseins und dem Maß der Erkenntnis des Gegenstandes vgl. die ersten Sätze des Abschnitts „B. Selbstbewußtsein", der den Abschnitt „A. Bewußtsein" wie folgt zusammenfasst: „In den bisherigen Weisen der Gewißheit ist dem Bewußtsein das Wahre etwas anderes als es selbst. Der Begriff dieses Wahren verschwindet aber in der Erfahrung von ihm; wie der Gegenstand unmittelbar *an sich* war, das Seiende der sinnlichen Gewißheit, das konkrete Ding der Wahrnehmung, die Kraft des Verstandes, so erweist er sich vielmehr, nicht in Wahrheit zu sein, sondern dies *Ansich* ergibt sich als eine Weise, wie er nur für ein Anderes ist […]. Nunmehr aber ist dies entstanden, was in diesen früheren Verhältnissen nicht zustande kam, nämlich eine Gewißheit, welche ihrer Wahrheit gleich ist; denn die Gewißheit ist sich selbst ihr Gegenstand, und das Bewußtsein ist sich selbst das Wahre. Es ist darin zwar auch ein Anderssein; das Bewußtsein unterscheidet nämlich, aber ein solches, das für es zugleich ein nicht Unterschiedenes ist." (*PhdG*, S. 137.)

Selbstbewusstsein auf sich und den Gegenstand je *zurück*, mithin auf das Wesen ihrer ebenso gemeinsamen wie gegenseitigen Vermittlung. Durch das Selbstbewusstsein ist dem Bewusstsein somit der Standpunkt einer Erkenntnis gegeben, der absolut ist, versteht man unter absolut, dass er einerseits von Subjekt und Objekt abgelöst ist, andererseits ihre ebenso überindividuelle wie übersinnliche Verbindung herstellt und darum das Maß für eine Erkenntnis ist, die sich bilden kann aus einer Erfahrung heraus, die nichts ist als das negative Wesen zwischen Bewusstsein und Gegenstand. Ein solcher Standpunkt der Erkenntnis ist und bleibt negativ, und zwar nicht nur, weil er dieser abgelösten und übersinnlichen Stellung entspricht, sondern weil der Verstand sich kraft der Selbstentfremdung des Bewusstseins zwar diesen Standpunkt selbst einräumt und zu einer Vernunft kommt, die seine eigene ist, und doch diese Entfremdung wie eine fremde Gewalt erfährt und nur durch eine anonyme „List der Vernunft" (Hegel) hinter die eigene Vernunft gelangt.[150] Der Standpunkt ist nichts als die Maßgeblichkeit derjenigen Vernunft, die darin liegt, in Bewusstsein und Gegenstand zu unterscheiden und im Unterscheiden ebenso ihre Vermittlung zu gründen, und diese Vernunft ist wiederum nichts anderes als die Kraft des Verstandes, sich einerseits zu entfremden und andererseits qua Selbstbewusstsein in aller Erfahrung ebenso sich selbst zu erfahren und dadurch das eigene Bewusstsein identisch zu halten. Bewusstsein und Gegenstand sind mithin in ihre Unmittelbarkeit durch das Selbstbewusstsein *gesetzt*. Ja, die *gesamte* Form der Gegenständlichkeit von Bewusstsein und Gegenstand ist je schon durch ein Selbstbewusstsein eröffnet worden, das weder mit dem Bewusstsein noch mit dem Gegenstand identisch ist, das aber für ihre spekulative Identität steht, sodass das Bewusstsein – durch es selbst und doch gleichsam hinterrücks und unbewusst – der Notwendigkeit reflexiver Erfahrung ausgesetzt ist.

Zusammengefasst: Hegel beginnt die *PhdG* damit, dass das Bewusstsein zu seiner Enttäuschung eine ‚erste' Erfahrung machen muss, eine Erfahrung noch *vor* aller Erfahrung. Es muss erkennen, dass es sich in seinen Erfahrungen weder auf eine äußerliche Wirklichkeit noch auf das eigene Bewusstsein bezogen hat, sondern, ‚zuerst', auf den übergreifenden Standpunkt einer Vernunft, die darin liegt, überhaupt in Bewusstsein und Gegenstand zu trennen und beide zu Gegenständen ein und derselben Vermittlung zu machen. Das Bewusstsein muss sich von einem äußeren Standpunkt aus beim Denken zusehen, sein Reflektieren reflektieren und dadurch die Form der Gegenständlichkeit noch einmal zum Gegenstand machen, kurz, das Bewusstsein muss immer schon von jener ersten unvordenklichen Erfahrung her auf die Voraussetzungslosigkeit zurückkommen, dass es sein Wissen durch Erfahrung erst *bilden* muss. So voraussetzungslos die unmittelbare Erfahrung ist, so sehr ist sie im Grunde immer schon vom Selbstbewusstsein ausgegangen, und so steht das Bewusstsein in der Unmittelbarkeit der Erfahrung immer schon neben sich und sieht sich selbst zu. Es

---

150 Zur List der Vernunft vgl. Georg Wilhelm Friedrich Hegel: *Enzyklopädie der philosophischen Wissenschaften I (1830)*. *Werke*, Bd. 8. Frankfurt am Main: Suhrkamp 1986, S. 365; ders.: *Vorlesungen über die Philosophie der Geschichte*. *Werke*, Bd. 12. Frankfurt am Main: Suhrkamp 1986, S. 49.

macht den Unterschied zwischen sich und dem Gegenstand nicht ohne den Unterschied zu sich selbst – das Bewusstsein hat das nur ‚vergessen'. Das Bewusstsein vergisst in der unmittelbaren Erfahrung deren Voraussetzung – genau darum ist Hegel zufolge für die Entwicklung des Geistes zuallererst eine „Enttäuschung" (Hegel) des Bewusstseins notwendig.[151] Letztlich muss das Bewusstsein zu seiner Enttäuschung erkennen, sich durch Entfremdung selber der Verlegenheit auszusetzen, je vom Anderen-seiner-Selbst her auf sich wie auf den Gegenstand zurückzukommen und so ständig auf der Grenze der eigenen Erkenntnis zu stehen. Folgerichtig gehören die Bestimmungen, die das Bewusstsein durch Erfahrung trifft, eigentlich weder ihm noch dem Gegenstand, sondern der *Bildung* ihrer Entsprechung, kurz, dem *Wissen*. Für die Bildung dieser Entsprechung muss das Bewusstsein durch Selbstentfremdung sogar den Standpunkt des absoluten Wissens einnehmen, nämlich den Standpunkt eines Maßes, das nur für die spekulative Identität von Bewusstsein und Gegenstand steht oder, kurz, für die Vernunft. Nur vom Selbstbewusstsein her kann es sein Reflektieren als Mittel einer Erkenntnis aus Erfahrung gleichsam noch einmal reflektieren und die Reflexion dadurch *begreifen*, nur vom Selbstbewusstsein her kommt es von derjenigen Vernunft auf sich zurück, die darin liegt, in Bewusstsein und Gegenstand zu trennen und die Reflexion das negative Wesen ihrer Vermittlung sein zu lassen.

Im Selbstbewusstsein kann das Bewusstsein nun einerseits den Standpunkt des absoluten Wissens einnehmen, und durch das ‚Vergessen' seines Selbstbewusstseins kann es die Erscheinungen zum Gegenstand einer unmittelbaren Erfahrung machen und über diese Unmittelbarkeit sein Wissen bilden. Andererseits aber, wenn das Bewusstsein zu sich selbst kommen will, dann muss es auch dieses Selbst, dann muss es das eigene Selbstbewusstsein zum Gegenstand machen – und daran *scheitern*. Daher folgt, nachdem Hegel am Anfang der *PhdG* das vom Bewusstsein ‚vergessene' Selbstbewusstsein eingeholt hat, durch die Kritik dieses Selbstbewusstseins gleich die nächste Enttäuschung: Will das Bewusstsein ‚hinter' seine unmittelbare Erfahrung kommen, so muss es zwar diese Unmittelbarkeit kritisch durchschauen und zum Selbstbewusstsein kommen – doch im Selbstbewusstsein ist es eben tautologisch mit nichts als sich selbst konfrontiert. In dieser einen Erfahrung – seiner ‚ersten' Erfahrung – ist der Gegenstand des Bewusstseins nichts als es selbst, aber an dieser Unmittelbarkeit einer Identität, die ebenso eine radikale Differenz und Alterität ist, muss es scheitern. Auch wenn es daher am Anfang der *PhdG* scheint, als sei das Bewusstsein durch seine Enttäuschung eigentlich doch allererst zu-sich gekommen und im Selbstbewusstsein fürsich geworden, *muss* die Enttäuschung noch weitergehen, denn sie lag ja gerade *nicht* darin, dass das Bewusstsein in der Unmittelbarkeit der Erfahrung zum Selbstbewusstsein erst *kommt*. Im Gegenteil, es musste zu seiner Enttäuschung erfahren, dass ihm dieses Selbstbewusstsein je *vorausgesetzt* sein muss.

---

151 In der Einleitung der *PhdG* hat Hegel dafür die Formel geprägt „Das Bekannte überhaupt ist darum, weil es *bekannt* ist, nicht *erkannt*." (*PhdG*, S. 45.)

Wenn aber das Bewusstsein immer schon vom Selbstbewusstsein her auf sich zurückkommt, so befindet das Bewusstsein sich plötzlich in der Verlegenheit, sich selbst zu erkennen – aber als eine je getroffene und unvordenkliche Voraussetzung. Es kann das eigene Selbstbewusstsein, mithin die eigene Kraft der Entfremdung, nicht unmittelbar an-sich treffen, und zwar nicht nur, weil das Selbstbewusstsein in der Unmittelbarkeit der Erfahrung ‚vergessen' werden muss, sondern weil das Selbstbewusstsein ja weder aufseiten des Bewusstseins noch aufseiten des Gegenstandes steht. Es tritt nur durch die Trennung des Bewusstseins von ihm selbst ein, ohne je selbst Gegenstand der Erfahrung zu werden; es eröffnet lediglich das negative Wesen zwischen Bewusstsein und Gegenstand, während es sich der Erfahrung und der Erkenntnis entzieht und dadurch die Maßgeblichkeit dieser Negativität geltend macht: dass sich das Wissen allein durch reflexive Erfahrung bilden muss.

Die Gegenständlichkeit von Bewusstsein und Gegenstand ist also durch ein Selbstbewusstsein *gesetzt* – aber es ist völlig offen, woher dem Bewusstsein das Selbstbewusstsein gegeben ist. Woher kommt die Kraft einer Selbstentfremdung, durch die das Bewusstsein vom Selbstbewusstsein her auf sich zurückkommt – und dadurch allererst eintritt? Woher kommt die Kraft, durch die das Bewusstsein sich selbst überwindet, auf den Standpunkt des absoluten Wissens stellt und durch das Maß für ein Wissen aus der Erfahrung zur Vernunft kommt? Woher kommt ein Selbstbewusstsein, das für die Reflexivität der Erfahrung da ist?

Hier sorgt Hegel für eine weitere kritische Unterscheidung. Die erste kritische Unterscheidung – dass das Bewusstsein im Selbstbewusstsein von sich selbst getrennt ist – muss das Bewusstsein allein durch sich und für sich selbst treffen; es muss sich entfremden und das wie eine äußerliche Gewalt erfahren, damit es sich und den Gegenstand vom Standpunkt eines gemeinsamen Maßes erfahren kann. Die zweite Unterscheidung betrifft nun diese Kraft der Selbstentfremdung und Überwindung, durch die ein Selbstbewusstsein überhaupt erst eintritt. *Diese* Kraft kann das Bewusstsein *nicht* allein aus sich heraus aufbringen, sondern sie kommt ihm nur durch ein *anderes* Selbstbewusstsein zu. Dieselbe Vernunft, zu der das Bewusstsein kommt, wenn es vom Standpunkt des Selbstbewusstseins als dem Anderen-seiner-Selbst her auf sich (und den Gegenstand) zurückkommt, dieselbe Vernunft macht sich nun durch ein anderes Selbstbewusstsein *gegen* das individuelle Selbstbewusstsein geltend.

In der Erfahrung dieses anderen Selbstbewusstseins, so wird zu zeigen sein, verlässt das Bewusstsein die von Lukács kritisierte Kontemplation. Die Erfahrung, die das Selbstbewusstsein machen muss, wenn es durch ein *anderes* Selbstbewusstsein zugleich mit sich *selbst* konfrontiert wird, diese ‚letzte' und zugleich ursprüngliche Erfahrung ist keine rein geistige Erfahrung und sie führt auch zu keiner rein geistigen Erkenntnis. Hegel zeigt vielmehr, dass diese ursprüngliche Erfahrung gewaltsam und dass sie durch eine *praktische Konfrontation* eintritt. Diese Erfahrung tritt ein, indem das Selbstbewusstsein in Gestalt eines anderen Selbstbewusstseins allererst auf sich selbst trifft:

Trat durch die Kraft der Entfremdung das Andere-seiner-Selbst des Bewusstseins ein, so tritt diese Kraft selbst nur durch ein anderes Selbstbewusstsein ein. Beide Selbstbewusstseine müssen zudem, so wird des Weiteren zu zeigen sein, ihr gemeinsames Verhältnis auf *praktische* Weise teilen, und auf praktische Weise heißt in der *PhdG*, durch die Praxis der Arbeit und Aneignung.

Hegel versteht somit unter ‚Bildung des Geistes' nicht, wie Lukács kritisiert, eine rein geistige Bildung und eine rein geistige Arbeit, und das Selbstbewusstsein ist auch kein rein geistig-ideeller oder gar kontemplativer Standpunkt. Hegel entwickelt in der *PhdG* im Gegenteil die Kraft einer überindividuellen, negativen Vernunft, die das Selbstbewusstsein nur individuell und selbständig sein lässt als *gespaltenes* Selbstbewusstsein, und dieselbe überindividuell-negative Vernunft bringt darüber hinaus alle Selbstbewusstseine in eine gegenseitige Abhängigkeit von einer gemeinsamen, praktischen Bildung. So sehr daher Bewusstsein und Gegenstand in der *theoretischen* Vernunft auch durch das Selbstbewusstsein auf sich allein gestellt sind, und so sehr Erfahrung hier individuell bleibt und das Wissen eine rein geistige Bildung ist, so sehr müssen sich Bewusstsein wie Gegenstand in der Auseinandersetzung eines Selbstbewusstseins mit einem anderen auf *praktische* Weise bilden und erfahren. In der theoretischen Vernunft sind zwar beide, Bewusstsein wie Gegenstand, durch ein einzelnes Selbstbewusstsein der Notwendigkeit reflexiver Erfahrung ausgesetzt, und in ihr müssen beide die Gegenständlichkeit derselben ideell-begrifflichen Vermittlung sein. In der praktischen Vernunft aber müssen Bewusstsein wie Gegenstand aus einer *praktischen* Bildung hervorgehen, und in dieser herrscht zwischen Bewusstsein und Gegenstand nicht die Notwendigkeit der Reflexion, es herrscht die Notwendigkeit von Arbeit und Aneignung.

6.2 Die Ökonomie der Selbstbeherrschung durch Entfremdung: Herrschaft und Knechtschaft und die produktive Kraft der Überwindung des Todes

Die Frage, woher dem Bewusstsein die Kraft der Selbstentfremdung gegeben sei, beantwortet Hegel in der *PhdG* unmittelbar im Anschluss an die eben beschriebene Entwicklung des Selbstbewusstseins, nämlich im berühmten Kapitel über Herrschaft und Knechtschaft. Hier kommt das Bewusstsein zur oben angekündigten ‚letzten' und doch ursprünglichen Erfahrung. Obwohl das Bewusstsein allererst von der Entfremdung und vom Selbstbewusstsein her auf sich zurückkommt, sodass die Möglichkeit der Erfahrung seiner als „alle Realität"[152] in einer ‚ersten' Erfahrung noch vor aller Erfahrung gründet, findet noch eine Art existenzialistische Setzung des Selbstbewusstseins durch die Auseinander- und Entgegensetzung mit einem *anderen* Selbstbewusstsein statt. Das Bewusstsein kann sich also nicht in die Selbständigkeit entlassen, es kann sich keiner Autonomie hingeben und Gegenstandserfahrung ebenso Selbsterfahrung sein lassen, denn es kann, obwohl es durch das Selbstbewusstsein von einer übergreifenden Vernunft her auf sich zurückkommt, das eigene Selbstbewusstsein

---

152 „Die Vernunft ist die Gewißheit des Bewußtseins, alle Realität zu sein." (*PhdG*, S. 179.)

nicht allein aus sich heraus in Kraft setzen, schon gar nicht durch einen rein geistigen Akt. Mehr oder vielmehr weniger noch, dem Bewusstsein kann sein Selbst weder ein Gegenstand der unmittelbaren Erfahrung noch der Erkenntnis sein. Das Bewusstsein wird dem eigenen Selbst daher nur adäquat, wenn es durch ein *anderes* Selbstbewusstsein nicht *er*kannt, sondern *an*erkannt wird. Es muss anerkannt werden durch ein anderes Selbstbewusstsein, das sich ebenfalls nicht tautologisch mit der eigenen Identität ohne ein anderes Selbstbewusstsein konfrontieren kann und daher ebenfalls dem Kampf um Selbständigkeit und um Anerkennung entspringt. Diese unentschiedene Situation der Anerkennung aber verlangt: Jedes Selbstbewusstsein muss der Spaltung seiner selbst oder seines Selbst entspringen.

Der Kampf um Anerkennung ist auch darum unentschieden, weil das Selbstbewusstsein aus derjenigen inneren Spaltung überhaupt erst hervorgeht, die es paradoxerweise wiederum mit einem anderen Selbstbewusstsein hat eingehen müssen. Daher muss die Auseinandersetzung mit einem anderen Selbstbewusstsein nicht nur ein ebenso gemeinsamer wie gegenseitiger Kampf um Anerkennung sein, der Kampf muss auch ebenso innere Konfrontation mit sich selbst wie äußere Konfrontation mit einem anderen Selbstbewusstsein sein. Hegel erklärt diese Auseinandersetzung zwar weder eindeutig zu einem inneren Kampf, den ein einzelnes Selbstbewusstsein nur mit sich selbst führt, noch erklärt er sie eindeutig zu einem äußeren Kampf zweier Selbstbewusstseine. Aber genau diese Uneindeutigkeit, ob der Kampf um Anerkennung von einer inneren Spaltung des Selbstbewusstseins handelt oder von seiner Auseinandersetzung mit einem anderen Selbstbewusstsein, konstituiert erst denjenigen Ursprung der Subjektivität, den Hegel treffen will. Die Unentschiedenheit zwischen Innen und Außen eröffnet den ‚Raum', in dem die bürgerliche Subjektivität mit sich kämpfen und sich auseinandersetzen muss; die Unentschiedenheit ist derjenige öffentliche Raum, in dem die Individualität des Selbstbewusstseins allererst eintritt und sich *bewährt*. Diesem Eintreten und dieser Bewährung gibt Hegel durch eine phänomenologische Darstellung des Kampfs um Anerkennung Raum.[153]

---

153 Das Herrschaft-Knechtschaft-Kapitel wurde in der Regel entweder im Rahmen einer Erkenntnis- und Bewusstseinskritik interpretiert oder als Entwurf von Intersubjektivität durch die soziale Praxis der Auseinandersetzung und der Anerkennung. Vor allem der letztere Ansatz hat auch nach einer Verbindung gesucht, vgl. Ludwig Siep: *Anerkennung als Prinzip der praktischen Philosophie*. Freiburg: Alber 1979; Axel Honneth: *Kampf und Anerkennung. Zur moralischen Grammatik sozialer Konflikte*. Frankfurt am Main: Suhrkamp 1994; ders.: *Verdinglichung*, zu Lukács ebd., S. 19ff., zur Anerkennung ebd., S. 46ff.; Robert B. Pippin: *Hegel's Idealism. The Satisfaction of Self-Consciousness*. Cambridge: Cambridge University Press 1989, zum Selbstbewusstsein in der *PhdG* ebd., bes. S. 143ff. Die vorliegende Abhandlung ist eher ein Weder-Noch statt ein Sowohl-als-Auch. Sie interessiert sich, wie in Abschnitt I skizziert, für die Analogie zwischen dem Selbstbewusstsein als Maß eines objektiven Wissens aus Erfahrung und dem Geld als dem Maß, durch das die kapitalistische Gesellschaft das objektive Verhältnis und die produktive Kraft ihrer Arbeiten im Realisieren der Arbeitsresultate wie durch ein überindividuelles Selbstbewusstsein erfährt. Es geht des Weiteren darum, den Ursprung des Maßes und der Messung auf die produktive Kraft einer Auseinandersetzung zwischen Herr und Knecht bzw. zwischen Kapital und Arbeit zurückzuführen. Bereits in der Interpretation des Herrschaft-Knechtschaft-Kapitels gilt es eine Analogie zur Interpretation der ursprünglichen Akkumulation

Die Frage ist also: Wie eröffnet sich das Selbstbewusstsein im Kampf um Anerkennung denjenigen öffentlichen Raum, in den es zugleich eintreten wird? Und inwiefern tritt das Selbstbewusstsein durch seine Spaltung, Hegel zufolge, auf eine praktische Weise ein?

Hegel führt die Spaltung des Selbstbewusstseins durch einen Kampf um Anerkennung ein, in welchem ein Selbstbewusstsein sich durch ein anderes Selbstbewusstsein radikal und existenziell auseinandersetzt. Der Kampf um Anerkennung ist ein Kampf „um Leben und Tod"[154], in dem beide in-sich zu Grunde gehen. „Zu Grunde gehen" heißt einerseits, dass sie angesichts des Todes mit ihrem Ende konfrontiert sind, es heißt aber auch, dass sie dadurch in denjenigen Grund zurückgehen, aus dem ihre Selbständigkeit hervorgeht, hervorgegangen sein wird.[155] Entscheidend ist, dass der Kampf, obwohl eine gegenseitige, unmittelbare Konfrontation, beide Selbstbewusstseine mit einem gemeinsamen Dritten und dadurch wiederum unmittelbar nur mit dem eigenen Selbst konfrontiert. Im Kampf erkennen sie einander nämlich nicht unmittelbar gegenseitig als selbständig an, aber sie erkennen einander an in Bezug auf die gemeinsame und zugleich individuelle Erfahrung der *Grenze* jeder Erfahrung:

zu beachten (dasselbe gilt für die Wertformanalyse): Es gilt zu vermeiden, den Kampf um Anerkennung (Hegel) bzw. die ursprüngliche Akkumulation und die Wertformanalyse (Marx) wie ‚Urszenen' des Sozialen auszulegen. Eine solche Ursprungsszene entspräche den von Marx kritisierten Robinsonaden der bürgerlichen Ökonomietheorie, nur dass im Fall von Herr und Knecht statt eines einzelnen *zwei* Individuen unvermittelt aufeinandertreffen, sozusagen zwei Robinsons. So wenig es darum geht, Herrschaft-Knechtschaft wie die Urszene einer Dialogik zu interpretieren, so wenig geht es darum, Hegels Dialektik eine Autologik zu unterstellen und ihr eine Dialogik entgegenzusetzen (in eine solche Richtung gehen z. B. Rüdiger Bubner: Dialektik und Dialog oder Plato und Hegel. In: Ders.: *Zur Sache der Dialektik.* Stuttgart: Reclam 1980, S. 124–161; Johannes Heinrichs: Dialektik und Dialogik. Aktualität und Grenzen für systematische Philosophie heute. In: *Zeitschrift für philosophische Forschung* 25 (1981), S. 425–444; Michael Theunissen: Begriff und Realität. Hegels Aufhebung des metaphysischen Wahrheitsbegriffs. In: Rolf-Peter Horstmann (Hrsg.): *Seminar: Dialektik in der Philosophie Hegels.* Frankfurt am Main: Suhrkamp 1978, S. 324–359, bes. 343ff. Auch im Umfeld der Postcolonial Studies wird Hegel eine „binäre Logik der Anerkennung" unterstellt, die „ein Anderes voraussetzt, das negiert wird, um ein autonomes Selbst auszubilden" (Encarnación Gutiérrez Rodriguez / Hito Steyerl: Einleitung. In: Dies. (Hrsg.): *Spricht die Subalterne deutsch? Migration und postkoloniale Kritik.* Münster: Unrast 2012, S. 7–16, hier S. 8). Gegen alle Robinsonaden, ob sie nun monologisch oder dialogisch oder als binäre Logik angelegt sind, gilt es, zu betonen, dass es im Herrschaft-Knechtschaft-Kapitel nicht um den Kampf zweier Selbstbewusstseine um Anerkennung geht, genauso wenig, wie es in der ursprünglichen Akkumulation um das unvermittelte Aufeinandertreffen von Arbeiter und Kapitalist geht (oder in der Wertformanalyse um den Austausch zweier Waren oder um das Aufeinandertreffen zweier Warenbesitzer). Es geht in allen Fällen darum, das Verhältnis *als* Verhältnis in seinen Phänomenen einzuholen, und es geht des Weiteren darum, dieses Verhältnis im Sinne eines ausgeschlossenen Dritten einzuholen. D. h. es geht um das *ganz Andere* all der Phänomene, nämlich um eine absolute Negativität, die aber gleichwohl unmittelbar *in* der Phänomenologie von Herrschaft und Knechtschaft bzw. die *in* der Phänomenologie von Arbeit und Kapital (sowie in den Waren und ihren Besitzern) Gestalt annehmen und die von diesen Gestalten anerkannt werden muss (und dadurch zu einer produktiven Kraft wird).

154 *PhdG*, S. 149.

155 Zur unentschiedenen Situation, in der die Selbstbewusstseine sich „anerkennen [...] als gegenseitig sich anerkennend" (*PhdG*, S. 147) und zunächst „dieser reine Begriff des Anerkennens, der Verdopplung des Selbstbewußtseins in seiner Einheit" (ebd.) zu betrachten ist, vgl. *PhdG*, S. 145ff.

Beide müssen sich durch die Anerkennung derjenigen absoluten Grenze bewähren, die für beide gemeinsam und doch je individuell die Grenze jeder Erfahrung ist durch – die Anerkennung des Todes.
Allerdings erkennen sie im Tod ihre absolute Grenze – und das scheint zunächst die entscheidende Konsequenz des Kampfes zu sein – in *unterschiedlicher* Stellung an: „Durch den Tod ist zwar die Gewißheit geworden, daß beide ihr Leben wagten und es an ihnen und an dem Anderen verachteten; aber nicht für die, welche diesen Kampf bestanden."[156] Die unterschiedliche Stellung ergibt sich dadurch, dass angesichts des Todes dasjenige Selbstbewusstsein „Herr" wird, das sein Leben zu geben bereit war, weil ihm seine Selbständigkeit und sein Fürsichsein das Wesentliche sind. Das andere dagegen, das am Leben hing und dem darum das Sein-für-Anderes wesentlich ist, wird unselbständig und ist „Knecht".[157] Beide erkennen im Tod also dieselbe absolute Grenze auf individuelle Weise an, aber auf unterschiedliche Weise, und aus dem unterschiedlichen Bezug auf den Tod kommen sie auf unterschiedliche Weise auf ihr endliches Dasein zurück. Das gemeinsame Dasein wird ihnen dadurch auch in unterschiedlicher Stellung zum Gegenstand: Das unselbständige Selbstbewusstsein bezieht sich auf sich durch die Bearbeitung des Gegenstandes (und ist dadurch Knecht), das andere dagegen bezieht sich über dieses in Abhängigkeit geratene, arbeitende Selbstbewusstsein des Knechts auf sich und ist dadurch Herr:

> Der Herr ist das *für sich* seiende Bewußtseins, aber nicht mehr nur der Begriff desselben, sondern für sich seiendes Bewußtsein, welches durch ein *anderes* Bewußtsein mit sich vermittelt ist, nämlich durch ein solches, zu dessen Wesen es gehört, daß es mit selbständigem *Sein* oder der Dingheit überhaupt synthetisiert ist.[158]

Obwohl also zwei Selbstbewusstseine um dieselbe Anerkennung kämpfen und denselben Tod vor Augen haben, und obwohl beide sich angesichts desselben Todes indirekt anerkennen, gehen sie ganz unterschiedlich, ja gegensätzlich aus dem Kampf hervor, und der Gegensatz wird im gemeinsamen Dasein ausgetragen, nämlich durch die Arbeit des Knechts und die Aneignung der Resultate der Arbeit durch den Herrn.

Diese unterschiedliche Stellung auf ihr Dasein bestimmt schließlich auch ihr gegenseitiges Annerkennungsverhältnis. Sie erkennen in unterschiedlicher Stellung und auf gegensätzliche Weise zwar eine gemeinsame absolute Grenze an, und dadurch tritt sogar die Selbständigkeit ein, um deren Anerkennung der Kampf ja geführt wurde. Aber ironischerweise tritt die Selbständigkeit ein durch ihre gegenseitige *Abhängigkeit*. Die Selbständigkeit tritt nur durch diese indirekte und gegensätzliche Anerkennung des Todes ein, und diese indirekte Anerkennung muss im unterschiedlichen Bezug auf das gemeinsame Dasein auf direkte Weise *praktisch bewährt werden*, nämlich durch Arbeit und Aneignung. Zusammengefasst tritt somit in unterschiedlicher Stellung und

---

156 *PhdG*, S. 149.
157 Vgl. *PhdG*, S. 149–150.
158 *PhdG*, S. 150.

in gegenseitiger Abhängigkeit Selbständigkeit für den Herrn wie für den Knecht nur dadurch ein, dass beide auf praktische Weise im Tod die entscheidende Gemeinsamkeit *jenseits* ihres Kampfes anerkennen, und die Praxis der Anerkennung liegt darin, sich durch Arbeit und Aneignung zu bewähren.

Die Pointe ihres Kampfes um Leben und Tod liegt somit nicht darin, dass sie durch den Kampf zwar beide ihr Selbstbewusstsein erhalten haben, aber in unterschiedlicher Stellung zueinander, sodass Selbständigkeit zwar nicht für ein Selbstbewusstsein allein, aber durch eine ebenso gemeinsame wie gegenseitige Abhängigkeit möglich ist (nämlich die Abhängigkeit des Knechts von einer Arbeit, von deren Aneignung wiederum der Herr abhängt). Die Pointe liegt auch nicht darin, dass im Zuge dieser Abhängigkeit der Herr zum Knecht des Knechts wird (weil der Herr die Anerkennung durch den Anderen begehrt, aber vom Anderen nur durch dessen Unselbständigkeit und Abhängigkeit anerkannt wird).[159] Beides sind wichtige und viel diskutierte Implikationen des Herrschaft-Knechtschaft-Kapitels, in denen aber das Entscheidende übergangen wird. Die Pointe ist, dass sie ihr Verhältnis auf praktische Weise bilden durch diejenige gemeinsame Erfahrung, die beide, wenn auch auf unterschiedliche Weise, anerkennen mussten als jeder Erfahrung notwendig *entzogen*. Es gibt einen „absoluten Herrn"[160], den Tod, und der ist diejenige gemeinsame Erfahrung, die den Kampf um Leben und Tod zu etwas *ganz Anderem* werden lässt. Der Tod ist der absolute Herr im Kampf, weil er die zugleich gemeinsame *und* zutiefst individuelle Erfahrung einer Grenze ist, die der Erfahrung entzogen werden muss (denn es darf keiner *wirklich* sterben), aber der Tod wird, gerade weil keiner ihn erfahren darf und gerade weil sich beide vom Tod abkehren, von Anfang an zu etwas Anderem: Er wird zu einer *Ökonomisierung* des Kampfes.

Die Frage ist demnach: Was bedeutet „Ökonomisierung" des Kampfes? Auf welche Weise wird der Tod für die Ökonomisierung des Kampfes wirksam, und wie sieht diese Ökonomisierung aus?

Der Kampf um Leben und Tod, so wurde bislang gezeigt, entlässt das Selbstbewusstsein von Herr und Knecht in ein gegenseitiges Abhängigkeitsverhältnis, in welchem sie einerseits gemeinsam einen absoluten Herrn anerkennen, den Tod, von dem sie sich andererseits auf unterschiedliche Weise abgekehrt haben. Sie haben sich so abgekehrt und dem endlichen Dasein zugewandt, dass sie einander in unterschiedlicher Stellung indirekt anerkennen und durch Abhängigkeit von Arbeit und Aneignung Selbständigkeit erlangen. So haben sie auf unterschiedliche Weise ein und dieselbe Erfahrung gemacht, die Erfahrung des *Un*erfahrbaren, des Todes, und durch die Abkehr von dieser ‚unmöglichen Erfahrung' wenden sie sich nun durch Arbeit und Aneignung der Endlichkeit ihres gemeinsamen Daseins zu. Sie machen die Verendlichung dieses Daseins zum Gegenstand einer gemeinsamen *Praxis*, einer Praxis, in

---

159 Vgl. *PhdG*, S. 150ff.
160 *PhdG*, S. 153.

der sie einander in gegensätzlicher Stellung begegnen und doch gerade dadurch eine gemeinsame Ökonomie eingehen. Die Erfahrung des Todes wird somit von beiden gemeinsam, wenn auch in unterschiedlicher Stellung und durch Arbeit bzw. Aneignung, *verdrängt*. In dieser Ökonomie der Verdrängung wird der Tod vom Selbstbewusstsein nicht *vergessen*; im Gegensatz zum erkennenden Bewusstsein, das ja, wie oben für die Unmittelbarkeit der Erfahrung gezeigt, sein Selbstbewusstsein vergessen muss. Aber der Tod wird von Herr und Knecht durch Arbeit und Aneignung so verdrängt, dass sich ihr Selbstbewusstsein in der Ökonomie der Verdrängung, oder besser *für* diese Ökonomie, bewährt. Durch die Verdrängung wird nun deutlich, warum das Selbstbewusstsein nicht nur das Maß der durch Erfahrung gewonnenen objektiven Erkenntnis ist, also eines rein *theoretischen* Wissens, sondern warum das Selbstbewusstsein darüber hinaus auch *praktisch* sein und die Objektivität praktisch bilden und praktisch aneignen muss: Herr und Knecht müssen die Erfahrung des Todes praktisch verdrängen (nämlich durch Arbeit und Aneignung), und in dieser Ökonomie der Verdrängung des Todes muss sich das Selbstbewusstsein auch auf *praktische* Weise bewähren. Durch die Ökonomie von Arbeit und Aneignung erkennen Herr und Knecht einen Tod an, der zwar ‚ursprünglich' jenseits des Kampfes lag, der aber durch seine praktische Verdrängung anwesend wird als das Abwesende und auf diese negative und indirekte Weise im Selbstbewusstsein in Kraft ist, es überhaupt erst in Kraft *setzt*. Er ist in der gegenseitigen Abhängigkeit von Herr und Knecht sowie in ihrer Ökonomie der Arbeit und Aneignung dasjenige gemeinsame Dritte, das durch seine Verdrängung auf praktische Weise ausgeschlossen werden muss, und für diesen Ausschluss des gemeinsamen Dritten, des absoluten Herrn, muss sich das Selbstbewusstsein durch die Bildung eines gemeinsamen Verhältnisses auf praktische Weise bewähren.

So kommen Herr und Knecht aus derjenigen gemeinsamen Erfahrung, die der Erfahrung entzogen werden muss, auf die Notwendigkeit zurück, ein gemeinsames Verhältnis bilden und durch genau diese Praxis des Bildens jene Erfahrung ebenso praktisch verdrängen zu müssen. Sie kommen von der absoluten Grenze jeder Erfahrung zu einer immer noch gemeinsamen, aber doch unterschiedlich bestimmten Einstellung auf die Arbeit der Verendlichung und auf die Aneignung dieser Arbeit zurück. In dieser Ökonomie der Arbeit und der Aneignung findet die gegenseitige Anerkennung der Selbstbewusstseine nur in gegenseitiger Abhängigkeit statt, und die gegenseitige Abhängigkeit ist wiederum die gemeinsame, indirekte Anerkennung ihres absoluten Herrn, des Todes, der mithin auf eine indirekte und nachträgliche Weise doch noch erfahren wird – aber nur durch die gemeinsame Bewährung in der Ökonomie seiner Verdrängung. Nicht der Kampf ist somit für die Spaltung des Selbstbewusstseins und für das Hervorgehen von Herrschaft und Knechtschaft entscheidend, sondern dass aus ihm eine nachträgliche Erfahrung des unerfahrbaren Todes hervorgeht, hervorgeht durch eine Ökonomie der Arbeit und Aneignung, die gleichzeitig eine Ökonomie der Verdrängung und des Aufschubs des Todes ist.

So hat der Tod im Herrn und im Knecht, in einem Wort, *Gestalt* angenommen. Der Tod tritt durch die Gestalten seiner Anerkennung sogar mitten ins Leben ein, denn er ist im Selbstbewusstsein des Herrn und des Knechts in Kraft – und doch nimmt er nur die Gestaltung seiner *Vermeidung* an. Paradoxer noch, er tritt ein, indem er in Herr und Knecht die *Ökonomie seiner eigener Verdrängung in Kraft setzt*. Aus der Ökonomisierung des Kampfes geht eine Ökonomie des Todes hervor, die zwei voneinander ebenso abhängige wie in-sich gespaltene Selbstbewusstseine der Notwendigkeit von Herrschaft und Knechtschaft aussetzt, und der Kampf und die absolute Negativität des Todes bleiben in Kraft, indem sie in Herr und Knecht Gestalt annehmen und durch sie die Notwendigkeit der Arbeit und Aneignung äußern. Entsprechend haben Herr und Knecht durch die absolute Grenze der Erfahrung ‚nur' die Notwendigkeit erfahren, sich durch gegenseitige Abhängigkeit sowie durch Arbeit und Aneignung dieser Erfahrung zu entziehen. Sie verinnerlichen diese Erfahrung auf praktische Weise, durch ihre gegenseitige Abhängigkeit, und sie entäußern diese Erfahrung ebenso praktisch durch Arbeit und Aneignung.

So setzt der Tod, statt die unüberwindbare Grenze und das endgültige Ende zu sein, beide Selbstbewusstseine genau dem ökonomischen Immanenzverhältnis aus, durch das sie den Tod in der Ökonomie seiner Verdrängung erfahren und auf indirekte Weise anerkennen; sie erfahren ihn durch eine innere Spaltung, die sich als gegenseitige Abhängigkeit sowie als Notwendigkeit der Arbeit und Aneignung äußert.

Doch der Tod tritt nicht nur, statt das Ende zu sein, nachträglich und indirekt ins Leben ein, und er nimmt nicht nur in Herr und Knecht Gestalt an und setzt dadurch dieselbe Ökonomie in Kraft, die ihn verdrängt und aufschiebt. Der Tod muss durch diese Nachträglichkeit und Indirektheit, durch diese Ökonomie der Verdrängung und des Aufschubs auch zu etwas *Anderem* geworden sein. Denn wenn er nur als das Abwesende im Verhältnis von Herrschaft und Knechtschaft anwesend wird, wenn er durch Arbeit und Aneignung nur indirekt anerkannt wird, und wenn er erst in Kraft gesetzt ist in der Ökonomie seiner Verdrängung, dann macht der Tod, statt das Jenseitige zu sein, geradezu die Immanenz in der gegenseitigen Abhängigkeit und in der gemeinsamen Ökonomie aus. Mit anderen Worten, der Tod sorgt dafür, dass Herr und Knecht *allein für sich selbst* sorgen müssen; er sorgt in den Gestalten seiner indirekten Anerkennung und Verdrängung dafür, dass sich diese Gestalten in ihrer Endlichkeit einrichten und sich in ihr durch Arbeit und Aneignung bewähren müssen.[161]

---

161 Hegel widmet im Herrschaft-Knechtschaft-Kapitel der produktiven Kraft des Todes nur eine kurze Passage auf S. 149–150; dann beginnt sofort die Darstellung der Gestalten der indirekten Anerkennung, die der Tod in Herr und Knecht ins Leben ruft, und es beginnt die Darstellung der Gestaltung dieser Anerkennung durch die Ökonomie der Arbeit und der Aneignung. Derrida hat eine Interpretation in dem hier eingeschlagenen Sinne einer „Ökonomisierung des Todes" von Georges Bataille her aufgenommen, vgl. Jacques Derrida: Von einer beschränkten zur allgemeinen Ökonomie. Ein rückhaltloser Hegelianismus. In: Ders.: *Die Schrift und die Differenz*. Frankfurt am Main: Suhrkamp 1972, S. 380–421. Es ist das Verdienst dieser Interpretation, die Ökonomie von Herrschaft und Knechtschaft als ein Kreisen um die Anwesenheit des abwesenden Todes lesbar zu machen, als eine Ökonomie, in der das Zugleich von Aneignung und Aufschub des

Dadurch ist der Tod, statt das absolute Ende zu sein, zum Ursprung einer *produktiven Kraft* geworden. Er ist sozusagen von Anfang an etwas Anderes geworden und lebt seitdem fort in den Gestalten seiner Verdrängung, in Herr und Knecht, beide durch ihn der Notwendigkeit ausgesetzt, ihr Verhältnis gegenseitiger Abhängigkeit durch Arbeit und Aneignung praktisch zu gestalten. Während so der Tod von Anfang an zur produktiven Kraft der Ökonomie seiner eigenen Verdrängung geworden ist, stellt diese Ökonomie nun auch den Kampf um Leben und Tod, gleichsam rückwirkend, als etwas ganz Anderes heraus. Sie stellt heraus, dass er keine existenzielle Grenzerfahrung gewesen ist, der beide Selbstbewusstseine im Kampf ausgesetzt waren und aus der *dann erst* eine bestimmte Ökonomie hervorgegangen ist. Es ist umgekehrt: Erst die ‚Befriedung' durch die Ökonomie zwischen Herr und Knecht kann dem Tod,

gemeinsamen Todes eine Differenz aufbrechen lässt, welche die produktive, aber unverfügbare Kraft dieser Ökonomie ausmacht. Das Verdienst dieser Interpretation besteht aber auch darin, sich in zwei entscheidenden Punkten von Alexandre Kojèves einflussreicher Interpretation, die ebenfalls auf eine Ökonomie zwischen Herr und Knecht hinaus will, zu unterscheiden. Erstens behandelt Kojève den Kampf nicht als Darstellung einer konstitutiven Gespaltenheit des Selbstbewusstseins; bei ihm ist der Kampf ein äußeres Geschehen, und das findet eben nicht ebenso im *Innern* des Selbstbewusstseins statt, sondern ausschließlich zwischen zwei Gestalten bzw. Klassen. Zweitens fehlt der Tod als dasjenige Ereignis, das tatsächlich ‚fehlen' muss, nämlich im Sinne desjenigen ‚antihumanistischen' Ereignisses, das weder für noch gegen das Leben gerichtet ist, weil das Ereignis des Todes – genauer sein Ausbleiben – erst in Herr und Knecht Gestalt annehmen muss, um für ihre Ökonomie – für *das Leben* – in Kraft zu sein und zugleich das schlechthin Unverfügbare zu bleiben. Weil in Kojèves Interpretation der entscheidende Bezug auf dieses unverfügbare Gemeinsame der Ökonomie fehlt, kann es bei ihm scheinen, als stünden sich unvermittelt zwei Klassen im gemeinsamen Existenzkampf unversöhnt gegenüber. Diese existenzielle Unmittelbarkeit verfehlt, was der eigentliche Gegenstand der Kritik sein müsste, nämlich dass beide in diesem Kampf in den Grund ihrer ebenso produktiven wie negativen Kraft zurückgehen müssen, in diejenige innere Spaltung, durch die sich die Notwendigkeit einer produktiven Auseinandersetzung mit einem anderen Selbstbewusstsein äußert. Diese ebenso produktive wie unverfügbare Kraft, die im Folgenden mit den Kategorien der Marx'schen Ökonomiekritik als Verwertung zu bestimmen sein wird, verfehlt Kojève. Bei ihm könnte der Arbeiter schlicht qua Arbeit selbständig sein und über seine produktive Kraft verfügen, und der Herr ist qua äußerlicher Herrschaft über die Arbeit Herr; er „realisiert und materialisiert" sich unmittelbar „durch die Arbeit des Knechtes". Weil der Herr nur das aus der Arbeit Abgeleitete und Unselbständige ist, scheint es, als könne der Arbeiter auf unmittelbare Weise seine Arbeit und ihre produktive Kraft beherrschen, also – sich selbst. Ähnlich wie bei Lukács, wo die warenförmige Vermittlung der Gesellschaft in einer besonderen Ware reflexiv werden und zu Bewusstsein kommen soll, soll auch bei Kojève die Abhängigkeit der Arbeit vom Kapital, indem sie im Kampf um Anerkennung dem Arbeiter bewusst wird, überwunden werden. Vgl. Alexandre Kojève: Zusammenfassender Kommentar zu den ersten sechs Kapiteln der „Phänomenologie des Geistes". In: Hans Friedrich Fulda / Dieter Henrich (Hrsg.): *Materialien zu Hegels „Phänomenologie des Geistes"*. Frankfurt am Main: Suhrkamp 1973, S. 133–188 (hier S. 152); zu Herrschaft-Knechtschaft vgl. S. ebd., S. 160ff. Auch Marcel Hénaff übergeht die Unverfügbarkeit einer produktiven Kraft, die ausgerechnet durch die Überwindung des Todes anwesend bleibt. Er sieht im Kampf eine unvermittelt beginnende, direkte Konfrontation und in der Vermeidung des Todes dann das nachträgliche Einführen der anfangs fehlenden Vermittlung, und diese Vermittlung besteht fortan in der Person des Besiegten selbst. Die Vermittlung und ihre Personifizierung soll mithin für diejenige Unmittelbarkeit stehen, welche die Konfrontation moderner Individualität auszeichnet – statt in dieser direkten, konfrontativen Individualität diejenige Überwindung des Todes eintreten zu sehen, die einerseits erst die produktive Kraft ihrer gegenseitigen, konfrontativen Vermittlung ausmacht und andererseits beiden Seiten unverfügbar bleibt; vgl. Marcel Hénaff: *Der Preis der Wahrheit. Geld, Gabe und Philosophie*. Frankfurt am Main: Suhrkamp 2009, S. 211, Anm. 62.

nachträglich, die Bedeutung einer ursprünglichen, existenziellen Entscheidung geben. (Genau genommen ist im Tod eine Entscheidung *getroffen* worden, die jedoch nicht *gefallen* sein kann. Gefallen ist nur die Unterscheidung zwischen Herr und Knecht, der Tod aber lebt fort durch eine Verdrängung, die in dieser Unterscheidung Gestalt annimmt und in Kraft ist.) So kommen Herr und Knecht von einem Ereignis her auf ihr Verhältnis zurück, das gar nicht eingetreten sein kann, das aber durch die ständige Verdrängung anwesend wird und in den Gestalten seiner Verdrängung eintritt.

Der Tod ist somit vorweggenommen und doch aufgeschoben, anwesend als abwesend, er lebt fort in seiner Verdrängung und nimmt in Herr und Knecht die Gestalten seiner indirekten Anerkennung an. All die widersprüchlichen Formulierungen kündigen bereits an, dass der Tod als Tod schlicht eintritt in genau derjenigen Ökonomie, die ihn nicht nur verdrängt, sondern – überwindet. Der Tod ist mehr als nur die Kraft der Negativität, er ist die *absolute* Negativität, weil er in Herr und Knecht, statt ihr absolutes Ende zu sein, die Kraft *zu seiner eigenen Überwindung hervorruft*. Herr und Knecht kommen im Tod nur mehr auf die eigene Kraft zurück, aber die besteht in der Verdrängung ihres absoluten Endes, des Todes, und dessen Negativität ist absolut, weil er von Anfang an seine eigene Negation hervorruft.

Dass der Tod überwunden ist, heißt, er geht die Ökonomie letztlich nichts mehr an: „Laßt die Toten ihre Toten begraben und beklagen"[162], wie Marx, den Evangelisten Matthäus (8,22) zitierend, sagt. In der Immanenz einer Ökonomie, die sich kraft ihrer selbst fortsetzen muss, stellt sich der Tod als eine zwar unfassbare und absolut negative Kraft heraus, aber diese Kraft ist für die Ökonomie, statt das absolute Ende zu sein, ursprünglich gewesen in einem produktiven und anfänglichen Sinne. Eine solche produktive Kraft hat ihren Ursprung nicht im einzelnen Selbstbewusstsein, nicht in seinen Erkenntnissen und nicht in seinem Wissen. Sie hat ihren Ursprung darin, dass dem Selbstbewusstsein die Notwendigkeit der äußeren Auseinandersetzung mit einem anderen Selbstbewusstsein zugleich eine innere Spaltung und Selbstzerissenheit ist. Sie kommt mithin aus dem praktischen Verhältnis, das ein Selbstbewusstsein mit seinesgleichen eingehen muss, damit beide in gemeinsamer Abhängigkeit von Arbeit und Aneignung den Tod überwinden und so die Notwendigkeit und Allgemeinheit derjenigen praktischen Vernunft erfahren, die überindividuell und doch ihre eigene ist.

Durch sein Selbstbewusstsein hat das Bewusstsein sich somit von Anfang an darum überwunden, weil es durch das Selbstbewusstsein erfährt, gar nicht sich selbst zu gehören. Das zeigte Hegel bereits am Anfang der *PhdG*, wo das Bewusstsein in der Unmittelbarkeit sinnlicher Erfahrung und in der Wahrnehmung sowie in der Kraft des Verstandes von seiner Entfremdung her auf sich zurückkommt, nämlich von einem Selbstbewusstsein, das für die Notwendigkeit reflexiver Erfahrung steht. Und diese Kraft der Entfremdung, so zeigt die *PhdG* dann im Anschluss im Herrschaft-Knechtschaft-Kapitel, hat das Bewusstsein wiederum nicht allein aus sich heraus, ja,

---

162 Karl Marx: Briefe aus den „Deutsch-Französischen Jahrbüchern". In: *MEW*, Bd. 1, S. 337–346, hier S. 338.

es kann sein Selbstbewusstsein weder unmittelbar erfahren, noch erkennen, noch es sich unmittelbar von einem anderen Selbstbewusstsein anerkennen lassen. Stattdessen kommt jedes Selbstbewusstsein von einer Notwendigkeit her auf sich zurück, die es mit seinesgleichen teilen muss, nämlich von der Notwendigkeit, in ein Verhältnis gegenseitiger Abhängigkeit eintreten und sich für dieses Verhältnis praktisch, durch Arbeit und Aneignung, bewähren zu müssen. Im Selbstbewusstsein ist für das einzelne Bewusstsein eine Vernunft in Kraft, die zwar seine eigene ist, die es aber nur gemeinsam mit einem anderen Selbstbewusstsein realisieren kann und die beiden negativ und unverfügbar bleibt wie der Tod.

Diese Kritik eines ebenso unbedingt notwendigen wie unverfügbaren Selbstbewusstseins soll noch einmal explizit gegen Lukács' emphatische Konzeption gerichtet werden, den Weltgeist durch das Selbstbewusstsein der Arbeiterklasse zu vergesellschaften, bevor dann Hegels Kritik des Selbstbewusstseins mit Marx' Kritik des Geldes ins Verhältnis gesetzt wird.

6.3 Das Selbstbewusstsein als Gestalt des Übergangs zwischen Verstand und Vernunft

Lukács' Idee des Kommunismus spekuliert darauf, dass die gesellschaftliche Praxis im Selbstbewusstsein der Ware Arbeitskraft reflexiv werden und zu Bewusstsein kommen kann. Die Arbeiterklasse soll sich durch ihr Selbstbewusstsein mit der gesellschaftlichen Bestimmung ihrer Praxis identifizieren, und sie soll dadurch die gesellschaftliche Totalität bewusst in Bestimmung setzen und Geschichte *machen* im Sinne von praktisch bilden und gestalten. Hegel wirft er dagegen vor, Entfremdung nur als geistige Entäußerung und Arbeit nur als geistig-begriffliche Arbeit zu fassen; darum habe Hegel die Gestaltung und Bildung der Geschichte nur als Geist entwickeln können, und folgerichtig habe er im Geist nicht die entfremdete und verdinglichte Gestalt der gesellschaftlichen Produktivkraft schlechthin erkennen können: die Arbeiterklasse.

Gegen diesen Vorwurf wurde gezeigt, dass bei Hegel Entfremdung und Arbeit keineswegs auf einseitige, rein ideell-geistige Weise gefasst werden, sondern als eine produktive Kraft. Des Weiteren wurde gezeigt, dass das Selbstbewusstsein diese produktive Kraft zwar auf sich nimmt, und es sorgt dadurch auch sowohl in theoretischer als auch in praktischer Hinsicht für die Identifikation von Subjektivität und Objektivität und die Bildung einer Totalität, ganz wie Lukács das vom Selbstbewusstsein des identischen Subjekt-Objekts der Geschichte erwartet. Aber bei Hegel steht das Selbstbewusstsein ebenso für die *Negativität* und *Unverfügbarkeit* dieser produktiven Kraft.

Um zu dieser ebenso produktiven wie unverfügbaren Kraft zu gelangen, bereitet Hegel dem Bewusstsein zwei Enttäuschungen: Das Bewusstsein muss zu seiner Enttäuschung erfahren, in der Unmittelbarkeit sowohl der theoretischen (erste Enttäuschung) als auch der praktischen Erfahrung (zweite Enttäuschung) immer schon von seinem Selbstbewusstsein her auf sich zurückzukommen. Die eigentliche

Enttäuschung liegt aber nicht darin, dass das Bewusstsein immer schon vom Selbstbewusstsein und damit von seiner Entfremdung und Überwindung her eintritt, sondern dass ihm sein Selbstbewusstsein paradoxerweise der Erfahrung entzogen ist. Das Selbstbewusstsein ist so entzogen, dass es *durch* diesen Entzug *für* das Bewusstsein in Kraft ist und ihm die Erfahrung der Objektivität, aber auch die Erfahrung seiner selbst erst eröffnet. Im Selbstbewusstsein trifft das Bewusstsein sogar auf nichts anderes als die eigene Kraft, aber sie tritt ihm fremd gegenüber; sie bricht wie eine äußere Gewalt ein und bleibt ihm durchgehend eine unverfügbare Negativität.
Entsprechend den zwei Enttäuschungen ist das Selbstbewusstsein auch in zweifacher Hinsicht *für* die Erfahrung des Bewusstseins in Kraft: In der theoretischen Vernunft nimmt das Selbstbewusstsein für eine Erkenntnis aus der Erfahrung die Kraft der Entfremdung und Überwindung des Bewusstseins auf sich (hier lässt das Selbstbewusstsein die Notwendigkeit reflexiver Erfahrung eintreten); und in der praktischen Vernunft nimmt es diejenige produktive Kraft auf sich, die aus der Konfrontation mit einem anderen Selbstbewusstsein und aus der Überwindung des Todes resultiert und die Herrschaft der gegenseitigen Abhängigkeit von Arbeit und Aneignung ergibt.
Durch diese widersprüchliche Stellung ist das Selbstbewusstsein nichts weiter als die Gestalt des *Übergangs*, desjenigen Übergangs zwischen Verstand und Vernunft, in den das Bewusstsein kraft Entfremdung sowie durch den Kampf und die Konfrontation mit seinesgleichen eintritt. Das Selbstbewusstsein ist somit die Gestalt des Übergangs zwischen der Individualität des Verstandes und der *Über*individualität einer Vernunft, die seine eigene ist und ihm doch gewaltsam und fremd gegenübertreten muss. Das Selbstbewusstsein ist zudem Übergang im doppelten Sinne: Kraft der Entfremdung kommt das Bewusstsein so auf sich zurück, dass es in die Unmittelbarkeit der Erfahrung des Gegenstandes eintritt und zu einer rein *theoretischen* Vernunft kommt; im Kampf und in der Konfrontation mit einem anderen Selbstbewusstsein dagegen trifft es so auf seinesgleichen, dass es auf die Notwendigkeit von Arbeit und Aneignung zurückkommt und zu einer *praktischen* Vernunft kommt. Die theoretische Vernunft bildet objektive Erkenntnis aus der Erfahrung des Gegenstandes; die praktische Vernunft liegt dagegen in der Auseinandersetzung mit einem anderen Selbstbewusstsein und hat die Notwendigkeit der Bildung ihres gemeinsamen Verhältnisses zum Gegenstand.
Theoretische und praktische Vernunft unterscheiden sich also je nachdem, ob das Bewusstsein sich entfremdet und von seinem Selbstbewusstsein her auf sich und den Gegenstand zurückkommt oder ob dieses Selbstbewusstsein mit seinesgleichen konfrontiert ist und ein gemeinsames Verhältnis zum Gegenstand einer Auseinandersetzung machen muss. In der theoretischen Vernunft sorgt das Selbstbewusstsein dafür, dass das Bewusstsein in aller Erfahrung an sich selbst gehalten ist und darum erfährt, das Identische aller Erfahrung zu sein, oder vielmehr, zu werden und darum *Subjekt* der Erfahrung zu sein. Hier ist das Selbstbewusstsein, obwohl nichts als derjenige Unterschied, den das Bewusstsein zu sich selbst macht, der Übergang im Sinne eines ausgeschlossenen Dritten. Das Bewusstsein kann durch dieses Dritte sowohl

sich als auch den Gegenstand wie von einem äußerlichen Standpunkt aus betrachten, von jenem Standpunkt aus, der Bewusstsein und Gegenstand ins Verhältnis setzt und dadurch zum Maß für eine Erkenntnis aus der Erfahrung wird. Nur vom Standpunkt des Selbstbewusstseins aus kann das Bewusstsein sich im Wortsinn für den Gegenstand einsetzen oder sich anstelle des Gegenstandes setzen, sodass es sich als Mittel begreifen muss, den Gegenstand durch eine *reflexive* Erfahrung zu identifizieren. Unmittelbarer noch, nur so kann das Bewusstsein sich *mit* all seinen Erfahrungen identifizieren. Dagegen ist es dann in der praktischen Vernunft nicht die Entfremdung von sich selbst, die im Selbstbewusstsein zum gemeinsamen Dritten vom Bewusstsein und Gegenstand wird, hier ist das Selbstbewusstsein vielmehr mit seinesgleichen konfrontiert, und sie erfahren den Tod als ihr gemeinsames Drittes. Beide können ihre produktive Kraft nur durch die Verdrängung dieses gemeinsamen Dritten erhalten, des absoluten Herrn, und für diese Verdrängung müssen sie auf diejenige gemeinsame Abhängigkeit von Arbeit und Aneignung zurückkommen, durch die sie ein und dasselbe Verhältnis in unterschiedlicher Stellung praktisch teilen.

Durch diese beiden Enttäuschungen, die Hegel gleich zu Beginn der *PhdG* dem Bewusstsein bereitet, holt er also ein Selbstbewusstsein ein, das dem Bewusstsein die Möglichkeit der theoretischen wie praktischen Erfahrung einerseits eröffnet, ohne andererseits selbst Gegenstand der theoretischen oder praktischen Erfahrung sein zu können. Er löst dadurch den Anspruch der *PhdG* ein, eine ebenso negative wie produktive Kraft als Phänomen ein und derselben Vernunft einzuholen. Oder vielmehr soll sich in der *PhdG* zeigen, auf welche negative, aber produktive Weise es das Bewusstsein selbst ist, das durch Entfremdung und innere Spaltungen sowie durch den Kampf, den es in Gestalt eines anderen Selbstbewusstseins mit sich selbst führt, so von seiner Überwindung her auf sich zurückkommt, dass es die eigene Vernunft wie eine fremde, negative und gewaltsame Kraft erfahren muss. So sehr dadurch der Verstand sich durch sein Selbstbewusstsein zur Vernunft bringt und so sehr der Verstand durch das Selbstbewusstsein sogar auf seine *eigene* Vernunft je *zurückkommt*, so sehr liegt die Vernunft doch in einer überindividuellen Notwendigkeit und so sehr ist sie im Selbstbewusstsein auf eine unverfügbare Weise in Kraft.

Dem Herrschaft-Knechtschaft-Kapitel kommt für die Darstellung dieses Übergangs zwischen Verstand und Vernunft eine zentrale Stellung zu. Die Ereignisse überstürzen sich hier geradezu, weil in diesem Kapitel die Grenze zwischen theoretischer und praktischer Vernunft gezogen wird sowie zwischen der Individualität des Bewusstseins und der Allgemeinheit einer überindividuellen Vernunft. Hier kommt das einzelne Bewusstsein in der Erfahrung des Gegenstandes nicht mehr von seiner Entfremdung und Überwindung her auf sich selbst zurück, sondern hier kommen die Selbstbewusstseine von der absoluten Grenze des Todes auf eine gegenseitige Abhängigkeit von Arbeit und Anerkennung zurück, und in dieser Abhängigkeit ist eine gemeinsame Überwindung des Todes in Kraft.

Die zwei Enttäuschungen, die Hegel dem Bewusstsein auf dem „Weg des Zweifels" und des „sich vollbringenden Skeptizismus" zu Beginn der *PhdG* bereitet, entsprechen somit den beiden kritischen Unterscheidungen, die das Bewusstsein für sich treffen muss. Zuerst, in der Unmittelbarkeit der Erfahrung, muss das Bewusstsein sich von sich trennen und, ineins, denjenigen Abgrund, der sich auftut, indem das Bewusstsein sich in der Erfahrung des Gegenstandes auch selbst wie einen Gegenstand erfährt, durch das Selbstbewusstsein besetzen. Das Selbstbewusstsein eröffnet dem Bewusstsein wiederum, in der Erfahrung des Gegenstandes ebenso auf sich zurückzukommen, und so macht es durch diese spekulative Identität von Gegenstands- und Selbsterfahrung das Maß für die Bildung eines Wissens aus der Erfahrung geltend. Das Bewusstsein hat somit nicht nur sich selbst, sondern auch den Gegenstand überwunden. Es betrachtet beide von einem Selbstbewusstsein aus, welches das negative Wesen, das zwischen Bewusstsein und Gegenstand ebenso zu trennen wie zu vermitteln scheint und nichts ist als die Erfahrung rein als solche, ins Positive wendet, in eine *reflexive* Erfahrung. Dadurch nimmt das negative, ebenso trennende wie vermittelnde Wesen zwischen Bewusstsein und Gegenstand die Form der Reflexion an und wird zur Identifikation von Bewusstsein und seinem Gegenstand. Ja, dass das Bewusstsein in aller Erfahrung des Gegenstandes je schon auf sich zurückkommt und in all seinen Erfahrungen des Gegenstandes zugleich sich selbst identifizieren muss, diese Identifikation *ist* das Selbst des Bewusstseins; das Bewusstsein hält sich durch sein Selbstbewusstsein in aller Erfahrung an sich selbst und wird zur zeitlosen Identität der *Form* der Vermittlung zwischen Bewusstsein und Gegenstand.[163]

Im Herrschaft-Knechtschaft-Kapitel bringt dann dasselbe Selbstbewusstsein den Verstand nach der *theoretischen* auch auf *praktische* Weise zur Vernunft, und auch dabei ist

---

163 In der Vorrede der *PhdG* betont Hegel wiederholt die ebenso negative wie positive, die sowohl teilende und auflösende als auch verbindende und vereinheitlichende Kraft des Verstandes, der zum absoluten Wissen kommt, weil er genau dieses widersprüchliche Tun als ein negatives Wesen begreift; ein negatives Wesen, das der Verstand von einer übergreifenden Vernunft her denken und in die er sich einlösen muss. Dieses Einlösen ist die Form der Wahrheit der Erfahrung der Erscheinungen, nämlich die Form der Identifikation von Bewusstsein und Erscheinung: „Die Erscheinung ist das Entstehen und Vergehen, das selbst nicht entsteht und vergeht, sondern an sich ist und die Wirklichkeit und Bewegung des Lebens der Wahrheit ausmacht. Das Wahre ist so der bacchantische Taumel, an dem kein Glied nicht trunken ist; und weil jedes, indem es sich absondert, ebenso unmittelbar [sich] auflöst, ist er ebenso die durchsichtige und einfache Ruhe." (*PhdG*, S. 46.) Das absolute Wissen ist jenes Wissen, das die Trennung in die Gegenständlichkeit von Bewusstsein und Gegenstand auch als Form ihrer Identifikation begreift und das Identifizieren als die Wirklichkeit des Verstandes. Der Verstand *ist* in diesem absoluten Wissen allein dadurch, dass er im Selbstbewusstsein auch eine kritische Unterscheidung zu sich selbst macht, um in *ihm*, in diesem Unterschied, die Erfahrung des Gegenstandes *und* die Erfahrung des eigenen Bewusstseins eintreten zu lassen, also ihre – Identifikation. Erst im Unterschied zu sich selbst macht der Verstand die Erfahrung des Gegenstandes zum Gegenstand des Aufhebens, und erst in diesem Unterschied zu sich selbst entwickelt sich der Verstand aus sich *heraus*. Am Ende der *PhdG* kommt Hegel auf diesen Ursprung zurück: „Denn der sich selbst wissende Geist, eben darum, daß er seinen Begriff erfaßt, ist er die unmittelbare Gleichheit mit sich selbst, welche in ihrem Unterschiede die *Gewißheit vom Unmittelbaren* ist, oder das *sinnliche Bewußtsein*, – der Anfang, von dem wir ausgegangen; dieses Entlassen seiner aus der Form seines Selbsts ist die höchste Freiheit und Sicherheit seines Wissens von sich." (*PhdG*, S. 589–590.)

es als Gestalt des Übergangs in Kraft. Dasselbe Selbstbewusstsein also, welches das Bewusstsein durch seine Entfremdung erhält und durch das es von seiner Überwindung her auf sich zurückkommt, dasselbe Selbstbewusstsein muss sich nun seinerseits überwinden, indem es sich in Auseinandersetzung mit seinesgleichen zum Mittel einer produktiven, überindividuellen Kraft herabsetzt. Es steht dann nicht nur für die Bildung des Wissens durch eine theoretische Erkenntnis aus der reflexiven Erfahrung des Gegenstandes, es steht auch für die Notwendigkeit der *praktischen* Bildung der Gegenstände, es steht mithin für die Bildung eines gesellschaftlichen Verhältnisses, das durch Arbeit und Aneignung reflexiv wird.

Diese absolut negative und doch produktive Kraft, für die das Selbstbewusstsein steht, ist der heimliche Herrscher der *PhdG*; diese Kraft wird sich an ihrem Ende als absoluter Geist herausstellen. Am Anfang der *PhdG* erscheint diese Kraft noch im negativen Wesen zwischen Bewusstsein und Gegenstand und in der Notwendigkeit reflexiver Erfahrung; hier resultiert sie aus der Trennung des Bewusstsein von ihm selbst, und diese innere Spaltung bleibt im Selbstbewusstsein in Kraft und wird zum Übergang zwischen Bewusstsein und Gegenstand. Im Herrschaft-Knechtschaft-Kapitel wird die Kraft dann zur absoluten Negativität des Todes; die Kraft ist nun in einem Selbstbewusstsein wirksam, das sich in der äußeren Auseinandersetzung mit einem anderen Selbstbewusstsein in eine Abhängigkeit begibt, durch die es sich gleichsam mit sich selbst auseinandersetzt. Von dieser ebenso negativen wie produktiven Kraft spricht Hegel in der Vorrede der *PhdG* als der „ungeheuren Macht", der

> Energie des Denkens, des reinen Ichs. Der Tod, wenn wir jene Unwirklichkeit so nennen wollen, ist das Furchtbarste, und das Tote festzuhalten das, was die größte Kraft erfordert. Die kraftlose Schönheit haßt den Verstand, weil er ihr dies zumutet, was sie nicht vermag. Aber nicht das Leben, das sich vor dem Tode scheut und von der Verwüstung rein bewahrt, sondern das ihn erträgt und in ihm sich erhält, ist das Leben des Geistes.[164]

Nachdem diese negative Kraft am Anfang der *PhdG* im Selbstbewusstsein eine ‚erste' Gestalt angenommen und das Bewusstsein in der (Selbst-)Erkenntnis auf sich allein gestellt hat, und nachdem im Anschluss die negative Kraft dasselbe Selbstbewusstsein der Abhängigkeit von einem anderen Selbstbewusstsein ausgesetzt hat, holt die

---

164 *PhdG*, S. 36. Weil die Gewalt der Negativität und des Todes sich als Kraft des Verstandes ihm selbst gegenüber herausstellt durch die Notwendigkeit, dass der Verstand sich überwinden muss, um auf die eigene Vernunft zurückkommen zu können, darum ist die Negativität *Gewalt* nur für die Eitelkeit eines Verstandes, der in Furcht vor dieser Notwendigkeit bei sich selbst zu verweilen versucht: „Bei dem Gefühl dieser Gewalt mag die Angst vor der Wahrheit wohl zurücktreten und sich dasjenige, dessen Verlust droht, zu erhalten streben. Sie kann aber keine Ruhe finden, es sei, daß sie in gedankenloser Trägheit stehen bleiben will [...] oder daß sie als Empfindsamkeit sich befestigt, welche alles in *seiner Art gut* zu finden versichert; diese Versicherung leidet ebenso Gewalt von der Vernunft, welche gerade darum etwas nicht gut findet, insofern es eine Art ist. [... D]iese Eitelkeit, welche sich jede Wahrheit zu vereiteln, daraus in sich zurückzukehren versteht und an diesem eigenen Verstande sich weidet, der alle Gedanken immer aufzulösen und statt alles Inhalts nur das trockene Ich zu finden weiß, ist eine Befriedigung, welche sich selbst überlassen werden muss; denn sie flieht das Allgemeine und sucht nur das Fürsichsein." (*PhdG*, S. 74–75.)

gesamte übrige *PhdG* die negative Kraft ‚nur' noch in Zeit und Raum ein. Genauer gesagt, ist es wieder das Bewusstsein selbst, das all die in Raum und Zeit entäußerten Gestalten von einem überindividuellen Selbstbewusstsein her begreifen muss und darin dessen *Geschichte* einholen muss. Die durchgehende Gestalt schlechthin dieser Geschichte aber, die ideelle Einheit, die durch Raum und Zeit hindurch in allen Gestalten eingeholt werden muss, ist der „absolute Geist". Im Anschluss an die eben zitierte Passage, die zunächst die absolute Negativität des Todes mit der produktiven Kraft des Verstandes verbindet, führt Hegel das individuelle Selbstbewusstsein auf die ebenso negative wie produktive Kraft dieses überindividuellen absoluten Geistes zurück:

> Daß das Vorgestellte Eigentum des reinen Selbstbewußtseins wird, diese Erhebung zur Allgemeinheit überhaupt ist nur die eine Seite, noch nicht die vollendete Bildung. [...] Jetzt besteht darum die Arbeit nicht so sehr darin, das Individuum aus der unmittelbaren sinnlichen Weise zu reinigen und es zur gedachten und denkenden Substanz zu machen, als vielmehr in dem Entgegengesetzten, durch das Aufheben der festen, bestimmten Gedanken das Allgemeine zu verwirklichen und zu begeisten.[165]

Die Aufgabe der *PhdG* oder die im Zitat angesprochene „Arbeit" besteht demnach darin, das Allgemeine des individuellen Bewusstseins im Allgemeinen einer überindividuellen Vernunft auf- und einzulösen und ihren Übergang am Selbstbewusstsein festzumachen. Diese Aufgabe ist notwendig, weil dem einzelnen Bewusstsein dieselbe produktive Kraft, die im Selbstbewusstsein Gestalt annimmt, eben nur jener Übergang ist und darum auf eine ebenso negative und unverfügbare Kraft zurückgeführt werden muss. Dem Verstand ist die eigene produktive Kraft gleichsam immanenter als immanent, und das Selbstbewusstsein steht einerseits dafür, dass dem Verstand die eigene Kraft unverfügbar ist, andererseits bringt es ihn zu einem überindividuellen, absoluten Geist, in welchem der Verstand die Überindividualität der eigenen Vernunft erkennt, wenn er sich von ihm diesem Geist her denkt.

Demnach ist der absolute Geist unmittelbar im Denken selbst anwesend. In der *PhdG* tritt er zunächst durch jenes Übergehen von individuellem Bewusstsein und überindividueller Vernunft ein, und dieses Eintreten ist nichts anderes als das Denken selbst, aber das Denken tritt von seiner Entfremdung her ein und muss sich vom Selbstbewusstsein aus gleichsam hinterrücks beim Denken zusehen. Die produktive Kraft des absoluten Geistes nimmt dann im Herrschaft-Knechtschaft-Kapitel sogar die Gestalt des Todes an, aber dergestalt kann der Tod nicht als existenzielle Tatsache stehen bleiben. Auch wenn hier zentrale Begriffe und Motive des Existenzialismus vorweggenommen sind – der Andere, der Kampf, Leben und Tod, die Angst etc. – und auch, wenn sich der Kampf um Leben und Tod wie die Ursprungsszene einer Angst- und Schuldökonomie liest, so muss das Herrschaft-Knechtschaft-Kapitel samt der durch den Tod gezogenen absoluten Grenze doch als ein *vernünftiger Übergang* gelesen

---

165 *PhdG*, S. 36–37.

werden.[166] Er ist derjenige Übergang, durch den der Verstand zur Vernunft kommt, zu *seiner* Vernunft. Das Selbstbewusstsein ist, wie gesagt, die Gestalt dieses eigentümlichen Übergangs, aber so sehr dem Verstand die Vernunft auch seine eigene ist, so sehr sie auch in seinem Selbstbewusstsein unmittelbar in Kraft ist, und so sehr er sich dadurch auch durch sich selbst zur Vernunft bringt, so sehr kann der Verstand zur Vernunft nur kommen, wenn er sich durch sein Selbstbewusstsein überwindet und durch seine Entfremdung wie von Außen auf seine innere Spaltung zurückkommt. Und er erhält auch die produktive Kraft zur *praktischen* Selbstbeherrschung nur, wenn er durch ein anderes Selbstbewusstsein der Herrschaft gegenseitiger Abhängigkeit ausgesetzt wird. Wenn der Verstand sich durch sein Selbstbewusstsein zu *dieser* Vernunft bringt: dass er in Erkenntnis wie Praxis maßgeblich werden muss für nichts als: sich selbst, so muss der Verstand in dieser Vernunft ein negatives Wesen, eine fremde Macht und eine überindividuelle Notwendigkeit erkennen und praktisch anerkennen. Letztlich kann diese Macht nicht anderes begriffen werden denn als – absoluter Geist.

Lukács dagegen erwartet vom Selbstbewusstsein des Proletariats nichts weniger als die gesellschaftliche Verwirklichung des Absoluten, nämlich die absolute

---

166 Die großen existenzialistischen Entwürfe einer solchen Angst- und Schuldökonomie, Sören Kierkegaards *Die Krankheit zum Tode* und *Furcht und Zittern* sowie Martin Heideggers *Sein und Zeit*, sind eher in Auseinandersetzung mit religiösen Fragen als mit Hegels Dialektik entstanden (auf die beide aber Bezug nehmen im Versuch, ihrer rein systematisch-logischen Bestimmung des Absoluten zu entkommen). Bei Kierkegaard und Heidegger wird der Tod zwar ebenfalls zu einer produktiven Kraft, in der dann jeweils eine Angst- und Schuldökonomie gründet. Aber im Unterschied zur *PhdG* bleibt sie hier wie dort letztlich eine allein des *einzelnen, ungeteilten Subjekts*, nämlich eines Subjekts, das seine Existenz durch den Sprung in den Abgrund des Glaubens gründet (Kierkegaard) bzw. das aus dem Vorlauf in den Tod den Bezug auf das Sein in der Zeit und auf die Endlichkeit des eigenen Daseins gewinnt, sodass die (zeitliche) Existenz des einzelnen Subjekts in der Sorge-um-sich gründet (Heidegger). Hier wie dort ist der Tod weniger die Gestalt desjenigen Übergangs, durch den der Verstand auf rein negative Weise zu einer Vernunft kommt, die überindividuell, fremd, gewaltsam und doch seine eigene ist. Im Gegenteil, beide, Kierkegaard wie Heidegger, treibt eher eine Art Flucht vor dieser eigentümlichen Verabsolutierung der Vernunft um. In Kierkegaards und Heideggers Existenzialismus lässt sich sogar ein spezifisch antidialektischer ‚Sprung' ausweisen. Er besteht darin, dass sich der Verstand der Notwendigkeit der Vermittlung durch jene Vernunft, die seine eigene und die doch überindividuell und fremd ist, enthebt durch eine existenzielle *Entscheidung*. Diese Entscheidung ist einerseits ein radikal subjektiver Akt, der andererseits objektiv notwendig ist, denn er entscheidet über die Objektivität der eigenen Subjektivität. Während bei Hegel letztlich die Arbeit des Selbstbewusstseins bzw. der begrifflichen Vermittlung die Trennung in Objekt und Subjekt einerseits eröffnet und andererseits dafür sorgt, dass die Objektivität auf subjektive Weise zu Bewusstsein kommt (sodass sich dadurch eine Subjekt-Objekt übergreifende, ideelle Vernunft verwirklicht), zielt der Existenzialismus darauf, diese Arbeit außer Kraft zu setzen durch eine Entscheidung, die wie ein Sprung oder eine gewaltsame Setzung funktioniert. Die Wahrheit soll letztlich durch einen Sprung und auf einen Schlag eintreten, sie soll sich ereignen, offenbaren und entbergen. Entsprechend ist die Wahrheit, so sehr sie auch hier unmittelbar *in* der Vermittlung liegt, nicht auf sie reduzibel; Wahrheit ist letztlich doch, ob als Gott (Kierkegaard) oder als Wahrheit des Seins (Heidegger) gefasst, von der Vermittlung unterschieden; vgl. Sören Kierkegaard: *Die Krankheit zum Tode*. Frankfurt am Main/Hamburg: Fischer 1959; ders.: *Furcht und Zittern*. Frankfurt am Main/Hamburg: Fischer 1959; Heidegger: *Sein und Zeit*. Tübingen: Niemeyer 1993. Oben wurde bereits darauf hingewiesen, dass vor allem der junge, noch ästhetisch orientierte Lukács von Kierkegaards Existenzialismus beeinflusst gewesen ist, vgl. Lukács: Metaphysik der Tragödie.

Selbstbeherrschung, d. h. die bewusste Verfügung der Arbeiterklasse über die eigene Arbeit und ihre produktive Kraft sowie die Bildung einer rationalen gesellschaftlichen Totalität. Sein Begriff des Selbstbewusstseins fällt dadurch gegenüber dem Hegel'schen Begriff vollkommen einseitig aus, denn bei Lukács soll das Proletariat durch sein Selbstbewusstsein unmittelbar auf die produktive Kraft seiner Arbeit und seiner Praxis sowie auf deren Bedeutung für die gesellschaftliche Totalität zurückkommen. Diese emphatische Bestimmung des Selbstbewusstseins enthebt es Hegels Kritik, der zufolge dasselbe Selbstbewusstsein, das den Verstand zu *seiner* Vernunft bringt, sich ihm auch entziehen und zum Übergang zwischen Verstand und Vernunft werden muss. So sehr der Verstand durch sein Selbstbewusstsein auch auf die eigene Vernunft zurückkommt, so sehr ist diese ihm eine unverfügbare Kraft, und die Kraft nimmt zwar unmittelbar im Selbstbewusstsein Gestalt an, aber so, dass der Verstand nur auf entfremdete Weise sowie in Abhängigkeit von einem anderen Selbstbewusstsein sich selbst beherrschen kann.

Auch Marx, so ist nun in Analogie zur *PhdG* zu zeigen, entwickelt in der KdpÖ eine ebenso negative wie produktive Kraft. Auch sie muss Gestalt annehmen, aber auch sie entzieht sich denselben Gestalten, in denen sie in Kraft ist – den Gestalten der kapitalistischen Ökonomie ist die eigene Produktivkraft, analog der produktiven Kraft der Vernunft und des absoluten Geistes, unverfügbar wie eine negative, fremde Gewalt. Diese produktive Kraft der kapitalistischen Ökonomie ist durch kein Selbstbewusstsein kommunistisch zu bewältigen. Einzig und allein das Geld kann, so wird am Ende der Entwicklung zu zeigen sein, mit der produktiven Kraft umgehen, aber so, dass sie unmittelbar *im* Geld umgeht und *im* Geld ebenso in Kraft bleibt wie unverfügbar gehalten ist: In der KdpÖ ist das Geld, und nicht das Selbstbewusstsein, die Gestalt des Übergangs schlechthin.

6.4 Die ursprüngliche Akkumulation. Die Trennung von Arbeit und Kapital als Selbstbeherrschung der Arbeit in der Gestalt ihrer Entfremdung

In Marx' *Kapital* entsprach die Maß- und Tauschmittelfunktion des Geldes, so wurde bislang gezeigt, einem bewusstlosen Selbstbewusstsein kapitalistischer Totalität. Dieses Selbstbewusstsein wird jedoch, so wurde angekündigt, einer Kritik unterzogen, die Hegels Kritik des Selbstbewusstseins entspricht, nämlich indem auch die Maß- und Tauschmittelfunktion, statt sie in die Selbständigkeit zu entlassen, in eine ebenso ursprüngliche wie produktive Kraft zurückgenommen wird. Die Frage ist demnach: Wie lässt sich Hegels Herrschaft-Knechtschaft-Kapitel ins Verhältnis setzen zu dieser Kritik der ersten beiden Geldfunktionen? Und wenn jenes Verhältnis von Herr und Knecht bereits als eine Ökonomie lesbar ist, wie lässt sich dann diese Ökonomie ins Verhältnis setzen zur Marx'schen Ökonomiekritik? Und wie lassen sich die beiden Ökonomiekritiken gemeinsam gegen Lukács' Vorstellung wenden, dass das Proletariat durch sein Selbstbewusstsein zum identischen Subjekt-Objekt der Geschichte werden und eine mit Bewusstsein geplante Ökonomie begründen kann?

Um die beiden Ökonomien ins Verhältnis zu setzen und um dadurch auch Lukács' emphatische Konzeption des Selbstbewusstsein einer Kritik zu unterziehen, gilt es zunächst auch bei Marx nach der ebenso produktiven wie negativen Kraft zu suchen. Es gilt auch in der KdpÖ nach einer Kraft zu suchen, die sich hinterrücks durchsetzt und unverfügbar ist wie der Tod; unverfügbar wie derjenige Tod, der bei Hegel im Herrschaft-Knechtschaft-Kapitel Gestalt annimmt und genau diejenige Ökonomie in Kraft setzt, die den Tod aufschiebt und verdrängt.

Wie angekündigt, ist diese produktive Kraft in Marx' Ausführungen über die ursprüngliche Akkumulation zu finden.[167] Sie ist in einer Akkumulation zu suchen, die darum

---

[167] *Kapital I*, S. 741–791; *MEGA* II/5, S. 574–610; vgl. auch *Grundrisse*, S. 371–421. Von den vielen Interpretationen sind dem kritischen Gehalt der Marx'schen Abhandlung diejenigen gerecht geworden, welche die ursprüngliche Akkumulation nicht wie ein einmaliges historisches Ereignis behandeln, sondern danach fragen, warum die ursprüngliche Akkumulation, obwohl geschichtlich wie logisch ein, wie vor allem Althusser betont hat, kontingenter und sogar gewaltsamer Anfang der kapitalistischen Produktionsweise, gleichwohl in ihrer Struktur eingeschrieben ist und in ihrer Reproduktion gegenwärtig bleibt und sich dadurch sozusagen beständig ereignet oder zeitigt. Étienne Balibar hat in *Das Kapital lesen* eine der ersten Interpretation in einem solchen Sinne vorgenommen, vgl. Louis Althusser / Étienne Balibar: *Das Kapital lesen*, Bd. II. Reinbek: Rowohlt 1972, S. 370–380; Gilles Deleuze und Félix Guattari haben in *Tausend Plateaus* die ursprüngliche Akkumulation als Erschließung eines homogenen Raumes untersucht, vgl. dies.: *Tausend Plateaus. Kapitalismus und Schizophrenie II*. Berlin: Merve 1992, S. 620–621. Zuvor haben schon Rosa Luxemburg und Hannah Arendt auf die Wiederkehr der ursprünglichen Akkumulation verwiesen; vgl. Hannah Arendt: *Elemente und Ursprünge totaler Herrschaft*. München: Piper 2006, S. 332ff.; Rosa Luxemburg: *Die Akkumulation des Kapitals. Gesammelte Werke*, Bd. 5. Berlin, DDR: Dietz 1975. Allerdings legt Luxemburg das Anhalten der ursprünglichen Akkumulation noch räumlich aus, wenn sie die finale Schranke des Kapitalismus daran festmacht, dass dieser beständig ein (noch) nicht kapitalistisches Außen kolonialisieren muss, vgl. ebd., S. 363. Jürgen Habermas hat mit seiner These von den „Kolonialisierung der Lebenswelt" eine gewisse Wendung dieser Vorstellungen vorgenommen, vgl. Jürgen Habermas: *Theorie des kommunikativen Handelns*. Frankfurt am Main: Suhrkamp 1981, bes. S. 470ff.; ders.: *Legitimationsprobleme im Spätkapitalismus*. Frankfurt am Main: Suhrkamp 1973; auch der Begriff der „Landnahme" bei Klaus Dörre geht in eine ähnliche Richtung, vgl. ders.: Die neue Landnahme. Dynamiken und Grenzen des Finanzmarktkapitalismus. In: Klaus Dörre / Stephan Lessenich / Hartmut Rosa: *Soziologie – Kapitalismus – Kritik. Eine Debatte*. Frankfurt am Main: Suhrkamp 2009, S. 21–86, bes. S. 36ff; vgl. auch Burkart Lutz: *Der kurze Traum immerwährender Prosperität*. Frankfurt am Main/New York: Campus 1984, S. 214. Ausführlich zur Logik der Territorialisierung durch die Logik des Kapitals vgl. die Schriften von David Harvey, auf Deutsch: Ders.: *Räume der Neoliberalisierung*. Hamburg: VSA 2007, bes. S. 45ff. u. 94ff.; ders: *Der neue Imperialismus*. Hamburg: VSA 2003, S. 140ff. Für Werner Harmacher wird der Kapitalismus durch die ursprüngliche Akkumulation „strukturell religiös" in einer „Theogonie aus Selbst-Verschuldung" (ders.: Schuldgeschichte. Benjamins Skizze ‚Kapitalismus als Religion'. In: Dirk Baecker (Hrsg.): *Kapitalismus als Religion*. Berlin: Kadmos 2003, S. 77–119, hier S. 97). Auch im Umfeld des italienischen (Post-)Operaismus ist die ursprüngliche Akkumulation in dem oben für Balibar beanspruchten Sinne interpretiert worden, vgl. Sandro Mezzarda: La ‚cosidetta' accumulazione originaria. In: Libera Università Metropolitana (Hrsg.): *Lessico Marxiano*. Rom: Manifestolibri 2008, S. 23–52. Silvia Federici hat darauf hingewiesen, dass die Phase der ursprünglichen Akkumulation nicht nur die Ware Arbeitskraft, sondern auch den unbezahlten Bereich der weiblich besetzten Reproduktionsarbeit hervorgebracht hat, vgl. dies.: *Caliban und die Hexe. Frauen, der Körper und die ursprüngliche Akkumulation*. Wien: Mandelbaum 2012. Viel Beachtung hat Marx' ursprüngliche Akkumulation in der postkolonialen Theorie erhalten, vgl. vor allem Dipesh Chakrabarty: *Provincializing Europe. Postcolonial Thought and Historical Difference*. Princeton/Oxford: Princeton University Press 2000, bes. S. 27ff. u. S. 47ff. (Kap. 1 u. 2). Lukács hat sich bereits 1924 in seinem Aufsatz über Lenin mit der Frage beschäftigt, ob Russland vor dem Sozialismus erst eine ursprüngliche Akkumulation und eine vollständige kapitalistische Entwicklung durchmachen müsse (und

„ursprünglich" ist, weil sie, analog dem Kampf um Leben und Tod, für die kapitalistische Gesellschaft noch ‚früher' ist als die oben ausführlich gezeigte Realisierung des Verhältnisses ihrer Arbeiten und deren Resultate durch die Maß- und Tauschmittelfunktion des Geldes. Sie ist für die kapitalistische Gesellschaft sogar noch ‚früher' als ihr beständiger Ursprung aus dem eigenen Akkumulieren und aus der Reproduktion heraus, denn jene ursprüngliche Akkumulation muss für genau *diesen* Ursprung der Ursprung sein. Das heißt, sie muss der Ursprung für dasjenige Produktionsverhältnis sein, das sich seitdem aus sich heraus reproduziert und durch Selbstverwertung beständig sich selbst entspringt. In jenem ‚ersten' Ursprung müssen demnach Voraussetzungen gesetzt worden sein, die zwar noch nicht durch das Kapital und sein beständiges Prozessieren gesetzt sein können, aber genau für ein solches Prozessieren, das seine Voraussetzungen aus sich heraus setzt, wirksam werden:

> Diese Voraussetzungen, die ursprünglich als Bedingungen seines Werdens erschienen – und daher noch nicht von seiner Aktion *als Kapital* entspringen konnten – erscheinen jetzt als Resultate seiner eignen Verwirklichung, Wirklichkeit, als *gesetzt* von ihm – *nicht als Bedingungen seines Entstehens, sondern als Resultate seines Daseins.*[168]

Was ist unter der ursprünglichen Akkumulation in *diesem* Sinne zu verstehen? Inwiefern durchbricht die ursprüngliche Akkumulation, obwohl sie – wie der Kampf um Leben und Tod im Herrschaft-Knechtschaft-Kapitel – ein einmaliges und sogar ein historisch zurückliegendes Ereignis zu sein scheint, *beständig* eine selbstgenügsame Dialektik von Entäußerung und Aneignung? Und inwiefern setzt auch sie eine produktive Kraft frei, die sich jeder kollektiven Planung entzieht und durch kein identisches Subjekt-Objekt kommunistisch bewältigt werden kann, selbst mithilfe der Maß- und Tauschmittelfunktion des Geldes nicht?

Die ursprüngliche Kraft der Trennung in Arbeit und Kapital
Marx entwickelt zu dem bislang skizzierten systematisch-logischen Ursprung des Wertverhältnisses (das bislang der Realisierung der Arbeiten und ihrer Resultate durch die Maß- und Tauschmittelfunktion des Geldes entspringt) noch einen, zumindest auf den ersten Blick, zweiten *geschichtlich* situierten Ursprung, dem dieses Wertverhältnis allererst, sozusagen zum ersten Mal, entspringen soll. Diesem geschichtlichen Ursprung scheint auch die ‚Logik' der kapitalistischen Verwertung zu entspringen,

---

sich Lenins Position angeschlossen), vgl. ders.: *Lenin*. Berlin: Malik 1924, bes. S. 14ff. (Kap. II). In einer seiner letzten, allerdings von ihm nicht mehr veröffentlichen Schriften aus dem Jahr 1968 hat er schließlich die „ursprüngliche sozialistische Akkumulation" (Leo Trotzki: Die Lage der Republik und die Aufgabe der Arbeiterjugend. In: *Fragen des Alltagslebens*. Essen: Arbeiterpresse Verlag 2001, S. 121–144, hier S. 135) in der Sowjetunion einer kritischen Betrachtung unterzogen, vgl. Georg Lukács: *Sozialismus und Demokratisierung*. Frankfurt am Main: Sendler 1987, bes. S. 60ff.; vgl. zu dieser Schrift und zu Lukács' Kritik des Stalinismus auch Christoph Jühnke: *Der lange Schatten des Stalinismus. Sozialismus und Demokratie gestern und heute*. Köln/Karlsruhe: Neuer ISP Verlag 2007. Bereits 1946 hatte Lukács sich in einem viel beachteten Vortrag in Genf zu seiner Vorstellung von Demokratie geäußert, vgl. Georg Lukács: Aristokratische und demokratische Weltanschauung. In: Ders.: *Schriften zur Ideologie und Politik*, S. 404–433.
168 *Grundrisse*, S. 372.

zumindest scheint in dem Ursprung eine produktive und geschichtliche Kraft ihren Anfang zu nehmen. Hier ist der Ursprung jener produktiven Kraft zu suchen, die auch dem Geld unverfügbar bleibt und die einen Kommunismus, wie Lukács ihn von einem identischen Subjekt-Objekt erwartet, von vornherein übersteigt. Diese produktive Kraft ist keiner kollektiven Planung verfügbar, und an ihr scheitert auch die ‚Übernahme' der Maß- und Tauschmittelfunktion des Geldes durch ein kollektives Selbstbewusstsein und durch eine gesamtgesellschaftliche Planung.

Marx hat den Ursprung jener produktiven Kraft mit dem Ursprung der kapitalistischen Produktionsweise geradezu gleichgesetzt:

> Aber das Kapital, um zu werden, setzt eine gewisse Akkumulation voraus; die schon im selbständigen Gegensatz der vergegenständlichten Arbeit gegen die lebendige liegt; im selbständigen Bestehn dieses Gegensatzes. Diese Akkumulation, die zum Werden des Kapitals nötig, die also schon als Voraussetzung – als ein Moment – in seinen Begriff aufgenommen ist, ist zu unterscheiden wesentlich von der Akkumulation des als Kapital gewordnen Kapitals, wo schon *Kapitalien* vorhanden sein müssen.[169]

Der Ursprung der kapitalistischen Akkumulation, den Marx hier anspricht, ist nicht nur der Einstieg in die spezifisch bürgerlich-kapitalistische Produktionsweise, die er abgrenzt gegen einen „Produktionsprozeß überhaupt, wie er allen gesellschaftlichen Zuständen eigen ist, also ohne historischen Charakter"[170]. Der Einstieg in die Akkumulation ist auch der Einstieg in eine Ökonomie *mit* historischem Charakter, nämlich in eine Ökonomie, in der durch alle Austausche, Metamorphosen und Kreisläufe hindurch ein *exzessives Akkumulieren* stattfindet, in der also eine Entwicklung stattfindet, die gerichtet ist und einen Fortschritt oder zumindest ein Fortschreiten mit sich bringt. Es ist der Einstieg in die erste Produktionsweise *in* der Geschichte, die durch das Akkumulieren ‚ihre' Geschichte aus sich heraus produzieren muss: Die ursprüngliche Akkumulation ist der Einstieg in eine exzessive Ökonomie, deren produktive Kraft sich nicht aus der Geschichte ableiten lässt, sondern die ihre Kraft aus einem *produktiven Umgang mit der Zeit heraus* erhält und sich *dadurch* geschichtlich entwickelt.

Wenn daher im Folgenden Marx' Entwicklung der sog. ursprünglichen Akkumulation betrachtet wird, so soll das weniger zurückverweisen auf die geschichtlichen Umstände und Bedingungen, die zur Ökonomie eines exzessiven Akkumulierens geführt haben. Die Betrachtung soll vielmehr zum Ursprung des Geschichtlichen selbst führen. Die Betrachtung soll zu derjenigen produktiven Kraft führen, der Arbeit und Geld im Kapitalverhältnis gleichermaßen unterworfen sind, aber so, dass durch sie die produktive Kraft der kapitalistischen Ökonomie *Gestalt* annehmen muss. Es wird sich zeigen, dass beide, Arbeit und Geld, als Arbeitskraft und Kapital Gestalt annehmen und analog Herr und Knecht derselben produktiven Kraft Gestalt geben, die sie durch ihre gemeinsame Verwertung allererst hervorbringen – aber auch hier bringen sie diese

---

169 *Grundrisse*, S. 239.
170 *Grundrisse*, S. 239.

Kraft gleichsam hinter ihrem Rücken hervor, sodass sie beiden Gestalten letztlich gleichermaßen unverfügbar bleibt.

Doch zunächst zur Frage, wo diejenige produktive Kraft, die in der Arbeitskraft und im Kapital Gestalt annehmen muss, ihren Ursprung hat.

Ihr Ursprung scheint in ihrer Trennung zu liegen: Offenbar müssen Arbeit und Geld, noch bevor sie die Gestalt der Arbeitskraft und des Kapitals annehmen und eine gemeinsame Ökonomie anfangen, überhaupt erst als solche unterschieden, aber auch einer gemeinsamen kapitalistischen Bestimmung ausgesetzt worden sein. Arbeit und Geld müssen sich gegenseitig in Bezug auf ein Verhältnis, das nur gemeinsam produktiv wirken kann, ‚anerkannt' haben, schon bevor, aber auch damit sie ein produktives Verhältnis praktisch eingehen und sich in einer gemeinsamen kapitalistischen Ökonomie praktisch – um auch das in der Terminologie des Herrschaft-Knechtschaft-Kapitels zu sagen – „bewähren".[171] Mehr noch, schon bevor sie die beiden Gestalten Arbeitskraft und Kapital annehmen und ein gemeinsames Verhältnis eingehen, müssen sie die produktive Kraft ihres Verhältnisses irgendwie bereits ‚verinnerlicht' haben (genau wie Herr und Knecht bereits die produktive Kraft der Verdrängung des Todes verinnerlicht haben). Doch wie können Arbeit und Geld diese produktive Kraft verinnerlichen, schon bevor sie praktisch wird? Wie können Arbeitskraft und Kapital überhaupt *geworden* sein, schon bevor ihre eigentliche praktische Beziehung beginnt und eine gemeinsame Ökonomie bildet? Wie sind sie ‚ursprünglich' ihrem gemeinsamen Verhältnis und ihrer gemeinsamen kapitalistischen Bestimmung ausgesetzt worden?

> *Die ursprünglichen Bedingungen der Produktion* [...] können ursprünglich *nicht selbst produziert* sein – Resultate der Produktion sein. Nicht die *Einheit* der lebenden und tätigen Menschen mit den natürlichen, unorganischen Bedingungen ihres Stoffwechsels mit der Natur und daher ihre Aneignung der Natur – bedarf der Erklärung oder ist Resultat eines historischen Prozesses, sondern die *Trennung* zwischen

---

[171] Es versteht sich von selbst, dass sowohl in Hegels Herrschaft-Knechtschaft-Kapitel als auch in Marx' Abhandlung über die ursprüngliche Akkumulation Verhältnisse der Anerkennung nicht auf geschichtlichem Weg begründet werden. Beide stellen eine Situation der Anerkennung dar, die ursprünglich ist allein für die bürgerlich-kapitalistische Gesellschaft und in deren Phänomenologie anhält und durch alle Erscheinungen hindurch zeitlos bleibt. Die historischen Ursprünge erster Anerkennungsverhältnisse sind dagegen wohl im Bereich der zeremoniellen Gabe zu suchen; sie lässt sich geradezu als das Gegenmodell zu Herrschaft-Knechtschaft und zur ursprünglichen Akkumulation lesen, vgl. dazu Hénaff: *Der Preis der Wahrheit*, bes. S. 211 ff. Von solchen historischen Ursprüngen der Anerkennung sind Herr und Knecht und die ursprüngliche Akkumulation allein schon darum radikal unterschieden, weil es in jenen historischen Anfängen noch nicht um, vereinfacht gesagt, den Geist der Gesellschaft, sondern um den Geist der Gemeinschaft geht, d. h. nicht um das rein gesellschaftliche Verhältnis von bürgerlichen und kapitalistischen *Individuen*, sondern um Anerkennungs-, Verpflichtungs- und Abhängigkeitsverhältnisse von Gemeinschaften. Dieser gemeinschaftliche Geist muss zudem noch in zeremoniellen Gaben Gestalt annehmen, um durch Gabe und Wiedergabe eine innere Verbindung zwischen den Gebenden und Empfangenden herzustellen. Dagegen ist es in der unmittelbaren Konfrontation der Individualität mit ihr selbst, so wird zu zeigen sein, die produktive Kraft der *Arbeit*, die in den Subjekten Gestalt annehmen muss, damit sie zum ‚Objekt' werden und durch Herrschaft (Hegel) bzw. Verwertung (Marx) angeeignet werden kann.

diesen unorganischen Bedingungen des menschlichen Daseins und diesem tätigen Dasein, eine Trennung, wie sie vollständig erst gesetzt ist im Verhältnis von Lohnarbeit und Kapital.[172]

Demnach sind Lohnarbeit und Kapital erst dann vollständig von der Natur geschieden und werden zugleich zur Produktivkraft für einen Stoffwechsel der Gesellschaft mit der Natur, wenn Lohnarbeit und Kapital ihrerseits voneinander so getrennt und zugleich so aufeinander bezogen sind, dass sie ein gemeinsames – und nun rein *gesellschaftliches* – Verhältnis eingehen müssen. Dafür müssen Arbeit und Geld allein durch die gemeinsame Trennung jeweils für-sich der Notwendigkeit einer gemeinsamen Beziehung ausgesetzt sein, also noch bevor sie diese Beziehung dann in Gestalt der Arbeitskraft und in Gestalt des Kapitals praktisch eingehen und noch bevor sie sich in unterschiedlicher Stellung und in einer gegenseitigen Abhängigkeit auf praktische Weise bewähren.

Wie sieht dieses produktive und rein gesellschaftliche Verhältnis getrennt von der Natur aus?

Anscheinend muss diese Trennung für die Arbeit und das Geld das gemeinsame ausgeschlossene Dritte sein. „Gemeinsam ausgeschlossenes Drittes" heißt, so wie im Innern von Herrn und Knecht, so muss auch im Innern der Arbeit und im Innern des Geldes eine Spaltung eintreten, durch die sich die Notwendigkeit einer äußeren, gegenseitigen Auseinandersetzung äußert. Im Innern der Arbeit und im Innern des Geldes muss diejenige produktive Kraft eintreten, die nichts ist als die Notwendigkeit, ein gemeinsames Verhältnis einzugehen, und die sich darum in ihnen als innere Spaltung äußert.

Genau dieses Eintreten einer gegenseitigen Abhängigkeit, die wie eine negative und äußere Gewalt im Innern der Arbeit und des Geldes eintritt (und sich in der Gestalt der Arbeitskraft und des Kapitals äußern muss), zeigt Marx in der ursprünglichen Akkumulation. Marx zeigt, dass Arbeit und Geld sich als selbständige Gestalten derselben Ökonomie aufeinander beziehen und eine kapitalistische Bestimmung erhalten, weil sie jeweils für sich *frei-gesetzt* und gleichsam außer sich sind. Freisetzen heißt, Arbeit und Geld müssen sich gleichermaßen ‚ursprünglich' von allen Zwecken, die der kapitalistischen Akkumulation fremd sind, befreit haben; einerseits, damit sie eben als voneinander getrennte und selbständige frei werden, andererseits, damit ihre Freisetzung und Selbständigkeit gerade darin besteht, sich als voneinander abhängige aufeinander zu beziehen und eine gemeinsame Ökonomie zu teilen. Sie sind durch ihre Freisetzung also derart außer sich, dass sie sowohl auf ihre innere Gespaltenheit als auch auf ihre gegenseitige Abhängigkeit zurückkommen und dadurch gegenseitig ihre gemeinsame kapitalistische Bestimmung anerkennen.

In der Freisetzung von Arbeit und Geld wird auch die Freisetzung der produktiven Kraft zu suchen sein. Die Freisetzung von Arbeit und Geld muss auch diejenige produktive Kraft freisetzen, die *in* ihrer inneren Spaltung Einzug hält und, indem sie sich durch zwei selbständige Gestalten äußert, in ihnen unmittelbar in Kraft ist. Sie muss

---

172 *Grundrisse*, S. 397.

aber so in Kraft sein, dass sie durch die beiden Gestalten hindurch eine *spekulative Identität* geltend macht. Marx will ja durch die kritische Unterscheidung in Arbeit und Kapital – die nichts weniger ist als *die* Unterscheidung schlechthin und das Wesen des Kapitalismus ausmacht – gerade die *spekulative Identität* von Arbeit und Kapital begründen. Er will durch alle Gestalten der Gesellschaft und durch alle ihre Metamorphosen und Kreisläufe hindurch begründen, dass in der kapitalistischen Gesellschaft Kapital Arbeit *ist*, aber Kapital *ist* Arbeit in entfremdeter, nämlich in *vergangener und vergegenständlichter, toter Gestalt*. Entsprechend *ist* Arbeit ebenso Kapital, aber eben Kapital in Gestalt lebendiger, noch nicht vergegenständlichter und noch nicht vergangener Arbeit. Kurzum, es muss diese spekulative Identität sein, die durch die Trennung in Arbeit und Kapital freigesetzt und zur produktiven Kraft wird. Arbeit und Kapital sind durch ihre bloße Freisetzung jeweils in-sich gespalten und gleichsam auseinandergesetzt, schon bevor sie ihr produktives Verhältnis praktisch realisieren, genau wie im Verhältnis von Herr und Knecht bei Hegel. Diese Freisetzung gilt es für beide Seiten getrennt zu betrachten.[173]

Aufseiten des Kapitals müssen große Mengen Geld freigesetzt worden sein. Allerdings besteht die Freisetzung nicht im bloßen Anhäufen von Geld, etwa durch den Handel, das Städtewesen oder das Aufkommen eines Bank- und Finanzwesens. Die Freisetzung muss vielmehr darin bestehen, dass das Geld von seiner sowohl rückhaltlosen als auch beschränkten Verausgabung als Opfer, Münze, Schatz etc. befreit ist, kurz von all den Gestalten, in denen es sich noch nicht als Kapital auf sich selbst bezieht. Genauer gesagt, muss sich das Geld von all den Gestalten befreien, durch die es noch nicht als Kapital auf sich *zurückkommt*.[174]

---

173 Zur Trennung in Arbeit und Kapital sowie zu ihrer jeweiligen Freisetzung vgl. bes. *Kapital I*, S. 742ff.
174 Geschichtlich betrachtet reicht die Freisetzung des Geldes als Kapital von der Aufhebung des Zinsverbots sowie der Schranken und Zölle über die Akkumulation von Handelskapital bis zu dem, was Max Weber den „Geist" des Kapitalismus genannt hat; vgl. Werner Sombart: *Der moderne Kapitalismus. Historisch-systematische Darstellung des gesamteuropäischen Wirtschaftslebens von seinen Anfängen bis zur Gegenwart*, 3 Bde. Leipzig: Duncker & Humblot 1916; vgl. dazu auch *Grundrisse*, S. 369–371, 549. Marx nimmt bereits zuvor (vgl. *Grundrisse*, S. 145ff.), immer wieder Anlauf, um zu zeigen, dass sowohl auf logischem wie auf historischem Weg das Geld seiner kapitalistischen Bestimmung nur adäquat wird, wenn es sich auf sich als Form des Reichtums schlechthin bezieht und zum „Begriff des Reichtums" (*Grundrisse*, S. 147) wird. Dafür muss das Geld alle Formen überwinden, in denen es ein beschränktes Bestimmung ein inadäquates Dasein führt (etwa als Münze), oder wo seine Bestimmung, akkumuliert zu werden, zwar ‚latent' schon enthalten ist, wie im Schatz und im Handelskapital, das Geld aber noch nicht durch seinen kapitalistischen Selbstbezug bestimmt wird, der Selbstbezug stattdessen noch negiert, aufgehalten und verhindert ist. Überhaupt hat der kapitalistische Selbstbezug des Geldes einen *geschichtlichen* Anfang nur durch seine radikale Negativität, d.h. nur indem dieser Selbstbezug eine radikale Befreiung und Auflösung von allen bisherigen Gestalten durchzusetzen scheint. Das betrifft alle gesellschaftlichen Bereiche. Im Zusammenhang mit der Konkurrenz betreffen Befreiung und Auflösung die „eigentümlichen Grenzen und Schranken" der „dem Kapital vorhergehenden Produktionsstufen", also die „Auflösung von Zunftzwang, Regierungsmaßregelung, innren Zöllen"; auf dem Weltmarkt betreffen sie die „Aufhebung von Absperrung, Prohibition oder Protektion". (*Grundrisse*, S. 549.) Im Zusammenhang mit der Akkumulation und Reproduktion des Kapitals weist Marx zudem auf die Selbstreinigung von der Genusssucht hin, welche die Gestalt, die das Kapital in seiner Personifizierung

Das Geld muss sich für diesen kapitalistischen Selbstbezug aber ebenso negieren. Es muss sich negieren, weil es für seine kapitalistische Bestimmung und für seine Selbständigkeit in Abhängigkeit von der Arbeit geraten muss, und es muss die Arbeit als ebenso frei und selbständig anerkennen wie sich selbst. Dadurch ist dem Geld die Arbeit zwar das Andere, und doch muss sie dem Geld auch *dasselbe* sein, genau wie im Verhältnis des einen Selbstbewusstseins zum anderen, wo ja ebenfalls jedes Selbstbewusstsein durch ein anderes die eigene Selbständigkeit anerkennen lassen und durch diese Situation innerlich gespalten sein muss. So wie ein Selbstbewusstsein Selbständigkeit nur durch ein anderes erlangt und beide darüber in unterschiedlicher Stellung in Abhängigkeit von der Bildung eines gemeinsamen Verhältnisses geraten, so hängt auch die Selbständigkeit des Geldes von derjenigen der Arbeit ab, und auch hier äußert sich die Abhängigkeit von der gegenseitigen Selbständigkeit darin, ein gemeinsames Verhältnis bilden zu müssen, denn erst im Bezug auf die Arbeit wird das Geld selbstbezüglich und seiner Bestimmung adäquat, wird es kapitalistisches Geld, ja, erst im Bezug auf die Arbeit kommt das Geld von *vornherein* auf seine kapitalistische Bestimmung *zurück*. Es bezieht sich in der Arbeit auf die eigene Rückkehr in einem unmittelbareren Sinne als in allen vorkapitalistischen Verhältnissen, in denen das Geld zwar bereits mit bestimmten Erwartungen verbunden war, auch mit der Erwartung einer

als Kapitalist annimmt, an sich vornehmen muss. Der Kapitalist muss sich des individuellen Konsums und der Verschwendung seines Reichtums und seiner Revenue enthalten für eine Akkumulation um der Akkumulation willen. Marx zufolge „war es für die bürgerliche Ökonomie entscheidend wichtig, die Akkumulation des Kapitals als erste Bürgerpflicht zu verkünden und unermüdlich zu predigen: man kann nicht akkumulieren, wenn man die ganze Revenue aufißt, statt einen guten Teil davon zu verausgaben in Werbung zuschüssiger produktiver Arbeiter, die mehr einbringen, als sie kosten" (*Kapital I*, S. 614–615); ähnl. auch *Kapital I*, S. 619. Es lässt sich auch aus anderen an den Marx'schen Darstellungen herauslesen, dass der geschichtliche Anfang der kapitalistischen Reichtumsproduktion wie eine ‚Selbstreinigung' erscheinen muss, besorgt durch den kapitalistischen Selbstbezug des Geldes. So hat Georges Bataille im Anschluss an Max Weber zunächst nachvollzogen, wie Luther die religiöse Hingabe des Reichtums entwertet und den Reichtum von jedem höheren Zweck getrennt hat. Nach Bataille schloss die katholische Kirche noch Kompromisse zwischen Gott, christlicher Morallehre und innerem Glauben auf der einen Seite, und der irdischen Tätigkeit und der Verwendung des Reichtums auf der anderen Seite. Die Kompromisse sahen so aus, dass die katholische Kirche der Verschwendung des Reichtums für profane Zwecke (und dazu zählten auch Zwecke, die aus heutiger Sicht produktiv sind, insbesondere zinsbringende) ablehnend gegenüber stand, während sie die Verausgabung für höhere und heilige Zwecke, zusammen mit dem Adel, kurzerhand selbst übernahm. Bataille zufolge zerschlug Luthers Protestantismus diese Kompromisse, blieb darin aber noch „rein negativ". Erst Calvin habe das Getrennte auf eine produktive Weise zusammengebracht, so nämlich, dass der Reichtum weder für heilige noch für irdische Zwecke bestimmt ist, sondern für – sich selbst. Die Reichtumsproduktion dient nun nicht mehr der Heiligung Gottes, aber auch nicht der des Menschen, die Reichtumsproduktion dient nur der Produktion selber, vgl. dazu Georges Bataille: Der verfemte Teil. In: Ders.: *Die Aufhebung der Ökonomie*, S. 33–234, hier S. 147–179 („Vierter Teil. Die historischen Gegebenheiten III: Die Industriegesellschaft"). Auch bei Marx ist die Negativität des Kapitals nicht in der Befreiung und Reinigung des Geldes von aller vorkapitalistischen Bestimmung vollendet, sondern in seinem kapitalistischen Selbstbezug. Selbstbezug heißt auch hier, Produktion um der Produktion und Akkumulation des Reichtums um der Akkumulation willen. Auch Marcel Hénaff, ansonsten eher ein Kritiker Batailles, betont immer wieder, dass das Geld der „heutigen Wirtschaft" nicht aus Formen wie der (zeremoniellen) Gabe oder dem Opfer abgeleitet werden darf, weil diese Formen verschwunden sind und „keine direkte Verbindung" mehr besteht (Hénaff: *Der Preis der Wahrheit*, S. 307).

Rückkehr, etwa wenn es in Gestalt einer zeremoniellen Gabe, des Opfers, der Schuld, des Wuchers, des Kredits oder des Zinses auftrat, aber in denen es noch nicht die Arbeit zu seiner Rückkehr oder für seine Rückkehr in Kraft setzte. Erst das kapitalistische Geld entäußert sich in der Arbeit in sein Anderes und bezieht sich doch auf die eigene Rückkehr, und erst das kapitalistische Geld erkennt durch diese Entfremdung und Entäußerung die Abhängigkeit von der Arbeit an.[175]

Dieselbe Freisetzung wie für das Kapital gilt auch für sein Anderes, die Arbeit, und sie ergibt aufseiten der Arbeit dieselbe innere Spaltung und dieselbe Abhängigkeit.

Dem Kapital gegenüber muss die Arbeit im Zuge der ursprünglichen Akkumulation in der Ware Arbeitskraft Gestalt angenommen haben, d. h. die kapitalistische Bestimmung der Arbeit muss durch diese Ware anerkannt werden. Für diese Anerkennung der Arbeit muss die Ware Arbeitskraft in großer Zahl doppelt frei gesetzt worden sein: Frei von ihren Existenz- und Produktionsmitteln und frei, sich ihrer kapitalistischen Bestimmung gemäß dem Kapital als Ware zu verkaufen.

> Die zweite wesentliche Bedingung [nach der, dass der Arbeiter freier Eigentümer seiner Arbeitskraft ist und sie auf bestimmte Zeit verkauft], damit der Geldbesitzer die Arbeitskraft auf dem Markt als Ware vorfinde, ist die, daß ihr Besitzer, statt Waren verkaufen zu können, worin sich seine Arbeit vergegenständlicht hat, vielmehr seine Arbeitskraft selbst, die nur in seiner lebendigen Leiblichkeit existiert, als Ware feilbieten muß. [...] Zur Verwandlung von Geld in Kapital muß der Geldbesitzer den freien Arbeiter auf dem Warenmarkt vorfinden, frei in dem Doppelsinn, daß er als freie Person über seine Arbeitskraft als seine Ware verfügt, daß er andrerseits andre Waren nicht zu verkaufen hat, los und ledig, frei ist von allen zur Verwirklichung seiner Arbeitskraft nötigen Sachen.[176]

Genau wie das Geld muss auch die Arbeitskraft zudem vollkommen von allen nichtkapitalistischen Bestimmungen befreit sein, von Sklaverei und Fronarbeit, von Leibeigenschaft und Subsistenzwirtschaft, und durch diese radikale Freisetzung muss sie zum reinen Gebrauchswert des Kapitals geworden sein. Aber wie das Geld erlangt auch die Arbeitskraft ihre Selbständigkeit nur durch eine innere Spaltung, nur wenn sie ihre Abhängigkeit vom Kapital anerkennt und sich dessen Anwendung unterzieht:

---

175 Marx betont im Zusammenhang mit dem Geldkapital, dass das Geld in seiner Kapitalform G-W-G' zwar verwertet zu sich zurückkehrt und durch die Verwertung vermehrt wurde, dass diese Verwertung nach der Rückkehr aber verschwunden ist in G' „ohne die Vermittlung des Prozesses, dessen Resultate es ist". (*Kapital II*, S. 50.) Es ist nur ein (vermehrtes) Geldquantum da, und solange dieses nicht erneut in die Verwertung eingeht, also in den Prozess seiner Herkunft (oder vielmehr seiner zukünftigen Rückkehr), bleibt das Geld eine bloße quantitative Summe, wie ein Schatz: „Der Kreislauf des Geldkapitals kann nie mit G' beginnen (obgleich G' jetzt als G fungiert), sondern nur mit G." (*Kapital II*, S. 51.) Kapital wird das Geld erst wieder, wenn es erneut in die Verwertung eingeht, „im Produktionsprozeß, im Ausbeutungsprozeß der Arbeitskraft". (*Kapital III*, S. 355); vgl. auch *Kapital III*, S. 817–818; *Kapital I*, S. 166; *Kapital II*, S. 86, 91ff.
176 *Kapital I*, S. 183; siehe auch *Kapital I*, S. 742. Bereits in den *Grundrissen* heißt es im Rahmen einer historischen Betrachtung: „[...] eine Masse, die in doppeltem Sinne frei war, frei von den alten Klientel- oder Hörigkeitsverhältnissen und Dienstverhältnissen und zweitens frei von allem Hab und Gut und jeder objektiven Daseinsform, *frei von allem Eigentum*; auf den Verkauf ihres Arbeitsvermögens oder auf Bettel, Vagabundage und Raub als einzige Erwerbsquelle angewiesen." (*Grundrisse*, S. 414); vgl. auch *Grundrisse*, S. 410: „Derselbe Prozeß, der die Masse als freie Arbeiter den *objektiven Arbeitsbedingungen* gegenübergestellt, hat auch diese Bedingungen als *Kapital* den freien Arbeitern gegenübergestellt." Vgl. auch *Kapital II*, S. 36–37, 42.

Es ist nicht genug, daß die Arbeitsbedingungen auf den einen Pol als Kapital treten und auf den andren Pol Menschen, welche nichts zu verkaufen haben als ihre Arbeitskraft. Es genügt auch nicht, sie zu zwingen, sich freiwillig zu verkaufen. Im Fortgang der kapitalistischen Produktion entwickelt sich eine Arbeiterklasse, die aus Erziehung, Tradition, Gewohnheit die Anforderungen jener Produktionsweise als selbstverständliche Naturgesetze anerkennt.[177] Sie muss sich nicht nur der kapitalistischen Anwendung und Verwertung unterziehen und dadurch praktisch anerkennen, sie muss dabei dieselbe selbstbezügliche Bewegung eingehen wie das Geld, denn die Arbeitskraft muss, um sich zu reproduzieren, nicht einfach nur gegen Geld ausgetauscht werden, sondern sie erhält dieses Geld zur eigenen Reproduktion dafür, das Geld als Kapital zu (re-)produzieren.

In der Freisetzung von Arbeit und Kapital hält also bereits deren spekulative Identität Einzug, und zwar durch die Notwendigkeit, ein gemeinsames produktives Verhältnis einzugehen. Diese Notwendigkeit hält durch die Freisetzung vorerst nur Einzug durch die innere Spaltung auf beiden Seiten. Als nächstes ist daher zu zeigen, wie die spekulative Identität Gestalt annimmt und wie sie, indem diese Gestalten ein produktives Verhältnis eingehen, *praktisch* verwirklicht wird. Anschließend wird gezeigt, dass Arbeit und Kapital aus demselben Verhältnis, das sie praktisch eingehen und bilden, erneut freigesetzt werden, sodass sie erneut ihrer spekulativen Identität bzw. deren Verwirklichung ausgesetzt sind. Die ursprüngliche Akkumulation ist daher, so wird sich schließlich zeigen, keineswegs, wie es zunächst scheinen mag, ein einmaliges und abgeschlossenes historisches Ereignis.

Arbeit und Kapital und die Gestalten ihrer Anerkennung und Bewährung
Die ursprüngliche Akkumulation ist ursprünglich, weil mit der Freisetzung von Arbeit und Kapital auf beiden Seiten auch jeweils eine innere Spaltung wie durch eine äußere Gewalt eintritt. Sowohl der Arbeit als auch dem Kapital ist diese Spaltung jeweils eine innere Notwendigkeit, die sie *entäußern* müssen. Entäußern heißt, sie müssen in ihr gemeinsames Verhältnis schlicht praktisch eintreten und eine gemeinsame Ökonomie bilden: Während das Geld, um seinen kapitalistischen Selbstbezug zu verwirklichen, in die Arbeit und in ihre Produktionsmittel und -bedingungen entäußert werden muss, muss der Besitzer der Arbeit, will er seine Existenz sichern, seine Arbeit für eben diesen Selbstbezug des Kapitals verwenden und *dafür* seine Arbeitskraft gegen jenes kapitalistisch bestimmte Geld verkaufen. Er muss das Mittel der Verwertung des Kapitals sein und sich für die eigene Reproduktion der Reproduktion des Kapitals unterziehen.[178]

---

177 *Kapital I*, S. 765.
178 „Nur soweit sie die Produktionsmittel als Kapital erhält, ihren eignen Wert als Kapital reproduziert und in unbezahlter Arbeit eine Quelle von Zuschußkapital liefert, ist die Arbeitskraft verkaufbar. Die Bedingungen ihres Verkaufs, ob mehr oder minder günstig für den Arbeiter, schließen also die Notwendigkeit ihres steten Wiederverkaufs und die stets erweiterte Reproduktion des Kapitals ein." (*Kapital I*, S. 647.)

Die wichtigste Entäußerung der ursprünglichen Akkumulation aber ist ihre ‚allererste', gleichsam ursprüngliche Entäußerung. Sie besteht darin, dass das Kapitalverhältnis *überhaupt* Gestalt annimmt: Arbeit und Kapital müssen, um ihre spekulative Identität und ihre produktive Kraft zu verwirklichen, jeweils eine eigenständige *Gestalt* annehmen. So wie in der *PhdG* die innere Spaltung des Selbstbewusstseins sich nur als äußere Auseinandersetzung und Kampf darstellen kann, wenn sie in Herr und Knecht Gestalt annimmt (sodass jedes Selbstbewusstsein praktisch werden und sich in einer gemeinsamen Ökonomie bewähren kann), so müssen auch Arbeit und Kapital, damit sie praktisch werden und sich durch die Bildung ihres gemeinsamen Verhältnisses bewähren, Gestalt annehmen: Die kapitalistische Bestimmung des Geldes muss im Kapitalisten, die kapitalistische Bestimmung der Arbeit muss in der Ware Arbeitskraft Gestalt annehmen.

Die spekulative Identität von Kapital und Arbeit wird somit einerseits durch zwei *unterschiedliche* Gestalten ausgetragen, durch die des Kapitalisten und durch die der Ware Arbeitskraft. Andererseits durchzieht beide Gestalten dieselbe äußere Notwendigkeit wie eine innere Spaltung, und so wird auf beiden Seiten und durch zwei unterschiedliche Gestalten derselbe Widerspruch zwischen innerer Spaltung und äußerer Notwendigkeit ausgetragen. Dieser den Gestalten gemeinsame Widerspruch ist ihre spezifisch kapitalistische *Subjektivität*: Arbeiter und Kapitalist sind zwei unterschiedliche Gestalten, und sie befinden sich in unterschiedlicher Stellung, gerade *weil* sie auf subjektive Weise ein und dieselbe Ökonomie teilen müssen (so wie in Herr und Knecht zwei unterschiedliche Gestalten in unterschiedlicher Stellung eintreten, gerade *weil* sie durch dasselbe Selbstbewusstsein dasselbe Verhältnis teilen müssen). Subjektivität heißt bei Marx demnach, dass die kapitalistische Bestimmung der Arbeit und die kapitalistische Bestimmung des Geldes durch bestimmte „Charaktermasken"[179] ausgedrückt und durch bestimmte „Personifikationen" ausgetragen werden: „Im Begriff des Kapitals ist gesetzt, daß die objektiven Bedingungen der Arbeit […] ihr gegenüber *Persönlichkeit* annehmen […]."[180] Analog den beiden Selbstbewusstseinen in der *PhdG*,

---

179 Z. B. *Kapital I*, S. 91.
180 *Grundrisse*, S. 420. Marx spricht im *Kapital* sogar davon, Personen hier nur als „personifizierte Kategorien" gefasst zu haben (*Kapital I*, S. 177). In Analogie zum Kritikbegriff der *PhdG* heißt demnach Kritik der Phänomenologie der bürgerlichen Gesellschaft, in den Gestalten dieser Gesellschaft, vor allem in der Subjektivität des Arbeiters und in der des Kapitalisten, die kapitalistische Ökonomie einzulösen. Beispiele dafür, dass die Personen Subjektivierungen und Personifikationen ihres ökonomischen Verhältnisses sind, finden sich *Kapital I*, S. 99ff., 125, 168. Marx setzt die Personen sogar zu Personifikationen ihres gesellschaftlichen Verhältnisses *herab*: „Wie im Kapital und Kapitalisten – der in der Tat nichts ist als das personifizierte Kapital – die Produkte eine selbständige Macht werden gegenüber den Produzenten, so wird im Grundeigentümer der Grund und Boden personifiziert, der sich ebenfalls auf die Hinterfüße stellt und als selbständige Macht seinen Anteil fordert von dem mit seiner Hilfe erzeugten Produkt […]." (*Kapital III*, S. 832.) Grundsätzlich bemerkt Marx dazu im Vorwort zur 1. Auflage des *Kapitals*: „Die Gestalten von Kapitalist und Grundeigentümer zeichne ich keineswegs in rosigem Licht. Aber es handelt sich hier um die Personen nur, soweit sie die Personifikation ökonomischer Kategorien sind, Träger von bestimmten Klassenverhältnissen und Interessen." (*Kapital I*, S. 16.) Marx spricht in Bezug auf die „Verschiedenheit der Individuen und der Waren derselben" davon, dass diese Verschiedenheit sich – und hier benutzt er denselben Begriff wie

die durch ihre innere Zerrissenheit ein und dieselbe Ökonomie teilen, teilen auch der Arbeiter und der Kapitalist durch ihre innere Spaltung eine gemeinsame Ökonomie. Und analog dem Selbstbewusstsein, das im Kampf mit einem anderen Selbstbewusstsein ein gemeinsames Verhältnis durch Herrschaft und Knechtschaft eingehen und es durch Arbeit und Aneignung praktisch bilden muss, müssen auch Arbeiter und Kapitalist ihr gesellschaftliches Verhältnis durch gegenseitige Abhängigkeit eingehen und es auch hier durch Arbeit und Aneignung auf praktische Weise bilden.

So wird die Freisetzung nicht nur zu ihrem gemeinsamen Verhältnis, sie wird zur *produktiven Kraft einer Verwertung*, und zwar zu einer gemeinsamen und gegenseitigen und doch unverfügbaren Verwertung. In der Notwendigkeit ständiger Verwertung bleibt, so wird als nächstes zu zeigen sein, die ursprüngliche Akkumulation in Kraft.

Der absolute Herr. Die Notwendigkeit der Verwertung und das Aussetzen der Krise
Die durch die ursprüngliche Akkumulation eingetretene Freisetzung von Arbeit und Kapital äußert bislang in deren innerer Spaltung eine gemeinsame Abhängigkeit: Das Geld ist durch seine Freisetzung der kapitalistischen Verwertung durch Arbeit ausgesetzt, die Arbeit ist durch ihre Freisetzung der Verwertung durch das Kapital ausgesetzt. Das gemeinsame Verhältnis, das sie auf ökonomische Weise teilen und praktisch bilden, ist mithin ihr gemeinsames Verwertungs- und Reproduktionsverhältnis; beide kommen von derselben Verwertung her beständig wieder auf sich zurück, und folgerichtig erhalten sie dadurch auch ebenso beständig ihre innere Spaltung und werden ebenso beständig freigesetzt. Die produktive Kraft von Arbeit und Kapital lässt sich daher geradezu tautologisch darin zusammenfassen, dass sie ihr eigenes Produktionsverhältnis (re-)produzieren:

Hegel in Bezug auf das Verhältnis von Herr und Knecht – „bewähren" muss, bewähren insofern, als diese „Verschiedenheit […] das Motiv bildet zur Integrierung dieser Individuen, zu ihrer gesellschaftlichen Beziehung als Austauschende, worin sie sich als Gleiche *vorausgesetzt* sind und *bewähren*". Der Satz schließt damit, dass „zur Bestimmung der Gleichheit noch die der Freiheit hinzu [kömmt]". (*Grundrisse*, S. 169.) Auch der darauf folgende Satz macht deutlich, auf welche Weise sich das Tauschverhältnis in der Anerkennung, im Willen und im Bewusstsein personifiziert, um die Personen ihrer gemeinsamen Freiheit und Gleichheit auszusetzen: „Obgleich das Individuum A Bedürfnis fühlt nach der Ware des Individuums B, bemächtigt es sich derselben nicht mit Gewalt, noch vice versa, sondern sie erkennen sich wechselseitig an als Eigentümer, als Personen, deren Willen ihre Waren durchdringt." (Ebd.) Die Kritik besteht allerdings nicht allein darin, Personen und Subjekte als Personifikationen und Subjektivierungen spezifisch kapitalistischer Verhältnisse durchsichtig zu machen, und die Kritik besteht auch nicht allein darin, dass sie *als* Personen und *als* Subjekte ihre Verhältnisse auf praktische Weise einlösen müssen. Die Kritik besteht darüber hinaus auch darin, dass sie dieses praktische Einlösen ihres eigenen gesellschaftlichen Verhältnisses falsch begreifen und dass sie es sogar *für* das praktische Einlösen falsch begreifen *müssen*. Denn während sie sich im Austausch und in der Zirkulation als freie, gleiche und brüderliche Personen aufeinander zu beziehen *scheinen*, aber sich auch als solche aufeinander beziehen *müssen* (und dafür das Geld als Maß und Tauschmittel verwenden), lösen sie die produktive Kraft jener im Folgenden zu entwickelnden, ebenso gemeinsamen wie unverfügbaren Verwertung ein (und diese Verwertung nimmt im Arbeiter und im Kapitalisten die Gestalt der Subjektivität und im Geld die Gestalt automatischer Subjektivität an).

Der kapitalistische Produktionsprozeß, im Zusammenhang betrachtet oder als Reproduktionsprozeß, produziert also nicht nur Ware, nicht nur Mehrwert, er produziert und reproduziert das Kapitalverhältnis selbst, auf der einen Seite den Kapitalisten, auf der andren den Lohnarbeiter.[181]

Doch so sehr sie von der Verwertung her auf sich zurückkommen und dadurch ihre Selbständigkeit erhalten, so sehr wird diese Selbständigkeit auch durch die Verwertung *unterbrochen* und vom Ausbleiben der Rückkehr bedroht. Ihr Selbstbezug muss nicht nur die Reproduktion des Anderen einschließen, Arbeit und Kapital müssen dafür jeweils sich für das Andere im Wortsinn einsetzen. Im „Wortsinn" Einsetzen heißt, die Arbeit muss das Kapital verwerten und reproduzieren, und das Kapital muss wiederum die Ware Arbeitskraft anwenden und für ihre Reproduktion aufkommen; keiner kann ohne das Andere auf sich zurückkommen, beide müssen von ihrer gemeinsamen Verwertung her wieder zu-sich kommen.[182]

---

181 *Kapital I*, S. 604. Die Freisetzung von Arbeit und Kapital ist Voraussetzung für eine Verwertung, in der sich wiederum beide gegenseitig voraussetzen und durch ihre Verwertung reproduzieren, mithin wieder freigesetzt werden und dadurch erneut die Voraussetzungen der Verwertung bilden, sodass „als Resultat des Produktions- und Verwertungsprozesses [...] vor allem die Reproduktion und Neureproduktion des *Verhältnisses von Kapital und Arbeit selbst*" erscheint (*Grundrisse*, S. 371). In Bezug auf die Trennung des Arbeiters von seiner Arbeit sowie von ihren objektiven Bedingungen und Mitteln vgl. *Grundrisse*, S. 372ff., bes. S. 376–377; sowie das gesamte Kapitel „Formen, die der kapitalistischen Produktion vorhergehen", *Grundrisse*, S. 383–421. Im *Kapital* findet sich eine erste Bestimmung der Freisetzung von Arbeit und Kapital mit Hinweisen auf ihre geschichtliche Gewordenheit bereits in der Betrachtung von Kauf und Verkauf der Ware Arbeitskraft im vierten Kapitel (*Kapital I*, S. 181ff.), ausführlich dann im siebten Abschnitt „Der Akkumulationsprozeß des Kapitals" (*Kapital I*, S. 589–802, zu dem auch das Kapitel über ursprüngliche Akkumulation gehört (S. 741–791). Die Arbeit muss sich im Kapital nicht nur einer Herrschaft unterziehen, die sie selbst (re-)produzieren muss, sie muss im Kapital auch die *eigene* Reproduktion produzieren. Der Arbeit ist die Herrschaft des Kapitals die produktive Konsumtion durch ihre eigene entfremdete Gestalt, eine „produktive Konsumtion – produktiv, nicht insofern sie das Individuum reproduziert, sondern die Individuen als Arbeitsvermögen." (*Grundrisse*, S. 577.) Und kurz zuvor: „In dieser Zirkulation stößt sich das Kapital beständig als vergegenständlichte Arbeit von sich ab, um die lebendige Arbeitskraft, seine Lebensluft, sich zu assimilieren. Was nun die Konsumtion des Arbeiters betrifft, so reproduziert sie eins – nämlich ihn selbst als lebendiges Arbeitsvermögen. *Da diese Reproduktion seiner selbst als Bedingung für das Kapital, so erscheint auch die Konsumtion des Arbeiters als Reproduktion nicht direkt des Kapitals, aber der Verhältnisse, unter denen es allein Kapital ist. Das lebendige Arbeitsvermögen gehört ebenso unter seine Existenzbedingungen wie Rohstoff und Instrument. Es reproduziert sich also doppelt, in seiner eignen Form, in der Konsumtion des Arbeiters, aber nur soweit sie ihn als lebendiges Arbeitsvermögen reproduziert.*" (*Grundrisse*, S. 576–577.) Hier kündigt sich bereits derjenige Grundzug an, der sowohl das Kapital in der KdpÖ als auch den Geist in der *PhdG* auszeichnet: Die produktive Kraft der Verwertung von Arbeit und Kapital ist, analog der produktiven Kraft des absoluten Geistes bei Hegel, eine *produktive Konsumtion*. So wie der Geist sich in seiner Arbeit selbst konsumiert, ohne sich jedoch abzunutzen oder gar zu verschwinden, weil er sich im Konsumieren ebenso produziert und bewahrt und sogar erweitert reproduziert, so ist auch innerhalb der Verwertung von Arbeit und Kapital Konsum ebenso Produktion und Bewahrung, und auch hier sorgt die produktive Konsumtion sogar für eine erweiterte Reproduktion.

182 In Bezug auf die Ware Arbeitskraft sagt Marx: „In dem Begriff des *freien Arbeiters* liegt schon, daß er *Pauper* ist: virtueller Pauper. [...] Kann der Kapitalist seine Surplusarbeit nicht brauchen, so kann er seine notwendige nicht verrichten; seine Lebensmittel nicht produzieren." (*Grundrisse*, S. 505.) Hier und in der anschließenden Passage, die sich mit der Entwicklung der Population und Überpopulation beschäftigt, entwickelt Marx einen Begriff der Armut, der spezifisch ist allein für die kapitalistische Gesellschaft. Es ist eine Armut, die gerade aus der Freiheit des Arbeiters resultiert und die sogar mit der Steigerung seiner Produktivkraft entsteht: „Es ist nur in der auf das Kapital gegründeten Produktionsweise, daß der Pauperismus

Diese Notwendigkeit macht sich gegenüber der Arbeit wie gegenüber dem Geld gleichsam als absoluter Herr geltend. Der absolute Herr, in der PhdG die absolute Negativität des Todes, ist somit im Kapitalismus schlicht die Notwendigkeit der Verwertung, und diese Verwertung ist so negativ und unverfügbar wie der Tod. Genauer gesagt, wird in der Verwertung der Tod bereits anerkannt, denn der Tod wäre für Arbeit und Kapital schlicht die Unterbrechung und das Ausbleiben der Verwertung, mithin das Scheitern ihrer Reproduktion. So wie in der Ökonomie von Herr und Knecht der Tod durch Aufschub erst anwesend und durch seine Verdrängung anerkannt wird, so schieben auch Arbeit und Kapital im permanenten Verwerten das Unterbrechen und Scheitern ihrer Reproduktion auf und erkennen auf diese indirekte Weise ihren ‚Tod' an. Das ist im Übrigen auch ganz offensichtlich: „Daß jede Nation verrecken würde, die, ich will nicht sagen für ein Jahr, sondern für ein paar Wochen die Arbeit einstellte, weiß jedes Kind."[183]

---

erscheint als Resultat der Arbeit selbst, der Entwicklung der Produktivkraft der Arbeit." (*Grundrisse*, S. 505.) Marx entwickelt in den Abschnitten III–VII des *Kapitals* Bd. I, wie die fortgesetzte Unterbrechung der Reproduktion der Arbeitskraft und ihre Freisetzung aus dem Arbeitsprozess zusammenhängen mit der Veränderung der Produktionsweise, mit der Steigerung und Entwicklung der Produktivkraft der Arbeit sowie mit der Senkung ihrer Reproduktionskosten, vgl. hier bes. 13. Kapitel „Maschinerie und große Industrie" (*Kapital I*, S. 391–530, bes. S. 511). Zum Zusammenhang der Freisetzung der Arbeit, der Steigerung ihrer Produktivität und der Senkung ihres Werts vgl. auch die Entwicklung der Begriffe „industrielle Reservearmee" und „relative Überbevölkerung" (*Kapital I*, S. 657–677). Dazu, dass die „Identität zwischen Nationalreichtum und Volksarmut" (*Kapital I*, S. 753) durch die sog. ursprüngliche Akkumulation eingetreten ist, vgl. im gleichlautenden Kapitel (*Kapital I*, S. 744ff.). Auch das Geld ist vom Scheitern seines Selbstbezugs als Kapital bedroht, denn es muss zu seiner Reproduktion in die Arbeit entäußert und der Verwertung unterzogen werden. Marx führt auch hier das Scheitern des Selbstbezugs auf die Notwendigkeit der Unterbrechung zurück, die er wiederum durch bestimmte Unterscheidungen trifft. Für die Verwertung wird das im Folgenden an der Unterscheidung in konstantes und variables Kapital mithilfe der Analogie zur PhdG ausführlich gezeigt. Er trifft aber noch eine weitere Unterscheidung, auf die nur in dieser Anmerkung eingegangen werden soll, nämlich in „fixes und zirkulierendes Kapital". Das „capital circulant" ist das „Subjekt" seiner eigenen, spiralförmigen Zirkulation: „*Capital circulant* ist daher zunächst keine *besondre* Form des Kapitals, sondern es ist *das* Kapital in einer weiterentwickelten Bestimmung als Subjekt der beschriebnen Bewegung, die es selbst als sein eigner Verwertungsprozeß ist." (*Grundrisse*, S. 520–521.) Es gehört zum Selbstbezug und zur Subjektivität des Geldes dazu, sich im Zirkulieren auch zu fixieren und zu unterbrechen und seinen Selbstbezug sogar auszusetzen – aber nur, *damit* es fortgesetzt prozessieren und sich verwerten kann. Dass das Geld in seinen Entäußerungen und in allen Gestalten der Verwertung auf nichts als sich selbst besteht, auf seinen Selbstbezug als Kapital, ist der triebhafte Wille seiner „automatischen" (Marx) Subjektivität. Der im Zitat getroffenen Unterscheidung innerhalb ein und desselben Kapitals entspricht ein raum-zeitliches Auseinanderfallen, in dem wiederum eine doppelte Bestimmung liegt: einerseits eine Unterbrechung mit der Möglichkeit des Ausbleibens seiner Rückkehr und des Scheiterns seines Selbstbezugs, andererseits die Stimulation zu schnellerer, intensiverer und erweiterter Reproduktion (insbesondere durch die Senkung notwendiger Arbeitszeit und die Verkürzung der Zirkulationszeit, mithin durch die Beschleunigung des Kapitalumschlags). Zu fixem und zirkulierendem Kapital vgl. das Kapitel „Zirkulation und Reproduktion des fixen und zirkulierenden Kapitals" (*Grundrisse*, S. 610–637); zur Unterscheidung zwischen fixem und konstantem Kapital vgl. das 8. Kapitel in *Kapital II*, S. 158–182, zum „Grundirrtum" der bürgerlichen Ökonomen, „der Verwechslung der Kategorien: fixes und zirkulierendes Kapital mit den Kategorien: konstantes und variables", vgl. *Kapital II*, S. 162ff., hier S. 162, sowie die Kapitel 10 u. 11 (*Kapital, II*, S. 189–230).
183 Karl Marx: Brief an Kugelmann, 11.7.1868. In: MEW Bd. 32, S. 552–554 (hier S. 552).

Doch wie lässt sich „das Verrecken", wie lässt sich der Tod ökonomisch auf den Begriff bringen? Was ist die passende Gestalt für den Tod in der Ökonomie? Der Tod, das ist in der Ökonomie von Arbeit und Kapital die *Krise*.
So wie im Verhältnis von Herrschaft-Knechtschaft der Tod, statt das absolute Ende zu sein, im Innern anwesend geworden ist, so ist auch die Krise stets im Innern der Ökonomie anwesend. Und analog einem Tod, der das Selbstbewusstsein der Immanenz von Herrschaft-Knechtschaft und ihrer ebenso gemeinsamen wie gegenseitigen Abhängigkeit von Arbeit und Aneignung aussetzt, wird auch die Krise paradoxerweise anwesend, indem sie Arbeit und Kapital genau derjenigen Immanenz von einer gemeinsamen Verwertung aussetzt, durch die sie die produktive Kraft zum Aufschieben und zum Verdrängen eben jener Krise aufbringen müssen. Auch Arbeit und Kapital erkennen ihre Krise durch Verdrängung an und bewähren sich in ihrem Aufschieben, und genau wie Herr und Knecht dadurch ihren Tod, die absolute Grenze der Erfahrung, ‚ökonomisieren', so ökonomisieren auch Arbeit und Kapital ihre Grenze, die Krise. In der Verendlichung und Bildung ihres gemeinsamen Verhältnisses ökonomisieren sie eine Grenze, die gleich dem Tod das Ende bedeuten würde, aber dadurch ist die Grenze, genau wie der Tod für Herr und Knecht, kein absolutes Ende, sondern sie wird auch hier umgekehrt zum Ursprung einer Ökonomisierung dieses Endes. So ist die Krise zwar, wie der Tod, eine absolute Grenze, die aber beständig so vorweggenommen und so durch Verdrängung und Aufschub anwesend wird, dass diese absolute Grenze zu etwas Anderem wird. Die Krise wird, statt die absolute Grenze der kapitalistischen Ökonomie zu sein, gleichsam von Anfang an geradezu deren innere Notwendigkeit. Sie wird zur produktiven Kraft ihrer eigenen Verdrängung, und solange die Verwertung ununterbrochen andauert, so lange ist auch die Krise, obwohl sie der Ökonomie immanent ist, ausgesetzt und aufgeschoben.

Obwohl also in der Ökonomie von Arbeit und Kapital die Krise permanent anwesend ist – positiv, indem sie die Gestalten ihrer Verdrängung in Kraft setzt, negativ, indem sie sich ihnen jeweils durch eine innere Spaltung mitteilt und der Notwendigkeit derjenigen gegenseitigen Verwertung aussetzt, durch deren dauerhafte Unterbrechung sie eintreten würde – obwohl die Krise permanent anwesend ist, erhält sie, wie der Tod, nur auf indirekte Weise ihre Bedeutung. Wie der Tod ist sie zwar die Grenze jeder Erfahrung, aber da diese Grenze im Verdrängen und Verschieben anwesend wird, ist sie nicht das jähe Ende, das „Verrecken" für „jede Nation" (Marx), sie ist nur mehr das Andere der Verwertung. Dieses Andere ist der Verwertung ein Außen, das gleichsam immanenter ist als die Immanenz und latent anwesend bleibt, denn die Krise ist für Arbeit und Kapital die anhaltende Notwendigkeit ihrer gegenseitigen Verwertung und gemeinsamen Reproduktion und wirkt darum wie eine produktive Kraft.

Entsprechend tritt die Krise durch nichts als die Unterbrechung dieser Verwertung ein. Die Unterbrechung ist im Grunde nichts anderes als die oben gezeigte Trennung in Arbeit und Kapital, jene ursprüngliche Trennung, die ebenso Freisetzung wie innere Spaltung von Arbeit und Kapital ist und sie der Notwendigkeit einer *un*unterbrochenen Verwertung aussetzt. In der Krise wird diese Trennung lediglich zur *dauerhaften*

Unterbrechung. Die Krise tritt durch dieselbe Trennung ein, die Arbeit und Kapital einerseits freisetzt und andererseits der spekulativen Identität aussetzt und sie zur Verwirklichung dieser Identität durch gegenseitige Verwertung zwingt, nur dass die Trennung in der Krise sozusagen auf sich selbst besteht und nichts als die eigene Identität aufrechterhält.

Marx geht im gesamten *Kapital* immer wieder auf die Möglichkeit der Krise ein, von der Trennung in Kauf und Verkauf über das Auseinanderfallen von Produktion und Zirkulation bis zu Überproduktion und -akkumulation, zum Kreditsystem und zum fiktiven Kapital. Doch wo auch immer sie eintritt, letztlich ist die Krise deshalb eine Krise, weil sie die Verwertung von Arbeit und Kapital unterbricht und das Scheitern der Reproduktion der kapitalistischen Gesellschaft eröffnet. Entscheidend für Marx' Krisenbegriff ist allerdings nicht allein diese dauerhafte Unterbrechung von Arbeit und Kapital, sondern *dass die Krise beide durch ihre Unterbrechung hindurch weiterhin aufeinander bezieht*. Für die Verwertung tritt durch ihre dauerhafte Unterbrechung schlicht dieselbe Notwendigkeit ein wie zuvor. Die Krise eröffnet lediglich, dass *auch weiterhin* die spekulative Identität von Arbeit und Kapital gilt und dass diese spekulative Identität auch weiterhin durch eine gemeinsame Verwertung praktisch verwirklicht werden muss – aber die Krise eröffnet diese spekulative Identität und die Notwendigkeit der Verwertung eben nur noch durch ihre Unterbrechungen hindurch: „Und weiter ist *Krise* nichts als die gewaltsame Geltendmachung der Einheit von Phasen des Produktionsprozesses, die sich gegeneinander verselbständigt haben."[184] Entsprechend kom-

---

184 ThM II, S. 510. Dass die Krise den inneren Zusammenhang selbständiger und gegeneinander verselbständigter ökonomischer Kategorien, Momente und Phasen gewaltsam *aufrechterhält* und zwangsweise *weiterhin* geltend macht (und nicht etwa, obwohl es so scheint, das Scheitern des Zusammenhangs bedeutet), stellt Marx immer wieder heraus, u. a. im Unterkapitel „Verwandlung der Möglichkeit der Krise zur Wirklichkeit. Die Krise als Erscheinung aller Widersprüche der bürgerlichen Ökonomie" (*ThM II*, S. 508–514), sowie im Unterkapitel „Über die Formen der Krise" (*ThM II*, S. 514–518). Marx macht immer wieder deutlich, dass die Krise in der *Normalität* der Ökonomie anwesend ist und nicht erst dann anfängt, wenn sie als solche eintritt. Die Krise hat ihren Ursprung nicht erst darin, dass all die Trennungen der Ökonomie (von Arbeit und Kapital, Produktion und Zirkulation, Kauf und Verkauf usw.), sich nicht mehr vermitteln und dauerhaft unterbrochen sind. Umgekehrt, die Krise ist schon angelegt in der Notwendigkeit, *dass* die spekulative Identität der Ökonomie selbständige Gestalten (und die Gestalt der Selbständigkeit) annehmen und verselbständigte Phasen durchlaufen und dass sie darüber zugleich vermittelt werden muss. Marx zeigt das bereits am Verhältnis von Ware und Geld: „So liegt schon in der Bestimmung des Geldes als Mittler, in dem Auseinanderfallen des Austauschs in zwei Akte, der Keim der Krisen, wenigstens ihre Möglichkeit [...]." (*Grundrisse*, S. 128.) Hier, in Kauf und Verkauf, liegt die Krise darin, dass das Geld die Identität des Verhältnisses der Waren nur durch ihre Trennung geltend macht, nämlich indem es die Waren in Kauf und Verkauf raum-zeitlich auseinandersetzt und doch ‚dazwischen' als Werte übergehen lässt und ihr Verhältnis im Übertragen bestimmter Werte identisch hält. „Die Zirkulation sprengt die zeitlichen, örtlichen und individuellen Schranken des Produktenaustausches ebendadurch, daß sie die hier vorhandne unmittelbare Identität zwischen dem Austausch des eignen und dem Eintausch des fremden Arbeitsprodukts in den Gegensatz von Verkauf und Kauf spaltet." (*Kapital I*, S. 127.) Die bürgerliche Ökonomietheorie dagegen behandelt die Realisierung der Waren durch ihre Verwandlung in Geld wie einen einfachen Naturaltausch. Ihre modelltheoretische Grundannahme eines unmittelbaren Natural- oder Produktentauschs kann nicht nur die Krisen der kapitalistischen Ökonomie nicht begründen (insbesondere Krisen durch Überproduktion bzw. durch fehlende zahlungsfähige Nachfrage), die Grundannahme dient sogar umgekehrt dem Nachweis, dass sich

men in der Krise Arbeit und Kapital nicht mehr von ihrer gemeinsamen Verwertung her auf sich zurück (um erneut in sie einzutreten), sie fallen stattdessen unvermittelt auf sich selbst zurück; sie sind auf sich selbst zurückgeworfen und verharren in ihrer Freisetzung. Es ist dann, als ob die spekulative Identität von Arbeit und Kapital und die Notwendigkeit ihrer Verwertung explizit als solche hervorträten, aber es ist nur das Spekulative, das gleichsam hervortritt und Wirklichkeit ist, während die Verwertung unverwirklicht bleibt. In der Krise bricht die nackte Immanenz des Verhältnisses von Arbeit und Kapital hervor, aber die Immanenz tritt wie eine äußere Gewalt ein. So offenbart die Krise gleichsam rückwirkend diejenige Gewalt, die der ursprünglichen Akkumulation und der Freisetzung von Arbeit und Kapital entsprungen ist, sie offenbart jene Gewalt, die in der inneren Spaltung der Arbeit und des Kapitals eingezogen ist und beide seither der Notwendigkeit einer gemeinsamen Verwertung sowie der Herrschaft gegenseitiger Abhängigkeit aussetzt.

Der andauernde Ursprung der Akkumulation.
Die ewige Wiederkehr der lebendigen Arbeit im Kapital
Das von Marx in der ursprünglichen Akkumulation beschriebene Einsetzen der Verwertung von Arbeit und Kapital ist weniger geeignet, die Verwertung durch die Rekonstruktion ihrer geschichtlichen Gewordenheit zu begründen, als vielmehr umgekehrt zu zeigen, dass in Arbeit und Kapital eine produktive Kraft Gestalt annimmt, die *nicht* durch eine geschichtliche Entwicklung gekommen ist. Ebenso wenig ist sie eine Eigenschaft der Arbeit oder des Kapitals an-sich. Die produktive Kraft kommt ‚ursprünglich' aus der Freisetzung von Arbeit und Kapital sowie aus ihrer inneren Spaltung und äußerlichen Auseinandersetzung.

---

in der Ökonomie stets ein krisenfreier Gleichgewichtszustand herstellt, vgl. *Kapital II*, S. 79ff. Die Krisenhaftigkeit des Austauschs der Waren ist allerdings immer in Rücksicht darauf zu lesen, dass der Austausch ja die Resultate der Produktion realisieren und dadurch die Verwertung von Arbeit und Kapital verwirklichen muss. Im *Kapital* Bd. I stellt Marx über die Krise grundsätzlich fest: „Daß die selbständig einander gegenübertretenden Prozesse eine innere Einheit bilden, heißt ebensosehr, daß ihre innere Einheit sich in äußeren Gegensätzen bewegt. Geht die äußerliche Verselbständigung der innerlich Unselbständigen, weil einander ergänzenden, bis zu einem gewissen Punkt fort, so macht sich die Einheit gewaltsam geltend durch eine – Krise." (*Kapital I*, S. 127–128.) Noch verblüffender ist eine Formulierung im dritten Band des *Kapitals*, wo Marx aus dem Widerspruch zwischen der Steigerung der Produktivkraft des variablen Kapitals einerseits, seinem relativen Abnehmen innerhalb der organischen Zusammensetzung des Kapitals andererseits den tendenziellen Fall der Profitrate ableitet. Hier heißt es: „Die Krisen sind immer nur momentane gewaltsame Lösungen der vorhandnen Widersprüche, gewaltsame Eruptionen, die das gestörte Gleichgewicht für den Augenblick wiederherstellen." (*Kapital III*, S. 259.) Die Krise *löst* also Widersprüche, sie stellt sogar das „gestörte Gleichgewicht" wieder her. Fasst man all diese Aussagen zusammen, so bestimmt Marx die Krise genau entgegen den Vorstellungen, die man sich gemeinhin von seinem Krisenbegriff gemacht hat. Er folgt sogar den bürgerlichen Ökonomen, für die Krisen ja letztlich funktionierende, nämlich sich selbst regulierende Märkte und sich ausgleichende Kräfte anzeigen. Nur dass Marx die Krise kritisch gegen die Normalität selbst wendet, wenn ihm zufolge die Krise gerade diese Normalität der kapitalistischen Vergesellschaftung einerseits gewaltsam weiterhin geltend macht und andererseits schon jene Normalität krisenhaft gewirkt hat.

Dieses Entspringen der produktiven Kraft lässt sich nun genauer fassen: Sie entspringt einer Verwertung, in der die lebendige Arbeit sich durch ihre eigene, aber im Kapital entfremdete Gestalt selbst beherrscht, und diese Form entfremdeter Selbstbeherrschung ist gleichsam das Anfangen einer Geschichte der gegenseitigen Reproduktion von toter und lebendiger Arbeit. Die produktive Kraft entspringt einer Verwertung, in der einerseits die lebendige Arbeit in Gestalt der toten Arbeit des Kapitals auf entfremdete Weise auf sich zurückkommt, und in der andererseits diese tote Arbeit für ihre Bewahrung ihrerseits die lebendige Arbeit auf sich anwenden muss. Beiden Seiten ist diese gegenseitige Verwertung diejenige ursprüngliche, fremde und unverfügbare Kraft, die sie beständig einerseits freisetzt und andererseits der Herrschaft gegenseitiger Abhängigkeit aussetzt.

Die ursprüngliche Akkumulation kann daher als dasjenige geschichtliche Ereignis betrachtet werden, das fortan oder seitdem in seiner Wiederholung gründet, und es wiederholt sich, indem Arbeit und Kapital andauernd ihrer gemeinsamen Verwertung entspringen müssen. Und weil die ursprüngliche Akkumulation beständig im Freisetzen von Kapital und Ware Arbeitskraft wiederkehrt, nimmt die ursprüngliche Akkumulation immer wieder aufs Neue diese beiden Gestalten an und bleibt im Innern ihrer gegenseitigen Verwertung wie eine ursprüngliche, äußere Gewalt in Kraft. Arbeit und Kapital gründen somit in einer ursprünglichen Akkumulation, die nicht einfach irgendwann in der Geschichte nicht-kapitalistische Voraussetzungen überwunden hat, bis schließlich „die Bedingungen der Produktion [...] zugleich die Bedingungen der Reproduktion"[185] sind. Stattdessen werden diese nicht-kapitalistischen Voraussetzungen überwunden, indem die lebendige Arbeit im Kapital beständig von der *eigenen Vergangenheit her* auf sich zurückkommt, mithin von der eigenen ‚Geschichte', und indem wiederum das Kapital zu seiner Bewahrung und Verwertung beständig die Ware Arbeitskraft ins Leben ruft und ihre Arbeit auf sich anwendet, sodass beide, die lebendige Arbeit und ihre im Kapital vergegenständlichte Vergangenheit, statt nur ‚in' der Geschichte zu sein, in *ihre eigene* Geschichte eintreten müssen.

Wenn aber der Kapitalismus beständig der Verwertung von Arbeit und Kapital entspringt und dadurch in die eigene Geschichte eintreten muss, dann tritt endgültig hervor, dass die ursprüngliche Akkumulation nicht wie eine in der Zeit abgeschlossen Phase in die Geschichte eingeordnet werden kann. Wenn Marx den geschichtlichen Ursprung des Kapitalismus im Sinne einer ursprünglichen Akkumulation bestimmt, dann definiert er ihn als den Zeitpunkt, von dem aus die Arbeit in Gestalt des Kapitals von ihrer Vergangenheit her auf sich selbst übergreift, und zwar dergestalt, dass diese Vergangenheit zu ihrer Übertragung und Bewahrung ihrerseits die Gestalt der Ware Arbeitskraft ins Leben rufen und in Kraft setzen muss. Auch ein solches Übergreifen vergangener, aber im Kapital akkumulierter toter Arbeit auf ‚ihre' Gegenwart, auf die lebendige Arbeit der Ware Arbeitskraft, muss ‚rückblickend' einmal angefangen haben. Aber das Übergreifen fängt an, indem die lebendige Arbeit in Gestalt

---

185 *Kapital I*, S. 591.

der Ware Arbeitskraft von ihrer eigenen Vergangenheit her, von der toten Arbeit in Gestalt des Kapitals auf sich zurückkommt, sodass ein Verhältnis von lebendiger und toter Arbeit eintritt, das ununterbrochen andauern muss und insofern zeitlos bleibt. Seitdem beherrscht die lebendige Arbeit sich selbst, aber in der Form der Entfremdung und in der vergegenständlichten Gestalt des Kapitals, sodass ihr die Selbstbeherrschung eine ursprüngliche und äußerliche, fremde und unverfügbare Kraft bleibt wie der Tod.[186]

Um das beständige Entspringen der Verwertung aus ihr selbst heraus und ihr Eintreten in die eigene Geschichte zu begreifen, muss diejenige produktive Kraft näher bestimmt werden, die darin liegt, dass die lebendige Arbeit durch ihre Verausgabung nicht endgültig vergeht, sondern im Kapital von ihrer entfremdeten und vergegenständlichten Gestalt her wieder auf sich zurückkommt und der Verwertung unterzogen wird, also dem Übertragen vergangener und dem Zusetzen neuer Arbeitszeit auf neue Waren. Dafür reicht es nicht aus, die produktive Kraft durch ihre Gestalten, Personifizierungen und „Charaktermasken" zu fassen, und es reicht auch nicht aus, die produktive Kraft als Verwertung zu fassen. Die produktive Kraft lässt sich erst angemessen bestimmen, wenn ihre beiden Gestalten und deren gemeinsame Verwertung *zeitlich* gefasst werden. Oder vielmehr muss durchsichtig werden, dass es die Zeit selbst ist, die hier Gestalt annimmt.

6.5 Die Überwindung des Todes durch die Ökonomie der Zeit

Um die produktive Kraft zu erschließen, die in der Verwertung von Arbeit und Kapital liegt und die auf der einen Seite in der Ware Arbeitskraft und auf der anderen in den kapitalistischen Produktionsmitteln und -bedingungen sowie im Kapitalisten Gestalt annimmt, müssen dieselben Gestalten wieder auf ‚ihre' produktive Kraft zurückgeführt und in ihr ‚eingelöst' werden. Eine *phänomenologische* Darstellung, ob der Vernunft und des Geistes wie bei Hegel oder der kapitalistischen Ökonomie wie bei Marx, ist ja gerade notwendig, weil die produktive Kraft der Vernunft bzw. der kapitalistischen Ökonomie nicht erfahrbar und nicht reflektierbar ist ohne die Gestalten, die diese Kraft annimmt. Die produktive Kraft *muss* diese Gestalten annehmen – aber nicht, damit sie zur Darstellung kommt und reflektierbar und erfahrbar wird, sondern

---

[186] Es war Heinz Dieter Kittsteiner, der für diese Geschichtlichkeit des Kapitalismus einen passenden Begriff gefunden hat. Er hat mit Marx' Kapitalismuskritik Hegels Weltgeist gegen den Weltgeist selbst gerichtet: Im Geschichtlichen liegt, so Kittsteiner, die *Unverfügbarkeit* des Weltgeistes/der kapitalistischen Gesellschaft – beiden ist Geschichte die Unverfügbarkeit der eigenen Objektivation gegenüber. Mit anderen Worten, die Geschichte des Geistes wie der kapitalistischen Gesellschaft ist der Verlegenheit geschuldet, die Zeit *nicht* bewusst in Bestimmung setzen und im Voraus über sie verfügen zu können, mithin über die Zukunft zu entscheiden. (Man ist versucht zu sagen, dass der Weltgeist sich in der Geschichte durch sich selbst richtet: Seine Geschichte ist ihm zugleich Weltgericht.) Vgl. Heinz Dieter Kittsteiner: *Naturabsicht und unsichtbare Hand. Zur Kritik des geschichtsphilosophischen Denkens.* Frankfurt am Main/Berlin/Wien: Ullstein 1980; ders.: *Listen der Vernunft. Motive geschichtsphilosophischen Denkens.* Frankfurt am Main: Fischer 1998; ders.: *Mit Marx für Heidegger – Mit Heidegger für Marx.* München: Fink 2004; ders.: *Weltgeist, Weltmarkt, Weltgericht.* München: Fink 2008.

umgekehrt, weil sie durch dieselben Gestalten produziert werden muss, denen sie sich ebenso entzieht. Erst wenn gezeigt wird, warum die produktive Kraft denselben Gestalten, in denen sie unmittelbar in Kraft ist, entzogen ist, erst dann wird verständlich, warum der Arbeit und dem Kapital die produktive Kraft ihrer gemeinsamen Verwertung so unverfügbar ist wie die absolute Negativität des Todes bei Hegel. Allerdings liegen Negativität und Unverfügbarkeit der Produktivkraft nicht nur darin, dass die Produktivkraft in der Arbeitskraft und im Kapital einerseits Gestalt annehmen muss und sich ihnen andererseits entzieht. Negativität und Unverfügbarkeit liegen auch darin, dass die Produktivkraft aus diesen ihren eigenen Gestalten gleichwohl *nicht* irgendwie abgeleitet oder auf sie zurückgeführt werden kann; im Gegenteil, die Produktivkraft entspringt weder dem Arbeiter und den (geistigen, körperlichen oder immateriellen) Gestalten seiner konkreten Arbeiten noch den Gestalten, die das Kapital in den Produktionsmitteln und -bedingungen annimmt. Sie entspringt dem *Verhältnis* von Arbeit und Kapital, und wenn in diesem Verhältnis, wie oben gezeigt, die lebendige Arbeit ihre tote, vergegenständlichte und akkumulierte Vergangenheit aufseiten des Kapitals durch Übertragung bewahrt und zudem Arbeitszeit zusetzt und neue Werte schafft, mithin neues Kapital, so ist dieses Verhältnis *zeitlich*. In der kapitalistischen Ökonomie treten die lebendige und die tote Arbeitszeit in ein Verhältnis der Übertragung und Verwertung von Werten, durch die ein zeitliches Verhältnis verendlicht und eine Ökonomie der Zeit begründet wird, und in diesem zeitlichen Verhältnis ist die produktive Kraft aller konkreten Arbeiten und aller Produktionsmittel und -bedingungen zu suchen. Erst wenn die kapitalistische Verwertung zeitlich gefasst wird, wird zudem verständlich, warum sich der Arbeit und dem Kapital die produktive Kraft ihrer Verwertung entzieht wie ein absoluter Geist, obwohl diese Kraft doch unmittelbar in ihnen Gestalt annimmt, obwohl sie sich doch gegenseitig in Kraft setzen und obwohl sie dadurch doch allein aus sich heraus für die Reproduktion ihres gemeinsamen Verhältnisses sorgen.

Zunächst gilt es die Freisetzung von Arbeit und Kapital und die produktive Kraft ihrer Verwertung in die Zeit auf- und einzulösen; anschließend sollen Arbeit und Kapital zwei Klassen ein und derselben Zeit zugeordnet werden.

Die Ökonomisierung der absoluten Grenze
durch ihre Verinnerlichung in einer Ökonomie der Selbstbegrenzung
Die ursprüngliche Akkumulation, so war der Ausgangspunkt, teilt sich als innere Spaltung der Arbeit und des Geldes mit und setzt sie dadurch ihrer kapitalistischen Bestimmung aus: der Notwendigkeit einer ununterbrochenen gegenseitigen Verwertung. Dadurch machte sich aber sowohl in der inneren Spaltung als auch in der Verwertung die produktive Kraft der Negativität nur wie eine *räumliche Grenze* geltend. Räumlich betrachtet, kommt Arbeit und Kapital anscheinend die Notwendigkeit ihrer Verwertung wie eine ebenso äußerlich-fremde wie verinnerlichte Kraft zu, und so bildet die Kraft für sie die räumliche Grenze innerhalb der Dialektik von Innen und

Außen und von Selbständigkeit und Abhängigkeit, genau wie im Verhältnis von Herrschaft und Knechtschaft bei Hegel. Des Weiteren wurde gesagt, dass die produktive Kraft in der Arbeit und im Kapital genau diejenigen Gestalten annimmt, die durch ihre gemeinsame Verwertung ihre gemeinsame Krise aufschieben (genau wie in Herr und Knecht der Tod genau diejenigen Gestalten in Kraft setzt, die ihn durch Arbeit und Aneignung verdrängen).

Durch dieses Aufschieben und Verdrängen müsste die ursprüngliche Akkumulation aber auch ein *zeitliches Verhältnis* in Kraft setzen; entsprechend wäre die Grenze nicht nur räumlich, sondern auch zeitlich im Verhältnis von Arbeit und Kapital anwesend. Da zudem die Betonung stets darauf lag, dass in ihnen eine ebenso negative wie produktive Kraft „Gestalt annimmt", müsste es folgerichtig die Zeit selbst sein, die Gestalt annimmt, ganz so, als würde durch die ursprüngliche Akkumulation in Arbeit und Kapital nichts weniger als ein produktives Selbstverhältnis der Zeit freigesetzt. Wenn es die Zeit ist, die durch die Verwertung von Arbeit und Kapital positive Gestalt annimmt und in Kraft ist, würde das schließlich auch erklären, warum beiden diese Kraft, obwohl sie der gemeinsamen Verwertung entspringt, negativ und unverfügbar bleibt.

Wie muss also die produktive Kraft der Verwertung ausgelegt werden, wenn sie ein zeitliches Verhältnis ist?

Die produktive Kraft, die der ursprünglichen Akkumulation entspringt und Arbeit und Geld ihrer kapitalistischen Bestimmung aussetzt, ist ‚zuerst', quasi ursprünglich, zeitlich als der Zeit *entzogen*. Die Produktivkraft entzieht sich der Zeit, weil sie früher und später zugleich ist. Es ist wie im Herrschaft-Knechtschaft-Kapitel: Obwohl der Tod für die Erfahrung immer zu spät kommt, muss er, damit die Endlichkeit überhaupt als solche erfahrbar wird, immer schon – ursprünglich – vorweggenommen worden sein. Der Tod muss, damit er erfahrbar ist, oder vielmehr, damit er als die Grenze jeder Erfahrung erfahren werden kann und dadurch die Bedeutung des Endlichen *als* Endliches zum Tragen kommt – der Tod muss ‚zu früh' kommen. In der *PhdG* bestand daher die ‚Erfahrung' des Todes in seinem beständigen Aufschieben, sodass die Erfahrung eines Todes, der für jede Erfahrung die letzte wäre (und der auch dann erst ‚nach' jeder Erfahrung käme), dadurch gleichsam zu früh eintritt. Das ergab eine Ökonomie, welche die Erfahrung des Todes durch Arbeit und Aneignung aufschiebt und verdrängt und seine Erfahrung auf diese Weise vorwegnimmt. Im Herrschaft-Knechtschaft-Verhältnis ist die Erfahrung der ebenso negativen wie produktiven Kraft des Todes genau in diesem Sinne zeitlich: Sie liegt in der Notwendigkeit des Aufschubs des Todes durch die Ökonomie seiner Verdrängung, ausgetragen durch die Gestalten, die den Tod durch diese Notwendigkeit ‚erfahren'.

Auch für Arbeit und Kapital, ob als ökonomische Kategorien oder in der phänomenologischen Gestalt ihrer Personifizierung als Arbeiter und Kapitalist, käme die Erfahrung ihres Todes – die dauerhafte Unterbrechung und Krise der Verwertung und das Scheitern ihrer Reproduktion – zu spät. Auch sie müssen sich dieser Erfahrung entziehen, indem sie diese Erfahrung durch die Verwertung aufschieben, aber dadurch haben auch sie die Erfahrung zu früh, gleichsam ursprünglich gemacht. Dass, wie Marx sagt, „jede Nation" ohne Arbeit „verrecken würde" , das ist von Anfang an in die Verwertung von Arbeit und Kapital eingeschrieben, und durch ihre gemeinsame Verwertung wandeln sie ihr absolutes Ende um in eine ununterbrochene und unabschließbare Verendlichung, ausgetragen in der Ökonomie ihres endlichen Daseins.

Durch diese Ökonomisierung und Verendlichung wird auch hier die absolute Grenze, die Krise, zu etwas Anderem: Die Grenze ihrer Verwertung tritt im Innern der Ökonomie ein und wird ihre *Schranke*. Schranke heißt, die Verwertung schiebt ihre eigene absolute Grenze nicht einfach beständig auf, und die absolute Grenze ist auch nicht umgekehrt nur für ihren eigenen Aufschub wirksam, vielmehr wird die Grenze überwunden durch ihre *Verinnerlichung* und wirkt im Innern der Ökonomie. Die absolute Grenze wird geradezu das Immanente schlechthin, denn die Verinnerlichung der Grenze der Verwertung und ihre Umwandlung in endliche Schranken führt dazu, dass die Zeit einerseits auf endliche Weise eintritt und andererseits endlos wird.

Wie ist das zu verstehen? Warum wird Zeit durch die Verwertung endlich und geht als endliche endlos weiter?

Analog dem Tod, der im Herrschaft-Knechtschaft-Kapitel überwunden ist, indem er durch Arbeit und Aneignung verdrängt wird und dadurch eine Ökonomie der Endlichkeit begründet, überwindet auch die Verwertung von Arbeit und Kapital ihre Grenze, indem sie durch die Waren in eine Ökonomie der Endlichkeit eintritt. Allerdings liegt die Überwindung der Grenze nicht einfach darin, dass sich die Verwertung von Arbeit und Kapital in den Gestalten der Waren verendlicht, und auch die Zeit tritt nicht durch all die Gestalten der Waren auf eine endliche Weise ein. Das Besondere der Verendlichung der Verwertung in den Waren liegt *nicht* darin, dass die Verwertung durch ihre Resultate, die Waren, endlich geworden ist und sich dadurch selbst beschränkt und Schranken setzt, sondern dass die Waren vom Geld umgewandelt werden in die Endlichkeit bloßer *Werte*. Die Umwandlung ereignet sich durch die oben entwickelte Maß- und Tauschmittelfunktion des Geldes, von der sich zuletzt aber erwiesen hat, dass durch die endlichen Warenwerte die Resultate der *produktiven Kraft der Verwertung von Arbeit und Kapital realisiert werden*. Die Verwertung bleibt in den realisierten Werten gleichsam quantitativ in Kraft; sie ist im Geld aufgehalten und bewahrt und bleibt durch die Werte auf ebenso zeitlose wie bestimmte, endliche Weise in Kraft.

Diese Umwandlung der Waren in Werte ist die Verwandlung der Endlichkeit selbst: Die Resultate der Verwertung von Arbeit und Kapital können *jede beliebige* Gestalt annehmen, weil sie vom Geld in die Endlichkeit *rein als solche* verwandelt werden. Sie können unmittelbar *im* Geld eine gestaltlose, rein gesellschaftliche und abstrakt-allgemeine Gestalt annehmen, die übersinnliche, gestaltlose Gestalt endlicher Wertgrößen. Dadurch nimmt die ebenso negative wie produktive Kraft der Verwertung von Arbeit und Kapital die Gestalt der Endlichkeit *schlechthin* an, nämlich die der *Quantität*. Die Verwertung kann also in ihren Resultaten, den Waren, darum jede *beliebige* Gestalt

annehmen, weil jede Ware, welche Gestalt sie auch immer annimmt, durch das Geld in die übersinnliche, gestaltlose Gestalt eines Werts umgewandelt werden kann und dadurch zum bestimmten Moment ein und derselben Endlichkeit wird.
Es ist und bleibt allerdings das Geld, das die Endlichkeit durch die Umwandlung der Waren in endliche Größen wie ein bewusstloses Selbstbewusstseins ‚begreift', ganz wie das oben für seine Maß- und Tauschmittelfunktion gezeigt wurde. Die produktive Kraft der Verwertung wird zwar zur Realität bestimmter Werte, und sie bleibt durch die Werte sogar in Kraft und entspricht sich im Geld; insofern wird sie buchstäblich zu denken gegeben und steht dem Bewusstsein und dem Handeln zur Verfügung. Aber zugleich ist sie ins Geld entzogen. Mehr noch, die produktive Kraft der Verwertung von Arbeit und Kapital ist, obwohl sie durch das bewusstlose Begreifen der Waren im Sinne ihrer Um- und Verwandlung in ein Dasein bloßer Werte quantitativ weiterlebt, *gleichgültig* geworden. Die produktive Kraft wird zwar einerseits im Verhältnis endlicher Warenwerte expliziert und ist andererseits im Geld gleichsam quantitativ bewahrt, aber sie ist dadurch „sinnlich übersinnliche"[187] Kraft geworden. Zusammengefasst, erhält die Verwertung von Arbeit und Kapital erstens durch das Geld eine Um- und Verwandlung ihrer Resultate in Werte, zweitens bleibt dadurch ihre Produktivkraft im Geld auf endlich-quantitative Weise anwesend, und drittens erhält die Produktivkraft im Geld eine selbständige, sinnlich-übersinnliche und gleichgültige Gestalt.[188]
Doch durch die Realisierung der Waren treten im Geld nicht nur endliche Werte ein, sondern auch deren End-losigkeit. Die Endlichkeit wird endlos, indem das Geld die Waren einerseits in Werte verwandelt, andererseits sich selbst aber auch wieder in Waren zurückverwandelt, ganz wie Marx das für die Metamorphose der Ware …W-G-W… beschreibt. Mehr noch, das Geld verwandelt sich auch in die Bestandteile der *Produktion* der Waren zurück. Es entäußert sich in die Bestandteile derselben Verwertung, deren produktive Kraft es im Realisieren ihrer Resultate verinnerlicht und zeitlos gehalten hat; es kehrt mithin in dieselbe Verwertung zurück, aus deren produktiver Kraft es resultiert ist und seine quantitative Bestimmung erhalten hat, von Marx formalisiert durch den Kreislauf G-W-G'.
Kurzum, die produktive Kraft von Arbeit und Kapital bleibt nur darum im Geld zeitlos in Kraft, weil sie vom Geld durch Werte übertragen wird; in der einfachen Zirkulation der Waren läuft sie durch das Geld im Kreis, im Kapitalkreislauf des Geldes kommt sie dagegen wieder auf sich zurück und geht wieder in sich ein. Die produktive Kraft der Verwertung ist zwar durch ihre Realisierung im Geld stets auf quantitative Weise begrenzt, aber begrenzt wird die Endlichkeit nur rein als solche, und diese Endlichkeit kann, weil sie das Geld in jede Gestalt wieder (zurück-)verwandeln kann, auf ideelle Weise übergehen und sogar wieder in die Bestandteile weiterer Verwertung

---

187 *Kapital I*, S. 86.
188 Dass der Wert darum die Qualität der kapitalistischen Ökonomie schlechthin ist (die Qualität der Qualität), weil die Qualität des Werts in seiner rein *quantitativen* Bestimmung und Begrenzung besteht und die Qualität quantitativer Verhältnisse ermöglicht, wird im nächsten Abschnitt über Adorno noch ausführlich zu zeigen sein.

eingehen. So endet die Verwertung, was immer sie auch produziert, nicht in der Endlichkeit all der Waren, sondern umgekehrt, die Verwertung ist darauf ausgerichtet, dass die Waren in endliche Werte umgewandelt werden, um aus dieser quantitativen Selbstbegrenzung wieder in die Voraussetzungen weiterer Verwertung zurückverwandelt zu werden.[189]
Auch ohne auf diese Umwandlungen, Verwandlungen und Rückverwandlungen näher einzugehen (was die genauere Betrachtung der ökonomischen Kreisläufe verlangen würde, insbesondere des Kapitalkreislaufs), kann festgehalten werden, auf welche Weise Hegel und Marx in den Phänomenen des Geistes bzw. der kapitalistischen Gesellschaft die ebenso negative wie produktive Kraft eines zeitlichen Verhältnisses auslegen. Sie führen in Herrschaft und Knechtschaft bzw. Arbeit und Kapital eine Ökonomie ein, die sich ihres Endes enthebt, gerade weil sie auf nichts als sich zurückgeworfen und auf sich allein gestellt ist, sodass sie nichts als sich selbst, die eigene Immanenz bestimmen und beständig wieder mit sich selbst anfangen muss. Das Ökonomische liegt hier wie dort in der Selbstverendlichung und Selbstbegrenzung eines Verhältnisses, das, indem es mit seinen Resultaten wieder anfangen muss, nicht nur seine Grenze ebenso verinnerlicht wie überwindet, sondern darüber sich übergreift und das ökonomische Verhältnis selbst (re-)produziert: die Auseinandersetzung von Herr und Knecht bzw. von Arbeit und Kapital. Herr und Knecht, Arbeit und Kapital entlassen sich in einen Kreislauf, in welchem die Endlichkeit endlos in sich selbst eingeht und dadurch in ein zeitliches Selbstverhältnis eintritt und einen absoluten Geist

---

[189] Marx beschreibt an verschiedenen Stellen, dass der Kapitalismus sich selber seine Grenzen als Schranken zur eigenen Überwindung setzt. Auf den Raum bezogen, stellt sich das so dar: „Die Tendenz, den *Weltmarkt* zu schaffen, ist unmittelbar im Begriff des Kapitals gegeben. Jede Grenze erscheint als zu überwindende Schranke." (*Grundrisse*, S. 321, vgl. auch S. 549.) In Bezug auf die Natur: „Die Natur wird erst rein Gegenstand für den Menschen, rein Sache der Nützlichkeit; hört auf, als Macht für sich anerkannt zu werden; und die theoretische Erkenntnis ihrer selbständigen Gesetze erscheint selbst nur als List, um sie den menschlichen Bedürfnissen [...] zu unterwerfen. Das Kapital treibt dieser seiner Tendenz nach ebensosehr hinaus über nationale Schranken und Vorurteile wie über Naturvergötterung [...]." (*Grundrisse*, S. 323.) Zur Überproduktion von Waren, von Produktionsmitteln, der Bevölkerung über eine beschränkte Konsumtion sowie zur Überakkumulation des Kapitals vgl. *Kapital III*, S. 261ff. Allgemein über das Kapital: „Es ist destruktiv gegen all dies und beständig revolutionierend, alle Schranken niederreißend, die die Entwicklung der Produktivkräfte, die Erweiterung der Bedürfnisse, die Mannigfaltigkeit der Produktion und die Exploitation und den Austausch der Natur- und Geisteskräfte hemmen." (*Grundrisse*, S. 323.) Und für die Verwertung des Kapitals: „Das Kapital setzt also eine *notwendige Arbeitszeit* als Schranke für den Tauschwert des lebendigen Arbeitsvermögens; die *Surplusarbeitszeit* als Schranke für die notwendige Arbeitszeit und den *Surpluswert* als Schranke für die Surplusarbeitszeit [...]." (*Grundrisse*, S. 337.) Bereits auf S. 336–337 der *Grundrisse* zeigt Marx, dass das Kapital, indem es die Schranken seiner Verwertung *und* die Notwendigkeit des Hinausgehens über diese Schranken setzt, der „lebendige Widerspruch" ist. Hier bestimmt er den immanenten, produktiven Widerspruch der kapitalistischen Gesellschaft schlechthin, den Widerspruch zwischen der toten Arbeitszeit des konstanten Kapitals und der lebendigen, mehrwertschaffenden Arbeitszeit der Ware Arbeitskraft, des variablen Kapitals. Er führt ihn am wichtigsten kapitalistischen Produktionsmittel seiner Zeit aus, der Maschine: „Es liegt also in der Anwendung der Maschinerie zur Produktion von Mehrwert ein immanenter Widerspruch, indem sie von den beiden Faktoren des Mehrwerts, den ein Kapital von gegebner Größe liefert, den einen Faktor, die Rate des Mehrwerts, nur dadurch vergrößert, daß sie den andren Faktor, die Arbeiterzahl, verkleinert." (*Kapital I*, S. 429.)

bzw. eine kapitalistische Verwertung begründet. Für die kapitalistische Verwertung beschreibt Marx das so:

> Das Kapital aber als die allgemeine Form des Reichtums – das Geld – repräsentierend, ist der schranken- und maßlose Trieb, über seine Schranke hinauszugehn. Jede Grenze ist und muß Schranke für es sein. Es hörte sonst auf, Kapital – das Geld als sich selbst produzierend zu sein.[190]

Letztlich ist die einzige Schranke des Kapitals, dass es auf sich selbst trifft:

> Die *wahre Schranke* der kapitalistischen Produktion ist *das Kapital selbst*, ist dies: daß das Kapital und seine Selbstverwertung als Ausgangspunkt und Endpunkt, als Motiv und Zweck der Produktion erscheint […].[191]
>
> Für den Wert, der an sich als Wert festhält, fällt schon deswegen Vermehren mit Selbsterhalten zusammen, und er erhält sich eben nur dadurch, daß er beständig über seine quantitative Schranke hinaustreibt, die seiner Formbestimmung, seiner innerlichen Allgemeinheit widerspricht. […] Als Reichtum festgehalten, als allgemeine Form des Reichtums, als Wert, der als Wert gilt, ist es also der beständige Trieb, über seine quantitative Schranke fortzugehn: endloser Prozeß. Seine eigne Lebendigkeit besteht ausschließlich darin; […].[192]

Die ursprüngliche Akkumulation bleibt somit nicht nur seither in Kraft in den Gestalten, die sie in Arbeit und Kapital annimmt, sie bleibt auch im Geld in Kraft und nimmt dort die gestaltlose Gestalt des Werts an: „Jedoch bedarf es nicht des Rückblicks auf die Entstehungsgeschichte des Kapitals, um das Geld als seine erste Erscheinungsform zu erkennen. Dieselbe Geschichte spielt täglich vor unsren Augen."[193]

So sehr allerdings die Phänomene des Geistes und der kapitalistischen Gesellschaft einer analogen Ökonomie folgen, so unterschiedlich ist die Gestalt der Um- und Verwandlung aller Phänomene, und auch die universelle Gestalt, welche die produktive Kraft der Zeit annimmt, unterscheidet sich. In der *PhdG* ist die Gestalt des Verwandelns von Resultaten in Voraussetzungen das Selbstbewusstsein, und das Umwandeln fällt in die Entwicklung des Wissens und der Vernunft und bildet den Reichtum der universellen, gestaltlosen Gestalt eines absoluten *Geistes*. In der KdpÖ ist dagegen die Gestalt des (Ver-)Wandelns von Resultaten in Voraussetzungen das Geld, und wenn das Geld die Resultate der kapitalistischen Verwertung in gestaltlose Werte umwandelt, mithin in Voraussetzungen neuer Verwertung, so bildet es einen universellen Reichtum *in rein gesellschaftlicher* Gestalt. Die Gesellschaft kann eine endlos anhaltende und doch je quantitativ begrenzte Ökonomie eingehen, weil alle ihre Gestalten im Geld eine gestaltlose und doch quantitativ bestimmte, eine gleichgültige und doch selbständige Gestalt erhalten, die Gestalt des bloßen und doch quantitativ bestimmten Übergehens. Alle Resultate der Verwertung von Arbeit und Kapital gehen durch das Geld als endliche Größen über und können sich in jede beliebige Gestalt

---

190 *Grundrisse*, S. 252–253.
191 *Kapital III*, S. 260.
192 *Grundrisse*, S. 196.
193 *Kapital I*, S. 161.

verwandeln – und genau dadurch bleibt die Verwertung von Arbeit und Kapital in Kraft und wird zeit-los.
Der treffende Begriff für diesen zeitlosen und doch quantitativ bestimmten Zustand ist das *Währen*.

Das Währen der Verwertung im Geld und die Verwertung der Zeit durch zwei Klassen
Indem das Geld alle Resultate der Verwertung durch ein und dieselbe Werteinheit realisiert und in Werte umwandelt, *währt* die Verwertung im Geld und bildet die Substanz der abstrakten Arbeit. Wenn daher oben gesagt wurde, dass Arbeit und Kapital sich be-währen im Verdrängen und Aufschieben ihres Todes, der Krise, und dass durch dieses Bewähren ein Setzen und Überwinden selbst-gesetzter, rein quantitativer Schranken eintritt, so ist dieses Bewähren genau das, was im Geld quantitativ begrenzt in Wert gesetzt wird und dadurch währt; die Währung, die im Geld quantitativ in Kraft bleibt und im Umlauf ist, *ist* jene Bewährung von Arbeit und Kapital und *ist* die produktive Kraft, die aus ihrer gemeinsamen Verwertung resultiert.

Das Währen der Produktivkraft in den quantitativen Bestimmungen des Geldes gibt die entscheidende Antwort auf die Frage, warum der Verwertung von Arbeit und Kapital dieselbe Negativität, die in ihnen Gestalt annimmt und in Kraft ist, sich zugleich entzieht und so unverfügbar bleibt wie der Tod: Die kapitalistische Gesellschaft kann diese Kraft nicht ohne das Geld bewahren. Nur im Geld kann die ebenso negative wie produktive Kraft, die aus der Verwertung von Arbeit und Kapital resultiert und die in den Waren endlich geworden ist, (auf-)bewahrt werden und ein rein gesellschaftliches Sein erhalten. Die produktive Kraft der Verwertung ist im Geld zwar nicht in einem positiven, gar substanziellen Sinne vorhanden; sie bleibt negativ und unverfügbar, und sie muss zudem, um in Kraft zu bleiben, wieder zurückverwandelt werden in die ‚positiven' Gestalten der Verwertung. Aber sie nimmt im Geld eine sinnlich-übersinnliche, gestaltlose und andererseits eine endliche, quantitativ-bestimmte Gestalt an; sie entzieht sich zwar ins Geld, und doch steht sie hier zur Verfügung. Arbeit und Kapital werden zu einem endlosen und doch je quantitativ begrenzten Werden, weil ihre Verwertung in die beständige quantitative Bestimmung des Geldes fällt, sodass in den quantitativen Bestimmungen des Geldes (oder kurz im Wert des Geldes) die Produktivkraft bewahrt bleibt und fortwährt. Bevor im nächsten Kapitel eigens auf das Geld eingegangen wird, soll vorerst bei dieser im Geld rein quantitativ währenden Kraft verweilt werden.[194]

---

[194] Die Funktion des Geldes als Wertaufbewahrungsmittel wird in dieser Arbeit integriert in dessen drei zentrale Funktionen (in Maß, Tauschmittel und in seinen kapitalistischen Selbstbezug Geld als Geld), genau wie bei Marx auch. Gleichwohl könnte die Wertaufbewahrungsfunktion im Rahmen der Analogie zwischen Geist und Kapital auch eine eigenständige Bedeutung erlangen. Vielleicht liegt sogar das eigentlich Analoge darin, dass sowohl für die ebenso negative wie produktive Kraft des Geistes wie auch für die Kraft der kapitalistischen Verwertung ein Währen im Sinne eines (Über-)Dauerns, aber auch im Sinne eines (Über-)Tragens von Bedeutung und Bestimmung notwendig ist, und zwar von Bedeutung und Bestimmtheit als solcher, nämlich im Sinne ihres reinen Geltens. Der Geist und die kapitalistische Gesellschaft können sich nur aus sich heraus entwickeln und ihren Reichtum aus sich heraus gestalten und bilden, wenn Bedeutung,

Am Währen kann gezeigt werden, wie die Verwertung ihre produktive Kraft in und durch die Zeit einlöst: Es sind schlicht die quantitativen Bestimmungen des Geldes, in denen die produktive Kraft der Verwertung in der Zeit bleibt. Genauer genommen, bleibt sie durch das Geld nicht *in* der Zeit, sondern sie bleibt im Geld zeit-los. Die Verwertung bleibt im Geld zeitlos, weil sie eben nur rein *quantitativ* in Kraft ist, und es sind umgekehrt diese quantitativen und als solche zeitlosen Bestimmungen, durch welche die Verwertung *in* die Zeit eintritt; sie muss in genau die Zeit eintreten, die durch die Realisierung der Verwertung auf quantitative Weise im Geld währt und darin zeit-los gehalten ist. Arbeit und Kapital können daher das Ende ihrer Verwertung in dem oben genannten zeitlichen Sinne nicht verdrängen und aufschieben ohne dieses Verwandeln ihrer Resultate, der Waren, in quantitative Werte, und ohne dass diese Werte einerseits im Geld realisiert und andererseits wieder in die Gestalten der Verwertung zurückverwandelt werden. Die produktive Kraft der Verwertung ist einerseits in einem Wertverhältnis der Waren anwesend, das andererseits im Geld realisiert ist und hier nicht nur zeitlos gehalten wird, sondern erneut in die Verwertung eingehen muss.

Es ist unbedingt darauf zu achten, dass auf diese Weise die Verwertung von Arbeit und Kapital diejenige Zeit, in die sie samt ihren Gestalten und Personifizierungen eintreten und eingehen wird, erst mit sich bringen muss, und dass die Verwertung mit ‚ihrer' im Geld auf quantitative Weise zeit-los währenden Zeit weiterhin produktiv umgehen muss. Darauf ist unbedingt zu achten, damit nicht die Vorstellung entsteht, als sei die Zeit irgendwie vorher und äußerlich fertig gegeben. Die Zeit steht der Gesellschaft nicht zur Verfügung, als wäre sie wie eine Naturqualität, wie ein natürliche Ressource vorhanden und müsste durch die Verwertung von Arbeit und Kapital nur noch ausgefüllt oder gar erfüllt werden. Die Verwertung kann die Zeit, in die sie

welche Gestalten und Phänomene sie auch annimmt, fort-währen kann und sich überträgt; insofern muss das Währen der Bedeutung eine reine, gestaltlose – eben: geistige bzw. gesellschaftliche – Gestalt annehmen und nichts sein als die verschwindende Vermittlung im Gestalten und Bilden des Geistes bzw. der Gesellschaft. Da Hegel die Entwicklung und Bildung des Reichtums als Wissen und Vernunft fasst, ist das Selbstbewusstsein die angemessene Gestalt für das Währen im Sinne des (Über-)Dauerns und (Über-)Tragens, und da Marx die Entwicklung und Bildung des Reichtums als (quantitatives) Übergehen, Verwerten und Akkumulieren von Werten fasst, ist bei ihm das Geld die angemessene Gestalt. Entsprechend löst Hegel das Währen und Übertragen von Bedeutung in das Selbstbewusstsein sowie in die Bildung des Wissens und in die Entwicklung der Vernunft ein sowie in die Gestalten eines überindividuellen Geistes auf, während Marx die Wertaufbewahrung in der Entwicklung der Maß- und Tauschmittelbestimmung des Geldes sowie in dessen Selbstbezug einlöst und letztlich in die Bildung eines rein gesellschaftlichen Reichtums durch die Verwertung von lebendiger und toter Arbeit auflöst. Diese Ein- und Auflösung des Wertaufbewahrungsmittels ist allein schon notwendig, um mit allen substanzialistisch-essenzialistischen Vorstellungen des Werts aufzuräumen. Wenn der Wert einerseits keine irgendwie vorhandene, seiende Substanz ist, andererseits aber das Identische aller Gestalten des gesellschaftlichen Reichtums bildet, dann kann die Möglichkeit seiner Aufbewahrung und seines Währens nur im beständigen Funktionieren des Geldes liegen. Dass der Wert im Geld währt und durch die Bildung eines rein gesellschaftlichen Verhältnisses zugleich zum Reichtum der Gesellschaft wird, ist einerseits der beständigen Realisierung der Resultate der Verwertung durch das Geld geschuldet, andererseits ist es dann eben jene Verwertung, die sich im Geld bewährt und quantitativ währt.

fällt, nicht voraussetzen, um *in* sie einzutreten und sich dann in ihr wie in einer äußerlich gegebenen, gleichsam räumlichen Qualität zu entäußern und zu verendlichen. Im Gegenteil, die Verwertung muss, damit sie in Kraft bleibt, in den Waren diejenige Zeit verendlichen, die im Geld auf quantitativ-zeitlose Weise realisiert wird, und hier, im Geld, währt auf quantitative Weise diejenige in Wert gesetzte Zeit fort, die erneut in das Verhältnis von Arbeit und Kapital entäußert werden und in die Verwertung eingehen kann.

So wird der Verwertung das Geld zur quantitativen Bestimmung ihrer ‚eigenen' Zeit, d. h. des eigenen Reproduktionsverhältnisses und seines (geschichtlichen) Werdens. Jedenfalls ist die Zeit nicht schon da, als ob sie der Ökonomie jederzeit zur Verfügung stünde und nur noch bestimmt und ausgefüllt werden müsste – die Zeit muss vielmehr durch diejenige produktive Kraft kommen, die Hegel als Geist und die Marx als Verwertung entwickelt;[195] sie tritt unmittelbar mit derjenigen ebenso produktiven wie negativen Kraft ein, die in Herrschaft und Knechtschaft bzw. in Arbeit und Kapital positive Gestalt annimmt und die bei Hegel zur Realität eines gestaltlosen Geistes wird und bei Marx zur Realität der quantitativen Bestimmungen des Geldes.

195 Es ist in der Marx- wie in der Hegelinterpretation immer wieder betont worden, dass die Kategorie der Zeit in der dialektischen Darstellung des Geistes und des Kapitals wesentlich sei. Allerdings geht es den Interpretationen in der Regel von vornherein um das Wesen von Geist und Kapital *in* der Zeit, es geht also um die Zeit im Sinne eines geschichtlichen Werdens. In Bezug auf den Geist geht es um den Prozess seiner Entäußerung und Rückkehr und um seine Selbstauslegung in die Äußerlichkeit seines Daseins; in Bezug auf das Kapital geht es um dessen historische Gewordenheit und um seine Durchsetzungsgeschichte. Auch und gerade dort, wo Hegel und Marx für ihr geschichtsphilosophisches Denken *kritisiert* werden, etwa für ihr (lineares) Entwicklungs- und Fortschrittsdenken, muss eine solche Kritik unterstellen, dass es bei Hegel und Marx nur um ein Werden *in* der Zeit gehe. Insbesondere von marxistischer Seite ist Hegel in diesem Sinne ausgelegt worden, etwa in der an Heidegger orientierten Auslegung von Herbert Marcuse: *Hegels Ontologie und die Theorie der Geschichtlichkeit*. Frankfurt am Main: Klostermann 1968; näher an der Dekonstruktion Heideggers hingegen Ryosuke Ohashi: *Zeitlichkeitsanalyse der Hegel'schen Logik. Zur Idee einer Phänomenologie des Ortes*. Freiburg/München: Alber 1984. Dagegen soll in der vorliegenden Arbeit für Geist und Kapital gezeigt werden, dass sie ‚zuerst' – d. h. bevor (und vor allem: damit) sie zu einem Werden *in* der Zeit werden – mit der *Identität rechnen müssen*. Genauer gesagt, geht es um die Zeit-losigkeit der Identität. Diese zeitlose Identität ist der *PhdG* zufolge dem Bewusstsein durch das Selbstbewusstsein gegeben; im *Kapital* tritt die zeitlose Identität durch die Werteinheit ein, die durch das Geld gegeben wird. Allerdings soll in diesem Abschnitt über Lukács zunächst lediglich gezeigt werden, dass die zeitlose Identität des Werts durch das Geld eintritt und dass die Zeit dadurch die gestaltlose Gestalt der Quantität und die sinnlich-übersinnliche Gestalt des Geldes annimmt. Der Abschnitt über Adorno wird dann auf rein logische statt phänomenologische Weise dazu in der Analogie zwischen seinslogischem und wertförmigem Übergehen ausführlich zeigen, dass die Qualität des Seins bzw. des Werts in ihrer zeitlosen Identität liegt und dass diese Identität im Umschlagen in *Quantität* eintritt. Zur Identität von Denken und Zeit vgl. Joachim Christian Horn: *Monade und Begriff. Der Weg von Leibniz zu Hegel*. München: Oldenbourg 1965; zum Verhältnis zwischen äußerer, geschichtlicher Zeit und ihrer inneren Reflexion in der *PhdG* vgl. Rüdiger Bubner: *Geschichtsprozesse und Handlungsnormen. Untersuchungen zur praktischen Philosophie*. Frankfurt am Main: Suhrkamp 1984, bes. S. 110ff.; zum Verhältnis zwischen Zeit und Absolutem vgl. Volker Rühle: Die Zeitlichkeit des Absoluten. Formproblematik und Unbedingtheit spekulativer Erfahrungsprozesse. In: Jindřich Karásek / Jan Kunes / Ivan Landa et al. (Hrsg.): *Hegels Einleitung in die Phänomenologie des Geistes*. Würzburg: Königshausen & Neumann 2006, S. 211–223; ders.: Denken der Zeit und Zeitlichkeit des Denkens. Zur Genese spekulativer Erkenntnis in Hegels ‚Phänomenologie des Geistes'. In: *Deutsche Zeitschrift für Philosophie* 57,4 (2009), S. 551–570.

Darum ist ebenso die umgekehrte Betrachtung möglich, d.h. es ist in der kapitalistischen Gesellschaft die Zeit selbst, die unmittelbar in Arbeit und Kapital Gestalt annehmen muss, um in deren Verwertung in Kraft zu sein, sich in ihren Resultaten zu verendlichen und um im Geld schließlich auf quantitativ bestimmte Weise endlich geworden und zugleich zeitlos gehalten zu sein. Diese Umkehrung ist nicht einfach nur *möglich*, vielmehr kommt noch alles darauf an zu begreifen, dass es ebenso die Zeit ist, die in Arbeit und Kapital Gestalt annimmt und in Kraft ist. Und in der Tat fasst Marx die produktive Kraft der Verwertung von Arbeit und Kapital nicht nur, wie bislang betrachtet, als das zeitliche Verhältnis von lebendiger und toter Arbeitszeit, darin erhält auch gleichsam die Zeit selbst zwei unterschiedliche Gestalten: Arbeit und Kapital bilden, während die produktive Kraft ihrer Verwertung im Geld zeitlos gehalten ist und quantitativ währt, eine zeitliche *Variable* und eine zeitliche *Konstante*. Wie ist das zu verstehen?

Wenn Marx die produktive Kraft der Verwertung in Arbeit und Kapital unterscheidet, so fasst er Arbeit und Kapital bekanntlich auch als zwei *Klassen*, und diese Klassen lassen sich als *zwei Klassen ein und derselben Zeit* bestimmen. Im Verhältnis von Arbeit und Kapital wird ein und dieselbe Zeit in zwei unterschiedliche Klassen geteilt und erhält dadurch zwei unterschiedliche Bestimmungen: Die Arbeit der Arbeiterklasse steht für die *lebendige Arbeitszeit* und das *Variable* der Zeit, das Kapital und der Kapitalist stehen für die *tote* Arbeitszeit und für ihre *Konstanz*. Wenn die Freisetzung von Arbeit und Kapital der Freisetzung dieser beiden Klassen der Zeit entspricht, dann muss es folgerichtig dieses zeitliche Verhältnis von lebendiger und toter Arbeitszeit sein, das im Geld nicht nur auf quantitative Weise eingelöst wird und zeitlos bleibt oder währt, sondern darüber auch eine zeitliche Variable und eine zeitliche Konstante mit sich bringt. Entsprechend muss die bislang entwickelte Verwertung von Arbeit und Kapital, mithin ihre innere Spaltung und äußerliche Auseinandersetzung, nun als Verhältnis zweier Klassen derselben Zeit gefasst werden.

Das zeitliche Wesen dieses Verhältnisses ist bereits oben beschrieben worden, wo es um seinen Ursprung ging sowie um den Status der ursprünglichen Akkumulation und um den ungeschichtlichen Eintritt des Kapitalismus in ‚seine' Geschichte: Die lebendige Arbeitszeit der Ware Arbeitskraft muss, um überhaupt ins Leben gerufen zu werden, von der eigenen Vergangenheit her auf sich zurückkommen, von der im Kapital akkumulierten, toten Arbeitszeit. Und diese tote Arbeitszeit des Kapitals muss wiederum zu ihrer Bewahrung auf Waren übertragen werden und dafür die lebendige Arbeitszeit ins Leben rufen und auf sich anwenden. Somit geht die lebendige Arbeitszeit im Kapital ein Verhältnis mit ihrer eigenen vergegenständlichten Vergangenheit ein, mit der toten Arbeitszeit, und ebenso geht die tote Arbeitszeit des Kapitals ein Verhältnis mit ihrer noch nicht vergegenständlichten lebendigen Gestalt ein. Genauer betrachtet, liegt die produktive Kraft dieses zeitlichen Verhältnisses darin, dass die lebendige Arbeitszeit im Übertragen der im Kapital akkumulierten toten Arbeitszeit für deren *Konstanz* sorgt. Sie sorgt mithin für die Kontinuität der eigenen Vergangenheit. Daraus ergibt sich aber folgerichtig in zeitlicher Hinsicht noch kein Fortschritt;

durch das Übertragen und Kontinuieren allein tritt die produktive Kraft der Verwertung lediglich auf der Stelle. Die eigentliche Produktivkraft liegt daher darin, dass die lebendige Arbeitszeit nicht nur die eigene Vergangenheit aufseiten des Kapitals wie einen vorhandenen Wert auf Waren überträgt, sondern dabei auch neue Arbeitszeit zusetzt und darüber zu einer Variablen wird. Sie setzt nämlich in den Waren mehr Wert zu, als sie selbst als Ware Arbeitskraft zur Reproduktion benötigt, sodass sie über das in den Waren produzierte Wertverhältnis zugleich hinausgeht und einen Mehrwert freisetzt; denjenigen Mehrwert, der zu jener im Kapital akkumulierten toten Arbeitszeit dazu kommen kann und mithin diejenige Vergangenheit quantitativ vermehrt, für deren Konstanz die lebendiger Arbeit wieder wird sorgen müssen.[196]

Auf die Einzelheiten kommt es hier noch nicht an; sie werden am Ende der Arbeit noch betrachtet. Entscheidend für die zeitliche Dimension der Verwertung ist, dass die beiden Klassen der Zeit jeweils von ihrem Anderen her auf sich zurückkommen. Tote und lebendige Arbeitszeit sind dadurch abhängig von ihrem Anderen, ganz wie es für die Freisetzung von Arbeit und Kapital sowie für ihre innere Spaltung gezeigt wurde. Durch die tote und lebendige Arbeit geht die Zeit dasjenige Selbstverhältnis ein, das in der Ware Arbeitskraft und im Kapitalisten personifiziert werden und eine subjektive Gestalt erhalten muss. Der Kapitalist steht dann, gleich dem Herrn im Herrschaft-Knechtschaft-Kapitel, für den Tod, nämlich für eine tote Arbeitszeit, die davon lebt, sich die Arbeit der Ware Arbeitskraft anzueignen und sie anzuwenden für das Übertragen der vorhandenen toten Arbeitszeit und das Zusetzen neuer, zukünftiger toter Arbeitszeit. Die Ware Arbeitskraft steht entsprechend für die Notwendigkeit einer Arbeit im Dienste des Herrn, d.h. sie steht im Dienste der Verwertung jener toten Arbeitszeit, für die der Kapitalist steht. Während der Kapitalist für die Verwertung und die Kontinuität der Vergangenheit sorgen und dafür die Ware Arbeitskraft anwenden muss, muss diese Ware wiederum ihre Arbeitszeit für jene Vergangenheit verwenden.

Die Verwertung der Zeit durch die beiden Klassen ist auch der eigentliche *Kampf* zwischen Arbeit und Kapital. Klassenkampf, das ist nicht, jedenfalls nicht ‚zuerst', der Kampf zwischen den Repräsentanten der toten und der lebendigen Arbeitszeit, zwischen der Arbeiterklasse und den Kapitalisten bzw. der Bourgeoisie. Gekämpft wird auch nicht ‚zuerst' um Macht- und Eigentumsverhältnisse oder um die Verteilung des Mehrwerts. Den eigentlichen Kampf zweier Klassen entwickelt Marx in der gegenseitigen Verwertung, der tote und lebendige Arbeitszeit unterzogen sind, und dieser Kampf muss in eine Auseinandersetzung zweier Klassen ein und derselben Zeit aufgelöst werden. Dann zeigt sich, dass mit Marx eine radikalere Kritik des Klassenkampfes möglich ist als die altbekannte, der zufolge die besitzende und ausbeutende Klasse über diejenige Klasse herrscht, die nichts besitzt als ihre Arbeitskraft. Mit Marx lässt sich zeigen, dass die lebendige Arbeitszeit letztlich *sich selbst beherrschen* muss, aber dass sie sich dafür entfremden und von ihrer Vergangenheit her auf sich

---

[196] Zum Übertragen des Werts der Arbeits- und Produktionsmittel auf die Waren und zum Zusetzen neuen Werts vgl. bes. *Kapital I*, S. 200ff.

zurückkommen muss, von der toten, in Gestalt des Kapitals akkumulierten Arbeitszeit. Und damit die lebendige Arbeitszeit überhaupt von ihrer toten Arbeitszeit her auf sich zurückkommen kann, dafür muss sie sich verdinglichen und die Gestalt derjenigen Ware annehmen, deren Arbeit einerseits im Übertragen und Bewahren ‚ihrer' toten Vergangenheit auf neue Waren besteht und die andererseits von jener Vergangenheit die Kraft erhält, neue tote Arbeitszeit zu produzieren, neues Kapital. Durch diese Form der Selbstbeherrschung ruft sich die lebendige Arbeit beständig von ihrer Vergangenheit her zurück ins Leben, in ein Leben des Übertragens und des Bewahrens jener Vergangenheit sowie ihrer ‚Vermehrung' oder ‚Vergrößerung' (sodass die Vergangenheit in der Zukunft gleichsam vermehrt und noch mächtiger, noch drängender wiederkehrt).[197]

Durch diese ewige Wiederkehr der lebendigen Arbeitszeit aufseiten der toten sowie durch die Reproduktion ihres gemeinsamen Verwertungsverhältnisses führen beide ein ewiges Leben. Mehr noch, die produktive Kraft der lebendigen Arbeit wird durch die in den Produktionsmitteln und -bedingungen eingegangene tote Arbeitszeit gesteigert, sodass beide nicht nur beständig wiederkehren und sich durch eine gemeinsame Verwertung endlos reproduzieren müssen, sie treten dabei auch in ein ‚exzessives Leben' ein.

Die Überwindung des Todes. Die ewige Wiederkehr der lebendigen Arbeit aufseiten des Kapitals und die Steigerung ihrer Produktivkraft
Die Arbeitskraft wird durch die kapitalistischen Produktionsmittel und -bedingungen in Kraft gesetzt, ihre eigene Vergangenheit auf neue Waren zu übertragen und dadurch für die Konstanz derjenigen toten Arbeitszeit zu sorgen, die für eben diese produzierten Produktionsmittel und -bedingungen bereits verausgabt wurde und in ihnen akkumuliert ist. Sie erhält aber darüber hinaus auch die Kraft, im Zusetzen ihrer Arbeitszeit über dieses Übertragen vorhandenen Werts hinauszugehen und zu einer Variablen zu werden. Kurz, die lebendige Arbeit muss nicht nur ihre Vergangenheit

---

197 Dass die lebendige Arbeitszeit sich durch die tote Arbeitszeit auf entfremdete Weise selbst beherrscht und dass diese Einheit von Fremdbestimmung und Selbstbeherrschung die Form der ökonomischen Reproduktionskreisläufe annimmt und dadurch in die Zeit fällt, macht Marx als spekulative Identität von Arbeit und Kapital durch die gesamte Phänomenologie der bürgerlich-kapitalistischen Gesellschaft hindurch durchsichtig. In den *Grundrissen* fasst er die spekulative Identität von toter und lebendiger Arbeitszeit so zusammen: „Daß die *äußerste Form der Entfremdung*, worin im Verhältnis des Kapitals zur Lohnarbeit die Arbeit, die produktive Tätigkeit zu ihren eignen Bedingungen und ihrem eignen Produkt erscheint, ein notwendiger Durchgangspunkt ist – und daher *an sich*, nur noch in verkehrter, auf den Kopf gestellter Form schon enthält die Auflösung aller *borniertenVoraussetzungen der Produktion* und vielmehr die unbedingten Voraussetzungen der Produktion schafft und herstellt, daher die vollen materiellen Bedingungen für die totale, universelle Entwicklung der Produktivkräfte des Individuums [...]." (*Grundrisse*, S. 422.) Es ist allerdings zu beachten, dass Marx in der „auf den Kopf gestellt[en] Form" keinen Sozialismus anspricht, als ob dieser in der Produktivkraft der Arbeit oder im Kapitalismus schon enthalten sei, nur in entfremdeter, verkehrter Form. Es ist vielmehr der Kapitalismus, der die „unbedingte Voraussetzung der Produktion" für die „universelle Entwicklung der Produktion" schafft, indem er die Produktivkraft der Arbeit produziert, mit ihr die eigenen Voraussetzungen setzt und sich so aller bornierten Voraussetzungen der Produktion und Bedingungen der Produktivität, welcher historischen und materiellen Gestalt auch immer, enthebt.

durch das Übertragen toter Arbeitszeit bewahren, sie muss durch das Zusetzen neuer Arbeitszeit für die eigene zukünftige (vermehrte) Wiederkehr aufseiten des Kapitals sorgen.[198]

Wenn aber die lebendige Arbeit beständig von der eigenen toten Arbeitszeit her wieder auf sich zurückkommt und sie überträgt, dann hat sie gleichsam den eigenen Tod überwunden. Diese Überwindung lag ja bereits im Ursprung der lebendigen Arbeit, denn sie wird überhaupt erst ins Leben gerufen, indem sie die eigene Vergangenheit aufseiten des Kapitals überträgt und gleichsam unsterblich werden lässt. Doch die Art und Weise, wie die lebendige Arbeit von der Überwindung ihres Todes auf sich zurückkommt und auf entfremdete Weise sich sowohl beherrscht als auch produktiv in Kraft gesetzt ist, lässt sich noch radikaler fassen. Marx zeigt, dass die lebendige Arbeitszeit durch diese tote Arbeitszeit auch die Kraft erhält, sich auf geradezu exzessive Weise zu überwinden, nämlich indem die aufseiten der kapitalistischen Produktionsmittel und -bedingungen akkumulierte tote Arbeitszeit dazu dient, die produktive Kraft der lebendigen Arbeit zu *steigern*. Diese Steigerung führt zu einer Überwindung nicht durch die bloße quantitative Ausdehnung der lebendigen Arbeitszeit im Sinne ihrer Verlängerung (sodass durch mehr Arbeitszeit auch mehr Waren und mehr Werte produziert werden, von Marx bestimmt als die „*absolute* Mehrwertproduktion"). Die der kapitalistischen Produktionsweise adäquate Steigerung der Produktivkraft liegt in der „*relativen* Mehrwertproduktion", d. h. in der Reduzierung der zur Warenproduktion notwendigen lebendigen Arbeitszeit vermittelst derjenigen toten Arbeitszeit, die im Wert der Produktionsmittel und -bedingungen aufseiten des konstanten Kapitals akkumuliert ist.[199] Näher betrachtet, liegt hier die Steigerung der Produktivkraft darin,

---

198 Im Grunde ist immer dort, wo von Kapital und Arbeit (und ihrer Verwertung) die Rede ist, nicht nur das Verhältnis von Vergangenheit und Gegenwart gemeint, von vergangener und gegenwärtiger Arbeitszeit, sondern auch von *zukünftiger* Vergangenheit. Wenn es in der Verwertung um das Verhältnis der Übertragung von vergangener, toter Arbeitszeit durch gegenwärtige, lebendige Arbeitszeit geht sowie um das Zusetzen neuer Arbeitszeit, so bestimmen diese Verhältnisse auch ihre gemeinsame Zukunft. Genau genommen, sind beide Bestandteile des Verhältnisses auf diese Wiederkehr von *vornherein* ausgerichtet und gehen ihr gemeinsames Verwertungsverhältnis für die Wiederkehr überhaupt erst ein; sie sind darauf ausgerichtet, dass ihre Produktivkraft in den Waren verendlicht und vom Geld realisiert wird und dass das Geld danach wieder in die Bestandteile der Verwertung zurückkehren wird: „Die selbständige, illusorische Existenz des Geldes ist aber aufgehoben; es existiert nur noch, um sich zu verwerten; d. h. Kapital zu werden. [...] Hier tritt das Kapital schon nicht mehr nur in ein Verhältnis zur vorhandnen Arbeit; sondern zu zukünftiger." (*Grundrisse*, S. 284.) Marx kritisiert stellvertretend an Hodskin, dass die Ökonomen „den Wert, den die Vergangenheit der Arbeit für ihre Gegenwart hat", nicht sehen, vor allem, weil sie „das Kapital nicht als Verhältnis auf[fassen]". Zum Wert der vergangenen Arbeit für ihre Gegenwart und zur Kritik der bürgerlichen Ökonomen vgl. insbesondere den Abschnitt „(b) Polemik gegen Ricardos Definition des Kapitals als akkumulierte Arbeit. Konzeption der ‚koexistierenden Arbeit'. Unterschätzung der vergegenständlichten vergangenen Arbeit" (Karl Marx: *Theorien über den Mehrwert. Dritter Teil. MEW*, Bd. 26.3, S. 262–276, Zitat hier S. 269 u. S. 271, im Folgenden *ThM III*).

199 „Durch Verlängrung des Arbeitstags produzierten Mehrwert nenne ich absoluten Mehrwert; den Mehrwert dagegen, der aus Verkürzung der notwendigen Arbeitszeit und entsprechender Veränderung im Größenverhältnis der beiden Bestandteile des Arbeitstags entspringt – relativen Mehrwert." (*Kapital I*, S. 334.) „Die Produktion des absoluten Mehrwertes dreht sich nur um die Länge des Arbeitstags; die Produktion des relativen Mehrwerts revolutioniert durch und durch die technischen Prozesse der Arbeit und

dass die Reduzierung der zur Warenproduktion notwendigen Arbeitszeit auch die zur Reproduktion der Ware Arbeitskraft notwendige Arbeitszeit reduziert, sodass durch die aufseiten der Arbeitskraft ersparte Arbeitszeit zusätzliche Arbeitszeit frei-gesetzt und als Mehrwert gewonnen wird; dieser Mehrwert sorgt wiederum, wie immer er auch zwischen den beiden Bestandteilen der Verwertung aufgeteilt wird, für die Erweiterung ihrer Reproduktion. Die Ware Arbeitskraft ist, im Gegensatz zu den von ihr produzierten Waren, eine in zeitlicher Hinsicht ‚ekstatische Ware', weil sie durch die für eben jene Waren notwendige Arbeitszeit auch die eigenen Reproduktionskosten bestimmt, und von dieser ‚Selbstbestimmung' profitieren wiederum sowohl ihre eigene Reproduktion als auch die des Kapitals, wenn durch die Senkung der Arbeitszeit, die für die Waren notwendig ist, auch die zur Reproduktion der Ware Arbeitskraft notwendige Arbeitszeit sinkt und zusätzliche Arbeitszeit für die Erweiterung des Verwertungsverhältnisses gewonnen wird.

In der Steigerung der Produktivkraft der Arbeitskraft durch die Reduzierung der zu ihrer Reproduktion notwendigen Arbeitszeit liegt auch das eigentliche Überwinden selbstgesetzter Schranken. Oben wurde das Überwinden noch an der quantitativen Begrenzung der Verwertung durch ihre Realisierung im Geld festgemacht. Es wurde darauf abgezielt, dass die Resultate der Verwertung, die Waren, durch das Geld in Werte umgewandelt werden und dass das Geld dadurch auf quantitative Weise genau diejenigen Schranken der Verwertung bildet, die, wenn das Geld zurückverwandelt wird in die Bestandteile der Verwertung, wieder zu Voraussetzungen erneuter Verwertung werden. Das schien aber noch auf einen bloßen Kreislauf hinauszulaufen: Die produktive Kraft der Verwertung von lebendiger und toter Arbeitszeit wird in Waren verendlicht und die Waren werden wiederum im Geld rein quantitativ realisiert; das Geld bestimmt dadurch nicht nur die Schranken der Verwertung, sondern es löst die realisierte Verwertung durch seine (Rück-)Verwandlung in die Bestandteile erneuter Verwertung wieder ein und das zeitliche Verhältnis von toter und lebendiger Arbeit tritt erneut in Kraft. Nun zeigt sich jedoch, dass das Geld im Realisieren der Verwertung beständig sich erweiternde und ihre Produktivkraft steigernde Verwertungsverhältnisse feststellt. Die Verwertung setzt zwar im Geld ihre eigenen Begrenzungen und Schranken heraus – aber diese Schranken geben, statt einfach nur die Selbstbeschränkung der Verwertung zu sein, ihr jeweiliges Produktivkraftniveau wieder.[200]

die gesellschaftlichen Gruppierungen." (*Kapital I*, S. 532–533.) Marx entwickelt die relative Mehrwertproduktion zwar als die dem Kapital angemessene Methode, er weist allerdings auch darauf hin, dass „von gewissem Gesichtspunkt […] der Unterschied zwischen absolutem und relativem Mehrwert überhaupt illusorisch" scheint (*Kapital I*, S. 533–534).

200 Marx formalisiert das Verhältnis von toter und lebendiger Arbeitszeit in allen drei Bänden des *Kapitals* auf eine mathematische Weise (c + v = konstantes + variables Kapital), und auch das Verhältnis von notwendiger und zusätzlicher Arbeitszeit wird wie ein mathematischer Bruch formuliert (m/v = Verhältnis der Mehrarbeitszeit zu der zur Reproduktion des variablen Kapitals notwendigen Arbeitszeit). Doch auch wenn er dadurch die Produktivkraft auf eine geradezu naturwissenschaftlich exakte Weise zu bestimmen scheint, und auch wenn die genannten Verhältnisse im Geld tatsächlich rein quantitativ erscheinen, so löst das Geld

Wird daher die Produktivkraft auf die oben skizzierte Weise gesteigert, so wird auch diese Steigerung vom Geld realisiert, und so verinnerlicht das Geld in seiner quantitativen Bestimmung die ständige Entwicklung einer Produktivkraft, in die es sich wieder entäußert; insofern geht das Geld beständig auf quantitative Weise über die vorangegangene Verwertung hinaus, ganz wie Marx das auf formale Weise für den Kapitalkreislauf des Geldes durch den Strich am G-W-G' markiert.[201] Genau genommen, realisiert das Geld im eigenen Hinausgehen, dass die *Ware Arbeitskraft* über ihren eigenen Wert hinausgeht, denn sie ist es ja, die in den Waren mehr Wert produziert, als sie selbst zur Reproduktion benötigt. Die Ware Arbeitskraft kommt somit nicht nur von ihrem Tod her auf sich zurück, von der toten Arbeitszeit des Kapitals, sondern sie geht mit seiner Hilfe auch über sich hinaus und überwindet gleichsam das eigene Leben, nämlich die zur eigenen Reproduktion notwendige Arbeitszeit.

Um zu zeigen, wie das konstante Kapital die Produktivität des variablen Anteils der Verwertung steigert und beide beständig über die Schranken ihrer gemeinsamen Verwertung hinausgehen, wäre näher auf die relative Mehrwertproduktion und auf die kapitalistische Bestimmung der Produktionsmittel einzugehen, insbesondere darauf, wie Wissenschaft und Technik, Maschinerie und Industrie aufseiten des konstanten Kapitals in das Verhältnis von notwendiger und zusätzlicher Arbeitszeit eingehen.[202]

in seinen quantitativen Bestimmungen doch ein *zeitliches* Verhältnis ein. Im Geld werden, vereinfacht zusammengefasst, auf quantitative Weise diejenigen Schranken der Verwertung ermittelt, die sich aus dem Verhältnis von toter zu lebendiger sowie von notwendiger und zusätzlicher Arbeit ergeben, und diese im Geld quantitativ fixierten und zeitlos gehaltenen Schranken werden nur überwunden, wenn das Geld wieder auf diese Verhältnisse zurückgeführt wird. Gelegentlich spricht Marx ausdrücklich davon, dass die Grenzen und Schranken der Verwertung zeitlich sind, z. B. wenn er die durch konstantes und variables Kapital gesetzten Schranken der Produktivität bestimmt: „Je entwickelter also schon das Kapital, je mehr Surplusarbeit es geschaffen hat, um so furchtbarer muß die Produktivkraft entwickeln, um sich nur in geringem Verhältnis verwerten, d. h. Mehrwert zuzufügen – weil seine Schranke immer bleibt das Verhältnis zwischen dem Bruchteil des Tages, der die *notwendige Arbeit* ausdrückt, und dem ganzen Arbeitstag. Innerhalb dieser Grenzen kann es sich allein bewegen." (*Grundrisse*, S. 258–259, ähnl. auch S. 253.)

201 Rosa Luxemburg hat dagegen die Beschränktheit und innere Widersprüchlichkeit des Kapitals sowie seine krisenhafte Entwicklung durchweg räumlich und damit auf eine letztlich positivistische Weise ausgelegt, vgl. Luxemburg: *Die Akkumulation des Kapitals*. In derselben Weise einseitig und verkürzt blieb auch Henryk Grossmann, auch wo er gegen Luxemburg argumentierte, vgl. ders.: *Das Akkumulations- und Zusammenbruchsgesetz des kapitalistischen Systems*. Leipzig: C. L. Hirschfeld 1929, bes. S. 79ff.

202 Marx betont wiederholt anhand des wichtigsten Produktionsmittels seiner Zeit, der Maschine, dass der Gebrauchswert des fixen und konstanten Kapitals in der Reduzierung notwendiger Arbeitszeit liege: „Was die auf Maschinerie gegründete Surplusarbeit auszeichnet, ist das Vermindern der notwendigen Arbeitszeit […]. Das Mittel, wodurch diese Vermehrung der Produktivkraft ins Werk gesetzt wird, ist selbst vergegenständlichte unmittelbare Arbeitszeit, Wert, und um sich ihrer zu bemächtigen, muß das Kapital einen Teil seines Werts austauschen gegen sie." (*Grundrisse*, S. 667–668.) Marx zeigt im Zitat, dass sowohl der Gebrauchswert aufseiten des Produktionsmittels als auch der Gebrauchswert aufseiten der Ware Arbeitskraft darin liegt, ein Verhältnis von notwendiger und zusätzlicher Arbeitszeit einzugehen (ein Verhältnis, in dem die Produktivität der Ware Arbeitskraft durch das Produktionsmittel gesteigert werden kann). In der Ware Arbeitskraft wie im kapitalistischen Produktionsmittel nimmt also das Verhältnis von notwendiger und zusätzlicher Arbeitszeit und dessen Produktivität Gestalt an. Die vorliegende Arbeit wird am Ende noch genauer darauf zurückkommen, auf welche Weise die lebendige Arbeitszeit aufseiten des Kapitals

Des Weiteren wäre darauf einzugehen, dass die Schranken der Verwertung nicht einfach durch ihre Produktivkraft gesetzt werden und auf quantitative Weise im Geld währen. Vielmehr ermittelt das Geld im Zuge der Realisierung der Waren aus den beiden Bestandteilen der Verwertung die für die weitere Verwertung notwendigen *Durchschnittsgrößen*. Aus der lebendigen Arbeitszeit ermittelt es die „gesellschaftlich notwendige Durchschnittsarbeitszeit"; aus der toten Arbeitszeit bildet es eine „allgemeine Profitrate" und ermittelt für die Profite ebenfalls Durchschnittsgrößen.[203] Das Bestimmen der Schranken der Verwertung liegt mithin im Ermitteln von Durchschnittsgrößen und im Bilden einer allgemeinen Profitrate; darauf wird im letzten Abschnitt dieser Arbeit, wenn es um die Ökonomie der Zeit geht, noch einmal eingegangen. Die gesamten bisherigen Ausführungen reichen aber aus, um gegen Lukács' Idee einer bewussten Anwendung der Produktivkraft der Arbeit zu zeigen, warum diese produktive Kraft nicht wie eine positive Eigenschaft zur Verfügung steht, weder der Ware Arbeitskraft noch dem Kapital noch sonst irgendeiner gesellschaftlichen Instanz, und warum auch das Geld derselben Produktivkraft, die es realisiert und der es Form gibt, unterzogen werden muss. Die Arbeit wird nur zu einer produktiven Kraft, wenn die lebendige Arbeitszeit durch ihre im Kapital akkumulierte Vergangenheit ein zeitliches Verhältnis eingeht; in ihm müssen Arbeit und Kapital eine Variable und eine Konstante bilden; und dabei muss die Variable die Steigerung ihrer produktiven Kraft von ihrer in den kapitalistischen Produktionsmitteln und -bedingungen vergegenständlichten und akkumulierten Vergangenheit erhalten. Auch die geschichtliche Dimension der Zeit ist in diesem Verhältnis zu suchen, insbesondere in der Steigerung der Produktivkraft der Ware Arbeitskraft, mithin im Überwinden derjenigen Schranken, die sich aus dem Verhältnis von toter und lebendiger sowie notwendiger und zusätzlicher Arbeitszeit ergeben.

Wie immer die Steigerung der Produktivkraft und die Produktion einer zeitlichen Variablen aussehen – wichtig für die Kritik an Lukács' Idee, der zufolge die Ware Arbeitskraft durch ein kollektives Selbstbewusstsein in die bewusste Produktion der eigenen Geschichte müsste eintreten können, ist, dass die geschichtliche Dimension der Zeit nicht eintritt ohne das Selbstverhältnis, das die Arbeit mit ihrer eigenen, aber entfremdeten Vergangenheit eingeht. Letztlich ist die geschichtliche Dimension der

---

durch ihre eigene Vergangenheit beherrscht wird und von ihr her ihre produktive Kraft erhält. Das Wesentliche für Marx' Arbeitsbegriff lässt sich aber bereits festhalten: Indem Marx das Verhältnis von Arbeit und Kapital als einen produktiven Prozess zwischen lebendiger Arbeit und ihrer eigenen Vergangenheit entwickelt, kündigt sich bereits an, dass die Arbeit der Ware Arbeitskraft im Übertragen, Bewahren und Verwerten ihrer aufseiten des Kapitals in-Wert-gesetzten Vergangenheit liegt sowie im Zusetzen zukünftiger Vergangenheit und dadurch ist die Arbeit irreduzibel ist auf ihren körperlichen, geistigen oder immateriellen Inhalt. So sehr die Arbeit des Übertragens und Bewahrens vergangener Werte und des Zusetzen zukünftiger Vergangenheit von allem körperlichen, geistigen und immateriellen Inhalt zu unterscheiden ist, so sehr entspricht sie Hegels geistig-ideeller Bestimmung der Arbeit. Vor allem die Verschränkung, dass die lebendige Arbeit dasselbe Kapital, durch das sie verwertet wird, auch produziert hat und reproduzieren muss, entspricht dem Wesen der Arbeit des Geistes, denn auch der Geist kommt von seinen Entäußerungen her wieder auf sich zurück und tritt durch seine Vergangenheit in ein produktives Selbstverhältnis ein.
203 Zur Durchschnittsarbeitszeit vgl. *Kapital I*, S. 53; zur allgemeinen Profitrate *Kapital III*, S. 164–209.

Zeit der Steigerung der Produktivkraft der Arbeit durch das Kapital geschuldet, und dieses Verwertungsverhältnis samt seiner produktiven Kraft sowie der geschichtlichen Dimension, die der Fortschritt der Produktivkraft mit sich bringt, ist nicht nur ein zeitliches Selbstverhältnis, das spezifisch ist allein für die kapitalistische Produktionsweise, das zeitliche Selbstverhältnis bleibt auch denselben Gestalten, in denen es in Kraft ist, unverfügbar. Diese Unverfügbarkeit des produktiven Umgangs mit der Zeit lässt sich gegen Lukács' Idee richten, dass die produktive Kraft durch das Selbstbewusstsein in der Produktivkraft schlechthin, im Proletariat, identifiziert und für eine andere Gesellschaft bewusst angewandt werden könnte. Mit Marx lässt sich gegen Lukács' emphatischen Begriff des Selbstbewusstseins und gegen seine Idee des Kommunismus einwenden, dass Arbeit und Kapital in gegenseitige Abhängigkeit geraten müssen, damit sie hinter ihrem Rücken genau diejenige produktive Kraft erhalten, deren positive Gestalt sie wiederum annehmen. Zudem lösen sie ihre produktive Kraft nicht in der Zeit ein, ohne dass sie mit derselben Zeit, in die sie wie in die eigene Geschichte eintreten und in der sie sich bewegen, auf produktive Weise umgehen müssen, und ohne dass die Steigerung der Produktivkraft auch eine Art Fortschreiten dieser Verwertungsverhältnisse mit sich bringt. Für dieses Eintreten in die eigene Geschichte *müssen* sie sich in gegenseitige Abhängigkeit begeben, sie *müssen* sich ununterbrochen gegenseitig verwerten und dadurch praktisch bewähren und darüber ihre Verwertungsverhältnisse auf denjenigen Fortschritt ausrichten, der aus der produktiven Kraft ihres gemeinsamen Verhältnisses resultiert: Nur dadurch kann die Zeit dasjenige Selbstverhältnis eingehen, das Arbeit und Kapital gleichsam zur eigenen Geschichte wird. Und schließlich hängt die produktive Kraft der Arbeit nicht nur von ihrer im Kapital vergegenständlichten Vergangenheit ab, die produktive Kraft der Verwertung von Arbeit und Kapital kann auch nur vom Geld realisiert und eingelöst werden. Nur im Geld kann der produktive Umgang mit der Zeit durch ihre beiden Klassen, durch tote und lebendige Arbeitszeit, die gestaltlose Gestalt reiner Werte annehmen und einerseits zeitlos gehalten und andererseits in jede Gestalt verwandelt werden.

Auch wenn sich also in den Begriffen der KdpÖ die produktive Kraft materialistischer fassen lässt als in den Begriffen einer Phänomenologie des Geistes, und auch wenn sich philosophische Kategorien wie Herrschaft und Knechtschaft und Selbstbewusstsein durch die Kategorien tote und lebendige Arbeit sowie Geld spezifisch kapitalistisch ‚vergesellschaften' lassen, genau wie Lukács das für Marx beansprucht, so ergibt diese Vergesellschaftung doch keine Überwindung oder Aufhebung des Geistes. Im Gegenteil, es sind eher die Negativität und die Unverfügbarkeit des Geistes und des Absoluten, die vergesellschaftet werden.

Phänomenologie als In-sich-Übergehen des Geistes bzw. der Gesellschaft
und die beiden Gestalten des Übergangs
Die spezifisch kapitalistische Bestimmung der Produktivkraft der Arbeit sowie ihre Unverfügbarkeit schließen die Kritik an Lukács' Idee ab, die kapitalistische Gesellschaft durch das Selbstbewusstsein der Produktivkraft kommunistisch zu

revolutionieren. Die Kritik wurde entlang der drei Geldfunktionen in drei Schritte auseinandergelegt. Im ersten Schritt wurde gezeigt, dass die Arbeit nur durch eine universelle, ideell-übersinnliche Werteinheit in ein Verhältnis gesellschaftlicher Totalität gesetzt und zur identischen Qualität werden kann. Für diese ideell-übersinnliche, maßgebliche Werteinheit steht die erste Funktion des Geldes als Maß des Werts; in seiner zweiten Funktion als Tauschmittel realisiert es die ideelle Einheit im Verhältnis der Resultate der Arbeit, im Wertverhältnis der Waren, und bildet dadurch die rein gesellschaftliche Substanz der abstrakten Arbeit. Der zweite Schritt hat dann gezeigt, dass das Geld die gesellschaftliche Bestimmung der Arbeit nicht wie eine objektiv vorhandene Substanz trifft, sondern dass es sie durch bestimmte Unterscheidungen trifft, vor allem durch die ‚Scheidung' der abstrakten von der konkreten Arbeit, die es vermittelst jener Realisierung des Wertverhältnisses der Waren durchführt. Doch so sehr das Geld durch diese Scheidung die gesellschaftliche Bestimmung der Arbeit und ihrer Resultate realisiert (und durch die Form der Realisierung der Waren die Substanz ihres gesellschaftlichen Verhältnisses bildet), so sehr entzieht sich die Bestimmung und nimmt im Geld eine selbständige und rein quantitative Identität an. Der dritte Schritt hat nun gezeigt, dass die lebendige Arbeit in ein produktives Verhältnis mit ihrer im Kapital akkumulierten Vergangenheit eintritt, dass aber dieses Eintreten in die Kapitalbewegung des Geldes fallen muss – die produktive Kraft von lebendiger und toter Arbeitszeit bleibt nur erhalten, wenn das Geld ihre Resultate nicht nur in Werte umwandelt und dadurch die produktive Kraft quantitativ einlöst und währen lässt, sondern wenn das Geld sich auch wieder in die beiden Verwertungsbestandteile zurückverwandelt und den realisierten Wert wieder in die Verwertung eingehen lässt.

So gesehen, ist Marx' Kritik des Kapitalismus ‚nur' eine Darstellung derjenigen produktiven Kraft, die sich aus der Verwertung von Arbeit und Kapital ergibt. Er stellt die produktive Kraft der Verwertung dar, indem er die Funktionen des Geldes entwickelt und zeigt, auf welche Weise das Geld für die kapitalistische Gesellschaft diese produktive Kraft realisiert und durch Werte darstellt. In der Entwicklung des Geldes löst Marx, im Zuge der Entwicklung die ökonomischen Reproduktionskreisläufe durch alle ihre Gestalten verfolgend und sie in die Verwertung von toter und lebendiger Arbeitszeit auflösend, auch die spekulative Identität ein, dass Arbeit Kapital *ist*. Er zeigt, dass die spekulative Identität von toter und lebendiger Arbeitszeit, welche Gestalt sie auch immer annimmt, durch das Geld *in* die Zeit fallen und einerseits in den quantitativen Bestimmungen des Geldes zeitlos währen und andererseits in seinen ökonomischen Kreisläufen weiterleben muss. Die Verwertung von toter und lebendiger Arbeit bildet mithin einerseits die spekulative Identität all der Gestalten der kapitalistischen Ökonomie, andererseits aber entzieht sie sich in die quantitative Realität des Geldes – das ist Marx' Version einer Vergesellschaftung der „Phänomenologie des Geistes".

Es ist dieser Entzug der spekulativen Identität von Arbeit und Kapital sowie der Entzug der produktiven Kraft ihrer Verwertung in die gestaltlose Gestalt des Werts, die überhaupt erst eine „Kritik durch Darstellung et vice versa" (Marx) notwendig werden lässt. Um die spekulative Identität von Arbeit und Kapital und ihre produktive Kraft überhaupt darstellen zu können, muss Marx sie einerseits in all die phänomenologischen Gestalten der kapitalistischen Gesellschaft auseinanderlegen und ihnen Raum geben, nicht anders als Hegel, der ebenfalls der produktiven Kraft und der spekulativen Identität eines absoluten Geistes in den Gestalten einer Phänomenologie Raum geben muss. Genau genommen zeigen beide, dass es die ebenso negative wie produktive Kraft selbst ist, die unmittelbar Gestalt annehmen und sich durch diese Unmittelbarkeit darstellen und Raum geben muss. Hier wie dort liegt der kritische Gehalt der Darstellung darin zu zeigen, dass sich die produktive Kraft denselben Gestalten, in denen sie sich raum-zeitlich einlöst und zur Erscheinung kommt, entzieht – aber gerade dadurch nichts weniger bildet als die spekulative Identität eines absoluten Geistes bzw. der kapitalistischen Gesellschaft.

Dieser Entzug bildet nicht nur die Identität des Geistes und der kapitalistischen Gesellschaft, er lässt auch ein *geschichtliches* Werden zurück. In der *PhdG* gehen alle Phänomene als Gestalten ein und desselben Geistes über, aber während der Geist im In-sich-Übergehen, gehemmt in die Gestalten seines Werdens, sich bildet und (s)ein zeitliches Selbstverhältnis entwickelt, entzieht er sich zugleich in die Geschichte seines Werdens. Analog dazu werden auch alle Resultate der Verwertung durch das Geld in Momente ein und desselben Wertverhältnisses umgewandelt und gehen, während die gesellschaftliche Totalität in den Waren gehemmt ist in die Gestalten des Werdens, als Werte über; aber auch hier entzieht sich das Übergehen, gleich dem Geist, in das geschichtliche Werden. In diesem Entzug setzt die Verwertung, wenn auch keine Geschichte des Geistes, so doch die produktive Kraft des Verhältnisses von vergangener und gegenwärtiger Arbeitszeit durch und bildet das zeitliche Selbstverhältnis der kapitalistischen Gesellschaft.

Hegels *PhdG* und Marx' *Kapital* ist zudem gemeinsam, dass für dieses Übergehen und für diese Geschichte im Singular – sei es für die Geschichte des Geistes oder der Gesellschaft – eine eigenständige Gestalt da ist. Bei Hegel ist ein überindividuell gefasstes Selbstbewusstsein die Gestalt, die für das Übergehen zwischen Verstand und Vernunft steht; bei Marx ist es das Geld, das für das Übergehen der Resultate der Verwertung als Werte steht und insofern anstelle eines überindividuellen Selbstbewusstseins der Gesellschaft da ist. Selbstbewusstsein und Geld sind die Gestalt des Übergangs schlechthin und werden dadurch selbst zu einer Art verschwindender Vermittler zwischen Idealität und Realität: Das Selbstbewusstsein wandelt Verstand und Vernunft so ineinander um, dass der Verstand sich zur Realität einer Vernunft bringt, die seine eigene und ihm doch fremd, unverfügbar und überindividuell ist; das Geld wandelt die Resultate von toter und lebendiger Arbeitszeit in Werte um und legt die realisierten Werte erneut in die Bestandteile ihrer Herkunft aus, in die Verwertung von Arbeit und Kapital, sodass deren Produktivkraft durch Werte im Geld und in dessen Kapitalkreislauf umgeht wie ein unverfügbarer, überindividueller Geist.

Die Analogie zwischen dem ideellen In-sich-Übergehen des Geistes und dem In-sich-Übergehen der Gesellschaft durch Werte lässt sich somit an den beiden Gestalten des Übergangs festmachen. Der KdpÖ zufolge ist nicht das Selbstbewusstsein, aber das Geld der ‚Ort', an dem die produktive Kraft des Verhältnisses von gegenwärtiger und vergangener Arbeitszeit erschlossen wird und eine selbständige Gestalt annimmt, der Ort, an dem die Produktivkraft, die in diesen zeitlichen Verhältnissen liegt, die rein quantitative, gestaltlose Gestalt endlicher Werte annimmt und im Zuge des Kapitalkreislaufs, analog einem absoluten Geist, gleichsam in ‚ihre' Geschichte eintritt. Auch wenn das Geld nicht für den Übergang zwischen Verstand und Vernunft steht, und auch wenn das Geld nicht den absoluten Geist einlöst, so wandelt es doch alle Resultate dieses Verhältnisses in Werte um und lässt ihr rein quantitatives Übergehen zur Identität der Gesellschaft werden. So hat die kapitalistische Gesellschaft eine selbständige, universelle Gestalt für sich, durch die alle ihre Gestalten zwar nicht als Momente desselben Geistes, aber als Werte derselben Identität übergehen und eine gemeinsame Phänomenologie und eine gemeinsame Geschichte bilden können.

Es gibt somit durch das Geld eine Identifikation, die so rational ist, wie Lukács das vom Selbst- und Totalitätsbewusstsein der Ware Arbeitskraft erwartet. Sie eröffnet bereits der kapitalistischen Gesellschaft einen produktiven Umgang mit der Zeit und ein Eintreten in eine durch das Verhältnis von toter und lebendiger Arbeitszeit produzierte Geschichte – aber diese Identifikation fällt in die Funktionen des Geldes und entzieht sich in das gestaltlose Währen von Werten. So sehr daher der produktive Umgang der Geldfunktionen mit der Zeit auch eine quantitative Bestimmung annimmt und so sehr die Zeit dadurch unmittelbar im Geld umgeht und übergeht, so sehr bleibt sie ebenso zeitlos wie unverfügbar gehalten. Letztlich tritt die Gesellschaft nur hinterrücks und nur blind und naturwüchsig in ihre Geschichte ein, nur indem das Geld die Zeit ein Selbstverhältnis eingehen lässt.

Diese Gestalt, die das Übergehen der Zeit durch endliche Wertquanta sowie einen produktiven Umgang mit dieser verendlichten Zeit ermöglicht, kommt einem identischen Subjekt-Objekt der Geschichte gleichsam zuvor.

7. Die Unverfügbarkeit der Geschichte.
Die Messung der Verwertung von toter und lebendiger Arbeit durch die Zeit

Um Lukács' Idee, dass die Ware Arbeitskraft qua Selbstbewusstsein zum Totalitätsbewusstsein der Gesellschaft kommen und dadurch ihre produktive Kraft in die Produktion der eigenen Geschichte auslegen kann, um diese Idee einer kommunistischen Revolutionierung des Kapitalismus einer Kritik zu unterziehen, wurde Hegels *PhdG* statt als idealistische Überhöhung des Selbstbewusstseins als dessen Kritik interpretiert. Diese Kritik wurde dann in Analogie zu Marx' ursprünglicher Akkumulation gebracht, die wiederum als Kritik desjenigen Selbstbewusstseins interpretiert werden kann, das die Gesellschaft in der ideellen Werteinheit, für die das Geld steht, für sich hat.

Beide Kritiken wurden gegen Lukács emphatischen Begriff des Selbstbewusstseins gerichtet. Ihre Gemeinsamkeit lag darin, dass das Selbstbewusstsein bei Hegel und das Geld bei Marx für die Unverfügbarkeit einer ebenso negativen wie produktiven Kraft stehen und dieser Kraft zugleich unterworfen und unterzogen sind. Diese Kraft wird bei Hegel als Vernunft und Bildung der Gestalten des Geistes gefasst, bei Marx dagegen als Verwertung und Bildung eines rein gesellschaftlichen Reichtums. Zwar löst sich auch bei Marx die ebenso negative wie produktive Kraft in einen produktiven Umgang mit der Zeit sowie in die Geschichte auf, allerdings nimmt in der Ökonomie der Zeit weder eine Vernunft Gestalt an, wie bei Hegel, noch könnte sie die Idee des Kommunismus in dem von Lukács vorgesehenen Sinne erfüllen.

Zum Abschluss gilt es zu zeigen, dass zwar beide, Hegel und Marx, in den Phänomenen des Geistes bzw. in den Phänomenen der kapitalistischen Gesellschaft die Unverfügbarkeit einer ebenso negativen wie produktiven Kraft durchsichtig machen, dass aber nur bei Marx diese produktive Kraft eine Gestalt annimmt, die nicht nur von allen empirischen Gestalten gereinigt ist, sondern die auch vom absoluten Geist und von der Vernunft gleichsam bereinigt ist und die zudem *als* Negativität positiv zur Erscheinung kommt, nämlich in den quantitativen Bestimmungen des Geldes. Dafür gilt es zunächst die *Qualität der Negativität* zu betrachten. Es gilt die Qualität einer Negativität näher zu betrachten, die in der *PhdG* nichts weniger als das *Identische* aller Erscheinungen und Gestalten bildet und ihr Entstehen und Vergehen in der Gestalt der Identität schlechthin einlöst, im absoluten Geist. Anschließend wird zu zeigen sein, dass für eine solche absolute Qualität, dass für diese Realität des übersinnlich-ideellen Übergehens nicht Selbstbewusstsein und Geist, sondern die Maßfunktion des Geldes und sein Selbstbezug als Kapital die passenden Gestalten sind.

7.1 Negativität als Identität des Geistes und der kapitalistischen Gesellschaft und die beiden Gestalten ihrer Realisierung: Selbstbewusstsein und Geld

Fassen wir noch einmal die Notwendigkeit einer Phänomenologie zusammen! Hegels *PhdG* gibt einer Negativität Raum, deren produktive Kraft allein darin besteht, Gestalt annehmen zu *müssen*, damit sie *als* Negativität existiert. Die produktive Kraft der Negativität existiert allein darin, Gestalt anzunehmen und sich zu *bilden* – aber gerade dadurch sich als Negativität ebenso zu entziehen wie identisch zu halten und allen Gestalten gegenüber gleichgültig zu bleiben gleich einer unverfügbaren Macht. Diese Negativität, obwohl sie an-sich nichts ist und vollkommen gestaltlos bleibt, löst nichts weniger als die Identität all der Gestalten des Absoluten ein, von Hegel bestimmt als absoluter Geist.

Hegel eröffnet diese Negativität am Anfang der *PhdG* mit demjenigen Unterschied, durch den das Bewusstsein seiner selbst bewusst wird: Das Bewusstsein tritt überhaupt erst ein, indem es von seiner Entfremdung her auf sich zurückkommt. Anschließend wird das Selbstbewusstsein der absoluten Negativität eines Todes ausgesetzt, durch den das Selbstbewusstsein mit sich, aber in Gestalt eines anderen Selbstbewusstseins konfrontiert wird. Der Tod sorgt dafür, dass beide Selbstbewusstseine sich in unterschiedlicher Stellung abkehren und einer Ökonomie der Arbeit und Aneignung zuwenden. In der produktiven Kraft dieses Verhältnisses bleibt die Negativität des Todes als das Abwesende anwesend und nimmt in Herr und Knecht Gestalt an, und zwar so, dass sich die Negativität in der inneren Spaltung jedes Selbstbewusstseins als Notwendigkeit äußert, das gemeinsame Verhältnis durch Arbeit und Aneignung praktisch teilen und zugleich erst eingehen und bilden zu müssen.

Die Negativität, die durch die Entfremdung und durch die innere Spaltung eröffnet wird, nimmt im Selbstbewusstsein die Gestalt eines Übergangs schlechthin oder nur als solche an, d. h. auch das Selbstbewusstsein *ist* nur ein Übergehen (oder ist nur *im* Übergehen) und verschwindet in der Vermittlung. Es ist selbst absolut negativ darin, den Verstand durch eine Kraft, die seine eigene ist, zu einer Vernunft zu bringen, die ebenfalls seine eigene und ihm doch überindividuell und unverfügbar gegenübertritt. Kurz, der Verstand kommt durch das Selbstbewusstsein von seiner Überwindung her auf sich zurück, und er erfährt dadurch eine Vernunft, die überindividuell ist und ihm nicht allein gehört. Im Darstellungsgang der *PhdG* kommt der Verstand durch das Selbstbewusstsein sogar dreifach einerseits auf sich zurück und tritt andererseits in eine Vernunft ein, die überindividuell ist. Zuerst in einer Entfremdung, durch die das einzelne Bewusstsein allererst eintritt; zweitens dann in einem Kampf, durch den in Gestalt eines anderen Selbstbewusstseins eine äußere Auseinandersetzung und zugleich eine innere Spaltung eintritt und beides sich in der gemeinsamen Abhängigkeit von Arbeit und Aneignung äußert; und drittens, indem in dieser Abhängigkeit die absolute Negativität des Todes in Kraft ist und in Herr und Knecht die Gestalten seiner eigenen Verdrängung annimmt. Vereinfacht zusammengefasst, ist die Negativität zuerst in Kraft in Gestalt eines Selbstbewusstseins, das zum Maß zwischen Bewusstsein und Gegenstand wird, mithin zum Maß einer objektiven Erkenntnis durch die Erfahrung; sodann nimmt die Negativität im Selbstbewusstsein von Herr und Knecht Gestalt an und ist in ihrer gegenseitigen Abhängigkeit von Arbeit und Aneignung sowie in ihrer Ökonomie der praktischen Verdrängung des Todes in Kraft.

Auch im Geld ist eine Negativität in Kraft, die darin besteht, alle Gestalten der Gesellschaft umzuwandeln und als Werte übergehen zu lassen. Analog dem Selbstbewusstsein löst dadurch auch das Geld auf dreifache Weise, nämlich durch seine drei Bestimmungen, eine produktive Kraft so ein, dass diese Kraft zugleich entzogen ist und unverfügbar bleibt wie ein absoluter Geist. Die Negativität nimmt zuerst Gestalt an, indem eine beliebige ausgesonderte Ware für eine rein negative, ideell-übersinnliche Werteinheit steht und zur Geldware wird; das ergibt die erste Geldbestimmung als Maß des Werts. In seiner zweiten Bestimmung als Tauschmittel löst dasselbe Geld diese nur negativ vorhandene, ideelle Werteinheit im Wertverhältnis der Waren praktisch ein und wird dadurch zur Gestalt ihres Übergehens als Werte und zum verschwindenden Vermittler. „Gestalt des Übergehens" heißt im Fall der zweiten Funktion des Geldes, dass es zur Realität des Übergehens der Waren als rein quantitativer Werte wird und so der negativ-ideellen Werteinheit *Form gibt*, die Form des Austauschens und Zirkulierens der Waren als Werte; dadurch wird die Negativität der Werteinheit einerseits unmittelbar im Verhältnis der Waren eingelöst und nimmt andererseits im Geld die gestaltlose Gestalt quantitativer Werte an. Diese Realisierung einer ideellen Einheit im gesellschaftlichen Verhältnis der Waren (oder *als* Verhältnis) durch die Maß- und Tauschmittelfunktion des Geldes wurde anschließend in die ursprüngliche Akkumulation zurückgenommen. Durch sie stellt Marx nämlich heraus, dass das Geld durch die Umwandlung der Waren als Werte diejenige produktive Kraft wiedergibt, die sich aus der Freisetzung von Arbeit und Kapital ergibt. Die Freisetzung äußert sich im Innern der Arbeit und im Innern des Kapitals als Notwendigkeit ihrer gegenseitigen Verwertung und entspricht der Freisetzung zweier Klassen derselben Zeit; einer Zeit, die in der Verwertung von toter und lebendiger Arbeitszeit zwar unmittelbar in Kraft ist, die aber ein Selbstverhältnis eingeht, das sich ihnen entzieht: Die produktive Kraft der Verwertung muss zunächst in die Waren entäußert und endlich werden; die Waren müssen wiederum durch das Geld quantitativ realisiert werden; und durch den Kapitalkreislauf des Geldes muss die realisierte Verwertung schließlich wieder auf sich zurückkommen. So bleibt die Verwertung zwar durch die Geldfunktionen und -kreisläufe in Kraft, und doch wird sie entzogen in die übersinnliche Realität reiner Werte und eine Ökonomie des Übergehens, des Übertragens und des Vermehrens von Werten.

In der Zusammenfassung werden die entscheidenden Unterschiede zwischen der Negativität in der *PhdG* und in der KdpÖ deutlich. Bei Hegel geht in allen Phänomenen die Negativität einer ideell-übersinnlichen *Vernunft* über; entsprechend wird das Übergehen letztlich als Identität des Geistes und seiner Geschichte bestimmt, und die universelle Gestalt des Übergangs schlechthin ist ein Selbstbewusstsein, das Verstand und Vernunft so umwandelt, dass der Verstand zu seiner eigenen, aber überindividuellen Vernunft kommt und in dieser Überindividualität einen absoluten Geist einlöst. Bei Marx nimmt die Negativität dagegen die gestaltlose Identität reiner *Werte* an, und die Gestalt des Übergangs schlechthin ist ein Geld, durch das die produktive Kraft der Verwertung von Arbeit und Kapital in Werte umgewandelt wird und rein quantitativ übergeht und dadurch die Identität der Gesellschaft bildet. Obwohl der Wert im Geld so übersinnlich und so ideell ist wie die Vernunft bei Hegel, kommt im Geld keine Vernunft zur Erscheinung, sondern im Geld wird das Verwerten von toter und lebendiger Arbeitszeit quantitativ in Wert gesetzt; ihre produktive Kraft währt durch das Übergehen ihrer Resultate als Werte fort, und ihre produktive Kraft lebt weiter in den quantitativen Bestimmungen des Geldes sowie in seinem Kapitalkreislauf. Indem das Geld dem Wert Gestalt gibt, wird die ebenso negative wie produktive Kraft der Verwertung zwar ebenfalls zum Identischen aller Erscheinungen, insofern scheint auch hier eine überindividuell-ideelle und unverfügbare Identität da zu sein. Aber sie ist kein Geist, der sich im Übergehen aller Erscheinungen selbst identifiziert und dadurch die Realität des Ideell-Gestaltlosen begründet, sondern durch das Geld muss es scheinen, als würden all die Gestalten der Gesellschaft auf bewusstlose Weise durch gestaltlose Werte in-sich übergehen und dadurch die produktive Kraft von toter und lebendiger Arbeitszeit realisieren. Ja, es scheint sogar, als würden sich die Gestalten, indem sie unmittelbar im Geld als Werte übergehen und das Geld zur Gestalt des Übergangs schlechthin werden lassen, gegenseitig erkennen und anerkennen und identifizieren.

Mit diesem Einlösen der Identität der Gesellschaft kommt das Geld, wie oben schon gesagt, demjenigen „identischen Subjekt-Objekt der Geschichte" gleichsam zuvor, das Lukács im Selbstbewusstsein der Ware Arbeitskraft entdeckt zu haben meint. Das Geld kommt damit auch der von Lukács beanspruchten Vergesellschaftung des Weltgeistes zuvor. Dieses doppelte Zuvorkommen wird noch deutlicher, wenn betrachtet wird, wie lebendige und tote Arbeit durch das Geld nicht nur blind-naturwüchsig und hinterrücks in ein zeitliches Selbstverhältnis eintreten, sondern wie dadurch die kapitalistische Gesellschaft in ihrer Totalität in die eigene Geschichte eintritt. Das Eintreten ist wörtlich zu nehmen: Das Geld sorgt als Gestalt des Übergangs schlechthin auch dafür, dass die Zeit in die Gesellschaft eintritt, denn indem die Zeit durch endliche Werte auf bestimmte Weise durch das Geld übertragen wird und übergehen kann, führt das Geld zu einem produktiven Umgang mit der Zeit und einem geschichtlichen Werden.

7.2 Geld als Übergang der Zeit

Das Geld kann die gesellschaftliche Totalität realisieren und das kann in Analogie zum absoluten Geist gebracht werden, weil das Geld die kapitalistische Gesellschaft schlicht ihrer eigenen Identität aussetzt. „Ihrer eigenen Identität" heißt, dass die Verwertung in der Vermittlung ihrer Resultate durch das Geld an immer ein und dieselbe ideelle Werteinheit wie an eine ideelle Identität gehalten wird; diese ideelle Identität wird dann zur quantitativen Realität des Verhältnisses der Waren. Indem das Geld immer ein und dieselbe Werteinheit zur Realisierung der Resultate der Verwertung in Anspruch nimmt, wird nicht nur mit einer ideellen Identität gerechnet, es wird auch mit der Identität der Zeit gerechnet. Durch die Werteinheit ist die Gesellschaft einerseits einer abstrakt-unveränderlichen, zeitlosen, toten Zeit ausgesetzt, andererseits wird gerade dadurch erst die produktive Kraft der Verwertung von toter und lebendiger Arbeitszeit messbar, ganz so, als würde die Gesellschaft die produktive Kraft dieser Verwertung durch die Identität jener zeitlos-abstrakten Zeit registrieren und dadurch die eigene Veränderung *in* der Zeit für sich realisieren.

Das „Aussetzen der Zeit" ist daher doppelt zu verstehen.[204] Es heißt zum einen, dass das Geld mit der maßgeblichen Werteinheit auch die Zeit identisch hält; die Zeit wird

---

[204] Eine der wenigen Arbeiten, die den Zusammenhang von Zeit und Geld sowohl in Hegels als auch in Marx' Dialektik untersucht, stammt von Hans-Dieter Bahr: Zur Dialektik von Zeit und Geld. Anmerkungen zu einem Zeitbegriff Hegels. In: *Hegel-Jahrbuch* 1975, S. 463–468. Allerdings nimmt Bahr hier eine problematische Gegenüberstellung auf, die sich u. a. bei Lukács, aber auch bei Heidegger und später bei Adorno findet. Es ist die Gegenüberstellung einer toten Zeit im Sinne einer formal-abstrakten,

also ausgesetzt im Sinne des Identisch-Haltens einer wiederum genau deshalb maßgeblichen Werteinheit. Zum anderen ist die Verwertung der Messung durch diese Einheit ausgesetzt, und mit ihr ist sie der Messung durch immer ein und dieselbe Zeit ausgesetzt. Ihre Resultate teilen diese Zeit auf endliche, rein quantitative Weise, und diese endlichen Werte sorgen wiederum dafür, dass die produktive Kraft auf bestimmte Weise in der Zeit zugleich zeit-los gehalten ist.

Wenn das Geld für eine maßgebliche Werteinheit da ist, so steht es also einerseits für die Identität einer unbestimmten, abstrakten und leeren Zeit; es steht für eine Zeit, die ohne Messung der Verwertung auch ohne endliche Bestimmung bleibt und nichtig ist. Andererseits wird das Geld durch eben diese Messung der Verwertung von lebendiger und toter Arbeit stets quantitativ in eine endliche Bestimmung gesetzt und begrenzt; entsprechend hält es jene zeitlose Zeit beständig auf diese quantitativ-begrenzte Weise ‚auf' und lässt sie innerhalb der Ökonomie durch das Übergehen endlicher Werte auf eine bestimmte Weise währen und anwesend sein.

Wenn oben daher gesagt wurde, dass das Geld die Gestalt des Übergangs *schlechthin* ist, so kann nun präzisiert werden, dass es diese Gestalt des Übergehens ist, weil es das Übergehen der Zeit in der gestaltlosen Gestalt endlicher Werte realisiert. Genau genommen, realisiert es den Übergang zwischen der Zeit*losigkeit* der Zeit und ihrer je *endlichen* Bestimmung; es steht am Übergang zwischen einerseits der absoluten Negativität einer Zeit, die selbst zeitlos ist und darin ihre Identität *als* Zeit hat, und andererseits der je endlichen Gestalt dieser Zeit in Form ihres Übergehens durch bestimmte Werte.

Dieser Übergang unterscheidet auch seine beiden ersten Funktionen. So wird durch das Ausschließen einer Geldware mit der ideell-übersinnlichen, von allem empirischen Dasein abgelösten Werteinheit diejenige Identität in Anspruch genommen, die zeitlos bleibt und dadurch für die Identität der Zeit steht, aber diese Zeit tritt nur in die Gesellschaft ein, wenn die ideelle Werteinheit durch die Tauschmittelfunktion für die Realisierung der Resultate der Verwertung in Anspruch genommen wird und die Resultate in Werte umwandelt. Aufgrund der Realisierung der ideellen Einheit ist dann auch die Zeit auf eine bestimmte, endlich-quantitative Weise einerseits im Wertverhältnis der Waren anwesend, andererseits im Geld rein quantitativ in Kraft. So befindet sich das Geld durch seine beiden Funktionen genau zwischen einer ideellen Werteinheit, die es als Maß für die Verwertung in Anspruch nimmt, und der Verendlichung dieser Einheit durch die Realisierung der Resultate Verwertung. Es steht zwischen der absolut negativen Identität einer von allem empirischen Dasein abgelösten, übersinnlich-ideellen und unbestimmten Zeit, die aber durch die Messung der Verwertung je quantitativ bestimmt wird, insofern endlich begrenzt eintritt und unmittelbar in ihm, im Geld, anwesend ist. Es scheidet die beiden Zeiten aber nicht so, als wären

spezifisch bürgerlich-kapitalistischen Zeit und einer Zeit, die es erst noch zu entbinden gilt und die qualitativ-bestimmte, konkret-gebrauchswertige und lebendige Zeit (bei Heidegger „eigentliche" im Sinne von sich ereignender Zeit) sein soll; auch darauf wird im V. Abschnitt über die Ökonomie der Zeit zurückzukommen sein.

die zeitlose Zeit und ihre endliche Begrenzung zwei unterschiedliche Welten. Das Geld *ist* das Übergehen der zeitlosen Zeit *als* endlicher, quantitativ begrenzter Zeit; es gibt dem Wesen einer Zeit Gestalt, die in ihm auf endliche, quantitative Weise ‚west' und doch zeitlos gehalten ist.

Weil das Geld als Maß des Werts für die zeitlose Identität der Zeit steht, wird diese Zeit, gleich dem Tod, der letzte, unbedingte Bezugspunkt einer Ökonomie, die durch ihren Bezug auf das Maß der Zeit auf sich zurückgeworfen ist und durch die Zeit ein Selbstverhältnis eingehen muss. Sie ist auf jenes Selbstverhältnis zurückgeworfen, das lebendige und tote Arbeitszeit in Gestalt von Arbeit und Kapital eingehen und in den Waren verendlichen müssen. So wie das Selbstbewusstsein im Kampf mit seinesgleichen sich angesichts des Todes, des letzten gemeinsamen Bezugspunktes der beiden Selbstbewusstseine, dadurch selbst beherrscht, dass es sich in die Abhängigkeit von Arbeit und Aneignung stürzt, so muss auch die lebendige Arbeit in Bezug auf das Maß der zeitlosen Zeit sich selbst beherrschen, indem sie sich in die Abhängigkeit von der Verwertung durch ihre eigene Vergangenheit begibt. Durch seine bloße Anwesenheit setzt das Geld die Arbeit ihrem Leben *und* ihrem Tod aus, denn es setzt die lebendige Arbeit der Messung desjenigen Verhältnisses aus, das sie mit der im Kapital akkumulierten toten Arbeitszeit eingeht. Es setzt das Verhältnis nicht nur der Messung durch ein und dieselbe Zeit aus, diese Zeit wird durch die Messung für das gemessene Verhältnis auch maßgeblich, denn das realisierte Verhältnis bildet die rein quantitativ bestimmte Substanz einer abstrakten Arbeit, die einerseits im Geld zeitlos in Kraft bleibt und andererseits durch das Geld erneut in die Verwertung eingeht und insofern endlos weiterlebt. Während bei Hegel der Tod dazu führt, dass das Selbstbewusstsein in Gestalt eines anderen Selbstbewusstseins mit sich selbst konfrontiert wird und in eine produktive Auseinandersetzung gerät, führt das Maß der Zeit dazu, dass die lebendige Arbeit in Gestalt des Kapitals mit ihrer eigenen akkumulierten Vergangenheit konfrontiert ist und der Notwendigkeit unterzogen wird, sich mit ihr produktiv auseinanderzusetzen.

7.3 Der Ursprung von Arbeit und Kapital aus der Zeit
Durch das Maß der Zeit lässt sich die ursprüngliche Akkumulation zum Abschluss noch ‚ursprünglicher' fassen. Die ursprüngliche Akkumulation wurde zuerst als Freisetzung und Verwertung von Arbeit und Kapital bestimmt. Anschließend wurde gezeigt, dass die Verwertung von toter und lebendiger Arbeitszeit in Kraft bleibt, indem sie in den Waren endlich und im Geld quantitativ realisiert wird und in seinem Kapitalkreislauf erhalten bleibt und (fort-)währt. Das Währen wurde zuletzt an der Messung der Verwertung durch immer ein und dieselbe Zeit festgemacht; die Identität der Zeit ist der ‚letzte' gemeinsame Bezugspunkt von lebendiger und toter Arbeit und Maß der Produktivkraft ihrer Verwertung.
Die Maßgeblichkeit der Zeit muss für die Verwertung in logischer, aber auch in geschichtlicher Hinsicht noch ursprünglicher als ihre Freisetzung sein. Die Identität

einer zeitlosen Zeit muss gleichsam schon vor der ursprünglichen Akkumulation *für* das Freisetzen von Arbeit und Kapital in Anspruch genommen worden sein, damit sie für ihr gemeinsames Verhältnis maßgeblich wird und die spekulative Identität ihrer Trennung ausmacht; jener Trennung, die sich fortan in der Notwendigkeit gegenseitiger Verwertung äußert. Logisch wie historisch gesehen, muss diese Zeit vom Geld bereits in Anspruch genommen worden sein, bevor eine ursprüngliche Akkumulation überhaupt damit beginnen kann, Arbeit und Kapital sowohl freizusetzen als auch als Getrennte und Selbständige ins Verhältnis zu setzen, denn nur wenn beide durch das Geld und seine Funktionen auf ganz praktische Weise an immer ein und dieselbe Zeit gehalten werden, sodass die Zeit das gemeinsame Maß für die produktive Kraft ihres Verhältnisses wird, nur dann kann die Arbeit *in* die Zeit eintreten und ein Verhältnis mit ihrer eigenen Vergangenheit in Gestalt des Kapitals eingehen.

Auch Marx muss für seine Bestimmung einer ursprünglichen Akkumulation die Zeit als das gemeinsame Maß von Arbeit und Kapital schon voraussetzen, auch wenn er nicht explizit darauf eingeht. Nur wenn Marx die Maßgeblichkeit der Zeit der ursprünglichen Akkumulation zugrunde legt, kann er diese ursprüngliche Akkumulation als das Ereignis einer gewaltsamen Trennung der Produzenten von ihren Mitteln bestimmen, mit der Freisetzung von Arbeitskräften einerseits, der Freisetzung großer Geldmengen andererseits, beide der Notwendigkeit ihrer kapitalistischen Bestimmung ausgesetzt, sich als tote und lebendige Arbeitszeit nach Maßgabe der Zeit ins Verhältnis zu setzen – ein Ereignis, das als quantitative Akkumulation und Selbstbegrenzung seitdem im Geld anhält und in seinen quantitativen Bestimmungen und in seinem Kapitalkreislauf (sich be-)währt.

Das Werden des Kapitalismus *in* der Zeit fängt jedenfalls nicht an ohne diese ebenso zeitlose wie maßgebliche Zeit. Marx' ursprüngliche Akkumulation ist daher nicht als Rekonstruktion eines kapitalistischen Anfangs zu lesen, der irgendwann *in* der Geschichte stattgefunden hat (ebenso wie Hegels Kapitel über Herrschaft und Knechtschaft keine geschichtliche Rekonstruktion ist). Die ursprüngliche Akkumulation ist als Anfangen *mit* der Zeit zu lesen. Im Kapitalismus fängt der produktive Umgang mit einer bestimmten Zeit an, nämlich mit einer *un*bestimmten, leeren und abstrakten Zeit, deren Bestimmung darin liegt, maßgeblich zu werden für die Verwertung des Verhältnisses lebendiger und toter Arbeitszeit. D. h. nicht, dass die ursprüngliche Akkumulation ein rein logischer, ungeschichtlicher Anfang ist, dem dann ein geschichtliches Werden durch die Verwertung von toter und lebendiger Arbeitszeit erst entspringt. Aber die ursprüngliche Akkumulation ist wie eine Art Vorgeschichte der Geschichte zu lesen, ähnlich der berühmten Wittgenstein'schen Leiter, mit der zu genau derjenigen Logik aufgestiegen werden muss, die ‚ihre' Leiter erst wegwerfen kann.[205] Und auch diese Vorgeschichte ist keine rein logisch-systematische Begründung des geschichtlichen Werdens vor oder getrennt von demselben. Es geht vielmehr um die Logik einer Verwertung, der zur Bestimmung ihrer Kraft irgendwie und

---

205 Vgl. Ludwig Wittgenstein: *Tractatus logico-philosophicus*. Frankfurt am Main: Suhrkamp 1984, S. 85 (6.54).

durch irgendetwas das Maß der Zeit gegeben werden muss, und eben dieses Geben der Zeit muss vom Geld übernommen werden. Ohne dass das Geld die Zeit für die Messung der produktiven Kraft in Anspruch nimmt, die in der spekulativen Identität von lebendiger und toter Arbeitszeit steckt, kann diese spekulative Identität weder realisiert noch erfahren werden, noch kann sie irgendwo außerhalb des Geldes quantitativ währen und in Kraft bleiben.[206]
Liest man die KdpÖ als Entwicklung der drei Geldfunktionen und ihrer quantitativen Realisierung und Darstellung der Verwertung, und nicht im Sinne von Lukács als Kritik irrationaler Verdinglichung und Entfremdung, dann wird in der ‚Phänomenologie' der kapitalistischen Gesellschaft eine „Ökonomie der Zeit" durchsichtig. „Ökonomie der Zeit, darin löst sich schließlich alle Ökonomie auf"[207], und die Marx'sche Ökonomiekritik besteht im Wesentlichen darin, diese Ökonomie der Zeit in den dinglichen Gestalten der kapitalistischen Gesellschaft und in der kapitalistischen Bestimmung und Bewegung des Geldes lesbar zu machen. Er will insbesondere in all den Gestalten der kapitalistischen Ökonomie die spekulative Identität von lebendiger und toter Arbeitszeit sowie das Drängen der toten Arbeitszeit auf ihre Verwertung durch die lebendige lesbar machen. Diese Darstellung klärt zwar über die kapitalistische Gesellschaft auf, aber nur über die Notwendigkeit ihrer Undurchsichtigkeit. Die Darstellung zeigt, dass in den Phänomenen dieser Gesellschaft die Zeit einerseits nur reflektier-

---

206 Dass die Logik eines im Geld sich selbst messenden Verwertungsprozesses mit seiner Verzeitlichung einhergeht und diese wiederum die kapitalistische Gesellschaft in ihre eigene Geschichte eintreten lässt, findet sich auch im Aufbau und im Darstellungsgang des *Kapitals* Bd. I wieder. Das vieldiskutierte Verhältnis von logisch-systematischer und historischer Darstellung im *Kapital* ist weder im Sinne einer Einheit zu verstehen, noch springt, wo die logisch-systematische Darstellung an ihre Grenze stößt, die geschichtliche ein. Die Verschränkung von Logischem und Historischem ist im ersten Band vielmehr so angelegt – zumindest dem Aufbau und großen Rahmen nach – dass am Anfang rein logisch-systematisch die Konstitution eines Wertmaßes durch den Ausschluss einer Geldware (Wertformanalyse) sowie die Form der Wertrealisierung (Austauschprozess und Zirkulation) gezeigt werden. Die ebenfalls logisch-systematische Entwicklung der Kapitalform und der Verwertung macht dann durchsichtig, *was* gleich einer Messung in Form der Zirkulation und durch die Waren realisiert und ins Verhältnis gesetzt wird, nämlich die produktive Kraft der Verwertung von lebendiger und toter Arbeitszeit. Erst am Ende des *Kapitals* Bd. I wird dann im 24. Kapital über „Die sog. ursprünglichen Akkumulation" gezeigt, wo diese gemessene Produktivkraft ursprünglich entspringt. Dieser Ursprung ist zwar ein Ereignis *in* der Zeit, mithin in der Geschichte. Aber das Ereignis erhält seine Bedeutung erst durch die zuvor entwickelte Logik der Realisierung der Verwertung durch die Maßgeblichkeit einer zeitlosen, leeren Werteinheit, derjenigen Werteinheit, die Produzenten und Produktionsmittel zu zwei zeitlichen Bestandteilen einer gemeinsamen Verwertung werden lässt, indem sie für ihre Verwertung das Maß der Zeit geltend macht. Die ursprüngliche Akkumulation wird somit paradoxerweise zu demjenigen Ereignis *in* der Zeit, dem die Maßgeblichkeit der Zeit selbst entspringt, die Maßgeblichkeit der Zeit für die Produktivität desjenigen Verhältnisses, das die lebendige Arbeitszeit mit ihrer Vergangenheit aufseiten des Kapitals eingehen muss, damit beide in genau die verendlichte Zeit eintreten, die sie mit sich bringen und die im Geld und in seinen Kreisläufen quantitativ zeitlos gehalten und aufbewahrt wird. Auf die Verschränkung zwischen einerseits der Logik der Messung der Verwertung durch die Zeit und andererseits einer geschichtlichen Bestimmung und Verzeitlichung der Zeit wird im V. Abschnitt ebenfalls noch zurückzukommen sein.
207 *Grundrisse*, S. 105; vgl. auch Karl Marx: Ökonomisch-philosophische Manuskripte aus dem Jahre 1844. In: *MEW*, Bd. 40, S. 465–588, hier S. 510–522, bes S. 511 (Kap. „Die entfremdete Arbeit").

bar wird durch die Gestalten, die sie aufseiten der Arbeit und aufseiten des Kapitals sowie in den Waren annimmt, und dass sie andererseits nur durch das Geld reflektiert wird. Die Zeit ist in all den Gestalten und Verdinglichungen gehemmt in die Gestalten *ihres eigenen* Werdens, d. h. des (geschichtlichen) Werdens der Zeit selbst, und die Realisierung dieses Werdens muss ins Geld fallen und die gestaltlose Gestalt quantitativer Werte annehmen. So sehr die Zeit in der kapitalistischen Ökonomie Gestalt annehmen und sich in der Unmittelbarkeit dieser Gestalten aufhalten muss, damit die Zeit überhaupt in die Gesellschaft eintreten kann, so sehr müssen diese Gestalten durch das Geld in Werte aufgelöst werden und zu Phänomenen derselben Zeit werden.

Weil Marx' Auflösung der Ökonomie in Zeit die kapitalistische Gesellschaft nur insofern über sie selbst aufklärt, als sie deren eigene Undurchsichtigkeit durchsichtig macht, lässt sich seine KdpÖ nicht in eine Theorie der kapitalistischen Zeitökonomie wenden (auf die ein wissenschaftlicher Sozialismus und eine Planungsinstanz womöglich zurückgreifen könnten). Die Auflösung bleibt eine *Kritik*, und diese Kritik gelingt nicht, indem sie die Ökonomie der Zeit vom Standpunkt der Arbeit und ihres Subjekts aus betrachtet oder vom absoluten Geist, sondern von der Notwendigkeit des Geldes und seiner Funktionen aus. Das führt die Kritik zu keinem absoluten Wissen, im Gegenteil: Versetzt in den ‚Standpunkt' des Geldes zeigt sich der Kritik, dass der Ökonomie im Bezug auf das Geld der Standpunkt der Erfahrung *ihres* Werdens gegeben ist und dass genau dadurch dieses Werden einem wissenschaftlichen Standpunkt entzogen wird. Einzig und allein das Geld kann für eine Werteinheit stehen, durch welche die gesamte Ökonomie derselben Zeit ausgesetzt und ihrer Messung unterzogen ist, sodass es letztlich (oder vielmehr *zuerst*) das Geld ist, dass die produktive Kraft der Verwertung realisiert und auf rein quantitative Weise ‚erfährt'. Auch das Geld steht damit keineswegs auf dem Standpunkt des absoluten Wissens. Aber es erfährt in der Realisierung der Verwertung unmittelbar die eigene quantitative Bestimmung. Es erfährt im Realisieren der Resultate der Verwertung die eigene quantitative Begrenzung; es legt diese Erfahrung in Form der einfachen Zirkulation …W-G-W… in das Wertverhältnis der Waren aus; und es führt die quantitative Begrenzung, die es im Realisieren der Resultate der Verwertung erfahren hat, wieder auf die Verwertung zurück, indem durch seine Kapitalbewegung die realisierten Werte erneut in die Verwertung eingehen.

Während das Geld auf diese *unmittelbare* Weise eine ebenso ideelle wie maßgebliche Werteinheit realisiert und dadurch bewusstlos auch die eigene Realität erfährt, kann die kapitalistische Gesellschaft nur *vermittelt* durch diese Erfahrung die produktive Kraft ihrer Ökonomie erfahren sowie den eigenen inneren Zusammenhang und die Bildung einer Totalität. Nur im Geld reflektiert sich dasjenige Verhältnis, das in Arbeit und Kapital in Kraft ist, ganz so, als wären die quantitativen Bestimmungen des Geldes Reflexionsbestimmungen, in denen jenes zeitliche Verhältnis objektiv wiedergegeben wird. Mehr noch, die kapitalistische Gesellschaft realisiert, indem sie sich durch das Geld einer Messung unterzieht, dasselbe zeitliche Verhältnis, in das sie zugleich eintritt und das ihr hinterrücks zur eigenen Geschichte wird. Allerdings ist und bleibt, was das Geld erfährt, ideell-überindividuell gleich einem absoluten Geist; letztlich erfährt es die Realität derjenigen ideellen Einheit, für die es steht und mit deren quantitativer Verendlichung es durch seine Funktionen umgeht. Dem individuellen Bewusstsein dagegen ist die Erfahrung dieser ideell-überindividuellen Einheit, und mit ihr die Identität der Zeit, nur durch das Geld gegeben; ansonsten ist es auf die Vielfalt der Erscheinungen und Gestalten der Gesellschaft verwiesen. Während dem Bewusstsein durch die Geldfunktionen die Ökonomie der Zeit zur quantitativen Realität wird, kann es sie außerhalb des Geldes nur durch bestimmte materielle, objektive oder subjektive Bedingungen erfahren. Das Bewusstsein muss die Ökonomie der Zeit auf all die verschiedenen Gestalten zurückführen, die diese Ökonomie annehmen muss, und in diesen Gestalten ist die Zeit für das Bewusstsein nur dinglich reflektierbar. Die Zeit erscheint ihm gehemmt in die Phänomene und Gestalten ihres Werdens und kann darin nur eine verdinglichte und verräumlichte, unterbrochene und aufgehaltene, vereinzelte und subjektivierte, verschobene und ausstehende Gestalt annehmen. Auch die produktive Kraft, die in der Verwertung von toter und lebendiger Arbeitszeit liegt, kann vom Bewusstsein nicht anders denn als Vermögen der Arbeitskraft und als dingliche Eigenschaft ihrer Produktionsmittel erfahren werden. Sie muss wie eine Eigenschaft der Arbeit und ihrer kapitalistischen Produktionsmittel reflektiert werden, und deren zeitliches Verhältnis muss wiederum im Tauschwert der Ware reflektiert werden – das zeitliche Verhältnis kann als solches dagegen nur durch das Geld reflektiert und wiedergegeben werden.

Wie immer daher dem Bewusstsein die Ökonomie der Zeit auch in all diesen Phänomenen und Gestalten der bürgerlich-kapitalistischen Gesellschaft zur Erscheinung kommt, es kann an der Ökonomie der Zeit Anteil nehmen nur mit den Funktionen des Geldes, nur durch dessen quantitative Bestimmungen und nur durch dessen Kapitalbewegung. Und so sehr das Bewusstsein die Funktionen und quantitativen Bestimmungen des Geldes im Denken und Handeln in Anspruch nehmen muss, um die produktive Kraft der Verwertung zu realisieren, und mit ihr das gesellschaftliche Wesen aller Gestalten der bürgerlich-kapitalistischen Gesellschaft, so sehr bleibt ihm die Realität der Produktivkraft, und mit ihr das gesellschaftliche Wesen, ein gestaltloses Übergehen bloßer Werte. Wollten Denken und Handeln das Geld ersetzen und an seiner Stelle jene produktive Kraft realisieren und erfahren, müssten sie das Übergehen der Zeit eben unmittelbar durch ein überindividuelles Denken und Handeln auf sich nehmen. Die produktive Kraft der Arbeit und der Produktionsmittel müsste statt durch das Geld unmittelbar im Denken und im Handeln jedes Einzelnen erfahrbar und praktisch realisierbar sein, und all die Gestalten der Gesellschaft müssten statt durch die maßgebliche Werteinheit, für die das Geld steht, unmittelbar durch das Denken und Handeln in ein Verhältnis gesellschaftlicher Totalität treten und dasselbe zeitliche Selbstverhältnis, in das sie eintreten, zugleich teilen und bilden. Ohne die Vermittlung durch eine überindividuelle, ideelle und maßgebliche Werteinheit müsste die gesamte Phänomenologie der bürgerlich-kapitalistischen Gesellschaft durch ein Denken und Handeln, das überindividuell und maßgeblich ist wie ein absoluter Geist, in Kraft sein und das Identische der Gesellschaft bilden, kurz, ohne Geld müssten Bewusstsein und gesellschaftliches Sein unmittelbar im Denken und Handeln identisch sein.

Resümee
Die kapitalistische Idee des Kommunismus – Die Enthebung aus der Notwendigkeit der Reflexion

Lukács – zumindest dem jungen Lukács des Verdinglichungsaufsatzes – kann innerhalb der Kapitalismuskritik eine herausgehobene Stellung eingeräumt werden, weil seine Idee des „identischen Subjekt-Objekts der Geschichte" ironischerweise die kapitalistische Bestimmung des Geldes in der Idee des Kommunismus lesbar macht. Mit Lukács und zugleich gegen ihn lässt sich nämlich zeigen, dass nicht nur die Kritik des Kapitalismus immanent verfahren und letztlich diesem selbst geschuldet sein muss, sondern dass auch noch die Idee des Kommunismus eine spezifisch kapitalistische Idee ist.

Um zu diesem spezifisch kapitalistischen Gehalt in der Idee des Kommunismus durchzudringen, wurde zunächst gezeigt, dass Lukács in seiner Kritik warenförmiger Verdinglichung und Entfremdung die Ware Arbeitskraft, wenn auch uneingestanden, auf den Standpunkt des Geldes stellt und geradezu erwartet, dass die Ware Arbeitskraft durch ihr Selbstbewusstsein die Geldfunktionen auf sich nimmt. Während Marx zwischen der besonderen Ware Arbeitskraft und der universellen Ware Geld unterscheidet, und während sich mit dieser Unterscheidung zeigen lässt, dass der Ware Arbeitskraft ihre Arbeit nur vom Standpunkt des Geldes her zu einem Objekt und Vermögen wird, und dass auch nur das Geld die gesellschaftliche Bestimmung der Arbeit und ihre produktive Kraft realisieren kann, setzt Lukács' Idee des Kommunismus beide Waren kurzerhand ineins. Die Produktivkraft der Gesellschaft soll durch die Warenform der Arbeit zu Bewusstsein kommen und im Selbstbewusstsein des Proletariats als verdinglichte und entfremdete zu-sich kommen, sodass die Produktivkraft sich durch dasjenige Subjekt kommunistisch revolutioniert, das sich der gesellschaftlichen Bestimmung seiner Arbeit und seiner produktiven Kraft bewusst sein könnte und darum die gesellschaftliche Totalität auf ebenso bewusste wie praktische Weise bilden können müsste.

Diese Idee ließ sich als eine Zuspitzung und existenzialistische Überbietung der damaligen Idee einer kommunistischen Revolution lesen. So zielten zwar auch die Sozialdemokratie und die sozialistische Arbeiterbewegung jener Zeit auf eine ‚Historisierung' des Kapitalismus, d. h. auch hier wurde in der kapitalistischen Entwicklung nach dem logischen und dem geschichtlichen Zu-sich-Kommen einer sozialistischen Gesellschaft sowie eines revolutionären Subjekts ihrer Durchsetzung gesucht; jedenfalls musste die Überwindung des Kapitalismus, soll sie kein äußerliches Wunschdenken und kein haltloser Utopismus bleiben, in ihm selbst angelegt sein. Allerdings berief sich diese Kritik noch auf eine objektive, geradezu gesetzmäßige Selbstaufhebungstendenz in der kapitalistischen Entwicklung. Die Revolution schien in den Widersprüchen des Kapitalismus auf eine objektive und im Fortschritt der Produktivkräfte auf eine geradezu deterministische Weise angelegt zu sein.

Gegenüber diesem Objektivismus und Determinismus hatte bereits Lenin auf einem ‚subjektiven Faktor' bestanden: Die Revolutionierung der Widersprüche der kapitalistischen Gesellschaft erlangt keine objektive Notwendigkeit, ohne dass genau diese *objektive* Notwendigkeit auch *subjektiv* zu Bewusstsein kommt. Lenin sah hierin noch die Aufgabe der Partei. Sie muss für die gesellschaftliche Bestimmung der Arbeit Partei ergreifen – aber nicht, um das Klassenbewusstsein auf sich zu nehmen, sondern um für das *fehlende* Klassenbewusstsein – vorübergehend – einzuspringen. Dieser *subjektive* Faktor gehört selbst zu den *objektiv* notwendigen Bedingungen der Revolution, aber er muss sich gleichsam als das Überzählige dazurechnen.

Bei Lukács kommt dieser subjektive Faktor unmittelbar der Arbeiterklasse selbst zu. Die Arbeiterklasse muss für die gesellschaftliche Bestimmung der eigenen Arbeit gleichsam Partei ergreifen, und hieraus ergibt sich die geradezu existenzialistische Wendung des subjektiven Faktors. Sie besteht darin, dass die Möglichkeit der Selbstaufhebung des Kapitalismus auf objektive Weise in der Subjektivität des Proletariats quasi aufgehalten ist und nur noch be- und ergriffen werden muss; Lenin kam dagegen noch ohne solch ein unmittelbares Zusammenfallen von Objektivität und Subjektivität aus.

Doch trotz aller Unterschiede zwischen der damaligen Sozialdemokratie und dann Lenin und schließlich Lukács lassen sich alle drei Versionen der Gesellschaftskritik vereinfacht zusammenfassen als Versuch, der bürgerlichen Gesellschaft zu entkommen, indem die Methode der kapitalistischen Verwertung und der ahistorische Schein ihrer Logik an die gesellschaftlich-materielle Praxis ‚geerdet' wird, um die Aufhebbarkeit der kapitalistischen Gesellschaft positiv zu bestimmen. Gemeinsam ist der Gesellschaftskritik des Weiteren, dass die Arbeit und ihre Produkte durch eine bewusste gesamtgesellschaftliche Planung von ihren kapitalistischen Produktions- und Eigentumsverhältnissen befreit werden sollen, insbesondere von ihrer anarchisch-naturwüchsigen Vermittlung und Verwertung sowie von ihrer privaten Aneignung und Ausbeutung. Aber nur bei Lukács ist es diese naturwüchsige gesellschaftliche Vermittlung selbst, ist es die warenförmige Vermittlung der Arbeit, die sich revolutionieren soll, indem sie dafür sorgt, dass einer bestimmten, besonderen Ware, der Ware Arbeitskraft, die Arbeit das gesellschaftliche Objekt schlechthin wird. Auf den Punkt gebracht, soll das Proletariat mit *diesem* Bewusstsein: dass seine eigene Arbeit das gesellschaftliche Objekt schlechthin ist, zum Identischen der Vermittlung von Objektivität und Subjektivität werden. Indem die Arbeiterklasse in ihrer Arbeit das Wesen des gesellschaftlichen und geschichtlichen Prozesses erkennt, soll sie die kapitalistische Entfremdung und Verdinglichung ihrer Arbeit überwinden, um die Arbeit zum Mittel einer bewussten gesamtgesellschaftlichen Produktion zu machen.

Während die traditionell-marxistische Kritik also ‚nur' objektive Widersprüche als geschichtliche Notwendigkeit austragen wollte und davon ausging, dass sich die gesamtgesellschaftliche Bestimmung der Arbeit und der Arbeiterklasse ohnehin gegen ‚ihre' kapitalistischen Produktionsverhältnisse und gegen ‚ihre' kapitalistische Vermittlung quasi gesetzmäßig durchsetzen würde, will Lukács gleichsam auf der Höhe des Hegel'schen Weltgeistes sowohl die Vergesellschaftung durch Arbeit als auch deren warenförmige Vermittlung, Entfremdung und Verdinglichung an einem bestimmten Ort reflexiv werden lassen, nämlich im Selbstbewusstsein der Ware Arbeitskraft. Die kommunistische Revolutionierung betrifft bei Lukács daher nicht all die objektiven Bedingungen und produktiven Kräfte, die nach Ansicht der damaligen Kapitalismuskritik bereits durch die kapitalistische Gesellschaft fortschrittlich entwickelt werden und reif sind für den Kommunismus: Produktionsmittel und Industrie, Wissenschaft und Technik, die Rationalisierung aller gesellschaftlichen Bereiche usw. Die kommunistische Revolutionierung betrifft auch nicht die Gesellschaft in ihrer Totalität oder den Sinn der geschichtlichen Entwicklung. Und sie betrifft schließlich auch nicht das historische Subjekt selbst, das Proletariat, die unterdrückte und ausgebeutete Klasse und zugleich die Produktivkraft schlechthin und durch diesen Widerspruch Totengräber des Kapitals. Die Revolutionierung betrifft die *Methode* der Produktion, und zwar die Produktion von Totalität und Zeit, von Bedeutung und Geschichte: Dass die warenförmige Vergesellschaftung im Selbstbewusstsein der Ware Arbeitskraft reflexiv wird, soll revolutionär wirken, weil das Proletariat, wenn es seine Verdinglichung als Ware Arbeitskraft und seine Entfremdung als Sein für das Kapital erkennt, ineins auch sein Vermögen erkennt, durch eine bewusste und gesamtgesellschaftliche Praxis in der Geschichte sich selbst verwirklichen zu können, ganz so als könne es sein produktives Vermögen in einer rationalen gesellschaftlichen Totalität *vergesellschaften*.

Innerhalb der bürgerlich-kapitalistischen Gesellschaft muss dagegen, Lukács zufolge, die Methode der Vergesellschaftung noch dualistisch auseinanderfallen, denn das Identische von Subjektivität und Objektivität kann nicht in einem eigenständigen Selbst reflexiv werden. Folgerichtig wird in der bürgerlichen Gesellschaft die Methode entweder einseitig aufseiten des Subjekts verortet und bleibt kontemplativ im reflektierenden und synthetisierenden Verstandesvermögen befangen (ganz im Sinne derjenigen besitzenden Klasse, die sich die Arbeit anderer aneignet); oder die Methode wird aufseiten der Objektivität verortet und erscheint als gegebene Objektrelation und natürliche Eigengesetzlichkeit. In der Philosophie des deutschen Idealismus und in der bürgerlichen Wissenschaft erhält aus Lukács' Sicht diese dualistische Spaltung der gesellschaftlichen Totalität sogar den für diese Gesellschaft höchsten und letztmöglichen Ausdruck. Hier wird die Methode entweder, wie bei Kant, als Methode nur der subjektiven Erkenntnis bestimmt und einem transzendentalen Erkenntnissubjekt als Vermögen a priori und Möglichkeitsbedingung objektiver Erkenntnis zugrunde gelegt; so ist die Methode der Erkenntnis, ohnehin bereits auf eine nur *theoretische* Praxis verkürzt, zudem beschränkt auf äußerliche, fertig gegebene und zufällige (Einzel-)Erscheinungen. Oder die Methode wird zu jener entsubjektivierten, geschichtslosen

Rationalität des naturwissenschaftlichen Erkenntnisideals, das neben der Naturwissenschaft auch die mathematische Rationalität der kapitalistischen Ökonomie auszeichnet. Eine Vermittlung kann dann nur noch auf Hegels Weise gelingen, nämlich durch einen absoluten Geist, der Subjektivität und Objektivität in eine ebenso übergreifende wie übersinnliche, aber letztlich unverfügbare und absolut negative Vernunft aufhebt. In allen Fällen bleibt Lukács zufolge indes das *Praktische* der Identifikation von vornherein entzogen. Die Identifikation bleibt entweder auf die Rationalität des Verstandes sowie auf gegebene Erscheinungen beschränkt (wie bei Kant oder in der wissenschaftlichen und ökonomischen Rationalität), oder sie bleibt rein negativ-geistig und muss als letztlich unverfügbare „List der Vernunft" (Hegel) hingenommen werden.

Erst von Marx wird aus Lukács' Sicht das Praktische der Identifikation bestimmt, nämlich dass das Identische von Objekt-Subjekt nichts anderes *ist* als Praxis, die gesellschaftliche Praxis des Proletariats – aber eine noch nicht bewusste, verdinglichte und entfremdete Praxis. Im Kapitalismus muss das Identische mithin diejenige irrationale, blinde Naturwüchsigkeit sein, in die sich die gesamtgesellschaftliche Bestimmung der Arbeit durch Entfremdung, Verdinglichung und anarchisch-warenförmige Vermittlung verkehrt.[208] In derselben naturwüchsigen Vermittlung kann das Proletariat aber auch die Entfremdung und Verdinglichung des eigenen Vermögens erkennen. Das Proletariat kann sich mithin eine praktische Identifikation zwischen Objektivität und Subjektivität und eine praktische Bildung gesellschaftlicher Totalität Lukács zufolge *zurechnen*.[209] Es kann sich diejenige praktische Identifizierung von Subjekt und Objekt zurechnen, die alle Einseitigkeiten einer Subjektivierung oder Objektivierung der Methode aufhebt.

Obwohl also im Kapitalismus die gesellschaftliche Totalität weder im Verstandesvermögen noch im absoluten Geist praktisch erschlossen werden kann, vielmehr im Verstand eine nur rationalisierend-kontemplative und im absoluten Geist eine nur negative und rein ideelle Geschlossenheit erhält, negiert im Kapitalismus die naturwüchsig-warenförmige Vermittlung der Arbeit genau dasjenige Subjekt, dessen Arbeit die gesellschaftliche Objektivität produziert *und* das sich mit seiner Arbeit und einer Produktion bewusst identifizieren könnte.

Das Identische von Subjekt und Objekt soll sich daher in Lukács' Idee des Kommunismus nicht, wie er das dem Idealismus und insbesondere Hegels Idee des Geistes unterstellt, durch ein lediglich geistig-ideelles und insofern unpraktisches Selbstbewusstsein verwirklichen. Das Proletariat muss sich auch nicht auf ein Verstandesvermögen beschränken, das, wie bei Kant, auf äußerliche und zufällig gegebene Einzelerscheinungen bezogen werden muss. Diese einseitigen Identifikationen einer letztlich nur geistigen bzw. nur verstandesmäßigen Reflexion müssen schließlich auch

---

208 Vgl. dazu Lukács' Ausführungen zur Naturwüchsigkeit der Vergesellschaftung und zur unkritischen Reflexion dieser Naturwüchsigkeit durch die bürgerliche Philosophie sowie seine Einschätzung zu derjenigen Kritik, die diese Naturwüchsigkeit durch Marx erhalten hat, *GuK*, S. 237ff. (142ff.).
209 Vgl. *GuK*, S. 141 (73).

nicht mehr ergänzt werden durch die zwar praktisch wirksame, aber dafür begriffslose Warenform, welche die Dinge als Werte vermittelt und als abstrakte Einzeltatsachen in ein gesamtgesellschaftliches Verhältnis setzt. Stattdessen kann das Proletariat das Identische von Subjekt und Objekt auf *praktische* Weise in Bestimmung setzen, wenn es durch sein Selbstbewusstsein auf das Vermögen zur Selbstobjektivierung zurückkommt und durch diesen Selbstbezug die Bestimmungen des eigenen gesellschaftlichen Werdens bewusst produziert und sie als *je reflektierte* entäußert.

Lukács' Kritik der vom deutschen Idealismus entwickelten ‚Idee', also der Identifikation der Objektivität durch die Subjektivität, ist somit zum einen Kritik der warenförmigen, naturwüchsigen Vermittlung zwischen Objektivität und Subjektivität, dieselbe Kritik ist aber zum anderen auch Vergesellschaftung der ‚Idee' im Sinne ihrer kommunistischen Revolutionierung. Diese Vergesellschaftung der Idee ergibt eine Art letzte Konsequenz: Die kommunistische Gesellschaft müsste sich *der Notwendigkeit der Reflexion entheben*. Mit der Überwindung des bürgerlichen, aber auch des proletarischen Bewusstseins, die beide in der Unmittelbarkeit des Scheins zerstreuter Einzeltatsachen befangen bleiben, müsste auch die Notwendigkeit eines nachträglichen und äußerlichen Reflektierens verschwinden, sei es das Reflektieren gegebener Erscheinungen durch den rationalisierenden einzelnen Verstand (Kant), sei es das Reflektieren, das eine überindividuelle Vernunft gleich einem Geist vollzieht (Hegel), oder sei es das Reflektieren der Resultate der Produktion durch die warenförmige Synthesis der gesellschaftlichen Alltagspraxis. Stattdessen ist durch das Selbstbewusstsein des Proletariats gleichsam vorweg reflektiert, was die Dinge und ihr Zusammenhang sein werden. Die Produktivkraft kann sich durch ihr Selbstbewusstsein auf subjektive Weise vorweg mit ihrer praktischen gesellschaftlichen Objektivierung und geschichtlichen Entäußerung identifizieren und sich selbst in die gesellschaftliche Totalität gleichsam praktisch entwerfen; der gesellschaftliche Zusammenhang wird dann durch die bewusste Planung der Produktion in Bestimmung *gesetzt*.
Die Überwindung des Reflektierens liegt also, vereinfacht zusammengefasst, schlicht darin, dass durch das Selbstbewusstsein der Ware Arbeitskraft die Produktivkraft *als solche* reflexiv wird und sich dadurch der Notwendigkeit eines nachträglichen und äußerlichen Reflektierens ihrer Resultate enthebt. Produktivkraft „als solche" heißt, es ist das *zeitliche* – und darum auch: geschichtsmächtige – Vermögen, das durch das kollektive Selbstbewusstsein der Ware Arbeitskraft reflexiv und in eine bewusste Planung überführt werden soll. Das identische Subjekt-Objekt wird erst der Sinn der Geschichte gewesen sein, wenn es sein zeitliches Vermögen erkennt und in einer bewussten Produktion der Geschichte verwirklicht. Dieses zeitliche Vermögen wird von Lukács zunächst in dessen Verdinglichung als Ware Arbeitskraft und Produktivkraft der Arbeiterklasse aufgegriffen und zur Geschichtsmächtigkeit getrieben gegen die Geschichtslosigkeit des bürgerlich-kontemplativen Standpunkts der Erkenntnis, aber auch gegen die gediegene Geschichtsteleologie der herkömmlichen Kapitalismuskritik. Nach der Revolution soll dann die Verfügung über dieses Vermögen die

Zeit bewusst in Bestimmung setzen und als in-sich reflektierte entäußern, um so für den Eintritt des Proletariats in seine eigene Geschichte zu sorgen. Demnach müsste das Proletariat das eigene zeitliche Vermögen im doppelten Sinne für die Revolution einsetzen: einmalig, spontan und auf einen Schlag in dem Augenblick, in dem es sich als identisches Subjekt-Objekt der Geschichte erkennt, und dann müsste es diese Erkenntnis praktisch umsetzen und auf Dauer stellen in einer bewussten Planung gesellschaftlicher Totalität. Im Kommunismus ereignet sich dann jene einmalige Revolution permanent, indem die Produktivkraft in all ihren Entäußerungen andauernd zu-sich kommt und Geschichte mit Bewusstsein, aber auch in einem praktischen Sinne *macht*.

Indem Lukács die zeitliche Dimension der Produktivität der kapitalistischen Gesellschaft im Vermögen der Ware Arbeitskraft verortet und darum vom Selbstbewusstsein dieser Ware erwartet, dass es die eigene Geschichte mit Bewusstsein wird produzieren können, zielt Lukács, vielleicht radikaler noch als Walter Benjamin und Martin Heidegger es zur selben Zeit auf ihre Weise getan haben, auf das Anbrechen einer anderen, neuen Zeit. Er zielt darauf, dass die Revolution auch die räumlich-lineare Zeit übersteigen wird, in die der Kapitalismus seine Entwicklung auslegen muss. Aus Lukács' Sicht muss die räumlich gefasste Zeit eines Kapitalismus, der versucht, durch die Verdinglichung der Arbeit in der Ware Arbeitskraft und durch die Quantifizierung ihrer Arbeitszeit in den Warenwerten eine gesellschaftliche Totalität zu bilden,[210] durch den Eintritt des Proletariats in seine eigene Geschichte zu einer anderen Zeit werden. Wenn das Proletariat in der Geschichte auf die Verwirklichung des eigenen zeitlichen Vermögens zurückkommen kann, dann ist die Geschichte von vornherein *seine* Geschichte, und diese tritt auch durch *seine* Zeit ein, d.h. durch die praktische Entäußerung und Verwirklichung seines zeitlichen Vermögens. Das Proletariat ist ja das identische Objekt-Subjekt der *Geschichte*, weil es in der bisherigen Menschheitsgeschichte sein entfremdetes Wesen erkennen und insofern das Identische von Objektivität und Subjektivität bereits erschließen kann, und dieser Nachvollzug ist als logisches Erschließen der eigenen Vergangenheit bereits der Form nach das Entwerfen der eigenen Zukunft.[211]

---

210 „Das kontemplative Verhalten einem mechanisch-gesetzmäßigen Prozeß gegenüber, der sich unabhängig vom Bewußtsein [...] abspielt, sich also als fertiges geschlossenes System offenbart, verwandelt auch die Grundkategorien des unmittelbaren Verhaltens des Menschen zur Welt: es bringt Raum und Zeit auf einen Nenner, nivelliert die Zeit auf das Niveau des Raumes. [...] Die Zeit verliert damit ihren qualitativen, veränderlichen, flußartigen Charakter: sie erstarrt zu einem genau umgrenzten, quantitativ meßbaren, von quantitativ meßbaren ‚Dingen' (den verdinglichten, mechanisch objektivierten, von der menschlichen Gesamtpersönlichkeit genau abgetrennten ‚Leistungen' des Arbeiters) erfüllten Kontinuum: zu einem Raum." (*GuK*, S. 179–180 (101).) Lukács reiht hier die Zeit in seine zuvor entwickelte Kritik der kapitalistischen Rationalität ein, vgl. *GuK*, S. 175ff. (98ff.).

211 Laut Balibar ergänzen Lukács und Althusser „einander in beinahe vollkommener Symmetrie". Für beide gehe es um das „[...] ‚Ende der Philosophie'. Mit dem Unterschied, daß sich für Lukács die Philosophie in der Geschichte *realisieren* muß, weil diese die Herankunft der Einheit von Subjekt und Objekt darstellt, die Herankunft des Selbstbewußtseins in Gestalt des Proletariats, das die Geschichte macht. Althussers Buch [gemeint ist *Für Marx*, F.E.] hingegen legt nahe, daß die Praxis (ob wissenschaftlich oder

Wenn aber das Selbstbewusstsein der Produktivkraft das eigene zeitliche Vermögen verwirklichen und die bisherige Geschichte im Eintreten in die *eigene* Geschichte revolutionieren soll, so erwartet Lukács vom Proletariat noch mehr, als dass es sich, wie bislang kritisiert, anstelle des Geldes zum Maß und Mittel der Vergesellschaftung erhebt und sich im Kommunismus des Subjekt-Objekt-Dualismus und der Notwendigkeit der Reflexion enthebt. Das Proletariat müsste, wenn sein Totalitätsbewusstsein *praktisch* werden und den Zusammenhang der Einzeltatsachen als Resultate des eigenen Produktionsprozesses entwerfen soll – das Proletariat müsste das eigene zeitliche Vermögen und die eigene Identität *verwerten*. „Verwerten" heißt, das Proletariat müsste in der gesellschaftlichen Totalität und in der Geschichte die eigene Identität auslegen, und dafür müsste es unmittelbar an-sich diejenige gesellschaftliche Bestimmung und diejenige produktive Kraft der Arbeit treffen, von der Marx zeigt, dass beide allein durch die Geldfunktionen getroffen werden können. Überhaupt müssten dann all die Unterscheidungen, in die Marx die Identität der kapitalistischen Ökonomie auseinanderlegt, angefangen von der Unterscheidung zwischen Ware Arbeitskraft und Arbeit über die Unterscheidung zwischen konkreter und abstrakter Arbeit bis zu der zwischen toter und lebendiger Arbeitszeit (aus denen sich weitere ergeben wie konstantes und variables Kapital, notwendige und zusätzliche Arbeitszeit etc.) – all diese Unterscheidungen müssten dann unmittelbar im Denken und Handeln statt vom Geld getroffen werden. Das Proletariat müsste sich einer Anwendung unterziehen, in der es von vornherein auf die gesamtgesellschaftliche Bedeutung seiner Arbeit zurückkommt. Es müsste, statt die Resultate aller Arbeiten durch eine ausgeschlossene Geldware an eine maßgebliche Werteinheit zu halten und als Werte zu realisieren, vorweg wissen, was die Produktion für die Gesellschaft in ihrer Totalität bedeuten wird, oder vielmehr bedeutet *haben* wird, gleich einer totalen Vergesellschaftung der Selbstpräsenz des Marx'schen Baumeisters, von dem Marx sagt, dass er das Resultat

revolutionär) sich niemals auf das Selbstbewußtsein reduzieren läßt. Die Philosophie als ‚theoretische Praxis' hat daher in erster Linie die Aufgabe, die Illusionen des ‚Bewußtseins' in all ihren Formen tiefgreifend zu kritisieren und in gewisser Weise den Menschen – den Kräften der Geschichte – zu helfen, *den Standpunkt des Bewußtseins zu überwinden*. Aus diesem Grund kann man diese beiden großen Bücher gewissermaßen als Pole der kommunistischen Theorie im Marxismus des zwanzigsten Jahrhunderts betrachten und gerade ihre Gegensätzlichkeit weist darauf hin, daß ein vollständiger Kreis durchlaufen wurde." (Étienne Balibar: *Für Althusser*. Mainz: Decaton 1994, S. 61–62.) Balibar weist im Folgenden darauf hin, dass bei Althusser die Geschichte sich nicht im Zusammenfallen mit dem Bewusstsein vollendet, wie noch bei Lukács, sondern dass „Althusser in einer berühmten Stelle von *Das Kapital lesen* das ‚Nicht-Zeitgenössische' am Wesen der historischen Zeit selbst gemacht hatte" (ebd., S. 63). In der Tat ist bei Lukács das Wesen der historischen Zeit nicht zu trennen vom Selbstbewusstsein der gesellschaftlichen Produktivkraft. Es ist allerdings die Frage, ob bei Lukács die Arbeitskraft, wenn sie sich selbst als Ware begreift, darin nicht ebenfalls das „Nicht-Zeitgenössische" trifft, nämlich die bloße *Möglichkeit*, zum einen durch die eigene Arbeit der Zeit einen bestimmten Sinn zu geben und zum anderen durch Praxis schlechthin den Sinn der Geschichte zu stiften. Das Vermögen der Ware Arbeitskraft wäre dann sogar das Nicht-Zeitgenössische im doppelten Sinne. Als Ware Arbeitskraft ist sie die Zeitlose, die der Zeit erst eine Bestimmung (mit) gibt, und durch ihr Selbstbewusstsein wird die Arbeitskraft zum Subjekt der Geschichte, das durch Praxis dieselbe gesellschaftliche Objektivität produziert und aus sich entlässt, in die es zugleich eintreten wird.

seiner Arbeit im Kopf ideell vorwegnehme: „Am Ende des Arbeitsprozesses kommt ein Resultat heraus, das beim Beginn desselben schon in der Vorstellung des Arbeiters, also schon ideell vorhanden war."[212]
Die eigentliche Schwierigkeit liegt aber nicht in dieser räumlichen, äußeren und ‚exoterischen' Dimension der Zeit. Die zentrale Schwierigkeit, den Kapitalismus durch eine bewusst geplante gesamtgesellschaftliche Produktion zu überwinden, liegt nicht darin, die Produktion *in* der Zeit zu planen und sie mit Bewusstsein in (geschichtliche) Bestimmung zu setzen. Die Schwierigkeit liegt dieser räumlichen Dimension schon vorweg, nämlich darin, mit dieser Zeit selbst produktiv umzugehen. Im Kapitalismus gelingt das, indem die abstrakte Zeit maßgeblich ist für die Produktivität von Verhältnissen, in denen, wie oben wurde ausführlich entwickelt, genau diese maßgebliche Zeit produktiv verwertet und durch Arbeit und Kapital auseinandergesetzt wird und ein ebenso produktives wie unverfügbares (Selbst-)Verhältnis eingeht. Weil im Kapitalismus der *Arbeits*prozess als *Verwertungs*prozess funktioniert,[213] sind die Arbeitskräfte nicht einfach nur der „subjektive Faktor des Arbeitsprozesses"[214], sondern auch die *zeitliche Variable* der Verwertung. Und das Objekt der Ware Arbeitskraft ist im Kapitalismus nicht nur das „Produktionsmittel, [...] d.h. Rohmaterial, Hilfsstoffe und Arbeitsmittel"[215]; das Objekt sind auch die genau hier bereits produzierten Werte, und diese gilt es mithilfe jenes subjektiven Faktors durch Übertragung auf neue Waren zu erhalten und konstant zu halten. Das ‚Objekt' der Arbeit ist darum, wie oben gezeigt, deren eigene Vergangenheit, einerseits die bereits im Kapital akkumulierte und zu bewahrende Vergangenheit, andererseits die noch zu produzierende, zukünftige Vergangenheit:

> Dieselben Kapitalbestandteile, die sich vom Standpunkt des Arbeitsprozesses als objektive und subjektive Faktoren, als Produktionsmittel und Arbeitskraft unterscheiden, unterscheiden sich vom Standpunkt des Verwertungsprozesses als konstantes und variables Kapital.[216]

Ein identisches Subjekt-Objekt müsste daher, um sich selbst in der gesellschaftlichen Totalität zu verwirklichen und in die eigene Geschichte einzutreten, anstelle des Geldes und seines Kapitalkreislaufs diese produktive und spezifisch kapitalistische Kraft zeitlicher Verhältnisse aufheben und bewältigen, und es müsste anstelle des Geldes diese Kraft einlösen und bewahren und darin die eigene Existenz gründen.
Diese Selbst-auflösung und Selbst-einlösung eines Proletariats, das sein Denken und Handeln beständig in die Bildung gesellschaftlicher Totalität auslegt und dadurch seine Identität bildet, muss als die letzte Konsequenz in Lukács' Idee des Kommunismus im Sinne eines identischen Subjekt-Objekts der Geschichte betrachtet werden. Die Auf- und Einlösung ergibt sich quasi von selbst, wenn das Proletariat seine

---

212 *Kapital I*, S. 193.
213 Ausführlich *Kapital I*, S. 192ff.
214 *Kapital I*, S. 223.
215 *Kapital I*, S. 223.
216 *Kapital I*, S. 224.

Produktivkraft bewusst in Bestimmung setzen und die Gesellschaft der Notwendigkeit der Reflexion entheben soll, sei es der verstandesmäßig-kontemplativen oder der bewusstlos-warenförmigen Reflexion, und wenn das Proletariat im Kommunismus das Wesen zwischen Subjektivität und Objektivität sein und die eigene Existenz in diesem Wesen gründen soll.

Dass Lukács' Idee eines identischen Subjekt-Objekts und des Kommunismus tatsächlich auf eine solche Enthebung aus dem Subjekt-Objekt-Dualismus und der Notwendigkeit des Reflektierens hinausläuft, lässt sich noch deutlicher an der ganz zu Anfang vorgenommenen Gegenüberstellung zu Lenin zeigen. Die Gegenüberstellung markiert diejenigen zwei Pole, zwischen denen sich die kommunistisch ausgerichtete Gesellschaftskritik in der Organisierungsfrage ausgerichtet hat, nämlich Spontaneität und Selbstorganisation der Arbeit und ihrer Klasse einerseits und die Notwendigkeit der Repräsentation und der parteilichen Organisierung und Führung andererseits. So wurde oben für die Kapitalismuskritik Lenins gezeigt, dass hier die Partei die Reflexion auf die gesellschaftliche Bestimmung der Arbeit und der politischen Praxis gleichsam auf sich nehmen muss, da Lenin zufolge die in der kapitalistischen Unmittelbarkeit befangene Arbeiterklasse unmittelbar und spontan nur reformistisches Bewusstsein hervorbringt. Die Partei muss für sich in Anspruch nehmen, vom Standpunkt der Arbeit aus und im Namen der Arbeit zu denken und zu handeln, sozusagen stellvertretend für die Arbeiterklasse. Entsprechend ist die Arbeiterklasse der Notwendigkeit der Selbstreflexion insofern enthoben, als diese Notwendigkeit durch die Partei – und im Realsozialismus dann durch staatliche Planung, Verwaltung und Bürokratie – übernommen und der Arbeiterklasse letztlich *ab*genommen wird. Bereits in der revolutionären Organisierung und Führung der Arbeiterklasse bürdet sich die Partei dasjenige gesellschaftliche Totalitätsbewusstsein auf, das die Partei dann nach der Revolution, in der Realisierung des Sozialismus, dazu zwingt, durch Staat, Bürokratie, Verwaltung usw. auf die gesellschaftliche Bestimmung der Arbeit und ihrer Resultate zu reflektieren und die Arbeit durch bewusste Planung zu mobilisieren, in Kraft zu setzen und zu repräsentieren.

Lukács geht dagegen an einem entscheidenden Punkt in die entgegengesetzte Richtung. Bei ihm ist bereits die Notwendigkeit des Reflektierens der Entfremdung und der warenförmigen Verdinglichung geschuldet, wenn er kritisiert, dass aufgrund der Verdinglichung der Arbeit und ihrer Zerstreuung in den Schein disparater Einzeltatsachen der gesellschaftliche Zusammenhang reflexiv erschlossen werden muss, einerseits kontemplativ-geistig durch den Verstand und andererseits durch die bewusstlose Praxis der Warenform. Beides bleibt ein letztlich äußerliches Reflektieren und führt in einen Dualismus, der vom bürgerlichen Standpunkt aus allenfalls, wie bei Hegel, durch einen überindividuellen, absoluten Geist überwunden werden kann (der aber seinerseits rein negativ-geistig ist und ohnehin eine für die Gesellschaft unpraktische Lösung nur innerhalb der Philosophie bleibt). Das Selbstbewusstsein des Proletariats kann dagegen die Notwendigkeit des Reflektierens von vornherein überwinden. Dass es Lukács tatsächlich um diese ‚letzte Konsequenz' einer Enthebung aus dem

Subjekt-Objekt-Dualismus und aus dem reflektierenden Verstandesdenken geht, deutet eine Passage an, die das auf Reflexionsbestimmungen gegründete Denken des bürgerlich-kontemplativen Bewusstseins, aber auch Lenins abbildtheoretische Konzeption der Erkenntnis zu überbieten versucht. In ihr klingt an, dass jeder Dualismus von Denken und Sein durch eine neue, unmittelbare Identität ersetzt werden muss:

> Denken und Sein sind also nicht in dem Sinne identisch, daß sie einander „entsprechen", einander „abbilden", daß sie miteinander „parallellaufen" oder „zusammenfallen" (alle diese Ausdrücke sind nur versteckte Formen einer starren Dualität), sondern ihre Identität besteht darin, daß sie Momente eines und desselben real-geschichtlichen dialektischen Prozesses sind.[217]

Lukács übersieht aber in seiner Kritik des Dualismus und der Reflexion, dass bereits im Kapitalismus dem Geld eine ideelle Werteinheit gleich einem Selbstbewusstsein so zugerechnet wird, dass sie eine ebenso ideelle und gesamtgesellschaftliche wie praktische Vermittlung der Gesellschaft durchführt und dadurch jedes einzelne Bewusstsein der Notwendigkeit enthebt, die zerstreute Vielfalt von Einzeltatsachen durch ein äußerliches Reflektieren und allein durch das Bewusstsein ins Verhältnis gesellschaftlicher Totalität setzen zu müssen. Dadurch kommt die vom Geld praktisch in Anspruch genommene und realisierte Werteinheit einerseits einem identischen Subjekt-Objekt quasi zuvor, und das Geld enthebt, vom Standpunkt dieser Werteinheit aus eine gesamtgesellschaftliche Reflexion auf sich nehmend, dadurch die Gesellschaft der Notwendigkeit, den inneren Zusammenhang qua Bewusstsein und Reflexion bilden zu müssen. Andererseits wird aber von Lukács diese ideelle Einheit und ihre praktische Bedeutung für die Bildung gesellschaftlicher Totalität eben nicht einfach in einem profanen Sinn übersehen. Er verlangt vielmehr geradezu, dass sich das Proletariat das Vermögen einer solchen Einheit *zurechnet*. Die Gesellschaft würde dann nicht durch

---

217 *GuK*, S. 349 (223–224). In seiner Selbstkritik im Vorwort zur Neuauflage von *Geschichte und Klassenbewußtsein* von 1967 geht Lukács, längst zum gewöhnlichen Marxisten-Leninisten geworden, noch einmal auf den Anspruch von *GuK* ein, das Proletariat des Subjekt-Objekt-Dualismus zu entheben. Er unterzieht insbesondere seine damalige Gleichsetzung von Verdinglichung mit Gegenständlichkeit einer Kritik. „Das identische Subjekt-Objekt muß deshalb, indem es die Entfremdung aufhebt, zugleich auch die Gegenständlichkeit aufheben. Da jedoch der Gegenstand, das Ding bei Hegel nur als Entäußerung des Selbstbewußtseins existiert, wäre deren Rücknahme ins Subjekt ein Ende der gegenständlichen Wirklichkeit, also der Wirklichkeit überhaupt." (*GuK*, S. 25.) Stattdessen gibt Lukács der Gegenständlichkeit, deren Dualismus er im Verdinglichungsaufsatz noch als Resultat einer spezifisch warenförmigen Vermittlung kritisierte, nun einen ontologischen Status: „Denn die Vergegenständlichung ist tatsächlich eine unaufhebbare Äußerungsweise im gesellschaftlichen Leben der Menschen." (*GuK*, S. 26.) Auch der objekthafte Gegenstandsbezug, der vordem als eine kontemplativ-unpraktische und spezifisch bürgerlich-kapitalistische Anschauungsweise kritisiert wurde, hat jetzt für jede Gesellschaft zeitlose Geltung: „Wenn man bedenkt, daß jede Objektivation in der Praxis, so vor allem die Arbeit selbst eine Vergegenständlichung ist, daß jede menschliche Ausdrucksweise, so auch die Sprache, die menschlichen Gedanken und Gefühle vergegenständlicht usw., so ist evident, daß wir es hier mit einer allgemein menschlichen Form des Verkehrs der Menschen miteinander zu tun haben." (*GuK*, S. 26.) Als solche sei Vergegenständlichung „wertfrei", und nach dieser Versöhnung mit der Form der Gegenständlichkeit von Subjekt und Objekt kommt es Lukács in seiner Kapitalismuskritik nur noch darauf an, eine falsche, das Sein der Menschen verzerrende und entstellende Gegenständlichkeit von Subjekt und Objekt durch eine richtige zu ersetzen.

das Geld an die eigene ideelle Einheit gehalten wird und nicht durch diese maßgebliche Werteinheit und die realisierten Werte sich selbst angemessen wird, sondern durch das Selbstbewusstsein des Proletariats:

> Indem das Bewußtsein auf das Ganze der Gesellschaft bezogen wird, werden jene Gedanken, Empfindungen usw. erkannt, die die Menschen in einer bestimmten Lebenslage haben *würden*, wenn sie diese Lage, die sich aus ihr heraus ergebenden Interessen sowohl in bezug auf das unmittelbare Handeln wie auf den – diesen Interessen gemäßen – Aufbau der ganzen Gesellschaft *vollkommen zu erfassen fähig wären*; die Gedanken usw. also, die ihrer objektiven Lage angemessen sind.[218]

Weil also das Selbstbewusstsein des Proletariats zum Mittel werden könnte, sich mit der gesellschaftlichen Bestimmung und mit der Produktivkraft seiner Arbeit zu identifizieren, soll es nicht nur die Verdinglichung und dualistische Spaltung der gesellschaftlichen Totalität überwinden, sondern auch die Notwendigkeit ihrer Schließung durch eine verstandesmäßige Reflexion einerseits und eine praktisch warenförmige andererseits. Ist das Proletariat dann im Kommunismus zu-sich gekommen und sowohl sich selbst als auch der gesellschaftlichen Totalität „angemessen", dann muss

---

218 *GuK*, S. 126 (62). Für die Revolution ist zwar auch bei Lukács die Entwicklung und Zuspitzung gesellschaftlicher Widersprüche notwendig. Aber bei ihm fällt die kommunistische Revolutionierung des Kapitalismus mit dem zeitlosen Augenblick der Selbstermächtigung des Proletariats zusammen, und eben diese Selbstermächtigung ist im Proletariat zeitlos gehalten. Sie kann jederzeit verwirklicht werden, dann nämlich, wenn das Proletariat die paradoxe Situation vergegenwärtigt, die sich selbst entfremdete produktive Kraft der Gesellschaft und ihrer Geschichte zu sein. Der revolutionäre Sprung muss also, trotz seines ‚Vorlaufs' in der geschichtlichen Entwicklung (insbesondere durch die Entwicklung der Produktivkräfte und die Reifung gesellschaftlicher Widersprüche), gleichwohl *spontan* möglich sein. Es geht Lukács ja gerade darum, dass die Ware Arbeitskraft an ihr selbst das Vermögen zur Verwirklichung *zukünftiger* Geschichte begreift. Der Sprung gründet daher nicht nur in der Folgerichtigkeit einer logischen und geschichtlichen Entwicklung. Der Sprung muss auch – und das zeichnet den Existenzialismus bei Lukács aus – durch *sich selbst erst seinen Grund abgeben*. D. h. es gibt einen geschichtlichen „Vorlauf" auch in Bezug auf diejenige Geschichte, die durch den revolutionären Sprung *erst möglich werden soll*. Der Sprung springt dann in beide Richtungen über: Der Menschheitsgeschichte wird ihr Sinn erst nachträglich gestiftet, erst nach der Revolution, aber dadurch, dass erst durch die Revolution die Geschichte fortan ihren Sinn durch eine bewusste gesellschaftliche Praxis erhalten kann (der Kapitalismus wird also in dem Moment revolutioniert, von dem an die Geschichte ihren Sinn durch das Selbstbewusstsein der Produktivkräfte erhält, durch Produktivkräfte, die im Bewusstsein des zeitlichen Vermögens ihrer Arbeitskraft sind). Diese existenzialistische Wendung in der Revolutionstheorie musste auch Auswirkungen auf Lukács' Vorstellungen von revolutionärer Organisierung und Parteilichkeit haben. Auch wenn Lukács mit Lenin von der Notwendigkeit der Organisierung des Bewusstseins ausgeht und sich auf den ersten Blick Lenins Parteikonzeption anschließt, geht bei Lukács Parteilichkeit mit einer Umkehrung einher. Bei Lenin ist es die Aufgabe der Partei, die kapitalistische Unmittelbarkeit zu überwinden und das proletarische Bewusstsein aus seinem Reformismus herauszuführen; die Partei muss für das fehlende Bewusstsein einspringen und an seiner Stelle für die gesellschaftliche Bestimmung und produktive Kraft der Arbeit Partei ergreifen. Bei Lukács ist umgekehrt die Partei darauf angewiesen, dass die Arbeiterklasse für sich Partei ergreift und dadurch die eigene Unmittelbarkeit überwindet, denn im Selbstbewusstsein der Arbeiterklasse gründet das Vermögen der unmittelbaren Selbstobjektivierung und Selbstorganisation der Produktivkraft. Oder vielmehr ist nicht die Partei darauf angewiesen, sondern der Kommunismus selbst. Diese Entmachtung der zentralen Vermittlungsfunktion von Partei und Staat ergibt sich geradezu zwangsläufig, wenn bei Lukács in der Unmittelbarkeit des Selbstbewusstseins der Produktivkraft der Ausgang aus der Verdinglichung und der Entfremdung liegen und aus dieser Unmittelbarkeit die Selbstorganisation gesellschaftlicher Totalität hervorgehen soll.

es sich das Vermögen nicht mehr bloß „zurechnen". Sein Vermögen ist keine negierte Wirklichkeit mehr, kein entfremdetes Wesen und ausgebeutetes Sein für das Kapital, stattdessen kann das Proletariat mit sich selbst: rechnen. Das Rechnen ist buchstäblich zu verstehen, wenn das Klassenbewusstsein das eigene gesellschaftliche Wesen durchschauen und es, wie Lukács sagt, „*vollkommen* [...] *erfassen*" kann. Das Klassenbewusstsein kann sich in die Vermittlung der Totalität sowohl spekulativ hineindenken als auch praktisch einbringen und dadurch sich selbst in der Vermittlung von Objektivität und Subjektivität sowohl erschließen als auch entwerfen, ganz so, als könnte es das Identische von Objektivität und Subjektivität tatsächlich ausrechnen und dadurch mit der eigenen Identität rechnen, kurz, ganz so, als könnte das Proletariat im Kommunismus buchstäblich mit sich selbst rechnen.[219]

[219] Indem Lukács erwartet, dass das Proletariat im Selbstbewusstsein mit dem eigenen gesellschaftlichen und geschichtlichen Wesen im Wortsinn *rechnet*, erhalten all die Entwürfe des Sozialismus und des Kommunismus, die das Bewusstsein dazu anhalten, sich der gesellschaftlichen Bestimmung der Arbeit zu unterziehen, eine Radikalisierung und letzte Zuspitzung. All diese Entwürfe, vom protestantischen Arbeitsethos über das Klassenbewusstsein bis zur Parteidisziplin und zum sozialistischen Arbeiterstaat, werden von Lukács existenzialistisch dadurch überboten, dass seine Idee des Kommunismus auf eine kommunistische Revolutionierung und Vergesellschaftung der ‚Idee' als solcher hinausläuft, versteht man mit Hegel unter ‚der Idee', dass das Wesen der Subjektivität darin besteht, sich der Identifikation der Objektivität bewusst zu sein und durch das Selbstbewusstsein mit eben diesem Bewusstsein rechnen zu können. Lukács' Revolutionierung dieser ‚Idee' liegt darin, durch die Idee des Kommunismus die Kritik des Kapitalismus zu begründen: Da die Arbeiterklasse im Kapitalismus aufgrund warenförmiger Entfremdung (noch) nicht über die gesellschaftliche Bestimmung und die produktive Kraft ihrer Arbeit praktisch verfügen kann, muss sie sich das Vermögen, eine rationale gesellschaftliche Objektivität mit Bewusstsein praktisch zu bilden, zunächst „zurechnen". D. h. das Subjekt der Arbeit muss diejenige Identifikation der von ihm produzierten gesellschaftlichen Objektivität zunächst ideell vorwegnehmen, die noch durch die Revolution durchgesetzt werden muss, damit diese Identifikation im Kommunismus dann praktisch verwirklicht werden kann. Im Kommunismus ist es dann, als ob die gesellschaftliche Objektivität in der Subjektivität des Proletariats ideell einträte und zugleich praktisch verwirklicht werden könnte, und ebenso ist es, als ob das Proletariat, wenn es sein Vermögen in der Objektivität der Gesellschaft verwirklicht, mit sich selbst rechnete. Dass Lukács' Idee des Kommunismus tatsächlich auf die Vergesellschaftung der ‚Idee' hinausläuft, wie sie die Erkenntnismethode des deutschen Idealismus konzipiert hat, wird besonders deutlich in dem Aufsatz „Das Problem geistiger Führung und die ‚geistigen Arbeiter'" in der Aufsatzsammlung *Taktik und Ethik*. Lukács zufolge zeichnet den Idealismus die Einsicht aus, dass die Erkenntnis zugleich eine *praktische Veränderung des Erkannten* ist: „Der Begriff des Bewußtseins tauchte in der klassischen deutschen Philosophie zum erstenmal auf und wurde dort geklärt. Bewußtsein bedeutet jenes besondere Stadium der Erkenntnis, in dem Subjekt und das erkannte Objekt in ihrer Substanz homogen sind [...]. *Die Hauptbedeutung dieser Erkenntnismethode besteht darin, daß die bloße Tatsache der Erkenntnis eine wesentliche Änderung in dem erkannten Objekt hervorruft* [...]. Diese Erkenntnismethode bedeutet jedoch auch, daß auf diese Weise der Unterschied zwischen Objekt und Subjekt verschwindet und deshalb auch der *Unterschied zwischen Theorie und Praxis*." (Georg Lukács: Das Problem geistiger Führung und die „geistigen Arbeiter". In: Ders.: *Taktik und Ethik*, S. 43–84, hier Anm. auf S. 58.) Ironischerweise hat der Realsozialismus, obwohl auch er das Erbe des deutschen Idealismus antreten wollte und sogar dessen materialistische Einlösung beanspruchte, die Erkenntnismethode des Idealismus nicht nur nicht auf eine praktische Weise verwirklicht, sondern er war im Gegenteil zu einer unpraktischen Erkenntnismethode gezwungen. Der Realsozialismus musste nämlich das Ausrechnen der Gesellschaft auf ganz profane Weise betreiben: Partei, Staat und Bürokratie sollten durch Verwaltung und Planung ausrechnen, womit im Kapitalismus das Geld blind und naturwüchsig rechnet. (Bekanntlich haben selbst die „1000 Augen der Partei" nicht zu sehen vermocht, was im Kapitalismus eine „invisible hand" (an) zu richten vermag.)

Es lässt sich zum Abschluss nun genau angegeben, worin das spezifisch Kapitalistische in Lukács' Idee des Kommunismus liegt, nämlich darin, dass seine Idee eines identischen Subjekt-Objekts der Geschichte auf das kapitalistische Wesen des Geldes als Maß des Werts, Mittel seiner Realisierung und Form seiner Verwertung zurückgeht. Vereinfacht gesagt, müsste im Kommunismus nicht mehr dem Geld eine ideell-übersinnliche, universelle Werteinheit und deren Verwertung zugerechnet werden, statt des Geldes würde das Proletariat mit der Identität der Gesellschaft rechnen. Die Gesellschaft würde dann nicht mehr durch die maßgebliche Werteinheit, für die das Geld steht und die es durch seine drei Funktionen praktisch durchführt, auf blind-naturwüchsige Weise sich selbst angemessen werden, angemessen, indem die ermittelten Werte der Produktivkraft und dem zeitlichen Selbstverhältnis der Gesellschaft entsprechen. Die Gesellschaft müsste stattdessen unmittelbar durch Bewusstsein und Praxis des Proletariats sich selbst angemessen werden. Die produktive Kraft der Verwertung müsste nicht mehr durch das Geld auf quantitative Weise realisiert und übertragen werden und in seinen ökonomischen Kreisläufen in Kraft bleiben und währen, stattdessen wäre das Proletariat im Denken und Handeln unmittelbar auf sich allein gestellt und müsste durch seine Praxis unmittelbar die gesellschaftliche Totalität erfüllen. Es müsste seiner produktiven Kraft unmittelbar gegenwärtig sein und zugleich von ihrer zukünftigen Realität her auf sie zurückkommen, denn es müsste ja gleich im Arbeits- und Produktionsprozess dessen zukünftige gesellschaftliche Bedeutung verinnerlichen und durch diesen Vorlauf auf die zukünftige Vergangenheit die eigene Allgegenwart erfahren. Es müsste die gesellschaftliche Totalität so übergreifen, als ob es in all ihren Einzelerscheinungen und Gestalten mit dem eigenen Wesen rechnete und logischer und geschichtlicher Prozess, gleich einem Naturprozess, eins wären.

Die Ironie in Lukács' Idee des Kommunismus liegt nicht nur darin, dass sie sich in der gezeigten Weise auf den Kapitalismus zurückführen lässt und dass insbesondere das identische Subjekt-Objekt der Geschichte darauf hinausläuft, die Ware Arbeitskraft mit der universellen Ware, dem Geld, ineins zu setzen. Die Ironie besteht auch darin, dass die Idee des Kommunismus eher der Erfüllung des Kapitalismus gleichkommt als seiner Überwindung. Denn indem Lukács das Proletariat gegen die Notwendigkeit der Entfremdung und Verdinglichung ins Feld führt und vom proletarischen Selbstbewusstsein eine Überwindung des Subjekt-Objekt-Dualismus und der Notwendigkeit der Reflexion erwartet, kämpft er für nicht weniger als die Idealform des Kapitals: für eine unmittelbar sich selbst erschließende und realisierende Produktivkraft. Lukács kämpft für eine Produktivkraft, die sich nicht erst als Ware Arbeitskraft verdinglichen und nicht erst im Kapital vergegenständlichen muss, damit die Arbeit im Kapital in entfremdeter Gestalt von ihrer eigenen Vergangenheit her auf sich zurückkommen und jene Vergangenheit produktiv verwerten kann; er kämpft für eine Produktivkraft, die sich nicht in Arbeit und Kapital ebenso spalten wie raumzeitlich auseinandersetzen und in die Vielfalt zufällig scheinender Einzeltatsachen zerstreuen muss. Während im Kapitalismus die produktive Kraft, die in der spekulativen Identität von lebendiger und toter Arbeitszeit liegt, erstens, in Raum und Zeit fallen und sich zunächst in die verschiedenen Gestalten ihres Werden hemmen muss, in Arbeiter und Kapitalist, in die Produktionsmittel und die Waren, kurz, in die Phänomene der bürgerlich-kapitalistischen Gesellschaft, und während diese produktive Kraft, zweitens, nur durch die Geldfunktionen realisiert werden kann, soll sich der Kommunismus von diesen beiden Notwendigkeiten befreien, indem die Arbeiterklasse direkt über die Produktivkraft verfügt sowie über deren Realisierung in Zeit und Raum.

Die Idee, dass die Produktivkraft rein als solche, dass das Nicht-Dingliche und Gestaltlose des gesellschaftlichen Prozesses und des geschichtlichen Fortschritts im Proletariat zu sich kommt und im Kommunismus ungehemmt für sich wird – diese Idee ist nun vollends jenem verdinglichenden Denken geschuldet, das bei Lukács doch ursprünglich zur Kritik anstand. Bereits die von Lukács kritisierte Verdinglichung der Ware Arbeitskraft resultiert ja aus der Notwendigkeit, dass das Verhältnis von lebendiger und vergangener Arbeitszeit, um in Kraft zu sein, in der Ware Arbeitskraft und in den kapitalistischen Produktionsmitteln und -bedingungen sowie im Kapitalisten Gestalt annehmen *muss*. Es ist dieses Verhältnis, das sich wiederum in die Waren entäußern und hier die von Lukács kritisierte Gestalt der Verdinglichung annehmen muss. Die Produktivkraft *muss* also, um Wirklichkeit zu werden, Gestalt annehmen und wie eine dingliche Eigenschaft der Arbeitskraft, ihrer Mittel und ihrer Resultate erscheinen – doch ohne dass diese produktive Kraft, wie Lukács meint, im Proletariat rein als solche Gestalt annehmen könnte. Im Gegenteil, die produktive Kraft muss sich denselben Gestalten, durch die sie in Kraft ist, auch wieder entziehen; sie muss ihnen sogar absolut negativ und unverfügbar bleiben. Hegel, so wurde gezeigt, macht das durch eine Phänomenologie des Geistes durchsichtig. Die Aufgabe seiner *Phänomenologie*: den inneren Zusammenhang aller Phänomene des Daseins darzustellen, ist der Verlegenheit geschuldet, dass die Phänomene ein zeitliches Selbstverhältnis auseinanderlegen, das nur im Übergehen Gestalt annimmt und darin einer ebenso negativen wie produktiven Kraft Raum gibt. Die produktive Kraft des Übergehens entzieht sich durch die Phänomene in die Geschichte eines Werdens, das diesen Entzug zu der negativen, unverfügbaren, rein spekulativen Identität der Gestalt des Übergehens schlechthin werden lässt, des absoluten Geistes. Auch die produktive Kraft der kapitalistischen Verwertung, so konnte mit Marx gezeigt werden, kann nur erscheinen durch all die Gestalten, welche die produktive Kraft annimmt, und auch sie bildet die Identität einer gesellschaftlichen Totalität dadurch, dass sie sich entzieht und doch im Geld zur Realität einer ebenso ideellen wie quantitativ bestimmten Identität wird. Während die Produktivkraft von Arbeit und Kapital sich in den Waren in die mannigfaltigen Gestalten der Gesellschaft hemmt, nimmt sie im Geld die gestaltlose Gestalt des rein quantitativen Übergehens an und entzieht sich in die Identität zwar nicht eines absoluten Geistes, aber der quantitativen Bestimmungen des Geldes und seiner Bewegung als Kapital. So wird die produktive Kraft der Verwertung von lebendiger und toter Arbeitszeit im Geld auf quantitative Weise unverfügbar gehalten, während sie, gleich der negativen, spekulativen Identität eines absoluten Geistes, im Geld umgeht und der kapitalistischen Gesellschaft zum zeitlichen Selbstverhältnis wird.

Lukács' Idee des Kommunismus treibt dagegen die Verdinglichung auf die Spitze, wenn jene unverfügbare produktive Kraft eine positive Gestalt annehmen soll. Im Proletariat gab er seiner großen Idee Gestalt, dass die gesellschaftliche Produktivkraft in einer besonderen Ware reflexiv wird, zu Bewusstsein kommt und sich zum identischen Subjekt-Objekt der Geschichte erhebt:

> Der Standpunkt, daß das Proletariat das identische Subjekt-Objekt des Geschichtsprozesses ist, d.h. das erste Subjekt im Laufe der Geschichte, das eines adäquaten gesellschaftlichen Bewußtseins (objektiv) fähig ist, erscheint damit in konkreterer Gestalt.[220]

---

220 *GuK*, S. 341 (217).

III. Adornos negative Dialektik und die Logik der Identifikation durch das Maß

Erster Teil. Gesellschaftliche Synthesis als gewaltsame Subsumtion

> Wie treu man auch dem Prinzip immanenter Kritik folgen mag, es ist nicht unreflektiert dort anzuwenden, wo logische Immanenz selber, unter Absehung von jeglichem besonderen Inhalt, zum alleinigen Maß erhoben wird.
> (Theodor W. Adorno, *Der Positivismusstreit in der deutschen Soziologie, Einleitung*)[1]

In Lukács' Verdinglichungsaufsatz ist bereits 1923 die wohl radikalste Kritik gesellschaftlicher Totalität formuliert worden, die zwar im unmittelbaren Zusammenhang mit einer Kritik der Warenform steht und mit revolutionärem Anspruch auftritt, sich aber noch innerhalb der Prämissen des Marxismus-Leninismus aufhält. Lukács hat die im Verdinglichungsaufsatz eingeschlagene Kritik nicht weitergeführt. Im Gegenteil, er hat sich mehrfach einer Selbstkritik unterzogen und ausdrücklich vom Verdinglichungsaufsatz distanziert.[2]

---

1 Theodor W. Adorno: Einleitung. In: Theodor W. Adorno u. a.: *Der Positivismusstreit in der deutschen Soziologie* (*Soziologische Texte,* Bd. 58, hrsg. v. Heinz Maus / Friedrich Fürstenberg). Neuwied/Berlin: Luchterhand 1969, S. 7–79, hier S. 8.

2 Das gilt nicht nur für die taktisch motivierte Selbstkritik seiner Moskauer Zeit, sondern auch für das Vorwort zur Neuauflage von *Geschichte und Klassenbewußtsein* (*GuK*) von 1967, zu einer Zeit also, wo die 1968er Bewegung anhob, an die, wie Lukács es nannte, „idealistischen Fehltritte" von *GuK* anzuknüpfen. Lukács kritisiert im Vorwort u. a., dass *GuK* „in seiner Analyse der ökonomischen Phänomene nicht in der Arbeit, sondern bloß in komplizierten Strukturen der entwickelten Warenwirtschaft seinen Ausgangspunkt sucht". (Georg Lukács: Vorwort zur Neuauflage 1967. In: Ders.: *Geschichte und Klassenbewußtsein.* Neuwied: Luchterhand 1970 (Sonderausgabe), S. 20 (im Folgenden *GuK*).) Vgl. auch die frühe Selbstkritik zu *Geschichte und Klassenbewußtsein* von 1934, erschienen u. a. im Sammelband *Geschichte und Klassenbewußtsein heute,* Bd. 2: Beiträge 1923–1969. Frankfurt am Main: Materialis 1977, S. 254–262.

Es war Theodor W. Adorno, der in der Kritik warenförmiger Verdinglichung in bestimmter Hinsicht konsequenter vorging als Lukács.³ Denn ähnlich wie Lukács sieht Adorno in der Warenform zwar die Totalität gesellschaftlicher Vermittlung, ihr steht aber weder ein kritisches oder gar revolutionäres Potenzial gegenüber, noch bringt sie ein solches hervor. Musste für Lukács trotz und zugleich wegen der totalen warenförmigen Verdinglichung noch deren Selbstaufhebung möglich scheinen, so gehört für Adorno zum kapitalistischen Verhängnis auch dessen Ausweglosigkeit.⁴ Damit war seine Kritische Theorie die erste an Marx orientierte Gesellschaftskritik, die nicht nur die geschichtliche und gesellschaftliche Gewordenheit des Kapitalismus sowie dessen Ungerechtigkeit und Krisenhaftigkeit zum Ausgangspunkt nahm, sondern auch das Scheitern seiner Überwindung. Entsprechend versteht Adorno seine Kritische Theorie nicht nur als eine Reflexion auf das Versagen der aufgeklärten bürgerlichen Gesellschaft, sondern auch auf das Versagen der *Kritik*, die sie erhalten hat.⁵ Während Lukács zufolge die warenförmige Vermittlung in ihrem Objekt, dem Proletariat, das Subjekt ihrer Aufhebung hervorruft, drängt Adorno zufolge die „vergesellschaftete Gesellschaft"⁶ weder von selbst zur Emanzipation, noch bringt sie ein revolutionäres Subjekt hervor; der Nationalsozialismus lässt sich endgültig in keinen Fortschrittsoptimismus mehr einreihen; und angesichts des Holocaust, dem absolut Negativen, muss jede Frage nach einem Sinn in der gesellschaftlichen Entwicklung verstummen.

Doch Adorno misstraute nicht nur dem bürgerlichen Fortschrittsoptimismus und dem geschichtsphilosophischen Entwicklungsdenken des Marxismus-Leninismus, sondern dem affirmativen Wesen positiver Bestimmung überhaupt. Er suchte daher eine Kritik zu begründen, die, ohne an Bestimmtheit nachzulassen, ihrem Gegenstand insofern konsequent negativ gegenübertritt, als sie sich weder an die konstitutive Kraft der Subjektivität, noch an die Bestimmungen positivistischer Wissenschaft halten möchte,

---

3 Zum schwierigen Verhältnis zwischen Adorno und Lukács vgl. Dossier: Georg Lukács und Theodor W. Adorno, Teil 1. In: *Jahrbuch der Internationalen Georg-Lukács-Gesellschaft* 8 (2004); Dossier: Georg Lukács und Theodor W. Adorno, Teil 2. In: *Jahrbuch der Internationalen Georg-Lukács-Gesellschaft* 9 (2005). Adorno selbst hat sich in seinen Schriften wiederholt, aber meist nur beiläufig zu Lukács geäußert und dann meist dessen politische und kulturtheoretische Entwicklung nach *GuK* kritisiert, vgl. bes. Theodor W. Adorno: Ad Lukács. In: Ders.: *Vermischte Schriften. Gesammelte Schriften* (*GS*), Bd. 20.1. Frankfurt am Main: Suhrkamp 1986, S. 251–256; ders.: Erpreßte Versöhnung. Zu Georg Lukács: Wider den mißverstandenen Realismus. In: Ders.: *Noten zur Literatur. GS*, Bd. 11. Frankfurt am Main: Suhrkamp 1974, S. 251–280.

4 Entsprechend geht auch die Hegelkritik bei Lukács und Adorno in geradezu entgegengesetzte Richtungen. Lukács will Hegels Weltgeist in der bewussten Praxis des Proletariats gleichsam vergesellschaften, Adorno will in der Idee eines Weltgeistes, ob ideeller oder praktischer Natur, eine erpresste Versöhnung sichtbar machen. Vgl. zum Unterschied in der Hegelkritik auch Martin Blumentritt: Die Diktatur der Idee des Proletariats. Differenzen in der Hegelkritik des jungen Lukács und Adorno. In: *Hegel-Jahrbuch* 1992, S. 295–303.

5 Adorno leitet die *Negative Dialektik* mit diesem berühmten Satz ein: „Philosophie, die einmal überholt schien, erhält sich am Leben, weil der Augenblick ihrer Verwirklichung versäumt ward." (Theodor W. Adorno: Negative Dialektik. In: *Negative Dialektik. Jargon der Eigentlichkeit. GS*, Bd. 6. Frankfurt am Main: Suhrkamp 1970, S. 7–412, hier S. 15, im Folgenden *ND*.)

6 *ND*, S. 294.

noch sich dem Glauben an eine blind waltende List der Vernunft ausliefern will.[7] Dem ML erschien eine solche als negative Dialektik[8] konzipierte Kritik als kleinbürgerlicher Fatalismus,[9] dem aktionistischen Teil der Studentenbewegung und den Neuen Sozialen Bewegungen als Verlust jeder praktischen Qualität.

Mit dem Beharren auf radikaler Negativität zog Adorno jedoch eine entscheidende Konsequenz, die sich aus den Problemen einer konstruktiven und in diesem Sinne positiven Gesellschaftskritik ergeben hatte. Bereits bei Lukács stand das Problem, das für Adornos ‚Wendung' der Kapitalismuskritik ins Negative entscheidend ist, im Mittelpunkt: Die Warenform als totale Verdinglichung auch der Erkenntnis und des Subjekts lässt die allgemeinen Formen des Bewusstseins, der Vernunft, ja selbst die Möglichkeit einer Verdinglichungs- und Bewusstseinskritik grundsätzlich problematisch werden. Doch während Lukács zufolge die Ware Arbeitskraft durch ihr Selbstbewusstsein auf die warenförmige Verdinglichung und Entfremdung der gesellschaftliche Bestimmung der eigenen Arbeit zurückkommt und in diesem Zurückkommen auch schon der revolutionäre Umschlag liegt, müssen sich Adorno zufolge Bewusstsein, Subjektivität und Vernunft gegen ihre warenförmige Verdinglichung wenden und ihre eigene Kritik vollziehen, *ohne* dass davon eine kommunistische Revolutionierung warenförmiger Vermittlung erwartet werden dürfte.

Doch so sehr Adornos Kritik warenförmiger Vermittlung im Negativen verweilt und keine positive Aufhebung erwartet, so sehr ist auch eine nähere Bestimmung der KdpÖ und der kritisierten Warenform ausgeblieben, sei es im Sinne einer Rekonstruktion und Aktualisierung oder einer Kritik und Weiterentwicklung. Die Marx'sche Gesellschaftskritik wird, zusammen mit der Psychoanalyse, zum Ausgangspunkt einer Kritischen

---

7 Vgl. dazu die Vorrede der *ND*, S. 9–11. Der negative Charakter der Dialektik Adornos und die Kritik der bürgerlichen Subjektivität treten außer in der *ND* am deutlichsten in der *Dialektik der Aufklärung* hervor vgl. Theodor W. Adorno / Max Horkheimer: *Dialektik der Aufklärung. Philosophische Fragmente* [1947]. Frankfurt am Main: Fischer 1969; die Kritik des wissenschaftlichen Positivismus hat Adorno vor allem im Zuge des sog. Positivismusstreits formuliert, vgl. dazu Adornos Beiträge in Adorno u. a.: *Der Positivismusstreit in der deutschen Soziologie*. Zur Darstellung der Gesellschaftskritik Adornos wird vor allem die *ND* herangezogen; grundsätzlich wird aus seinen Schriften vor allem da zitiert, wo es um die Kritik warenförmiger Vergesellschaftung und um die Entsprechung von Tausch- und Begriffslogik geht. Diese Kritik zieht sich durch nahezu alle Schriften. Erste Bemerkungen zur Warenform finden sich in seiner Habilitation, vgl. Theodor W. Adorno: *Kierkegaard. Konstruktion des Ästhetischen*. GS, Bd. 2. Frankfurt am Main: Suhrkamp 1979, S. 59ff., 159ff.; sowie in seiner Antrittsvorlesung von 1931, Theodor W. Adorno: Die Aktualität der Philosophie. In: Ders.: *Philosophische Frühschriften*. GS, Bd. 1. Frankfurt am Main: Suhrkamp 1973, S. 325–344, hier S. 337. Die Bemerkungen setzen sich dann in den musiksoziologischen Studien fort, die zwischen 1932–1935 in der *Zeitschrift für Sozialforschung* erschienen sind. Die letzten Ausführungen zur Warenform finden sich in seinem letzten großen Werk, vgl. Theodor W. Adorno: *Ästhetische Theorie*. GS, Bd. 7. Frankfurt am Main: Suhrkamp 1970, S. 28ff. So durchgehend die Kritik der Warenform in seinen Schriften auftaucht, so durchgehend bleibt sie unausgeführt; die Systematik dieser Kritik lässt sich allenfalls indirekt erschließen.

8 Im Folgenden steht „negative Dialektik" (mit kleinem „n"), wo Methode und Gegenstand der Kritik Adornos, *Negative Dialektik*, wo sein gleichnamiges Buch gemeint ist.

9 Oder sogar als „Fehl-Praxis von Anti-Marxisten" – so der Titel eines Kapitels in Wilhelm Raimund Beyer: *Die Sünden der Frankfurter Schule. Ein Beitrag zur Kritik der ‚Kritischen Theorie'*. Frankfurt am Main: Marxistische Blätter 1971, S. 79.

Theorie der Gesellschaft erklärt,[10] doch Marx' Gesellschaftskritik bleibt trotz ständiger latenter Präsenz merkwürdig unbestimmt und unerfüllt, und wo die Kategorien der KdpÖ explizit auftauchen, findet sich ein eher metaphorischer Umgang.[11] So ist es auch im Fall der KdpÖ eher der negative Grundzug in Adornos Kritik, durch den die einzelnen ökonomischen Kategorien, vor allem aber die Kapitalismuskritik als ganze eine Systematik und Bestimmtheit erlangen. Die ‚erste' Bestimmung muss den Kategorien schon durch Adornos Abkehr von den emphatischen Erwartungen widerfahren, die der ML und auch Lukács mit ihnen verbanden. Die Abkehr spricht den ökonomischen Kategorien nicht nur einen emanzipatorischen Gehalt ab und erteilt ihrer sozialistischen Anwendung eine entschiedene Absage, sie verkehrt die Erwartungen an die gesellschaftlichen Widersprüche und an ihre fortschrittliche Dynamik geradezu ins Gegenteil, in eine eindimensionale Auflösung der Widersprüche und in

10 Vgl. dazu den programmatischen Aufsatz von Max Horkheimer: Kritische und traditionelle Theorie. In: Ders.: *Gesammelte Schriften*, Bd. 4. Frankfurt am Main: Fischer 1970, S. 162–255. Gerhard Bolte zeigt darüber hinaus, dass im Selbstverständnis der Kritischen Theorie schon die Marx'sche Ökonomiekritik als eine kritische Theorie galt, sodass die Kritische Theorie sich selber bereits in der Tradition einer kritischen Theorie – eben der Marx'schen – begriff, vgl. Gerhard Bolte: *Von Marx bis Horkheimer. Aspekte Kritischer Theorie im 19. und 20 Jahrhundert*. Darmstadt: WBG 1995. Zum Selbstverständnis der frühen Kritischen Theorie in Bezug auf Marx vgl. Hans-Joachim Blank: Zur Marx-Rezeption des frühen Horkheimer. In: Iring Fetscher / Alfred Schmidt (Hrsg.): *Emanzipation als Versöhnung*. Ljubljana: Neue Kritik 2002, S. 50–88.

11 Zudem wird dort, wo es um den ökonomischen Zusammenhang im engeren Sinne geht, dieser regelmäßig auf ein „Tauschprinzip" und „Äquivalenzprinzip" (Adorno) reduziert, wenn auch, um diese Reduzierung der Sache selbst vorzuwerfen. Konsequenterweise wird selbst dort, wo näher auf den Marx'schen Kritikbegriff eingegangen wird, die „dialektische Mitte, das dialektische Zentrum der Marxschen Theorie" (Theodor W. Adorno: *Philosophische Terminologie. Zur Einleitung*, Bd. 2. Frankfurt am Main: Suhrkamp 1974, S. 262) in dem von Marx durchgeführten Nachweis gesehen, dass die bürgerliche Gesellschaft ihrem Ideal vom gleichen und gerechten Tausch in ihrer eigenen Grundlage, nämlich im Austausch von Arbeitskraft und Kapital, entspricht und nicht entspricht zugleich; vgl. dazu die Vorlesung über den Marx'schen Materialismus in ebd., S. 255–266. Dagegen finden sich in Adornos gesamtem Werk kaum Hinweise auf die Wertformanalyse, auf die Bedeutung des Geldes für den Warentausch sowie auf die Kapitalform des Geldes. Dieses ökonomiekritische Defizit der Kritischen Theorie, von Adorno selbst eingeräumt, hängt wohl mit einer Art Arbeitsteilung im Institut für Sozialforschung zusammen. Hier waren vor allem Friedrich Pollock und Henryk Grossmann für die politische Ökonomie zuständig (zumindest bis zum Beginn des 2. Weltkriegs, danach kam dies vor allem Alfred Schmidt und anderen Schülern Adornos wie Hans-Jürgen Krahl zu), während Adorno sich selbst nicht als Ökonom begreifen wollte, vgl. dazu Rolf Johannes: Das ausgesparte Zentrum. Adornos Verhältnis zur Ökonomie. In: Gerhard Schweppenhäuser (Hrsg.): *Soziologie im Spätkapitalismus. Zur Gesellschaftsanalyse Theodor W. Adornos*. Darmstadt: WBG 1995, S. 41–68. Hans-Georg Backhaus stellt sogar fest, dass „Adorno und Horkheimer [...] die Wertformanalyse gänzlich ignoriert haben" (Hans-Georg Backhaus: Materialien zur Rekonstruktion der Marxschen Werttheorie I. In: Ders.: *Dialektik der Wertform. Untersuchungen zur Marxschen Ökonomiekritik*. Freiburg: ça ira 1997, S. 67–91, hier S. 76); noch pauschaler äußerten sich Jürgen Habermas: *Philosophisch-politische Profile*. Frankfurt am Main: Suhrkamp 1987, S. 178; Martin Jay: *Dialektische Phantasie. Die Geschichte der Frankfurter Schule und des Instituts für Sozialforschung 1923–1950*. Frankfurt am Main: Fischer 1976, S. 146–147. Allgemein zur Kritik, dass Adorno und Horkheimer die selbst gesetzten Grundlagen ihrer Kritik nicht nutzten, vgl. Andreas Arndt: *Dialektik und Reflexion. Zur Rekonstruktion des Vernunftbegriffs*. Hamburg: Meiner 1994, S. 270–271. Dirk Braunstein hat das Verhältnis Adornos zur Wirtschaftswissenschaft und zu Marx im Allgemeinen sowie zu dessen Kritik der politischen Ökonomie im Speziellen ausführlich ausgearbeitet, vgl. Dirk Braunstein: *Adornos Kritik der politischen Ökonomie*. Bielefeld: Transcript 2011.

eine verhängnisvolle Dynamik des Verfalls. Dieser ‚Rückzug' in eine negativ gehaltene Kritik will keinen Anlauf zur Überwindung des Bestehenden nehmen; Adorno will es bei der Abkehr belassen. Dieser zurückhaltende, negative Bezug auf die ökonomischen Kategorien und die gesellschaftlichen Widersprüche hat den Umgang mit der KdpÖ und die neuere Marx-Aneignung nach 1965 geprägt, vor allem im deutschsprachigen Raum.

In Teil I soll zunächst entwickelt werden, warum sich für Adorno dieser negative Umgang mit den Kategorien der KdpÖ aus diesen selbst ergibt (ganz wie das von einer immanenten Kritik auch verlangt wird) und warum die Zutat der Kritik gerade im Verzicht auf ihre positive Aufhebung besteht. Zudem soll gezeigt werden, in welcher Weise Adorno in seiner Kritik warenförmiger Vermittlung das Maß der Gesellschaftskritik, im Gegensatz zu Lukács, durchweg negativ bestimmt. Die Kritik an Adorno geht dann der Frage nach, inwiefern auch bei Adorno in der Kritik der Warenform, wie zuvor bei Lukács, das Geld blinder Fleck bleibt. Um dies zu zeigen, wird seine negativ gehaltene Dialektik in Teil II ins Verhältnis zur Aufhebungsbewegung der – aus Adornos Sicht – ‚positiven' Dialektik von Hegel und Marx gesetzt.

1. Identifikation durch Begriff und Tauschwert

Wo Adorno die Kategorien der KdpÖ explizit oder implizit anspricht, wird das Allgemeine von Tauschwert und Ware, Geld und Kapital letztlich – und das zeichnet den Grundzug seiner Kritik aus – *subsumtionslogisch* verstanden; dasselbe gilt für das Allgemeine, das Hegel in Geist und Subjekt, Idee und Begriff legt. Adorno zufolge erlangt nämlich das Allgemeine, das von der kapitalistischen Ökonomie zur Geltung gebracht wird und das Hegel in die Arbeit des Begriffs und in den Geist legt, seine Geltung als Allgemeines nicht ohne die Herrschaft einer Abstraktion. Diese Abstraktion beherrscht durch Verallgemeinerung, wovon sie zugleich abstrahiert, sodass die Abstraktion und die durch sie erzwungene Allgemeinheit zu einer Hypostase werden gegenüber dem Eigenbestimmten, Besonderen und Individuellen. So setzen sich Abstraktion und Allgemeinheit in Form eines Identitätszwangs durch, der durch eine repressive und nivellierende Vergleichung alles einander gleichzusetzen sucht.[12]

---

[12] Nicht allein Adorno, sondern der Kritischen Theorie und ihrem Umfeld insgesamt lässt sich nachweisen, dass ihre Kritik von subsumtionslogischen Vorstellungen ausgeht, und zwar sowohl in Bezug auf die Ökonomie und ihre Kategorien als auch in Bezug auf die Kategorien des begrifflich-identifizierenden Denkens. Nachdrücklicher noch als Adorno hat Max Horkheimer Hegels Dialektik als Identitätsphilosophie bestimmt, vgl. Max Horkheimer: Hegel und das Problem der Metaphysik. In: *Gesammelte Schriften*, Bd. 2. Frankfurt am Main: Fischer 1987, S. 295–308. Ein Beispiel aus dem Umfeld der Kritischen Theorie ist Karl Heinz Haag: „Wahrheit als die adaequatio intellectus et rei ist ein Resultat dieses Subjekt und Objekt umfassenden Prozesses, in dem durch Abstraktion vom Besonderen Identität zum Wesen von Denken und Sein wurde. Identität ist das Prinzip, welches Subjektivität und Objektivität konstituierte und sie aufeinander bezieht. Aber sie ist das nur, indem sie aus der seienden Natur das Allgemeine macht, das zur Seele der Menschen und der Dinge erklärt wird. Als das begrifflich Faßbare deklariert die große europäische Philosophie es als das wahrhaft Seiende, während das Nichtidentische, die Einzigkeit der Dinge, die begrifflicher

Dieser Grundzug, der in der *Dialektik der Aufklärung* und in der *Negativen Dialektik* seine stringenteste Durchführung erhielt, soll jene Wendung ins Positive zurücknehmen oder ihr sogar zuvorkommen, die Adorno in Hegels Dialektik angelegt sieht: Hegel habe die Dialektik letztlich subsumtionslogisch unter den Identitätszwang und die Vorherrschaft des begrifflichen Denkens gestellt. Er habe die Synthesis des Denkens affirmativ in den Selbstbezug einer übergreifenden Subjektivität aufgehoben und das als Zu-sich-selbst-Kommen eines absoluten Geistes ausgegeben.[13]

Für die Kritik dieser Subsumtionslogik in Hegels Dialektik und ihres affirmativ-versöhnenden Grundzugs greift Adorno auf Marx' KdPÖ zurück. Dieser Rückgriff soll, ähnlich wie bei Lukács, zu einer gewissen Vergesellschaftung der Hegel'schen Dialektik und ihrer Kategorien führen, denn Adorno zufolge entspricht einem Geist, der in allem Vermittelten bei-sich ist – dieser Selbstaffirmation des Geistes entspricht eine kapitalistische Ökonomie, die sich im Zuge ihrer Vermittlung und Verwertung dem eigenen Schein gleichmacht. Jedenfalls kann aus Adornos Sicht die Kritik des Geistig-Ideellen insofern auf Marx' Ökonomiekritik zurückgreifen, als Marx die geistig-ideelle Identifikation auf die gewaltsame Synthesis des Tausches zurückgeführt und den geistigen Identitätszwang mit dem sich selbst objektivierenden Schein des Tauschprinzips ins Verhältnis gesetzt habe:

> Das, was die Gesellschaft eigentlich zu einem Gesellschaftlichen macht, wodurch sie im spezifischen Sinn sowohl begrifflich konstituiert wird, wie auch real konstituiert wird, das ist das Tauschverhältnis, das virtuell alle Menschen, die an diesem Begriff von Gesellschaft teilhaben, zusammenschließt [...].[14]

Fixierung sich entzog, zum Nichtigen herabsinkt. Der Gewinn an Identität in der Urgeschichte von Denken und Sein wird bezahlt mit der inhaltlichen Bedeutungslosigkeit des Nichtidentischen. Ihm kommt seit der Antike kein Inhalt an sich mehr zu, sondern es kann ihn nur noch durch Subsumtion unters Allgemeine zugeteilt erhalten." (Karl Heinz Haag: *Philosophischer Idealismus. Untersuchungen zur Hegel'schen Dialektik mit Beispielen aus der Wissenschaft der Logik*. Frankfurt am Main: EVA 1967, S. 5–6); vgl. auch ders.: Zur Lehre vom Sein in der modernen Philosophie. In: Ders. (Hrsg.): *Die Lehre vom Sein in der modernen Philosophie*. Frankfurt am Main: Akademische Verlagsgesellschaft 1963, S. 1–11. Solche Kritik trifft, auch wenn sie sich gegen Hegels Begriff der Logik richtet, eher die von der Kritischen Theorie als „instrumentell-technische Vernunft" kritisierte, nicht-dialektische Logik. Wenn, dann sind subsumtionslogische Argumentationen im Empirismus und Rationalismus, im Positivismus und in der analytischen Philosophie zu finden, also gerade in denjenigen philosophischen Richtungen, die sich ihrerseits als Abkehr von der Hegel'schen Dialektik verstehen.

13 Vgl. Theodor W. Adorno: Drei Studien zu Hegel. In: Ders.: *Zur Metakritik der Erkenntnistheorie. Drei Studien zu Hegel*. GS, Bd. 5. Frankfurt am Main: Suhrkamp 1971, S. 247–381, bes. S. 323–324, 328–329. Zum Hegel-Verständnis Adornos vgl. Ute Guzzoni: Hegels ‚Unwahrheit'. Zu Adornos Hegel-Kritik. In: *Hegel-Jahrbuch* 1975, S. 242–246; Hent de Vries: Moralität und Sittlichkeit: zu Adornos Hegelkritik. In: *Hegel-Jahrbuch* 1988, S. 300–307.

14 Theodor W. Adorno: *Einleitung in die Soziologie (1968). Nachgelassene Schriften*, Abt. IV, Bd. 15. Frankfurt am Main: Suhrkamp 1993, S. 57. Zum Verhältnis von Tauschprinzip einerseits und Begriff, Identität, Allgemeinheit, Subjektivität andererseits vgl. ND, bes. S. 22, 34, 57, 95, 178, 310–311, 316, 380. Zur Zentralität des Tauschprinzips vgl. Michael Koltan: Adorno gegen seine Liebhaber verteidigen. In: Jour-fixe-Initiative Berlin (Hrsg.): *Kritische Theorie und Poststrukturalismus*. Berlin: Argument 1999, S. 14–29, bes. S. 16ff. Koltan kritisiert allerdings, dass die aus dem Tausch abgeleiteten Kategorien gar nicht an der KdpÖ und am kapitalistischen Warentausch, sondern an der Figur des Opfers gebildet sind und insofern in einem allgemeineren

Aus dieser Sicht hat Marx die Synthesis und die Aneignungsweise in der kapitalistischen Gesellschaft kritisch dargestellt, indem er ausweist, dass sich durch die tauschwertige Vermittlung das Besondere und Gebrauchswertige als Abstrakt-Allgemeines darstellen muss. Das Sinnliche und Stoffliche der Vermittlung wird im Tauschwert zum bloßen „Sein-für-Anderes"[15], mehr noch, es wird einer abstrakten, expansiven und maßlosen Verwertung unterworfen, einschließlich der Arbeit als Ware Arbeitskraft und Gebrauchswert des Kapitals.[16] Adorno zufolge stellt die KdpÖ an der Logik

Sinne zur (geschichtlichen) Universalisierung des Tauschprinzips gebraucht werden. Der Tausch sei bei Adorno zudem in erster Linie als erkenntniskritische Kategorie zu verstehen. Es herrscht zwar weitgehend Einigkeit darüber, dass Adorno, wie von Koltan gezeigt, in der *ND* den Tausch in einem erkenntniskritischen Sinne gebraucht. Keine Einigkeit herrscht dagegen über die Zulässigkeit dieses Gebrauchs. So ist die Bedeutung des Zusammenhangs zwischen dem Warentausch und der Konstitution bürgerlicher Subjektivität wiederholt in Abrede gestellt worden, etwa von Ulrich Müller, der darin eine „materialistisch reduzierende Auslegung des Transzendentalen" in der Folge von Alfred Sohn-Rethel sieht (Ulrich Müller: *Erkenntniskritik und Negative Metaphysik bei Adorno*. Frankfurt am Main: Athenäum 1988, S. 177). Jürgen Habermas wiederum stellt pauschal fest, dass Adorno (und Horkheimer) die Denkform nicht im Sinne von Lukács und Sohn-Rethel aus der Warenform abgeleitet haben: „Die gelegentlichen Hinweise auf die in Tauschverhältnissen objektiv gewordene Realabstraktion können nicht darüber hinwegtäuschen, daß Horkheimer und Adorno keineswegs wie Lukács und Sohn-Rethel die Denkform aus der Warenform ableiten" (Jürgen Habermas: *Theorie des kommunikativen Handelns*, Bd. 1. Frankfurt am Main: Suhrkamp 1981, S. 506). Differenzierter dagegen sind die Beiträge in Fetscher / Schmidt (Hrsg.): *Emanzipation als Versöhnung*; Jens Becker / Heinz Brakemeier (Hrsg,): *Vereinigung freier Individuen. Kritik der Tauschgesellschaft und gesellschaftliches Gesamtsubjekt bei Theodor W. Adorno*. Hamburg: VSA 2004.

15 Vgl. Adorno: *Ästhetische Theorie*, S. 334ff.

16 Bei Adorno sind emphatische Bezüge auf den Gebrauchswert bzw. die Vorstellung seines Verfalls durchgängig zu finden, explizit zuerst wohl im Aufsatz Über den Fetischcharakter der Musik und die Regression des Hörens (in: *Dissonanzen. GS*, Bd. 14. Frankfurt am Main: Suhrkamp 1973, S. 14–50), am ausführlichsten durchgeführt dann in der *Dialektik der Aufklärung*. Gleichwohl ist der emphatische Bezug auch stets mit einer Zurückhaltung verbunden, vgl. etwa Adornos Anmerkungen in Adorno: *Philosophische Terminologie*, Bd. 2, S. 269. Der emphatische Bezug auf den Gebrauchswert bzw. der pessimistische Bezug auf dessen Verfall findet sich nicht nur bei Adorno, sondern bei fast allen Vertretern der Kritischen Theorie. Er wurde im Anschluss an die Kritische Theorie mitunter sogar noch radikalisiert. So spricht Helmut Reinicke davon, dass der Gebrauchswert die „Widerstands- und Revoltformen des Sinnlich-Konkreten gegen das Abstrakte" abgebe (Helmut Reinicke: *Revolte im bürgerlichen Erbe. Gebrauchswert und Mikrologie*. Gießen: Achenbach 1975, S. 205). Auch Wolfgang Pohrt will die Kategorie des Gebrauchswerts, die von Marx zu wenig beachtet worden sei, zu einer radikalen Gesellschaftskritik des entwickelten Kapitalismus nutzen, und auch Pohrt verfolgt eine emphatische Bestimmung des Gebrauchswerts insofern, als er den Gebrauchswert der lebendigen Arbeit und des Arbeiters vom Gebrauchswert als notwendigem Träger des Tauschwerts unterscheidet und die lebendige Arbeit als eine Produktivkraft und reine Subjektivität bestimmt, die vom Kapitalismus ihrer historischen Potenz beraubt werde; vgl. Wolfgang Pohrt: *Zur Theorie des Gebrauchswerts oder über die Vergänglichkeit der historischen Voraussetzungen, unter denen das Kapital Gebrauchswert setzt*. Frankfurt am Main: Syndikat 1976. Zurückhaltender als Pohrt, aber in ähnlicher Perspektive verfolgt auch Stefan Breuer den Gebrauchswert, vgl. Stefan Breuer: *Die Krise der Revolutionstheorie. Negative Vergesellschaftung und Arbeitsmetaphysik bei Herbert Marcuse*. Frankfurt am Main: Syndikat 1977. Auch Hans-Jürgen Krahl hat insofern einen emphatischen Begriff vom Gebrauchswert, als ihm zufolge der „Wert unmittelbar zur blinden Anschauungsform der Gebrauchswerte geworden" ist und dadurch den Gebrauchswert „disqualifiziert" (Hans-Jürgen Krahl: Bemerkungen zur Akkumulation und Krisentendenz des Kapitals. In: Ders.: *Konstitution und Klassenkampf*. Frankfurt am Main: Neue Kritik 1971, S. 82–97, hier S. 83; vgl. hierzu auch ders.: Zur Wesenslogik der Marxschen Wertformanalyse. In: Ebd., S. 31–81). Bei Postone erhält die pessimistische Perspektive

des Tauschs, am Markt- und Zirkulationsgeschehen sowie an der Selbstbewegung des Kapitals dar, wie die Menschen von ihrem eigenen gesellschaftlichen Zusammenhang abstrahieren und durch dieselbe Abstraktion subsumiert werden. Sie unterwerfen sich einer Abstraktion, die ihnen in Formen anonymer Herrschaft und äußeren Zwangs gegenübertritt, in Formen, die, obwohl sie durch das gesellschaftliche Verhältnis der Menschen und sogar in ihrem Denken und Handeln durchgesetzt werden, ihnen gleichwohl mit objektiver Notwendigkeit gegenübertreten und wie äußere Naturzwänge erscheinen.[17]

Die ökonomischen Formen und Kategorien sind dadurch laut Adorno sowohl subjektiver wie bewusstlos-praktischer und insofern objektiver Natur. Beides kommt zusammen in einer instrumentellen Vernunft, deren Schein objektiver Notwendigkeit und Allgemeinheit alle gesellschaftlichen Bereiche durchdringt, also nicht nur das Bewusstsein und die Konstitution bürgerlicher Subjektivität, sondern auch Wissenschaft und Kunst, Staat und Recht.[18]

Da aus Adornos Sicht Marx im Zuge seiner Kritik der kapitalistischen Gesellschaft die Hegel'sche Dialektik einer Vergesellschaftung zugeführt hat, kann auch umgekehrt

---

der Kritischen Theorie, die meist einseitig die Zurichtung und den Verfall des Gebrauchswerts beklagt habe, eine Art Wendung. Sie soll durch einen Widerspruch kommen, welcher der kapitalistischen Gesellschaft eine Gerichtetheit verleiht und ihr sogar eine Art historischen Sinn gibt. Postone verortet den Gebrauchswert nämlich im *zeitlichen* Vermögen der Ware Arbeitskraft und im wachsenden produktiven Vermögen der kapitalistischen Gesellschaft. Die zeitlich-historische Dimension des Gebrauchswerts bleibe aber in einer Art Tretmühlendialektik gehalten, weil die Entwicklung der Produktivkraft durch immer dieselbe abstrakte Zeit gebrochen werde und nur eine je neue gesellschaftlich-notwendige Durchschnittszeit ergebe. Die zeitliche Dimension des abstrakten gesellschaftlichen Reichtums finde keinen angemessenen Ausdruck für sich, sodass sich der Kapitalismus im Widerspruch entwickele zwischen einer wachsenden historischen Möglichkeit einerseits und der Notwendigkeit der immer gleichen und insofern zeitlosen kapitalistischen Formbestimmung andererseits, vgl. Moishe Postone: *Zeit, Arbeit und gesellschaftliche Herrschaft*. Freiburg: ça ira 2000, bes. S. 287ff. (Kap. 5), 431ff. (Kap. 8). Auf Postones zeitliche Bestimmung des Gebrauchswerts wird im V. Abschnitt noch eingegangen. Auch im Operaismus und im Post-Operaismus ist der Begriff des Gebrauchswerts emphatisch aufgeladen, allerdings eher im Sinne des traditionellen Marxismus als der Kritischen Theorie. Auch hier wird das produktive Vermögen in der lebendigen Arbeit verortet, die allerdings nicht (mehr) mit der Arbeiterklasse gleichgesetzt wird (unter der hier vor allem der industrielle Massenarbeiter verstanden wird), sondern, im weitesten Sinne, mit dem general intellect, der immateriellen Arbeit und der Kommunikation der Multitude. Zur Kritik des „Gebrauchswertfetischismus", bes. in der Kritischen Theorie, vgl. Kornelia Hafner: Gebrauchswertfetischismus. In: Diethard Behrens (Hrsg.): *Gesellschaft und Erkenntnis*. Freiburg: ça ira 1993, S. 59–87. Dass Marx selbst in seiner Kapitalkritik einen Gebrauchswertstandpunkt einnehme, hat Derrida kritisiert, vgl. Jacques Derrida: *Marx' Gespenster. Der verschuldete Staat, die Trauerarbeit und die neue Internationale*. Frankfurt am Main: Fischer 1995.

17 Adorno spricht von der „realen" Abstraktion des Tausches, und er benutzt sogar den von Sohn-Rethel entwickelten Begriff der Realabstraktion, auch wenn er daraus, wie noch zu zeigen sein wird, ganz andere Konsequenzen entwickelt. Zum Zusammenhang zwischen der Abstraktion des Tauschakts und begrifflicher Abstraktion vgl. Adorno: *Einleitung in die Soziologie*, S. 58. Zu Adornos Umgang mit dem Abstraktionsbegriff vgl. Jürgen Ritsert: Realabstraktion. Ein zu recht abgewertetes Thema der kritischen Theorie? In: Christoph Görg / Roland Roth (Hrsg.): *Kein Staat zu machen. Zur Kritik der Sozialwissenschaften*. Münster: Westfälisches Dampfboot 1998, S. 324–348.

18 Zum Äquivalenzprinzip als der Norm des Rechts vgl. *ND*, S. 304ff.

die Hegel'sche Dialektik ihrerseits als geistig-ideeller Ausdruck geschichtlich *gewordener* und *spezifisch kapitalistischer* Verhältnisse ausgelegt werden:

> Der Hegelsche objektive und schließlich absolute Geist, das ohne Bewußtsein sich durchsetzende Marxische Wertgesetz ist der ungegängelten Erfahrung evidenter als die aufbereiteten Fakten des positivistischen Wissenschaftsbetriebs [...].[19]

Allerdings ist es für Adorno nicht damit getan, Hegels Geist einfach aus einer ökonomischen Basis abzuleiten oder ihn, wie Marx es formuliert hat, „umzustülpen".[20] Wo Marx' KdpÖ die *gesellschaftliche* Natur der Vernunft zeige, komme gerade im Geist als Geist die gesellschaftliche *Natur* zur Darstellung. „Geist", das ist für Adorno der adäquate Ausdruck für die zweite, gesellschaftliche Natur, und die Hegel'sche Dialektik gibt mit ihrem Anspruch, im absoluten Geist die sich selbst erschließende und begründende Vernunft darzustellen, das Selbstverständnis der bürgerlich-kapitalistischen Gesellschaft wieder, sich restlos selbst zu bestimmen. Der absolute Geist wird diesem Anspruch der Gesellschaft auf absolute Autonomie sogar noch darin adäquat, dass er *als* Geist ihren verdrängten und unversöhnten Widerspruch zum Nicht-Geistigen und zur Natur ausdrückt, denn dadurch steht er für ein zwar universelles, aber noch unverwirklichtes und darum rein ideelles Glücksversprechen. Das Absolute steht für eine Versöhnung von Geist und Natur, die gerade darum noch aussteht, weil der Geist im Anspruch auf absolute Selbstbestimmung und schrankenlose Verfügungsgewalt über die Natur die Selbstverabsolutierung der geistig-begrifflichen Vernunft verkündet, ohne genau darin sich selbst zu erkennen. In dieser Verkennung verhindert der Geist nicht nur durch sich selbst die Versöhnung mit dem Anderen, dem Nicht-Geistigen und der Natur, diese Verkennung *ist* geradezu: Geist.

Aus Adornos Sicht bringt Hegel also, gerade indem er es nicht beim Gegensatz von Geist und Natur, Begriff und Nicht-Begrifflichem belässt, sondern diesen Gegensatz als einen von der spekulativen Kraft des absoluten Geistes *gesetzten* Gegensatz entwickelt – gerade dadurch bringt Hegel ein die eigene Bedingtheit verkennendes Denken auf eine adäquate Weise zum Ausdruck. Selbst die zwar noch ausstehende, aber durch den Schein gelungener Identifikation aus dem Denken getilgte Versöhnung mit dem Anderen des Denkens ist im absoluten Geist auf immer noch dialektische Weise zum Ausdruck gebracht, und dialektisch heißt hier, auf eine Weise, die dem sich selbst verabsolutierenden Denken angemessen und zumindest für *diese* Gesellschaft wahr ist. Im Sinne einer solchen *negativen* Dialektik sieht Adorno in der idealistischen Philosophie, ähnlich wie Lukács, die Verkehrtheit der Gesellschaft auf wahre Weise zum Ausdruck gebracht, und auch Adorno zufolge muss insbesondere dasjenige, was in der Philosophie „Geist" bleiben muss, für die Kritik der Gesellschaft zur Frage ihrer praktischen Veränderbarkeit werden.[21]

---

19 *ND*, S. 295.
20 Karl Marx: *Das Kapital. Kritik der Politischen Ökonomie. Erster Band. Marx-Engels-Werke (MEW)*, Bd. 23. Berlin, DDR: Dietz 1953ff., S. 27 (im Folgenden *Kapital I*).
21 „Die Theorie der Gesellschaft ist aus der Philosophie entsprungen, während sie zugleich deren

Doch auch wenn die negative Dialektik auf den Widerspruch abzielt, dass die bürgerlich-kapitalistische Gesellschaft ihr universelles Glücksversprechen in ihrem Selbstverständnis und in ihrer philosophischen Selbstvergewisserung einerseits aufrechterhält und dadurch andererseits in Widerspruch zum Bestehenden gerät, schließt Adorno in anderer Weise als Lukács an die Kategorie des Widerspruchs an. Während der traditionelle Marxismus in den kapitalistischen Widersprüchen, aber auch in Marx' theoretischer Kritik daran, eine objektive und positiv bestimmbare, revolutionäre Entwicklung angelegt sah, und während noch der junge Lukács die objekthafte Verdinglichung der gesellschaftlichen Totalität im Proletariat zur Selbsteinsicht und dadurch zu einer (subjektiven) Aufhebung treiben wollte, stehen bei Adorno die Widersprüche und die Entwicklung der bürgerlich-kapitalistischen Gesellschaft für eine Verselbständigung und Eindimensionalität, die weder zu einer positiven Auflösung der Widersprüche führen noch ein positiv bestimmbares Anderes zulassen:

> Aber die objektive Rationalität der Gesellschaft, die des Tauschs, entfernt sich durch ihre Dynamik immer weiter von dem Modell der logischen Vernunft. Darum ist Gesellschaft, das Verselbständigte, wiederum auch nicht länger verstehbar; einzig das Gesetz von Verselbständigung.[22]

Wo der traditionelle Marxismus die Bildung gesellschaftlicher Allgemeinheit und Totalität bereits durch die Arbeit substanziell vollzogen sieht (aber die Arbeit noch im Widerspruch steht zu den kapitalistischen Eigentums- und Produktionsverhältnissen), und wo bei Lukács noch alles darauf ankommt, dass das Vermögen zur Bildung gesellschaftlicher Allgemeinheit und Totalität im Proletariat zu Bewusstsein kommt, werden Adorno zufolge Allgemeinheit und Totalität durch die instrumentelle Vernunft einer Aneignungs- und Verwertungslogik gebildet, die einen emanzipatorisch-positiven Bezug auf die gesellschaftlichen Widersprüche zunichte macht. Die aus instrumenteller Vernunft gewonnenen Bestimmungen verlangen von der Kritik vielmehr zu finden, was das ganz Andere zur Logik der Identifikation und zur eindimensionalen Auflösung gesellschaftlicher Widersprüche wäre – aber durch dieselbe Logik entzieht sich dieses ganz Andere einer positiven Darstellung und muss darum negativ bleiben.
Die Logik der Identifikation ist somit der eigentliche Gegenstand der Kritik. Laut Adorno entspringt der Identitätszwang samt seiner formimmanenten Versöhnungsdialektik der verobjektivierenden Rationalität eines Tauschprinzips, das von allem Sinnlich-Gebrauchswertigen abstrahiert, um es auf ein Allgemeines zu reduzieren, als Identisches zu behandeln und gleichgültig austauschbar zu machen:

> Die Abstraktheit des Tauschwerts ist a priori mit der Herrschaft des Allgemeinen über das Besondere, der Gesellschaft über ihre Zwangsmitglieder verbündet. [...] Durch die Reduktion der Menschen auf Agenten und Träger des Warentauschs hindurch realisiert sich die Herrschaft von Menschen über

---

Fragestellungen umzufunktionieren trachtet, indem sie die Gesellschaft als jenes Subjekt bestimmt, das der traditionellen Philosophie ewige Wesenheiten hieß oder Geist." (Theodor W. Adorno: Soziologie und empirische Forschung. In: Adorno u. a.: *Der Positivismusstreit in der deutschen Soziologie*, S. 81–101, hier S. 81.)
22 Adorno: Einleitung, S. 23.

Menschen. Der totale Zusammenhang hat die konkrete Gestalt, daß alle dem abstrakten Tauschgesetz sich unterwerfen müssen [...].[23]

Das Tauschprinzip macht das Einzelne und Besondere aber nicht nur zum bloßen Sein-für-Anderes und verwandelt alles zur Ware, das Tauschprinzip ist im Kapitalismus auch zur Voraussetzung des Denkens und Handelns geworden, sodass schon unter diesem Prinzip und geradezu *für* dieses gedacht und produziert wird.[24] Diesem Identitätszwang entspreche in der Dialektik Hegels, dass der Verstand eine ihn übergreifende Vernunft ebenso verfolgen muss, wie diese ihn verfolgt, wobei es jedoch letztlich der einzelne Verstand ist, der zur abstrakten Allgemeinheit dieser Vernunft kommen und sich mit ihrer objektiven Notwendigkeit identifizieren muss: „Das Prinzip der Äquivalenz gesellschaftlicher Arbeit macht Gesellschaft [...] zum Abstrakten und Allerwirklichsten, ganz wie Hegel es vom emphatischen Begriff des Begriffs lehrt."[25] Genauer betrachtet betrifft Adornos Kritik der Identifikation, wenn diese sowohl als gewaltsame Synthesis der Warenform als auch begriffliche als auch technisch-instrumentelle Vernunft betrachtet wird, den *Zusammenhang* von gesellschaftlich-praktischer, geistig-begrifflicher und technisch-instrumenteller Vernunft:

> Im Geist ist die Einstimmigkeit des Allgemeinen Subjekt geworden, und Allgemeinheit behauptet in der Gesellschaft sich nur durchs Medium des Geistes, die abstrahierende Operation, die er höchst real vollzieht. Beides konvergiert im Tausch, einem zugleich subjektiv Gedachten und objektiv Geltenden, worin doch die Objektivität des Allgemeinen und die konkreten Bestimmungen der Einzelsubjekte, gerade dadurch, dass sie kommensurabel werden, unversöhnt einander opponieren.[26]

Das Erzwungene und Gewaltsame der falschen Versöhnung, die der Identifikationsprozess vollzieht, geht einher mit dessen Absolutheitsanspruch. Er ist seiner zeitlosen, universellen Aneignung nach dem Gesetz allgemeiner und objektiver Geltung

---

23 Ebd., S. 21. (Adorno zitiert, leicht verändert, sich selbst, aus: Gesellschaft. In: *Evangelisches Staatslexikon*. Stuttgart: Kreuz 1967, S. 639.)

24 „Die durch ‚Produktion', durch gesellschaftliche Arbeit nach dem Tauschverhältnis zusammengeschlossene Welt hängt in allen ihren Momenten von den gesellschaftlichen Bedingungen ihrer Produktion ab und verwirklicht insofern in der Tat den Vorrang des Ganzen über die Teile; darin verifiziert die verzweifelte Ohnmacht eines jeden Individuums heute den überschwenglichen Hegelschen Systemgedanken. Selbst der Kultus des Erzeugens, der Produktion ist nicht nur Ideologie des naturbeherrschenden, schrankenlos selbsttätigen Menschen. In ihm schlägt sich nieder, daß das universale Tauschverhältnis, in dem alles was ist, nur ein Sein für Anderes ist, unter der Herrschaft der über die gesellschaftliche Produktion Verfügenden steht: diese Herrschaft wird philosophisch angebetet." (Adorno: Drei Studien zu Hegel, S. 273–274.) „Das Tauschprinzip, die Reduktion menschlicher Arbeit auf den abstrakten Allgemeinbegriff der durchschnittlichen Arbeitszeit, ist urverwandt mit dem Identifikationsprinzip. Am Tausch hat es sein gesellschaftliches Modell, und er wäre nicht ohne es; durch ihn werden nichtidentische Einzelwesen und Leistungen kommensurabel, identisch. Die Ausbreitung des Prinzips verhält die ganze Welt zum Identischen, zur Totalität." (*ND*, S. 149.)

25 Adorno: Drei Studien zu Hegel, S. 267; vgl. auch ebd., S. 289, wo er feststellt, dass „Hegels Philosophie die vollste Konsequenz aus dem bürgerlichen Subjektivismus zieht, also eigentlich die ganze Welt als Produkt von Arbeit – wenn man will als Ware – begreift [...]."

26 „Diese Selbstvergessenheit der Produktion, das unersättliche und destruktive Expansionsprinzip der Tauschgesellschaft, spiegelt sich in der Hegelschen Metaphysik." (Adorno: Drei Studien zu Hegel, S. 274.)

geschuldet, einer Geltung, die ihre eigene Genesis dadurch zum Verschwinden bringt, dass der Identifikationsprozess das Angeeignete nur noch im Maß positiver Identifizierbarkeit und Bestimmbarkeit zur Erscheinung bringt. Ein solcher Identifikationsprozess lässt sich gemäß der von Adorno kritisierten Entsprechung von Tauschprinzip und Begriffslogik entwickeln im Sinne einer Entsprechung von rationaler Vernunft und kapitalistischer Produktionsweise:

> Die starr dualistische Grundstruktur von Kants vernunftkritischem Modell verdoppelt die eines Produktionsverhältnisses, in dem die Waren aus den Maschinen herausfallen wie seine Phänomene aus dem cognitiven Mechanismus [...]. Das tauschwertige Endprodukt gleicht den subjektiv gemachten und als Objektivität akzeptierten Kantischen Gegenständen.[27]

Obwohl die Identität Schein ist und dieser Schein sich verselbständigt und gleichsam aus sich heraus Begriff und Sache, Geist und Natur, Tauschwert und Gebrauchswert auf Übereinstimmung zurichtet, verschwindet der Schein – aber so, dass er als Objektivität und Vernunft manifest wird.[28] Durch diese Manifestation ist das Allgemeine, das durch Tausch und Begriff getroffen wird, ein *notwendiger* Schein, in dem das Getauschte und Begriffene, auch wenn es sich einer totalen Vermittlung und endgültigen Bestimmung durch Tausch und Begriff letztlich entzieht, insofern aufgeht, als es gar nicht mehr anders erfahrbar ist und dasjenige, was in der Vermittlung nicht aufgeht, für sich keinen Ausdruck findet. Die Bestimmungen, die durch Tausch und Begriff eintreten, sind damit wahr und unwahr zugleich: Notwendig und wahr sind die Bestimmungen, weil Tauschprinzip und Begriff unmittelbar im Erschließen der Allgemeinheit und der Totalität die eigene Abstraktion und das Verkennen ihrer Bedingtheit auslegen und sich dadurch im Bestimmen selbst bewahrheiten, falsch und unwahr sind diese Bestimmungen dem gegenüber, was in ihnen nicht aufgeht. Adorno fasst das Verhältnis von Begriff und Tauschwert so zusammen:

> Den Vorwurf des Idealismus hat nicht ein jeder zu fürchten, der Begriffliches der gesellschaftlichen Realität zurechnet. Gemeint ist nicht sowohl die konstitutive Begrifflichkeit des erkennenden Subjekts als eine in der Sache selbst waltende: auch in der Lehre von der begrifflichen Vermitteltheit alles Seienden hat Hegel ein real Entscheidendes visiert. Das Gesetz, nach dem die Fatalität der Menschheit abrollt, ist das des Tausches. Das aber wiederum ist keine bloße Unmittelbarkeit, sondern begrifflich: Der Tauschakt impliziert die Reduktion der gegeneinander zu tauschenden Güter auf ein ihnen Äquivalentes, Abstraktes, keineswegs, nach herkömmlicher Rede, Materielles. [...] Der Tauschwert, gegenüber dem Gebrauchswert ein bloß Gedachtes, herrscht über das menschliche Bedürfnis und an seiner Stelle; der Schein über die Wirklichkeit. [...] Zugleich aber ist jener Schein das Allerwirklichste, die Formel, nach der die Welt verhext ward.[29]

---

27 *ND*, S. 379–380.
28 „Das Allgemeine sorgt dafür, daß das ihm unterworfene Besondere nicht besser sei als es selbst. Das ist der Kern aller bis heute hergestellten Identität." (*ND*, S. 306.)
29 Adorno: Soziologie und empirische Forschung, S. 94. In seiner Vorlesung Nr. 42 über die *Philosophische Terminologie* äußert sich Adorno über das Marx'sche Kritikverständnis und setzt es ins Verhältnis zum eigenen. Nach Marx sei „die Scheinhaftigkeit des bürgerlichen Systems an der Scheinhaftigkeit seiner tragenden Kategorien zu entwickeln" (Adorno: *Philosophische Terminologie*, Bd. 2, S. 272); zuvor hat Adorno festgestellt, dass „alles, was ich so denke und schreibe, eigentlich dem Entwurf eines solchen Denkens gilt und nichts anderem", nämlich einer Philosophie, „die auf der einen Seite des Systems sich entschlägt und auf der

Ähnlich wie Lukács zielt also auch Adorno auf eine Art immanente Selbstkritik der kapitalistischen Gesellschaft, d. h. die Kritik des notwendig-falschen Scheins der durch Tauschwert und Begriff identifizierten Bestimmungen muss sich aus diesem Bestimmungsprozess heraus ergeben. Allerdings ist die Selbstkritik bei Adorno und Lukács ganz unterschiedlich angelegt, bei Lukács auf eine positive, bei Adorno auf eine negative Weise. Bei Lukács kritisiert die kapitalistische Gesellschaft ihre eigene Entfremdung und Verdinglichung, wenn sie durch das Selbstbewusstsein der Ware Arbeitskraft gleichsam auf sich selbst treffen und zu Bewusstsein kommen; das Proletariat ist derjenige Teil der Gesellschaft, der für ihre Allgemeinheit und Totalität steht und *zugleich* durch Verdinglichung, Entfremdung und Ausbeutung negiert wird. Dadurch ist im Proletariat beides (ab-)gegeben, der Standpunkt, von dem aus die gesellschaftliche Totalität als entfremdet, in-sich gespalten und irrational kritisierbar ist und, ineins, dasjenige Subjekt, das sich dessen bewusst wird und sich darüber hinaus die ebenso bewusste wie praktische Identifikation von Objektivität und Subjektivität zurechnen kann (und mit dieser Identifikation die Realisierung einer rationalen gesellschaftlichen Totalität). Aus Adornos Sicht ist dagegen der Gesellschaftskritik kein solch positiv bestimmbarer, gar revolutionärer Standpunkt gegeben, und es gibt auch kein Subjekt, durch das die gesellschaftliche Totalität gleichsam sich selbst bewusst werden und rational erschließen könnte. Die gesellschaftliche Totalität muss vielmehr das Maß ihrer Kritik auf *negative* Weise abgeben, nämlich im *Scheitern* begrifflicher und tauschwertiger Identifikation sowie durch die Unwahrheit der durch die Identifikation erlangten Subjektivität und Objektivität.

Doch wie genau ist das zu verstehen? Wie gibt die kritisierte Gesellschaft auf negative Weise das Maß ihrer Kritik ab?

Zunächst geht Adorno in seiner Kritik, genau wie Lukács, von einer (gesellschaftlichen) *Totalität* aus, und auch Adorno orientiert Totalität am Grundzug der Hegel'schen und Marx'schen Dialektik, d. h. auch er will Totalität als *Vermittlung* entwickeln, als Vermittlung durch begriffliche und tauschwertige Bestimmung und Identifikation. Von dieser Totalität der Vermittlung her muss dann folgerichtig auch die Kritik sich selbst begreifen, ja für Adorno kommt sogar alles darauf an, dass Totalität nicht nur als Vermittlung zu begreifen ist, sondern auch als Vermittlung noch ihrer Kritik.[30] Aus dieser Verstrickung ergibt sich seine kritische Wendung der Dialektik: Gerade um den kritischen Grundzug in Hegels Entwicklung des Totalitätsbegriffs zu bergen, ist es die eigentliche Aufgabe der Kritik, aber auch ihr Dilemma, ihre Vermitteltheit durch das

---

anderen doch an der Idee der Verbindlichkeit des Denkens festhält" (ebd., S. 267).

30 „Totalität ist in den demokratisch verwalteten Ländern der industriellen Gesellschaft eine Kategorie der Vermittlung, keine unmittelbare Herrschaft und Unterwerfung." (Theodor W. Adorno: Zur Logik der Sozialwissenschaften. In: Adorno u. a.: *Der Positivismusstreit in der deutschen Soziologie*, S. 125–143, hier S. 127.) In der Einleitung sagt er: „Totalität ist keine affirmative, vielmehr eine kritische Kategorie" (Theodor W. Adorno: Einleitung. S. 19). Zum Totalitätsbegriff Adornos vgl. auch die Passage in *ND*, S. 309–317. Ausführlich zu Adornos Totalitätsbegriff vgl. Christel Beier: *Zum Verhältnis von Gesellschaftstheorie und Erkenntnistheorie. Untersuchungen zum Totalitätsbegriff in der kritischen Theorie Adornos*. Frankfurt am Main: Suhrkamp 1977.

Kritisierte darzustellen, ohne aber im affirmativen Grundzug der Hegel'schen Dialektik zu münden. Adorno will daher Totalität nicht nur mithilfe des Hegel'schen Dialektik- und Vermittlungsbegriffs entwickeln, er will ebenso dem affirmativen Grundzug und dem Zirkel der Versöhnung darin entkommen. Für diese widersprüchliche Aufgabe nimmt Adorno, ähnlich wie der junge Lukács, im Kapitalverhältnis vor allem die aneignenden und zirkulativen Formen in den Blick und legt diese Formen als reelle und formelle Subsumtion im Sinne der eben skizzierten herrschaftlichen und rationalisierenden Aneignung und Synthesis aus. Und wie beim jungen Lukács steht dabei Marx' Kritik der Warenform im Mittelpunkt.[31] Auch bei Adorno ist die warenförmige Vermittlung bestimmend für die Gesellschaft in ihrer Totalität, und auch bei Adorno bleibt die Gesellschaft in dieser Vermittlung widersprüchlich bestimmt, weil sie durch ihre *eigene* Vermittlung letztlich *sich selbst* nicht angemessen ist. Doch wo Lukács auf der Totalität warenförmiger Vermittlung und sogar auf ihrer Eindimensionalität insofern geradezu besteht, als auch die Aufhebung der Warenform in ihr selbst angelegt sein muss (nämlich indem die Warenform in der Arbeitskraft so reflexiv wird, dass die Arbeitskraft auf die Entfremdung und Verdinglichung ihres produktiven Vermögens wie auf ein Ding zurückkommen und es zum Gegenstand einer rationalen, gesamtgesellschaftlichen Planung machen kann), da zielt Adorno, gleichsam umgekehrt, auf das, was in der Totalität warenförmiger Vermittlung nicht aufgeht: Die warenförmige Vermittlung kann sich selbst nicht endgültig und vollständig bewahrheiten, ja, etwas geht in der Totalität warenförmiger Vermittlung nicht nur nicht auf, Adorno greift vielmehr auf ein „Nicht-Identisches" *zurück*, das der Vermittlung *vorgängig* ist oder ihr zumindest extern und widerständig bleibt.

Doch so sehr er auf ein solches Nicht-Identisches zurückgreift, so wenig soll das Nicht-Identische von sich aus eine Überwindung hervorbringen.[32] Es resultiert ‚nur' aus einer begrifflichen und tauschwertigen Identifikation, die einerseits die Eigenbestimmtheit des Identifizierten gewaltsam brechen und doch verfehlen muss, ohne dadurch andererseits der eigenen Bedingtheit innezuwerden. Ein solches Nicht-Identisches *muss* negativ bleiben – aber gerade diese Negativität macht sich kritisch geltend; zuerst und zuletzt dadurch, die Identität von Tauschwert und Gebrauchswert infrage zu stellen. Mehr noch, sie bricht den Schein gelingender Identifikation so, dass die Gesellschaft durch das Nicht-Identische gleichsam ihren eigenen Schein erfährt und zumindest insofern sich selbst durchsichtig wird.

31 „Die gesamte Marxische Analyse der modernen Gesellschaft geht aus von der Analyse der Warenform des Tauschobjekts." (Adorno: *Philosophische Terminologie*, Bd. 2, S. 272.) Die Fixierung Adornos (und der Kritischen Theorie insgesamt) auf die Sphäre der Zirkulation und auf die mit ihr verbundenen politischen Freiheiten (bzw. auf deren Niedergang im sog. Spätkapitalismus) ist vielfach kritisiert worden, vor allem vonseiten des Marxismus-Leninismus. Eine Kritik, die an dem von Adorno u. a. thematisierten Zusammenhang von Warenform und Denkform festhält, aber die fehlende Differenzierung im Begriff des Tausches und der Kategorie des Tauschwerts sowie deren fehlende Entwicklung zum Kapitalverhältnis überwinden will, hat Rudolf Wolfgang Müller durchgeführt, vgl. ders.: *Geld und Geist. Zur Entstehungsgeschichte von Identitätsbewußtsein und Rationalität seit der Antike*. Frankfurt am Main/New York: Campus 1977, bes. S. 190ff.

32 Außerhalb der ND ist das Nicht-Identische am dichtesten beschrieben in „Skoteinos oder Wie zu lesen sei", der dritten Studie in Adorno: Drei Studien zu Hegel, S. 326–375.

Diese Erfahrung des eigenen Scheins macht die Gesellschaft, indem sie sich im *Geist* begegnet. Um im Geist den Schein durchsichtig zu machen, kritisiert Adorno Hegels Identifizierung von Substanz und Subjekt in einem absoluten Geist, der sich in allen Gestalten je bei sich weiß und Logisches und Historisches zur unhintergehbaren Einheit werden lässt, stets im Hinblick auf ein nicht-begriffliches, gleichsam räumlich präsentes Objekt, das darin nicht aufzugehen vermag. Auf diese Weise legt Adorno den absoluten Geist wie eine übergreifende Synthesis im Sinne einer gewaltsamen Identifikation aus. Wird aber das Absolute wie eine übergreifende gesellschaftliche Synthesis und wie eine gewaltsame Identifikation angesetzt, muss es folgerichtig scheinen, als habe es vom Endlichen, Einzelnen und Eigenbestimmten ebenso je schon abstrahiert wie sich darüber erhoben,[33] genau wie das auch der warenförmigen Vermittlung und der tauschwertigen Identifizierung unterstellt wird. Beide, die geistig-begriffliche wie die warenförmig-tauschwertige Vermittlung, erheben sich über gesellschaftliche und naturgegebene Bedingungen, ohne welche Begriff und Tauschwert zwar nicht existieren – aber ihre synthetisierende Kraft gründet eben darin, so zu tun, als ob es so wäre. So kommt die Hypostase eines identifizierenden Denkens, in dem die Wirklichkeit zu sich kommen und sich selbst entsprechen soll, einem Tauschwert gleich, der ebenfalls der Wirklichkeit der Gebrauchswerte und der Bedürfnisse entsprechen soll; einem Tauschwert, der in seiner Verselbständigung als Kapital in ihnen tatsächlich den eigenen Selbstbezug realisiert.

Die Ausführungen reichen aus, um zu zeigen, dass Adorno in der Kritik der Warenform in eine ganz andere Richtung geht als Lukács. Bevor daher der Frage nachgegangen werden soll, ob Adornos Kritik der Hegel'schen Dialektik überhaupt deren spekulative Konzeption trifft und ob Adornos Kritik des Tauschwerts überhaupt die Marx'sche Konzeption desselben trifft, soll zunächst jene andere Richtung der Gesellschaftskritik näher bestimmt werden, die Adorno in Abgrenzung zu Lukács' und zu Hegels ‚positiver' Dialektik, aber im Anschluss an die Marx'sche Ökonomiekritik einschlägt.

---

33 „Die Kantische Begrenzung des Bewußtseins als eines geradehin urteilenden wissenschaftlichen kehrt bei Hegel wieder als dessen Negativität, als ein Schlechtes und selbst zu Kritisierendes. Umgekehrt soll jenes Bewußtsein, das die Endlichkeit des Bewußtseins durchschaut, die betrachtende Subjektivität, die das betrachtete Subjekt überhaupt erst ‚setzt', eben dadurch auch sich selbst setzen als unendliches und, nach Hegels Absicht, in der ausgeführten Philosophie in seiner Unendlichkeit, als absoluter Geist sich erweisen, in dem die Differenz von Subjekt und Objekt verschwindet, der nichts außer sich hat." (Adorno: Drei Studien zu Hegel, S. 310–311.) Die *Negative Dialektik* und das Werk Adornos insgesamt durchziehen Vorstellungen von Identität als einer abstrahierenden und verallgemeinernden, subsumierenden und synthetisierenden Identität (dieselben Vorstellungen gelten für Begriffe, die Adorno in den Umkreis der Identität stellt, wie Tausch, Totalität, Allgemeinheit, Subjektivität), bes. eindringlich in der *ND* z. B. auf S. 17ff. u. 303–313 sowie in den Vorlesungen zum Idealismus in Adorno: *Philosophische Terminologie*, Bd. 2, S. 81–91, z. B. S. 82–83: „Ich meine, die Art von Integration, deren oberster Ausdruck es ist, alles, was da ist, auf Eines, ein Vereinheitlichendes zurückzuführen, mit dem es eins sein soll, ist die Gestalt der Naturbeherrschung. […] Identitätsdenken heißt soviel, wie daß dieses Andrängende und, wenn Sie so wollen, gefährlich Diffuse und Viele auf Eines, eben auf dieses Synthetische, reduziert wird."

2. Negative Kritik als Abkehr von Hegel'scher Dialektik und von traditioneller Gesellschaftskritik

Im letzten Kapitel wurde gezeigt, dass sowohl Lukács als auch Adorno in ihrer Gesellschaftskritik an Hegels Dialektik orientiert bleiben, aber getrennte Wege gehen. Adorno kritisiert das Absolute als Schein einer gelingenden Identifikation des Daseins,[34] Lukács meinte dagegen geradezu umgekehrt, das Absolute in einer bestimmten Existenz verorten zu können, nämlich in einem Proletariat, das den bei Kant noch formal und antinomisch gebliebenen Charakter der Vernunft inhaltlich-substanziell und praktisch (er-)füllen könnte. Während bei Lukács die wahre Identifikation gesellschaftlicher Objektivität nur gelingen wird, wenn die gesellschaftliche Produktivkraft, indem sie durch das Selbstbewusstsein der Ware Arbeitskraft sowohl zum Objekt wird als auch zu Bewusstsein kommt, zum identischen Subjekt-Objekt wird, ist bei Adorno die Identifikation der Objektivität als solche, ob sie praktisch oder geistig vollzogen wird, unwahr, und im Nicht-Aufgehenden gibt der Identifikationsprozess durch sich selbst das Maß seiner Unwahrheit ab – und mit der Unwahrheit das Maß seiner Kritik.

Allerdings macht sich dadurch das Maß der Kritik nur negativ geltend. Es wird nur durch die Unwahrheit der Identifikation gegeben, nämlich dadurch, dass in der positiven Identifikation etwas nicht aufgeht, sei es in der von Hegel entwickelten begrifflichen Identifikation, sei es in der von Marx kritisierten warenförmigen Vermittlung der Dinge und ihrer Identifizierung als Tauschwerte. Bei Adorno kann die Wahrheit der Kritik keine positive Bestimmung annehmen oder gar, wie das Proletariat bei Lukács, zu derjenigen Gestalt werden, die sowohl für den Bruch und die Entfremdung in der Gesellschaft samt den daraus folgenden Widersprüchen als auch für die Überwindung des Bruchs (ein-)steht und zu einer erfüllten Totalität führt. Bei Adorno muss der Bruch gleichsam die ganze Wahrheit bleiben, insofern nämlich, als der Bruch als solcher mitteilt, dass „das Ganze das Unwahre"[35] sei und die Identifikation auf negative Weise an ihre Bedingtheit erinnere. Der Bruch teilt der Gesellschaft auch nur negativ ihr Allgemeines oder gar Universelles mit, nämlich durch eine – im direkten Gegensatz zur kollektiven Selbsterkenntnis der Arbeiterklasse bei Lukács – zutiefst *individuelle* Erfahrung: Die negative Wahrheit der Gesellschaft erscheint im Bruch *als* Bruch und teilt sich im Unbewältigten und im Leiden ebenso mit wie im plötzlichen Aufscheinen einer kontingenten Hoffnung auf das ganz Andere oder – wo die Kulturindustrie Reservate gelassen hat – auf ästhetische Weise in der Musik und in der Kunst.[36]

---

34 Zu Adornos vorsichtigem Umgang mit dem Absoluten vgl. Theodor W. Adorno: *Philosophische Terminologie*, Bd. 1. Frankfurt am Main: Suhrkamp 1973, S. 113ff., 200.

35 Theodor W. Adorno: *Minima Moralia. Reflexionen aus dem beschädigten Leben. GS*, Bd. 4. Frankfurt am Main: Suhrkamp 1970, Aph. 29, S. 55.

36 In Adornos Spätwerk, der *Ästhetischen Theorie*, ist vor allem das Naturschöne „Allegorie" dessen, „was jenseits der bürgerlichen Gesellschaft, ihrer Arbeit und ihrer Waren wäre" (Adorno: *Ästhetische Theorie*, S. 98). Zur Stellung der Kunst in einem gesellschaftlichen Zustand, der „auf die totale Tauschgesellschaft sich hinbewegt", ebd., S. 335ff.

Um diese negativ gehaltene und auf die Individualität zurückgehende Kritik besser zu verstehen, soll kurz auf Adornos Versuch einer Verbindung von Marx'scher Ökonomiekritik und Psychoanalyse eingegangen werden.

Adorno zufolge beanspruchen zwar Tauschwert wie Begriff, die Wirklichkeit dieser selbst entsprechend wiederzugeben, aber beide reflektieren und identifizieren diese Wirklichkeit nur durch eine gewaltsame, reduzierende und verallgemeinernde Subsumtion, und die lässt ein „beschädigtes Leben"[37] zurück. Dieses beschädigte Leben kann durch kein kollektives Gattungsinteresse und durch keine blind wirkende Kraft der Vernunft errettet werden – es fällt auf sich zurück und ist letztlich auf sich allein gestellt. Genau hier greift Adorno nun auf die Psychoanalyse zurück, die ebenfalls zur Heilung keine andere Kraft mobilisieren kann als die des beschädigten Individuums selbst.[38] Der Rückgriff führt dazu, dass Adornos andere, negative Konzeption der Dialektik zurückhaltender und ‚bescheidener' als die herkömmliche Dialektik auftreten und in Rücksicht auf das Individuelle vorgehen kann. Der Rückgriff führt zudem dazu, dass das Verhältnis der Kritik zur kritisierten Gesellschaft in der *Negativen Dialektik* und noch mehr in der *Dialektik der Aufklärung*[39] einer sog. psychoanalytischen Situation ähnelt, in welcher der Analytiker die unbewussten und unbewältigten Konflikte des Analysanden auf sich nehmen und ihm das Übertragene als eben die Befangenheit spiegeln muss, die dieser aufgrund eigener Verstrickung weder einzusehen noch aufzulösen vermag. Wie in der psychoanalytischen Situation zwischen Analytiker und Analysandem muss auch die Gesellschaftskritik eine Spiegelung zwischen den Einzelnen und der kritisierten Gesellschaft anregen, die transzendierend auf beide Seiten eingedenk dessen wirkt, was den Einzelnen an der eigenen Gesellschaftlichkeit heteronom und unverfügbar ist und zwischen Individuum und Gesellschaft unbewältigt und unversöhnt bleibt.

Was jedoch dem Individuum entgeht und ihm heteronom und unverfügbar bleibt, soll seine Autonomie und Individualität auch wiederherstellen und sogar allererst hervorgehen lassen.[40] Hier erst wird der eigentliche kritische Gehalt der Psychoanalyse

---

37 So der Untertitel der *Minima Moralia*.

38 Die Anlage dazu findet Adorno bereits bei Hegel, der die dialektische Logik gegen die wissenschaftliche Logik der modernen Naturwissenschaft gerichtet habe: „Indem das Bewußtsein durch Selbstreflexion an das sich erinnert, was es an der Realität verfehlt, was es durch seine Ordnungsbegriffe verstümmelt, durch seine Gegebenheiten auf die Zufälligkeit des Nächsten herunterbringt, stößt wissenschaftliches Denken bei Hegel auf das, was die kausal-mechanische Wissenschaft als naturbeherrschende der Natur widerfahren läßt. Darin war Hegel gar nicht so verschieden von Bergson, der gleich ihm mit den Mitteln erkenntnistheoretischer Analyse die Insuffizienz der borniert verdinglichenden Wissenschaft, ihre Unangemessenheit ans Wirkliche aufdeckte […]."(Adorno: Drei Studien zu Hegel, S. 311.)

39 Vgl. Konstantinos Rantis: *Psychoanalyse und ‚Dialektik der Aufklärung'*. Lüneburg: zu Klampen 2001.

40 Es waren vor allem Herbert Marcuse und Jürgen Habermas, die innerhalb der Kritischen Theorie die Selbstreflexion der analytischen Situation als ein kritisches Verfahren hervorgehoben haben. Zum gesellschaftskritischen Potenzial der Psychoanalyse hat sich Marcuse in einem „Philosophischen Beitrag zu Sigmund Freud" auseinandergesetzt, vgl. ders.: *Triebstruktur und Gesellschaft. Ein philosophischer Beitrag zu Sigmund Freud*. Frankfurt am Main: Suhrkamp 1967; zur psychoanalytischen Situation im engeren Sinne vgl. Jürgen

wirksam, denn Adorno verwendet die Psychoanalyse zwar im Sinne einer kritischen Selbstreflexion der Gesellschaft durch den individuellen Verstand, aber genau genommen muss sich diese kritische Selbstreflexion gegen die *Anmaßung dieses reflektierenden Verstandes selbst wenden*. Es geht also, wie schon bei Hegel, um eine Kritik des Verstandesdenkens und der Reflexionslogik, aber im Gegensatz zu Hegels Kritik des reflektierenden Verstandesdenkens wird das Verstandesdenken sozusagen noch der Psychoanalyse unterzogen. Wo Hegels *PhdG* den Verstand ent-täuschen und geradewegs zu einer Vernunft bringen will, die seine eigene und doch überindividuell ist wie ein absoluter Geist, will Adorno, dass das reflektierende Verstandesdenken sich *gegen* seine Logik der Identifikation und *gegen* die Verabsolutierung reflexiver Vermittlung richtet. Der kritische Gehalt des Selbstbewusstseins und der Reflexion liegt im individuellen Reflektieren auf die *Grenzen* der Reflexion, denn das eröffnet dem Bewusstsein den Gegenstand als ein letztlich unverfügbares Anderes, ein Anderes, das der Reflexion nicht nur stets vorausgesetzt ist, sondern das sie letztlich das Andere *sein lassen muss*. Während Hegels *PhdG* zufolge das Selbstbewusstsein die Gegenständlichkeit von Objekt und Subjekt überhaupt erst eröffnet (und mit ihr auch die Notwendigkeit der Reflexion erst eintreten lässt), ist bei Adorno dem reflektierenden Denken das Andere schlicht vonseiten der Natur sowie durch die „Präponderanz des Objekts"[41] je vorausgesetzt und insoweit unvermittelt gegeben. Die Reflexion soll folgerichtig, statt Objektivität und Subjektivität zu identifizieren und die Identifikation im begrifflichen Wissen aufzuheben und das als Verwirklichung der Vernunft auszugeben, kritisch auf das Unzureichende dieser Logik der Identifikation reflektieren und das Denken öffnen für eine andere, nicht identifizierende Art der Erfahrung.

Dadurch unterscheidet sich Adornos Kritik des reflektierenden Verstandesdenkens nicht nur von Hegels Verstandeskritik, sie unterscheidet sich auch von Lukács, der durch seine Kritik des Verstandesdenkens diejenige von Hegel noch überbieten wollte.

Habermas: *Erkenntnis und Interesse*. Frankfurt am Main: Suhrkamp 1973, bes. S. 262–300. (Habermas ist danach allerdings nicht mehr ausführlich auf Freud und die Psychoanalyse zurückgekommen.) Zum Verhältnis von Psychoanalyse und Kritischer Theorie vgl. Werner Bonß: Psychoanalyse als Wissenschaft und Kritik. Zur Freudrezeption der Kritischen Theorie. In: Ders. / Axel Honneth (Hrsg.): *Sozialforschung als Kritik. Zum sozialwissenschaftlichen Potential der Kritischen Theorie*. Frankfurt am Main: Suhrkamp 1982, S. 367–427; Detlev Claussen: *Unterm Konformitätszwang. Zum Verhältnis von Kritischer Theorie und Psychoanalyse*. Bremen: Bettina Wassmann 1988; zum Projektionsbegriff in der Kritischen Theorie (und in der Marx-Rezeption) vgl. Falko Schmieder: *Ludwig Feuerbach und der Eingang der klassischen Fotografie. Zum Verhältnis von anthropologischem und Historischem Materialismus*. Berlin/Wien: Philo 2004, bes. S. 317–445 (Abschnitt 3); zum Verhältnis von Marx'scher Ökonomiekritik und Psychoanalyse bei Adorno vgl. Christine Kirchhoff: Die Möglichkeit als eine der Wirklichkeit fassen. Über den Erfahrungsbegriff bei Theodor W. Adorno. In: Dies. / Lars Meyer / Hanno Pahl / Judith Heckel / Christoph Engemann (Hrsg.): *Gesellschaft als Verkehrung. Perspektiven einer neuen Marx-Lektüre*. Freiburg: ça ira 2004, S. 83–103. Einen allgemeinen Überblick zur Geschichte der Marx-Freud-Debatte und über die Literatur dazu gibt Bernd Nietzschke: Marxismus und Psychoanalyse. Historische und aktuelle Aspekte der Marx-Freud-Debatte. In: *Luzifer-Amor. Zeitschrift zur Geschichte der Psychoanalyse* 2,3 (1989), S. 108–138.

41 *ND*, S. 184; das erste Mal taucht die Formulierung auf in Theodor W. Adorno: *Ontologie und Dialektik. Nachgelassene Schriften*, Abt. IV, Bd. 7. Frankfurt am Main: Suhrkamp 2002, S. 333.

Zwar wollen Adorno und Lukács, dass das reflektierende Verstandesdenken sich überwindet, *ohne* im Hegel'schen Sinne zu einer überindividuellen Vernunft zu kommen, vielmehr ist bei beiden die Überwindung des reflektierenden Verstandesdenkens un-denkbar. Aber sie ist un-denkbar in unterschiedlicher und sogar gegensätzlicher Hinsicht. Während bei Lukács die Überwindung un-denkbar ist, weil die *Kontemplation* des reflektierenden Verstandesdenkens überwunden werden und dieses Überwinden *praktisch* sein muss, muss die Überwindung bei Adorno un-denkbar bleiben, weil der reflektierende Verstand die Vorherrschaft des identifizierenden begrifflichen Denkens gegenüber dem Anderen geltend macht, und deshalb muss dieses Verstandesdenken *sich selbst* überwinden. Dadurch geht Adorno auf Distanz zu genau derjenigen endgültigen Identifikation, die Lukács zufolge noch aussteht. Er geht auf Distanz durch ein „Nicht-Identisches", das ebenso an ein Anderes des Denkens wie an ein anderes Denken gemahnen soll; an ein Denken, das dem Anderen nicht um der Identität willen bewusst werden will, sondern das mimetisch mit dem Anderen umgeht und es allenfalls konstellativ oder ästhetisch erschließt.

Alle drei, Hegel, Lukács und Adorno, berufen sich demnach auf eine Art Selbstkritik des Verstandesdenkens, durch die es sich aber auf ganz unterschiedliche Weise überwinden soll. Bei Hegel muss das Bewusstsein sich durch seine Entfremdung *je* überwunden *haben*: Es muss von einem Selbstbewusstsein her so auf sich zurückkommen, dass es sich selbst *und* den Gegenstand gleichermaßen zum Objekt hat, um in ihrer Vermittlung das negative Wesen einer übergreifenden Vernunft zu begründen. Der Verstand denkt von dieser überindividuellen Vernunft her, indem er überhaupt in Objekt und Subjekt trennt, und Hegels Kritik zielt ‚nur' darauf, dass der Verstand genau das nicht begreift und darum sich selbst nicht versteht. Lukács und Adorno dagegen zielen zunächst beide auf die spezifisch kapitalistische Formbestimmung eines Verstandesdenkens, das die Dinge als identische Werte denken und vermitteln muss. Aber wo Lukács zur geschichtlichen Praxis der Arbeiterklasse und einer praktischen statt geistig-ideellen Aufhebung des Subjekt-Objekt-Gegensatzes drängt, wendet sich Adorno der Praxis eines kritischen Denkens zu. Während Lukács zufolge das Proletariat die Identifikation von Subjekt-Objekt nicht nur geistig-kontemplativ, sondern auch praktisch und zudem gesamtgesellschaftlich verwirklichen konnte, bricht sich Adorno zufolge die Unwahrheit der Identifikation von Subjekt-Objekt in jedem einzelnen Verstand und lässt ihn zum Ort der Erfahrung der Unwahrheit der Identität werden.

So rechnen alle drei, Hegel, Lukács und Adorno, in ihrer Kritik des Verstandesdenkens auf jeweils spekulative, aber doch ganz unterschiedliche Weise mit einer übergreifenden, transzendenten Vernunft. Hegels *PhdG* zeigt, dass das Bewusstsein qua Selbstbewusstsein mit der eigenen Identität in aller Gegenstandserfahrung rechnen und sich darum mit ihr identifizieren kann; Lukács erwartet von der Ware Arbeitskraft, dass sie durch ihr Selbstbewusstsein auf die eigene Produktivkraft zurückkommen und dadurch mit dem Identischen von Subjekt und Objekt auf praktische Weise rechnen kann; und Adorno rechnet im Anderen von Geist und Gesellschaft damit, dass dieses

Andere beider Immanenzverhältnis durchbricht. Für Lukács drückt die Selbstpräsenz des absoluten Geistes die Immanenz der bürgerlichen Klasse adäquat aus, weil ihm die produktive Kraft gesellschaftlicher Praxis entgeht; für Adorno ist die Immanenz des absoluten Geistes zu immanent, weil der Geist nicht erkennen und nicht einmal mehr zu erkennen *geben* kann, dass in ihm etwas nicht aufgeht. Dieses Nicht-Aufgehende teilt sich allein mit, *indem* es der Identifikation entgeht; es muss dem Geist und der Gesellschaft in ihrer Vermittlung durch Begriff und Tauschwert das unverfügbare Andere bleiben. Und doch könnte dieses Andere, indem es das Denken zurückweist und schlicht das Andere sein gelassen werden muss, gerade dadurch für die Autonomie und Individualität des Denkens sorgen. Dabei will Adorno es bewenden lassen.

Bei Adorno erzwingen Geist und Kapital jedoch nicht nur auf systematisch-kategoriale Weise den Horizont, in dem die Welt erscheinen muss, sie setzen sich dadurch auch in zeitlicher Hinsicht durch, d.h. als *Geschichte*.[42] Wenn Adorno nicht nur am Begriff der Totalität, sondern auch an der Geschichtsphilosophie festhält, so um auch hier den Aufstieg und die Durchsetzung von Herrschaft kritisch darzustellen.[43] Waren der traditionelle Marxismus-Leninismus und auch Lukács noch von der Hoffnung getragen, dass die Widersprüche der alten Gesellschaft die neue entwickeln, so ist auch diese Hoffnung bei Adorno ins Negative gewendet. Oder vielmehr ist es die Geschichte selbst, die sowohl dem emphatischen Entwicklungsdenken des Marxismus-Leninismus als auch dem gediegenen Fortschrittsoptimismus der bürgerlichen Gesellschaft die Spitze abbricht, denn spätestens seitdem durch die kapitalistische Entwicklung der Produktivkräfte zwar die Möglichkeit besteht, Arbeit und Zwang, Ausbeutung und Mangel materiell zu überwinden (und dadurch auch deren ideelle und ideologische Legitimation hinfällig werden zu lassen), die Überwindung aber ausbleibt, spätestens seitdem sind die Form der Aneignung und der Tauschwert endgültig zur Voraussetzung der Arbeit, des Bewusstseins und der Produktion geworden. Das Allgemeine des Tauschwerts verewigt sich als Erscheinungsweise des Besonderen, und die Verwertungslogik hält ihren gleichgültigen Selbstzweck in all ihren Momenten als anonymen Zwang aufrecht, verfestigt zu einem umfassenden „Verblendungszusammenhang" (Adorno), im Staat ebenso wie im Bewusstsein seiner Bürger, in den zur Ideologie verkommenen Formen bürgerlicher Selbstvergewisserung ebenso wie in der Kulturindustrie. Diese sich selbst verewigende Form tritt dem Einzelnen, aber auch der Gesellschaft insgesamt wie ein zweiter, gesellschaftlicher Naturzwang gegenüber, und dieser sorgt für eine Dynamik, die jenseits des geschichtlichen Fortschritts

---

42 Adorno zufolge hat Hegel auf philosophisch-begriffliche Weise diese Verschränkung zwischen der vergesellschafteten Dynamik der Kategorien und der realen Geschichte im Selbstwerden des Geistes zusammengezogen: „Seine Konzeption von der Wahrheit als einem Werdenden ebenso wie die Absorption der Empirie im Leben des Begriffs hat die Trennung der philosophischen Sparten des Systematischen und Historischen [...] überschritten. [...] In der Logik wird, ihrer Thematik gemäß, wohl auch unterm Druck der Versteifung des späteren Hegel, die auswendige Geschichte von der inneren Historizität der Kategorienlehre verschluckt." (Adorno: Drei Studien zu Hegel, S. 371.)

43 Vor allem die *Dialektik der Aufklärung* liest sich in einigen Passagen wie eine Kritik der Universalisierungs- und Durchsetzungsgeschichte der Herrschaft des Tauschprinzips und des Tauschwerts.

liegt und die Gesellschaft in gewisser Weise bereits überwunden hat: Die Notwendigkeit der Arbeit erscheint auf der Höhe ihrer Überflüssigkeit als nackter Kampf ums Überleben,[44] und die ökonomische Krise, zu der sich die geistige Verelendung gesellt, ist keine latente Bedrohung, sondern durch den Zusammenhang von Überproduktion und Mangel in der Struktur der gesellschaftlichen Reproduktion auf Dauer gestellt.[45]
Doch nicht dieser Verfall der bürgerlichen Gesellschaft, den Adorno am Übergang der liberalen Frühphase des Kapitalismus und der freien Konkurrenz in Monopol-, Staats- und industriellem Spätkapitalismus festmacht, bedeutet für ihn den endgültigen Niedergang individueller Autonomie sowie das Ende der Möglichkeit, eine Überwindung der kapitalistischen Gesellschaft noch positiv bestimmen zu können.[46]

44 Dass sich geschichtlich gewordene Kategorien durch ihre Selbstverewigung statisch halten, hat Adorno zufolge eine Entsprechung in der Philosophie des Existenzialismus. Diese Kritik der Verkehrung spezifisch gesellschaftlicher in existenzielle Verhältnisse zieht sich durch Adornos Auseinandersetzungen mit der Philosophie seiner Zeit und findet sich auch im ersten Teil der *ND*. Die Kritik galt vor allem Heidegger, der allerdings selten genannt wird. Adorno hat seiner Heidegger-Kritik eine eigenständige Arbeit gewidmet, den *Jargon der Eigentlichkeit*. Hier heißt es zur Warenform und zur Verkehrung ihres Scheins in Existenzielles: „Schein und Notwendigkeit sind beides Momente der Warenwelt; sobald Erkenntnis eines von ihnen isoliert, mißrät sie. Wer die Warenwelt als das An sich akzeptiert, wie sie sich gibt, wird von den von Marx im Fetischkapitel analysierten Mechanismen getäuscht; wer jenes An sich, den Tauschwert, als einzig Vorgespiegeltes vernachlässigt, willfahrt der Ideologie der Allmenschlichkeit und klammert sich an Formen des unmittelbaren Miteinander, die geschichtlich unwiederbringlich sind, wenn anders sie je existierten. Nachdem der Kapitalismus die Unbefangenheit der theoretischen Selbstbehauptung verlor, tragen seine Anwälte eher das von Menschen Gemachte in Kategorien spontanen Lebens vor, als gälten sie jetzt und hier." (Theodor W. Adorno: Jargon der Eigentlichkeit. In: Ders.: *Negative Dialektik. Jargon der Eigentlichkeit. GS*, Bd. 6., S. 413–526, hier S. 454–455.) Es war indes Max Horkheimer, der in seinem Essay „Geschichte und Psychologie" von 1932 eine erste Kritik an *Sein und Zeit* formulierte, vgl. ders.: Geschichte und Psychologie. In: Ders.: *Gesammelte Schriften*, Bd. 3. Frankfurt am Main: Fischer 1988, S. 48–69. (Herbert Marcuse, damals Heidegger-Schüler, hatte bereits 1928 wesentlich positiver auf Heidegger und *Sein und Zeit* Bezug genommen, vgl. Herbert Marcuse: Beiträge zu einer Phänomenologie des Historischen Materialismus. In: *Philosophische Hefte* 1,1 (1928), S. 45–68.) Allerdings ist verschiedentlich auf die Gemeinsamkeiten hingewiesen worden, die Adorno und Heidegger teilen; ausführlich dazu Hermann Mörchen: *Macht und Herrschaft im Denken von Adorno und Heidegger*. Stuttgart: Klett-Cotta 1980; ders.: *Adorno und Heidegger. Untersuchung einer philosophischen Kommunikationsverweigerung*. Stuttgart: Klett-Cotta 1981; Andrea B. Alker: *Das Andere im Selben. Subjektivitätskritik und Kunstphilosophie bei Heidegger und Adorno*. Würzburg: Königshausen & Neumann 2007. Alfred Schmidt ist einer der wenigen Vertreter aus dem engeren Umfeld der Kritischen Theorie, der die Gemeinsamkeiten ebenfalls hervorgehoben hat, vgl. Alfred Schmidt: Heidegger und die Frankfurter Schule – Herbert Marcuses Heidegger-Marxismus. In: Peter Kemper: *Martin Heidegger – Faszination und Erschrecken*. Frankfurt am Main/New York: Campus 1990, S. 153–177.

45 Adorno geht vor allem in seinen soziologischen Schriften auf die verhängnisvolle Entwicklung ein, dass die fortschrittlichen und produktiven Kräfte der bürgerlich-kapitalistischen Gesellschaft, statt zu deren sozialistischer Aufhebung zu führen, in Unfreiheit und Zwang umschlagen, vgl. bes. Theodor W. Adorno: Gesellschaft. In: Ders.: *Soziologische Schriften I. GS*, Bd. 8. Frankfurt am Main: Suhrkamp 1972, S. 9–19; ders.: Über Statik und Dynamik als soziologische Kategorien. In: Ebd., S. 217–237; ders.: Spätkapitalismus oder Industriegesellschaft? In: Ebd., S. 354–370.

46 Max Horkheimer hat dies 1942 in dem bekannten Satz zusammengefasst: „[...] das Dorado der bürgerlichen Existenzen, die Sphäre der Zirkulation, wird liquidiert." (Max Horkheimer: Autoritärer Staat. In: Ders.: *Gesellschaft im Übergang. Aufsätze, Reden, Vorträge 1942–1970*. Frankfurt am Main: Fischer 1974, S. 13–35, hier S. 13.)

Diejenige Erfahrung, die sich endgültig der Rationalität entzieht und aus der sich kein (geschichtlicher) Sinn mehr stiften lässt, ist der Nationalsozialismus. Die Shoah schließlich ist das Ende für alle fortschrittlichen, gar revolutionären Erwartungen an die kapitalistische Entwicklung und ihre Widersprüche, von denen die traditionelle Gesellschaftskritik noch getragen war. Der Nationalsozialismus ist Adorno zufolge der Versuch einer Selbstüberwindung der kapitalistischen Gesellschaft auf ihrer eigenen Grundlage, das Paradox einer negativen Selbstaufhebung; aus Auschwitz aber folgt für die Gesellschaftskritik nur noch der kategorische Imperativ, „daß Auschwitz nicht sich wiederhole, nichts Ähnliches geschehe".[47] Angesichts der Verfallsgeschichte der bürgerlichen Gesellschaft samt ihrer geistigen Reflexionsform, der individuellen Autonomie, hat die Revolution, mit Walter Benjamin, nur mehr die Funktion einer Notbremsung.[48] Diese Notbremsung soll zwar zum Sprung aus der Formtotalität kapitalistischer Vergesellschaftung anhalten – aber zur Vermeidung ihrer Folgerichtigkeit, und nicht etwa für den Übersprung der kapitalistischen Gesellschaft in ihre sozialistische Vollendung.[49] Die Notwendigkeit einer anderen Gesellschaft wird sich jedenfalls weder aus den Widersprüchen der kapitalistischen Gesellschaft noch aus ihren geschichtlichen Tendenzen kohärent begründen lassen – der Grund für eine andere Gesellschaft liegt nur noch darin, dass sie *trotzdem* kommen muss.

Soweit zu Adornos Kritik der Vermittlung von Subjekt-Objekt durch die Warenform und den Tauschwert sowie deren Entsprechung zur Logik des Begriffs und zum identifizierenden Denken. Die folgende Kritik an Adorno soll sich auf das *Maß* seiner Gesellschaftskritik konzentrieren. Wie zuvor bei Lukács ist zu betrachten, auf welche Weise in Adornos negativer Dialektik die gesellschaftliche Vermittlung durch sich selbst das Maß ihrer Kritik abgeben soll. Es wird zu zeigen sein, dass im Unterschied zu Lukács, wo die warenförmige Vermittlung im Proletariat zu ihrem Bewusstsein kommt und auf diese Weise das Maß ihrer Kritik abgibt, bei Adorno die warenförmige Vermittlung auf eine nur *negative* Weise das Maß ihrer Kritik abgibt. Des Weiteren ist die Verlegenheit herauszuarbeiten, in die Adorno seine Kritik teils bewusst geführt hat, in die er teils aber auch ungewollt geraten ist.

3. Das Nicht-Identische als Maß negativer Gesellschaftskritik
Adorno hat in der Einleitung zur *Negativen Dialektik* seine Konzeption der Dialektik programmatisch der Hegel'schen Konzeption entgegengestellt.

> Der Widerspruch ist nicht, wozu Hegels absoluter Idealismus unvermeidlich ihn erklären mußte: kein herakliteisch Wesenhaftes. Er ist Index der Unwahrheit von Identität, des Aufgehens des Begriffenen im Begriff. Der Schein von Identität wohnt jedoch dem Denken selber seiner puren Form nach inne.

---

[47] *ND*, S. 358. Zu Auschwitz als dem absolut Negativen, das sich jedem (geschichtlichen) Sinn entzieht, vgl. *ND*, S. 354.

[48] Walter Benjamin: Das *Passagen-Werk*. *Gesammelte Schriften*, Bd. V.2. Frankfurt am Main: Suhrkamp 1982, S. 1232.

[49] „Heute hat sich die vereitelte Möglichkeit des Anderen zusammengezogen in die, trotz allem die Katastrophe abzuwenden." (*ND*, S. 317.)

Denken heißt identifizieren. Befriedigt schiebt begriffliche Ordnung sich vor das, was Denken begreifen will. Sein Schein und seine Wahrheit verschränken sich. [...] Dem Bewußtsein der Scheinhaftigkeit ist nichts offen, als den Schein totaler Identität immanent zu durchbrechen: nach ihrem eigenen Maß. Da aber jene Totalität sich gemäß der Logik aufbaut, deren Kern der Satz vom ausgeschlossenen Dritten bildet, so nimmt alles, was ihm nicht sich einfügt, alles qualitativ Verschiedene, die Signatur des Widerspruches an. Der Widerspruch ist das Nicht-Identische unter dem Aspekt der Identität; der Primat des Widerspruchsprinzips in der Dialektik mißt das Heterogene am Einheitsdenken. Indem es auf seine Grenze aufprallt, übersteigt es sich. Dialektik ist das konsequente Bewußtsein von Nicht-Identität. Sie bezieht nicht vorweg einen Standpunkt. Zu ihr treibt den Gedanken seine unvermeidliche Insuffizienz, seine Schuld an dem, was er denkt.[50]

In solchen Formulierungen weist Adorno nicht nur seine negative Konzeption der Dialektik aus, er deutet auch an, dass diese Dialektik mit einem gewissen Dualismus nicht recht fertig wird.[51] Sie kann mit einem Dualismus im Vernunft- und Dialektikbegriff darum nicht fertigwerden, weil sie das methodische Problem radikaler Gesellschaftskritik austragen muss, dasjenige Problem, das die Kritische Theorie bereits in ihrem Namen ankündigt. So erklärt Adorno einerseits das Ganze zu einem „Unwahren", das eben nicht seine eigene Kritik und Überwindung hervorbringt, andererseits soll ausgerechnet eine kritische *Theorie* möglich sein, wenn auch eine durch die Negation ihres Gegenstands bestimmte Theorie. Das Dilemma einer negativen Dialektik, welche die Sache nicht nur objektiv im Sinne einer Theorie darstellen und auf den Begriff bringen soll, sondern die als spezifisch *kritische* Theorie auch eingreifendes Denken sein will und im Namen des Nicht-Identischen von der Möglichkeit der Veränderung her spricht – das große Dilemma einer solch negativ gehaltenen Dialektik bleibt, dass sie ihre Methode nicht ausweisen kann, ohne sie letztlich aus dem Kritisierten selbst heraus begründen zu müssen. Muss sich aber die Kritik vom Kritisierten her begreifen, und sei es auch in dessen radikaler und umfassender Negation, so teilen Kritik und Kritisiertes dadurch eine gemeinsame Grenze und sogar eine Art negative Übereinkunft. Vor dieser Indifferenz aber schreckt Adorno zurück. Er versucht, eine Kritik zu etablieren, die sich zwar in der Tradition von Hegel und Marx als *immanente* Kritik versteht und weiterhin das Bestehende ihm selbst entsprechend darzustellen versucht, aber diese immanente Kritik soll die grundlegende *Unwahrheit* des Bestehenden darstellen; das Bestehende soll gleichsam durch sich selbst seine Unhaltbarkeit eröffnen.

Im Begriff des Nicht-Identischen hat Adorno das Dilemma einer solchen kritischen Gesellschaftstheorie auf den Punkt gebracht: Wie kann ein Nicht-Identisches überhaupt erfahren werden? Wie kann von der Notwendigkeit eines Nicht-Identischen her gedacht werden und wie kann der Bezug auf ein Nicht-Identisches ein kritischer Eingriff sein, wenn das Nicht-Identische der Form des Denkens und der Vergesellschaftung doch letztlich entzogen bleibt? Oder, wenn es gerade *als* Nicht-Identisches und als Entzogenes dem Denken und der kapitalistischen Form der Vergesellschaftung immanent ist: Wie kann dann das Nicht-Identische das Bestehende kritisieren, ohne

---

50 Ebd., S. 17.
51 Vgl. Arndt: *Dialektik und Reflexion*, S. 272ff.

entweder völlig unbestimmt zu bleiben oder stets nur die Negation des Bestehenden und das Andere nur der Identität ins Spiel zu bringen? Durch den Verweis auf das Nicht-Identische soll, wie oben bereits angedeutet, vor allem der affirmative, *versöhnende Grundzug* durchbrochen werden, den Adorno in der Hegel'schen Dialektik ausmacht. Adorno muss daher auf ein Nicht-Identisches zielen, das der Vermittlung durch den Begriff nicht erst entspringt oder von ihm erst hervorgebracht wird, jedoch ohne dass das Nicht-Identische als etwas fertig Gegebenes unkritisch vorausgesetzt wird oder zur Unmittelbarkeit und Unbestimmtheit gerät (und dadurch zum bloßen Material, etwa als *die* Materie oder *die* Natur). Das Nicht-Identische muss zudem *erfahrbar* sein, und es muss aufgrund der Vorherrschaft des Begriffs sogar durch den Begriff erfahrbar sein. Wo Adorno sich der zentralen Verlegenheit der Gesellschaftskritik stellt: ihrer Vermitteltheit durch das Kritisierte, hat er der Gesellschaftskritik daher aufgegeben, „über den Begriff durch den Begriff hinauszugelangen".[52]

Demnach muss die Erfahrung des Nicht-Identischen anscheinend in der identifizierenden Aufhebungsbewegung begrifflicher Vernunft verbleiben, und Adorno hat wohl dieses Dilemma vor Augen, wenn er feststellt, dass die Kritik des Begriffs sich dessen Vorherrschaft nicht entziehen kann. Es gibt jedoch eine Übereinstimmung zwischen dem Nicht-Identischen bei Adorno und der Identität bei Hegel, die Adorno trotz der Rücksicht auf das genannte Dilemma entgeht. Durch das Nicht-Identische nimmt er nämlich einen spekulativen Bezug auf die Differenz zwischen Identität und Nicht-Identität. Er nimmt einen Bezug, der analog Hegels ‚erster' Identität im berühmten Satz der „Identität von Identität und Nicht-Identität" funktioniert, d.h. das Nicht-Identische muss gleichsam *vor* der Unterscheidung von Identität und Nicht-Identität stehen, oder vielmehr muss es *für* diese Unterscheidung in Anspruch genommen werden.[53] Es scheint, als müsse sich das Nicht-Identische durch einen Satz ausdrücken,

---

52 *ND*, S. 27. In der *ND* findet sich eine Reihe ähnlicher Wendungen, z. B.: „[...] mit der Kraft des Subjekts den Trug konstitutiver Subjektivität zu durchbrechen [...]." (*ND*, S. 10.) „Die Utopie der Erkenntnis wäre, das Begriffslose mit Begriffen aufzutun, ohne es ihnen gleichzumachen." (*ND*, S. 21.)

53 Hegel ist in seinen frühen Schriften im Ringen um eine angemessene Darstellung des Absoluten über den Begriff der Liebe, des Lebens und den Satz der „Verbindung von Verbindung und Nichtverbindung" schließlich zum berühmten Satz der Identität von Identität und Nicht-Identität gekommen. Er taucht in seiner Dissertation zum ersten Mal auf. Zur Entwicklung des Identitätssatzes und der spekulativen Identität bei Hegel vgl. Soon-Jeon Kang: *Reflexion und Widerspruch. Eine entwicklungsgeschichtliche und systematische Untersuchung des Hegelschen Begriffs des Widerspruchs* (= *Hegel-Studien*, Beiheft 41). Bonn: Bouvier 1999, bes. S. 19–39 (Kap. 1). Der Satz der Identität enthält Hegels spekulative Fassung der Logik und kann als Grundzug seiner Dialektik und ihrer Entwicklung in der *WdL* angesehen werden: „Die Beziehung-auf-sich im Wesen ist die Form der *Identität*, der *Reflexion-in-sich*; diese ist hier an die Stelle der *Unmittelbarkeit* des Seins getreten; beide sind dieselben Abstraktionen der Beziehung-auf-sich." (Georg Wilhelm Friedrich Hegel: *Enzyklopädie der philosophischen Wissenschaften im Grundrisse I (1830). Werke*, Bd. 8. Frankfurt am Main 1986, S. 234.) Hegel kommt in der *Wissenschaft der Logik* (*WdL*) zum ersten Mal auf den Satz der Identität im Zusammenhang mit der Frage nach dem Anfang der Wissenschaft zu sprechen; diese Frage wird der eigentlichen Entwicklung der *WdL* vorangestellt: „Die Analyse des Anfangs gäbe somit den Begriff der Einheit des Seins und des Nichtseins – oder, in reflektierter Form, der Einheit des Unterschieden- und des Nichtunterschiedenseins – oder

durch den es in die Identität eingeschlossen wird als das Ausgeschlossene. Dadurch verhält es sich wie die ‚vorrangige' Identität in Hegels Identitätssatz, eine Identität, die als ein- und ausgeschlossene dasteht und so doppelt vorhanden oder an- und abwesend zugleich ist und, gerade deshalb, eine andere, *dialektische* Identität im Sinne einer *spekulativen Vermittlung* ausdrückt.

Doch auch wenn es scheint, als nähme das Nicht-Identische bei Adorno dieselbe spekulative, zusätzliche, ein- und zugleich ausgeschlossene Stellung ein wie die ‚zusätzliche' Identität in Hegels Identitätssatz, wehrt Adorno eine solche Analogie beständig ab. Während in Hegels *WdL* die erste Identität im Identitätssatz eine spekulativ-übergreifende Identität darstellt, weil sie gleichsam zusätzlich vorhanden ist und Identität und Nicht-Identität allererst ins Verhältnis *setzt* und zugleich *als* Verhältnis aufhebt, besteht Adorno darauf, dass das Nicht-Identische nur das Nicht-Aufgehende markiert. Und während Hegels *WdL* aus der spekulativen, übergreifenden Identität die Logik des begrifflichen Denkens entwickelt und Identität und Nicht-Identität darin aufhebt, will Adorno umgekehrt durch das Nicht-Identische dem begrifflichen Denken entkommen. Auch wenn Adornos Dialektik, trotz ihrer negativen ‚Zurückhaltung', in die Richtung des begrifflichen Denkens treibt, und auch wenn Adorno selber betont, dass noch die Kritik des Begriffs in dessen Bann bleibe, so soll sie das begriffliche Denken doch auf die „Präponderanz des Objekts" zurückführen und für eine andere Form der Erfahrung und der Subjektivität öffnen.

Doch noch vor der Frage, ob Adorno seinem Nicht-Identischen nicht eine Stellung einräume, die der spekulativen Identität in Hegels Identitätssatz vergleichbar sei, stellt sich eine noch grundlegendere Frage, nämlich ob Adornos Kritik an Hegels begrifflicher Identifizierung nicht zu spät ansetzt. Denn betrachtet man die *WdL*, so nimmt bei Hegel der Begriff gar keine Identifikation einer irgendwie gegebenen Objektivität vor: stattdessen verwirklicht er die Vernunft, die in der *radikalen Trennung* in Subjektivität und Objektivität liegt. Durch diese Trennung reflektiert und identifiziert der Begriff die Objektivität so, dass er sie ein *Selbstverhältnis sein lassen muss* und gerade nicht, wie Adorno unterstellt, irgendwie überwältigt und subsumiert. Hegel entwickelt in der *WdL* eine Objektivität, die, wie noch zu zeigen sein wird, einerseits maßgeblich für sich selbst ist, und andererseits wird genau *das* dem Begriff zum Gegenstand. Reflektiert der Begriff, dass die Objektivität maßgeblich sein muss für nichts als sie selbst, so wird ihm diese Reflexion zur Genesis seiner Begriffsbestimmungen – und nur auf *diese* Weise werden Objektivität und Subjektivität identifiziert.

der Identität der Identität und Nichtidentität. Dieser Begriff könnte als die erste, reinste, d. i. abstrakteste Definition des Absoluten angesehen werden, – wie er dies in der Tat sein würde, wenn es überhaupt um die Form von Definitionen und um den Namen des Absoluten zu tun wäre." (Georg Wilhelm Friedrich Hegel: *Wissenschaft der Logik I. Werke*, Bd. 5. Frankfurt am Main: Suhrkamp 1986, S. 74 (im Folgenden *WdL I*).) Ausführlich widmet sich Hegel dem Identitätssatz dann im zweiten Kapitel der Wesenslogik im Anschluss an die Reflexion, vgl. Georg Wilhelm Friedrich Hegel: *Wissenschaft der Logik II. Werke*, Bd. 6. Frankfurt am Main: Suhrkamp 1969, S. 38ff. (Kap. 2. „A. Die Identität") im Folgenden *WdL II*.

Durch die Explikation jener Idee von Objektivität müsste somit auch eine immanente Kritik an Adornos Kritik der Identitätslogik möglich sein. Wenn bei Hegel der Begriff die Objektivität konstituiert, indem er sie ein selbständiges Verhältnis sein lässt und genau *das* wiedergibt, dann würde Adornos Kritik an Hegels begrifflicher Identifikation der Objektivität von vornherein fehl gehen und eher auf formal-logische und subsumtionslogische Vorstellungen von Identifikation zutreffen.

Folgt man des Weiteren dem von Adorno thematisierten Zusammenhang zwischen der begrifflichen und der tauschwertig-warenförmigen Identifikation, so müsste Adorno zusammen mit Hegels begrifflicher Logik der Identifikation auch die von Marx entwickelte Logik der Identifikation durch den Tauschwert und die Warenform verfehlen. Will man gleichwohl *mit* Adorno die Entsprechung von begrifflicher und warenförmig-tauschwertiger Logik aufrechterhalten und die Entsprechung einer Begründung zuführen, müsste geprüft werden, ob sich in Marx' *Kapital* Objektivität nicht auf eine analoge Weise konstituiert wie in Hegels *WdL*.

Diese analoge Konstitution von Objektivität soll durch eine Analogie zwischen Hegels Entwicklung des Seins und Marx' Entwicklung des Werts begründet werden. Seinslogik und Wertformanalyse sollen in eine Analogie gebracht werden, um zu zeigen, dass sich hier wie dort Objektivität ganz anders konstituiert als von Adorno unterstellt. Hegels Seinslogik zeigt *nicht*, dass der Begriff das, wovon er abstrahiert, dadurch zum Gegenstand der Bestimmung und Identifizierung macht, und auch Marx' Wertformanalyse zeigt *nicht*, dass der Tauschwert das, wovon er abstrahiert, zugleich objektiv gültig zu identifizieren scheint. Hegel und Marx entwickeln auf analoge Weise etwas ganz anderes. Beide beginnen ihre großen Werke damit zu zeigen, dass Objektivität konstituiert wird, indem sie, durch das begriffliche Denken bzw. durch das Geld an nichts als sie selbst gehalten. gleichsam der eigenen Identität ausgesetzt wird und sich selbst angemessen werden muss. Objektivität muss dann reflektiert werden, als sei sie bewusstlos durch sie selbst bestimmt und müsste dadurch ein blind-naturwüchsiges Verhältnis eingehen; ein Selbst-Verhältnis, das sich im in-sich Übergehen auf rein negative Weise an sich bestimmt, sodass es gleichsam in die eigene Notwendigkeit eintritt. Dieses reine Übergehen-in-Sich ist die (gesellschaftliche) *Qualität* schlechthin, bei Hegel die Qualität des Seins, bei Marx die Qualität des Werts.

Hegel zeigt die Logik dieses Seins im ersten Buch der *WdL*. Hier entwickelt er, wie das Sein sich im Übergehen auf unmittelbare Weise sowohl an-sich bestimmt als auch identisch hält und darum als Selbstverhältnis und Identität der Objektivität gedacht werden muss. Marx zeigt ebenfalls gleich zu Beginn des *Kapitals*, in der Wertformanalyse, dass das gesellschaftliche Verhältnis der Waren durch die maßgebliche Einheit, für die das Geld steht, der eigenen Identität ausgesetzt ist, auf bewusstlose Weise durch Werte übergeht und dadurch an-sich bestimmt wird. Das gesellschaftliche Verhältnis der Waren muss analog dem seinslogischen Übergehen gedacht werden, nur dass es statt des Begriffs das Geld ist, welches das gesellschaftliche Sein einerseits maßgeblich sein lässt für es selbst, sodass es andererseits ein Selbstverhältnis eingehen und dieses Verhältnis durch bestimmte Werte bewusstlos entäußern und zu denken geben muss. Um den Kritikbegriff der negativen Dialektik Adornos mit dem der Hegel'schen und Marx'schen Dialektik vergleichen zu können, wird zunächst das Nicht-Identische der negativen Dialektik Adornos als dasjenige *Maß der Kritik* entworfen, das die Identifikation im Scheitern gleichsam durch sie selbst abgibt. Anschließend wird durch eine ausführliche Analogie zwischen Seinslogik und Wertformanalyse entwickelt, auf welche Weise hier jeweils die Objektivität durch ihre Maßgeblichkeit für sich selbst rein negativ ihre Identität abgibt und darum – ohne jede Abstraktion oder gewaltsame Reduzierung oder äußere Verallgemeinerung – so gedacht werden kann, wie sie an-sich ist.

Zweiter Teil. Das Maß negativer Kritik bei Adorno und bei Hegel und Marx

1. Das Nicht-Identische – Das Maß der Kritik, das die Identifikation durch ihr Scheitern abgibt

Das letzte Kapitel skizzierte eine Gemeinsamkeit, die Adorno durch seinen Kritikbegriff, wenn auch unausgesprochen, mit Hegels Kritikbegriff zu teilen scheint. Es schien, als nähme Adorno das Nicht-Identische auf dieselbe Weise in Anspruch, die Hegels ‚vorrangige', spekulative Identität im Satz der Identität von Identität und Nicht-Identität auszeichnet, denn auch wenn Adorno die Identität unter negative Vorzeichen stellt und auf ihrem Scheitern insistiert, so muss er dennoch für das Nicht-Identische dieselbe maßgebliche Stellung beanspruchen, die der vorrangigen Identität im Identitätssatz zukommt.[54] Adornos Kritik der Identifikation von Subjektivität und Objektivität durch den Begriff bzw. den Tauschwert kann nur gelingen, wenn sie spekulativ von einem Nicht-Identischen ausgeht, von einem Wissen davon, dass etwas im identifizierenden Denken nicht aufgeht, nicht im Wissen aufgehoben ist und womöglich überhaupt kein Gegenstand des Wissens sein kann. Gleichwohl, oder vielmehr gerade darum, muss auch das Nicht-Identische, soll es *diese* Bedeutung haben und für die Identitätskritik wirksam sein, irgendwie ‚begriffen' worden sein.

Und in der Tat muss auch Adorno zufolge das Nicht-Identische im begrifflichen Denken sein, aber so, dass das Begreifen über sich hinaus ins Nicht-Begriffliche (zurück-)geführt wird. Bei Adorno soll das Begreifen nicht, wie in Hegels Begriff des Begriffs, sich selbst als die Form einer Identifizierung begreifen, durch die das Nicht-Begriffliche zur Sprache kommt und in den Begriffsbestimmungen sich selbst entspricht. Stattdessen soll der Begriff eben diesen Selbstbezug selbstkritisch *gegen* sich wenden und als die Form einer Identifizierung erfahren, der notwendigerweise etwas entgeht. Diese ‚selbstkritische Wendung', in die Adorno das begriffliche Denken vermittelst des Nicht-Identischen überführen will, ist sowohl für Adornos Gesellschaftskritik wie auch für sein Verhältnis zur Hegel'schen Dialektik entscheidend. Die Wendung führt dazu, dass der Anspruch der *Negativen Dialektik*, den „Schein totaler Identität immanent zu durchbrechen: nach ihrem eigenen Maß"[55], in eine Art Selbstbegründung des Begriffs übergeht, ganz wie in Hegels Dialektik, aber auf geradezu entgegengesetzte Weise.

Der gemeinsame Angelpunkt ist dieses „eigene Maß", das bei Hegel wie bei Adorno die Sache selbst zu ihrer Kritik abgibt – aber auf denkbar unterschiedliche Weise. Bevor durch die angekündigte Analogie zwischen dem seinslogischen und dem wertförmigen Übergehen näher gezeigt wird, auf welche Weise der Dialektik von Hegel und Marx zufolge die Sache selbst das Maß ihrer Bestimmung abgibt, soll das Abgeben für Adornos negative Dialektik gezeigt werden.

---

54 Zur Nicht-Identität als Widerspruch vgl. *ND*, S. 17–18; zu Adornos Versuch, das Umschlagen des Nicht-Identischen in Positivität im Sinne der Negation der Negation abzuwehren, vgl. ebd., S. 161 ff.
55 *ND*, S. 17.

Bei Adorno soll die Kritik der Identität das begriffliche Denken zu der Selbsteinsicht führen, mit der Bestimmung der Wirklichkeit nicht fertigzuwerden. In dieser Kritik wird das Nicht-Identische zu einem ebenso unmittelbar unbestimmten wie vermittelten und abstrakt-allgemeinen Maß: Im Nicht-Identischen gibt die begriffliche Identifikation durch sich selbst das Maß ihrer Kritik ab. Das betrifft sowohl die geistig-begriffliche Identifikation, die Hegel laut Adorno zum Absoluten erhebt, wie auch die in Marx' KdpÖ thematisierte tauschwertige Identifikation, die Adorno zufolge zwar ebenfalls etwas „bloß Gedachtes" und Ideelles ist, aber gleichwohl eine (unbewusste) gesellschaftliche Praxis vollzieht.[56] Die begriffliche wie tauschwertige Identifikation gibt das Maß ihrer Kritik allerdings auf eine *negative* und indirekte Weise ab, nämlich dadurch, dass etwas in ihr nicht aufgeht. Dadurch gibt die Identifikation das Maß zu ihrer Kritik also durch sich selbst ab – aber nur durch ihr Scheitern.

Doch obwohl das Maß nur auf eine negative Weise da ist und nur im Scheitern der Identifikation besteht, erhält die Kritik in bestimmter Hinsicht einen positiven Grundzug. Das Maß scheint zwar letztlich nur durch das *Verfehlen* der Identifikation der Objektivität bestimmt zu sein, sodass es an sich vollkommen unbestimmt bleibt. Doch auch im Verfehlen der Identität ist das Nicht-Identische ja gleichsam spekulativ bestimmt durch das, was jeweils *noch* ist, was also noch außer der begrifflichen und tauschwertigen Identifizierung da ist oder zumindest da sein könnte. Adorno selbst zielt auf diesen ‚positiven' Überschuss, wenn er darauf besteht, dass im Begriff nicht nur etwas nicht aufgeht, sondern dass der Begriff genau das zum Gegenstand der Selbstkritik machen kann:

> Philosophische Reflexion versichert sich des Nichtbegrifflichen im Begriff. Sonst wäre dieser, nach Kants Diktum, leer, am Ende überhaupt nicht mehr der Begriff von etwas und damit nichtig. Philosophie, die das erkennt, die Autarkie des Begriffs tilgt, streift die Binde von den Augen.[57]

Hält sich das Denken (zumindest das philosophische und selbstkritische Denken) an das Nicht-Identische, das Adorno zum Maß der Identitätskritik erhebt, so erweist sich das Maß der Kritik auch als ihr Mittel, Identität ständig zu verschieben und aufzuschieben und dadurch den Begriff einer kritischen Selbstreflexion zu unterziehen. Das Nicht-Identische eröffnet im Verhältnis von Begriff und Begriffenem eine Unabgeschlossenheit, die den Begriff nötigt, auch einen Unterschied gegenüber sich selbst zu machen. Er muss sich eine Differenz zum eigenen Anspruch und Vermögen eröffnen, eine Differenz allerdings, die er, obwohl ein Mangel, doch als *seinen* Mangel und *seine* Unangemessenheit für sich hat. Begreift der Begriff das Nicht-Identische als *seinen* Mangel, hat er seine Unangemessenheit sich selbst gegenüber insofern auch

---

56 „Im Geist ist Einstimmigkeit des Allgemeinen Subjekt geworden, und Allgemeinheit behauptet in der Gesellschaft sich nur durchs Medium des Geistes, die abstrahierende Operation, die er höchst real vollzieht. Beides konvergiert im Tausch, einem zugleich subjektiv Gedachten und objektiv Geltenden […]." (*ND*, S. 310.)

57 *ND*, S. 23–24. Zum Nicht-Identischen als Maß der Selbstkritik des Begriffs vgl. die gesamte einleitende erste Passage der *ND*. So heißt es z.B. *ND*, S. 21: „Die Utopie der Erkenntnis wäre, das Begriffslose mit den Mitteln des Begriffs aufzutun, ohne es ihm gleichzumachen."

schon ins ‚Positive' gewendet, als er sich den Freiraum für die Möglichkeit – oder auch die Notwendigkeit – neuer Erfahrung eingeräumt hat, mithin den Freiraum zu seiner Veränderung. Diese Unangemessenheit macht somit nicht nur eine Begrenztheit im Begriff bemerkbar, sie verkehrt dadurch auch die Differenz zu seinem Geltungsanspruch in eine Art Überschuss, in einen Überschuss allerdings, der aufseiten des Nicht-Begrifflichen steht. Wenn der Begriff seinen eigenen Geltungsanspruch nicht erfüllen kann, der ja darauf zielt, Subjekt und Objekt durch ihre Identifikation in eine Entsprechung zu bringen, so kann dieser Mangel, Adornos negative Konzeption der Dialektik zufolge, nur aus dem Nicht-Begrifflichen herkommen, und wenn der Begriff eben dies erkennt, entspricht sein Mangel dem Überschuss aufseiten des im Begriff Nicht-Aufgegangenen. Daraus ergibt sich schließlich die Notwendigkeit der *Entwicklung* des Begriffs. Die Notwendigkeit ergibt sich allein daraus, dass er das Nicht-Begriffliche nicht endgültig erschließen und die Identifikation nicht abschließen kann; die Begriffsbestimmungen können die Wirklichkeit nie abschließend wiedergeben und ihr nie endgültig entsprechen.

Das Nicht-Identische wird also, vereinfacht zusammengefasst, darum zum Maß der Kritik einer (endgültigen) Identität von Subjektivität und Objektivität, weil es das Mittel ist, ihre Entsprechung permanent infrage zu stellen. Das Nicht-Identische eröffnet dadurch einen Mangel, der dem Begriff zur Notwendigkeit wird, Identität ständig von ihrer Entwicklung her denken und in Rücksicht auf diese Notwendigkeit vorgehen zu müssen.

Doch es wäre verkürzt, wollte man in der skizzierten Weise unterstellen, dass Adorno das Nicht-Identische zum Maß der Erfahrung einer Unangemessenheit gerät, die den Begriff in der Notwendigkeit der Entwicklung von Subjektivität und Objektivität gleichsam in seinen Grund zurückgehen lässt, wenn auch auf andere Weise als in der Hegel'schen Dialektik. Es wäre verkürzt, weil weder das Nicht-Identische bei Adorno noch die Identität bei Hegel nur im Hinblick auf die Notwendigkeit der *Entwicklung* eines Entsprechungsverhältnisses betrachtet werden dürfen. Die Notwendigkeit, dass Identität nur in ihrer Entwicklung existiert, will Adorno auch gar nicht gegen Hegels dialektische Logik richten. Seine Kritik unterstellt dem Begriff vielmehr eine sich selbst verkennende Selbstbezüglichkeit und Selbstpräsenz; die Kritik soll mithin eine endgültige und erfüllte Identität von Begriff und Begriffenem treffen. Adornos Kritik richtet sich gegen eine Identifizierung der Objektivität, die ganz im Begriff aufgehen *muss*, weil der Begriff sie so, wie sie an sich *ist*, wiederherstellt und wiedergibt.[58] Mehr noch, bei Hegel bleibe der Begriff eben nicht auf die Identifikation und die bloße Wiedergabe einer unmittelbar vorausgesetzten Objektivität beschränkt, sondern seine Identifikation und Wiedergabe der Objektivität soll die Wirklichkeit selbst sein, sogar die Wirklichkeit der Vernunft.

---

58 Vgl. allgemein zur Unmittelbarkeit bei Hegel Andreas Arndt: *Unmittelbarkeit*. Bielefeld: Transcript 2004; zu Adornos Kritik an Hegels Begriff vgl. ebd., S. 47ff.

Diese Kritik an Hegels Begriffslogik ist nur möglich, weil Adorno die radikale Trennung in Subjekt und Objekt wie eine Abstraktion *von* der Objektivität begreift, von einer Objektivität, die er als logisch wie zeitlich irgendwie vorgängig und naturgegeben betrachtet. Entsprechend scheint Adorno die Subjektivität des Begriffs eine Hypostase und Verselbständigung des Begriffs gegenüber jener Objektivität zu sein. Diese Kritik geht allerdings an der Pointe der Hegel'schen Dialektik vorbei. Bei Hegel verwirklicht der Begriff nämlich ‚nur' diejenige Vernunft, die darin liegt, in Objektivität und Subjektivität *radikal zu trennen,* sodass Objektivität *darum,* durch diese radikale Trennung, allererst als solche eintritt, dann aber auch schon wie ein gegebenes, selbständiges Selbstverhältnis reflektiert werden muss. Wird die Objektivität auf diese Weise buchstäblich *sein* gelassen, so verselbständigt sich weder die Subjektivität gegenüber der Objektivität, noch ist die Objektivität vorgängig. Im Gegenteil, die Objektivität wird selbständig sein gelassen, aber genau das muss wiederum im Begriff so zur Sprache kommen, als sei die Objektivität ein Selbstverhältnis *gewesen.* Sie muss durch den Begriff so zur Sprache kommen, wie sie an-sich ist, ganz so, als ob sie im Begriff zum Bewusstsein ihrer Bewusstlosigkeit käme und sich dadurch im Begriff in einem buchstäblichen Sinne *entspräche.* Die Objektivität *muss* sich sogar im Begriff entsprechen, und das Denken *muss* mit dem Sein identisch sein, wenn das begriffliche Denken die Objektivität von ihrer Maßgeblichkeit für sie selbst her denkt und sie ein Selbstverhältnis sein lässt.

Dieselbe Verselbständigung und Selbstbezüglichkeit, die Adorno an der begrifflichen Identifikation der Objektivität kritisiert, kritisiert er an der Identifikation der gesellschaftlichen Objektivität durch den Tauschwert. Die Kritik zielt darauf, dass auch der Tauschwert den Gebrauchswert dadurch identifiziert, dass er von ihm einerseits abstrahiert, um ihn andererseits als Abstrakt-Allgemeines rein quantitativ zu realisieren und dadurch Objektivität herzustellen. Und auch hier verfehlt Adorno diejenige Vernunft, die in der radikalen *Trennung* in Objektivität und Subjektivität liegt. Bei Marx wird die Vernunft dieser Trennung allerdings nicht durch den Begriff, sondern durch das Geld eingeführt: Das Geld sorgt dafür, dass die Waren an eine ideelle Einheit gehalten und durch sie so realisiert werden, dass auch die Gesellschaft durch die Waren einerseits ein objektives Selbstverhältnis eingehen muss, dasselbe Verhältnis andererseits durch das Geld wiedergegeben und dem subjektiven Bewusstsein durch bestimmte Werte buchstäblich zu denken gegeben wird. Die gesellschaftliche Objektivität entspricht somit statt im Begriff im Geld sich selbst; sie wird statt durch den Begriff durch das Geld so realisiert und wiedergegeben, wie sie an sich ist.

Diese Konstitution von Objektivität wird nun durch die angekündigte und in Teil I vorbereitete Analogie zwischen der Seinslogik und der Wertformanalyse ausführlich entwickelt. Die Analogie soll diejenige Ebene entwickeln, die, wie in Teil I skizziert, Hegel der Logik der Reflexion und des Begriffs und die Marx der Realisierung des gesellschaftlichen Verhältnisses durch Austausch und Zirkulation voranstellt und die Adorno entgeht.

2. Die wahre Unendlichkeit bei Hegel und Marx: Die Maßgeblichkeit des (gesellschaftlichen) Seins für sich selbst

Folgt man der Kraft, die Adorno zufolge die Kritik durch den Bezug auf das Nicht-Identische erhält, so scheint sie den Begriff selbstkritisch zu wenden und in seine Unabschließbarkeit zu führen. Die Unabschließbarkeit ist allerdings durch eine *schlechte Unendlichkeit* gekennzeichnet. Züge einer solchen schlechten Unendlichkeit finden sich bei Adorno in der bewusst nicht-systematischen Anlage der *Negativen Dialektik* und in ihrer Kritik des identifizierenden Denkens, des Weiteren im Gegenentwurf eines Denkens in Konstellationen und Modellen und schließlich, im Anschluss an die *Negative Dialektik*, in der Öffnung und Erweiterung des Denkens durch die Hinwendung zu einer Erkenntnis durch ästhetische Erfahrungen.[59] Rüdiger Bubner zufolge besteht die Negativität der *Negativen Dialektik* sogar darin, beständig ein Nichtseinsollen anzuzeigen, das allerdings nicht begründet werden kann:

> Traditionelle Metaphysik hatte die Welt als den Zusammenhang des Endlichen aufgefaßt und auf ein Prinzip des Unendlichen bezogen, dessen Absolutheit sowohl das Endliche erklärt, wie auch das Verhältnis beider Seiten verantwortet. Eine analoge Begründung, warum das, was ist, eigentlich nicht sein soll, muß Adorno schuldig bleiben, denn schon die Bereitschaft zum erklärenden Räsonnement hieße das Falsche beschönigen. Ließe sich ein Prinzip angeben, aus dem das Nichtseinsollen der gegebenen Verhältnisse einsichtig wird, so müßte man sich auf dieses Prinzip jedenfalls positiv berufen, was die Radikalität des Negierens milderte.[60]

Die Frage ist allerdings, ob das positive Prinzip, das Bubner Adorno abspricht, sich nicht doch bei Adorno einstellen muss, wenn auch gleichsam hinterrücks. Ist es Adorno überhaupt möglich, konsequent auf einem Negieren bestehen zu können, ohne das Negieren zum Prinzip positiver Begründung werden zu lassen? Nimmt Adorno in seiner Bestimmung der Dialektik: „Dialektik ist das konsequente Bewusstsein von Nichtidentität"[61], nicht zumindest indirekt ein positives Prinzip in Anspruch, wenn er mit der Setzung eines Nicht-Identischen ein ständiges Verfehlen endgültiger Identität geltend machen kann, wie unsystematisch auch immer?

Wo Adornos negative Dialektik anscheinend in eine Ambivalenz, vielleicht sogar in eine Aporie führt, da hat jedenfalls die Dialektik von Hegel und Marx ihre Pointe: Die Endlichkeit kann keiner *schlechten* Unendlichkeit überführt werden, *ohne* für sie die *wahre* Unendlichkeit einzuführen – wenn auch, so wird noch ausführlich zu zeigen sein, gleichsam hinterrücks. Während Adorno der Identität ein Scheitern nachweisen und eine Negativität gegen ihre positiven Bestimmungen geltend machen will, aber ohne

---

59 Zur Kritik des Unendlichen, dessen Idee „[...] vom Idealismus vermacht ward und mehr als jede andere von ihm verdorben" wurde, vgl. *ND*, S. 24 ff.; zum konstellativen Denken *ND*, S. 39 ff., 164 ff.; zu Adornos Hinwendung zu einer anderen Art von Erfahrung vgl. Adorno: *Ästhetische Theorie*, S. 510 ff.

60 Rüdiger Bubner: Adornos Negative Dialektik. In: Ludwig von Friedeburg / Jürgen Habermas (Hrsg.): *Adorno Konferenz 1983*. Frankfurt am Main: Suhrkamp 1983, S. 35–40, hier S. 38. Vgl. zu Adornos Konzeption einer Unmittelbarkeit und Negativität im Sinne eines Nichtseinsollens hier auch den Beitrag von Michael Theunissen: Negativität bei Adorno. In: Ebd., S. 41–65. Zur Kritik dieser Unmittelbarkeit vgl. Arndt: *Dialektik und Reflexion*, S. 271 ff.

61 *ND*, S. 17.

dafür ein positives Prinzip in Anspruch nehmen zu wollen, führen Hegel und Marx die *Negativität als positives Prinzip der objektiven Selbstdarstellung des Daseins* ein. Und mit der Negativität nimmt dieses endliche Dasein, wenn auch bewusstlos und naturwüchsig, die wahre Unendlichkeit für sich in Anspruch.

Das positive Prinzip der Darstellung, dem Adornos negative Dialektik entgehen will, wird in Hegels und in Marx' Dialektik also gleichsam *für* das endliche Dasein in Anspruch genommen. „Für" heißt, beide zeigen, auf welche unmittelbare und blinde Weise das endliche Dasein selbst die Unendlichkeit der Negativität für sein Selbstverhältnis in Anspruch nimmt: Hegel zeigt in der Entwicklung der Form des Daseins, Marx in der Analyse der Wertform, dass sich das wahre Unendliche als solches darstellt, indem es sich auf unmittelbare Weise in den endlichen Bestimmungen des Daseins expliziert. Entscheidend für das Verständnis dieser wahren Unendlichkeit ist daher, dass sie von Hegel und Marx nicht einseitig nur für ihre wissenschaftliche oder kritische Darstellung beansprucht wird; denn dann würden Hegels Seinslogik und Marx' Wertformanalyse eine Unendlichkeit in Anspruch nehmen, die dem dargestellten Inhalt äußerlich bliebe. Beide zeigen vielmehr, dass es unmittelbar die Endlichkeit selbst ist (oder die Endlichkeit *in* ihrer Unmittelbarkeit), die sich *als* Endlichkeit ebenso durch sich selbst negieren wie bestimmen muss und dadurch die wahre Unendlichkeit einer negativen Qualität für-sich hat. Diese innere Notwendigkeit entwickeln Hegel und Marx als *Qualität* des Seins bzw. als *Qualität* des Werts.

Im nächsten Kapitel sollen die Seinslogik und die Wertformanalyse zunächst in ihrer Gesamtheit betrachtet und kurz vorgestellt werden. Das soll einerseits den ersten Überblick, der bereits im I. Abschnitt dieser Arbeit gegeben wurde, noch einmal zusammenfassen, um ihn andererseits auf die Frage nach der unendlichen, negativen Qualität des Seins und des Werts zuzuführen. Anschließend werden Seinslogik und Wertformanalyse dann Schritt für Schritt in eine Analogie gebracht.

2.1 Negativität als Bestimmung des Seins durch nichts als sich selbst: Die wahre Unendlichkeit

> Eine eigentümliche Rolle spielt daher [bei Hegel, F.E.] das Aufheben, worin die Verneinung und die Aufbewahrung, die Bejahung verknüpft sind. […] So ist die aufgehobne QUALITÄT = QUANTITÄT, die aufgehobne Quantität = MASS, das aufgehobne Maß = WESEN, das aufgehobne Wesen = ERSCHEINUNG, die aufgehobne Erscheinung = WIRKLICHKEIT, die aufgehobne Wirklichkeit = BEGRIFF […].
>
> (Karl Marx, *Ökonomisch-philosophische Manuskripte*)[62]

Hegel und Marx entwickeln zu Anfang der *WdL* bzw. des *Kapitals* die Objektivität. Der kritische Grundzug der Entwicklung ist nicht zu trennen von dem Status, den die Objektivität durch die Entwicklung erhält: Obwohl es die Subjektivität ist, welche

---

[62] Karl Marx: Ökonomisch-philosophische Manuskripte aus dem Jahre 1844. In: *MEW*, Bd. 40, S. 465–588, hier S. 582.

die Objektivität im Reflektieren realisiert und identifiziert, wird von Hegel und Marx eine Objektivität entwickelt, die gleichsam sich selbst überlassen und auf sich gestellt ist, sodass sie auf bewusstlose Weise in-sich übergehen und dadurch unmittelbar an-sich bestimmt sein muss – also *ohne* Subjektivität. Von dieser Objektivität muss es darum scheinen, als bestimme sie sich im seinslogischen bzw. wertförmigen Übergehen naturwüchsig wie von selbst und als habe sie dadurch auch eine blinde und bewusstlose Reflexion unmittelbar an-sich.[63]

Und genau diese Notwendigkeit: dass Objektivität durch nichts als sie selbst bestimmt sein muss und darin die Qualität der Negativität für sich hat, diese innere Notwendigkeit hat die Objektivität in der *Form* ihrer Bestimmung unmittelbar an-sich. Diese Form, so zeigen Hegel und Marx durch die Entwicklung des Seins bzw. durch die Analyse der Wertform, wird zur *wahren Unendlichkeit des endlichen Daseins*.

Die Qualität der Negativität und ihre wahre Unendlichkeit sollen hier noch nicht im Einzelnen entwickelt werden. Wichtig für das Vorverständnis ist, dass die Qualität „Sein" und „Wert" nichts sind als – wie bereits im ersten Abschnitt dieser Arbeit gezeigt – ein unmittelbares Übergehen, das Übergehen des (gesellschaftlichen) Seins nur in-sich. Das Übergehen ist in seiner Unmittelbarkeit ebenso unbestimmt und rein negativ, wie es das positive Bestimmen des (gesellschaftlichen) Seins selbst ist, und so wird das Übergehen zur identischen Qualität aller Bestimmungen des Seins oder vielmehr: Das Übergehen *ist* die Qualität des Bestimmens. Im Übergehen wird das (gesellschaftliche) Sein einerseits unmittelbar an sich bestimmt und zum (gesellschaftlichen) Da-sein, andererseits wird es nichtig, aber durch sich selbst, nämlich im Werden und Vergehen seiner Bestimmungen, kurz, das Übergehen wird zur negativen Qualität eines Daseins, das unmittelbar durch nichts als sich selbst bestimmt sein muss und diese unmittelbare Notwendigkeit für-sich hat.

Doch in der Negativität des Übergehens und in der inneren Notwendigkeit des Daseins ist die wahre Unendlichkeit noch gar nicht getroffen. Getroffen wird sie erst, wenn die Endlichkeit des Daseins umgekehrt betrachtet wird, nämlich als eine Endlichkeit, die,

---

63 Hegel will mit der Logik des Seins an die Tradition der Metaphysik anknüpfen und ihrem Anspruch, dass das Denken dem Wesen des Seins entspricht, die fehlende Begründung liefern. Dadurch will er nicht nur „den gerechten Vorwurf" (Hegel) beheben, die jene Metaphysik durch Kant erfahren hat, sondern er will auch noch Kants Metaphysikkritik einer Kritik unterziehen. Dafür muss Hegel Kants transzendentale Logik überwinden, der zufolge die Objektivität auf der Subjektivität des Verstandes beruht und auf die Erscheinung zu begrenzen ist, während das Ansichsein der Dinge erkenntnisseitig bleiben muss: „Die objektive Logik tritt damit vielmehr an die Stelle der vormaligen *Metaphysik* [...]. Alsdann aber begreift die objektive Logik auch die übrige Metaphysik insofern in sich, als diese mit den reinen Denkformen die besonderen, zunächst aus der Vorstellung genommenen Substrate, die Seele, die Welt, Gott, zu fassen suchte und die *Bestimmungen des Denkens* das *Wesentliche* der Betrachtungsweise ausmachten. Aber die Logik betrachtet diese Formen frei von jenen Substraten, den Subjekten der *Vorstellung*, und ihre Natur und Wert an und für sich selbst. Jene Metaphysik unterließ dies und zog sich daher den gerechten Vorwurf zu, sie *ohne Kritik* gebraucht zu haben, ohne die vorgängige Untersuchung, ob und wie sie fähig seien, Bestimmungen des Dings-an-sich, nach Kantischem Ausdruck, oder vielmehr des Vernünftigen zu sein. – Die objektive Logik ist daher die wahrhafte Kritik derselben – eine Kritik, die sie nicht nach der abstrakten Form der Apriorität gegen das Aposteriorische, sondern sie selbst in ihrem besonderen Inhalte betrachtet." (*WdL I*, S. 61–62.)

gerade weil sie endlich bestimmt ist, über sich hinausgegangen ist. Im Übergehen hat das Dasein nämlich eine Negativität für sich, die, gerade weil sie nichts ist als die Qualität des Bestimmens, durch alle Bestimmungen und Veränderungen hindurch *identisch* bleibt – und durch diese Identität gerät das Dasein *außer* sich. „Außer sich" heißt, die Endlichkeit gerät gleichsam hinter diese rein negative Qualität, mithin ‚hinter' das Identische der eigenen Bestimmung. „Außer sich" heißt des Weiteren, dass die Endlichkeit sich selbst äußerlich und gleichgültig wird, indem jene rein negative und identische Qualität reflexiv wird und *quantitativ* umschlägt. Es ist, als würde das Dasein sich im Umschlagen in Quantität an die eigene Negativität halten und im Eingehen quantitativer Verhältnisse das eigene Sein, die eigene ideelle Identität aller Bestimmungen oder das Übergehen rein als solches, für sich realisieren. In diesem Umschlagen und im Eingehen quantitativer Verhältnisse wendet das endliche Dasein die Qualität des Bestimmens auf die eigene Identität an und bestimmt sich auf eine gleichgültige und äußerliche und doch eindeutige und endgültige Weise.

Wenn Hegel das Sein und Marx den Wert als dieses unmittelbare und reine Übergehen auslegen, und wenn beide dadurch Negativität als identische Qualität (oder Qualität der Identität) begründen und sie in der Quantität reflexiv werden lassen, so führt das zu jener Identität, die Adorno nicht berücksichtigt und die seiner Kritik begrifflicher und tauschwertiger Identifizierung entgeht. Das Übergehen führt zu einer *spekulativen* Identität, die darin liegt, dass ein reines (bei Marx: gesellschaftliches) Sein, das durch den Begriff bzw. das Geld unmittelbar an sich selbst gehalten ist, darum auf bewusstlose, sich selbst gegenüber gleichgültige Weise der eigenen Bestimmung unterzogen sein und *darin* identisch bleiben muss und diese Identität in der Quantität für sich hat. Dieser negative Selbstbezug *ist* die Identität des (gesellschaftlichen) Seins, d. h. ein solches reines (gesellschaftliches) Sein ist bestimmt einzig durch die Notwendigkeit, im Übergehen-in-sich auch die eigene Bestimmung durch sich und an-sich treffen zu müssen und sie im Umschlagen in Quantität bewusstlos für sich zu realisieren. Es wäre dann diese in der Unmittelbarkeit des Übergehens und Umschlagens liegende Identität, die Geld und Begriff realisieren. Geld und Begriff würden die Objektivität nicht auf äußerlich-reflektierende Weise identifizieren, sondern der Begriff denkt vom Sein her und identifiziert sich mit ihm, wenn er Objektivität als ein In-sich-Übergehen und ein Selbstverhältnis denkt, und das Geld identifiziert sich mit dem Verhältnis der Waren, wenn es eine ideelle Werteinheit für ihre Realisierung in Anspruch nimmt und ihr Verhältnis quantitativ umschlägt.

Das soll für die Seinslogik und für die Wertformanalyse kurz einzeln ausgewiesen werden.

Die Seinslogik
Die in der *WdL* entwickelte Identifikation ist die *absolute Idee*: die durch den Begriff vermittelte Entsprechung von Subjektivität und Objektivität. Die Aufgabe der *WdL* ist allerdings *nicht* zu begründen, warum der Begriff der Objektivität entsprechen kann, sondern – und dafür ist die Seinslogik entscheidend – warum er die Objektivität

ihr selbst entsprechend reflektieren und auf subjektive Weise *ihre* Identität wiedergeben kann:

> Die Philosophie, indem sie Wissenschaft sein soll, kann, wie ich anderwärts erinnert habe [in der *PhdG*, F.E.], hierzu ihre Methode nicht von einer untergeordneten Wissenschaft, wie die Mathematik ist, borgen, sowenig als es bei kategorischen Versicherungen innerer Anschauung bewenden lassen oder sich des Räsonnements aus Gründen der äußeren Reflexion bedienen. Sondern es kann nur *die Natur des Inhalts* sein, welche sich im wissenschaftlichen Erkennen *bewegt*, indem zugleich diese *eigene Reflexion* des Inhalts es ist, *welche seine Bestimmung* selbst erst setzt und *erzeugt*.[64]

Doch wie ist eine solche *begriffliche* Reflexion der *Selbstreflexion* ihres Inhalts möglich? Wie kann im Begreifen der Inhalt so wiedergegeben werden, dass der Begriff zugleich der Natur seines Inhalts entspricht, unmittelbarer noch, dass der Inhalt sich, wie Hegel sagt, „im wissenschaftlichen Erkennen *bewegt*", ja, sich „*erzeugt*"?
Dafür müsste der Begriff ein und dieselbe Notwendigkeit teilen wie der reflektierte Inhalt. Im Grunde dürfte es gar keinen Unterschied geben, außer dem einen, allerdings entscheidenden Unterschied, dass der Inhalt eben im Begriff zu-sich und buchstäblich zur Sprache kommt. Die Selbstreflexion des Inhalts muss sich im Begriff vollkommen frei bewegen und dadurch sich selbst bestimmen, und der Begriff muss diese Selbstreflexion des Inhalts zu seinen Begriffsbestimmungen werden lassen.
Wenn nun der Begriff tatsächlich dasselbe Reflektieren teilt wie sein Inhalt, wenn der Begriff diese eigene Reflexion des Inhalts *ist*, dann müsste der Inhalt durch den Begriff in gewisser Weise an sich selbst gehalten sein; nur so kann der Inhalt im Begriff erscheinen, als ob er sich in ihm reflektierte und dadurch bewegte. Doch wie ist das möglich? Wie kann der Inhalt selbständig und sogar eine Art bewusstlose Selbstreflexion sein und sich doch *im* Wissen und *im* Begriff bewegen? Wie kann der Inhalt im Begriff auf subjektive Weise so zu sich kommen, wie er an sich oder objektiv – also auch *ohne* Subjekt und Begriff – ist?
Im angeführten Zitat setzt Hegel die Philosophie einem wissenschaftlichen Anspruch aus, allerdings ohne seine Methode „von einer untergeordneten Wissenschaft" (für die er immerhin die Mathematik angibt) zu „borgen". Orientiert man die Logik des Begriffs an der Methode der neuzeitlichen Naturwissenschaft, die ja für objektives Wissen steht, so könnte der Begriff seinen Inhalt, die Objektivität, ihr selbst entsprechend wiedergeben und im Wiedergeben die eigene Wirklichkeit begreifen, wenn er die Objektivität an ihr eigenes Maß hielte, so wie die Naturwissenschaft es macht, wenn sie die Natur an deren eigene Maße hält (und sie einerseits sich selbst angemessen werden lässt und andererseits genau *das* im Messen zum Gegenstand macht und durch die ermittelten Werte wiedergibt). Der Begriff würde dann die Objektivität nicht anders reflektieren als die moderne Naturwissenschaft, die, wie im ersten Kapitel dieser Arbeit gezeigt, die Maße der Sache selbst zu entnehmen scheint: der Natur, um die Maße durch Aussonderung und Fixierung einerseits identisch zu halten und um mit ihnen andererseits die Natur im Messen an sie selbst zu halten. So wird die

---

64 *WdL I*, S. 16.

Natur gleichsam durch ihre eigene Identität gebrochen, wobei ‚brechen' heißt, die Natur durch ihre eigenen Maße so an sie selbst zu halten, dass sie *durch* sich zugleich *sich selbst* messen muss. Die Wissenschaft lässt die Natur dadurch dasselbe Verhältnis eingehen, das zugleich durch bestimmte Werte herausgefordert wird; die Natur ist in der Messung nichts als ihrem eigenen Verhältnis unterzogen, und dieses Selbst-Verhältnis *ist* nichts anderes als: Natur.

Es ist in der Messung also nicht die Wissenschaft, es ist die Natur selbst, die für sich maßgeblich sein und ihre Bestimmung herausfordern soll – und eben *das* macht die Technik der neuzeitlichen exakten Naturwissenschaft, aber auch den Inhalt ihres Wissens aus. Die Naturwissenschaft reflektiert die Natur nicht auf subjektiv äußerliche Weise, sondern sie lässt die Natur, in der Messung gebrochen durch deren eigene Maße, bewusstlos reflexiv werden, um dieses ebenso unmittelbare und bewusstlose wie objektiv gültige Reflektieren gleichsam noch einmal zu reflektieren. Die Natur muss das bewusstlose Reflexiv-Werden unmittelbar im Sinne eines Selbstverhältnisses an-sich haben, und diese Objektivität muss die Wissenschaft in ihrem äußerlichen Reflektieren nur noch Formalisieren und wiedergeben, ganz so, als wenn die Natur dadurch zum Bewusstsein ihrer selbst käme, ihrer eigenen Gesetze und ihrer eigenen Identität. So kann die Wissenschaft durch ihre einfache Reflexion die gemessene und insofern in-sich reflektierte Natur durch bestimmte Werte so wiedergeben, als ob dadurch die Natur sich selbst entspräche, als ob sie im Wissen zur Sprache käme und sich darin bewegte – genau wie Hegel es in dem Zitat für die Wissenschaft fordert, und zwar nicht nur für die Wissenschaft der Natur, sondern für die Wissenschaft *als solche*.

In derselben Weise wie die Wissenschaft die Natur reflektiert, würde auch der Begriff die Objektivität reflektieren, wenn er sie ihrem eigenen Sein aussetzte und dadurch an die eigene Identität hielte. Dann würde sich die Objektivität – wie in einer Messung – gleichsam durch das eigene Sein brechen, ein Selbstverhältnis eingehen und darin sich selbst angemessen sein. Erhielte die Objektivität auf diese Weise Bestimmung, müsste sie, gleich der Natur, notwendigerweise durch nichts als sie selbst bestimmt sein. Die Objektivität wäre nicht nur bewusstlos durch sie selbst bestimmt, sondern diese Maßgeblichkeit für sich selbst wäre zugleich ihre *Erzeugung*; sie hätte in Form ihrer Bestimmtheit durch sie selbst auch ihre Erzeugung so unmittelbar an-sich, wie die Natur ihre Bestimmtheit und Objektivität unmittelbar (*als* Unmittelbarkeit) an-sich hat. Und der Begriff wiederum hätte zum Gegenstand gemacht, *dass* Objektivität ein Selbstverhältnis ist und in Form dieses Selbstverhältnisses zugleich auch ihren Inhalt bilden muss. Die Bildung dieses Selbstverhältnisses ergäbe auf ebenso unmittelbare wie bewusstlose Weise einen Begriff, den die Objektivität durch oder als ihre Natur an-sich hat.

Kurz, einerseits hätte die Objektivität durch das Verhältnis, das sie im In-sich-Übergehen eingeht, auch eine bewusstlose Reflexion unmittelbar an-sich, andererseits würde sie dadurch ihre Identität gleichsam zu denken geben und abgeben. Oder vielmehr würde sich das begriffliche Denken diese Identität quasi von selbst geben lassen, wenn es die Objektivität einerseits jenes In-sich-Übergehen sein ließe und andererseits von diesem Übergehen her ihr Sein denken würde.

Will Hegel in der skizzierten Weise einerseits die Selbstbestimmung des Inhalts zum Maß seiner selbst erheben, und soll andererseits genau das vom Begriff gesetzt und ihm der Gegenstand sein, so muss er die Begründung des Wissens radikaler ansetzen, als das in der Naturwissenschaft und überhaupt in jeder Einzelwissenschaft der Fall ist. Das Begreifen muss ‚früher' als in der Naturwissenschaft anfangen, denn das Begreifen kann keine je schon äußerliche und selbständige Natur voraussetzen, um diese dann maßgeblich für sie selbst sein zu lassen und das wiederum wie einen gegebenen Gegenstand zu reflektieren.

Und in der Tat geht es Hegel auch gar nicht um die objektive Erkenntnis der Natur oder irgendeines Gegenstandes, sondern um die Frage, warum es überhaupt *diese Trennung* in Erkenntnis und Objekt gibt, und auf welche Weise dieselbe Trennung die Logik der Identifikation begründet und zum Grund wird, warum der Inhalt sich in der Erkenntnis entspricht, sodass Denken und Sein identisch sind.[65] Die Identität von Denken und Sein wird also begründet, indem Hegel die Vernunft entwickelt, die darin liegt, *überhaupt* in Objektivität und Subjektivität *zu trennen*; erst die radikale Trennung bringt einerseits die Form ihrer Gegenständlichkeit hervor und andererseits die Notwendigkeit ihrer Vermittlung – und daraus ergibt sich diejenige Logik der Identifikation von Sein und Denken, die in der *WdL* entwickelt wird.[66]

Die Radikalität der Logik besteht demnach darin, von nichts als der radikalen Trennung in Objektivität und Subjektivität auszugehen und dadurch die Logik ‚vor' der Naturwissenschaft und ‚vor' der herkömmlichen Logik anzusetzen. Die dialektische Logik, die Hegel entwickeln will, ist „die Darstellung Gottes [...] vor der Erschaffung der Natur und eines endlichen Geistes"[67], und die erste Bestimmung einer solchen voraussetzungslosen Logik gewinnt Hegel folgerichtig durch die Abgrenzung von einem Denken, das sich selbst nicht begreifen kann, weil es die Trennung in Objekt und Subjekt schon voraussetzt, und mit ihr die Trennung in Inhalt und Form der Erkenntnis:

---

65 Hegel setzt die Philosophie nicht nur von den Einzelwissenschaften mit ihren je vorausgesetzten Gegenständen und je eigener Methode ab, er unterscheidet auch die Philosophie vor der Logik: „Die Philosophie überhaupt hat es noch mit konkreten Gegenständen, Gott, Natur, Geist, in ihren Gedanken zu tun, aber die Logik beschäftigt sich ganz nur mit diesen für sich in ihrer vollständigen Abstraktion." (*WdL I*, S. 23.)

66 Am Verhältnis von absolutem Geist und Natur beschreibt Hegel die Logik der Trennung und Aufhebung so: „Dem absoluten Geiste nämlich steht die Natur weder als von gleichem Werte noch als Grenze gegenüber, sondern erhält die Stellung, durch ihn gesetzt zu sein, wodurch sie ein Produkt wird, dem die Macht einer Grenze oder Schranke genommen ist. Zugleich ist der absolute Geist nur als absolute Tätigkeit und damit als absolute Unterscheidung seiner in sich selbst zu fassen. Dies Andere nun, als das er sich von sich unterscheidet, ist einerseits eben die Natur, und der Geist [ist] die Güte, diesem Anderen seiner selbst die ganze Fülle seines eigenen Wesen zu geben." (Georg Wilhelm Friedrich Hegel: *Vorlesungen über die Ästhetik I. Werke*, Bd. 13. Frankfurt am Main: Suhrkamp 1986, S. 128.)

67 *WdL I*, S. 44.

Der bisherige Begriff der Logik beruht auf der im gewöhnlichen Bewußtsein ein für allemal vorausgesetzten Trennung des *Inhalts* der Erkenntnis und der *Form* derselben [...]. Es wird *erstens* vorausgesetzt, daß der Stoff des Erkennens als eine fertige Welt außerhalb des Denkens an und für sich vorhanden, daß das Denken für sich leer sei, als eine Form äußerlich zu jener Materie hinzutrete, sich damit erfülle, erst daran einen Inhalt gewinne und dadurch ein reales Erkennen werde. Alsdann stehen diese beiden Bestandteile [...] in dieser Rangordnung gegeneinander, daß das Objekt ein für sich Vollendetes, Fertiges sei, das des Denkens zu seiner Wirklichkeit vollkommen entbehren könne, dahingegen das Denken etwas Mangelhaftes sei, das sich erst an einem Stoffe zu vervollständigen, und zwar als eine weiche unbestimmte Form sich seiner Materie angemessen zu machen habe.[68]

Mit der Kritik der je vorausgesetzten Trennung von Form und Inhalt, Denken und Materie, Subjekt und Objekt, nimmt Hegel jedoch *mehr* als nur eine Abgrenzung gegen den bisherigen Begriff der Logik vor. Die Abgrenzung führt auch zu Hegels Anspruch, im Anschluss an den noch uneingelösten Anspruch der älteren und von Kant kritisierten Metaphysik zu begründen, „daß das Denken und die Bestimmungen des Denkens nicht ein den Gegenständen Fremdes, sondern vielmehr deren Wesen sei oder daß die *Dinge* und das *Denken* derselben [...] an und für sich übereinstimmen [...]".[69]

Die Abgrenzung gegen den bisherigen, die Trennung in Subjekt und Objekt, Form und Inhalt unkritisch voraussetzenden Begriff der Logik einerseits und die Notwendigkeit einer sich selbst begründenden Logik andererseits ergeben die radikale Negativität der dialektischen Methode: Es gibt kein natürliches, irgendwie gegebenes Maß, mit dem die Bestimmung der Welt und die Entwicklung des Wissens anfangen könnte. Das Maß kann weder einseitig in einer, wie Hegel sagt, „fertige[n] Welt außerhalb des Denkens an sich vorhanden" sein, noch kann das Maß, wie in Kants transzendentaler Logik, einseitig im endlichen Geist, also dem endlichen Verstand, gegeben sein.[70] Statt das Maß zur Bestimmung der Welt aufseiten des Objekts oder des Subjekts zu suchen, gilt es, hinter diese Trennung zu gelangen, und ‚hinter' die Trennung heißt auch, hinter ihre Identität, genauer, hinter die Logik ihrer Identifikation und die spekulative Identität von Sein und Denken. Die Logik ihrer Identifikation muss dann allein aus der Negativität ihrer Trennung hervorgehen, ganz wie Hegel es für die Wissenschaft fordert: „[...] eine Definition der Wissenschaft oder näher der Logik hat ihren *Beweis* allein in jener Notwendigkeit ihres Hervorgangs."[71]

---

68 *WdL I*, S. 36–37.
69 *WdL I*, S. 38.
70 Bei Kant müssen die Bedingungen der Möglichkeit der *Erfahrung* auch die der Erfahrung des *Gegenstandes* sein, vgl. z. B. Immanuel Kant: *Kritik der reinen Vernunft*. Nach der ersten und zweiten Originalausgabe. Hamburg: Meiner 2003, B 147–148, B 161 (im Folgenden *KdrV*).
71 *WdL I*, S. 42. Zu dieser inneren Notwendigkeit der Wissenschaft vgl. bes. die Ausführungen *WdL I*, S. 43ff. Eine Logik, die das Denken denken und das Begreifen begreifen will, muss Hegel zufolge in ihrer Darstellung sogar *noch reiner* vorgehen (im Sinne einer voraussetzungslosen und immanenten Darstellung) als die Mathematik: „Die Darstellung keines Gegenstandes wäre an und für sich fähig, so streng ganz immanent plastisch zu sein als die der Entwicklung des Denkens in seiner Notwendigkeit; keiner führte so sehr diese Forderung mit sich; seine Wissenschaft müßte darin auch die Mathematik übertreffen, denn kein Gegenstand hat in ihm selbst diese Freiheit und Unabhängigkeit. Solcher Vortrag erforderte, wie dies in

Hegel zufolge liegt in der Trennung die Notwendigkeit, dass die Erkenntnis die *Selbstbestimmung ihres Inhalts zu dessen Maß erhebt*. Wenn aber der Inhalt allein durch sich selbst bestimmt sein muss, dann muss er auch allein dadurch seine Identität *zu denken geben*. Die Objektivität wird dann nicht durch ein *Nach*denken *über* oder eine Reflexion *auf* die Objektivität erfahren, ihre Bestimmung wird auch nicht durch die Erscheinung gegeben und durch empirische Erfahrung gewonnen – umgekehrt, der Begriff der Objektivität, und zwar der Objektivität *als solcher*, wird allererst gewonnen, wenn von derjenigen radikalen Trennung her gedacht wird, welche die Objektivität ein allein aus sich heraus bestimmtes Selbstverhältnis sein lässt und sie von ihrer Bestimmung durch nichts als sie selbst her denkt. Es ist diese Identität, von der her das Sein der Objektivität gedacht werden muss, damit Denken und Sein auf spekulative Weise identisch werden.

Die Trennung begründet also, zusammengefasst, ebenso die Entgegensetzung von Objektivität und Subjektivität wie die Logik ihrer Identifikation. Die Trennung ergibt einerseits eine in die Selbständigkeit entlassene Objektivität, die andererseits durch die Subjektivität des begrifflichen Denkens in diese Selbständigkeit *gesetzt* ist und darum so von ihrer Maßgeblichkeit für sie selbst her gedacht werden muss, dass ihre innere Notwendigkeit im Wissen aufgehoben und mit dem Denken identifiziert wird.

Gesetzt, der Begriff verwirklicht die Negativität, die in der radikalen Trennung in Objektivität und Subjektivität liegt – auf welche Weise bringt Hegel nun diese negative Vernunft und ihre Verwirklichung in der *WdL* zur Darstellung? Wie legt er die Logik der Identifikation und des begrifflichen Denkens auseinander?
Hegel entwickelt im ersten der beiden Teile seiner *Wissenschaft der Logik* die Objektivität. Im zweiten Teil folgt dann die Logik der Subjektivität, wobei dem Wesen der Reflexion eine Mittel- und Übergangsstellung zukommt. Was den ersten Teil über die Objektivität betrifft, so zeigt er das eben skizzierte und gleich auszuführende seinslogische Übergehen: Es muss scheinen, als erhalte die Objektivität im In-sich-Übergehen ihre Bestimmung und ihre Identität, und als habe sie dieses Übergehen wie eine bewusstlose Reflexion unmittelbar für-sich und sei darum maßgeblich allein für sich selbst.
Der Begriff muss entsprechend, wenn er die Objektivität von ihrem Sein her denken und sich im Denken mit ihm identifizieren will, dasselbe Übergehen im Sinne jener ebenso unmittelbaren wie bewusstlosen Reflexion reflektieren. Diese Reflexion der Reflexion wird zum Übergang der beiden Teile der *WdL*: Sie ist der Übergang zwischen Objektivität und Subjektivität und begründet das negative Wesen ihrer Identifikation.
Dieses negative Wesen, diese Reflexion der Reflexion muss der Begriff schließlich als die *eigene* Wirklichkeit begreifen. Er muss die Maßgeblichkeit der Objektivität für sie

seiner Art in dem Gange der mathematischen Konsequenz vorhanden ist, daß bei keiner Stufe der Entwicklung eine Denkbestimmung und Reflexion vorkäme, die nicht in dieser Stufe unmittelbar hervorgeht und aus den vorhergehenden in sie herübergekommen ist." (*WdL I*, S. 30–31.)

selbst ‚nur' noch einmal reflektieren, um diese Objektivität auf subjektive Weise *wiederzugeben*. Dann ist es gleichsam das Sein oder die Identität der Objektivität selbst gewesen, die sich vermittelst des negativen Wesens Reflexion im begrifflichen Denken eingelöst hat, während der Begriff aus diesem gemeinsamen Wesen zu sich zurückgekehrt ist und die Objektivität in seinem Selbstbezug aufgehoben hat. Kurz, der Begriff muss begreifen, dass durch ihn die Objektivität sich selbst entspricht und ihre Bewusstlosigkeit und Naturwüchsigkeit auf subjektive Weise zu Bewusstsein und zur Sprache kommt.

Da die Analogie auf die Konstitution der Objektivität beschränkt sein wird, soll im Folgenden die Konzentration auf der Logik des Seins liegen.[72] Noch bevor jedoch Hegels Entwicklung des Seins in die angekündigte ausführliche Analogie zu Marx' Analyse der Form des Werts gesetzt wird, soll kurz ein Überblick darüber gegeben werden, was das ist: „das Sein".

Die Logik des Seins wird, so wurde bereits gesagt, als *Qualität* des endlichen Daseins entwickelt; die Qualität des Daseins liegt in seinem in-sich Übergehen und ergibt schließlich die eben skizzierte Maßgeblichkeit für sich selbst, kurz die Objektivität.[73] Es wurde zudem bereits gesagt, was das für eine eigentümliche Qualität ist, aus der die *WdL* die Objektivität entwickelt: Die Qualität ist die Qualität *rein als solche*, d. h. das Sein ist keine *bestimmte* Qualität, es ist die Qualität *des Bestimmens* selbst. Entsprechend wird das seinslogische in-sich Übergehen des Daseins als seine Bestimmung durch es selbst entwickelt. Weil die Qualität des Seins nichts ist als die Qualität des Bestimmens selbst, ist das Sein die Qualität schlechthin oder die absolute Qualität.

Mit der Bestimmung dieser ebenso unbestimmten wie absoluten Qualität macht die *WdL* den Anfang.[74] Genauer gesagt, muss diese Qualität, wenn sie denn einerseits

---

72 Die Durchführung der *WdL* konnte in ihrer Gesamtheit aufgrund ihres gewaltigen Gehalts kaum zum Gegenstand ausführlicher Interpretationen werden. Intensiv diskutiert worden ist vor allem ihr Anfang, insbesondere die Kategorien des Anfangs „Sein", „Nichts" und „Werden". Zur Diskussion um den Anfang der *WdL* vgl. Dieter Henrich: Anfang und Methode der Logik. In: Hans-Georg Gadamer (Hrsg.): *Heidelberger Hegel-Tage 1962* (= *Hegel-Studien*, Beiheft 1). Bonn: Bouvier 1964, S. 19–35; Wolfgang Marx: Spekulative Wissenschaft und geschichtliche Kontinuität. Überlegungen zum Anfang der Hegel'schen Logik. In: *Kantstudien* 58. (1967), S. 63–74; Karin Schrader-Kleber: *Das Problem des Anfangs in Hegels Philosophie*. Wien/München: Oldenbourg 1969; Günther Maluschke: *Kritik und absolute Methode in Hegels Dialektik* (= *Hegel-Studien*, Beiheft 13). Bonn: Bouvier 1974, bes. S. 153–165 (Kapitel 6).

73 Die Qualität behandelt Hegel im ersten Abschnitt des ersten Buches der *WdL*, das die Lehre vom Sein enthält. Der zweite Abschnitt der Seinslogik behandelt die Quantität, der dritte das Maß. Da es im Abschnitt über Adorno nur um die Konstitution der Objektivität geht (und um die Analogie zur Konstitution von Objektivität bei Marx), werden nur diese drei Abschnitte der Seinslogik betrachtet, also das gesamte erste Buch der *WdL*. Die Verschränkung der Seinslogik mit dem zweiten Buch über die Objektivität, das die Logik des Wesens enthält, sowie die Verschränkung mit dem dritten Buch des zweiten Teils der *WdL*, das die subjektive Logik oder die Lehre des Begriffs enthält, werden im Anschluss nur kurz herangezogen, um den Übergang zwischen Sein und Wesen zu zeigen, mithin zwischen Objektivität und Subjektivität. Zur allgemeinen Einteilung der *Wissenschaft der Logik* vgl. das gleichnamige Kapitel in der Einleitung (*WdL I*, S. 56ff.).

74 Vgl. dazu „Womit muss der Anfang der Wissenschaft gemacht werden?" (*WdL I*, S. 65–78) sowie den Anfang selbst, „Sein", „Nichts" und „Werden" des ersten Abschnitts (*WdL I*, S. 82ff.).

unbestimmt und andererseits das Bestimmen selbst sein soll, bestimmt werden als ein „reiner Anfang"⁷⁵ und sogar als die Anfangs-losigkeit. Das Sein ist daher, Hegel zufolge, ebenso Nichts. Dieses Zusammenfallen von Sein und Nichts, das zugleich ihre absolute Geschiedenheit ist, ist ihr *Übergehen*, und dieses Übergehen ist die bloße Unmittelbarkeit und die absolute Unbestimmtheit – nämlich die angesprochene Unmittelbarkeit und Unbestimmtheit des Bestimmens selbst. Dann aber ist das Sein darum der reine Anfang, weil es sich selbst negiert und in Bestimmung übergeht; das Übergehen *ist* die Unmittelbarkeit der Bestimmung des Seins oder das Da-Sein.⁷⁶

Auf diese immanente und widersprüchliche Weise entwickelt Hegel aus dem reinen Übergehen des Anfangs die Form der Selbstbestimmung des Daseins; diese Form ist die Bestimmung durch Negation oder die Negation der Negation. Durch die Entwicklung der Negation der Negation stellt er heraus, dass das Übergehen von Sein und Nichts die negative Qualität des Daseins ausmacht und unmittelbar die Form seines Werden ist; das Übergehen ist die Qualität einer absoluten Negativität, die aber *im Dasein ist*, und sie ist im Dasein, indem sie ihm positive Bestimmung gibt. Im Dasein wird das Übergehen zu einer ebenso negativen wie Bestimmung-gebenden Qualität, zu einer letztlich *gleichgültigen* Qualität, in der ein maßloses und zugleich nichts als sich selber voraussetzendes Dasein für-sich ist und darum maßgeblich werden muss für sich selbst.

Soweit der kurze Überblick über die Logik des Seins und die Qualität der Objektivität. Ein letztes, unhintergehbares Problem scheint darin zu liegen, dass ja auch das voraussetzungslose Werden der Objektivität – also ihre Bestimmung allein durch sie selbst – eine Voraussetzung ist. Diese Voraussetzungslosigkeit ist indes gerade diejenige Voraussetzung, die als *die eine* Setzung schlechthin entwickelt werden muss. Sie muss als diejenige Setzung entwickelt werden, durch die sich die Subjektivität einerseits radikal von sich trennt, aber dadurch andererseits den Begriff einer voraussetzungslosen

---

75 *WdL I*, S. 73.

76 Damit steht am Anfang *sowohl* die unbestimmte Unmittelbarkeit *als auch* die Vermittlung, nämlich die Unmittelbarkeit der Vermittlung. Am Anfang steht eine Vermittlung, die nur in-sich selbst übergeht, die im Übergehen nur auf sich besteht und die *darin* ihre Identität hat. Zugleich ist dieses Übergehen aber unmittelbar das Übergehen der Bestimmungen selbst; es wird dadurch das Identische aller positiven Bestimmungen. Im unmittelbaren und unbestimmten Übergehen von Sein und Nichts ist somit bereits am Anfang der *WdL* nichts weniger als die *absolute* Vermittlung getroffen, aber sie ist die noch-nicht durchgeführte und noch-nicht entwickelte Vermittlung. Zur spekulativen Identität von Unmittelbarkeit und Vermittlung sowie von Unbestimmtheit und Bestimmung heißt es im Kapitel „Womit muss der Anfang der Wissenschaft gemacht werden": „Es ist hier nur zu betrachten, wie der *logische* Anfang erscheint; die beiden Seiten, nach denen er genommen werden kann, sind schon genannt, entweder als Resultat auf vermittelte oder als eigentlicher Anfang auf unmittelbare Weise. […] Hier mag […] nur dies angeführt werden, dass es Nichts *gibt*, nichts im Himmel oder in der Natur oder im Geiste oder wo es sei, was nicht ebenso die Unmittelbarkeit enthält als die Vermittlung, so daß sich diese beiden Bestimmungen als *ungetrennt* und *untrennbar* und jener Gegensatz sich als ein Nichtiges zeigt." (*WdL I*, S. 66.)

Objektivität gewinnt, sodass sie sich durch die Trennung die Objektivität wie einen selbständigen, für-sich seienden Gegenstand voraus-setzt.[77] Dann aber muss auch die Subjektivität ihrerseits voraussetzungslos sein, dadurch nämlich, dass sie den Begriff der Objektivität erhält, indem sie sich vollkommen aus ihr ‚heraushält' und sie von Anfang an ein Selbstverhältnis sein lässt. Es muss scheinen, als sei die Objektivität ein selbständiges, unmittelbar in-sich reflektiertes, aber vollkommen bewusstloses und naturwüchsiges Wesen – und genau das muss die Subjektivität begreifen. So muss die Subjektivität einerseits die Objektivität wie ein Selbstverhältnis reflektieren, andererseits muss sie darin aber auch die eigene *Setzung* begreifen. Dass die Objektivität an nichts als sie selbst gehalten ist, macht einerseits ihr Sein aus, andererseits ist die Objektivität der eigenen Identität ausgesetzt durch eine Subjektivität, welche die Objektivität sozusagen an deren eigenes Sein hält und dadurch erst maßgeblich für sie selbst werden lässt.

Das Setzen einer voraussetzungslosen Objektivität eröffnet somit beides, die Logik einer auf sich allein gestellten, selbständigen Objektivität und die Logik einer auf sich zurückgeworfen Subjektivität, die sich der Objektivität gegenüber gesetzt begreifen muss. Dasselbe Setzen eröffnet aber auch ein zwiespältiges Wesen, das zwischen ihnen zu vermitteln und ihre Identifikation zu begründen scheint, nämlich das Wesen einer Reflexion, das in die Trennung fällt und zugleich dazwischen zu vermitteln scheint. Hat die *WdL* die Logik der Objektivität, der Subjektivität und des zwiespältigen Wesens ihrer reflexiven Vermittlung durchgeführt, so hat sie die Logik der Identifikation auseinandergelegt. Mit dieser Logik der Identifikation stellt sich die *WdL* schlicht die Methode des begrifflichen Denkens dar, aber die Darstellung ist auch die Kritik, dass das reflektierende Denken des individuellen Verstandes die eigene Methode und damit sich selbst nicht begreifen kann. Es begreift zum einen nicht, dass die Reflexion, um Objektivität und Subjektivität zu vermitteln, ihre Trennung schon voraussetzt und von der Vernunft dieser Trennung her denkt, nämlich von der Maßgeblichkeit des Seins für sich selbst, mithin von der Idee der Objektivität als solcher. Zum anderen begreift es nicht, dass das Reflektieren immer schon im Begriff reflexiv und selbstbezüglich sein muss, damit der Begriff das Sein der Objektivität mit dem Denken identifizieren kann.[78]

---

77 Im Anschluss an die bereits zitierte Passage über das Verhältnis von absolutem Geist und Natur formuliert Hegel die Setzung so: „Die Natur haben wir [...] selber als die absolute Idee in sich tragend zu begreifen, aber sie ist die Idee in *der* Form, durch den absoluten Geist als das Andere des Geistes gesetzt zu sein. Wir nennen sie insofern ein Geschaffenes. Ihre Wahrheit aber ist deshalb das Setzende selber, der Geist [...]." (Hegel: *Vorlesungen über die Ästhetik I*, S. 128–129.)
78 „Die Logik dagegen kann keine dieser Formen der Reflexion oder Regeln und Gesetze des Denkens voraussetzen, denn sie machen einen Teil ihres Inhalts selbst aus und haben erst innerhalb ihrer begründet zu werden. Nicht nur aber die Angabe der wissenschaftlichen Methode, sondern auch der *Begriff* selbst der *Wissenschaft* überhaupt gehört zu ihrem Inhalte, und zwar macht er ihr letztes Resultat aus; was sie ist, kann sie daher nicht voraussagen, sondern ihre ganze Abhandlung bringt dies Wissen von ihr selbst erst als ihr Letztes und als ihre Vollendung hervor." (*WdL I*, S. 35.)

Die Wertformanalyse
Auch zu Beginn des Marx'schen *Kapitals* geht es darum, dass eine radikale Trennung Objektivität *ohne* Subjektivität konstituiert, aber dieser eben dadurch zum Gegenstand wird. Wie das möglich ist, zeigt Marx durch die Analyse der Wertform der Ware.[79] Sie zeigt, dass das gesellschaftliche Sein, ganz wie das Sein in Hegels Seinslogik, auf sich selbst gestellt und darum allein durch es selbst bestimmt wird. Und auch hier ereignet sich dieses Bestimmen zunächst bewusstlos und ganz unmittelbar durch ein bloßes Übergehen und macht dadurch die gesellschaftliche Objektivität aus, nämlich indem die Waren gleichsam ihrer ideellen Identität ausgesetzt sind und ein Verhältnis als Werte eingehen – aber im Unterschied zur *WdL* nicht durch das begriffliche Denken, sondern durch das *Geld*: In der kapitalistischen Gesellschaft steht das Geld für eine maßgebliche Einheit, der das Verhältnis der Waren Objekt der Bestimmung ist. Folgerichtig ist auch das Geld, und nicht der Begriff, diejenige bewusstlose, überindividuelle Subjektivität, der die Objektivität zum Gegenstand wird (und die dem individuellen Bewusstsein mit der Realisierung des Werts die Logik des gesellschaftlichen Seins zu denken gibt).

Marx fängt das *Kapital* also *nicht* damit an, den eigentlichen Gegenstand: die kapitalistische Gesellschaft zu bestimmen. Stattdessen zeigt er, dass das Verhältnis der Waren dem Geld Gegenstand der Bestimmung ist und dass das Geld darum die Objektivität der Gesellschaft durch bestimmte Werte realisiert und zu denken gibt. So wie Hegel, statt geradewegs die Objektivität zu bestimmen, Objektivität entwickelt als Form eines Selbstverhältnisses, das durch den Begriff sich selbst ausgesetzt ist, so zeigt auch Marx, statt geradewegs die gesellschaftliche Objektivität zu bestimmen, dass die Waren durch die Maßfunktion des Geldes in ein objektives Verhältnis gesetzt sind.

Auf den ersten Blick lässt sich der Wertformanalyse somit dieselbe Frage zugrunde legen, die Hegel der *WdL* zugrunde legt: Wie kann die gesellschaftliche Objektivität gemäß der Natur ihres Inhalts reflektiert werden? Wie kann dieser Inhalt ihm selbst entsprechend wiedergegeben werden? Allerdings muss Hegels auf das begriffliche Wissen zielende Frage auf das Begreifen der kapitalistischen Gesellschaft zielen: Wie kann die Gesellschaft ihr eigenes Verhältnis, ihre eigene Natur zum Objekt der Bestimmung machen *und zugleich* dieses Verhältnis eingehen und realisieren? Woher ‚weiß' die Gesellschaft die Natur ihres Inhalts, wie kann die Gesellschaft im Wissen von ihrem eigenen gesellschaftlichen Verhältnis sein? Auch diese Antwort fällt nicht in die Verwirklichung der spekulativen Identität von Denken und Sein durch den Begriff, sondern in die Realisierung des gesellschaftlichen Seins durch die Funktionen des Geldes. Mit der Entwicklung des Geldes steht mithin auch eine zumindest implizite Kritik der spekulativen Identität von Denken und Sein sowie der Logik der Reflexion und des Begriffs an. Auf den zweiten Blick muss Hegels Frage geradezu

---

[79] Von den vier Versionen der Wertformanalyse (vgl. Abschnitt I, Anm. 27) wird hier nur die Version letzter Hand aus der 2. Aufl. des *Kapitals* Bd. I herangezogen, *Kapital I*, S. 62ff.

auf umgekehrte Weise gestellt werden: Wie kann der reflektierte Inhalt sich im „wissenschaftlichen Erkennen" (Hegel) bewegen, wenn er gar nicht in ein solches wissenschaftliches Erkennen fällt – sondern ins Geld? Wie kann durch die Waren das gesellschaftliche Verhältnis der Arbeiten vom das Geld so reflektiert werden, dass dieses Verhältnis vom Geld nicht äußerlich getroffen wird oder das Geld gar eine rein subjektive Denkform bleibt, sondern so, dass alle einzelnen Arbeiten und alle Waren im Geld ihr gesellschaftliches Verhältnis treffen, *indem* es realisiert wird? Wie kann das Geld das Selbstverhältnis aller Arbeiten und aller ihrer Resultate, der Waren, im Erzeugen zugleich ‚erkennen'? Wie kann das Geld dieses ‚erkannte' Selbstverhältnis durch bestimmte Werte wiedergeben? In jedem Fall wird die Analogie zwischen der Seinslogik und der Wertformanalyse auch zeigen müssen, warum die Bewegung des Inhalts der kapitalistischen Gesellschaft, also ihr Übergehen durch bestimmte Werte, im Geld in ein ‚Erkennen' und ‚Begreifen' fallen kann, das eben kein bewusstes Erkennen und kein subjektives Begreifen ist.

Bevor die Analogie Schritt für Schritt durchgeführt wird, soll, nachdem die Seinslogik und die Wertformanalyse zunächst jeweils einzeln vorgestellt wurden, als nächstes noch der *Status* der beiden Darstellungen in eine Analogie gebracht werden. Das ist zur Vorbereitung der eigentlichen Durchführung notwendig, um zu zeigen, dass die Durchführung der Seinslogik und der Wertformanalyse die *Notwendigkeit dieser Durchführung selbst darstellt*, die Notwendigkeit der Durchführung als solcher. Hegels Entwicklung des Seins und Marx' Analyse des Werts zeigen beide, dass Sein und Wert nur angemessen darstellbar sind, wenn sie als ein *Verhältnis* durchgeführt und die Durchführung des Verhältnisses in eine *Form* ausgelegt wird.[80]

---

80 Es kann gar nicht genug betont werden, dass die Darstellung auf diejenige innere Notwendigkeit zielt, die im Dargestellten liegt und dessen Objektivität ausmacht. Die Darstellung wird nicht dadurch wissenschaftlich, dass sie definiert, was Objektivität ist, sondern indem sie diese Notwendigkeit darstellt: dass Objektivität allein durch sie selbst bestimmt sein muss, und mit „Durchführung" ist diese Form bewusstloser Selbstbestimmung, ist diese Realität des seinslogischen Übergehens bzw. des Werts gemeint. Im Bezug auf die Frage nach dem Anfang der Wissenschaft geht Hegel auf die Notwendigkeit der Durchführung ein, wenn er sowohl den dogmatischen als auch den skeptischen Umgang mit dem Problem des Anfangs der Wissenschaft kritisiert sowie all diejenigen Versuche, „die wie aus der Pistole aus ihrer inneren Offenbarung, aus Glauben, intellektueller Anschauung usw. anfangen und der *Methode* und der Logik überhoben sein wollten" (*WdL* I, S. 65–66). In der *PhdG* äußert sich Hegel im selben Sinne, insbesondere in der Vorrede, wo er die systematische Durchführung als die Wahrheit der Wissenschaft hervorhebt: „Denn die Sache ist nicht mit ihrem *Zwecke* erschöpft, sondern in ihrer *Ausführung*, noch ist das Resultat das *wirkliche* Ganze, sondern es zusammen mit seinem Werden […] Das leichteste ist, was Gehalt und Gediegenheit hat, zu beurteilen, schwerer, es zu fassen, das schwerste, was beides vereinigt, seine Darstellung hervorzubringen." (Georg Wilhelm Friedrich Hegel: *Phänomenologie des Geistes. Werke,* Bd. 3. Frankfurt am Main: Suhrkamp 1986, S. 13; im Folgenden PhdG.) Hegel betont aber nicht nur die Notwendigkeit der *systematischen* Durchführung, sondern auch die Notwendigkeit der Durchführung nur *als solcher*: „Der Satz, daß das *Endliche ideell ist*, macht den *Idealismus* aus. Der Idealismus der Philosophie besteht in nichts anderem als darin, das Endliche nicht als ein wahrhaft Seiendes anzuerkennen. Jede Philosophie ist wesentlich Idealismus oder hat denselben wenigstens zu ihrem Prinzip, und die Frage ist dann nur, inwiefern dasselbe wirklich *durchgeführt* ist." (*WdL* I, S. 172, Hervorhebungen F.E.) Auch Marx weist mehrfach auf die Notwendigkeit hin, dass der Wert durch die Analyse seiner Form *durchzuführen* sei, und dass die Funktionen des Geldes nicht aufzunehmen, sondern

2.2 Die Notwendigkeit des Daseins: Die Durchführung der Endlichkeit durch ihre Unendlichkeit

> Sie [die einfache Warenform, F.E.] ist gewissermaßen die Zellenform oder, wie Hegel sagen würde, das *An sich des Geldes*.
> x Ware A = y Ware B. [...] Das Geheimnis aller Wertform steckt in dieser einfachen Wertform.
>
> (Karl Marx, *Das Kapital*)[81]

Der Anfang des *Kapitals* scheint auf den ersten Blick von der *WdL* verschieden zu sein. Hegel macht den „reinen Anfang" mit Sein, Nichts und Werden, aber Marx beginnt nicht unmittelbar mit dem Wert, er beginnt also nicht mit demjenigen rein gesellschaftlichen Sein, das jenem „reinen Anfang", dem Übergehen von Sein und Nichts, entspräche. Er beginnt stattdessen mit der Ware, also mit etwas Seiendem und dem gesellschaftlichen Dasein. Auf den zweiten Blick zeigt sich, dass die Ware Resultat und „Elementarform"[82] genau derjenigen kapitalistischen Produktionsweise ist, die es zu entwickeln gilt. Die einzelne Ware ist unmittelbar gegebenes Ding und zugleich Elementarform des gesellschaftlichen Reichtums: „Die Wertform des Arbeitsprodukts ist die abstrakteste, aber auch allgemeinste Form der bürgerlichen Produktionsweise [...]."[83] Und hier ergibt sich nun die Analogie zum „reinen Anfang" der *WdL*, denn die Analyse dieser Elementarform ist die Bestimmung des Werts, des *rein* gesellschaftlichen Verhältnisses, in das „kein Atom Naturstoff"[84] eingeht – und genau das ist diejenige unbestimmte, unmittelbare Qualität, mit der auch Hegel den „reinen Anfang" macht.

Wie Hegel macht somit auch Marx einen „reinen Anfang" insofern, als es um die Qualität eines *rein* gesellschaftlichen Seins geht, um das Verhältnis der Waren als reiner Werte.[85] Und so wie Hegel das Übergehen von Sein und Nichts in die Form des

---

zu *entwickeln* seien, und dass überhaupt die kapitalistische Ökonomie nur durch ihre kategoriale Entwicklung angemessen zu bestimmen sei.

81 Karl Marx: *Das Kapital. Kritik der politischen Ökonomie. Erster Band*. Hamburg 1867. *Marx-Engels-Gesamtausgabe (MEGA)* II/5, Berlin: Dietz 1975–1993 / Akademie 1998ff., S. 28, Anm. 16 (im Folgenden *MEGA* II/5), bzw. *Kapital I*, S. 63.

82 *Kapital I*, S. 49.

83 *Kapital I*, S. 95, Anm. 32; vgl. auch die fast gleichlautenden Formulierungen im Vorwort zur 1. Aufl., *Kapital I*, S. 12, und Karl Marx: *Grundrisse der Kritik der politischen Ökonomie*. *MEW*, Bd. 42, hier S. 667 (im Folgenden *Grundrisse*): „Der Begriff von Wert ganz der modernsten Ökonomie angehörig, weil er der abstrakteste Ausdruck des Kapitals selbst und der auf ihm ruhenden Produktion ist."

84 *Kapital I*, S. 62.

85 Der Wert ist unbedingt vom Tauschwert zu unterscheiden, und zwar in derselben Weise wie das reine, unbestimmte Sein zu unterscheiden ist von seiner Bestimmung als Da-sein. Der Wert entspricht dem reinen Übergehen von Sein und Nichts, weil auch er von aller Bestimmtheit unterschieden ist; der Wert, so wird im Verlauf der Analogie zu zeigen sein, ist absolut im Sinne der Reinheit eines „rein" gesellschaftlichen Verhältnisses, d. h. er ist zu unterscheiden vom Gebrauchswert *und* vom Tauschwert, also von der doppelten Bestimmung der Waren; insofern bleibt er absolut negativ. Ein solch absoluter Wert ist ebenso als die unbestimmte, identische Qualität aller Bestimmungen wie als die Qualität des Bestimmens zu entwickeln

Daseins auslegt, um die Qualität schlechthin einzuholen, so legt auch Marx den Wert durch eine Analyse seiner Form im (gesellschaftlichen) Dasein der Waren aus, um ihn dadurch als die (rein gesellschaftliche) Qualität schlechthin einzuholen. Nur dass Marx eben mit diesem gesellschaftlichen Dasein des Werts beginnt, mit der Ware, um *dann* erst, durch die Analyse ihrer Wertform, zur Bestimmung des rein gesellschaftlichen Verhältnisses zu kommen, dem Wert, während Hegel umgekehrt das Übergehen

und muss letztlich, wenn er durchgeführt ist, die Realität einer zugleich ideellen Identität der Gesellschaft sein. Bereits in den *Grundrissen* hat Marx eine Reihe von Fragen eingeklammert, die u. a. danach fragen, wie ein Wert, der vom Tauschwert und Gebrauchswert zu unterscheiden ist, begriffen werden müsse: „(Ist nicht der *Wert* als die Einheit von Gebrauchswert und Tauschwert zu fassen? An und für sich ist Wert als solcher das Allgemeine gegen Gebrauchswert und Tauschwert als *besondre* Formen desselben?)" (*Grundrisse*, S. 193.) Marx selbst hat dann in der Ausarbeitung der KdpÖ, wenn auch nicht immer eindeutig, Wert und Tauschwert unterschieden, vor allem in seiner Kritik an Ricardo, dem er vorwirft, den Wert nur als Tauschwert, nur *quantitativ* zu fassen: „Was bei *Ricardo* der Fehler ist, ist, daß er bloß mit der *Wertgröße* beschäftigt ist. Daher nur sein Augenmerk richtet auf das *relative Quantum Arbeit*, das die verschiednen Waren darstellen, als Werte verkörpert in sich enthalten. Aber die in ihnen enthaltne Arbeit muss als *gesellschaftliche* Arbeit dargestellt werden, als entäußerte individuelle Arbeit." (Karl Marx: *Theorien über den Mehrwert. Dritter Teil.* *MEW*, Bd. 26.3, S. 128; im Folgenden *ThM III*) Im Anschluss deutet er die ‚Lösung' des Verhältnisses zwischen der reinen, unbestimmten Qualität und ihrer quantitativen Bestimmung an. Sie liegt, genau wie im Zitat gefordert, in der Darstellung der Arbeit als *der* einen schlechthin gesellschaftlichen Qualität, wobei Darstellung die praktische Realisierung dieser gesellschaftlichen Qualität meint. Allerdings wird die Arbeit durch diese Realisierung sowohl auf ideelle als auch reelle Weise *verwandelt*, und sie wird entsprechend verwandelt dargestellt: „Im Preis ist diese Darstellung ideell. Erst im Verkauf wird sie realisiert. Diese Verwandlung der in den Waren enthaltnen Arbeiten der Privatindividuen in *gleiche gesellschaftliche Arbeit*, daher als in allen Gebrauchswerten darstellbare, mit allen austauschbare Arbeit, diese *qualitative* Seite der Sache, die in der Darstellung des Tauschwerts als Geld enthalten ist, ist bei R(icardo) nicht entwickelt. Diesen Umstand – die Notwendigkeit, die in ihnen enthaltne Arbeit als *gleiche gesellschaftliche Arbeit darzustellen*, i. e. als Geld – übersieht R(icardo)." (*ThM III*, S. 128, ähnlich auch *ThM III*, S. 135–136, und Karl Marx: *Theorien über den Mehrwert. Zweiter Teil. MEW*, Bd. 26.2, S. 169, im Folgenden *ThM II*.) Zur Kritik an Ricardo vgl. auch Helmut Brentel: *Soziale Form und ökonomisches Objekt. Studien zum Gegenstands- und Methodenverständnis der Kritik der politischen Ökonomie.* Opladen: VS 1989, S. 71–102; Michael Heinrich: *Die Wissenschaft vom Wert. Die Marxsche Kritik der politischen Ökonomie zwischen wissenschaftlicher Revolution und klassischer Tradition.* Münster: Westfälisches Dampfboot 1999, S. 46–61. Zum Prozess der Findung der Ausgangskategorie und zur Überwindung der quantitativen Werttheorie vgl. das gleichnamige Unterkapitel bei Andreas Arndt: *Karl Marx. Versuch über den Zusammenhang seiner Theorie.* Bochum: Germinal 1985, S. 146–153. Die Unterscheidung von Wert und Tauschwert bei Marx hat Barbara Lietz herausgearbeitet, vgl. dies.: Die Problematik von Wert und Tauschwert und die „Ergänzungen und Veränderungen vom ersten Band des ‚Kapital'". In: *Beiträge zur Marx-Engels-Forschung. Neue Folge* 1999, S. 57–81. Auf den ‚absoluten' Wert stieß bereits Simmel in seiner *Philosophie des Geldes*. Hier wird der absolute Wert allerdings, genau wie das Geld, auf nominalistisch-subjektive sowie auf lebensweltlich-phänomenologische Weise entwickelt, insofern bleibt das Absolute einseitig und entspricht nicht der Marx'schen Entwicklung des Werts. In der marxistischen Diskussion hat Lucio Colletti als einer der ersten ausdrücklich darauf aufmerksam gemacht, dass für Marx „das grundlegendste Problem – noch vor dem des Tauschwerts der Waren – [war] zu erklären, *warum* das Produkt der Arbeit die Form der *Ware* annimmt, warum die ‚menschliche Arbeit' sich als ‚Wert' von „Dingen" darstellt […]." Lucio Colletti: *Bernstein und der Marxismus der Zweiten Internationale.* Frankfurt am Main: EVA 1971, S. 43. Hans-Georg Backhaus ist einer der wenigen Autoren, der explizit nach einem „absoluten Wert" gefragt hat, zuletzt in: Hans-Georg Backhaus: Der widersprüchliche und monströse Kern der nationalökonomischen Begriffsbildung. In: Fetscher / Schmidt (Hrsg.): *Emanzipation als Versöhnung*, S. 111–141 (der zweite Teil findet sich in Kirchoff / Meyer / Pahl / Heckel / Engemann (Hrsg.): *Gesellschaft als Verkehrung*, S. 47–82).

von Sein und Nichts dem Dasein und der Entwicklung der Form seiner Bestimmung vorzieht. Trotz dieses umgekehrten Anfangs geht es bei beiden um die Qualität eines unbestimmten und ideell-übersinnlichen Übergehens.

Wenn es also von Anfang an in der *WdL* und im *Kapital* um eine analoge Qualität geht, worin liegt dann die angekündigte Notwendigkeit ihrer Durchführung? Warum müssen sowohl das Sein als auch der Wert, um sie angemessen bestimmen zu können, jeweils durch ihr Verhältnis hindurchgeführt werden?

In der *WdL* steht das Übergehen von Sein und Nichts gleich am Anfang, weil es schlicht die Unmittelbarkeit des Übergehens in die Bestimmung rein als solche ist. Dieses Sein des Anfangs ist ebenso Nichts, eben weil es noch unbestimmt und noch nicht *im* Dasein *ist*; das Übergehen ist noch nicht als Form der Bestimmung des Daseins *durchgeführt* und *dadurch* dessen Qualität.[86] Folgerichtig muss das reine Übergehen in der Daseinslogik durchgeführt und zur Form seiner Bestimmung entwickelt werden – dann erst wird das Sein zur Qualität der Bestimmung des Daseins und macht dessen Realität aus. Marx führt den Wert in der Analyse der Wertform der Ware ebenfalls als Form der Bestimmung ihres (gesellschaftlichen) Daseins durch; erst in dieser Durchführung wird der Wert zur rein gesellschaftlichen Qualität, zur Qualität des Bestimmens selbst, und macht die Realität des gesellschaftlichen Daseins aus. Der Anspruch der Wertformanalyse und der Hegel'schen Seinslogik ist somit derselbe: Es gilt, durch die Entwicklung des Seins bzw. des Werts diejenige Form zu entwickeln, durch die das Dasein im seinslogischen Übergehen (Hegel) bzw. durch die das gesellschaftliche Dasein im wertförmigen Übergehen (Marx) ein Selbstverhältnis eingeht und dadurch an-sich bestimmt ist.

Nun erst, in dieser Form des Bestimmens, scheint der berühmte Grundzug der Dialektik zum Zuge zu kommen. Die Dialektik scheint das In-sich-Übergehen zu einer *widersprüchlichen Form* zu entwickeln, zur Form eines Daseins, dessen Bestimmungen zwar immanent aus ihm hervorgehen müssen, aber auf ihrem Nichtig-Werden beruhen. Das heißt, die Bestimmungen des Daseins müssen auf *negative* Weise aus ihm hervorgehen.

In der Tat entwickelt Hegel die Bestimmungen des Daseins im Sinne einer Bestimmung durch Negation und einer Negation der Negation, und er hebt diese Form der Bestimmung im widersprüchlichen Verhältnis von Etwas und Anderem auf.[87] Überhaupt sagt Hegel über die Dinge, dass sie durch Negation ihre Bestimmung erhalten:

---

[86] „Noch kann über die Bestimmung des Übergangs von Sein und Nichts ineinander bemerkt werden, daß derselbe ebenso ohne weitere Reflexionsbestimmung aufzufassen ist. Er ist unmittelbar und ganz abstrakt, um der Abstraktion der übergehenden Momente willen, d. i. indem an diesen Momenten noch nicht die Bestimmtheit des anderen gesetzt ist, vermittels dessen sie übergingen; das Nichts ist am Sein noch nicht *gesetzt*, obzwar Sein *wesentlich* Nichts ist und umgekehrt. Es ist daher unzulässig, weiters bestimmte Vermittlung hier anzuwenden und Sein und Nichts in irgendeinem Verhältnisse zu fassen, – jenes Übergehen ist noch kein Verhältnis." (*WdL I*, S. 109).

[87] Vgl. bes. *WdL I*, 128ff.

> Die endlichen Dinge *sind*, aber ihre Beziehung auf sich selbst ist, daß sie als *negativ* sich auf sich selbst beziehen, eben in dieser Beziehung auf sich selbst sich über sich, über ihr Sein, hinauszuschicken. Sie *sind*, aber die Wahrheit dieses Seins ist ihr *Ende*. Das Endliche verändert sich nicht nur, wie Etwas überhaupt, sondern es *vergeht* [...].[88]

Auch bei Marx ergeben sich die Bestimmungen des gesellschaftlichen Daseins auf widersprüchliche Weise, nämlich aus dem Übergehen der Gebrauchswerte als Tauschwerte; auch Marx legt dieses Übergehen durch eine *Form* aus, durch die Wertform der Ware; und auch Marx hebt die Bestimmung des gesellschaftlichen Daseins durch Gebrauchswerte und Tauschwerte in einem widersprüchlichen Verhältnis auf, im Verhältnis von Ware A und Ware B.[89]

Indes *scheint* hier wie dort der Widerspruch nur die Form der immanenten und negativen (Selbst-)Bestimmung des Daseins zu sein, denn die Pointe des Bestimmens ist im Widerspruch noch gar nicht getroffen. Entscheidend für die Pointe ist zunächst, dass dieses widersprüchliche Werden und Vergehen der Bestimmungen des endlichen Daseins, wenn es als dessen *Fürsichsein* und *Selbstverhältnis* genommen wird, auf gleichsam umgekehrte Weise die *wahre Unendlichkeit durchführt*. Mehr noch, das Dasein muss in seinen endlichen Bestimmungen bewusstlos auf die eigene Unendlichkeit *zurückkommen* und sie bereits darstellen, nur auf verkehrte Weise, nämlich in den Widersprüchen des endlichen Daseins. Um diese Verkehrung zu zeigen, führen Hegel und Marx das endliche Dasein so durch, dass es umschlägt und dadurch gleichsam hinter das Geheimnis des eigenen Seins gelangt, nämlich hinter die Unendlichkeit der Qualität des Seins und des Werts: Das endliche Dasein muss, gerade *weil* es durch seine Widersprüche durch nichts als sich selbst bestimmt ist, letztlich auf sich selbst zurückkommen und dadurch das Bestimmen bewusstlos auf das eigene *Einssein* anwenden. Durch dieses Anwenden des Bestimmens auf sich selbst unterzieht sich das endliche Dasein der eigenen ideellen Identität und wendet sie ins Positive. Das stellen Hegel und Marx als *das Umschlagen in Quantität* heraus.

Erst dieses Umschlagen der Qualität in Quantität ist die dialektische Pointe in der Durchführung des Seins bzw. des Werts. Die dialektische Pointe der Hegel'schen Daseinslogik und der Marx'schen Wertformanalyse ist somit *nicht*, wie üblicherweise angenommen wird, dass das Dasein sich im Widerspruch bestimmt, sondern dass das Dasein in der Form seiner widersprüchlichen Bestimmung die eigene Identität an-sich durchführt und diese Identität auf bewusstlose und doch eindeutige und objektiv gültige Weise im Eingehen quantitativer Verhältnisse umschlägt, umschlägt in eine eindeutige und endgültige, objektive Bestimmung. Durch die Entwicklung dieser Form des Fürsichseins können Hegel und Marx zeigen, auf welche Weise das Dasein bewusstlos und subjektlos die eigene Notwendigkeit und die eigene Bestimmung ‚erkennen' kann: Weil die *Qualität* des Bestimmens, durch alle Bestimmungen und alle Widersprüche des Daseins hindurch, identisch bleibt, kann sie im Umschlagen in Quantität reflexiv

---

88 *WdL I*, S. 139.
89 Vgl. bes. *Kapital I*, S. 62ff.

werden. Das Dasein wendet dann die Qualität im Eingehen quantitativer Verhältnisse gleichsam naturwüchsig auf sich selbst an, auf das eigene Einssein, und ebenso naturwüchsig erschließt es, während es allen seinen inhaltlichen Widersprüchen gegenüber gleichgültig ist und andererseits genau das ins Positive wendet und in quantitativen Verhältnissen äußert, die eigene Objektivität. Marx fasst diese ideelle Identität, welche die Waren im Eingehen quantitativer Verhältnisse außer sich und doch unmittelbar ansich haben, als Geldform zusammen:

> Die Herrn Ökonomen haben bisher das höchst Einfache übersehn, daß die Form: 20 Ellen Leinwand = 1 Rock nun die unentwickelte Basis von 20 Ellen Leinwand = 2 Pfd. St., daß also die einfachste Warenform, worin ihr Wert noch nicht als Verhältnis zu allen andern Waren, sondern nur als Unterschiednes von ihrer eignen Naturalform ausgedrückt ist, das ganze Geheimnis der Geldform und damit, in nuce, aller bürgerlichen Form des Arbeitsprodukts enthält.[90]

Es lässt sich nun exakt angeben, worin die gesuchte „Notwendigkeit der Durchführung" des Seins und des Werts liegt, nämlich in der Entwicklung einer ebenso negativen wie absoluten Qualität, deren Qualität in ihrer bloßen *Quantifizierbarkeit* besteht. Die Qualität des Seins und des Werts *muss* durch das endliche Dasein durchgeführt und in die Form seiner widersprüchlichen Bestimmung ausgelegt werden, weil sich erst dann herausstellt, dass die Qualität der Qualität im Umschlagen in Quantität liegt und dass die Qualität dieser Quantität wiederum darin liegt, all die Bestimmungen des endlichen Daseins durch rein quantitative Verhältnisse wie in einer ebenso bewusstlosen wie unmittelbaren Reflexion wiederherzustellen und dabei endgültig und eindeutig zu bestimmen. Es ist diese Notwendigkeit der Durchführung, die es in eine Analogie zu bringen gilt, vom reinen (gesellschaftlichen) Sein über die Bestimmung durch Negation und den Selbstbezug der Negativität bis zum Umschlagen der Qualität in Quantität und der Qualität rein quantitativer Verhältnisse.

Allerdings wurde oben nicht nur von einer Analogie in Bezug auf die Durchführung, sondern auch von einem analogen *Status* gesprochen. Denn welchen Status kann die Durchführung des Seins und des Werts in der *WdL* bzw. im *Kapital* überhaupt beanspruchen? Um eine wissenschaftliche Darstellung im herkömmlichen Sinne kann es sich nicht handeln, allein schon darum nicht, weil es um die *Unendlichkeit* des Daseins geht, nämlich um eine ebenso negative wie reine und damit ‚unwissenschaftliche', gar metaphysische Qualität. Wie kann eine solche Qualität überhaupt angemessen dargestellt und begründet werden?[91]

---

90 Karl Marx: Brief an Friedrich Engels, 22.06.1867. In: *MEW*, Bd. 31, S. 305–307, hier S. 306.

91 Es erübrigt sich, darauf hinzuweisen, dass der Ökonomietheorie bis heute allein schon darum keine Bestimmung des Werts gelungen ist, weil sie ihn nicht als eine Qualität begreift, die nur durch eine kategoriale Entwicklung angemessen darstellbar ist. Was aber ist von einer Volkswirtschaftslehre zu halten, die einerseits komplizierte und komplexe Berechnungen anstellt, um mögliche Preisentwicklungen auszurechnen, die aber die Qualität, mit der hier gerechnet wird, nicht bestimmen kann? Welchen Status kann eine Volkswirtschaftslehre überhaupt für sich beanspruchen, die ökonomische Prozesse mit Begriffen wie Glauben, Erwartungen, Risiko, Nutzen etc. beschreibt, also mit psychologischen und religiösen Metaphern? Als Beispiel dafür, dass die Ökonomietheorie nicht angeben kann, was für eine Qualität sie da eigentlich

Wenn Hegel in der *WdL* das Dasein in dessen Form der Selbstdarstellung auseinanderlegt, so führt er das Dasein hinter dessen eigenes Geheimnis. Er zeigt nämlich, dass ein Dasein, das sich als endliches auf sich beziehen und in dieser Notwendigkeit fürsichsein muss, je schon über sich *hinausgegangen* ist. Mehr noch, das endliche Dasein kommt, indem es seine Verhältnisse *quantitativ* umschlägt, bereits auf sich *zurück*. Es kommt auf die eigene Qualität wie auf eine ideelle Identität zurück, und es schlägt diese Idealität in der Quantität wie in einer unmittelbaren Reflexion rein als solche um und stellt dadurch die Qualität seines Seins in quantitativen Verhältnissen *wieder her* und objektiv *heraus*. Wenn aber die *WdL* zeigt, dass das endliche Dasein nicht nur insich übergehen, sondern auch genau darauf zurückkommen und im Umschlagen in Quantität unendlich sein muss, dann kann die Durchführung der Unendlichkeit nicht allein in einem linearen Sinn gelesen werden. Auch wenn das seinslogische Übergehen und Umschlagen in der *WdL* in einen linearen Text auseinandergelegt wird und entsprechend linear gelesen werden muss, so muss das Dargestellte doch die Form eines Kreisens annehmen, um so einem Unendlichen gerecht zu werden, das – im unmittelbaren Sinn – *sich im* endlichen Dasein auslegt.[92]

Auch Marx' Analyse der Wertform x Ware A = y Ware B zeigt, dass die Waren, wenn sie als Quanta ein und derselben Qualität gelten, bereits durch eine ideelle Identität umgeschlagen und ausgezeichnet worden sein müssen. Und auch Marx holt durch die Analyse der Wertform der Waren diese ideelle Identität ein. Er holt durch die

---

quantifiziert (oder vielmehr in den Preisen fertig aufgreift), und dass die Ökonomie mithin nicht angeben kann, warum sie als quantifizierende Wissenschaft möglich ist, sei Joan Robinson zitiert: „Es ist noch immer üblich, Modelle zu konstruieren, in denen Quantitäten von ‚Kapital' erscheinen, ohne dass man die geringste Angabe darüber macht, wovon dies eine Quantität sein soll." (Joan Robinson: *Doktrinen der Wirtschaftswissenschaft. Eine Auseinandersetzung mit ihren Grundgedanken und Ideologien*. München: C.H. Beck 1972, S. 85.)

92 Daraus, „daß das Absolut-Wahre ein Resultat sein müsse, und umgekehrt, daß ein Resultat ein erstes Wahres voraussetzt, das aber, weil es Erstes ist, objektiv betrachtet nicht notwendig und nach der subjektiven Seite nicht erkannt ist", ergibt sich laut Hegel, „daß das Vorwärtsschreiten in der Philosophie […] ein Rückwärtsgehen und Begründen sei, durch welches erst sich ergebe, daß das, womit angefangen wurde, nicht bloß ein willkürlich Angenommenes, sondern in der Tat teils das *Wahre*, teils das *erste Wahre* sei. […] Das Wesentliche für die Wissenschaft ist nicht so sehr, daß ein rein Unmittelbares der Anfang sei, sondern daß das Ganze derselben ein Kreislauf in sich selbst ist, worin das Erste auch das Letzte und das Letzte auch das Erste wird." (*WdL I*, S. 69–70.) Entsprechend kreisförmig muss das Begründen ausfallen: „Man muß zugeben, daß es eine wesentliche Betrachtung ist – die sich innerhalb der Logik näher ergeben wird –, daß das Vorwärtsgehen in *Rückgang* in den *Grund*, zu dem *Ursprünglichen* und *Wahrhaften* ist, von dem das, womit der Anfang gemacht wurde, abhängt und in der Tat hervorgebracht wird. […] Durch diesen Fortgang denn verliert der Anfang das, was er in dieser Bestimmtheit, ein Unmittelbares und Abstraktes überhaupt zu sein, Einseitiges hat; er wird ein Vermitteltes, und die Linie der wissenschaftlichen Fortbewegung macht sich damit *zu einem Kreise*." (*WdL I*, S. 70–71.) Mit demselben Kreisen hat Hegel in die *PhdG* eingeleitet. Hier wird „das Werden seiner selbst, der Kreis" bezogen auf die Lebendigkeit der Substanz, die „in Wahrheit Subjekt" ist (*PhdG*, S. 23). Die sich selbst begründende Struktur der *WdL* hat Ute Guzzoni herausgearbeitet, vgl. dies.: *Werden zu sich. Eine Untersuchung zu Hegels ‚Wissenschaft der Logik'*. Freiburg/München: Alber 1963. Auch Marx hat die Kreisförmigkeit der kapitalistischen Ökonomie betont, aber die Kreisförmigkeit des Hinausgehens des Kapitalkreislaufs über sich selbst, vgl. Karl Marx: *Das Kapital. Kritik der Politischen Ökonomie. Zweiter Band. MEW*, Bd. 24, S. 104 (im Folgenden *Kapital II*).

Darstellung des endlichen Daseins – durch die Analyse der Wertform der Waren und die Entwicklung der verschiedenen Wertformen – diejenige maßgebliche *Geld*ware ein, auf welche alle anderen Waren je bezogen sein müssen, wenn sie ein Verhältnis endlicher, rein quantitativer Werte eingegangen sind, dasjenige Wertverhältnis x Ware A = y Ware B, das zur Analyse anstand.

Folgerichtig ist auch hier der Darstellungsgang nicht im Sinne einer linearen Entwicklung zu lesen. Liest man die Wertformanalyse ebenfalls im Sinne eines Kreisens, so führt auch hier die Auslegung des wertförmigen Übergehens der Waren hinter das „Geheimnis"[93] ihres endlichen gesellschaftlichen Daseins und dessen Form. Die Analyse der Wertform holt diejenige rein ideelle Werteinheit ein, die alle Waren in *einer* Ware, der Geldware, so für sich haben, dass sie ihr Verhältnis durch diese eine Ware wie in einer bewusstlosen Reflexion quantitativ umschlagen und dieses Umschlagen im x und y ebenso entäußern wie unmittelbar an-sich haben. Darum muss in der Analyse der Wertform die Genesis der Geltung des Geldes ebenso entwickelt wie eingeholt werden. In Marx' Worten:

> Jedermann weiß, wenn er auch sonst nichts weiß, daß die Waren eine mit den bunten Naturformen ihrer Gebrauchswerte höchst frappant kontrastierende, gemeinsame Wertform besitzen – die Geldform. Hier gilt es jedoch zu leisten, was von der bürgerlichen Ökonomie nicht einmal versucht ward, nämlich die Genesis dieser Geldform nachzuweisen, also die Entwicklung des im Wertverhältnis der Waren enthaltenen Wertausdrucks von seiner einfachsten unscheinbarsten Gestalt bis zur blendenden Geldform zu verfolgen. Damit verschwindet zugleich das Geldrätsel.[94]

Die Kreisförmigkeit, die darin liegt, die Genese der Geltung des Geldes durch die Analyse der Wertform der Ware ebenso zu entwickeln wie einzuholen und darüber das quantitative Umschlagen des gesellschaftlichen Verhältnisses der Waren in der Geldware herauszustellen, fasst er so zusammen:

> Die Schwierigkeit im Begriff der Geldform beschränkt sich auf das Begreifen der allgemeinen Äquivalentform, also der allgemeinen Wertform überhaupt, der Form III. Die Form III löst sich rückbezüglich auf in Form II, die entfaltete Wertform, und ihr konstituierendes Element ist Form I: […] x Ware A = y Ware B. Die einfache Warenform ist daher der Keim der Geldform.[95]

---

93 *Kapital I*, S. 62.

94 *Kapital I*, S. 62. Die Warenbesitzer wissen insofern, dass die Ware Geld *ist* – aber sie wissen nicht, wie sich diese spekulative Identität von Warenwert und Geldform begründet: „Die Schwierigkeit liegt nicht darin zu begreifen, daß Geld Ware, sondern wie, warum, wodurch Ware Geld ist." (*Kapital I*, S. 107.) Die Warenbesitzer wissen sogar, dass die Ware nicht nur Geld, sondern dass sie auch *kapitalistische* Ware ist und folgerichtig auch das Geld *kapitalistisches* Geld sein muss: „Der Kapitalist weiß, daß alle Waren, wie lumpig sie immer aussehn oder wie schlecht sie immer riechen, im Glauben und in der Wahrheit Geld, innerlich beschnittne Juden sind und zudem wundertätige Mittel, um aus Geld mehr Geld zu machen." (*Kapital I*, S. 169.) Aber auch hier ist die Begründung, *warum* die Ware und das Geld gleichermaßen kapitalistisch bestimmt sind, in der Unmittelbarkeit von Ware und Geld untergegangen. „Versieht man sie [die Wertform des Arbeitsprodukts, F.E.] daher für die ewige Naturform gesellschaftlicher Produktion, so übersieht man notwendig auch das Spezifische der Wertform, also der Warenform, weiter entwickelt der Geldform, Kapitalform usw." (*Kapital I*, S. 95, Anm. 32.) Entsprechend dieser doppelten Unwissenheit geht es Marx in der Wertformanalyse zunächst darum, die spekulative Identität von Ware und Geld zu begründen, und im Anschluss kommt dann noch alles darauf an, diese Identität durch ihre gemeinsame kapitalistische Bestimmung zu entwickeln.

95 *Kapital I*, S. 85.

Es wird in der Analogie nun ausführlich zu zeigen sein, auf welche Weise Hegel und Marx die Endlichkeit durch deren eigene Unendlichkeit hindurchführen, wobei Hegels seinslogische Entwicklung jeweils vorangeht und die Vorlage für die Analogie liefert.

Negativität als Übergehen in Bestimmung. Unmittelbare Negation oder Sein, Nichts und Werden
Die *WdL* entwickelt durch die Logik des Seins die Qualität *schlechthin*. Dafür wird am Anfang der *WdL* das reine Sein seiner Durchführung im Wortsinn vor-gestellt. Mehr noch, auch die Unendlichkeit der Qualität wird vor deren eigentliche Durchführung gestellt und steht bereits am Anfang. Ja, Hegel ist bereits am Anfang ‚hinter' das endliche Dasein gelangt: Der Anfang der Bestimmung ist die Bestimmung-*gebende* Negativität des Seins, des Seins rein als solchem.

Hegel bestimmt also, noch bevor er das endliche Dasein in dessen Form der Bestimmung auseinanderlegt, das Sein nur als solches, aber dieses „reine Sein" ist – Nichts. Es ist absolut *un*bestimmt, denn diese Ununterschiedenheit und absolute Unterschiedenheit von Sein und Nichts ist die Unmittelbarkeit des Bestimmens selbst oder besser das Übergehen *in* die Bestimmung.[96]

Es wird sich daher rückwirkend herausstellen, dass die *WdL* im „reinen Anfang" die Anfangs*losigkeit* des Daseins zeigt. Sie zeigt im Übergehen von Sein in Nichts bereits das Übergehen *in* Bestimmung und die *Durchführung* der Bestimmung, kurz, ihr *Werden*:

> Insofern nun der Satz „*Sein und Nichts ist dasselbe*" die Identität dieser Bestimmung ausspricht, aber in der Tat ebenso sie beide als unterschieden enthält, widerspricht er sich selbst und löst sich auf. Halten wir dies näher fest, so ist also hier ein Satz gesetzt, der, näher betrachtet, die Bewegung hat, durch sich selbst zu verschwinden. Damit aber geschieht an ihm selbst das, was seinen eigentlichen Inhalt ausmachen soll, nämlich das *Werden*.[97]

Der reine Anfang, das Sein, wird somit *die eine* Bestimmung, die zugleich Bestimmung *schlechthin* ist und diejenige Qualität wird, die Bestimmung *gibt*, und zwar gibt im Übergehen in Nichts. Das Übergehen wird zu der *einen* Qualität, die *alle* Bestimmungen teilen; es wird die *Negativität* aller positiven Bestimmungen. Daher muss Hegel das reine Sein des Anfangs ins *bestimmte* Sein übergehen lassen, in das *Da-Sein*[98] – erst wenn das Übergehen in die Form der Bestimmung des Daseins ausgelegt wird, kann sich

---

96 „So muß der Anfang *absoluter* oder, was hier gleichbedeutend ist, abstrakter Anfang sein; er darf so *nichts voraussetzen*, muß durch nichts vermittelt sein noch einen Grund haben; er soll vielmehr selbst Grund der ganzen Wissenschaft sein. Er muß daher schlechthin *ein* Unmittelbares sein oder vielmehr nur *das Unmittelbare* selbst. Wie er nicht gegen Anderes eine Bestimmung haben kann, so kann er auch keine in sich, keinen Inhalt enthalten, denn dergleichen wäre Unterscheidung und Beziehung von Verschiedenem aufeinander, somit eine Vermittlung. Der Anfang ist also das *reine Sein*." (*WdL I*, S. 68–69.)
97 *WdL I*, S. 93.
98 Das Dasein ist das zweite Kapitel im ersten Buch der *WdL*, dem Buch über das Sein. Das Dasein folgt unmittelbar auf das im ersten Kapitel behandelte Sein, Nichts und Werden und behandelt zunächst das Dasein als solches, dann als Endlichkeit und schließlich als Unendlichkeit, vgl. *WdL I*, S. 115–173.

herausstellen, dass das Übergehen von Sein und Nichts dessen negative Qualität ist und Realität wird *als* Negativität.
Genau genommen muss Hegel das Übergehen von Sein und Nichts sogar ins Dasein *zurücknehmen*. Mehr noch, wenn das Dasein darum Dasein ist, weil es das unmittelbar *an-sich bestimmte Sein* ist, dann muss das Übergehen von Sein und Nichts je schon im Dasein *eingetreten* und für das Dasein je die Bestimmung-gebende, negative Qualität sein.
Bereits der Anfang ist somit trotz seiner Reinheit widersprüchlich. Einerseits ist das Übergehen von Sein und Nichts nichts als eine unmittelbare Unbestimmtheit, und darin sind Sein und Nichts ebenso unmittelbar dasselbe wie absolut geschieden; andererseits ist dies Übergehen nur darum unmittelbar und unbestimmt, weil es bereits *übergeht*, übergeht in die Bestimmtheit des Daseins – aber dadurch hat sich die Unbestimmtheit negiert und *das*, diese Selbstnegation, *ist* Bestimmung, diejenige Bestimmung, die das Sein als Bestimmt*heit* unmittelbar an sich hat.
Der alles entscheidende Satz ist daher, dass Sein und Nichts nicht über*gehen*, sondern über*gegangen* sind. Es ist dieses *Übergegangensein*, durch welches das Dasein je unmittelbar an-sich bestimmt ist:

> Was die Wahrheit ist, ist weder das Sein noch das Nichts, sondern daß das Sein in Nichts und das Nichts in Sein – nicht übergeht, sondern übergegangen ist. [...] Ihre Wahrheit ist also diese *Bewegung* des unmittelbaren Verschwindens des einen in dem anderen: *das Werden*; eine Bewegung, worin beide unterschieden sind, aber durch einen Unterschied, der sich ebenso unmittelbar aufgelöst hat.[99]

Hegels Kritik des Daseins besteht somit nicht nur darin, Sein, Nichts und Werden als dessen negative Qualität zu erweisen. Die Kritik besteht auch darin zu zeigen, dass die unmittelbare Bestimmtheit des Daseins durch dessen In-sich-Übergehen *je* vermittelt ist, aber durch *es selbst* vermittelt, nämlich durch die Notwendigkeit, in nichts als sich selbst überzugehen und sich durch Negation zu bestimmen. Wenn Hegel daher über das Übergehen von Sein und Nichts des reinen Anfangs sagt, dass sie ebenso das Resultat sind, so meint er damit nicht nur, dass sie das Resultat der *WdL* insgesamt sind, sondern dass Sein und Nichts dadurch, dass sie je übergegangen *sind*, auch je an-sich bestimmt und ihr eigenes Resultat sind:

> Dem Sein überhaupt tritt aber das *bestimmte* Sein als solches gegenüber; damit aber macht seine Unbestimmtheit selbst seine Qualität aus. Es wird sich daher zeigen, daß das *erste* Sein an sich unbestimmt (ist), und hiermit *Zweitens*, daß es in das *Dasein* übergeht, *Dasein* ist; [...].[100]

Negation der Negation als Übergegangensein oder Bestimmtheit:
Das Dasein als Unmittelbarkeit von Vermittlung
Der Widerspruch des „reinen Anfangs" war, dass er einerseits das Bestimmen des Daseins anfängt, andererseits aber immer schon in Bestimmung übergegangen ist und darum zurückgenommen werden muss ins Dasein. Dadurch beginnt die *WdL*

99 *WdL I*, S. 83.
100 *WdL I*, S. 82.

einerseits, vereinfacht gesagt, mit einer unmittelbaren Negativität. Sein und Nichts sind diese Negativität, denn indem sie auf sich bestehen, negieren sie sich selbst: „Sie heben sich gegenseitig, nicht das eine äußerlich das andere auf, sondern jedes hebt sich an sich selbst auf und ist an ihm selbst das Gegenteil seiner."[101] Andererseits wurde betont, dass dieses erste, unmittelbare und einfache Negieren nicht verschwindet, dass es im Gegenteil das Übergehen in Bestimmung an-sich vornimmt. Der Anfang wird überhaupt erst zum Anfang dadurch, dass er übergegangen und dadurch *im* Dasein *ist*.

Dass Negation Bestimmung ist und umgekehrt, macht Hegel zufolge die Unmittelbarkeit des Daseins überhaupt aus. Allerdings setzt sich im Dasein die Anfangslosigkeit fort, denn das Übergehen ist zwar übergegangen in Bestimmung und dadurch *Etwas,* etwas *Bestimmtes*. Aber diese ‚erste' Bestimmung ist nur dadurch da, dass sie bereits von einer *anderen* Bestimmung unterschieden ist.[102] Aufgrund dieser Verlegenheit ist das Übergehen von Sein und Nichts nicht einfach nur eine unmittelbare Selbstnegation und ein Übergehen in Bestimmung, sondern eine *Negation der Negation* oder ein *Unterscheiden* von Bestimmungen – es zeigt sich, dass die unmittelbare Selbstnegation von Sein und Nichts von selbst übergeht in eine *zweite* Negation, in die *doppelte Negation* oder in die *Negation der Negation*. Das sich selbst negierende Übergehen von Sein und Nichts *muss* sogar in diese Negation der Negation übergehen, wenn das Übergehen einerseits nichts und andererseits nichts als das Übergehen in Bestimmung ist. Mit der Selbstbezüglichkeit der Negativität, also der doppelten Negation oder der Negation der Negation, ist auch die Selbstbezüglichkeit der Bestimmung unmittelbar da.[103] *Jede* Bestimmung ist bestimmt durch diesen Selbstbezug, *jede* erhält durch denselben Selbstbezug ihre Bestimmung und ist allererst dadurch *etwas*: „Das Etwas ist die *erste Negation der Negation*, als einfache seiende Beziehung auf sich."[104]

---

101 *WdL I*, S. 112.

102 Vgl. im zweiten Kapitel über das Dasein das Unterkapitel „A. Dasein als solches: c. Etwas" (*WdL I*, S 122ff.).

103 Das erste, einfache oder unmittelbare Negieren, welches das Übergehen von Sein und Nichts unmittelbar an-sich ist, ist noch keine Negation von *Etwas*, noch keine Negation einer *Bestimmung*, denn dann wäre sie Negation einer schon vorausgesetzten, gegebenen Bestimmung. Die Negation von Etwas würde nicht nur einen bestimmten Inhalt negieren, sondern ihn auch von Anderem unterscheiden, und damit wäre überhaupt der Anfang kein reiner und voraussetzungsloser Anfang mehr. Es geht Hegel aber gerade darum, das Bestimmen rein als solches zu entwickeln, d. h. *ohne* etwas vorauszusetzen. Hegel betont in der „Anmerkung 1" des ersten Kapitels (*WdL I*, S. 84ff.), dass das Übergehen von Sein in Nichts keine Negation von etwas *Bestimmtem* ist, sondern der Übergang *in* Bestimmung. Die „Anmerkung 2" (S. 92ff.) betont zudem, dass Sein und Nichts auch keine *Einheit* sind, sondern eben jenes Werden der Bestimmungen, in denen Einheit und Unterschied überhaupt erst Bedeutung erlangen. Die „Anmerkung 3" (S. 97ff.) konzentriert sich dann auf dieses Werden („Anmerkung 4" bezieht das Werden schließlich auf die von Kant aufgestellten Antinomien). Zu Hegels Negativitätsbegriff und zur Produktivität selbstbezüglicher Negativität vgl. Thomas Kesselring: *Die Produktivität der Antinomie. Hegels Dialektik im Lichte der Erkenntnistheorie und der formalen Logik*. Frankfurt am Main: Suhrkamp 1984, bes. S. 140ff.

104 *WdL I*, S. 123.

Weil also das Übergehen eine Bestimmung von einer anderen unterscheidet, ist die Ununterschiedenheit und zugleich absolute Geschiedenheit von Sein und Nichts die *Unterscheidung von Etwas und einem Anderen*.[105] Die einfache Negation oder das Übergehen des Anfangs ist ebenso negiert wie bestimmend geworden, aber das Übergehen ist bestimmend geworden durch bloßes *Unterscheiden* oder, noch unmittelbarer, *im* Unterscheiden. Darin, im Unterscheiden der Bestimmungen, ist das Übergehen von Sein und Nichts oder das Werden aufgehoben und unmittelbar *da*.

> Das Gleichgewicht, worein sich Entstehen und Vergehen setzen, ist zunächst das Werden selbst. Aber dieses geht ebenso in *ruhige Einheit* zusammen. Sein und Nichts sind in ihm nur als Verschwindende; aber das Werden als solches ist nur durch die Unterschiedenheit derselben. Ihr Verschwinden ist daher das Verschwinden des Werdens oder Verschwinden des Verschwindens selbst. Das Werden ist eine haltungslose Unruhe, die in ein ruhiges Resultat zusammensinkt.[106]

Auf diese Weise nimmt Hegel den reinen, unbestimmten und unmittelbaren Anfang wieder zurück, nämlich in die Bestimmung des Daseins – und doch stellt er den Anfang dadurch allererst heraus.

Doch mit dem Übergehen und mit der Negation der Negation ist die Form der Bestimmung des Daseins nicht fertig. Wenn das Übergehen Bestimmung und je in Etwas übergegangen ist, und wenn dieses Etwas wiederum je bestimmt ist im Unterschied zu Anderem und sich auf diese negative Weise auf sich bezieht, dann ist Etwas ein Etwas *durch* ein Anderes. Etwas ist nur durch ein Anderes bestimmt und ebenso Bestimmung für Anderes, unmittelbarer noch, das Ansichsein einer jeden Bestimmung *ist* das Sein-für-Anderes. So ist das reine Übergehen des Anfangs nicht nur zum Unterscheiden geworden, es ist auch die Unmittelbarkeit dieses „ist" geworden: dass jedes Ansichsein *unmittelbar* Sein-für-Anderes *ist*.[107] Das reine Übergehen des Anfangs ist dann sowohl Etwas als auch ein Anderes geworden *und* es ist weder Etwas noch Anderes geworden; es steht nur für jenes „ist" oder die spekulative Identität des „als" im An-Sich *als* Sein-für-Anderes; es macht einen Unterschied, der ebenso nichtig wie in Bestimmungen aufgehoben ist. So spannt sich das Übergegangensein zwischen der absoluten Bestimmtheit und dem absoluten Relativismus auf, dass Etwas an-sich unmittelbar Sein-für-Anderes ist, dass Etwas und ein Anderes ebenso ungeschieden ineinander übergehen, wie sie sich aufheben und durch sich selbst einen Unterschied zum jeweils Anderen machen.

Diese spekulative Identität von Etwas und einem Anderen ist, in Anspielung auf die Ware bei Marx, die „Elementarform" des Daseins. Nachdem Hegel das Übergehen von Sein und Nichts aufgehoben hat in die Form der „Bestimmung durch Negation" oder die „Negation der Negation", legt er die Negation der Negation in die spekulative Identität von Etwas und einem Anderen aus und gewinnt einen Inhalt,

---

105 Vgl. in der *WdL I* im zweiten Kapitel über das Dasein das Unterkapitel „B. Endlichkeit: a. Etwas und ein Anderes", S. 125ff.
106 *WdL I*, S. 113.
107 *WdL I*, S. 127ff.

der allein durch Negativität Bestimmung erhält. Er grenzt sich dadurch von den analytisch gewonnenen Bestimmungen der formalen Logik ab, die ihr Wahrheitskriterium aus einer dem Inhalt äußerlichen Form bezieht und diese Form wiederum durch ihrem Inhalt äußerliche Axiome bestimmen muss. Bei Hegel ist dagegen die Wahrheit des Daseins, wie immer dessen Bestimmung auch ausfällt, negativ insofern, als es keine dem Inhalt äußerliche Form gibt, die gleichsam noch einmal über Wahrheit oder Unwahrheit entscheiden könnte. Es gibt überhaupt keine Bestimmung *außer der Form selbst*, d. h. gerade *dass* kein positives und dem Inhalt äußerliches Kriterium der Bestimmung und Unterscheidung vorhanden ist, weder durch die Natur noch durch den Verstand noch durch ein höchstes Wesen, gerade das macht die Notwendigkeit eines immanenten Übergehens aus. Diese Notwendigkeit macht sich geltend in einem Dasein, das nichts voraussetzen kann als sich selbst und Bestimmung daher in Form des Übergehens finden muss. Das Dasein findet durch diese Notwendigkeit allein in-sich seine Bestimmung, und es trifft sie auch nur an-sich selbst.

Hegel legt die Kraft der Negativität nicht nur in die Form des Daseins, er legt auch die Durchführung der gesamten (!) *WdL* in diese Kraft:

> Das Einzige, *um den wissenschaftlichen Fortgang zu gewinnen* [...] ist die Erkenntnis des logischen Satzes, daß das Negative ebensosehr positiv ist oder daß das sich Widersprechende sich nicht in Null, in das abstrakte Nichts auflöst, sondern wesentlich nur in die Negation eines *besonderen* Inhalts, oder daß eine solche Negation nicht alle Negation, sondern *die Negation der bestimmten Sache*, die sich auflöst, somit bestimmte Negation ist; daß also im Resultate wesentlich das enthalten ist, woraus es resultiert [...]. Indem das Resultierende, die Negation, *bestimmte* Negation ist, hat sie einen *Inhalt*. Sie ist ein neuer Begriff, aber der höhere, reichere Begriff als der vorhergehende; denn sie ist um dessen Negation oder Entgegengesetztes reicher geworden, enthält ihn also, aber auch mehr als ihn, und ist die Einheit seiner und seines Entgegengesetzten. – In diesem Wege hat sich das System der Begriffe überhaupt zu bilden – und in unaufhaltsamem, reinem, von außen nichts hereinnehmendem Gange sich zu vollenden.[108]

Etwas und ein Anderes: Die Elementarform der Bestimmung des Daseins

Im Dasein hat jede Bestimmung ihr Übergehen aus Anderem an-sich aufgehoben und ist Etwas. Wenn aber jedes Etwas durch dieselbe Form bestimmt ist, dann kann nun der Anfang der Bestimmung des Daseins *überall* gemacht werden. Hegel stellt daher an den Anfang der Bestimmung des Daseins ein beliebiges Etwas, das aber ebenso Etwas überhaupt ist: Die Bestimmung kann mit jedem beliebigen Etwas, mit irgendeinem Seienden anfangen, und so zerfällt die Bestimmung des Daseins in die Vielfalt der Bestimmungen, von denen jedoch eine jede gleichermaßen ihr Verhältnis zu einer anderen an-sich aufgehoben hat.

Der Anfang der Bestimmung des Daseins kann dadurch nicht nur überall und nirgends gemacht werden, sondern da jedes einzelne Etwas an-sich nur bestimmt ist im Sein-für-Anderes und da dieser Widerspruch für jedes Etwas gleichermaßen gilt, ist jedes Etwas einerseits beliebig auf alles Andere bezogen und insofern auf das Dasein

---

[108] *WdL I*, S. 49.

insgesamt; andererseits endet dadurch jede Bestimmung von Etwas in einer totalen Relativierung. So muss das Dasein andauernd mit nichts als sich selbst anfangen und wird doch mit seiner Bestimmung durch sich nicht fertig. Es befindet sich in dem Widerspruch, seine Bestimmung nur durch Negation zu finden, und dieser Widerspruch ist in Etwas aufgehoben, aber in Etwas, das durch ein anderes Etwas negiert wird, das denselben Widerspruch aufgehoben hat.

Und doch ist dieses widersprüchliche Verhältnis von Etwas und Anderes bereits die Form einer Lösung, denn: Auch das Übergehen von Sein in Nichts *ist* etwas im Verhältnis von Etwas und Anderes, nämlich die Realität der *Negativität*, der Negativität ihres *Verhältnisses*. Ähnlich dem Weg des Scheiterns in der *PhdG*, wo Bewusstsein und Gegenstand vom gemeinsam ausgeschlossenen Dritten her ins Verhältnis treten: dem Selbstbewusstsein, treten auch Etwas und Anderes durch das ebenso gemeinsame wie ausgeschlossene Dritte allererst ins Verhältnis: von der bestimmenden Negativität des Übergehens von Sein und Nichts, die zur *Form* ihres Verhältnisses wird. Das Verhältnis von Etwas und Anderem ‚ist' gleichsam ihr Selbstbewusstsein, wenn auch auf bewusstlose und unmittelbare Weise. Oder vielmehr stellt sich hier, wo es ja um die Konstitution von Objektivität geht, ihr Verhältnis *anstelle* eines Selbstbewusstseins heraus.

Die Form der Bestimmung von Etwas durch Anderes ist somit zwar widersprüchlich, und sie führt sogar zum Scheitern einer endgültigen Bestimmung des Daseins insofern, als sich das Ansichsein jedes Etwas stets im Sein-für-Anderes bestimmt – aber indem die Negativität des Bestimmens genau dadurch zur Realität und selbstbezüglich wird, stellt jene Widersprüchlichkeit des Daseins unmittelbar in Etwas und Anderes die Form einer Lösung dar. Die Widersprüchlichkeit des Daseins legt eine spekulative Identität von Bestimmungen auseinander, die alle dasselbe Übergehen teilen und die Realität der Negativität realisieren.

Diese Negativität, die in der Form der Negation der Negation zur durchgehenden Qualität des Daseins wird und im Verhältnis von Etwas und Anderem auseinandergelegt ist, ist die *Qualität des Seins*. Diese negative Qualität, so wird im weiteren Fortgang zu zeigen sein, hat das Dasein *für-sich*. Unmittelbarer noch, es ist die Negativität selbst, die sich im Unterscheiden und Beziehen, also in der widersprüchlichen Form immanenter Bestimmung des Daseins, als solche realisiert. Sie muss sich selbst als die Qualität des Bestimmens bestimmen, d.h. sie muss sich *als* negative Qualität *affirmieren* – dann erst kommt das Dasein, wenn auch blind und bewusstlos, ‚hinter' seine eigene Form, und dann erst wird der Selbstbezug der Negativität dem Dasein gleichsam zum Selbstbewusstsein.

Doch bis die negative Qualität des reinen Übergehens sich selbst realisiert, sodass das Dasein ‚hinter' sich kommt und sich gleichsam selbst affirmiert, ist es noch ein langer Weg. Bevor er weitergegangen wird, soll zunächst die Qualität des seinslogischen Übergehens in eine Analogie zu Marx' Analyse der Wertform gebracht werden.

Dafür muss zuerst die Qualität des reinen Seins in eine Entsprechung gebracht werden zum Wert, also zu einem rein gesellschaftlichen Sein und zu einer rein gesellschaftlichen Qualität. Es wird zu zeigen sein, dass auch Marx' Wertformanalyse die Qualität des (rein gesellschaftlichen) Seins in eine widersprüchliche Form auslegt und dadurch die Form der Bestimmung des gesellschaftlichen Daseins zeigt. Und auch hier führt diese Durchführung der Qualität hinter das Geheimnis des Daseins, d.h. auch die Wertformanalyse stellt eine Negativität heraus, die das Dasein anstelle eines Selbstbewusstseins für-sich hat.

Das Übergehen als negative Qualität eines rein gesellschaftlichen Seins:
Der Wert, das rein gesellschaftliche Verhältnis
Dieselbe Dreiheit des *reinen* Anfangs: Sein, Nichts und Werden, aus der Hegel das In-sich-Übergehen und das Bestimmen des Daseins entwickelt, dieselbe Dreiheit trifft auch auf die rein gesellschaftliche Qualität zu, den Wert. Der Wert, das gesellschaftliche Sein der Waren, ist „ein *rein* gesellschaftliches Verhältnis", in das „kein Atom Naturstoff" eingeht; als ein solch „übernatürliches" und „rein gesellschaftliches Verhältnis" ist der Wert unbestimmt und „unfaßbar" wie das Nichts; und so ist der Wert, wie Sein und Nichts, das Übergehen der Gesellschaft oder das Gesellschaftliche rein als solches.[109]
Aber auch hier ist das Übergehen darum unmittelbar und unbestimmt wie Sein und Nichts, weil das Übergehen nichts ist als: das Bestimmen selbst. Der Wert, das rein gesellschaftliche Verhältnis, ist nicht die Qualität einer gegebenen, schon daseienden Bestimmung, sondern es wird erst dadurch die rein gesellschaftliche Qualität, dass es *an-sich* bestimmt ist und dadurch seine Unmittelbarkeit und seine Unbestimmtheit zugleich negiert. Daher geht das rein gesellschaftliche Verhältnis auch nicht erst ins gesellschaftliche Dasein über, als ob es schon vor dem Dasein irgendwie da oder anwesend wäre, sondern es *ist* nur im Übergegangen*sein* (nicht anders als Sein und Nichts, die ja auch nur sind im Werden, oder die vielmehr je ins Verhältnis von Etwas und Anderes übergegangen und dadurch unmittelbar *im* Dasein *sind*).[110]

109 Alle Zitate sind von Marx. Ausführlich sagt er über den Wert: „Im graden Gegenteil zur sinnlichen groben Gegenständlichkeit der Warenkörper geht kein Atom Naturstoff in ihre Wertgegenständlichkeit ein. Man mag daher eine einzelne Ware drehen und wenden, wie man will, sie bleibt unfaßbar als Wertding." (*Kapital* I, S. 62.) Zur reinen Gesellschaftlichkeit des Werts, die als solche nicht erscheinen kann, vgl. auch: „Das Eisen vertritt im Gewichtsausdruck des Zuckerhuts eine beiden Körpern gemeinsame Natureigenschaft, die Schwere, während der Rock im Wertausdruck der Leinwand eine übernatürliche Eigenschaft beider Dinge vertritt: ihren Wert, etwas rein Gesellschaftliches." (*Kapital* I, S.71); ähnlich auch *Kapital* I, S. 97: „Da Tauschwert eine bestimmte gesellschaftliche Manier ist, die auf ein Ding verwandte Arbeit auszudrücken, kann er nicht mehr Naturstoff enthalten als etwa der Wechselkurs." Zudem ist der Wert vom Tauschwert und vom Gebrauchswert in derselben Weise zu trennen wie das reine Sein von seiner Bestimmung als Dasein, d.h. auch der Wert ist, wenn er sich im Dasein der Ware als Gebrauchswert und Tauschwert darstellt, in seine Bestimmung je übergegangen und unmittelbar im (gesellschaftlichen) Dasein (oder die Unmittelbarkeit des gesellschaftlichen Daseins selbst).
110 Im Folgenden wird durch die Analyse der Wertform die *Qualität* des Werts entwickelt, d.h. das rein gesellschaftliche Sein wird zur Identität des gesellschaftlichen Verhältnisses entwickelt und ergibt die

Es ist also der Wert selbst, es ist das rein gesellschaftliche Verhältnis, das, analog dem reinen Sein in der *WdL*, im Übergehen ineins negiert und dadurch zugleich unmittelbar an-sich bestimmt ist, und zwar im Übergehen von *Gebrauchswert* und *Tauschwert*. Der Wert *ist* im Dasein, weil er, so wird im nächsten Kapitel noch ausführlich zu zeigen sein, in seine Bestimmung als Gebrauchs- und Tauschwert über*gegangen* ist und darum das gesellschaftliche Sein je schon bestimmt; das gesellschaftliche Verhältnis stellt sich immer schon durch Gebrauchs- und Tauschwerte dar.[111]
Zusammengefasst ist der Wert also analog dem Sein und Nichts eine Qualität, die allein im Übergehen Da-sein hat, nämlich im Übergehen der Gebrauchswerte als Tauschwerte et vice versa; eine Qualität, die im Übergehen ihre Unbestimmtheit und Unmittelbarkeit negiert und doch erst genau dadurch zu einer negativen Qualität und Qualität der Negativität wird, zur Qualität des gesellschaftlichen Seins schlechthin, zum rein gesellschaftlichen Verhältnis aller Bestimmungen des gesellschaftlichen Daseins.

Um diese Qualität einer unbestimmten und doch bestimmenden Qualität zu zeigen, legt auch Marx das Übergehen des Werts einerseits in die Bestimmung des Daseins auseinander, in Gebrauchswert und Tauschwert, andererseits zeigt auch er, dass dieses bloße Übergehen selbst etwas *ist*. Die Bestimmung des Werts als Gebrauchs- und Tauschwert ist einerseits, wie bei Hegel, *etwas* im Sinne von etwas *Bestimmtes* und

---

Objektivität. Marx' Entwicklung der Wertform ließe sich aber statt im Sinne einer Seinslogik auch als Aussagenlogik verfolgen. Und in der Tat hat Marx gleich im ersten Satz der Wertformanalyse die einfache Wertform nicht allein auf mathematische Weise identitätslogisch gefasst, er hat sie auch gemäß einer Aussagenlogik umformuliert: „A) Einfache, einzelne oder zufällige Wertform / x Ware A = y Ware B oder: x Ware A ist y Ware B wert. / (20 Ellen Leinwand = 1 Rock oder: 20 Ellen Leinwand sind 1 Rock wert.)" (*Kapital I*, S. 63). Vgl. dazu auch *Kapital I*, S. 66–67: „Man sieht, alles, was uns die Analyse des Warenwerts vorher sagte, sagt die Leinwand selbst, sobald sie in Umgang mit andrer Ware, dem Rock, tritt. Nur verrät sie ihre Gedanken in der ihr allein geläufigen Sprache, der Warensprache. […] Um zu sagen, daß ihre sublime Wertgegenständlichkeit von ihrem stoffleinenen Körper verschieden ist, sagt sie, daß Wert aussieht wie ein Rock und daher sie selbst als Wertding dem Rock gleicht wie ein Ei dem andern." Auch wenn für die Analogie nur die zuerst genannte, seins- und identitätslogische Variante gewählt wird, um die identische Qualität (den Wert) durch die Qualität des Identifizierens (das Geld) zu entwickeln, so ist die Aussagenlogik keine davon unterschiedene, andere Logik, und Marx zeigt durch das „oder" an, dass beide ‚Logiken' sich umwandeln lassen. Dasselbe gilt auch für die *WdL*. Hegel entwickelt in der Logik des Seins zunächst eine Identität, die Objektivität im Sinne sowohl einer Denknotwendigkeit im streng (natur-)wissenschaftlichen Sinne konstituiert als auch im Sinne derjenigen Denknotwendigkeit, die durch die Logik des Begreifens ausgesagt wird.
[111] Abgesehen davon, dass der Gebrauchswert einer Ware nicht mit ihrer stofflichen Beschaffenheit oder ihren materiellen Eigenschaften gleichzusetzen ist, geht es in dieser rein logisch-kategorialen Entwicklung darum, dass der Gebrauchswert jeder Ware ihr Tauschwert *ist* und umgekehrt. Es geht um die Unmittelbarkeit, dass der Gebrauchswert durch den Tauschwert bestimmt ist und umgekehrt und dass die Gesellschaft sich dadurch in ein Verhältnis setzt und an-sich bestimmt, und dass diese Unmittelbarkeit einerseits der unmittelbare, innere Widerspruch einer Ware oder ihr Selbstverhältnis ist und andererseits ihre *Form*, die Wertform der Ware. Zum Verhältnis von Bestimmung und Beschaffenheit vgl. das Unterkapitel „b. Bestimmung, Beschaffenheit und Grenze" in der *WdL I*, S. 131ff. Hier betont Hegel, dass die Beschaffenheit dasjenige Veränderliche an der Bestimmung ist, das ihr *gleichgültig* werden muss. Die Beschaffenheit muss ‚ihre' Bestimmung nur insofern treffen, als sie der Bestimmung *gemäß* werden muss. Dasselbe gilt für die stoffliche Beschaffenheit der gebrauchswertigen Bestimmung der Ware.

Seiendes, nämlich eine Ware. Andererseits ist die Ware bestimmt durch die *Form* ihres gesellschaftlichen Daseins, sie ist, analog der Logik des Daseins bei Hegel, etwas Bestimmtes nur durch etwas Anderes, durch eine andere Ware. Zusammengenommen, stellt die Ware somit die *Form* ihrer Bestimmung als *Etwas* dar. So wie in der Seinslogik Etwas nur durch sein Verhältnis zu einem Anderen bestimmt ist, aber dieses Verhältnis an-sich aufheben und wie etwas Seiendes darstellen muss, so muss auch der Tauschwert einer Ware unmittelbar durch den Gebrauchswert einer anderen Ware dargestellt werden, sodass auch hier jede Ware an-sich ihr Sein-für-Anderes *ist*.

Indem Marx diese Form analysiert, führt indes auch er das gesellschaftliche Verhältnis durch dessen Unmittelbarkeit und Endlichkeit hindurch, um in seiner Negativität die identische Qualität oder die Qualität *der* Identität einzuholen. Um zur Realisierung dieser Identität zu gelangen, muss der Wert folgerichtig, genau wie das Sein, durch das endliche Dasein *hindurchgeführt* werden – der Weg ‚hinter' die Form der Bestimmung des gesellschaftlichen Daseins führt nur durch die Form des Bestimmens selbst.

Gebrauchswert und Tauschwert als einfache Negation, die Ware als Negation der Negation
Der erste Schritt der Analogie hat ergeben, dass der Wert, dass das rein gesellschaftliche Verhältnis an-sich selbst bestimmt wird im Übergehen der Gebrauchswerte als Tauschwerte et vice versa. Analog dem je Übergegangensein von Sein, Nichts und Werden ist auch der Wert je übergegangen, und auch er ist das Übergegangen-*sein* in Bestimmung und das Bestimmen selbst. Ist der Gebrauchswert durch den Tauschwert bestimmt und umgekehrt, dann ist auch im gesellschaftlichen Dasein, genau wie im seinslogischen In-sich-Übergehen des Daseins, das Ansichsein unmittelbar Sein-für-Anderes.

Dieses Übergehen des Gebrauchswerts als Tauschwert und umgekehrt lässt sich nun analog Hegels einfacher Negation verstehen. So wie bei Hegel die einfache Negation sich selbst negiert und zur Negation der Negation wird, so wird auch das einfache Negieren des Tauschwerts durch den Gebrauchswert et vice versa zu einer Negation der Negation: Die unbestimmte Unmittelbarkeit des rein gesellschaftlichen Verhältnisses wird nicht einfach, indem sie sich in Gebrauchswert und Tauschwert ebenso bestimmt wie unterscheidet, negiert, sondern dieses einfache Negieren ist in etwas Seiendem aufgehoben, nämlich in der doppelten Bestimmung der Ware, Gebrauchswert *und* Tauschwert zu sein.

Jede Ware entspricht dadurch Hegels ‚erster' Negation der Negation und dem ‚ersten' Etwas. ‚Erstes' Etwas darum, weil jedes Etwas unhintergehbar eine Negation der Negation sein muss, d. h. Etwas ist Etwas dadurch, dass es immer schon, ‚zuerst', durch ein unterschiedenes Anderes bestimmt ist. Auf analoge Weise ist auch eine Ware A immer schon durch eine andere Ware B als Ware bestimmt; jede Ware wird Ware im Bezug wie im Unterschied zu einer anderen Ware, und jede Ware hat die Beziehung und den Unterschied an-sich aufgehoben.

Hegel und Marx stellen somit das Dasein dar durch die Entwicklung einer Verlegenheit, die das Dasein unmittelbar an-sich hat und durch die es seine Bestimmung erhält: Das reine und als solches un-bestimmte (gesellschaftliche) Sein muss unmittelbar an und durch sich selbst bestimmt werden, aber dadurch stellt es sich einerseits als etwas Seiendes dar, andererseits erhält dieses Seiende seine Bestimmung nur durch Anderes und erhält von dort her die eigene Bestimmung. Zusammengefasst: Jedes Seiende hat sein *Verhältnis* zu Anderem *an-sich* aufgehoben. Darum ist in der *WdL* die Negation der Negation einerseits in Etwas aufgehoben, andererseits muss dasselbe Etwas auseinandergelegt werden in das Verhältnis von Etwas und Anderes, und auf analoge Weise zeigt Marx für die Ware, dass in ihr einerseits Tauschwert und Gebrauchswert in etwas Seiendem zur Einheit gelangen, andererseits kann die Ware diese Einheit nur im Verhältnis zu einer anderen Ware darstellen.[112]

Auch in der Ware stellt sich also die Form der Negation der Negation als etwas Seiendes dar, und auch im gesellschaftlichen Dasein ist es immer *ein und dieselbe* negative Form, die *jede* Ware zu demselben Etwas macht. Da die Form der Bestimmung immer dieselbe ist, ist auch jede Ware auf immer dieselbe Weise bestimmt und immer dasselbe Etwas; jede Ware ist dann zwar immer etwas Bestimmtes im Unterschied zu Anderem, zu einer anderen Ware, aber durch die gemeinsame Form ihrer Beziehung wie Unterscheidung sind die Waren vollkommen austauschbar. Sie befinden sich in demselben Verhältnis wie Etwas und ein Anderes am Anfang der Daseinslogik, das Hegel so bestimmt:

> Etwas und Anderes sind beide *erstens* Daseiende oder *Etwas*.
> *Zweitens* ist ebenso jedes ein *Anderes*. Es ist gleichgültig, welches zuerst und bloß darum *Etwas* genannt wird [...]. Wenn wir ein Dasein *A* nennen, das andere aber *B*, so ist zunächst *B* als das Andere bestimmt. Aber *A* ist ebensosehr das Andere des *B*. Beide sind auf gleiche Weise *Andere*.[113]

Auf analoge Weise ist zudem auch das gesellschaftliche Verhältnis durch die Waren einerseits an-sich bestimmt, andererseits aber nur im Widerspruch. Das gesellschaftliche Dasein befindet sich in dem Widerspruch, dass Beziehung ebenso Unterscheidung ist, Seiendes ebenso Form, Ansichsein ebenso Sein-für-Anderes. Kurz, das gesellschaftliche Verhältnis der Waren spannt dieselbe absolute Bestimmtheit und absolute Relativität auf, die in der *WdL* das Dasein von Etwas und Anderes aufspannt:

> Die erste Ware spielt eine aktive, die zweite eine passive Rolle. Der Wert der ersten Ware ist als relativer Wert dargestellt, oder sie befindet sich in relativer Wertform. Die zweite Ware funktioniert als Äquivalent oder befindet sich in Äquivalentform. Relative Wertform und Äquivalentform sind zueinander

---

112 „Die nähere Betrachtung des im Wertverhältnis zur Ware B enthaltenen Wertausdrucks der Ware A hat gezeigt, daß innerhalb desselben die Naturform der Ware A nur als Gestalt von Gebrauchswert, die Naturform der Ware B nur als Wertform oder Wertgestalt gilt. Der in der Ware eingehüllte innere Gegensatz von Gebrauchswert und Wert wird also dargestellt durch einen äußeren Gegensatz, d. h. durch das Verhältnis zweier Waren, worin die eine Ware, *deren* Wert ausgedrückt werden soll, unmittelbar nur als Gebrauchswert, die andre Ware hingegen, *worin* Wert ausgedrückt wird, unmittelbar nur als Tauschwert gilt." (*Kapital I*, S. 75–76.)
113 *WdL I*, S. 125.

gehörige, sich wechselseitig bedingende, unzertrennliche Momente, aber zugleich einander ausschließende oder entgegengesetzte Extreme, d. h. Pole desselben Wertausdrucks; sie verteilen sich stets auf die verschiedenen Waren, die der Wertausdruck aufeinander bezieht.[114]

Das gesellschaftliche Verhältnis ist nicht nur auf eine der Logik des Daseins analoge Weise widersprüchlich bestimmt, das widersprüchliche Bestimmen führt auch in ein analoges *Scheitern*. Aber auch hier führt das Scheitern schließlich zu der von Hegel entwickelten, selbstbezüglichen Negativität des endlichen Daseins, zu derjenigen Negativität, durch die Hegel zuerst auf phänomenologische Weise das Bewusstsein hindurchführt (um dem endlichen Bewusstsein zu seiner Enttäuschung nachzuweisen, dass es im Selbstbewusstsein je außer sich ist und von dort her auf sich *und* auf seinen Gegenstand zurückkommt), und durch die er dann in der *WdL* auf rein logisch-systematische Weise das endliche Dasein von Etwas und Anderes hindurchführt (um, wie bereits angekündigt, zu zeigen, dass auch das Verhältnis von Etwas und Anderes von seiner Überwindung her auf sich zurückkommt und dadurch erst in die eigene Endlichkeit eintritt). Das analoge Scheitern besteht darin, dass auch das gesellschaftliche Dasein durch seine innere Widersprüchlichkeit einerseits durch sich selbst bestimmt ist, andererseits aber kein Ende findet – und genau deshalb auf sich zurückkommen und in die eigene Endlichkeit eintreten muss.

Die elementare Form des (gesellschaftlichen) Daseins und der Weg hinter ihr Geheimnis
In der Bestimmung des Gebrauchswerts durch den Tauschwert und umgekehrt endete die Notwendigkeit der Selbstbestimmung des gesellschaftlichen Daseins zuletzt in demselben absoluten Relativismus wie das Dasein in Hegels *WdL*. Die negative Qualität des Werts ist zwar immer bestimmt durch Gebrauchswert und Tauschwert, und die Form ihrer Bestimmung durcheinander ist immer in einer Ware aufgehoben, aber das kann wiederum nur durch irgendeine andere Ware dargestellt werden. Auf diese Weise stellt sich der Wert, stellt sich das rein gesellschaftliche Verhältnis immer als Etwas dar, immer als irgendeine Ware, aber das gesellschaftliche Verhältnis stellt sich nie rein *als solches* dar. Die Negativität des Verhältnisses fällt ins Bestimmen des gesellschaftlichen Daseins, sie fällt ins Beziehen wie Unterscheiden der Waren und endet in der Vielheit der Waren und im totalen Relativismus ihrer Beziehung.
Indes wurde für Hegel bereits angekündigt, dass er das endliche Dasein in die Form der Bestimmung von Etwas und Anderes auseinanderlegt, *um etwas ganz anderes* zu zeigen. Es scheint zwar, als komme in der Bestimmung des Daseins der berühmte widersprüchliche Grundzug der Dialektik zum Zuge, der zeigt, dass Negation Bestimmung und Unterscheiden ebenso Beziehen ist. Hegel zeigt aber, dass diese dialektische, insich widersprüchliche Form der Bestimmung sich überwindet, oder vielmehr dass sie je überwunden *ist* und das endliche Dasein in der Negativität seines Seins auf die eigene Unendlichkeit zurückkommen muss. Auch in Marx' Analyse der Wertform scheint es in der Bestimmung des Gebrauchswerts durch den Tauschwert sowie in der

---

114 *Kapital I*, S. 63.

Darstellung einer Ware A durch eine andere Ware B um eine widersprüchliche Bestimmung zu gehen, aber auch Marx zeigt etwas *ganz anderes*. Auch er zeigt, dass dieses widersprüchliche Verhältnis von Gebrauchswert und Tauschwert je *überwunden* ist und dass die Waren ihr gemeinsames Verhältnis bestimmen, indem sie auf die Unendlichkeit ihres Verhältnisses zurückkommen.
Wie ist das zu verstehen? Auf welche Weise kommt bei Hegel das endliche Dasein von seiner Überwindung her auf das eigene Sein zurück und realisiert die eigene Unendlichkeit? Und auf welche Weise kommen auch die Waren von der Überwindung ihres Verhältnisses her auf dasselbe zurück und realisieren die eigene Unendlichkeit?

Überwinden heißt bei Hegel, dass das endliche Dasein dadurch, dass es nichts als sich selbst ausgesetzt ist, in all seinen Bestimmungen, wie widersprüchlich sie auch immer ausfallen, auf sich *zurückkommen muss* und durch diese Notwendigkeit eine identische Qualität realisiert. Dieselbe Überwindung zeigt Marx' Wertformanalyse: Auch ein gesellschaftliches Verhältnis, das nichts als sich selbst ausgesetzt ist, muss gerade darum, wie immer seine Bestimmungen auch ausfallen, auf sich selbst zurückkommen und allein durch diese Notwendigkeit eine identische Qualität realisieren. Dass die Waren eine identische Qualität realisieren, ist bei Marx sogar ganz offensichtlich, denn er beginnt die Wertformanalyse, auch wenn es auf den ersten Blick so scheint, gar nicht mit einem unmittelbaren Warentausch Ware A gegen Ware B. Es kann angesichts der andauernden Fehlinterpretationen der Wertformanalyse nicht genug betont werden, dass Marx *nicht* mit einem unmittelbaren Tausch einer Ware A gegen eine andere Ware B beginnt, sodass sich der Tauschwert einer Ware unmittelbar im Gebrauchswert einer anderen Ware darstellen müsste. Marx beginnt mit einer Analyse der *Form des Werts*, und in dieser Form geht es nicht um die Analyse der Ware und nicht um die ihres Austauschs, sondern um ihr gesellschaftliches Verhältnis, und zwar um ihr Verhältnis rein als solches. Dieses reine Verhältnis ist von den Waren im „x Ware A = y Ware B" bereits realisiert worden und wird dargestellt, oder besser, es wird im x und y buchstäblich vor-gestellt. Das Geheimnis, dass die Waren ihr widersprüchliches Dasein je überwunden haben, von dieser Überwindung her auf ihr gemeinsames Sein, auf ihr rein gesellschaftliches Verhältnis zurückkommen und darum als rein quantitative Werte ins Verhältnis treten, dieses Geheimnis steht also schon offen da, und die Analyse muss demnach ‚nur' noch zeigen, auf welche Weise die Waren so auf ihr gemeinsames Verhältnis zurückgekommen sind, dass sie im x und y eine identische Qualität auf quantitative Weise an-sich darstellen.

Die Waren müssen also je schon ein rein gesellschaftliches Verhältnis analog dem reinen Sein der *WdL* geteilt haben, wenn sie in x Ware A = y Ware B ihr Verhältnis rein als solches durch *Wertgrößen* auf bestimmte Weise darstellen. Sie müssen ihr gesellschaftliches Sein wie ein und dieselbe Qualität realisiert haben und *dadurch* ins Verhältnis getreten sein. (Das gilt auch dann, wenn für x Ware A = y Ware B, wie in Marx' Beispiel in der Wertformanalyse, eine bestimmte Menge oder Anzahl Leinwand und Ellen ins Verhältnis gesetzt werden, wenn die Quantität also die Qualität der Waren scheinbar noch nicht *rein als solche*, sondern durch Mengen bestimmter Qualitäten auszuzeichnen scheint. Auch dann wird die *Qualität des Quantifizierens* in Anspruch genommen, auch wenn die Quantität noch nicht die rein negative, absolute Qualität des Seins realisiert, also eine rein ideelle Qualität oder die Qualität der Identität schlechthin.) Kurzum, die Waren müssen, wenn sie als Werte derselben Qualität ihr Verhältnis quantitativ bestimmen, je ‚hinter' diese Qualität gelangt sein. Alle Waren sind bereits durch dieselbe übersinnliche, unendliche Qualität hindurchgegangen und stellen sie im x/y auf unmittelbare und buchstäbliche Weise *vor*, aber sie stellen die Unendlichkeit eben je schon auf eine unmittelbare und *endliche* Weise vor. Darum spricht Marx vom „Geheimnis" der Wertform: Es ist das Geheimnis der Form x Ware A = y Ware B, dass sie ihre widersprüchliche Bestimmung als Gebrauchswert und Tauschwert und die Verlegenheit eines unmittelbaren Warentauschs je überwunden haben und im x und y unmittelbar an-sich das Übersinnliche und das Unendliche ihres gesellschaftlichen Seins realisieren und gleich einer ideellen Identität quantitativ geltend machen.

Bereits zu Beginn der Analyse muss in der einfachen Wertform daher *die* eine, die absolute Qualität gefunden sein, nämlich diejenige unbestimmte Negativität, die analog dem Übergehen von Sein und Nichts auf unmittelbare Weise für das gesellschaftliche Dasein Bestimmung-gebend ist. Es ist diese negative Qualität, welche die Waren im x und y bereits realisiert haben – Marx muss das nur noch gleichsam für die Waren ‚bewusst' machen. Er muss den Waren durch die Analyse ihrer Wertform nachweisen, dass sie auf quantitative Weise die eigene ideelle Identität realisieren, und mit dieser ideellen Identität muss er ihnen gleichsam ihre eigene Bewusstlosigkeit, aber auch ihr bewusstloses Selbstbewusstsein und Fürsichsein herausstellen.

Doch wie kann diese übersinnliche Identität als solche hergestellt und wie kann sie herausgestellt werden? Wenn es tatsächlich sowohl in Hegels Seinslogik als auch in Marx' Wertformanalyse darum geht, dass das endliche (gesellschaftliche) Dasein von seiner Überwindung her auf sich zurückkommt und dadurch in ein *reines* Verhältnis tritt: Wie kann diese Überwindung eingeholt werden?

Dafür muss offensichtlich erneut – oder vielmehr weiterhin – der Fortgang der Entwicklung des Seins und des Werts ebenso zu einem *Rückgang* werden. Schon für Sein und Nichts galt ja, dass sie die reine Qualität des Seins sind, *nicht* indem sie ins Dasein erst noch übergehen, sondern bereits übergegangen *sind* (sodass sie überhaupt nur *sind im* Dasein). Im Dasein unterschied das Übergegangensein dann wiederum die Bestimmungen des Daseins und legte sie in Etwas und ein Anderes aus, und genau diese Form der Auslegung des Selbstverhältnisses des Daseins muss nun anscheinend als je überwunden gelesen werden, d. h. in der *WdL* müsste als nächstes gezeigt werden, dass das endliche Dasein von dieser Überwindung her auf sich selbst zurückkommen muss.

Derselbe Rückgang galt für das wertförmige Übergehen. Auch der Wert war zunächst das rein gesellschaftliche Verhältnis nur dadurch, dass er in seine Bestimmungen als Gebrauchswert und Tauschwert nicht erst übergeht, sondern je über*gegangen* und im Dasein aufgehoben ist, nämlich in einer Ware und ihrem Verhältnis zu einer anderen.

Das gesellschaftliche Verhältnis der Waren wurde von Marx wiederum in die Form x Ware A = y Ware B ausgelegt, aber dieses Verhältnis muss, weil es bereits quantitativ bestimmt ist, je auf sich zurückgekommen sein. Entsprechend muss es von seiner Überwindung her analysiert werden, und folglich muss auch Marx im Fortgang der Analyse diese Überwindung einholen.

Somit wollen beide, Hegel wie Marx, im Verhältnis von Etwas und Anderes bzw. von Ware A und Ware B auf dieselbe Überwindung hinaus. Beide Darstellungen explizieren die Notwendigkeit, dass das (gesellschaftliche) Dasein im Übergehen ‚hinter' seine Endlichkeit gelangen muss, und zwar allein dadurch, dass es auf die eigene Endlichkeit zurückkommen, dadurch auf bewusstlose Weise für-sich sein und die eigene Identität realisieren muss.

Wenn die Entwicklung allerdings auf diese Überwindung des endlichen Daseins hinaus will, befindet sie sich von Anfang an in einer Verlegenheit. Einerseits muss diese Unendlichkeit immer schon *da* sein, und die Explikation der Endlichkeit kann nicht zum Unendlichen erst noch *hinführen*; die Explikation muss umgekehrt zeigen, *dass* das Unendliche schon da ist. Andererseits geht es aber darum zu zeigen, dass die Endlichkeit erst genau das für sich realisieren muss: *dass* die Unendlichkeit, weil das endliche Dasein immer schon auf sich zurückkommen muss, von Anfang an da ist; erst durch diese Realisierung der Endlichkeit tritt die *Un*endlichkeit des Endlichen ein.

An dieser Schlüsselstelle der Seinslogik und der Wertformanalyse, an der die Endlichkeit die eigene Unendlichkeit trifft, führen Hegel und Marx, nachdem der Fortgang der Darstellung ebenso ein Rückgang war, nun eine Art *Umkehr* ein. Die Überwindung des endlichen Daseins wird sich allein aus der Umkehr des Fortgangs ergeben, also aus der Umkehr der Durchführung des endlichen Daseins. Erst die Umkehr der Durchführung kann herausstellen, dass eben diese Durchführung der Endlichkeit schon ihre Unendlichkeit *ist* – die Endlichkeit muss das nur noch für-sich realisieren.

Indes wird die Umkehr nicht nur durch die Durchführung gleichsam vorbereitet, sie wird auch vorbereitet durch eine Art Verzögerung. Die Umkehr ist zwar die Schlüsselstelle der Seinslogik und der Wertformanalyse, und die Umkehr wird die Unendlichkeit der Endlichkeit auf einen Schlag herausstellen, aber gerade darum führt Hegel in die Entwicklung des Daseins und führt Marx in die Entfaltung der Wertform der Ware ein retardierendes Moment ein.

Das retardierende Moment zeigt vorerst nichts weiter als die *Notwendigkeit* der Umkehr: Noch bevor die Endlichkeit umgekehrt wird, muss zuerst die *Notwendigkeit* einer solchen Umkehr der Endlichkeit eingeführt werden. Diese Notwendigkeit führen Hegel wie Marx durch die „schlechte Unendlichkeit" (Hegel) ein. Durch diese „schlechte Unendlichkeit" wird eine Umkehr vorbereitet und zugleich verzögert, die dann *schlagartig* eintreten und ebenso schlagartig die Überwindung der Endlichkeit zeigen und ihre Wahrheit herausstellen wird: die Unendlichkeit.

Die schlechte Unendlichkeit bei Hegel und der Punkt der Umkehr:
Der infinite Progress des Endlichen und die Grenze
Die Durchführung des Daseins durch dessen eigene Endlichkeit ergab in Hegels Seinslogik bisher, dass das Dasein im In-sich-Übergehen zwar durch nichts als es selbst bestimmt sein muss, aber darin kein Ende findet. Es trifft im Übergehen an-sich die eigene Bestimmung, aber das Bestimmen hält endlos an und kommt an kein Ende. Allerdings ergab das Übergehen eine durchgehende Negativität, und darin, so wurde zuletzt gesagt, muss auch das Unendliche schon da sein.

Und in der Tat *ist* die Notwendigkeit, die im Übergehen und in der endlosen Durchführung liegt, bereits das Unendliche, denn: „Nicht im Aufheben der Endlichkeit überhaupt wird die Unendlichkeit überhaupt, sondern das Endliche ist nur dies, selbst durch seine Natur dazu zu werden. Die Unendlichkeit ist seine *affirmative Bestimmung*, das, was es wahrhaft an sich ist."[115] Hegel sagt hier, dass die Endlichkeit zwar nicht *unmittelbar* unendlich ist, aber sie ist unendlich dadurch, dass sie sich als Endlichkeit, wie er sagt, „affirmiert". Affirmiert heißt, dass ein Dasein, das nichts als sich selbst ausgesetzt ist und sich an die eigene Endlichkeit halten muss, im In-sich-Übergehen, mithin durch seine innere Notwendigkeit, die negative Qualität des Seins ergibt, diejenige Qualität also, die unendlich sein muss – wenn sie denn als solche *realisiert* wird und dadurch für-sich wird und „affirmiert" ist. Nicht nur das Werden dieser Qualität muss realisiert und dadurch affirmiert werden, sondern auch, dass das endliche Dasein von Anfang an das Unendliche zwar an-sich darstellt, aber gleichsam *unangemessen*. Es ist dem Unendlichen unangemessen, sich durch die Widersprüche des endlichen Daseins einzuholen, aber das wird dem Unendlichen angemessen, indem ein Dasein, das sich im Bestimmen ebenso negieren muss und genau *das* affirmiert, dadurch, auf einen Schlag, die eigene Negativität für-sich hat.

Für die Unendlichkeit kommt somit alles auf den Punkt an, an dem das endliche Dasein sich selbst negiert *und* auf dieses Negieren *zurückkommt*, sodass es auf die eigene Negativität trifft und ‚hinter' die eigene Unendlichkeit kommt. An diesem Punkt ist die oben angekündigte Umkehr anzusetzen, durch welche die Endlichkeit, von ihrer Überwindung her auf sich zurückkommend, die negative Qualität oder die Qualität der Negativität für-sich realisiert.[116] Und genau *vor* diesem Punkt setzt in der

---

115 *WdL I*, S. 150.

116 Auch diese Umkehr der Endlichkeit erinnert an die Art und Weise, wie Hegel in der *PhdG* durch die Entwicklung des Selbstbewusstseins die Notwendigkeit einer wahren Unendlichkeit einholt. Auch in der *PhdG* kommt für die Kritik der unmittelbaren Gegenständlichkeit von Bewusstsein und Erfahrung alles darauf an zu zeigen, dass das Bewusstsein für die Unmittelbarkeit der Erfahrung ebenso negieren wie affirmieren und darin seinen Selbstbezug gründen muss. Das Bewusstsein muss von seiner Überwindung her auf sich zurückkommen, damit es in der Erfahrung des Anderen seiner, des Gegenstandes, gleichsam in sich selbst eintreten und mit dem Gegenstand ebenso sich selbst erfahren kann. Es kommt in der unmittelbaren Erfahrung des Gegenstandes von der eigenen Überwindung *und* von der Überwindung des Gegenstandes her auf sich zurück; es kommt von seinem Selbstbewusstsein her so auf sich *und* den Gegenstand zurück, dass es sich mit all seinen Erfahrungen identifizieren kann. (In der *PhdG* war das Selbstbewusstsein darum das gemeinsame Maß für das Bewusstsein wie für den Gegenstand, mithin für eine objektive Erkenntnis aus der Erfahrung.)

WdL die *schlechte* Unendlichkeit ein. Gleichsam bevor die Endlichkeit auf die eigene Negativität zurück- und dadurch ‚hinter' ihre unendliche Qualität kommt, ist die Endlichkeit sich selbst noch nicht angemessen, und zwar *weder* der eigenen Endlichkeit *noch* der eigenen Unendlichkeit. Diesen Zustand, ‚bevor' die Endlichkeit hinter die eigene Identität gelangt und in die eigene Unendlichkeit eintritt, weisen sowohl die Seinslogik als auch die Wertformanalyse als die *schlechte* Unendlichkeit aus.[117] Die schlechte Unendlichkeit ist demnach der oben angesprochenen Verlegenheit geschuldet, dass so wenig die Entwicklung der Endlichkeit geradewegs zur wahren Unendlichkeit führen kann (da sie ja schon unendlich *ist* und nur *das* zur Darstellung ansteht), so sehr die schlechte Unendlichkeit die wahre Unendlichkeit *hinterrücks* einführen muss. Hegel und Marx müssen beide eine Art Umweg über die schlechte Unendlichkeit nehmen, um über sie die Notwendigkeit einer Umkehr der Endlichkeit einführen und zeigen zu können, dass einerseits die Endlichkeit nicht erst noch zur Unendlichkeit *kommen* muss, sondern je überwunden *ist*, dass andererseits aber die Endlichkeit auf die eigene Unendlichkeit *zurückkommen* und sie *an-sich realisieren* muss.

Wie sieht nun dieser Umweg aus? Auf welche Weise führt die schlechte Unendlichkeit für die Endlichkeit hinterrücks deren Wahrheit ein, deren wahre Unendlichkeit?

Bislang ergibt sich die schlechte Unendlichkeit daraus, dass das Dasein sich durch Negation an-sich bestimmt, aber dabei derjenigen Unendlichkeit nicht angemessen ist, die in der eigenen Negativität liegt. Das endliche Dasein kann auf die bestimmunggebende Negativität schlicht darum nicht zurückkommen, gerade weil die Negation des endlichen Daseins zugleich dessen unmittelbare Bestimmung ist. So bleibt das endliche Dasein einerseits in seinen positiven Bestimmungen beständig in-sich widersprüchlich (ein Verhältnis von Etwas und Anderes, einer Ware A und einer anderen Ware B), andererseits ist es durch eine durchgehende Negativität bestimmt, die aber nicht für-sich wird. Auf den Punkt gebracht: Das Dasein hat für die Negativität des Bestimmens keinen ‚Ort' *außer sich selbst*. Anders ausgedrückt, das endliche Dasein kann nicht auf die eigene Qualität so zurückkommen, dass es sie unmittelbar auf sich

---

[117] In der *WdL* ist die schlechte Unendlichkeit zweimal Thema, das erste Mal im Abschnitt der *Qualität*, das zweite Mal im Abschnitt der *Quantität*. Die schlechte Unendlichkeit der Qualität ist zuerst thematisch in „y. Übergang des Endlichen in das Unendliche" (*WdL* I, S. 148–149), dann im Kapitel über die Unendlichkeit in „b. Wechselbestimmung des Endlichen und Unendlichen" (S. 151–155), und schließlich nimmt Hegel sie noch einmal auf in der ersten Anmerkung zu „c. Die affirmative Unendlichkeit", hier im Zusammenhang mit dem Übergang des Daseins ins Fürsichsein (S. 166ff.). Die schlechte Unendlichkeit im quantitativen Sinne ist dann ausführlich im Kapitel über die Quantität thematisch, sie taucht fast im gesamten (!) Kapitel „C. Die quantitative Unendlichkeit" auf (S. 260–371). Auch im *Kapital* wird die schlechte Unendlichkeit zweimal behandelt und auch hier zuerst als schlechte Unendlichkeit der Qualität und dann noch einmal als schlechte Unendlichkeit der Quantität. In der Wertformanalyse, wo es zuerst um die Qualität geht, ist die schlechte Unendlichkeit in der hier gezeigten Weise Thema in „B.) Totale oder entfaltete Wertform" (*Kapital* I, S. 77–79). Die schlechte Unendlichkeit im quantitativen Sinne fällt dann in die Kritik der einfachen Zirkulation, nämlich in die Kritik einer Zirkulation, welche die quantitative Bestimmung des Werts aus sich heraus weder setzen noch vermehren, sondern nur realisieren und zirkulieren kann; das behandelt Marx im zweiten Abschnitt des *Kapitals* Bd. I ab S. 161ff.

anwendet und bewusstlos reflexiv wird; es kann seine Selbstbezüglichkeit nicht als solche *nehmen*. Sein Selbstbezug bleibt bewusstloses Übergehen, und das äußert sich nur in der Notwendigkeit immanenter Selbstbestimmung. Dabei wird das Übergehen *sowohl* die Realität *als auch* die Negativität des Daseins, wobei die Realität in seine Bestimmtheit fällt, die Negativität in die Unterschiede[118] – und währenddessen stellt sich in all dem die Identität des Daseins dar, aber ohne sich je rein als solche zu realisieren, ohne dass die Identität *für-sich* ist. Das Übergehen von Sein und Nichts wird zwar zur durchgehenden identischen Qualität des Daseins, aber diese Qualität fällt in Etwas und ein Anderes auseinander; sie besteht nur in einem Beziehen, das unmittelbar unterscheidet, und umgekehrt in einem Trennen, das unmittelbar vermittelt. Die Qualität macht dadurch ihre Negativität zwar positiv geltend, denn sie macht Negieren als Bestimmen, Unterscheiden als Beziehen, Trennen als Einheit geltend. Aber so hält sich die negative Qualität, statt sich auf ihre Identität zu beziehen und reflexiv zu werden, immer nur in der Unmittelbarkeit des endlichen Daseins und in der Vielfalt wie Relativität seiner Bestimmung auf.

Die Unendlichkeit des Daseins ist also lediglich dadurch da, *dass* das Dasein sich andauernd an nichts als sich selbst hält, *dass* seine Bestimmung mit seiner Negation unmittelbar zusammenfällt und diese Unmittelbarkeit ebenso Vermittlung ist – und genau darin bleibt es nach Hegel einseitig: „Aber das Dasein, in welchem ebensowohl das Nichts als das Sein enthalten, ist selbst der Maßstab für die Einseitigkeit der Qualität als nur *unmittelbarer* oder *seiender* Bestimmtheit."[119] In der Negativität des Übergehens von Sein und Nichts ist zwar *die eine* Qualität aller bestimmten, besonderen Qualitäten gefunden, diejenige Qualität des Bestimmens, welche die Identität des Daseins ausmacht. Aber die negative Qualität hat eben keinen ‚Ort' für sich außer in diesen Bestimmungen; sie *ist* allein die Unmittelbarkeit des Bestimmens. Die negative Qualität muss sich im In-sich-Übergehen des Daseins aufhalten und die Form seiner Selbstbestimmung annehmen, aber sie kann sich nicht unmittelbar auf sich selbst anwenden und *als* Negativität positiv bestimmen.

Diese fehlende Reflexivität des Seins überführt Hegel der zitierten „Einseitigkeit". Oder vielmehr ist es, wie im Zitat angedeutet, das Dasein selbst, das sich der Einseitigkeit überführt, nur im Widersprechen seine Bestimmungen auszutragen und sein Sein zu erhalten. Diese Einseitigkeit ist das *Sollen*.

Doch es ist gerade diese Einseitigkeit des Daseins, sich im Widerspruch bestimmen zu sollen, die zum Fürsichsein der Negativität führt – und mit ihr zur wahren Unendlichkeit: „Im Sollen beginnt das Hinausgehen über die Endlichkeit, die Unendlichkeit."[120] Im Sollen überführt die Endlichkeit sich nämlich ihrer Unendlichkeit, aber nicht der

---

118 „Die Qualität, so daß sie unterschieden als *seiende* gelte, ist die *Realität*; sie als mit einer Verneinung behaftet, *Negation* überhaupt, [ist] gleichfalls eine Qualität, aber die für einen Mangel gilt, sich weiterhin als Grenze, Schranke bestimmt." (*WdL I*, S. 118.)
119 *WdL I*, S. 118.
120 *WdL I*, S. 145.

schlechten Unendlichkeit eines ewigen Bestimmens, das ebenso ein Negieren ist. Es ist stattdessen der *Bezug* darauf, der Bezug auf dieses Sollen: sich durch nichts als sich selbst bestimmen zu sollen, der zur Unendlichkeit führt; denn ist das Dasein in allen Bestimmungen allein darauf bezogen, sich selbst beschränken zu sollen und darum endlich zu sein, so ist es allein dadurch, *dass* es auf nichts als sich zurückkommen *muss*, über sich hinausgegangen: „[...] darin selbst, daß etwas als Schranke bestimmt ist, [ist] darüber bereits hinausgegangen."[121] Es bleibt dem Endlichen gar nichts anderes übrig, als sich in seinem Sollen einseitig auf seine Endlichkeit zu beziehen, aber, indem es dadurch an die eigene Grenze stoßen und sich an die eigene Grenze halten muss, mithin an die eigene Endlichkeit, die Grenze wie eine immanente Schranke zu verinnerlichen – und dadurch gleichsam hinterrücks die Unendlichkeit für sich in Anspruch zu nehmen:

> Insofern aber das Endliche selbst in die Unendlichkeit erhoben wird, ist es ebensowenig eine fremde Gewalt, welche ihm dies antut, sondern es ist dies seine Natur, sich auf sich als Schranke, sowohl als Schranke als solche wie als Sollen, zu beziehen und über dieselbe hinauszugehen oder vielmehr als Beziehung-auf-sich sie negiert zu haben und über sie hinaus zu sein.[122]

Doch auch in diesem Sollen bleibt die Endlichkeit noch widersprüchlich. Das Dasein hat seine innere, unmittelbare Widersprüchlichkeit zwar insofern überwunden, als es nur noch Bezug auf sein In-sich-Übergehen als solches nimmt, sodass ihm die eigene Negativität innere Schranke ist und ihm das Sollen zur Rückkehr *und* zum Über-sich-Hinausgehen wird.[123] Gleichwohl fällt das Dasein immer noch ins *Werden*. Es fällt weiterhin in die Notwendigkeit der *Durchführung* der Endlichkeit, und in dieser

---

121 *WdL I*, S. 145. Vgl. auch „y. Übergang des Endlichen in das Unendliche" (S. 148), wo Hegel ankündigt, dass das Endliche in der Widersprüchlichkeit seiner Selbstbeziehung, wenn man die Selbstnegation darin „näher" (Hegel) betrachtet, eine Identität-mit-sich des Endlichen herstellt, die das Andere ergibt, das Unendliche.

122 *WdL I*, S. 150. Das endliche Dasein muss die eigene Unendlichkeit auch *durch* die eigene Endlichkeit einholen. Doch so sehr es seine Unendlichkeit einholen und realisieren muss, so sehr erfährt es sie nicht nur negativ und hinterrücks, sondern auch bewusstlos und ohnmächtig und wie durch eine „fremde Gewalt", jene fremde Gewalt, von der Hegel in der *PhdG* sprach. Sie erinnert an den „sich vollbringenden Skeptizismus", durch den das Bewusstsein die eigene Unendlichkeit ‚zuerst' durch eine Ent-täuschung und ebenfalls wie durch eine fremde Gewalt erfährt, nämlich durch eine Entfremdung, durch die es von Anfang an von einem überindividuellen Selbstbewusstsein her auf sich zurückkommt. Wie das endliche Dasein in der *WdL*, erfährt auch das einzelne Bewusstsein sich allererst durch seine Negation und Überwindung, und obwohl dem Bewusstsein diese Selbstnegation und Entfremdung die eigene Kraft ist, und obwohl es diese Kraft im Selbstbewusstsein affirmiert und für sich hat, muss sie durch die Trennung in Bewusstsein und Gegenstand eintreten und wie eine fremde, äußere Gewalt erfahren werden: „Das Bewußtsein aber ist für sich selbst sein *Begriff*, dadurch unmittelbar das Hinausgehen über das Beschränkte und, da ihm dies Beschränkte angehört, über sich selbst; mit dem Einzelnen ist ihm zugleich das Jenseits gesetzt, wäre es auch nur, wie im räumlichen Anschauen, *neben* dem Beschränkten. Das Bewußtsein leidet also diese Gewalt, sich die beschränkte Befriedigung zu verderben, von ihm selbst." (*PhdG*, S. 74.)

123 Vgl. dazu: „Die Endlichkeit ist nämlich die als Schranke gesetzte Schranke, es ist das Dasein mit der *Bestimmung* gesetzt, in sein *Ansichsein* überzugehen, unendlich zu *werden*. Die Unendlichkeit ist das Nichts des Endlichen, dessen *Ansichsein* und *Sollen*, aber dieses zugleich als in sich reflektiert, das ausgeführte Sollen, nur sich auf sich beziehendes, ganz affirmatives Sein." (*WdL I*, S. 151.)

Notwendigkeit der Durchführung ist das Unendliche noch nicht endgültig da. Die Negativität fällt zwar nicht mehr in die Unmittelbarkeit der positiven Bestimmungen, aber sie ist auch nicht für-sich und bestimmt sich selbst; die Negativität ist nur eine Grenze, und als Grenze fällt die Negativität nun in die *eigene* Unmittelbarkeit.

Das Dasein ist somit im Bezug auf seine Grenze deshalb nicht unendlich, weil es nicht beides zugleich ist, negative Selbstbegrenzung *und* positiver Selbstbezug; es ist nicht unendlich, weil es im Bezug auf seine Grenze Positivität und Negativität nicht *in Eins setzen* und diese Setzung, dieses Einssein an sich selber durchführen kann. Stattdessen trennt eine Grenze Endlichkeit und Unendlichkeit voneinander. Die Endlichkeit überwindet sich nur in einem schlecht unendlichen Progress, der nicht aufgelöst wird, sondern eine verendlichte Unendlichkeit und eine verunendlichte Endlichkeit hervorbringt.

Über diese Unentschiedenheit kommt die Endlichkeit nicht hinaus. Die Endlichkeit setzt zwar im Bezug auf das Sollen und die Begrenzung sich selbst in eine unendliche Bestimmung insofern, als sie in aller Veränderung stets auf sich bezogen bleibt. Doch auch dadurch wird die Endlichkeit immer nur *anders*, und dieses Anderswerden kommt zu keinem Abschluss, weil die Endlichkeit ihr Übergehen und die Notwendigkeit ihrer Selbstbegrenzung nicht *rein als solche* affirmiert. Die Grenze ist dem endlichen Dasein nur das Sollen, sich durch Negation bestimmen und anders werden zu sollen; es affirmiert die Grenze nur in Hinsicht auf diese beständige Veränderung; und so geht es zwar beständig über sich hinaus, aber ohne die eigene Unendlichkeit als solche zu treffen.

Hegel betont daher, dass das Endliche sich im Sollen zwar an nichts als sich selbst hält, aber darin die eigene Unendlichkeit noch nicht trifft. Die Unendlichkeit fällt nur in die Einseitigkeit des Sollens:

> Damit aber selbst ist das Unendliche nicht schon in der Tat der Beschränktheit und Endlichkeit entnommen; die Hauptsache ist, den wahrhaften Begriff der Unendlichkeit von der schlechten Unendlichkeit […] zu unterscheiden […].[124]

Hegel sagt hier zweierlei. Er sagt erstens, wenn auch nur implizit, dass kein Weg *vom* Endlichen *zum* Unendlichen führt, sondern dass das Unendliche der Endlichkeit zu „entnehmen" ist (und demnach schon da sein muss). Und zwar ist es, so sagt er zweitens explizit, zu „entnehmen" durch eine *Unterscheidung*. Hegel führt die wahre Unendlichkeit durch eine kritische Unterscheidung ein, die Unterscheidung zwischen der eben entwickelten *schlechten* Unendlichkeit und der *wahren* Unendlichkeit. Mit ihr erweist sich endlich auch, warum überhaupt eine schlechte Unendlichkeit notwendig ist: die schlechte Unendlichkeit ist die Notwendigkeit, dass die Endlichkeit *umgekehrt* werden muss, damit sie an-sich und doch gleichsam hinterrücks ihre wahre Unendlichkeit herausstellt.

Es ist allerdings darauf zu achten, dass mit der Notwendigkeit der Umkehr der Endlichkeit nicht nur deren wahre Unendlichkeit eintritt, sondern auch die Notwendigkeit

---

124 *WdL I*, S. 149.

der genannten Unterscheidung zwischen Endlichkeit und Unendlichkeit. Hegel entwickelt das wahre Unendliche zwar nicht aus einem direkten Gegensatz zum Endlichen, als ob eine Grenze dazwischen sei und zwei Welten vorhanden wären, aber die Unterscheidung vermeidet ebenso eine bruchlose Überführung des Endlichen in das Unendliche, als ob das Unendliche keinen Unterschied zum Endlichen machen würde und beide unmittelbar identisch wären.

Diese Umkehr steht dem Endlichen nun bevor – bislang hat Hegel durch die schlechte Unendlichkeit lediglich das Über-sich-Hinausgehen einer Endlichkeit gezeigt, die im Bezug auf ihre Grenze und ihre Beschränkung nur in eine Wechselwirkung mit dem Unendlichen gerät und im Sollen bleibt. Mit dieser schlecht unendlichen ‚*Verschiebung*‘ des wahren Unendlichen soll es vorerst sein Bewenden haben; die Umkehr muss die Analogie zur Wertformanalyse und zu ihrer schlechten Unendlichkeit abwarten.

Die schlechte Unendlichkeit bei Marx. Die totale Entfaltung der Wertform
Marx, so wurde oben gesagt, analysiert in der einfachen Wertform ein wertförmiges Übergehen, das analog dem seinslogischen Übergehen für das gesellschaftliche Dasein bestimmend ist, aber auch hier ist das Dasein zunächst widersprüchlich bestimmt. Analog dem Dasein in *WdL*, ist im gesellschaftlichen Dasein jede Bestimmung an-sich unmittelbar Sein-für-Anderes, denn der Tauschwert muss sich durch den Gebrauchswert darstellen und umgekehrt. Diese widersprüchliche Bestimmung ist zwar in der Ware aufgehoben, und in ihr ist der Widerspruch etwas *Seiendes*; aber ebenso ist der Widerspruch in der Ware *Form* geworden, d. h. der Widerspruch fällt in eine Ware A und eine andere Ware B auseinander, analog dem Dasein bei Hegel, das ins widersprüchliche Verhältnis von Etwas und ein Anderes auseinanderfällt.
Somit ist auch hier die Unendlichkeit der Negativität noch in derselben Unmittelbarkeit aufgehalten wie in Hegels Daseinslogik, für die ja zuletzt festgestellt wurde, dass das Unendliche keinen Ort für sich hat außer im endlichen Dasein selbst. In der *WdL* ist das Übergehen von Sein und Nichts unmittelbar im Dasein und macht die spekulative Identität all seiner Bestimmungen geltend, aber das seinslogische Übergehen kann die eigene Qualität nicht als solche herausstellen; es gibt kein Dasein für das Sein rein als solches oder für die Identität einer rein negativen Qualität. Auf dieselbe unmittelbare Weise macht auch der Wert die spekulative Identität des Daseins auf unmittelbare Weise oder als gesellschaftliche Unmittelbarkeit geltend, aber auch hier hat der Wert, hat das gesellschaftliche Verhältnis der Waren keinen Ort für sich außer unmittelbar im Dasein der Waren. Das gesellschaftliche Verhältnis der Waren affirmiert sich nicht selbst, d. h. die Negativität des Verhältnisses der Waren kann sich nicht als ihre identische Qualität herausstellen, und die Waren können keinen Bezug auf diese Negativität nehmen und so auf ihr gemeinsames Sein und ihre gemeinsame Identität zurückkommen. Ohne diesen Bezug auf sich selbst kann das gesellschaftliche Verhältnis der Waren die eigene Identität nicht realisieren und bleibt reflexionslos.

Aufgrund dieser fehlenden Reflexivität hält sich auch hier das gesellschaftliche Verhältnis der Waren im *Sollen* auf, nämlich im Sollen der Waren, ihr gesellschaftliches Verhältnis unmittelbar durcheinander zu bestimmen. Dieses Sollen entfaltet Marx durch die *Totalisierung* der einfachen Wertform. Er entfaltet in der „totalen oder entfalteten Wertform" das Sollen jeder Ware (expliziert an einer beliebigen Ware A), ihre Bestimmung durch eine und letztlich durch alle anderen Waren darzustellen: „„z Ware A = u Ware B oder = v Ware C oder = w Ware D oder = x Ware E oder = etc."[125]
So führt die totale Entfaltung der einfachen Wertform zu derselben Einseitigkeit, zu der Hegel in der Entwicklung der schlechten Unendlichkeit sowie des Sollens und der Schranke gelangt ist, nämlich zu der Einseitigkeit, dass alle Waren, weil sie sich durcheinander bestimmen sollen, sich dadurch an ihr gemeinsames gesellschaftliches Verhältnis halten – aber ohne, dass sie Bezug auf ihr gesellschaftliches Verhältnis anders als durch eine andere Ware nehmen können. Jede Ware nimmt in einer anderen Ware den Bezug auf ihr Sollen, d. h. darauf, ihr gesellschaftliches Verhältnis durch eine andere Ware bestimmen zu sollen, und alle Waren halten sich an dieses gemeinsame Sollen – aber ohne, dass dieser durchgehende Grundzug für-sich wird und reflexiv ist. Obwohl jede Ware sich durch jede andere ins Verhältnis setzen kann, obwohl jede Ware sogar in jeder anderen Ware Bezug darauf nehmen kann, dass die Waren an sich ihr gemeinsames gesellschaftliches Verhältnis darstellen, hat das Verhältnis rein als solches: der Wert, kein Dasein außer den Waren; der Wert hat keinen ‚Ort' für sich, er kann nicht reflexiv werden.
Indes „beginnt"[126], wie Hegel sagt, auch hier die Unendlichkeit im Sollen. Durch das Sollen jeder einzelnen Ware, sich durch alle anderen bestimmen zu müssen, erhält jede Ware durch alle anderen die Negativität einer Grenze, die zugleich der gemeinsame Bezugspunkt aller Waren ist. Die Negativität dieses Sollens ist eine gemeinsame Grenze, die alle Waren so an ihr gemeinsames Verhältnis hält, dass alle dieselbe Negativität und dieselbe Grenze teilen, und jede einzelne Ware geht über diese Grenze insofern hinaus, als sie die Bestimmung durch alle anderen als eigene, innere Bestimmung aufgehoben und an-sich hat. In dieser Verinnerlichung der Grenze „beginnt" somit auch hier die Unendlichkeit der Endlichkeit, sie beginnt in jeder einzelnen Ware – aber auch hier, ohne dass das gesellschaftliche Verhältnis der Waren als solches getroffen wird. Ihre gegenseitige Negation ist den Waren zwar eine gemeinsame Grenze, ihnen wird das Nicht-Sein zum gemeinsamen Sein, und alle halten sich an dasselbe Sollen: sich gegenseitig bestimmen zu sollen und dadurch ein und dasselbe gesellschaftliche Verhältnis zu teilen; insofern ist in der Negativität der Grenze das gesellschaftliche Verhältnis *als solches* getroffen. Und doch fehlt den Waren der Bezug auf dieses Verhältnis, mithin der Bezug auf – die eigene Identität.
Obwohl also das Übergehen eine einheitliche Grenze markiert, weil es alle Waren an das Sollen gegenseitiger Bestimmung hält, und obwohl alle Waren durch dieses

---

125 *Kapital I*, S. 77.
126 *WdL I*, S. 145.

Sollen dieselbe Grenze verinnerlichen und dadurch ihr gesellschaftliches Verhältnis feststellen, wird das Verhältnis doch nicht für-sich; das gesellschaftliche Verhältnis der Waren kann mithin nicht reflexiv werden. Die Grenze bleibt nicht nur durchgängig negativ bestimmt, vielmehr wird gerade diese Negativität nicht *affirmiert* und als die *Bestimmung schlechthin* des Verhältnisses der Waren herausgestellt. Stattdessen affirmieren die Waren sich nur gegenseitig. Das gesellschaftliche Verhältnis affirmiert nur sein Anderswerden, ohne *auch die Negativität* als solche zu affirmieren, d. h. ohne die Negativität als solche zu realisieren und zu bestimmen. In einem Satz zusammengefasst: Die Waren können nicht auf die Identität ihres eigenen gesellschaftlichen Verhältnisses zurückkommen, sie können nicht auf dieselbe Identität zurückkommen, die sie doch als Waren durchführen und an-sich aufheben.

Weil es keinen Ort gibt, an dem der Wert, das rein gesellschaftliche Verhältnis der Waren, für-sich ist und reflexiv wird, müssen die Waren im Sollen bleiben. Das gesellschaftliche Verhältnis jeder Ware muss, wie in der totalen Entfaltung beispielhaft für eine beliebige Ware A gezeigt, in die Durchführung durch alle anderen fallen, in den endlosen Fortgang „= u Ware B oder = v Ware C" usw. Von der Notwendigkeit dieser Durchführung, von diesem Sollen ist die Bestimmung des gesellschaftlichen Verhältnisses nicht zu trennen.

Gleich dem Sollen bei Hegel ist somit die Unendlichkeit zunächst eine *schlechte*. Die Entfaltung der Wertform führt in denselben infiniten Progress und in dieselbe ewige Verschiebung, die Hegel als schlechte Unendlichkeit so beschreibt:

> Diese sich selbst und seine Negation negierende Wechselbestimmung ist es, welche als der *Progreß ins Unendliche* auftritt, der so vielen Gestalten und Anwendungen als ein *Letztes* gilt, über das nicht mehr hinausgegangen wird, sondern angekommen bei jenem *„und so fort ins Unendliche"* pflegt der Gedanke sein Ende erreicht zu haben. – Dieser Progreß tritt allenthalben ein, wo *relative* Bestimmungen bis zu ihrer Entgegensetzung getrieben sind, so daß sie in untrennbarer Einheit sind und doch jeder gegen die andere ein selbständiges Dasein zugeschrieben wird. Dieser Progreß ist daher der *Widerspruch*, der nicht aufgelöst ist, sondern immer nur als *vorhanden* ausgesprochen wird.[127]

In derselben Weise führt die totale Entfaltung der Wertform die Bestimmung einer jeden Ware in einen unendlichen Progress. Der Wertausdruck einer beliebigen Ware A ist unendlich nur darin, dass er sich durch *jede* andere Ware darstellen kann, aber selbst durch die Darstellung in *allen* anderen nicht an ein Ende gelangt:

> Erstens ist der relative Wertausdruck der Ware unfertig, weil seine Darstellungsreihe nie abschließt. Die Kette, worin eine Wertgleichung sich zur andern fügt, bleibt fortwährend verlängerbar durch jede neu auftretende Warenart, welche das Material eines neuen Wertausdrucks liefert. Zweitens bildet sie eine bunte Mosaik auseinanderfallender und verschiedenartiger Wertausdrücke. Wird endlich, wie dies geschehn muß, der relative Wert jeder Ware in dieser entfalteten Form ausgedrückt, so ist die relative Wertform jeder Ware eine von der relativen Wertform jeder andren Ware verschiedne endlose Reihe von Wertausdrücken.[128]

---

127 *WdL I*, S. 155.
128 *Kapital I*, S. 78. Dasselbe sagt Marx im Anschluss an die Analyse der Wertform der Ware über das Zirkulieren der Waren als Werte, zumindest über das Zirkulieren, wie es in der einfachen Zirkulation erscheint:

Wenn jede Ware ihr gesellschaftliches Verhältnis nicht nur durch eine, sondern durch alle anderen Waren darstellen muss und das Verhältnis gleichwohl keine endgültige Bestimmung findet, dann ist das gesellschaftliche Verhältnis in *jeder* Ware gegeben und stellt sich in *allen* Waren dar, aber zugleich kann weder eine einzelne Ware noch können alle Waren zusammen das gesellschaftliche Verhältnis als solches darstellen. So führt selbst die totale Entfaltung des Wertausdrucks einer jeden beliebigen Ware zur Bestimmung ihres gesellschaftlichen Verhältnisses nur durch die schlechte Unendlichkeit eines totalen Relativismus.

An dieser Stelle führen Hegel und Marx die *wahre* Unendlichkeit ein, genauer, die Wahrheit der Unendlichkeit. Es ist allerdings genau darauf zu achten, dass der schlecht unendliche Fortgang zwar durch sich selbst seine Wahrheit einführt und mit ihr auch die Wahrheit der Endlichkeit – aber das geschieht *hinterrücks*.
Wie ist das zu verstehen?
Die Endlichkeit scheint ja mit sich nicht fertig, solange ihre Bestimmung, obwohl sie sich durch die Endlichkeit selbst ereignet, in ein ewiges Sollen führt und nur ein ständiges Anderswerden mit sich bringt. Aber beide, Hegel und Marx, weisen dieser schlechten Unendlichkeit nach, dass sie durch ihre Wahrheit gleichsam schon durchgeht und darum *als* Endliches das Unendliche darstellt – nur gleichsam *verkehrt*. Folgerichtig muss der schlechte unendliche Fortgang, wie oben angekündigt, nur noch *umgekehrt* werden, damit die Endlichkeit auf sich selbst trifft und zugleich ‚hinter' ihre Verkehrung gelangt. Die bloße Umkehr stellt nämlich schlagartig heraus, dass das endliche Dasein im In-sich-Übergehen die Unendlichkeit bereits durchführt und sie schon unmittelbar an-sich darstellt, nur auf verkehrte, weil eben endliche Weise.
Und doch kommt das endliche Dasein durch die Umkehr nicht unvermittelt auf sich zurück. Es kommt vielmehr auf die Vermittlung selbst zurück, auf die *eigene Durchführung*. Das endliche Dasein affirmiert die eigene Qualität, die mit der Durchführung entsteht, und mit ihr die Unendlichkeit der Negativität des Seins. Die Durchführung und Auslegung des Endlichen wird folglich, wie von Hegel gefordert, rein *als solche* „affirmiert", d.h. es ist allein das Übergehen von Sein und Nichts bzw. das wertförmige Übergehen der Waren, das affirmiert wird. Es ist, als ob die Endlichkeit auf ihre eigene Qualität zurückkäme, zu demjenigen reinen Anfang, der laut Hegel ja bereits das Resultat sein sollte, aber der erst durch die Bestimmung des Daseins durchgeführt werden musste, weil Sein und Nichts durch ihre Durchführung zur unendlichen Qualität des Daseins überhaupt erst *werden*. Das Dasein kann auch dann erst auf sein Sein so zurückkommen, als sei es die identische Qualität seines Werdens.
Die wahre Unendlichkeit kann also schlicht darum nicht anders als hinter dem Rücken des Endlichen eingeführt werden, weil die Unendlichkeit der Negativität sich in der Durchführung der Endlichkeit überhaupt erst *herstellt* und dadurch zur identischen

---

„Aus den ersten Blick betrachtet, erscheint die Zirkulation als ein *schlecht unendlicher Prozeß*." (*Grundrisse*, S. 127.) Er zeigt anschließend, dass, „genauer betrachtet", die Zirkulation „die Phänomene des Zusammenschließens oder die Rückkehr des Ausgangspunkts in sich" darbietet (ebd.).

Qualität des endlichen Daseins erst *werden* muss. Es ist diese Durchführung, die umgekehrt werden muss, damit die Endlichkeit auf das Resultat ihres eigenen Werdens zurückkommen und dieselbe Qualität der Negativität, die sie herstellt, auch für sich realisieren kann.[129]

Hegel zufolge gilt diese Notwendigkeit der Durchführung nicht nur für die unendliche Qualität des Seins, sie gilt für das Absolute überhaupt: „Es ist von dem Absoluten zu sagen, daß es wesentlich *Resultat*, daß es erst am *Ende* das ist, was es in Wahrheit ist […]."[130] So ist zwar schon der reine Anfang, also das unbestimmte Übergehen von Sein und Nichts, die unendliche Qualität gewesen. Aber ohne über*gegangen* zu sein und die Qualität des Daseins zu *werden*, ist das Sein: nichts. Das Sein war daher der reine Anfang nur im Sinne der *noch nicht durchgeführten Bestimmung*, es war mithin die noch nicht durchgeführte Qualität des Absoluten oder die noch nicht zu sich gekommene absolute Qualität. Und weil das Sein noch nicht durchgeführt war, musste es unmittelbar ins Dasein zurückgenommen und in dessen innere Notwendigkeit auseinandergelegt werden, ins Verhältnis von Etwas und ein Anderes.

Dass das endliche Dasein auf dieselbe negative Qualität, die in seiner Durchführung hergestellt wird, zugleich zurückkommt und dadurch unendlich ist, diese Pointe der Umkehrung lässt sich in einem Wort auf den Punkt bringen: Durchführen und Herstellen der Qualität, Werden und Resultat fallen *in Eins*. Damit die Endlichkeit ihr eigenes Sein realisiert und die eigene Qualität für sich hat, dafür muss die Endlichkeit nur *sich-Eins-sein*. Die Wahrheit der Unendlichkeit ist somit, dass das endliche Dasein, weil es in aller Veränderung diejenige Qualität herstellt, auf die es zugleich zurückkommen muss und in aller Bestimmung bezogen bleibt, *dieses Einssein* als seine einzige, seine absolute Bestimmung für sich hat. Bezieht sich das Dasein in all seinen

---

129 Auch wenn die schlechte Unendlichkeit in der *WdL* wie ein notwendiger Umweg zur Darstellung des Unendlichen entwickelt wird, so ist die schlechte Unendlichkeit doch der gleichsam direkte Weg zum Unendlichen. So kündigt Hegel bereits in der Entwicklung der schlechten Unendlichkeit an, dass er in der schlechten Unendlichkeit auf *ihre* Wahrheit hinaus will, und diese führt *zurück* zur Wahrheit der Endlichkeit; in diesem Sinne stellt die schlagartige Umkehr der schlechten Unendlichkeit ebenso schlagartig die wahre Unendlichkeit heraus. Im Unterkapitel „b. Wechselbestimmung des Endlichen und Unendlichen" führt Hegel die schlechte Unendlichkeit zuerst als Grenze ein zwischen Endlichem und Unendlichem sowie als Trennung in zwei Welten: „Dieser Widerspruch ist sogleich darin vorhanden, daß dem Unendlichen das Endliche als Dasein gegenübersteht; es sind damit *zwei* Bestimmtheiten; es *gibt* zwei Welten, eine unendliche und eine endliche […]." (*WdL I*, S. 152.) Dann zeigt er, dass in der Trennung jede der beiden Seiten die Grenze an sich aufgehoben hat und dieses Aufheben ihre Einheit sein muss, eine Einheit aber, die im Unterschied noch verborgen ist: „Indem so jedes an ihm selbst und aus seiner Bestimmung das Setzen seines Anderen ist, sind sie *untrennbar*. Aber diese ihre Einheit ist in dem qualitativen Anderssein derselben *verborgen*, sie ist die *innerliche*, die *nur zugrunde liegt*." (*WdL I*, S. 154.) Und schließlich kommt Hegel zur Wechselbestimmung zwischen Endlichem und Unendlichem und zum *Progress* ins schlechte Unendliche: „Sie sind untrennbar und zugleich schlechthin Andere gegeneinander; jedes hat das Andere seiner an ihm selbst; so ist jedes die Einheit seiner und seines Anderen und ist in seiner Bestimmtheit Dasein, das *nicht* zu sein, was es selbst und was sein Anderes ist. Diese sich selbst und seine Negation negierende Wechselbestimmung ist es, welche als der *Progreß ins Unendliche* auftritt […]." (*WdL I*, S. 155.) Es wird gleich zu zeigen sein, dass der *Progress* die schlechte Unendlichkeit, der *Prozess* dagegen die Wahrheit der schlechten Unendlichkeit ist.

130 *PhdG*, S. 24.

unterschiedlichen Bestimmungen durchgängig auf diese eine Bestimmung: auf sein Einssein, so ist es endgültig durch nichts als sich selbst bestimmt. Das endliche Dasein ist nicht nur vollkommen durch sich selbst bestimmt, sondern indem es genau das für-sich realisiert und affirmiert, ist es *mehr* als es selbst. Es ist nicht nur über sich hinausgegangen und außer sich, und es kommt nicht nur von seiner Überwindung her auf sein Einssein zurück, vielmehr wird dadurch nur mehr dieses Einssein bestimmt, und so ist das Dasein mehr als es selbst, allein weil es, so wird zu zeigen sein, nichts als die eigene *Identität umschlägt*.

Doch zuvor soll auf die Umkehr der schlechten Unendlichkeit in der Wertformanalyse eingegangen werden.

Die Wertformanalyse zeigt noch schlagender als die *WdL*, dass der Wert, dass die Qualität des (gesellschaftlichen) Seins einerseits erst in und mit ihrer Durchführung entsteht, dass sie andererseits aber, um Realität zu werden, umgekehrt werden muss. Zunächst zeigt Marx durch die totale Entfaltung der Wertform diejenige Qualität, die entsteht, wenn eine beliebige Ware A durch ihr gesellschaftliches Verhältnis durchgeführt wird (x Ware A = y Ware B, z Ware c usw.). Die totale Entfaltung der Wertform einer Ware A – und das heißt die totale Entfaltung jeder beliebigen Ware – *ist* die Durchführung der Endlichkeit durch ihre Unendlichkeit, und diese Unendlichkeit wird in der Durchführung bereits dargestellt, nur auf verkehrte Weise, nämlich im endlichen Verhältnis der Waren. Genau hier setzt Marx nun die Notwendigkeit der Umkehr an: Wenn in jeder Ware ein allgemeines Äquivalent für die Durchführung des Wertverhältnisses aller Waren gegeben ist, mithin für die Realisierung der Qualität des gesellschaftlichen Seins, *dann können alle Waren in jeder beliebigen Ware auf diese Durchführung ihres gemeinsamen Verhältnisses zurückkommen und ihr Einssein realisieren.* M.a.W., die Waren haben in jeder Ware ein allgemeines Äquivalent ihres gemeinsamen Verhältnisses für sich. Damit sich das Einssein dieses gesellschaftlichen Verhältnisses der Waren und die Unendlichkeit ihres Daseins herausstellt, muss die schlechte Unendlichkeit der totalen Entfaltung der Wertform auch hier also lediglich umgekehrt werden. Die Umkehr stellt nicht nur heraus, dass durch die Entfaltung der Wertform das Unendliche auf unmittelbare Weise durchgeführt, aber auf verkehrte Weise dargestellt wird, nämlich durch endliche Waren. Die Umkehr stellt zudem heraus, dass es die Ware A selbst ist, die das Unendliche durchgeführt und auf endliche Weise verkehrt dargestellt hat. Und da jede beliebige Ware anstelle der Ware A stehen kann, kann auch jede Ware das Unendliche durchführen und ein *Äquivalent* für diese Durchführung sein.

Marx fasst diese Umkehr von Form II in Form III, aus der die Wahrheit der schlechten Unendlichkeit in Form eines allgemeinen Äquivalents für die Durchführung des Einssein aller Waren ‚herausspringt', wie folgt zusammen:

> Die entfaltete relative Wertform besteht jedoch nur aus einer Summe einfacher relativer Wertausdrücke oder Gleichungen der ersten Form, wie:
> 20 Ellen Leinwand = 1 Rock
> 20 Ellen Leinwand = 10 Pfd. Tee usw.
> Jede dieser Gleichungen enthält aber rückbezüglich auch die identische Gleichung:

1 Rock = 20 Ellen Leinwand
10 Pfd. Tee = 20 Ellen Leinwand usw. [...]
Kehren wir also die Reihe [...] um, so erhalten wir:
C) Die allgemeine Wertform.[131]

Diese Form III beginnt Marx mit „1. Veränderter Charakter der Wertform". Er beschreibt dann die schon genannten Konsequenzen, die sich aus der Umkehrbarkeit von Form II in III für die Ware A und für alle anderen ergeben: Alle anderen Waren erhalten in der Ware A dasjenige Resultat der Durchführung des gemeinsamen Verhältnisses, mit dem sie fortwährend Bezug auf das Einssein ihres Verhältnis rein als solches nehmen können; sie können mithin die ebenso negative wie übersinnlich-ideelle Qualität ihres Verhältnisses durch die Ware A realisieren.

Die Umkehr der totalen Entfaltung der Wertform der Ware A zeigt somit auch hier, wie in Hegels Seinslogik, ein Resultat, das trotz seines Status als Resultat von Anfang an in der Ware A vorhanden war – aber, wie Marx sagt, als „Geheimnis" ihrer Wertform. Die Umkehr der totalen Entfaltung der Wertform der Ware A hat ein allgemeines Äquivalent zum Resultat, das als Mittel des wertförmigen Übergehens aller Waren verkehren kann, und auf dieses Resultat können alle anderen Waren so zurückkommen, dass dieses Resultat sich in den Anfang der Durchführung jenes Verhältnisses, das analysiert wurde, umkehrt. Marx fasst die Umkehr der Durchführung der Analyse der Wertform so zusammen:

> Die Schwierigkeit im Begriff der Geldform beschränkt sich auf das Begreifen der allgemeinen Äquivalentform, also der allgemeinen Wertform überhaupt, der Form III. Die Form III löst sich rückbezüglich auf in Form II, die entfaltete Wertform, und ihr konstituierendes Element ist Form I: [...] x Ware A = y Ware B. Die einfache Warenform ist daher der Keim der Geldform.[132]

Es ist allerdings genau auf die Logik des Umschlags zu achten, denn der Umschlag ist der Ursprung der Realisierung einer Qualität, die zwar durch die Durchführung des endlichen Daseins erst entsteht, aber im Umschlagen reflexiv wird. Wenn sich die Ware A in ein allgemeines Äquivalent verkehrt und alle Waren in ihr auf das Gemeinsame ihres Verhältnisses zurückkommen, so treten sie einerseits dadurch allererst in ihr gesellschaftliches Verhältnis ein, andererseits realisieren sie dessen Qualität rein als solche, ganz so, als wäre das Verhältnis vollständig durchgeführt. Das Verhältnis aller Waren ist in der Ware A so außer sich, dass es buchstäblich rein als solches herausgestellt wird und alle Waren auf die ideelle Identität ihres Verhältnisses so

---

[131] *Kapital I*, S. 79. Noch prägnanter ist die Umkehr der Endlichkeit und das Herausstellen ihrer Wahrheit, der Unendlichkeit, in der Urfassung des *Kapitals*: „Wie wurde in der That die Leinwand in das allgemeine Äquivalent verwandelt? Dadurch, daß sie ihren Werth erst in einer einzelnen Waare (Form I), dann in allen andern Waaren der Reihe nach *relativ* darstellte (Form II), und so *rückbezüglich* alle andern Waaren in ihr ihre Werthe relativ darstellten (Form III). [...] Innerhalb dieser Entwicklung ändert sie die Rolle. [...] Was von der Leinwand, gilt von jeder Waare." (*MEGA* II/5, S. 42).

[132] *Kapital I*, S. 85.

zurückkommen und es so bestimmen können, dass sie ihre *ideelle Identität*, genau wie für die Logik des Seins schon angekündigt, *umschlagen*.

Die Unendlichkeit als Werden und Resultat. Der Eintritt der Endlichkeit in sie selbst als Prozess zwischen Endlichem und Unendlichem
Hegels Weg zur Unendlichkeit war widersprüchlich insofern, als er überhaupt notwendig war. Denn einerseits stellte das endliche Dasein im Bestimmen die Qualität seiner Unendlichkeit allererst *her*, mithin die Wahrheit der Endlichkeit; darum war die Durchführung unbedingt notwendig. Andererseits stellte die Durchführung diese Wahrheit lediglich *heraus*, d. h. die Endlichkeit brachte ihre Unendlichkeit so mit sich, als ob sie von Anfang an vorhanden und eine zeitlose Wahrheit gewesen wäre; insofern erübrigte sich die Durchführung gleichsam selbst. In dem Widerspruch lag zugleich die Lösung, denn die Durchführung der Endlichkeit erübrigte sich nur, weil die Endlichkeit auf die eigene, ebenso negative wie unendliche Qualität *zurückkommen* und sie *für-sich* realisieren musste. Sie war durch die Notwendigkeit, auf nichts als sich selbst zurückkommen zu müssen, sich selbst Eins und traf auf dieselbe Identität, in die sie gleichsam eintritt.[133]

Um diesen Eintritt der Endlichkeit in ihre eigene Unendlichkeit zu begreifen, müssen Endlichkeit und Unendlichkeit als ein und dasselbe Verhältnis und als Umschlagen der eigenen Identität begriffen werden. Hegel überführt sie daher in einen *Prozess*. Dieses Prozessieren von Endlichkeit und Unendlichkeit hat Hegel im Kapitel über die Frage des Anfangs bereits für die gesamte *Wissenschaft der Logik* angekündigt. Der Anfang der Durchführung wird sich nicht nur als deren Resultat erweisen, der kreisende Gang der Durchführung wird darüber auch ein *methodisches* Kreisen gewesen sein:

> Man muß zugeben, daß es eine wesentliche Betrachtung ist – die sich innerhalb der Logik selbst näher ergeben wird –, daß das Vorwärtsgehen ein *Rückgang* in den *Grund*, zu dem *Ursprünglichen* und *Wahrhaften* ist, von dem das, womit der Anfang gemacht wurde, abhängt und in der Tat hervorgebracht wird.[134]

Der kreisförmige Darstellungsgang der Logik, der die Darstellung des Absoluten insgesamt auszeichnet, hat im Unendlichen seine erste Vollendung. Durch ein sich selbst begründendes Vorwärtsgehen lässt Hegel das Dasein, nachdem in der Negation der Negation die Form seiner Bestimmung durch nichts als es selbst angefangen hat, das Dasein in derselben Negation der Negation auch in seinen Grund zurückgehen. „In seinen Grund zurück" heißt, dass die Negation der Negation nun sich selbst affirmiert und das endliche Dasein auf die Unendlichkeit dieser selbstbezüglichen Negativität *zurückkommt*, zurückkommt auf die eigene Qualität, ganz so, als ob das Zurückkommen die Qualität des Seins rein als solche (wieder-)herstellen würde:

---

[133] „Das Unendliche in seinem einfachen Begriff kann zunächst als eine neue Definition des Absoluten angesehen werden; es ist als die bestimmungslose Beziehung-auf-sich gesetzt als *Sein* und *Werden*." (*WdL I*, S. 149.)
[134] *WdL I*, S. 70.

Das Unendliche ist die Negation der Negation, das Affirmative, das *Sein*, das sich aus der Beschränktheit wieder hergestellt hat.[135]
So ist beides, das Endliche und das Unendliche, diese *Bewegung*, zu sich durch seine Negation zurückzukehren; sie sind nur als *Vermittlung* in sich, und das Affirmative beider enthält die Negation beider und ist die Negation der Negation.[136]

Es kommt demnach darauf an, die Negation der Negation nicht nur wie die Form der bewusstlosen Selbstbestimmung des endlichen Daseins auszulegen, sondern wie die *Identität seiner Vermittlung*; diejenige Identität, die das Dasein durch die Rückkehr zu sich zugleich affirmiert. Es ist mithin diese Vermittlung durch Negativität, die zum genannten Prozessieren zwischen Endlichem und Unendlichem wird:

Was also vorhanden ist, ist in beiden [Endlichem und Unendlichem, F.E.] dieselbe Negation der Negation. Aber diese ist *an sich* Beziehung auf sich selbst, die Affirmation, aber als Rückkehr zu sich selbst, d. i. durch die *Vermittlung*, welche die Negation der Negation ist.[137]

Die Wertformanalyse kommt für die rein gesellschaftliche Qualität, den Wert, zu demselben Verhältnis von Endlichem und Unendlichem, d. h. auch hier muss ihr Verhältnis als Vermittlung und Prozess begriffen werden. Die Analyse ergab ja, dass jede Ware nicht nur durch eine andere bestimmt ist und jede Ware diese Form an-sich aufgehoben hat, sodass jede Ware ein Äquivalent ihrer eigenen Form ist (Form I). Vielmehr kann darum auch jede beliebige Ware ein *allgemeines* Äquivalent der Durchführung *aller* Waren sein (Form II und ihre Umkehr in Form III). Dadurch können alle Waren in jeder Ware auf die bloße Qualität der Durchführung zurückkommen; d. h. jede Ware kann das Verhältnis der Waren durchführen und für dessen identische Qualität stehen – dafür muss die totale Entfaltung nur umgekehrt werden. Dann stellt sich heraus, dass die Waren in jeder Ware auf ein allgemeines Äquivalent für die Qualität der Durchführung zurückkommen können; jede Ware kann die Qualität der Durchführung affirmieren und so die Vermittlung des Verhältnisses aller anderen auf sich nehmen. Sie steht dann für die Negation der Negation und für die Qualität des Übergehens als solche und sorgt dafür, dass die Waren als Momente desselben Verhältnisses eintreten, sie steht aber auch dafür, dass die *Einheit* dieses Verhältnisses selbst eintritt und nichts ist als das Prozessieren dieses Verhältnisses. Das Prozessieren entsteht, weil die Einheit des gesellschaftlichen Verhältnisses aller Waren in jeder einzelnen Ware *außer* sich ist, aber genau dadurch erst eintritt. Mit der Einheit der Waren tritt

---

135 So der erste Satz in „a. Das Unendliche überhaupt", *WdL I*, S. 150.
136 *WdL I*, S. 162. Vgl. dazu auch die Passage zum Übergang des Endlichen in das Unendliche im gleichnamigen Unterkapitel: „Das Sollen für sich enthält die Schranke und die Schranke das Sollen. Ihre Beziehung aufeinander ist das Endliche selbst, das sie beide in seinem Insichsein enthält. […] Das Endliche ist so der Widerspruch seiner in sich; es hebt sich auf, vergeht. Aber dies sein Resultat, das Negative überhaupt, ist 1. seine *Bestimmung* selbst; denn es ist das Negative des Negativen. So ist das Endliche in dem Vergehen nicht vergangen; es ist zunächst nur ein *anderes* Endliches geworden, welches aber ebenso das Vergehen als Übergehen in ein anderes Endliches ist, und so fort etwa ins *Unendliche*. Aber 2. näher dies Resultat betrachtet, so hat das Endliche in seinem Vergehen, dieser Negation seiner selbst, sein Ansichsein erreicht, es ist darin *mit sich selbst zusammengegangen*." (*WdL I*, S. 148.)
137 *WdL I*, S. 160–161.

auch ihre Unendlichkeit ein, denn sie sind der unmittelbaren Darstellung des Tauschwerts durch den Gebrauchswert sowie der Bestimmung ihres Verhältnisses durch eine andere Ware enthoben. Alle Waren sind dieser Unmittelbarkeit gleichermaßen enthoben und haben in jeder beliebigen Ware ein allgemeines Äquivalent dafür, dass sich der Gebrauchswert durch den Tauschwert darstellen und eine Ware ihr gesellschaftliches Verhältnis durch eine andere Ware bestimmen muss, während der Gebrauchswert des allgemeinen Äquivalents darin besteht, zur Werteinheit zu werden.

Die Waren geraten also schlicht ‚hinter' die eigene Form, hinter die Bestimmung ihres gesellschaftlichen Verhältnisses durch Gebrauchswerte und Tauschwerte, indem sie sich in einer beliebigen Ware an ihr gemeinsames Verhältnis halten. Diese Ware wird dadurch einerseits zum Äquivalent der Form ihrer Durchführung und realisiert ihre ideelle Einheit, andererseits enthebt sie die Waren dadurch der Notwendigkeit, ihr Verhältnis unmittelbar durch einander bestimmen und darstellen zu müssen.

Doch dass alle Waren durch jede beliebige Ware in ihr eigenes Verhältnis eintreten können, ist erst der Anfang des Prozessierens von Endlichkeit und Unendlichkeit. Als nächstes gilt es genauer zu zeigen, auf welche Weise Hegel zufolge ein Dasein, das auf die eigene Identität zurückkommt, dadurch die eigene Endlichkeit je überwunden hat und wie von außen auf sich zurückkommt und das eigene Einssein umschlägt. Analog dazu gilt es für die Wertformanalyse genauer zu zeigen, auf welche Weise die Waren durch das allgemeine Äquivalent so von der Überwindung ihres endlichen Daseins her ins Verhältnis eintreten, dass auch sie es wie von außen umschlagen und dadurch die eigene, rein gesellschaftliche Identität bestimmen.

Die Überwindung der Endlichkeit durch ihr Zurückkommen auf sich: Die Idealität der Identität
Hegel musste das Dasein erst durch dessen eigene Endlichkeit hindurchführen, um zeigen zu können, dass das wahre Unendliche nicht jenseits der Endlichkeit liegt. Im Gegenteil, das Unendliche ist diejenige Qualität, die entsteht, indem einem Dasein, das sich unmittelbar durch nichts als sich selbst bestimmen muss, diese Unmittelbarkeit zur identischen Qualität wird, zur Qualität der Negativität. So bringt die Endlichkeit durch sie selbst diejenige Qualität mit, auf die sie nur noch zurückkommen muss, um die eigene Identität zu realisieren und darin unendlich zu sein: „In dem aufgezeigten herüber- und hinübergehenden Wechselbestimmen des Endlichen und Unendlichen ist die Wahrheit derselben an sich schon *vorhanden*, und es bedarf nur des Aufnehmens dessen, was vorhanden ist."[138]
Auch Marx führt in der totalen Entfaltung der einfachen Wertform eine Wahrheit durch, die unmittelbar in der Durchführung des gesellschaftlichen Verhältnisses der Waren liegt. Die totale Entfaltung der Wertform einer beliebigen Ware A zeigt diejenige identische Qualität, auf welche die Waren nur noch in einer Ware zurückkommen

---

138 *WdL I*, S. 156.

müssen, um ihr Einssein zu realisieren. Diese Ware muss entsprechend, wie Hegel formuliert, „aufnehmen", was ihr gegenüber „vorhanden" ist. Weil jede Ware das Verhältnis aller Waren *als* Verhältnis durchführen und dadurch das Verhältnis auf ideelle Weise realisieren kann, kann jede Ware das allgemeine Äquivalent dieses Verhältnisses im *Prozessieren* von Endlichkeit und Unendlichkeit sein; sie muss das Prozessieren durchführen und, indem sie sich selbst für das Verhältnis einsetzt und austauscht, dessen Wahrheit aufnehmen; sie muss mithin die ideelle, rein negative Qualität dieses Prozessierens einlösen.

Doch dass irgendeine und daher jede beliebige Ware für diese ideelle Einheit der Waren da sein kann, ist für die spekulative Identität aller anderen Waren auch entscheidend durch einen *Unterschied*. Die Waren müssen im Bezug auf das allgemeine Äquivalent einen Unterschied zu-sich machen, um durch diesen Unterschied beständig einem gemeinsamen Verhältnis ausgesetzt zu sein und dadurch, gleichsam hinterrücks, in dessen Unendlichkeit einzugehen. Mit anderen Worten, das Verhältnis der Waren muss in einer Ware so auf sich zurückkommen, als würde es durch sie, gleichsam anstelle eines Selbstbewusstseins, reflexiv werden. Mehr noch, die Waren kommen durch eine beliebige Ware so auf die eigene Identität zurück, dass sie ihre Identität erst erhalten *im Prozessieren durch eines ihrer Momente*, durch irgendeine beliebige Ware, ganz wie Hegel es für das Unendliche beschreibt, das ebenfalls unendlich ist im Prozessieren durch eines seiner endlichen Momente:

> Wie also das wahre Unendliche in der Tat vorhanden ist, ist (einerseits,) der Prozeß zu sein, in welchem es sich herabsetzt, nur *eine* seiner Bestimmungen, dem Endlichen gegenüber und damit selbst nur eines der Endlichen zu sein, und (andererseits,) diesen Unterschied seiner von sich selbst zur Affirmation seiner aufzuheben und durch diese Vermittlung als *wahrhaft Unendliches* zu sein.
> Diese Bestimmung des wahrhaft Unendlichen kann nicht in die schon gerügte *Formel* einer *Einheit* des Endlichen und Unendlichen gefaßt werden; die *Einheit* ist abstrakte bewegungslose Sichselbstgleichheit, und die Momente sind ebenso als unbewegte Seiende. Das Unendliche aber ist, wie seine beiden Momente, vielmehr wesentlich nur als *Werden*, aber das nun in seinen Momenten *weiter bestimmte* Werden. Dieses hat zunächst das abstrakte Sein und Nichts zu seinen Bestimmungen; als Veränderung Daseiende, Etwas und Anderes; nun als Unendliches, Endliches und Unendliches, selbst als Werdende.
> Dieses Unendliche als In-sich-Zurückgekehrtsein, Beziehung seiner auf sich selbst, ist *Sein*, aber nicht bestimmungsloses, abstraktes Sein, denn es ist gesetzt als negierend die Negation; es ist somit auch *Dasein*, denn es enthält die Negation überhaupt, somit die Bestimmtheit. Es *ist* und *ist da*, präsent, gegenwärtig. [...]; als wahrhafte Unendlichkeit, in sich zurückgebogen, wird deren Bild der *Kreis*, die sich erreicht habende Linie, die geschlossen und ganz gegenwärtig ist, ohne *Anfangspunkt* und *Ende*.[139]

---

139 *WdL I*, S. 163–164. Dazu, dass das wahre Unendliche Prozess von Endlichem und Unendlichem ist, vgl. auch den Überblick über die Unendlichkeit auf S. 149: „Das Unendliche ist / a) in *einfacher Bestimmung* das Affirmative als Negation des Endlichen; / b) es ist aber damit in *Wechselbestimmung* mit dem *Endlichen* und ist das abstrakte, *einseitige Unendliche*; / c) das Sichaufheben dieses Unendlichen wie des Endlichen als *ein* Prozeß – ist das *wahrhafte Unendliche*."

Dass die Endlichkeit so von ihrer Überwindung her auf ihr Einssein zurückkommt, dass sie einerseits einen Unterschied zu-sich macht, durch den sie andererseits nur in nichts als die eigene Vermittlung eintritt und darin ihre Identität erhält, bestimmt Hegel als *Idealität*.[140] Die Idealität ist, wie das Selbstbewusstsein in der *PhdG* und die ideelle Werteinheit im *Kapital*, der nichtige Unterschied, der entsteht, indem die Endlichkeit nur mehr ihr Einssein bestimmt, dadurch die unendliche Qualität der Negativität einlöst und darin für-sich ist: „Die Idealität kann die *Qualität* der Unendlichkeit genannt werden; aber sie ist wesentlich der Prozeß des *Werdens* und damit ein Übergang, wie des Werdens in Dasein [...]."[141]
Auch das gesellschaftliche Verhältnis der Waren macht im Bezug auf das allgemeine Äquivalent diesen einen entscheidenden und doch nichtigen Unterschied, denjenigen Unterschied, durch den es sich selbst in einer beliebigen Ware Eins ist, in ihr eine ideelle Einheit für sich hat und sowohl in die eigene Idealität als auch in die eigene Identität eintritt. Die Waren haben in einer beliebigen Ware A eine reine Werteinheit für sich, die analog dem Prozessieren von Endlichkeit und Unendlichkeit bei Hegel funktioniert, d. h. alle Waren kommen durch eine Waren von der Überwindung ihres endlichen Daseins her so auf sich zurück, dass sie ihr Verhältnis rein als solches realisieren und in das Unendliche eintreten können.

Dieses Realisieren der eigenen ideellen Identität wird bei Hegel und Marx schließlich zum Umschlagen in *Quantität*. Doch bis zur Quantität ist es immer noch ein weiter Weg. Zuvor muss gezeigt werden, auf welche Weise die Waren in einer Ware so auf ihre Identität zurückkommen, dass diese eine Ware das Prozessieren von Endlichkeit und Unendlichkeit herausstellt. Wie kann eine Ware das Verhältnis aller anderen durchführen und dadurch ihre ideelle Einheit realisieren? Wie kann das Verhältnis aller Waren durch eine einzige Ware prozessieren?
Erinnern wir uns: Die ideelle Identität, für die jede Ware stehen kann, war zwar schon von Anfang an in der einfachen Wertform x Ware A = y Ware B vorhanden; sie blieb aber noch das „Geheimnis" dieser Form. Konsequent entfaltet, hat die Form zunächst nur in den schlecht-unendlichen Fortgang geführt, dass jede beliebige Ware in der *relativen* Position der Wertform – in Marx' Beispiel die Ware A – ihren Wert, ihr gesellschaftliches Verhältnis, durch alle anderen in der *Äquivalentform* stehenden Waren darstellen muss: „Die Anzahl ihrer möglichen Wertausdrücke ist nur beschränkt durch die Anzahl von ihr verschiedner Warenarten. Ihr vereinzelter Wertausdruck verwandelt sich daher in die stets verlängerbare Reihe ihrer verschiednen einfachen Wertausdrücke."[142] Doch wenn man diesen schlecht unendlichen Wertausdruck

---

140 „Die wahrhafte Unendlichkeit so überhaupt als *Dasein*, das als *affirmativ* gegen die abstrakte Negation gesetzt ist, ist die *Realität* in höherem Sinn als die früher *einfach* bestimmte; sie hat hier ihren konkreten Inhalt erhalten." (*WdL I*, S. 164.) Zum Übergang des Daseins in die Idealität vgl. *WdL I*, S. 166ff.
141 *WdL I*, S. 166. Zum Fürsichsein (dem dritten Kapitel des ersten Abschnitts über die Qualität nach dem Sein und dem Dasein) vgl. S. 174–208.
142 *Kapital I*, S. 76.

umkehrt, dann, so wurde zuletzt gezeigt, stellt sich der Ausgangspunkt: die Ware A in der *relativen* Form, als *allgemeines Äquivalent* für alle anderen Waren heraus – dadurch wird sie zu derjenigen Werteinheit, auf die alle anderen zurückkommen können. Die Ware A muss dann, wie von Hegel gefordert, die „Wahrheit aufnehmen", die „von Anfang an vorhanden" ist:

> Um den relativen Wert des allgemeinen Äquivalents auszudrücken, müssen wir vielmehr die Form III umkehren. Es besitzt keine mit den andren Waren gemeinschaftliche relative Wertform, sondern sein Wert drückt sich relativ aus in der endlosen Reihe aller andren Warenkörper. So erscheint jetzt die entfaltete relative Wertform oder Form II als die spezifische relative Wertform der Äquivalentware.[143]

Diese Umkehr der totalen Entfaltung einer beliebigen Ware A ist entscheidend, um zu begreifen, auf welche Weise die Waren ‚hinter' ihre Endlichkeit (und hinter das Geheimnis ihrer Wertform) gelangen und, indem sie von ihrer Überwindung her auf sich zurückkommen, in die eigene Unendlichkeit eintreten: Die Ware A muss diejenige Wahrheit aufnehmen, die von Anfang an *in ihr* steckt und die zugleich, wie in der totalen Entfaltung ihrer Wertform gezeigt, ihr *gegenüber* vorhanden ist, nämlich dass sie durch ihr gesellschaftliches Verhältnis zu allen anderen Waren bestimmt ist. Um diese Wahrheit aufzunehmen, muss sie den schlecht unendlichen Fortgang, der durch ihr eigenes Verhältnis hindurchführt und der ihr gegenübersteht, gleichsam auf sich nehmen, sodass sich ihre *relative* Position *verkehrt* in die Position des *allgemeinen Äquivalents* für alle anderen Waren: „Kehren wir also die Reihe 20 Ellen Leinwand = 1 Rock oder = 10 Pfund Tee oder = usw. um, d. h., drücken wir die der Sache nach schon in der Reihe enthaltenen Rückbeziehungen aus, so erhalten wir C) Allgemeine Wertform"[144]. Die Ware A springt durch diese Umkehrung mit ihrer *aktiven* und *relativen* Position in die Position der *passiven, allgemeinen Äquivalentform* gleichsam über und nimmt, nun für die Gleichsetzung der beiden Pole stehend, die Realisierung der Waren als Momente derselben Einheit auf sich.

Kurzum, die Ware A steht nicht bloß als allgemeines Äquivalent für die Idealität einer reinen Werteinheit, sie *realisiert* diese Idealität auch und steht dadurch für das Prozessieren von Endlichem und Unendlichem. Sie besetzt den Übergang von Endlichem und Unendlichem und steht für deren Prozessieren, weil sie sich zum Verhältnis aller anderen Waren paradoxerweise ins Verhältnis setzt, indem sie die Waren deren *eigenem* Verhältnis aussetzt – und dadurch allgemeines Äquivalent für dasjenige Verhältnis ist, das sie realisiert und in das alle anderen Waren eintreten. Dieses Prozessieren ist möglich, weil die Ware A in beiden Polen der Wertform stehen und dadurch das Übergehen aller Waren als Momente derselben Einheit und desselben Verhältnisses realisieren kann. Das Realisieren entspricht dem Aufnehmen dessen, was laut Hegel als Wahrheit schon vorhanden und laut Marx „der Sache nach schon in der Reihe [der] enthaltenen Rückbeziehungen" vorhanden ist. Das Aufnehmen der vorhandenen Wahrheit muss einerseits ein passives Aufnehmen durch die relative Position einer

---

143 *Kapital I*, S. 83.
144 *Kapital I*, S. 79.

Ware A sein; dasselbe Aufnehmen muss andererseits aber ebenso ein aktives *Geben* der Qualität durch ein aktives Realisieren des gesellschaftlichen Verhältnisses sein, denn die Ware A gibt ja das Verhältnis aller anderen Waren, die vorhanden sind, *wieder*. Diese eine Ware gibt die Beziehungen und das Verhältnis aller anderen Waren wieder und wird zur Darstellung von *deren* Endlichkeit, aber unmittelbar in oder während der Durchführung der Waren durch ihre Endlichkeit; das Wiedergeben ist zugleich das Resultat der Durchführung und stellt die Endlichkeit unmittelbar *im* Durchführen durch die wahre Unendlichkeit zugleich *dar*. Kurzum, das Wahre ist, ganz wie von Hegel schon in der Vorrede der *PhdG* gefordert, das Werden zusammen mit seinem Resultat.[145]

Durch die Umkehrung von Form II in Form III zeigt Marx also schlagend, dass die Waren in jeder beliebigen Ware auf die Identität ihres gesellschaftlichen Verhältnisses zurückkommen können und dass ihnen dadurch das Identische ihrer Qualität nicht nur ideell gegeben wird, es wird ihnen auch die Realisierung dieser Qualität gegeben. Die Waren können durch das allgemeine Äquivalent auf dieselbe Weise in das eigene Verhältnis eingehen, wie Hegel das für Identität und Unterschied von Endlichkeit und Unendlichkeit sagt: Das allgemeine Äquivalent ist nur der Prozess, „in welchem es sich herabsetzt, nur eine Bestimmung, dem Endlichen gegenüber und damit selbst nur eines der Endlichen zu sein, und (andererseits,) diesen Unterschied seiner von sich selbst zur Affirmation seiner aufzuheben und durch diese Vermittlung als wahrhafte Unendlichkeit zu sein".[146] In Marx' Worten:

> Die letzte Form, Form III, endlich gibt der Warenwelt allgemein-gesellschaftliche relative Wertform, weil und sofern, mit einer einzigen Ausnahme, alle ihr angehörigen Waren von der allgemeinen Äquivalentform ausgeschlossen sind. Eine Ware, die Leinwand, befindet sich daher in der Form unmittelbarer Austauschbarkeit mit allen andren Waren oder in unmittelbar gesellschaftlicher Form, weil und sofern alle andren Waren sich nicht darin befinden.[147]

Jede Ware kann in beiden Polen ihrer Form verkehren und so die eigene Wertform einlösen. Jede Ware kann zum allgemeinen Äquivalent der Wertform werden und das Einssein aller anderen Waren durchführen, jede Ware kann sich herabsetzen, „nur eine Bestimmung, dem Endlichen gegenüber und damit selbst nur eines der Endlichen zu sein, und (andererseits,) diesen Unterschied seiner von sich selbst zur Affirmation seiner aufzuheben und durch diese Vermittlung als wahrhafte Unendlichkeit zu sein", also die Identität des gesellschaftlichen Verhältnisses aller Waren zu realisieren.

Der nächste Schritt muss nun zeigen, *welche* Ware die Durchführung übernimmt; denn bisher ist der Stand ja noch, dass *jede* Ware in beiden Polen der Wertform stehen und die ideelle Einheit der Waren durchführen und realisieren kann. Dann ist aber ebenso keine Ware allgemeines Äquivalent.

---

145 *PhdG*, S. 13.
146 *WdL I*, S. 163.
147 *Kapital I*, S. 82.

Das Realisieren des Übergehens durch die ideelle Einheit der Waren –
Geld als Ereignis des Übergangs
Die Schlüsselstelle der Wertformanalyse ist die zuletzt gezeigte Umkehr von Form II und III. Nachdem Marx die Wertform der Ware A zunächst total auseinandergelegt und in ihre schlechte Unendlichkeit geführt hat (Form II), dann aber die totale Entfaltung umgekehrt und jede beliebige Ware als ein allgemeines Äquivalent der eigenen Form herausgestellt hat, als ein Äquivalent der Durchführung ihres eigenen gesellschaftlichen Verhältnisses (Form III), scheint sich an der Schwelle zu Form IV, dem Geld, der Darstellungsgang zu überstürzen. Auf einmal kommt die totale Entfaltung der einfachen Wertform durch die Umkehr ihrer schlechten Unendlichkeit auf die Ware A zurück, die dadurch plötzlich stellvertretend für alle Waren darstellt, dass alle Waren in jeder beliebigen Ware auf die Einheit ihres Verhältnisses zurückkommen und es durch eine beliebige Ware durchführen können. Es lohnt sich daher, zwischen Form III und IV innezuhalten, denn zwischen den beiden Formen müssen die beiden Pole der Wertform in einer Ware so in Eins fallen, dass eine Ware zu derjenigen ideell-übersinnlichen Werteinheit wird, die alle anderen Waren in ein rein gesellschaftliches Verhältnis (ver-)setzt. Kurz gesagt, an der Stelle des Übergangs von Form III und IV muss es anscheinend um den *Übersprung einer Ware ins Geld* gehen.

Doch wie entspringt das Geld, wenn jede Ware allgemeines Äquivalent sein kann? In dieser ebenso paradoxen wie ausweglosen Situation kommt offenbar alles auf ein entscheidendes „Ereignis"[148] an, nämlich darauf, *dass* eine Ware Geld wird und dass sie dadurch zugleich alle Waren überhaupt erst als solche in ein gesellschaftliches Verhältnis (ver-)setzt und auf einen Schlag als Werte derselben Einheit auszeichnet. Dieses Ereignis wurde durch die totale Entfaltung der einfachen Wertform und durch die Umkehr zwar noch nicht als solches herausgestellt – aber es wurde alles dafür

---

148 Der Begriff des Ereignisses ist in der neueren Gesellschaftskritik (wieder) zu Bedeutung gekommen, vor allem durch Alain Badiou und zuvor durch Martin Heidegger, Alfred North Whitehead und Gilles Deleuze. Obwohl Marx den Übergang der allgemeinen Äquivalentform (Form III) in die Geldform (Form IV) nicht als Ereignis bezeichnet hat, wird der Übergang oder Übersprung im Folgenden gelegentlich so genannt. Das soll diesen wieder aktuell gewordenen Begriff nicht nur auf die Kritik der politischen Ökonomie beziehen, es soll ihn auch einer Kritik unterziehen. Es gilt eine Hypostase des Politischen im Zusammenhang mit dem Begriff des Ereignisses zurückzunehmen, die vor allem bei Badiou eher in Richtung einer politischen Theologie als in Richtung einer Kritik der politischen Ökonomie führt. Zudem gilt es, das Ereignis in die unthematisierten Voraussetzungen zurückzunehmen, unter denen ein Ereignis – ein Ereignis in dem emphatischen Sinne, in dem es von Heidegger, Badiou u. a. gebraucht wird – überhaupt erst eintreten kann. Für beide Vorhaben ist das Ereignis der Geldwerdung einer Ware geradezu prädestiniert. So muss zwar einerseits auch in der Wertformanalyse das Eintreten des Geldes ein Ereignis im emphatischen Sinne sein, weil sich seine Geltung nicht irgendwie genetisch oder gar kausal ableiten lässt. Andererseits muss die Geltung des Geldes durch die Analyse desselben rein gesellschaftlichen Verhältnisses eingeholt werden, das durch das Geld überhaupt erst eintritt und doch das Geld ideell und spekulativ je schon zu enthalten scheint. Wenn aber das Geld auf ideelle Weise ohnehin je im gesellschaftlichen Verhältnis der Waren anwesend sein muss (anwesend als ihre abwesende, rein ideelle und spekulative Einheit), besteht das Ereignis darin, dass *nur noch* irgendetwas für dieses ideelle Sein steht. Irgendeine beliebige Ware muss für das Verhältnis der Waren, damit es eintreten kann, da sein, und das Geld kann nur dieses Ereignis sein: dass irgendein Etwas für den Wert, für das rein gesellschaftliche Verhältnis, schlicht da ist.

vorbereitet, *dass es sich nur noch zu ereignen braucht*. So unbedingt notwendig nämlich dieses Ereignis auch eintreten muss – wenn *jede* Ware Geld sein kann, weil die Waren als solche das Geld ideell schon enthalten, dann braucht sich das Geld *nur noch* zu ereignen.
Wie ‚ereignet' sich also das Geld?

Bereits die Umkehrbarkeit von Form II in Form III stellt zwar die Wahrheit der Endlichkeit heraus: dass jede Ware das Verhältnis aller anderen auf sich nehmen und es durchführen kann. Aber mit der Umkehrbarkeit allein ist es nicht getan. Entscheidend für das Eintreten des Geldes ist, dass *die Umkehrbarkeit qua Ausschluss in einer Ware fixiert wird*. Nur im Ausschließen und Fixieren einer Ware kann die Werteinheit gleichsam ‚beschlossen' werden, und nur durch diesen ‚Beschluss', den alle Waren im Ausschließen einer fällen, kann deren Wahrheit durchgeführt, kann ihr gesellschaftliches Verhältnis durch Werte von einer Ware realisiert werden. Erst durch den Ausschluss einer beliebigen Ware wird die *Durchführung* der Endlichkeit durch ihre Unendlichkeit beschlossen, denn erst als ausgeschlossene kann eine Ware realisieren, dass das Resultat der schlecht unendlichen Entfaltung, also das x Ware A = y Ware B, z Ware C… usw. bis ins Unendliche, dass diese schlechte Unendlichkeit auf der passiven Äquivalentseite nur die *andere Seite* ihrer aktiven sowie ihrer relativen Position ist. Auf der passiven Äquivalentseite steht die Form einer Lösung, die von Anfang an *in der aktiven und relativen Position der Ware A angelegt war*, also in ihrer Stellung zum gesellschaftlichen Verhältnis aller anderen Waren.

Der Ausschluss ist somit nicht einfach nur darum notwendig, damit diejenige ideelle Einheit fixiert wird, für die immer ein und dieselbe Ware da ist (sodass sie das gesellschaftliche Verhältnis aller anderen realisieren kann). Durch das Ausschließen steht diese Ware vielmehr in demjenigen Ausnahmezustand, den keine Ware besetzen kann: Damit eine Ware Geld ist, muss sie dort stehen, wo keine Ware stehen kann, nämlich in beiden Polen der Wertform *gleichzeitig*. Sie steht dann, wo sie als gewöhnliche Ware, wegen der Notwendigkeit, sich durch eine andere Ware B (und C, D, usw.) ausdrücken zu müssen, nicht sein kann: Sie steht in der relativen Position *und zugleich* in der Äquivalentform. Gilt dadurch die relative Position der Ware A zugleich als allgemeines Äquivalent, ist sie beides gleichzeitig: *eine* Ware und *alle* Waren, *der* Tauschwert und *der* Gebrauchswert, Ware *und* Geld, endliches Etwas (Ware) und Ideell-Übersinnliches (Werteinheit) oder kurz: Geld-Ware. Was die Waren daher durch das Ausschließen einer beliebigen Ware ‚beschließen', ist, dass diese eine Ware durch das Zusammenfallen ihrer relativen Position mit der allgemeinen Äquivalentform die Einheit der Waren aktiv ausdrücken und darum das oben beschriebene Prozessieren von Endlichem und Unendlichem durchführen und auf sich nehmen kann.

Da für dieses Zusammenfallen beider Pole das Ausschließen und Fixieren einer Ware unbedingt notwendig ist, damit immer ein und dieselbe Ware den Ausnahmezustand, durch den sie das gesellschaftliche Verhältnis aller anderen Waren durchführen kann, besetzt hält, darum muss Marx aus der Umkehr von Form II (der totalen, aber schlecht unendlichen Entfaltung der einfachen Wertform) in Form III (die allgemeine Äquivalentform) noch Form IV entspringen lassen, die eigentliche Geldform. Und weil nun *jede* Ware ausgeschlossen werden und zu Geld werden kann, braucht nur noch irgendeine Ware schlicht ausgeschlossen und als ausgeschlossene fixiert zu werden, damit sich die Geldwerdung ‚ereignet' und eine Ware in den Ausnahmezustand[149] der

---

[149] Wenn hier wiederholt vom „Ausnahmezustand" (oder auch von der „Ausnahmestellung") der Geldware gesprochen wird, obwohl Marx selbst meist nur vom Aussondern und Ausschließen der Geldware spricht (aber auch von „einer einzigen Ausnahme", *Kapital I*, S. 82), so wird für die Stellung des Geldes bewusst ein Begriff gewählt, der in den Debatten um die Konstitution von Souveränität im Mittelpunkt steht. Von Hobbes über Carl Schmitt und Walter Benjamin bis Michel Foucault und Giorgio Agamben ist „Ausnahmezustand" zu einem Schlüsselbegriff für die Konstitution von Herrschaft und Souveränität, Gesetz und (Bio-)Macht geworden, und zwar dergestalt, dass der Ausnahmezustand genau die Souveränität in Kraft setzt, die über diesen Ausnahmezustand auch entscheidet. Das ergibt einen paradoxen, unentschiedenen Zustand, denn die Souveränität ist genau diejenige Ausnahme, die, um über den Zustand ihrer eigenen Ordnung entscheiden zu können, in *und* außerhalb derselben stehen muss. Die Figur des Souveräns steht daher für die Besetzung eines existenziellen Nullpunkts, der seine Kraft aus dem unvermittelten Zusammenfallen einer Ordnung mit ihrer Ausnahme oder besser ihrem Aussetzen erhält. Durch dieses Zusammenfallen scheint Souveränität Geltung allein qua Entscheidung *setzen* zu können, sie scheint mithin der Notwendigkeit einer wie auch immer gefassten oder verfassten Vermittlung – durch Sprache und Diskurs, durch religiöse, staatliche oder ökonomische Instanzen oder schlicht durch die Vernunft – enthoben zu sein. Ausnahmezustand und Souveränität üben nicht nur eine religiös-existenzialistische Anziehung aus, sie dienen auch einem Gegenentwurf zur dialektischen Idee von Vermittlung: In gewisser Weise sollen sie genau derjenigen Vermittlung enthoben sein, um deren Notwendigkeit die Dialektik von Hegel und Marx kreist. So steht zwar auch in Hegels dialektischer Entwicklung des Seins eine Ausnahme beständig im Mittelpunkt, denn im immanenten Hinausgehen tritt stets ‚das ausgeschlossene Dritte' ein, etwa, wie für den Anfang der *WdL* gezeigt, zuerst das Dritte von Sein und Nichts (ihr Übergehen und Werden), dann von Etwas und Anderes (ihr Verhältnis), schließlich von Endlichem und Unendlichem (ihr Prozessieren). Aber der Unterschied ums Ganze ist, dass hier diese Ausnahme eben nichts ist als dasjenige ausgeschlossene (souveräne) Dritte, durch das die spekulative Identität im Sinne jenes Übergehens (von Sein und Nichts), jenes Verhältnisses (von Etwas und Anderes) und jenes selbstbezüglichen Prozessierens (von Endlichem und Unendlichem) eingeholt wird. Nicht nur für die Logik des Seins, auch für das Geld lassen sich einerseits der Ausnahmezustand und die Souveränität einer Geldware zeigen, die andererseits nur dafür da ist, alle anderen Waren in ein und dasselbe Verhältnis zu setzen und sie dadurch dem eigenen Immanenzverhältnis und der eigenen spekulativen Identität auszusetzen. Dieser Ausnahmezustand durchzieht die gesamte ‚Souveränität' des Geldes: Durch ihre Aussonderung und Fixierung befindet sich eine Ware dort, wo keine Ware stehen kann, nämlich in dem Ausnahmezustand, der beide Positionen der Wertform *gleichzeitig* besetzt – und doch befindet sich diese eine Ware nur darum in diesem Zustand totaler Austauschbarkeit, weil sie *alle anderen* Waren darein versetzt. Die Geldware ist dadurch die einzige Ware, die unbestimmt ist – und doch bleibt sie unbestimmt, weil sie der *beständigen Bestimmung* durch alle anderen Waren ausgesetzt ist und dadurch die ideelle Einheit der Waren realisiert. Letztlich eröffnet der Ausnahmezustand des Geldes den Waren *ihren* ausgeschlossenen Zustand, und dieser ist identisch mit ihrer Normalität: Das Geld eröffnet ihnen diejenige übersinnlich-ideelle Werteinheit, durch welche die Waren in ihr eigenes Verhältnis eintreten und es für sich realisieren können. Innerhalb des Marxismus hat Althusser einer Ausnahme eine zentrale Stellung eingeräumt, nämlich im Zusammenhang mit seinem Begriff der Überdeterminierung, vgl. Louis Althusser: Widerspruch und Überdeterminierung. In: Ders.: *Für Marx*. Frankfurt am Main: Suhrkamp 2011, S. 105–144, bes. S. 126ff. Es ist aufschlussreich, dass nicht nur logisch, sondern auch historisch angelegte Rekonstruktionen, wie etwa die von Bernhard Laum, im Ursprung des Geldes auf eine Ausnahmestellung gestoßen sind und an ihr wiederum eine *Logik* festgemacht haben. So entsteht auch Laum zufolge das Geld durch seine Maßfunktion und nicht durch seine Tauschmittelfunktion, und die Maßfunktion steht auch hier zwischen Endlichkeit und Unendlichkeit, nämlich zwischen irdischem Dasein und

Gleichzeitigkeit beider Pole eintritt, eintritt, während sie zugleich alle anderen Waren schlagartig in den Zustand einer spekulativen Identität und in das Verhältnis totaler Austauschbarkeit versetzt.[150]

göttlicher Transzendenz (so wie bei Marx die Geldware zwischen dem endlichen Dasein der Waren und einer übersinnlich-ideellen Werteinheit steht und beides verkörpert). Des Weiteren entsteht auch bei Laum die Qualität, für die das Geld maßgeblich ist, dadurch, dass das Geld, was immer es in sinnlich-stofflicher Hinsicht auch sein mag, gegenüber dieser irdischen Bestimmung gleichgültig und herausgehoben ist, um dadurch wiederum im irdischen Dasein stellvertretend für das Ideell-Übersinnliche, Transzendente zu stehen und das Dasein überhaupt erst der eigenen Endlichkeit auszusetzen. Und auch bei Laum *folgen* aus der Maßfunktion erst die weiteren Funktionen des Geldes, d.h. auch hier ist es ausdrücklich seine Maßfunktion, aufgrund deren das Geld erst als Tauschmittel in die irdische Vermittlung eintritt. Entsprechend realisiert es als Tauschmittel *nicht* Austauschverhältnisse zwischen Menschen und Dingen innerhalb eines irdischen Daseins, sondern es realisiert jene Maßfunktion, d.h. das Tauschmittel realisiert den Austausch mit der Unendlichkeit und der Transzendenz (auch wenn diese Transzendenz noch keine ideelle Werteinheit ist, sondern ein höheres, göttliches Wesen); vgl. Laum: *Heiliges Geld*. Auch David Graeber beschreibt in seinen ethnologischen Untersuchungen, dass Äquivalente für den gemeinschaftlichen und gesellschaftlichen Verkehr geschaffen wurden, indem Dinge oder Menschen (besonders Frauen) aus genau dem sozialen Netz gewaltsam herausgerissen wurden, in welchem sie dann wiederum als Äquivalente eintreten und ökonomische Äquivalenzverhältnisse und Kalkulierbarkeit herstellen, vgl. ders.: *Schulden. Die ersten 5.000 Jahre.* Stuttgart: Klett-Cotta 2012, S. 166–167.

150 Die Wertformanalyse ist für diese Pointe nicht gewürdigt worden. Im Gegenteil, in der neueren Diskussion um die Wertformanalyse ist wiederholt der unvermittelte Übergang von der allgemeinen Äquivalentform (Form III) in die Geldform (Form IV) kritisiert worden. (Also derjenige Übergang, den Marx in der letzten Version seiner Wertformanalyse darstellt, in der 2. Auflage des *Kapitals* Bd. I). Die Kritik hat zudem diese Fassung der Wertformanalyse den früheren Fassungen entgegengestellt, das sind die Versionen in *Zur Kritik der Politischen Ökonomie* (vgl. Karl Marx: Zur Kritik der politischen Ökonomie. In: *MEW*, Bd. 13, S. 3–160.) sowie die beiden Versionen, die sich in der 1. Auflage des *Kapitals* Bd. I bzw. in ihrem Anhang finden (vgl. *MEGA* II/5). So plädiert Michael Heinrich dafür, die Entwicklung der Wertform von der Geldform zu trennen, genau wie Marx dies noch in der 1. Auflage des *Kapitals* getan habe. Denn nachdem Marx in der 2. Auflage die vierte Wertform durch die Geldform ersetzt habe, ergebe sich nun ein „*Bruch in der dialektischen Darstellung*" der Wertformen. Während Marx die Übergänge zwischen den ersten drei Wertformen aus begrifflichen Mängeln der jeweils vorhergehenden Form entwickelte, gibt es zwischen der allgemeinen Wertform und der Geldform überhaupt keinen Unterschied in der *Form*. Es handelt sich nur darum, daß die allgemeine Äquivalentform, die im Prinzip jeder Ware zukommen kann, jetzt ‚durch gesellschaftliche Gewohnheit' […] endgültig mit der Naturalform einer spezifischen Ware verwächst. Mit der Einfügung der Geldform wechselt Marx auf eine ganz andere *theoretische Ebene*: statt mit der begrifflichen Entwicklung der *Formen* argumentiert er mit ‚gesellschaftlicher Gewohnheit', d.h. letzten Endes mit den *Handlungen* der Warenbesitzer" (Heinrich: *Die Wissenschaft vom Wert*, S. 227). Heinrichs Darstellung betrachtet den Bruch nicht als die Pointe in Marx' Entwicklung der Geldform: Es ist gerade dieser Bruch, der begründet werden muss, denn das Geld kann nicht aus demjenigen Verhältnis x Ware A = y Ware B abgeleitet werden, das seinerseits, um ein solches quantitativ bestimmtes Verhältnis zu sein, wiederum eine maßgebliche Einheit schon voraussetzt. Für den Ursprung der Geldware, durch die eine unableitbare, ideelle Einheit maßgeblich wird, ist nur noch ein Bruch offen. Da jede Ware allgemeines Äquivalent der gesellschaftlichen Form ihrer eigenen Bestimmung sein kann, da jede Ware mithin für eine ideelle Werteinheit stehen und zum Maß des gesellschaftlichen Verhältnisses aller anderen Waren werden kann, braucht tatsächlich, wie Marx sagt, nur noch irgendeine Ware durch „gesellschaftliche Gewohnheit" (Kapital I, S. 84) dauerhaft ausgeschlossen werden, damit eine ideelle Einheit fixiert wird, sich das Geld ‚ereignet' und jene analysierte einfache Wertform eintreten kann. Gerhard Göhler wiederum will der Wertformanalyse der 2. Auflage des *Kapitals* eine „Reduktion" der dialektischen Entwicklung gegenüber den zwei Versionen in der 1. Auflage und auch gegenüber der Version in *Zur Kritik der Politischen Ökonomie* nachweisen, und er macht diese Reduktion ebenfalls am Übergang von Form III ins Geld sowie an der Trennung der Wertformanalyse vom

Das Ausschließen einer Geldware ist somit keine Lösung des widersprüchlichen Daseins der Waren, als ob ihr Widerspruch schon *vor* dem Ausschließen des Geldes oder gar ohne das Geld, prä-monetär und prä-valor, da wäre. Vielmehr gehört das Ausschließen zur Setzung ihres widersprüchlichen Daseins dazu, aber so, dass die Geldware den Widerspruch zwischen Gebrauchswert und Tauschwert realisiert, *indem* sie die Waren dieses Widerspruchs enthebt, genauso wie sie die Waren der Notwendigkeit enthebt, ihr Verhältnis unmittelbar durch einander darzustellen. Kurz, die ausgeschlossene Geldware realisiert paradoxerweise, was sie ersetzt. Darum muss der Ausschluss derjenigen Ware, die für das Verhältnis aller anderen da ist, ein gemeinsamer ‚Beschluss' der Waren gewesen sein, schon *bevor* sie sich als Waren durch die

Austausch fest; vgl. Gerhard Göhler: *Die Reduktion der Dialektik durch Marx. Strukturveränderungen der dialektischen Entwicklung in der Kritik der politischen Ökonomie.* Stuttgart: Klett-Cotta 1980. Auch Hans-Georg Backhaus hat am Übergang zwischen der Wertformanalyse und dem Austauschprozess bestimmte Probleme festgemacht, vor allem was den jeweils unterschiedlichen Status der Ware betrifft, und auch er kritisiert in diesem Zusammenhang die Popularisierung der 2. Auflage des *Kapitals* Bd. I gegenüber der ersten Auflage. Zusammenfassend kommt er zu dem Urteil, dass die „mangelhafte Vermittlung von Substanz und Form des Werts" darin zum Ausdruck komme, „daß in der Entwicklung des Werts ein Bruch aufweisbar ist: Der Übergang vom zweiten zum dritten Abschnitt des ersten Kapitels ist als *notwendiger* Übergang nicht mehr einsichtig" (Backhaus: *Dialektik der Wertform*, S. 43). Wie Heinrich kritisiert auch Backhaus insbesondere den Übergang von Form III in Form IV innerhalb der Wertformanalyse. So habe Marx mit der Ersetzung der Form IV aus der Version der Wertformanalyse in der 1. Auflage durch den Abschnitt „D) Geldform" in der 2. Auflage eine „fatale Überarbeitung" und „Vulgarisierung" vorgenommen (vgl. ebd., S. 284ff., hier S. 293); ders.: Rezeptionsmängel bei der Marxschen Form-Analyse. In: *Marxistische Studien. Jahrbuch des IMSF* 13 (1987), S. 402–414, bes. S. 405ff. Den drei genannten Autoren haben sich weitere angeschlossen u. a. Sven Ellmers: *Die formanalytische Klassentheorie von Karl Marx. Ein Beitrag zur neuen Marx-Lektüre.* Duisburg: Universitätsverlag Rhein-Ruhr 2007, S. 25; Hendrik Wallat: *Das Bewusstsein der Krise. Marx, Nietzsche und die Emanzipation des Nichtidentischen in der politischen Theorie.* Bielefeld: Transcript 2009, S. 297, bes. Anm. 105); zur Diskussion vgl. auch Ingo Elbe: *Marx im Westen. Die neue Marx-Lektüre in der Bundesrepublik seit 1965.* Berlin: Akademie 2008, S. 283ff. Kritik an Backhaus und Göhler kam dagegen von Winfried Schwarz: Die Geldform in der 1. und 2. Auflage des ‚Kapital'. Zur Diskussion um die Historisierung des Wertformanalyse. In: *Marxistische Studien. Jahrbuch des IMSF* 12 (1987), S. 200–213; positiver als Backhaus und Göhler bewertet Christian Iber die Version der 2. Aufl., vgl. ders.: *Grundzüge der Marx'schen Kapitalismustheorie.* Berlin: Parerga 2005, S. 60–61; Roberto Fineschi sieht in ihr sogar eine „Verstärkung der dialektischen Darstellung" (Roberto Fineschi: Nochmals zum Verhältnis Wertform – Geldform – Austauschprozess. In: *Beiträge zur Marx-Engels-Forschung. Neue Folge* 2004, S. 115–133, hier S. 133). Einer der wenigen Autoren, der betont, dass der Übergang als Bruch eintreten muss, ist Hans-Joachim Lenger, vgl. ders.: *Marx zufolge.* Bielefeld: Transcript 2004, S. 78. Heinrich, Göhler und Backhaus übersehen jedenfalls in der Kritik des Übergangs von Form III (allgemeine Äquivalentform) in die Form IV (Geldform), dass hier nicht die Wertformanalyse in den Austausch überspringt (bzw. dieser Übergang unvermittelt ist und scheitert), sondern dass die Wertformanalyse mit dem ‚Übersprung' einer Ware in die spekulative Identität aller anderen eben maßgebliche Einheit einholt, bevor dann erst im Austauschprozess die Realisierung der Waren durch eben diese maßgebliche Einheit dargestellt wird. Der Bruch, der in der Wertformanalyse durch den Ausschluss einer Ware und die Fixierung einer maßgeblichen, aber noch ideellen Einheit eintritt, dieser Bruch muss durch den Austauschprozess und durch die Tauschmittelfunktion allerdings in der Tat auch, wie noch zu zeigen sein wird, durch das *praktische Handeln* durchgeführt werden. Im Austauschprozess ereignet sich der Bruch nämlich beständig auf *praktische* Weise, indem das Ausschließen der Geldware zur Form der Vermittlung der Waren wird und die ideelle Einheit nun als Mittel der praktischen Realisierung ihres gesellschaftlichen Verhältnisses eintritt. (Hier werden dann auch die beiden von Heinrich angesprochenen unterschiedlichen Ebenen relevant, vgl. dazu auch Anm. 192).

ausgeschlossene Geldware an eine gemeinsame Einheit halten und als endliche Werte dieser Einheit ins Verhältnis treten, und *damit* sie als Waren ins Verhältnis treten. (Marx zeigt im Anschluss an die Wertformanalyse, auf welche ‚bewusstlose' Weise nicht nur die Waren, sondern auch ihre Besitzer eine unvordenkliche Ausnahme ‚beschlossen' haben. So wie die Waren als Waren je schon bewusstlos auf das Geld bezogen sind, so haben auch ihre Besitzer sie auf das Geld bezogen, noch *bevor* sie gedacht haben. Insofern sie ihre Waren als Waren aufeinander beziehen, haben sie dieselben gleichgesetzt und dadurch auf eine ausgeschlossene, abwesend-ideelle Einheit bezogen; sie haben dadurch dem Geld denjenigen übersinnlich-ideellen Platz eingeräumt, von dem her sie, ohne es zu begreifen, gedacht haben, ganz wie es dem bewusstlosen Selbstverhältnis der Waren entspricht.[151] Darauf wird im IV. Abschnitt zu Sohn-Rethel noch ausführlich eingegangen.)

Es scheint nun, als sei mit Form IV die Entwicklung der Geldform des Werts abgeschlossen. Es scheint, als sei durch das Ausschließen einer Geldware und durch die Besetzung einer reinen, ideellen Werteinheit die Voraussetzung geschaffen für den Austausch der Waren als Werte derselben Einheit. Es scheint sogar, als sei der Ausschluss einer Geldware unmittelbar die Voraussetzung dafür, dass sie als Tauschmittel wiederkehren und die Warenwerte in Form des Austauschs realisieren kann. Und in der Tat schließt Marx an die Analyse der Wertform der Ware den Austauschprozess an. Hier geschieht im Kauf und Verkauf und im Zirkulieren der Waren das Ereignis des Ausschließens der Geldware und der Eintritt einer ideellen Einheit sowie das Einlösen der Gleichzeitigkeit der beiden Pole auf *praktische* Weise. Im Zirkulieren der Waren wird die Geldware nun beständig auf praktische Weise ausgeschlossen, und der paradoxe Zustand der Gleichzeitigkeit in beiden Polen, der dadurch eintritt, wird zu seiner Tauschmittelfunktion. Als Tauschmittel realisiert es die ideelle Einheit, für die es steht, in der Form des Zirkulierens der Waren …W-G-W…; die ideelle Werteinheit wird in den Tauschwerten der Waren expliziert und in der Vermittlung ihres Wertverhältnisses ebenso eingelöst, wie sie in der Entsprechung von Ware und Geld verschwindet. Auch die Genesis des Geldes und das wertförmige Übergehen der Waren werden noch einmal auseinandergelegt, diesmal nicht in eine rein logisch-kategorial gehaltene Analyse der Form des Werts, sondern in das praktische Handeln der Waren- und Geldbesitzer und in die Form der einfachen Zirkulation der Waren …W-G-W… Nachdem Marx also das *rein gesellschaftliche Verhältnis* durch die Geldform begründet hat, wird anschließend die *praktische Vermittlung* und Realisierung dieses Verhältnisses durch das Tauschmittel gezeigt.

151 *Kapital I*, S. 101. Vgl. auch: „Ein Verkehr, worin Warenbesitzer ihre eignen Artikel mit verschiednen andren Artikeln austauschen und vergleichen, findet niemals statt, ohne daß verschiedne Waren von verschiednen Warenbesitzern innerhalb ihres Verkehrs mit einer und derselben dritten Warenart ausgetauscht und als Werte verglichen werden. Solche dritte Ware, indem sie Äquivalent für verschiedne andre Waren wird, erhält unmittelbar, wenn auch in engen Grenzen, allgemeine oder gesellschaftliche Äquivalentform." (*Kapital I*, S. 103.)

Indes ist ein solch unmittelbarer Übergang der Geldware ins Tauschmittel überstürzt, denn mit dem Geld als allgemeinem Äquivalent und als Werteinheit steht seine erste Funktion, seine Funktion als *Maß* des Werts, erst am Anfang. Die Wertformanalyse zeigt zwar, dass das Ausschließen einer Ware eine ideelle Einheit für alle anderen Waren fixiert, und dadurch ist den Waren das Mittel der Realisierung ihres Verhältnisses (ab-)gegeben. Aber die eigentliche *Funktion* des Maßes ist dadurch noch gar nicht entwickelt. Auch die Qualität des Werts, für welche die Geldware maßgeblich wird, ist noch nicht entwickelt, denn x Ware A = y Ware B ist ja, wie mehrfach betont, die *quantitative Identifikation* des Verhältnisses zweier Waren – und genau diese quantitative Identifikation steht noch aus.

Um die Logik dieser Identifikation zu zeigen, muss weiterhin – und noch mehr als zuvor – auf Hegels Seinslogik zurückgegriffen werden.

Auch Hegels Seinslogik geht nach der Entwicklung der Qualität noch nicht ins Wesen der Vermittlung über, in die Logik der Reflexion, vielmehr bestimmt er in der Quantität noch die Qualität der Qualität, um mit ihr wiederum die Logik des Maßes einzuholen. Genau genommen geht es in der Qualität der Qualität bereits, wie die tautologische Formulierung andeutet, um die Logik der Reflexion, aber diese Reflexion ist noch nicht das negative Wesen, das zwischen Objektivität und Subjektivität ebenso zu trennen wie zu vermitteln scheint. Vielmehr geht es um das Reflexiv-Werden der Objektivität selbst, nämlich um das unmittelbare Umschlagen der Qualität in Quantität. Die Qualität wird dadurch bereits reflexiv und wendet die Qualität des Bestimmens auf sich selbst an, auf die eigene ideelle Identität, wenn auch auf bewusstlose, aber gleichwohl – oder gerade dadurch – objektive Weise.
Genau dieses bewusstlose Reflexiv-Werden des Seins durch sein Umschlagen in Quantität vollzieht sich auch im gesellschaftlichen Sein, und dafür ist auch hier das Maß entscheidend, genauer, die maßgebliche ideelle Einheit, für die das Geld steht. Mit Hegels Seinslogik und dem Umschlagen von Qualität in Quantität gilt es daher für Marx' Ökonomiekritik noch zu begründen, worin die Logik des Maßes eigentlich besteht und warum die erste Funktion des Geldes als Maß des Werts für das quantitative Umschlagen des gesellschaftlichen Verhältnisses der Waren entscheidend ist. (Es kommt zudem nicht nur alles darauf an, die Maßfunktion vollständig zu entwickeln, bevor sie in die Tauschmittelfunktion übergeht. Es kommt auch darauf an, durch die Maßfunktion die *Kritik* der Tauschmittelfunktion vorzubereiten. Erst durch die Entwicklung des Maßes wird nämlich deutlich, dass das Tauschmittel nicht, wie es in der Zirkulation scheint, die Waren qua Abstraktion gleichsetzt und dadurch als Tauschwerte vermittelt, sondern dass die Tauschmittelfunktion die Maßfunktion realisiert. Es realisiert mithin *nicht*, auch wenn es so scheinen muss, den Austausch der Waren, sondern es führt die Logik einer Messung durch.)
Die Logik des Umschlagens und das Reflexiv-Werden der Qualität in der Quantität soll, wie bisher, in Analogie zur *WdL* entwickelt werden, wobei die *WdL* weiterhin die Vorlage abgibt. Zunächst muss die Logik des Umschlagens betrachtet werden.

Geltung und Materialismus des Geldes.
Die Identifikation der Waren mit ihrer leeren Werteinheit durch die Geldware
Erinnern wir uns: Weil jede Ware alle anderen durch deren Verhältnis hindurchführen kann, ist das gesellschaftliche Verhältnis in jeder Ware gleichsam ideell vorhanden, so nämlich, dass in jeder Ware das Übergehen aller Waren als Werte derselben Einheit als *spekulativ* je vollzogen *gilt*. Das wertförmige Übergehen der Waren ist in jeder Ware gleichsam da und muss von den Waren nur noch dadurch in Anspruch genommen werden, dass sie im Ausschließen immer ein und derselben Ware auf dieses Übergehen zurückkommen und dadurch eine ideelle Einheit realisieren. Die Logik des Umschlagens lässt sich somit in einem Satz zusammenfassen: Die Geldware führt auf negative und blind-bewusstlose, aber objektive Weise die Identifikation der Waren mit einer ideellen Werteinheit durch, ganz so als sei den Waren durch das Ausschließen der Geldware diejenige ideelle Einheit gegeben, durch die sie ihr Verhältnis wie in einer Reflexion umschlagen und realisieren können.

Nun wird auch deutlich, worin der Materialismus in Marx' Ökonomiekritik besteht. In der *WdL* ist es das begriffliche Denken, das die Objektivität gleichsam ihrem eigenen Sein aussetzt und Objektivität von der dadurch entstehenden Logik her denkt. Das Denken kann von der Objektivität her denken und sich mit ihr identifizieren, indem es die Objektivität ein Selbstverhältnis sein lässt und von der inneren Notwendigkeit her dieses Selbstverhältnis denkt. Bislang legte die Seinslogik diese innere Notwendigkeit in das In-sich-Übergehen des Daseins auseinander; das ergab eine bestimmunggebende Negativität, die letztlich sich selbst das Eins der Bestimmung sein muss und darum, so wurde angekündigt, quantitativ umschlägt und bewusstlos reflexiv wird. In Marx' *Kapital* dagegen wird die Objektivität der Gesellschaft statt durch den Begriff durch das Geld konstituiert. Das Geld setzt die Waren einer ideellen Einheit aus, und durch diese Einheit können die Waren ihr Verhältnis wie in einer bewusstlosen Reflexion umschlagen und als Werte derselben Einheit ins Verhältnis treten. Es ist daher gleichsam der Materialismus der Geldware, die Waren einerseits einer ebenso spekulativen wie ideellen Einheit auszusetzen und die Waren andererseits im quantitativen Umschlagen wie in einer bewusstlosen Reflexion durch und geradezu *mit* dieser ideellen Einheit zu identifizieren. Es ist dann nicht der Begriff, der von der Objektivität her denkt, wenn er sie ein Selbstverhältnis sein lässt, sondern es ist das Geld, das anstelle des Begriffs die Gesellschaft ein objektives Selbstverhältnis sein lässt und es anstelle des Denkens realisiert.

Durch die Notwendigkeit einer Geldware macht Marx allerdings den Materialismus ausgerechnet für das *Ideelle* geltend, ganz wie der Begriff, wenn er die Objektivität der Identität ihres eigenen ideellen Seins aussetzt. Die Geldware muss für das Ideelle gleichsam einspringen, denn nur durch das Aussondern einer Geldware ist auf einen Schlag etwas für diejenige ideelle Einheit da, die das Verhältnis der Waren wie in einer Reflexion umschlagen kann. Dieses Umschlagen ereignet sich durch den permanenten ‚Ausnahmezustand', in welchem sich die ausgesonderte Geldware gegenüber allen anderen Waren befindet. Obwohl die Geldware selbst nur irgendein Etwas ist, irgendeine beliebige Ware, kann sie buchstäblich *sich für* das Übergehen der Waren und für ihr rein gesellschaftliches Verhältnis einsetzen und sich durch dieses Einsetzen in die endlichen Momente derjenigen ideellen Einheit herabsetzen, die genau dadurch Realität wird und für welche die Geldware da ist. So steht die Geldware einerseits buchstäblich für das Einssein der Waren, andererseits ist sie von ihnen getrennt und steht ihnen sogar gleichgültig gegenüber. Die Geldware muss *sich für* das gesellschaftliche Verhältnis der Ware *ausgeben*, wobei das Ausgeben im doppelten Sinne des Worts zu verstehen ist, zum einen als ein absolutes ‚Opfern' für das Verhältnis, dessen Durchführung sie auf sich nimmt, und zum anderen als Annehmen der Identität jenes durchgeführten Verhältnisses, sodass sie die eigene Identität als die Identität des Verhältnisses ausgibt. Mit anderen Worten, die Geldware muss zwischen der ideellen Einheit und den Waren stehen oder vielmehr *prozessieren*. Durch dieses Prozessieren ist die Identität der Geldware nichts als ein Übergang, der Übergang jenes Übergehens, durch das die Waren ihr eigenes Verhältnis eingehen. Die Identität der Geldware geht mithin im Prozessieren von Endlichkeit und Unendlichkeit vollkommen auf, d. h. sie tauscht sich gegen das Verhältnis, das sie durchführt, aus. Sie ist dem eigenen Dasein wie den Waren gegenüber vollkommen gleichgültig, und durch diese vollkommene Gleichgültigkeit kann ihre eigene Identität diejenige der Waren realisieren. Die Geldware *ist* dann nicht das gesellschaftliche Verhältnis der Waren noch steht sie für es, sie *gibt* den Waren dasjenige Verhältnis *wieder*, das sie im Ausschließen der Geldware eingehen.

Dass im Ausschließen der Geldware unmittelbar diejenige ideelle Einheit der Waren eintritt, für welche die Geldware zugleich steht, wird nun, in Analogie zu Hegels Seinslogik und noch vor dem eigentlichen Umschlagen in Quantität, als *Attraktion* und *Repulsion* zu entwickeln sein. Noch bevor die Qualität durch bestimmte Größen umschlägt, soll gezeigt werden, dass das Geld im Ausschließen diejenige leere Werteinheit wird, die für das Einssein der Waren da ist, sodass die Waren im Geld ihr Einssein ausschließen und darin einander gleichgültige Äquivalente sind. Erst im Anschluss daran wird sich erweisen, dass die Waren im Ein- und Ausschließen des Geldes nicht nur ihr Einssein teilen, sondern dass sie die Qualität des Bestimmens im Umschlagen in Quantität bewusstlos auf die eigene ideelle Identität anwenden und dadurch *quantitative* Verhältnisse eingehen.

Das Fürsichsein in der Repulsion und Attraktion
oder das Ausschließen des Geldes als Werteinheit allgemeiner Äquivalente
Um zur Bedeutung von Repulsion und Attraktion zu gelangen, muss die *Idealität* der Identität genau begriffen werden. Was die Identität angeht, so hatte sie sich aus der Negativität des Seins ergeben; ihre Idealität bestand wiederum darin, dass das endliche Dasein auf diese Negativität zurückkommen und sich selbst das Eins der Bestimmung sein muss. Ein endliches Dasein, das an nichts als es selbst gehalten ist, *muss* darum die eigene Identität zur Bestimmung haben, und so wird dem endlichen Dasein die

Notwendigkeit, dass es durch es selbst bestimmt sein muss, zu derjenigen Negativität, die ihm zugleich zur identischen Qualität des Seins wird; die Idealität besteht dann nur noch darin, auf diese Identität des Seins wie in einer bewusstlosen Reflexion zurückzukommen und sie gleichsam zum Gegenstand der Bestimmung zu haben.
Hegel fasst das Ganze so zusammen:

> Im *Fürsichsein* ist das *qualitative Sein vollendet;* es ist das unendliche Sein. Das Sein des Anfangs ist bestimmungslos. Das Dasein ist das aufgehobene, aber nur unmittelbar aufgehobene Sein; es enthält so zunächst nur die erste, selbst unmittelbare Negation; das Sein ist zwar gleichfalls erhalten, und beide im Dasein in einfacher Einheit vereint, aber eben darum an sich einander noch *ungleich*, und ihre Einheit noch *nicht gesetzt*. Das Dasein ist darum die Sphäre der Differenz, des Dualismus, das Feld der Endlichkeit. Die Bestimmtheit ist Bestimmtheit als solche, ein relatives, nicht absolutes Bestimmtsein. Im Fürsichsein ist der Unterschied zwischen dem Sein und der Bestimmtheit oder Negation gesetzt und ausgeglichen; Qualität, Anderssein, Grenze, wie Realität, Ansichsein, Sollen usf. sind die unvollkommenen Einbildungen der Negation in das Sein, als in welchen die Differenz beider noch zugrunde liegt. Indem aber in der Endlichkeit die Negation in die Unendlichkeit, in die *gesetzte* Negation der Negation, übergegangen, ist sie einfache Beziehung auf sich, also an ihr selbst die Ausgleichung mit dem Sein, – *absolutes Bestimmtsein*.[152]

Näher betrachtet, besteht die Idealität des Fürsichseins darin, dass das Dasein sein gesamtes (Anders-)Werden als *aufgehobenes* an-sich hat, ganz so, als ob es sich unmittelbar mit sich selbst identifiziert hätte und dadurch auf seine vollendete Qualität träfe: „Das Andere ist in ihm nur *als* ein Aufgehobenes, als *sein Moment*; das Fürsichsein besteht darin, über die Schranke, über sein Anderssein so hinausgegangen zu sein, daß es als diese Negation die unendliche *Rückkehr* in sich ist."[153] So ist das endliche Dasein nicht mehr durch Etwas und ein Anderes bestimmt, vielmehr ist, da jedes Etwas durch die *Rückkehr* aus Anderem bestimmt ist, dem Dasein diese Unmittelbarkeit der Rückkehr-zu-Sich die Idealität eines bewusstlosen Reflexiv-Werdens, und das, dieses Reflexiv-Werden, ist seine Bestimmung *schlechthin*. Die Rückkehr-zu-Sich *ist* das Fürsichsein des Daseins, seine Bestimmung *ist* das Sein-für-Eines: „Fürsichsein und Für-Eines-Sein sind also nicht verschiedene Bedeutungen der Idealität, sondern sind wesentliche, untrennbare Momente derselben."[154]
Im Fürsichsein ist der Prozess des Endlichen und Unendlichen zur spekulativen Identität *und* zur Idealität des Daseins geworden, und der Prozess bringt sich auf den Punkt im Bestimmen des *Einsseins*: „Das Fürsichsein ist die einfache Einheit seiner selbst und seines Moments, des Seins-für-Eines. Es ist nur *eine* Bestimmung vorhanden, die Beziehung-auf-sich-selbst des Aufhebens."[155]
Es gibt nur noch *eine* Qualität, nämlich die Qualität des Bestimmens selbst, und der Bezug auf diese Qualität des Bestimmens ist dem Dasein Bezug auf seine Identität, darum muss es im Rückkommen darauf sich selbst das Eins der Bestimmung sein: „Das Eins ist die einfache Beziehung des Fürsichseins auf sich selbst, in der seine

---

152 *WdL I*, S. 174.
153 *WdL I*, S. 175.
154 *WdL I*, S. 177.
155 *WdL I*, S. 182.

Momente in sich zusammengefallen sind, in der es daher die Form der *Unmittelbarkeit* hat und seine Momente daher nun *daseiende* werden."[156]

In diesem Fürsichsein ist die Entwicklung des endlichen Daseins vollendet. Die Ununterschiedenheit und absolute Geschiedenheit von Sein und Nichts des reinen Anfangs der *WdL*, die bislang als seinslogisches Übergehen des Daseins entwickelt wurden, sind im Einssein dessen *vollendete* Qualität. Die Qualität des Einsseins ist nicht das *unbestimmte* Übergehen von Sein und Nichts, wie im „reinen Anfang", sie ist aber auch nicht das Übergehen in *Bestimmung*, wie in der Daseinslogik, sondern die Qualität des Einsseins ist es, in aller Bestimmung und aller Veränderung unverändert zu *bleiben* und sich wie in einer ständigen Rückkehr rein als solche zu erhalten: „Das Eins ist somit keines Anderswerdens fähig, es ist *unveränderlich*. Es ist unbestimmt, jedoch nicht mehr wie das Sein; seine Unbestimmtheit ist die Bestimmtheit, welche Beziehung auf sich selbst ist, absolutes Bestimmtsein; *gesetztes* Insichsein."[157]

In dieser absoluten Beziehung auf sich hat das Sein außer sich weder Negation noch Grenze oder Schranke, sondern nur die *Leere* – aber diese Leere ist das Nichts-außer-Ihm. Dass die Leere das „Nichts-außer-Ihm" des Seins ist, heißt, dass die Leere durch genau dasjenige Einssein entsteht, das sich, wie in einem bewusstlosen Reflektieren, *anstelle* oder an die Stelle des Nichts setzt und die Leere durch sich selbst erfüllt.[158]

In dieser Erfüllung ist das Einssein dasselbe Übergehen, das im „reinen Anfang" die Unmittelbarkeit von Sein und Nichts ist, das dann Etwas und ein Anderes ebenso unterschied wie durcheinander bestimmte und sich schließlich als das Prozessieren von Endlichem und Unendlichem herausstellte. Aber nun fällt das Übergehen von Sein und Nichts sowie das Verhältnis von Etwas und Anderem und überhaupt das Bestimmen und Prozessieren in Eins. Das Dasein, das sein Werden und seine Bestimmung in sich zurücknimmt und *darin* seine *unveränderliche* Bestimmung hat, wird von Hegel als Eins, viele Eins und Leere gefasst und als Beziehung der Beziehungs-losigkeit entwickelt, nämlich als *Repulsion* und *Attraktion*.[159]

In Repulsion und Attraktion wird bereits das Umschlagen in Quantität erkennbar, das dem Dasein durch die Notwendigkeit des Zurückkommens auf sein Einssein bevorsteht. So ist die *Repulsion* „die negative Beziehung des Eins auf sich"[160], d. h. in ihr bezieht sich das Dasein auf sein Einssein und stößt sich ab, sodass sein Einssein außer sich ist in der Vielheit der Eins. Entsprechend ist die *Attraktion* umgekehrt die Beziehung des Eins auf sein Außer-sich-Sein in den vielen, sich von sich abstoßenden Eins. So ist dem Dasein das Einssein ein Ein- und Ausschließen seiner selbst

---

156 *WdL I*, S. 182.
157 *WdL I*, S. 183.
158 Vgl. dazu das Unterkapitel „b. Das Eins und die Leere" (*WdL I*, S. 184–186).
159 So der Titel des letzten Kapitels vor dem zweiten Abschnitt der Seinslogik, der Quantität (*WdL I*, S. 195–208). Die Beziehung von Repulsion und Attraktion ist hier als Übergang in das *Quantifizieren* zu lesen.
160 *WdL I*, S. 187.

in den vielen Eins. Das Eins ist Eins durch die Beziehung auf das Ausschließen in viele beziehungslose Eins, und diese Beziehung der Beziehungslosigkeit ist seine leere Identität:

> Vorhin wurde die Betrachtung gemacht, daß die Eins dasselbe, jedes derselben *Eins* ist wie das Andere. Dies ist nicht nur unser Beziehen, ein äußerliches Zusammenbringen, sondern die Repulsion ist selbst Beziehen; das die Eins ausschließende Eins bezieht sich selbst auf sie, die Eins, d. h. auf sich selbst. Das negative Verhalten der Eins zueinander ist somit nur ein *Mit-sich-Zusammengehen*. Diese Identität, in welche ihr Repellieren übergeht, ist das Aufheben ihrer Verschiedenheit und Äußerlichkeit, die sie vielmehr gegeneinander als Ausschließende behaupten sollten. Dies Sich-in-Eins-Setzen der vielen Eins ist die *Attraktion*.[161]

Die Identität des Daseins besteht demnach ausgerechnet darin, in den vielen Eins außer sich zu sein; so ist es nur in der Beziehungs-losigkeit der vielen Eins seine Beziehung auf sich. In diesem Zusammenfallen von Ein- und Ausschluss sowie in der Beziehung auf die Beziehungslosigkeit ist dem Dasein die eigene Identität zwar, wie gesagt, unmittelbar auch seine *Idealität*, und in dieser Idealität ist die Identität die vollständige und vollendete Beziehung auf sich, aber nur *rein als solche*. „Rein als solche" heißt nicht, dass das Sein ohne Bestimmung ist oder dass seine Bestimmtheit unverändert bleibt, sondern dass ihm seine Bestimmung *gleichgültig* ist: Nachdem Hegel anfangs die *Unbestimmtheit* und die *Unmittelbarkeit* des Übergehens von Sein und Nichts als das Bestimmen des Daseins schlechthin bestimmt hat, und nachdem er die *Negativität* des Übergehens zur Negation der Negation und zur Form der Bestimmung des Daseins entwickelt hat, entwickelt er in der Attraktion und Repulsion nun die *Gleichgültigkeit gegen* alle Bestimmung zur Qualität der Identität. (Es wird diese Gleichgültigkeit und Qualitäts-losigkeit des Seins sein, die quantitativ umschlägt und schließlich am Ende der Seinslogik, um es vorwegzunehmen, in die Maßgeblichkeit des Seins für sich selbst entlassen wird, nämlich in dessen *Indifferenz* der eigenen *Bestimmtheit* gegenüber.)

Doch auch wenn das quantitative Bestimmen noch aussteht, ist die Logik des Umschlagens bereits insofern von entscheidender Bedeutung, als darin das bewusstlose Reflexiv-Werden liegt und mit ihm die Idee einer allein durch sie selbst bestimmten Objektivität. Es kommt nämlich für die Logik des Seins – und für das Begreifen der Objektivität überhaupt – alles darauf an, dass das Beziehen der Beziehungslosigkeit, wie zuvor das Übergehen von Sein und Nichts, dann die Bestimmung von Etwas durch ein Anderes und schließlich das Prozessieren von Endlichkeit und Unendlichkeit, dass all das nicht in ein Drittes fällt, nicht, wie Hegel im obigen Zitat sagt in uns. Das Sein muss unmittelbar an-sich bestimmt sein einzig und allein durch sein Übergehen und durch das Verhältnis von Etwas und ein Anderes sowie durch das unendliche Prozessieren der Endlichkeit. Objektivität *ist* jeweils diese Unmittelbarkeit, d. h. Objektivität ist nichts anderes als ein Sein, dass sich im Übergehen ebenso negiert wie an sich bestimmt und das in diesem Prozessieren der eigenen Identität unterzogen ist;

---

[161] *WdL I*, S. 192.

das Sein wird allein durch diese innere Notwendigkeit des Übergehens und Prozessierens objektiv bestimmt – und nicht durch irgendeine Subjektivität. So wie das Übergehen und Ins-Verhältnis-Setzen und Prozessieren des Seins zuerst in es selbst fällt und nicht in eine subjektive Bestimmung, nicht in ein subjektives Reflektieren und nicht in eine subjektive Identifikation, so ist auch die Beziehung der Beziehungslosigkeit nicht, wie Hegel sagt, „unser" Vergleichen,[162] sondern hier ist das Dasein *sich* Eins, ganz so, als würde es sich bewusstlos mit sich ins Verhältnis setzen.[163]

Hegel betont in der Anmerkung zu „a. Ausschließen des Eins"[164] noch einmal den spekulativen Gehalt der dialektischen Logik des Seins: dass erstens die Wahrheit des Seins nur als Werden und Prozess zu begreifen ist (sodass *darin* und *darum* gegensätzliche und widersprüchliche Bestimmungen identisch sind), und dass zweitens das Sein dieses Werden und Prozessieren unmittelbar *an-sich* hat, d. h. Werden und Prozessieren fallen nicht in ein reflektierendes und vergleichendes Drittes, sie fallen nicht in die äußerliche Einheit der Reflexion und der Subjektivität, sondern umgekehrt, die Objektivität muss so reflektiert und gedacht werden, als sei sie allein durch sie selbst bestimmt und erhalte im Sinne einer unmittelbaren Reflexion Identität. Das Sein ist unmittelbar an-sich dieser Prozess des Bestimmens, es ist unmittelbar in-sich ein Reflektieren und Vergleichen – nicht in dem Sinne, dass es sich selbst äußerlich bestimmt, äußerlich reflektiert und äußerlich vergleicht, aber so, dass es eine äußerliche Bestimmung, Reflexion und Vergleichung *ersetzt* und gerade *dadurch* seine innere Notwendigkeit äußert.

Dass die Bestimmung des Seins nicht in ein reflektierendes, subjektives Drittes fällt, sondern in die Unmittelbarkeit des Seins selbst, das ist für das Verständnis des Seins also darum entscheidend, weil diese Unmittelbarkeit schlicht die Identität des Seins *ist*. Das ganze „Geheimnis" des Seins liegt in der Negativität, dass das Übergehen gerade nicht in ein Drittes fällt, sondern in die Unmittelbarkeit der Bestimmung des Seins durch es selbst. Diese Unmittelbarkeit ist im Einssein nun auf den Punkt gebracht. Im Einssein ist auf den Punkt gebracht, dass das Sein ebenso Nichts ist, genau wie im „reinen Anfang". Aber so wie Sein und Nichts nur sind im Übergehen, oder vielmehr im Übergegangen-sein, so ist das Einssein zugleich *mehr* als es selbst: Nachdem Hegel

---

162 *WdL I*, S. 192–193.

163 Das ist auch der Grund, warum nach Hegel die unmittelbare Identität von Eins und Vielen in Form eines *Satzes* nur unangemessen ausgesagt werden kann, da „diese Wahrheit nur als ein Werden, als ein Prozeß, Repulsion und Attraktion, nicht als das Sein, wie es in einem Satze als ruhige Einheit gesetzt ist, zu fassen und auszudrücken ist. [...] Die innere Dialektik des Begriffs ist angegeben worden; am leichtesten ist die Dialektik des Satzes, *daß Vieles Eins ist*, als äußerliche Reflexion zu fassen; und äußerlich darf sie hier sein, insofern auch der Gegenstand, *die Vielen*, das einander Äußerliche ist. Diese Vergleichung der Vielen miteinander ergibt sogleich, daß Eines schlechthin nur bestimmt ist wie das Andere; jedes ist Eins, jedes ist Eins der Vielen, ist ausschließend die anderen, – so daß sie schlechthin nur dasselbe sind, schlechthin nur *eine* Bestimmung vorhanden ist." (*WdL I*, S. 193.) In der nächsten Anmerkung setzt er das im Zitat Gesagte in einer Kritik derjenigen äußerlichen, analytischen Betrachtung um, die in der Naturwissenschaft und bei Kant anzutreffen ist (*WdL I*, S. 200ff.).

164 *WdL I*, S. 192ff.

im Übergehen von Sein und Nichts, dann in Etwas und Anderes und zuletzt in Endlichkeit und Unendlichkeit expliziert hat, warum das Sein seine Bestimmung unmittelbar an-sich hat, kommt das Sein im Einssein nun darauf zurück, *dass* es durch nichts als es selbst bestimmt sein muss – und genau das ist ihm die Leere, die es füllt. Wenn dieses Eins anstelle der Leere die Identität und sogar die Wahrheit des Seins ist, kann die Wahrheit mit einem einzigen Begriff zusammengefasst werden: Die Identität des Seins ergibt sich aus einer ebenso unmittelbaren wie bewusstlosen *Reflexion*. Die Unmittelbarkeit dieser bewusstlosen Reflexion steht dem Sein nun, nachdem seine ebenso negative wie unendliche Qualität durchgeführt und in der Leere abgeschlossen ist, bevor, nämlich, wie bereits mehrfach angedeutet, im Umschlagen der Qualität in *Quantität*.

Zuvor muss aber noch das Fürsichsein in der Repulsion und Attraktion für die Waren und das Geld nachgeholt werden; erst wenn Ware und Geld zur Beziehung der Beziehungslosigkeit aufgeschlossen haben und die Analogie von Sein und Wert wieder gleichauf ist, soll das Umschlagen der Qualität betrachtet werden.

Die Wahrheit der Seinslogik: dass das In-sich-Übergehen des Seins zur Rückkehr und zum Umschlagen des Einsseins wird im Sinne einer unmittelbaren und bewusstlosen Reflexion, entspricht dem in der Wertformanalyse dargestellten Ausschließen einer Ware, denn die Waren gehen als Werte über, indem sie im Ausschließen einer Ware auf ihr Einssein zurückkommen, dadurch ins Verhältnis treten und eine ideelle Einheit wie durch eine unmittelbare und bewusstlose Reflexion für sich realisieren. Wie für das Verständnis der Seinslogik kommt somit auch für das Verständnis des wertförmigen Übergehens der Waren alles darauf an, dass dieses Übergehen nicht in ein Drittes fällt, nicht in unser Reflektieren und in unsere Subjektivität, vielmehr treten die Waren im Ausschließen der Geldware in ihr gemeinsames Verhältnis ein. Das Geld kommt den Waren anstelle einer subjektiven, verstandesmäßigen Reflexion zu, aber das Geld *ist* unmittelbar das Übergehen der Gebrauchswerte und Tauschwerte, es *ist* das Verhältnis von Ware A und Ware B, und es *ist* das Prozessieren von Endlichkeit und Unendlichkeit. Es ist das Dritte nur im Sinne des Realisierens jener spekulativen Identität der Waren und geht in ihrem Übergehen auf; es ist mithin das gesellschaftliche Verhältnis *als* Verhältnis.

Dass durch das Ausschließen der Geldware ebenfalls die von Hegel gezeigte Unmittelbarkeit einer bewusstlosen Reflexion eintritt, lässt sich in eine Entsprechung zu Repulsion und Attraktion bringen. So Realisieren auch die Waren im Ausschließen einer Geldware im doppelten Sinne das Nichts-außer-Sich. Sie realisieren einerseits, dass sie nichts außer sich haben und darum vollkommen durch das eigene Verhältnis bestimmt sein müssen, und andererseits schließen sie eben diese Notwendigkeit, ein Selbstverhältnis eingehen zu müssen, in einer Ware aus und realisieren es dadurch. Die Waren füllen somit im Ausschließen der Geldware eine Leere, die durch das Ausschließen erst entsteht – und zugleich füllen sie die Leere durch ihr Einssein im Geld.

Doch die Waren beziehen sich im Ausschließen des Geldes also nicht nur zugleich auf diejenige leere Einheit, die durch den Ausschluss entsteht und für die zugleich die ausgeschlossene Ware da ist. Sie nehmen durch die Geldware auch gemeinsam Bezug aufeinander – aber Bezug auf Beziehungs*losigkeit*, d. h. sie füllen die durch das Ausschließen der Geldware entstehende Leere durch ein gesellschaftliches Verhältnis, das nur aus vielen beziehungslosen Eins besteht. Weil die Beziehung der Beziehungslosigkeit dem Eintreten genau der Leere entspricht, die einerseits durch das Ausschließen der Geldware entsteht und für die andererseits das Geld da ist und Eins ist, darum steht das Geld *anstelle* einer unmittelbaren Darstellung des Tauschwerts durch den Gebrauchswert sowie *anstelle* der unmittelbaren Darstellung einer Ware A durch eine andere Ware B. Das Geld ist *für* jene Unmittelbarkeit der Waren da, weil es anstelle ihrer unmittelbaren Bestimmung durch einander da ist und sie stattdessen als Werte derselben leeren Einheit aufeinander bezieht – darum bezieht das Geld die Waren als beziehungs-lose aufeinander, aber es realisiert, ineins, für diese leere Einheit der Waren da zu sein. Es ist so nichts als die *Idealität* ihrer Identität und die Realität des Verhältnisses *als* Verhältnis.

So kommt es, dass die Waren im Ausschließen des Geldes als aufgehobene Momente derselben Einheit für-sich sind, und das Geld ist seinerseits nichts anderes als der Bezug der Waren auf diese Einheit. In dieser Unmittelbarkeit der Identifikation des gesellschaftlichen Verhältnisses der Waren mit ihrer leeren Werteinheit geht das Geld vollkommen auf und ist dadurch das Eins, das für die Leere da ist, ganz so, als sei sie es das bewusstlose Reflektieren rein als solches, analog der Repulsion und Attraktion in der Seinslogik.

Auch die Waren halten sich im Ausschließen des Geldes also an dasselbe Einssein, das sie im Ausschließen zugleich realisieren und im Realisieren so teilen, dass sie als viele Eins dieser Einheit gelten. Die Waren beziehen sich in der Geldware auf ihre Identität in einer leeren Werteinheit, aber in dieser Identität sind sie ebensosehr unmittelbar Eins, wie sie beziehungslos in viele Eins auseinanderfallen, ganz wie die *WdL* das für Eins, Viele und Leere zeigt. Diesem Fürsichsein, in Hegels Worten, „die einfache Einheit seiner selbst und seines Moments, des Seins-für-eines"[165], entspricht im gesellschaftlichen Verhältnis der Waren deren Beziehung aufeinander als viele *einander gleichgültige Äquivalente*, und zwar Äquivalente noch nicht im Sinne bestimmter Größen, sondern nur als viele Eins derselben Einheit.

> Die allgemeine Äquivalentform entsteht [...] nur als gemeinsames Werk der Warenwelt. Eine Ware gewinnt nur allgemeinen Wertausdruck, weil gleichzeitig alle andren Waren ihren Wert in demselben Äquivalent ausdrücken, und jede neu auftretende Warenart muß das nachmachen. Es kommt damit zum Vorschein, daß die Wertgegenständlichkeit der Waren, weil sie das bloß „gesellschaftliche Dasein" dieser Dinge ist, auch nur durch ihre allseitige gesellschaftliche Beziehung ausgedrückt werden kann, ihre Wertform daher gesellschaftlich gültige Form sein muß.[166]

---

165 *WdL I*, S. 182.
166 *Kapital I*, S. 80–81.

Hier bezeichnet Marx das Ein- und Ausschließen, durch das die Waren im Geld ihre leere Einheit teilen, wörtlich als – und er selbst hat es in Anführungszeichen gesetzt – „gesellschaftliches Dasein". In diesem gesellschaftlichen Dasein ist jede Ware eine von vielen Waren *und* allgemeines Äquivalent für alle anderen, jede Ware ist das Eins für alle anderen Waren und steht für das gesellschaftliche Dasein schlechthin, kurz, jede Ware ist Ware *und* allgemeines Äquivalent, ist Ware *und* Geld:

> Die allgemeine Äquivalentform ist eine Form des Werts überhaupt. Sie kann also jeder Ware zukommen. Andrerseits befindet sich eine Ware nur in allgemeiner Äquivalentform (Form III), weil und sofern sie durch alle andren Waren als Äquivalent ausgeschlossen wird.[167]

In dieser Beziehung, in der alle Waren beziehungslos in viele einzelne Waren und ebenso in viele allgemeine Äquivalente beziehungslos auseinander- und, ineins, unmittelbar zusammenfallen, schlägt, in Hegels Worten, die „*Idealität* des Fürsichseins als Totalität [...] fürs erste in die *Realität* um, und zwar in die festeste, abstrakteste, als *Eins*"[168]. Bei Marx ist dieses Eins die Identifikation der Waren mit ihrer leeren Werteinheit durch das Ausschließen und Fixieren immer ein und desselben allgemeinen Äquivalents, der Geldware. Auch in ihr, in der Geldware, ist „das Fürsichsein *ist im Eins die gesetzte* Einheit des Seins und des Daseins, als die absolute Vereinigung der Beziehung auf Anderes und der Beziehung auf sich [...]"[169]. Die Geldware steht als Werteinheit der Waren nur für diejenige Leere, die sie selbst füllt, indem sie mit all den Waren, mit all den vielen einander gleichgültigen Äquivalenten Eins ist. Sie füllt dadurch die Leere durch ein Sein-für-Eins, das darin besteht, die vielen Waren als einander gleichgültige Äquivalente aufeinander zu beziehen.

Wie in Eins, Leere und viele Eins fallen somit auch die Waren als viele einander gleichgültige Äquivalente beziehungslos auseinander, aber ebenso beziehen sie sich in diesem Auseinanderfallen auf ihre Einheit. In dieser Beziehung der Beziehungslosigkeit durch das Ein- und Ausschließen ihrer Einheit beziehen sich alle Waren wie *eine* Ware aufeinander; jede Ware ist eine von vielen Waren und jede ist gleichgültiges Äquivalent; das Einssein der Waren besteht darin, sich im gegenseitigen Ausschließen zugleich, wie in der Repulsion und Attraktion bei Hegel, als beziehungslose viele Eins oder viele einander gleichgültige Äquivalente aufeinander zu beziehen; und in diesem Einssein schließen sie diejenige Leere aus, für die das Geld da ist.

So fixieren die Waren, indem sie ihre Beziehungslosigkeit durch den Ein- und Ausschluss des Geldes explizieren, ihr Verhältnis *als* Verhältnis. Entsprechend hat das Geld sein Einssein nur an-sich im Explizieren jener Beziehungslosigkeit. In Hegels Worten: „Die Repulsion des Eins von sich selbst ist die Explikation dessen, was das Eins an sich ist."[170] In den Begriffen der Ökonomiekritik: Das Geld legt sein Einssein in die vielen Waren auseinander und ist in ihnen außer sich, aber dieses Außer-sich-Sein ist

---

167 *Kapital I*, S. 83.
168 *WdL I*, S. 183.
169 *WdL I*, S. 183.
170 *WdL I*, S. 188.

seine Beziehung auf sich durch die Beziehungslosigkeit der vielen einzelnen Waren, die alle nichts als einander gleichgültige, allgemeine Äquivalente sind und als viele Eins gelten. Wieder in Hegels Worten:

> Das eine Eins aber ist die realisierte, an dem Eins gesetzte Idealität; es ist attrahierend durch die Vermittlung der Repulsion; es enthält diese Vermittlung in sich selbst als *seine Bestimmung*. Es verschlingt so die attrahierten Eins nicht in sich als in einen Punkt, d.h. es hebt sie nicht abstrakt auf. Indem es die Repulsion in seiner Bestimmung enthält, erhält diese die Eins als Viele zugleich in ihm; es bringt sozusagen durch sein Attrahieren etwas vor sich, gewinnt einen Umfang oder Erfüllung. Es ist so in ihm Einheit der Repulsion und Attraktion überhaupt.[171]

Auf analoge Weise sind die Waren durch das Geld in ihre Beziehungslosigkeit entlassen, aber das Geld bringt diese Beziehungslosigkeit „vor sich" und erfüllt dadurch sein Einssein.[172]

Damit ist auch die Qualität des Werts, nachdem sie in Analogie zur Seinslogik als die Unmittelbarkeit des Bestimmens entwickelt und durch die Endlichkeit des Daseins durchgeführt wurde, am Nullpunkt des Bestimmens angelangt. „Nullpunkt" heißt, der Wert, die unbestimmte und als solche die rein negative, weil Bestimmung-*gebende* Qualität schlechthin, ist nicht Nichts, er ist die vollkommen leere Identität der Waren im Geld.

Wichtig ist, dass die Leere der Identität auch ihre Erfüllung ist; die Leere der Identität ist die Erfüllung des Seins und des Werts, derjenigen Qualität, die zunächst als reines Übergehen, dann als sich selbst affirmierende Negativität und schließlich als Unendlichkeit bestimmt wurde. Diese ideelle, leere Identität wird, so ist als nächstes zu zeigen, rein als solche umgeschlagen. Die Qualität des Seins und des Werts wird dabei dieselbe bleiben, die als Übergehen von Sein und Nichts bestimmt wurde, die dann in Etwas und Anderes bzw. in Ware A und Ware B ausgelegt wurde, zum Prozessieren von Endlichkeit und Unendlichkeit führte und nun in die Repulsion und

---

171 *WdL I*, S. 195.
172 Vgl. dazu auch die Passage, in der Hegel – in den Begriffen der Seinslogik – zeigt, wie das Geld sich als Eins erhält, indem es die Waren als viele beziehungslose Eins aufeinander bezieht: „Indem das Eins als solches das Außersichkommen, es selbst nur dies ist, sich als sein Anderes, als das Viele zu setzen, und das Viele nur ebenso dies, in sich zusammenzufallen und sich als sein Anderes, als das Eins zu setzen und eben darin nur sich auf sich zu beziehen, jedes in seinem Anderen sich zu kontinuieren, – so ist hiermit schon an sich das Außersichkommen (die Repulsion) als das Sich-als-Eines-Setzen (die Attraktion) ungetrennt vorhanden. *Gesetzt* aber ist es an der relativen Repulsion und Attraktion, d. i. welche unmittelbare, *daseiende* Eins voraussetzt, daß jede diese Negation ihrer an ihr selbst und damit auch die Kontinuität ihrer in ihre andere ist. Die *Repulsion* daseiender Eins ist die Selbsterhaltung des Eins durch die gegenseitige Abhaltung der anderen, so daß 1. die anderen Eins *an ihm* negiert werden – dies ist die Seite seines Daseins oder seines Seins-für-Anderes; diese ist aber somit Attraktion, als die Idealität des Eins –, und daß 2. das Eins *an sich* sei, ohne die Beziehung auf die andere; aber nicht nur ist das Ansich überhaupt längst in das Fürsichsein übergegangen, sondern *an sich*, seiner Bestimmung nach, ist das Eins jenes Werden zu Vielen." (*WdL I*, S. 198.) Darin ist nach Hegel das Fürsichsein vollendet, und das Verhältnis von Eins, Viele und Leere oder der Prozess des Ein- und Ausschließens im Sinne der Beziehung der Beziehungslosigkeit geht über in die *Quantität* (zum Übergang vgl. *WdL I*, S. 198ff.).

Attraktion bzw. in das Ein- und Ausschließen der Geldware fällt. Aber diese Qualität fällt nun nicht mehr in die Bestimmung des Daseins, sondern sie trifft nur mehr auf sich selbst. In der *WdL* ist die Qualität von Eins, Viele und Leere nicht mehr das Übergehen von Sein und Nichts, sie liegt auch nicht mehr im Verhältnis von Etwas und ein Anderes und nicht im Prozessieren von Endlichem und Unendlichem, sondern die Qualität schließt durch Repulsion und Attraktion die Identität des Seins ab; analog dazu ist die Qualität von Geld, Ware und Werteinheit nicht mehr die Bestimmung des Gebrauchswerts durch den Tauschwert und umgekehrt, sie liegt nicht mehr im Verhältnis von Ware A und Ware B und nicht mehr im Prozessieren der Waren als Momente ein und desselben gesellschaftlichen Verhältnisses, sondern die Qualität liegt im Ein- und Ausschließen des Geldes, und dadurch schließt auch hier die Identität des Werts sich ab.

Durch diesen Abschluss steht der Identität des Seins bzw. des Werts nun endlich der Umschlag in *Quantität* bevor. Der ebenso erfüllten wie leeren Identität der Qualität *muss* dieser Umschlag geradezu bevorstehen, wenn die Qualität in Repulsion und Attraktion tautologisch nur noch, wie in einer bewusstlosen Selbstreflexion, auf sich trifft.

Mit diesem Umschlagen kann eine *neue Bestimmung* anfangen. Oder vielmehr muss eine leere Identität, die nur sich selbst umschlägt, mit der Bestimmung der eigenen Identität anfangen; die „neue" Bestimmung fängt also mit der vollständig durchgeführten und nur mit sich identischen Qualität an. Es ist, als ob das Übergehen von Sein und Nichts durch die gesamte Form der Bestimmung des Daseins durchgeführt und in der leeren Identität wiederhergestellt wäre, sodass nun, da die Qualität des Seins einmal vollständig durchgeführt ist, das Sein auf die eigene Identität zurückkommt und nur noch dieses Resultat bestimmt. Und analog dazu ist es, als ob das gesellschaftliche Sein im Geld vollständig durchgeführt wäre und nun mit der Bestimmung der eigenen, ebenso erfüllten wie leeren Identität anfangen würde.

2.3 Das Fürsichsein der Qualität als Quantität

> Die Phönizer haben also das Geld erfunden – aber warum nur so wenig?
> (Johann Nepomuk Nestroy)
>
> Geld ist immer knapp.
> (Weisheit der Volkswirtschaftslehre)

Die Quantität ist nach der Qualität der zweite Abschnitt in der Logik des Seins, dem ersten der drei Bücher der *WdL*.[173] Die Quantität bereitet weniger Probleme der

---

[173] Hegel hat am Anfang der Seinslogik die Qualität nur in Klammern hinter die Bestimmtheit gesetzt, und entsprechend setzt er nun auch die Quantität in Klammern hinter deren Bestimmtheit, die Größe. Es heißt in der *WdL* also am Anfang: „ERSTER ABSCHNITT: Bestimmtheit (Qualität)" und dann „ZWEITER ABSCHNITT: Die Größe (Quantität)". Die Größe als Bestimmung der Quantität ist demnach die Bestimmung der Bestimmtheit oder die Qualität der Qualität. Zur Quantität vgl. *WdL I*, S. 209–386; die

Darstellung als die Qualität, allein schon deshalb, weil in der Quantität die Qualität als vollständig durchgeführt gilt und endgültig bestimmt ist. Sie „schlägt" daher nur noch „um", wie Hegel sagt: Nachdem er das Sein als die Qualität der Negativität eines Daseins entwickelt hat, das der Bestimmung durch nichts als sich selbst ausgesetzt ist, ergibt diese Qualität der Negativität quasi von selbst die Quantität, denn die Quantität ist die Qualität, die nur noch auf sich selbst trifft; die Quantität ist die Qualität der Qualität oder ihr bewusstloses Reflexiv-Sein. Mit der Qualität der Negativität hatte Hegel zwar bereits den „reinen Anfang" gemacht, nämlich mit dem Übergehen von Sein und Nichts. Aber die Qualität des Seins war noch die Unbestimmtheit und die Unmittelbarkeit des Bestimmens selbst und sie musste durch die Logik des Bestimmens des Daseins *durchgeführt* werden, weil sich dadurch einerseits erst die Negativität als identische Qualität des Daseins herstellt und weil andererseits dieses Dasein darum auch erst auf genau diese identische Qualität zurückkommen kann. Das Dasein kommt auf eine Negativität zurück, die seine Identität ist und durch die es sich im doppelten Sinne Eins ist, nämlich einerseits sich selbst gegenüber gleichgültig und andererseits sich selbst das Eins der Bestimmung.

Nachdem das Sein durch das Dasein hindurchgeführt ist und nichts ist als dessen identische Qualität (oder die Qualität *der* Identität), muss das Dasein nun auf das eigene Einssein treffen und es *rein als solches* bestimmen. Es muss sich gleichsam noch einmal bewusstlos durch nichts als sich selbst bestimmen, aber im Zurückkommen auf das eigene Einssein trifft es eben nur auf die Negativität seines Seins. Hegel kann dieses unmittelbare Reflexiv-Werden der Negativität des Daseins nun wie auf einen Schlag durchführen, nämlich allein indem er zeigt, dass sich das Dasein nur noch *quantitativ in sich unterscheidet*. Das Übergehen von Sein und Nichts und das Einssein und die Negativität bleiben darin einerseits gleichgültig, andererseits erhalten sie im quantitativen Umschlagen eine eindeutige Bestimmung, ganz so als würde die Qualität des Bestimmens sich auf sich selbst anwenden, und ganz so, als würde das Sein in quantitativen Bestimmungen die eigene Negativität identifizieren.

Auch für Marx lag die Schwierigkeit am Anfang des *Kapitals* (oder die Schwierigkeit *des* Anfangs) darin, die rein gesellschaftliche Qualität, den Wert, überhaupt als solche zu zeigen. Und auch Marx musste dafür den Wert zunächst in die Form des Bestimmens auseinanderlegen, denn der Wert ist ebenfalls die Qualität der Negativität im Sinne der Qualität des Bestimmens schlechthin, und auch diese Negativität entsteht erst in der Durchführung, in der Durchführung der Bestimmung des gesellschaftlichen Daseins, von Marx auseinandergelegt in der Analyse der Wertform der Ware. Nachdem die Analyse dann ergeben hat, dass das gesellschaftliche Verhältnis der Waren im Geld eine ideelle Einheit für-sich hat, ergibt sich das quantitative Umschlagen des gesellschaftlichen Verhältnisses der Waren durch diese Einheit nun ebenfalls wie von selbst. Ist die rein gesellschaftliche Qualität erst durch die Entfaltung der Wertform

zugehörigen Kapitel sind dann allerdings nach der Quantität und nicht nach der Größe benannt: „1.) Die Quantität"; „2.) Quantum"; „3.) Das quantitative Verhältnis".

der Waren durchgeführt, und ist im Geld ihr Fürsichsein eingeholt, kann Marx von dieser Qualität des gesellschaftlichen Seins ausgehen – genau wie das gesellschaftliche Verhältnis der Waren, das im Geld auf sein Einssein zurückkommen kann. Marx muss dann nur noch dasselbe zeigen wie das Geld: dass das gesellschaftliche Verhältnis der Ware in ihm, dem Geld, quantitativ umschlägt, dass es dabei Eins ist und bleibt und dass die Waren auf diese schlagartige, bewusstlose und unmittelbare Weise die eigene quantitative Bestimmung realisieren. Dass Marx „dasselbe zeigen muss wie das Geld", soll heißen, er muss zeigen, dass es das Geld ist, das im Realisieren des Verhältnisses der Waren quantitativ umschlägt, dadurch in ihrem Verhältnis eine ideelle Einheit durch bestimmte Größen realisiert und so die Identität des gesellschaftlichen Verhältnisses wie durch eine ebenso bewusstlose wie unmittelbare Reflexion zeigt.

Weil sich die Quantität quasi von selbst ergibt, kann die Analogie zwischen dem Umschlagen von Qualität und Quantität bei Hegel und dem quantitativen Umschlagen des Werts im Geld in aller Kürze gezeigt werden, ganz wie es einer Qualität entspricht, die in der Quantität sich ganz unmittelbar – mit einem Schlag – selbst bestimmt. Wie sieht nun dieses bloße Umschlagen aus? Wie sieht das in der Quantität Sich-selbst-Erfassen, Bestimmen und Herausstellen der Qualität aus, kurz, wie sieht die Qualität der Qualität aus?

Die Pointe der Seinslogik und der Wertformanalyse liegt darin, dass das endliche Dasein, weil es im begrifflichen Denken bzw. durch das Geld an nichts als sich selbst gehalten ist, auf die eigene Qualität zurückkommen muss, aber so, als ob sie durchgeführt und im doppelten Sinne Eins wäre, zum einen gleichgültig gegen alle Bestimmungen und zum anderen das Eins der Bestimmung selbst. Die eigentliche Pointe liegt in der Notwendigkeit des Umschlagens dieses Einsseins, denn im Umschlagen kommt das (rein gesellschaftliche) Sein so auf sich zurück, als wäre es über sich hinausgegangen, schlüge die eigene Identität um und bestimmte sie wie von außen durch rein quantitative Unterscheidungen und Begrenzungen. Die negative Qualität des Übergehens wird nicht mehr in das Verhältnis von Etwas und ein Anderes bzw. von Ware A und Ware B auseinandergelegt, stattdessen wird die Qualität im Umschlagen in Quantität bewusstlos reflexiv und wendet das Bestimmen auf sich selbst an: In der *WdL* ist das Verhältnis von Etwas und Anderes sich selbst gegenüber gleichgültig, aber darum realisiert es im Umschlagen in Quantität das Verhältnis *als* Verhältnis; in der Wertformanalyse ist das Geld dem Verhältnis der Waren gegenüber gleichgültig, aber genau deswegen realisiert es im quantitativen Umschlagen die ideelle Einheit der Waren, für die es steht, m.a.W., es realisiert dieselbe ideelle Werteinheit, für die es dadurch, im Realisieren, da ist.

Hier wie dort liegt die Qualität der Negativität somit nicht mehr darin, durch Unterscheidungen die inhaltlichen Bestimmungen des Daseins zu treffen, sondern genau diese Qualität des Bestimmens trifft nur – sich selbst, und *darin* besteht nun ihre Negativität. Die Qualität unterscheidet mithin auch nur sich selbst, die eigene Identität; sie geht im Umschlagen gleichgültig in sich über und unterscheidet sich in-sich allein durch quantitative Unterscheidungen oder Größen. Die Qualität der Negativität entsteht zwar weiterhin einerseits im Bestimmen aller inhaltlichen Unterscheidungen von Etwas und Anderes, Ware A und Ware B, aber sie bleibt andererseits diesen Unterscheidungen gegenüber gleichgültig, geht in diesen Unterschieden kontinuierlich in-sich über und trifft dabei Unterscheidungen allein für-sich; sie wird in diesen quantitativen Unterscheidungen einzig und allein sich selbst anders und ist doch gleichgültig gegen ihr Anderswerden. Sie findet gleichgültige Bestimmung ansich durch ihre bloße Selbstbegrenzung und wird eine allein durch Größen eindeutig bestimmte und doch durch und durch gleichgültige Qualität.

Wenn die Qualität des Bestimmens sich im Umschlagen in Quantität einerseits *gegen* sich wendet und sich dadurch andererseits unmittelbar *auf* sich anwendet, so ist diese Unmittelbarkeit des Umschlagens, diese Schlagartigkeit der Reflexion[174] das Quantitative *an* der Qualität:

> Die Qualität ist die erste, unmittelbare Bestimmtheit, die Quantität ist die Bestimmtheit, die dem Sein gleichgültig geworden, eine Grenze, die ebensosehr keine ist; das Fürsichsein, das schlechthin identisch mit dem Sein-für-Anderes, – die Repulsion der vielen Eins, die unmittelbar Nicht-Repulsion, Kontinuität derselben ist.[175]

Als vollkommen durchgeführte und vollständig durch sich bestimmte bleibt der Qualität auch gar nichts anderes übrig, als einerseits kontinuierlich mit sich anzufangen, mit der eigenen Negativität wie mit der eigenen Identität, und sich andererseits in diesem tautologischen Selbstbezug einzig von sich zu unterscheiden. Diese innere Notwendigkeit der Qualität, mit nichts als sich anzufangen, *äußert* sich im Umschlagen *immanent*, d. h. die Qualität eines Daseins, dessen Bestimmung im Übergehen lag, äußert sich in einem Umschlagen, das die Negativität durch quantitative Größen unmittelbar ins *Positive* wendet, ganz so als würde die innere Notwendigkeit, die im bloßen

---

[174] Der „Schlag" ist von Heidegger in anderem Zusammenhang eingeführt und dann von Derrida interpretiert worden, vgl. Jacques Derrida: Heideggers Hand (Geschlecht II). In: Ders.: *Geschlecht. Sexuelle Differenz, ontologische Differenz / Heideggers Hand (Geschlecht II)*. Wien: Passagen 1988, S. 45–99, bes. S. 84ff. Doch auch wenn bei Heidegger und Derrida der Schlag in einem anderen Kontext steht als in der *WdL*, so geht es jeweils um die Schlagartigkeit, mit der Bedeutung eintritt, aber so, dass dabei die neu eintretende Bedeutung die alte – gleichsam nachträglich – neu werden lässt und also eigentlich erst herausstellt. Allerdings erlangt in der *WdL* der (Um-)Schlag eine schlechthin umfassende Bedeutung, denn hier geht es um die *unmittelbar sich selbst erfassende* Bedeutung, ganz so, also ob die Qualität der Negativität durch die Unmittelbarkeit eines Umschlags sich selbst *erfassen* und dadurch sich selbst *angemessen* würde. Auch in der Wertformanalyse tritt die Qualität auf einen Schlag ein (indem die Aussonderung irgendeiner Ware mit einem Schlag alle anderen in ein reines Verhältnis (ver-)setzt, mithin in die totale Austauschbarkeit), und mit demselben Schlag wird das Einssein aller Waren durch eine Ware quantitativ ‚umgesetzt'. Und auch das gesellschaftliche Verhältnis der Waren schlägt im Geld so um, dass es in der Quantität sich selbst *erfasst*; es erfasst durch die Quantität auf ebenso bewusstlose wie unmittelbare Weise die eigene Qualität, wird ihrer Negativität, Reinheit und Gleichgültigkeit in Größen angemessen und stellt sie dadurch, gleichsam nachträglich und doch zuallererst, buchstäblich heraus. Mit einem Wort, die negative Qualität des (gesellschaftlichen) Daseins wird in der Quantität ins Positive gewendet und schlagartig *reflexiv*.

[175] *WdL I*, S. 209.

Übergehen liegt und zur Form des Bestimmens des Daseins wurde, in quantitativen Unterscheidungen die eigene Identität umsetzen. Gerade weil es also, wie Hegel über die wahre Unendlichkeit sagt, die sich selbst „affirmierende" Negativität ist,[176] die zur Qualität schlechthin wird, gerade darum löst die Negativität in der Quantität nur noch ihre bloße Identität ein, aber auf *positive* Weise. Durch diese tautologische Selbstbestimmung der Qualität wird der reine Anfang: das reine Sein bzw. der Wert, kontinuierlich wiederhergestellt – und doch ist im rein quantitativen Bestimmen zugleich ein *neuer* Anfang da.

Die Qualität der Qualität. Das Einlösen der Identität des Seins in der Quantität
Bringen wir das Umschlagen, durch das die Qualität bewusstlos die eigene Identität realisiert und schlagartig reflexiv wird, noch einmal auf den Punkt:
In der *WdL* war die Unbestimmtheit des *reinen* Anfangs: das Übergehen von Sein und Nichts, der Anfang des *Bestimmens*; das Bestimmen ließ das Sein zum Dasein und zum Verhältnis von Etwas und ein Anderes werden. Dieses Verhältnis war sich selbst Eins und kam auf das eigene Sein zurück, aber auf das über*gegangene* und *durchgeführte* Sein. Das Sein stellte sich dadurch als ebenso unendliche wie negative, ebenso gleichgültige wie ideelle Qualität des endlichen Daseins heraus, und zwar stellte sich diese Qualität im Umschlagen in Quantität auf eine buchstäbliche Weise heraus. Mit dieser bewusstlosen Realisierung der Qualität durch die Quantität ist einerseits ein neuer Anfang da, andererseits ist es immer noch ein und dieselbe Qualität des reinen Seins, die im Umschlagen ihre ideelle Identität quantitativ bestimmt.
Auch die Qualität des *gesellschaftlichen* Seins, der Wert, stellt sich im Umschlagen des gesellschaftlichen Verhältnisses der Waren einerseits *her*, und andererseits stellt der Wert sich quantitativ *heraus*. Der Wert stellt sich *her*, indem das Verhältnis der Waren im Geld buchstäblich sich Eins ist, und er stellt sich *heraus*, indem alle Waren im Ausschließen immer ein und derselben Geldware eine ideelle Einheit fixieren und quantitativ umschlagen. Die Waren teilen ein und dasselbe Verhältnis auf eine quantitativ bestimmte Weise, weil sie im Geld auf die ideelle Identität ihres gesellschaftlichen Verhältnisses zurückkommen und ihr Verhältnis durch bloße Größen eingehen: „Als Werte sind alle Waren qualitativ gleich und nur quantitativ unterschieden, messen sich also alle wechselseitig und ersetzen [...] sich in bestimmten quantitativen Verhältnissen."[177]
Auch hier ist auf die Unmittelbarkeit von Qualität und Quantität zu achten, d. h. auch die Qualität des Werts *ist* sein Umschlagen in Quantität, und dieses Umschlagen *ist* Geld: „Die erste Funktion des Goldes besteht darin, der Warenwelt das Material ihres Wertausdrucks zu liefern oder die Waren als gleichnamige Größen, qualitativ gleiche und quantitativ vergleichbare, darzustellen."[178] Die Waren kommen im Geld

---

176 *WdL I*, S. 156 ff.
177 *Grundrisse*, S. 76.
178 *Kapital I*, S. 109 (Geld wird hier von Marx mit Gold gleichgesetzt).

kontinuierlich auf ihre Einheit zurück und wenden sie, indem sie durch das Geld quantitativ umschlagen, ins Positive, sodass die Einheit in allen quantitativen Unterscheidungen kontinuierlich das Verhältnis der Waren herstellt; auf diese Weise geht das Verhältnis der Waren durch das Geld und *im* Geld durch bloße Größen über und bleibt insofern gegenüber aller Veränderung gleichgültig.

Hier wie dort wird die Qualität des seinslogischen und des wertförmigen Übergehens in der Quantität also nur noch zu *ihrem* Anderen; die Quantität ist das Andere an ihr selbst der Qualität. Die Quantität ist gleichsam die Einlösung der Tautologie, die in der Selbstbezüglichkeit oder im Affirmativen der Negativität liegt und sie zur Identität des Daseins werden ließ, nur dass erst das Umschlagen in quantitative Unterschiede die Qualität der Qualität endgültig herausstellt; erst in der Quantität ist das Sein bzw. ist der Wert der eigenen Negativität angemessen.

Doch so sehr die Identität der Qualität sich in der Quantität allererst einlöst und positiv durch Größen bestimmt, so sehr stellt sie sich auch *wieder her*. Mehr noch, die Qualität fängt in der Quantität kontinuierlich mit sich selbst an und geht ein Verhältnis nur mit sich ein, ein *reines* Verhältnis, das sich der Notwendigkeit enthebt, den Selbstbezug im Unterscheiden und Beziehen von Etwas und Anderes bzw. Ware A und Ware B darzustellen. Die Qualität bestimmt sich zwar weiterhin in einem Unterscheiden von Etwas und Anderes, Ware A und Ware B, das ebenso Beziehen ist, und sie ist weiterhin dieses Verhältnis als Verhältnis und darum die Negativität und Unendlichkeit. Aber gerade weil die Qualität des Bestimmens darin liegt, im Beziehen ebenso zu unterscheiden, und gerade weil diese negative Qualität sich im Umschlagen in Quantität nur noch auf sich anwendet, besteht die Qualität der Qualität darin, das Verhältnis von Etwas und Anderes bzw. Ware A und Ware B rein als solches und überhaupt das Einssein des endlichen Daseins durch rein quantitative Unterscheidungen durchzuführen.

So ist das quantitative Bestimmen immer noch – oder vielmehr, noch einmal – dieselbe Logik wie die Logik des Bestimmens des Daseins, aber nun bestimmt das Bestimmen unmittelbar sich selbst. Das Umschlagen stellt die Qualität des Seins bzw. des Werts durch rein quantitative Bestimmungen kontinuierlich wieder her, und dadurch ist die Quantität wiederum qualitativ: Die Qualität der Quantität besteht darin, *quantitative Verhältnisse* einzugehen.

Das Eingehen der Endlichkeit in sie selbst als Qualität quantitativer Verhältnisse
Nachdem Hegel in der Seinslogik gezeigt hat, dass Sein Nichts ist, dass Negation Bestimmung ist und dass die Endlichkeit auf verkehrte, nämlich endliche Weise die wahre Unendlichkeit darstellt, ist die in Quantität umschlagende Qualität nun das Eingehen der Qualität in sie selbst und ihre *endgültige* und *eindeutige* Bestimmung. Die Qualität trifft in der Quantität auf sich selbst und stellt sich wieder her, aber nun unterschieden durch bestimmte Größen. In diesen Größen ist es die Identität der Qualität selbst, die ein rein *quantitatives* Verhältnis eingeht:

Denn die Quantität ist die schon negativ gewordene Qualität; die *Größe* ist die Bestimmtheit, die nicht mehr mit dem Sein eins, sondern schon von ihm unterschieden, die aufgehobene, gleichgültig gewordene Qualität ist. Sie schließt die Veränderlichkeit des Seins ein, ohne daß die Sache selbst, das Sein, dessen Bestimmung sie ist, durch sie verändert werde [...].[179]

Auch das gesellschaftliche Verhältnis der Waren bestimmt durch dieses Umschlagen der Qualität in Quantität seine Identität, und dieses Umschlagen *ist* Geld. Während sich in den Waren das gesellschaftliche Verhältnis zwar auf bestimmte, daseiende Weise darstellt, aber hier sich selbst nicht entspricht, weil es in den Waren seiner Negativität, Unbestimmtheit und Reinheit als bloßes *Verhältnis* (oder besser: als rein *gesellschaftliches* Verhältnis) nicht angemessen ist, hat es im Geld den ‚Ort', an dem es rein als solches passieren kann, passieren im Sinne des reinen Übergehens, das jenes Umschlagen der Qualität in Quantität *ist*. Es ist, als ob die Waren im Ausschließen der Geldware durch eine ideelle Einheit gebrochen würden und dadurch dasjenige Einssein teilten, durch das sie in ein quantitatives Verhältnis eingehen. Der Bruch *ist* das reine Übergehen des gesellschaftlichen Verhältnisses der Waren im Sinne ihres quantitativen Umschlagens im Geld, aber dadurch wird die leere Werteinheit auf bestimmte Weise so ge-teilt, dass sie den Waren gleichsam ihr Verhältnis ebenso unmittelbar wie positiv mit-teilt.

Diese Unmittelbarkeit macht erneut die spekulative Identität deutlich, dass Ware Geld *ist*. Während die Waren durch die Werteinheit, für die das Geld steht, ein Verhältnis eingehen, schlägt dasselbe Verhältnis kontinuierlich im Geld um, sodass die quantitative Bestimmung des Geldes als Bestimmungen der Identität desselben Verhältnisses ausgegeben werden, das die Waren durch bestimmte Werte an-sich aufgehoben haben. So wird das immanente, kontinuierliche, aber quantitativ unterschiedene Übergehen der Waren im Geld zur Identität desjenigen gesellschaftlichen Verhältnisses, welches das Geld zugleich den Waren *gegenüber* geltend macht. Das Geld macht den Waren deren eigene Identität geltend, aber es macht die Identität im Moment der *Durchführung* geltend, oder, noch unmittelbarer, es macht die Momente *ihrer* – der Identität – Durchführung geltend. So setzt es die Waren demselben Immanenzverhältnis aus, das sie im Geld außer sich haben.

Kurzum, das Wertverhältnis der Waren ist im Geld in seiner Vermittlung *begriffen*. „Begriffen" heißt, das Verhältnis wird durch sein bloßes Umschlagen in Quantität nicht nur auf bewusstlose Weise realisiert, realisiert wird auch genau *diese* Bewusstlosigkeit. Trotz dieser Bewusstlosigkeit ist das Wertverhältnis der Waren, indem es im Geld einerseits außer sich ist, andererseits durch das Geld umschlägt, quantitative Verhältnisse eingeht und in seiner quantitativen Identifizierung begriffen ist, vollkommen bestimmt, nämlich *endgültig* und *eindeutig*. Die Vollendung gilt nicht nur für das gesellschaftliche Verhältnis der Waren insgesamt, dieselbe Vollendung wird ebenso, so wird der nächste Schritt der Analogie von Wertformanalyse und Seinslogik zeigen, durch jede einzelne Ware im Wortsinn *vorgestellt*.

---

179 *WdL I*, S. 80.

Die Unmittelbarkeit des in-sich reflektierten (gesellschaftlichen) Seins: Das Quantum
Die Waren gehen nicht nur in das eigene Verhältnis auf quantitativ bestimmte Weise ein, sie stellen das Verhältnis auch je reflektiert an-sich dar, nämlich indem sie als bloße Quanta desselben Verhältnisses ausgezeichnet sind. Sie stellt ihr gemeinsames Verhältnis auf in-sich reflektierte Weise sogar *heraus* und *vor*. Das Herausstellen und Vorstellen hat bereits die einfache Wertform ausgezeichnet und ist buchstäblich zu nehmen, denn in x Ware A = y Ware B wird das gesellschaftliche Verhältnis von den Waren im „x" und „y" auf bewusst- und sprachlose, aber buchstäbliche Weise herausgestellt und vor-gestellt, und die Aufgabe der Wertformanalyse war es, diejenige maßgebliche Werteinheit einzuholen, die alle Waren als diese Werte derselben Qualität ausgezeichnet hat. Auf welche Weise den Waren diese maßgebliche Einheit gegeben ist, das war das Geheimnis der einfachen Wertform.
Nachdem Marx den Waren ihr Geheimnis durch die Umkehr der totalen Entfaltung ihrer einfachen Wertform offenbart hat: dass sie im Ausschließen einer Ware eine ideelle Werteinheit fixieren und durch sie wie in einer unmittelbaren Reflexion quantitativ umschlagen und *dadurch* das in der einfachen Wertform ausgelegte Verhältnis eingehen – nachdem Marx dieses Geheimnis offenbart hat, wird rückwirkend klar, warum die Waren in der einfachen Wertform x Ware A = y Ware B bereits ein in-sich reflektiertes Verhältnis vorstellen: Sie sind durch das Geld, das für jene ideelle Werteinheit steht, in ihr Verhältnis ebenso eingegangen wie in-sich reflektiert daraus hervorgegangen, und sie stellen das Umschlagen in x und y unmittelbar an-sich dar. Ihr gemeinsames Verhältnis ist in jedem einzelnen Warenwert in-sich reflektiert, ja, als Quantum *ist* die Ware überhaupt nur das: Verhältnis zu sein.
Dasselbe sagt Hegel über das Quantum in den Begriffen der Seinslogik:

> [...] das Quantum in qualitativer Form ist das quantitative *Verhältnis*. Das Quantum geht nur überhaupt über sich hinaus; im Verhältnisse aber geht es so über sich in sein Anderssein hinaus, daß dieses, in welchem es seine Bestimmung hat, zugleich gesetzt, ein anderes Quantum ist, – somit sein In-sich-Zurückgekehrtsein und die Beziehung auf sich als in seinem Anderssein vorhanden ist.[180]

Somit stellt das Quantum genau dasjenige Verhältnis vor, durch das es gebildet wird, und darum sind die quantitativen Verhältnisse wieder *qualitative* Verhältnisse.[181] Für die kapitalistische Gesellschaft heißt das, dass das *gesamte* gesellschaftliche Verhältnis der Waren in jedem *einzelnen* Warenwert auf in-sich reflektierte Weise enthalten ist, weil alle Waren durch dieselbe Werteinheit umgeschlagen und ins Verhältnis getreten sind und als Quanta dieses gemeinsame gesellschaftliche Verhältnis unmittelbar an-sich darstellen. Wieder in Hegels Worten: „[...] das Quantum ist nicht nur *im Verhältnis*,

---

180 *WdL I*, S. 210. Vgl. aber insbesondere das Kapitel „Das quantitative Verhältnis" (*WdL I*, S. 372–387). Hier bestimmt Hegel die Qualität quantitativer Verhältnisse und leitet über in den dritten und letzten Abschnitt der Seinslogik: das Maß.
181 „Zunächst ist die *reine Quantität* von ihr als *bestimmter* Quantität, vom *Quantum*, zu unterscheiden. Als jene ist sie *erstens* das in sich zurückgekehrte, reale Fürsichsein, das noch keine Bestimmtheit an ihm hat, – als gediegene sich in sich kontinuierende unendliche Einheit. Diese geht *zweitens* zu der Bestimmtheit fort, die an ihr gesetzt wird, als solche, die zugleich keine, nur äußerliche ist. Sie wird *Quantum*." (*WdL I*, S. 209–110.)

sondern *es selbst ist als Verhältnis gesetzt*; es ist *ein* Quantum überhaupt, das jene qualitative Bestimmtheit *innerhalb seiner* hat."[182]

Vereinfacht in einem Satz zusammengefasst, besteht die Qualität des Seins und des Werts darin, durch quantitative Größen beständig auf in-sich reflektierte Weise das eigene Verhältnis einzugehen. Hegel fasst die gesamte Entwicklung von Qualität und Quantität, bevor er sie im Maß zum Abschluss bringt, noch einmal so zusammen:

> Zunächst erscheint also die Quantität als solche der Qualität gegenüber; aber die Quantität ist selbst *eine* Qualität, sich auf sich beziehende Bestimmtheit überhaupt, unterschieden von der ihr anderen Bestimmtheit, von der Qualität als solcher. Allein sie ist nicht nur *eine* Qualität, sondern die Wahrheit der Qualität selbst ist die Quantität; jene hat sich als in diese übergehend gezeigt. Die Quantität ist dagegen in ihrer Wahrheit die in sich selbst zurückgekehrte, nicht gleichgültige Äußerlichkeit. So ist sie die Qualität selbst, so daß außer dieser Bestimmung nicht die Qualität als solche noch etwas wäre. – Daß die Totalität *gesetzt* sei, dazu gehört der *gedoppelte* Übergang, nicht nur der der einen Bestimmtheit in ihre andere, sondern ebenso der Übergang dieser anderen, ihr Rückgang, in die erste. Durch den ersten ist nur erst *an sich* die Identität beider vorhanden; – die Qualität ist in der Quantität enthalten, die aber damit noch eine einseitige Bestimmtheit ist. Daß diese umgekehrt ebenso in der ersten enthalten, sie ebenso nur als aufgehobene ist, ergibt sich im zweiten Übergang, – der Rückgang in das erste; diese Bemerkung über die Notwendigkeit des *doppelten* Übergangs ist von großer Wichtigkeit für das Ganze der wissenschaftlichen Methode.[183]

Hegel betont hier, worin die „Wichtigkeit für das Ganze der wissenschaftlichen Methode" liegt, nämlich darin, die Bestimmung des Seins in die Methode seiner bewusstlosen Bestimmung durch es selbst auszulegen, angefangen mit dem unbestimmten Übergehen von Sein und Nichts über die Bestimmung des Daseins durch die Negation der Negation, die wiederum ausgelegt ist im Verhältnis von Etwas und Anderes, bis zum Umschlagen des Übergehens und dem Reflexiv-Werden des Bestimmens im Eingehen quantitativer Verhältnisse. Das Übergehen und Umschlagen kommt einer bewusstlosen Reflexion gleich, die Hegel als „doppelten Übergang" oder Bestimmung durch Rückkehr und Wiederherstellung bezeichnet. Es ist diese Doppelung, diese Rückkehr und Wiederherstellung der Qualität des Bestimmens in quantitativen Verhältnissen, in die Hegel die Logik des Seins letztlich auseinanderlegt, vom Übergegangensein von Sein und Nichts über die Form der Negation der Negation und das Prozessieren von Endlichkeit und Unendlichkeit bis zum Umschlagen von Qualität und Quantität und dem Eingehen quantitativer Verhältnisse.

Nachdem die *WdL* die Qualität bis zur Unendlichkeit durchgeführt hat, dann aber die Qualität im Umschlagen in Quantität – mit einem Schlag – zur Unmittelbarkeit einer bewusstlosen Reflexion wurde und sich in quantitativen Verhältnissen wiederherstellte,

---

182 *WdL I*, S. 373–374. „Das Quantum als diese nicht mehr gleichgültige Grenze, sondern sich auf sich beziehende Äußerlichkeit ist so selbst die Qualität, und unterschieden von dieser geht es nicht über sie hinaus, so wie diese nicht über dasselbe hinausgeht. Es ist so in die einfache Gleichheit mit sich zurückgekehrte Bestimmtheit; eins mit dem bestimmten Dasein, so wie dieses mit seinem Quantum." (*WdL I*, S. 394.)
183 *WdL I*, S. 383–384.

ergibt sich nun auch das Dritte zu Qualität und Quantität quasi von selbst. Das Dritte nach der Qualität und ihrem Umschlagen in Quantität ist ihre *Vereinigung*. Oder vielmehr ist *dasselbe* Umschlagen *als* Vereinigung zu betrachten. Die Vereinigung von Qualität und Quantität ist Anfang und Ende eines Seins, das sich im Übergehen nicht nur unmittelbar an-sich bestimmt und dasselbe Verhältnis, das es eingeht, quantitativ umschlägt, sondern das sich dabei auch bewusstlos erschließt: In der Vereinigung von Qualität und Quantität liegt *die Maßgeblichkeit des Seins für es selbst beschlossen*. Wieder in Hegels Worten: „Das Quantum nunmehr nicht mehr als gleichgültige oder äußerliche Bestimmung, sondern so, daß es ebenso als solche aufgehoben und die Qualität das ist, wodurch etwas das ist, was es ist, ist die Wahrheit des Quantums, *Maß* zu sein."[184]

Dieselbe Vereinigung von Qualität und Quantität ist für das Wertverhältnis der Waren zu zeigen. Als Quanta haben die Waren ihr eigenes gesellschaftliches Verhältnis erschlossen und stellen es unmittelbar an-sich dar, die Werteinheit aber, für die das Geld steht, wird durch die Realisierung dieser quantitativen Verhältnisse der Waren zum sich spezifizierenden Quantum: Das Geld stellt dar, dass die Waren maßgeblich sind für – sie selbst.

2.4 Die Maßgeblichkeit des (gesellschaftlichen) Seins für sich selbst: Einigkeit von Qualität und Quantität – Indifferenz der objektiven Bestimmtheit sich selbst gegenüber

Hegels *WdL* zufolge liegt die ebenso negative wie gleichgültige Qualität des Seins in der Logik des Übergehens und des Umschlags und ergibt, dass die Qualität der Qualität die Quantität ist, und dass die Qualität der Quantität wiederum darin besteht, quantitative Verhältnisse einzugehen und darin die Qualität des Bestimmens: die Bestimmung-gebende Negativität, reflexiv ins Positive zu wenden. Auf analoge Weise lässt das Geld die Waren in ihr gesellschaftliches Verhältnis durch die Unmittelbarkeit einer Reflexion eintreten, die ein bloßes Umschlagen und Eingehen quantitativer Verhältnisse ist, sodass – während die Waren in-sich reflektiert daraus hervorgehen und als Quanta derselben Werteinheit gelten – die umschlagende Werteinheit, für die das Geld steht, durch dasselbe Wertverhältnis ihrerseits quantitativ bestimmt wird. In diesem Umschlagen der Werteinheit, für die das Geld steht, vereinigen sich Qualität und Quantität, und die Waren erschließen durch das Geld auf blind-naturwüchsige Weise das eigene Verhältnis. Es scheint darum, als habe das Geld die Waren nicht nur durch eine ideelle Einheit reflektiert, sondern als sei diese Reflexion auch eine Identifikation der Waren *mit* dieser Einheit und als würde diese Identifikation im Verhältnis der Waren durch Werte expliziert. Das ist der Grund, warum die Werteinheit zwar ideell ist, aber *als* ideelle realisiert wird, und zwar so, dass sie einerseits im Wertverhältnis der Waren aufgeht und sich andererseits das Wertverhältnis der Waren im Geld entspricht. Kurz, die Werteinheit verschwindet und bleibt ideell, aber geht in

---

[184] *WdL I*, S. 384.

einer *Entsprechung* auf. In dieser Entsprechung kommt der Wert zum Abschluss. Er kommt zum Abschluss analog dem Sein bei Hegel, und folgerichtig kommt auch die gesamte Analogie von Sein und Wert zu einem Abschluss. Dieser Abschluss ist erstens die Maßgeblichkeit des (gesellschaftlichen) Seins für nichts als sich selbst, zweitens die *Bildung* des Maßes durch die Vereinigung von Qualität und Quantität, und dadurch wird drittens die Identität der Objektivität zu denken gegeben. Erst durch diese ‚Gabe' kann die Objektivität zum Gegenstand des reflektierenden, begrifflichen Denkens werden – bei Hegel lässt sich das Denken die Objektivität geben, indem es sie von der Logik des Seins her begreift; bei Marx wird die Objektivität durch die maßgebliche Werteinheit, für die das Geld steht, gegeben.

Die Bildung des Maßes als Vereinigung von Qualität und Quantität
und Erschließen der Objektivität
Die Analogie zwischen dem seinslogischen und dem wertförmigen Übergehen hat ergeben, dass hier wie dort das Bestimmen und das bewusstlose Erschließen dieser Bestimmung wie in einer bewusstlosen Reflexion unmittelbar zusammenfallen; die Unmittelbarkeit des Zusammenfallens macht die Qualität des Seins bzw. des Werts aus, und dieselbe Unmittelbarkeit des Zusammenfallens macht auch die Identität der Objektivität aus. Die Objektivität *muss* ihre Identität auf ebenso bewusstlose wie objektiv-gültige Weise erschließen, weil die Objektivität maßgeblich sein muss für nichts als: sie selbst.
Wie sieht dieses bewusstlose Erschließen aus? Wie erschließt die Objektivität in quantitativen Verhältnissen ihren eigenen Begriff, d. h. so, dass sie sich selbst entspricht?
In der *WdL* ist das Maß das Dritte zu Qualität und Quantität, aber nicht mehr als ideelle Identität und nicht mehr als die Leere, die für das Eins da ist, sondern „im Maß sind, abstrakt ausgedrückt, Qualität und Quantität vereinigt"[185]. Das Maß ist *mehr* als das unbestimmte Übergehen von Sein und Nichts, *mehr* auch als das leere Einssein, und es ist schließlich mehr als die Qualität quantitativer Verhältnisse, denn das Maß *bildet* sich im Vereinigen von Qualität und Quantität, d. h. es wird durch die quantitativen Verhältnisse beständig in Bestimmung gesetzt, und es drückt zudem die gesamte bewusstlose Selbstbestimmung des Seins vollständig aus. Hegel fasst das so zusammen:

> Im Maß sind, abstrakt ausgedrückt, Qualität und Quantität vereinigt. Das *Sein* als solches ist unmittelbare Gleichheit der Bestimmtheit mit sich selbst. Diese Unmittelbarkeit der Bestimmtheit hat sich aufgehoben. Die Quantität ist das so in sich zurückgekehrte Sein, daß es einfache Gleichheit mit sich als Gleichgültigkeit gegen die Bestimmtheit ist. Aber diese Gleichgültigkeit ist nur die Äußerlichkeit, nicht an sich selbst, sondern in anderem die Bestimmtheit zu haben. Das Dritte ist nun die sich auf sich selbst beziehende Äußerlichkeit; als Beziehung auf sich ist es zugleich *aufgehobene* Äußerlichkeit

---

185 *WdL I*, S. 387.

und hat an ihr selbst den Unterschied von sich, der als Äußerlichkeit das *quantitative*, als in sich zurückgenommene das *qualitative* Moment ist.[186]

Das Maß ist demnach der Bestimmung der Objektivität so wenig äußerlich, wie die Quantität der Qualität äußerlich ist. Es ergibt sich aus derselben Unmittelbarkeit, welche die Logik des Seins überhaupt bestimmt: *Indem* das Sein in-sich übergeht, bestimmt es sich an-sich und geht in all seinen Bestimmungen ein Selbstverhältnis ein, und dieses Selbstverhältnis äußert seine leere und zugleich bestimmte Identität durch Größenverhältnisse. Im Eingehen quantitativer Verhältnisse führt das Sein die Logik des Bestimmens gleichsam unmittelbar mit der eigenen Identität durch und realisiert auf bewusstlose und gleichgültige Weise, maßgeblich für nichts als sich zu sein: „Das Maß ist zwar äußerliche Art und Weise, ein Mehr oder Weniger, welches aber zugleich ebenso in sich reflektiert, nicht bloß gleichgültige und äußerliche, sondern an sich seiende Bestimmtheit ist; es ist so *die konkrete Wahrheit des Seins*, [...]."[187]

Hegel zeigt in den einzelnen Kapiteln über das Maß mit gleichsam mathematischer Exaktheit, auf welche Weise das Maß im Vereinigen von Qualität und Quantität bewusstlos gebildet wird und die Identität der Objektivität ebenso er-schließt wie abschließt, ebenso er-gibt wie zu Denken gibt. Das Mathematische dieser Ausführungen ist jedoch nicht entscheidend, genauso wenig wie in Marx' *Kapital*. Entscheidend ist hier wie dort vielmehr, dass das Mathematische selbst begründet wird. In der Seinslogik der *WdL* ergibt sich das Mathematische im Grunde schon aus dem reinen Anfang, nämlich dadurch, dass in der Identität und in der Geschiedenheit von Sein und Nichts ein allein mit sich selbst, ein mit der eigenen Identität *rechnendes* Dasein angelegt ist. Die Notwendigkeit, dass die Objektivität mit der eigenen Identität rechnen muss, entspricht dem Übergehen von Sein und Nichts, das Hegel über die Negation der Negation und das Prozessieren von Endlichkeit und Unendlichkeit entwickelt hat und aus dem schließlich das Umschlagen und Vereinigen von Qualität und Quantität resultierte. Dafür muss dieses Umschlagen in Quantität nicht mehr, wie bisher, wie ein unmittelbares, schlagartiges Reflexiv-Werden begriffen werden. Dieses Reflexiv-Werden ist vielmehr die Art und Weise, wie die Objektivität naturwüchsig mit ihrer eigenen Identität rechnet. Gleichwohl muss die Objektivität, um sie zu begreifen, so gedacht werden, als würde sie im Umschlagen in Quantität mit der Identität des eigenen Seins rechnen und sich in ihren quantitativen Verhältnisse bewusstlos wie von selbst erschließen. Dieses Rechnen mit sich selbst der Objektivität fällt in genau diejenige Logik, die Hegel als Übergehen, Prozessieren und quantitatives Umschlagen entwickelt, nur dass es eben scheinen muss, als sei es die Objektivität selbst, die auf diese Weise mit ihrer Identität rechnen muss. In diesem Rechnen bleibt ihr Sein ebenso Nichts, bleiben Sein und Nichts ein Übergehen und Prozessieren, das als Umschlagen und Vereinigen einerseits die leere Identität der Objektivität und andererseits ihre

---

186 *WdL I*, S. 387.
187 *WdL I*, S. 390.

quantitativ exakte Bestimmung ausmacht. Im Rechnen mit der Identität *wird* also das Sein erst zu dem, was es am Anfang bereits war, d. h. es wird identisch mit dem Nichts und zugleich absolut geschieden, es wird zu einer Negativität, die sich affirmiert, und zwar affirmiert, indem sie im Umschlagen in Quantität sich selbst positiv bestimmt. Im Rechnen bleibt das Sein ebenso Nichts, bleibt das Übergehen von Sein und Nichts unbestimmt, bleibt das Einssein des endlichen Daseins leer und gleichgültig, aber genau darin liegt die Identität einer Objektivität, welche die innere Notwendigkeit ihres Selbstverhältnisses quantitativ äußert und die eigene Negativität durch quantitative Verhältnisse auf bestimmte Weise an-sich hat.

Hegels *WdL* bestimmt die Objektivität also nicht, als wäre sie irgendwie vorhanden und hätte bestimmte Eigenschaften an-sich – umgekehrt, objektiv ist das, was durch sich selbst bestimmt sein muss, und es ist die Logik dieser bewusstlosen Selbstbestimmung, die Hegel in der Seinslogik entwickelt. Die Objektivität hält sich in der Ambivalenz auf, durch das begriffliche Denken zwar einem Selbstverhältnis ausgesetzt zu sein und Bestimmung allein aus sich heraus finden zu müssen, aber darin sich selbst bewusstlos gegenüber zu bleiben. Die Objektivität *hält* sich in dieser Ambivalenz im Wortsinn in der eigenen Unmittelbarkeit *auf*. Sie ist und bleibt durch das begriffliche Denken sich selbst gegenüber bewusstlos und begriffslos gehalten und muss genau darum mit sich selbst rechnen; dieses Rechnen *ist* ihre Identität, und von dieser Identität her muss ihr Sein gedacht werden, sollen Denken und Sein identisch sein. Die Objektivität besteht geradezu darin, im Übergehen dieselben Bestimmungen zu treffen, die zugleich hergestellt werden, und im Umschlagen in Quantität das Verhältnis dieser Bestimmungen zu äußern; aber die Objektivität besteht ebenso darin, dass diese Unmittelbarkeit einer Selbstbestimmung reflexiv wird nur im bewusstlosen Umschlagen und dass sie sich in der Quantität nur vollkommen begriffslos äußert – dieses bewusstlose Reflexiv-Werden und Äußern wird erst durch das *Wesen* subjektiv. Erst im Wesen, das Hegel im Anschluss an die Seinslogik entwickelt, wird jene Unmittelbarkeit, wird jenes bewusstlose Reflexiv-Werden zum Objekt der Reflexion und gleichsam noch einmal reflektiert. Oder vielmehr muss durch das Wesen dasjenige begriffliche Denken *eingeholt* werden, das die Objektivität auf die in der Seinslogik entwickelte Weise der Identität des Seins (und des Nichts) aussetzt – es wird das Begreifen gewesen sein, das die Objektivität einerseits ein Selbstverhältnis sein gelassen hat, aber andererseits die Objektivität von diesem Sein, in das sie entlassen wurde, her denken muss.

Mit einem Wort, im begrifflichen Denken ist das Sein der Objektivität in *Indifferenz* der eigenen Bestimmung gegenüber gehalten: „Die absolute Indifferenz ist die letzte Bestimmung des *Seins*, ehe dieses zum *Wesen* wird; sie erreicht aber dieses nicht."[188]

---

188 *WdL I*, S. 456.

Auf eine dem Begriff analoge Weise werden durch das Geld die Waren maßgeblich für ihr eigenes objektives Verhältnis sein gelassen. Auch die Werteinheit, für die das Geld steht, ist das Dritte von Qualität und Quantität, aber auch hier nicht als leere Einheit, sondern diese leere Einheit steht für das Umschlagen von Qualität und Quantität und wird selbst zum ‚Ort' ihrer Vereinigung. Oder vielmehr *bildet* sich die ideelle Einheit überhaupt erst, indem das Geld die Waren als Werte derselben Einheit realisiert und ins Verhältnis setzt; die maßgebliche Einheit wird durch dasselbe Verhältnis gebildet und ineins exakt bestimmt, durch das sie die Waren hindurchführt. Weil die Durchführung des Verhältnisses der Waren gleichsam in dieses Bestimmen und Bilden einer Einheit fällt, können die Waren in der Einheit dasselbe rein gesellschaftliche Verhältnis, das sie eingehen, zugleich umschlagen und quantitativ eindeutig teilen, und in diesem schlagartigen Vereinigen von Qualität und Quantität können sie ihr Verhältnis beständig spezifizieren und im Spezifizieren identisch halten.

Kurzum, auch die Waren *rechnen* durch die maßgebliche Werteinheit, für die das Geld steht, mit der eigenen Identität. Das Rechnen fällt in ein vollkommen bewusstloses Realisieren des gesellschaftlichen Verhältnisses der Waren durch eine Geldware, die im quantitativen Bestimmen des Verhältnisses der Waren damit rechnet, dass die Qualität des Werts, wie immer sie auch quantitativ bestimmt wird, identisch bleibt oder vielmehr zum Identischen *wird*. Dadurch vereinigen sich Qualität und Quantität des gesellschaftlichen Verhältnisses der Waren so im Geld, als würde es auf naturwüchsig-bewusstlose Weise die Identität der Objektivität erschließen, und auch hier ist das eine Identität, die sich, genau wie in der Seinslogik, wie in einer ebenso unmittelbaren wie bewusstlosen Reflexion im Erschließen erst *her*stellt und sich doch zugleich objektiv *heraus*stellt, nämlich einerseits im Wertverhältnis der Waren, andererseits in den quantitativen Bestimmungen des Geldes. So wird die ideelle Werteinheit, für die das Geld steht, einerseits im gesellschaftlichen Sein der Waren realisiert und bildet ihr Größenverhältnis, andererseits wird sie in der quantitativen Bestimmung des Geldes realisiert und geht in der Entsprechung von Ware und Geld auf; sie ist eingelöst, als ob die Waren in den quantitativen Bestimmungen des Geldes sich selbst entsprächen und das eigene Verhältnis ausdrückten und zur Sprache brächten. In einem Satz, das Geld wird zum *sich spezifizierenden Quantum* und dabei zur Unmittelbarkeit der Darstellung des gesellschaftlichen Verhältnisses der Waren:

> In der Form von Leinwandgleichen erscheinen jetzt alle Waren nicht nur als qualitativ Gleiche, Werte überhaupt, sondern zugleich als quantitativ vergleichbare Wertgrößen. Weil sie ihre Wertgrößen in einem und demselben Material, der Leinwand bespiegeln, spiegeln sich diese Wertgrößen wechselseitig wider.[189]

So sehr also das Maß in der *WdL* keine leere Einheit ist, sondern erfüllte Einigkeit, so sehr ist auch im *Kapital* das Geld keine leere Werteinheit, sondern es ist erfüllt vom Selbstverhältnis des gesellschaftlichen Seins, d.h. vom Übergehen der Waren als Werte und ihrem Eingehen quantitativer Verhältnisse. Hier wie dort muss sich das

---

189 *Kapital I*, S. 81.

Maß durch quantitative Verhältnisse beständig bilden und im Bilden die Objektivität sowohl erschließen als auch abschließen. Das (gesellschaftliche) Sein hat im Übergehen (Qualität), im Umschlagen (Quantität) und im Eingehen quantitativer Verhältnisse (in der Qualität quantitativer Verhältnisse) seinen Begriff, gleich einem Geist, unmittelbar und bewusstlos an-sich: „In der wahrhaften Dreiheit ist nicht nur Einheit, sondern Einigkeit, der Schluß zur *inhaltsvollen* und *wirklichen* Einheit, die in ihrer ganz konkreten Bestimmung der *Geist* ist, gebracht."[190]

Die Indifferenz des (gesellschaftlichen) Seins sich selbst gegenüber
Das Vereinigen von Qualität und Quantität in quantitativen Verhältnissen ergab ein vollkommen durch sich selbst bestimmtes (gesellschaftliches) Sein, ein Sein, das maßgeblich ist für sich selbst und dadurch die Identität der Objektivität ergibt. Gleichwohl ist diese Identität, obwohl eindeutig bestimmt, vollkommen bewusstlos und sogar unentschieden, denn beide, das begriffliche Denken und das Geld, konstituieren eine Objektivität, die sich in der eigenen Unmittelbarkeit aufhält und gleichsam in die Indifferenz sich selbst gegenüber entlassen ist. Die Indifferenz liegt darin, dass ein sich selbst überlassenes und für sich selbst maßgebliches Sein einerseits mit der eigenen Identität rechnen und die Bestimmung der Objektivität ergeben muss, andererseits darin aber blind und bewusstlos sich gegenüber bleibt – eben dadurch ist es: objektiv.

Die Formulierung „Indifferenz der eigenen Bestimmtheit gegenüber" bezeichnet also exakt den Status einer Objektivität, die sich logisch gesehen vor aller Subjektivität und unabhängig von ihr bewusstlos selbst zum Gegenstand hat und mit der eigenen Identität rechnen muss, aber genau das nicht begreifen kann; sie geht über die eigene Unmittelbarkeit nicht hinaus. In der *WdL* hält sich die Objektivität in genau derjenigen Logik auf, in welche die *WdL* die Logik des Seins auseinanderlegt, d. h. sie hält sich in der Unmittelbarkeit eines Übergehens auf, dessen Qualität im Umschlagen in Quantität liegt, und die Unmittelbarkeit dieses Umschlagens ist wiederum die Vereinigung von Qualität und Quantität, und in der Vereinigung hat das Sein schließlich die Unmittelbarkeit einer bewusstlosen Reflexion für-sich und erschließt in quantitativen Verhältnissen die eigene Identität – aber ohne diese Identität zu begreifen. Das seinslogische Übergehen ist und bleibt die Unmittelbarkeit einer Reflexion, die selbst nicht reflexiv wird, und es äußert sich in quantitativen Bestimmungen, die sich selbst nicht äußerlich werden. Analog dazu können auch Marx' *Kapital* zufolge die Waren durch das Geld zwar bewusstlos und zugleich mit mathematischer Exaktheit ein objektives Verhältnis eingehen und dieses Verhältnis zugleich im Geld wie durch eine Reflexion eindeutig und endgültig herausstellen – und doch bleibt das Verhältnis von Ware und Geld bewusstlos. Die Bestimmung des gesellschaftlichen Verhältnisses der Waren geschieht durch ihr Übergehen als Werte, die Qualität dieses Übergehens liegt im Umschlagen in Quantität und im Eingehen der Waren in rein quantitative

---

190 *WdL I*, S. 389.

Verhältnisse, und diese Logik des Umschlagens und Übergehens *ist* die Maßfunktion des Geldes – aber ebenso ist durch diese Maßfunktion das gesellschaftliche Verhältnis, obwohl durch die Waren vollkommen in-sich bestimmt, in Indifferenz ihm selbst gegenüber gehalten. Die gesellschaftliche Objektivität ist zwar bereits reflexiv dadurch, dass die Waren durch das Geld quantitative Verhältnisse eingehen und eine eindeutig bestimmte Objektivität bilden können, und dass die Bildung dieser Objektivität sich in den quantitativen Bestimmungen des Geldes selbst entspricht – aber die Objektivität hat kein Bewusstsein davon.

Hegel fasst das gesamte seinslogische Übergehen und das gesamte unmittelbare Rechnen mit der Identität und Reflexiv-Werden so in der Indifferenz zusammen:

> Das Sein ist die abstrakte Gleichgültigkeit – wofür, da sie für sich als Sein gedacht werden soll, der Ausdruck *Indifferenz* gebraucht worden ist –, an der noch keine Art von Bestimmtheit sein soll; die reine Quantität ist die Indifferenz als aller Bestimmungen fähig, so aber, daß diese ihr äußerlich [sind] und sie aus sich keinen Zusammenhang mit denselben hat; die Indifferenz aber, welche die absolute genannt werden kann, ist [die], die *durch die Negation* aller Bestimmtheiten des Seins, der Qualität und Quantität und deren zunächst unmittelbarer Einheit, des Maßes, *sich mit sich* zur einfachen Einheit *vermittelt*. Die Bestimmtheit ist an ihr nur noch als Zustand, d.i. als ein *qualitatives Äußerliches*, das die Indifferenz zum *Substrate* hat.[191]

Diese Indifferenz vergeht im *Wesen*. Dieses Wesen ist bei Hegel zunächst die Reflexion, die eine Reflexion jenes bewusstlosen Reflexiv-Seins der Objektivität ist; bei Marx fällt das Wesen in das Wesen des Maßes als Tauschmittel und in die Form der Zirkulation der Waren. Hier wie dort wird der Zustand der Indifferenz entschieden, indem die Objektivität, statt sich gegenüber indifferent zu sein, entschieden und sich selbst äußerlich wird und zugleich in der Subjektivität zu sich kommt; bei Hegel kommt sie zu-sich in der überindividuellen Subjektivität des Begriffs, bei Marx in der individuellen Subjektivität der Waren- und Geldbesitzer sowie in der überindividuellen, automatischen Subjektivität der Kapitalbewegung G-W-G'.

Dass die Indifferenz der Objektivität im Wesen vergeht und die Objektivität dadurch einerseits subjektiv wird, aber andererseits in der Subjektivität *als* Objektivität zu sich kommt, deutet bereits an, dass dieses Wesen, so sehr es die Indifferenz der Objektivität überwindet, seinerseits zwiespältig sein muss. Die Zwiespältigkeit des Wesens ist der Verlegenheit geschuldet, dass die Objektivität einerseits so reflektiert werden muss, wie sie an sich ist, also im Sinne des entwickelten unabhängigen, allein sich selbst angemessenen Selbstverhältnisses, dass andererseits aber genau dieses Selbstverhältnis durch den Begriff bzw. durch das Geld konstituiert wird. Die Zwiespältigkeit des Wesens ist daher die Lösung selbst: Es ist dieses unentschiedene, zwischen Objekt und Subjekt ebenso trennende wie vermittelnde Wesen, das die Form der Gegenständlichkeit, also die Gegenständlichkeit von Objekt und Subjekt, erst mit sich bringt. Das Wesen steht folgerichtig zwischen der Unmittelbarkeit des seinslogischen bzw. wertförmigen Übergehens einerseits und dessen Vermitteltheit durch Begriff bzw. Kapital andererseits, und durch diese Zwischenstellung, durch die das Wesen

---

191 *WdL I*, S. 445–446.

zwischen Objektivität und Subjektivität ebenso zu trennen wie zu vermitteln scheint, ist das Wesen genau das: Schein.

Das Maß als Mittel der Realisierung der Objektivität.
Das Wesen der Reflexion / das Maß als Tauschmittel
Das gesellschaftliche Sein befindet sich durch die Maßfunktion des Geldes im Zustand der Unentschiedenheit, denn durch das Geld wird mit derjenigen ideellen Einheit gerechnet, die das Wertverhältnis der Waren gleich einer bewusstlosen Reflexion quantitativ umschlägt und identifiziert. Das Verhältnis wird geradezu *mit* dieser Einheit identifiziert; darum muss es scheinen, als bringe das Geld genau diejenige Qualität, die es realisiert, erst mit sich. So kann das Verhältnis der Waren durch das Geld beständig in seine eigene Vermittlung eintreten und sich fortwährend neu bestimmen, und insofern ist der kapitalistischen Gesellschaft durch das Maß des Werts auch das Mittel seiner Realisierung (ab-)gegeben, das Mittel der Identifikation des gesellschaftlichen Verhältnisses der Waren.
Allerdings muss diese Identifikation noch durch die Praxis des Austauschs durchgeführt und realisiert werden – das gesellschaftliche Verhältnis bleibt allein durch die Maßfunktion, ohne die Tauschmittelfunktion und ohne den Austausch Geld gegen Ware, nur in der genannten Indifferenz sich selbst gegenüber gehalten, und die Bestimmung des gesellschaftlichen Verhältnisses, obwohl in den Waren gleichsam vorhanden, ist noch nicht entschieden. Die erste Funktion als Maß setzt das Verhältnis vorerst nur *als* Verhältnis, und zugleich setzt sie das Verhältnis der quantitativ eindeutigen, exakten Bestimmbarkeit aus, aber dafür muss dieselbe Geldware, deren Ausschluss eine maßgebliche Werteinheit fixiert, als Tauschmittel wiederkehren, um die Waren in Kauf und Verkauf auf praktische Weise an ihre ideelle Einheit zu halten. Während das Geld in seiner ersten Bestimmung die Waren einer maßgeblichen Einheit aussetzt, muss es in seiner zweiten die Unbestimmtheit und Indifferenz des Verhältnisses entscheiden, indem es das gesellschaftliche Verhältnis in Form seiner Vermittlung auf praktische Weise durch die maßgebliche Einheit in Bestimmung setzt. Letztlich nimmt erst in dieser praktischen Vermittlung der Waren die ideelle Werteinheit Form an, d. h. sie wird erst zur Form gesellschaftlicher Vermittlung, wenn das Geld das gesellschaftliche Verhältnis der Waren im Austausch einer praktischen Messung und Bestimmung durch die ideelle Werteinheit unterzieht.
Mit dem Übergang der ersten Funktion des Geldes in seine zweite ändert sich auch sein Status. Marx kommt dieser Änderung des Status auf der Ebene der Darstellung nach: Die Wertformanalyse zeigt den Ausschluss, durch den durch eine Geldware die für alle anderen Waren maßgebliche Einheit fixiert wird, zuerst noch rein *logisch-systematisch*. Im Austauschprozess kehrt die Geldware als Tauschmittel dann gleichsam wieder, indem sie nun auf *praktische* Weise in die Vermittlung der Waren eintritt und hier ebenso praktisch im Zirkulieren der Waren *ausgeschlossen* wird.[192] Die Realität

---

192 Der in Anm. 150 angesprochene und in der Diskussion vielfach kritisierte Wechsel in der

dieser Vermittlung des Verhältnisses der Waren durch den Ein- und Ausschluss der maßgeblichen Geldware nimmt die Form der einfachen Zirkulation ...W-G-W... an, und auch das Übergehen und Umschlagen der Waren, das in der Wertformanalyse noch rein logisch-systematisch entwickelt wurde, vollzieht sich nun in dieser Form. Kurzum, das bislang rein logisch-systematisch entwickelte, ebenso unmittelbare wie bewusstlose Reflektieren ist eine gesellschaftliche Praxis: Es scheint, als ob das Maß das Mittel wäre, jenes ebenso unmittelbare wie bewusstlose Reflektieren auf praktische Weise durch das Zirkulieren der Waren (hin-)durchzuführen und die ideelle Werteinheit in Form des Zirkulierens ...W-G-W... zur Realität der Vermittlung des gesellschaftlichen Verhältnisses der Waren werden zu lassen.

Argumentation (Wertformanalyse zunächst rein logisch, der Austauschprozess dann handlungstheoretisch) muss auf den Unterschied der beiden ersten Geldfunktionen bezogen werden, und dabei müssen die Maß- und die Tauschmittelfunktion unbedingt auseinandergehalten werden: Durch die ausgeschlossene Geldware wird in der hier gezeigten *rein logischen* Weise zuerst eine ideelle, maßgebliche Einheit auf spekulative Weise in Anspruch genommen und fixiert, aber damit sie zur Realität wird, muss sie das gesellschaftliche Verhältnis der Waren *praktisch vermitteln*, d. h. die maßgebliche Werteinheit muss erst noch durch die Tauschmittelfunktion eintreten, und die ideelle Werteinheit muss in Kauf und Verkauf auf *praktische* Weise im Wertverhältnis der Waren eingelöst zur Realität bestimmter Werte werden. Diesem Eintreten des Maßes als Tauschmittel und der praktischen Realisierung der ideellen Werteinheit, für die das Maß steht, entspricht der Bruch im Darstellungsgang des *Kapital* Bd. I zwischen zuerst der rein logischen Entwicklung einer ideellen, maßgeblichen Werteinheit durch den Ausschluss einer Geldware (Wertformanalyse) und dann der praktischen Realisierung dieser maßgeblichen Einheit in Form des Austauschens und Zirkulierens der Waren durch ein Tauschmittel (Austausch- und Zirkulationsprozess). Weil Michael Heinrich trotz seiner „monetären Werttheorie" die Maßfunktion des Geldes übergeht und die einfache Wertform x Ware A = y Ware B auf das Austauschen und das Handeln zurückführt, muss es ihm folgerichtig scheinen, als sei der Bruch zwischen der „theoretischen Ebene" der Wertformanalyse und der „Wirklichkeit des Austauschprozesses" unvermittelt. Nach Michael Heinrich muss der Bruch auch unvermittelt bleiben, denn das Geld liege in der Wirklichkeit des Austauschs begründet; es solle daher besser, wie in den vorherigen Versionen der Wertformanalyse, handlungstheoretisch aus dem Austausch begründet werden. Die Wertformanalyse jedenfalls liege auf einer „anderen theoretischen Ebene", die nichts mit dem wirklichen Austausch zu tun habe, sondern die „rein logische Analyse" einer nur „gedachten Ware" sei. (Heinrich: *Die Wissenschaft vom Wert*, S. 230–231.) Heinrich entgeht, dass diese nur „gedachte Ware" gerade Wirklichkeit für die ausgeschlossene, maßgebliche Geldware ist, die das Verhältnis aller anderen Waren quantitativ umschlagen muss und dadurch wie in einer bewusstlosen Reflexion diejenigen rein quantitativen Verhältnisse eintreten lässt, die es dadurch dem Bewusstsein erst gleichsam zu denken *gibt*. Um das Abgeben einer ideellen, maßgeblichen Einheit darzustellen, mithin die Konstitution einer „Wertgegenständlichkeit", die das Austauschen und das Übergehen von Werten überhaupt erst ermöglicht, *muss* die Wertformanalyse von der zweiten Geldfunktion und der wirklichen Austauschfunktion getrennt werden, ganz wie Marx das dann in der 2. Aufl. des *Kapitals* Bd. I vollzieht. Nur wenn *nicht* streng unterschieden wird zwischen dem Abgeben des Maßes einerseits (Ausschluss einer Geldware und Fixierung einer noch ideellen Einheit) und der Realisierung dieser maßgeblichen Einheit andererseits (durch die Wiederkehr der ausgeschlossenen Geldware als Tauschmittel und durch die praktische Vermittlung der Waren), nur dann kann es scheinen, als würde schon die einfache Wertform x Ware A = y Ware B eigentlich durch das Tauschmittel und durch die „Wirklichkeit des Austauschs" begründet, und d. h. heißt letztlich handlungstheoretisch: „Geld entsteht also nur durch das Handeln der Warenbesitzer" (ebd., S. 231). Das Problem solcher Interpretationen der Wertformanalyse bleibt jedenfalls, dass sie auf die Tauschmittelfunktion und das Handeln der Subjekte fixiert bleiben und darum in der Wertformanalyse nicht zunächst die Konstitution von Wertgegenständlichkeit durch ein Wertmaß sehen und dann im Tauschmittel und im Austausch nicht die Form einer Messung.

Genau genommen, ist durch die Werteinheit, für die das Geld in seiner Maßfunktion steht, nicht bloß das Mittel zur praktischen Vermittlung des gesellschaftlichen Verhältnisses der Waren gegeben, mithin das Mittel zu dessen Realisierung und exakten Bestimmung. Ebenso wird umgekehrt der unbestimmte und unentschiedene, indifferente *Status* gegeben, in den dieses Verhältnis durch die maßgebliche Einheit versetzt ist. Die Waren sind durch das Geld in Indifferenz gegenüber der eigenen Bestimmtheit gehalten, aber ebenso sind sie durch das Geld der exakten und eindeutigen Bestimmbarkeit ausgesetzt. Auch das Geld selbst befindet sich in diesem Status. Dasselbe Geld, das für die rein ideelle, übersinnliche Werteinheit steht und die Waren dadurch in ein rein gesellschaftliches Verhältnis sowie in einen Zustand der Indifferenz versetzt, dasselbe Geld muss diese ideelle Werteinheit in Form der Zirkulation der Waren auf praktische Weise einlösen und dadurch den Zustand der Indifferenz auflösen; dann erst tritt die ideelle Werteinheit *praktisch* ein, dann erst schlägt sie das gesellschaftliche Verhältnis der Waren auf praktische Weise um und wird zur Realität endlicher Werte, dann erst wird das Geld zum sich spezifizierenden Quantum und zur Realität einer rein gesellschaftlichen Vermittlung.

So wie daher in der *WdL* der Übergang des Seins ins Wesen zu einer Art Wiederholung des Seins im Sinne einer Reflexion der Reflexion werden muss, so kommt auch im Übergang zwischen der ersten und der zweiten Bestimmung des Geldes alles darauf an, dass die Tauschmittelfunktion die Logik, die durch die Maßfunktion eintritt, gleichsam nur noch wiederholt, aber dadurch diejenige praktische Messung verwirklicht, durch die alle Waren in Kauf und Verkauf an ihre maßgebliche Einheit gehalten werden und das Wertverhältnis entschieden wird; es ist diese Entscheidung, die im Ausschluss einer Geldware gleichsam je beschlossen liegt, aber zum praktischen Ein- und Ausschließen werden muss. Die Bestimmung als Tauschmittel kommt dann zur Maßbestimmung nicht äußerlich oder nachträglich hinzu, im Gegenteil, das Übergehen der Waren als reine Werte *gilt* im Maß bereits als je vollzogen – das Tauschmittel muss dieses Übergehen nur noch praktisch realisieren. Die spekulative Identität der Waren – ihr Übergehen als Werte und das Eingehen quantitativer Verhältnisse im Sinne einer bewusstlosen Reflexion – diese spekulative Identität hält sich in der Geltung des Geldes buchstäblich auf, d.h. sie ist im Geld beschlossen und ideell-spekulativ vorhanden und kann zur praktischen Vermittlung des gesellschaftlichen Verhältnisses jederzeit und überall in Anspruch genommen werden. Jeder einzelne Tauschakt Ware gegen Geld wiederholt dann auf praktische und profane empirische Weise dasjenige Ereignis, das Marx in der Analyse der Wertform der Empirie gleichsam vorgezogen und rein logisch-systematisch ausgelegt hat, nämlich das Ereignis der Fixierung einer maßgeblichen Werteinheit durch das Ausschließen einer Ware.

So ereignet sich all das, was in die Analyse der einfachen Wertform x Ware A = y Ware B fiel: die Fixierung einer ideellen Werteinheit durch das Ausschließen einer Geldware, der Ausnahmezustand einer Geldware und das Versetzen aller anderen in den Zustand totaler Austauschbarkeit, die Umkehrbarkeit der Form III und das Zusammenfallen der beiden Pole der Wertform sowie die Bildung des Maßes durch das Umschlagen und Vereinigen von Qualität und Quantität, all das ereignet sich im Augenblick des Austauschs Ware gegen Geld auf profane, empirisch-praktische Weise.

Auch in Hegels *WdL* befindet sich das Sein im Zustand der Indifferenz. Das Sein ist im Übergehen und Umschlagen gehalten an die eigene Identität und hat die Unmittelbarkeit einer Reflexion für sich – aber es bleibt blind und bewusstlos. Es entspricht in quantitativen Verhältnisses sich selbst, aber diese Entsprechung äußert sich noch nicht; sie kommt nicht zur Sprache und wird nicht mit Bewusstsein wiedergegeben. Das Sein hält sich in der eigenen Unmittelbarkeit auf, weil es, wenn bewusstlos in nichts als sich selbst übergeht, zwar im Eingehen quantitativer Verhältnisse die Qualität des Bestimmens auf sich anwendet, dadurch sich selbst angemessen ist und die eigene Identität herstellt, aber das weder begreifen noch wiedergeben kann.

Doch so unmittelbar und bewusstlos das Sein in-sich reflektiert ist, so unmittelbar geht die Notwendigkeit des *Wesens* daraus hervor. Ja, die Unmittelbarkeit des Seins *ist* das negative Wesen seiner Vermittlung, und sein eigenes Wesen muss dem Sein nur noch äußerlich werden:

> Es liegt in dem Maße bereits die Idee des *Wesens*, nämlich in der Unmittelbarkeit des Bestimmtseins identisch mit sich zu sein, so daß jene Unmittelbarkeit durch diese Identität-mit-sich zu einem Vermittelten herabgesetzt ist, wie diese ebenso nur durch diese Äußerlichkeit vermittelt, aber die Vermittlung *mit sich* ist, – die Reflexion, deren Bestimmungen *sind*, aber in diesem Sein schlechthin nur als Momente ihrer negativen Einheit. Im Maße ist das Qualitative quantitativ; die Bestimmtheit oder der Unterschied ist als gleichgültig, damit ist es ein Unterschied, der keiner ist, er ist aufgehoben; diese Quantitativität macht als Rückkehr in sich, worin sie als das Qualitative ist, das Anundfürsichsein aus, welches das *Wesen* ist. Aber das Maß ist erst *an sich* oder im Begriffe das Wesen; dieser *Begriff* des Maßes ist noch nicht *gesetzt*. Das Maß noch als solches ist selbst die *seiende* Einheit des Qualitativen und Quantitativen; seine Momente sind als ein Dasein, eine Qualität und Quanta derselben, die nur erst an sich untrennbar (sind), aber noch nicht die Bedeutung dieser reflektierten Bestimmung haben. Die Entwicklung des Maßes enthält die Unterscheidung dieser Momente, aber zugleich die *Beziehung* derselben, so daß die Identität, welche sie *an sich* sind, *als* ihre Beziehung aufeinander wird, d.i. *gesetzt* wird. Die Bedeutung dieser Entwicklung ist die Realisation des Maßes, in der es sich zu sich selbst ins Verhältnis und damit zugleich als Moment setzt; durch diese Vermittlung wird es als Aufgehobenes bestimmt; seine Unmittelbarkeit wie die seiner Momente verschwindet, sie sind als reflektierte; so als das hervorgetreten, was es seinem Begriffe nach ist, ist es in das *Wesen* übergegangen.[193]

---

193 *WdL I*, S. 390–391. Über das Wesen sagt Hegel am Anfang der *WdL*, im Kapitel über die „Allgemeine Einteilung der Logik": „Nach dem zugrunde liegenden Elemente aber der Einheit des Begriffs in sich selbst und damit der Untrennbarkeit seiner Bestimmungen müssen diese ferner auch, insofern sie *unterschieden*, der Begriff in ihrem *Unterschiede* gesetzt wird, wenigstens in *Beziehung* aufeinander stehen. Es ergibt sich daraus eine Sphäre der *Vermittlung*, der Begriff als System der *Reflexionsbestimmungen*, d.i. des zum *Insichsein* des Begriffs übergehenden Seins, der auf diese Weise noch nicht *als solcher* für sich gesetzt ist, sondern mit dem unmittelbaren Sein als einem ihm auch Äußeren zugleich behaftet ist. Dies ist *die Lehre von dem Wesen*, die zwischen der Lehre vom Sein und der vom Begriff inmitten steht. – Sie ist in der allgemeinen Einteilung dieses logischen Werks noch unter die *objektive* Logik gestellt worden, insofern, ob das Wesen zwar bereits das Innere, dem Begriffe der Charakter des *Subjekts* ausdrücklich vorbehalten ist." (*WdL I*, S. 58.) In den einleitenden Worten zur Wesenslogik heißt es dann kurz und knapp: „Das Wesen steht zwischen *Sein* und *Begriff* und macht die Mitte derselben und seine Bewegung den *Übergang* vom Sein in den Begriff aus." (*WdL II*, S. 15–16.) Zum Übergehen von Sein und Wesen vgl. auch *WdL II*, S. 13ff. Hier bestimmt Hegel „das Wesen als die vollkommene Rückkehr des Seins in sich", und: „Das Wesen ist *im Ganzen*, was die

Demnach hat das Sein, weil es durch den Begriff nichts als sich selbst ausgesetzt ist, einerseits durch sein In-sich-Übergehen seine innere Notwendigkeit und seine Bestimmung unmittelbar an-sich; es hat darin das Wesen negativer Bestimmung oder Bestimmung durch Negativität für-sich, und im Umschlagen in Quantität wendet es diese Negativität des Bestimmens auf sich an und wendet das Verhältnis ins Positive; insofern hat es wiederum seinen Begriff auf bewusstlose Weise an-sich. Andererseits muss der Begriff in seinen Bestimmungen diese innere Notwendigkeit des Seins mit dem Denken identifizieren und die Objektivität auf subjektive Weise wiedergeben, damit die Indifferenz, in der sich das Sein der eigenen Bestimmtheit gegenüber befindet, vergeht. Genau genommen muss der Begriff nicht das Sein mit dem Denken identifizieren, sondern Sein und Denken müssen *sich* identifizieren, und eben dies ereignet sich durch das Wesen der Reflexion im oder als Begreifen. Um diese Identifikation von Denken und Sein im Begreifen zu zeigen, muss Hegel das seinslogische Übergehen ‚nur' noch einmal wiederholen, aber diesmal als Wesen der Reflexion und Genesis des Begriffs. Die Wiederholung zeigt dann dasselbe seinslogische Übergehen gleichsam noch einmal, aber so, als würde es nun sich selbst reflektieren. Wird aber das ebenso bewusstlose wie unmittelbare Reflektieren als solches reflektiert, geht es in das Begreifen über; in ein Begreifen, das allein darauf reflektiert, dass das Sein schon *an-sich* ein unmittelbares Reflektieren ist, dass das seinslogische Übergehen ein Reflektieren *gewesen* ist – nur eben ohne Bewusstsein.

Die Objektivität begreifen heißt somit, die Bewusstlosigkeit ihres Seins im Begreifen ebenso wiederzugeben wie zu negieren, kurz aufzuheben.[194]

Die Seinslogik und die Wertformanalyse entlassen somit das (rein gesellschaftliche) Sein in dieselbe indifferente Situation: Sein und Wert müssen, damit sich ihr negatives Wesen als Objektivität herausstellt, zum Objekt der Reflexion werden. Bei Hegel ist das Sein im Wesen sich selbst das Objekt der Reflexion; bei Marx ist das Wertverhältnis der Waren in Form des Austauschs das Objekt gesellschaftlicher Vermittlung. Wesen und Austausch wiederum treten – wie allerdings erst im IV. Abschnitt

---

Quantität in der Sphäre des Seins war; die absolute Gleichgültigkeit gegen die Grenze. Die Quantität ist aber diese Gleichgültigkeit in *unmittelbarer* Bestimmung und die Grenze an ihr unmittelbar äußerliche Bestimmtheit, sie *geht* ins Quantum *über*; die äußerliche Grenze ist ihr notwendig und ist an ihr *seiend*. Am Wesen hingegen *ist* die Bestimmtheit nicht; sie ist nur durch das Wesen selbst *gesetzt*; nicht frei, sondern in der *Beziehung* auf seine Einheit. – Die Negativität des Wesens ist die *Reflexion*, und die Bestimmungen [sind] *reflektierte*, durch das Wesen selbst gesetzte und in ihm als aufgehoben bleibend". (*WdL II*, S. 15.)

194 Vgl. dazu das letzte Kapitel der Seinslogik „C. Der Übergang in das Wesen" (*WdL I*, S. 456–457). Die Bestimmtheit des Seins als in-sich indifferent und sich selbst gegenüber gleichgültig zu reflektieren, das vergisst Hegel zufolge gleichsam, dass das Sein auf diese Weise zu denken bereits eine Reflexion ist: Das Sein *selbst* muss ja, wie in der Analogie ausführlich gezeigt, wie eine Reflexion gedacht werden, nämlich als ein Sein, das unmittelbar auf sich selbst zurückkommen muss und in dieser inneren Notwendigkeit seine Bestimmung äußert: „Was hier noch fehlt, besteht darin, daß diese Reflexion nicht die *äußere* Reflexion des *denkenden*, subjektiven Bewußtseins, sondern die eigene Bestimmung der Unterschiede jener Einheit sei, sich aufzuheben, welche Einheit denn so sich erweist, die absolute Negativität, ihre Gleichgültigkeit *gegen sich selbst*, gegen ihre eigene Gleichgültigkeit, ebensosehr als gegen das Anderssein zu sein." (*WdL I*, S. 456.)

ausführlich gezeigt wird – von Anfang an innerhalb eines übergreifenden Selbstbezugs ein: Bei Hegel muss das Wesen im Selbstbezug des Begriffs aufgehoben werden, bei Marx muss die einfache Zirkulation der Waren im Selbstbezug des Geldes als Kapital aufgehoben werden. Doch auch wenn dieser übergreifende Selbstbezug hier noch nicht entwickelt werden soll, so kann doch bereits gezeigt werden, inwiefern Sein und Wert einerseits durch das Wesen bzw. die Zirkulation überhaupt erst Objekt der Vermittlung werden und inwiefern anderseits dieselbe Vermittlung wiederum ihrerseits einer Kritik unterzogen werden muss.

Das Vergehen im Wesen der Vermittlung zwischen Objektivität und Subjektivität.
Die Realität des Scheins und das Scheinen der Realität
Die kapitalistische Produktionsweise ist durch eine maßgebliche Werteinheit dazu bestimmt, ihre Resultate, die Waren, wie in einer Messung zu brechen; sie tritt dadurch in ihr eigenes Verhältnis ein und bestimmt es zugleich durch Werte auf objektive Weise. Die kapitalistische Produktionsweise ist auf diese Messung im Wortsinn angelegt, d. h. sie ist durch die erste Geldfunktion beständig an eine maßgebliche Einheit gehalten und darin liegt die Messung gleichsam je beschlossen – aber nur auf eine spekulativ-ideelle Weise, denn die Maßfunktion des Geldes eröffnet lediglich den Übergang zwischen dem rein gesellschaftlichen Sein der Waren und dem Wesen ihrer Vermittlung, und für diese praktische Vermittlung muss das Maß als Tauschmittel eintreten. Erst in Kauf und Verkauf, W-G und G-W, werden die Waren durch das Tauschmittel so an ihre maßgebliche Einheit gehalten, dass ihr Verhältnis durch das Geld gleichsam unter-brochen und zugleich durch die Werteinheit, für die das Geld steht, ge-brochen und für einen Moment festgestellt wird. Erst diese Messung mit ihrer quantitativ exakten Entscheidung über den Zustand des Wertverhältnisses ist – oder vielmehr: wird – der Grund, warum das gesellschaftliche Verhältnis der Waren sich im Geld auf bewusstlose Weise reflektiert und dadurch sprachlos und doch buchstäblich im Geld entspricht.
Wird das Tauschmittel in diesem Sinne als Mittel einer Messung begriffen, wird deutlich, warum die Messung den Schein eines Austauschs und eines einfachen Zirkulierens im Sinne des ...W-G-W... hervorbringt. Der Schein wird hervorgebracht, weil das Geld die ideelle Werteinheit, für die es steht, in der Form der einfachen Zirkulation ebenso realisiert wie unmittelbar in dieser Form einlöst und im Wertverhältnis der Waren zum Verschwinden bringt. Die Werteinheit wird in der Vermittlung so durchgeführt, dass die Waren zwar mit ihrer Werteinheit gleichsam identifiziert werden und dadurch ein *reines* Verhältnis als endliche Werte eingehen, aber diese Vermittlung durch eine maßgebliche Einheit verschwindet im Verhältnis von Ware und Geld;[195]

---

[195] Das Geld verschwindet in der von den Waren „geräumten Zirkulationsstelle", und doch „schwitzt" die Zirkulation „beständig Geld aus." (*Kapital I*, S. 127.) „Es kann nicht gesagt werden, daß in der einfachen Zirkulation der Tauschwert als solcher realisiert wird. Er wird immer nur realisiert im Moment seines Verschwindens. Wird die Ware vermittelst des Gelds gegen Ware ausgetauscht, so verschwindet ihre Wertbestimmung in dem Moment, worin sie sich realisiert [...]." (*Grundrisse*, S. 184.)

sie ist eingelöst in der Entsprechung zwischen den quantitativen Bestimmungen des Geldes auf der einen und dem Wertverhältnis der Waren auf der anderen Seite und geht in der Entsprechung auf. Aufgrund dieser Realisierung und Einlösung einer ideellen Einheit in der Unmittelbarkeit quantitativer Verhältnisse scheint die Messung des Wertverhältnisses der Waren durch das Geld ein bloß äußerlicher Austausch- und Zirkulationsprozess zu sein. Es scheint, als würde das Geld die Waren äußerlich reflektieren und ihren Wert wie eine Eigenschaft der Ware an-sich zur Erscheinung bringen, obwohl diese Reflexionsbestimmungen doch der Form der Identifikation der Waren mit ihrer Werteinheit geschuldet sind, das Geld also die getroffenen Reflexionsbestimmungen *im* Realisieren allererst erzeugt.

Näher betrachtet, ist es nicht einfach die ideelle, leere Werteinheit, die im Realisieren der Warenwerte zugleich verschwindet, es ist das *Rechnen* mit dieser Einheit, das verschwindet. Das Geld rechnet auf bewusstlose, aber exakte Weise im Umschlagen und Vereinigen von Qualität und Quantität mit einer ideellen Einheit und löst sie in der Form der Zirkulation so ein, dass sie im Sinne der einfachen Wertform x Ware A = y Ware B verschwindet und zugleich quantitative Verhältnisse präsentiert. Das Verhältnis der Waren wird im Rechnen mit dieser Einheit nicht nur exakt bestimmt, es kann auch beständig *neu* bestimmt werden, sodass eine immer neue, aber je exakte Objektivität eintritt und einerseits in den Wertgrößen der Waren und andererseits im Geld herausgestellt wird.

So wird durch das Geld mit einer ideellen Werteinheit gerechnet, die auf der einen Seite beständig zur Realität des gesellschaftlichen Verhältnisses der Waren wird und auf der anderen das Geld zum sich spezifizierenden Quantum werden lässt. Solange die Vermittlung der Waren durch das Geld andauert, solange ist auch die Werteinheit nie endgültig bestimmt; sie bleibt durchgängig die Realität des Übergehens der Waren als Werte, und das Geld ist der Übergang des Übergehens, der ‚Ort', an dem die Waren im Umschlagen in Quantität ihr Verhältnis eingehen. Als Maß versetzt es die Waren in dasselbe Verhältnis der Indifferenz, das es als Tauschmittel entscheidet, und die Entscheidung fällt durch die Akte ihres Austauschs; jeder Austausch Ware gegen Geld stellt für einen Moment den Zustand des gesellschaftlichen Verhältnisses fest, und diese Momente explizieren in Form …W-G-W… den Zustand des Verhältnisses der Waren so, als träfe das Geld ein Verhältnis, das durch die Größenverhältnisse der Waren in-sich reflektiert ist.

Erst der nächste Abschnitt über Sohn-Rethel wird hier den Faden wieder aufnehmen und die Kritik des Scheins fortsetzen. Es wird zu zeigen sein, dass die Vermittlung des gesellschaftlichen Verhältnisses ein Schein ist, weil das Geld durch die Tauschmittelfunktion, statt Waren auszutauschen, die produktive Kraft des Verhältnisses ihrer Produktion realisiert und im Wert der Waren die zurzeit maßgebliche Durchschnittsarbeitszeit ermittelt. Der Abschnitt wird des Weiteren zeigen, dass Hegel wie Marx das Wesen der Reflexion bzw. das Wesen der gesellschaftlichen Vermittlung zum Schein herabsetzen, indem sie durchsichtig machen, dass dieses Wesen je schon innerhalb der selbstbezüglichen Bewegung des Begriffs bzw. des Kapitals eintritt und darum in dieser Bewegung in seinen Grund zurückgehen muss. Die Kritik des Scheins ist somit erst vollständig durch die Entwicklung der Begriffslogik bzw. durch die Entwicklung der dritten Bestimmung des Geldes. Da es jedoch im Abschnitt über Adorno zunächst nur um die Konstitution von Objektivität durch das Maß geht, muss es vorerst beim Übergang der Objektivität ins Wesen der Reflexion sowie bei einem bloßen Ausblick auf den Selbstbezug von Begriff und Geld bleiben.

3. Die Entwicklung des Maßes als Darstellung *und* als Kritik der Identität des (gesellschaftlichen) Seins

Die Analogie war in zweifacher Hinsicht eine implizite Kritik an Adornos Identitätskritik. Die Analogie sollte erstens die Entsprechung bewahren, die Adorno zwischen den tauschwertigen Bestimmungen des gesellschaftlichen Daseins und den Begriffsbestimmungen zwar unterstellt, jedoch ohne die Entsprechung wirklich durchzuführen und zu begründen. Zweitens sollte die Entsprechung aber auf derjenigen Ebene ansetzen, die Adorno übergangen hatte und die ihm bei Hegel wie Marx entging. Beides soll zeigen, dass Begriff und Tauschwert Objektivität nicht darstellen durch eine abstrahierende und subsumierende Identifikation, sondern dass Begriff und Geld die Objektivität an ihr eigenes Sein halten und dadurch maßgeblich für sie selbst sein lassen. Durch Begriff bzw. Geld an sich selbst gehalten, ist die Objektivität der eigenen Identität ausgesetzt und der eigenen Notwendigkeit unterzogen und gibt in der Qualität quantitativer Verhältnisse diese Identität zu denken. Die Bestimmung der Objektivität ergibt sich dadurch statt durch eine äußerliche Subjektivität gleichsam von selbst, wie aus dem Nichts heraus, nämlich im gezeigten Übergehen, Umschlagen und Vereinigen, die zusammen eine ebenso bewusstlose wie eindeutige, ebenso unmittelbare wie naturwüchsige Reflexion ergeben.

Die Objektivität muss mithin reflektiert und gedacht werden, als sei sie bereits ansich ein ebenso unmittelbares wie bewusstloses Reflektieren. Die Reflexion dieses bewusstlosen Reflektierens wird in der *WdL* durch das begriffliche Denken aufgehoben, sodass es die Bewusst*losigkeit* der Objektivität ist, die zu ‚ihrem' Bewusstsein kommt; im *Kapital* wird das Umschlagen der ideellen Werteinheit zunächst als Form der einfachen Zirkulation ...W-G-W... realisiert, die wiederum im Kapitalkreislauf des Geldes G-W-G' aufgehoben ist. Die Maß- und Tauschmittelfunktion des Geldes realisiert das Wertverhältnis und gibt die so konstituierte Objektivität dem einzelnen Bewusstsein als Wertgegenständlichkeit zu denken, während die Kapitalbewegung des Geldes dieses Wertverhältnis, analog der überindividuellen Subjektivität des Begriffs, übergreift und verwertet.

Wenn auf diese Weise Geld und Begriff das Verhältnis des (gesellschaftlichen) Seins realisieren und wiedergeben, so ist das zwar, genau wie Adorno kritisiert, eine äußerliche Reflexion und Identifikation. Aber gerade dadurch treffen Geld und Begriff die Bestimmungen eines Seins, das sie in die Selbständigkeit der Bestimmung durch es selbst entlassen haben, und sie müssen genau *das* zum Objekt machen. Geld und Begriff verwirklichen dadurch die Logik, die in der *radikalen Trennung* in Objektivität und Subjektivität *liegt*. Entgegen Adornos Auffassung besteht die Logik der Identifikation der Objektivität durch den Begriff bzw. das Geld dann nicht darin, vom (gesellschaftlichen) Dasein zu abstrahieren, um das, wovon abstrahiert wurde, durch die Abstraktion wiederum äußerlich und subsumtionslogisch zu bestimmen. Die Logik ergibt sich im Gegenteil daraus, buchstäblich nichts dazuzutun, sodass geradezu dieses Nichts zum Maß des Seins wird, nämlich zu derjenigen ideellen, leeren Identität (Hegel) bzw. reinen, ideellen Werteinheit, durch die das Sein seine eigene Negativität für sich erschließt und zu derjenigen ebenso unmittelbaren wie bewusstlosen Reflexion werden muss, die Objektivität ergibt. Die Subjektivität konstituiert sich gerade dadurch, der Notwendigkeit, einer vorgängigen Objektivität angemessen zu werden und ihr entsprechen zu müssen, enthoben zu sein, weil Begriff und Geld ihr eine Objektivität gegenüber setzen, die allein *sich selbst* angemessen werden und in quantitativen Verhältnissen der eigenen Qualität entsprechen muss.

Doch Adorno entgeht nicht nur, dass die Objektivität durch den Begriff und das Geld der *eigenen* Identität statt einer äußeren, subjektiven Identifikation ausgesetzt ist. Ihm entgeht auch und gerade die darin liegende Negativität und ihre konstituierende Kraft, obwohl er sich ebenfalls auf eine Negativität beruft und sie sogar als Kritik positiver Bestimmung einsetzen will. Er führt in der *Negativen Dialektik* die Negativität als Kritik der aufhebenden, ‚positiven' Dialektik der Begriffslogik und des Tauschprinzips durch, ohne zu berücksichtigen, dass sich die Hegel'sche und Marx'sche Dialektik in einem noch radikaleren Sinne auf die Negativität berufen. So beginnen die Seinslogik und die Wertformanalyse ja statt mit der positiven Bestimmung des Daseins damit, das *Scheitern* seiner Bestimmung zu bestimmen, insofern sie zeigen, dass jede Bestimmung nur Bestimmung ebenso durch wie für Anderes ist und dass diese Form der Bestimmung des Daseins in eine schlechte Unendlichkeit führt. Die Durchführung der schlechten Unendlichkeit ist aber nur eine Art Umweg, um hinterrücks der unabschließbaren Vielfalt möglicher Bestimmungen das Bestimmen selbst durchzuführen und das Werden der Qualität des Bestimmens *als solcher* einzuführen, mithin die Qualität aller Qualitäten, dasjenige Identische, das, weil es nichts ist als die Qualität des Bestimmens selbst, darum negativ bleibt und unmittelbar *im* Werden des Daseins *ist*. Diese Qualität ist vollkommen unmittelbar, unbestimmt und absolut negativ. Und doch, oder gerade dadurch, ist diese Qualität mehr als das Bestimmen durch Negation, sie ist mehr auch als die Negativität einer Form, die jede Bestimmung an-sich ihr Sein-für-Anderes sein lässt bzw. den Gebrauchswert als Tauschwert übergehen lässt und dabei Etwas und Anderes, Ware A und Ware B, ebenso unterscheidet wie aufeinander bezieht. Es geht Hegel und Marx in dieser Qualität um die Positivität der Negativität *als* Negativität. Es geht um diejenige ideell-übersinnliche und *absolute* Qualität, die sich im Übergehen der Bestimmungen rein als solche einlöst und dadurch auf nichts als sich selbst besteht, auf der eigenen Identität *als* Negativität.

Diese Negativität wird nicht allein darum zur Qualität aller Bestimmungen, weil sie Bestimmung-*gebend* ist; das allein wäre wieder nur die angeführte Kraft der Negativität, durch Negation zu bestimmen sowie Etwas und Anderes im Unterscheiden ebenso zu beziehen. Die Negativität wird die absolute Qualität dadurch, dass sie im Bestimmen des endlichen Daseins identisch bleibt und genau *darauf* so zurückkommen muss, dass sie sich auf sich anwendet und der eigenen Negativität Bestimmung gibt, nämlich im Umschlagen in Quantität. Dass die Negativität auf sich zurückkommt, ist ihre *Idealität*, nämlich ihre Gleichgültigkeit *gegen* alle positiven Bestimmungen, aber es ist diese Gleichgültigkeit, die in quantitativen Verhältnissen reflexiv wird und sich ins Positive wendet und darin das Absolute der Qualität geltend macht, nämlich die absolute Vergleichbarkeit aller Bestimmungen, obwohl sie doch qualitativ unendlich vielfältig und insofern unvergleichbar sind.

Bei Marx und Hegel ist das Quantitative daher zwar etwas Anderes als das Qualitative, aber das Andere *an ihm selbst*. Während sich das Quantitative, wie im Abschnitt über die schlechte Unendlichkeit gezeigt, aus der Umkehr der Endlichkeit und der Affirmation der konsequenten und vollständigen Durchführung aller ihrer qualitativen Bestimmungen ergibt (sodass die Qualität hinterrücks auf sich selbst zurückkommt und im Umschlagen in Quantität bewusstlos reflexiv wird), ergibt sich bei Adorno aus der Rücksicht auf eine fraglos gegebene qualitative Besonderheit des Daseins die schlecht unendliche Notwendigkeit eines sich unabgeschlossen und konstellativ haltenden Denkens. Die Quantifizierung ist bei ihm nicht die Umkehr der schlechten Unendlichkeit und stellt ineins deren Wahrheit heraus, und in ihr äußert sich nicht die Qualität des Bestimmens selbst, vielmehr soll die Quantifizierung eine äußerliche Bestimmung und eine reduzierende und nivellierende Vergleichung des Qualitativen durch die *Subjektivität* sein. Wo bei Marx und Hegel die widersprüchliche Bestimmung des endlichen Daseins und die Umkehr des schlecht unendlichen Fortgangs seiner Bestimmung *die eine* Bestimmung herausstellen: dass das endliche Dasein im Doppelsinn sich Eins sein muss (einerseits sich selbst gleichgültig und andererseits sich selbst der Gegenstand quantitativer Bestimmung), da rechtfertigt sich Adornos Rücksicht auf das qualitativ Besondere und Einzelne eher im bloßen Beharren darauf, dass im Quantifizieren und Identifizieren etwas nicht aufgehe.

Obwohl also die Quantifizierung, die das Geld durchführt, Adorno im Grunde Recht gibt, wenn das Geld die Gebrauchswerte an einer ebenso einheitlichen und gleichgültigen, ebenso ideellen wie negativen Einheit teilnehmen und sie gerade dadurch in ihrer unendlichen Vielfalt stehen lässt, und obwohl die quantitativen Verhältnisse all den Gebrauchswerten, all den besonderen Qualitäten äußerlich sind und nur die Identität der Negativität ihres Seins ins Verhältnis setzen, verhilft Adorno seinerseits dem Quantitativen nicht zu dessen Recht, wenn er jene Gleichgültigkeit des Quantitativen und seine Äußerlichkeit gegenüber den besonderen Qualitäten als nivellierend und gewaltsam kritisiert: „Die szientifische Objektivierung neigt, einig mit der

Quantifizierungstendenz aller Wissenschaft seit Descartes, dazu, die Qualitäten auszuschalten, in meßbare Bestimmungen zu verwandeln."[196]
Was Adorno zufolge in der Wissenschaft gilt, gilt auch in der Bestimmung des gesellschaftlichen Daseins durch den Tauschwert und überhaupt in der Gesellschaft der Aufklärung. Zusammen mit Horkheimer schreibt er in der *Dialektik der Aufklärung*:

> Die formale Logik war die große Schule der Vereinheitlichung. Sie bot den Aufklärern das Schema der Berechenbarkeit der Welt. Die mythologisierende Gleichsetzung der Ideen mit den Zahlen in Platons letzten Schriften spricht die Sehnsucht aller Entmythologisierung aus: die Zahl wurde zum Kanon der Aufklärung. Dieselben Gleichungen beherrschen die bürgerliche Gerechtigkeit und den Warentausch. [...] Die bürgerliche Gesellschaft ist beherrscht vom Äquivalent. Sie macht Ungleichnamiges komparabel, indem sie es auf abstrakte Größen reduziert. Der Aufklärung wird zum Schein, was in Zahlen, zuletzt in Eins, nicht aufgeht [...]. Beharrt wird auf der Zerstörung von Göttern und Qualitäten.[197]

(Mehr noch als Adornos Insistieren auf der Irreduzibilität des Gebrauchswertigen und Besonderen verhilft sein Insistieren auf dem Einzelnen und Individuellen dem Quantitativen nicht zu dessen Recht. Dass das Einzelne und Individuelle allein für sich selbst zählt, ist ebenfalls dem Begriff des Quantitativen geschuldet. So sehr durch das Quantitative einerseits absolute Austauschbarkeit entsteht, so sehr zählt im Quantitativen andererseits – jedenfalls dem Begriff des Quantitativen der *WdL* zufolge – die Einzelheit als numerische Identität, d. h. als Teilnahme an einer vollkommen unbestimmten und nur negativ bestimmbaren Einheit, einer Einheit, die allein im quantitativen Teilnehmen besteht und erst aus relationalen Verhältnissen resultiert. Das Quantitative hat, wie Hegel durch die Wahrheit der schlechten Unendlichkeit und dann durch Eins, Leere und Viele zeigt, sein Einssein allein darin, anstelle derjenigen Leere zu stehen, die von allen besonderen Bestimmungen rein quantitativ geteilt wird.[198])

196 ND, S. 53.
197 Adorno / Horkheimer: *Dialektik der Aufklärung*, S. 13–14.
198 Das gilt auch dann, wenn Hegels Begriff der wahren Unendlichkeit und des Quantitativen noch nicht im Sinne der Cantor'schen Mengenlehre ausgelegt wird; vgl. zur wahren Unendlichkeit bei Hegel und Georg Cantors Begriff der Menge sowie ihrem Verhältnis zur Leere und zum Universellen Alain Badiou: *Das Sein und das Ereignis*. Berlin: Diaphanes 2005, bes. 185ff. Adorno jedenfalls wirft dem Quantitativen vor, Resultat einer Abstraktion zu sein und zu einer Nivellierung zu führen: „Die Zahlen sind Veranstaltungen, das Nichtidentische unter dem Namen des Vielen dem Subjekt kommensurabel zu machen, dem Vorbild der Einheit. Sie bringen das Mannigfaltige der Erfahrung auf seine Abstraktion. [...] Die Idee der Einheit der Welt gehört einer späteren Stufe an, der identitätsphilosophischen. Die Kontinuität der Zahlenreihe jedoch blieb seit Platon das Modell aller Bruchlosigkeit des Systems, ihres Anspruchs auf Vollständigkeit." (Theodor W. Adorno: Zur Metakritik der Erkenntnistheorie. Studien über Husserl und die phänomenologischen Antinomien. In: Ders.: *Zur Metakritik der Erkenntnistheorie. Drei Studien zu Hegel. GS*, Bd. 5, S. 7–245, hier S. 18.) Auch am Quantitativen und an der Zahl macht er eine Entsprechung zwischen der idealistischen Methode des Denkens und der Logik des Tauschens fest: „Zu sich selber kommen die Methoden [die erkenntnistheoretischen des Idealismus, F.E.] am Ende in ihrem gesellschaftlichen Modell, im Äquivalenzprinzip der Tauschgesellschaft, in welcher die Gebrauchswerte nur mehr als unter dem Aspekt der Quantität, qua Tauschwert, durch Geld vergleichbare, nicht als unterschiedliche Qualitäten eingehen." (Theodor W. Adorno: *Vorlesung über Negative Dialektik (1966/67). Nachgelassene Schriften*, Abt. IV, Bd. 16. Frankfurt am Main: Suhrkamp 2003, S. 324.)

Adornos Abgrenzung vom „positiven Prinzip"[199] begrifflicher und tauschwertiger Bestimmung und Identifizierung führt dazu, dass Begriff und Tauschwert einen ganz anderen Status als bei Hegel und Marx erhalten. Sie *müssen* einen anderen Status haben, wenn Adorno die Ebene von Sein und Wert übergeht. Wenn aber Adorno jene Ebene des seinslogischen bzw. wertförmigen Übergehens und die Bedeutung des Maßes für die Konstitution von Objektivität übergeht, dann ist zu fragen, ob er nicht den Status der Hegel'schen und Marx'schen Dialektik insgesamt verkannt hat. So geht Adorno in seiner Abgrenzung zu Hegel zwar zu Recht davon aus, dass dessen dialektische Logik das begrifflich-identifizierende Denken zeigen und es zur absoluten Methode entwickeln will; Hegel muss sein Vorhaben, das Denken zu denken und es in die Methode des Begriffs auseinanderzulegen, geradezu als Selbstaffirmation des Absoluten begreifen. In der *WdL* ist aber die *Form der Gegenständlichkeit* der eigentliche ‚Gegenstand'. Das identifizierende Denken ist nach Hegel nicht die richtige oder wahre Bestimmung eines gegebenen Gegenstands oder irgendeiner (natur-)gegebenen, der Logik dieses Denkens vorgängigen Objektivität. Das identifizierende Denken ist die Methode, in Objekt und Subjekt so zu *trennen*, dass das Selbstverhältnis der Objektivität Gegenstand einer Reflexion werden kann und aufseiten der Objektivität die eben gezeigte Logik des Seins ergibt. Das identifizierende Denken verwirklicht somit die Vernunft, die darin liegt, in die Logik der Objektivität (die bewusstlose Maßgeblichkeit des Seins für es selbst) und in die Logik der Subjektivität (die Selbstbezüglichkeit des reflektierenden, begrifflichen Denkens) zu trennen. Es verwirklicht mithin die Vernunft, die im negativen Wesen ‚dazwischen' liegt, in der Subjekt-Objekt ebenso trennenden wie vermittelnden, ebenso identifizierenden wie entgegensetzenden Reflexion und ihrer Aufhebung im begrifflichen Denken. Letztlich verwirklicht das identifizierende Denken die absolute Idee oder die Idee des Absoluten, nämlich dass eine vollkommen selbständige und radikal von der Subjektivität getrennte Objektivität gleichwohl nur auf subjektive Weise zu sich kommt, sodass gerade *durch* diese radikale Trennung in Objektivität und Subjektivität Sein und Denken im Begriff identisch werden.

Adornos Kritik des identifizierenden Denkens verfehlt nicht nur Hegels Idee desselben, auch Adornos Kritik des Tauschwerts hat einen ganz anderen Status als bei Marx. Zwar entwickelt auch Marx eine negative Gesellschaftskritik insofern, als er keine positive wissenschaftliche Theorie der kapitalistischen Gesellschaft liefert, jedenfalls keine wissenschaftliche Theorie im herkömmlichen Sinne. Marx stellt aber durch die Entwicklung des Geldes eine positive Identifikation dar, wenn er in der Wertformanalyse diejenige ideell-übersinnliche, maßgebliche Werteinheit einholt, die alle Waren als Werte derselben Einheit realisiert und auf objektive Weise zur Darstellung bringt. Das quantitative Verhältnis der Waren setzt nicht nur eine maßgebliche Einheit voraus, und diese Einheit muss nicht nur von allen Waren getrennt existieren, in dieser Trennung gründet auch eine ebenso bewusstlose wie quantitativ eindeutige Identifikation, sodass die identische Qualität – der Wert oder das rein gesellschaftliche Verhältnis

---

[199] Bubner: Adornos Negative Dialektik. S. 38.

der Waren – nicht von der Qualität ihrer Identifikation durch das Geld zu trennen ist. Das Geld ist in dieser Identifikation zwar nichts, es ist nur irgendeine beliebige Ware, deren stoffliche Beschaffenheit und gebrauchswertige Bestimmung allem Dasein einschließlich dem eigenen gegenüber gleichgültig sein muss, die aber genau darum *für* das gesellschaftliche Sein stehen kann, d. h. für eine ideelle Werteinheit und für die realisierte Qualität. Unmittelbarer noch, das Geld ist untrennbar mit der Qualität des Übergehens, mit dem quantitativen Umschlagen sowie dem Eingehen quantitativer Verhältnisse verschränkt. *Nur* das Geld kann diese Identifikation durchführen und ‚Ort' der Verschränkung von maßgeblicher Werteinheit und realisiertem Wertverhältnis werden, und deshalb kann diese Identifikation auch nur durch das Geld zu denken gegeben werden. Der Wert, das gesellschaftliche Sein, kann nicht als solches gedacht und begriffen werden ohne Geld, genauer, ohne dass einerseits das Geld und die Technik des Maßes auf bewusstlose, aber praktische Weise für das Denken da ist und ohne dass andererseits das Denken, wenn es die Waren als Werte ins Verhältnis setzt, vom Geld her denkt, von einer maßgeblichen Werteinheit. So wie im Abschnitt über Lukács mit Marx gezeigt wurde, dass der Gesellschaft durch das Geld ein Totalitätsbewusstsein gegeben *und* ersetzt wird, so zeigte nun der Abschnitt über Adorno, dass das Geld das Sein der Gesellschaft durch Werte zu denken gibt und zugleich entzieht.

Diese Einheit von Darstellung und Kritik betrifft auch den Begriff der Objektivität. Ähnlich wie Hegel in der *WdL* verbindet auch Marx im *Kapital* die Darstellung und Begründung gesellschaftlicher Objektivität mit einer Kritik sowohl dieser Objektivität selbst als auch der Wissenschaft und ihres Begriffs von Objektivität. Das *Kapital* zeigt, dass das gesellschaftliche Verhältnis der Waren dem Geld Gegenstand der Messung ist und wie ein äußerliches Objekt mit geradezu mathematischer Exaktheit realisiert wird, aber das Geld misst und identifiziert dasselbe Verhältnis, das sich *durch* diese Messung und *durch* diese Identifikation vermittelt und überhaupt erst herstellt. Es gibt also eine Verschränkung zwischen messendem Geld und dem gemessenen Verhältnis der Waren, und der Messprozess bringt mit dieser Verschränkung eine Objektivität mit sich, die sich ebenfalls im Status der Indifferenz und der Unschärfe befindet. Des Weiteren steht das Geld, wenn es die Waren an eine maßgebliche Einheit hält und die dadurch realisierte Objektivität zu denken gibt, gleichsam anstelle des Denkens und ist ‚im Wissen' des gesellschaftlichen Verhältnisses und dessen innerer Bestimmung. Keine Wissenschaft und kein Bewusstsein könnte die Objektivität im Sinne des Geldes bewältigen, kein Wissen und kein Bewusstsein kann anstelle des Geldes die Objektivität an eine ideelle Einheit halten und sie durch diese Einheit so realisieren, dass sie als je gemessene auf bestimmte und in-sich reflektierte Weise eintritt. Nur gemessen durch das Geld, treten die Waren in ihr gesellschaftliches Verhältnis allererst ein und stellen doch ihr Verhältnis durch Größen bereits auf in-sich reflektierte Weise objektiv vor, während das Geld durch das gemessene Verhältnis zum sich spezifizierenden Quantum wird und allein dadurch, durch diese beständige quantitative Spezifizierung, gleich der Wissenschaft oder vielmehr an ihrer Stelle ‚im Wissen' des realisierten Verhältnisses ist und es objektiv wiedergibt.

Mit Marx lässt sich somit eine ganz andere Identitätskritik durchführen als mit Adorno. Während Marx die spekulative Identität von Ware und Geld auf die Notwendigkeit eines Maßes zurückführt und in der Wertformanalyse die Konstitution eines Maßes kritisch darstellt, kritisiert Adorno die positive, identifizierende Bestimmung der Dinge durch den Tauschwert als reduzierende Subsumtion unter eine reale, aber auch im Denken vollzogene Abstraktion.

Auch von Lukács unterscheidet sich Adornos Identitätskritik. Gemeinsam ist beiden, dass sie in ihrer Kritik der Warenform das Geld übersehen. Aber Adorno übersieht das Geld in einer anderen Hinsicht, er übersieht es im Zuge einer zurückhaltenden, negativen Konzeption der Dialektik, die nicht auf eine endgültige Identifikation von Subjekt-Objekt zielt. Lukács dagegen hatte in seiner Kritik der Warenform noch in emphatischer Weise auf eine solche Identifikation gezielt, denn das Selbstbewusstsein des Proletariats sollte sowohl über die praktisch-warenförmige als auch über die verstandesmäßige Identifikation hinausgehen und zum „identischen Subjekt-Objekt der Geschichte" (Lukács) werden. Lukács' *Kritik* der warenförmigen Rationalität des Kapitalismus ergab sogar, geradezu ineins, die *Idee* des Kommunismus: Weil die Arbeitskraft selbst zu einer Ware wird, kann diese eine, besondere Ware die gesamtgesellschaftliche Bestimmung und produktive Kraft ihrer Arbeit wie ein Objekt zum Gegenstand des eigenen Bewusstseins machen; das Selbstbewusstsein der Ware Arbeitskraft identifiziert also die Objektivität der Arbeit mit dem Subjekt der Arbeit. Lukács zufolge sollte sich darum die Arbeitskraft durch ihr kollektives Selbstbewusstsein mit der eigenen Entäußerung und Verobjektivierung identifizieren und Geschichte mit (Selbst-)Bewusstsein im praktischen Sinne *machen.*

Adornos zurückhaltende Dialektik zielt nicht auf eine solche endgültige, ‚kommunistische' Identifikation, sie kritisiert stattdessen die gewaltsame Identifikation der Objektivität durch Begriff und Tauschwert, eine Identifikation, die ihren eigenen Anspruch nie wird verwirklichen können und letztlich scheitern muss. Im Zuge der Analogie hat sich jedoch gezeigt, dass die von Adorno kritisierte Warenform gar keine Synthesis im Sinne einer – wie auch immer unbewussten, verfehlten oder gewaltsamen – Identifikation der Dinge vollzieht, vielmehr ist den Waren dasselbe Maß wie der Arbeit vorausgesetzt. Und das Maß vollzieht weder eine Identifikation der Arbeit noch eine Identifikation der Waren, sondern es realisiert, indem es die Waren als Werte übergehen lässt und in ein quantitatives Verhältnis setzt, auch das Verhältnis der Arbeiten und bildet die rein gesellschaftliche Substanz des Werts. Diese Realisierung entspricht der von Adorno kritisierten realen Abstraktion nur dadurch, dass sie die Subjekte der Notwendigkeit des Abstrahierens *enthebt,* denn es geht, noch vor aller Entsprechung zwischen Objektivität und Subjektivität, um die Konstitution einer Objektivität, die sich selbst angemessen sein und entsprechen muss.

Das von Bubner angesprochene Prinzip jedenfalls, durch das der „Zusammenhang des Endlichen aufgefasst und auf ein Prinzip des Unendlichen bezogen (wird), dessen Absolutheit sowohl das Endliche erklärt, wie auch das Verhältnis beider Seiten verantwortet"[200], ein solches Prinzip des Unendlichen findet sich im Geld bei Marx und in Hegels Logik des Seins, aber nicht bei Adorno. Adorno sieht weder, dass hier wie dort eine positive Identität der (gesellschaftlichen) Objektivität entwickelt wird, die jenseits aller formallogischen, aber auch verstandesmäßigen Bestimmung steht, noch sieht er, inwiefern darin sogar eine Kritik solcher formallogischen und verstandesmäßigen Bestimmungen angelegt ist. Das Nicht-Identische wird von Adorno zwar auf die eingangs skizzierte Weise als Maß der Identitätskritik gebraucht und gerät, insofern es jede abschließende Identifikation stets infrage stellt, ebenfalls in eine gewisse Nähe zum Prinzip des Unendlichen. Aber diese Negativität führt nicht zum Umschlagen und Reflexiv-Werden in der Quantität und zur Qualität quantitativer Verhältnisse. Stattdessen setzt Adorno die Negativität eines Nicht-Identischen auf der Ebene des Begriffs an, und hier führt sie in die schlechte Unendlichkeit eines gegenüber einer vorgängigen Objektivität im Bestimmen konstellativ sich haltenden Denkens.

Für Adornos Identitätskritik stellt sich somit die Frage, ob sie sich überhaupt anders begründen kann als dadurch, dass sie der Identifikation ihr Scheitern nachweist. Kann sich das Nicht-Identische überhaupt *positiv* bemerkbar machen? Oder ist das Maß der Kritik allein negativ gegeben? Der *WdL* und dem *Kapital* zufolge hat die Objektivität ja, weil sie durch Begriff und Geld an nichts als sie selbst gehalten ist, im Übergehen, im quantitativen Umschlagen und im Eingehen quantitativer Verhältnisse auf bewusstlose Weise ihre Identität unmittelbar an-sich und gibt sie zugleich zu denken. Bei Adorno ist es dagegen geradezu umgekehrt: Die Objektivität gibt nicht von selbst ihre Identität ab, vielmehr verweist das Nicht-Identische auf eine der Identifikation vorgängige, nicht vollständig objektivierbare und begreifbare Objektivität, und es ist das *Scheitern* der Identifikation durch Tauschwert und Begriff, durch das die Objektivität der Identitätskritik das Maß abgibt.
Exakt hier, wo die Objektivität oder „die Sache selbst" ihrer Kritik das Maß abgibt, lässt sich der entscheidende Unterschied zwischen der Dialektik von Hegel und Marx einerseits und der negativen Dialektik Adornos andererseits festmachen. Der Unterschied ums Ganze lässt sich bestimmen, wenn die Dialektik auf das Abgeben des Maßes zurückgeführt wird, auf das Abgeben jenes Maßes, an dem die Möglichkeit einer immanenten Kritik hängt, einer „Kritik durch Darstellung et vice versa". Der Unterschied ums Ganze ist, *dass bei Hegel und Marx das Selbstverhältnis der Objektivität zusammenfällt mit dem Abgeben ihres Maßes*. Die Objektivität gibt, wie in der Analogie ausführlich entwickelt, auf negative Weise ihr ‚positives' Maß ab, nämlich allein dadurch, dass sie durch den Begriff bzw. das Geld dem eigenen Sein ausgesetzt ist, mithin der eigenen ideellen Identität. Während deshalb die (gesellschaftliche) Objektivität bei Hegel und Marx durch ihre Maßgeblichkeit für sich selbst ihre Bestimmung auf unmittelbare Weise gleichsam von selbst ergibt (und Hegels Seinslogik und Marx'

---

200 Bubner: Adornos Negative Dialektik. S. 38.

Wertformanalyse diese Maßgeblichkeit für sich selbst einerseits einholen und dadurch andererseits das Maß einer kritischen Darstellung ausweisen), soll es bei Adorno das *Scheitern* einer Identifikation der Objektivität durch Tauschwert und Begriff sein, wodurch der Kritik das Maß abgegeben ist.

Dadurch setzt Adorno schon voraus, was es nach Marx und Hegel erst zu begründen gilt: ein Dasein, das als unmittelbar durch es selbst bestimmt reflektiert werden muss und das dem Denken darum eine vorgängige und selbständige Objektivität sein muss. Wenn Hegel und Marx zufolge ein solches Dasein durch Begriff bzw. Geld an es selbst gehalten und dadurch erst in die Selbständigkeit *gesetzt* ist, und wenn das (gesellschaftliche) Dasein im Begriff bzw. im Geld so aufgehoben werden muss, dass es, statt subjektiven Vorstellungen, Ideen, Bestimmungen etc. zu entsprechen, *sich selbst* entspricht, dann stellt sich die Frage gar nicht mehr, ob die tauschwertigen bzw. ob die begrifflichen Bestimmungen dieses (gesellschaftliche) Dasein nur reduzierend, abstrahierend und subsumierend identifizieren oder nicht. Stattdessen muss die *radikale Trennung* in Objektivität und Subjektivität begründet werden. Mit der Trennung muss die Unterscheidung in eine Logik der Objektivität und eine Logik der Subjektivität begründet werden – und durch die Entwicklung des Maßes begründen Hegel und Marx die Möglichkeit einer solchen radikalen Trennung. Nur wenn die Möglichkeit dieser radikalen Trennung begründet wird, kann begründet werden, warum die Objektivität so reflektiert werden muss, wie sie *ohne* die Reflexion durch das begriffliche Denken und das Geld sein muss – aber so, als sei eine Objektivität, die im Übergehen ihre Bestimmung trifft und die im Umschlagen in Quantität quantitative Verhältnisse eingeht, die Unmittelbarkeit eines bewusstlosen Reflektierens schon *gewesen*.

Hegel und Marx zeigen also durch die Entwicklung des seinslogischen bzw. wertförmigen Übergehens, warum eine (gesellschaftliche) Objektivität, die ihrem Selbstverhältnis ausgesetzt ist, durch genau diese Unmittelbarkeit gleichwohl in-sich reflektiert ist – und doch ist sie in diese Unmittelbarkeit durch die Trennung in Objektivität und Subjektivität *gesetzt*, und hier wie dort ist es die Maßgeblichkeit der Objektivität für sie selbst, die diese Trennung eröffnet. Bei Adorno sind Begriff und Tauschwert dagegen dem endlichen Dasein durch *Abstraktion* äußerlich geworden, und im Selbstbezug des Geistes und des Kapitals haben sich Begriff und Tauschwert dann dem Dasein gegenüber verselbständigt. Adorno nimmt dadurch an, dass das Dasein je schon Etwas sei, und er richtet diese Unmittelbarkeit gegen ihre Identifikation durch Begriff und Tauschwert. Folgerichtig kommt die begriffliche und tauschwertige Bestimmung einer „Präponderanz des Objekts"[201] sowie einer unmittelbaren Eigenbestimmtheit des Daseins nur nachträglich und nur äußerlich zu. Weil bei Adorno das Dasein etwas Bestimmtes oder zumindest etwas unmittelbar Gegebenes ist, gibt folgerichtig diese unvermittelte Unmittelbarkeit allein schon dadurch, gleichsam nur durch sie selbst, das Maß der Kritik ihrer begrifflichen und tauschwertigen Vermittlung und Identifizierung ab.

---

201 *ND*, S. 184.

Indem Adorno seine Identitätskritik in dem Materialismus gründet, dass das Dasein einerseits eine Bestimmung an-sich schon hat, die andererseits in seiner begrifflichen und tauschwertigen Identifikation nicht aufgeht (oder vielmehr ist das Aufgehen ein notwendiger Schein), begründet auch er seine negative Kritik auf eine *positive* Weise. Adorno vermeidet also keineswegs, obwohl es bislang so scheint, eine ‚Positivierung' seiner Kritik; vielmehr geht er nicht nur von einer je gegebenen Eigenbestimmtheit aufseiten des unmittelbaren Daseins schon aus, sondern insofern die begriffliche und die tauschwertige Identifikation diese Eigenbestimmtheit verfehlen, gibt auch in Adornos Identitätskritik das Dasein durch seine (Eigen-)Bestimmtheit ein positives Maß ab. Der Unterschied ums Ganze bleibt aber, dass bei Adorno das Maß auf ganz andere Weise als in der Seinslogik und in der Wertformanalyse abgegeben wird, denn bei Adorno ist es, wie gesagt, die „Präponderanz des Objekts" und das Scheitern seiner Identifikation, wodurch im Nicht-Identischen das Maß der Kritik der Identität abgegeben wird.

Das Scheitern der Identifikation gibt im Nicht-Identischen nicht nur der Kritik das Maß ab, das Nicht-Identische steht für das in seiner Identifizierung nicht vollständig aufgehende *Etwas*. „Etwas" ist in Adornos negativer Dialektik der Begriff oder vielmehr der Name für eine Unmittelbarkeit, die aufseiten des Daseins und der „Präponderanz des Objekts" steht; eine Unmittelbarkeit, die der Identifikation vorgängig sein muss und von der das Denken nicht vollständig abstrahieren kann, auf die es vielmehr immer wieder zurückkommen muss.
Aber nicht nur bei Adorno, auch bei Hegel und Marx spielte das Etwas ja eine zentrale Rolle. In der Analogie zwischen seinslogischem und wertförmigem Übergehen war es ebenfalls der ‚Ort' der positiven Bestimmung des Daseins. Bereits am Anfang der *WdL* wie des *Kapitals* gab das (gesellschaftliche) Sein in Etwas seine positive Bestimmung ab: Hegel nahm das Übergehen von Sein und Nichts ins Dasein von Etwas (und in sein Verhältnis zu Anderem) zurück, bei Marx war das Übergehen der Gebrauchswerte als Tauschwerte das Etwas der Ware (die wiederum ihr Verhältnis zu einer anderen an-sich hat).
So unterschiedlich allerdings das Maß in der Dialektik von Hegel und Marx auf der einen und in der negativen Dialektik Adornos auf der anderen Seite abgegeben wird, so unterschiedlich sind auch Status und Bedeutung des Etwas für eine „Kritik durch Darstellung et vice versa". Um diesen Unterschied ums Ganze zu zeigen, soll die Analogie zwischen Seinslogik und Wertformanalyse noch einmal durchgeführt werden, aber diesmal mit der Konzentration auf das Etwas. Während der erste Durchgang sich auf die Konstitution einer identischen Qualität und ihre Objektivität konzentriert und zur Verschränkung zwischen Maß und gemessener Qualität geführt hat, soll darauf aufbauend im zweiten Durchgang gezeigt werden, dass diese Qualität in der *WdL* und im *Kapital*, obwohl oder gerade weil sie eine reine und geradezu absolute Qualität ist, *Etwas* ist.

4. Das Etwas bei Hegel, Marx und Adorno

Adorno will eine Dialektik entwickeln, die wie die Hegel'sche und Marx'sche Dialektik von der Totalität der Vermittlung her denkt. Anders als bei Hegel und Marx soll die Totalität der Vermittlung aber ihre Kritik an einem Nicht-Identischen finden, welches das Denken in eine Art Selbstkritik wendet: Indem Adorno das Denken auf unvermittelte Voraussetzungen verweist, auf Voraussetzungen, die weder durch den Begriff noch durch den Tauschwert vollständig und endgültig identifizierbar sind, will er das identifizierende Denken in eine Selbstkritik zurücknehmen.

Für diese Kritik legt Adorno, so wurde gezeigt, die von Hegel und Marx entwickelte Vermittlung und Identifizierung durch den Begriff bzw. den Tauschwert im Sinne eines Abstraktionsvorgangs und einer Subsumtionslogik aus und damit dem Grundzug der Dialektik von Hegel und Marx entgegen. Und auch entgegen Adornos *eigener* Intention einer Kritik, die sich konsequent negativ halten soll, macht sich wiederum dasjenige wie eine gegebene Positivität geltend, wovon Adorno zufolge Begriff und Tauschwert abstrahieren und worauf sie, ineins, auf verselbständigte und herrschaftliche Weise zurückkommen. Adornos Insistieren auf einem Nicht-Identischen führt daher einen Dualismus im Verhältnis von Subjekt und Objekt ein, denn einerseits zeigt das Nicht-Identische auf negative Weise beständig eine nicht-aufgehende Vermittlung an, andererseits gelingt das nur in Rücksicht auf das Vermittelte. Das Nicht-Identische muss auf die endliche Daseinswelt zurückgeführt werden, jedoch ohne dass dadurch dessen Identifikation möglich oder auch nur eingefordert würde; das Nicht-Identische soll ja gerade der Einspruch sein *gegen* eine vollständige und endgültige Identifikation und gegen eine Identität von Denken und Sein. Es resultiert aus dem Scheitern der Identifikation und aus einem letztlich unvermittelbaren Rest, und gerade dadurch ist der Identitätskritik das Maß gegeben, denn das Nicht-Identische steht für *Etwas* aufseiten des Identifizierten. Oder vielmehr steht das Nicht-Identische für dasjenige Etwas, das in der Identifizierung eben nicht aufgegangen ist.

Das Nicht-Identische steht bei Adorno aber auch für Etwas auf der ‚anderen' Seite. Es steht auch aufseiten des identifizierenden Denkens, nämlich für die Denknotwendigkeit eines *Etwas* im Sinne des Gedachten und einer „Präponderanz des Objekts". Das Nicht-Identische muss bei Adorno, so wird zu zeigen sein, in einem beiderseitigen, aber dualistischen oder zumindest unversöhnten Sinne für Etwas stehen, einerseits für Etwas im Sinne des gewaltsam Identifizierten, aber Nicht-Aufgehenden und Eigenständigen, andererseits aber auch für Etwas im Sinne eines denknotwendigen Substrats und für die Präponderanz des im Denken Gedachten.

Diese Bedeutung, die das Etwas in der *Negativen Dialektik* hat, soll ins Verhältnis gesetzt werden zum Etwas in der Hegel'schen Seinslogik und zum Etwas in der Wertformanalyse. Dafür wird die Analogie von Sein und Wert noch einmal durchgeführt, aber diesmal gilt es, sie statt auf das Sein und den Wert auf das Etwas auszurichten. Ziel ist zu zeigen, dass Hegel und Marx auf analoge Weise im Etwas nichts weniger als das Selbstverhältnis des Daseins einholen. Es wird zu zeigen sein, dass beide das

Etwas als den ‚Ort' entwickeln, an dem das Verhältnis zu Anderem aufgehoben ist und dass letztlich das Dasein sich selbst das Etwas der Bestimmung sein muss; das wird schließlich zu einer Ökonomie der quantitativen Selbstverendlichung und Selbstbegrenzung führen. Im Anschluss wird dann gezeigt, dass auch in Adornos negativer Dialektik das Etwas der Ort ist, an dem die Endlichkeit auf sie selbst zurückkommt – aber auf eine ganz andere Weise.

4.1 Vermittelte Unmittelbarkeit und Unmittelbarkeit von Vermittlung – Das Etwas bei Hegel und Marx

Die Pointe im ersten Durchgang durch die Analogie zwischen seinslogischem und wertförmigem Übergehen bestand darin, dass dem Dasein seine Bestimmung nicht äußerlich zukommt, d.h. nicht durch ein Subjekt, das der Objektivität im Denken angemessen sein will und ihr begrifflich zu entsprechen versucht. Die Subjektivität ist im Gegenteil dieser Notwendigkeit enthoben, wenn sie zusammen mit einer Objektivität entsteht, die an ihr eigenes Sein gehalten wird und allein aus innerer Notwendigkeit heraus ihre Bestimmung erhält. Die objektive Bestimmung des (gesellschaftlichen) Daseins durch das Verhältnis von Etwas und Anderem bzw. von Ware A und Ware B fällt nicht in die subjektive Reflexion eines Dritten, die Bestimmung fällt nicht in den Verstand und in das Bewusstsein, die Bestimmung fällt in die Unmittelbarkeit des Verhältnisses selbst. Das reflektierende Dritte *ist* eben jenes Selbstverhältnis, welches das (gesellschaftliche) Sein in Etwas und ein Anderes, Ware A und Ware B dadurch eingeht, dass es durch den Begriff bzw. durch das Geld an es selbst gehalten ist; das (gesellschaftliche) Sein ist durch den Begriff bzw. durch das Geld in diese Voraussetzungslosigkeit, durch es selbst bestimmt zu sein, *gesetzt* und enthebt dasselbe Subjekt, das durch diese Setzung den Begriff der Objektivität gewinnt, der Notwendigkeit eines äußeren Reflektierens.

Im ersten Durchgang durch die Analogie war daher das reflektierende Dritte nichts als die Qualität des Seins bzw. des Werts; das Dritte war das seinslogische bzw. wertförmige Übergehen und Umschlagen in Quantität und ergab die Maßgeblichkeit-für-sich des (gesellschaftlichen) Seins, kurz, die Identität der Objektivität. In diesem zweiten Durchgang durch die Analogie kommt es nun darauf an zu zeigen, dass das reflektierende Dritte nicht nur in die Unmittelbarkeit des Verhältnisses fällt, sondern dass dieses Verhältnis, gerade weil es sich wie in einer ebenso unmittelbaren wie bewusstlosen Reflexion selbst bestimmen und bilden muss, *Etwas* sein und dass es *sich* Etwas sein muss.

Zuerst wird gezeigt, dass Hegels Seinslogik das Etwas in drei Schritten bis zur Maßgeblichkeit des Seins für es selbst und zur Identität der Objektivität entwickelt. Das Maß des Seins ist zunächst nur *irgendein* Etwas, aber zugleich steht das Etwas *für* die Bestimmtheit des Seins; dann ist das Sein im Einssein sich selbst das Etwas der Bestimmung und tritt auf quantitative Weise in die eigene ideelle Identität ein; und dadurch ist das Sein schließlich das vollständig durch sein eigenes Verhältnis bestimmte Etwas.

Danach wird gezeigt, dass Marx auf analoge Weise das Etwas ebenfalls in drei Schritten bis zum Maß des Werts entwickelt. Das Etwas ist zunächst irgendeine beliebige Ware, bestimmt durch das Verhältnis zu einer anderen; im zweiten Schritt zeigt er, dass jede Ware das allgemeine Äquivalent für die Form der Bestimmung einer Ware A durch eine andere Ware B sein kann; und so stellt sich schließlich, drittens, heraus, dass jede Ware die maßgebliche Werteinheit für alle anderen Waren sein kann. Jede Ware kann Geld-Ware sein, und in der Geldware kann das gesellschaftliche Verhältnis aller Waren so auf sich zurückkommen, dass es sich das Eins der Bestimmung ist, in die eigene ideelle Identität eintritt und quantitative Verhältnisse eingeht. Durch diese drei Schritte entwickeln beide, Hegel und Marx, eine Ökonomie der quantitativen Selbstbegrenzung.

Hegel und das Problem der Darstellung von Vermittlung:
Der voraussetzungslose 'Anfang' der Objektivität
Die gesamte *Wissenschaft der Logik* kreist um das Problem der Darstellung von Vermittlung: Wie kann Vermittlung dargestellt werden? Dieses Problem betrifft letztlich die Vermittlung zwischen Objektivität und Subjektivität und führt zur Logik des Begriffs und zur absoluten Idee.
In ihrem ersten Teil, der Seinslogik, geht es allerdings allein um die Logik der Objektivität, und in dieser Logik geht es um das Problem der Darstellung unmittelbar der Vermittlung selbst oder der *Unmittelbarkeit* von Vermittlung: Es gibt eine Vermittlung rein als solche, nämlich eine Vermittlung durch Sein und Nichts. Diese Vermittlung stellt nichts als sich selbst dar: Sie stellt ihre Unmittelbarkeit *als* Objektivität dar.
Um diese Unmittelbarkeit, dass die Objektivität bewusstlos durch nichts als sie selbst vermittelt ist, zu begreifen, kommt alles darauf an, dass das Übergehen von Sein und Nichts, dass dieses In-sich-Übergehen *nicht* bestimmend wird für ein vorgängiges, irgendwie gegebenes Dasein. Das Übergehen bestimmt, wie in der Analogie ausführlich gezeigt, unmittelbar sich selbst, es *ist* unmittelbar *im* Dasein; das Sein stellt unmittelbar *sich* im Dasein *dar*, und es stellt sich *als* Unmittelbarkeit des Daseins dar.
Das ist auch der Grund, warum Hegel in der *WdL* mit dem Übergehen von Sein und Nichts einerseits die Vermittlung rein als solche an den Anfang stellt und die Vermittlung der Entwicklung des Daseins gleichsam vorzieht, andererseits diesen „reinen" Anfang aber gleich wieder ins Dasein zurücknimmt. Er nimmt die Unbestimmtheit von Sein und Nichts in den Anfang des *Bestimmens* zurück: Das Übergehen ist nur darum rein und unbestimmt, weil es das Übergehen des Bestimmens selbst ist, und so geht das Übergehen selbst über und ist *im* Dasein. Oder vielmehr ist das Übergehen je schon in Bestimmung *übergegangen*, gemäß der bereits zitierten entscheidenden Aussage über das Sein und Nichts, der zufolge ihre Wahrheit ist, dass sie nicht übergehen, sondern übergegangen *sind*.
Am Anfang steht somit das *Übergehen des Übergehens*, nämlich das Übergegangen-sein ins Dasein, und dieses sich selbst negierende Übergehen, dieser sich selbst negierende Anfang ist bereits *etwas*. Weder ist am Anfang also schon Etwas, noch ist am Anfang

Nichts, sondern der Anfang ist das Übergehen des Übergehens, und dieses Übergegangensein *ist* etwas.
Indes wird auch diese unmittelbare Selbstnegation von Sein und Nichts oder das einfache Negieren zurückgenommen. Das Übergegangensein ist nicht etwas im Sinne einer unmittelbaren Negativität oder einer einfachen Negation, es ist bereits in Etwas aufgehoben im Sinne einer *Negation der Negation*. Etwas ist bestimmt nur durch Anderes und dadurch negiert – aber um Etwas zu sein, muss es das Andere seinerseits schon negiert haben. Darum ist das Übergehen keine einfache Negation und keine schlichte Unterscheidung, sondern immer schon eine Negation der Negation – und bereits das „erste Etwas" (Hegel) *ist* diese Negation der Negation und stellt sie an sich dar.
Hegel legt folgerichtig die Form der Negation der Negation im Verhältnis von „Etwas und ein Anderes" auseinander. In ihrem Verhältnis haben beide die Negation der Negation gleichermaßen an-sich aufgehoben; ihr Verhältnis ist allein durch Negation bestimmt, und doch stellen sie es wie positive Bestimmungen unmittelbar an sich dar.

Durch solche Doppelungen wie die des *reinen* Anfangs (das Übergehen des Übergehens), der zugleich das Anfangen des *Bestimmens* ist (die Negation der Negation) und schließlich zur Qualität der Qualität wird (der Quantität), treibt Hegel das Übergehen von Sein und Nichts zur Logik der Selbstdarstellung der Objektivität und entwickelt dadurch schließlich nichts weniger als die *absolute* Vermittlung. Die Methode der *WdL*, die absolute Vermittlung zur Darstellung zu treiben (oder das Absolute *als* Vermittlung), liegt somit allein darin, vom „reinen Anfang" an, vom Übergehen von Sein und Nichts heraus alle daraus folgenden Kategorien durch ihre Doppelung der eigenen Notwendigkeit zu unterziehen. Auf diese Weise erhält eine jede Kategorie ihre Bestimmung allein dadurch, tautologisch der eigenen Notwendigkeit ausgesetzt zu sein und dadurch reflexiv zu werden.
Doch derart mit sich selbst konfrontiert, erhalten die jeweiligen Kategorien zwar ihre Bestimmung; aber dadurch sind sie einerseits über sich hinausgegangen und kommen andererseits erst gleichsam im Nachhinein zu sich. Mehr noch, die Kategorie wird darüber hinaus auch *anders*. Diese Darstellungsweise führt dazu, dass jede Kategorie stets erst im Hinausgehen zu ihrer endgültigen Bestimmung kommt, gleichsam hinterrücks oder nachträglich. So ist etwa die Qualität der Qualität ihre Quantität, d. h. erst im Umschlagen in Quantität trifft die Qualität einerseits tautologisch auf sich selbst, erhält ihre Bestimmung und hält sich identisch; die Qualität des Bestimmens wendet sich reflexiv und äußerlich auf sich an, und sie wendet dabei die Negativität, die im Bestimmen liegt, so ins Positive, dass die Qualität in der Quantität an-sich anders ist. Hegel bezeichnet dieses immanente Über-sich-Hinausgehen, durch das eine Kategorie erst rückwirkend ihre Identität herausstellt, auch schlicht als ihre Wahrheit. Statt „Sein des Seins" heißt es etwa „die Wahrheit des Seins ist das Wesen"[202], oder statt „Qualität der Qualität" heißt es „die Wahrheit der Qualität ist eben dies, Quantität […]

---

202 *WdL II*, S. 13.

zu sein".²⁰³ Worauf es ihm jedenfalls ankommt, ist der *spekulative* Gehalt einer jeden Identität oder vielmehr von Identität als solcher, und der spekulative Gehalt liegt schlicht darin, dass jede Kategorie in-sich reflektiert ist und daher zu ihrer Begründung jener in der WdL entwickelten Bewegung bedarf. Eine jede Kategorie erhält ihre Identität in deren Überwindung, und gerade dadurch tritt die Immanenz des Fortgangs in der Entwicklung der Logik ein. Das lässt sich auch als Aufhebungsbewegung oder Einlösen des Satzes der Identität von Identität und Nicht-Identität verstehen.²⁰⁴ Hegel zufolge ist die gesamte Entwicklung der Seinslogik die Konsequenz daraus, dass im reinen Sein bereits der Begriff einer identischen Qualität liegt; in der identischen Qualität liegt bereits der Begriff der Quantität; in Qualität und Quantität liegt bereits der Begriff der Maßgeblichkeit des Seins für es selbst; und im Maß liegt schließlich die Reflexivität eines Seins, das auf negative Weise die eigene Identität bestimmen und darin den Begriff der Objektivität an-sich haben muss.

Aufgrund dieser Reflexivität ist es indes nur die halbe Wahrheit zu sagen, dass sich die Identität – etwa des Seins oder der Qualität – erst im Überschreiten herausstellt, denn ebenso muss das Sein oder die Qualität ja im Hinausgehen auf sich *zurückkommen* und *dadurch* erst Identität erhalten. Erst beides zusammen, das Hinausgehen *und* die Rückkehr, führt dazu, dass die Identität einer Kategorie einerseits erst zu sich kommt und dann andererseits schon je in-sich gebrochen und reflektiert ist.

---

203 *WdL I*, S. 382.

204 In der ersten Durchführung durch die Analogie von Sein und Wert wurde die Doppelung auf die skizzierte Weise für die einzelnen Schritte der Seinslogik ausführlich gezeigt. Dieselbe Doppelung wiederholt Hegel dann noch einmal mit dem Sein als Ganzem: Das Sein *ist* im Wesen. Dass das „Sein des Seins" oder die Identität des Seins dessen Wesen ist, heißt, das seinslogische Übergehen ist bereits unmittelbar eine Reflexion *gewesen*. Sie ist nur die *Unmittelbarkeit* der Reflexion gewesen und hat die Objektivität ergeben – aber ohne Bewusstsein. So sehr aber das Übergehen des Seins bereits eine unmittelbare, bewusstlose Reflexion ist, so sehr muss sie noch mit Bewusstsein reflektiert und auf subjektive Weise aufgehoben werden. Dass jene unmittelbare Reflexion-in-sich des Seins gleichsam noch einmal reflektiert werden muss, aber diesmal mit Bewusstsein, diese Doppelung, diese Reflexion der Reflexion zeigt Hegel in der Wesenslogik. Doch auch das Wesen muss sich doppeln, denn wenn das Wesen eine bewusste Reflexion jener bewusstlosen Reflexion ist, die das Sein im Übergehen unmittelbar an-sich hat, so ist die Reflexion selbstbezüglich und zum *Begreifen* des Seins geworden. Entsprechend muss der Begriff in jenem Wesen sich selbst begreifen, die eigene Arbeit und Wirklichkeit. Er muss die Reflexion der Reflexion als das Begreifen begreifen und durch diese letzte Dopplung selbstbezüglich sein. Erst der Begriff stellt in seinem Selbstbezug die Identität des Seins heraus, indem diese Identität ist durch das Wesen der Reflexion ebenso im Begriff aufgehoben wie ihm entgegengesetzt und zum Gegenstand geworden. (Darum ist das Wesen ein zwiespältiges, Sein und Denken ebenso unterscheidendes und entgegen-setzendes wie vermittelndes und identifizierendes Wesen.) Der Begriff schließt die Logik ab, indem er begreift, dass er das Wesen des Seins als ein unmittelbares, naturwüchsiges und bewusstloses Reflektieren reflektiert, sodass er das Sein einerseits ein selbständiges Wesen sein lässt, andererseits darin den Gegenstand seines Wissens erkennt. Er verwirklicht dadurch die absolute Idee, nämlich die Vernunft, die darin liegt, in Objektivität und Subjektivität zu trennen und in der Trennung die Logik der Identifikation von Sein und Denken durch den Begriff zu gründen und ihre spekulative Identität im Begriff zur Sprache zu bringen. Es ist diese Identifikation von Sein und Denken, die in den drei Teilen der *WdL* in die Form von Objektivität und Subjektivität auseinandergelegt wird.

Das gilt bereits für das „reine Sein" des Anfangs, das durch die Logik des Seins ebenso entwickelt wie eingeholt wird. Die Logik des Seins ist ein Hinausgehen, das ebenso ein Zurück- und In-sich-Gehen ist, mithin ein Einholen der eigenen Begründung, in Hegels Worten „ein Kreis von Kreisen".[205] So zeigt er bereits im ersten Schritt, dass Sein und Nichts die absolute Qualität des Daseins nicht nur sind, weil sie je übergegangen sind (sodass ihr Übergehen unmittelbar *im* endlichen Dasein *ist*), sondern Sein ist ebenso Nichts und darin die absolute Qualität des Daseins, weil es im Dasein auf sich *zurückkommen* muss. Dieser Selbstbezug macht diejenige Negativität im seinslogischen Übergehen und diejenige innere Notwendigkeit des Daseins aus, auf die das Dasein dann seinerseits im zweiten Schritt zurückkommen muss: Das endliche Dasein kommt als endliches auf nichts als sich selbst zurück, aber es erhält dadurch die eigene Unendlichkeit, denn es muss die Qualität des Bestimmens durch Negation auf die eigene Negativität anwenden. Darin ist es sich selbst gleichgültig und Eins, aber indem es genau darauf zurückkommen und die Qualität des Bestimmens auf dieses gleichgültige Einssein anwenden muss, wendet sich die Negativität des Seins durch quantitative Größen ins Positive. Die Negativität der Qualität wendet sich in diesen Größen ins Positive und bleibt doch dadurch erst negativ und gleichgültig, und so stellt das Umschlagen qualitative Verhältnisse wieder her *als* quantitative Verhältnisse.

Kurzum, die gesamte Entwicklung des seinslogischen Übergehens ist zugleich der Rückgang des Seins in den Grund seiner Identität. Zum Grund der Identität des Seins wird („wird" im Sinne des Werdens von Sein und Nichts), dass das gesamte seinslogische Übergehen im Umschlagen über sich hinausgeht und zugleich auf sich zurückkommt und im Umschlagen und Vereinigen von Qualität und Quantität ein ebenso unmittelbares wie bewusstloses Reflektieren ist. Es ist diese Unmittelbarkeit der Reflexion, die der Begriff als Objektivität reflektieren muss. Oder vielmehr muss er begreifen, dass die Objektivität in der Unmittelbarkeit dieser Reflexion ihren Begriff hat.

Diese Unmittelbarkeit der Reflexion gilt es nun am „Etwas" auszuweisen, angefangen vom ersten Etwas in der Daseinslogik bis zur Objektivität des Daseins überhaupt: dass es sich selbst das Etwas der Bestimmung sein und darum quantitative Verhältnisse eingehen muss.

Das Etwas als Anfang und Ende der Bestimmung des Daseins.
Die erste und die letzte Negation der Negation
Das Übergegangensein, so wurde für den „reinen Anfang" der Seinslogik gezeigt, ist zwar etwas, aber nur, indem es bereits Etwas und ein Anderes ebenso unterscheidet wie bezieht, denn dabei erhält das Übergehen allererst seine Bestimmung *als* Übergehen. Das Übergehen ist vergangen ins *Unterscheiden*; in ein Unterscheiden aber, das ebenso ein Beziehen ist, und dieser unmittelbare Widerspruch ist im Dasein von Etwas und Anderes ausgelegt und bestimmt ihr gemeinsames Verhältnis.

---

205 *WdL I*, S. 571.

Im In-sich-Übergehen ist das Dasein somit einerseits unterschieden in Etwas und ein Anderes; andererseits stellt dadurch das Übergegangensein die Realität der Negativität im Unterscheiden und Beziehen dar, ja, das Übergehen stellt sich unmittelbar *in Form* dieses Unterscheidens und Beziehens dar:

> Das Faktische, was also vorhanden ist, ist das Dasein überhaupt, Unterschied an ihm und das Aufheben dieses Unterschiedes; das Dasein nicht als unterschiedslos, wie anfangs, sondern als *wieder* sich selbst gleich, *durch Aufheben des Unterschieds*, die Einfachheit des Daseins *vermittelt* durch dieses Aufheben. Dies Aufgehobensein des Unterschieds ist die eigene Bestimmtheit des Daseins; so ist es *Insichsein*, das Dasein ist *Daseiendes, Etwas*.[206]

Das Etwas, obwohl doch der Anfang der Bestimmung, ist somit auch schon ihr Resultat, denn Etwas hat die Form des Bestimmens aufgehoben an-sich: „Das Etwas ist die *erste Negation der Negation*, als einfache seiende Beziehung auf sich."[207] Weil Etwas die Negation durch Anderes seinerseits negiert und sich durch diese doppelte Negation allererst als Etwas erhält, ist das unmittelbare Etwas, obwohl Anfang der Bestimmung des Daseins, bereits vollkommen durch die Form des Bestimmens bestimmt. Etwas ist bestimmt durch Anderes und ebenso für das Andere bestimmend; es ist an-sich ein Sein-für-Anderes und ebenso ist es für ein Anderes das Etwas für dessen Bestimmung:

> Sein-für-Anderes und Ansichsein machen die *zwei Momente* des Etwas aus. Es sind *zwei Paare* von Bestimmungen, die hier vorkommen: 1. *Etwas* und *Anderes*; 2. *Sein-für-Anderes* und *Ansichsein*. Die ersteren enthalten die Beziehungslosigkeit ihrer Bestimmtheit; Etwas und Anderes fallen auseinander. Aber ihre Wahrheit ist ihre Beziehung; das Sein-für-Anderes und das Ansichsein sind daher jene Bestimmungen als *Momente* eines und desselben gesetzt, als Bestimmungen, welche Beziehungen sind und in ihrer Einheit, in der Einheit des Daseins bleiben. Jedes selbst enthält damit an ihm zugleich auch sein von ihm verschiedenes Moment.[208]

Der Anfang der Bestimmung des Daseins ist mit dem Etwas nicht nur immer schon gemacht, sondern in dem Etwas ist die Form der Bestimmung auch schon vollständig durchgeführt worden, und so hat Hegel das Dasein einerseits bereits am Anfang vollständig bestimmt. Andererseits ergibt sich eine neuer Anfang: Nachdem sich der reine Anfang (das Übergehen von Sein und Nichts) als Anfang des Bestimmens herausgestellt hat (das jenes Übergehen im Verhältnis von Etwas und Anderes realisiert, realisiert in Form der Negation der Negation), fällt nun beides zusammen in einem Dasein, das in jedem Etwas unmittelbar auf sich selbst zurückkommen muss, genauer, das in jedem Etwas auf *die Form seiner eigenen Bestimmung* zurückkommen muss.

Das Dasein muss, weil jedes Etwas diese Bestimmung durch Anderes an sich aufgehoben hat, in jedem Etwas auf die Form seiner eigenen Bestimmung durch Etwas und Anderes zurückkommen. Jedes Etwas stellt die Bestimmung durch anderes unmittelbar an-sich dar, *und* es stellt die Form dieser Bestimmung des Daseins *als* Etwas dar.

---

206 *WdL I*, S. 123.
207 *WdL I*, S. 123.
208 *WdL I*, S. 128.

Jedes Etwas hat dieselbe innere Notwendigkeit an-sich aufgehoben und ist nicht nur beides, einerseits ein unmittelbar seiendes und besonders bestimmtes Etwas und andererseits bestimmt durch ein und dieselbe Form wie jedes andere Etwas. Jedes Etwas ist auch, weil in ihm die Vermittlung durch Anderes *spekulativ enthalten* ist, Anfang *und* Resultat der Bestimmung des Daseins. Folgerichtig kann Hegel die *gesamte* Logik der Selbstbestimmung des Daseins aus dem ersten Etwas ebenso entwickeln wie einholen. Etwas ist Etwas, weil es das Selbstverhältnis des Daseins als Bestimmung an-sich hat, und dadurch ist im Etwas die Form der Bestimmung *als solche* (ab-)gegeben. Das Dasein muss zwar zu seiner Bestimmung in seine Form ausgelegt werden, in Etwas und Anderes, aber diese Form der Bestimmung ist in jedem Etwas spekulativ je durchgeführt.

Es ist unbedingt darauf zu achten, dass die Logik der Bestimmung des Daseins *nicht* darin besteht, dass Etwas und Anderes austauschbar sind; sie bleiben besondere Bestimmungen des Daseins. Was aber austauschbar ist, ist *Form und Seiendes*. Weil etwas Seiendes buchstäblich *anstelle* der *Form* der Bestimmung steht, ist Etwas *für* das Bestimmen *als solches* da, *für* die Durchführung des Bestimmens im Sinne der Negation der Negation.

Irgendetwas als Etwas schlechthin. Das Äquivalent für die Form der Bestimmung des Daseins
Weil jedes Etwas, obwohl es nur irgendeine beliebige Bestimmung ist, dieselbe Form der Bestimmung an-sich aufgehoben hat, ist in jedem Etwas ein *Äquivalent der Form seiner eigenen Bestimmung abgegeben*. Hegel unterscheidet daher das Etwas im Sinne einer bloßen, beliebigen Bestimmung des Daseins, die aus der Negation der Negation hervorgeht, von der *Form* der Bestimmung des Daseins, die *dasselbe* Etwas aufgehoben hat und unmittelbar an-sich darstellt. Über das bloße Etwas im ersten Sinne sagt er: „Diese Vermittlung mit sich, die Etwas *an sich* ist, hat, nur als Negation der Negation genommen, keine konkreten Bestimmungen zu ihren Seiten; so fällt sie in die einfache Einheit zusammen, welche das *Sein* ist."[209] Über das Etwas im zweiten Sinne aber sagt er:

> *Etwas* ist *seiend* als die Negation der Negation, denn diese ist das Wiederherstellen der einfachen Beziehung auf sich; – aber ebenso ist damit Etwas die *Vermittlung seiner mit sich selbst*. Schon in dem Einfachen des Etwas, dann noch bestimmter im Fürsichsein, Subjekt usf. ist die Vermittlung seiner mit sich selbst vorhanden, bereits auch im Werden nur die ganz abstrakte Vermittlung; die Vermittlung mit sich ist im Etwas *gesetzt*, insofern es als einfaches *Identisches* bestimmt ist.[210]

Wenn jedes Etwas die Bestimmung durch Anderes an sich aufgehoben hat und dadurch ein Äquivalent der eigenen Form ist, dann ist auch *in jedem beliebigen Etwas ein allgemeines Äquivalent für die Form der Bestimmung von Etwas und Anderes (ab-)gegeben*, mithin für die Form der Bestimmung des Daseins schlechthin. Hegel zufolge lässt sich im Etwas sogar die Logik der spekulativen Identität schlechthin erschließen:

209 *WdL I*, S. 128.
210 *WdL I*, S. 128.

Ansichsein und Sein-für-Anderes sind zunächst verschieden; aber daß Etwas *dasselbe, was es an sich* ist, auch *an ihm* hat, und umgekehrt, was es als Sein-für-Anderes ist, auch an sich ist, – dies ist die Identität des Ansichseins und Seins-für-Anderes, nach der Bestimmung, daß das Etwas selbst ein und dasselbe beider Momente ist, sie als ungetrennt in ihm sind.[211]

Noch einmal: Die Bestimmung des Daseins ergibt sich *nicht* daraus, dass Etwas und Anderes austauschbar sind; sie bilden im Gegenteil durch die Form ihrer Bestimmung jeweils besondere Bestimmungen des Daseins. Was aber austauschbar ist, ist diese Form und das Etwas oder das Seiende. Sie sind austauschbar, weil das Dasein genau das *ist*: dass Seiendes durch seine Form bestimmt ist. Jedes Etwas ist ein bloßes Seiendes, *und* es ist die durchgeführte Form der Bestimmung seines Daseins, und diese Durchführung fällt in das Verhältnis von Etwas und Anderes auseinander. Und weil jedes Etwas dieses Verhältnis an-sich aufgehoben hat, ist es einerseits ein Selbstverhältnis, andererseits steht es *für* diese Form, steht es für die Bestimmung des Daseins durch die Negation der Negation: „*Etwas* ist *seiend* als die Negation der Negation; denn diese ist das Wiederherstellen der einfachen Beziehung auf sich; – aber ebenso ist damit Etwas die *Vermittlung seiner mit sich selbst.*"[212]

Das Etwas als Durchführung und Darstellung der schlechten Unendlichkeit
Indes führt das Auslegen des Verhältnisses von Etwas und Anderes, so wurde im ersten Durchgang durch die Analogie von seinslogischem und wertförmigem Übergehen gezeigt, zunächst nur in die *schlechte* Unendlichkeit. In seinem In-sich-Übergehen kommt das Dasein stets in Etwas zu sich, aber im endlichen Dasein ist Etwas immer bestimmt durch etwas Anderes, und so führt die Bestimmung des Daseins zu keinem endgültigen Abschluss. Zwar kann jedes Etwas für die Form der Bestimmung von Etwas und Anderes da sein; in jedem Etwas ist ein allgemeines Äquivalent für die Form der Bestimmung des Daseins abgegeben. Aber kein Etwas ist ausdrücklich und ausschließlich dafür bestimmt. Da jedes beliebige Etwas ein allgemeines Äquivalent für die Form der Bestimmung von Etwas und Anderes und somit für das Dasein *schlechthin* sein kann, liegt die schlechte Unendlichkeit darin, dass ebenso *kein* Etwas dafür bestimmt ist.

Auch wenn also in jedem beliebigen Etwas für das Dasein die Form seiner Bestimmung durch es selbst (ab-)gegeben ist (die Negation der Negation), und auch wenn das endliche Dasein darum in jedem Etwas auf die Form seiner Bestimmung zurückkommen kann, so kann die Qualität des Bestimmens nicht *rein als solche* getroffen und realisiert werden. Im Gegenteil, das Dasein kommt in jedem Etwas nur wieder auf die Notwendigkeit der Bestimmung von Etwas durch ein Anderes zurück – es gibt kein Etwas, das die Qualität des Übergehens und die Negation der Negation als solche *affirmiert* und dadurch *für* die Negativität steht, es gibt mithin keinen Ort, an dem die Negativität selbstbezüglich ist. Es gibt kein ausgenommenes, ausgesondertes Etwas,

---

211 *WdL I*, S. 129.
212 *WdL I*, S. 124.

durch welches das Dasein so auf sich zurückkommt, dass es statt auf die Notwendigkeit der Bestimmung von Etwas und Anderes auf nichts als die Qualität des Bestimmens selbst trifft, gleichsam auf das identische Sein von Etwas und Anderes oder auf das Verhältnis von Etwas und Anderes *als* Verhältnis. Kurz, das Dasein kann durch nichts reflexiv werden.

Solange nicht dieser ‚Ort', nicht dieses Etwas gefunden ist, an dem das Dasein reflexiv werden kann, muss es scheinen, als hielte es sich in der schlechten Unendlichkeit auf, dass es zu seiner Bestimmung immer auf die Form des Übergehens von Etwas und Anderes zurückkommen und sich durch sie auslegen muss. Das Dasein muss, um seine Bestimmung zu erhalten, sich immer an Etwas halten, und in jedem Etwas ist ihm gleichermaßen der Bezug auf die Form der eigenen Bestimmung gegeben – und doch trifft es nie die Qualität seiner Bestimmung rein als solche, trifft es nie das eigene Sein und wird, wie bewusstlos auch immer, reflexiv.

Doch oben führte ja die bloße *Umkehr* der schlechten Unendlichkeit zu ihrer Wahrheit, zum wahren Unendlichen. Die schlechte Unendlichkeit war nicht darum schlecht, weil sie das wahre Unendliche nicht erreichte, sondern weil sie die wahre Unendlichkeit bereits durchführte und darstellte – nur auf verkehrte, nämlich auf endliche Weise. Darum kam noch alles auf die Umkehr der schlechten Unendlichkeit an, denn erst durch die Umkehr kommt die Endlichkeit so auf sich zurück, dass sie *die eigene Durchführung realisiert*, mithin die Unendlichkeit einer Qualität, die im Übergehen und Werden liegt oder vielmehr erst entsteht. Durch die Umkehr muss die Endlichkeit für sich realisieren, dass sie im In-sich-Übergehen die Unendlichkeit schon *durchführt* und sie in Etwas und Anderes auf verkehrte, nämlich endliche Weise gleichwohl schon *darstellt*.

Dieselbe Umkehr der schlechten Unendlichkeit steht nun auch für das Etwas an, also dafür, dass jedes Etwas in seiner Unmittelbarkeit ein und dieselbe Form der Bestimmung aufgehoben hat, sodass jedes Etwas ein allgemeines Äquivalent für die Form der eigenen Bestimmung *und* für das Dasein schlechthin sein kann. Auch hier muss die Umkehrung die wahre Unendlichkeit herausstellen, und mit ihr, gleichsam hinterrücks, die Wahrheit der Endlichkeit einführen. Denn wenn in jedem Etwas die Form der Bestimmung des Daseins durchgeführt und aufgehoben ist, sodass das Dasein in jeder seiner Bestimmungen, in jedem beliebigen Etwas, Bezug auf die Form seiner Bestimmung nehmen kann, so muss diese schlechte Unendlichkeit nur umgekehrt werden, um zu sehen, warum zugleich kein Etwas die Bestimmung des Daseins abschließen kann: schlicht deshalb, weil in *jedem* Etwas das endliche Dasein *gleichermaßen spekulativ* durchgeführt ist. Das Dasein hat in *jeder* seiner Bestimmungen das Ganze seiner Form für sich, es kann in *jedem* Etwas auf die Qualität dieser Durchführung zurückkommen und reflexiv werden.

Das wahre Unendliche muss somit gar nicht mehr in Etwas gefunden oder durch ein besonderes Etwas extra herausgestellt werden, weil das endliche Dasein in jedem beliebigen Etwas gleichermaßen auf sich zurückkommen und realisieren kann, *dass* ihm in jeder seiner Bestimmungen das eigene Sein gegeben ist und es darum in jedem Etwas auf das Verhältnis von Etwas und Anderem zurückkommen kann, mithin auf das Verhältnis *als* Verhältnis.

Das Dasein der Negativität und ihr Bestehen auf sich im Sollen: Die Grenze
In der Ausweglosigkeit der schlechten Unendlichkeit: dass das endliche Dasein in jedem Etwas auf dieselbe Negation der Negation trifft, mithin auf dieselbe Qualität des Bestimmens, liegt auch die Lösung: Das Dasein kann in jeder seiner Bestimmung auf das Bestimmen selbst zurückkommen und reflexiv werden. Im Bestimmen des Daseins selbst entsteht, gleichsam blind und hinterrücks, genau diejenige Qualität, auf die das Bestimmen qua Umkehr des endlichen Daseins nur noch zurückkommen muss, damit die entstandene Negativität auf sich trifft und reflexiv wird. Doch was realisiert sich nun in einem Dasein, das in jeder seiner Bestimmungen auf nichts als die Qualität der eigenen Durchführung zurückkommt, zurückkommen *muss*?
Das Dasein trifft in jeder seiner Bestimmungen auf das Übergegangensein von Sein und Nichts; es trifft mithin auf die gemeinsame Negativität aller Bestimmungen oder die Qualität des Seins rein als solche. Dadurch wird zwar nichts realisiert als eben jenes Übergehen, aber nun als Qualität der *Durchführung* des Seins, und diese Durchführung hat ja die Identität der *Negativität* ergeben. Wir sehen nun, warum das endliche Dasein nur umgekehrt werden muss, damit sich herausstellt, dass alle positiven Bestimmungen an diese Identität gehalten sind: Indem alle Bestimmungen sich an die Notwendigkeit des Übergehens sowie ihre Negation durch Anderes halten müssen, kreisen alle um ein und dieselbe Negativität, und alle Bestimmungen nehmen ausnahmslos an ihr teil, nämlich dadurch, für einander bestimmend zu sein und die Momente ein und desselben Daseins auszumachen. Die Umkehr stellt mit der Identität der Negativität auch das Unveränderliche heraus, denn während sich das Dasein im Bestimmen ständig verändert, entzieht sich etwas beständig der Veränderung: Einzig unverändert und unbestimmt bleibt die Negativität des Bestimmens selbst. Einzig unverändert und unbestimmt im Dasein bleibt das Übergehen von Sein und Nichts, das je (vor-)überging, aber im Dasein dessen Unterschiede als Beziehung ausmacht und in Form der Negation der Negation zu einer Negativität wird, die durch alle Bestimmungen hindurch bestehen bleibt.
Diese Negativität muss sich zwar im Übergehen geltend machen, sie muss im Unterscheiden das Beziehen sein, sie muss sich des Weiteren in Etwas und Anderes auseinanderlegen und insofern ebenso positiv bestimmt sein. Aber die Negativität muss *auch auf sich als Negativität bestehen*. Sie muss gleichsam auf sich selbst bestehen, sie muss auf ihrer Negativität beharren und dieses Insistieren als *gemeinsame Grenze* allen Daseins geltend machen. So ist es der *WdL* zufolge die Grenze, die, weil sie beständig Etwas und ein Anderes sowohl unterscheidet als auch aufeinander bezieht, auf nichts als sich selbst besteht und plötzlich als das Etwas *schlechthin* dasteht, oder besser, *für das Etwas schlechthin*. Die Grenze ist einerseits nur durch das Übergehen von Etwas

und Anderes bestimmt, aber so, dass sie andererseits gegenüber allen Bestimmungen *gleichgültig* da bleibt.

Es gibt somit zwar kein Etwas, das schlechthin für alles andere da sein oder das außerhalb des Daseins stehen könnte. Aber gerade weil jedes Etwas sich ausnahmslos an dieselbe Notwendigkeit halten muss, ist genau diese innere Notwendigkeit des endlichen Daseins selbst das gesuchte, ‚ausgenommene' Etwas, auf welches das Dasein, damit die Qualität des Bestimmens reflexiv wird, zurückkommen muss. Dieses Etwas ist die Realität der Negativität als *Grenze*. In der Grenze halten sich alle Bestimmungen an dieselbe Notwendigkeit, nämlich an die Notwendigkeit des Übergehens und des Zurückkommens auf sich. Sie halten sich folgerichtig in der Grenze an *die eine* Bestimmung, die im Übergehen und mithin im Bestimmen selbst liegt: Alle Bestimmungen sind *endlich*. Und als endliche sind sie alle dieser Widerspruch, im Hinausgehen zurückkommen zu müssen: „Etwas mit seiner immanenten Grenze gesetzt als der Widerspruch seiner selbst, durch den es über sich hinausgewiesen und getrieben wird, ist das *Endliche*."[213]

Das Dasein der Grenze ist also einerseits rein negativ und genau darin Bestimmunggebend, ganz wie zuvor das Übergehen von Sein und Nichts und die Negation der Negation, aber andererseits sind in der Grenze die Negativität des Übergehens und die Form der Negation der Negation *selbstbezüglich*, und insofern ist die Negativität in der Grenze, obwohl ein rein negatives Dasein, auch *etwas*. Die Grenze ist zwar nichts Positives wie Etwas und Anderes, aber in ihr kommt die Negativität auf nichts als sich zurück, auf die eigene Identität, und durch diese Unmittelbarkeit bleibt die Grenze dadurch unbestimmt, dass sie etwas ist im Sinne des ‚Ortes', an dem das Dasein sich *gleichgültig wird*, wo also Unterscheiden und Beziehen von Etwas und Anderes ein und dasselbe sind. In der Grenze *ist* Etwas unmittelbar Anderes, hier fällt beides in *Eins*. Die Grenze selbst ist also nicht deshalb für Etwas und Anderes schlechthin bestimmend, weil sie in allen Bestimmungen und in aller Veränderung ein und dieselbe Negativität bleibt oder weil sie die einzige Bestimmung ist, die sich aller positiven Bestimmung entzieht und nur auf sich besteht. Die Grenze ist für Etwas und Anderes darum schlechthin bestimmend, weil in ihr alle Bestimmungen *zugleich unmittelbar ihr Anderes und weil sie an diesem Punkt gleichgültig sind*. Mit anderen Worten, die Grenze ist die Unmittelbarkeit von Vermittlung.

Hegel fasst es so zusammen:

> Etwas ist also als unmittelbares Dasein die Grenze gegen anderes Etwas, aber es hat sie *an ihm selbst* und ist Etwas durch die Vermittlung derselben, die ebensosehr sein Nichtsein ist. Sie ist die Vermittlung, wodurch Etwas und Anderes *sowohl ist* als *nicht ist*.
>
> [...] Insofern nun Etwas in seiner Grenze *ist* und *nicht ist* und diese Momente ein unmittelbarer, qualitativer Unterschied sind, so fällt das Nichtdasein und das Dasein des Etwas auseinander. Etwas hat sein Dasein *außer* (oder, wie man es sich auch vorstellt, *innerhalb*) seiner Grenze; ebenso ist auch das Andere, weil es Etwas ist, außerhalb derselben. Sie ist die *Mitte zwischen* beiden, in der sie aufhören. Sie

213 *WdL I*, S. 139.

haben das *Dasein jenseits* voneinander und *von ihrer Grenze*; die Grenze als das Nichtsein eines jeden ist das Andere von beiden.[214]

Wenn es also kein Etwas gibt, das zur Bestimmung alles anderen da ist, wenn im Gegenteil nichts von der Form der Bestimmung des Daseins ausgenommen ist und das Dasein nirgends außer sich ist und sich nicht jenseits seiner Form bestimmen kann, sondern wenn es in jedem Etwas ausnahmslos auf ein und dieselbe Form zurückkommen muss – dann ist die Negativität der Grenze die große Ausnahme. In der Grenze ist die Endlichkeit ganz auf sich allein gestellt und nur auf sich bezogen, aber gerade in diesem Bezug auf die eigene Immanenz gerät sie außer sich und kommt doch auf das eigene Einssein zurück. Die Grenze ist die maßgebliche ‚Zutat', durch die das Dasein auf seine Unveränderlichkeit zurückkommt: auf sein Fürsichsein im Übergehen und Werden, mithin auf die Notwendigkeit seiner Bestimmung durch Negation.

Mit einem Wort, in der Grenze kommt es auf die Notwendigkeit zurück, sich durch nichts als sich selbst bestimmen zu *sollen*. Die Grenze ist der Ort, an dem das Dasein auf dieses Sollen zurückkommt und sich ihm unterzieht – und dieses Sollen gilt für alle Bestimmungen gleichermaßen, alle sind insofern *gleichgültig*. Genauer, in der Grenze ist das Dasein *sich* gleichgültig. Durch die Grenze gibt es eine negative *Zutat* zu allen Bestimmungen, eine Zutat, die selbst unbestimmt bleibt wie das Übergehen von Sein und Nichts, eine Zutat, die sich durch alle Bestimmungen hindurch erhält und zugleich gleichgültig gegen die Bestimmungen und sogar gegen das Bestimmen bleibt und die nur *durch* diese Gleichgültigkeit bestimmt ist. Die Zutat der Grenze besteht nur darin, dass hier die Ausnahmslosigkeit ausgenommen ist: Zwar werden ausnahmslos alle Bestimmungen durch ihr Übergehen und die Negation der Negation getroffen, aber einzig die Grenze muss dabei allein auf sich bestehen. Mit jeder Unterscheidung wie Beziehung von Etwas und Anderes wird diese Grenze geteilt, und so sehr ihnen das Teilen der Grenze negativ bleibt, so sehr halten sie sich doch an eine identische Negativität und teilen sie durch die Endlichkeit auf positive Weise.

So ist die Grenze in allen endlichen Bestimmungen des Daseins maßgeblich, aber nur durch die Gleichgültigkeit *gegen* jede Bestimmung; die Grenze ist die *negative* Identität des Daseins. Sie bleibt gleichgültig und dadurch gleichsam indirekt maßgeblich, nämlich lediglich dafür, dass die Bestimmungen füreinander maßgeblich sein müssen. Auf diese Weise teilt gleichwohl die Grenze das Dasein nicht auf eine äußerliche Weise in unterschiedliche Bestimmungen, sondern indem das Dasein der eigenen Grenze unterzogen ist und in ihr das Gleichgültige aller Bestimmungen erhält, teilt sich das Dasein durch die Grenze hinterrücks und indirekt und doch auch auf unmittelbare Weise selber mit, was es ist: endlich.

---

[214] *WdL* I, S. 136–137.

Die Gleichgültigkeit des Seins sich selbst gegenüber: Das Einssein
Es kann jedoch nicht bei einem rein negativen und indirekten Bezug des Daseins auf seine Grenze bleiben. Und auch die Grenze selbst kann nicht teilnahmslos auf sich bestehen und gleichgültig in Negativität verharren, allein schon darum nicht, weil sie auf ebenso einseitige wie gleichgültige Weise das *Sollen* des Daseins markiert, nämlich dessen eben gezeigte innere Notwendigkeit, sich im Übergehen und durch Negation zu bestimmen und im Unterscheiden auf sich zu beziehen. In der Grenze kommt das endliche Dasein derart auf die im Bestimmen gebildete, identische Qualität zurück – auf die Negativität, die im Bestimmen selbst liegt – dass es der eigenen Negativität unterzogen wird: „Daß die Grenze, die am Etwas überhaupt ist, Schranke sei, muß es zugleich in sich selbst *über sie hinausgehen*, sich an ihm selbst *auf sie als auf ein Nichtseiendes* beziehen."[215]

Dass sich das Dasein in der Grenze auf sich als „ein Nichtseiendes" bezieht, heißt, es bestimmt sich nicht durch Negation und legt sich nicht in Etwas und Anderes aus, stattdessen affirmiert es genau die darin liegende oder vielmehr erst entstehende Negativität. Es affirmiert nur mehr die Qualität, die im reinen Übergehen und Negieren entsteht, mithin die eigene negative Qualität (oder die Qualität der Negativität) und ihre Gleichgültigkeit *gegen* alle Bestimmungen, und so ist dem Dasein die eigene Endlichkeit eine gleichgültige Qualität. Es ist sich selbst gleichgültig, aber so, als komme es von der Überwindung all seiner Bestimmungen nur noch auf das Eins-Sein zurück und als sei das Einssein das einzige Etwas der Bestimmung.

In diesem Einssein macht es all sein Werden und all seine Veränderung unmittelbar an-sich aus, aber nicht im Unterscheiden in verschiedene Bestimmungen, nicht im Unterscheiden in Etwas und ein Anderes, sondern nur noch im Unterscheiden des eigenen Einsseins. Im Einssein ist dem Dasein die Gleichgültigkeit *gegen* alle seine Bestimmungen die einzige Bestimmung; es ist so für-sich, dass es nur sich selbst trifft und sich das alleinige Etwas oder vielmehr Eins der Bestimmung ist, sodass es sich nur noch von sich selbst unterscheidet und dadurch die Qualität des Seins *rein als solche* bestimmt.

So wird aus der Negativität der Grenze die Gleichgültigkeit des Daseins sich selbst gegenüber, und aus seinem Sollen, sich an seine Grenze zu halten und sich als endliches bestimmen zu sollen, wird ein Umschlagen, durch das es sich das Eins quantitativer Bestimmung ist. In den quantitativen Verhältnissen ist das Übergehen von Sein und Nichts wiederhergestellt, aber nun als gleichgültiges, selbstbezügliches, kontinuierliches Übergehen, als reine und leere Identität, und diese leere Identität wird durch bloße Unterscheidungen bestimmt. Mit dem Sein und Nichts wird auch das Verhältnis von Etwas und Anderes wiederhergestellt, aber so wie Sein und Nichts dieses Verhältnis rein als solches sind, so stellen Etwas und Anderes durch *quantitative* Relationen nun dieses rein Verhältnis vor, ganz so, als sei ihr Verhältnis selbst das

---

215 *WdL* I, S. 143.

Etwas oder vielmehr das Eins der Bestimmung und als sei es im Umschlagen in quantitative Bestimmungen in einer bewusstlosen und unmittelbaren Reflexion begriffen worden. Das endliche Dasein hält sich im Umschlagen gleichsam an das eigene Einssein, es ist der eigenen ideellen Identität ausgesetzt und für sich dasjenige Etwas, das in aller Bestimmung Eins ist und bleibt und darum mit all seinen Bestimmungen eine quantitative Selbstbegrenzung eingeht. Es wird im Umschlagen in Quantität nicht nur, weil es die Qualität des Bestimmens auf sich anwendet, auf sein Einssein, schlagartig reflexiv, es stellt dadurch auch die Reinheit und Unbestimmtheit seines Seins wieder her,[216] aber nun auseinandergelegt in quantitativen Verhältnissen, und in denen ist die wiederhergestellte Unbestimmtheit von Sein und Nichts nun als diejenige ideelle Identität realisiert, die qualitativ bestimmt wird durch das Verhältnis *endlicher Größen*.

Die Unmittelbarkeit der Reflexion.
Die Qualität quantitativer Verhältnisse und die Ökonomie der Selbstbegrenzung
Es wird nun deutlich, auf welche Weise Hegel zufolge das begriffliche Denken Objektivität konstituiert und zugleich von dieser Objektivität her denkt. Die Methode, im Denken das Dasein dessen eigener Identität auszusetzen, ergibt die Logik des Seins: die Logik eines auf sich gestellten Daseins, das im Übergehen von Sein und Nichts und im Umschlagen in Quantität bewusstlos reflexiv werden und dadurch von selbst den Begriff der Objektivität ergeben muss. Diese Methode des begrifflichen Denkens konstituiert keinen *bestimmten* Gegenstand, es geht weder um die Objektivität und den Begriff der Natur noch um die Objektivität des gesellschaftlichen Daseins. Sie konstituiert vielmehr ein Dasein, das, indem es an das eigene Sein gehalten und der eigenen Identität ausgesetzt ist, sich gleichsam selbst der Gegenstand ist, das eigene Verhältnis quantitativ umschlägt und darin sich selbst angemessen wird.

Dass Objektivität im Übergehen, Umschlagen und Eingehen quantitativer Verhältnisse sich selbst angemessen wird, kann wie ein bewusstloses Rechnen der Objektivität mit ihrer Identität verstanden und – in Hinblick auf die anstehende Analogie zur Maßfunktion des Geldes – im Sinne einer *Ökonomie* der Selbstbegrenzung ausgelegt werden. In dieser Ökonomie ist das qualitative Verhältnis von Etwas und Anderes durch Quanta so wiederhergestellt, als sei das Verhältnis von Etwas und Anderes *als* Verhältnis Objekt des Bestimmens gewesen und nun in sich reflektiert. Es ist, als ob das endliche Dasein seine Objektivität geltend machte, indem es durch quantitative

---

[216] Auch das qualitative Unendliche *wiederholt* sich und wird im *quantitativen* Unendlichen *wiederhergestellt*, vgl. „C. Die quantitative Unendlichkeit" (*WdL I*, S. 260–372). Weil die quantitative Unendlichkeit als eine Art Wiederholung und Wiederherstellung der qualitativen Unendlichkeit begriffen werden muss, wiederholt Hegel in der Quantität auch die Durchführungs- und Darstellungsweise der Qualität (die schlechte Unendlichkeit, das Hinausgehen über die Grenze als Rückkehr etc.). Da aber die Qualität in der Quantität bereits durchgeführt *ist* und sich in quantitativen Verhältnissen die Unendlichkeit der Qualität rein als solche einlöst und darstellt, werden im *quantitativen* Verhältnis Endliches und Unendliches nur noch so wiederholt und wiederhergestellt, als ob die Qualität in der Quantität nur noch sich selbst bestimmen und im quantitativen Bestimmen nichts als die eigene Identität realisieren würde.

Verhältnisse in die eigene, ideelle Identität einträte, durch dieses Eintreten unmittelbar in-sich reflektiert sei und diese Reflexion durch Quanta auf bestimmte Weise ansich habe. Diese Ökonomie der Selbstbegrenzung soll zum Abschluss in dreifacher Weise bestimmt werden. Erstens stellt sich die Qualität des Bestimmens in der Quantität wieder her; dadurch sind qualitative als quantitative Verhältnisse eindeutig und endgültig bestimmt. Zweitens haben durch das Umschlagen und Wiederherstellen die quantitativen Verhältnisse die Unmittelbarkeit einer Reflexion an-sich. Und drittens scheint es dadurch, als sei die Objektivität durch die eigene Identität gebrochen im Sinne von *gemessen*.

1) Das endliche Dasein nimmt die Negativität seines Seins in der quantitativen Selbstbegrenzung allein dadurch in Anspruch, dass es die Gleichgültigkeit *gegen* alle Bestimmungen selber in eine positive Bestimmung wendet – in *die eine* Bestimmung, welche die Logik des Bestimmens quantitativ einlöst. Durch bestimmte Größen *hält* das Dasein das In-sich-Übergehen, auseinandergelegt im Verhältnis von Etwas und Anderes, *fest* und *wertet* die negative Qualität ihres Verhältnisses positiv. So wird das Dasein in seinen bloßen quantitativen Unterscheidungen der eigenen Qualität angemessen, ja, im Eingehen quantitativer Verhältnisse wird die Qualität des Bestimmens so eingelöst, dass die innere Notwendigkeit des Daseins ihm äußerlich ist; es stellt in quantitativen Verhältnissen seine Objektivität ebenso buchstäblich wie bewusstlos-naturwüchsig *heraus*. Jedes Moment des Daseins, jedes einzelne Etwas stellt das Umschlagen der Qualität in Quantität unmittelbar an-sich fest, jedes Quantum ist Etwas, das sein Verhältnis zu allem Anderen auf in-sich reflektierte Weise unmittelbar an-sich darstellt: „Etwas ist in sich als Maßverhältnis von Quantis bestimmt, welchen ferner Qualitäten zukommen, und das Etwas ist die Beziehung von diesen Qualitäten."[217]
2) Das Verhältnis von Etwas und Anderes, durch die das endliche Dasein qualitativ bestimmt ist, ist im Umschlagen in Quantität somit einerseits gleichgültig geworden, andererseits hat es sich an die Notwendigkeit gehalten, sich auf negative Weise durch sich selbst bestimmen zu sollen. Die Negativität dieses Bestimmens wird zu einer Qualität, die durch quantitative Verhältnisse wieder hergestellt wird, und in der Qualität quantitativer Verhältnisse stellt das endliche Dasein wie in einer schlagartigen Reflexion für sich festgestellt, dass Etwas und Anderes ihr Verhältnis durch Quanta oder bestimmte Größen unmittelbar an-sich haben. So „[…] tritt das *qualitative Etwas* ein. […] *Etwas* ist ein Quantum; aber nun ist das qualitative Dasein, wie es an sich ist, als gleichgültig dagegen *gesetzt*."[218] Das Umschlagen ist die Unmittelbarkeit einer Reflexion, die das quantitative Verhältnis durch seine Größen an-sich vorstellt und die zur Identität der Objektivität geworden ist.

217 *WdL I*, S. 414.
218 *WdL I*, S. 254–255.

3) Das Reflexiv-werden der Logik des Bestimmens in der Quantität ergibt eine Objektivität, die auf unmittelbare Weise so in-sich reflektiert ist, als sei sie an das eigene Sein und das eigene Nichtsein gehalten und durch die eigene Identität *gemessen*. Im Vereinigen von Qualität und Quantität ist die Objektivität maßgeblich für sich selbst geworden und erhält ihre Identität – aber ihre Identität ist nichts als jenes Übergehen, das ein Umschlagen und das wiederum ein Vereinigen von Qualität und Quantität ist. Die Unmittelbarkeit der Objektivität besteht gerade darin, dass ihr In-sich-Übergehen die Qualität des Umschlagens *ist* und dass im Umschlagen die Qualität des Bestimmens sich gegen sich wendet und zugleich auf sich anwendet, sodass die Objektivität dieses Eintreten in sich selbst sein muss, das Eintreten eines quantitativen Selbstverhältnisses. Die Identität des Seins, obwohl ein reines Übergehen und als solche unbestimmt und unmittelbar und ein Übergehen in Nichts, ist das absolute Maß einer Objektivität, die sich durch Negation bestimmt und in quantitativen Verhältnissen diese innere Notwendigkeit äußert. Das Dasein stellt dadurch an-sich objektiv fest, *dass* es sich an nichts als sich selbst hält, *dass* es im In-sich Übergehen ineins die eigene Bestimmung treffen und die Bestimmung im Eingehen quantitativer Verhältnisse ebenso unmittelbar wie bewusstlos erschließen muss. Darum muss es dem begrifflichen Denken scheinen, so wird Hegel in der Wesenslogik zeigen, als sei das Dasein sich selbst das Etwas der Bestimmung im Sinne einer unmittelbaren, bewusstlosen Reflexion gewesen.

Damit soll es mit dem Etwas in der Seinslogik sein Bewenden haben; die Entwicklung soll nun mit dem Etwas in der Wertformanalyse ins Verhältnis gesetzt werden.

4.2 Das kleine irgendetwas und das große Etwas schlechthin: Ware und Geld

Im ersten Durchgang durch die Analogie von Sein und Wert wurde für das seinslogische Übergehen der *WdL* gezeigt, dass das Sein zwar eine rein negative und unbestimmte Qualität ist, dass die Qualität dieser Negativität aber gerade darin besteht, unmittelbar das Bestimmen selbst oder die Unmittelbarkeit des Bestimmens zu sein. Die Logik des Seins ergab sich daher aus seiner Notwendigkeit, sich selbst das Etwas der Bestimmung zu sein und durch eine ebenso bewusstlose wie unmittelbare Reflexion Objektivität zu ergeben.

Der Wert, das rein gesellschaftliche Verhältnis, wurde im ersten Durchgang analog dieser Qualität des Seins entwickelt. Auch der Wert ist eine rein negative und unbestimmte Qualität, weil er die Qualität des Bestimmens selbst ist, und auch diese Qualität entsteht, so wird im zweiten Durchgang nun ebenfalls am Etwas zu zeigen sein, indem das gesellschaftliche Sein der Waren auf ebenso unmittelbare wie bewusstlose Weise im Geld sich selbst das Etwas der Bestimmung ist, reflexiv wird und im Umschlagen in Quantität Objektivität ergibt.

Das soll in drei Schritten gezeigt werden. Im ersten Schritt werden das Übergegangensein und die unmittelbare Bestimmung des gesellschaftlichen Daseins als das Etwas der Ware und ihrer Form bestimmt, in Analogie zur ersten Negation der Negation bei

Hegel und der Austauschbarkeit von Seiendem und Form. Im nächsten Schritt wird dann gezeigt, warum aufgrund dieser Austauschbarkeit jede Ware, jedes Etwas, Geld *ist*: Jede Ware kann Äquivalent ihrer eigenen Form sein, und darum ist in jeder Ware, in jedem Etwas ein allgemeines Äquivalent für das Verhältnis von Etwas und Anderes abgegeben. In jeder Ware kann sich daher das gesellschaftliche Verhältnis *aller* Waren Eins sein, d. h. alle Waren können in jeder Ware sich das Etwas der Bestimmung sein und ihr Einssein umschlagen. Aus dem Umschlagen werden sich schließlich dieselbe Qualität quantitativer Verhältnisse und dieselbe Maßgeblichkeit des (gesellschaftlichen) Seins für sich selbst ergeben, die für Hegels Seinslogik gezeigt und als Ökonomie der Selbstbegrenzung bestimmt wurde.

Die Bestimmung des Werts durch die Ware und das Abgeben der Wertform in einem Äquivalent
Der Wert ist unbestimmt wie das Übergehen von Sein in Nichts, weil er die Qualität des Bestimmens selbst ist. Und weil er das Bestimmen selbst ist, muss auch der Wert in die Bestimmung des gesellschaftlichen Daseins je über-*gegangen* sein; er muss die Bestimmung des Gebrauchswerts durch den Tauschwert und umgekehrt sein. Durch diese beiden Bestimmungen ist der Wert einerseits je etwas, andererseits aber nur dadurch, dass im Sinne einer einfachen, unmittelbaren Negation der Gebrauchswert durch den Tauschwert bestimmt ist und umgekehrt.
Diese einfache, Bestimmung-gebende Negation ist indes ihrerseits negiert, und diese ‚erste' Negation der Negation ist zugleich das „erste Etwas" (Hegel), das Etwas einer Ware. Jede Ware ist bereits Etwas im Sinne einer Negation der Negation, denn jede muss ihren Tauschwert durch den Gebrauchswert einer anderen Ware darstellen, während ihr eigener Gebrauchswert wiederum dazu bestimmt ist, den Tauschwert dieser anderen darzustellen, und darum muss jede Ware, um überhaupt Ware zu sein, dieses Verhältnis an-sich aufgehoben haben. Ware A und B verhalten sich somit zueinander wie Etwas und Anderes in der Seinslogik, d. h. sie sind Waren im Unterschied wie in Beziehung zueinander. Jede Ware hat den Bezug auf eine andere Ware an-sich aufgehoben, jede hat den Widerspruch von Gebrauchswert und Tauschwert an-sich und ist *Einheit* von Gebrauchswert und Tauschwert: „Sie sind jedoch nur Waren, weil Doppeltes, Gebrauchsgegenstände und zugleich Wertträger."[219] In jeder Ware hat somit die Bestimmung des gesellschaftlichen Verhältnisses ein Dasein, das Verhältnis der Gesellschaft hat in jeder Ware ein Dasein als *Etwas*.
Der innere Widerspruch der Ware besteht also darin, ebenso die *Form* ihres gesellschaftlichen Verhältnisses zu sein: „Das einfachste Wertverhältnis ist offenbar das Wertverhältnis einer Ware zu einer einzigen verschiedenartigen Ware, gleichgültig welcher."[220] Was die Ware an-sich ist, ist sie im Sein-für-Anderes, sodass jede Ware, jedes Etwas, durch die einfache Wertform mit ihren zwei unterschiedlichen Polen bestimmt ist, den Polen „relative Wertform" und „Äquivalentform":

219 *Kapital I*, S. 62.
220 *Kapital I*, S. 62.

Relative Wertform und Äquivalentform sind zueinander gehörige, sich wechselseitig bedingende, unzertrennliche Momente, aber zugleich einander ausschließende oder entgegengesetzte Extreme, d. h. Pole desselben Wertausdrucks; sie verteilen sich stets auf die verschiedenen Waren, die der Wertausdruck aufeinander bezieht.[221]

Auch hier ist wieder auf die Pointe von Form und Seiendem zu achten: Die Pointe liegt *nicht* in der Austauschbarkeit der Waren. Austauschbar sind *Seiendes und Form*: Jede Ware hat, wie das Etwas bei Hegel, die *Form ihrer eigenen Bestimmung* aufgehoben und unmittelbar an-sich. Daher ist jede Ware, jedes Etwas oder jedes Seiende ein Äquivalent der eigenen Form, ein Äquivalent für die Form der eigenen Bestimmtheit *als* etwas Seiendes. Mehr noch, in der Ware ist die Form der Bestimmung des gesellschaftlichen Verhältnisses gleichsam *abgegeben*, d. h. jede Ware steht dafür, dass das Verhältnis der Gesellschaft durch eine Ware A und eine andere Ware B bestimmt wird.

Nun wird auch klarer, warum Marx die Ware, obwohl sie scheinbar nur etwas Seiendes ist, ein bloßes Ding, als die „Elementar*form*" des gesellschaftlichen Reichtums bezeichnet:[222] Die kapitalistische Produktionsweise stellt im Etwas der Ware ihren Reichtum zwar wie etwas Seiendes auf unmittelbare, dinghafte Weise dar, aber durch die Analyse der Ware kann der Reichtum in seine Form auseinandergelegt und als *Verhältnis* bestimmt werden.

Analog dem Etwas, das am Anfang der Hegel'schen Daseinslogik bereits aus der Form der Bestimmung des Daseins resultiert (der Negation der Negation), ist also auch in der Ware, in *jeder* Ware, die Form der Durchführung und Bestimmung des gesellschaftlichen Daseins spekulativ enthalten; jede Ware kann darum Äquivalent für die Form der Bestimmung ihres eigenen Verhältnisses sein. Mehr noch, in *jeder beliebigen* Ware ist ein *allgemeines* Äquivalent für die Form der Bestimmung des gesellschaftlichen Verhältnisses *aller anderen* abgegeben. Jede Ware kann für die Bestimmung des Verhältnisses von Etwas durch Anderes stehen und damit das Etwas für die Bestimmung des gesellschaftlichen Daseins schlechthin sein: „Die allgemeine Wertform ist eine Form des Werts überhaupt. Sie kann also jeder Ware zukommen."[223]

In der Analyse der einfachen Warenform und in ihrer totalen Entfaltung wird daher von Marx die innere Notwendigkeit des gesellschaftlichen Daseins – die Bestimmung des Gebrauchswerts durch den Tauschwert und vice versa sowie die Darstellung dieser Bestimmung durch das Verhältnis einer Ware zu einer anderen – diese innere Notwendigkeit wird gleichsam noch einmal in Etwas eingeholt. Analog der Daseinslogik wird aus dem ‚kleinen' etwas, das durch irgendeine zufällige und jede beliebige Ware gegeben ist, das ‚große' Etwas eines allgemeinen Äquivalents ebenso eingeholt wie entwickelt.[224] Jede Ware ist das kleine etwas im Sinne irgendeiner beliebigen Bestimmung des

---

221 *Kapital I*, S. 63.
222 „Der Reichtum der Gesellschaften, in welchen kapitalistische Produktionsweise herrscht, erscheint als eine ‚ungeheure Warensammlung', die einzelne Ware als seine Elementarform. Unsere Untersuchung beginnt daher mit der Analyse der Ware." (*Kapital I*, S. 49.)
223 *Kapital I*, S. 83.
224 Ein und dasselbe Etwas muss somit für beides stehen, einerseits für irgendein bestimmtes Seiendes,

gesellschaftlichen Verhältnisses, Resultat einer Negation der Negation, aber jede kann das große allgemeine Etwas sein, das für die wertförmige Bestimmung und Durchführung eben dieses gesellschaftlichen Verhältnisses insgesamt steht.– und dadurch den Anfang des Bestimmens *machen* (d. h. sie kann, wie sich durch das Umschlagen in Quantität noch herausstellen wird, einen *reinen* Anfang machen und die Waren als bloße Größen ihres Verhältnisses auszeichnen). Die Gesellschaft kann sich daher in jedem Etwas an ihr eigenes Verhältnis halten, d. h. sie kann in jeder Ware auf die Form der Bestimmung ihres Daseins zurückkommen; kurz, jede Ware kann alle anderen ins Verhältnis setzen und dadurch zur maßgeblichen Einheit für das Verhältnis aller anderen Waren werden.[225]

Indem Marx jedoch analysiert, dass jede Ware das allgemeine Äquivalent für das Verhältnis aller Waren sein kann, führt er, genau wie Hegel, zunächst eine *schlechte Unendlichkeit* ein. Und wie Hegel führt er die schlechte Unendlichkeit ein, um durch die bloße Umkehr ihre Wahrheit herauszustellen: dass alle Waren in jeder einzelnen Ware auf ihr Einssein zurückkommen und es quantitativ umschlagen können.

Die totale Entfaltung der einfachen Wertform und ihre Umkehr:
Die Reflexion der Waren im Geld
Das gesellschaftliche Verhältnis hat zwar in jeder Ware ein allgemeines Äquivalent für die Form der Bestimmung einer Ware durch eine andere Ware, und jede Ware kann dadurch im Prinzip alle anderen Waren ins Verhältnis setzen – aber in keiner Ware

---

aber auch für die Form der Bestimmung alles Seienden schlechthin. Weil jedes Etwas die Form der Bestimmung desjenigen Verhältnisses an-sich hat, an dem es zugleich teilnimmt und bestimmt wird, kann jedes „kleine" etwas auch für das „große" Etwas stehen (in Anspielung auf Lacan und den „großen Anderen"), nämlich für ein Etwas überhaupt im Sinne eines Äquivalents für die Form der Bestimmung von etwas durch anderes. Lacan hat den „großen Anderen" im Zusammenhang mit der symbolischen Ordnung thematisiert und mit seiner Hilfe eine Dezentrierung der Subjektivität vorgenommen; er ist dabei aber nur am Rande auf Marx und das allgemeine Äquivalent der kapitalistischen Ökonomie eingegangen. Der große Andere ist bei Lacan, vereinfacht gesagt, nicht das Geld bzw. die ökonomische Ordnung, die das Geld konstituiert, der große Andere ist die symbolische Ordnung der Sprache und der Zeichen, und diese Ordnung konstituiert zwar eine Ökonomie, aber diese Ökonomie ist die *psychische* Ökonomie des Subjekts oder besser, der Subjektivität. Zum „großen Anderen" vgl. u. a. Jacques Lacan: *Seminar III. Die Psychosen (1955–56)*. Berlin/Weinheim: Quadriga 1997. Slavoj Žižek hat im Anschluss an Lacan den „großen Anderen" wiederholt ins Verhältnis zur Marx'schen Kritik der politischen Ökonomie gesetzt, allerdings ist er dabei nicht auf die Maßfunktion eingegangen, vgl. u. a. Slavoj Žižek: *Liebe Dein Symptom wie Dich selbst! Jacques Lacans Psychoanalyse und die Medien*. Berlin: Merve 1991. Jean-Joseph Goux hat der Verbindung zwischen Ökonomiekritik und Psychoanalyse eine systematische Untersuchung gewidmet und das allgemeine Äquivalent in ihren Mittelpunkt gestellt. Allerdings hat er die Maßfunktion des allgemeinen Äquivalents unvermittelt auf die Ebene des Austauschs verlegt. Statt zwischen erster und zweiter Funktion zu trennen, um einerseits den Austausch von der Maßfunktion des Geldes her als Form einer Messung zu entwickeln und so den Austausch andererseits als notwendigen Schein zu kritisieren, geht er vom allgemeinen Äquivalents unmittelbar zur Form des Austauschs über (um hier, wie in der französischen Philosophie seiner Zeit üblich, den Sinn einer Ökonomie des Austauschens, des Zirkulierens und des Verschiebens von Bedeutung zu verorten), vgl. Jean-Joseph Goux: *Marx, Freud: Ökonomie und Symbolik*. Frankfurt am Main/Berlin/Wien: Fischer 1975.

225 „Zugleich liegt in der endlosen Reihe seiner Ausdrücke, daß der Warenwert gleichgültig ist gegen die besondre Form des Gebrauchswerts, worin er erscheint." (*Kapital I*, S. 77.)

kann das gesellschaftliche Verhältnis *rein als solches* auf sich zurückkommen; der Wert kann nicht losgelöst von seiner Bestimmung als Gebrauchswert und Tauschwert rein als solcher getroffen werden und für-sich sein. Das gesellschaftliche Verhältnis kann zwar in *jeder* Ware auf die Form seiner Bestimmung zurückkommen, aber es gelangt in keiner Ware ‚hinter' sich oder über sich hinaus, vielmehr muss das gesellschaftliche Verhältnis immer durch alle diese Waren endlich bestimmt sein und immer durch diese Waren dargestellt werden. Weil es keine Ware gibt, durch welche das Verhältnis aller Waren so auf sich zurückkommen kann, dass dieses Verhältnis selbst das Objekt der Bestimmung ist, weil also keine Ware derart ausgenommen ist, dass sie ihrem gesellschaftlichen Verhältnis enthoben ist und die Durchführung des Verhältnisses aller anderen Waren auf sich nehmen könnte, darum müssen sich alle Waren ausnahmslos an die Notwendigkeit halten, nur unmittelbar durch ihre gegenseitige Bestimmung ihr Verhältnis durchführen und dadurch dessen Identität herstellen zu können. Mit einem Wort, das Verhältnis der Waren kann durch keine Ware *reflexiv* werden.

Auch im Fall der Bestimmung des gesellschaftlichen Verhältnisses ist die Unendlichkeit also darum schlecht, weil das Verhältnis, genau wie Hegel das für die Bestimmung des endlichen Daseins darstellt, keinen ‚Ort' für-sich hat, kein Etwas, an dem das Verhältnis der Waren auf nichts als sich selbst zurückkommen und wie in einer unmittelbaren Reflexion die eigene Identität affirmieren kann. Stattdessen muss das Verhältnis sich durch die Waren auslegen, und auf diese Weise sind die Waren einerseits für sich selbst maßgeblich, andererseits ist ihnen aber kein endgültiges und absolutes Maß gegeben. Genauer gesagt, ist dem gesellschaftlichen Verhältnis der Waren kein Maß *außer* ihnen selbst gegeben, d. h. das Maß des gesellschaftlichen Verhältnisses der Waren fällt immer in irgendeine Ware und ihr Verhältnis zu einer anderen, ganz wie Marx es in der totalen Entfaltung des Verhältnisses einer Ware A zeigt.

Indes muss diese Ausweglosigkeit einer schlechten Unendlichkeit, die sich aus der totalen Entfaltung der einfachen Wertform x Ware A = y Ware B, z Ware C usw. bis ins Unendliche ergibt, nur umgekehrt werden, genau wie die Endlichkeit bei Hegel. Kehrt man die totale Entfaltung um, stellt sich heraus, dass alle Waren in jeder einzelnen Ware auf das Einssein ihres Verhältnisses und ihre identische Qualität zurückkommen können, auf diejenige negative Qualität oder Qualität der Negativität, die im Durchführen selber liegt und sich in ihm allererst herstellt. Jede Ware enthält auf ideelle Weise dieses Einssein aller anderen, jede kann daher dasjenige Etwas sein, in welchem alle anderen Waren auf ihr Einssein zurückkommen und ihr Verhältnis reflexiv werden lassen.

Die Umkehr der totalen Entfaltung allein ist aber nur die halbe Wahrheit. Es kommt ebenso darauf an, dass irgendetwas, dass irgendeine beliebige Ware an-sich diese Umkehr *durchmacht* und dadurch zum Ausgangspunkt wird, die Endlichkeit durch die Unendlichkeit (hin-)durchzuführen. Diese Ware muss mithin das Einssein des gesellschaftlichen Verhältnisses der Waren *realisieren*, um im Realisieren paradoxerweise zur *ideellen* Einheit werden. Irgendein Etwas, irgendeine beliebige Ware muss die Reflexion des Verhältnisses aller anderen durchmachen und ihr Verhältnis an-sich, am eigenen Dasein, rein als solches darstellen – und genau das zeigt Marx durch die Umkehr der totalen Entfaltung der Wertform für die Ware A. Die Umkehr zeigt, dass die Ware A realisieren muss, woran sich alle anderen Waren in der totalen Entfaltung x Ware A = y Ware B, z Ware C usw. bis ins Unendliche ohnehin gehalten haben: dass sie in diesem Übergehen diejenige gemeinsame Qualität bilden, die unmittelbar in ihrem Verhältnis liegt. Alle Waren haben sich an ein gegenseitiges Sollen gehalten, alle Waren haben sich ausnahmslos daran gehalten, ihr gemeinsames Verhältnis auf eine negative Weise, durch bloße Relationen, bestimmen zu sollen. Steht aber die Ware A für diese negative Qualität, die sich ihr gegenüber herstellt, so steht die Ware A nun buchstäblich für diese innere Notwendigkeit, während alle anderen ihrer schlagartig enthoben sind. Weil alle Waren sich in einer beliebigen Ware A an ihr eigenes Verhältnis halten können, an ihre ideelle Einheit, darum enthebt diese eine Ware alle anderen der Notwendigkeit, sich gegenseitig ins Verhältnis setzen und das Verhältnis dadurch darstellen zu müssen. Stattdessen kommen alle Waren in der einen Ware A auf ihr Verhältnis zurück, als sei es je durchgeführt und können dessen Einssein umschlagen und reflexiv werden lassen.

Es gibt dadurch Etwas, das buchstäblich an der Grenze oder für die Grenze zwischen dem endlichen Dasein der Waren und ihrer ideellen Identität steht; etwas, das sinnlich *und* übersinnlich ist; gewöhnliches Seiendes und doch Darstellung des rein gesellschaftlichen Verhältnisses alles Seienden; irgendein beliebiges Etwas und zugleich Verkörperung der Einheit aller Waren; kurz, etwas ist Ware *und* Geld. Doch nicht nur die Waren halten sich durch dieses sinnlich-übersinnliche Etwas an ihre ideelle Identität. Auch dieses Etwas, das die Grenze zwischen endlichem Dasein der Waren und ihrer ideellen Identität besetzt, muss, um diese ideelle Identität zu realisieren, die Wahrheit aufnehmen, die, wie in der totalen Entfaltung der Wertform gezeigt, dem Etwas gegenüber vorhanden ist. Das Etwas (in Marx' totaler Entfaltung der Wertform die Ware A), muss diejenige Qualität, die aufseiten der endlichen Waren durch ihre unendliche Reihe erst entsteht und sie als Momente desselben Verhältnisses auszeichnet, wie ein vorhandenes Objekt bestimmen und herausstellen; erst dadurch wird sie zum Übergang zwischen Endlichkeit und Unendlichkeit. Die Ware A ist dann der ‚Ort', an dem Gebrauchswert und Tauschwert unmittelbar identisch sind und auch die beiden Pole der Wertform in Eins fallen, d. h. ihr Gebrauchswert verkehrt sich in den Tauschwert und umgekehrt, und sie ist in der relativen Position *als* allgemeine Äquivalentform:

> Die letzte Form, Form III, endlich gibt der Warenwelt allgemein-gesellschaftliche relative Wertform, weil und sofern, mit einer einzigen Ausnahme, alle ihr angehörigen Waren von der allgemeinen Äquivalentform ausgeschlossen sind. Eine Ware, die Leinwand, befindet sich daher in der Form unmittelbarer Austauschbarkeit mit allen andren Waren oder in unmittelbar gesellschaftlicher Form, weil und sofern alle andren Waren sich nicht darin befinden. Umgekehrt ist die Ware, die als allgemeines Äquivalent figuriert, von der einheitlichen und daher allgemeinen relativen Wertform der Warenwelt ausgeschlossen.[226]

---

226 *Kapital I*, S. 82–83.

So stellt eine Ware A schlagartig die Wahrheit aller anderen heraus: Alle Waren können in jedem Etwas auf die Negativität ihres Verhältnisses wie auf eine ideelle Identität zurückkommen und ihr gemeinsames Sein teilen. Da in jeder beliebigen Ware die Form der Bestimmung des gesellschaftlichen Verhältnisses gegeben ist, können die Waren auch in jeder Ware auf das Einssein ihres gesellschaftlichen Verhältnisses zurückkommen und Bezug auf die eigene ideelle Identität nehmen – sie müssen das nur noch in einer Ware endgültig ‚beschließen'. Die Waren müssen nur noch in Etwas ‚beschließen', *dass* sie immer ein und dasselbe Verhältnis teilen und *dass* sie dadurch ihre Identität feststellen und ins Verhältnis treten. Um das zu beschließen, müssen die Waren nur beständig ein und dasselbe Etwas ausschließen. Oder vielmehr ist es das Ausschließen selbst, das unmittelbar ihr Verhältnis ‚beschließt'.

Das Einssein des gesellschaftlichen Verhältnisses der Waren im Etwas der Geldware
Im Ausschließen einer Geldware kommen alle anderen Waren in Etwas auf ihr Einssein zurück und treten schlagartig in dieselbe ideelle Identität ein, die sie zugleich teilen – mit einem Wort, ihr Verhältnis wird reflexiv. Qua Ausschluss tritt Etwas ein, das alle Waren auf einen Schlag in ein identisches Verhältnis (ver-)setzt und sie dadurch der Notwendigkeit enthebt, ihr Verhältnis unmittelbar durch einander darstellen zu müssen. Das Entheben ist das Ausschließen selbst, denn im Ausschließen der Geldware teilen die Waren die dadurch erst eintretende, aber zugleich vom Geld besetzte ideelle Werteinheit. Es muss mithin scheinen, als würden die Waren von der Geldware durch dieselbe leere Einheit hindurchgeführt, für die das Geld da ist, sodass die Waren die im Geld eintretende Leere wie ein gemeinsames Einssein teilen: „Die Waren stellen ihre Werte jetzt 1. einfach dar, weil in einer einzigen Ware, und 2. einheitlich, weil in derselben Ware. Ihre Wertform ist einfach und gemeinschaftlich, daher allgemein."[227] Der Geldware ist das gesellschaftliche Verhältnis der Waren im doppelten Sinne Eins, zum einen steht sie ihm gleichgültig gegenüber, zum anderen ist diese Gleichgültigkeit das Eins, das zur Bestimmung ansteht.
Es deutet sich bereits an, dass die Waren, wenn sie im Ausschließen einer Geldware zugleich schlagartig ihr gemeinsames Verhältnis teilen und ins Verhältnis (ein-)treten, dadurch mit ihrer Identität im Wortsinn *rechnen*, und dass es dieses Rechnen mit der Identität ist, das beides erst bildet, einerseits das Wertverhältnis der Waren und andererseits diejenige ideelle Einheit, für die das Geld steht; durch das Ausschließen der Geldware ist dasselbe Etwas sowohl für die Bildung einer ideellen Einheit wie für ein Wertverhältnis der Waren da. Die Geldware *besetzt* somit nicht einfach nur diejenige Grenze, die zum Übergang zwischen Endlichkeit und Unendlichkeit wird und zur Identifikation der Waren mit ihrer ideellen Einheit führt, und die Waren *halten* sich im Geld nicht nur an diese Grenze wie an eine gemeinsame negative Qualität und ideelle Einheit. Vielmehr muss das Ganze (das Ausschließen der Geldware und das Eintreten und Fixieren einer ideellen Einheit, das Besetzen beider Pole der Werteinheit

---

227 *Kapital I*, S. 79.

sowie das Halten an die Einheit) als ein ebenso praktisches wie aktives *Rechnen* mit der Identität begriffen werden. Das Rechnen mit der Identität realisiert die ideelle Einheit so im Verhältnis der Waren, als ob alle Waren ihr Einssein quantitativ Teilen und sich eine Identifikation der Waren mit dem Geld ergibt. Es scheint darum, als gehe die ideelle Einheit einerseits in der Entsprechung zwischen dem Geld und dem Wertverhältnis der Waren auf, und als entstünde andererseits aber auch ein Unterschied zwischen Ware und Geld. Oder vielmehr nimmt *dieser Unterschied* die Form *jener Entsprechung* an; die Entsprechung zwischen dem Verhältnis der Waren und der quantitativen Bestimmung des Geldes. Beides tritt ein, weil durch die Geldware eine ideelle Einheit für das Verhältnis der Waren in Anspruch genommen wird und, während das Geld für die Waren mit dieser ideellen Einheit rechnet und dadurch ihr Verhältnis quantitativ umschlägt, diese Einheit zum verschwindenden Vermittler wird. Auf diese Weise macht das Geld zu den Waren den einen Unterschied, der alle ihre Unterschiede als innere Selbstunterscheidung und Selbstbegrenzung so zurücknimmt und so aufhebt, dass sich im Geld das Immanenzverhältnis der Waren entäußert. Die Waren ent-äußern dieses Immanenzverhältnis nicht nur im Geld, sie äußern es auch in ihren eigenen Größen, denn sie stellen dasselbe Verhältnis, das sie durch das Geld eingehen, so an-sich *vor*, als sei ihr quantitatives Verhältnis immer schon durch eine maßgebliche Einheit reflektiert und wiederhergestellt, und als sei in jeder einzelnen Ware, in jeder einzelnen quantitativen Bestimmung, das Verhältnis einer jeden Ware zu allen anderen bestimmt.

Das Eins, das allein zählt. Die Werteinheit als Recheneinheit
Folgt man der bisherigen Entwicklung, so scheint durch das Ausschließen einer Geldware eine ideelle, leere Werteinheit einzutreten, und dadurch scheint es wiederum Etwas zu geben, das mit der Identität der Waren rechnen und im Rechnen eine quantitative Entsprechung bilden kann. Doch dieses Rechnen mit einer reinen Werteinheit und das quantitative Realisieren der ideellen Identität der Waren war in bestimmter Hinsicht noch einseitig. Wenn Etwas für eine übersinnliche, ideelle Werteinheit steht und für das quantitative Umschlagen und das quantitative Übergehens da ist, so steht dasselbe Etwas ebenso *für – nichts*. Das Geld steht für das Sein der Waren und setzt sie ihrer Identität aus, aber dadurch ist das Etwas des Geldes für ein *fehlendes* Maß da,[228]

---

228 Durch das Geld gibt es, in Anspielung auf die große philosophische Frage, warum überhaupt etwas ist und nicht vielmehr nichts: Etwas *anstelle* von Nichts. Martin Heidegger hat die Frage, warum etwas und nicht vielmehr nichts ist, von Leibniz her aufgenommen und als „die Grundfrage der Metaphysik" und „offensichtlich die erste aller Fragen" bezeichnet; sie ist denn auch die erste Frage in Martin Heidegger: *Einführung in die Metaphysik.* Tübingen: Niemeyer 1953, S. 1ff., und er beendet mit ihr zudem die Einleitung in die Frage nach der Metaphysik, vgl. ders.: *Was ist Metaphysik?* 5. erw. Aufl. Frankfurt am Main: Klostermann 1949, S. 20–21. (Vor Leibniz stellte schon Shakespeare in *Hamlet* die Frage: „To be or not to be, that is the question". Hier geht es nicht, wie oft missverstanden wird, um die Existenz und den Tod, sondern auch hier wird danach gefragt, warum überhaupt etwas sein soll; vgl. Ludger Lütkehaus: *Nichts.* Frankfurt am Main: Zweitausendeins 2003, S. 36. Auch Hermann Lotze und Christian Hermann Weisse sind dieser Frage nachgegangen.) Heidegger hat die „Grundfrage" auf verschiedene Weise gestellt und auch eine

nämlich dafür, dass die Waren maßgeblich sein müssen allein für-sich und ein Selbstverhältnis eingehen müssen. Durch die ausgeschlossene Geldware gibt es ein Etwas, das für die Einheit des Verhältnisses der Waren lediglich dadurch sorgt, dass die Waren ihr gesellschaftliches Verhältnis durch nichts als sie selbst bilden und auf diese negative Weise mit sich selbst rechnen müssen. Weniger noch, dieses Etwas muss auch sich selbst gegenüber gleichgültig und *dadurch* für das Nichts und für ein fehlendes Maß da sein. (Die Gleichgültigkeit der Geldware ihr selbst gegenüber ist auch der Grund, warum jede beliebige Ware Geld sein kann und diejenige Ware dem Geld am ehesten angemessen ist, die ihrer stofflichen Beschaffenheit und gebrauchswertigen Bestimmung nach dieser Gleichgültigkeit am nächsten kommt und darum ein rein quantitatives Dasein führen kann.) Durch die oben gezeigte Umkehr der Form II in Form III sowie durch das Ausschließen der Geldware wird somit nicht nur die spekulative Identität aller Waren in einer Ware ‚beschlossen', es wird ebenso diejenige Gleichgültigkeit, Negativität und Leere beschlossen, für welche die Geldware da ist. Es ist dann das Sein der absoluten Unbestimmtheit und der Negativität und der Leere, das für die Waren allein *zählt*;[229]

Antwort in Angriff genommen (etwa in Martin Heidegger: *Vom Wesen des Grundes*. Frankfurt am Main: Klostermann 1939; ders.: *Die Frage nach dem Ding*. Tübingen: Niemeyer 1962; ders.: *Vom Wesen der Wahrheit*. Frankfurt am Main: Klostermann 1954), jedoch ohne auf die Technik des Maßes zu stoßen; dasselbe gilt für seine Frage nach der ontologischen Differenz zwischen Sein und Seiendem. Mithilfe der Wertformanalyse und der Seinslogik ließe sich indes zeigen, dass buchstäblich etwas anstelle des Nichts da sein und zum Wesen der Negativität werden muss, aber nur, damit etwas *für* das Nichts da ist und es affirmieren und ins Positive wenden kann, ja, damit etwas mit dem Nichts *rechnen* kann. So ist gleich am Anfang der Seinslogik Etwas *für* das Übergegangensein von Sein in Nichts da, und im *Kapital* steht die Ware *für* das Übergehen der Gebrauchswerte als Tauschwerte; sie ist mithin für das rein gesellschaftliche Verhältnis da. Dieses Etwas wird dann jeweils zum allgemeinen Äquivalent für sein eigenes Verhältnis entwickelt, zum Äquivalent dafür, dass jedes Etwas je durch Anderes bestimmt wird. Dadurch steht das Äquivalent für das Einssein des Daseins und wird zum ‚Ort', an dem das Dasein das eigene Einssein umschlagen und reflexiv werden kann. Das Etwas steht im Umschlagen des Einsseins für dieselbe Leere, die es zugleich füllt, und so ermöglicht das Etwas die Quantifizierung derjenigen Negativität, die das Verhältnis von Etwas und Anderes *als* Verhältnis auszeichnet. Jedes Etwas kann zum Maß des Seins erhoben werden und Etwas und Anderes rein quantitativ umschlagen und ihr Verhältnis ins Positive wenden; das Dasein kann sich in jeder seiner Bestimmungen an das eigene Sein und Nichtsein halten und der Notwendigkeit eines Selbstverhältnisses aussetzen und zugleich unterziehen und die innere Notwendigkeit durch Größen äußern. In dieser Technik wäre auch Heideggers ontologische Differenz zu suchen. Sie gründet in der Technik des Maßes, Sein und Seiendes zu trennen, indem alles Seiende durch etwas an das Sein bzw. an eine ideelle Einheit gehalten und einer gemeinsamen Identität ausgesetzt ist und ihr zugleich wie in einer Messung unterzogen wird, sodass alles Seiende in ein gemeinsames Verhältnis gesetzt wird. Das Sein alles Seienden liegt dann darin, dass das Seiende zwar maßgeblich sein muss für nichts als sich selbst, aber diese innere Notwendigkeit alles Seienden ist dasjenige negative Wesen (oder dasjenige Wesen der Negativität), das im Umschlagen in Quantität in quantitativen Verhältnissen reflexiv wird und sich wie von selbst durch bestimmte Größen ins Positive wendet und äußert, äußert in jener Selbstentsprechung, die das Sein *ist*.
229 Zum Zählen und Rechnen in der *WdL* vgl. vor allem „Zweites Kapitel: Quantum" (*WdL I*, S. 231 ff.) und „Drittes Kapitel: Das quantitative Verhältnis" (*WdL I*, S. 372 ff.), beide im zweiten Abschnitt der Seinslogik über die Quantität. Hegel gibt dem Rechnen einerseits einen hohen Status, weil es zu der abstrakten Arbeit eines „unsinnlichen Geschäfts" anhält. Aber gerade wegen der Abstraktheit und der nur quantitativen Unterscheidungen ist das Rechnen auch ein leerer Formalismus und „jenes Geschäft ein gedankenloses, mechanisches" (*WdL I*, S. 249). Vgl. dazu auch die Ausführungen über das Verhältnis der mathematischen

sie teilen in Etwas dieselbe Leere, durch die sie in ein quantitatives Verhältnis treten. Die Geldware gilt darum zum einen als die reine Werteinheit, die unendlich geteilt doch Eins ist und Eins bleibt, zum anderen bleibt sie in allen quantitativen Bestimmungen gleichgültig gegen dasselbe Verhältnis, das sie aufseiten der Waren gleich einem bewusstlosen Rechnen durchführt. Darum steht die Geldware nicht einfach nur anstelle des Nichts, sondern sie steht für dasjenige Eins einer leeren Werteinheit, das im Rechnen erfüllt wird und die Negativität des Nichts quantitativ in die Positivität bloßer Relationen und eines empirisch reinen Verhältnisses wendet.[230]

Da die Geldware einerseits das Einzige ist, das für die Waren zählt, während sie selbst vollkommen gleichgültig bleibt und für nichts als eine leere Werteinheit steht, und da das Geld andererseits das gesellschaftliche Verhältnis der Waren quantitativ umschlägt und ins Verhältnis setzt, funktioniert diese leere Werteinheit, für die das Geld steht, im Sinne einer *Recheneinheit*. Diese Recheneinheit erschließt dasselbe Verhältnis, das es quantitativ umsetzt und mit dessen Identität es dadurch rechnet. Da das Rechnen des Geldes mit einer ideellen Einheit im quantitativen Verhältnis der Waren notwendigerweise aufgeht, muss die Geldware nicht nur gleichgültig sich selbst gegenüber sein – sie muss auch *überflüssig* werden und verschwinden. Im Rechnen ist sie nichts als derjenige überzählige Teil der Warenwelt, der alle Waren auf einen Nenner bringt und ihre ideelle Einheit als Eins zählt, ohne selbst Anteil am dadurch gebildeten Wertverhältnis zu nehmen, ganz wie es dem Ausschließen der Geldware und ihrem Ausnahmezustand in der Maßfunktion entspricht. Das objektive Rechnen des Geldes führt, ganz wie das subjektive Rechnen, zu dem Paradox, dass es kein rein gesellschaftliches Verhältnis und keine quantitativ bestimmten Warenwerte gibt *ohne* Geld, das Geld aber die Waren und ihr Verhältnis so darstellt, wie sie an-sich und objektiv sind, also *ohne* Geld.

zur begrifflichen Logik sowie zur Metaphysik in der Anmerkung auf S. 279ff.) Beides trifft auch auf das Geld zu, sogar noch radikaler. Das „Geschäft" des Geldes ist einerseits ein absolut unsinniges Rechnen mit einer übersinnlichen Werteinheit, die für die ideelle Identität des Verhältnisses der Waren steht, andererseits ist dasselbe Rechnen mit der ideellen Identität der Waren ein gedankenloser, abstrakter Formalismus, der nur quantitative Unterscheidungen trifft.

230 Im Unterkapitel „Das Eins und das Leere" heißt es: „Das Eins ist das Leere als die abstrakte Beziehung der Negation auf sich selbst. Aber von der einfachen Unmittelbarkeit, dem auch affirmativen Sein des Eins, ist das Leere als das Nichts schlechthin verschieden, und indem sie in *einer* Beziehung, des Eins selbst nämlich, stehen, ist ihre Verschiedenheit *gesetzt*; verschieden aber vom Seienden ist das Nichts als Leeres *außer* dem seienden Eins." (*WdL I*, S. S 184.) Dass alle Waren in einer Ware, der Geldware, als Eins zählen und sich gleichgültig sind, ließe sich, wie im ersten Durchgang skizziert, in Analogie bringen zu Hegels Ausführungen über Attraktion und Repulsion und über das Quantifizieren. Hegel entwickelt die Zahl im zweiten Abschnitt der Seinslogik „Die Größe (Quantität)", und zwar zu Beginn des zweiten Kapitels über das Quantum (*WdL I*, S. 231–249). Die Analogie zwischen Zahl und Quantum bei Hegel und dem Zählen und Rechnen des Geldes soll hier nicht im Einzelnen erarbeitet werden. Es geht allein darum zu zeigen, dass das Geld alle Waren wie Eins zählt und darum zum Nenner ihrer Wertgrößen wird. Es geht des Weiteren darum, dass dieses Zählen der Waren als Momente ein und derselben Werteinheit einerseits ein bewusstloses Übergehen im Geld ist, andererseits aber ein Umschlagen des gesellschaftlichen Verhältnisses der Waren in Quantität, sodass das Geld einerseits nichts ist als ein sich spezifizierendes Quantum, das dadurch andererseits das Verhältnis der Waren quantitativ realisiert und im Durchführen wiedergibt.

Dass das Geld für eine Ökonomie, die durch Werte in-sich übergeht, unbedingt notwendig und doch überzählig ist und sich selbst überflüssig machen muss, ist eine Eigentümlichkeit, die das Rechnen im mathematische Sinne überhaupt auszeichnet, die aber sowohl für das seinslogische Übergehen und die Konstitution von Objektivität in der *WdL* gilt als auch für die Maßfunktion des Geldes und die Konstitution einer rein gesellschaftlichen Qualität und einer rein gesellschaftlichen Objektivität. In allen drei Fällen präsentiert das Rechnen ein Verhältnis *rein als solches*, d. h. das Rechnen selbst *muss* sich in dem Verhältnis, mit dem es rechnet, einlösen und darin so vollkommen aufgehen, als würde es sich mit ihm identifizieren: Die Mathematik rechnet mit der Identität nur als solcher; der Begriff rechnet, wenn er die Objektivität vom Sein (und Nichts) her denkt, mit der Identität der Objektivität; durch das Geld rechnet etwas mit einer ideellen Werteinheit. (Und das Selbstbewusstsein rechnet, so wurde für die *PhdG* gezeigt, mit der Identität des Bewusstseins).

Der Entzug im Realisieren der Werteinheit:
Das ideelle und das praktische Rechnen des Geldes mit der Identität der Waren
Dass durch Geld eine ideelle Werteinheit in Anspruch genommen wird, sodass etwas für die Waren mit einer ideellen Einheit quantitativ exakt rechnet, zeichnet seine erste Funktion als Maß aus und ist für die Konstitution gesellschaftlicher Objektivität vorrangig. Gleichwohl bleibt das Rechnen hier noch rein ideell und spekulativ. In seiner ersten Funktion steht das Geld lediglich für eine Werteinheit, welche die Waren ihrer Identität aussetzt und in ein gemeinsames Verhältnis (ver-)setzt, aber das Verhältnis bleibt noch indifferent ihm selbst gegenüber gehalten. Durch die Maßfunktion ist zwar überhaupt erst die Möglichkeit gegeben, *dass* mit der Identität des Verhältnisses der Waren gerechnet werden kann, aber erst in der Tauschmittelfunktion wird auf *praktische* Weise mit einer ideellen Einheit gerechnet und das Wertverhältnis der Waren praktisch realisiert und entschieden. Die Entscheidung fällt, indem das Geld in Kauf und Verkauf (G-W/W-G) auf praktische Weise in die Vermittlung des Verhältnisses der Waren eintritt, sie auf praktische Weise an ihre ideelle Einheit hält und zugleich diese ideelle Einheit in Form der Zirkulation der Waren (…W-G-W…) praktisch realisiert.
Mit den beiden ersten Geldfunktionen lässt sich somit der *Status* des Rechnens auseinanderhalten; durch die erste Funktion wird auf spekulative Weise durch das Etwas der Geldware mit einer ideellen Werteinheit gerechnet, die zweite Funktion setzt dieses Rechnen praktisch um. Betrachten wir mithilfe dieser Unterscheidung das Rechnen genauer!
Was zunächst das ideelle Rechnen der ersten Funktion betrifft, so zeigt die Wertformanalyse, dass durch die Umkehr von Form II in Form III diejenige ausgesonderte Geldware ‚herausspringt', durch die das Rechnen *gegeben* ist im starken Sinne einer Gabe. Durch die Geldware ist Etwas gegeben, das in einer ausgeschlossenen Position steht, nämlich in beiden Polen der Wertform zugleich. Dadurch setzt etwas beide Pole

der Wertform so in Eins, dass dieses Etwas für die absolute Austauschbarkeit von Etwas und Anderes steht, Ware A und Ware B. Das Besetzen dieser beiden Pole ist der Grund, dass die Geldware mit der Identität der Waren rechnen kann, denn weil sie in beiden Polen zugleich steht, kann ihre *aktive* und *relative* Position, die sie gegenüber allen anderen Waren einnimmt, zugleich in Form ihres allgemeinen Äquivalents verkehren, eines Äquivalents, das ihr Übergehen als Werte durchführen und dadurch ihr Verhältnis im Durchführen realisieren kann. Es gibt also durch die Geldware etwas, dessen *relative* Position gleichzeitig als *allgemeines Äquivalent* verkehrt und dessen *aktive* Position gleichzeitig auf *passive* Weise verkehrt. Dieses doppelte Zusammenfallen versetzt dieses Etwas in die Position, die Bestimmung einer Ware durch eine andere zu ersetzen, sodass die Waren ihr gemeinsames gesellschaftliches Verhältnis nicht unmittelbar durch einander darstellen müssen. Stattdessen nimmt das Etwas der Geldware die Darstellung ihres Verhältnisses auf sich und tauscht sich für das dargestellte Verhältnis ein. Für dieses Eintauschen und für das Einlösen einer ideellen Einheit muss die Geldware nur für jede einzelne Ware buchstäblich *eingesetzt* werden, sodass letztlich immer ein und dasselbe Etwas für das Verhältnis aller Waren eingesetzt wird – auf diese Weise wird durch die Geldware mit einer ideellen Einheit gerechnet. Das Rechnen besteht des Weiteren darin, die aktive Position der Geldware für die Realisierung des Immanenzverhältnisses der Waren einzusetzen, aber so, dass sie ihrerseits durch dieses Immanenzverhältnis bestimmt wird und durch ihre aktive Position auf zugleich passive Weise dasjenige Verhältnis ausdrückt, das alle Waren im Teilen derselben Einheit eingehen; die Aktivität der Geldware besteht darin, sich für das Übergehen der Waren als Quanta ein und desselben Verhältnisses einzusetzen, ihre Passivität darin, das eigene Dasein herabzusetzen zu Etwas, das einzig und allein nur für die ideelle Einheit der Waren da ist und dieses Dasein in ihrem Verhältnis realisiert.

Das Entscheidende in diesem Rechnen liegt darin, dass durch das Geld eben nicht ein Etwas für die Austauschbarkeit von Ware A und Ware B eingesetzt wird, sondern dass Etwas diese Unmittelbarkeit der Waren ersetzt und darum buchstäblich an der Stelle des eines Übergehens steht. Während das Geld den Austausch einer Ware durch eine Ware ersetzt, enthebt es sie der Unmittelbarkeit ihres Daseins, löst ihr Verhältnis rein als solches ein und präsentiert im x Ware A = y Ware B eine *quantitative* Lösung. Die ‚Aufgabe', die das Geld im Rechnen mit der Werteinheit der Waren löst, ist somit nicht, überflüssig zu *sein*, aber zu *werden* und das Übergehen der Waren als Werte so durchzuführen, als stünde es für Sein und Nichtsein der Waren, für das Verhältnis *als* Verhältnis oder für die leere und doch exakt bestimmte Verbindung *zwischen* den Waren. Erst im Werden im Sinne des Rechnens wird das Sein zum „=" im „x Ware A = y Ware B" oder zum „ist" im „x Ware A *ist* y Ware B wert".

Soweit zur ersten Funktion und zum noch spekulativ-ideellen Rechnen des Geldes. Praktisch wird dieses Rechnen erst, wenn dieselbe Geldware, die qua Ausschluss eine ideelle Werteinheit fixiert und maßgeblich werden lässt, durch die Tauschmittelfunktion wiederkehrt und die ideelle Einheit praktisch durchführt. Die Geldware wird erst

durch die Tauschmittelfunktion und erst in Kauf und Verkauf auf praktische Weise für das Übergehen der Waren als Werte im Wortsinn eingesetzt und zur Realität einer ideelle Werteinheit. Entsprechend scheint das Zusammenfallen der beiden Pole der Wertform in der Geldware und das Rechnen der Geldware mit der ideellen Identität der Waren in die gesellschaftliche Praxis des Austauschens von Ware gegen Geld zu fallen, und in der Tat geht in diesem Austauschen das Geld auf praktische Weise ebenso ein wie es wieder herausfällt, ganz wie von Marx im ...W-G-W... formalisiert. Es wird im Realisieren des gesellschaftlichen Verhältnisses der Waren das Überzählige, aber es wird überzählig, *während* es sich für das *unmittelbare* Verhältnis zweier (oder vielmehr überhaupt aller) Waren einsetzt, sie der Unmittelbarkeit enthebt und die Identität ihres Verhältnisses in Raum und Zeit auseinandersetzt.[231] Während es scheint, als würde das Verhältnis der Waren durch das Geld *unterbrochen* und in Kauf und Verkauf auseinandergesetzt, halten sie sich *un*unterbrochen an das Geld – sie halten sich durch das Geld an diejenige vermittelnde Einheit, die qua jener Unterbrechung die Waren realisiert, aber dabei gleichsam in das Zirkulieren Ware-Geld-Ware ‚verschoben' wird. Es steht in dieser Verschiebung ebenso für die Unterbrechung wie für die Fortsetzung eines *unmittelbaren* Austauschs einer Ware gegen eine andere. (Somit ist auch im praktischen Rechnen, d. h. auch im Austausch- und Zirkulationsprozess, durch die Geldware immer Etwas für diejenige Leere da, die für die *andere, noch-nicht* getauschte Ware steht; auch hier steht das Geld mithin für die Beziehung ihrer Beziehungslosigkeit oder für das gesellschaftliche Verhältnis rein als solches, für die Realität des bloßen Übergehens der Waren oder für das Sein und Nichts zwischen den Waren.)
In einem Satz zusammengefasst: Die Gleichzeitigkeit der beiden Pole, durch die das Geld mit einer maßgeblichen Einheit rechnen kann, wird durch die Tauschmittelfunktion in die Form ...W-G-W... ausgelegt. Während hierdurch der Inhalt des Rechnens die Form der einfachen Zirkulation ...W-G-W... annimmt und in Raum und Zeit

---

[231] Nur hier überschneidet sich das Geld mit einem Symbol, wenn Symbol in seiner ursprünglichen Bedeutung genommen wird. Ein Symbol war bei den alten Griechen ein gebrochenes Tonstück, das zwei Personen zur Erkennung diente, weil es, wenn es wieder zusammengefügt wird, über Raum und Zeit hinweg durch die eigene Identität auch die ihrer beiden Besitzer verbürgte. Abgesehen von dieser Übereinstimmung greifen Symbol- oder Zeichentheorien des Geldes zu kurz, und zwar auch dann, wenn sie sich, wie in den heutigen Symboltheorien üblich, nicht auf eine bezeichnete Sache beziehen, sondern auf die Ordnung von Werten (vgl. Dan Sperber: *Über Symbolik*. Frankfurt am Main: Suhrkamp 1975). Sie verfehlen nämlich die konstitutive Verschränkung zwischen der Qualität des Messens und der gemessenen Qualität, mithin zwischen Geld und Wert: Das Geld gibt auf quantitative Weise eine Qualität wieder, die es durch die Vermittlung der Waren erst herstellt und doch wie einen gegebenen Gegenstand realisiert. (Zudem ist dieselbe Realität, die das Geld als Maß und Tauschmittel konstituiert, ein Schein, weil, so wird in den nächsten Abschnitten noch zu zeigen sein, die Realität innerhalb der Kapitalform und -bewegung des Geldes auf bewusstlose Weise in ihrer *Verwertung* begriffen ist. Alle Symbol- und Zeichentheorien müssen die *produktive* Bedeutung verfehlen, die das Messen für die Verwertung von Arbeit und Kapital hat, denn keine Zeichen- und keine Symboltheorie des Geldes kann den Kapitalismus angemessen als einen im Geld sich selbst messenden und realisierenden Verwertungsprozess entwickeln.) Zu den Grundzügen einer Zeichentheorie des Geldes vgl. Michael Hutter: Signum non olet: Grundzüge einer Zeichentheorie des Geldes. In: Waltraud Schelkle / Manfred Nitsch (Hrsg.): *Rätsel Geld. Annäherungen aus ökonomischer, historischer und soziologischer Sicht*. Marburg: Metropolis 1998, S. 325–352.

auseinanderfällt, teilen die Waren beständig dieselbe Einheit und gehen als Werte in Raum und Zeit über. Doch indem die Waren in Kauf und Verkauf durch das Tauschmittel immer wieder an ein und dieselbe maßgebliche Einheit gehalten werden, nimmt die Unterbrechung nicht nur die Form der Zirkulation von Ware und Geld an und fällt in Raum und Zeit, die Unterbrechung ist auch Zeitpunkt des Umschlagens von Qualität in Quantität, und dadurch werden *Form* und *Inhalt* des gesellschaftlichen Verhältnisses im Geld für einen Augenblick *Eins*. Es gibt durch das Geld etwas, das Form und ineins Inhalt des Werts *ist*, etwas, das die Qualität des Bestimmens (das Bestimmen einer Ware durch eine andere) auf sich nimmt, reflexiv werden lässt und gleichsam auf die Qualität selbst anwendet – eben darum wird ja die Qualität des Bestimmens zum quantitativen Umschlagen einer Werteinheit. Dieses Vereinigen von Qualität und Quantität setzt die Waren rein quantitativ ins Verhältnis, während das Geld den Wert in Raum und Zeit überträgt und zum spezifischen Quantum wird – und in der quantitativen Spezifizierung des Geldes entspricht dann genau dasjenige gesellschaftliche Verhältnis sich selbst, dessen Inhalt das Geld in Form von ...W-G-W... durchführt und überträgt.

Das Wertverhältnis der Waren, mithin ihr gesellschaftliches Sein, hält sich daher im unmittelbarsten Sinne im Geld auf, *während* durch das Geld mit einer ideellen Einheit gerechnet und das Rechnen durch Kauf und Verkauf in die Form ...W-G-W... ausgelegt wird. Es lässt sich sogar exakt der Ort und der Zeitpunkt des praktischen Rechnens mit der Identität der Waren angeben: Genau in dem Moment, in dem die einfache Wertform x Ware A = y Ware B durch das Geld in Kauf und Verkauf unterbrochen wird und auseinanderfällt und zugleich im Geld aufgehalten ist und eingelöst wird, findet das Rechnen mit der Identität der Waren auf praktische Weise statt. Das Rechnen findet in all den Momenten statt, in denen die Maß- durch die Tauschmittelfunktion eintritt und das wertförmige Übergehen der Waren in Raum und Zeit auseinanderfällt, aber in demselben (Auseinander-)Fallen eine spekulative Identität eintreten lässt und sie durch bestimmte Größen überträgt. Das Tauschmittel realisiert eine Identität, die nur ‚zwischen' den Waren eintritt, die ihr bloßes Übergehen und Übertragen als Werte bleibt und die doch durch die Waren in Raum und Zeit auseinandergelegt wird und dem empirischen Dasein durch ein praktisches Rechnen mit seiner Identität Raum gibt.

Und doch realisiert das Geld im Ereignis des Tausches nur einen Schein. Durch das Geld muss es nur so *scheinen*, als gingen die Waren als bestimmte Werte über und würden durch ihre Relation eine ideelle Einheit quantitativ teilen und realisieren. Dieser Schein gibt der Realisierung des gesellschaftlichen Seins durch das Etwas des Geldes einen neuen Status: Das Etwas wird zum Wesen der *Reflexion*. In ihr ist die gesamte Entwicklung des Etwas auf den Punkt gebracht: das Zusammenfallen der beiden Pole der Wertform und der absolute Relativismus eines allgemeinen Äquivalents; die Gleichgültigkeit der Geldware dem eigenen Dasein gegenüber und der Ausnahmezustand, durch den sie die Waren in die absolute Austauschbarkeit versetzt; die Realität einer ebenso ideellen wie maßgeblichen Einheit und ihr Umschlagen in Quantität; das Rechnen mit der Identität des Wertverhältnisses der Waren und das Verschwinden des Geldes im Vermitteln dieses Verhältnisses; das Einssein von Form und Inhalt und das Übergehen des Maßes des Werts ins Mittel seiner Realisierung.

Etwas als Mittel der Reflexion

Durch das Geld scheint es, als würde etwas mit der Identität des Wertverhältnisses rechnen und als würden darum die Waren durch eine maßgebliche Werteinheit reflektiert und als bestimmte Werte ins Wertverhältnis treten. Dieses unmittelbare Reflektieren *gilt* zwar bereits in der Maßfunktion des Geldes als spekulativ und ideell vollzogen, aber erst die Tauschmittelfunktion hält die Waren an ihr Maß und bricht sie in Kauf und Verkauf durch diejenige Einheit, welche die Waren als Quanta übergehen lässt und zur Form ihrer einfachen Zirkulation ...W-G-W... wird. Die ebenso ideelle wie praktische Reflexion hängt indes daran, dass tatsächlich ein Etwas qua Ausschluss in den Ausnahmezustand versetzt wird, auf beiden Polen der Wertform gleichzeitig zu stehen und darum zum Mittel der Realisierung einer ideellen Werteinheit zu werden. Der Universalismus dieser Reflexion liegt allein schon darin, dass *alles* zum Mittel der bewusstlosen Reflexion des gesellschaftlichen Verhältnisses werden kann. Jedes Etwas, jede Ware kann Mittel dieser Reflexion sein, aber *nicht*, weil jede Ware ihre relative Position in ein allgemeines Äquivalent verkehren und beide Pole gleichzeitig besetzen kann, *nicht*, weil jede Ware dadurch die spekulative Identität aller anderen durchführen kann, und *nicht*, weil jede Ware das Mittel sein kann, das gesellschaftliche Verhältnis der Waren zu realisieren und dadurch die Stelle eines universellen Vermittlers zu besetzen. Es ist umgekehrt: Jede Ware kann für den Wert stehen und die Stelle des universellen Vermittlers besetzen, weil jede Ware dem Wert *gleichermaßen unangemessen* ist. Es geht um die Besetzung einer Position, der nichts Seiendes angemessen sein kann, der aber auch nichts Seiendes angemessen sein muss, weil es nur um jene Gleichzeitigkeit der beiden Pole und um das Fixieren einer ideellen Werteinheit geht. Es geht allein darum, dass für das Übergehen *irgendetwas* da ist, Etwas, das eine ideelle Einheit in Anspruch nimmt, der ohnehin nichts, kein Seiendes und keine Ware, angemessen sein kann und die ohnehin nicht auf das endliche Dasein reduzibel ist, weil es allein darum geht, *dass* sich das Dasein an Etwas halten kann, um in sein eigenes Verhältnis einzutreten und im Umschlagen in Quantität sich selbst angemessen zu sein. Es reicht darum, dass irgendein Etwas qua Ausschluss *für* die Werteinheit steht und dadurch die Position eines ebenso maßgeblichen wie universellen Vermittlers *besetzt hält*. Dieses Etwas wird der Position eines universellen Vermittlers angemessen, indem diesem einen Etwas das gesellschaftliche Verhältnis der Waren im doppelten Sinne Eins ist, einerseits, weil es mit allem rechnen kann, andererseits, weil es alles als gleichgültige Qualität ein und desselben Verhältnisses quantitativ umschlägt und darin auch dem eigenen Dasein gegenüber gleichgültig wird und es rein quantitativ spezifiziert.[232]

---

[232] Es ist diese Gleichgültigkeit nicht nur dem Verhältnis der Waren, sondern auch dem eigenen Dasein als Ware gegenüber, der die Beschaffenheit der Geldware adäquat werden muss. Die Geldware muss irgendein

Mehr noch, es kann auch darum jedes beliebige Etwas für das quantitative Übergehen der Waren stehen, weil der Wert, an dessen Stelle etwas da sein und den etwas präsentieren muss, gar nicht *vorher* da ist. Es ist wieder umgekehrt: Nur weil irgendein Etwas als Geld für den Wert steht, nur darum muss es *scheinen*, als würden die Waren an ein gemeinsames Maß gehalten und als gingen sie als Werte über und als stünde das Geld für diejenige Werteinheit, die dieses Übergehen lediglich repräsentiert und es wie in einer Reflexion wiedergibt. Weil das Mittel des quantitativen Umschlagens und des Reflektierens des Wertverhältnisses einerseits selbst Etwas *ist*, dieses Etwas aber andererseits nur irgendeine beliebige Ware ist, muss es scheinen, als seien die quantitativen Bestimmungen der Geldware Reflexionsbestimmungen, die das Wertverhältnis der Waren lediglich *wiedergeben*. Somit besteht die Geltung der Geldware paradoxerweise darin, ein rein gesellschaftliches Sein, das *ohne* Geld überhaupt keine Realität hat, so zu repräsentieren, wie es an-sich, d. h. ohne Geld, ist (das ist auch das Blendende seiner Geltung).

Obwohl das Geld also für das Wertverhältnis allein zählt und mit dessen Identität rechnen muss, ist es ihm nur dadurch angemessen, im Rechnen überflüssig zu werden und das Wertverhältnis der Waren wie in einer Reflexion im Verschwinden wiederzugeben. Letztlich bleibt das Geld, obwohl es immer ein Etwas ist, ein bloßes Durchgangsmoment der Warenwelt. Es lässt die Gebrauchswerte als Tauschwerte übergehen und befindet sich im Zustand der Gleichzeitigkeit von aktiv-relativer Form und passiver Äquivalentform; es ist Stellvertreter einer übersinnlichen Werteinheit und wird zum Ort des Umschlagens und Vereinigens von Qualität in Quantität; es führt die trennende Vermittlung von Kauf und Verkauf durch und löst die ideelle Werteinheit sowie das Übergehen der Waren in Form des Zirkulierens quantitativer Bestimmungen ein. Und während es so sein Dasein dem gesellschaftlichen Verhältnis der Waren einräumt, verschwindet es, um im Verschwinden das Verhältnis der Waren so zu realisieren und wiederzugeben, wie es an-sich ist – *ohne* Geld.

Der Materialismus des Maßes

Bereits der erste Durchgang durch die Analogie hat gezeigt, dass es für die Kritik der politischen Ökonomie unbedingt notwendig ist, in der Analyse der Wertform zuerst die ideelle Werteinheit und das Geld als Maß zu entwickeln, statt schon in der Wertformanalyse in die zweite Bestimmung des Geldes als Tauschmittel einzusteigen und, wie Lukács und Adorno und überhaupt die gängigen Interpretationen das tun, eine Logik des Austauschs und der Abstraktion zu entwickeln. Zudem ist es für die gesamte weitere Kritik der kapitalistischen Ökonomie entscheidend, dass das Geld dann in Form des Austauschs der Waren tatsächlich eine Art *Messung* durchführt und in ihr genau diejenigen quantitativen Verhältnisse realisiert, die es zugleich durchführt und spezifiziert. Denn Marx will ja zeigen, dass durch Kauf und Verkauf

Etwas sein, das durch seine Beschaffenheit der Bestimmung angemessen wird, für eine ideelle, letztlich unrepräsentierbare Werteinheit zu stehen und sie quantitativ umzuschlagen, und nur darum sind bestimmte Beschaffenheiten privilegiert, etwa Edelmetalle oder Papier.

nicht, obwohl es auf der Oberfläche der Gesellschaft so scheint, Waren ausgetauscht werden, und im Tauschwert wird auch nicht, obwohl auch das so scheinen kann, die in den Waren verausgabte Arbeit realisiert. Vielmehr zeigt er im Anschluss an die Analyse der Wertform der Waren und durch die Kritik der Zirkulation, dass die Maß- und Tauschmittelfunktion Resultate einer *Produktion* realisieren. Diese Produktion ist wiederum eine *Verwertung*, die Verwertung von Arbeit und Kapital, und es ist letztlich die produktive Kraft dieser Verwertung, die im Wertverhältnis der Waren gleich einer Messung realisiert wird und die Marx in den Wertgrößen der Waren durchsichtig machen will.

Auch wenn auf die Messung der produktiven Kraft von Arbeit und Kapital erst im nächsten Abschnitt eingegangen werden soll, so kann doch bereits festgehalten werden, dass die Maßfunktion entscheidend dafür ist, die kapitalistische Ökonomie als *einen im Geld sich selbst messenden Prozess* entwickeln zu können. Und um mit Marx' *Kapital* zu dieser im Geld sich selbst messenden Ökonomie zu gelangen, muss es eben von Anfang an, d. h. schon in der Entwicklung des Doppelcharakters der Ware und der Arbeit, um die Frage gehen, warum die Arbeit und die Ware überhaupt *quantifizierbar* sind und als Werte in die Ökonomie ein- und in ihr übergehen können, und für dieses quantitative In-sich-Übergehen der Ökonomie ist es wiederum entscheidend, dass Marx' *Kapital* mit der Entwicklung des Maßes beginnt (und nicht, wie die meisten Interpretationen nahe legen, mit einer Arbeitswerttheorie bzw. mit der Logik des Warentauschs).

An der Maßfunktion lässt sich sogar der Materialismus in Marx' Entwicklung der Kapitalform festmachen. Genauer gesagt, zeigt Marx denjenigen Materialismus, den die Maßfunktion für die kapitalistische Gesellschaft geltend macht. Er besteht ausgerechnet darin, für eine ideelle und übersinnliche Werteinheit da zu sein: Durch das Geld gibt es Etwas, das für eine von allem empirischen Dasein abgelöste Werteinheit steht und die konkreten Arbeiten und ihre Resultate der Realisierung durch diese Einheit aussetzt. Die Arbeiten und ihre Resultate erhalten dadurch ihre von Marx am Anfang des *Kapitals* exponierte doppelte Bestimmung, denn ihr konkretes bzw. ihr gebrauchswertiges Dasein geht ein rein quantitatives Verhältnis ein. Der unbedingte Materialismus besteht somit schlicht darin, dass – noch vor aller gesellschaftlichen Vermittlung und Praxis, an denen der Marx'sche Materialismus gemeinhin festgemacht wird – dass die Gesellschaft einer maßgeblichen Einheit ausgesetzt ist, durch die einerseits eine Teilung und Differenzierung, eine Privatisierung und Vereinzelung der konkreten Arbeiten und eine beliebige Differenzierung der Gebrauchswerte und der Bedürfnisse eintreten kann, weil andererseits diese Einheit alle konkreten Arbeiten und alle Gebrauchswerte in ein quantitatives Verhältnis eintreten lässt. Die kapitalistische Gesellschaft entlässt sich im Bezug auf das Geld in dasselbe quantitative Selbstverhältnis, in das ihre Arbeiten und ihre Resultate zugleich, welche konkrete Gestalt und welche gebrauchswertige Bestimmung sie auch immer annehmen, blind und hinterrücks eintreten.

Der Materialismus des Geldes ist somit unbedingt notwendig, damit sich das rein gesellschaftliche Verhältnis *als solches*, d. h. als eine empirisch reine und negative Qualität, ins Positive wenden kann. Mehr noch, der Materialismus des Maßes besteht darin, nicht allein das Verhältnis der Waren wie einen äußerlich gegebenen Gegenstand zu realisieren, sondern darüber auch die darin verendlichten Arbeiten zu identifizieren. Marx betont ausdrücklich, dass der Ausschluss einer Äquivalentware nicht nur alle anderen Waren in ein Verhältnis der Identität (ver-)setzt, sondern ineins auch die für sie verausgabten Arbeiten realisiert und eine Wertsubstanz bildet:

> Die allgemeine relative Wertform der Warenwelt drückt der von ihr ausgeschlossenen Äquivalentware, der Leinwand, den Charakter des allgemeinen Äquivalents auf. Ihre eigne Naturalform ist die gemeinsame Wertgestalt dieser Welt, die Leinwand daher mit allen andren Waren unmittelbar austauschbar. Ihre Körperform gilt als die sichtbare Inkarnation, die allgemeine gesellschaftliche Verpuppung aller menschlichen Arbeit. [...] Die zahllosen Gleichungen, woraus die allgemeine Wertform besteht, setzen der Reihe nach die in der Leinwand verwirklichte Arbeit jeder in andrer Ware enthaltenen Arbeit gleich und machen dadurch die Weberei zur allgemeinen Erscheinungsform menschlicher Arbeit überhaupt. So ist die im Warenwert vergegenständlichte Arbeit nicht nur negativ dargestellt als Arbeit, worin von allen konkreten Formen und nützlichen Eigenschaften der wirklichen Arbeiten abstrahiert wird. Ihre eigne positive Natur tritt ausdrücklich hervor.[233]

Demnach wird die abstrakte Arbeit nicht, wie von Adorno unterstellt, durch nachträgliche Abstraktion oder Reduzierung zur identischen Qualität der Warenwerte. Marx besteht vielmehr darauf, dass die Arbeit im Wert der Waren nicht nur negativ dargestellt wird, nicht als Arbeit, „worin von allen konkreten Formen [...] abstrahiert wird", sondern „ihre eigne positive Natur tritt ausdrücklich hervor", ganz so, als würden die Arbeiten durch ihre Produkte ihr eigenes Verhältnis im Geld (mit-)teilen und es zugleich ins Positive wenden. Das Geld bringt den Wert der Waren wie eine identische Qualität „aller menschlichen Arbeiten" zur Geltung, ja, irgendeine beliebige Naturalform, hier der Körper der Leinwand, muss sogar die „sichtbare Inkarnation [...] aller menschlichen Arbeit" sein, sodass quasi „die Natur" unmittelbar für ihr Gegenteil einsteht, für die *menschliche* Arbeit und für ein rein *gesellschaftliches* Verhältnis. So wie die Wissenschaft die Natur an deren *eigene* Maße hält und durch deren *eigene* Maße misst und darum in den gemessenen Werten die Eigenschaften der Natur wie durch eine selbständige, objektive Reflexion (oder eine Selbstreflexion *der* Objektivität) herausbekommt, so werden auch die Resultate der Arbeit durch das Geld, was auch immer dessen Naturalform ist, an eine maßgebliche Einheit gehalten, und entsprechend muss die Naturalform des Geldes durch die gemessenen Werte diejenige gesellschaftliche Natur, dasjenige gesellschaftliche Verhältnis herausfordern, das die Arbeiten an-sich haben.

Das Zitat enthält neben dem Hinweis auf die Arbeit als Quelle und Substanz des gesellschaftlichen Verhältnisses der Waren auch einen Hinweis auf die ‚Arbeit' des Geldes. Diese Arbeit ist gleichsam die praktische Seite seines Materialismus. Das Geld nimmt eine ideelle Werteinheit für die Vermittlung des gesellschaftlichen Verhältnisses

---

233 *Kapital I*, S. 81.

nicht nur rein passiv und spekulativ in Anspruch, es erhält dadurch auch die Kraft derjenigen *Geltung*, die seine Vermittlungsarbeit auszeichnet, denn allein indem das Geld für eine maßgebliche Werteinheit steht, *gilt* die Arbeit der Gleichsetzung als erledigt. Durch das Geld werden alle konkreten Arbeiten weder durch Abstraktion zu abstrakter Arbeit noch werden alle Gebrauchswerte durch Abstraktion zu Tauschwerten, und die Arbeiten müssen auch nicht durch ihre Resultate „der Reihe nach", wie Marx es für die totale Entfaltung der Wertform formuliert, gleichgesetzt werden. Stattdessen halten sich alle Arbeiten durch ihre Resultate im Geld an eine maßgebliche Einheit, in der die Arbeit der Gleichsetzung aller Arbeiten und all ihrer Resultate so in Geltung gesetzt wird, als hätte das Geld die Arbeit der Gleichsetzung je getan und abgeschlossen. Dadurch ist die Gleichsetzung in seinen Funktionen als Maß und Tauschmittel bereits so erledigt und in Kraft, dass die Gesellschaft von Anfang an der Notwendigkeit *enthoben* ist, alle Arbeiten und alle ihre Resultate einzeln miteinander vergleichen und durch diese schlechte Unendlichkeit ins Verhältnis setzen zu müssen. Stattdessen kommen sie im Geld auf diese ‚Erlösung' zurück.

Die ‚Arbeit' der ersten beiden Funktionen des Geldes besteht in der kapitalistischen Gesellschaft somit in diesem ‚Erlösen', d. h. darin, der Gesellschaft a priori die Arbeit abzunehmen, die Resultate aller einzelnen, privaten und konkreten Arbeiten durch „die zahllosen Gleichungen, woraus die Wertform besteht", vergleichen zu müssen; stattdessen macht das Geld einen „reinen Anfang" und lässt die Resultate der Arbeit in eine gesamtgesellschaftliche Ökonomie rein quantitativer Verhältnisse eingehen. Der Marx'sche Materialismus lässt sich daher nicht, wie in den marxistischen Interpretationen üblich, „in letzter Instanz"[234] auf die gesellschaftliche Praxis der Produktivkräfte

---

234 Marx selbst hat gelegentlich von einer „letzten Instanz" gesprochen, z.B. in *Kapital I*, S. 180–181, Anm. 37. Allerdings hat vor allem Engels diese Wendung benutzt: „Nach der materialistischen Auffassung ist das in letzter Instanz bestimmende Moment in der Geschichte: die Produktion und die Produktion des unmittelbaren Lebens." (Friedrich Engels: Der Ursprung der Familie, des Privateigentums und des Staates. In: *MEW*, Bd. 21, S. 25–173, hier S. 27 (Vorwort zur 1. Aufl. von 1884), und wortgleich, nur ohne Doppelpunkt in Friedrich Engels: Brief an Joseph Bloch, 21.09.1890. In: *MEW*, Bd. 37, S. 462–465, hier S. 462, im Brief folgt noch der Satz „Mehr hat weder Marx noch ich je behauptet." Ähnlich grundsätzlich äußert er sich in Friedrich Engels: Brief an W. Borgius, 25.01.1894. In: *MEW*, Bd. 39, S. 205–207, hier S. 206.) Besonders wirkungsmächtig für den Basis-Überbau-Schematismus im traditionellen Marxismus war Engels' Aussage, dass „…die jedesmalige ökonomische Struktur der Gesellschaft die reale Grundlage bildet, aus der der gesamte Überbau der rechtlichen und politischen Einrichtungen sowie der religiösen, philosophischen und sonstigen Vorstellungsweise eines jeden geschichtlichen Zeitabschnittes in letzter Instanz zu erklären sind" (Friedrich Engels: Die Entwicklung des Sozialismus von der Utopie zur Wissenschaft. In: *MEW*, Bd. 19, S. 186–228, hier S. 208); bezogen auf die Klassen vgl. Engels' Rezension: Karl Marx, ‚Zur Kritik der Politischen Ökonomie'. In: *MEW*, Bd. 13, S. 468–477, hier S. 476. Der reduzierte Ökonomiebegriff schon bei Engels und später dann in der sozialistischen Arbeiterbewegung, im ML und in der II. Internationale hat in dieser „letzten Instanz" die materielle Basis und den Ausgangspunkt der gesellschaftlichen Vermittlung und ihres Überbaus gesucht, wobei unter der materiellen Basis neben der Natur und dem Arbeits- und Produktionsprozess vor allem die gesellschaftliche Praxis der Produktivkräfte und der Klassenkampf verstanden wurden. Noch der Autorenkreis um Althusser hat, obwohl er eine entschiedene Kritik des Humanismus und des Historismus im Marxismus (und bei Marx selbst) hat formulieren wollen, in *Das Kapital lesen* der Ökonomie der kapitalistischen Produktionsweise den Status einer „Determinierung in letzter Instanz" eingeräumt und darunter bestimmte „Praxen" verstanden. Auch der – zumindest gegenüber dem traditionellen

und auf die praktische Vermittlung der Gesellschaft durch die Arbeit und den Austausch zurückführen, *ohne* dass das Geld für alle Arbeiten und all ihre Resultate eine maßgebliche Werteinheit in Anspruch nähme und sie der Realisierung durch diese Einheit aussetzte. Wenn es somit eine letzte Instanz der kapitalistischen Gesellschaft gibt, dann ist sie hier zu suchen: im Eröffnen eines gemeinsamen gesellschaftlichen Verhältnisses und im Eintreten einer Ökonomie quantitativer Selbstbegrenzung durch eine maßgebliche Einheit.

Das Geld realisiert dasselbe Selbstverhältnis der Gesellschaft, das es konstituiert, nicht nur wie ein objektives Naturverhältnis, es sorgt dadurch auch dafür, dass es dem Bewusstsein und der Subjektivität zur Denknotwendigkeit wird. Dieser Übergang zwischen der objektiven Bestimmung des gesellschaftlichen Verhältnisses durch das Maß auf der einen Seite und den Denknotwendigkeiten und Denkbestimmungen, die sich daraus ergeben, auf der anderen Seite, ist als nächstes zu zeigen.

Das Maß als Vermittler zwischen Objektivität und Subjektivität.
Die bewusstlose Bestimmung der Objektivität als Denknotwendigkeit
Durch die Entwicklung der zwei Geldfunktionen gelingt Marx nicht nur eine kritische Darstellung des Geldes, die Entwicklung hängt vielmehr auf unmittelbare Weise mit dem Problem der Darstellung der kapitalistischen Gesellschaft zusammen. Denn anscheinend stößt Marx im Geld auf ein Problem der Darstellung, das die kapitalistische Gesellschaft deshalb aufgibt, weil sie es an sich selber hat. Oder vielmehr ist das Geld die *Lösung* dieses Problems: Marx entwickelt zusammen mit den Funktionen des Geldes diejenige Lösung, welche die kapitalistische Gesellschaft zu ihrer Selbstdarstellung ‚gefunden' hat.
Diese Lösung lässt Adornos Identitätskritik ins Leere laufen. Bereits die Entwicklung der ersten beiden Bestimmungen reicht aus, um zu zeigen, dass das Geld eine Identitätskritik in doppelter Hinsicht ‚erledigt'. Zum einen ist es das Geld, das anstelle des individuellen Subjekts die Reflexion und Identifikation des gesellschaftlichen Verhältnisses erledigt und dadurch blind-naturwüchsig diejenige Objektivität konstituiert, die es zugleich dem individuellen Bewusstsein zu denken gibt. Zum anderen erledigt es dadurch auf ebenso bewusstlos-naturwüchsige, aber praktische Weise eine Identitätskritik und überhaupt alle Vorstellungen einer verstandesmäßigen Identifikation insofern, als die Realisierung und Identifikation der Objektivität eben nicht in die Subjektivität des abstrahierenden und reflektierenden Verstandes fällt, zumindest nicht zuerst und nicht allein, sondern in die Funktionen und in die quantitative Bestimmung (oder den Wert) des Geldes. Jedenfalls ist der Übergang der Objektivität in die Subjektivität des Verstandes nur durch das Geld im wahrsten Sinne denk-bar: Das Geld *gibt*

Marxismus – erweiterte Ökonomiebegriff des Strukturalismus hat also in seinem Praxis-Begriff die Praxis des Geldes nicht gewürdigt, vgl. Louis Althusser / Étienne Balibar: *Das Kapital lesen*, Bd. II. Reinbek bei Hamburg: Rowohlt 1972, bes. S. 289ff.; Louis Althusser: Widerspruch und Überdeterminierung. Anhang. In: Ders.: *Für Marx*. Frankfurt am Main: Suhrkamp 2011, S. 136ff., 145–146 (Anhang); ders.: *Über die Reproduktion*. Hamburg: VSA 2012, S. 47, 91, 184, 191ff., 213, 231, 247–248, 264.

die realisierte Objektivität buchstäblich zu denken, ja es ist *für* das Denken das Mittel, die Objektivität zu realisieren. Entsprechend müsste die Kritik der Identifikation von Objektivität und Subjektivität an diesem Übergang ansetzen.
Adorno indes entgeht die Bedeutung des Maßes für diesen Übergang. In seiner Kritik des Tauschwerts entgeht ihm, auf welche Weise die Geldfunktionen im Rechnen mit einer ideellen Einheit das Wertverhältnis der Waren realisieren, wie durch die realisierten Werte Objektivität hergestellt und zugleich herausgestellt und zu denken gegeben wird, und dass es dadurch nicht der Warentausch und der Tauschwert, sondern das Geld ist, das für den Übergang und die Entsprechung von Objektivität und Subjektivität sorgt. Dieselbe Bedeutung des Maßes entgeht Adorno in seiner Kritik des begrifflichen Denkens, d.h. ihm entgeht diejenige Bedeutung, die dem Maß Hegels *Wissenschaft der Logik* zufolge für die Identität der Objektivität und für den Übergang und die Bildung einer Entsprechung zwischen Objektivität und Subjektivität zukommt. Bevor es daher um das Etwas bei Adorno und um die Bedeutung des Etwas für den Übergang von Objektivität und Subjektivität gehen soll, sollen die abschließenden Betrachtungen zum Etwas bei Hegel und Marx noch diesen Übergang von Objektivität und Subjektivität in den Blick nehmen.

Bei Hegel, so wurde gesagt, ist es die Methode des begrifflichen Denkens, die Objektivität der eigenen Identität auszusetzen und so für die Notwendigkeit ihres Selbstverhältnisses zu sorgen. Hegel zufolge hat eine Objektivität, die im Übergehen ihr Sein hat und die im quantitativen Umschlagen die Qualität des Bestimmens auf sich selbst anwendet, nicht nur die Unmittelbarkeit einer Reflexion an-sich, sie hat darin auch den *Begriff* unmittelbar an-sich selbst. Dass sie ihren Begriff unmittelbar an-sich hat (oder *als* Unmittelbarkeit), heißt, dass ihr das seinslogische Übergehen nicht nur zum Selbstverhältnis und zur Form bewusstloser Selbstbestimmung wird, sondern diese Bestimmungen sind ebenso sehr *Denknotwendigkeiten* – darin liegt letztlich die spekulative Identität von Denken und Sein. Das begriffliche Denken muss für diese spekulative Identität von einer Objektivität her denken, die sich durch eine ebenso bewusstlose wie unmittelbare Reflexion im Sinne des In-sich-Übergehens selbst entspricht, ganz so, als läge in der Logik dieses Übergehens bereits der Begriff einer identischen Qualität, und als läge in der identischen Qualität bereits der Begriff der Quantität, und als läge schließlich in der Qualität quantitativer Verhältnisse die Methode des Seins, die eigene Bestimmung bewusstlos zu erschließen. Kurz, Objektivität muss von dieser *Logik* her gedacht werden, und diese Logik muss durch den Begriff im Wortsinn zur Sprache gebracht werden. Dann bringt der Begriff das Sein zur Sprache, als hätte das Denken sich so mit dem seinslogischen Übergehen und so mit dessen unmittelbarer Bestimmung identifiziert, dass die Objektivität im Begriff auf sprachliche Weise sich selbst entspricht.
Die Identifikation zwischen Sein und Denken ist somit eine ganz unmittelbare: Das seinslogische Übergehen ist dem begrifflichen Denken eine Objektivität, die bereits eine unmittelbare und bewusstlose Reflexion *gewesen ist*; daher ist das *bewusste*

Reflektieren des begrifflichen Denkens ‚nur' noch eine Reflexion dieser unmittelbaren Reflexion. Das Begreifen ist mithin die Arbeit, jenes blind-bewusstlose Reflektieren des Seins *mit* Bewusstsein zu reflektieren, d. h. das Sein mit dem Denken zu identifizieren. Kurz, der Begriff muss das seinslogische Übergehen zwar ein ebenso selbständiges wie bewusstloses Wesen sein lassen, aber genau in dieser Bewusstlosigkeit und Selbständigkeit die Objektivität begreifen.

Wenn aber der Begriff durch das Wesen der Reflexion (die eine Reflexion der Reflexion ist) das Sein mit dem Denken identifiziert, dann trifft die Objektivität im Denken paradoxerweise auf: sich selbst. Genauer gesagt, trifft sie auf ihre *Bewusstlosigkeit* – aber diese Bewusstlosigkeit ist im Begriff ebenso *vergangen*. Es ist daher nicht einfach die Objektivität samt ihren Bestimmungen, die der Begriff auf subjektive Weise in den Begriffsbestimmungen aufhebt, sondern er hebt ebenso die *Bewusstlosigkeit* der Objektivität auf. Der Begriff identifiziert sich im Denken mit der Logik eines Seins, das ebenso Nichts ist und das Bestimmung nur durch Negation trifft und im Übergehen eine Qualität bildet, die negativ bleibt; die Qualität des Seins liegt daher darin, sich selbst gegenüber gleichgültig zu sein und darum die Logik des Bestimmens: dass etwas durch Anderes bestimmt ist, auf sich anzuwenden, sich selbst das Eins einer *quantitativen* Bestimmung zu sein und darin die eigenen Verhältnisse schlagartig ins Positive zu wenden, aber darin noch indifferent diesem Bestimmen gegenüber zu bleiben. Nur weil der Begriff in genau dieser Begriffslosigkeit die Logik des Seins verwirklicht, kommt die Logik zum Bewusstsein ihrer Bewusst-losigkeit. Dass die Objektivität im Begriff gleichsam auf sich selbst trifft, aber dadurch subjektiv geworden ist und der Begriff mit der Objektivität bewusst umgehen kann, das ist der Widerspruch, in dem der Begriff die eigene Existenz gründen muss.

Wie stellt sich dieser Übergang zwischen der Objektivität und der Subjektivität im *Kapital* dar? Wie eröffnet hier das Maß mit der Trennung in Objektivität und Subjektivität die Logik, die in dieser Trennung liegt und die zum Wesen der Identifikation der Objektivität durch die Subjektivität wird?
Auch Marx zufolge hat ein gesellschaftliches Verhältnis, das durch das Geld an eine ideelle Einheit gehalten wird und durch Werte die eigene Identität realisieren muss, durch diese innere Notwendigkeit seine objektive Bestimmung unmittelbar an-sich. Und mit der rein gesellschaftlichen Objektivität konstituiert auch das Geld entsprechende Denknotwendigkeiten. Allerdings ist es zuerst das Geld selbst, das diese Objektivität ineins mit dem Realisieren des Verhältnisses der Waren durch Werte ‚begreift' und dadurch erst zu denken gibt. Genauer gesagt, hat die Ware im Geld denjenigen Begriff unmittelbar an-sich, den sie im Geld außer sich hat. Weil das Geld das gesellschaftliche Verhältnis der Waren durch die ideelle Werteinheit, für die es steht, umschlägt, identifiziert es die Werteinheit mit dem Verhältnis der Waren und steht für ein bewusstloses Reflektieren und Begreifen ihres Verhältnisses. Das Geld ist mithin auch Subjekt der Identifikation gesellschaftlicher Objektivität – es ist zwar nicht das begriffliche Denken selbst, und es ersetzt das Denken auch nicht, aber es begreift

die innere Notwendigkeit des gesellschaftlichen Seins *anstelle* des Denkens und *für* das Denken, und zwar so, dass die Warenbesitzer, wenn sie die Waren als Werte ins Verhältnis setzen, von der ideellen Einheit her denken, für die das Geld steht und für die sie das Geld einsetzen müssen.

Wo daher in der *WdL* zwischen dem Sein und dem begrifflichem Denken die Reflexion steht, und wo die Reflexion durch ihr negatives Wesen Objektivität und Subjektivität ebenso zu trennen wie zu vermitteln scheint, da steht in der KdpÖ zwischen dem gesellschaftlichen Sein der Arbeiten und der Waren und dem Bewusstsein der individuellen Subjekte das Wesen einer Reflexion, die das Geld durchzuführen scheint. Auch hier ist das bewusstlose Reflektieren ein negatives Wesen, das unentschieden und zwiespältig zwischen Objektivität und Subjektivität steht, und auch hier führt das Wesen eine trennende Vermittlung zwischen Objektivität und Subjektivität durch und sorgt dafür, dass die Bewusstlosigkeit der (gesellschaftlichen) Objektivität zu Bewusstsein kommt. Nur dass die Reflexion eben nicht allein und nicht ‚zuerst' durch das begriffliche Denken durchgeführt und aufgehoben wird, vielmehr kommt die Bewusstlosigkeit der gesellschaftlichen Objektivität nicht ohne das Geld zu Bewusstsein. Dieses zu Bewusstsein bringen *ist* geradezu Geld; die Gesellschaft begreift ihr eigenes Verhältnis, noch bevor sie der individuellen Subjektivität durch bestimmte Werte zum Gegenstand wird, im Geld.

Das führt zu dem Paradox, dass durch das Geld mit dieser Bewusst*losigkeit*, mit der sich die Gesellschaft in ein objektives Verhältnis setzt und vermittelt, gleichwohl auf eine *bewusste* Weise umgegangen werden kann, sei es im Denken oder im Handeln. Das Geld konstituiert auf bewusstlos-naturwüchsige Weise die eigene gesellschaftliche Objektivität, die nicht nur die Waren unmittelbar an-sich haben und die nicht nur ihre Besitzer zu denken gezwungen sind, sondern die Bewusstlosigkeit und Naturwüchsigkeit der Objektivität steht durch die Funktionen des Geldes sowie durch dessen quantitative Bestimmungen auch als solche, d. h. *als* bewusstlose und naturwüchsige und doch quantitativ eindeutige Objektivität, zur Verfügung.

Auf welche Weise das Geld dieses gesellschaftliche Verhältnis der Waren auf nichtbegriffliche Weise zu denken gibt und zur Verfügung stellt, kommt in den Blick, wenn wir uns, nachdem die Wertformanalyse die Konstitution des Maßes zunächst noch auf eine rein systematische und subjekt*lose* Weise gezeigt hat, nach den „Hütern" der Waren umsehen.[235] Nachdem Marx die Konstitution bewusstloser Objektivität durch

---

235 Mit Marx könnte der Begriff des Waren-*Hüters* in demselben starken philosophischen Sinne und mit demselben spezifisch neuzeitlichen Gehalt entwickelt werden, den Michel Foucault dem Begriff des Hüters gegeben hat (vor ihm war es Martin Heidegger, der vom Menschen als „Hüter" und „Hirt des Seins" sprach, vgl. ders.: *Über den Humanismus*. Frankfurt am Main: Klostermann 1947, S. 19). Die warenförmige Vermittlung wäre dann als eine Praxis der Subjektivierung zu begreifen, in welcher der Hüter der Waren sich *ihrem* Verhältnis unterwirft. Michel Foucault hat die Genealogie der Macht und ihre Praxen der Subjektivierung allerdings nicht am Warenhüter expliziert, auch nicht am obersten Warenhüter, dem Geld. Er hat auch nicht denjenigen Ein- und Ausschluss näher betrachtet, der für die neuzeitliche Selbstunterwerfung des Subjekts (oder vielmehr für die Subjektivierung) schlechthin entscheidend ist: dass die Arbeitskraft diejenige

die Analyse der Wertform der Ware mit der ersten Bestimmung des Geldes abgeschlossen hat, wendet er sich am Anfang des Austauschprozesses den Warenbesitzern zu, die vermittelst der Geldware mit einer ebenso ideellen wie maßgeblichen Werteinheit umgehen:

> Um diese Dinge als Waren aufeinander zu beziehen, müssen die Warenhüter sich zueinander als Personen verhalten, deren Willen in jenen Dingen haust, so daß der eine nur mit dem Willen des andren, also jeder nur vermittelst eines, beiden gemeinsamen Willensakts sich die fremde Ware aneignet, indem er die eigne veräußert. Sie müssen sich daher wechselseitig als Privateigentümer anerkennen. Dies Rechtsverhältnis, dessen Form der Vertrag ist, ob nun legal entwickelt oder nicht, ist ein Willensverhältnis, worin sich das ökonomische Verhältnis widerspiegelt. Der Inhalt dieses Rechts- und Willensverhältnisses ist durch das ökonomische Verhältnis selbst gegeben.[236]

Der Wille „haust" also in den Dingen. Mehr noch, wenn die Dinge bewusstlos als Werte ins Verhältnis gesetzt werden, wird „der Inhalt" eines „Rechts- und Willensverhältnisses [...] durch das ökonomische Verhältnis selbst gegeben". Demnach ist in Marx' *Kapital* auf der Ebene des Austauschprozesses davon auszugehen, dass in der zuvor in der Wertformanalyse auseinandergelegten Objektivität des Wertverhältnisses der Waren auch *das Unbewusste der Subjektivität der Waren- und Geldbesitzer expliziert worden ist*. Mit der Objektivität des gesellschaftlichen Verhältnisses ist den Warenbesitzern ein gemeinsames „Willens- und Rechtsverhältnis [...] gegeben", das in den Dingen „haust", und das individuelle Bewusstsein der Warenbesitzer tritt gleichsam *zusammen* mit der bewusstlosen, überindividuellen Subjektivität des Geldes in Kraft. Beide, das Geld und das individuelle Bewusstsein, entspringen der Verlegenheit, dass, damit eine Ware sich überhaupt zu einer und zu allen anderen Waren ins Verhältnis setzen kann, Etwas ausgeschlossen werden und zu diesem Verhältnis ins Verhältnis gesetzt sein muss: Durch die ausgeschlossene Geldware tritt eine maßgebliche Werteinheit ein, und diese Einheit wird vermittelst der Geldware wiederum vom Denken und Handeln auf subjektive Weise in Anspruch genommen.

Das vom Geld ausgedrückte Wertverhältnis der Waren resultiert somit zwar aus der bewusstlosen Identifikation der Waren mit ihrer Werteinheit, aber *dieselbe* Identifikation sind ebenso „objektiv gültige Gedankenformen"[237] sowie eine gesellschaftliche Praxis ihrer Besitzer. Die Subjekte räumen sich im Bezug auf das Geld einen Platz ein, den kein Subjekt besetzen kann, weil dieser Platz allererst die Gegenständlichkeit eines objektiven Wertverhältnisses auf der einen Seite und einer Subjektivität auf der anderen eröffnet, einer Subjektivität, die mit dem Gegenstand ‚Wertverhältnis' auch

---

besondere Ware ist, deren Hüter es um sich selbst geht, um die „Sorge um sich" (Foucault). Zur Bedeutung des Hüters und der Pastoralmacht vgl. Michel Foucault: Die Hermeneutik des Subjekts. In: Ders.: *Schriften in vier Bänden. Dits et Ecrits*, Bd. 4: 1980–1988. Frankfurt am Main: Suhrkamp 2005, S. 423–438; ders.: *Die Sorge um sich. Sexualität und Wahrheit 3*. Frankfurt am Main: Suhrkamp 1989. Zum Begriff des Hüters bei Foucault vgl. auch Lorenzo Bernini: *Le Pecore e il Pastore. Critica, politica, etica nel pensiero di Michel Foucault*. Neapel: Liguori 2008, bes. S. 141 ff. (zu Foucaults Marx-Rezeption vgl. ebd. S. 46 ff.).
236 *Kapital I*, S. 99.
237 *Kapital I*, S. 90.

bestimmte Denknotwendigkeiten erhält. Im Bezug auf das Geld nehmen die Arbeiten und die Waren einen Bezug auf diejenige ideelle Werteinheit, durch die sie sich auf bewusstlose Weise in dasjenige Verhältnis setzen, das der Subjektivität der Warenbesitzer als Objektivität gegeben wird, und so sind die Subjekte der Notwendigkeit enthoben, unmittelbar, allein durch das Denken und das bloße Handeln, ihre Arbeiten und deren Resultate in ein gesellschaftliches Verhältnis setzen zu müssen. Stattdessen haben sie durch das Geld einer ideellen Werteinheit einen Platz eingeräumt, und mit ihr dem gesellschaftlichen *Unbewussten*, von dem her sie im Handeln gleichsam denken: „Sie wissen das nicht, aber sie tun es."[238]

Sie räumen diesem Unbewussten zudem auch durch ein unbewusstes Tun einen Platz ein, obwohl es dann gerade das bewusstlose Tun des Geldes ist, das den Subjekten wiederum einen *bewussten* Bezug auf das Verhältnis ihrer Arbeiten und Waren ermöglicht. Sie wissen nicht, dass sie das Geld hinter ihrem Rücken an die Stelle einer übersinnlich-ideellen und maßgeblichen Werteinheit setzen – aber sie tun es. Und sie wissen auch nicht, dass (oder gar wie) das Geld die Arbeiten und die Waren auf bewusstlose Weise in ein gesellschaftliches Verhältnis setzt und dieses Verhältnis quantitativ bestimmt – aber das Geld tut genau das:

> Die Menschen beziehen also ihre Arbeitsprodukte nicht aufeinander als Werte, weil diese Sachen ihnen als bloße sachliche Hüllen gleichartig menschlicher Arbeit gelten. Umgekehrt. Indem sie ihre verschiedenartigen Produkte einander im Austausch als Werte gleichsetzen, setzen sie ihre verschiednen Arbeiten einander als menschliche Arbeit gleich. Sie wissen das nicht, aber sie tun es.[239]

Die Menschen führen somit diejenigen Denknotwendigkeiten, die in der gesellschaftlichen Objektivität liegen, zwar selbst ein, aber unbewusst und hinter ihrem Rücken. Indem sie als Warenbesitzer an die Stelle, an der sie sich unbewusst und hinter ihrem Rücken auf die spekulative Identität ihrer Arbeiten beziehen, das Geld setzen, setzen sie mit den Geldfunktionen die Arbeit vermittelst ihrer Resultate, der Waren, in ein gesellschaftliches Verhältnis und führen dadurch auf subjektive Weise hinter ihrem Rücken diejenige Objektivität ein, die ihnen zugleich zum Gegenstand wird. Ihre Subjektivität konstituiert sich geradezu dadurch, die Arbeiten und die Waren durch das Geld unbewusst und hinterrücks in dasjenige objektive Verhältnis zu setzen, von dem her sie wiederum denken und auf das eigene Denken zurückkommen müssen. Eine Seite vor der zuletzt zitierten Passage hat Marx formuliert, wie sich dieses objektive Verhältnis dann darstellt:

> Den letzteren [den Produzenten, F.E.] erscheinen daher die gesellschaftlichen Beziehungen ihrer Privatarbeiten als das, was sie sind, d. h. nicht als unmittelbar gesellschaftliche Verhältnisse der Personen in ihren Arbeiten selbst, sondern vielmehr als sachliche Verhältnisse der Personen und gesellschaftliche Verhältnisse der Sachen.[240]

---

238 *Kapital I*, S. 88.
239 *Kapital I*, S. 88.
240 *Kapital I*, S. 87.

Die Schwierigkeit, mit der Kritik der Verschränkung von Objektivität und Subjektivität fertig zu werden, besteht somit nicht nur darin, dass bereits ihre Trennung, anders als in Hegels *WdL*, statt von der Logik des Begriffs ‚zuerst' vom Geld eröffnet wird. Die Schwierigkeit liegt auch darin, dass das Geld, wenn es durch die Technik seiner Funktionen als Maß des Werts und Mittel seiner Realisierung die gesellschaftliche Objektivität durch Denknotwendigkeiten zu denken gibt, dabei – obwohl nur irgendein etwas, irgendein beliebiges Ding – von eben diesem Denken, aber auch vom Handeln gar nicht zu trennen ist.

Doch wenn das Geld allererst die Trennung in objektive Notwendigkeiten einerseits und das Denken und Handeln der Subjekte andererseits eröffnet und zugleich für ihre Vermittlung sorgt, bleibt die Frage, wie das Geld hinterrücks von denselben Subjekten ‚erfunden' und eingeführt werden kann, die sich dadurch bestimmten Denknotwendigkeiten aussetzen. Die Wertformanalyse zeigte die Notwendigkeit einer maßgeblichen Einheit und den Ursprung des Geldes ja nur logisch-systematisch und noch ohne handelnde Subjekte. Sie zeigte, dass die Wertform x Ware A = y Ware B eine maßgebliche Einheit immer schon voraussetzt, und der Ursprung dieser Einheit fällt in die Logik der beiden Geldfunktionen. Wie aber kann, nachdem Marx das Geld auf subjekt*lose* Weise allein aus der inneren Notwendigkeit der Objektivität heraus erschlossen und die Objektivität auf eine maßgebliche Einheit zurückgeführt hat, danach überhaupt noch die Subjektivität ins Spiel kommen? Wie setzen die Besitzer der Waren das Geld an die Stelle einer übersinnlichen, maßgeblichen Werteinheit, mithin an die Stelle des Übergangs zwischen der Objektivität des Wertverhältnisses und dem Denken und Handeln? Wie räumen Denken und Handeln dem Geld den Platz derjenigen maßgeblichen Einheit ein, durch die sie die Waren quantitativ so umschlagen, dass sie die dadurch eintretende Objektivität zum Gegenstand haben?

Marx zeigt, dass die Warenbesitzer dem Geld auf bewusstlose Weise diesen Platz bereits eingeräumt haben müssen, *bevor* sie das Geld an diese Stelle setzen und *bevor* sie die Waren als Werte denken und mit Bewusstsein als Werte austauschen. Sie müssen die ebenso ideelle wie unverfügbare Einheit schon gefunden oder erfunden haben, bevor sie dasjenige Etwas aussondern, das für diese Einheit steht, und bevor sie das Geld als Mittel der Realisierung dieser ideellen und unverfügbaren Einheit der Waren einsetzen. Die Frage muss demnach nun so gestellt werden: Wie können die Warenbesitzer *ohne* Bewusstsein diejenige ideell-übersinnliche Einheit gefunden oder erfunden haben, an deren Stelle sie nur noch das Geld setzen müssen, damit sie durch Etwas diese Einheit auf bewusste und praktische Weise in Anspruch nehmen können?

Zu Beginn des Kapitels über den Austauschprozess geht Marx auf diesen unvordenklichen Ursprung des Geldes ein. Er geht auf die „Verlegenheit" ein, dass das Geld, und mit ihm die Subjektivität des bürgerlich-kapitalistischen Warenbesitzers, durch eine nicht bewusste, aber durch „die Gesetze der Warennatur" induzierte Tat eingetreten sein muss, durch eine Tat, die quasi seitdem anhält. Sie muss anhalten, indem sie unmittelbar im Geld in Kraft tritt und die Warenbesitzer fortan dazu anhält, das Verhältnis ihrer Waren an eine maßgebliche Einheit zu halten und so auch das Verhältnis ihrer Arbeiten zu realisieren und insofern ihre Arbeiten wie ihre Waren vom Geld her zu denken und zu behandeln:

> In ihrer Verlegenheit denken unsre Warenbesitzer wie Faust. Im Anfang war die Tat. Sie haben daher schon gehandelt, bevor sie gedacht haben. Die Gesetze der Warennatur betätigen sich im Naturinstinkt der Warenbesitzer. Sie können ihre Ware nur als Werte und darum nur als Waren aufeinander beziehn, indem sie dieselben gegensätzlich auf irgendeine andre Ware als allgemeines Äquivalent beziehn.[241]

Das unbewusste Tun bestand demnach darin, die gesellschaftliche Natur der Waren durch ein Äquivalent dieser Natur zu exekutieren. Es ist allerdings darauf zu achten, dass die gesellschaftliche Natur der Waren zwar von diesem allgemeinen Äquivalent her zu denken ist – aber darum, weil einerseits erst durch das Äquivalent dieses Wertverhältnis präsent wird und dadurch andererseits dem Denken *ersetzt*, dieses Verhältnis der Waren durch das Denken bewältigen zu müssen; das allgemeine Äquivalent, das Geld, (ver-)setzt das Denken in den Stand, von dieser Ersetzung je ausgehen zu können. Mehr noch, die gesellschaftliche Natur der Waren kann vom allgemeinen Äquivalent darum her gedacht werden, weil es die Warenbesitzer ein für allemal der Notwendigkeit *enthoben* hat, alle Arbeiten und alle Dinge durch das Denken gleichsetzen und vergleichen und ins Verhältnis setzen zu müssen. All das ist auf ein Etwas übertragen, das als Maß und Tauschmittel ein Verhältnis zu setzen und zu realisieren imstande ist, das kein Verstand allein kraft des Denkens und des Bewusstseins und das auch keine übergreifende (staatliche) Instanz zu setzen und zu realisieren vermag.

Das Rätselhafte der faustischen Tat, durch die sich das Geld gleichsam von selbst ergibt, ist nicht nur, dass gehandelt wurde, *bevor* gedacht wurde. Rätselhaft ist auch, dass die Tat nicht kurzerhand irgendwann in der Geschichte vollstreckt wurde, sodass die Warenbesitzer seitdem in der Maß- und Tauschmittelfunktion des Geldes in einem Etwas den endgültigen Bezugspunkt des Denkens und Handelns sowie aller Arbeits- und Objektrelationen in den Händen halten. Der Umgang mit dem Geld zwingt zur rein logischen Wiederholung einer Tat, die im Geld als vollzogen *gilt*; zur Wiederholung einer Tat, deren Ursprung, wo immer er *in* der Zeit geschichtlich situiert sein mag, zum Ursprung einer *zeitlosen* und empirisch reinen Geltung (Werteinheit) und ihrer Funktionen (Maß und Tauschmittel) geworden ist und dadurch seither im gesellschaftlichen Dasein in Kraft bleibt.

So kommt es, dass der kapitalistischen Gesellschaft mit dem Geld eine ideelle Werteinheit entspringt, die nicht nur von allem empirischen Dasein abgelöst ist, sondern

---

241 *Kapital I*, S. 101. Marx hat die Verlegenheit der Warenbesitzer bereits eine Seite zuvor angesprochen. Hier ist es die doppelte Bestimmung der Ware, die ihre Besitzer der Verlegenheit aussetzt, das Geld zu realisieren, bevor sie ,eigentlich' handeln: „Alle Waren sind Nicht-Gebrauchswerte für ihre Besitzer, Gebrauchswerte für ihre Nicht-Besitzer. Sie müssen also allseitig die Hände wechseln. Aber dieser Händewechsel bildet ihren Austausch, und ihr Austausch bezieht sie als Werte aufeinander und realisiert sie als Werte. Die Waren müssen sich daher als Werte realisieren, bevor sie sich als Gebrauchswerte realisieren können. Andrerseits müssen sie sich als Gebrauchswerte bewähren, bevor sie sich als Werte realisieren können." (*Kapital I*, S. 100.)

die auch ihrer geschichtlichen Gewordenheit ‚entsprungen' im Sinne von ‚enthoben' ist. Ihre zeitlose Geltung ist allem Denken und Handeln *in* der Zeit Voraussetzung, weil jeder Tauschakt das Geld für diese ideelle Einheit einsetzt, und durch diese ständige Wiederholung der faustischen Tat wird auch der Ursprung der Werteinheit ständig wiederholt.

Mit dem Eintritt der Objektivität in die Subjektivität soll die Bedeutung des Etwas bei Hegel und Marx beendet werden. Der zweite Durchgang durch die Analogie hat gezeigt, dass dem Etwas eine geradezu unerschöpfliche Bedeutung zukommt, weil erstens jedes beliebige Etwas das Verhältnis zu Anderem an-sich aufgehoben und dadurch seine Bestimmung erhalten hat; darum zweitens jedes Etwas zum allgemeinen Äquivalent für die Form dieser Bestimmung von Etwas durch Anderes werden kann; und weil drittens das Verhältnis von Etwas und Anderes selbst das Eins der Bestimmung sein und im Umschlagen in Quantität bewusstlos reflexiv werden kann. Das Selbstverhältnis des endlichen Daseins und seine Wendung ins Positive durch das Umschlagen in quantitative Bestimmungen ergibt diejenigen Denknotwendigkeiten, von denen her das Sein der Objektivität gedacht werden muss: In quantitativen Verhältnissen ist die Objektivität maßgeblich für – sich selbst.

Bei Adorno wird das Etwas dagegen ganz anders bestimmt. Zwar ist auch bei Adorno das Etwas, so wird zu zeigen sein, einerseits aufseiten der Objektivität da und steht für die Eigenbestimmtheit des endlichen Daseins, und andererseits ist dasselbe Etwas darum ebenfalls eine Denknotwendigkeit. Aber wo sich mit Hegel und Marx am Etwas die Maßgeblichkeit der Objektivität für sie selbst und ihr Reflexiv-Werden festmachen lässt, steht bei Adorno das Etwas einerseits für die Präponderanz des Objekts und andererseits für das, was in der Subjektivität *nicht* aufgeht, und das Etwas steht, noch darüber hinaus, auch für den unverdinglichten Rest aufseiten eben dieser Subjektivität. Am Etwas wird also nicht nur nicht der Übergang der inneren Notwendigkeit des (gesellschaftlichen) Daseins und bestimmter Denknotwendigkeiten festgemacht, sondern im Gegenteil die Unversöhntheit von Subjekt und Objekt, Denken und Sein, Begriff und Begriffenem.

4.3 Nicht-aufgehender Rest, Bestimmungsort des Nicht-Identischen und materialistischer Rettungsanker. Das Etwas bei Adorno

Die Kritik an Adorno hat einen Dualismus in seinem Dialektik- und Vernunftbegriff verfolgt und durch ihn die Verlegenheit bestimmt, in die er seine Kritik entlassen hat. Teils ergibt sich die Verlegenheit aus seinem subsumtionslogischen Verständnis von begrifflicher und tauschwertiger Vermittlung, teils ist er diese Verlegenheit jedoch bewusst eingegangen, wenn auch notgedrungen, vor allem da, wo die Kritik ihrer Vermitteltheit durch das Kritisierte Rechnung tragen muss, namentlich ihrer Vermitteltheit durch die Logik des Begriffs und des Tauschprinzips.

Genau genommen betrifft die Verlegenheit die *Begründung* der Kritik. Denn wenn die Widersprüche des Endlichen und das Verhältnis von Subjekt und Objekt nicht, wie

Adorno das Hegels Dialektik unterstellt, im Unendlichen[242] und Absoluten vorweg versöhnt sein sollen, wenn Adorno vielmehr auf das Zwanghafte und das Verhängnisvolle der Identifikation verweisen will, so setzt er seine Kritik einem Dilemma aus. Er muss eine Kritik begründen, die sich zum einen sowohl gegen die Identifizierung durch eine instrumentell-wissenschaftliche Vernunft richtet, als auch gegen die Verabsolutierung der Identität in Hegels begrifflicher Vernunft, als auch gegen die Identifikation, welche die kapitalistische Gesellschaft durch die Warenform und den Tauschwert gleichsam an sich selbst durchführt, und dabei muss die Kritik nicht nur immanent verfahren, sie muss auch noch die eigene Vermitteltheit einholen (nicht zuletzt gerade wegen des Totalitäts- und Absolutheitsanspruchs der Identifikation und des Banns ihrer Logik). Zum anderen muss diese Kritik dieselbe Identifikation und den Bann ihrer Logik mit einem Nicht-Identischen konfrontieren und einen notwendigen Schein durchsichtig machen.

Doch wie kann Adorno eine immanente Kritik der Identität durchführen und dennoch – oder gerade dadurch – etwas Nicht-Identisches geltend machen? Wie kann die Identitätskritik etwas Transzendierendes für sich in Anspruch nehmen?

Hier kommt nun auch bei Adorno das Etwas ins Spiel, und mit ihm gelingt eine gewisse Begründung der Kritik. Es zeigt sich zudem, dass Adornos Kritik nicht so negativ oder gar haltlos ist, wie es auf den ersten Blick scheint. Im Gegenteil, während Adorno sich gemeinhin den Vorwurf eingehandelt hat, dass, soll seine Kritik des unwahren Ganzen und des totalen Scheins greifen, die Kritik in Aporien endet, jedenfalls kaum sich selbst zu begründen vermag,[243] kann Adornos Kritik ebenso ein Vorwurf in die andere Richtung gemacht werden, d. h. genau in die Richtung des Versuchs, die Kritik positiv zu begründen. Wie sieht diese positive Begründung aus?

Adorno will eine negative Dialektik begründen, die nicht wieder in das führen soll, was ihm der sich selbst begründende Zirkel einer Logik des Begriffs bzw. des Tauschprinzips zu sein scheint. Im Gegenteil, die Kritik soll diesen zirkulären oder gar tautologischen Selbstbezug zum Gegenstand machen, jedoch ohne sich allein durch Abgrenzung zu begründen oder es bei einem bloßen Verweis auf das Nicht-Identische zu belassen. Die Kritik soll vielmehr auf *Etwas* zielen, und zwar auf ein Etwas im unmittelbarsten Sinne: Adorno will mit dem Begriff über diesen hinaus, indem der Begriff sich durch das Etwas seiner Bedingtheit erinnert. Er soll sich dem Anderen des begrifflichen Denkens nicht innewerden als dem Anderen nur seiner-selbst und damit am Maß der Identität, vielmehr soll er das Andere auch das Andere *sein lassen*,

---

242 Vgl. u. a. *ND*, S. 17, 37.
243 Eine erste Kritik der *Negativen Dialektik* in der genannten Richtung stammt von Günter Rohrmoser: *Das Elend der kritischen Theorie*. Freiburg: Rombach 1970; eine prägnante Fassung dieses vielfach geäußerten Vorwurfs hat Rüdiger Bubner in dem bereits zitierten Aufsatz „Adornos negative Dialektik" gegeben; die Geschichte der Kritischen Theorie im Hinblick auf die verschiedenen Widersprüche und Aporien in ihrer Konzeption hat zusammengefasst Hans Rademacher: Kritische Theorie und Geschichte. In: Jürgen Naeher (Hrsg.): *Die Negative Dialektik Adornos*. Frankfurt am Main: Opladen 1984, S. 130–159.

und bei Adorno bedeutet dieses ‚Sein-Lassen' – im geraden Gegensatz zu Hegels Idee, dass der Begriff vom Sein der Objektivität her denkt, wenn er sie maßgeblich für sie selbst sein lässt – dass der Begriff sich damit konfrontiert, dass das Andere des begrifflichen Denkens in ihm nicht vollkommen aufgeht. Um „über den Begriff durch den Begriff hinauszugelangen"[244], muss der Begriff sich selbstkritisch daran erinnern, dass dem identifizierenden Denken einerseits stets etwas gegeben sein muss und dass sich ihm andererseits auch stets etwas wieder entzieht.

In Adornos Identitätskritik kommt daher nicht nur alles auf das Nicht-Identische an, die Kritik hängt auch daran, dass das Nicht-Identische stets *Etwas* ist. Das Nicht-Identische *muss* Etwas sein, damit die Kritik sich auf das Scheitern der Identifikation beziehen kann, und damit das Nicht-Identische überhaupt irgendeine Bedeutung erlangen kann und eine Kritik in seinem Namen nicht vollkommen leer und grundlos bleibt. Dieses Etwas ist bei Adorno sogar der unmittelbar gegebene Ausgangspunkt der Identitätskritik, deren subsumtionslogisches Verständnis von identifizierender Vermittlung und zwanghaft versöhnter, darum notwendig falscher Totalität sich stets an das Etwas hält, das darin nicht aufgeht und von dem die Kritik daher ausgehen und auf das sie sich berufen kann. Es gibt immer noch etwas *außer* dem Begriff, in dem immer *Etwas* nicht aufgeht und vorausgesetzt ist oder noch aussteht. Jedenfalls muss die Identifizierung in Rücksicht auf etwas letztlich Unverfügbares und Irreduzibles vor sich gehen:

> Denken ist dem eigenen Sinn nach Denken von etwas. Noch in der logischen Abstraktionsform des Etwas, als eines Gemeinten oder Geurteilten, die von sich aus kein Seiendes zu setzen behauptet, lebt untilgbar dem Denken, das es tilgen möchte, dessen Nichtidentisches, das, was nicht Denken ist, nach.[245]

Hier wird der Unterschied zum Etwas in der Dialektik von Hegel und Marx deutlich. Etwas wird nicht, wie in der *WdL*, eingeholt als je durch Anderes vermittelt; es wird folglich auch nicht als die unmittelbare Darstellungsweise der Negation der Negation ausgewiesen. Das Etwas ist auch nicht, wie die Ware im *Kapital*, bestimmt durch das eigene gesellschaftliche Verhältnis, also durch das Verhältnis zu den anderen Waren. Noch weniger wird aus diesem Etwas die Austauschbarkeit von Seiendem und Form und daraus wiederum das „Etwas überhaupt" (Hegel) eingeholt (nämlich dass jedes Etwas dasjenige allgemeine Äquivalent sein kann, das für die Form der eigenen Bestimmung steht und darüber das Maß wird, das Etwas und Anderes, Ware A und Ware B dadurch ins Verhältnis setzt, dass es ihr Verhältnis quantitativ umschlägt). Bei Adorno ist das Etwas stattdessen maßgeblich für die Kritik identifizierendes Denken, weil es über die begriffliche und tauschwertige Vermittlung hinausgeht und zeitlich wie logisch voraus liegt. Es ist dadurch zwar auch eine Denknotwendigkeit, denn es muss *im* Denken *sein* und durch das Denken wiedergegeben werden. Aber das Etwas ist darum Denknotwendigkeit und unmittelbar im Denken, weil es das Denken

---

244 *ND*, S. 27. Vgl. auch *ND*, S. 21.
245 *ND*, S. 44.

auf dessen Voraussetzungen verweist, nämlich auf die unmittelbare Eigenbestimmtheit und Präsenz eines Nicht-Begrifflichen. Das Etwas soll für genau das einstehen, wovon Adorno zufolge das reine Sein des Anfangs der *WdL* je schon abstrahiert habe; abstrahiert habe, um diese Abstraktion eines reinen, absoluten Seins in das Abstrakt-Allgemeine eines Ersten und eines Anfangs der Bestimmung zu verkehren und am Ende der Durchführung dem Denken einer Bestimmung-gebenden Subjektivität statt einem Nichtbegrifflichen zukommen zu lassen:

> Kein Sein ohne Seiendes. Das Etwas als denknotwendiges Substrat des Begriffs, auch dessen vom Sein, ist die äußerste, doch durch keinen weiteren Denkprozeß abzuschaffende Abstraktion des mit Denken nicht identischen Sachhaltigen; ohne das Etwas kann formale Logik nicht gedacht werden. Sie ist nicht zu reinigen von ihrem metalogischen Rudiment.[246]

Mit dem Verweis auf das Etwas, von dem Hegel mit dem „reinen Sein" bereits am Anfang der *WdL* vermeintlich je abstrahiert hat, will Adorno der daraus folgenden Entwicklung der absoluten Idee, also der Identifikation der Objektivität durch die Subjektivität des Begriffs, zuvorkommen. Adorno will in seiner *Negativen Dialektik* gleich am Anfang des gleichnamigen Mittelteils[247] durch eine Kritik des Seinsbegriffs die Immanenz der Hegel'schen Logik durch ein Etwas durchbrechen, das die Logik der Identifikation an ein Anderes mahnen soll.

Der Tauschwert nimmt aus Adornos Sicht gegenüber dem Etwas die gleiche Abstraktion vor, insofern entspricht er der Logik des reinen Seins bei Hegel. Die Identität, die der Tauschwert gegenüber den Dingen und ihren Gebrauchswerten behauptet, wird zu einer Hypostase, in welcher der Tauschwert sich nicht nur als das Sein der Dinge und ihrer Gebrauchswerte ausgibt, sondern sich in der kapitalistischen Verwertung der Dinge wie der Menschen auch gegenüber der eigenen Bedingtheit verselbständigt. Diese kapitalistische Verselbständigung des Tauschwerts ist gleich dem Begriff eine regelrechte Hypostase der Abstraktion, nur dass der Tauschwert weniger der Hypostase der Subjektivität als vielmehr der Verhinderung einer eigentlichen Subjektivität gleichkommt.

Während bei Hegel und Marx also jedes Etwas in seiner Unmittelbarkeit für sein eigenes Verhältnis steht (nämlich für die Vermitteltheit durch dasselbe), und während eben darum in jedem unmittelbaren Etwas ein allgemeines Äquivalent für dieses Verhältnis da ist und das Dasein sich als ganzes in jedem Etwas an eine maßgebliche, ideelle Einheit halten und das eigene Einssein quantitativ umschlagen kann, steht bei Adorno das Etwas in seiner Unmittelbarkeit für das Unvergleichliche und Irreduzible. Folgerichtig ist mit dem Etwas auch nicht, wie bei Hegel und Marx, das Maß der Vermittlung für dessen eigenes Verhältnis gegeben. Im Gegenteil, das Etwas ist bei

---

246 *ND*, S. 139. Vgl. auch die unmittelbar an die zitierte Stelle anschließende Fußnote: „Hegel weigerte sich, in der ersten Anmerkung zur ersten Trias der Logik, mit dem Etwas anstatt mit dem Sein zu beginnen. [...] Hegel indessen kann selbst die minimale Spur von Nichtidentität im Ansatz der Logik nicht ertragen, an die das Wort ‚etwas' mahnt."
247 *ND*, S. 135ff.

Adorno der *nicht aufgehende Rest* der Vermittlung. Das Etwas steht für die unmittelbare Eigenpräsenz eines Nicht-Begrifflichen, und dieses Etwas ist seiner Vermittlung ebenso vorgängig wie es in ihr nicht vollständig aufgeht und als ihre Bedingung stehen bleibt. Kurz, jedes Etwas steht für das Nicht-Identische und ist dadurch für die Identitätskritik maßgeblich:

> Ist schon nichts, was nicht vermittelt wäre, so geht, wie Hegel hervorhob, solche Vermittlung notwendig stets auf ein Vermitteltes, ohne das sie auch ihrerseits nicht wäre. Daß dagegen Vermitteltes nicht ohne Vermittlung sei, hat lediglich privativen und epistemologischen Charakter: Ausdruck der Unmöglichkeit, ohne Vermittlung das Etwas zu bestimmen, kaum mehr als die Tautologie, Denken von Etwas sei eben Denken. Umgekehrt bliebe keine Vermittlung ohne das Etwas. In Unmittelbarkeit liegt nicht ebenso deren Vermitteltsein wie in der Vermittlung ein Unmittelbares, welches vermittelt würde. Den Unterschied hat Hegel vernachlässigt.[248]

Wie bei Hegel und Marx wird somit auch bei Adorno durch irgendein beliebiges Etwas der Kritik ein Maß (ab-)gegeben, aber da bei Adorno die Identifikation im *Scheitern* das Maß ihrer Kritik abgibt, steht das Etwas folgerichtig nur für dieses im Identifizieren nicht Aufgegangene, an das sich die Identitätskritik halten und auf das sie sich berufen kann. Dadurch funktioniert das Etwas zwar auch hier wie ein allgemeines Äquivalent, aber es ist gleichsam das allgemeine Äquivalent für das Nicht-Identische. Und wie bei Hegel und Marx steht das Etwas sogar für die Bestimmung des Daseins durch es selbst, aber in geradezu umgekehrter Weise: Das Etwas hat in seiner Unmittelbarkeit nicht die Bestimmung durch Anderes an-sich aufgehoben und bringt durch diese ebenso unmittelbare wie bewusstlose Reflexion entsprechende Denknotwendigkeiten hervor; stattdessen steht das Etwas für die „Präponderanz des Objekts" und für dessen Eigenbestimmtheit, und diesem Etwas stehen seine Reflexion und seine Identifikation wiederum aufseiten des Subjekts unvermittelt *gegenüber.*

So gerät Adorno, weil er die Kritik der Identifikation von Objekt und Subjekt von Anfang an mit Rücksicht auf die Unverfügbarkeit von etwas Unvermitteltem, Besonderem und Einzelnem durchführt, das Etwas zum Moment einer vorausgesetzten Objektivität, die irgendwie vorgängig, irreduzibel und widerspenstig bleibt gegenüber ihrer Bestimmung und Identifizierung durch den Tauschwert und den Begriff, und diese müssen wiederum wie eine letztlich ebenso äußerliche wie gewaltsame Synthesis erscheinen, eine Synthesis, die ihre Bedingtheit zum Ersten verkehrt und zur Hypostasierung und Totalisierung der Subjektivität führt.

Wo also Hegel und Marx über das Etwas diejenige Maßgeblichkeit für sich selbst der Objektivität einholen, die einerseits die radikale Trennung in Objektivität und Subjektivität ermöglicht, aber so, dass andererseits die Subjektivität sich durch das Maß gleichsam in die Objektivität hineinversetzt, um von ihrem Selbstverhältnis her denken zu können, gibt bei Adorno das nicht-aufgehende Etwas von Anfang an der Vermittlung von Objektivität und Subjektivität einen ‚letzten Rest'. So gerät das Etwas in Adornos negativer Dialektik gleich im doppelten Sinne zu einer Art materialistischem

---

248 ND, S. 173.

Rettungsanker: Die Kritik kann sich an etwas halten, das die Verselbständigung von Tauschwert und Begriff ‚erdet' und die Selbstbezüglichkeit von Geist und Kapital an ihre Bedingtheit erinnert, und die Kritik kann sich zum anderen auf etwas berufen, das für die Erfahrung des Nicht-Identischen einsteht, für die überwältigte Natur und das Leiden, für die Endlichkeit des Körpers und seine Bedürfnisse, aber auch für die Spontaneität und Autonomie der Subjektivität sowie, nicht zuletzt, für den unverlierbaren Rest an Hoffnung auf etwas ganz anderes, auf eine ganz andere Gesellschaft. Das Etwas ist der irreduzible Ort einer Endlichkeit, die sich jeder Erfahrung unauslöschbar einschreibt,[249] und es ist darum ebenso die materielle Bedingung der Möglichkeit eigentlicher, d. h. ihrer Bedingtheit bewusster Subjektivität:

> Durch den Übergang zum Vorrang des Objekts wird Dialektik materialistisch. Objekt, der positive Ausdruck des Nichtidentischen, ist eine terminologische Maske. [...] Die Kategorie Nichtidentität gehorcht noch dem Maß von Identität. Emanzipiert von solchem Maß, zeigen die nichtidentischen Momente sich als materiell, oder als untrennbar fusioniert mit Materiellem.[250]

Somit verweist auch bei Adorno das Etwas auf die Maßgeblichkeit der Objektivität für sie selbst, und auch bei ihm macht das Etwas einen unbedingten Materialismus geltend, aber auf ganz andere Weise als das Etwas bei Hegel und Marx. Adorno will gerade die Unterdrückung des Materialismus geltend machen, wenn er darauf verweist, dass der warenförmigen und dass der begrifflichen Vermittlung ein unvermitteltes Etwas gegeben sein muss, von dem, bei aller Herrschaft des Begriffs und des Tauschwerts, nicht vollkommen zu abstrahieren sei. Das ist aufseiten des Subjekts das Empfinden und die Sinnlichkeit der Erfahrung sowie das irreduzible Körperliche der Erkenntnis, aufseiten des Objekts das „nicht zu Vergeistigende daran".[251] Er führt durch diesen Materialismus, entgegen seiner Intention einer Kritik jeder Ursprungsphilosophie,[252] nicht nur ein Erstes ein, er führt *zwei* Erste ein, ein Etwas für die nicht restlos auflösbare Materialität und Endlichkeit aufseiten des Objekts und

---

249 „Ans Nichts glauben – darunter läßt schwerlich mehr sich denken als unter dem Nichts selber; das Etwas, das, legitim oder nicht, vom Wort Glauben gemeint wird, ist der eignen Bedeutung nach kein Nichts." (*ND*, S. 372.)
250 *ND*, S. 193. Vgl. zu Materialismus und Unmittelbarkeit auch die folgenden Seiten der *ND*, die mit diesen Stichworten versehen sind. Alfred Schmidt zufolge können innerhalb des Spätwerks Adornos drei Stufen unterschieden werden, „denkend zu retten, was sich in bloßem Denken nicht erschöpft"; vgl. Alfred Schmidt: Adornos Spätwerk: Übergang zum Materialismus als Rettung des Nichtidentische. In: Fetscher / Schmidt (Hrsg.): *Emanzipation als Versöhnung*, S. 89–110 (hier S. 103). Die erste Stufe ist der Übergang zum Materialismus im Husserl-Buch von 1956 (Adorno: Zur Metakritik der Erkenntnistheorie), die zweite der Vorrang des Objekts in der *Negativen Dialektik* von 1966; in der dritten Stufe vertritt das Naturschöne dasjenige Etwas, das über die Vermittlung und die unmittelbare Erscheinung erhaben ist. Das Naturschöne erscheint, in Adornos Worten, als „Spur des Nicht-Identischen an den Dingen im Bann universaler Identität" (Adorno: *Ästhetische Theorie*, S. 114). Vgl. auch ders.: Der Begriff des Materialismus bei Adorno. In: Friedeburg / Habermas (Hrsg.): *Adorno Konferenz 1983*. S. 14–31.
251 *ND*, S. 193.
252 Vgl. *ND*, S. 158ff.

ein Etwas für den unverdinglichten Rest aufseiten der Subjektivität.²⁵³ Das Etwas steht einerseits für den Vorrang eines materiellen Objekts, das sich der vollständigen Identifikation widersetzt und einen nicht-aufgehenden Rest ergibt, es steht andererseits aber auch aufseiten einer Subjektivität, der jener Vorrang zwar Denknotwendigkeit ist, die jedoch ihrerseits stets durch einen Rest an unverdinglichter Spontaneität und Autonomie vom Identitätszwang befreit ist – und sei es nur dadurch, dass der Zwang bewusst ist.

Auf diese Weise ist auch in Adornos negativer Dialektik dasselbe Etwas zwar auf beiden Seiten anwesend, aufseiten der Objektivität und der Subjektivität. Aber es steht gerade nicht, wie in der Dialektik von Hegel und Marx, für diejenige maßgebliche Einheit, die für die Möglichkeit sorgt, von einer Objektivität her zu denken, die durch Etwas an sie selbst gehalten ist und die in quantitativen Verhältnissen sich selbst entspricht. Es macht sich zwar ebenfalls in der *Vermittlung* zwischen Objektivität und Subjektivität geltend, aber in der Vermittlung ist das Etwas sowohl ein Überschuss aufseiten der Objektivität (nämlich im Sinne ihrer in der Vermittlung nicht restlos aufgehenden Eigenbestimmtheit), als auch ein Überschuss aufseiten der Subjektivität (nämlich der Überschuss ihrer Autonomie und Spontaneität). Das Etwas steht für den transzendenten Rest, der an eine durchs Subjekt überwältigte Objektivität erinnert, der Rest erinnert aber ebenso daran, dass die Subjektivität im identifizierenden Denken letztlich auch sich selbst überwältigt.

Das Verhältnis von Nicht-Identität und Etwas in der negativen Dialektik Adornos lässt sich durch einen dritten zentralen Begriff zusammenfassen, den des nicht aufgehenden Rests. Mit diesem Begriff lässt sich auch der Unterschied zur Dialektik von Hegel und Marx zum Abschluss bringen.

Bei Adorno ist das Nicht-Identische zwar immer Etwas, weil das Nicht-Identische gleichsam der Platzhalter ist für den Vorrang des Objekts und dessen überwältigte Eigenbestimmtheit. Aber letztlich steht das Nicht-Identische weniger für Etwas im Sinne einer positiven Bestimmung oder gar eines bestimmten Seienden als für den *nicht-aufgehenden Rest* in jeder positiven Bestimmung. Auch wenn das Nicht-Identische

---

253 Dass Adorno, obwohl er die Notwendigkeit einer Kritik jeder Ursprungsphilosophie proklamiert, durch den Vorrang des Objekts ein bzw. zwei ‚Erste' einführt, hat Anette Barkholz herausgearbeitet, vgl. dies.: Identität und objektiver Widerspruch. Zum Problem immanenter Kritik in Adornos Negativer Dialektik. In: Diethard Behrens (Hrsg.): *Materialistische Theorie und Praxis*. Freiburg: ça ira 2005, S. 157–215, bes. S. 187ff. Bereits Michael Theunissen hat gezeigt, dass vor allem die frühe Kritische Theorie von Horkheimer und Adorno einerseits zurückzufallen droht „auf die Ebene einer nun unzweifelhaft objektivistischen Naturontologie oder doch zumindest eines Denkens, das der Natur den Vorrang vor der Geschichte einräumt", und andererseits eine Überhöhung und Überforderung des Subjekts betreibt, die sich einstellt, „indem sämtliche Vertreter der kritischen Theorie […] die nachhegelsche, vornehmlich von den Linkshegelianern versuchte Wiederholung Kants auf dem durch Hegel bereiteten Boden der Geschichte ihrerseits noch einmal wiederholen. Die Überstrapazierung der empirischen Subjekte ergibt sich somit […] aus der Übertragung der Befugnisse, mit denen Kant das ‚Bewußtsein überhaupt' ausstattet, auf die als reale Einheit erst noch zu erwartende Menschengattung." (Michael Theunissen: *Gesellschaft und Geschichte. Zur Kritik der kritischen Theorie*. Berlin: de Gruyter 1969, S. 13–14.)

immer *etwas* ist, so ist das Etwas nicht dasjenige, was für die Identifikation noch aussteht, sondern ihr *nie* aufgehender Rest – und zwar deshalb, weil es für denjenigen Rest steht, der durch die Identifikation selbst kommt. Bei Adorno ist der nicht aufgehende Rest das Scheitern der Identität *an ihr selbst*, und der Rest verweist die Identifikation darauf, dass sie durch ihren Anspruch auf Abschluss und Vollständigkeit sowie auf Immanenz und Wahrheit zugrunde geht.

Die Identifikation geht hier in einem ganz schlichten Sinne zugrunde, sie geht also nicht im Hegel'schen Sinne in ihren Grund zurück.[254] Bei Adorno liegt das Scheitern der Identifikation letztlich in ihrem Ursprung begründet, nämlich darin, dass die Identifikation der Objektivität, sei es durch Tauschwert oder Begriff, einer *Abstraktion* geschuldet sein soll. Bei Hegel dagegen ist schon das Trennen in Objekt und Subjekt nichts weniger als die Vernunft *schlechthin*: Es ist die Vernunft des begrifflichen Denkens, in Objekt und Subjekt zu trennen, um die Objektivität von ihrer Maßgeblichkeit für sie selbst her zu denken und darin die Identität von Sein und Denken zu begründen. Diese Identifikation geht aber auch bei Hegel nicht restlos auf, und zwar darum, weil auch das Identifizieren etwas *ist*. Das Identifizieren gründet im negativen Wesen einer Reflexion, die Objektivität und Subjektivität ebenso zu vermitteln wie zu trennen und darüber zu identifizieren scheint, und dieses Wesen muss seinerseits im Begriff reflexiv werden. Dadurch gründet der Begriff aber in dem Widerspruch, dass die Objektivität durch ihn zum Bewusstsein der Bewusst*losigkeit* ihrer Verhältnisse kommt und in der Subjektivität sich selbst anders sein muss, während diese Subjektivität wiederum im Reflektieren der Objektivität ebenso auf sich selbst zurückkommen und dadurch die eigene Wirklichkeit, das eigene Begreifen begreifen muss.

Ein analoges Identifizieren ergibt sich in Marx' KdpÖ, und auch hier wird es zur Wirklichkeit eines negativen Wesens. Dem negativen Wesen der Reflexion analog identifiziert das Geld, wenn es als Maß und Tauschmittel eingesetzt wird, das gesellschaftliche Verhältnis der Waren mit einer übersinnlichen Werteinheit, und auch hier geht die Identifikation nicht restlos auf, weil diese Identifikation etwas *ist*, nämlich dasjenige negative Wesen, das die ideelle Einheit zur Realität eines quantitativen Umschlagens werden lässt sowie zur Objektivität quantitativer Verhältnisse. Das Bewusstsein kann nur über die Objektivität des gesellschaftlichen Verhältnisses der Waren auf die Objektivität der darin dargestellten Arbeiten zurückkommen, es kann sich mithin nur durch die Technik des Geldes zum eigenen gesellschaftlichen Verhältnis ins Verhältnis setzen.

Mit dem nicht-aufgehenden Rest ließe sich mithin ein dritter Durchgang durch die Analogie durchführen. Nach der ersten Analogie zwischen der Logik des Seins und dem Übergehen des Werts und nach der zweiten Analogie zwischen dem Etwas in

---

254 Der nicht aufgehende Rest ist zwar nicht mit dem Kant'schen Ding-an-sich gleichzusetzen, gleichwohl greift Adorno für seine Kritik der Hegel'schen „Identitätslogik" (Adorno) beständig auf Kant und das Ding-an-sich zurück, vgl. dazu Helmut König: *Geist und Revolution*. Stuttgart: Klett-Cotta 1981, S. 22–23, bes. Anm. 122 auf S. 23; Matthias Rothe: *Kritik nach Kant. Foucaults und Adornos „gute Endlichkeit"*. *Philosophische Gespräche* 30. Berlin: Helle Panke, 2013, S. 25–38.

der Seinslogik und dem Etwas in der Wertformanalyse ließe sich auch der nicht aufgehende Rest analog setzen und gegen Adornos negative Dialektik in Stellung bringen. Für Hegels dialektische Logik ließe sich zeigen, dass der nicht aufgehende Rest durch das Wesen einer ebenso negativen wie übergreifenden Vernunft kommt, die darin liegt, dass die Trennung zwischen Objektivität und Subjektivität zugleich das Wesen ihrer reflexiven Vermittlung sein muss, derjenigen trennenden Vermittlung, die Objektivität und Subjektivität ebenso identifiziert wie entgegensetzt und für die der Begriff sich selbst einsetzen muss. Der Begriff muss in der trennenden Vermittlung von Objektivität und Subjektivität die eigene Existenz gründen und dadurch zur Wirklichkeit ihrer Identifikation werden, kurz, der Idee. Das Nicht-Aufgehende, das der Begriff an der eigenen Wirklichkeit begreifen muss, entspricht dem Spekulativen der Idee: dass die Objektivität durch die Subjektivität zum eigenen Bewusstsein kommt und dadurch diese Subjektivität wiederum sich selbst erschließt. Der Begriff geht in dieser Identifikation nicht auf, gerade weil er diese Identifikation selbst begreifen muss, aber sie nur von der Vermitteltheit ihrer beiden Seiten her begreifen kann, nur durch eine Objektivität, die erst subjektiv zu ‚ihrem' Bewusstsein kommt und einer Subjektivität, die genau in diesem Aufheben die eigene Objektivität hat.

Für die drei Geldfunktionen ließe sich zeigen, dass eine Ware gleich einem nicht-aufgehenden, überzähligen Rest von Anfang an aus dem gesellschaftlichen Verhältnis der Waren herausgefallen sein muss, damit alle anderen Waren in diesem Rest auf ihr Einssein zurückkommen und ihr empirisches Dasein rein quantitativ umschlagen und ins Verhältnis setzen können. Die überzählige Ware wird allerdings erst maßgeblich für das rein gesellschaftliche Verhältnis aller anderen Waren, und die Waren treten in dieses Verhältnis erst ein, wenn das Geld in seiner zweiten Bestimmung als Tauschmittel in die Vermittlung der Waren ebenso eingeht wie herausfällt und so auf ganz praktische Weise zum nicht-aufgehenden Rest wird. Und für die dritte Bestimmung ließe sich schließlich zeigen, dass das Geld durch die Realisierung der Waren seinen Selbstbezug als Kapital erschließen muss, aber dabei im Mehrwert einen nicht-aufgehenden Rest realisiert, durch den es zu einer Bewegung wird, in der es beständig quantitativ über sich selbst hinausgeht. Zusammengefasst: Insofern das Wertverhältnis nicht aufgeht und seine Bestimmung sowie seine Vermittlung keinen Abschluss finden kann ohne den Rest der Geldware, insofern stellt auch hier ein nicht-aufgehender Rest beständig die Immanenz der gesellschaftlichen Vermittlung und die Identifikation des gesellschaftlichen Verhältnisses in Frage – nur dass bei Marx das gesellschaftliche Verhältnis durch diesen nicht-aufgehenden Rest beständig in sich eintritt und dadurch sich selbst vermittelt und erschließt.

Bei Adorno jedenfalls zeigt der nicht aufgehende Rest das Subsumierende und Reduzierende der tauschwertigen und begrifflichen Identifikation an, und im Beharren auf einem nicht-aufgehenden Rest will er dem letztlich Unvermittelten und Unrepräsentierbaren zu dessen Recht verhelfen. Wie Hegel will zwar auch er auf das Wesen reflektieren, das in der Trennung zwischen Objekt und Subjekt liegt, aber bei ihm ist dieses Wesen nicht die Negativität der Vernunft selbst, und die Trennung wird auch nicht, wie in der *WdL*, durch das Maß eröffnet und in die Logik der Identifikation auseinandergelegt. Bei Adorno entsteht die Trennung durch die Kraft einer Abstraktion, durch die das abstrahierende Denken das, wovon es abstrahiert, zugleich unterwirft und beherrscht, ohne es jedoch je vollständig und endgültig erfassen zu können. Im Gegenteil, das Denken wendet die Abstraktion einerseits gegen den so gewonnenen Gegenstand und enthebt sich andererseits der eigenen Bedingtheit, aber dadurch ist es seine eigene Kraft, die sich gegen das Denken wendet: Die Beherrschung des Gegenstandes schlägt in eine heteronomen Selbstbeherrschung um und wird dem Denken zur zweiten Natur. Letztlich gibt das identifizierende Denken im nicht-aufgehenden Rest noch durch sich selbst das Maß seiner (Selbst-)Kritik ab – und doch ist ihm dieses Maß nur auf negative Weise gegeben. Es stellt sich nur hinterrücks ein und nur im Scheitern des Identifizierens sowie durch das, was sich dem Identitätszwang widersetzt:

> Dialektik ist nichts anderes [...] als diese selbstkritische Wendung des Konsequenzdenkens, das Philosophie gewesen ist, gegen sich selber und gegen die reine Konsequenz. Das Maß aber dieser Kritik ist der Widerstand, auf den das Denken stößt, indem es das reine Identitätsprinzip durchführt, und, möchte ich sagen, der Widerstand, den es in sich selbst gegen diesen automatisierten glatten Ablauf des Identitätsprinzips fühlt; denn dieses Identitätsprinzip ist ja zutiefst nichts anderes als der absolute Anspruch von Herrschaft über die inner- und außermenschliche Natur.[255]

Durch die „selbstkritische Wendung" soll dem identifizierenden Denken die eigene Herrschaft zum Gegenstand werden, und diese Selbstkonfrontation soll zu einer anderen Vermittlung der Gegenständlichkeit von Begriff und Nicht-Begrifflichem führen, zu einer Vermittlung, die sich mit der Differenz von Subjekt und Objekt, Geist und Natur, Tauschwert und Gebrauchswert versöhnt, statt sie zu eliminieren. In dieser Herrschaftskritik besetzt der unbewältigte, unvermittelbare Rest einen transzendenten, aber durchaus ‚materialistisch' zur Geltung drängenden Ort jenseits der Vermittlung von Objektivität und Subjektivität, sodass durch den Verweis auf diesen Rest das Ganze der Vermittlung zum Gegenstand der Kritik werden kann, ohne dass die Kritik ihrerseits diesen Rest identifizieren oder gar als ihren Standpunkt vereinnahmen müsste. Der Bezug auf den Rest lässt sogar eine Parteilichkeit zu, ohne die Vermitteltheit noch dieses Restes durch das „unwahre Ganze"[256] unkritisch abzuschneiden, denn der Rest soll nur insofern außerhalb und jenseits der Vermittlung stehen, als er sie mit dem Scheitern ihres Anspruchs auf Herstellung totaler Immanenz und Identität konfrontiert. In diesem Scheitern steht letztlich auch bei Adorno der nicht aufgehende Rest weder für das Nicht-Begriffliche aufseiten der Objektivität noch für einen Mangel oder Überschuss aufseiten der Subjektivität. Er steht für die Notwendigkeit einer *kritischen Unterscheidung*, und die Unterscheidung steht für die Notwendigkeit einer Vermittlung von Begriff und Nicht-Begrifflichem, Tauschwert und Gebrauchswert, Geist und Natur, die zwar durch keine Identität je abgegolten sein wird, die aber gleichwohl auf Erlösung verweist:

---

255 Adorno: *Philosophische Terminologie*, Bd. 1, S. 184.
256 Adorno: *Minima Moralia*, Aph. 29, S. 55.

Philosophie, wie sie im Angesicht der Verzweiflung einzig noch zu verantworten ist, wäre der Versuch, alle Dinge so zu betrachten, wie sie vom Standpunkt der Erlösung aus sich darstellen. Erkenntnis hat kein Licht, als das von der Erlösung her auf die Welt scheint: alles andere erschöpft sich in der Nachkonstruktion und bleibt ein Stück Technik. Perspektiven müßten hergestellt werden, in denen die Welt ähnlich sich versetzt, verfremdet, ihre Risse und Schründe offenbart, wie sie einmal als bedürftig und entstellt im Messianischen Lichte daliegen wird.[257]

Resümee
Die unkritische Setzung des Nicht-Identischen als Maß der Identitätskritik

Drei für Adornos Gesellschaftskritik zentrale Begriffe – das Nicht-Identische, das Etwas und der nicht aufgehende Rest – wurden zu entsprechenden Begriffen der Hegel'schen Logik und der Marx'schen KdpÖ ins Verhältnis gesetzt; einerseits um Hegels und Marx' Version der Dialektik gegen Adornos abzugrenzen, andererseits um in Adornos negativer Dialektik einer Verlegenheit und einem Dualismus auf die Spur zu kommen. Beides gilt es im Abschluss zusammenzufassen.

Adorno unterzieht die bürgerlich-kapitalistische Gesellschaft einer umfassenden Kritik. Sie ergibt sich aus einer Kritik der Ansprüche des deutschen Idealismus und der uneingelösten Versprechen der Aufklärung, sie ergibt sich aber auch aus der Abkehr von der traditionellen Gesellschaftskritik seiner Zeit und vom Wissenschaftsverständnis des Positivismus-Empirismus sowie, nicht zuletzt, aus einer Kritik der kapitalistischen Ökonomie. Das Gemeinsame, das die Kritik in Aufklärung und im deutschen Idealismus, in der Wissenschaft und in der kapitalistischen Ökonomie treffen soll, ist die Notwendigkeit positiver Identifizierung, die alle gemeinsam, trotz ihrer sonstigen Unterschiede, für sich in Anspruch nehmen müssen. Das Maß dieser umfassenden Kritik ist das Nicht-Identische, welches das identifizierende Denken in eine Selbstkritik wenden soll.

Mit dieser Wendung nimmt Adorno einerseits die zentrale Herausforderung für einen kritischen Marxismus an: Es gilt, die *Einheit von Gesellschafts- und Erkenntniskritik* herzustellen; diese Einheit will er in der Kritik der Form bürgerlich-kapitalistischer Vermittlung treffen und am Zusammenhang von Tausch- und Begriffslogik festmachen. Andererseits darf dies für Adorno aber nicht auf die Begründung einer Identität von gesellschaftlicher Praxis und gesellschaftlichem Gehalt des Denkens hinauslaufen oder gar auf eine wissenschaftliche Theorie der Erkenntnis, wenn umgekehrt das identifizierende Denken zur Kritik ansteht. Die Einheit von Gesellschafts- und Erkenntniskritik soll daher nicht zu einer systematischen und konsistenten Theorie führen, die Einheit ist vielmehr Ausgangspunkt einer Kritik, die sich ebenso als Gesellschafts- wie als Subjekt- und Ideologiekritik versteht.

Einer solchen Problemstellung hatte sich die traditionelle Gesellschaftskritik enthoben, insbesondere die des Marxismus-Leninismus. Der ML sah die Lösung des Zusammenhangs von Gesellschaft und Erkenntnis in der geschichtsmaterialistischen ‚Erdung' des Idealismus an die Wirklichkeit gesellschaftlicher Vermittlung. Er konnte

---

257 So der letzte Aphorismus in ebd., Aph. 153, S. 284.

den Zusammenhang von Gegenstandskonstitution und Erkenntnisweise als Widerspiegelung und Wechselwirkung durchführen, weil die Objektivität, an die Denken und Vernunft sich halten sollen, durch die materielle Praxis und die gesellschaftliche Bestimmung der Arbeit auf praktisch-produktive Weise hergestellt sein soll. Folgerichtig wurde in Marx' Entwicklung des Werts eine objektive Arbeitswertlehre gesehen. Ihr zufolge *müssen* sich Bewusstsein und Erkenntnis, Verstand und Vernunft sogar an die durch Arbeit hergestellte Objektivität halten, und entsprechend ist diese Objektivität Maßstab für die Kritik derjenigen Verhältnisse, die sich eben nicht an die objektive gesellschaftliche Bestimmung des Menschen und seiner Arbeit sowie an die natürliche Eigengesetzlichkeit der Materie halten.

Lukács allerdings, so wurde im ersten Abschnitt gezeigt, hat sich dem *Problem* einer Einheit von Gesellschafts- und Erkenntniskritik gestellt, er hat aber auch dessen endgültige Lösung zeigen wollen. Seine Idee einer kommunistischen Revolutionierung des Kapitalismus: dass die warenförmige Entfremdung und Verdinglichung der Arbeit in der Ware Arbeitskraft reflexiv wird und das Proletariat sich als das identische Subjekt-Objekt der Geschichte erkennt, diese Idee ist der vielleicht letzte große Versuch gewesen, die Aufhebbarkeit der kapitalistischen Gesellschaft *positiv* zu begründen.

Adorno dagegen lässt sich das Maß der Gesellschaftskritik nicht positiv vorgeben, weder auf die vulgär-materialistische Weise des ML mit seiner objektiven Arbeitswertlehre noch durch eine existenzialistische Wendung dieses Materialismus wie bei Lukács. Stattdessen gibt das Bestehende auf rein negative Weise das Maß der Kritik ab, nämlich ‚zuerst' durch die Notwendigkeit seiner Negation: Die bürgerlich-kapitalistische Gesellschaft wird maßgeblich für die eigene Kritik, wenn sie an ihr Nicht-Sein-Sollen gehalten wird, und genau das ist die Aufgabe der Kritik. Allerdings ist die Gesellschaft auch gleichsam durch sie selbst an ihr Nicht-Sein-Sollen gehalten, nämlich indem in ihrer Vermittlung und Identifikation durch Begriff und Tauschwert etwas nicht aufgeht und nur gewaltsam Bestimmung erlangt. Dadurch wird der Gesellschaftskritik zwar nur auf negative Weise ein Maß (ab-)gegeben, und das Maß selbst entzieht sich einer positiven Bestimmung. Um so mehr ist es Aufgabe der Kritik, sie an das Nicht-Identische zu halten.

Adorno vollzieht somit weniger eine Abkehr von der Notwendigkeit der Identifikation, als dass er vielmehr auf ihrem Scheitern insistiert und die Unwahrheit der Identität das Maß ihrer Kritik sein lässt. Dadurch soll eine negative Dialektik greifen, in welcher der Herrschaftsanspruch der Identität auf doppelte Weise noch selbst das Maß seiner Kritik abgibt, nämlich durch das Scheitern der Identifikation, und dieses Scheitern muss – was auf dasselbe hinausläuft – an ein unverfügbares Nicht-Identisches abgegeben werden. Zum Maß der Kritik gerät damit die Möglichkeit einer kritischen Unterscheidung zwischen einerseits der Art und Weise, wie der Geist bzw. die kapitalistische Gesellschaft im Begriff bzw. im Tauschwert die eigene Bestimmung treffen, und andererseits einem Wesen, das sich über diese Bestimmung verselbständigt und hinter dem Rücken der Subjekte reproduziert, aber dies noch vollzieht *mit* dem Bewusstsein und *in* der Form der Subjektivität. Das Nicht-Identische zielt somit auf den Bruch zwischen Vermittlung und Vermitteltem, Begriff und Begriffenem, Tauschwert und Gebrauchswert. Setzt sich die Kritik für diesen Bruch und den unbewältigten Rest ein, erlangt sie am Nicht-Identischen ein unbestimmtes und unverfügbares Maß, und im Etwas, auf welches das Nicht-Identische verweisen soll, gewinnt die Kritik die Endlichkeit und deren unerschöpfliche Vielfalt und Besonderheit als ihren Bestimmungsort.

In dieser Konstellation bleibt das Maß der Gesellschaftskritik letztlich so unbestimmt wie unentschieden. Auch wenn Adorno das Nicht-Identische dem Herrschaftsanspruch des absoluten Geistes, der instrumentellen Vernunft und der kapitalistischen Verwertung ebenso unmittelbar ausgesetzt glaubt, wie er es ihnen wiederum entgegensetzt, und auch wenn Adorno dem Nicht-Identischen in der Eigenpräsenz eines Etwas eine materialistische Erdung gibt, so wird das Nicht-Identische doch gegen jede unmittelbar-positive Bestimmung verteidigt, um es vor dem vulgären Materialismus der traditionellen Gesellschaftskritik sowie vor den Verkürzungen des Positivismus zu bewahren. In dieser Unentschiedenheit soll die Kritik ihre Bestimmung finden, indem sie die Maßgeblichkeit des Nicht-Identischen für die Gesellschaftskritik als Mittel zur Negation des Bestehenden einsetzt, ohne darüber das Maß positiv bestimmen oder verorten zu müssen. Das Nicht-Identische soll weder allein dem Subjekt noch allein dem Objekt zukommen, sondern ihrer Differenz; es soll die Differenz offen halten zwischen Begriff und Begriffenem, Tauschwert und Gebrauchswert, Geist und Natur. Das Nicht-Identische resultiert zudem aus einer Verkehrung, die sowohl die subjektive als auch die objektive Zurichtung der Wirklichkeit betrifft, sodass in dieser gemeinsamen Verkehrung die eigentliche Identität von Objektivität und Subjektivität liegt.

Adorno verfehlt aber die Pointe der Hegel'schen und Marx'schen Dialektik, nämlich die Vernunft, die in der *radikalen Trennung* in Objektivität und Subjektivität liegt und die auf die Logik des Maßes zurückgeführt wird. Er verfehlt mithin diejenige spekulative Identität, die in einer Objektivität liegt, die unmittelbar auf nichts als sich zurückkommen muss und dadurch einerseits maßgeblich wird für sich und ein Selbstverhältnis eingeht und andererseits bestimmte Denknotwendigkeiten hervorbringt. Zwar verfolgt auch Adorno mit dem Nicht-Identischen, mit dem Etwas und mit dem nicht aufgehenden Rest die große Idee der Dialektik, dass „die Sache selbst"[258] das Maß ihrer kritischen Darstellung abgibt. Aber wo bei Hegel und Marx die Objektivität durch ihre Maßgeblichkeit-für-sich auch ihre innere Notwendigkeit und Bestimmung, kurz ihre Identität auf die gezeigte negative Weise abgibt, dient bei Adorno das Nicht-Identische einer materialistischen Kritik, die einerseits den Vorrang des Objekts geltend machen und andererseits auf den unverdinglichten Rest an individueller Autonomie verweisen soll. Das Nicht-Identische steht aber auch allgemein für die unerfüllten Versprechen der Aufklärung; es steht für die Bedürfnisse und das Leiden ebenso wie für die Möglichkeit einer ganz anderen Gesellschaft, für eine Gesellschaft, in der

---

[258] *WdL I*, S. 25.

sich Objekt und Subjekt, Natur und Geist über ihre Differenz hinweg versöhnen. So ergibt sich das Maß der Kritik letztlich nur auf eine dualistische Weise, aus der Eigenbestimmtheit und Präponderanz des Objekts auf der einen, der individuellen Freiheit und Spontaneität der Subjektivität auf der anderen Seite.

Allein, Adorno hat den Dualismus in seinem Kritikbegriff in der Unversöhntheit gelassen, die er dem unwahren Ganzen unterstellt.

IV. Zwischen Lukács und Adorno. Alfred Sohn-Rethel, die Wertform als Transzendentalsubjekt und dessen blinder Fleck: Die kapitalistische Bestimmung von Ware und Arbeit, Wert und Geld

Erster Teil. Die Einheit von Warenform und Denkform

> If I understand you correctly, you mean to say
> that the transcendental subject
> is the head stamped on the back of our coins?
>
> (Walter Benjamin)[1]

Zwischen Lukács und Adornos lässt sich eine weitere erkenntniskritische Interpretation der Wertformanalyse einordnen. Es ist die marxistische Erkenntnistheorie Alfred Sohn Rethels.[2]

Während systematisch betrachtet Sohn-Rethels ‚erkenntniskritische Wendung' der Wertformanalyse eine Mittelstellung zwischen Lukács' auf Aufhebung ausgerichteter und Adornos negativ-zurückhaltender Auslegung einnahm, blieb er, in

---

[1] Frage Walter Benjamins an Alfred Sohn-Rethel, zitiert nach Alfred Sohn-Rethel: Mental and Manual Labour in Marxism. In: Paul Walton / Stuart Hall: *Situation Marx*. London/Southampton: Human Context Books 1972, S. 44–71, hier S. 55, Anm. 14.

[2] Zu Sohn-Rethels Bedeutung für die marxistische Gesellschaftskritik sei die Einschätzung von Jost Halfmann und Tillman Rexroth zitiert: „Die von der Kritik mehrfach – wir meinen zu Recht – vorgenommene Apostrophierung von *Geistige und körperliche Arbeit* als wichtigstem Buch zur marxistischen Methode seit *Geschichte und Klassenbewußtsein* […]." (Jost Halfmann / Tillman Rexroth: *Marxismus als Erkenntniskritik*. München/Wien: Hanser 1976, S. 16.)

wissenschaftlicher wie in persönlicher Hinsicht betrachtet, Außenseiter.³ Weder dem traditionellen Marxismus noch dem engeren Kreis der Kritischen Theorie noch dem

3 Adorno stand Sohn-Rethel wohlwollend und äußerst interessiert gegenüber. Allerdings hatte er wohl nur Mitte der 1930er Jahre Interesse an der eigentlichen Idee Sohn-Rethels; davor stand er ihm skeptisch gegenüber, später blieb er eher freundschaftlich verbunden, vgl. den Briefwechsel in Christoph Gödde (Hrsg.): *Theodor W. Adorno und Alfred Sohn-Rethel. Briefwechsel 1936–1969*. München: Text & Kritik 1991; dazu auch: Notizen von einem Gespräch zwischen Th. W. Adorno und A. Sohn-Rethel am 16.4.1965. In: Alfred Sohn-Rethel: *Geistige und körperliche Arbeit*. Rev. u. erg. Neuaufl. Weinheim: VCH 1989, S. 221–226 (im Folgenden *GukA 1989*). Mehr Aufschluss geben Adornos z. T. unveröffentlichte Briefwechsel mit Walter Benjamin, Siegfried Kracauer u. a., vgl. Carl Freytag: Die Sprache der Dinge. Alfred Sohn-Rethels „Zwischenexistenz" in Positano (1924–1927). In: Rudolf Heinz / Jochen Hörisch (Hrsg.): *Geld und Geltung*. Würzburg: Königshausen & Neumann 2006, S. 78–85, bes. S. 81–82. Dass es zu keiner intensiveren Zusammenarbeit mit dem Institut für Sozialforschung kam, ist wohl auf Horkheimers Vorbehalte zurückzuführen, vgl. dazu Horkheimers Briefe an Adorno vom 8.12.1936 und 27.04.1937, in Max Horkheimer: *Briefe 1913–1939. Gesammelte Schriften*, Bd. 15, Frankfurt am Main: Fischer 1995. Vgl. dazu auch Sohn-Rethels Anmerkungen in Jochen Hörisch: *Benjamin zwischen Bataille und Sohn-Rethel*. Bremen: Wassmann 1983, S. 30–31; ders.: *Kopf oder Zahl. Die Poesie des Geldes*. Frankfurt am Main: Suhrkamp 1996, S. 241 ff; ders.: Vorwort. In: Alfred Sohn-Rethel: *Das Geld, die bare Münze des Apriori*. Berlin: Wagenbach 1990, S. 7–12, bes. S. 9–10 (von Sohn-Rethel auch als „Bremer Exposé" bezeichnet, im Folgenden *Das Geld*). *Das Geld* ist eine mehrfach überarbeitete Version des bereits 1957/58 in der japanischen Zeitschrift *Shiso* veröffentlichten Beitrags „Eine Kritik der Kantschen Erkenntnistheorie". Er erschien erstmals in deutscher Sprache erst viele Jahre später und von einigen Stalin und Lenin-Zitaten bereinigt in *Neues Lotes Folum* 1(1975), S. 224–246; eine erneute Überarbeitung erschien dann unter dem endgültigen Titel *Das Geld, die bare Münze des Apriori* in Paul Mattick / Alfred Sohn-Rethel / Hellmut G. Haasis (Hrsg.): *Beiträge zur Kritik des Geldes*. Frankfurt am Main: Suhrkamp 1976, S. 35–117. *Das Geld* ist aber die letzte Fassung. Das 6. Kapitel dieser Version ist zudem vollständig als 8. Kapitel in *GukA 1989* aufgenommen worden. Sohn-Rethel hat neben Adorno auch Benjamin beeinflusst, der 1937 im Auftrag des Instituts für Sozialforschung für Sohn-Rethels Exposé „Zur kritischen Liquidierung des Apriorismus. Eine materialistische Untersuchung" (auch „Pariser Exposé) Gutachter war, vgl. das 1970er Nachwort zum Exposé in Alfred Sohn-Rethel: *Warenform und Denkform* (auch „Berliner Exposé"). Frankfurt am Main: Suhrkamp 1978, S. 90–102 (im Folgenden *Warenform und Denkform*, erneut abgedruckt in *GukA 1989*, S. 153–220). Sohn-Rethel selbst hat sich stets neu im Einschränkungen zur Frankfurter Schule gezählt, vgl. ders.: *Geistige und körperliche Arbeit*. 2. rev. u. überarb. Aufl. Frankfurt am Main: Suhrkamp 1972, S. 90–91, Anm. 24 (im Folgenden *GukA*). Allgemein zum Verhältnis zwischen Sohn-Rethel und der Frankfurter Schule vgl. Stefan Breuer: Kein Zutritt zum Grand Hotel. Sohn-Rethel und die Frankfurter Schule. In: *Merkur. Deutsche Zeitschrift für europäisches Denken* 46,4 (1992), S. 340–344; Heinz Brakemeier: Eine Assoziation freier Individuen als gesellschaftliches Gesamtsubjekt und Elemente einer gesamtwirtschaftlichen Planung in der „Marktwirtschaft". In: Jens Becker / Heinz Brakemeier (Hrsg.): *Vereinigung freier Individuen. Kritik der Tauschgesellschaft und gesellschaftliches Gesamtsubjekt bei Theodor W. Adorno*. Hamburg: VSA 2004, S. 122–199, bes. S. 129–149; sowie Jochen Hörisch: Vorwort. In: Alfred Sohn-Rethel: *Soziologische Theorie der Erkenntnis*. Frankfurt am Main: Suhrkamp 1985, S. 7–33, bes. S. 17 ff. (auch „Luzerner Exposé", im Folgenden *Soziologische Theorie*). Aufschlüsse über Sohn-Rethels Biographie im Allgemeinen gibt er selbst in dem Gespräch: Einige Unterbrechungen waren wirklich unnötig. Ein Gespräch mit Alfred Sohn-Rethel. In: Matthias Greffrath (Hrsg.): *Die Zerstörung einer Zukunft. Gespräche mit emigrierten Sozialwissenschaftlern*. Frankfurt am Main / New York: Campus 1989, S. 213–262. Zur Biographie vgl. auch Carl Freytag: Von der ‚Burg der Philosophie' in die Welt der Waren. Alfred Sohn-Rethel in Heidelberg. In: Alfred Sohn-Rethel: *Von der Analytik des Wirtschaftens zur Theorie der Volkswirtschaft. Frühe Schriften (1927–1931)*. Freiburg: ça ira 2012, S. 13–28 (im Folgenden *Frühe Schriften*); ders.: „Beobachter im Reich der Mitte". Alfred Sohn-Rethels Aufzeichnungen zur Ökonomie des deutschen Faschismus. In: Alfred Sohn-Rethel: *Industrie und Nationalsozialismus. Aufzeichnungen aus dem „Mitteleuropäischen Wirtschaftstag"*. Berlin. Wagenbach 1992, S. 7–34; Steffen Kratz: *Sohn-Rethel zur Einführung*. Hannover: SOAK 1980, S. 96–99; Oskar Negt: *h.c*. Bremen: Wassmann 1988; Rüdiger Henschel: „Eine Korrespondenz aus Ost-Berlin".

akademischen Wissenschaftsbetrieb wirklich zugehörig, entspricht Sohn-Rethels persönliches Außenseiterdasein zudem der geringen Beachtung, die seine Interpretation der Wertformanalyse gefunden hat. Obwohl sie bereits in den 1930er Jahren inspirierend auf Adorno und Benjamin gewirkt hatte, fand sie erst durch sein spät veröffentlichtes Hauptwerk *Geistige und körperliche Arbeit* (1970) eine breitere Aufnahme, und das auch nur für kurze Zeit.[4]

Zum Briefwechsel Alfred Sohn-Rethel – Ekkehard Schwarzkopf 1964–1972 [sowie die anschließenden Auszüge aus dem Briefwechsel]. In: Heinz / Hörisch (Hrsg.): *Geld und Geltung*, S. 34–77; Freytag: Die Sprache der Dinge.

4 Obwohl Sohn-Rethels Lebenswerk der „Enträtselung einer halbintuitiven Einsicht gegolten" hat, die ihm nach eigenem Bekunden bereits 1921 zuteil wurde: die „Entdeckung des Transzendentalsubjekts in der Warenform" (*GukA 1989*, S. V), fand diese Idee ihre Ausarbeitung erst 1951 (auf Grundlage des unveröffentlichten, 1950 geschriebenen englischen Exposés *Intellectual and Manual Labour*); auf Deutsch veröffentlicht wurde sie erst 1970, nämlich in der ersten Auflage von *Geistige und körperliche Arbeit*. Sohn-Rethel betrachtete das Buch als sein Hauptwerk. Erst mit der Veröffentlichung von *Geistige und körperliche Arbeit* fand Sohn-Rethels Idee auch einen breiteren Niederschlag, vor allem im Umfeld der Studentenbewegung der BRD. Das vorstehende Zitat ist dem Vorwort der revidierten und nochmals ergänzten Neuauflage von 1989, *GuKA 1989*, S. V, entnommen (die Erweiterungen ergeben sich vor allem aus der Übernahme eines Kapitels von *Das Geld*. Auch für die englische sowie für die italienische Ausgabe hat Sohn-Rethel Umformulierungen und erhebliche Erweiterungen vorgenommen). Im Anhang der 1989er Fassung sind zudem die beiden frühen Schriften „Exposé zur Theorie der funktionalen Vergesellschaftung. Ein Brief an Theodor W. Adorno (1936)" und „Zur kritischen Liquidierung des Apriorismus. Eine materialistische Untersuchung (März/April 1937)" abgedruckt. Sie erschienen zuerst in Sohn-Rethel: *Warenform und Denkform*, werden aber im Folgenden aus der leichter zugänglichen 1989er Fassung von *GukA* zitiert, S. 131–152 bzw. S. 153–220, und als *TfV* bzw. *KLA* abgekürzt. (Zur Bedeutung von *GukA* vgl. auch die Selbsteinschätzung in der Anmerkung *GuKA*, S. 145; vgl. zum Ursprung der Idee, das Transzendentalsubjekt in der Wertform zu suchen und Warenform und Denkform zu identifizieren, auch das Vorwort zu *GuKA*, S. 11–12. Die Schrift *Warenform und Denkform* geht auf einen Gastvortrag Sohn-Rethels in Ost-Berlin zurück; zuerst als Manuskript abgedruckt in *Wissenschaftliche Zeitschrift der Humboldt-Universität zu Berlin. Gesellschafts- und sprachwissenschaftliche Reihe* 10,2/3 (1961), S. 163–176. Als seine zweite große Idee hat Sohn-Rethel die „synthetische Vergesellschaftung durch die Ausbeutungs- und Aneignungslogik" bezeichnet. Sie hat vor allem die Frühschriften der 1930er Jahre bestimmt, das sind neben den zwei eben genannten Schriften vor allem die *Soziologische Theorie*. Auch wenn sich beide Ideen im gesamten Werk Sohn-Rethels wiederfinden, lässt sich eine Einteilung in Früh- und Spätschriften vornehmen (vgl. auch dazu das Vorwort von *GuKA 1989*, S V–VIII). Die Unterscheidung ergibt sich aus der Verlagerung von einer um die Tausch- und Aneignungslogik aufgebauten und eher ideologiekritisch angelegten Ausbeutungs- und Verdinglichungskritik hin zu einer (Natur-)Wissenschaftskritik und einer materialistischen Erkenntnistheorie, die um den Begriff der Realabstraktion und die Geldform der Ware zentriert ist. Zu nennen ist zudem Sohn-Rethels Faschismustheorie, entstanden 1937–1941, veröffentlicht aber erst in Alfred Sohn-Rethel: *Ökonomische Klassenstruktur des deutschen Faschismus*. Frankfurt am Main: Suhrkamp 1973; auf sie soll hier nur am Rande eingegangen werden. Die Auseinandersetzung mit Sohn-Rethel geht von der Höhe von *GukA* aus, wo Sohn-Rethel nach eigener Einschätzung den „Maßstab für die Beurteilung" seiner frühen Schriften abgegeben und dasjenige am schärfsten bestimmt hat, was in den frühen Schriften noch halb-intuitiv blieb und nur vage anwesend war (vgl. dazu die nachträgliche Anmerkung in *TfV*, S. 145). Die übrigen Schriften werden aber, ungeachtet ihrer Entstehungszeit, miteinbezogen. Zur näheren Differenzierung des Gesamtwerks siehe Halfmann / Rexroth: *Marxismus als Erkenntniskritik*, S. 11ff. Zur Übersicht über Sohn-Rethels Schriften und zur Sekundärliteratur vgl. den bibliographischen Anhang ebd., S. 165ff., sowie die von Sohn-Rethel selbst verfasste Bibliographie in: Bettina Wassmann (Hrsg.): *L'Invitation au Voyage zu Alfred Sohn-Rethel*. Bremen: Wassmann 1979; außerdem Kratz: *Sohn-Rethel zur Einführung*, S. 119ff.

Durch eine Neuinterpretation der Wertformanalyse will Sohn-Rethel sowohl die erkenntniskritischen Implikationen des Warentausches im Subjekt der Tauschhandlung bergen als auch eine Theorie der synthetischen und funktionalen Vergesellschaftung entwickeln. Dabei sollen die Konstitutionsbedingungen von reiner Vernunft und Naturwissenschaft aus dem Wert als einem rein gesellschaftlichen Verhältnis begründet werden, „rein" im Kant'schen Sinne des Wortes.[5] Streng genommen verfolgt Sohn-Rethel also nicht den gesellschaftlichen, sondern den *rein* gesellschaftlichen Charakter der Erkenntnis, wenn er die Möglichkeitsbedingungen der objektiven Geltung sowohl der Dinge und ihres Zusammenhangs als auch der Denkformen *aus ein und derselben gesellschaftlichen Form* zu begründen versucht: der Warenform. Diese Einheit von Warenform und Denkform wird, wiederum streng genommen, nicht, wie bei Adorno, als Ideologiekritik angelegt, sondern als eine materialistische Begründung von Erkenntnis und Wissenschaft jenseits der Erkenntnistheorie des Idealismus und jenseits der materialistischen Widerspiegelungstheorie des traditionellen Marxismus.

Sohn-Rethel will insbesondere dieses zentrale Dilemma in der Erkenntnistheorie: dass die Genesis des Verstandes in dessen Geltung sowohl in Kraft gesetzt wie verschwunden ist, sodass der Verstand, will er hinter den Ursprung seiner Denkweise und Kategorien kommen, sich als Resultat einer Entwicklung und Bildung verstehen muss, deren Rekonstruktion und Bestimmung er seine Geltung unhintergehbar schon voraussetzen muss – Sohn-Rethel will insbesondere dieses Dilemma nicht als solches stehen lassen.[6] Im Gegenteil, er will die Geltungsformen, und zwar sowohl die des Verstandes wie die der kapitalistischen Gesellschaft, einerseits konstruktiv in einer Bestimmung ihrer eigenen geschichtlichen und gesellschaftlichen Genesis zur Anwendung bringen und die Einheit von Erkenntnis- und Vergesellschaftungsweise begründen, andererseits will er damit den Wahrheitsbegriff einer fundamentalen Kritik unterziehen. Auf diese Weise soll der Zirkel, dass jede Theorie der Erkenntnis eben diese Erkenntnisweise und ihre Kategorien schon voraussetzen und anwenden muss, in eine wechselseitige Kritik gewendet werden. In ihr soll die wissenschaftliche Erkenntnisweise sich mit ihrem gesellschaftlichen Ursprung und ihrer geschichtlichen Gewordenheit konfrontieren; diese geschichtsmaterialistische Rekonstruktion soll die Erkenntnisformen aber auch zu einer Kritik ihres Anspruchs auf zeitlose Geltung und Wahrheit führen. In dieser Wendung des Zirkels in der Erkenntniskritik liegt der kritische, aber auch der problematische Gehalt in Sohn-Rethels „Einheit von Warenform und Denkform".

---

5 „Ich nenne alle Vorstellungen rein (im transzendentalen Verstande), in denen nichts, was zur Empfindung gehört, angetroffen wird." (Immanuel Kant: *Kritik der reinen Vernunft*. Nach der ersten und zweiten Originalausgabe. Hamburg: Meiner 2003, A 20. Im Folgenden *KdrV*.)

6 In der Philosophie ist dieses Dilemma als erkenntnistheoretischer Zirkel thematisiert worden, insbesondere von Hegel, vgl. dazu Friedrich Kümmel: *Platon und Hegel zur ontologischen Begründung des Zirkels in der Erkenntnis*. Tübingen: Niemeyer 1968.

1. (Natur-)Wissenschaftskritik.

Der weiße Fleck im Marxismus und die zwei großen Ideen Sohn-Rethels

Die Natur und die Arbeit – jene als Primat der Materie, diese als Stoffwechselprozess von Mensch und Natur sowie als zentrale Kategorie gesellschaftlicher Vermittlung – die Natur und die Arbeit blieben im ML der Mittelpunkt jeder Theorie von Erkenntnis. Sie wurden jedoch schon bei Lukács, wie im ersten Abschnitt gezeigt, aus ihrer zentralen Stellung gedrängt. Nicht nur die ganze Anlage von Lukács' Verdinglichungsaufsatz widersprach der von Lenin im Anschluss an Engels entwickelten Widerspiegelungstheorie der Erkenntnis, an zwei Stellen wurde der Widerspruch auch explizit: in der offenen Kritik an Engels und in der zwar eher beiläufigen, aber einschneidenden Behauptung, die Natur sei eine „gesellschaftliche Kategorie".[7]

Alfred Sohn-Rethel zufolge ist eine Erkenntnistheorie, insbesondere eine geschichtsmaterialistische Theorie der Formen reiner Erkenntnis und der Naturwissenschaft, nicht nur bei Marx ein weißer Fleck geblieben,[8] sondern im Marxismus überhaupt:

> Auf der einen Seite wird nichts von dem, was die Bewußtseinswelt an Phänomenen bietet, geboten hat oder noch bieten wird, anders denn in seiner Geschichtlichkeit verstanden und dialektisch als zeitgebunden gewertet. Auf der anderen Seite hingegen sind wir in den Fragen der Logik, der Mathematik und der Objektwahrheit auf den Boden zeitloser Normen gesetzt. Ist der Marxist also Materialist für die Geschichtswahrheiten, aber Idealist für die Naturwahrheit?[9]

Für die Kritik der Denkformen und des Scheins ihrer ahistorischen Geltung stellt Sohn-Rethel, wie Lukács vom Neokantianismus beeinflusst, die Marx'sche Ökonomiekritik zunächst in den Kreis Kant'scher Fragestellungen, allerdings mit einem entscheidenden Unterschied gegenüber Lukács: Während Lukács die Gespaltenheit der Gesellschaft – die sich in der Philosophie als Notwendigkeit von Antinomien

---

7 Im Vorwort zur Neuauflage von *Geschichte und Klassenbewusstsein* hebt Lukács seine damalige Leugnung der Abbildlichkeit jeder Erkenntnis hervor, besonders die Behauptung, die „Natur sei eine gesellschaftliche Kategorie" (Georg Lukács: *Geschichte und Klassenbewußtsein*. Neuwied: Luchterhand 1970 (Sonderausgabe), S. 27 (im Folgenden *GuK*); im Verdinglichungsaufsatz selbst *GuK* S. 238 (144), hier folgt auch ein Exkurs zur Kritik an Engels (*GuK* S. 240–243 (145–147)). Im Zuge der Selbstkritik nimmt er diese Leugnung zurück und kritisiert, dass *GuK* „in seiner Analyse der ökonomischen Phänomene nicht in der Arbeit, sondern bloß in komplizierten Strukturen der entwickelten Warenwirtschaft seinen Ausgangspunkt sucht" (*GuK*, S. 20). Für die Kritische Theorie hat Alfred Schmidt untersucht, inwieweit die Natur im Marx'schen Werk als gesellschaftlich vermittelte entwickelt wird. Wie Lukács will auch Alfred Schmidt der Marx'schen Konzeption folgen und den praktisch-tätigen Charakter dieser Vermittlung hervorheben. Doch auch oder gerade weil für Alfred Schmidt die vermittelnde Praxis den Ausgangspunkt bildet, setzt er die zu vermittelnde Trennung von Gesellschaft und Natur schon voraus. Dadurch muss auch Alfred Schmidts Konzeption in dem Zirkel enden, dass „so sehr alle Natur gesellschaftlich vermittelt ist, so sehr ist freilich umgekehrt die Gesellschaft als Bestandteil der Gesamtwirklichkeit naturhaft vermittelt" (Alfred Schmidt: *Der Begriff der Natur in der Lehre von Karl Marx*. Hamburg: EVA 1993, S. 77). Das reicht nicht an Sohn-Rethel heran, wenn dieser der Frage nachgeht, wie die Gesellschaft auf bewusstlose Weise durch eine reale Abstraktion genau denjenigen Unterschied zur Natur erst produziert, welcher der Gesellschaft als die eigene Grenze bewusst wird und ihr durch Wissenschaft einerseits innerlich wird, indem andererseits die Natur ein äußerlicher Gegenstand der Erfahrung und des Wissens wird.

8 *GukA*, S. 14ff., 35, 102, Anm. 31; *Das Geld*, S. 31.

9 *GukA*, S. 15ff.

bemerkbar mache – durch das Selbstbewusstsein des Proletariats in einem „identischen Subjekt-Objekt der Geschichte" aufheben will, identifiziert Sohn-Rethel das Kant'sche Transzendentalsubjekt mit der Wertform. Dadurch steht, vereinfacht gesagt, die Wertform an der Stelle des Proletariats. Das identische Subjekt-Objekt der Geschichte ist mithin nicht im Selbstbewusstsein der Ware Arbeitskraft zu finden, sondern in der Einheit von Warenform und Denkform.[10]
Wie sieht nun diese erkenntniskritische Interpretation der Wertformanalyse aus?

Im Anschluss an den Ausgangspunkt der Kant'schen Vernunftkritik sind bei Sohn-Rethel die Objektivität und der Wahrheitsanspruch naturwissenschaftlicher Erkenntnis eine Herausforderung, der sich die Gesellschaftskritik stellen muss. Und wie in Kants Vernunftkritik muss auch die Gesellschaftskritik sich der Naturwissenschaft auf *deren* Boden stellen, auf dem Boden ihrer objektiven Geltung. Die Objektivität der Geltung ist für Sohn-Rethel also, genau wie für Kant, bereits der Ausgangspunkt der Frage, *wie* diese Objektivität möglich sein kann. Unmittelbarer noch, gemäß dem oben genannten erkenntnistheoretischen Zirkel muss die rein subjektive Erkenntnis selbst die Antwort auf die Frage nach ihren Möglichkeitsbedingungen geben, und zwar so, dass sie die Objektivität ihrer subjektiven Erkenntnis immer schon und unhintergehbar *mit* dieser Erkenntnis begründen muss. (Auch hier bleibt Sohn-Rethel Kants *Kritik der reinen Vernunft* treu, deren doppeldeutiger Genitiv anzeigt, dass die Kritik *an* der reinen Vernunft sich *durch* diese vollziehen muss).

Für die Rekonstruktion der Genesis reiner Geltungsformen schließt Sohn-Rethel nun (ohne auf Lenins Widerspiegelungstheorie näher einzugehen)[11] Kants Fragen nach den Bedingungen der Möglichkeit reiner Erkenntnis, reiner Naturwissenschaft und synthetischer Urteile a priori unmittelbar an die Marx'sche Wertformanalyse an, um im Zuge einer materialistischen Kritik der Formen reiner Erkenntnis die Einheit von Warenform und Denkform im Sinne eines Begründungszusammenhangs zu entwickeln.[12] Das soll auf der einen Seite den Kant'schen Apriorismus der Subjektivität kritisch liquidieren; auf der anderen Seite gilt es jedoch, *mit* Kant bestimmte Anschauungsformen und Kategorien des Denkens aus anderen Quellen als der empirischen

---

10 Sohn-Rethel hat die Problemstellung, die ihn ein Leben lang beschäftigen sollte, bereits 1937 in einem einzigen Satz eines Exposés mit dem treffenden Titel *Zur Kritischen Liquidierung des Apriorismus. Eine materialistische Untersuchung* (*KLA*) so zusammengefasst: „Man braucht […] nur für die identische Einheit des Geldes die ‚Einheit des Selbstbewußtseins', für die synthetische Funktion des Geldes für die Tauschgesellschaft die ‚ursprünglich-synthetische Einheit der Apperzeption', für deren konstitutive Bedeutung für die kapitalistische Produktion den ‚reinen Verstand', für das Kapital selbst die ‚Vernunft', für die Warenwelt die ‚Erfahrung' und für den Warenaustausch nach Gesetzen der kapitalistischen Produktionsweise das ‚Dasein der Dinge nach Gesetzen', also die ‚Natur' einzusetzen, um aus der Analyse der kapitalistischen Verdinglichung die ganze Erkenntnisphilosophie Kants mitsamt ihren notwendigen inneren Widersprüchen nachkonstruieren zu können […]." (*KLA*, S. 163.)
11 Bereits 1936, in *TJV*, sieht Sohn-Rethel für „die Abbildtheorie keinen Platz" (*TJV*, S. 151); er belässt es in der Kritik des „ewige[n] Irrtum[s] aller Vulgärmaterialisten" bei kurzen Anmerkungen, vgl. *GukA*, S. 16; *Das Geld*, S. 21.
12 Vgl. *KLA*, S. 153, bes. S. 158ff.

Erfahrung und der sinnlich-gegenständlichen Praxis zu begründen, denn auch Sohn-Rethel zufolge können solche Denkformen hieraus nicht abgeleitet werden[13] – sie können aber auch nicht *ohne* sie begründet werden. Demnach kann die Objektivität der Denkformen einerseits nicht der Erfahrung, nicht der materiellen Natur der Dinge und nicht der Produktion und der praktischen Arbeit entspringen, sondern muss getrennt von all dem begründet werden; hier stimmt Sohn-Rethel mit Kant überein. Es gibt somit die Notwendigkeit von unableitbaren, apriorischen Anschauungsformen und Kategorien; auch hier stimmt er mit Kant überein. Andererseits kann es Sohn-Rethel zufolge, anders als bei Kant, ebenso wenig eine Begründung der objektiven Geltung dieser Formen und Kategorien *ohne* Produktion und Arbeit, *ohne* die materielle Natur und *ohne* die gesellschaftliche Vermittlung geben.

Aus der Lösung dieses Dilemmas ergibt sich der Dreh- und Angelpunkt von Sohn-Rethels gesamter Erkenntniskritik: Es ist die Abstraktion *von* der praktischen Vermittlung durch Arbeit und Produktion, es ist die reale Abstraktion *von* der materiellen Natur, *von* der stofflichen Beschaffenheit der Dinge und *von* ihrem gebrauchswertigen Nutzen, der die Denkabstraktion entspringt.[14] Die abstrakten Denkformen und ihre Reinheit gründen in einer „Realabstraktion",[15] die sich durch den Warentausch *prak-*

---

13 *GukA*, S. 62.

14 Zur Abgrenzung der Realabstraktion von der Arbeit vgl. *Das Geld*, S. 16ff.

15 Synonym mit „Realabstraktion" gebraucht Sohn-Rethel vereinzelt auch „Wertabstraktion", „Warenabstraktion", „Primärabstraktion" und vor allem „Tauschabstraktion". Weil Realabstraktion von Sohn-Rethel am stärksten betont und durch ihn geprägt wurde, wird der Begriff im Folgenden bevorzugt. (Der Begriff wurde aber nicht von Sohn-Rethel, sondern von Simmel zuerst benutzt, als „reale Abstraktion", siehe Georg Simmel: *Philosophie des Geldes. Gesamtausgabe*, Bd. 6. Frankfurt am Main: Suhrkamp 1989, S. 57.) Wo Marx selbst von „reeller" und „tatsächlicher Abstraktion" spricht, bezieht er sich in der Regel auf die Arbeit und nicht, wie Sohn-Rethel, auf die Abstraktion von den stofflichen und gebrauchswertigen Bestimmungen der Waren und auch nicht auf den Tausch, vgl. Karl Marx: Zur Kritik der politischen Ökonomie. In: *Marx-Engels-Werke (MEW)*, Bd. 13. Berlin, DDR: Dietz 1953ff., S. 3–160, hier S. 18. Sohn-Rethel hat das selbst gesehen und in seiner Abgrenzung zu Marx betont, vgl. Alfred Sohn-Rethel: *Materialistische Erkenntniskritik und Vergesellschaftung der Arbeit*. Berlin: Merve 1971, S. 22 (übersetzte und ergänzte Fassung eines Artikels für *Marxism Today* von 1965, im Folgenden *MEVA*). Er beruft sich aber auch auf Stellen im *Kapital*, in denen Marx in seinem Sinne argumentiere, etwa Karl Marx: *Das Kapital. Kritik der Politischen Ökonomie. Erster Band. MEW*, Bd. 23, S. 51–52 (im Folgenden *Kapital I*): „[...] es ist gerade die Abstraktion von ihren Gebrauchswerten, was das Austauschverhältnis der Waren augenscheinlich charakterisiert", siehe *Warenform und Denkform*, S. 113. Ungeachtet der terminologischen Vielfalt bei Sohn-Rethel bleibt entscheidend, dass die Abstraktion zwar allein im Denken existiert, aber nicht ihm, sondern dem Handeln entspringt, vgl. bes. *GukA*, S. 41–42, zur terminologischen Bestimmung des Vorganges vgl. *GukA*, S. 46–47. Die Realabstraktion im Sinne einer Gleichsetzung durch „die Tat" will Sohn-Rethel zudem unterscheiden von der „Warenabstraktion", die im Austausch der Waren an diesen vor sich geht: Die Tathandlung sei dem Warentausch „vorgeordnet", ihr entspringe der Wertbegriff, der wiederum die Vergleichbarkeit und Gleichsetzung der Waren begründe, vgl. *Warenform und Denkform*, S. 120ff. Terminologisch ähnlich unklar ist die aus der Realabstraktion entspringende „Denkform", die auch als Denkmittel, -prinzip und -begriff auftaucht und in erster Linie empirisch reines Denken im Kant'schen Sinne meint, aber bis hin zu rational-verstandesmäßigem und abstraktem, logischem Denken schlechthin reicht. Zur Kritik dieser Unklarheit vgl. Carl Freytag: Himmlisches Feuer – unwissende Nacht. Alfred Sohn-Rethel, die Vorsokratiker und der Warentausch. In: Heinz / Hörisch (Hrsg.): *Geld und Geltung*, S. 86–96, ähnlich Tobias Reichardt: Aporien der soziologischen Erkenntnistheorie Alfred Sohn-Rethels. In: Ders. / Ingo Elbe / Dieter Wolf (Hrsg.): *Gesellschaftliche Praxis*

tisch vollzieht und eine rein gesellschaftliche Synthesis durchführt: „Das Wesen der Warenabstraktion aber ist, daß sie nicht denkerzeugt ist, ihren Ursprung nicht im Denken der Menschen hat, sondern in ihrem Tun."[16] In der synthetischen Vergesellschaftung[17] durch Warentausch sollen also der Ursprung und die Genesis der reinen Geltung, welche die Resultate der Verstandestätigkeit beanspruchen können, zu finden sein, und in einer Formanalyse des Warentauschs und der Tauschabstraktion, angelegt als geschichtsmaterialistische, genetische Rekonstruktion,[18] sieht Sohn-Rethel die Möglichkeit, die verschwundene Genesis der reinen Verstandesformen zureichend begründen zu können. Doch Sohn-Rethel geht nicht nur mit Kant davon aus, *dass* reine und objektive Erkenntnis und *dass* Naturwissenschaft möglich seien, um dann über Kant hinaus durch eine formgenetische Rekonstruktion des Warentauschs den im Apriorismus des Verstandes verschwundenen, verborgenen gesellschaftlichen Grund dieser Möglichkeit zu erschließen.[19] Nach Sohn-Rethel stellt sich Kants Frage nach reiner Erkenntnis mit objektiver Geltung nicht nur angesichts der Möglichkeit einer wissenschaftlichen Erkenntnis der *Natur*, ja selbst als Frage nach den Möglichkeitsbedingungen empirisch reiner Erfahrung und von synthetischen Urteilen a priori ist sie noch nicht zureichend gestellt. Die Frage stellt sich nämlich nicht nur für diejenige Synthesis a priori, die der wissenschaftlichen

und ihre wissenschaftliche Darstellung. Beiträge zur ‚Kapital-Diskussion'. Berlin: Argument 2008, S. 241–264, bes. 255ff.; Enrik Lauer: *Literarischer Monismus. Studien zur Homologie von Sinn und Geld bei Goethe, Goux, Sohn-Rethel, Simmel und Luhmann*. St. Ingbert: Röhrig Universitätsverlag 1994, S. 97ff., 108ff. Mit der Formel „Einheit von Warenform und Denkform" lässt sich Sohn-Rethels durchgängiges Erkenntnisziel und das Programm seiner Schriften am besten zusammenfassen.

16 *GukA*, S. 41; vgl. auch *Das Geld*, S. 28ff. Formulierung wie die zitierte ziehen sich in Variationen durch fast alle Schriften.

17 Sohn-Rethel macht einen Unterschied zwischen „gesellschaftlicher Synthesis", die Vergesellschaftung überhaupt betrifft, und „synthetischer Vergesellschaftung", die spezifisch nur für Warengesellschaften gilt, vgl. dazu *GukA*, S. 61; zur „gesellschaftlichen Synthesis" vgl. *GukA*, S. 19ff. In den frühen Schriften war noch der Begriff „*funktionale* Vergesellschaftung" zentral, vgl. *Soziologische Theorie*, bes. S. 39–44 (Kap. I).

18 Sohn-Rethel konnte sich zu keiner endgültigen und eindeutigen Bestimmung seiner Methode entschließen; es findet sich hier eine ähnliche begriffliche Vielfalt und Unklarheit wie im Zusammenhang seiner beiden zentralen Begriffe „Realabstraktion" und „Denkform", vgl. dazu Halfmann / Rexroth: *Marxismus als Erkenntniskritik*, S. 14. Bereits in *TfV*, seinem ersten großen Exposé von 1936, in dem er Adorno seine methodologischen Überlegungen unterbreitet, firmiert die Methode der Kritik und der Darstellung unter „Methode genetischer Determination" und „genetische Erklärung der Erkenntnis*geltung*" (*TfV*, S. 133), unter „dialektischer Reflexionsprozeß der funktionalen Vergesellschaftung" und „Beschreibung der dialektischen Genesis der menschlichen Wesensformen […] aus dem materiellen Sein" (*TfV*, S. 146) sowie unter „dialektische Identifikation" (*TfV*, S. 152) und als nachträglicher Einschub (*TfV*, S. 144). In *GukA*, wo Sohn-Rethel die Selbstverständigungsschwierigkeiten der früheren Arbeiten überwunden zu haben meint (vgl. *TfV*, S. 144), läuft seine Methode auf die „genetische Rekonstruktion" der Denkabstraktion aus der Realabstraktion im Sinne einer geschichtsmaterialistischen Begründung der reinen Geltung der Erkenntnisformen hinaus (vgl. *GukA*, S. 56ff.). In dieser Zeit hat er sogar „formgenetische Erklärung" als „akzeptables Synonym für Dialektik" betrachtet (*MEVA*, S. 6). Durchgängig bleibt dagegen sein Anspruch, mit der Einheit von Warenform und Denkform keine bloße Analogie, sondern einen Begründungszusammenhang zu entwickeln.

19 *GukA*, S. 36.

Erkenntnis der *Natur* und überhaupt der Erfahrung zugrunde liegt, sondern genauso für die Synthesis, die der *Gesellschaft* zugrunde liegt: Wie ist *reine* Vergesellschaftung, „wie ist Vergesellschaftung in den Formen des Warentausches" möglich, also „losgelöst vom menschlichen Stoffwechselprozeß mit der Natur"?[20]
Sohn-Rethel setzt die ‚Vergesellschaftung' der Kant'schen Vernunftkritik also daran an, dass bereits die Reinheit der Form der Erkenntnis ein und dieselbe sein soll wie die Reinheit der Form der Vergesellschaftung, die Warenform. Ähnlich wie Lukács und Adorno geht es ihm aber auch darum zu zeigen, dass in der Kant'schen Philosophie eine verkehrte oder ‚falsche' Wahrheit der Gesellschaft adäquat ausgedrückt wird, und darüber hinaus geht es ihm darum, diese eigentümliche Entsprechung gesellschaftskritisch zu wenden und in der Warenform auch den Grund zu zeigen, warum bestimmte Probleme und Antinomien in der Philosophie der darin verarbeiteten Gesellschaft adäquat sind, warum etwa der Dualismus in Kants Philosophie der Spaltung der Gesellschaft entspricht, und warum der Apriorismus, den Kant in die Erkenntniskategorien legt, dem Verschwinden ihrer gesellschaftlichen Genesis adäquat ist.[21] (Eine solche Begründung der negativen Wahrheit der Hegel'schen Dialektik vermisst man dagegen bei Sohn-Rethel, und noch mehr die Kritik, die Hegel an Kants transzendentaler Logik geübt hat. Hegel wird kurzerhand vorgehalten, die ‚Wahrheit des Dualismus' im absoluten Geist immanent zur Versöhnung zu bringen und den Geist als Prozess zeitloser Wahrheit auszulegen. Laut Sohn-Rethel wird dadurch der Geist zum absoluten Ursprung, der aus sich heraus die Zeit erst gebiert, in der sich dann die Gestalten des Geistes als seine Wirklichkeit und nach seinen Gesetzen bewegen.[22] Die Unwahrheit des absoluten Geistes soll gerade darin bestehen, die Wahrheit, die im kantischen Dualismus steckt, rein philosophisch zu überwinden. Die Wahrheit dieses Dualismus – die Begrenzung der Erkenntnis durch die Notwendigkeit einer auf Erscheinungen bezogenen Verstandessynthesis einerseits, die Erkenntnisjenseitigkeit des Ding-an-sich andererseits – diese Wahrheit werde zurückgenommen, indem die Synthesis als absolute Idee so an den Anfang gesetzt wird, als sei die Wahrheit in ihr immer schon vorhanden. Es müsse dann scheinen, als seien Objekt und Subjekt und überhaupt alle (gesellschaftlichen) Widersprüche und ihre Bewegungen vorweg in die Entäußerung der Idee zurückgenommen. Hegel müsse darum wie bei Marx umgestülpt, „besser noch: um und um gekrempelt werden".[23] Gleichwohl will Sohn-Rethel die Hegel'sche Dialektik beibehalten, um den Kant'schen Dualismus in den von ihr „induzierten Boden des Geschichtsmaterialismus" einzulassen,[24] aber in direktem Anschluss an den kantischen Dualismus, d. h. ohne dessen Überbietung durch das Absolute.

20 *GukA*, S. 58 bzw. 51.
21 Zur Wahrheit des Kant'schen Dualismus für die bürgerlich-kapitalistische Gesellschaft vgl. *GukA*, S. 25 u. 31.
22 *GukA*, S. 32.
23 *GukA*, S. 33.
24 *GukA*, S. 37.

Wenn Sohn-Rethel also, genau wie Lukács, die gesellschaftliche Wahrheit der Kant'schen Vernunftkritik zeigen will: Welche Wahrheit der kapitalistischen Gesellschaft kommt in dieser Philosophie auf verkehrte, aber gerade dadurch angemessene Weise zum Ausdruck?

Anders als bei Lukács gründet die empirische Reinheit der Erkenntnis nicht im Bewusstsein einer proletarischen Produktivkraft, deren Zugang zu gesellschaftlicher Totalität allein durch Selbsterkenntnis und damit im Prinzip unabhängig von empirischen Gegebenheiten möglich ist. Bei Sohn-Rethel gründet die Reinheit der Erkenntnisformen in der gesellschaftlichen Praxis einer realen Abstraktion, die auf bewusstlose Weise einen rein gesellschaftlichen Austausch und eine rein gesellschaftliche Aneignung vollzieht. Indem es Sohn-Rethel zufolge diese Form des Austauschaktes ist, die gleichsam von sich aus die Einheit von Denken und Sein, von Denkform und Warenform herstellt, vollzieht er eine entscheidende Abkehr nicht nur von Lukács, sondern nahezu von der gesamten marxistischen Tradition: Die Allgemeinheit und die Notwendigkeit der Denkbestimmungen gründen mithin nicht in der Bestimmtheit der Materie und ihrer Aneignung durch die Arbeit, sie gründen nicht in der Produktion oder, noch weiter gefasst, in der gesellschaftlichen Praxis.[25] Mit der Realabstraktion, die Sohn-Rethel zufolge im Marx'schen Werk zwar nicht dem Begriff, wohl aber der Sache nach ständig anwesend ist, lässt sich die Abstraktionsleistung des Verstandes zwar materialistisch aus der gesellschaftlichen Praxis begründen, aber diese gesellschaftliche Praxis ist die des *Abstrahierens*, und es ist gerade die Bewusstlosigkeit dieser Praxis, die buchstäblich zu ihrem Bewusstsein kommt: Die reale Abstraktion des Warentauschs ist der Punkt, an dem das Denken sich selbst mit der gesellschaftlichen Praxis identifiziert.

Mit dieser ‚Übersetzung', die eine reale Abstraktion des Handelns unmittelbar im Denken in Kraft setzt, ist für Sohn-Rethel somit derjenige Einheitspunkt von Vergesellschaftung und Erkenntnis getroffen, an dem beide, Vergesellschaftung und Erkenntnis, als von aller Empirie gereinigte begründet werden können, ohne dass ihre Reinheit als Verstandesapriori unkritisch vorausgesetzt werden muss wie im Idealismus Kants, und ohne dass sich ihre Reinheit im Wechselverhältnis von Denken und Wirklichkeit verliert wie in der materialistischen Widerspiegelungstheorie. Im Gegensatz zum „losen Wechsel- und Spiegelungsverhältnis, wie es sich etwa bei Lukács [...] darstellt"[26], ist der Intellekt dasjenige Resultat des Warentauschs, das als das Andere der praktischen Handlung zugleich mit ihr sich identifiziert: „Die Tauschhandlung *ist* nicht Denken, aber sie hat die *Form* des Denkens."[27]

Das Zitat macht deutlich, auf welche Weise Sohn-Rethel Kants rein subjektiv gefasste Verstandessynthesis vergesellschaftet. Weil der Tauschakt die Einheit herstellt von

---

25 *Das Geld*, S. 16ff.
26 Alfred Sohn-Rethel: Anhang A. Über die notwendige Einheit der Warenanalyse. In: *GukA*, S. 228–240, hier S. 229.
27 *GukA*, S. 99; ähnl. Alfred Sohn-Rethel: Technische Intelligenz zwischen Kapitalismus und Sozialismus. In: *MEVA*, S. 42–64, hier S. 47 (im Folgenden *TI*).

bewusstlosem Handeln *und* Denken, von Warenform *und* Denkform, ist er eine subjektive *und* objektive Synthesis. Während Kant zufolge den Dingen ihre objektive Bestimmung nicht *an-sich* zukommt, sondern durch die Anschauungen und Kategorien gestiftet wird und in der Einheit des Selbstbewusstseins und des Verstandes gründet, ist bei Sohn-Rethel die objektive Geltung der Dinge und ihres Zusammenhangs ebenso der Subjektivität des Verstandes wie der Objektivität des Warentauschs geschuldet. Wo Kant die Subjektivität des Verstandes zum Maß objektiver Erkenntnis erhebt, auch wenn ihr das Material der Erkenntnis durch die empirische Erfahrung gegeben sein muss, erhebt sich Sohn-Rethel zufolge die Realabstraktion des Warentauschs im bewusstlosen Handeln *und* durch die Subjektivität des Verstandes zum Maß objektiver Geltung.

Doch Kant legt die Anschauungsformen und Kategorien nicht nur einseitig in eine rein subjektive Erkenntnis, er legt sie als „ursprünglich erworbene"[28] *immer schon* darein und rechnet sie dem Verstand als spontane Leistung zu – es gibt keinen gesellschaftlichen Ursprung und keine geschichtliche Gewordenheit des Verstandes. Dagegen sind Sohn-Rethel zufolge die Realabstraktion und die Tauschhandlung der gesellschaftliche Ursprung der Denkabstraktion und der Ort der „Vorformung" der Denkformen.[29] Aus Sohn-Rethels Sicht hat Kant somit Recht, wenn er darauf besteht, dass die Denkformen nicht empirisch aus der Erfahrung abgeleitet werden können, vielmehr umgekehrt der empirischen Erfahrung je zugrunde liegen. Aber aus Sohn-Rethels Sicht brauchen sie auch gar nicht aus der Erfahrung abgeleitet zu werden, denn die Denkformen entspringen der Abstraktion von aller Empirie durch den Tauschakt, und diese Realabstraktion wird zum Apriori des Denkens. Folgerichtig sind die Formen und Kategorien des Denkens und ihre Reinheit durch die Abstraktion von der materiellen und sinnlichen Beschaffenheit der Welt sowie durch die Abstraktion von aller praktischen Gebrauchshandlung gewonnen.

Während nun das, wovon abstrahiert wurde, dem Verstand zum Gegenstand der Identifizierung durch die reinen Formen und Kategorien des Denkens wird, muss ihm derselbe Gegenstand, wie er *außerhalb* der Erscheinung und ohne die Aneignung durch jene Formen und Kategorien ist, zum jenseitigen Kant'schen „Ding-an-sich" werden. Doch nicht nur, *wovon* abstrahiert wurde, gerät zum Ding-an-sich: Es ist laut Sohn-Rethel *der Abstraktionsvorgang selbst,* und mit ihm ist es die gesellschaftliche Genesis des abstrakten Verstandes, die in dessen Erkenntnissen verschwindet. Es handelt sich also um ein Verschwinden der Genesis *in* Geltung durch eine reale Abstraktion, die im Verstand so in Kraft gesetzt ist, dass seine Formen und Kategorien nicht nur als empirisch, sondern auch als geschichtlich reine der empirischen Erfahrung zum Apriori werden. Mit anderen Worten, die Reinheit seiner Anschauungsformen und Kategorien sowie seiner Erkenntnis gründet in einer Realabstraktion, die, um die Dinge

---

28 Immanuel Kant: *Über eine Entdeckung, nach der alle Kritik der reinen Vernunft durch eine ältere entbehrlich gemacht werden soll.* In: Ders.: *Gesammelte Schriften,* Bd. 8. Berlin/Leipzig: de Gruyter 1969, S. 221–222.
29 *GukA,* u. a. S. 22, 41, 56, 89–90, 99.

austauschbar zu machen, auf praktische und bewusstlose Weise genau die radikale Trennung von genau dem sinnlich-stofflichen Inhalt vollzieht, welcher nun vom denkenden Verstand gleichsam in der Form dieser Abstraktion nachvollzogen werden muss. Dadurch verkehrt sich der Verstand, von jeder Empirie bereinigt und von der eigenen gesellschaftlichen und geschichtlichen Genesis abgespalten, zum vereinzelten und unmittelbaren Ersten der reinen Geltung, mithin in Kants „Synthesis a priori". Da der Tausch von jeder materiell-stofflichen Beschaffenheit und von jeder Gebrauchshandlung abstrahiert, werden die Dinge zwar rein als solche identifiziert und vergesellschaftet; aber damit in Abtrennung genau dessen, was das Denken sich als Material und Inhalt geben und durch die empirisch-sinnliche Apperzeption aneignen muss – also durch eben jene reinen Formen und Kategorien, die das Denken, ohne es zu wissen, in der Realabstraktion für die Möglichkeit des Austauschs gewonnen hat.

In diesem Absehen von aller Subjektivität und Sinnlichkeit konstituiert eine rein *gesellschaftliche* Tauschabstraktion einen identischen Geltungsraum, der gleich der *natur*wissenschaftlichen Anschauung funktioniert, in der ebenfalls die Objekte durch bloße Werte entsubjektiviert und entsinnlicht gemäß ihres Selbstverhältnisses erscheinen können. Die reale Abstraktion der gesellschaftlichen Tauschhandlung behandelt somit die Dinge gleich den exakten Naturwissenschaften, nämlich als in der Zeit und im Raum mit sich identische Objekte. Und auch die Bestimmung des rein gesellschaftlichen Verhältnisses der Dinge durch bestimmte Wertgrößen entspricht dem reinen Gegenstandsbezug der Naturwissenschaft, die ebenfalls Naturqualitäten quantifiziert und Natureigenschaften durch Größenverhältnisse objektiv bestimmt. Reine Naturwissenschaft ist nach Sohn-Rethel daher aus ein und demselben Grund möglich wie eine rein funktionale und synthetische Vergesellschaftung. Oder vielmehr vollzieht der Modus der Austausch- und Aneignungslogik in den Tauschhandlungen dieselbe „Physikalität", in welcher sich die Gegenstände gemäß der naturwissenschaftlichen Anschauung befinden.[30]

Doch der Tausch ist bei Sohn-Rethel nicht nur die praktische Abstraktion von aller Gebrauchshandlung und Veränderung und führt dadurch zur realen Gleichsetzung der Dinge als rein ideeller Werte; dieselbe Logik der Abstraktion und Gleichsetzung setzt auch die tauschenden Subjekte in einen identitären Daseinsmodus. Die Logik des Tausches setzt sich zum einen im Subjekt der Tauschhandlung als „praktischer Solipsismus der Warenbesitzer"[31] fest, sie geht zum anderen dabei aber auch über die Dinge und über ihre Besitzer hinaus, denn die Tauschlogik behandelt Subjekt wie Objekt gleichermaßen als bloße Exemplare für eine synthetische Vergesellschaftung

---

30 Ausführlich zur Physikalität der Realabstraktion und zu ihrer Bedeutung für die Naturwissenschaft vgl. *GukA*, S. 57–92 (Kap. 6); *Das Geld*, S. 28ff; Alfred Sohn-Rethel: *Von der Wiedergeburt der Antike zur neuzeitlichen Naturwissenschaft*. Bremen: Wassmann 1987.
31 *GukA*, S. 64–65.

und als Produktivfunktionen für die kapitalistische Verwertung – und damit als Mittel zur Produktion des Tauschverhältnisses selbst.[32] Am Tausch macht Sohn-Rethel daher nicht nur die Einheit von Warenform und Denkform fest, sondern auch eine diese Einheit übergreifende, umfassende „Aneignungslogik", die sich qua Realabstraktion gleichsam um sich selbst drehen kann. Er untersucht die Herrschaft, welche diese Logik der Aneignung über die Produktionslogik ausübt – seiner Selbsteinschätzung nach seine „zweite große Idee" neben der Identifizierung der Wertform als Transzendentalsubjekt – in seinem ersten großen Exposé, geschrieben 1936 in Luzern und veröffentlicht 1985 unter dem Titel *Soziologische Theorie der Erkenntnis*.[33] Dieser zweiten Idee zufolge vollziehen sich Logik und Geschichte der Vergesellschaftung in den Gesetzen einer Aneignung, die ein Reflexionsverhältnis für die Ausbeutung etabliert und zeitlose Gültigkeit für sich beansprucht.

Auf Sohn-Rethels Begriff der Ausbeutung soll hier nicht näher eingegangen werden, und auch im Hinblick auf seine Kritik der Aneignungslogik soll nur festgehalten werden, dass sie, obwohl geschichtlich entsprungen, der Geltung nach zeitlos sein soll, und zwar nicht nur, weil sie von aller Veränderung abstrahiert und die Dinge als reine Werte aneignet und sie dadurch identisch hält, sondern auch, weil darin eine Art Selbstverewigung liegt. Die ursprüngliche Spaltung der Gesellschaft in Produzierende und Aneignende, laut Sohn-Rethel durch den „Sündenfall"[34] der Ausbeutung schon in den ersten Gemeinschaften entstanden, bringt auch diejenige Synthese der Aneignungslogik hervor, die durch den zeitlos-formalen Schematismus des Austauschs der Dinge als Werte eine gespaltene Gesellschaft beständig auf funktionale Weise synthetisiert.

Bereits im ersten großen Exposé von 1936 macht Sohn-Rethel also in der Aneignungslogik diejenige Realabstraktion und diejenige synthetische Form des Tausches aus, die dann in allen weiteren Schriften den Ausgangspunkt zur Begründung der Einheit von Gesellschafts- und Erkenntniskritik bildet. Es ist aber unbedingt zu beachten, dass Sohn-Rethel in beiden Ideen gerade nicht vom einfachen, ‚primären' oder ‚primitiven' Tausch ausgeht, demjenigen Tausch also, den die klassische Ökonomie und die subjektive Wertlehre ihren modelltheoretischen Annahmen und den ‚Robinsonaden' ihres homo oeconomicus zugrunde legen.[35] Ausgangspunkt ist vielmehr ein „sekundärer" Tausch, der durch das „primäre Ausbeutungsverhältnis" die Dinge in den identitären Daseinsmodus eines „affirmativen Negationsmodus der produktiven Praxis"

---

32 *TjV*, S. 150.
33 Zu Sohn-Rethels Begriff der Aneignungslogik vgl. Michael Franz: Aneignungslogik und imaginäre Bedeutung. Alfred Sohn-Rethel und Cornelius Castoriadis. In: Heinz / Hörisch: *Geld und Geltung*, S. 112–121.
34 „Aber das Wertgesetz beginnt seinen Lauf erst, wo das menschliche Arbeitsprodukt die bloße Notdurft übersteigt und zwischenmenschlicher ‚Wert' wird, und das ist die Grenzschwelle, wo Warentausch und Ausbeutung beginnen, also wo, unmarxistisch geredet, der ‚Sündenfall' der Ausbeutung anfängt […]." (*GukA*, S. 34.)
35 *GukA*, S. 142.

setzt und zum Zweck der Ausbeutung die Dinge *als* Dinge vergesellschaftet, d. h. rein als solche oder als identisch gesetzte Warenwerte.[36] Erst dieser sekundäre Tausch ist bestimmunggebend durch die Negation der produktiven Praxis. Die Negation der produktiven Praxis wird fortan zur Form der bewusstlos-praktischen, aber auch der verstandesmäßigen Identifikation der Dinge, aber so, dass das Negieren dem Verstand gerade nicht als die Möglichkeitsbedingung seiner Formen reiner Erkenntnis erscheinen kann, sondern zum erkenntnisjenseitigen Ding-an-sich wird im Sinne Kants. Das aber heißt, das Ding-an-sich ist ‚zuerst' – die gesellschaftliche Genesis der Verstandesformen selbst. Es ist daher des Weiteren zu beachten, dass es Sohn-Rethel bei der Rekonstruktion der verschwundenen Genesis der Geltungsformen nicht um eine Geltung geht, die, wie etwa Adorno nahelegt, ihre Genesis aus den materiellen Bedingungen und aus der gesellschaftlichen Praxis einfach negiert und gleichsam vergisst. Es geht um eine Geltung, die paradoxerweise genau *mit* der Negation ihrer Bedingungen und *in* der Negation ihrer Genesis in Kraft gesetzt wird, und zwar sowohl praktisch, in der objektiven Geltung der Dinge, als auch in der Form des Verstandes. Kurz, die reale Abstraktion ist die Genesis genau derjenigen Verstandesform, in die sie sich unmittelbar umsetzt und in deren Kraft sie verschwindet.[37]

36 *Soziologische Theorie*, S. 133. Der geschichtlichen Rekonstruktion der funktionalen Vergesellschaftung durch die Ausbeutungs- und Aneignungsweise ist der Abschnitt II der *Soziologischen Theorie* gewidmet (S. 45–112). Vgl. hier auch zum Begriff des „primären gesellschaftlichen Ausbeutungsverhältnisses" (*Soziologische Theorie*, S. 45ff.); zur Differenz von primitivem und sekundärem Tausch *GukA*, S. 142; zur Abgrenzung von der subjektiven Wertlehre vgl. *GukA*, S. 79; zum Unterschied von Warentausch und Gabentausch vgl. das gleichnamige Kapitel in *GukA 1989*, S. 79–83. Sohn-Rethel hat die Konsequenzen, die er aus dem Ursprung des Tauschgeschehens gezogen hat (und zwar in bewusster Abgrenzung zu Marx), später teilweise revidiert, vgl. Alfred Sohn-Rethel: Nachwort zu ‚Zur Kritischen Liquidierung des Apriorismus' (1970). In: *Warenform und Denkform*, S. 95–102. Auf das Verhältnis zwischen dem Ursprung des Warentauschs und dem Ursprung der Ausbeutung wird unten noch eingegangen.

37 Zur Adornos Aussage, Historischer Materialismus sei die „Anamnesis der Genesis", vgl. Sohn-Rethels Anmerkungen in seinem Nachwort in *Soziologische Theorie*, S. 265 (von Sohn-Rethel zitiert ebd. sowie in *GukA 1989*, S. VI). Es ist aufschlussreich, dass Sohn-Rethel, bei aller Anerkennung, ja offenen Bewunderung für Adorno, nicht umhin kommt, Adorno, wo dieser an Sohn-Rethels Ideen anzuschließen scheint, vorsichtig, aber bestimmt, zu widersprechen. So war Adorno neben Walter Benjamin zwar wohl der interessierteste Leser Sohn-Rethels aus dem Kreis des Frankfurter Instituts für Sozialforschung, und es finden sich bei Adorno auch auffallende Übereinstimmungen zu Sohn-Rethels Kritik der Warenform. Doch während Sohn-Rethel in geradezu emphatischer Weise die objektive, wissenschaftliche Geltung der Denkformen aus der gesellschaftlichen Praxis begründet, aber ausdrücklich betont, dass es sich um die Praxis der Abstraktion *von* der Arbeit und *von* der Produktion, ja sogar von der Gesellschaftlichkeit dieser Praxis handele, geht es Adorno umgekehrt um den Schaden, den die Abstraktion *von* der Gesellschaft *in* der Gesellschaft anrichtet. Besonders tragisch ist, dass Adorno Sohn-Rethel in der einzigen Erwähnung das Gegenteil dessen zugute hält, was als Kern der Sohn-Rethel'schen Kritik angesehen werden muss und ihn zumindest missverständlich auslegt, nämlich im Sinne einer objektiven Arbeitswertlehre, wenn er sagt: „Ontisch vermittelt ist nicht bloß das reine Ich durchs empirische […], sondern das transzendentale Prinzip selber, an welchem die Philosophie ihr Erstes gegenüber dem Seienden zu besitzen glaubt. Alfred Sohn-Rethel hat zuerst darauf aufmerksam gemacht, daß in ihm, der allgemeinen und notwendigen Tätigkeit des Geistes, unabdingbar gesellschaftliche Arbeit sich birgt." (Theodor W. Adorno: Negative Dialektik. In: Ders.: *Negative Dialektik. Jargon der Eigentlichkeit. Gesammelte Schriften* (GS), Bd. 6. Frankfurt am Main 1970, S. 7–412, hier S. 178 (im Folgenden *ND*).) (Die Passage trug Adorno fast wortgleich bereits 1961 in einer Vorlesung

(Treibt man Sohn-Rethels Kritik auf die Spitze, so hat Kant im Ding-an-sich das Unvermögen eines Verstandes ausgewiesen, der die Ordnung, die er in die Erscheinung bringt, nur tautologisch auf sich selbst zurückzuführen vermag. Aus Sohn-Rethels Sich *weist* Kant dieses Unvermögen im Ding-an-sich zwar *aus* – aber er führt das Unvermögen nicht darauf zurück, dass die Möglichkeitsbedingungen des Verstandes durch die Realabstraktion und die gesellschaftliche Synthesis des Warentauschs hervorgebracht werden und von diesem *getrennt* existieren. Die gesellschaftliche Synthesis des Warentauschs verschwindet, indem sie in demselben auf sich zurückgeworfenen Verstand in Kraft ist, dem sie zum Ding-an-sich wird.)

Nicht allein mit der Fixierung auf die Realabstraktion und das Tauschgeschehen setzt sich Sohn-Rethel von seinen ersten Schriften an von der marxistischen Tradition ab, sondern auch mit dem Primat der Aneignungslogik vor der Produktionslogik. Gleichwohl sucht er seine beiden großen Ideen an den Kritikbegriff der marxistischen Tradition anzuschließen und den *gesellschaftlichen* Ursprung der objektiven und subjektiven Formen der Vergesellschaftung auch *historisch* zu situieren. D. h., er versucht die scheinbar ahistorische, zeitlose und universelle Geltung der Kategorien und Formen der Ökonomie wie der Erkenntnis nicht nur, wie bislang gezeigt, als gesellschaftlich, sondern auch als geschichtlich gewordenen auszuweisen. Diese historische Rekonstruktion ergibt sich aus seiner begrifflich-systematischen Bestimmung des gesellschaftlichen Ursprungs von Warenform und Denkform, und in dieser Bestimmung nimmt er nun nicht mehr nur eine bewusste Abgrenzung vom traditionellen Marxismus vor, sondern auch von Marx selbst. Denn indem Sohn-Rethel den Umbruch in eine funktionale Vergesellschaftung mit der Form des Warentausches gleichsetzt und beide mit der ursprünglichen Spaltung naturwüchsiger Gemeinwesen durch das Ausbeutungsverhältnis anfangen lässt, setzt seine Kritik der Warenform historisch weit vor demjenigen Umbruch an, der in Marx' KdpÖ entscheidend ist, nämlich dem ‚Umbruch' des Geldes in die Form kapitalistischer Warenproduktion.[38] Bei Sohn-Rethel wird vom

vor, allerdings ohne Sohn-Rethel zu nennen, vgl. Theodor W. Adorno: *Ontologie und Dialektik. Nachgelassene Schriften*, Abt. IV, Bd. 7. Frankfurt am Main: Suhrkamp 2002, S. 329. In der *ND* heißt es ebenfalls ohne expliziten Bezug auf Sohn-Rethel bereits auf S. 22: „Ihre eigene Vernunft, welche, bewußtlos wie das Transzendentalsubjekt, durch den Tausch Identität stiftet, bleibt den Subjekten inkommensurabel, die sie auf den gleichen Nenner bringt: Subjekt als Feind des Subjekts." In eine ähnliche Richtung geht die folgende Kritik an Hegel: „Indem aber von Hegel Erzeugen und Tun nicht mehr als bloß subjektive Leistung dem Stoff gegenübergestellt sondern in den bestimmten Objekten, in der gegenständlichen Wirklichkeit aufgesucht wird, rückt Hegel dicht ans Geheimnis, das hinter der synthetischen Apperzeption sich versteckt und sie hinaushebt über die bloße willkürliche Hypostasis des abstrakten Begriffs. Das jedoch ist nichts anderes als gesellschaftliche Arbeit." (Theodor W. Adorno: Drei Studien zu Hegel. In: Ders.: *Zur Metakritik der Erkenntnistheorie. Drei Studien zu Hegel. GS*, Bd. 5. Frankfurt am Main: Suhrkamp 1971, S. 247–381, hier S. 23.) Zu Sohn-Rethels zurückhaltender Zurückweisung seiner Interpretation durch Adorno vgl. *GukA* S. 90–91, Anm. 24. Zu Sohn-Rethels Einfluss auf Adornos Identitätskritik vgl. Anke Thyen: *Negative Dialektik und Erfahrung. Zur Rationalität des Nichtidentischen bei Adorno*. Frankfurt am Main: Suhrkamp 1989, S. 185ff.

38 Konsequenterweise ist bei Sohn-Rethel für die Trennung von geistiger und körperlicher Arbeit und für die Herausbildung des Intellekts nicht diejenige Phase entscheidend, die Marx unter dem Titel „ursprüngliche

„Sündenfall" des ersten Ausbeutungsverhältnisses an ein Austausch der Dinge als Waren notwendig, und es ist dann die geschichtliche Durchsetzung und gesellschaftliche Verallgemeinerung der funktionalen Vermittlungsleistung dieser Tausch- und Aneignungslogik, die schließlich in die spezifisch kapitalistische Produktionsweise mündet. Zudem legt Sohn-Rethel in diese geschichtliche Durchsetzung und Verallgemeinerung des zeitlosen Scheins der Geltungsformen der Aneignungslogik eine Art Selbstaufhebungstendenz. In ihr kommt eine Eigentümlichkeit in Sohn-Rethels Kritik zum Zuge, nämlich eine gewisse Kritik-losigkeit. Dieser Zusammenhang zwischen der *ahistorisch-zeitlosen* Geltung der gesellschaftlichen Synthesis und der Logik der Aneignung, ihrer *geschichtlichen* Durchsetzung in der Zeit und schließlich ihrer möglichen Aufhebung in einer sozialistischen oder kommunistischen Gesellschaft ist als nächstes Thema.

2. Sohn-Rethel und das Dritte zu Lukács' emphatischer und Adornos pessimistischer Kritik der Warenform

Sohn-Rethels Einheit von Warenform und Denkform nimmt eine Mittelstellung ein zwischen Lukács' emphatischer Überbietung der Warenform durch das Selbstbewusstsein des Proletariats und Adornos zurückhaltendem Kreisen um das Nicht-Identische von warenförmiger und begriffslogischer Identifizierung. Bei Lukács, so wurde gezeigt, soll die gesellschaftliche Produktivkraft die eigene warenförmige Verdinglichung und Entfremdung durch das Selbstbewusstsein der Ware Arbeitskraft einerseits erschließen und dadurch andererseits in einer bewusst geplanten gesellschaftlichen Totalität reflexiv werden. Bei Adorno dagegen resultiert aus der warenförmigen Vermittlung eine unwahre, gewaltsam ‚positivierte' gesellschaftliche Totalität, die durch das Nicht-Identische und den nicht-aufgehenden Rest durchbrochen wird.
Bei Sohn-Rethel trifft man auf eine dritte Konzeption. Die Realabstraktion abstrahiert im Tausch von der stofflichen Beschaffenheit und vom Gebrauch der Waren und ihrer Produktion; insofern ist sie eine radikale und totale Abstraktion und negiert noch die eigene Gesellschaftlichkeit. Aber dieselbe qua Abstraktion realisierte Negation ist unmittelbar konstitutiv für die Einheit von Warenform und Denkform, und die Einheit stellt Objektivität sowohl in der Vermittlung der Gesellschaft als auch in der subjektiven Erkenntnis her. Einerseits steht somit – im Gegensatz zu Lukács und Adorno – eine rationale gesellschaftliche Objektivität nicht erst noch aus, sondern sie ist im Kapitalismus bereits vorhanden; andererseits sind die subjektiven

---

Akkumulation" untersucht, sondern der Beginn der Münzprägung in der griechischen Antike; der europäische Kapitalismus hat dann nur noch „spezifische Bedeutung" (Sohn-Rethel), vgl. Alfred Sohn-Rethel: Anhang A. Über die notwendige Einheit der Warenanalyse. In: *GukA*, S. 228–240, bes. S. 230. Diese Auffassung hat Sohn-Rethel u. a. dazu geführt, das Geld der Antike mit dem Geld der kapitalistischen Gesellschaft nahezu gleichzusetzen – obwohl die Münze in der Antike und das Geld in der kapitalistischen Gesellschaft völlig unterschiedliche Funktionen durchführen und entsprechend ein völlig unterschiedliches gesellschaftliches Verhältnis realisieren (ganz abgesehen davon, dass der geschichtliche Ursprung des Geldes nicht mit dem Ursprung der Münze gleichzusetzen ist; vgl. dazu auch Lauer: *Literarischer Monismus*, S. 199ff.).

Erkenntnisformen, die diese Objektivität realisieren, einer Praxis entsprungen, der gegenüber sie blind bleiben, sodass dem Erkenntnissubjekt sowohl die eigene gesellschaftliche Vermitteltheit und geschichtliche Gewordenheit als auch diejenige der Objektivität entgehen. Zudem ist die Realabstraktion nur in einer Vielzahl zwar identischer, aber vereinzelter Erkenntnissubjekte in Kraft, die ihren gesellschaftlichen Gesamtzusammenhang weder begreifen noch bewusst organisieren können; darum bleibt die gesellschaftliche Totalität, obwohl sie rational vermittelt wird und objektiv zur Geltung kommt, in-sich vereinzelt, zerstreut und ungeplant. Die Erkenntnissubjekte können zwar alle gleichermaßen die *Natur* objektiv-gültig erkennen, aber währenddessen bleiben sie der *gesellschaftlichen* Konstitution des eigenen Erkenntnisvermögens gegenüber ebenso bewusstlos wie seinem Funktionieren in der Gesellschaft; das Erkenntnisvermögen scheint selbst natürlich zu sein. Das Formale der Tauschhandlung wie der Erkenntnis wird ihnen zu derselben Natur, zu der auch die Objekte des Austauschs sowie der Inhalt der (natur-)wissenschaftlichen Erkenntnis werden. Oder vielmehr wird das Formale zu einer *zweiten* Natur: Zweite Natur ist der treffende Begriff für das von Sohn-Rethel entwickelte Zugleich von Erkennen und Verkennen.[39]

Trotz der Unterscheidung in erste und zweite Natur und trotz des Zugleichs von Erkennen und Verkennen zieht Sohn-Rethel die wissenschaftliche Objektivität der Naturerkenntnis aber nicht in Zweifel. Im Gegenteil, er besteht auf dem Ausgangspunkt Kants, *dass* objektive Naturerkenntnis möglich ist und die Frage sein muss, *warum* ist sie möglich ist,[40] und sie ist Sohn-Rethel zufolge möglich geworden durch die der Erkenntnis vorgängige Realabstraktion und die daraus resultierende Abspaltung des Verstandesvermögens.[41] Die Realabstraktion macht sich in der objektiven Geltung einer praktischen gesellschaftlichen Synthesis sowie in der Synthesis eines

---

39 Der Begriff der zweiten Natur ist durch Marx' Kritik geprägt, wurde aber zuerst von Hegel gebraucht. Schon bei Hegel meint der Begriff *nicht* die Entäußerung in die Natur, die Hegel zufolge das Andere-seiner-Selbst des Geistes ist. Die „erste Natur" ist bei Hegel ein Selbstverhältnis wie der Geist, aber im Unterschied zum Geist begreift sie sich selbst nicht – und genau diese Bewusst*losigkeit* eines objektiven Selbstverhältnisses ist die Idee oder der Begriff der Natur. Die „zweite Natur" ergibt sich dagegen, indem der Geist sich selbst in seiner Äußerlichkeit begreift. Sie ist die Verwirklichung seines Willens in der Gesellschaft, etwa im Recht: „Der Boden des Rechts ist überhaupt das *Geistige* und seine nähere Stelle und Ausgangspunkt der *Wille*, welcher *frei* ist, so daß die Freiheit seine Substanz und Bestimmung ausmacht und das Rechtssystem das Reich der verwirklichten Freiheit, die Welt des Geistes aus ihm selbst hervorgebracht, als eine zweite Natur, ist." (Georg Wilhelm Friedrich Hegel: *Grundlinien der Philosophie des Rechts. Werke*, Bd. 7. Frankfurt am Main: Suhrkamp 1986, S. 46.) Zu Sohn-Rethels Begriff der zweiten Natur vgl. Alfred Sohn-Rethel: Die Formcharaktere der zweiten Natur. In: Peter Brückner et al. (Hrsg.): *Das Unvermögen der Realität. Beiträge zu einer anderen materialistischen Ästhetik*. Berlin: Wagenbach 1974, S. 185–207; *Das Geld*, S. 32ff.

40 *KdrV*, B 20.

41 „Tatsächlich gibt es keinen zureichenden Grund, die objektive Realität der Verstandesbegriffe zu bezweifeln. Denn obwohl die Begriffe ‚zu uns' gehören, nämlich Gesellschaftsprodukte und nicht Naturprodukte sind, werden sie doch nicht von uns gemacht. [...] die Abstraktion, der sie entspringen, [ist] blindwirkende Funktion des Warenverkehrs, also menschlichen Tuns, nicht menschlichen Denkens. Nur ihre Reflexion ist menschliche Leistung [...]." (*Warenform und Denkform*, S. 129–130.) Ähnlich auch in *GukA*, S. 36; *KLA*, S. 203; *TfV*, S. 133ff.

abgespaltenen, vereinzelten Verstandes gegenüber den Dingen a priori geltend, und der Verstand erlangt darin sogar seine Eigenständigkeit – aber eben nicht nur gegenüber den Dingen und ihrem Zusammenhang, die Eigenständigkeit liegt auch darin, dass die gesellschaftliche Genesis des Verstandes in seiner Geltung verschwunden und abgeschnitten ist.

Auch in der Entwicklung dieser erkenntniskritischen Implikationen der Wertformanalyse unterscheidet sich Sohn-Rethel von Lukács und Adorno. Wo Lukács und Adorno die aus der Warenform gewonnene objektive Geltung der Gesellschaft wie der Natur als irrational (Lukács) bzw. als gewaltsam erzwungenen und notwendigen Schein (Adorno) kritisieren, zielt Sohn-Rethels Kritik lediglich darauf, der objektiven Geltung und ihrer Rationalität die Blindheit gegenüber der eigenen Genesis vorzuhalten und, indem eine geschichtsmaterialistische Begründung nachgetragen wird, die objektive Geltung und ihre Rationalität darüber aufzuklären, warum sie möglich sind. Die nachträgliche Begründung der Geltung ist durchaus im emphatischen Sinne auf vollständige Rationalität und Selbsttransparenz der Gesellschaft angelegt und steht hier in einer Linie mit Lukács' Idee eines identischen Subjekt-Objekts; aber die Emphase verbleibt gleichsam innerhalb des Geltungsbereichs des Transzendentalsubjekts Wertform. Die Kritik geht weder, wie bei Lukács, von einer kollektiven proletarischen Subjektivität aus, die in der gesellschaftlichen Objektivität die eigene Produktivkraft und Praxis identifizieren und dadurch eine rationale gesellschaftliche Totalität herstellen könnte, noch verweist die Kritik auf ein Nicht-Identisches, das Adorno zufolge in der Identifikation von Subjektivität und Objektivität nicht aufgeht und die Totalität durchbricht. Während Lukács vom Selbstbewusstsein der Ware Arbeitskraft die Identifikation von Subjektivität und Objektivität geradezu erwartet, und während Adorno auf die Unwahrheit begrifflicher und tauschwertiger Vermittlung von Objektivität und Subjektivität verweist, zielt Sohn-Rethel darauf, dass die „synthetische Vergesellschaftung", die sich durch die Einheit von Warenform und Denkform herstellt, durch dieselbe Einheit auch über sich selbst hinaus getrieben wird. Dadurch wird Lukács' Kritik, dass die warenförmige Kontemplation als einseitig-geistige und unproduktive Negation gesellschaftlicher Praxis erst im Selbstbewusstsein des Proletariats zur produktiven Einheit von Theorie und Praxis gelangen könne, geradezu umgekehrt. Sohn-Rethel zufolge wird bereits im Kapitalismus das kontemplative Verstandesdenken zur blinden, aber objektiv-gültigen Affirmation der gesellschaftlichen Produktivkraft, denn die Negation der materiellen und geschichtlichen Praxis bringt im abgespaltenen Verstandesvermögen diejenige kontemplative Erkenntnisweise hervor, die nicht nur der Erfahrung je zugrunde liegt, diese Erkenntnisweise wird der Gesellschaft durch die (Natur-)Wissenschaft auch zur Produktivkraft.

Dass bei Sohn-Rethel die gesellschaftliche Totalität ihre Kritik gleichsam durch die gesellschaftliche Synthesis selbst erhalten muss statt von einem proletarischen Selbstbewusstsein wie bei Lukács oder von einem nicht-identischen „Rest" wie bei Adorno, führt nun zu der oben angekündigten Kritik*losigkeit* bei Sohn-Rethel. Sie hat ihren

Ausgangspunkt in dem Versuch, Kants kritische Trennung zwischen der subjektiven Erkenntnis und dem erkenntnisjenseitigen Ding-an-sich nicht nur auf bestimmte gesellschaftliche Spaltungen zurückzuführen (real-abstrakte Tauschhandlung und empirisch reine Denkformen, Aneignungs- und Produktionslogik, geistige und körperliche Arbeit), sondern in der Synthesis dieser Spaltung auch gleich deren endgültige Überwindung zu begründen. So ist Sohn-Rethel zufolge in der Einheit von Warenform und Denkform auch die Möglichkeit eines Zusammenfallens von Subjektivität und Objektivität durch eine übergreifende Synthesis angelegt. Diese Synthesis wird sogar sowohl in die logische als auch in die historische Durchsetzungsbewegung der funktionalen Vergesellschaftung hineingelegt, denn Sohn-Rethel zufolge bringt die Einheit von Waren- und Denkform nicht nur eine synthetische Vergesellschaftung mit sich, sie setzt auch eine *totale Synthesis* durch. „Totale Synthesis" soll eine gesellschaftliche Synthesis sein, welche die Gesellschaft in ihrer *Totalität* vergesellschaftet. Sie synthetisiert also nicht mehr auf verstandesmäßig-funktionale Weise die Spaltungen der kapitalistischen Gesellschaft, vielmehr passiert es spontan und praktisch von selbst, dass die Realabstraktion nicht nur den Verstand erfasst und ihm wissenschaftliche Erkenntnis ermöglicht, sondern diese Erkenntnisweise wird wiederum für die Arbeit bestimmend und erfasst schließlich die gesamte Sphäre der Produktion. Im Zuge der Verwissenschaftlichung der Produktion nach Maßgabe der Realabstraktion soll eine Gleichheit von wissenschaftlicher Denkform und Arbeitsprozess vorangetrieben werden, bis hin zu einer „Vollvergesellschaftung der Arbeit", in der die gesellschaftliche Synthesis unmittelbar in der Produktion zum Formgesetz einer klassenlosen Vergesellschaftung wird, ohne den Umweg einer dann zur Reproduktion ohnehin weder notwendigen noch fähigen Aneignungslogik.[42]

Die wertförmige Aneignungslogik ist demnach zwar zunächst, im Kapitalismus, noch notwendig für die Entwicklung der Wissenschaft und der Produktivkräfte sowie für die Entwicklung des Widerspruchs zwischen der Aneignungslogik und dem Arbeits- und Produktionsprozess, ähnlich wie in der geschichtsphilosophischen Ausrichtung, die der ML mit dem Widerspruch von Produktivkräften und Produktionsverhältnissen vorgenommen hat. Aber die Aneignungslogik ist eben nur bis zur Vollendung eines zwar geschichtlichen, aber quasi naturwüchsigen Reifeprozesses notwendig, den Sohn-Rethel zufolge die warenförmige Synthesis allein durch ihre Verallgemeinerung und Totalisierung für die Gesellschaft besorgt. Kurzum, die Realabstraktion sorgt nicht nur, ineins mit der Spaltung der Gesellschaft, für deren funktionale Synthesis,

---

42 Vgl. *GukA*, S. 203ff., 26ff.; eine eigenständige Abhandlung gibt Sohn-Rethel in *Die ökonomische Doppelnatur des Spätkapitalismus*. Darmstadt/Neuwied: Luchterhand 1972 (im Folgenden *Doppelnatur*); vgl. dazu auch *TI*, bes. S. 50ff. Zur Kritik an Sohn-Rethels „Weg von der Wissenschaftskritik zur Affirmation" vgl. auch Norbert Kapferer: Sohn-Rethels Weg von der Wissenschaftskritik zur Affirmation. In: Heinz D. Dombrowski / Ulrich Krause / Paul Roos (Hrsg.): *Symposium Warenform und Denkform. Zur Erkenntnistheorie Sohn-Rethels*. Frankfurt am Main: Campus 1978, S. 49–65.

sondern diese *funktionale* Synthesis führt auch zu einer endgültigen Überwindung der Spaltung in Aneignungslogik und Produktion durch eine *totale* Synthesis.⁴³

43 Dieses Verständnis bestimmt auch einen wenig beachteten Theoriestrang Sohn-Rethels: seine Kritik der Ökonomie des Nationalsozialismus. Er schrieb sie 1936–41, nach seiner Emigration, stützte sich aber noch auf seine zuvor gesammelten Erfahrungen als Mitarbeiter der „Deutschen Führerbriefe" sowie als wissenschaftlicher Hilfsarbeiter des *Mitteleuropäischen Wirtschaftstags* (*MWT*). Der *MWT*, obwohl schon vor dem Nationalsozialismus gegründet, entwickelte sich zu einem wichtigen strategischen Instrument der Mitteleuropapolitik des NS. Die „Deutschen Führerbriefe" wurden dagegen, trotz ihres Namens, 1928 als „politisch-wirtschaftliche Privatkorrespondenz" ohne Bezug auf die nationalsozialistische Bewegung gegründet. Zur Kritik der Ökonomie des Faschismus vgl. Sohn-Rethel: *Ökonomie und Klassenstruktur des deutschen Faschismus*, zum *MWT* und den „Deutschen Führerbriefen" vgl. ebd. S. 31. Obwohl er die Ökonomie des NS nicht unmittelbar in den Kontext seiner beiden zentralen Ideen stellt, ist auch hier die Trennung von Produktionslogik und Aneignungslogik zentral. Am Vorabend des Faschismus sei die kapitalistische Produktionsweise durch die tayloristische Arbeitsorganisation und die Fließbandproduktion quasi sozialistisch vergesellschaftet gewesen und reif für eine sozialistische Übernahme. Der Faschismus sei nun eine Reaktion auf diese an-sich schon sozialistisch vergesellschaftete Fließproduktion, die ohne eine entsprechende sozialistische Planung die bürgerliche Aneignungslogik in eine Krise stürzen musste. Sollte die kapitalistische Aneignungslogik weiterhin Grundlage des Produzierens bleiben, konnte sie nur noch durch die konzertierte Zentralgewalt einer staatskorporatistischen Ausbeutungs- und Aneignungsweise aufrechterhalten werden. Der NS hat dafür Sohn-Rethel zufolge in der Rüstungsökonomie ein Akkumulationsregime absoluter Mehrwertschöpfung auf Grundlage der Produktion nicht-reproduktiver Werte aufgestellt, ein korporatistisches Akkumulationsregime, das die Markt- und Aneignungslogik weiterhin durchzusetzen versuchte mit der Zwangsgewalt eines totalitären Staates und der Macht der Monopole gegen die Zwangsgesetze einer durchrationalisierten, quasi vollvergesellschafteten Produktionslogik. Dieser staatskorporatistische Rüstungskeynesianismus, der den fehlenden Markt und die fehlende Kauf- und Konsumkraft (vor allem aufseiten der Bevölkerung) bei einer gewaltig gesteigerten Produktionsleistung (vor allem aufseiten der durchrationalisierten Schwerindustrie) ersetzen sollte – dieser Rüstungskeynesianismus ist Sohn-Rethel zufolge eine Reaktion auf das krisenhafte Auseinanderfallen von auf der einen Seite Betriebs- und Produktionsökonomie und auf der anderen Aneignungs- und Marktlogik, ähnlich wie der Monopolkapitalismus und der Imperialismus im Allgemeinen. Sohn-Rethel sieht im Nationalsozialismus „zweierlei gesellschaftliche Synthesis" auseinanderlaufen und nicht mehr, wie noch im reproduktionsfähigen Kapitalismus, in Richtung auf den Sozialismus zusammenlaufen. Dabei ist verhängnisvollerweise die Rüstungsproduktion nicht nur aufgrund ihrer gebrauchswertigen Bestimmung auf Zerstörung und Krieg statt auf produktive Konsumtion ausgerichtet, sondern auch, weil sie keine Tauschwerte für den Markt und für die (erweiterte) Reproduktion des Kapitals produziert und nur durch einen Krieg in Wert gesetzt werden kann. Insofern *mussten* der defizitäre Kreislauf zwischen Rüstungsindustrie und Staat durch Raub in Wert gesetzt und seine innere Krisendynamik sowie die drohende Implosion nach außen gewendet werden. Ins Umfeld dieser Thematik fällt auch ein Artikel Sohn-Rethels von 1932 in den „Führerbriefen", den er 1970 erneut abdrucken lässt – auch um Stellung zu seiner damaligen politischen Position während des NS und zu seiner Mitarbeit im *MWT* zu beziehen, vgl. Alfred Sohn-Rethel: Die soziale Rekonsolidierung des Kapitalismus (September 1932) – ein Kommentar nach 38 Jahren. In: *Kursbuch* 21 (1970), S. 17–35. Eine erste öffentliche Kritik seiner damaligen Positionen und seiner Mitarbeit hatte Sohn-Rethel zuvor aus der DDR durch den Historiker und Faschismustheoretiker Kurt Gossweiler erhalten, vgl. E. Berliner [d.i. Kurt Gossweiler]: Das monopolistische Problem der Massenbasis, die Deutschen ‚Führerbriefe' und Alfred Sohn-Rethel. Anmerkungen und Dokumentation zu einer unvollkommenen Enthüllung. In: *Blätter für deutsche und internationale Politik* 19,2 (1974), S. 154–174. Eine ähnliche Kritik kam von Detlef Hartmann: Das gewaltige Werk des Nationalsozialismus. In: *Konkret* 3 (1990), S. 44–48. Sohn-Rethel ist den Vorwürfen explizit entgegengetreten, vgl. Alfred Sohn-Rethel: „Zum Artikel von E. Berliner: Das monopolistische…". In: *Blätter für deutsche und internationale Politik* 19,12 (1974), S. 1285–1296. Zum Verhältnis von Aneignungs- und Produktionslogik vgl. *GuKA*, S. 174–227 (dritter Teil), bes. S. 186ff. u. 212ff.; *GuKA* S. 255ff. (im Anhang B), sowie die Schriften *Doppelnatur* und *TI*, S. 75–77 (=Anhang II). Ausführlich zu Sohn-Rethels Rolle im *MWT* Carl

Es finden sich in Sohn-Rethels Schriften zwar gelegentlich Hinweise auf die Notwendigkeit des Klassenkampfes und der proletarischen Organisierung; sie bleiben dem Grundzug seiner Kritik aber äußerlich. Letztlich kommt die Überwindung der kapitalistischen Gesellschaft ohne die subjektive Zutat der Partei (Lenin), ohne das Selbstbewusstsein der Produktivkraft (Lukács) und ohne die Kraft autonomer individueller Reflexion (Adorno) aus. Oder vielmehr ist das eigentliche revolutionäre Subjekt das Transzendentalsubjekt, die Wertform, denn mit ihr ist ineins mit der ursprünglichen Trennung der Aneignungslogik von der Produktionslogik auch die Form zur Überwindung dieser Trennung da. Zumindest hat die universelle und zeitlose Geltung der Aneignungslogik von Anfang an eine funktionale Verstandeslogik ergriffen, die wiederum auf die Produktion übergreift, insbesondere durch die Anwendung der Naturwissenschaft, sodass die funktionale Vergesellschaftung geradezu mit einer geschichtlichen Notwendigkeit auf eine totale gesellschaftliche Synthesis hinführt:

> Arbeit und Vergesellschaftung, die sich seit dem Ende urkommunistischer Anfangsstufen im Prozeß zunehmender Trennung entwickelt haben, drängen auf ihre Wiedervereinigung hin, mehr noch, sind de facto bereits in wiedervereinigungsfähiger Form, wenngleich in rein anonymer, unter der Erscheinung des absoluten Gegenteils verborgener Weise in den heutigen Produktionsstrukturen tätig.[44]

Der Augenblick der „Wiedervereinigung" ist gekommen, wenn die Einheit von Warenform und Denkform nicht mehr auf ihr Anderes übergreift, auf Arbeit, Natur und Produktion, sondern wenn der Unterschied von Austausch- und Aneignungslogik einerseits und Produktionslogik andererseits wegfällt. Die Gesellschaft ist dann als vollkommen von ihrer Synthesis ergriffene auch in all ihren Mitgliedern unmittelbar im Bewusstsein dieser Synthesis. Dieses ‚Selbstbewusstsein', das die Gesellschaft sich durch die totale Synthesis gibt, überwindet alle Spaltungen der kapitalistischen Gesellschaft, und der einzelne Produzent betätigt sich dann, weil der als Naturprozess organisierte Arbeitsprozess die synthetische Einheit der Gesellschaft a priori leistet, immer schon mit dem Bewusstsein eines gesellschaftlichen Gesamtarbeiters.[45]

Freytag: *Deutschlands „Drang nach Südosten". Der Mitteleuropäische Wirtschaftstag und der „Ergänzungsraum Südosteuropa" 1931–1945*. Wien: V & R Unipress 2012, S. 91–98.

44 *Doppelnatur*, S. 41.

45 Vgl. zur Idee einer gesellschaftlichen Arbeit, die „unmittelbar gesellschaftlich-synthetische Funktion besitzt" (*Doppelnatur*, S. 47) und sich nach dem Maß einer unmittelbar gegebenen Gesamtarbeit vollzieht, statt in disparate Privatarbeiten auseinanderzufallen und erst im Tausch nach Maßgabe der Realabstraktion synthetisiert zu werden, *GukA*, S. 206; *Doppelnatur*, S. 40ff.; *TT*, S. 55ff. Es lässt sich eine Linie ziehen von der Konzeption des Für-sich-Werdens gesellschaftlicher Totalität im proletarischen Klassenbewusstsein bei Lukács über den gesellschaftlichen Gesamtarbeiter bei Antonio Gramsci, Sohn-Rethel u. a. bis zum General Intellect und zur Multitude der Operaisten und Post-Operaisten um Antonio Negri / Michael Hardt, Paolo Virno u. a. Der gemeinsame Ausgangspunkt besteht in der Idealisierung einer Produktivkraft, die durch ihre kollektive Selbstobjektivierung (Lukács) oder durch ihre wissenschaftliche Entwicklung (Sohn-Rethel) oder durch ihren immateriell-kommunikativen und kreativ-schöpferischen Charakter (Negri, Hardt, Virno) eine quasi unmittelbare Vergesellschaftung leisten können soll. Ja, die kapitalistischen Produktivkräfte *sind* quasi an sich schon vollkommen (und sogar kommunistisch) vergesellschaftet, aber das ist noch nicht in entsprechenden Bewusstseinformen und Produktionsverhältnissen zu-sich gekommen und umgesetzt worden. In

Gerade *weil* also die Erkenntnis von ihrer gesellschaftlichen Gewordenheit absehen muss, mithin von den eigenen Konstitutionsbedingungen, stellt sich die Selbstbegegnung dieser Gesellschaft als Begegnung mit ihrem *Anderen* dar: der Natur. Die Erkenntnis erfährt ihre Gesellschaftlichkeit nur vermittelt über den Gegenstand, der ihr als Natur erscheinen muss, während wiederum die Natur in den reinen Geltungsformen des wissenschaftlichen Bewusstseins, obwohl eine rein *gesellschaftliche* Form, sich selbst begegnet (und hier wiederum gar nicht anders denn als bewusstlose Eigengesetzlichkeit erfahren werden kann; eben darum gilt sie *objektiv*, und darum ist Naturwissenschaft *möglich*). So sorgen rein *gesellschaftliche* Geltungsformen durch ihre Selbstverkennung für die Selbstbegegnung der *Natur*, und das solange, bis diese Trennung wegfällt und die Gesellschaft im Naturprozess sich selbst durchsichtig wird und der gesellschaftliche Reproduktionsprozess wie ein Naturprozess organisiert werden kann. Bis dahin wird der rein gesellschaftliche Stoffwechsel, der die Dinge als reine Werte identifiziert, in einen praktisch-materiellen Stoffwechsel mit der Natur ‚übersetzt', sodass die Natur in einer von aller Sinnlichkeit gereinigten Erkenntnisweise so erfahren werden kann, wie die Natur sich selbst erfahren würde: Die „Hauptleistung der geistigen Arbeit in der bürgerlichen Gesellschaft" ist die „Begegnung der Natur mit sich selbst".[46] Dass auf diese Weise die Natur zu ihrem Bewusstsein kommt, das ist bereits, wenn auch durch Verkehrung und in Verkennung: die Selbsterkenntnis der Gesellschaft.

diesen Ideen einer kommunistischen Vergesellschaftung wird letztlich unmittelbar ineins gesetzt und auf Selbstbestimmung und Selbstverwirklichung ausgerichtet, was sich im Kapitalismus in einem scheinbar vorübergehenden Widerspruch zuvor noch produktiv entwickeln muss: Produktivkraft und Produktionsverhältnis, Produktions- und Aneignungslogik, gesellschaftlicher Charakter der Arbeit und privater Charakter der Ausbeutung, Arbeitsvermögen und Produktionsmittel, öffentlicher Charakter der Sprache und der Kommunikation einerseits, ihre Territorialisierung und Blockierung durch Disziplinierung, Kontrolle, Wertgesetz andererseits (oder eben schlicht: Arbeit und Kapital). Ein weiterer gemeinsamer Ausgangspunkt besteht in der Absetzbewegung von der Führungs- und Vermittlungsrolle der Partei und des Staates sowie von deren Politik der Stellvertretung und der Vertröstung. Diese Entmachtung von Partei und Staat *muss* geradezu mit der Idee einhergehen, dass die Produktivkräfte die Gesellschaft allein aus sich heraus revolutionieren können und dass überhaupt der Kommunismus in der Selbstbestimmung der Produktivkräfte gründet und weder die Revolution noch der Kommunismus auf die Reife bestimmter Bedingungen warten oder sich durch Partei und Staat repräsentieren und (an-)führen lassen muss. Zur Multitude vgl. Michael Hardt / Antonio Negri: *Empire. Die neue Weltordnung*. Frankfurt am Main/New York: Campus 2002; dies.: *Multitude*. München: Campus 2004; Paolo Virno: *Grammatik der Multitude*. Wien: Turia & Kant 2005. Der (Post-)Operaismus beruft sich vor allem auf Passagen aus den *Grundrissen* (bes. auf das sog. Maschinenfragment, hier sind auch der General Intellect und der ideelle Gesamtarbeiter thematisch, vgl. Karl Marx: *Grundrisse der Kritik der politischen Ökonomie. MEW*, Bd. 42, S. 590–609, im Folgenden *Grundrisse*); zur Interpretation des Maschinenfragments aus post-operaistischer Perspektive vgl. auch Gerald Raunig: *Tausend Maschinen*. Wien: Turia & Kant 2008. Sie laufen auf folgendes hinaus: „[der Arbeiter, F.E.] tritt neben den Produktionsprozess, statt sein Hauptagent zu sein." (Ebd., S. 601.) Im *Kapital* hat die marxistische Diskussion vor allem dort Andeutungen auf den Kommunismus gesehen, wo Marx von einer *unmittelbar gesellschaftlichen* Produktion und einer assoziativen Vereinigung freier Individuen und Produzenten spricht, vor allem in *Kapital I*, S. 92 u. Karl Marx: *Das Kapital. Kritik der politischen Ökonomie. Erster Band*. Hamburg 1867. *Marx-Engels-Gesamtausgabe (MEGA)* II/5. Berlin: Dietz 1975–1993 / Akademie 1998ff., S. 45 (im Folgenden *MEGA* II/5), vgl. auch Karl Marx: Der Bürgerkrieg in Frankreich. In: *MEW*, Bd. 17, S. 313–365, hier S. 336.
46 *GukA*, S. 169.

Wenn Lukács' Idee des Kommunismus im II. Abschnitt auf die Formel gebracht werden konnte, dass die besondere Ware Arbeitskraft das Totalitätsbewusstsein der universellen Ware Geld erlangen müsste, um die eigene Produktivkraft zu verwerten, so kann die Idee eines Kommunismus nach Sohn-Rethel auf die Formel gebracht werden, dass die funktionale gesellschaftliche Synthesis, die im Verstand abgespalten-vereinzelt bleibt und die im Warentausch blind-naturwüchsig funktioniert, dass diese funktionale Synthesis im Kommunismus zur Produktivkraft einer gesamtgesellschaftlichen Synthesis werden muss, um die Produktion zu jenem Naturprozess machen, der auf bewusste Weise einer vordem aus der Negation der Gesellschaft gewonnenen und von ihr abgetrennten Natur sowie dem Wissen von ihr galt. Somit hängt zwar bei beiden, bei Lukács wie bei Sohn-Rethel, die Idee des Kommunismus daran, dass die universelle Geltung der Warenform zu Bewusstsein kommt. Aber bei Lukács liegen Allgemeinheit und Totalität letztlich in der gesellschaftlichen Bestimmung und der geschichtlichen Kraft der Arbeit und der Produktion, auch wenn diese keine rationale Allgemeinheit und Totalität durchsetzen können, solange die Arbeit nicht durch die Warenform im Selbstbewusstsein der Ware Arbeitskraft reflexiv wird. Dagegen liegen Allgemeinheit und Totalität bei Sohn-Rethel ausdrücklich nicht in der Arbeit, und die Durchsetzung von Allgemeinheit und Totalität wird ausdrücklich nicht dadurch möglich, dass die Warenform im Selbstbewusstsein der Ware Arbeitskraft reflexiv wird und in eine bewusste gesellschaftliche Planung der Arbeit und der Produktion umschlägt. Vielmehr ist die Warenform bereits im Kapitalismus in Form des Denkens und des Verstandes in Kraft. Die Einheit von Warenform und Denkform braucht nicht mehr in einer besonderen Ware reflexiv zu werden, sie setzt vielmehr quasi naturwüchsig ihre Logik über den Verstand und die Naturwissenschaft auch in der Produktion durch, bis hin zu einer gesamtgesellschaftlichen Synthesis. Die Durchsetzung ähnelt eher der von Adorno und Horkheimer beschriebenen *Dialektik der Aufklärung*, allerdings mit dem entscheidenden Unterschied, dass genau das, was Adorno und Horkheimer als verhängnisvolle Durchsetzungsgeschichte der Tauschlogik und der von ihr gebildeten Formen des Bewusstseins und der Rationalität auslegen, bei Sohn-Rethel umgekehrt zur Erfolgsgeschichte wird, nämlich zur Selbstaufhebung der gesellschaftlichen Spaltungen und Widersprüche durch die Verallgemeinerung und Totalisierung der Form ihrer gesellschaftlichen Synthesis – gegen den Pessimismus der Kritischen Theorie setzt Sohn-Rethel ein Fortschrittsdenken, das er wiederum mit Lukács teilt.

Sohn-Rethel ist also weit entfernt davon, die ‚Totalisierung' des Tauschwerts und die Durchsetzungsgeschichte der Warenform als ein Verhängnis auszulegen, wie Adorno das getan hat, aber ebenso ist Sohn-Rethel weit entfernt davon zu erwarten, dass für die Verwirklichung einer rationalen Totalität die warenförmige Vermittlung der Arbeit im Selbstbewusstsein der besonderen Ware Arbeitskraft bewusst und reflexiv werden muss. Er will weder die Selbstidentifikation der Totalität ins Bewusstsein des Proletariats bringen noch will er die Gewaltsamkeit des Identifikationsprozess zu Bewusstsein bringen durch das, was diesem Identifikationsprozess entgeht. Er will zeigen, dass die

Warenform, auch *ohne* dass auf sie reflektiert wird, für die wissenschaftliche Form der Affirmation dessen sorgt, was sie praktisch negiert, und es ist die Bewusstlosigkeit des Verstandes gegenüber der universellen Geltung einer quasi auf den Sozialismus ausgerichteten Warenform, die Sohn-Rethel zu Bewusstsein bringen will.

3. Sohn-Rethels Abweichungen von Marx' *Kapital*

Indem Sohn-Rethel dem Aneignungs- und Tauschgeschehen eine umfassende Bedeutung gibt und allein daraus die Formen der reinen Vernunft und der Rationalität entwickeln will, entgeht er dem Substanzialismus und Essenzialismus der objektiven Arbeitswertlehre, die innerhalb des Marxismus vor allem der Marxismus-Leninismus verfochten hat, und er entgeht auch den Konsequenzen, die hier aus der objektiven Arbeitswertlehre für die Ökonomie, die Politik und die Erkenntnistheorie gezogen wurden. Sohn-Rethels Fixierung auf die Aneignungs- und Tauschlogik zwingt ihn allerdings dazu, Abweichungen nicht nur gegenüber dem Marxismus, sondern auch gegenüber Marx selbst geltend zu machen, vor allem in Bezug auf den Begriff der abstrakten Arbeit. Sohn-Rethel hat das nicht nur selbst gesehen und ist in bewusster, wenn auch vorsichtiger Abgrenzung zu Marx vorgegangen; er meint auch, „gewisse Unklarheiten" bei Marx selbst zu finden, insbesondere im „Verhältnis von Wertform und Wertsubstanz".[47] So habe Marx eine „kurzschlüssige Verknüpfung der Wertform mit der abstrakten Arbeit" vorgenommen, und darüber „mußten ihm die erkenntniskritischen Implikationen der Abstraktion verschlossen bleiben".[48] Außerdem trete die Arbeitswertproblematik bei Marx „in doppelter Gestalt auf, in der Gestalt einer Wesenslogik und in der einer Funktionslogik".[49] Um nun einerseits die erkenntniskritischen Implikationen – und zwar im Sinne der genannten Funktionslogik – allein aus dem warenförmigen Tauschgeschehen und unabhängig von der Arbeit entwickeln und dem Tausch sogar logische Priorität einräumen zu können und um andererseits die Arbeit weiterhin als das (chrono-)logisch Erste im Sinne einer notwendigen Vermittlung mit der Natur aufrechtzuerhalten (nicht zuletzt gegen die subjektive Wertlehre),[50] nimmt Sohn-Rethel einen folgenschweren Einschnitt vor: Er trennt die Wertsubstanz und Wertgröße von der Wertform.

> Wert, Wertgröße und Wertform stammen aus verschiedenen Quellen. Den Wert gibt ihnen die Arbeit, aber nur, indem sie, in Auswirkung der Realabstraktion des Austauschs, in ihrer wertschaffenden Eigenschaft ihrerseits die rein gesellschaftliche Qualität „abstrakt menschlicher Arbeit" annimmt.

47 *Das Geld*, S. 31.
48 *Das Geld*, S. 31.
49 Alfred Sohn-Rethel: Anhang I, Notizen zur Kritik der Marxschen Warenanalyse. In: *MEVA*, S. 65–74, hier S. 69. Vgl. dazu auch die Selbstkritik in *GukA*, S. 232, 238.
50 Eine eigenständige, historisch-materialistisch motivierte Kritik der Grenznutzentheorie hat Sohn-Rethel in seiner Dissertation von 1928 vorgelegt (sie ging erst 1936 in Druck), vgl. Alfred Sohn-Rethel: *Von der Analytik des Wirtschaftens zur Theorie der Volkswirtschaft. Methodologische Untersuchung mit besonderem Bezug auf die Theorie Schumpeters*. Emsdetten: Lechte 1936 (erneut abgedruckt in *Frühe Schriften*, S. 41–150; sowie unvollständig als Anhang in *Warenform und Denkform*, S. 143–252).

Die Wertform reduziert sich auf die Realabstraktion des Austauschs, welche allein dem Warentausch seine gesellschaftlich-synthetische Wirksamkeit verleiht, also den „Privataustausch der individuellen Arbeitsprodukte" überhaupt erst befähigt, den ‚Zusammenhang der gesellschaftlichen Arbeit geltend zu machen'. Der Austauschprozeß bringt somit die Wertform der Ware hervor; die Arbeit hingegen bestimmt, nach Maßgabe der gesellschaftlich notwendigen durchschnittlich auf die Waren verwandten Arbeitszeit, ihre *Wertgröße*. Diese getrennte Herleitung der Wertform aus der Tausch- bzw. Realabstraktion ist fundamental; an ihr ist unbedingt festzuhalten.[51]

Sohn-Rethel räumt der Wertform hier mehr als nur einen logischen Primat ein, er räumt ihr auch Autonomie gegenüber der Wertsubstanz und -größe ein. Dieser Trennung zufolge entspringt die Substanz des Werts zwar dem praktischen Verhältnis der Menschen zur Natur und zu den Dingen. Die Tauschabstraktion dagegen kann nicht der dinglichen Natur der Waren entspringen, weder ihrer „Natur als Gebrauchswerte noch ihrer Natur als Arbeitsprodukte".[52] Sie ist ein *rein relationales* Verhältnis nur zwischen Menschen sowie zwischen den Dingen als Waren,[53] und dadurch ist die Form des Werts, im Gegensatz zu seiner Substanz, die rein gesellschaftliche Synthesis nur zwischen den Menschen und ihrem Aneignungs- und Ausbeutungszusammenhang.[54]

Sohn-Rethel geht somit nicht, wie in der Marx-Interpretation üblich, von der gesellschaftlichen Bestimmung der in den Waren verendlichten und dargestellten Arbeit aus, d. h. er entwickelt die Notwendigkeit des Austauschs und die Form allgemeiner Austauschbarkeit nicht aus der Produktion, der Arbeitsteilung und der gesellschaftlichen Bestimmung der Arbeit. Ebensowenig entwickelt er den Wert aus der Verwertung von Arbeit und Kapital und aus der Kapitalform des Geldes. Er gesteht zwar zu, dass Marx den Nexus der Vergesellschaftung auf die Arbeit ausrichte, besteht aber darauf, dass die Arbeit nicht von sich aus allgemein sei und dadurch diejenige identische Qualität bilde, auf der die gesellschaftliche Synthesis beruhe. Die Gesellschaft sei kein Arbeits-, sondern ein Tausch- und Aneignungszusammenhang, und die Arbeit könne sich auch nicht selber „abstraktifizieren" und allgemein machen.[55] Kurzum, es

---

51 *Das Geld*, S. 30–31. Ähnlich eindeutig auch in *Warenform und Denkform*, S. 122 sowie S. 113–116 (Kap. 6); *MEVA*, S. 37–38. Am deutlichsten hat Sohn-Rethel „die tiefste der Diskrepanzen" zu Marx in drei Anhängen ausgeführt, nämlich in *MEVA*, Anhang I, S. 65–74 und in den Anhängen der 1. und 2. Aufl. von *GukA*, vgl. ders.: Anhang A. Zur Kritik der Marxschen Warenanalyse. In: *GukA*, Frankfurt am Main: Suhrkamp 1970, S. 183–193 (1. Aufl.); ders.: Anhang A. Die notwendige Einheit der Warenanalyse. In: *GukA*, S. 228–240 (2. Aufl., Sohn-Rethel korrigiert hier z. T. explizit seine in *MEVA* und in der 1. Aufl. von *GukA* geäußerte Marx-Kritik).

52 *Warenform und Denkform*, S. 114.

53 *Warenform und Denkform*, S. 114.

54 Sohn-Rethel weist in nahezu allen Schriften darauf hin, dass die Realabstraktion nicht der Arbeit und nicht der Produktion entspringt. Am ausführlichsten in den drei erwähnten Anhängen von *MEVA* und der 1. und 2. Aufl. von *GukA* (siehe Anm. 51).

55 „Die Arbeit abstraktifiziert sich nicht selber. Der Sitz der Abstraktion liegt außerhalb der Arbeit in der bestimmten gesellschaftlichen Verkehrsform des Austauschverhältnisses. Freilich gilt der Marxschen Auffassung gemäß auch das Umgekehrte, daß auch das Austauschverhältnis nicht sich selbst abstrahiert. Es abstrahiert, oder sagen wir, es abstraktifiziert die Arbeit." (*GukA*, S. 46.) Vgl. auch *GukA*, S. 76–81 (Kap. e.) *Der Wertbegriff*). Sohn-Rethel betont immer wieder: „Halten wir also fest, die Arbeit spielt keine

könne „der Wertform der Waren keine inhärente Beziehung auf die Arbeit"[56] zuerkannt werden.

Mehr noch, Sohn-Rethel kehrt die gängige Interpretation geradezu um. Bei Sohn-Rethel zwingt die Wertform als Formbestimmung a priori ihre Logik sowohl der Produktion als auch deren Resultaten geradezu auf, sodass *darum* die Arbeit den Charakter einer abstrakt-allgemeinen Wertsubstanz erhält. Die Arbeit erhält ihre allgemeine gesellschaftliche Bestimmung durch eine Form, die von der Arbeit nicht nur je abstrahiert hat, sondern ihr umgekehrt a priori zugrunde liegt. Auch wenn die Form außerhalb der Produktion und der Arbeit liegt, und auch wenn sie die Produkte der Arbeit erst ex post, erst im Austausch, realisiert (realisiert durch den praktischen Austausch, aber auch im Verstand der Austauschenden), so werden gleichwohl die Arbeit und die Produktion von der Logik der Warenform und von ihrem Totalitätsanspruch geradezu beherrscht. Die Arbeit erhält ihre allgemeine Bestimmung erst im Durchgang durch den gesellschaftlichen Nexus der reinen Vergesellschaftungsform des Warentauschs sowie nach den Gesetzen der Aneignung und zum Zwecke der Ausbeutung, sie erhält ihren Charakter als abstrakte Arbeit erst „in deren Formcharakter übersetzt".[57] Für Sohn-Rethel ist diese gesellschaftliche Synthese für die Realisierung der Arbeit, obwohl die Realisierung zeitlich gesehen gleichsam erst nach getaner Arbeit stattfindet, eine Synthese a priori wie bei Kant die Denkform für die empirische Mannigfaltigkeit.

Doch trotz ihres Gegensatzes gehen die objektive Arbeitswertlehre und Sohn-Rethel gemeinsam am kritischen Gehalt der Marx'schen Entwicklung des Werts vorbei. Marx geht in der Entwicklung des Abstrakt-Allgemeinen und Objektiven der Ökonomie gerade nicht, wie in der Kritik an Lukács ausführlich gezeigt wurde, von einer Arbeit aus, die allein aus sich heraus Wert produziert und eine gesellschaftliche Substanz bildet. Er geht von der *kapitalistischen Bestimmung* der Arbeit aus, und diese ist wiederum nicht zu trennen von ihrer Verwertung durch die Kapitalform des Geldes einerseits und vom Maß dieser Verwertung andererseits. Damit die Arbeit als Wert realisierbar und quantifizierbar wird, müssen ihre Resultate durch das Geld auf eine maßgebliche Werteinheit bezogen werden, und der Tausch, der Sohn-Rethels „realer Abstraktion" zufolge Ort und Zeitpunkt des Ursprungs des Werts sein soll, ist lediglich in *empirischer* Hinsicht der Ort und der Zeitpunkt, an dem durch die Realisierung der Warenwerte auch die Arbeiten an diese maßgebliche Einheit gehalten und ins Verhältnis

---

konstitutive Rolle in der gesellschaftlichen Synthese vermittels des Warentauschs. Im Funktionszusammenhang des Marktes herrscht nicht die abstrakte Arbeit, sondern die Abstraktion von der Arbeit." (Sohn-Rethel: Anhang I, S. 70.)

56 Ebd., S. 76–77.

57 *Das Geld*, S. 32. Vgl. auch *Das Geld*, S. 30–31, bzw. S. 49: „Die Tauschabstraktion entspringt nicht der Arbeit […], vielmehr muß die Arbeit erst von der unabhängig von ihr verursachten Realabstraktion erfaßt werden, um als ‚abstrakt menschliche' Arbeit nach den gesellschaftlichen Durchschnittsmaßen der Konkurrenz die Größe der Warenwerte und somit auch den vom Kapital angeeigneten Mehrwert zu bestimmen."

gesetzt werden. Auch wenn das Geld die Waren erst durch seine Tauschmittelfunktion auf *praktische* Weise an eine maßgebliche Einheit hält, und auch wenn es die Arbeiten erst in Form des Austauschs ihrer Resultate auf praktische Weise als Werte realisiert und in ein gesellschaftliches Verhältnis setzt: Logisch-systematisch betrachtet sind die Waren und die Arbeiten im Kapitalismus durch das Geld immer schon dieser Realisierung durch eine ideelle Einheit ausgesetzt, und sie sind auf spekulative Weise immer schon an eine maßgebliche Einheit gehalten und in ein identisches gesellschaftliches Verhältnis gesetzt.

Sohn-Rethel indes entgeht, dass das rein gesellschaftliche Verhältnis durch das Maß statt durch eine reale Abstraktion konstituiert wird. Abgesehen davon, dass bei ihm die Maßfunktion des Geldes und insbesondere dessen Kapitalform fast vollständig außen vor bleiben (mithin Marx' eigentliche Entwicklung der Wertsubstanz, wie in Teil II zu zeigen sein wird), entgeht ihm, dass Marx in der Wertformanalyse keine Logik des Warentauschs entwickelt, sondern die ‚erste' Voraussetzung für die Empirie der kapitalistischen Gesellschaft, diejenige Voraussetzung, die für die Form der Identifikation der Arbeitsprodukte als Werte und für die empirische Realisierung der Wertsubstanz durch den Austausch unbedingt notwendig ist. Sohn-Rethels Abweichungen von Marx und seine materialistische Erkenntnistheorie sind geradezu die Konsequenz daraus, dass Sohn-Rethel die Bedeutung dieser ‚vor'-empirischen oder nicht-empirischen Ebene entgeht – und das, obwohl er doch auf der Suche nach dem Ursprung nicht-empirischer, reiner Geltung ist und obwohl er doch den Kant'schen Apriorismus der Subjektivität auf die Form gesellschaftlicher Vermittlung zurückführen will. Er übergeht also ausgerechnet diejenige vor- oder nicht-empirische Dimension, die Marx in der Wertformanalyse auf logisch-kategoriale Weise entwickelt und an den Anfang des *Kapitals* stellt. Er begreift nicht, dass die Wertformanalyse diejenige ausgeschlossene Geldware einholt, die für eine maßgebliche Einheit stehen muss, damit alle Waren, und mit ihnen das empirische Dasein, ein und dieselbe ideelle Werteinheit auf quantitative Weise teilen und *darum* ein empirisch reines Verhältnis eingehen. Stattdessen legt er die Wertformanalyse wie ein *empirisches Tauschgeschehen* aus,[58] und dieses Tauschgeschehen wird wiederum wie eine Art Ursprungsszene ausgelegt, in der, wie oben gezeigt, von allem natürlichen und auch vom gesellschaftlichen Dasein so abstrahiert wird, dass dieser Abstraktion das nicht-empirische, rein gesellschaftliche Wertverhältnis entspringt. Weil Sohn-Rethel die Bedeutung des nicht-empirischen Status der Wertformanalyse verkennt, entgeht ihm nicht nur, dass Marx darin auf rein logisch-kategoriale Weise die Notwendigkeit des Geldes und die Fixierung einer

---

58 Diese Interpretation ist, wie mehrfach u. a. in Abschnitt I betont, bis heute weit verbreitet. Sie beginnt bei den ersten Vorreitern, die bereits in den 1920er Jahren die Wertformanalyse und den Zusammenhang von Arbeit, Ware und Wert untersuchten (die Interpretationen der Uno-Schule in Japan, Isaak Iljitsch Rubins Studien oder auch Lukács' Verdinglichungsaufsatz; auch Sohn-Rethel selbst gehört dazu). Bis heute durchziehen die verschiedenen Interpretationen zwei Verkürzungen: Marx' Wertformanalyse wird nicht als rein logische Analyse des quantitativen Verhältnisses zweier Größen interpretiert, sondern als Analyse des Austauschs zweier Waren, und das Geld wird nicht als Maß, sondern als Tauschmittel eingeführt.

nicht-empirischen, übersinnlich-ideellen Werteinheit einholt. Ihm entgeht auch, dass mit dem Geld die Möglichkeit gegeben ist, über die Waren auch all die konkreten Arbeiten statt durch eine Abstraktion durch ein Maß in ein identisches und rein gesellschaftliches Verhältnis zu setzen und die empirisch reine Wertsubstanz „abstrakten Arbeit" zu bilden.

Wo Sohn-Rethel Substanz und Form des Werts bewusst so trennt, dass die Wertform der Arbeit äußerlich bleibt, bestimmt Marx den Wert durch die Kritik, dass der Wert *weder* unmittelbar der Arbeit *noch* dem Warentausch entspringt. Er entspringt auch nicht dem Verhältnis von Arbeit und Ware – er entspringt der *Vermittlung* dieses Verhältnisses durch das Geld. Auch Marx trennt also Substanz und Form des Werts, Arbeit und Ware, aber es ist das Geld, dass diese Trennung durchführt und dadurch, ineins, Vermittlung von Substanz und Form ist. Nur über die Entwicklung des Geldes und seine trennende Vermittlung kann somit das Verhältnis von Wertform und Wertsubstanz einer Klärung zugeführt werden, und dafür müssen zunächst seine ersten beiden Funktionen als Maß des Werts und Mittel seiner Realisierung auseinandergehalten werden. (Beide Funktionen müssen dann wiederum in die Kapitalbewegung des Geldes zurückgenommen werden, und dadurch müssen auch Substanz und Form des Werts in seine *Verwertung* zurückgenommen werden; aber diese Entwicklung steht erst im Anschluss an Sohn-Rethel in Teil II an). So ist bei Marx der Wert, den das Geld in seiner zweiten Funktion als Tauschmittel in Form des Austauschens und Zirkulierens der Waren realisiert, anders als bei Sohn-Rethel explizit ein notwendiger *Schein*, weil die Zirkulation die Waren, erstens, als „Produkte von Kapitalen"[59] realisiert (statt ein bloßer Austausch zu sein), und weil zweitens in den Werten der Waren die produktive Kraft ihrer Produktion realisiert wird, und weil drittens der Austausch der Waren gegen Geld die Rückkehr des in die Warenproduktion ausgelegten Geldes ist. Sohn-Rethels Auslegung kehrt diese Kritik geradezu um. Bei ihm sollen die Realabstraktion des Tauschakts und die Aneignungslogik des Warentauschs geradezu konstitutiv sein für *den Schein der abstrakten Arbeit* als Substanz des Werts, und gegen diesen Schein wird wiederum das Tausch- und Zirkulationsgeschehen als autonome Sphäre mit logischer Priorität und geschichtsmächtiger Kraft festgehalten.[60] Eine „abstraktifizierte" Arbeit und eine Wertsubstanz sind demnach nur eine Art Unterstellung, die durch die faktische Gleichsetzung der Waren im Tausch erst erzeugt wird und allein in der Vorstellung des Subjekts Realität haben.[61] Der Begriff der abstrakten Arbeit kann daher für

---

59 Karl Marx: *Das Kapital. Kritik der Politischen Ökonomie. Dritter Band. MEW*, Bd. 25, S. 184 (im Folgenden *Kapital III*).
60 *GukA*, S. 100.
61 Helmut Brentel zufolge entwickelt Sohn-Rethel daher eine „eigentümliche Kompromißformel zwischen marxscher und subjektiver Werttheorie" (Helmut Brentel: *Soziale Form und ökonomisches Objekt. Studien zum Gegenstands- und Methodenverständnis der Kritik der politischen Ökonomie*. Opladen: VS 1989, S. 131). Ähnlich die Einschätzung von Diethard Behrens: Erkenntnis und Ökonomiekritik. Eine Auseinandersetzung mit neueren Ansätzen der Marx-Interpretation. In: Ders. (Hrsg.): *Gesellschaft und Erkenntnis. Zur materialistischen Erkenntnis und Ökonomiekritik*. Freiburg: ça ira 1993, S. 129–163, hier S. 137. Sohn-Rethel selbst hat die

Sohn-Rethel außerhalb einer rein subjektiven Vorstellung keine weitergehende Bedeutung haben. Konsequenterweise wird er als ein dem „Hegelschen Erbe geschuldeter Fetischbegriff"[62] abgetan.

Dass Sohn-Rethel die Wertform radikal von der Wertsubstanz trennt und die Form zum Apriori der gesellschaftlichen Synthesis erhebt, hängt unmittelbar mit seiner oben bereits kurz angesprochenen zweiten Idee zusammen, der Idee, dass Mensch und Natur gleichermaßen synthetisch nach dem Gesetz der Aneignungslogik zum Zweck der Ausbeutung vergesellschaftet werden. Anders als nach Sohn-Rethels Auffassung Marx das angelegt habe, soll nicht der Tausch, sondern die Ausbeutung der Ursprung der Warenform sein.[63] Bei Sohn-Rethel ist die Ausbeutung das historisch Erste im Sinne einer ursprünglichen Spaltung der naturwüchsigen Gemeinwesen, einer Spaltung, durch welche die unmittelbare Identität von Produktion und Konsumtion

subjektive Werttheorie zwar ausdrücklich kritisiert und dieser Kritik sogar seine Dissertation gewidmet. Er hat die subjektive Wertlehre aber stets nur dafür kritisiert, den Tausch eben nicht als praktische *Handlung* zu verfolgen, sondern ihn restlos auf die wirtschaftliche Rationalität eines ökonomischen Einzelsubjekts zurückzuführen und so die gesellschaftliche und empirische Dimension des Tauschverkehrs auszulöschen (vgl. *GukA*, S. 79, sowie ausführlich Alfred Sohn-Rethel: Von der Analytik des Wirtschaftens zur Theorie der Volkswirtschaft. In: *Warenform und Denkform*, S. 143–252, sowie in *Frühe Schriften*, S. 41–150). Da Sohn-Rethel seinen Wertbegriff von der objektiven Arbeitswertlehre abgrenzt, aber auch von der subjektiven Wertlehre, kann exakter statt von einer Kompromissformel zwischen Marx'schem und subjektivem Wertbegriff, wie bei Brentel vorschlägt, von einem *synthetischen* Wertbegriff gesprochen werden. „Synthetisch" wird zudem seinem kantischen Ausgangspunkt gerecht sowie dem Versuch, eine Einheit von Warenform und Denkform zu begründen. Auf den synthetischen Wertbegriff wird unten noch näher eingegangen.
62 Sohn-Rethel: Anhang I, S. 70; siehe dort auch zum Begriff der abstrakten Arbeit. Genau genommen hat die abstrakte Arbeit bei Sohn-Rethel zwei unterschiedliche Bedeutungen, die unvermittelt nebeneinander stehen und die beide nicht Marx' Begriff der abstrakten Arbeit treffen. Abstrakte Arbeit ist zum einen durch die Tauschabstraktion gewonnen und daraus abgeleitet: „Primär ist die Abstraktion vom Gebrauchswert. Jedoch erstreckt sich die Abstraktion auch auf den nützlichen, Gebrauchswert schaffenden Charakter der in der Warenproduktion verausgabten Arbeit: ihr verleiht die Warenabstraktion den Charakter von abstrakt menschlicher Arbeit, menschlicher Arbeit als solcher, Arbeit überhaupt." (*Warenform und Denkform*, S. 113.) Zum anderen taucht abstrakte Arbeit bei Sohn-Rethel, entsprechend seiner empirischen Auslegung der Ökonomie, als unter tayloristische Bedingungen gesetzte Arbeit auf. Das meint schlicht, dass die konkrete Arbeit in ihre einzelnen Abläufe zerlegt und auf einfache, repetitive Arbeit reduziert und entsprechend formalisiert wird. Auch diese Bestimmung der abstrakten Arbeit geht an dem von Marx entwickelten Begriff der abstrakten Arbeit als Substanz des Werts vollkommen vorbei, gleichwohl findet er sich nach wie vor bei einer Reihe von Autoren, als aktuelles Beispiel etwa Anselm Jappe: *Die Abenteuer der Ware*. Münster: Unrast 2005.
63 Sohn-Rethel beruft sich hier auf Marx'sche Äußerungen, denen zufolge der Tausch an den Grenzen der Gemeinwesen entstehe, vgl. *Kapital I*, S. 102; *Grundrisse*, S. 635. Allerdings werden diese historischen Anfänge des Tausches von Marx keineswegs mit dem Austausch *kapitalistisch* produzierter Waren gleichgestellt. Es ist vielmehr Sohn-Rethel, der nicht klar zwischen den vorkapitalistischen Formen des Austauschs und der Sphäre des Austauschs innerhalb der kapitalistischen Warenproduktion unterscheidet (auch wenn er zwischen Ausbeutung aufgrund von Austausch und dem kapitalistischen Austausch aufgrund von Ausbeutung unterscheidet, vgl. *Warenform und Denkform*, S. 96. Es wurde bereits in Anm. 36 darauf hingewiesen, dass Sohn-Rethel seine Auffassung über den Ursprung des Austauschs aus der Ausbeutung revidiert hat, vgl. Alfred Sohn-Rethel: Nachwort zu „Zur Kritischen Liquidierung des Apriorismus" (1970). In: *Warenform und Denkform*, S. 95–102.)

durchbrochen und im Austausch den Dingen *als* Dingen eine reine Identität gegeben wird, d. h. für Sohn-Rethel, eine Identität als austauschbare Waren. Der Tauschverkehr ist auf dem „Boden des primären und direkten Ausbeutungsverhältnisses" entstanden, und der Doppelcharakter der Arbeit und ihrer Produkte hat „seinen Ursprung in der Ausbeutung, nicht im Tausch an und für sich".[64] Demnach ist bereits mit dem „Sündenfall" der Ausbeutung die Warenform der Dinge gesetzt, und entsprechend wird eine einfache Warenproduktion im Engels'schen Sinne noch vor der kapitalistischen angenommen.[65] Obwohl Sohn-Rethel einen sekundären, ausbeuterischen und warenförmigen Tausch von dem einfachen und unmittelbaren Tausch unterscheiden will (und Marx hier sogar mangelnde Differenzierung vorhält)[66] und obwohl er erst diesen sekundären Tausch als synthetische und funktionale Vergesellschaftung entwickelt, gerät Sohn-Rethel der Warentausch ab der Urspaltung der Gemeinwesen zum Formgesetz der Vergesellschaftung und damit zur quasi anthropologischen Konstante, ganz wie dem ML die Arbeit. Sohn-Rethel lässt die im ML betriebene Ontologie der Arbeit sogar noch nebenher laufen, sodass es gleichsam zwei Logiken gibt, eine der formal-reinen Synthesis und eine der noch nicht vollständig davon ergriffenen und durchdrungenen Produktion (wobei sich die zwei Logiken allerdings nach Maßgabe der formalen Synthesis des Warentausches in ein je spezifisches gesellschaftliches Verhältnis setzen und nicht, wie im ML, nach Maßgabe der in den Waren vergegenständlichten Arbeiten).[67]

Doch die beiden einschneidenden Abweichungen gegenüber Marx – also die Trennung von Form und Substanz des Werts und der Ursprung des Doppelcharakters der Arbeit und der Ware aus der Aneignungs- und Ausbeutungslogik – diese zwei Abweichungen ergeben sich nicht einfach dadurch, dass Sohn-Rethel der Warenform und der Aneignungslogik eine apriorische Stellung zumisst, sondern zuallererst aus der genannten *Lesart* der Marx'schen Wertformanalyse und des Austauschprozesses: Sohn-Rethels Abweichungen folgen daraus, dass er Marx' systematisch-kategoriale Analyse der Wertform der Ware wie ein *empirisches Geschehen* aufgreift, und aus dieser Empirie will er die Kategorien der Ökonomie und des Verstandes samt ihrer objektiven und zeitlosen Geltung *ableiten*. Entsprechend fordert Sohn-Rethel, den Doppelcharakter der Ware und die Warenform gemäß den Marx'schen Feuerbachthesen, aber entgegen der begriffslogischen Entwicklung des *Kapitals* zu begreifen. Er sagt also *explizit*, dass die Warenform wie ein praktischer Vollzug und ein empirisches

---

64 *KLA*, S. 187.

65 U. a. in *KLA*, S. 161; *Das Geld*, S. 17; *MEVA*, S. 28–29.

66 Marx habe „zwischen dem Tauschverkehr, wie er der Ausbeutung vorausgegangen sein kann, und dem Tauschverkehr, wie er aus der Ausbeutung hervorgegangen ist, keinen grundsätzlichen Unterschied" (*KLA*, S. 179) gemacht.

67 Zu den zwei Logiken und ihrer Verbindung vgl. *Doppelnatur* und *TI*. Auch die Faschismustheorie handelt davon, vgl. Sohn-Rethel: Ökonomie und Klassenstruktur des deutschen Faschismus, bes. S. 41ff., sowie den Exkurs Alfred Sohn-Rethel: Die soziale Rekonsolidierung des Kapitalismus (September 1932) – Ein Kommentar nach 38 Jahren. In: *Kursbuch* 21 (1970), S. 27–29.

Tauschgeschehen entwickelt werden müsse,⁶⁸ und er sagt auch explizit, dass bei ihm die Wertformanalyse einen ganz anderen Status als bei Marx habe. Sie muss auch in der Tat einen anderen Status haben, wenn die Tauschhandlung diejenige praktische Negation sein soll, die einerseits von aller Gebrauchshandlung abstrahiert und sich andererseits in den Verstand als reine Form für die Vorstellung und verstandesmäßige Synthesis der Dinge übersetzt, denn dadurch verhilft Sohn-Rethel der Form der Tauschhandlung und ihrem Abstraktionsprozess – zusätzlich zu ihrem autonomen Status – auch zu einem empirischen Status. Der Materialismus in seiner Kantkritik besteht ja gerade darin, dass die Verstandesformen und -kategorien zwar, genau wie bei Kant, als apriorische und empirisch reine unhintergehbar sind; aber Sohn-Rethel will genau diesen Apriorismus und diese Unableitbarkeit begründen, wenn die praktische Negation von der Empirie in der reinen Geltung der Verstandeskategorien in Kraft sein und derselben Empirie, der sie entsprungen ist, a priori zugrunde liegen soll.

Die entscheidende Abweichung, die alle anderen erst nach sich zieht, besteht also darin, dass Sohn-Rethel Marx' begrifflich-logische *Kritik* eines quantitativen Verhältnisses in die empirisch-praktischen Grundlagen einer materialistischen *Theorie* verwandelt, in eine materialistische Theorie der Erkenntnis, und dafür wird die Marx' logisch-systematische Analyse der einfachen Wertform x Ware A = y Ware B wie eine empirische Tauschhandlung ausgelegt.

Es bietet sich an, mit der Kritik an Sohn-Rethel dort zu beginnen, wo dieser selbst die genannten Abweichungen gegenüber Marx für sich reklamiert hat, nämlich an der Trennung von Wertform und Wertsubstanz. Daran anschließend wird sein Versuch kritisiert, die Geltungsformen geschichtsmaterialistisch zu rekonstruieren und an die Empirie der Tauschhandlung zu ‚erden'. Diese beiden Kritiken sollen schließlich zum eigentlichen Kern seiner materialistischen Erkenntnistheorie vordringen, zum Zusammenhang von Warenform und Denkform.

In Teil II soll dann eine Möglichkeit gezeigt werden, Sohn-Rethels erkenntniskritischem Anspruch zu folgen und Kants transzendentale Grundlegung der Logik mithilfe der Marx'schen Ökonomiekritik gesellschaftskritisch zu wenden. Aber statt das Kant'sche Transzendentalsubjekt auf die Wertform zurückzuführen und diese wie ein empirisches Tauschgeschehen auszulegen, soll die Wertform samt ihren erkenntniskritischen Implikationen auf die Kapitalform des Geldes zurückgeführt werden, und

---

68 Vgl. Sohn-Rethel: Anhang I, S. 69. Die Wertformanalyse wird in allen Schriften Sohn-Rethels als ein empirisches Tauschgeschehen und die Realabstraktion als Tathandlung betrachtet, vgl. etwa *GukA*, S. 41ff.; *Warenform und Denkform*, S. 116–122; ebenso in seiner Dissertation, wo er bei aller Kritik an der subjektiven Grenznutzenlehre mit dieser an der Zentralität der Tauschhandlung festhält, aber der „reinen Ökonomie" der „subjektivistischen Methode" (Sohn-Rethel) Schumpeters und anderer Ökonomen, die den Wert allein aus der gegebenen Rationalität eines vereinzelten, rechnenden Wirtschaftssubjekts ableiten wollen, die Realität der empirischen Tauschhandlung entgegenstellt, vgl. Alfred Sohn-Rethel: Von der Analytik des Wirtschaftens zur Theorie der Volkswirtschaft; zur Notwendigkeit, in der Ökonomiekritik den Tausch als empirische Handlung zu verfolgen, bes. ebd. S. 210ff.

mit der Kapitalform soll nicht Kants Erkenntniskritik vergesellschaftet werden, sondern Hegels *Kritik* an ihr.

4. Das Maß als blinder Fleck im Verhältnis von Substanz und Form des Werts: Die Setzung des Doppelcharakters der Arbeit und der Ware

Trotz oder vielmehr infolge der strikten Trennung der Wertsubstanz von der Wertform hypostasiert Sohn-Rethels Einheit von Warenform und Denkform die Wertform der Waren gegenüber der Wertsubstanz. Von marxistischer Seite ist ihm denn auch umgehend die fehlende Vermittlung mit der Arbeit und der Produktion vorgehalten worden.[69] Ursprung und Realität der Abstraktion im Sinne der Bildung eines Allgemeinen mit objektiver Geltung, dem das Denken und seine Begriffsbestimmungen entsprechen müssen, wurden in den Arbeits- und Produktionsprozess und in das Verhältnis der in den Produkten aufgehobenen Arbeit gelegt. Wo dennoch ein Anschluss an Sohn-Rethels Realabstraktion gesucht wurde, ist sie in eine „Arbeitsabstraktion" überführt worden, die in der Produktion und im Klassenverhältnis situiert sein soll.[70]

Doch auch wenn mit Verweis auf die Arbeit und die Produktion Sohn-Rethel eine einseitige Hypostasierung der Zirkulationssphäre vorgeworfen werden kann, so

---

[69] U. a. von Joachim Bischoff: Materielle und geistige Produktion. In: *Sozialistische Politik* 3,12 (1971), S. 1–9; Frigga Haug: Alfred Sohn-Rethels Revision des Marxismus und ihre Konsequenzen. In: *Das Argument* 13,65 (1971), S. 313–322; Hans-Jörg Sandkühler: *Praxis und Geschichtsbewußtsein*. Frankfurt am Main: Suhrkamp 1973, S. 245ff.; Helmut Reinicke: *Ware und Dialektik*. Darmstadt/Neuwied: Luchterhand 1974, S. 103ff.; P. Brand / N. Kotzias / H. J. Sandkühler / H. Schindler / F. Schumacher/ W. Van Haren / M. Wilmes: *Der autonome Intellekt. Alfred Sohn-Rethels „kritische" Liquidierung der materialistischen Dialektik und Erkenntnistheorie.* Frankfurt am Main: Marxistische Blätter 1976; Robert Kurz: Abstrakte Arbeit und Sozialismus. In: *Marxistische Kritik* 2,4 (1987), S. 57–108, bes. S. 96ff. Eine ganz andere, analytisch gelagerte Kritik kam von Harald Wohlrapp: Materialistische Erkenntniskritik? – Kritik an Alfred Sohn-Rethels Ableitung des abstrakten Denkens und Erörterungen einiger grundsätzlicher Gesichtspunkte für eine mögliche materialistische Erkenntnistheorie. In: Jürgen Mittelstraß (Hrsg.): *Methodologische Probleme einer normativ-kritischen Gesellschaftstheorie.* Frankfurt am Main: Suhrkamp 1975, S. 160–244; vgl. hierzu die Antikritik von Christine Woesler: Wie ist die Realität beschaffen, die die Grundlage der exakt-mathematischen Naturerkenntnis bildet? Zur Kritik an der Erlanger Gruppe, bes. an H. Wohlrapp. In: Wassmann (Hrsg.): *L'Invitation au Voyage zu Alfred Sohn-Rethel*. Sohn-Rethels Ansatz, die (naturwissenschaftliche) Erkenntnis aus der Warenform zu begründen, ist freilich auch wohlwollend aufgenommen worden, vgl. bes. die Beiträge in den drei Sammelbänden Dombrowski / Krause / Roos (Hrsg.): *Symposium Warenform und Denkform*; Heinz / Hörisch (Hrsg.): *Geld und Geltung*; Wassmann (Hrsg.): *L'Invitation au Voyage zu Alfred Sohn-Rethel*; außerdem Hans-Dieter Bahr: Die Klassenstruktur der Maschine. Anmerkungen zur Wertform. In: Richard Vahrenkamp (Hrsg.): *Technologie und Kapital.* Frankfurt am Main: Suhrkamp 1973, S. 39–72; Christine Woesler: *Für eine be-greifende Praxis in der Natur. Geldförmige Naturerkenntnis und kybernetische Natur.* Lahn/Gießen: Focus 1978.

[70] So von Jost Halfmann und Tillman Rexroth, die im Anschluss an eine kritische Würdigung Sohn-Rethels dessen Abstraktionsbegriff und „Erklärung der Naturwissenschaft" in eine marxistische Selbstreflexion einbeziehen wollen. Sie verlegen den realen Abstraktionsprozess, der ihrer Meinung nach mit Marx als historisch-prozessuale „Realität von Abstraktionen" zu fassen sei, in den produktiven Austausch von Arbeit und Kapital sowie in den Klassenwiderspruch und den Warencharakter der Arbeitskraft (hier im Anschluss an Michael Mauke), vgl. Halfmann / Rexroth: *Marxismus als Erkenntniskritik*, bes. S. 50–73 (Teil „II. Erklärung der Naturwissenschaft und Selbstreflexion des Marxismus").

hat der andere Pol, für sich genommen, doch nur eine ebenso einseitige Hypostasierung anzubieten (und bereits im Abschnitt über Lukács wurde ja die Vorstellung einer Kritik unterzogen, die Arbeit könne unmittelbar aus sich heraus das Allgemeine der Gesellschaft bilden und ihren inneren Zusammenhang herstellen). Dann aber ist anscheinend nur mehr die Kritik *noch dieser Alternative offen*. Eine solche Kritik müsste den Dualismus aufheben zwischen der Substanz des Werts und seiner Form. Sie müsste entsprechend auch die an Marx orientierten Theorien des Werts vermitteln, die im Versuch einer Bestimmung des Werts bislang, wie im ersten Abschnitt dieser Arbeit skizziert, auseinandergefallen sind. Bislang lassen sich die Diskussionen um den Marx'schen Wertbegriff, vereinfacht gesagt, zwei weitgehend unvermittelt gebliebenen Polen zuordnen. Auf dem einen Pol stehen an Warentausch, Zirkulation und Markt ausgerichtete Theorien des Werts; sie zielen auf die Objektivität sowohl der intersubjektiven Handlungen als auch der Relation ihrer Objekte, der Waren. In diesen Theorien ist der Wert eine *Form*, und die Form entspringt einer Gleichsetzung, einer Abstraktion, einer Synthesis o.Ä. Für diesen Ausgangspunkt stehen im deutschsprachigen Raum vor allem die Kritische Theorie und ihr Umfeld (und natürlich Sohn-Rethel). Auf der anderen Seite stehen an Arbeit und Produktion ausgerichtete Bestimmungen des Werts im Sinne der *Bildung* einer *Substanz*, einer Substanz, die das Identische im Wertverhältnis der Waren bilden muss und die ihren Grund gerade nicht in der Form ihrer Realisierung haben kann. Im Gegenteil, die Substanz muss auf die Notwendigkeit der Arbeit und der Produktion zurückgeführt werden sowie auf die Arbeitsteilung und die gesellschaftliche Bestimmung der Arbeit. Eine solche objektive, links-ricardianische Werttheorie vertrat der gesamte traditionelle Marxismus, von der Arbeiterbewegung und der Sozialdemokratie der ersten Stunde über den Marxismus-Leninismus und die I. und II. Internationale bis zum Realsozialismus.

Gilt es, mit Marx diesen Dualismus zwischen Substanz und Form aufzuheben, sei es der Sache oder ihrer theoretischen Bestimmung nach, dann ist zu zeigen, dass der Wert *sowohl* der Form *als auch* der Substanz nach begründet werden muss oder dass er sich *weder* allein aus der Form *noch* allein aus der Substanz begründen lässt – um dieses gemeinsame Verhältnis von Substanz und Form dreht sich, einseitigen Interpretationen zum Trotz, nicht nur Marx' Wertformanalyse, sondern das gesamte *Kapital*. Es kommt aber auch alles auf die Möglichkeit an, dass die Arbeit und die Ware *überhaupt* in ein gemeinsames Verhältnis treten können und sich gemeinsam vermitteln, aber so, dass sie zwar die Substanz und die Form ein und desselben gesellschaftlichen Verhältnisses bilden, aber gleichwohl jene genannten einseitigen Vorstellungen hervorbringen – und eben diese Möglichkeit steht am Anfang des *Kapital*. Es beginnt damit, dass die bürgerlich-kapitalistische Gesellschaft zwar offensichtlich durch Arbeit *und* Warentausch vermittelt wird, dass aber ihr gemeinsames Verhältnis und dessen Vermittlung gleichsam von Anfang an in ein ebenso gemeinsames wie ausgeschlossenes Drittes fällt, und es ist dieses Dritte, um das die Wertformanalyse kreist – und nicht, wie Sohn-Rethel meint, um eine reale Abstraktion. Sohn-Rethel jedenfalls hat, während er meinte, bei Marx einen Substanzbegriff des Werts zugunsten eines Funktions- und

Formbegriffs kritisieren zu müssen, darüber übersehen, dass sich die Wertformanalyse um die Möglichkeit dreht, ein und dasselbe gesellschaftliche Verhältnis durch die Arbeit substanziell und durch die Ware formal zu bestimmen, und für diese Möglichkeit steht: das Geld. Es ist das Geld, das die Arbeit und die Ware ins Verhältnis setzt und sie dadurch Substanz und Form ein und desselben, rein gesellschaftlichen Verhältnisses sein lässt. Diese Bedeutung des Geldes ist Sohn-Rethel in seiner Kritik der Warenform, genau wie Lukács und Adorno, entgangen.

4.1 Die Substanzialisierung der Arbeit durch die Form der Vermittlung ihrer Resultate – Das Geld

Dass Sohn-Rethel Ware und Arbeit strikt getrennt hält und nicht als Form und Substanz ein und desselben gesellschaftlichen Verhältnisses in den Blick bekommt, liegt an der oben festgestellten grundlegenden Abweichung: Sohn-Rethel interpretiert die Wertformanalyse wie eine empirische Tauschhandlung zweier Warenbesitzer. Entsprechend entwickelt er den Wert durch eine ganz andere Methode als Marx. Nur durch Sohn-Rethels Versuch einer geschichtsmaterialistischen Begründung der Kant'schen transzendentalen Logik erhält der Wert überhaupt eine Art Ursprung in der Geschichte und in der empirischen Praxis des Tauschs. Dagegen ist der Wert bei Marx, der sich statt an Kant an Hegels dialektischer Darstellung orientiert und den Wert logisch-kategorial entwickelt, nicht nur ein rein gesellschaftliches *Verhältnis*, das Verhältnis muss auch sich selbst bestimmen durch seine Substanz *und* seine Form und darüber der Gesellschaft zum *Selbst*-Verhältnis werden. Aufgrund dieser Notwendigkeit existiert das gesellschaftliche Verhältnis nur in seiner *Bildung* und nur als *prozessierendes* Verhältnis.

Um zu zeigen, auf welche Weise die Arbeit und die Ware im Kapitalismus zur Substanz und zur Form des gesellschaftlichen Verhältnisses werden, kann auf die beiden Abschnitte über Lukács und Adorno zurückgegriffen werden. Dort wurde bereits ausführlich gezeigt, dass für die Form des Übergehens der Waren als Quanta derselben Qualität das Geld unbedingt notwendig ist und dass das Geld im Realisieren und im Übertragen der Warenwerte auch die Arbeiten rückwirkend und retroaktiv in Wert und ins Verhältnis setzt. Auch wenn Substanz und Form der kapitalistischen Gesellschaft auf die Arbeit bzw. auf die Ware zurückgeführt werden müssen, so kann die Gesellschaft ihr eigenes Verhältnis doch weder durch die Arbeit noch durch die Ware *rein als solche* bestimmen, d. h. *als* Verhältnis. Zudem kann das Verhältnis weder durch die Arbeiten noch durch die Waren und ihren unmittelbaren Austausch bei-sich bleiben und eine eigenständige Form erhalten. Darum also die unbedingte Notwendigkeit des Geldes: Das gemeinsame Verhältnis von Arbeit und Ware muss im Geld *außer* sich sein, damit sie als Substanz und Form desselben Verhältnisses eintreten können. Nur indem alle Arbeiten in der Form der Realisierung ihrer Resultate, der Waren, durch das Geld und sogar unmittelbar *im* Geld als Werte übergehen, hier quantitativ umschlagen und dadurch die Substanz der abstrakten Arbeit bilden, kann das gemeinsame

Verhältnis von Arbeit und Ware in einer selbständigen Form existieren (und in der Kapitalform des Geldes, wie noch zu zeigen sein wird, selbstbezüglich werden).
Der Wert ist somit empirisch rein, nicht weil im Tausch der Waren eine reale Abstraktion vollzogen würde, sondern weil die Arbeiten und die Waren durch das Geld auf eine maßgebliche Einheit bezogen werden, durch diese Einheit ins Verhältnis treten und dadurch dasselbe Verhältnis, das sie durch das Geld gemeinsam außer sich haben, quantitativ teilen. Das Geld realisiert durch die maßgebliche Werteinheit, für die es steht, ein von der Arbeit *und* der Ware abgelöstes, empirisch reines Verhältnis, und indem es die Waren quantitativ umschlägt, wird dieses Umschlagen zur Form der ‚Substanzialisierung' der Arbeiten und bildet die Substanz der abstrakten Arbeit.
Kurz, das Geld ist, weil es dem Wert eine eigenständige Existenzform gibt, unmittelbar *für* das gemeinsame Verhältnis der Arbeit und der Ware da. Arbeit und Ware können sich zueinander ins Verhältnis setzen, weil das Geld sich zu ihrem Verhältnis *zusätzlich* ins Verhältnis setzt, aber nur, um die Arbeiten durch die Form der Vermittlung ihrer Resultate quantitativ darzustellen und im Verhältnis der Waren wiederzugeben. Das Geld selbst verschwindet in diesem Vermitteln, und es muss nur darum dem realisierten Verhältnis der Waren entsprechen, um auf diese Weise die darin verendlichten Arbeiten wiederzugeben. Die Pointe des Geldes liegt daher nicht darin, dass Arbeit und Ware erst durch ihre Realisierung im Geld die Substanz und die Form des gesellschaftlichen Verhältnisses bilden und das Geld einerseits unbedingt notwendig ist, andererseits zum verschwindenden Vermittler wird. Die Pointe liegt darin, dass genau dieses gemeinsame Verhältnis, das die Arbeit und die Ware gemeinsam im Geld *außer sich* haben, jeweils in ihrem *Innern* eintritt und sich unmittelbar *in* der Arbeit und *in* der Ware geltend macht.

4.2 Die Substanzialisierung der Arbeit durch die Form ihres Austauschs als Setzung des Doppelcharakters der Arbeit und der Ware

Grundsätzlich betrachtet, liegt die methodische Bedeutung der Maßfunktion für die Form und für die Substanz der kapitalistischen Gesellschaft darin, dass das Geld ineins mit der Vermittlung von Arbeit und Ware auch die Möglichkeit ihrer *radikalen Trennung* übernimmt. Das Geld eröffnet die Trennung von Arbeit und Ware, indem es ihr *gemeinsames* Verhältnis zugleich von beiden *trennt*, d. h. es setzt die Arbeit und die Ware in ein gemeinsames Verhältnis, das *sowohl* von der Arbeit *als auch* von der Ware getrennt ist.
Entscheidend ist, auf welche Weise das Geld dieses gemeinsame Verhältnis eröffnet: Im bloßen *Bezug* auf ihr gemeinsames Verhältnis im Geld greift dieses Verhältnis auf die Ware und die Arbeit über und führt in beide die doppelte Bestimmung ein, konkrete und abstrakte Arbeit bzw. Gebrauchswert und Tauschwert zu sein. Um diesen Bezug und das Übergreifen zu begreifen, ist es notwendig, die ersten beiden Funktionen des Geldes in der bislang gezeigten Weise genau zu unterscheiden und die erste als die entscheidende, öffnende auszulegen. Die erste Funktion als Maß des Werts ist vorrangig, denn auch wenn die Arbeit und die Ware erst durch die zweite

Funktion, erst durch seine Funktion als Tauschmittel, als Substanz und Form desselben Verhältnisses realisiert werden (nämlich indem das Geld die Arbeit durch die Formalisierung des Austauschs ihrer Resultate zu abstrakter Arbeit substanzialisiert), so sind doch Arbeit und Ware im Kapitalismus auf *spekulative* Weise immer schon durch die erste Funktion des Geldes an ein gemeinsames Maß gehalten. Werden dagegen allein die zweite Funktion und der empirische Austausch Ware gegen Geld betrachtet, wie von Sohn-Rethel, dann scheint es, als ob die Substanzialisierung der Arbeit sich von ihr getrennt und äußerlich einstellte, nämlich durch jene Formalisierung, die das Geld im Austausch der Arbeitsprodukte durchführt und durch die es die Substanz der abstrakten Arbeit bildet. Indes besteht die Geltung der ideellen Werteinheit und die Bedeutung ihrer Maßfunktion darin, die Arbeit sozusagen von Anfang an der Messung durch ihre Resultate auszusetzen und beide, die Arbeit und ihre Resultate, auf diese Messung durch ein äußeres Maß auszurichten: Es ist die Messung durch diese äußerliche Einheit, durch welche die Arbeit und die Ware ihre doppelte Bestimmung erhalten. Das gemeinsame Verhältnis von Form und Substanz, das beide im Geld außer sich haben und das im Geld eine eigenständige, rein quantitative Existenz führt, dieses gemeinsame Verhältnis tritt somit im *Innern* der Arbeit und im *Innern* der Ware ein; beide, die Arbeit und die Ware, haben ihr gemeinsames Verhältnis auf spekulative Weise an-sich.

Demnach nimmt die kritische Unterscheidung, die Marx gleich zu Beginn des *Kapitals* Bd. I mit der doppelten Bestimmung der Arbeit und der Ware trifft, diejenige Unterscheidung vorweg, die durch das Geld getroffen wird und die beide, die Arbeit wie die Ware, als je in-sich reflektierte ökonomische Kategorien auszeichnet. Die Ware ist doppelt bestimmt, weil sie der wertförmigen Realisierung durch eine maßgebliche Werteinheit ausgesetzt und dadurch in ein Selbstverhältnis gesetzt ist; sie ist *ihrem* Selbstverhältnis ausgesetzt, einerseits Gebrauchswert und andererseits Tauschwert zu sein. Dieselbe Doppelbestimmung findet sich in der Arbeit wieder, die ebenfalls, weil sie der Realisierung ihrer Resultate im Geld ausgesetzt ist, dadurch eine doppelte Bestimmung erhält. So teilen im Geld beide, Ware und Arbeit, dasselbe gesellschaftliche Sein, wobei das Wesen dieses Teilens der quantitativen Realisierung einer Werteinheit entspricht, einer ideellen Einheit, die sich einerseits im Geld manifestiert und andererseits in der doppelten, widersprüchlichen Bestimmung der Arbeit und der Waren äußert. Für die Arbeit gilt, in Marx Worten:

> [...] daß in der Waare zwar nicht zwei verschiedene Sorten Arbeit stecken, wohl aber *dieselbe* Arbeit verschieden und selbst entgegengesetzt bestimmt ist, je nachdem sie auf den *Gebrauchswerth* der Waare als ihr *Produkt* oder auf den *Waaren-Werth* als ihren bloß *gegenständlichen* Ausdruck bezogen wird. Wie die Waare vor allem Gebrauchsgegenstand sein muß, um Werth zu sein, so muss die Arbeit vor allem nützliche Arbeit, zweckbestimmte produktive Tätigkeit sein, um als *Verausgabung menschlicher Arbeitskraft* und daher als *menschliche* Arbeit zu zählen.[71]

---

71 *MEGA* II/5, S. 26–27.

Und für die Ware gilt: „Die Waare ist *unmittelbare* Einheit von *Gebrauchswerth* und *Tauschwerth*, also zweier Entgegengesetzten. Sie ist daher ein unmittelbarer *Widerspruch*."[72]

Doch mit der Kritik, dass die Arbeit und die Ware durch die ideelle Werteinheit, für die das Geld steht, ein gemeinsames gesellschaftliches Sein teilen, darum in-sich reflektiert sind und dieses Reflektiert-Sein durch ihre doppelte Bestimmung äußern, mit dieser Kritik steht für Marx die eigentliche Aufgabe erst noch an. Die Arbeit und die Ware sind nämlich durch das Geld nicht nur immer schon in eine doppelte Bestimmung gesetzt, *vielmehr ist dasselbe Geld seinerseits einer kapitalistischen Bestimmung ausgesetzt*. Die eigentliche Aufgabe ist daher zu zeigen, dass die Arbeit und die Ware in eine doppelte Bestimmung gesetzt sind nicht durch die Maßfunktion des Geldes, sondern durch dessen spezifisch kapitalistische Bestimmung. Durch diese kapitalistische Bestimmung sind Arbeit und Ware nicht nur Substanz und Form des Werts, also Substanz und Form ein und desselben gesellschaftlichen Verhältnisses, beide sind vielmehr in der *Verwertung* des Werts begriffen. Und im quantitativen Umschlagen der Ware wird nicht nur das Verhältnis der Arbeiten realisiert, sodass die Form der Realisierung der Waren die Wertsubstanz der abstrakten Arbeit bildet. Dieses Umschlagen wird vielmehr übergriffen vom Kapitalumschlag des Geldes, sodass das quantitative Umschlagen der Waren und die Bildung einer Wertsubstanz in diesem übergreifenden Umschlag begriffen sind.

Es wird erst im zweiten Teil dieses Abschnitts ausführlich entwickelt, in welcher Weise Marx das Verhältnis von Arbeit und Ware, das zu Beginn des *Kapitals* die Substanzialisierung der Arbeit durch die Formalisierung des Austauschs ihrer Resultate durch das Maß und das Tauschmittel zu sein scheint, einerseits durch die Kapitalform des Geldes weiterentwickelt, andererseits zu einem notwendigen Schein herabsetzt. Was die Kritik an Sohn-Rethel angeht, so müssen hier vorerst allein die ersten beiden Bestimmungen des Geldes ausreichen. Sie zeigen allerdings bereits klar, dass Marx in der Bestimmung des Werts von Beginn des *Kapitals* Bd. I an in eine ganz andere Richtung geht als Sohn-Rethel, der den Wert aus dem empirischen Tauschgeschehen im Sinne eines bloßen Abstraktionsprodukts gewinnt und daraus den objektivierenden Schematismus des Verstandes und des Tausches ableitet. Sohn-Rethel macht den Wert an einem unmittelbaren, einfachen und empirisch gegebenen Tausch Ware gegen Ware fest, statt am Geld die Übernahme der Trennung von Arbeit und Ware festzumachen und aus dieser Übernahme wiederum die formale und die substanzielle Realisierung ihres gemeinsamen Verhältnisses zu entwickeln. So gelangt er statt zur Kritik der ersten Bestimmung des Geldes zu einer (transzendentalen) Logik, die durch den einen unmittelbaren Warentausch und die dafür notwendige Abstraktion gebildet sein soll. Die Abstraktion realisiert sich einerseits auf unmittelbar-bewusstlose und spontane Weise, nämlich mit der Gleichsetzung der Waren in der warenförmigen Synthesis der

---

[72] *MEGA* II/5, S. 51.

Gesellschaft, andererseits ist sie aber auf ebenso unmittelbare Weise im Verstand in Kraft gesetzt; die Abstraktion ist gleichsam in den Verstand ‚übersetzt' und funktioniert hier auf abgespaltene Weise in dessen Geltung und synthetischer Kraft. Diese Abspaltung greift wiederum im Sinne einer (wissenschaftlichen) Erkenntnisweise auf die Natur sowie auf die Arbeit und die Produktion über. Bei Marx dagegen ist eine solche unmittelbare ‚Übersetzung', welche die Arbeit und die Ware als empirisch reine Werte realisiert und quantitativ identisch hält, ‚zuerst' im Geld zu suchen. Noch vor dem Verstand erledigt das Geld eine unmittelbare, bewusstlose ‚Übersetzung' der konkreten Arbeit in abstrakte durch die Formalisierung des Austauschs ihrer Produkte, und diese ‚Übersetzung' ist in seinen ersten beiden Funktionen sowie in seiner quantitativen Bestimmung in Kraft.

Diese ‚Übersetzung' stellt Sohn-Rethels Einheit von Warenform und Denkform grundsätzlich infrage. Wenn der Wert statt als Abstraktionsprodukt als Verhältnis von Substanz und Form entwickelt werden muss und wenn dieses Verhältnis durch die Maß- und Tauschmittelbestimmung des Geldes konstituiert wird, dann wird auch jene Einheit von Warenform und Denkform, die Sohn-Rethel an der Realabstraktion des Warentauschs festmachen will, fragwürdig. Ist aber die Einheit von Warenform und Denkform auf ein Tauschgeschehen zurückzuführen, das als Schein des Geldes zu kritisieren wäre, dann setzt das Geld letztlich die gesamte Einheit von Gesellschafts- und Erkenntniskritik aufs Spiel, die Sohn-Rethel begründen will.

5. Die erkenntniskritischen Implikationen der Wertformanalyse: Der Schein eines unmittelbaren Warentauschs und seine Manifestation in Sohn-Rethels geschichtsmaterialistischer Rekonstruktion

Sohn-Rethel fragt mit Kant, warum reine Erkenntnis mit wissenschaftlicher Objektivität möglich ist, und er fragt darüber hinaus, warum auch *Vergesellschaftung* mit einer rein *gesellschaftlichen* Objektivität möglich ist.[73] Kants *Kritik der reinen Vernunft* zufolge

---

73 Obgleich Kant einen ständigen Bezugspunkt im Westlichen Marxismus und in der Kritischen Theorie bildet, wird die Begründung der Geschichtlichkeit der Erkenntniskategorien in der Regel über die Dialektik Hegels versucht. Nur wenige haben wie Sohn-Rethel die gesellschaftliche und geschichtliche Gewordenheit des Denkens mit Kants Problembewusstsein verbunden. Mit Kants Problembewusstsein, d. h. vor allem, es mit dem Widerspruch aufzunehmen, dass die *empirische Reinheit* und der *Apriorismus* des Verstandes und seiner Anschauungsformen und Kategorien als dennoch gesellschaftlich und geschichtlich *geworden* begründet werden müssen. Autoren, die in erkenntniskritischer Perspektive Marx' Kritikbegriff ausdrücklich an Hegel *und* Kant anschließen, sind u. a. Hans-Jürgen Krahl: *Konstitution und Klassenkampf*. Frankfurt am Main: Neue Kritik 1971; Heinrich Brinkmann: *Methode und Geschichte. Die Analyse der Entfremdung in Georg Simmels Philosophie des Geldes*. Gießen: Focus 1974; Peter Caspar Seel: *Erkenntniskritik als Ökonomiekritik*. Gießen: Focus 1974; Bodo von Greiff: *Gesellschaftsform und Erkenntnisform. Zusammenhang von Erfahrung und gesellschaftlicher Entwicklung*. Frankfurt/New York: Campus 1977; Klaus-Dieter Oetzel: *Wertabstraktion und Erfahrung. Über das Problem einer historisch-materialistischen Erkenntniskritik*. Frankfurt am Main/New York: Campus 1978; Peter Bulthaup: Materialistische und idealistische Dialektik. In: *Gesellschaft. Beiträge zur Marxschen Theorie*, Bd. 3. Frankfurt am Main: Suhrkamp 1975, S. 160–177; ders.: Das Recht der Logik. In: Ders.: *Das Gesetz der Befreiung. Und andere Texte*. Lüneburg: zu Klampen 1998, S. 92–106; ders.: Möglichkeiten und Grenzen philosophischer Naturerkenntnis. In: Ebd., S. 147–166; Andreas Böhm: *Zum Begriff der Kritik bei Marx. Über die*

ist Erfahrung mit objektiver Geltung möglich durch Anschauungsformen und Kategorien *a priori*. Beide sind nicht nur von der Erfahrung unabhängig und ihr vorgängig, sondern sie synthetisieren ihrerseits das durch die Sinnlichkeit gegebene Material zu einer einheitlichen Erfahrung mit Allgemeinheit und Notwendigkeit. Die Anschauungsformen und Kategorien des Verstandes haben dadurch die Sinnlichkeit, laut Kant die zweite Quelle der Erkenntnis, immer schon *geformt*. Kant hat diesem Apriorismus, dass alle Erkenntnis durch bestimmte Anschauungen und Kategorien je vermittelt ist, einen ‚Ort' in der transzendentalen Subjektivität gegeben und deren Vermögen und Grenzen in einer transzendentalen Analyse bestimmt[74] – allerdings einen nicht weiter ableitbaren, unhintergehbaren und unüberwindbaren ‚Ort'.

Sohn-Rethel folgt Kants Vernunftkritik, insoweit sie die Möglichkeit objektiver Erkenntnis auf die Notwendigkeit einer transzendentalen Synthesis zurückführt und im Verstandesvermögen sowohl bestimmt als auch unhintergehbar begrenzt. Kants transzendentale Grundlegung der Vernunft im Verstand wird laut Sohn-Rethel zudem dann kritisch, wenn das Verstandesvermögen gesellschaftskritisch gewendet und als Resultat einer nicht bewussten gesellschaftlichen Vermittlung gelesen wird. Die Synthesis durch den Verstand ist bereits Funktion einer in sich gespaltenen Gesellschaft, die zu ihrer Vermittlung auf eine Einheit und Ordnung stiftende, funktionale Synthesis angewiesen ist. Aber aus demselben Grund: Weil Kant das Vermögen des Verstandes *nicht* als gesellschaftlich konstituiert und nicht als geschichtlich geworden begreift, ist seine Vernunftkritik aus Sohn-Rethels Sicht auch unkritisch. Sie stellt Sohn-Rethel zufolge ein von seiner Gesellschaftlichkeit und Geschichtlichkeit bereinigtes Erkenntnissubjekt in einem zeitlosen Apriorismus still und gründet in dessen Verstand eine transzendentale Synthesis, während jener Apriorismus und diese Synthesis gleichsam selber a priori vermittelt sind, und zwar durch die reale Abstraktion, die sich in der gesellschaftlichen Synthesis durch den Warentausch vollzieht. Entsprechend ist auch die zeitlose Wahrheit objektiver Geltung, die bei Kant aus der verstandesmäßig-transzendentalen Synthesis des durch die Sinne empirisch Gegebenen resultiert, bei Sohn-Rethel nur die Wahrheit desjenigen Augenblicks, in dem die Warenform auf praktische und die Denkform auf verstandesmäßige Weise abstrahieren von aller Sinnlichkeit und aller Gebrauchshandlung, um die Geltung von Etwas *als* Etwas nur rein als solche feststellen. Kurzum, die zeitlose und empirisch reine Geltung der Verstandessynthesis

---

philosophiegeschichtlichen und ökonomietheoretischen Grundlagen des Methodenverständnisses kritischer Gesellschaftstheorie, (= *Studientexte zur Sozialwissenschaft*, Sonderband 7). Frankfurt am Main: J. W. Goethe-Universität, FB Gesellschaftswissenschaften 1992; Harald Kerber: Erkenntnistheoretische und materialistische Gesellschaftstheorie. In: Behrens (Hrsg.): *Gesellschaft und Erkenntnis*, S. 13–38; vgl. auch den Überblick von Diethard Behrens: Erkenntnis und Ökonomiekritik. Eine Auseinandersetzung mit neueren Ansätzen der Marx-Interpretation. In: Ebd., S. 129–163; Johannes Agnoli: *Subversive Theorie. „Die Sache selbst" und ihre Geschichte*. Freiburg: ça ira 1996; ders.: *Politik und Geschichte*. Freiburg: ça ira 2001. International bekannt geworden ist Kojin Karatani: *Transcritique. On Kant and Marx*. Cambridge, MA: MIT Press 2003. Allgemein zu Kant und Marx vgl. Jürgen Behre: *Volkssouveränität und Demokratie. Zur Kritik staatszentrierter Demokratievorstellungen*. Hamburg: VSA 2004; Oskar Negt: *Kant und Marx*. Göttingen: Steidl 2003.
74 Zu Methode und Inhalt der transzendentalen Analytik vgl. *KdrV*, B 82 ff. / A 57ff.

entspringt laut Sohn-Rethel dem formalen Schematismus des Warentauschs – das soll durch die gesellschaftskritische Wendung der Kant'schen Vernunftkritik hervorgekehrt werden. Dadurch will Sohn-Rethel, ähnlich wie Lukács und Adorno, ein Geheimnis zum Vorschein bringen, das Kant und der deutsche Idealismus nicht einmal als solches haben wahrnehmen können, aber gleichwohl aufgegeben haben: Die Identifikation der Objektivität durch die Subjektivität gelingt durch eine gesellschaftliche und spezifisch warenförmige Vermittlung. Zielgerichteter noch als Lukács und Adorno stellt sich Sohn-Rethel die Frage, wie das, was im Warentausch gerade nicht als solches erscheint und zu Bewusstsein kommt: die reale Abstraktion des Tauschakts, konstitutiv wird für die Denkabstraktion und funktional für die gesellschaftliche Synthese. Wie wird die Realabstraktion konstitutiv für diejenigen Verstandeskategorien, die der Erfahrung Notwendigkeit und Allgemeinheit geben und für gesellschaftliche wie individuelle Rationalität sorgen?

Spätestens in der Schrift *Das Geld, die bare Münze des Apriori* scheint Sohn-Rethel den ‚missing link' für den Übergang von der Real- zur Denkabstraktion gefunden zu haben: das Geld.[75] Nicht die bewusstlose Praxis des Warentauschs und nicht die Denkformen des Verstandes ordnen spontan die Mannigfaltigkeit des Gegebenen nach Maßgabe einer realen Abstraktion, sondern das vollzieht das Geld als Reflexionsform und Träger der gesellschaftlichen Synthese. Das Geld ist die reine Apperzeption der Mannigfaltigkeit der Warenwelt;[76] das unbewusste gesellschaftliche Apriori des Warentauschs wie des Verstandes; identischer Ausdruck der reellen und ideellen Aneignung, mithin „das Vermittlungsglied [...] zwischen der gesellschaftlichen Realität und der begrifflichen Idealität".[77] Mit dieser Rücksicht auf das Geld träte Sohn-Rethel auch der im vorigen Kapitel geäußerten Kritik entgegen, die ihm vorhält, dass er im unmittelbaren Warentausch und in der Realabstraktion dem Schein des Geldes aufsitze.

Indes hat die Kritik im letzten Kapitel aber auch gezeigt, dass Sohn-Rethel in der Entwicklung des Geldes auf ganz andere Weise vorgeht als Marx. Statt über das Verhältnis von Wertform und Wertsubstanz die maßgebliche Werteinheit einzuholen und

---

75 *Das Geld* ist zwar, wie in Anm. 3 u. 4 angegeben, die überarbeitete Version eines bereits Mitte der 1950er Jahre geschriebenen Textes; allerdings wird die zentrale Idee nahezu aller Schriften: dass die Realabstraktion konstitutiv ist für die Einheit von Warenform und Denkform, erst ab der 1. Aufl. von *GukA* und erst in *Das Geld* am Geld festgemacht.

76 „[...] das Geld (spielt) die prekäre Rolle des Vermittlungsgliedes zwischen Sinn und Bewußtsein. Keine ‚reine Apperzeption' nach Kant als ‚Subjekt einer transzendentalen Synthesis', sondern das Geld als funktionaler Träger der gesellschaftlichen Synthesis bei Warenproduktion liefert den geschichtlichen Erklärungsgrund für das Verstandesapriori." (*Das Geld*, S. 2, zur näheren Begründung vgl. vor allem die folgenden Seiten). Zur Bedeutung des Geldes für die Darstellung der Realabstraktion vgl. vor allem *GukA*, S. 92–98 (Kap. 7 „Die Reflexion der Tauschabstraktion"). Hier wird auch die geschichtliche Herleitung des Geldes deutlich, vgl. dazu auch Sohn-Rethel: Anhang A, S. 230ff.

77 *Das Geld*, S. 17.

ineins die erste Bestimmung des Geldes zu entwickeln, überführt Sohn-Rethel Marx' Analyse der einfachen Wertform auf die phänomenologisch-empirische Ebene eines einfachen Warenaustauschs, den er mit Kants Transzendentalsubjekt identifiziert. Und statt die Vorstellung einer Synthesis qua realer Abstraktion und Gleichsetzung auf die Notwendigkeit jener maßgeblichen, reinen Werteinheit zurückzuführen und hier auf das Geld, aber auch auf den von ihm erzeugten Schein zu stoßen, wird nun auch das Geld kurzerhand aus jenem unmittelbaren Warentausch (sowie aus der Ausbeutung) abgeleitet.[78] Die Ableitung wird zudem als geschichtliche Rekonstruktion angelegt[79] und führt das Geld direkt als Tauschmittel ein.

Dadurch wird, vereinfacht gesagt, das Geld von Sohn-Rethel aus genau dem unmittelbaren Warentausch abgeleitet, den das Geld *ersetzt*, und zwar so ersetzt, dass es einerseits bestimmte Vorstellungen über den Ursprung des Werts hervorbringt, die andererseits zu einem notwendigen Schein herabzusetzen sind. Diese unterschiedlichen Vorstellungen über den Ursprung des Werts und ihr notwendiger Schein sollen im Folgenden näher ausgewiesen werden.

5.1 Analytischer und synthetischer Wertbegriff oder: Wie sind die erkenntniskritischen Implikationen der Wertformanalyse aufzuheben?

Marx, so wurde Sohn-Rethel im vierten Kapitel entgegengesetzt, entwickelt in der Wertformanalyse gerade nicht diejenige reale Abstraktion und nicht diejenige Synthesis, aus denen Sohn-Rethel zufolge der Wert und seine Form entspringen, und zwar allein schon darum nicht, weil die Wertformanalyse gar keinen Warentausch, sondern die Wertform x Ware A = y Ware B analysiert und damit rein logisch-kategorial das Geld einholt. Bei Sohn-Rethel ist es dagegen ein unvermittelter realer Tausch, der aus sich heraus, allein durch eine reale Abstraktion und eine reale Gleichsetzung, den Wert

---

[78] Zum „Geld als Vermittler zwischen Real- und Denkabstraktion" vgl. das gleichnamige Kapitel in Woesler: *Für eine be-greifende Praxis in der Natur*, S. 107–114. Christine Woesler folgt hier Sohn-Rethels Auffassung.

[79] So ruft nach Sohn-Rethel schon die ursprüngliche Spaltung der Gesellschaft in Ausbeuter und Ausgebeutete das Bedürfnis eines identischen Trägers hervor, in welchem der ausgebeutete gesellschaftliche Reichtum als solcher fixierbar ist und rein als solcher angeeignet werden kann, d. h. geschieden von aller stofflichen Gestalt. Zum Geld als Reflexionsform der Ausbeutung und des gesellschaftlichen Reichtums vgl. ausführlich *Soziologische Theorie*, bes. S. 56ff. Entsprechend Sohn-Rethels Anspruch einer Einheit von Gesellschafts- und Erkenntniskritik wird mit dem Geld auch die Entstehung abstrakter Denkformen historisch-logisch abgeleitet. Denkformen, wie sie sich erstmals in der griechischen Philosophie niederschlagen, insbesondere in Parmenides' Begriff des Seins, sollen mit dem Beginn der Münzprägung in Zusammenhang stehen. Diese Idee findet sich in nahezu allen Schriften, vgl. etwa die bereits angegebene Passage aus Sohn-Rethel: Anhang A, S. 230ff.; *GukA*, S. 95ff., 142ff.; *TfV*, S. 150. Solche geschichtlichen Rekonstruktionen übersehen, dass sie die spezifisch kapitalistische Bestimmung des Geldes zum Maßstab der Entwicklung seiner (Vor-)Geschichte nehmen. Ganz abgesehen davon, dass Sohn-Rethel die Münzprägung geradezu mit dem Ursprung des Geldes gleichsetzt (obwohl es Formen des Geldes lange vor der Münze gab), unterscheidet er die Münze der Antike nicht eindeutig vom kapitalistisch bestimmten Geld. Das kapitalistische Geld realisiert jedoch ein ganz anderes ökonomisches Verhältnis als die Münze in der Antike: Erst im Kapitalismus wird in Form der Vermittlung der Waren die *Verwertung von Arbeit und Kapital gemessen und realisiert*. Darauf wird der zweite Teil noch ausführlich eingehen.

erzeugt. Der Wert ermöglicht dann den Austausch der Dinge und setzt sie in objektive Geltung, und das Ganze soll schließlich auch noch in die Anschauungsformen und Kategorien des Verstandes überspringen – im Geld kristalisiert all das lediglich: „Diese vom Gebrauchswert abstrahierenden Formeigenschaften, die also dem Gelde zum Behufe seiner gesellschaftlichen Funktion mit Notwendigkeit anhängen, treten indes am Geld selbst nicht in Erscheinung"[80]; sie lassen sich gesondert, im Verstand ausweisen, und das „Geld ist eine Abzweigung, genauer eine dingliche Verselbständigung der zum reziproken Aneignungsverhältnis des Austauschs wesensmäßig gehörigen Warenform.[81]

Das Geld ist demnach für den Wert zwar notwendig, im Geld ist die Warenform sogar „verselbständigt", aber das bleibt eine „Abzweigung". Das Geld ist ein Mittel, das dem Vermittelten nichts hinzutut und in seiner Abgezweigtheit äußerlich bleibt. Was, ohne es zu wissen, „für die Gesellschaft denkt", das ist bei Sohn-Rethel nicht das Geld, sondern der „begrifflich unabhängige" abstrakte Verstand.[82] Folgerichtig ist es nicht die Werteinheit, für die Geld steht, durch die Etwas a priori *anstelle* eines unmittelbaren Warentauschs und *für* das Übergehen der Waren als reiner Werte da ist (sodass es das Geld ist, das anstelle des Verstandes die einheitliche Vermittlung der Waren realisiert). Und es ist bei Sohn-Rethel auch nicht das Geld, das dem Denken ‚aufgibt', diesen realisierten Wert entweder als Arbeit substanziell oder als Austausch formal zu denken. Bei ihm ist das Geld lediglich die nachträgliche Verdoppelung eines unmittelbaren Austauschs und einer realen Abstraktion *von* der Arbeit, wie sie vor und sogar ohne das Geld stattfinden. Bei Sohn-Rethel entspringt der Wert zwar nicht unmittelbar der Arbeit und ihrer Vergegenständlichung, wie das die objektive Arbeitswertlehre des traditionellen Marxismus, der Arbeiterbewegung und des Marxismus-Leninismus nahe legen; aber dafür entspringt der Wert unmittelbar der Abstraktion der Tauschhandlung, und daher kann sich auch bei Sohn-Rethel das Geld, wie in der objektiven Arbeitswertlehre auch, nur noch äußerlich und nominalistisch zu einem Wert verhalten, der an-sich ohne das Geld vorhanden ist. Wo in der objektiven Arbeitswertlehre

---

80 *GukA*, S. 20–21.
81 *GukA*, S. 23, programmatisch zuvor S. 21: „Die eigentümliche Behauptung nun, die in der vorliegenden Schrift vertreten wird, ist, daß die Abstraktionsformen, die die gesellschaftlich-synthetische Funktion des Geldes ausmachen, sich gesondert ausweisen lassen, und daß sie, wenn das geschieht, sich als die letzthinnigen Organisationsprinzipien der in der warenproduzierenden, als geldvermittelten Gesellschaft notwendig werdenden Erkenntnisfunktionen des Denkens erweisen."
82 „Diese Kategorien [gemeint sind die von Kant bestimmten Kategorien a priori, F.E.] wären demnach Vergesellschaftungsformen des Denkens, die ein Individuum von genügender Intelligenz und Schulung befähigen, sich eines begrifflich unabhängigen Intellektes oder Verstandes zu bedienen, der für die Gesellschaft denkt." (*GuKA*, S. 21.) Ähnlich in *TI*, S. 48: „Dieser enge Zusammenhang zwischen Ökonomie und Logik wird manchen idealistischen Denkern schokant erscheinen. Er besagt nämlich, daß die Logik sich im Lichte ihrer Genesis als die gesellschaftliche Form des Denkens erweist oder als Form des vergesellschafteten Denkens oder noch besser als Vergesellschaftungsform des Denkens. Das in den Formen der gesellschaftlichen Synthesis sich bewegende Denken ist ein Denken für die Gesellschaft. Das kursive Denken ist eine Betätigung der Gesellschaft selbst, genauer ihrer Synthesis, in Gestalt des abstrakten Denksubjekts der Natur gegenüber."

die Ware unmittelbar durch die Arbeit in Wert gesetzt wird und in der Ware schon vor dem Tausch und vor dem Bewusstsein quasi analytisch enthalten ist, entspringt bei Sohn-Rethel der Wert unmittelbar einer vermeintlich zum Austausch zweier Waren notwendigen Abstraktion; der Austausch muss also erst synthetisch zur Ware hinzutreten, damit ihr Wert zukommt. Bei ihm kommt das Geld zwar nicht äußerlich und nachträglich zu einem in der Ware gleichsam analytisch enthaltenen und durch Arbeit objektiv gegebenen Wert hinzu, aber dafür ist es Kristallisation eines Werts, welcher der Abstraktion von der Arbeit sowie der Synthesis der Waren durch die Form ihres Austauschs entspringt. Das Geld bleibt hier wie dort eine bloße nachträgliche Verdoppelung des Werts im Sinne einer einfachen Widerspiegelung und Repräsentation, es ist eine Verdoppelung entweder der Arbeit ‚in' der Ware oder eine Verdoppelung ihres Tauschverhältnisses mit einer anderen Ware. Folgerichtig muss der Wert der Waren entweder zurückgeführt werden auf eine produktive Arbeit, die der warenförmigen Vermittlung substanziell und im Sinne eines zeitlich diachronen Werdens zugrunde liegt und den Ursprung des Werts aus Tausch und Zirkulation sowie entsprechende Vorstellungen im Bewusstsein zum oberflächlichen Schein herabsetzt. Oder der Wert entspringt, wie bei Sohn-Rethel, im zeitlosen Punkt einer Synthesis, welche die Waren qua Abstraktion in ein identisches Verhältnis setzt, und es ist dann diese zeitlich synchrone Synthesis qua Abstraktion, die sich im Verstand und im Geld reflektiert. Dann muss zwar auch hier der Wert auf die Arbeit und die Produktion zurückgeführt werden, sodass die Arbeit auch hier die Wertsubstanz der Ware zu sein scheint – aber nun ist es diese Vorstellung einer durch Arbeit gebildeten objektiven Wertsubstanz, die zu einem notwendig falschen Schein herabgesetzt werden muss. Folgt man dem objektiven Wertbegriff, müsste die Ware, weil der Wert in ihr durch die verausgabte Arbeit schon enthalten und quasi analytisch bestimmbar ist, eigentlich unmittelbar an-sich selbst darstellen können, was sie wert ist, und das Bewusstsein und das Geld brauchen das dann nur noch auszudrücken und widerzuspiegeln; jedenfalls ist ihnen der Wert an-sich gegeben. Folgt man dagegen der von Sohn-Rethel u. a. vertretenen Tauschlogik, dann kann der Wert nicht in der Ware quasi substanziell enthalten sein, sondern er muss synthetisch gebildet werden durch die Form ihres Austauschs gegen eine andere Ware sowie durch daraus entspringende (Wert-)Vorstellungen.

Es wurde bereits ausführlich gezeigt, auf welche Weise das Geld durch seine Maß- und Tauschmittelfunktion Arbeit und Ware als Substanz und Form ins Verhältnis setzt. Hinzugefügt werden kann nun, dass die Substanzialisierung der Arbeit durch die Formalisierung des Austauschs ihrer Resultate, der Waren, die Notwendigkeit einer diachron-analytischen Vorstellung des Werts (Ware als Arbeitsprodukt, verendlichte Arbeitszeit) *und* einer synchron-synthetischen Vorstellung des Werts (Ware als Verhältnis zu anderen Waren) hervorbringt. Die Notwendigkeit sowohl eines diachron-analytischen als auch eines synchron-synthetischen Wertbegriffs muss nicht nur auf das Geld und seine trennende Vermittlung zurückgeführt werden, sondern auch auf dasjenige Realisieren einer ideellen Werteinheit, durch das sich die Werteinheit gleichsam einerseits in der Form und andererseits in der Substanz des Werts entzieht und zum blinden Fleck beider Wertvorstellungen wird. Auf Sohn-Rethel bezogen ist festzuhalten, dass auch er, trotz seiner Kritik an der objektiven Arbeitswertlehre, genau wie diese im Geld nicht die maßgebliche Werteinheit und im Wert nicht die Form und die Substanzialisierung des Gemessenen sieht. Da er den Wert stattdessen einer Abstraktion, Synthesis und Gleichsetzung eines unmittelbaren Warentauschs entspringen lässt, ist es nur folgerichtig, dass er auch die erkenntniskritischen Implikationen der Wertformanalyse nicht über das Geld entwickelt; bei ihm stecken die Implikationen gerade in einem Warentausch, wie er *ohne* Geld stattfinden soll. Diese unmittelbare Verbindung von Warenform und Denkform, die Sohn-Rethel aus der Realabstraktion eines unmittelbaren, prämonetären Warentauschs begründen will, gilt es weiter zu verfolgen, bevor im Anschluss daran näher darauf eingegangen wird, wie die erkenntniskritischen Implikationen der Wertformanalyse über das Geld und seine kapitalistische Bestimmung entwickelt werden können.

5.2 Die ‚exoterische' Verbindung von Warenform und Denkform bei Sohn-Rethel und die ‚esoterische', erste erkenntniskritische Implikation der Wertformanalyse

Sohn-Rethel, so wurde gezeigt, legt die Wertformanalyse empirisch aus und sitzt dadurch bereits am Ausgangspunkt seiner Erkenntniskritik genau der Tauschhandlung auf, die als Schein des Geldes zu kritisieren wäre. Er sitzt dem Schein auf, als müsse in einem unmittelbaren, direkten Austausch von den besonderen gebrauchswertigen Eigenschaften der Dinge abstrahiert werden, um sie dadurch als abstrakte Werte gleichsetzen zu können, und als habe das Geld eben diese reale Abstraktion lediglich übernommen. Durch diese Ableitung übergeht er die Pointe, dass Marx die Wertformanalyse und das Geld gleichsam *vor* der Empirie situiert: Ein unmittelbarer Austausch von Waren findet gerade *nicht* statt (und er hat so in der Geschichte auch nie stattgefunden), entsprechend kann er auch keine reale Abstraktion mit entsprechenden Denkformen konstituieren. Stattdessen werden alle Waren immer schon durch das Geld an eine maßgebliche Einheit gehalten, und durch diese ideelle Einheit sind die Besitzer der Waren der Notwendigkeit einer realen Abstraktion und Gleichsetzung *a apriori enthoben*.

Sohn-Rethel führt dagegen den Wert nicht nur über eine reale, im Tauschakt praktisch vollzogene Abstraktion ein, diese Abstraktion soll objektiv gültig *unabhängig* vom Bewusstsein und doch ebenso *denknotwendig* sein. Da er die einfache Wertform x Ware A = y Ware B nicht als Resultat einer Messung durch eine maßgebliche Einheit analysiert, sondern als prämonetäre Tauschhandlung, und da er dadurch übersieht, dass das Geld als Maß des Werts den Wert im Wortsinn zu denken gibt (und dadurch selbständige Form des Werts wird), kann er die Verbindung zwischen Warenform und Denkform nicht auf das Geld zurückführen und *muss* eine ganz unmittelbare Verbindung suchen. Folgerichtig führt er die Verbindung zwischen dem gesellschaftlichen Sein und der Gesellschaftlichkeit des Denkens statt über das Geld durch eine Abstraktion, eine Gleichsetzung und eine Synthesis ein. Obwohl Sohn-Rethel nun alle sich bietenden Möglichkeiten für eine Verbindung ausschöpft, bleiben Warenform und Denkform einander letztlich äußerlich. Die praktische Handlung „drängt" sich dem Bewusstsein „auf" und übersetzt sich in die Denkform auf eine unmittelbar-spontane und doch kausale Weise. Hierbei klärt Sohn-Rethel wiederum nicht eindeutig, ob der Verstand die bewusstlose, aber reale Abstraktion reflektiert und dadurch diese Abstraktion bewusst übernimmt oder ob diese Übernahme gerade nicht bewusst ist, aber unmittelbar die Form des Bewusstseins selbst bildet.[83] Wie immer eine solch kausale und doch spontan-unmittelbare

---

83 Die Unentschiedenheit wird u. a. in folgender Formulierung deutlich: „Es ist bereits betont worden, daß die Abstraktion, der sie [die objektiven Verstandesbegriffe, F.E.] entspringt, blindwirkende Funktion des Warenverkehrs ist, also menschlichen Tuns, nicht menschlichen Denkens. Nur ihre Reflexion ist menschliche Leistung, und in ihrer ersten rohen, an den Geldgebrauch geknüpften Stufe eine Leistung, die sich den Warenbesitzern nach und nach aufdrängt, nicht von ihnen gesucht wird." (Sohn-Rethel: *Warenform und Denkform*, S. 124; auf den folgenden Seiten findet sich Sohn-Rethels wohl ausführlichste Bestimmung des fraglichen Übergangs). Im Hauptwerk *GukA* heißt es auf S. 56: „Der Vollzug der Tauschhandlung setzt die Abstraktion in Kraft, gänzlich ohne Bewußtsein der Tauschenden von dieser Wirkung. Welche Spuren dieser Abstraktion sich immer im Denken der Menschen vorfinden mögen, es muß als ausgemacht gelten, daß die Realabstraktion des gesellschaftlichen Austauschs ihnen als ‚primäre Quelle' zugrunde liegt." Hans-Dieter Bahr nennt Sohn-Rethels Verbindung von Warenform und Denkform eine „ungenannte Widerspiegelung" (Hans-Dieter Bahr: Die Klassenstruktur der Maschine. Anmerkungen zur Wertform. In: Richard Vahrenkamp (Hrsg.): *Technologie und Kapital*. Frankfurt am Main: Suhrkamp 1973, S. 39–72, hier S. 65). Allerdings sagt Sohn-Rethel an einer Stelle seines Hauptwerks auch *explizit*, dass die Möglichkeit einer theoretischen Naturerkenntnis aus der „Begriffsspiegelung der Tauschabstraktion erwächst" (*GukA*, S. 104). In einem seiner letzten Texte dazu, „Die Formcharaktere der zweiten Natur", hat er sich für die Variante entschieden, dass die Realabstraktion sich vermittelst des Geldes dem Bewusstsein „aufdrängt". Hier gibt Sohn-Rethel außerdem an, dass er den Begriff „Identifizierung für angemessener [hält] als den in meinem Buch [gemeint ist *GukA*, F.E.] verwandten Ausdruck der ‚begrifflichen Abstraktion', der an die Unbestimmtheit der ‚Widerspiegelung' erinnert und das Begriffsvermögen, dessen Entstehung doch zur Rede steht, bereits voraussetzt." (Sohn-Rethel: Die Formcharaktere der zweiten Natur, S. 192.) Eske Bockelmann meint, dass bei Sohn-Rethel der Verstand seine Geltungsformen aus der Realabstraktion im Sinne einer bewussten Reflexion übernimmt, vgl. Eske Bockelmann: Abschaffung des Geldes. In: Heinz / Hörisch (Hrsg.): *Geld und Geltung*, S. 97–111, 103–104. Eske Bockelmann schafft hier allerdings eine Klarheit, die sich bei Sohn-Rethel nicht findet. Dass sie sich nicht findet, ist Sohn-Rethel eher als Bewusstsein einer Unentscheidbarkeit zugute zu halten, denn als Mangel an Klarheit auszulegen. Auch sich selbst als Eske Bockelmann über den Zusammenhang von Wertform und Denkform Klarheit verschafft: Für ihn ist der Wert eine „rein gedachte Substanz" (ebd., S. 104); vgl. auch ders.: *Im Takt des Geldes. Zur Genese modernen Denkens*. Springe: zu Klampen 2004, bes. S. 411ff. Auch Tobias Reichardt hat die Unklarheiten bei Sohn-Rethel kritisiert, vgl. ders.: Aporien der soziologischen Erkenntnistheorie Alfred Sohn-Rethels, bes. S. 244ff., und auch Reichardt hat den bei Sohn-Rethel unklar gebliebenen Zusammenhang von Wert und Denken einer Lösung zugeführt. Sie erinnert allerdings an die „Klarheit", die sich der traditionelle Marxismus durch eine objektive Wertlehre und eine Widerspiegelung verschafft hat, etwa wenn er erklärt: die abstrakte Arbeit als „durch wissenschaftliche Abstraktion gewonnene Eigenschaft ist keine Fiktion und kein Postulat, sondern kommt der Ware als reale Eigenschaft zu" (ebd., S. 250). Er bringt damit den Gegenpol zu Eske Bockelmann ins Spiel, dessen Wertbegriff er konsequenterweise als rein subjektiv ablehnt (vgl. ebd., S. 247). Zur „Transformation von Real- in Denkabstraktionen" vgl. außerdem das gleichnamige Kapitel in Woesler: *Für eine*

Übersetzung auch zu fassen ist, sie soll sich in der Denkform aufrechterhalten durch die Verallgemeinerung des Warentauschs und den alltagspraktischen „Solipsismus"[84] der Warenbesitzer. Es ist der praktische Solipsismus der Warenbesitzer, der eine beständige und erfolgreiche Praxis im Denken widerspiegelt und allmählich festsetzt, ähnlich wie in der von Sohn-Rethel kritisierten Abbildtheorie Lenins, der zufolge sich ebenfalls eine erfolgreiche Praxis durch millionenfache Wiederholung im Denken festsetzt. Bei Sohn-Rethel kann diese Wiederholung und Festsetzung ohne Bewusstsein darüber funktionieren, wo die Denkform herkommt, wie sie objektive Geltung erzeugt und warum sie zeitlos gültig bleibt: Der „übliche Warenverkehr" ist „so sehr in die Routine seiner institutionellen Bahnen eingefahren", zudem ist er „so wenig der Ort des Philosophierens, daß ein Bewußtsein der zugrundeliegenden Strukturen an Ort und Stelle unmöglich ist".[85]

So äußerlich und exoterisch er die Verbindung von Wert- und Geldform herstellt, so exoterisch stellt er also auch die Verbindung von Real- und Denkabstraktion her, die einander letztlich äußerlich bleiben, ähnlich wie auch Form und Substanz des Werts sowie Aneignungslogik und Produktionslogik.[86]

Doch wenn Sohn-Rethels Einheit von Warenform und Denkform gegenüber der Maßfunktion des Geldes ‚zu spät' kommt – wie stellt dann das Geld die gesuchte Verbindung her zwischen der Konstitution der Objektivität auf der einen Seite und der gesellschaftlichen Konstitution des Denkens auf der anderen? Wenn die Wertformanalyse tatsächlich, wie Sohn-Rethel behauptet, ‚hinter' bestimmte Denknotwendigkeiten

be-greifende Praxis in der Natur, S. 114–123; zum Übergang zwischen Warenform und Denkform vgl. Axel T. Paul: Sohn-Rethel auf dem Zauberberg. Über phantastische Ideen, intellektuelle Isolation und den Abstieg der Philosophie zur Wissenschaft. In: Ders. / Ulrich Bröckling / Stefan Kaufmann (Hrsg): *Vernunft – Entwicklung – Leben. Schlüsselbegriffe der Moderne*. München: Fink 2004, S. 73–96; Thyen: *Negative Dialektik und Erfahrung*, S. 185ff.

84 *GukA*, S. 64–65.

85 *GukA*, S. 68.

86 Dadurch kommt noch die Dichotomie von objektivem und subjektivem Wertbegriff hinzu. So hält Sohn-Rethel an einer objektiven Werttheorie unbeirrt fest, trotz all seiner Kritik am Begriff der abstrakten Arbeit und an den essenzialistisch-substanzialistischen Implikationen der objektiven Wertlehre. Die Arbeit bleibt bei Sohn-Rethel notwendiger Stoffwechsel mit der Natur und als solche produktive und wertbildende Kraft sowie bestimmend für die Größe des Werts. Ihr gegenüber steht bei Sohn-Rethel aber eine geradezu existenzialistische Setzung der Dinge als einzelner, die vergleichbar sind eben nur durch Abstraktion und nicht durch Arbeit. Diese Gleichsetzung ergibt sich bereits aus seiner Vorstellung eines unvermittelten Warentauschs und dessen „Ursprungszene", der realen Abstraktion. So kommt es, dass Sohn-Rethel im kritischen Kern seiner Theorie, dem Zusammenhang von Warenform und Denkform, einerseits auf eine objektive Arbeitswerttheorie verweist, andererseits im Muster subjektiver Werttheorien und ihrer am einfachen und unvermittelten Austausch gebildeten modelltheoretischen Grundannahmen verbleibt. (Mit dem entscheidenden Unterschied, dass Sohn-Rethel alles das, was in der subjektiven Wertlehre an abstrakter Allgemeinheit und identischen Qualitäten unter verschiedenen Namen unhinterfragt vorausgesetzt und unvermittelt mitgeführt wird – Mangel, Knappheit, Gut, Wert, Nutzen, Interesse usw. – durch eine reale Abstraktion auf einen gemeinsamen Nenner bringen und als rein gesellschaftlichen Gehalt der Allgemeinbegriffe geltend machen will.)

führt, Marx aber diese Denknotwendigkeiten auf ganze andere Weise anlegt, nämlich rein kategorial-logisch statt phänomenologisch-praktisch sowie im Zuge einer Kritik des Geldes statt einer Entwicklung der Tauschlogik: Welche subjekt- und erkenntniskritischen Implikationen sind dann in Marx' Kritik des Geldes enthalten? Wenn Marx die Wertformanalyse dem Austausch und der Zirkulation der Waren sowie dem Denken und Handeln ihrer Hüter und Besitzer bewusst voranstellt, was ergibt sich daraus für die Verbindung zwischen der Messung der Arbeit durch die Form der Realisierung ihrer Resultate und dem Denken und Handeln ihrer Besitzer?

Es gibt eine erkenntniskritische Implikation, die als die ‚erste' der Wertformanalyse bezeichnet werden kann. Sie liegt im Ausschluss der Geldware, denn dadurch wird allen anderen Waren genau diejenige ideelle Einheit gegeben, die durch das Geld auch gleichsam zu denken gegeben wird. Für die Art und Weise, wie das Geld die ideelle Einheit zu denken gibt, lässt sich erneut auf Marx' Entwicklung der ersten beiden Funktionen des Geldes zurückgreifen.

Durch die ausgeschlossene Geldware wird zunächst diejenige übersinnlich-ideelle Werteinheit fixiert,[87] die für alle anderen Waren maßgeblich ist (erste Funktion), und dadurch sind alle Waren auf spekulative Weise so identisch gesetzt, dass die Warenbesitzer diese spekulative Identität nur noch durch die zweite Funktion des Geldes *praktisch* einlösen müssen. Durch das Tauschmittel lösen sie wiederum im praktischen Realisieren der Waren die ideelle Werteinheit so ein, dass ihnen durch das Wertverhältnis der Waren auch das gemeinsame Sein der Arbeiten gegeben zu sein scheint, gegeben im Sinne einer rein gesellschaftlichen Substanz, der abstrakten Arbeit.

Durch das Geld wird den Warenbesitzern also eine ideelle Einheit dadurch zu denken gegeben, dass sie dieselbe praktisch in Anspruch nehmen und praktisch realisieren. Liest man die Wertformanalyse als Explikation dieser je gefundenen Lösung: dass alle Waren durch eine ausgeschlossene Geldware als Werte übertragen werden und übergehen können, fixiert das Geld in seiner Maßfunktion eine zwar nur *ideelle* Werteinheit für die Warenbesitzer, und diese wird zur nur *spekulativen* Identität der Waren als Werte. Aber durch die ideelle Einheit und die spekulative Identität der Waren wird ihnen die Form gegeben, in der sich die Waren „bewegen" (Marx) können, und dafür muss die aus der Warenwelt ausgeschlossene Geldware als Tauschmittel wiederkehren, vermittelnd in die Warenwelt eintreten und die ideelle Werteinheit praktisch einlösen. Im Sinne dieser Bewegung, d. h. im Sinne des Übergehens, des Austauschs und der Zirkulation der Waren als Momente derselben Werteinheit und Quanta derselben Qualität, ist das Geld dann für die Warenbesitzer eine *Lösung*: „Man sah, daß der Austauschprozeß der Waren widersprechende und einander ausschließende Beziehungen

---

[87] Der Entzug und das Geben können hier im starken Sinne Heideggers verstanden werden. Ihr starker Sinn ergibt sich aus ihrer „Gleichursprünglichkeit" (ebenfalls ein Begriff Heideggers). In dessen Worten würde das heißen, dass der Entzug die Weise ist, wie das gesellschaftliche Sein, der Wert, durch das Geld west, d. h. im Entzug anwesend und geschickt oder eben gegeben wird, vgl. Martin Heidegger: *Sein und Zeit*. Tübingen: Niemeyer 1993; ders.: *Der Satz vom Grund*. Stuttgart: Klett-Cotta 1957; ders.: *Vom Wesen des Grundes*. Frankfurt am Main: Klostermann 1939.

einschließt. Die Entwicklung der Ware hebt diese Widersprüche nicht auf, schafft aber die Form, worin sie sich bewegen können."[88]

Die Lösung besteht indes darin, dass das Ins-Verhältnis-Setzen der Arbeiten und der Waren durch das Geld zwar praktisch funktioniert, dem Denken durch das Geld aber auch *entzogen* wird. Es wird so entzogen, dass Denken und Handeln einer realen Abstraktion, einer Gleichsetzung, einer Identifizierung u.ä. a priori enthoben sind. Denken und Handeln müssen stattdessen von der im Geld *je gefundenen Lösung* ausgehen. Die Waren- und Geldbesitzer realisieren mit der zweiten Funktion des Geldes als Tauschmittel durch ihre *praktische* Vernunft diejenige ideelle maßgebliche Einheit, die sie der *theoretischen* Vernunft nach implizit voraussetzen und die ihnen doch entzogen und letztlich undenkbar bleibt. Die Warenbesitzer brauchen auch gar nicht zu wissen, dass sie durch das Tauschmittel eine ideelle Werteinheit auf praktische Weise in der Realisierung der Warenwerte einlösen: „Sie wissen das nicht, aber sie tun es."[89]

Demnach ist die allererste erkenntniskritische Implikation der Wertformanalyse, auf den Punkt gebracht, derjenige Entzug, den die ausgeschlossene Geldware im Fixieren einer maßgeblichen ideellen Einheit *für* die Empirie und den Austausch leistet, mithin auch *für* das Denken und für das Bewusstsein der Arbeitenden und Austauschenden.

Dieses Zusammenspiel der beiden Funktionen führt zudem zu den beiden oben gezeigten Vorstellungen des Werts. Sie werden vom Geld zu denken gegeben im Sinne von: der Vorstellung gegeben, denn die Werteinheit wird einerseits formal durch den Austausch eingelöst und präsentiert den Wert im oben gezeigten Sinne relational-synchron (das Geld gibt einen synthetischen Wertbegriff zu denken), und andererseits gibt es in den Waren das Verhältnis der Arbeiten wieder, und entsprechend muss das Wertverhältnis der Waren vom Denken auf die zugrunde liegende Arbeit zurückgeführt werden (diachron-substanzieller Wertbegriff).

Doch wenn das Geld als praktische Lösung in Anspruch genommen wird und das Geld wiederum bestimmte Wertvorstellungen zu denken gibt: Wie tritt das Geld selbst ein? Genauer, wie tritt das Geld *praktisch* ein? Die Wertformanalyse holt in der Form x Ware A = y Ware B das Geld ja gerade so ein, dass es rein *logisch* gesehen *je schon* gefunden ist und in der analysierten Form bereits eine Lösung darstellt, diejenige Form, in der sich die Dinge rein gesellschaftlich bewegen und ihre Besitzer aufeinander beziehen können.

---

88 *Kapital I*, S. 118.

89 Marx sagt im Satz zuvor, was genau sie nicht wissen, aber tun: „Indem sie ihre verschiedenartigen Produkte einander im Austausch als Werte gleichsetzen, setzen sie ihre verschiednen Arbeiten einander als menschliche Arbeit gleich." (*Kapital I*, S. 88.) Die Version der 1. Aufl. des *Kapitals* weicht hier ab, und zwar zugunsten Sohn-Rethels: „Um ihre Produkte einander als Waaren zu beziehn, sind die Menschen gezwungen, ihre verschiednen Arbeiten abstrakt menschlicher Arbeit gleichzusetzen. Sie wissen das nicht, aber sie *thun* es, indem sie das materielle Dasein auf die Abstraktion *Werth* reduciren." (*MEGA* II/5, S. 46.) Sohn-Rethel hat sich allerdings nie auf diese 1. Aufl. berufen, ganz abgesehen davon, dass Marx' Umformulierungen eine veränderte Konzeption an dieser entscheidenden Stelle nahelegen.

5.3 Der Eintritt des Geldes durch die Verlegenheit im Denken und Handeln der Warenbesitzer

Nicht nur die einfache Wertform x Ware A = y Ware B der Wertformanalyse sieht auf den ersten Blick aus wie eine reale empirische Tauschhandlung, sondern auch die Situation des Warentauschs zu Beginn des zweiten Kapitels über den Austauschprozess. Gleichwohl hat Marx weder in der Wertformanalyse noch im Austauschprozess das Geld aus einem unmittelbaren, einfachen Warentausch abgeleitet, wie Sohn-Rethel meint. Im Gegenteil, die Wertformanalyse zeigt, wie ausführlich entwickelt, dass die einfache Wertform x Ware A = y Ware B ein bereits quantitatives Verhältnis ist, deshalb das Resultat einer Messung sein muss und ein Maß voraussetzt. Dann kann aber auch anschließend im Kapitel über den Austausch der Waren das Geld nicht einfach aus einem unmittelbaren Warentausch abgeleitet werden. Stattdessen hat Marx hier eine Verlegenheit in Szene gesetzt, die sich allererst aus der zuvor in der Wertformanalyse noch rein logisch-systematisch entwickelten *Lösung* der Verlegenheit ergeben kann: Wenn die Gebrauchswerte als Tauschwerte übergehen und als Waren in ein quantitatives Verhältnis eingehen, muss das gemeinsame Wertmaß schon gefunden sein, und dieses Maß – darin besteht die Verlegenheit – muss nun dasjenige Mittel werden, das alle Waren auf *praktische* Weise an diese maßgebliche Einheit hält, sie auf *praktische* Weise umschlägt und sie dadurch in jenes quantitative Verhältnis x Ware A = y Ware B *setzt*. Dafür müssen die Warenbesitzer noch realisieren, *dass* eine Lösung schon gefunden ist und dass sie sich vermittelst der Waren hinter ihrem Rücken auf eine gemeinsame, maßgebliche Einheit beziehen. Um das zu realisieren, müssen sie die maßgebliche Einheit aus der Warenwelt, ganz wie in der Wertformanalyse zunächst noch logisch-systematisch gezeigt, nun auf *praktische* Weise ausschließen. Das heißt, sie müssen die Geldware durch die Vermittlung des Wertverhältnisses der Waren so ausschließen, dass die Geldware in den Tausch ebenso eintritt wie herausfällt, um in Form des Zirkulierens …W-G-W… zur Realität des wertförmigen Übergehens zu werden und so das Mittel der praktischen Durchführung und praktischen Realisierung jener ideellen, maßgeblichen Einheit zu sein.

In diesem Realisieren des Wertverhältnisses fallen das Geben einer maßgeblichen Einheit und ihr Entzug zusammen. Das Zusammenfallen geschieht, weil die Geldware anstelle der ideellen Einheit steht und darum *für* die Vermittlung der Waren eingesetzt werden und sich für das vermittelte Verhältnis eintauschen kann. Genauer gesagt, fallen Geben und Entziehen der ideellen, maßgeblichen Einheit in das *quantitative Umschlagen* des Verhältnisses der Waren und in die Qualität quantitativer Verhältnisse, denn genau für dieses Umschlagen oder anstelle dieses Umschlagens steht ja das Geld.

Das Geld steht nicht nur anstelle der ideellen Einheit und entzieht sie zugleich, und das Geld stellt dadurch nicht nur die entzogene Einheit in den realisierten Warenwerten vor und gibt die Einheit dadurch zu denken, das Geld steht dadurch auch anstelle des Denkens und ist für das Denken da. Für diese Verbindung zwischen dem Wertverhältnis der Waren und dem Denken *muss* das Geld einstehen – es gibt keine

Möglichkeit, die qualitative Einheit und das quantitative Übergehen der Waren als Werte dieser Einheit nur durch das Denken und das Bewusstsein zu realisieren; es gibt keine Möglichkeit, die gesellschaftliche Vermittlung rein im Denken zu bewältigen und all die Arbeiten und all die Dinge allein durch das Bewusstsein in ein gesellschaftliches Verhältnis zu setzen. Das Geld *muss* zudem das rein gesellschaftliche Verhältnis der Waren *praktisch* durchführen, um dadurch zur Realität einer zugleich rein ideellen Werteinheit werden, und es muss im Vermitteln des Wertverhältnisses buchstäblich sich für dieses Verhältnis einsetzen und eintauschen, damit die ideelle Einheit für das Denken da ist und zugleich durch ihren Entzug ins Wertverhältnis der Waren zu denken gegeben ist – es gibt keine Möglichkeit, das Verhältnis der Waren objektiv zu bestimmen, ohne dass das wertförmige Übergehen der Waren ins praktische Ein- und Ausschließen der Geldware fallen und zum quantitativen Umschlagen einer ideellen Werteinheit werden muss.

Soweit zur gesellschaftlichen Praxis des Ein- und Ausschließens des Geldes und zum Realisieren einer ideellen Einheit, das die Verbindung zwischen dem Denken und Handeln und dem Wertverhältnis der Waren herstellt. Damit ist aber immer noch nicht geklärt, wie das Geld selbst in die Welt kommt.

Bereits im Abschnitt über Adorno wurde die Passage angeführt, die schildert, wie der praktische Ausschluss der Geldware eine ideelle Werteinheit eintreten lässt und mit ihr bestimmte Denknotwendigkeiten. In der Passage geht Marx auch auf die Verlegenheit ein, dass das Geld für das Denken und Handeln eine Lösung ist, die schon *vor* dem Denken und Handeln und sogar ohne sie gefunden sein muss. Sie liegt in derjenigen gesellschaftlichen Natur der Waren, die er in der Wertformanalyse analysiert und der Darstellung des Austauschprozesses, mithin der Ebene des praktischen Denkens und Handelns, voranstellt:

> In ihrer Verlegenheit denken unsre Warenbesitzer wie Faust. Im Anfang war die Tat. Sie haben daher schon gehandelt, bevor sie gedacht haben. Die Gesetze der Warennatur betätigen sich im Naturinstinkt der Warenbesitzer. Sie können ihre Waren nur als Werte und darum nur als Waren aufeinander beziehn, indem sie dieselben gegensätzlich auf irgendeine andre Ware als allgemeines Äquivalent beziehen. [...] Aber nur die gesellschaftliche Tat kann eine bestimmte Ware zum allgemeinen Äquivalent machen. Die gesellschaftliche Aktion aller andren Waren schließt daher eine bestimmte Ware aus, worin sie allseitig ihre Werte darstellen. [...] Allgemeines Äquivalent zu sein wird durch den gesellschaftlichen Prozeß zur spezifisch gesellschaftlichen Funktion der ausgeschlossenen Ware. So wird sie – Geld.[90]

Hier also scheint der in der Wertformanalyse noch rein logisch gezeigte Ausschluss der Geldware und die Fixierung einer Werteinheit zur praktischen Tat der Warenbesitzer zu werden. Es ist aber zu beachten, auf welche paradoxe Weise „die gesellschaftliche Tat" das Geld im Denken eintreten und im Handeln praktisch werden lässt. Im Prozess des Austauschs stehen die Warenbesitzer *andauernd* in der „Verlegenheit", dass sie bereits *gehandelt* haben, „*bevor* sie gedacht haben". Sie haben stets schon dadurch

[90] *Kapital I*, S. 101.

gehandelt, dass sie ihre Waren ideell und spekulativ als Werte gleichgesetzt haben und eben „*darum* nur als Waren aufeinander beziehn". Und es sind dann auch gar nicht zwei Waren und auch nicht ihre Besitzer, die sich austauschen, sondern der Bezug auf das allgemeine Äquivalent tauscht aus. Des Weiteren ist auch die „gesellschaftliche Tat", die das allgemeine Äquivalent ausschließt (und mit ihm das Austauschende), *nicht*, wie man zu lesen neigt, eine Aktion ihrer *Besitzer*, sondern „aller andren Waren". Und deren Aktion des Ausschließens besteht schließlich allein darin, sich *je schon* auf dasjenige Äquivalent, das sie im Tausch beständig auf praktische Weise ausschließen, bezogen zu haben. Die ausgeschlossene Ware erhält ihre Funktion, allgemeines Äquivalent und Mittel des Austauschs zu sein, durch den „gesellschaftlichen Prozeß" aller Waren, sich *andauernd* qua Ausschluss des allgemeinen Äquivalents aufeinander zu beziehen und anstelle ihrer selbst ein allgemeines Äquivalent auszutauschen (und genau dieses Selbstverhältnis der Waren, und nicht ihrer Besitzer, hatte Marx ja zuvor auf eine logisch-kategoriale Weise in der Analyse der Wertform gezeigt).

Kurz, letztlich besteht die Tathandlung der Warenbesitzer nur noch darin, das Geld an eine Stelle zu setzen, die durch die „Gesetze der Warennatur" eingeräumt worden ist, und diese Gesetze „betätigen sich im Naturinstinkt der Warenbesitzer". Die Wertformanalyse stellt sich daher im Nachhinein als eine Entwicklung heraus, die zeigt, dass das „Gesetz der Warennatur" nichts anderes *ist*, als eben jene freie Stelle einzuräumen, an welche die Warenbesitzer, gleichsam im Sinne einer erzwungenen Wahl,[91] nur noch irgendeine Ware setzen müssen, um das Geld zu erhalten und die Gesetze der gesellschaftlichen Natur der Waren exekutieren zu können.[92] So betrachtet, läuft die

---

91 Das „Paradox der erzwungenen Wahl" ist von Žižek, im Anschluss als Lacan, immer wieder thematisiert worden, vgl. u. a. das gleichnamige Kapital in Slavoj Žižek: *Liebe Dein Symptom wie Dich selbst! Jacques Lacans Psychoanalyse und die Medien*. Berlin: Merve 1991, S. 121–123; ders.: *Die Pest der Phantasmen. Die Effizienz des Phantasmatischen in den Neuen Medien*. Wien: Passagen 1999, S. 135–136.

92 In der Analogie zwischen Seinslogik und Wertformanalyse wurde im Zusammenhang mit dem von Backhaus, Heinrich, Göhler u. a. kritisierten Übergang der allgemeinen Äquivalentform in die Geldform auch der Bruch zwischen Wertformanalyse und Austauschprozess erwähnt. Auch wenn es hier einen Bruch geben *muss*, weil die Wertformanalyse die Konstitution einer rein ideellen, aber für die gesellschaftliche Objektivität maßgeblichen Werteinheit darstellt, der Austauschprozess dagegen die praktische Realisierung der ideellen Einheit als Tauschmittel, so wird das Geld doch nicht *handlungstheoretisch* begründet. Gleichwohl wurde der Bruch, statt ihn als Übergang der ersten beiden Funktionen des Geldes zu thematisieren, als Übergang von einer Formanalyse der Ware zu einer Handlungstheorie des Geldes ausgelegt, vgl. etwa Michael Heinrich: *Die Wissenschaft vom Wert. Die Marxsche Kritik der politischen Ökonomie zwischen wissenschaftlicher Revolution und klassischer Tradition*. Münster: Westfälisches Dampfboot 1999, S. 226–227; ders.: Praxis und Fetischismus. Eine Anmerkung zu den Marxschen ‚Thesen über Feuerbach' und ihrer Verwendung. Kirchoff / Meyer / Pahl / Heckel / Engemann (Hrsg.): *Gesellschaft als Verkehrung*. S. 249–270. Ähnlich argumentieren auch Ingo Stützle: Die Frage nach der konstitutiven Relevanz der Geldware in Marx' Kritik der politischen Ökonomie. In: Jan Hoff / Alexis Petrioli / Ingo Stützle / Frieder Otto Wolf (Hrsg.): *Das Kapital neu lesen*. Münster: Westfälisches Dampfboot 2006, S. 254–286, bes. S. 257–258, 264ff.; Sven Ellmers: *Die formanalytische Klassentheorie von Karl Marx. Ein Beitrag zur neuen Marx-Lektüre*. Duisburg: Universitätsverlag Rhein-Ruhr 2007, S. 25ff.; vgl. auch Ingo Elbe: Wertformanalyse und Geld. Zur Debatte über Popularisierungen, Brüche und Versteckspiele in der Marxschen Darstellung. In: Elbe / Reichelt / Wolf (Hrsg.): *Gesellschaftliche Praxis und ihre Wissenschaftliche Darstellung*, S. 210–240. Zur Diskussion um das Verhältnis von Arbeit, Wert, Ware und Geld vgl. die ausführliche Aufarbeitung von Ingo Elbe: *Marx im Westen. Die neue*

Analyse der Wertform darauf hinaus, dass die Waren genau die leere Stelle einräumen, die identischer Bezugspunkt der Vermittlung ihres Verhältnisses ist und die nur noch durch ein (Tausch-)Mittel, das sie in jedem Tauschakt an ein und dieselbe ideelle Einheit hält, besetzt werden muss, damit ihr Verhältnis durch eine maßgebliche Einheit praktisch eingelöst wird.[93]

Marx-Lektüre in der Bundesrepublik seit 1965. Berlin: Akademie 2008, bes. S. 184–318. Karl Reitter geht in einer ähnliche Richtung, vgl. Karl Reitter: *Prozesse der Befreiung. Marx, Spinoza und die Bedingungen eines freien Gemeinwesens.* Münster: Westfälisches Dampfboot 2011, S. 44ff., 54ff. (Die ersten Diskussionen zum Übergang zwischen Wertformanalyse und Austausch fanden allerdings in Japan statt, vor allem im Umfeld der sog. Uno-Schule; hier gab es auch zuerst den Vorschlag, die Wertformanalyse handlungstheoretisch auszulegen, vgl. Samezō Kuruma: *Marx's Theorie of the Genesis of Money. How, Why and Through What Is a Commodity Money?* Denver: Outskirts Press 2009.) Die Wertformanalyse zeigt den Ursprung der Geldware zunächst in der Tat, ganz wie die genannten Autoren feststellen, auf einer rein logisch-kategorialen Ebene, und insofern abstrahiert sie von den Subjekten und ihrem Handeln im Austausch. Aber schon die Eigentümlichkeit, dass die Waren durch das Ausschließen einer Geldware allererst ein gesellschaftliches Verhältnis eingehen und es quantitativ fixieren, schon diese Gleichzeitigkeit ist handlungstheoretisch zu verstehen, nur eben als „Handlung" der Waren. Sie müssen ihr rein gesellschaftliches Verhältnis in irgendeinem Etwas auf praktische Weise ausschließen, damit sie es in diesem Etwas quantitativ teilen und fixieren können. Entsprechend ist wiederum die Handlung der Waren-*Besitzer* nur mehr Exekution einer Handlung *anstelle* der Waren. Darum betätigt sich laut Marx im „Naturinstinkt" der Warenbesitzer die „Warennatur". (Marx hat die Notwendigkeit, dass eine nur ideelle Werteinheit durch das Geld besetzt werden muss, damit die *ideelle* Werteinheit zur *Realität* der Messung der Waren wird und der Wert eine selbständige Form erhält, wiederholt betont, auch *ohne* sie in einer Wertformanalyse auseinanderzulegen, vor allem in den *Grundrissen*, allerdings hier noch im Rahmen einer zeichen- und symboltheoretischen Bestimmung des Geldes, vgl. z.B. *Grundrisse*, S. 137.)
93 An dieser Stelle soll noch einmal auf den (wieder) aktuell gewordenen Diskurs um die Konstitution von Souveränität eingegangen werden (vgl. Abschnitt III, Anm. 149). Der in der Wertformanalyse beschriebene Ausschluss einer Ware, die qua Fixierung einer ideellen Werteinheit alle anderen Waren erst als Waren in Verhältnis setzt und dadurch zur Geldware aufsteigt (zum „Souverän") – dieser Ausschluss gleicht der von Giorgio Agamben im Anschluss an Hobbes und Carl Schmitt, aber auch an Benjamin und Foucault entwickelte Entscheidung über den Ausnahmezustand und das „nackte Leben" (Giorgio Agamben: *Homo sacer. Die souveräne Macht und das nackte Leben.* Frankfurt am Main: Suhrkamp 2002). Auch Foucault und Agamben kreisen in ihren Schriften immer wieder um die Frage, wie das Ausgeschlossene ebenso als Eingeschlossenes konstituiert und darüber souverän wird – allerdings ohne Bezug auf Marx' Wertformanalyse. So wie in den Souveränitätstheorien der Souverän derart über den Ausnahmezustand entscheidet, dass er in der durch seine Entscheidung erst erzeugten Ordnung als Ausnahme eintreten muss, so kann auch die Geldware erst als Ausnahme erscheinen in derjenigen Warenwelt, die sie *darum* – d. h. weil sie in der Warenwelt als Ausnahme eintritt – ins Verhältnis setzt. (Darum kreisen die Diskurse über Souveränität stets um die Unschärfe des Zugleich von Ein- und Ausschluss; das Zugleich *ist* genau derjenige Ausnahmezustand, der qua Entscheidung Souveränität über ihn ermöglicht.) Auch das Ausschließen einer Geldware erzeugt also durch die Fixierung einer für alle Waren maßgeblichen ideellen Einheit den für die Souveränität entscheidenden Ausnahmezustand, da das Ausschließen der Geldware und ihr Fixieren einer ideellen Einheit paradoxerweise erst in genau demjenigen Wertverhältnis eine Ausnahme geltend machen, das durch das Ausschließen und Fixieren begründet wird. Dann aber kann über die Ausnahme überhaupt erst innerhalb dieses durch die Ausnahme doch erst erzeugten Verhältnisses entschieden worden sein. Über den Ausnahmezustand kann daher nur souverän entschieden werden, wenn der Souverän/die Geldware den Ausnahmezustand *dauerhaft besetzt hält*: Um sich als Ausnahme aufrechtzuerhalten, muss der Souverän beständig über den Ausnahmezustand *entscheiden*. Die Geldware wird erst souverän, wenn ihr in der Wertformanalyse gezeigter Ausschluss aus der Warenwelt beständig wiederholt wird, und er wiederholt sich, indem die ausgeschlossene Geldware als Tauschmittel wiederkehrt und in der Warenwelt beständig praktisch ein- und ausgeschlossen wird. Im Ein- und Ausschließen des Tauschmittels im Sinne des …W-G-W… wird beständig

Die Wertformanalyse hat also bei Sohn-Rethel nicht nur einen (ganz) anderen Status als bei Marx, dieser andere Status enthält auch (ganz) andere erkenntniskritische Implikationen. Während Sohn-Rethel die erkenntniskritischen Implikationen eines empirisch-praktischen Warentauschs im Subjekt der Tauschhandlung bergen und dessen Verstandeslogik daraus ableiten will, findet bei Marx umgekehrt eine empirisch-praktische Tauschhandlung statt, weil sie auf eine logische Weise bereits *vorbereitet* ist. Die Tauschhandlung steckt schon in der „Natur" der Waren, allerdings haben die Waren in ihrer Natur eher eine Verlegenheit der Logik als eine ‚fertige', schlüssige Logik an-sich: Diejenige Tathandlung, die diese Verlegenheit löst und die Praxis des Warentauschs allererst ermöglicht, ist das Einsetzen des Geldes, und das Geld wird ursprünglich durch eine unvordenkliche Tat eingesetzt, in der die Warenbesitzer das Geld nur noch an eine leere Stelle setzen, als ob die Waren diese leere Stelle bereits eingeräumt hätten. Der Tauschakt der Warenbesitzer bezieht sich dann auf eine vorausgesetzte, ursprüngliche „Tathandlung" schon der Waren, und diese besteht in jenem

über das gesellschaftliche Verhältnis entschieden und die Ausnahmestellung der Geldware aufrechterhalten; sie hält ihre Souveränität aufrecht, indem sie den Ausnahmezustand auf Dauer stellt und das Verhältnis der Waren ständig der Entscheidung durch dessen eigene Ausnahme aussetzt. Der ebenso entschiedene wie anhaltende Ausnahmezustand ist dann: die Normalität. Im Besetzen und im Aufrechterhalten des Ausnahmezustands ist die Geldware nur die *Repräsentation* ‚ihres' Verhältnisses, d. h. desjenigen Verhältnisses, von der sie die Ausnahme ist nur *durch* diese Repräsentation. Wie der Souverän verfügt die Geldware in der Repräsentation nur über das, was paradoxerweise nur *durch* sie *ohne* sie präsent zu sein scheint, ganz so, als ob ihre Souveränität darin bestünde, in ‚ihrem' Verhältnis nicht nur die Ausnahme zu sein, sondern auch das Überzählige und sogar Überflüssige. So wie der Souverän lediglich darin existiert, der *Repräsentant* der Menge und des Volkes zu sein, der *Hüter* des Gesetzes, der nur im *Namen* des Gesetzes spricht, so gibt auch die Geldware das gesellschaftliche Verhältnis der Waren nur *wieder*. Und doch ist die Repräsentation unbedingt notwendig, um dem Wertverhältnis Präsenz zu *geben*. Es stellt sich daher für jede Ordnung, ob ökonomisch oder politisch, rechtlich oder religiös gefasst, immer dieselbe Frage: Warum erhält eine Ordnung Präsenz nicht ohne oder sogar allererst durch Repräsentation? Warum gibt es keine Möglichkeit, ein (ökonomisches, politisches, rechtliches oder religiöses) Verhältnis einzugehen, ohne dass für seine Repräsentation ‚zuerst' eine Ausnahme gemacht werden muss? Warum muss *unbedingt* Etwas, aber nur *irgendein* Etwas für die Ordnung entscheidend sein dadurch, dass es von einer ein- und zugleich ausgeschlossenen Position Ordnung wiedergibt, ob als Souverän (Schmitt, Agamben), Urvater und Über-Ich (Freud), universelles Äquivalent (Goux), Herrensignifikant (Lacan), Hüter der Ordnung und des Gesetzes (Foucault), verschwindender Vermittler (Žižek), oder auch als das „a" in Derridas différance, das ja auch der Temporalisierung durch Repräsentation Präsenz gibt? Zu dieser im Diskurs um Macht und Souveränität immer wiederkehrenden Figur vgl. zum „Souverän" Thomas Hobbes: *Leviathan oder Stoff, Form und Gewalt eines kirchlichen und bürgerlichen Staates*. Frankfurt am Main: Suhrkamp 1984; zum „Urvater" Sigmund Freud: *Totem und Tabu. Gesammelte Werke*, Bd. 9. Frankfurt am Main: Fischer 1999, S. 171ff.; zu „Souverän" und „Ausnahmezustand" Carl Schmitt: *Politische Theologie*. Berlin: Duncker & Humblot 1922; zum „Aussetzen des Gesetzes" Walter Benjamin: Kritik der Gewalt. In: Ders.: *Gesammelte Schriften*, Bd. II.1. Frankfurt am Main: Suhrkamp 1977, S. 179–203; zum „Herrensignifikanten" Jacques Lacan: *Seminar II. Das Ich in der Theorie Freuds und in der Technik der Psychoanalyse (1954–55)*. Berlin/Weinheim: Quadriga 1978; ders.: *Das Seminar XI. Die vier Grundbegriffe der Psychoanalyse (1964)*. Weinheim/Berlin: Quadriga 1986; zum „großen Anderen" vgl. ders.: *Seminar III. Die Psychosen (1955–56)*. Berlin/Weinheim: Quadriga 1997; zum „universellen Äquivalent" Jean-Joseph Goux: *Marx, Freud: Ökonomie und Symbolik*. Frankfurt am Main/Berlin/Wien: Fischer 1975; zu „Souveränität" und „Ausnahmezustand" Agamben: *Homo sacer.*; ders.: *Ausnahmezustand (Homo sacer II)*. Frankfurt am Main: Suhrkamp 2004.

ideellen Ein- und Ausschließen einer Werteinheit, an deren Stelle die Warenbesitzer im Tauschakt nur noch eine Geldware setzen, um im Austausch Ware gegen Geld am rein gesellschaftlichen Verhältnis der Waren teilzunehmen; sie denken und handeln dann von einer ideellen Werteinheit her, die ihnen durch das Geld und durch die realisierten Werte zu denken gegeben wird.[94] Die von der Wertformanalyse beschriebene rein ideelle „Tathandlung" der Waren, durch die alle Waren qua Ausschluss der Geldware an derselben Einheit teilnehmen, wird durch den Tauschakt ihrer Besitzer sozusagen nur noch praktisch nachvollzogen: Statt die Waren direkt und unmittelbar gegeneinander auszutauschen, tauschen sie durch das Geld ein allgemeines Äquivalent für jenes gemeinsame Verhältnis der Waren aus.[95]

94 Die Notwendigkeit, dass Etwas die leere Stelle universeller Geltung besetzen muss, damit eine übersinnliche Werteinheit eintritt und im Tausch praktisch werden kann, sagt nichts über das Etwas selbst aus, also *was* oder *wer* diese Stelle besetzt. Die Notwendigkeit sagt im Gegenteil nur „dass" aus: *dass* die Besetzung dieser leeren Stelle unbedingt notwendig ist, dass unbedingt *irgendetwas* für die Verbindung zwischen dem leeren Universellen einer ideellen Werteinheit und der Vielfalt der endlichen Waren einstehen und diese Vielfalt durch jene Leere erschließen muss. Marx zeigt durch die Umkehr der allgemeinen Äquivalentform (Form III), dass, wie in der Analogie von Seinslogik und Wertform ausführlich entwickelt wurde, qua Ausschluss *jede* Ware eine leere Einheit fixieren und Geld sein kann. Dem ist entgegengehalten worden, insbesondere in der Diskussion um die Notwendigkeit einer Geldware, dass der Staat durch seine Geltungshoheit, seine Autorität oder schlicht durch sein Gewaltmonopol – also durch die oben angesprochene „Souveränität" – das Geld in Wert und Geltung *setzen* muss. Das soll ein Argument auch dafür sein, dass das Geld nicht selber eine Ware mit Wert sein muss, wie etwa das Gold, sondern dass Wert und Geltung des Geldes letzlich durch den Staat verliehen und aufrechterhalten werden. Doch abgesehen davon, dass die Geldware, ob sie nun aus Gold oder Papier oder aus was auch immer besteht, für seine Maßfunktion sich selbst wie den Waren gegenüber vollkommen gleichgültig sein muss und gerade *keinen* Wert hat, sondern nur *für* den Wert stehen und im Wertverhältnis der Waren quantitativ umschlagen und erst *dadurch* ein bestimmter, endlich-quantitativer Wert ‚ist', – abgesehen davon kann auch der Staat (und überhaupt jeder Souverän) nur Etwas *an die Stelle universeller Geltung* setzen, d. h. auch ihm muss diese leere Stelle für die Setzung letztlich eingeräumt werden durch die – wie Marx sagt – „Natur der Waren". Der Staat befindet sich in derselben Verlegenheit wie die Warenbesitzer, nur dass er als „ideeller Gesamtkapitalist" (Engels) handeln und seine Souveränität dadurch erhalten kann, die Gesetze der Warennatur zu exekutieren und die universelle Geltung des Werts an Etwas zu *verleihen*. Aber auch er kann die Wertgeltung an Etwas eben lediglich verleihen – er kann den Wert weder anstelle des Geldes zur Geltung bringen noch kann er die quantitative Bestimmung des Geldes durch Souveränität einfach setzen, etwa durch das Diktieren oder gewaltsame Exekutieren von Preisen oder durch das Festsetzen der Geldmenge oder des Zinses. Der Staat kann zwar, wenn er die Hoheit über die Zentralbank und die Währung hat, wenigstens die Geldmenge knapp halten oder erweitern – aber die quantitative Bestimmung des Geldes, mithin sein jeweiliger Wert, ergibt sich letztlich aus dem Umschlagen und Vereinigen von Qualität und Quantität und fällt letztlich, wie noch zu entwickeln sein wird, in die Messung der Produktivkraft der Verwertung. Das Geld erhält die Souveränität, über den eigenen Wert zu bestimmen, allein durch seine Kapitalbewegung. „Die Einmischung des Staates, der das Papiergeld mit Zwangskurs ausgibt [...], scheint das ökonomische Gesetz aufzuheben. Der Staat [...] scheint jetzt durch die Magie seines Stempels Papier in Gold zu verwandeln. Indes ist diese Macht des Staats bloßer Schein. Es mag beliebige Quantität Papierzettel [...] in die Zirkulation hineinschleudern, aber mit diesem mechanischen Akt hört seine Kontrolle auf. Von der Zirkulation ergriffen, fällt das Wertzeichen oder Papiergeld ihren immanenten Gesetzen anheim." (Marx: Zur Kritik, S. 98.)
95 Es kann nicht genug betont werden, dass entgegen allen modelltheoretischen Annahmen und geschichtlichen Rekonstruktionen, sei es der (neo-)klassischen Ökonomietheorie oder ihrer marxistischen Kritiker, ein solch unmittelbarer Tausch in keiner Gesellschaft und zu keiner Zeit stattgefunden hat und auch nie eine entsprechende Rationalität oder gar Logik in Kraft war. Ganz abgesehen davon, dass der innere und

So kommt zwar auch Marx am Anfang des Austauschprozesses auf eine Tathandlung zu sprechen, aber im Gegensatz zu Sohn-Rethels Realabstraktion hat sie einen nicht-praktischen und nicht-empirischen Status. Sie führt auch nur insofern zu bestimmten Denknotwendigkeiten, als sich die Warenbesitzer auf eine unvordenkliche Tat schon der Waren beziehen müssen. Es muss scheinen, als ob die Waren im Geld eine gemeinsame Werteinheit teilten und dadurch als Werte übergingen, und dieses Übergehen wird durch das Geld zu denken gegeben und bringt bestimmte Denknotwendigkeiten hervor. Wo sich bei Sohn-Rethel die erkenntniskritischen Implikationen der Realabstraktion irgendwie ad hoc und doch kausal in den Verstand übersetzen, sodass die Logik des Tauschs im Subjekt der Tauschhandlung in Kraft sein soll, da ist bei Marx eine maßgebliche Einheit durch eine unvordenkliche Tat im Geld deshalb in Kraft, weil mit dem Geld beständig eine gesellschaftliche Tat wiederholt wird, die, rein logisch gesehen, ursprünglich die Waren für ihr gemeinsames Verhältnis selbst ‚getan' haben müssen. Entsprechend müssen die erkenntniskritischen Implikationen der Wertformanalyse, die Sohn-Rethel im Subjekt der Tauschhandlung entwickeln will, durch die Explikation des Geldes als *dessen* Erkenntnisweise impliziert werden, ganz so, als wäre das Geld das eigentliche Erkenntnissubjekt in der kapitalistischen Ökonomie.

Bevor im zweiten Teil dieses Abschnitts das Geld tatsächlich im Sinne eines überindividuellen, automatischen Erkenntnissubjekts entwickelt wird, gilt es das Problem an Sohn-Rethels Version einer materialistischen Erkenntnistheorie noch einmal herauszuarbeiten und mit diesem Problem den ersten Teil abzuschließen. Die Kritik muss radikal genug ansetzen, denn das Problem an Sohn-Rethels Erkenntnistheorie ist nicht allein, dass er, wie bislang gezeigt, eine reale Abstraktion und ein empirisches Tauschgeschehen als den Ursprung des Werts ansieht und dann den Verstand und das Geld daraus erst ableitet. Problematisch ist vielmehr, dass dem ein bestimmtes Verständnis von Materialismus zugrunde liegt, ein Materialismusverständnis nämlich, das einerseits die Bedeutung einer ideellen Einheit und ihrer Maßfunktion für die Konstitution eines rein gesellschaftlichen Verhältnisses sowie für die gesellschaftliche Objektivität übersieht und das darum, andererseits, auf den Schein des Geldes sozusagen hereinfällt. So kommt es zu der Eigentümlichkeit, dass eine unmittelbare Tauschhandlung Ware gegen Ware, die ein gemeinsames Drittes immer schon voraussetzt und deshalb als notwendiger Schein des Geldes zu kritisieren wäre, umgekehrt von Sohn-Rethel dem Geld und den Verstandeskategorien wie eine reale materielle

äußere Austausch von Gemeinwesen und Gesellschaften immer mehr und anderes war als der Austausch zwischen Individuen und Dingen, war dabei immer, so ließe sich mit den Ergebnissen vor allem der Ethnologie und Anthropologie zeigen, etwas ein- und ausgeschlossenes Drittes im Spiel. Was immer diese (Vor-) Formen des Geldes auch waren, es kann allenfalls dasjenige gewesen sein, was *an die Stelle* jener Unmittelbarkeit der Individuen und der Dinge treten und *anstelle* jener vermeintlichen Rationalität und Logik da sein musste. Insofern stand das Geld, was immer es vor dem Kapitalismus gewesen sein mag, jedenfalls exakt *nicht* für das, was ihm Nationalökonomie und Volkswirtschaftslehre entgegen allen ethnologischen Forschungen und Erkenntnissen bis heute andichten.

Praxis vorausgesetzt wird, um beide, Geld und Verstandesvermögen, daraus abzuleiten. Solche Ableitungen finden sich zwar nicht nur in Sohn-Rethels Version einer historisch-materialistischen Erkenntniskritik, sondern in der historisch-materialistisch ausgerichteten Gesellschaftskritik allgemein. Bei Sohn-Rethel ist die Ableitung aber verhängnisvoller, weil er mit Kant gerade dasjenige Problembewusstsein in die Gesellschaftskritik hineinbringen will, das dem Historischen Materialismus abgeht. Es geht Sohn-Rethel um die gesellschaftliche und geschichtliche *Gewordenheit* einer Geltung, die als ihr Gegenteil auftritt, als universelle, a priori gegebene und schlechthin zeitlose Wahrheit. Sohn-Rethel will die Gesellschaft sogar mit der Möglichkeit der zeitlosen Wahrheit des *Anderen* der Gesellschaft konfrontieren, nämlich mit der Möglichkeit einer wissenschaftlichen Erkenntnis der Natur. Realabstraktion und Warentausch sind daher nur der Ausgangspunkt, von dem aus Sohn-Rethel eine umfassende materialistische Erkenntniskritik samt der Möglichkeit von Naturwissenschaft begründen will.

Im Interesse einer solchen grundsätzlichen Kritik ist zu untersuchen, wie Sohn-Rethel die Einheit von Gesellschafts- und Erkenntniskritik durchführt, um anschließend, wie angekündigt, zu prüfen, auf welche Weise das Geld als überindividuelles Erkenntnissubjekt entwickelt werden kann.

5.4 Selbsterkenntnis als das Paradox der Erkenntnis und Sohn-Rethels Ausweg

Sohn-Rethels Anspruch, die von Kant thematisierten Anschauungsformen und Kategorien sowie ihre zeitlose, empirisch reine Geltung als gesellschaftlich und geschichtlich geworden zu rekonstruieren, befindet sich in dem aus der Philosophiegeschichte bekannten und bereits angedeuteten Zirkel: Die Erkenntniskritik muss diejenigen Kategorien und Anschauungsformen, die sie kritisieren will, bereits voraussetzen und anwenden.[96] Kant hat den Zirkel nicht gelöst, aber er hat durch eine transzendentale Analyse gezeigt, dass der Erkenntnis mit objektiver Geltung bestimmte Anschauungsformen und Kategorien *a priori* zugrunde liegen. Sie sind Bedingungen der Möglichkeit einer Erkenntnis mit allgemeiner und notwendiger Geltung, so nämlich, dass die Bedingungen der Möglichkeit der Erkenntnis auch die Bedingungen der Möglichkeit des *Gegenstandes* der Erkenntnis sind.[97] Während der Verstand die empirische

---

96 „Ein Hauptgesichtspunkt der kritischen Philosophie [d.h. der Philosophie Kants, F.E.] ist, daß, ehe daran gegangen werde, Gott, das Wesen der Dinge usf. zu erkennen, das Erkenntnisvermögen selbst vorher zu untersuchen sei, ob es solches zu leisten fähig sei; man müsse das Instrument vorher kennenlernen, ehe man die Arbeit unternehme, die vermittels desselben zustande kommen soll; [...]. Aber die Untersuchung des Erkennens kann nicht anders als *erkennend* geschehen; bei diesem sogenannten Werkzeuge heißt dasselbe untersuchen nichts anderes, als es erkennen. Erkennen wollen aber, *ehe* man erkenne, ist ebenso ungereimt als der weise Vorsatz jenes Scholastikus, *schwimmen* zu lernen, *ehe er sich ins Wasser wage*." (Georg Wilhelm Friedrich Hegel: *Enzyklopädie der philosophischen Wissenschaften I (1830)*. *Werke*, Bd. 8. Frankfurt am Main: Suhrkamp 1986, S. 53–54.)

97 Vgl. *KdrV*, A 111.

Erfahrung nicht „überfliegen"⁹⁸ darf, in ihr vielmehr die Quelle objektiver Erkenntnis hat, ist umgekehrt alle daraus gewonnene Erkenntnis mit objektiver Geltung immer schon durch eine transzendentale Synthesis des Verstandes im Sinne seiner Anschauungsformen und Kategorien *geformt*.⁹⁹ Objektive Erkenntnis speist sich somit aus zwei Quellen, denn nur in der Anwendung des Verstandes einerseits auf das durch die Sinnlichkeit empirisch Gegebene andererseits ist Wissenschaft möglich – bei Kant müssen Sinnlichkeit und Verstand, Empirismus und Rationalismus Hand in Hand gehen. Aber letztlich ist auch die so gewonnene objektive Erkenntnis eben doch keine der Dinge an-sich, sondern bleibt auf die Erscheinungen bezogen, oder vielmehr liegen allen Erscheinungen, die der Verstand erfährt und aus denen er Erkenntnis gewinnt, bereits die eigenen Anschauungsformen und Kategorien *a priori* zugrunde.

So dualistisch die Vernunft aufgrund der zwei Quellen der Erkenntnis gespalten ist, so einseitig bleibt wiederum deren Übereinkunft, die letztlich ganz aufseiten der transzendentalen Synthesis des Verstandes liegen soll. Für eine Erfahrung mit objektiver Geltung ist die Einheit der subjektiven Anschauungen und Kategorien des Verstandes maßgeblich, und dem Verstand liegen noch in seiner (Selbst-)Kritik die eigenen Formen und Kategorien a priori und damit unhintergehbar zugrunde.¹⁰⁰

Sohn-Rethels ‚Vergesellschaftung' der Erkenntniskategorien mithilfe der Marx'schen Wertformanalyse vergesellschaftet zunächst auch den Zirkel, in dem die Erkenntniskritik sich aufhalten muss; auch die Vergesellschaftung löst also den Zirkel der Erkenntniskritik nicht auf. Allerdings, so wurde gezeigt, führt sie Kants einschneidende Kritik, dass objektive Erkenntnis in einer transzendentalen Subjektivität gründet (und nicht mit dem An-sich-Sein der Dinge identisch ist), auf die Realabstraktion und die warenförmige Synthesis zurück, und dadurch soll das Transzendentalsubjekt als gesellschaftlich und geschichtlich geworden rekonstruierbar werden. Das scheint auf die Aporie hinauszulaufen, dass für Formen und Kategorien, die a priori gegeben sind und der Erkenntnis transzendental zugrunde liegen, die also zeitlos gültig sowie empirisch rein und darum für den Verstand unhintergehbar sind, gleichwohl eine gesellschaftliche und geschichtliche Gewordenheit erschlossen werden soll; streng genommen müssen diese Kategorien die eigene Gewordenheit erschließen. Will Sohn-Rethel die Geltung der Kategorien der Erkenntnis nicht als a priori gegebene und zeitlos gültige hinnehmen, sollen diese sich vielmehr quasi selber als gesellschaftlich und geschichtlich gewordene einholen, dann muss der Verstand die eigene

---

98 *KdrV*, A 296.
99 Bereits in der Einleitung (nach Ausgabe B) hält Kant in der zweiten Zwischenüberschrift den Gehalt der in der *KdrV* dann durchgeführten Transzendentalen Analytik fest: „II. Wir sind im Besitz gewisser Erkenntnisse a priori, und selbst der gemeine Verstand ist niemals ohne solche." (*KdrV*, B3.) Weiter unten kommt er auf den Zirkel zu sprechen, der die Erkenntnis wie auch deren (Selbst-)Kritik betrifft. Durch ihre Selbstkritik stößt die Erkenntnis auf ihre ureigenste Verlegenheit, „daß wir nämlich von den Dingen nur das a priori erkennen, was wir selbst in sie legen" (*KdrV*, B XVIII).
100 Zu Hegels Kritik, dass die Vernunft bei Kant einerseits dualistisch, andererseits einseitig subjektiv und beschränkt gefasst wird, vgl. Hegel: *Enzyklopädie der philosophischen Wissenschaften im Grundrisse I* (1830), § 40ff., S. 112ff.

Vergesellschaftung durchschauen und den eigenen Apriorismus hintergehen, d. h. – sich selbst.

Die Frage ist also: In welcher Weise soll der Zirkel der Erkenntniskritik durch seine Vergesellschaftung durchbrochen werden, und in welcher Richtung soll ein Ausgang aus Kants selbstkritischer Beschränkung der Vernunft liegen?

Zunächst trägt Sohn-Rethel dem Zirkel insofern Rechnung, als der Nachweis, dass die Realabstraktion und ihre Übersetzung in die Einheit von Warenform und Denkform der Vergesellschaftung transzendental zugrunde liegen, ein Doppeltes leisten soll. Einerseits entwickelt er die Einheit von Warenform und Denkform im Sinne einer *Theorie*, die den gesellschaftlich-praktischen Ursprung der synthetischen Vergesellschaftung rekonstruiert. Die Theorie zeigt, dass die verstandesmäßige Synthesis eine abgespaltene Funktion der gesellschaftlichen Synthesis durch die Warenform ist und den Schein einer ebenso objektiven wie ahistorischen Geltung hervorbringt. Andererseits wird diese Theorie in eine *Kritik* zurückgenommen. Sie *muss* sogar in eine Kritik zurückgenommen werden, denn wenn gerade die Geformtheit jeder objektiv-gültigen Erkenntnis durch die transzendentale Synthesis apriorischer, also empirisch unableitbarer und unhintergehbarer Formen und Kategorien zur Kritik ansteht, dann muss das ja auch die geschichtsmaterialistische Rekonstruktion und Ableitung der Erkenntnisformen selbst betreffen. Das scheint in den Zirkel zu führen, dass der Verstand die Theorie über den Ursprung und die Gewordenheit seiner eigenen Anschauungsformen und Kategorien aufgrund deren zeitloser, apriorischer Geltung zumindest wieder auf sich und seine Formen und Kategorien beschränken, wenn nicht sogar in die Kritik eines notwendigen Scheins zurücknehmen muss. Dann wäre paradoxerweise eine materialistische Erkenntnistheorie nur mit und aufgrund derjenigen Geltungsformen möglich, die hintergangen werden sollen. Oder, anders betrachtet, eine Erkenntnisweise, welche die eigenen Anschauungsformen und Kategorien rekonstruieren und sogar Naturgesetze mit zeitloser Geltung formulieren kann, eine solche Erkenntnisweise ist geschichtlich *geworden* und deshalb *erst* und *nur* in der kapitalistischen Gesellschaft möglich – aber in ihr gilt die Erkenntnisweise, genau wie die durch sie erkannte Natur, *zeitlos*. Die Anschauungsformen und Kategorien der Erkenntnis, obwohl kapitalistisch bedingt und geschichtlich geworden, müssten also schon vor und auch noch nach der kapitalistischen Gesellschaft oder unabhängig von ihr gelten, genau wie die erkannte Natur mit ihren Gesetzen.

Sohn-Rethel nimmt seine Kritik indes *nicht* in diese Aporien zurück. Die Erkenntnistheorie wird nicht durch eine (Selbst-)Kritik zurückgenommen, die den Anspruch einer geschichtlichen und gesellschaftlichen Begründung von empirisch reinen, zeitlos gültigen Kategorien in Zirkelschlüsse, Tautologien oder Antinomien führt, um so die Theorie der gesellschaftlichen und geschichtlichen *Gewordenheit* zugleich *zeitlos* gültiger und empirisch nicht ableitbarer, ursprungsloser Erkenntnisformen gleichsam mit ihren eigenen Aporien zu konfrontieren. Stattdessen enthält die Theorie die Kritik wie eine Zutat, durch die sie noch mehr leistet: Derselbe Zusammenhang von Genesis und Geltung, von geschichtlichem Ursprung und objektiv-zeitloser Geltung soll zusätzlich als *Verdeckungszusammenhang* durchsichtig werden. Durch die Kritik dieses Verdeckungszusammenhangs will Sohn-Rethel den Zirkel der Erkenntnistheorie durchbrechen, und hier soll der Verstand den eigenen Apriorismus überwinden.[101]

Der Zirkel soll durchbrochen werden in Konfrontation mit ihm selbst: Die funktionale Vergesellschaftung durch den Warentausch bringt als ihren identischen subjektiven Ausdruck zwar eine Verstandessynthesis und Erkenntnis mit objektiver Geltung hervor, sodass die Verstandesformen und -kategorien gleichsam Repräsentanten der Tauschlogik sind – aber sie repräsentieren gerade die *Negation* ihrer gesellschaftlichen Genesis. Diese Negation ihrer gesellschaftlichen Genesis ist der Grund, warum die Geltung scheinbar naturgegeben und zeitlos ist. Die Realabstraktion des Warentauschs, die im Verstand in Geltung gesetzt und ineins verschwunden ist, ist Genesis einer Synthesis, die zeit*loses* Mittel der Identifikation paradoxerweise *geworden* ist und das Zeit-lose der Wahrheit erzeugt. Eine Rekonstruktion der gesellschaftlichen und geschichtlichen Genesis der Geltungsformen ist daher zwar nach Maßgabe eben dieser zeitlos-ahistorisch auftretenden Geltung möglich, aber die Rekonstruktion ist dann einer Geltung geschuldet, die durch ihre Zeitlosigkeit die eigene Genesis ebenso übergreift wie verdeckt. Die Wahrheit der Abspaltung eines autonomen Bewusstseins von seinem gesellschaftlichen Sein, genauer, die Wahrheit einer Erkenntnisweise, die individuell, rein und zeitlos wird durch die Trennung von ihren gesellschaftlichen Konstitutionsbedingungen, diese Wahrheit bleibt eine der Verdeckung der Genesis durch den Apriorismus der Geltung:

> Mein methodischer Standpunkt ist kurz gesagt der, daß sich über das geschichtliche Sein überhaupt geradezu gar nichts ausmachen läßt, sondern alles, was geschehen kann, sich allein immer auf die Kritik seiner Verdeckung beschränken muß. Die Kritik der Warenform oder, in meiner Nomenclatur, der „funktionalen Vergesellschaftung" ist daher mein ganzer und einziger methodischer Weg.[102]

Ist die gesellschaftliche Genesis einmal in den Verstandeskategorien untergegangen und spurlos verschwunden, müssen diese maßgeblich werden auch für die

---

101 Explizit geht Sohn-Rethel vor allem in seinen frühen, stärker ideologie- als wissenschaftskritisch orientierten Schriften auf das große Dilemma einer materialistischen Erkenntniskritik ein: dass die reinen Geltungsformen die Rekonstruktion ihrer eigenen gesellschaftlichen und geschichtlichen Genesis ermöglichen *und* sie – eben weil sie empirisch *rein* sind – zugleich verdecken. Allerdings wird auch hier das Dilemma eher angedeutet als in Angriff genommen (vgl. *TfV*, bes. S.139ff., und *KLA*). In den späteren, stärker wissenschaftskritisch orientierten Schriften tritt die Problematisierung des eigenen Rekonstruktionsvorhabens endgültig hinter dasselbe zurück. Gleichwohl durchzieht die Verschränkung alle Arbeiten, geht es Sohn-Rethel doch stets darum, transzendentale Geltung auf einen gesellschaftlich-praktischen Grund zurückzuführen.

102 *TfV*, S. 151–152. Zu Sohn-Rethels Einschätzung des Verhältnisses von Ideologie, Theorie und Kritik vgl. vor allem *TfV*, außerdem: Aus einem Gespräch von Alfred Sohn-Rethel mit Uwe Herms über „Geistige und körperliche Arbeit" 1973. In: Wassmann (Hrsg.): *L'Invitation au Voyage zu Alfred Sohn-Rethel*; zu Ideologie als notwendig falschem Bewusstsein vgl.: Brief 21. Alfred Sohn-Rethel an Ekkehard Schwarzkopf, 2.10.1967. In: Heinz / Hörisch (Hrsg.): *Geld und Geltung*, S. 50–52, bes. S. 50–51.

Rekonstruktion ihrer geschichtsmaterialistischen Genesis; darum kann die Rekonstruktion nur, ineins, die Vergegenwärtigung eines Verdeckungszusammenhangs sein, und es ist diese Verdeckung, die für Sohn-Rethel zur Kritik ansteht.[103] Wenn „das Geltungsproblem der Erkenntnis selbst immer *das Maß* ist, nach welchem das geschichtliche Sein der Menschen als die Wirklichkeit dieser Menschen erschlossen" wird,[104] dann steht für Sohn-Rethel nicht die Suche nach der Wahrheit der Geltung in ihrem gesellschaftlichen oder in ihrem geschichtlichen Werden an, sondern die Kritik der Wahrheitsfrage als solcher.

In Richtung dieser Verdeckung will Sohn-Rethel Kants transzendentale Grundlegung der empirisch reinen Verstandesgeltung überwinden. Sohn-Rethel erkennt zwar den Kant'schen Apriorismus und die empirische Reinheit der Geltungsformen an, aber die Erkenntnisformen sollen ihren eigenen Apriorismus als *gewordenen* Apriorismus rekonstruieren und dadurch, wenn auch nicht hintergehen, so doch als Verdeckung ihrer Genesis problematisieren; die Erkenntnis kann ihre eigene gesellschaftliche Genesis und geschichtliche Gewordenheit nur rekonstruieren zusammen mit der Verdeckung jener Genesis durch diese Geltung. Die materialistische Erkenntnistheorie muss dann ebenso die Kritik eines Verdeckungszusammenhangs sein sowie Kritik eines seiner gesellschaftlichen Konstitution entsprungenen Verstandes, der den Grund seines eigenen Vermögens nicht begreift.[105] So will Sohn-Rethel in seiner Kritik in „steter Wechselwirkung das Bewußtsein zum Maßstab der Seinskritik und das gesellschaftliche Sein zum Maßstab der Bewußtseinskritik machen."[106]

(Denkt man Sohn-Rethels Kritik konsequent zu Ende, ist dem Verstand die eigene Genesis Ding-an-sich. Bei Kant ist das An-sich-Sein jenseitig, weil der Verstand sich nur auf Erscheinungen bezieht, denen er das eigene Vermögen je zugrunde legt. Mit Sohn-Rethel gewendet, ist die Erkenntnisjenseitigkeit des Kant'schen Ding-an-sich das transzendentale Vermögen des Verstandes selbst, nämlich dessen *Un*vermögen, die gesellschaftlichen Konstitutionsbedingungen seiner transzendentalen und apriorischen Geltung zu erkennen. Das Ding-an-sich ist die *gesellschaftliche* Bedingung der Möglichkeit des Verstandes.)

Es zeichnet Sohn-Rethels Problembewusstsein aus, dass er seinen Anspruch, der ebenso zeitlosen wie universellen Geltung der Erkenntnis- und Verstandesformen eine geschichtsmaterialistische Rekonstruktion ihrer verschwundenen gesellschaftlichen Genese nachzuliefern, auch als eine Kritik verstanden wissen will, sogar als eine Kritik des Wahrheitsbegriffs schlechthin. Das unterscheidet seine historisch-materialistische Erkenntniskritik von dem Ableitungsschematismus und der Widerspiegelungstheorie des Marxismus-Leninismus. Und doch kommt Sohn-Rethel von der Versuchung nicht los, eine zeitlose und transzendentale Geltung geschichtsmaterialistisch

---

103 Vgl. *Das Geld*, S. 38–39.
104 *Soziologische Theorie*, S. 199.
105 Vgl. *KLA*, S. 162–163, 174.
106 *KLA*, S. 253–254.

abzuleiten, diese Ableitung als eine Erkenntnis*theorie* statt eine Erkenntnis*kritik* zu entwerfen und den Apriorismus der Subjektivität durch eine Art geschichtsmaterialistische Erdung zu „liquidieren" (Sohn-Rethel). Gleichsam in Umkehrung der naturwüchsigen Blindheit eines Tauschs, der im realen Abstrahieren von seinem Inhalt eine bewusstlos-warenförmige Synthesis durchführt und dabei auch eine verstandesmäßige Synthesis hervorbringt, soll diese Verstandessynthesis die Abtrennung von ihrem Ursprung rekonstruieren können. Zwingt sich der Verstand durch seine Geltungsformen zur Anerkennung ihrer materiellen und geschichtlichen Bedingtheit, sollen diese Geltungsformen sich gleichsam selbst überwinden und dem ergeben, was wirklicher ist als ihre Wirklichkeit und wirklicher als das, was sie kraft Synthesis zur Erscheinung bringen. So kann bei Sohn-Rethel die Geltung des Verstandes letztlich doch noch zum Licht der Wahrheit *und* der Unwahrheit des praktischen gesellschaftlichen Seins werden. Der Verstand kann das eigene Werden *und* dessen Verschwinden rekonstruieren und in der Rekonstruktion dieses Verschwindens mit einer historisch-materialistischen Selbstbegründung auftrumpfen.

Doch so unbefriedigend Sohn-Rethels materialistische Vergesellschaftung des Transzendentalsubjekts auch sein mag, ist sie gleichwohl der Versuch, Antwort zu geben auf eine Frage, die sich nur umso dringender stellt: Wie ist eine Einheit von Gesellschafts- und Erkenntniskritik möglich? Ist es möglich, die Logik der Vergesellschaftung und die Logik der Erkenntnis auf ein und dieselbe Ökonomie zurückzuführen, aber ohne die Ökonomie auf einen Warentausch zu beschränken und das Verstandesdenken aus ihm abzuleiten (und dabei dem Schein des Geldes aufzusitzen)? Können stattdessen Warentausch *und* Verstand gemeinsam vom Geld her gedacht werden, und zwar nicht nur, wie bislang, von seinen ersten beiden Funktionen her, sondern von seiner kapitalistischen Bestimmung? Werden dadurch vielleicht sogar Kants und Sohn-Rethels Erkenntniskritik in einer *über*individuellen Bewegung aufgehoben, einer Bewegung, die einem überindividuellen Erkenntnissubjekt gleichkommt?

6. Vor welche Aufgabe sieht sich die Gesellschaftskritik nach der Kritik der Warenform durch Lukács, Adorno und Sohn-Rethel gestellt?
In diesem ersten Teil zu Sohn-Rethel wurden die Abweichungen zurückverfolgt, die er gegenüber Marx eingeschlagen hat. Sie haben ergeben, dass die Wertformanalyse bei Marx von vornherein einen ganz anderen Status hat als bei Sohn-Rethel. Marx hat am Anfang des *Kapitals* nicht die Logik gesellschaftlicher Synthesis durch Realabstraktion und Warentausch begründet, sondern die Einheit von Wert und Geld. Diese Einheit ist, näher betrachtet, eine spekulative Identität zwischen der maßgeblichen Werteinheit, für die das Geld steht, und dem gesellschaftlichen Verhältnis, das es aufseiten der Waren konstituiert, und es ist diese spekulative Identität, die, im Gegensatz zu Sohn-Rethels Interpretation, in Form des Tausches realisiert wird. An dieser spekulativen Identität muss auch eine materialistische Erkenntniskritik ansetzen, nämlich daran, dass das Geld einerseits das gesellschaftliche Verhältnis der Waren im Realisieren

zugleich bewusstlos ‚erkennt' und reflektiert und es andererseits durch Werte zu denken gibt und bestimmte Denknotwendigkeiten hervorbringt.
Setzt man die Einheit von Gesellschafts- und Erkenntniskritik am Geld an, bietet sich eine gegenüber Sohn-Rethel grundlegend andere Vorgehensweise an. Sie ist in zweifacher Hinsicht entscheidend anders. Erstens sind die Fragen der Erkenntnis und der Logik, der objektiven Geltung und der Vernunft nicht auf das Verstandesdenken zu beschränken, sondern diese verstandesmäßige Beschränkung ist von einer übergreifenden Vernunft her zu begreifen; und zweitens ist für diese übergreifende Vernunft nicht auf die Warenform und nicht auf Kants transzendentale Logik zurückzugreifen, sondern auf die Kapitalform des Geldes, und diese ist an Hegels Dialektik zu orientieren.
Wie könnte eine solche Kritik mithilfe von Marx' *Kapital* aussehen? Wenn Marx sagt, dass die Kategorien der politischen Ökonomie ebenso „Daseinsformen, Existenzbestimmungen"[107] sind, gilt das dann auch für die Kapitalform des Geldes? Lässt sich die Kapitalform wie eine überindividuelle Subjektivität entwickeln, und lassen sich von ihr her auch individuelle Denknotwendigkeiten und eine spezifisch kapitalistische Subjektivierung und Subjektkonstitution begründen?
Diesen Fragen soll in Teil II nachgegangen werden. Dafür muss das Geld als Kapital entwickelt werden und der Wert als Verwertung. Genauer gesagt, müssen die bislang entwickelten ersten beiden Bestimmungen des Geldes in seiner dritten Bestimmung im Hegel'schen Sinne zu-Grunde-gehen, d. h. die Maß- und die Tauschmittelfunktion müssen, wie bereits im Abschnitt über Lukács in Analogie zur *PhdG* gezeigt, durch die Entwicklung der Kapitalform des Geldes und durch die Entwicklung der Verwertung des Werts begründet werden. Auch wenn stets die *spezifisch kapitalistische* Bestimmung des Maßes und des Tauschmittels betont wurde, so müssen die ersten beiden Bestimmungen des Geldes doch noch auf seine dritte zurückgeführt werden, auf seinen Selbstbezug als Kapital und auf die Verwertung des Werts.
Zuvor soll die bisherige Entwicklung der erkenntniskritischen Implikationen des Zusammenhangs von Geld und Wert noch einmal zusammengefasst werden.

Die erkenntniskritischen Implikationen des Geldes wurden bislang auf der Höhe seiner Maß- und Tauschfunktion gehalten und gingen noch nicht über sie hinaus. Sie betrafen ein Denken, das durch das Geld hinterrücks eine ideell-übersinnliche Werteinheit in Anspruch nimmt, durch diese Einheit die Waren praktisch realisiert und sich durch die realisierten Warenwerte auch das Verhältnis der Arbeiten hinterrücks, aber durch die eigene Praxis auf eine objektive Weise zu denken gibt. Auf diese Weise ist das Geld einerseits selbständige Form des Werts und andererseits bringt es bestimmte Denknotwendigkeiten hervor und ist sogar unmittelbar im Denken und Handeln in Kraft.
Es kommt jedoch alles darauf an, dass auch das Geld für die Vermittlung und Realisierung des gesellschaftlichen Verhältnisses (mithin für die Konstitution gesellschaftlicher

---

107 Karl Marx: Einleitung zur Kritik der Politischen Ökonomie. In: *MEW*, Bd. 13, S. 615–642, hier S. 637.

Objektivität) wie ein Subjekt funktioniert. Wenn durch das Geld das Übergehen der Waren als Werte objektiv gültig durchgeführt wird und dabei ihr gesellschaftliches Verhältnis durch eine maßgebliche Werteinheit im Sinne eines unmittelbaren, bewusstlosen Reflektierens realisiert wird, und wenn durch die Warenwerte auch das Verhältnis der Arbeiten wie in einer bewusstlosen Reflexion wiedergegeben wird, dann ‚denkt' das Geld *für* die Warenbesitzer insofern, als es ihnen das Vergleichen und Bestimmen der für die Waren verausgabten Arbeiten erspart. Es erspart ihnen mithin, das gemeinsame Verhältnis und den inneren Zusammenhang aller Arbeiten und Kapitale sowie all ihrer Resultate denken und im Denken ausrechnen zu müssen. Das wurde oben als „erste erkenntniskritische Implikation" der Wertformanalyse bezeichnet. Sie kann im Gegensatz zu Sohn-Rethels exoterischer Verbindung von Warenform und Denkform sowie von Form und Substanz des Werts als eine ‚esoterische' Verbindung zwischen dem Denken der Warenbesitzer und dem Geld sowie von Substanz und Form des Werts verstanden werden.

Doch auch wenn diese ‚esoterische' Verbindung bereits darin bestand, dass die Geldfunktionen das realisierte Verhältnis der Arbeiten durch die Warenwerte zu denken geben durch einen *Entzug*, so sind die erkenntniskritischen Implikationen dieses Entzugs bislang noch nicht weiterverfolgt worden *im Geld selbst*. Gerade dieser Entzug gehört aber zur kapitalistischen Bewegung des Geldes dazu; durch ihn wird das Geld erst zu einer überindividuellen, automatischen Subjektivität. Folgerichtig muss, wenn das Geld zur Kapitalform weiterentwickelt werden soll, auch dieser Entzug weiterentwickelt werden, der die Kapitalbewegung des Geldes ergibt. Diese Entwicklung muss einerseits zur überindividuellen, automatischen Subjektivität der Kapitalform und andererseits zur Verwertung des Werts führen. Diese Verschränkung zwischen der Kapitalbewegung des Geldes und der Verwertung des Werts muss schließlich zur Überwindung einer Erkenntnistheorie führen, die das Denken und Reflektieren allein auf den individuellen Verstand beschränkt und auf eine ebenso individuelle Praxis zurückführt.

Die Bedeutung der Maß- und Mittelfunktion für diese dritte, selbstbezügliche und eigentlich kapitalistische Bestimmung des Geldes ist zwar mehrfach angedeutet worden. Die beiden Funktionen sind aber noch nicht aus ihr hervorgegangen: Bislang ist noch nicht gezeigt worden, dass durch die ersten beiden Funktionen des Geldes in den Waren und in der Zirkulation äußerlich reflektierend ein *Verwertungsverhältnis* gemessen und wiedergegeben wird, und zwar ein Verwertungsverhältnis, welches das Geld für die Produktion der Waren *zuvor selbst eingegangen ist*. Mehr noch, das Geld tritt dadurch gleichsam gegenüber sich selbst als Maß auf, nämlich indem es im Wertverhältnis der Waren, im gesellschaftlichen Sein, das eigene Wesen in der Produktion realisiert und gleichsam bewertet und beurteilt. Als Maß und Tauschmittel übernahm es zwar das Verhältnis von Arbeit und Ware und vermittelte sie als Form und Substanz ein und desselben gesellschaftlichen Verhältnisses, aber es übernahm noch nicht durch seine Kapitalform ihre *Verwertung*.

Wird der Wert in der eben skizzierten Weise durch die Kapitalform des Geldes entwickelt, ist schließlich auch die Ebene der Arbeit und des Austauschs verlassen, auf der Lukács, Adorno und Sohn-Rethel ihre Kritik der Warenform aufgehalten haben. Sie haben ihre Kritik im wörtlichen Sinne dort ‚aufgehalten', denn so sehr alle drei in ihrer Kritik der Warenform auf die (irrationale bzw. unwahre bzw. unvollendete) Totalität der kapitalistischen Gesellschaft gezielt haben, so sehr ist ihre Kritik des Werts auf die Arbeit und die Form des Austauschs beschränkt geblieben. Nicht zuletzt darum ging es bei ihnen eher um eine Kritik nur des *Tausch*werts und um die Rationalität der Tauschlogik und weniger darum, den Wert von der Maßfunktion des Geldes und von dessen Kapitalbewegung her zu erschließen; entsprechend blieb bei ihnen außen vor, dass das Geld im Tauschwert nicht das Verhältnis der Waren, sondern die produktive Kraft ihres *Produktionsverhältnisses* erschließt und dass es durch seine Kapitalbewegung beständig in dieses Produktionsverhältnis eingeht.

Überhaupt wird das, was Lukács, Adorno und Sohn-Rethel als Logik des Warentauschs kritisieren, von Marx als etwas ganz anderes herausgestellt, nämlich als Ermittlung der produktiven Kraft einer *Verwertung*. Was die Form des Austauschs der Waren und was die Realisierung der in den Waren verendlichten Arbeit zu sein scheint, ist die Ermittlung derjenigen produktiven Kraft, die aus dem Verhältnis von lebendiger und toter Arbeit resultiert, kurz Arbeit und Kapital, und in diese Verwertung war das Geld nicht nur ausgelegt, es kehrt im Realisieren ihrer Resultate auch zu sich zurück und geht anschließend erneut in sie ein. Kurzum, Marx entwickelt mit der Kapitalform des Geldes eine *Kapitaltheorie* des Werts: „Wenn in der Theorie der Begriff des Werts dem des Kapitals vorhergeht, andrerseits aber zu seiner reinen Entwicklung wieder eine auf das Kapital gegründete Produktionsweise unterstellt, so findet dasselbe in der Praxis statt."[108] Lukács, Adorno und Sohn-Rethel haben dagegen dem Wert, statt ihn als Resultat einer Verwertung und eines gesamtgesellschaftlichen Messprozesses zu entwickeln, eine Art Ursprung aus der Arbeit oder dem Tausch gegeben. So *musste* der Wert letztlich der Abstraktion und Synthesis, der Gleichsetzung und Verdinglichung entspringen.

Entscheidend für die Kritik des Werts ist, ihn jenseits solcher Vorstellungen von Abstraktion und Synthesis, Reduzierung und Gleichsetzung etc. zu entwickeln und ihn auf die Kapitalform des Geldes und die Produktivkraft der Verwertung zurückzuführen: „Der Begriff von Wert ganz der modernsten Ökonomie angehörig, weil er der abstrakteste Ausdruck des Kapitals selbst und der auf ihm ruhenden Produktion ist."[109] Erst wenn der Wert als Moment einer Verwertung entwickelt wird, und zwar einer im Geld sich selbst messenden Verwertung, erst dann lassen sich sein Ursprung und Werden angemessen bestimmen. Zumindest lassen sich die, wenn auch notwendigen und verstandesmäßigen, so doch einseitigen und verkürzten Vorstellungen aufheben, in denen der Wert entweder der Arbeit oder dem Warentausch entspringt, und die dabei

---

108 *Grundrisse*, S. 177.
109 *Grundrisse*, S. 667.

nicht nur übergehen, dass der Wert ein Verhältnis von Substanz und Form ist, sondern auch, dass dieses Verhältnis beständig *verwertet* wird und dafür im Geld eine selbständige Form für sich haben und im Geld in einem überindividuellen Sinne beständig ‚begriffen' sein muss. „Das Kapital als seinen Wert reproduzierend und vermehrend ist der selbständige Tauschwert (das Geld) als Prozeß, als *Prozeß der Verwertung.*"[110] Die Aufgabe für den zweiten Teil lässt sich somit umreißen: Die Wertformanalyse muss statt als Logik des Warentauschs und entsprechender Verstandesformen als Einstieg in die Entwicklung der Wertverwertung und in die kapitalistische Bestimmung des Geldes interpretiert werden; entsprechend sind die erkenntniskritischen Implikationen der Wertformanalyse statt im Subjekt der Tauschhandlung im Geld einzuholen, und zwar durch die Entwicklung seiner kapitalistischen Bestimmung; und schließlich ist das Ganze statt mit Kant mit einer an Hegel orientierten Dialektik einzulösen. Zusammengefasst gilt es, durch die Entwicklung der kapitalistischen Bestimmung des Geldes einen Wert zu begreifen, der durch das Geld prozessiert und es zu einem „automatischen Subjekt"[111] werden lässt. Diese Entwicklung wird schließlich – wenn auch erst am Ende der Arbeit – Geld und Wert, Kapital und Verwertung in eine „Ökonomie der Zeit" (Marx) führen.

---

110 *Grundrisse*, S. 227. In seiner Kritik an Bailey wendet sich Marx gegen das allgemeine „Mißverständnis, wonach Tauschwert=Wert, die Form des Werts oder der Wert selbst ist," und hält dagegen, dass der Wert seiner kapitalistischen Verwertung entspringt und dass „Wert nur als Kapitalwert oder Kapital fungiert, sofern er in den verschiednen Phasen seines Kreislaufs, die keineswegs cotemporary sind, sondern nacheinander fallen, mit sich selbst identisch bleibt und mit sich selbst verglichen wird." (Karl Marx: *Das Kapital. Kritik der Politischen Ökonomie. Zweiter Band. MEW*, Bd. 24, S. 110, im Folgenden *Kapital II*.)
111 *Kapital I*, S. 169.

Zweiter Teil. Der Selbstbezug des Geistes und des Kapitals: Das Rechnen mit der Identität durch Begriff und Geld

> Die ganze Schwierigkeit kommt dadurch hinein, daß die Waren nicht einfach als *Waren* ausgetauscht werden, sondern als *Produkt von Kapitalen* [...].
> (Karl Marx, *Kapital* Bd. III)[112]

1. Die überindividuelle Subjektivität des Begriffs und des Geldes

Auch wenn Sohn-Rethel die Marx'sche Wertformanalyse zur Mächtigkeit der Kant'schen Erkenntniskritik in kein adäquates Verhältnis setzen konnte, so ist doch das Problem, das er mit Kant gegen die Marx'sche Gesellschaftskritik vorbringt, damit noch nicht erledigt. Sohn-Rethel wirft Marx vor, die erkenntniskritischen Implikationen seiner Wertformanalyse nicht entwickelt zu haben, und in der Tat hat Marx in seinem gesamten Werk nirgends eine eigenständige Erkenntnis- oder Subjekttheorie entwickelt.[113] Die Frage ist jedoch, ob in diesem Mangel nicht die Stärke des Marx'schen Kritikbegriffs gesehen werden müsste, denn im Anschluss an den Hegel'schen Dialektik- und Kritikbegriff sowie an dessen Kantkritik kann auch bei Marx die Erkenntnisweise gerade nicht getrennt von ihrem Gegenstand angemessen begründet werden. Kants Beschränkung objektiver Erkenntnis auf die Erscheinung der Dinge und die radikale und unüberwindbare Trennung von ihrem An-sich-Sein, diese Vernunftkritik wird allein schon darum nicht geteilt, weil es in der Dialektik von Hegel und Marx nicht um die Konstitution des Objekts durch das Subjekt der Erkenntnis geht, sondern um die Konstitution eben dieser *Form der Gegenständlichkeit* von Objektivität und Subjektivität. Die Trennung von Objektivität und Subjektivität wird nicht nur als *Form ihrer Vermittlung* entwickelt, gleichsam als ihr ausgeschlossenes Drittes, vielmehr wird auch das *Vermittelte*, werden Objekt und Subjekt durch eben diese trennende Vermittlung allererst konstituiert. Dadurch ist das Maß ihrer Vermittlung weder, wie bei Kant, aufseiten des Subjekts gegeben (durch dessen Anschauungsformen und Kategorien a priori), noch ist das Maß aufseiten der Dinge gegeben, sei es durch ihr An-sich-Sein oder durch ihre Erscheinungen – sondern in der Vermittlung selbst liegt das Maß. Oder vielmehr muss sich das Maß in der Vermittlung *bilden*, und zwar ebenso bilden wie das vermittelte Verhältnis von Objektivität und Subjektivität. Beide müssen sich durch eine voraussetzungslose und negative Vermittlung entwickeln, letztlich gerade dadurch, dass ihrer Vermittlung *kein* Maß gegeben ist, denn: Das Maß bildet sich durch die *Negativität einer Vernunft, die darin liegt, in Objektivität und Subjektivität radikal zu trennen und die Trennung zur Logik ihrer reflexiven Vermittlung und ihrer spekulativen Identität werden zu lassen.* Dagegen sind bei Kant der Verstand auf der einen und das Empirisch-Gegebene auf der anderen Seite gleichsam *zwei* Maßstäbe, an die sich die Vernunft

---

112 *Kapital* III, S. 184.
113 Die ersten nennenswerten Diskussionsbeiträge im deutschsprachigen Bereich finden sich in Alfred Schmidt (Hrsg.): *Beiträge zur marxistischen Erkenntnistheorie*. Frankfurt am Main: Suhrkamp 1969.

immer schon halten muss. Zudem bleiben diese beiden Maßstäbe einander äußerlich, auch (und gerade) wenn sie durch den transzendentalen Schematismus des Verstandes aufeinander bezogen werden müssen – „Gedanken ohne Inhalt sind leer, Anschauungen ohne Begriffe sind blind".[114] Letztlich sind die beiden für einander maßgeblichen Seiten einander fertig gegeben, wenn auch einerseits als ein bloßes transzendentales „Vermögen", andererseits durch eine chaotische „Mannigfaltigkeit".[115]

Bislang wurde die Logik des Maßes allerdings nur für eine auf sich selbst gestellte Objektivität gezeigt. Insbesondere in der Analogie zwischen Seinslogik und Wertformanalyse wurde gezeigt, dass sich hier wie dort Objektivität konstituiert, indem sie radikal von der Subjektivität getrennt wird und darum als maßgeblich für sie selbst reflektiert werden muss. Darüber hinaus wurde aber bereits zumindest skizziert, dass die (gesellschaftliche) Objektivität durch ihr seinslogisches bzw. wertförmiges In-sich-Übergehen auch eine *Subjektivität* herausfordert, und das im doppelten Sinne. Sie fordert zum einen diejenige bewusstlose Subjektivität heraus, die sie durch ihr Übergehen und Umschlagen gleich dem negativen Wesen einer bewusstlosen Reflexion unmittelbar an-sich hat (oder *als* Unmittelbarkeit). Sie fordert zum anderen jene Subjektivität heraus, welche die Objektivität maßgeblich für sie selbst sein lässt und dadurch gleichsam deren eigener Identität aussetzt (also jenem Übergehen und Umschlagen im Sinne des negativen Wesens einer bewusstlosen Reflexion). In beiden Fällen ist die Subjektivität nicht mit dem individuellen Denken und dem Verstand gleichzusetzen. Es geht vielmehr darum, die individuelle Subjektivität von dieser *über*individuellen Subjektivität her zu begründen, also von der Logik des Begriffs bzw. von den Funktionen des Geldes her.

Hier soll der Faden wieder aufgenommen werden: Was ist das für eine *überindividuelle* Subjektivität, die Hegel im Anschluss an die Objektivität in der Logik des Begriffs entwickelt und die Marx im Anschluss an die Maß- und Tauschmittelfunktion des Geldes in dessen Kapitalform entwickelt?

Zuerst wieder zur *WdL*. Hier scheint es zunächst, als falle die Realisierung der Objektivität in das *Wesen der Reflexion*. In der *WdL* schließt die Logik der Reflexion unmittelbar an das seinslogische Übergehen an und lässt sie zum negativen Wesen zwischen Objektivität und Subjektivität werden.[116] Indes nimmt Hegel dieses Wesen der Reflexion auch wieder zurück: Die Reflexion kann nicht *unmittelbar* und *einfach* zum Wesen der Identifikation von Objektivität und Subjektivität werden. Im Gegenteil,

---

114 *KdrV*, B75, A51.
115 *KdrV*, B 102.
116 Bereits das Ende der Seinslogik geht in das Wesen über, vgl. Georg Wilhelm Friedrich Hegel: *Wissenschaft der Logik I*. *Werke*, Bd. 5. Frankfurt am Main: Suhrkamp 1986, S. 456 (im Folgenden *WdL I*). Das Wesen wiederum geht dann nicht nur in die subjektive Logik des Begriff über, sondern es ist bereits unentschieden sowohl Teil der objektiven wie der subjektiven Logik, vgl. *WdL I*, S. 58. Zur Wesenslogik vgl. Georg Wilhelm Friedrich Hegel: *Wissenschaft der Logik II*. *Werke*, Bd. 6. Frankfurt am Main: Suhrkamp 1969, S. 13–240 (im Folgenden *WdL II*), zu Schein und Reflexion *WdL II*, S. 17–80.

von welcher Seite man die Trennung zwischen Objektivität und Subjektivität auch betrachtet, sie kann nicht durch eine *einfache* Reflexion zur Vermittlung zwischen Objektivität und Subjektivität werden, vielmehr muss die Reflexion *als solche begriffen* werden, und dadurch muss das Wesen der Reflexion seinerseits reflexiv werden und im Begriff *selbstbezüglich* sein. Eine radikale Trennung in Objektivität und Subjektivität entsteht demnach nur, wenn gleichsam noch eine weitere Trennung gemacht wird, so nämlich, dass die Subjektivität sich nicht nur von der Objektivität unterscheidet, sondern, indem sie das eigene Reflektieren reflektiert, auch von – sich selbst. Die Subjektivität macht in der Reflexion der Objektivität somit auch einen Unterschied zu sich und steht gleichsam neben sich, sodass sie mit der Objektivität auch sich selbst zum Gegenstand hat. Die Subjektivität denkt dann weder von der Objektivität noch von der eigenen Subjektivität her, sondern von der Logik dieser Trennung *und* der Notwendigkeit einer gemeinsamen Vermittlung, sie denkt mithin von einer spekulativen Identität her. Die Subjektivität hat sich von Anfang an gleichsam überwunden und steht auf dem Standpunkt des Übergreifenden von Objektivität und Subjektivität, sie steht auf dem Standpunkt einer Vernunft, die darin liegt, in Objektivität und Subjektivität zu unterscheiden und im Unterschied das Wesen ihrer reflexiven Vermittlung zu gründen.

In dieser Vernunft ist die überindividuelle Subjektivität zu suchen, die Hegel als den sich selbst begreifenden Begriff entwickelt.[117] Der Begriff muss begreifen, dass das zwiespältige, negative Wesen der Reflexion nichts weniger als die absolute Idee verwirklicht: die Identifikation der Objektivität durch die Subjektivität des begrifflichen Denkens. Die Reflexion *ist* zwar nichts anderes als die Form der Identifizierung der Objektivität durch die Subjektivität (und damit ebenso deren Trennung und Entgegensetzung), aber nur, wenn sie im Begriff *selbstbezüglich* wird. Das Mittel der Reflexion muss selbstbezüglich sein, damit begriffen wird, dass die Reflexion in Form der *Gegenständlichkeit von Objektivität und Subjektivität* nichts weniger verwirklicht als die *spekulative Identität von Denken und Sein* – und eben diese Selbstbezüglichkeit der Reflexion entwickelt Hegel in der *WdL* als die Logik der Subjektivität und des begrifflichen Denkens.

Für die bislang entwickelte Analogie stellt sich nun die Frage: Gilt diese Überwindung der Reflexions- und Verstandeslogik im Allgemeinen und der transzendentalen Logik Kants im Besonderen auch für Marx' Entwicklung der Kapitalform des Geldes? Lässt sich das Geld in Analogie bringen zu Hegels Entwicklung des Wesens der Reflexion und ihrer Selbstbezüglichkeit im Begriff? Ist auch das Geld nicht nur konstitutiv für das Sein gesellschaftlicher Objektivität: das Wertverhältnis, sondern hebt es die Objektivität, analog dem Begriff, auch in einer überindividuellen Bewegung auf? Und bringt es die Objektivität durch diese Bewegung ebenso hervor?

---

117 Vgl. *WdL II*, S. 243–573 (Zweiter Teil), bes. S. 243ff. u. 548ff.

Als maßgebliche Werteinheit war das Geld bislang ja unentschieden beides: selbständige Form des Werts und objektiv gültige, individuelle Denknotwendigkeit; und diese spekulative Identität von gesellschaftlichem Sein und der Gesellschaftlichkeit des Denkens wurde in Entsprechung gebracht zu Hegels Entwicklung der Objektivität in der Seinslogik. Das Geld realisiert in seiner ersten Bestimmung diejenige ideelle, maßgebliche Einheit, die alle Waren im Umschlagen in Quantität so teilen, dass sie ihr gemeinsames Verhältnis beständig im Geld herausstellen. Soll diese Objektivität des wertförmigen Übergehens weiterentwickelt werden und zu Hegels überindividueller Subjektivität führen, dann müsste jenes Realisieren der Objektivität zunächst dem einfachen Reflektieren in der *WdL* entsprechen, also dem Wesen der Reflexion. Die Objektivität des Wertverhältnisses würde durch das Geld, ganz wie bislang für seine Tauschmittelfunktion gezeigt, in Form der gesellschaftlichen Vermittlung realisiert, und dadurch würde das Geld zum Subjekt der Vermittlung. Um dann jedoch zur Reflexion der Reflexion analog der Selbstbezüglichkeit des Begriffs zu gelangen, müsste diese Vermittlung und Realisierung der gesellschaftlichen Objektivität wiederum im Geld *selbstbezüglich* werden und in diesem Selbstbezug ‚begriffen' sein, in einem Selbstbezug, der analog dem Begriff eine übergreifende und überindividuelle Subjektivität verwirklicht.

Und in der Tat zeigt Marx in der dritten Bestimmung des Geldes diejenige Form, die das Verhältnis von Geld und Ware übergreift und über das bloße Übergehen des Werts und die im Zirkulieren der Waren explizierte Objektivität der Gesellschaft hinausgeht. Er entwickelt eine Form, in der das Geld den realisierten Wert wieder entäußert und ihn einer Verwertung unterzieht, aus welcher der Wert wiederkehrt und doch über sich hinausgeht: Es ist die Kapitalform des Geldes Geld-Ware-Geld', G-W-G'.

Schon diese bloße Formalisierung der kapitalistischen Bestimmung des Geldes G-W-G' zeigt auf einen Blick, dass das Geld anscheinend einen Unterschied nicht nur zum Wertverhältnis der Waren (-W-) macht (denjenigen Unterschied also, der bislang in die einfache Zirkulation …W-G-W… fiel und die Entsprechung zwischen der quantitativen Bestimmung des Geldes und dem Wertverhältnis der Waren ergab), sondern das Geld übergreift die Waren und macht durch die Differenz zwischen G und G' auch einen Unterschied zu sich selbst. Die im Verhältnis der Waren realisierte Objektivität ist anscheinend ‚nur' das, was gleichsam in diesen Unterschied zwischen G und G' fällt und vom Selbstbezug des Geldes übergriffen und aufgehoben wird. M.a.W., die in den Warenwerten realisierte Objektivität tritt innerhalb der übergreifenden Bewegung G-W-G' ein, während das Geld zu einer übergreifenden Bewegung wird; für diese Bewegung ist die einfache Reflexion im Sinne der Realisierung der Warenwerte durch Tausch und Zirkulation nur eine Art Durchgangsmoment.[118] In dieser Bewegung ist somit die Entsprechung zu Hegels Begriff des Begriffs zu suchen, also das

---

118 Marx kritisiert alle Vorstellungen, die „das Kapital nicht in seiner *spezifischen Formbestimmtheit* als ein in sich reflektiertes *Produktionsverhältnis*" fassen (*Grundrisse*, S. 230). Und weiter: „Dieser Prozeß ist aber der Seite der Formbestimmtheit nach *Selbstverwertungsprozeß*. Selbstverwertung schließt ein sowohl Erhalten des vorausgesetzten Werts als Vervielfältigung desselben. Der Wert tritt als Subjekt auf." (*Grundrisse*, S. 231.)

oben genannte übergreifende, selbstbezügliche, „automatische Subjekt." Und in dessen Subjektivität ist schließlich auch die Überwindung der transzendentalen Grundlegung zu suchen, welche die Logik bei Kant durch den Verstand und bei Sohn-Rethel durch die Einheit von Warenform und Denkform erhalten hat.

Weil die *WdL* und das *Kapital* eine ebenso übergreifende wie überindividuelle Subjektivität entwickeln, enthalten sie also zwar keine eigenständige Erkenntniskritik, aber darum, weil Bewusstsein, Erkenntnis und Verstand sich selbst von dieser übergreifenden Bewegung her verstehen müssen. Doch wie führt die Dialektik von Hegel und Marx jene übergreifende Form durch, und mit ihr eine immanente Kritik der transzendentalen Logik? Wie stellt der Darstellungsgang der *WdL* bzw. des *Kapitals* den Unterschied heraus, der entsteht, indem die überindividuelle Subjektivität des Begriffs bzw. des Kapitals sich selbst so übergreift, dass mit (oder gleichsam *in*) diesem Unterschied auch die Gegenständlichkeit von Subjekt und Objekt eintreten kann?

Dafür sind offensichtlich zwei Schritte zu unterscheiden, denn die einfache Reflexion muss unterschieden werden von einer Reflexion der Reflexion. Genauer gesagt, muss ein notwendiger *Schein* von dessen *Aufhebung* unterschieden werden. Und in der Tat wird in der *WdL* und im *Kapital* zunächst eine nur *einfache* Reflexion entwickelt, diejenige Reflexion, welche die Objektivität nur zu realisieren *scheint* und die den Unterschied von Objektivität und Subjektivität nur zu machen *scheint*. Der zweite Schritt nimmt diese Reflexion dann zurück und stellt heraus, dass die einfache Reflexion durch die Reflexion der Reflexion eintritt und im Selbstbezug des Begriffs bzw. des Kapitals aufgehoben ist.

1.1 Die einfache Reflexion und die Realität des Scheins

Für den Schein der Reflexion bzw. der einfachen Zirkulation muss im ersten Schritt die Objektivität zunächst lediglich *noch einmal* entwickelt werden. „Noch einmal" heißt, das seinslogische bzw. wertförmige Übergehen muss nun *ebenso* als Reflektieren entwickelt werden, ganz so, wie es in der Analogie zwischen Seinslogik und Wertformanalyse bereits ansatzweise gezeigt wurde. So geht in Hegels Wesenslogik das seinslogische Übergehen *noch einmal über*, denn es geht *in sich zurück* und erweist sich durch diese Wiederholung seiner selbst als das wesenslogische Scheinen der Reflexion.[119] In der Form der Reflexion wird das seinslogische Übergehen realisiert und dem Begriff als Selbstverhältnis der Objektivität zum Gegenstand. Auch Marx wiederholt das in der Wertformanalyse zunächst rein logisch entwickelte wertförmige Übergehen, nun als praktischen Austausch- und Zirkulationsprozess von Waren und Geld, und durch diese Praxis wird das Übergehen der Waren als Werte nun zum Wesen der gesellschaftlichen Vermittlung und konstituiert gesellschaftliche Objektivität. Dabei muss das Geld dieselbe Objektivität, die es in den Waren zum Gegenstand hat, überhaupt erst herstellen. Es muss dieselbe Objektivität realisieren, auf die es zugleich trifft, sodass es die Warenwerte gleich Reflexionsbestimmungen expliziert, und es gibt

---

119 Vgl. *WdL II*, S. 17ff.

dabei Werte wieder, die zugleich in ihm selbst auf quantitative Weise währen. Kurz, die Vermittlung von Ware und Geld trennt zwar in eine äußere Gegenständlichkeit, aber dieselbe Vermittlung bildet dabei eine *Entsprechung*, und zwar so, dass das Wertverhältnis der Waren *sich* im Geld entspricht; die Unmittelbarkeit des Wertverhältnisses der Waren *ist* die Realität seiner Vermittlung durch das Geld.

Wie sieht nun der nächste Schritt aus? Wie machen Hegel und Marx die Reflexion der Objektivität, obwohl doch nichts weniger als die Realität begrifflicher bzw. gesellschaftlicher Vermittlung, als Schein durchsichtig? Wie setzen *WdL* und *Kapital* das Realisieren der Objektivität durch das Wesen der Vermittlung (also das Reflektieren bzw. die Zirkulation) zum notwendigen Schein herab?

Zunächst wieder zur *WdL*. Sie unterzieht die einfache Reflexion einer Kritik, indem sie das Wesen der Reflexion selbstbezüglich werden lässt und dadurch als Genesis des Begriffs erweist. Es war ja von Anfang an das begriffliche Denken, das die Objektivität einerseits durch sie selbst bestimmt sein ließ und sie dadurch andererseits von der Logik ihres In-sich-Übergehens her denken kann und darin ihre Identität begreift. Folgerichtig muss der Begriff nicht nur in dieser radikalen Trennung von Objektivität und Subjektivität das Wesen ihrer Reflexion gründen und im Reflektieren von einem selbständigen Sein der Objektivität her denken. Er muss dieses Reflektieren auch als Wesen der Identifikation von Sein und Denken begreifen und so das Reflektieren selbst reflexiv werden lassen. Der Begriff muss begreifen, dass er im Reflektieren Denken und Sein ebenso identifiziert wie in die Gegenständlichkeit von Objektivität und Subjektivität auseinander setzt. Die Unterscheidung in Objekt und Subjekt, und mit ihr das Wesen ihrer reflexiven Vermittlung, tritt dann je schon im Begriff ein, und indem der Begriff diese trennende Vermittlung der Reflexion begreift, wird sie auch schon selbstbezüglich und die einfache Reflexion zum Schein herabgesetzt. Die einfache Reflexion ist also *nicht* deshalb ein Schein, weil sie das bloße Übergehen zwischen Objektivität und Subjektivität ist, ein zwiespältiges Vergehen der Objektivität, das zugleich ihr Zu-sich-Kommen in der Subjektivität des Begriffs ist. Die Reflexion ist ein Schein, weil diese einfache Reflexion, obwohl sie die Realität der Vermittlung zwischen Objektivität und Subjektivität ist, immer schon ihrerseits reflexiv sein und im Begreifen zu-Grunde-gehen muss im Sinne von ‚in ihren Grund zurückgehen'. Nur weil das Reflektieren im Begriff selbstbezüglich ist und begriffen wird als Widerspruch einer trennenden Vermittlung, in der Denken und Sein sich ebenso identifizieren wie in die Gegenständlichkeit von Objektivität und Subjektivität trennen und auseinandersetzen, nur darum kann jenes zwiespältige Wesen der Reflexion eintreten und sowohl zur spekulativen Identität von Denken und Sein werden als auch zur Realität einer trennenden Vermittlung zwischen Objekt und Subjekt.

Auch das *Kapital* erweist die Realität der Vermittlung der Gesellschaft durch das Austauschen und Zirkulieren der Waren als ein zwiespältiges Wesen, aber auch hier tritt die Realität der Vermittlung durch die Selbstbezüglichkeit einer übergreifenden Bewegung ein: der Kapitalbewegung des Geldes. Was zunächst das Wesen der gesellschaftlichen Vermittlung betrifft, so scheint es zwiespältig zu sein, weil in der Sphäre des Austauschens und Zirkulierens der Waren das Geld einerseits deren Wertverhältnis allererst zu realisieren und andererseits deren Tauschwerte nur äußerlich zu reflektieren und wie eine gegebene gesellschaftliche Objektivität wiederzugeben scheint. Das scheint unentschieden und zwiespältig zu sein im Sinne eines einfachen unmittelbaren Reflektierens, so nämlich, dass das Geld im Realisieren des Wertverhältnisses der Waren zu dessen Subjekt der Vermittlung wird und doch ein eigenständiges Verhältnis wie durch eine äußere Reflexion lediglich wiedergibt und zur Erscheinung bringt.

Indes ist auch hier die einfache Reflexion samt ihrer Zwiespältigkeit derjenige notwendige Schein, der durch die selbstbezügliche Bewegung des Geldes eintritt und in dessen übergreifender Bewegung gründet. Diese übergreifende Bewegung setzt *sowohl* die Objektivität des Wertverhältnisses der Waren *als auch* dessen Realisierung, die das Geld zum Subjekt des Austauschens und Zirkulierens der Waren erhebt, zu einem notwendigen Schein herab. Um diesen Schein durchsichtig zu machen und um die übergreifende Bewegung des Geldes einzuholen, unterscheidet Marx durch die zwei schon genannten Kreisläufe die einfache Reflexion, die das Geld als Tausch- und Zirkulationsmittel zu vollziehen scheint, vom kapitalistischen Selbstbezug des Geldes. Er unterscheidet die einfache Zirkulation …W-G-W… (hier ist das Geld nur Tauschmittel und realisiert in Form des Zirkulierens der Waren ihr Wertverhältnis) von demjenigen übergreifenden Kreislauf G-W-G', der mit den Waren auch die Sphäre ihrer Zirkulation produziert.[120] Das Realisieren der Waren in Form der einfachen

---

120 Zur einfachen Zirkulation …W-G-W… vgl. *Kapital I*, S. 109–160 (Kap. 3 „Das Geld oder die Warenzirkulation"); zur erweiterten Zirkulation …G-W-G'… vgl. *Kapital I*, S. 161–191 (Kap. 4 „Verwandlung von Geld in Kapital"). Da G-W-G' das Auslegen des Geldes in die Produktion enthält, muss die vollständige Formel G-W…P…W'-G' lauten, wobei P für die Produktion steht und G-W für das Auslegen des Geldes in Arbeitskraft und Produktionsmittel; vgl. ausführlich dazu *Kapital II*, S. 31–153 (Abschnitt „Die Metamorphosen des Kapitals und ihr Kreislauf"). Marx lässt die ökonomischen Kreisläufe statt vom Geld auch von anderer Stelle aus beginnen, aber er zeigt, dass auch dann die Kreisläufe über sich selbst hinausgehen und die einfache Zirkulation der Waren übergreifen. Beginnt man mit der Produktion, so ergibt sich die Form II, der Kreislauf des produktiven Kapitals P…W'-G'-W…P(P'). Beginnt man mit der Ware, ergibt sich die Form III, der Kreislauf des Warenkapitals W'-G-W…P…W'. (Das Warenkapital beginnt bereits mit einem Kapitalwert plus Mehrwert, sodass am Anfang bereits W' steht und das W' am Schluss eigentliche W" ist.) Zu Form II vgl. *Kapital II*, S. 69–90; zu Form III *Kapital II*, S. 91–103; zur Zusammenfassung der drei Kreisläufe und zum Gesamtzirkulationsprozess vgl. *Kapital II*, S. 104–123. Entscheidend ist, dass diese Kreisläufe der Ökonomie als solche, als Im-Kreis-Laufen der Ökonomie, nur möglich sind, weil sie so in-sich übergehen, dass alle Gestalten nur Metamorphosen ein und derselben Ökonomie sind und *deren* spekulative Identität darstellen und verwirklichen. Alle Gestalten sind Momente des Kapitals und seiner Verwertung, ob das Kapital nun die Gestalt der Ware, der Produktionsmittel und der Arbeitskraft oder des Geldes annimmt: „Allen drei Kreisläufen ist gemeinsam: Verwertung des Werts als bestimmender Zweck, als treibendes Motiv." (*Kapital II*, S. 104.) Diese spekulative Identität zeigt allerdings nur der erste Kreislauf G-W-G'. Er ist für die kritische Darstellung der Ökonomie über die beiden anderen Kreisläufe zu erheben, weil nur er das Ökonomische der Ökonomie zeigt. Nur er zeigt die spekulative Identität der kapitalistischen

Zirkulation …W-G-W… kommt zwar, wie die einfache Reflexion in der *WdL*, einer (Selbst-)Reflexion des gesellschaftlichen Seins der Waren im Geld gleich – aber das ist in zweifacher Hinsicht ein Schein; erstens, weil die einfache Zirkulation, statt Waren auszutauschen, deren Produktion realisiert, und zweitens, weil dadurch das in eben diese Produktion ausgelegte Geld sich zurückverwandelt und als verwertetes Kapital zu sich selbst zurückkehrt. Die einfache Zirkulation …W-G-W… tritt folglich nur innerhalb des Kapitalkreislaufs G-W-G' ein. Sie tritt in demjenigen Unterschied ein, den das Geld für die Verwirklichung seines kapitalistischen Selbstbezugs G-W-G' gleichsam zu sich selbst machen muss, und das Geld muss sich für diesen Selbstbezug entzweit und in die Warenproduktion entäußert haben, *bevor* es die Resultate der Produktion in Form der einfachen Zirkulation …W-G-W… realisiert.

Durch den Kapitalkreislauf des Geldes geht somit auch bei Marx die einfache Zirkulation im Hegelschen Sinne ‚zu Grunde' im Sinne von: sie geht in ihren Grund zurück:

> Wenn ursprünglich der Akt der gesellschaftlichen Produktion als Setzen von Tauschwerten […] erschien […], so geht jetzt die Zirkulation selbst zurück in die Tauschwert setzende oder produzierende Tätigkeit. Sie geht darein zurück als in ihren Grund.[121]

In diesen Rückgang in den Grund und in eine übergreifende Bewegung gilt es das einfache Reflektieren in Hegels *WdL* wie in Marx' *Kapital* zurückzunehmen. Es gilt zu zeigen, dass das einfache Reflektieren überhaupt erst eintritt durch seine Überwindung, nämlich durch diejenige übergreifende und selbstbezügliche Bewegung des Begriffs bzw. des Kapitals, die das einfache Reflektieren bzw. das einfache Zirkulieren eröffnen und ihm Raum geben.

1.2 Die Realisierung des Seins/des Werts als Rückkehr des Begriffs/des Geldes

Die Analogie zwischen Begriff und Geld ergab, dass beide das Selbstverhältnis der Objektivität durch eine übergreifende Bewegung gleichsam für sich herausfordern. „Für sich" heißt, beide lassen die Objektivität zwar durch sie selbst bestimmt sein, aber beide begründen dadurch eine übergreifende, überindividuelle Subjektivität. Um diese Begründung der überindividuellen Subjektivität des Begriffs wie des Geldes zu begreifen, muss die Objektivität fortan von dieser übergreifenden Bewegung des Begriffs und des Geldes her erschlossen werden. Dafür ist sowohl das seinslogische bzw. wertförmige Übergehen (das die Identität der Objektivität ergab) als auch die Realisierung der Objektivität (durch das Wesen der Reflexion bzw. die Warenzirkulation) nun als *Rückkehr* zu betrachten, als Rückkehr des Begriffs bzw. des Geldes. Die Rückkehr soll

---

Ökonomie *als solche*, nämlich dass der Wert vermittelst des Geldes zur identischen Qualität oder zur Qualität der Identität wird, zur Qualität des Übergehens aller Gestalten der Ökonomie als Werte derselben Einheit und Momente derselben Verwertung. Zur privilegierten Stellung des G-W-G' vgl. *Kapital II*, S. 31 (Marx eröffnet den zweiten Band mit dem Kreislauf des Geldkapitals) sowie S. 67–68 u. S. 154ff.

121 *Grundrisse*, S. 180.

zuerst wieder kurz für die *WdL* betrachtet werden, bevor das Geld dann ausführlich auf analoge Weise entwickelt wird.

Indem der Begriff, wenn er im Denken die Objektivität ein Selbstverhältnis sein lässt, sich dieses Selbstverhältnis zugleich zu denken gibt (im Sinne des ausführlich entwickelten seinslogischen Übergehens und seines Umschlagens in quantitative Verhältnisse), macht er die Objektivität zu seinem Gegenstand. Er stellt in seinen Begriffsbestimmungen die Logik des immanenten Übergehens und Umschlagen heraus, und mit ihr die innere Notwendigkeit der Objektivität, ganz so, als hätten sich Sein und Denken gegenseitig reflektiert. Das Wesen der Reflexion muss somit darum eine Rückkehr sein, weil es scheinen muss, als sei der Begriff im reflektierenden Denken identisch mit dem seinslogischen Übergehen *gewesen*. Das begriffliche Denken kehrt im Reflektieren der Objektivität je schon aus ihrem Selbstverhältnis *zurück*; es hebt im Wesen der Reflexion das objektive Selbstverhältnis des Seins auf und hat das Sein der Objektivität zur Sache des Denkens gemacht.

Es ist allerdings unbedingt der Widerspruch zu berücksichtigen, den die Identifikation von Sein und Denken durch den Begriff mit sich bringt. Wenn der Begriff im Reflektieren der Objektivität zu sich zurückkehrt, dann hat er einerseits eine Objektivität getroffen, die er selbständig sein lassen und wie ein selbständiges Wesen reflektieren muss. Die Objektivität muss darum *in-sich* reflektiert sein, auch wenn dieses Reflektiert-Sein ein unmittelbares und bewusstloses Übergehen und Umschlagen bleiben muss: Diese Unmittelbarkeit und Bewusstlosigkeit *ist* ja, wie ausführlich gezeigt wurde, Objektivität. Doch dann muss die Objektivität zwar einerseits bereits reflektiert sein in-sich – andererseits steht der Begriff aber in der Verlegenheit, dass die Objektivität durch *seine* Reflexion zu *ihrem* Bewusstsein gekommen ist. Oder vielmehr ist sie zum Bewusstsein ihrer Bewusst*losigkeit* gekommen, nämlich zum Bewusstsein jenes seinslogischen Übergehens und Umschlagens, das im Begriff erscheint, als ob es eine ebenso unmittelbare wie bewusstlose Reflexion gewesen sei. Der Widerspruch besteht dann in der Form des Identifizierens selbst, d. h. darin, dass der Begriff die Unmittelbarkeit des seinslogischen Übergehens wieder herstellt, aber je vermittelt durch das Begreifen und die Subjektivität. Es ist dann ebenso die Objektivität, die im Begriff gleichsam auf die Logik ihres Seins trifft, auf die eigene, bewusstlose Bestimmung, während der Begriff wiederum in der Bestimmung der Objektivität ebenso sein eigenes Begreifen trifft; er muss in den Bestimmungen der Objektivität ebenso die Identifikation des Denkens mit dem Sein jener Objektivität begreifen.[122]

So begründet das zwiespältige Wesen der Reflexion zusammen mit der Identifikation von Denken und Sein die *Entgegensetzung* zweier selbständiger Existenzen, nämlich eine in-sich reflektierte Objektivität auf der einen und eine sich selbst begreifende,

---

[122] „Wie von dem Wahren richtig gesagt worden, daß es index *sui et falsi sey*, vom Falschen aus aber das Wahre nicht gewußt wird, so ist der Begriff das Verstehen seiner selbst und der begriffenen Gestalt, aber diese versteht von ihrer inneren Wahrheit aus nicht jenen." (Hegel: *Enzyklopädie der philosophischen Wissenschaften im Grundrisse I*, S. 31.)

selbstreflexive Subjektivität auf der anderen Seite. Oder vielmehr begründet das *Vergehen* des negativen Wesens den gemeinsamen Widerspruch beider Existenzen: Einerseits kommt die Objektivität nur ebenso negiert wie realisiert im Begriff zu sich, kurz aufgehoben, während der Begriff nur die Rückkehr daraus zu sein scheint; andererseits muss der Begriff, wenn er sich von der Selbstbestimmung und Selbstbewegung seines objektiven Inhalts her denkt, im Denken mit ihm identisch gewesen sein. Darum existiert seine Subjektivität in der Rückkehr aus einer Objektivität, mit der er sich einerseits identifiziert und die er sich andererseits so entgegengesetzt, dass er dadurch die Objektivität auch *ihr selbst* entgegensetzt, denn die begriffene Objektivität ist ihrer Bewusst-losigkeit entgegengesetzt.

So betrifft der Widerspruch von Objektivität und Subjektivität zwar zwei selbständige Existenzen, aber beide gehen aus ein und demselben widersprüchlichen Wesen hervor. Die Objektivität tritt durch das Wesen der Reflexion im Begriff gleichsam in sich selbst ein und wird doch in ihrem Anderen, in der Subjektivität des Begriffs, wie ein äußeres Selbstverhältnis reflektiert. Mit anderen Worten, die innere Notwendigkeit der Objektivität existiert herausgesetzt in einem Begriff, der wiederum begreifen muss, dass er die Objektivität wie ein selbständiges Wesen voraussetzen und reflektieren muss; durch seine Setzung ist eine Objektivität, die ohne den Begriff bewusstlos und gegenüber sich selbst indifferent gewesen zu sein scheint, vergangen und doch zu ihrem Begriff gekommen.

Dieser Widerspruch ist der Grund, warum der Begriff weder die Objektivität noch die eigene Subjektivität zum Gegenstand hat, sondern eben nur jenes negative Wesen, das durch seine trennende Vermittlung die Gegenständlichkeit von Objektivität und Subjektivität erst hervorbringt. Er muss im Wesen der Reflexion eine Identifikation *und* eine Entgegensetzung begreifen, er muss mithin Identifikation *und* Entgegensetzung im gemeinsamen Prozess der Bildung einer *Entsprechung* einlösen, einer Entsprechung, die letztlich in die Notwendigkeit der Entwicklung und Bildung des Wissens führt. In der Bildung einer Entsprechung sind beide Seiten, Objektivität und Subjektivität, durch das Wesen der Reflexion je vermittelt und in-sich reflektiert, auch wenn die trennende Vermittlung der Reflexion in der Unmittelbarkeit von Objekt und Subjekt verschwunden ist und die Identität von Denken und Sein nur durch eine in Objekt und Subjekt gespaltene Welt hinterlässt.

Weil das Reflektieren im Begriff selbstbezüglich wird und zur Entwicklung des Wissens führt, muss der Begriff sich nicht nur vom Wesen der Reflexion her begreifen, sondern auch von einer gleichsam hinterrücks eintretenden „List der Vernunft" (Hegel). Sie macht endgültig die Überindividualität eines Begriffs geltend, der sich von der absoluten Idee oder der Idee des Absoluten her begreifen und sich für ihre Verwirklichung einsetzen muss: Die begriffliche Reflexion der Reflexion ist eine Identifikation, durch welche die Objektivität zu ‚ihrem' Bewusstsein kommt. Der Begriff muss begreifen, dass seine Reflexion Mittel der Identifikation mit der Objektivität *und* Mittel ihrer Entgegensetzung ist, und so räumt er derjenigen vernünftigen Bewegung

Platz ein, innerhalb derer die Objektivität identifiziert wird, in den Begriffsbestimmungen zur Sprache kommt und sich im Wissen im Wortsinn: entspricht.

So weit die kurze Skizze zur Subjektivität in der *WdL*. Die große Aufgabe ist nun zu zeigen, dass sich die Objektivität, die das Geld als Maß und Tauschmittel im Wertverhältnis der Waren realisiert, ebenfalls von einer solch übergreifenden Subjektivität her begründen lässt. Dafür muss die einfache Zirkulation, durch die das Geld die Waren wie in einer bewusstlosen Reflexion realisiert, ebenfalls als eine Rückkehr begriffen werden, als Rückkehr des Geldes selbst, und aus der Rückkehr ergibt sich wiederum derjenige Selbstbezug des Geldes, der seine ebenso übergreifende wie überindividuelle Bewegung begründet. Um zu dieser Rückkehr zu gelangen und darin die ebenso übergreifende wie überindividuelle Bewegung des Geldes einzuholen, muss zunächst das wertförmige Übergehen und dessen Realisierung in Form von Austausch und Zirkulation umgekehrt betrachtet werden, genau wie das für das Sein und das Wesen der *WdL* gezeigt wurde.

Wird das wertförmige Übergehen und seine Realisierung durch die ersten beiden Geldfunktionen umgekehrt, so verwandelt sich das Geld im Realisieren der Warenwerte *zurück*: Das Geld realisiert im Wertverhältnis der Waren die Rückkehr aus seiner Entäußerung und Auslegung in die *Produktion* der Waren. Mehr noch, seine Entäußerung in die Warenproduktion ist auf diese Rückkehr hin angelegt gewesen und ausgerichtet worden, und das Geld geht nach der Realisierung der Warenwerte erneut in die Produktion der Waren ein: „Die Rückkehr des Kapitals zu seinem Ausgangspunkt ist überhaupt die charakteristische Bewegung des Kapitals in seinem Gesamtkreislauf."[123]

---

123 *Kapital III*, S. 359, ähnlich auch S. 360; zur Rückverwandlung des Geldes aus den Resultaten der Verwertung vgl. *Kapital II*, S. 43ff. Zum Fetischismus, der in dieser Rückkehr liegt: „Die der Produktion in Gestalt von Produktionsmitteln und Lebensmitteln vorgeschoßnen Kapitalwerte erscheinen hier gleichmäßig im Wert des Produkts wieder. Damit ist denn die Verwandlung des kapitalistischen Produktionsprozesses in ein vollständiges Mysterium glücklich vollbracht und der Ursprung des im Produkt vorhandnen Mehrwerts gänzlich dem Blick entrückt. Ferner vollendet sich damit der der bürgerlichen Ökonomie eigentümliche Fetischismus, der den gesellschaftlichen, ökonomischen Charakter, welchen Dinge im gesellschaftlichen Produktionsprozeß aufgeprägt erhalten, in einen natürlichen, aus der stofflichen Natur dieser Dinge entspringenden Charakter verwandelt." (*Kapital II*, S. 227–228.) Der Bezug des Geldes auf seine Rückkehr tritt schlagend hervor, wenn bewusst darauf reflektiert wird, dann nämlich, wenn das Geld nicht direkt in die Warenproduktion entäußert und in die Mittel seiner Rückkehr verwandelt wird, sondern wenn es als Kredit und zinstragendes Kapital zunächst *ohne* diesen Umschlag *weitergegeben* wird. Wird das Geld als Geldkapital verliehen, dann wird seine charakteristische Kapitalbewegung – also die Rückkehr des Geldes zu seinem Ausgangspunkt – gleichsam spekulativ vorweggenommen. In der folgenden Passage überfliegt Marx geradezu die gesamte Bewegung: „Der Geldbesitzer, der sein Geld als zinstragendes Kapital verwerten will, veräußert es an einen dritten, wirft es in die Zirkulation, macht es zur Ware *als Kapital*; nicht nur als Kapital für ihn selbst, sondern auch für andre; es ist nicht bloß Kapital für den, der es veräußert, sondern es wird dem dritten von vornherein als Kapital ausgehändigt, als Wert, der den Gebrauchswert besitzt, Mehrwert, Profit zu schaffen; als ein Wert, der sich in der Bewegung forterhält und zu seinem ursprünglichen Auftraggeber, hier dem Geldbesitzer, nachdem er fungiert hat, zurückkehrt; also sich nur für eine Zeitlang von ihm entfernt, aus dem Besitz seines Eigentümers nur zeitweilig in den Besitz des fungierenden Kapitalisten tritt, also weder weggezahlt noch verkauft, sondern nur ausgeliehen wird; nur entäußert wird unter der Bedingung, nach einer bestimmten Zeitfrist erstens zu seinem Ausgangspunkt zurückzukehren, zweitens aber als

Es ist die Entäußerung des Geldes in die Warenproduktion, die jenes einfache Reflektieren, das die Realisierung des gesellschaftlichen Verhältnisses der Waren zu sein

realisiertes Kapital zurückzukehren, so daß es seinen Gebrauchswert, Mehrwert zu produzieren, realisiert hat." (*Kapital III*, S. 355–356, vgl. dazu auch die folgenden Seiten). Der Fetischismus – versteht man darunter, dass gesellschaftliche Verhältnisse, weil ihre Vermittlung in ihrer Geltung untergegangen ist, als dingliche Eigenschaften reflektiert werden müssen – der Fetischismus vollendet sich ausgerechnet dort, wo das Geld als Kapital weitergegeben wird, wo also gerade *bewusst* auf die Kapitaleigenschaften des Geldes reflektiert wird. Er vollendet sich, wo es um die vermehrte Rückkehr des Geldes geht und das eine Eigenschaft zu sein scheint, die im Geld ‚vorhanden' ist. Hier wird das Geld zwar von dieser Rückkehr her begriffen und als Resultat seiner eigenen Vermehrung, und diese Vermehrung wird spekulativ sogar vorweggenommen – jedoch *ohne* dass der Grund und der Prozess der Vermehrung begriffen werden müssen. Die kapitalistische Verwertung, die ohnehin in der vermittelnden Bewegung des Geldes als Kapital verschwindet, ist gleichsam schon vorweg verschwunden: „Nun wird aber das Geld, soweit es als Kapital verliehen wird, eben als dieses sich erhaltende und sich vermehrende Geldsumme ausgeliehen, die nach einer gewissen Periode mit Zusatz zurückkehrt und stets von neuem denselben Prozeß durchmachen kann. Es wird weder als Geld noch als Ware ausgegeben [...]; sondern es wird ausgegeben als Kapital. Das Verhältnis zu sich selbst, als welches das Kapital sich darstellt, wenn man den kapitalistischen Produktionsprozeß als Ganzes und Einheit anschaut, und worin das Kapital als Geld heckendes Geld auftritt, wird hier ohne die vermittelnde Zwischenbewegung einfach als sein Charakter, als seine Bestimmtheit ihm einverleibt." (*Kapital III*, S. 357.) Mit dem Kreditgeld vollendet sich auch die selbständige Form des Werts, deren Entwicklung Marx mit der Geldware begann und die, nachdem er das Geld als Maß des Werts, Mittel seiner Realisierung und Form seiner Verwertung entwickelt hat, mit dem Geld als Ware endet, dem Kreditgeld. Marx ist allerdings nicht mehr zu einer eigenständigen Entwicklung des Kredits und des Zinses gelangt. Es lässt sich aber klar angeben (insbesondere durch Passagen im *Kapital* Bd. III), an welche Stelle innerhalb der Entwicklung der Kapitalform Marx Kreditgeld und Zins ansetzt, nämlich erst *nachdem* die drei Funktionen des Geldes entwickelt sind. Marx unterscheidet den Kredit im Kapitalismus ausdrücklich von vorkapitalistischen Formen des „Borgens und Leihens" und begründet die Kreditfunktion des Geldes aus der Systematik des kapitalistischen Produktionsprozesses (vgl. *Grundrisse*, S. 441). Dagegen kommen vor allem aus dem nicht-marxistischen Bereich Theorien, die das Geld ausgehend von Kredit und Zins sowie über den Zusammenhang von Opfer und Schuld, Frist und Tilgung entwickeln, und meist verstehen dieselben Theorien Marx' Entwicklung der Geldform als Geld-*waren*theorie und lehnen sie ab. Zur Kredittheorie des Geldes und zur „Eigentumsökonomik" vgl. vor allem Gunnar Heinsohn/Otto Steiger: *Eigentum, Zins und Geld. Ungelöste Rätsel der Wirtschaftswissenschaft*. Marburg: Metropolis 2002; dies.: *Eigentumsökonomik*. Marburg: Metropolis 2006; Sören Wolff: *Eine kurze Geschichte des Geldes. Die Entstehung der Vertragsform Kredit und nominaler Geldzeichen in Antike und Neuzeit*. Marburg: Metropolis 2008; zur geschichtlichen Entstehung des Geldes aus dem Zusammenhang von Kredit und Schuld vgl. David Graeber: *Schulden. Die ersten 5.000 Jahre*. Stuttgart: Klett-Cotta 2012. Abgesehen davon, dass Marx das Geld allein schon darum nicht aus der Ware oder dem Warentausch ableitet, weil er die Ware ihrerseits als „Produkt von Kapitalen" (Marx) entwickelt und ihren Austausch zu einem bloßen Moment der Realisierung der Kapitalbewegung herabsetzt – abgesehen davon ist Marx' „Theorie" des Geldes dessen *kritische Entwicklung*, nämlich seine Entwicklung als Kapital. D. h. dem Geld kommt jede seiner einzelnen Funktionen nur innerhalb seiner kapitalistischen Bestimmung zu. Entsprechend wird jede einzelne Funktion zusammen mit ihrer Darstellung auch der Notwendigkeit eines immanenten Fortganges und insofern einer Kritik unterzogen. Auch dort also, wo es zunächst um die Maß- und um die Tauschmittelbestimmung des Geldes geht, wird bereits eine *Kapital*-Theorie des Geldes entwickelt (wenn diese kritische Entwicklung denn überhaupt eine *Theorie* ist). Aus dieser kapitalistischen Bestimmung heraus wären auch die Kredit- und Zinseigenschaften des Geldes zu entwickeln: Wie immer das Geld historisch auch entstanden sein mag, im Kapitalismus ist es die Kapitalform des Geldes, die seine Kredit- und Zinseigenschaften begründet. Zur Bedeutung von Kredit, Zins und Wucher für die geschichtliche Entstehung und Durchsetzung des Kapitalismus vgl. *Kapital III*, S. 607–626 (Kap. 36), bes. S. 611 ff. Auf die Bestimmung, die Kredit und Zins im Kapitalismus zukommt, wird später noch näher eingegangen.

scheint, zu einer Rückkehr des Geldes werden lässt und eine ebenso übergreifende wie selbstbezügliche Bewegung begründet, und es ist der Kapitalkreislauf des Geldes, der denjenigen ‚Freiraum' überhaupt erst eröffnet, in welchem das Geld die gesellschaftliche Objektivität in Form der einfachen Zirkulation realisieren kann.

Die Subjektivität des Geldes liegt somit nicht einfach darin, dass die Realisierung gesellschaftlicher Objektivität eine Rückkehr ist, sondern darin, dass es auf diese Rückkehr *je bezogen ist*. Es kehrt darum nicht einfach zurück, es kehrt vielmehr *wieder*, und so reflektiert das Geld, in Hegels Begriffen, im Wesen der Warenzirkulation und in der Realisierung der Tauschwerte dasjenige Sein, das es in der Produktion *gewesen* ist. Das Geld ist bereits in seiner Entäußerung in die Produktion der Waren darauf bezogen, dass der entäußerte Wert in all den Gestalten, die er in der Produktion und in der Zirkulation annimmt, erhalten bleiben und sogar vermehrt werden wird: „Die verschiednen Existenzweisen der Werte waren reiner Schein, der Wert selbst bildet in ihrem Verschwinden das sich gleichbleibende Wesen."[124]

Wenn aber die Arbeit und die Ware *nicht*, wie es bislang scheint, durch die Maß- und Tauschmittelfunktion des Geldes, sondern durch seine übergreifende Kapitalbewegung zu Substanz und Form des rein gesellschaftlichen Verhältnisses werden und die Objektivität des Werts bilden, dann ist die durch Arbeit und Ware gebildete gesellschaftliche Objektivität durch diese Kapitalbewegung sowohl *gesetzt* als auch zum notwendigen Schein *herab*gesetzt:

> *Die Zirkulation trägt* [...] *nicht in sich selbst das Prinzip der Selbsterneuerung.* [...] Waren müssen stets von neuem und von außer her in sie geworfen werden wie Brennmaterial ins Feuer. [...] Die Zirkulation, die also als das unmittelbar Vorhandne an der Oberfläche der bürgerlichen Gesellschaft erscheint, ist nur, insofern sie beständig vermittelt ist. [...] Ihr unmittelbares Sein ist daher reiner Schein. *Sie ist das Phänomen eines hinter ihr vorgehenden Prozesses.*[125]

Die Realisierung des gesellschaftlichen Verhältnisses der Arbeiten in Form des Zirkulierens ihrer Resultate ist zwar nur ein Schein, aber der Schein ist für die Rückkehr des Geldes und dessen Bewegung als Kapital wesentlich. Auch der Schein muss also produziert werden, genauer, das *Vergehen* des Scheins muss produziert werden, damit im Vergehen dieser Realität das Geld zurückkehren kann und damit es erneut in die Produktion dieser Realität ausgelegt werden kann – und genau in diese Bewegung legt Marx den kapitalistischen Selbstbezug des Geldes aus, oder vielmehr zeigt er, dass das Geld selbst in diese Bewegung ausgelegt werden muss.

Schon diese ersten Ausführungen zur dritten Bestimmung des Geldes zeigen, dass durch sie die bislang entwickelte Realisierung des Werts, mithin die Realisierung der gesellschaftlichen Objektivität, geradezu umkehrt und zum Schein herabgesetzt wird. Plötzlich ist die Realisierung des Wertverhältnisses der Waren die Zurückverwandlung des Geldes und seine Rückkehr aus der Auslegung in die Produktion dieser Waren; die Objektivität stellt sich mithin als (Durchgangs-)Moment einer übergreifenden

---

124 *Grundrisse*, S. 233.
125 *Grundrisse*, S. 179–180.

Bewegung heraus;[126] und auch die Tausch- und Zirkulationsmittelfunktion des Geldes tritt durch dessen übergreifenden Selbstbezug erst ein: „Als bloßes Maß ist es schon negiert in sich als Zirkulationsmittel; als Zirkulationsmittel und Maß in sich als Geld. Die Negation seiner in der letzten Bestimmung ist also zugleich die in den beiden früheren."[127]
Demnach lassen sich die erste und zweite Bestimmung anscheinend erst angemessen in die Gesamtentwicklung des Geldes einordnen, wenn das Geld wie eine Bewegung ausgelegt wird, die sich durch die Produktion und die Zirkulation der Waren hindurch selbst erschließen muss. Erst wenn die Realisierung des Werts durch das Geld nicht nur ein Vergehen des Werts in den Reflexionsbestimmungen des Geldes ist, sondern auch die Rückkehr des Geldes aus seiner Auslegung in die Produktion, erst dann erschließt das Geld in der Realisierung des Wertverhältnisses der Waren, in ...W-G-W..., seinen eigenen übergreifenden Kreislauf G-W-G', und erst dann ist derjenige Selbstbezug erreicht, welcher dem Selbstbezug des Begriffs entspricht. Durch die Entwicklung des Selbstbezugs des Geldes einerseits und durch die Entwicklung des Prozessierens des Werts in Produktion und Zirkulation andererseits müsste gezeigt werden können, inwiefern das Geld als überindividuelles und automatisches Subjekt für einen in die Unabhängigkeit gesetzten und seiner selbständigen Verwertung ausgesetzten Wert begriffen werden kann.

2. Die Kapitalform. Der Eintritt des Geldes in die Verwertung

Der grobe, an Hegels subjektiver Logik orientierte Umriss der Kapitalform reicht aus, um in Bezug auf Sohn-Rethel festzustellen, dass in seiner Identifizierung der Wertform mit dem Kant'schen Transzendentalsubjekt nicht allein die Maßfunktion des Geldes fehlt, sondern vor allem dessen übergreifender (und zwar sich selbst übergreifender) kapitalistischer Selbstbezug. Dieser kapitalistische Selbstbezug muss wiederum eher als Überwindung denn als Begründung des Transzendentalsubjekts verfolgt werden, jedenfalls dann, wenn die transzendentale Subjektivität, wie bei Kant und Sohn-Rethel, auf den einzelnen Verstand beschränkt wird. Verfolgt man dagegen Marx' Kritik der Kapitalform des Geldes als Entwicklung einer im Geld sich bewusstlos erschließenden Verwertung, dann kann gegen Sohn-Rethel gezeigt werden, dass eine geschichtsmaterialistische Kritik zeitlos-objektiver Geltung durch eine Ableitung aus einer – zudem empirisch aufgefassten – Tauschhandlung zu kurz greift und sogar einem Schein aufsitzt. Stattdessen ist das Geld als eine *über*individuelle Subjektivität auszulegen, und auch die Geltung der Objektivität ist statt einer realen Abstraktion dieser überindividuellen Subjektivität geschuldet sowie der Verwertung, die in ihr begriffen ist.

---

126 „Nur wenn, und insoweit, Kapital neu angelegt wird – was auch der Fall bei der Akkumulation –, erscheint Kapital in Geldform als Ausgangspunkt und Endpunkt der Bewegung. Aber für jedes einmal in seinem Prozeß befindliche Kapital erscheint Ausgangspunkt wie Endpunkt nur als Durchgangspunkt." (*Kapital III*, S. 327, ähnlich auch S. 340–341.)
127 *Grundrisse*, S. 161, ähnlich zuvor S. 154.

Wichtig für diese Verschränkung von überindividueller, automatischer Subjektivität und der Konstitution von Objektivität ist zudem, den *Status* der Marx'schen Entwicklung des Geldes zu berücksichtigen. Marx' Entwicklung der Kapitalform des Geldes ist keine bloße Rekonstruktion, weder eine historisch-logische noch eine logisch-systematische. Marx' ‚Rekonstruktion' besteht vielmehr darin darzustellen, *dass es das Geld selber ist, das in seiner Kapitalform eine ebenso automatische wie bewusstlose Rekonstruktion der Objektivität vornimmt*. Bislang betraf diese Rekonstruktion der Objektivität ‚nur' die Realisierung des gesellschaftlichen Verhältnisses der Arbeiten in Form des Austauschs ihrer Resultate, desjenigen Verhältnisses also, das dem Geld in den Waren in Form ihrer Vermittlung zum Objekt quantitativer Bestimmung und durch das Geld herausgestellt wird. Hier kann von einer Rekonstruktion der gesellschaftlichen Objektivität insofern gesprochen werden, als das Geld durch die Formalisierung des Austauschs der Arbeitsprodukte auch alle konkreten Arbeiten, gleichsam rückwirkend, in ein gesamtgesellschaftliches Verhältnis setzt und dadurch die Substanz der abstrakten Arbeit bildet. In gewisser Weise rekonstruiert das Geld dadurch aber auch, so gilt es nun für seine dritte Bestimmung zu zeigen, *sich selbst*; es stellt in den Waren nämlich fest, was seine Auslegung in ihre Produktion wert gewesen sein wird. Es begründet mithin durch sein Eingehen in die Warenproduktion und sein Zurückkehren daraus die Entsprechung zum Wertverhältnis der Waren – und nicht, wie es in der Entwicklung der Maß- und Tauschmittelfunktion bislang schien, durch die bloße Realisierung ihrer Resultate.

Wird in diesem Sinne der Selbstbezug des Geldes als Form der Rekonstruktion des eigenen Werts aufgefasst, dann wird durch das Geld sogar eine Art Historischer Materialismus begründet. Dieser Historische Materialismus steht nicht allein aufseiten der Wissenschaft und ihrer Rekonstruktion des Geldes und des Werts (wie bei Sohn-Rethel, der mit Marx Geld und Wert im Sinne einer geschichtsmaterialistischen Ableitung rekonstruiert). Stattdessen verweist Marx' Entwicklung von Geld und Wert darauf, dass es unmittelbar das Geld selbst ist, das durch seine ersten beiden Funktionen die produktive Kraft der Warenproduktion im Realisieren rekonstruiert – dieselbe produktive Kraft, in die das Geld selbst durch seine Kapitalform beständig eingeht. Gelingt es nachzuweisen, dass das Geld durch seine Funktionen und seine ebenso übergreifende wie selbstbezügliche Kapitalbewegung die materielle Reproduktion der Gesellschaft auf praktische Weise durchführt, aber durch reine Werte ebenso darstellt wie zum Verschwinden bringt, dann konkretisiert das die in den Abschnitten zu Lukács und Adorno entwickelte These, dass Marx die Kapitalform nicht einfach nur – wie immer auch wissenschaftlich oder kritisch – darstellt, sondern dass Marx in der Kapitalform die *Methode* der *Selbstdarstellung* der kapitalistischen Produktionsweise zur Darstellung bringt.

2.1 Die Identität des Werts im Geld.
Die Verwertung des Werts und der Selbstbezug des Geldes

Wenn die ersten beiden Bestimmungen des Geldes nur innerhalb seiner übergreifenden dritten eintreten, dann muss das Realisieren und Darstellen der gesellschaftlichen Objektivität, das die ersten beiden Geldfunktionen durchführen, eine Art Einholen des übergreifenden kapitalistischen Selbstbezugs des Geldes sein. Die drei Bestimmungen überlagern sich demnach: Während die Geltung der Waren als Werte, die durch die erste Bestimmung des Geldes in Anspruch genommen wird, erst durch seine zweite Bestimmung als Tauschmittel realisiert wird, treten diese beiden Funktionen des Geldes wiederum erst innerhalb seiner selbstbezüglichen Bewegung als Kapital ein:

> Die Ware, welche als Wertmaß und daher auch, leiblich oder durch Stellvertreter, als Zirkulationsmittel funktioniert, ist Geld. […] Als Geld funktioniert es, einerseits wo es in seiner goldnen (resp. silbernen) Leiblichkeit erscheinen muß, daher als Geldware, also weder bloß ideell, wie als Wertmaß, noch repräsentationsfähig, wie im Zirkulationsmittel; andrerseits wo seine Funktion, ob es selbe nun in eigner Person oder durch Stellvertreter vollziehe, es als alleinige Wertgestalt oder allein adäquates Dasein des Tauschwerts allen andren Waren als bloßen Gebrauchswerten gegenüber fixiert.[128]
>
> Aber es zeigt sich hier, daß es noch etwas andres ist außer diesem Zirkulationsinstrument, daß (es) auch eine selbständige Existenz außer der Zirkulation besitzt und in dieser neuen Bestimmung ihr ebensowohl entzogen werden kann, wie die Ware ihr stets definitiv entzogen werden muß. Wir haben so zu betrachten das Geld in seiner dritten Bestimmung, worin es die beiden ersten als Bestimmungen in sich einschließt, also sowohl die, als Maß zu dienen wie das allgemeine Tauschmittel (…).[129]

Marx spricht hier explizit aus, dass die dritte Bestimmung des Geldes die ersten beiden „in sich einschließt". Nachdem er am Anfang des *Kapitals* das Wertverhältnis der Waren, und mit ihm die Objektivität der kapitalistischen Gesellschaft, auf die ersten beiden Bestimmungen des Geldes zurückgeführt hat, stellt er im Anschluss heraus, dass das Geld in den Waren bewusstlos rekonstruiert, was seine Auslegung in ihre Produktion wert gewesen sein wird. Wenn somit der Wert nur *innerhalb* des Selbstbezugs der übergreifenden Kapitalform des Geldes zur Realität der gesellschaftlichen Objektivität wird, dann muss der Wert von dieser übergreifenden Form her entwickelt werden (statt als Tausch- und Abstraktionsprodukt, wie bei Sohn-Rethel, aber auch bei Lukács und Adorno). Der Wert bleibt mit sich identisch durch den Selbstbezug des Geldes und ist so stets Moment seines Prozessierens im Geld:

> Er geht beständig aus der einen Form in die andre über, ohne sich in dieser Bewegung zu verlieren und verwandelt sich so in ein automatisches, in sich selbst prozessirendes Subjekt. […] In der That aber wird der *Werth* hier das *Subjekt eines Prozesses*, worin er unter dem beständigen Wechsel der Formen von Geld und Waare, seine Größe selbst verändert, sich als Mehrwert von sich selbst als ursprünglichem Werth abstößt, *sich selbst verwerthet*. Denn die Bewegung, worin er Mehrwert zusetzt, ist seine eigne Bewegung, seine Verwerthung ist also *Selbstverwerthung*. […] Als das übergreifende *Subjekt* eines solchen Prozesses […] bedarf der Werth natürlich vor allem einer selbständigen Form, wodurch seine Identität mit sich selbst konstatirt werden kann. Und diese Form besitzt er nur im *Gelde*.[130]

---

128 *Kapital I*, S. 143–144.
129 *Grundrisse*, S. 132, vgl. auch S. 145ff.; *Kapital III*, S. 342.
130 *MEGA* II/5, S. 109; fast wortgleich, aber ohne die Hervorhebungen: *Kapital I*, S. 169. Ähnlich auch

Bisher hat sich die vorliegende Arbeit allerdings darauf konzentriert, wie dem Wert diese „selbständige Form" durch die ersten beiden Bestimmungen des Geldes gegeben wird – und nicht durch die zuletzt skizzierte dritte Bestimmung. Es wurde gezeigt, dass das Geld in Form des Austauschs der Waren die Arbeit durch eine reine Werteinheit misst und dadurch eine rein gesellschaftliche Substanz auf quantitative Weise realisiert, die Substanz der abstrakten Arbeit. Dadurch existiert, wie Marx immer wieder betont, das durch Arbeit und Ware gebildete gesellschaftliche Verhältnis getrennt von sich selbst, es existiert im Geld in einer selbständigen Form. In der zitierten „übergreifenden Subjektivität" spricht Marx aber mehr als nur eine selbständige Form des Werts an. Marx spricht eine innere Verbindung des Werts an, eine Identität des Werts „mit sich selbst", und diese hat der Wert erst in der selbstbezüglichen Kapitalform des Geldes. Das Kapital ist die „selbständige Form", durch die der Wert „seine Identität mit sich selbst konstatirt", und das Geld wiederum verwirklicht durch diese Identität des Werts die eigene Selbstbezüglichkeit, die eigene Ware und Arbeit, Zirkulation und Produktion übergreifende Bewegung und wird zur Inkarnation des abstrakten Reichtums schlechthin.

Der Selbstbezug des Geldes lässt sich somit präzisieren: Anscheinend muss das Geld, um seine quantitative Bestimmung und seinen Wert zu erhalten, auf äußerliche Weise Warenwerte in Form der einfachen Zirkulation wie in einer Messung realisieren, in deren Produktion es sich zuvor ausgelegt hatte und in die es erneut eingehen wird – aber so, dass der Wert in die *Unabhängigkeit* entlassen ist und gleichsam *sich selbst* verwertet. Das Geld realisiert in Form der Zirkulation ein Wertverhältnis, in dem der Wert seine Unabhängigkeit und Selbständigkeit konstatiert, seine Identität „mit sich selbst" – obwohl das Geld doch durch seine Auslegung in die Warenproduktion in dieses Wertverhältnis eingegangen ist und es *dadurch* in diese Selbständigkeit entlassen hat.

Sohn-Rethels Bestimmung des Werts geht an dessen Prozessieren im Geld vollkommen vorbei. Marx' an Hegels Dialektik orientierte Auflösung der transzendentalen Logik in einen widersprüchlichen Prozess, in welchem der Selbstbezug des Geldes in einer in die Selbständigkeit entlassenen Verwertung gründet, nimmt er gar nicht wahr. Er sucht im Anschluss an Kant sowie an bestimmte gesellschaftliche Spaltungen die Notwendigkeit einer transzendentalen Synthesis zu begründen und gelangt dabei zu einer im Schematismus des Tauschs sowie im Schematismus des Verstandes aufgehobenen Abstraktion, statt den Wert als Prozess zu entwickeln und statt in diesem Prozessieren die erkenntniskritischen Implikationen zu suchen und objektive Denknotwendigkeiten zu entwickeln. Diese Implikationen und Denknotwendigkeiten

Kapital II, S. 109: „Diejenigen, die die Verselbständigung des Werts als bloße Abstraktion betrachten, vergessen, daß die Bewegung des industriellen Kapitals diese Abstraktion in actu ist. Der Wert durchläuft hier verschiedne Formen, verschiedne Bewegungen, in denen er sich erhält und zugleich verwertet, vergrößert. [… E]s ist klar, daß […] die kapitalistische Produktion nur solange existiert und fortexistieren kann, als der Kapitalwert verwertet wird, d. h. als verselbständigter Wert seinen Kreislauf beschreibt […]."

wären wiederum, statt sie unvermittelt im individuellen Verstandesdenken aufzuheben, zuerst auf die überindividuelle Subjektivität eines Geldes zurückzuführen, das den Prozess der Verwertung durch seinen übergreifenden kapitalistischen Selbstbezug auf praktische Weise so durchführen muss, dass die Verwertung in der Kapitalform bewusstlos, aber objektiv gültig begriffen ist und dadurch auch dem individuellen Verstand zu denken gegeben wird.

Bei Marx jedenfalls ist der Wert Moment einer Verwertung statt Produkt einer realen Abstraktion und Gleichsetzung der Dinge im Tausch, und die Wertverwertung ist beständig im Geld ‚begriffen'. Wenn der Wert überhaupt so etwas wie einen Ursprung hat, dann durch seine Identität-mit-sich im Geld, und diese Identität begründet sich, indem der Selbstbezug des Geldes für Produktion und Zirkulation zur übergreifenden Form wird. Innerhalb dieser Form wird nicht nur das gesellschaftliche Verhältnis zwischen Arbeit und Ware, Produktion und Zirkulation realisiert und in Wert gesetzt – das durch Werte realisierte Verhältnis kann durch die Kapitalform des Geldes auch im Kreis laufen und wieder in sich eingehen, und dieses beständige (Wieder-)Eintreten in sich selbst ist diejenige Identität-mit-sich, die im Geld „konstatirt" wird.

2.2 Die Identität des Werts im Geld:
Die tautologische und die reflektierte Identität des abstrakten Reichtums

Der Produktion und Zirkulation übergreifende Selbstbezug des Geldes scheint einerseits in einer bloßen Tautologie zu liegen. Marx bezeichnet die dritte Bestimmung des Geldes denn auch schlicht: „Geld *als* Geld".[131] Auch die inhaltliche Begründung dieser Form scheint zu einer Tautologie zu führen: „Im Geld ist der allgemeine Reichtum nicht nur eine Form, sondern zugleich der Inhalt selbst. Der Begriff des Reichtums ist sozusagen in einem besondren Gegenstand realisiert, *individualisiert*."[132] Andererseits

---

131 *Kapital I*, S. 161.
132 *Grundrisse*, S. 147; dazu, dass der Reichtum das gesellschaftliche Verhältnis der Waren rein als solches ist, *Grundrisse*, S. 148–149, ähnlich auch S. 197: „Das Kapital seinem Begriff nach ist Geld, aber Geld, das nicht mehr in der einfachen Form von Gold und Silber auch nicht mehr als Geld im Gegensatz zur Zirkulation existiert, sondern in der Form aller Substanzen – Waren." Ähnlich auch Marx: Zur Kritik, S. 103. An dieser Stelle ist eine weitere Bemerkung zur Funktion des Geldes als Wertaufbewahrungsmittel angebracht, die in den Geldtheorien oft als eigenständige Geldfunktion herhalten muss und dann mitunter im Sinne des „Geld als Geld" verstanden wird. Mit Marx wurde an dort bereits gesagt, dass das Geld seine Funktion als Wertaufbewahrungsmittel nicht durch stofflich-substanzielle oder sonstige Eigenschaften besitzen und dass es überhaupt Wert weder *sein* noch *haben* kann. Es kann nur zum Aufbewahrungsmittel werden, indem es *für* eine Werteinheit steht und diese Werteinheit durch seine Maß- und Tauschmittelfunktionen sowie im Selbstbezug als Kapital rein quantitativ einlöst und quantitativ verwertet. Das Geld kann den Wert letztlich einzig und allein durch seine drei Funktionen „aufbewahren", d. h. es muss als Maß und Tauschmittel sowie im kapitalistischen Selbstbezug das gesellschaftliche Verhältnis und die Verwertung auf ebenso praktische wie rein quantitative Weise durchführen und *dadurch* währen lassen. Durch die drei Funktionen scheint es nicht nur, als würde die Verwertung sich im Geld selbst entsprechen, es scheint auch, als würde sie vom Geld rein quantitativ übertragen und dadurch in den Kreisläufen der Ökonomie währen und insofern aufbewahrt sein. Genau genommen, hat das Geld im Kapitalismus sogar die Möglichkeit *verloren*, den Wert einfach nur aufzubewahren. Seine kapitalistische Bestimmung und sein Selbstbezug sind dem Geld gleichsam zu dem Verhängnis geworden, die Möglichkeit verloren zu haben, im Schatz zu verharren und nur auf sich

zeigt Marx aber, dass der Reichtum, so tautologisch er im Geld-als-Geld auch Form annimmt, erst durch eine Art *Selbstüberwindung* des Geldes gewonnen wird.[133] Das Geld erhält seinen kapitalistischen Selbstbezug zum einen durch eine Überwindung im engen ökonomischen Sinne, nämlich indem es sich durch einen Gewinn vermehrt und quantitativ überwunden wird. Es erhält seinen Selbstbezug zum anderen aber auch durch eine Überwindung im übertragenen Sinn, so nämlich, dass das Geld durch seine Entäußerung und Verwandlung in die Warenproduktion sowie durch seine Rückkehr daraus erfährt, was es, als es in die Produktion entäußert und gleichsam außer sich war, wert gewesen ist. Diese Überwindung entspricht dem oben genannten Widerspruch, dass das Geld selbstbezüglich nur wird, wenn es sich in die Produktion entäußert und den Wert in die Selbständigkeit seiner Verwertung entlässt. Vereinfacht kann sogar gesagt werden: Die Form, in der das Geld durch seine Entäußerung und Überwindung zugleich seiner Rückkehr und seinem Selbstbezug unterzogen wird, diese Form *ist* der eigentliche Reichtum der kapitalistischen Gesellschaft.

Das Geld ist somit zwar die Gestalt des abstrakten gesellschaftlichen Reichtums schlechthin, aber es wird zur *Gestalt* dieses Reichtums durch seine *Form*, die Kapitalform. Diese Form ist wiederum nicht nur ein Vermögen in einem engen ökonomischen Sinne, sie ist auch ein Vermögen im Kant'schen Sinn des Worts. Im Gegensatz jedoch zu Kant, der das Vermögen nur subjektiv im Sinne eines Vermögens des Verstandes fasst und es der Erkenntnis der Dinge a priori zugrunde legt, kommt es darauf an, das Vermögen des Geldes mit dessen Prozessieren in der gesamten Ökonomie – in der Arbeit und in der Ware, in der Produktion und in der Zirkulation ihrer Resultate – geradezu tautologisch gleichzusetzen und seine quantitative Bestimmung darin ein- und aufzulösen. Der Reichtum wird im Kapitalismus nicht, wie in den vorkapitalistischen Gesellschaften, im Opfern rückhaltlos verausgabt oder durch Sklaverei und Raub gewaltsam angeeignet, er verharrt auch nicht als Schatz oder kreist, wie im

selbst zu bestehen, denn der (Gegen-)Wert des Geldes ist stets auf die Warenproduktion und die Verwertung bezogen; von ihr hängt der Wert auch desjenigen Geldes ab, das nicht in die Verwertung ausgelegt ist. Genauer gesagt, muss der Wert, den das Geld auf quantitative Weise währen lässt und insofern aufbewahrt, der *produktiven Kraft der Verwertung von Arbeit und Kapital* entsprechen; das Geld bleibt stets, wie noch zu zeigen sein wird, auf die gegenwärtige Produktivkraft der Verwertung bezogen. So sehr der Wert im Geld auch eine selbständige Form annimmt, und so sehr er im Geld zu einem Reichtum wird, der von allem empirischen Dasein getrennt ist und eine abstrakt-quantitative, individuelle Gestalt erhält, so sehr muss der Wert des Geldes stets der Produktivkraft der Verwertung entsprechen.

133 „Die stete Vergrößrung seines [des Kapitalisten, F.E.] Kapitals wird Bedingung der Erhaltung desselben." (*Kapital II*, S. 84.) Dazu, dass im Kapitalismus Geld-als-Geld den Übergang ins Kapital voraussetzt, vgl. *Grundrisse*, S. 176; *Kapital II*, S. 82ff. (der Übergang wird durch den Kapitalkreislauf G-W-G' gleich zu entwickeln sein). Im Unterschied zu den *Grundrissen* und *Zur Kritik?* hält sich Marx im *Kapital* nicht mehr mit Formulierungen auf, die das Geld als Repräsentanten des abstrakten Reichtums oder gar als dessen Inkarnation bestaunen. Wo es im *Kapital* Bd. I um das Geld und seine Gestalt als den reinen Reichtum schlechthin geht – nach der Wertformanalyse in Kap. 1 zuerst im Austauschprozess (Kap. 2), dann in der Warenzirkulation (Kap. 3) und schließlich in der Verwandlung von Geld in Kapital (Kap. 4) – wird das Geld als Repräsentant und Inkarnation des abstrakten Reichtums stets in dessen Produktion zurückgenommen und gezeigt, dass das Geld der Notwendigkeit der *Bildung* und der *Akkumulation* des Reichtums unterzogen ist und darum beständig in all die Gestalten der Verwertung (zurück) verwandelt werden muss.

Handelskapital und überhaupt in allen Formen des Austauschs und Handels, letztlich um sich selbst. Stattdessen begründet sich in der kapitalistischen Gesellschaft das tautologische Dasein des abstrakten Reichtums, das Geld-als-Geld, durch eine Überwindung, die nicht weniger durchführt als die materielle Produktion und Reproduktion der kapitalistischen Gesellschaft qua exzessiver Verwertung von Werten.

Doch wenn der Reichtum in der kapitalistischen Gesellschaft die Form des Kapitals *ist*, was heißt es dann, dass die tautologische, selbstzweckhafte Form des Geld-als-Geld von ihrer Überwindung her eintreten muss? Um zu begreifen, warum das Geld durch seine Überwindung und die übergreifende Form G-W-G' erst die tautologische Identität des Reichtums Geld-als-Geld hervorbringt, muss noch einmal näher auf die maßgebliche, ideelle Werteinheit eingegangen werden, für die das Geld steht.

Bereits im ersten Satz des *Kapitals* bestimmt Marx die „ungeheure Warensammlung" als die unmittelbare Erscheinungsweise des Reichtums.[134] Er analysiert dann die „Elementarform"[135] dieser Erscheinungsweise des Reichtums, die Ware, und holt dadurch die selbständige Form des Werts ein, die Geldform. Das Geld realisiert das Wertverhältnis der Waren und gibt dadurch dem Reichtum eine abstrakt-allgemeine, universelle und rein quantitative Gestalt – doch die Form der *Produktion* des Reichtums kann Marx durch die Analyse der Wertform und durch die maßgebliche Geldware noch nicht zeigen. Die Analyse zeigt vorerst ‚nur', dass durch den Ausschluss einer Geldware einerseits eine reine Werteinheit von allem empirisch-materiellen Dasein abgelöst und zugleich fixiert wird, und dass die Waren andererseits durch die Werteinheit in Form des Austauschens und Zirkulierens realisiert werden, sodass das Verhältnis der Waren gleichsam im Geld eintritt und sich im Geld auf quantitative Weise entspricht.

In der Analogie zu Hegels Seinslogik wurde zudem bereits gezeigt, dass das Geld durch die ideelle Werteinheit, für die es steht, auch für die „wahre Unendlichkeit" (Hegel) steht. Die Endlichkeit des Reichtums ist im Geld insofern je überwunden, als das Verhältnis der Waren von ihrem empirisch-endlichen Dasein abgelöst und in einer ebenso eigenständigen wie rein quantitativen Gestalt für-sich ist. Aber auch dadurch zeigt Marx nur die Möglichkeit, dass der Wert im Geld die eigenständige Gestalt eines abstrakten Reichtums annehmen und zu einer Qualität werden kann, die *quantitativ unendlich vermehrbar* ist. Er zeigt aber noch nicht, wie diese Möglichkeit verwirklicht wird. Erst in der Entwicklung der Kapitalform zeigt Marx, dass die wahre Unendlichkeit darin besteht, dass das Geld denselben Wert, den es im quantitativen Umschlagen der Waren realisiert, auch seiner Vermehrung durch Verwertung zuführt und dadurch den eigenen Wert nicht nur erhält, sondern auch überwindet. Kurz, die wahre Unendlichkeit besteht darin, dass das Geld durch die Entäußerung in die Warenproduktion

---

134 *Kapital I*, S. 49.
135 *Kapital I*, S. 49.

und die Rückkehr daraus *seinerseits quantitativ umschlägt*: „Der Wert wird also prozessierender Wert, prozessierendes Geld und als solches Kapital."[136]

2.3 Die Begründung des Geld-als-Geld durch G-W-G'

Die Unterscheidung zwischen einerseits der Realisierung des Werts durch die Maß- und Tauschmittelfunktion des Geldes und andererseits seiner produktiven Verwertung durch die Kapitalform des Geldes trifft Marx durch die oben bereits genannte Unterscheidung in der Zirkulationsform des Geldes:

> Geld als Geld und Geld als Kapital unterscheiden sich zunächst nur durch ihre verschiedne Zirkulationsform. Die unmittelbare Form der Warenzirkulation ist W-G-W, Verwandlung von Ware in Geld und Rückverwandlung von Geld in Ware, verkaufen, um zu kaufen. Neben dieser Form finden wir aber eine zweite, spezifisch unterschiedne vor, die Form G-W-G, Verwandlung von Geld in Ware und Rückverwandlung von Ware in Geld, kaufen, um zu verkaufen. Geld, das in seiner Bewegung diese letztre Zirkulation beschreibt, verwandelt sich in Kapital, wird Kapital und ist schon seiner Bestimmung nach Kapital.[137]

Während in der einfachen Zirkulation des …W-G-W… das Geld verschwindendes Mittel ist für einen Zweck außerhalb der Zirkulation, für die Bedürfnisse und den Konsum, ist in G-W-G'[138] die Verewigung jener einfachen Zirkulation Mittel zum Selbstzweck des Geldes als Kapital, zu seinem unendlichen Werden:

> Die einfache Warenzirkulation – der Verkauf für den Kauf – dient zum Mittel für einen außerhalb der Zirkulation liegenden Endzweck, die Aneignung von Gebrauchswerten, die Befriedigung von Bedürfnissen. Die Zirkulation des Geldes als Kapital ist dagegen Selbstzweck, denn die Verwertung des Werts existiert nur innerhalb dieser stets erneuerten Bewegung.[139]

---

136 *Kapital I*, S. 170. Ausführlich: „Im *Kapital* erst ist der Tauschwert als Tauschwert gesetzt, dadurch, daß er sich in der Zirkulation erhält, d. h. also weder substanzlos wird, sondern sich in stets anderen Substanzen, einer Totalität derselben verwirklicht; noch seine Formbestimmung verliert, sondern in jeder der verschiednen Substanzen seine Identität mit sich selbst erhält. Er bleibt also immer Geld und immer Ware. Er ist in jedem Moment beides der in der Zirkulation das eine in das andre verschwindende Momente. Er ist dies aber nur, indem er selbst ein stets sich erneuernder Kreislauf von Austauschen ist." (*Grundrisse*, S. 185.)
137 *Kapital I*, S. 161–162. „Wenn die Zirkulation an allen Punkten Produktion voraussetzt – und die Zirkulation von Produkten ist, ob in Geld oder Ware, diese aber überall aus dem Produktionsprozeß hervorgehn, der selbst Prozeß des Kapitals ist, so erscheint jetzt die Geldzirkulation selbst als bestimmt durch die Zirkulation des Kapitals, während sie früher *neben* dem Produktionsprozeß zu liegen schien." (*Grundrisse*, S. 424.) Zur Verwandlung von Geld in Kapital vgl. vor allem *Kapital I*, S. 161–191 (Abschnitt II); zur Verbindung von Produktion und Zirkulation durch das Geld und seine Verwandlung in Ware und in die Produktionsfaktoren vgl. vor allem *Kapital I*, S. 589–639. Zum Zirkulations- und Reproduktionskreislauf des Kapitals vgl. auch *Kapital II* (bes. Kap. 1–3) sowie *Grundrisse*, S. 165–199.
138 Die Form G-W-G' wird in *Kapital I*, S. 161–191 (Abschnitt II) in drei Schritten entwickelt. Marx beginnt mit ihrer Realisierung in der einfachen Zirkulation; dann steigt er in die Widersprüche der einfachen Zirkulation ein, insbesondere in den Widerspruch, dass das Kapital aus ihr entspringen muss und doch nicht aus ihr entspringen kann; und schließlich zeigt er, dass diese Widersprüche durch die Verwertung einer besonderen Ware aufgelöst werden, der Ware Arbeitskraft. Im Folgenden kommt es aber allein auf die selbstbezügliche Bewegung des Geldes an. Zu den Implikationen, die der Übergang des Geldes in Kapital enthält, vgl. auch Slavoj Žižek: *Parallaxe*. Frankfurt am Main: Suhrkamp 2006, S. 379ff.
139 *Kapital I*, S. 167.

Demnach treten nicht nur Kauf und Verkauf (Ware-Geld/Geld-Ware) und einfache Zirkulation (...W-G-W...) von Anfang an innerhalb der übergreifenden Kapitalform G-W-G' ein, auch die tautologische Identität des Geld-als-Geld verwirklicht sich nur, wenn das Geld den Kreislauf G-W-G' durchläuft. Die Unterscheidung in Ware und Geld einerseits, ihre spekulative Identität und quantitative Entsprechung andererseits treten mithin nur innerhalb derjenigen Entzweiung ein, die das Geld gegenüber sich selbst eröffnet, sie treten nur innerhalb der Differenz G-W-G' ein, und nur innerhalb dieser Differenz konstatiert der Wert seine Identität-mit-sich.

Weil das Geld-als-Geld einerseits eine ideelle Werteinheit im Verhältnis der Waren realisiert und dadurch den abstrakten Reichtum an sich verkörpert, das Geld andererseits zu dieser Identität des Reichtums nur durch dessen Durchführung im Sinne des G-W-G' wird und sich dafür in die Warenproduktion entäußern und aus den Waren zurückverwandeln muss, darum kann Marx also einerseits das Geld tautologisch als „Geld-als-Geld" bestimmen, andererseits kommt aber alles auf die *Entwicklung* des Geldes als Kapital an. Es kommt alles darauf an, dass die tautologische Identität des Geld-als-Geld, dass die spekulative Identität des „als" im Geld-als-Geld das Vermögen enthält, sich in die Produktion des Kreislaufs G-W-G' zu entäußern und durch dieses Vermögen jene tautologische Identität des abstrakten Reichtums zu begründen. Der Reichtum *muss* sogar durch diese Entäußerung begründet werden, sonst bleibt sein Vermögen unverwirklicht – der Reichtum bleibt nicht dadurch bestehen, dass er im Geld akkumuliert wird, sondern indem das Geld beständig in seine Rückverwandlung und Rückkehr entäußert und darüber akkumuliert wird.

2.4 Die Verwertung und die quantitative Bestimmung der Werteinheit durch die Kapitalform

Um die Identität des abstrakten Reichtums durch seine Vermehrung zu begründen, müssen wir uns erinnern, wie das Geld als Maß des Werts den Zusammenhang von Substanz (abstrakter Arbeit) und Form (Ware) des Reichtums herstellt. Zur Erinnerung: Marx analysiert am Anfang des *Kapitals* die doppelte Bestimmung der Arbeit und der Ware, bevor er in der Wertformanalyse zeigt, dass sie diese doppelte Bestimmung durch die Werteinheit erhalten, für die das Geld steht. Das Geld setzt die Arbeit und die Ware der Realisierung durch eine maßgebliche Einheit aus, und dadurch erhalten die Arbeit und die Ware nicht nur eine doppelte Bestimmung, der Wert erhält im Geld auch eine von der Arbeit und der Ware getrennte, eigenständige Form. In der dritten, übergreifenden Form G-W-G' jedoch, so hat sich zuletzt herausgestellt, ist das Geld nun seinerseits in die Warenproduktion ausgelegt und darauf bezogen, durch die Realisierung ihrer Resultate zurückzukehren. Es verwandelt sich in die Bestandteile der Warenproduktion und ist dadurch seinerseits der Verwertung unterzogen, allerdings sind die Bestandteile der Warenproduktion darauf ausgerichtet, dass das Geld durch die Realisierung der produzierten Waren zurückverwandelt werden und vermehrt zurückkehren wird. Aufgrund dieser Entäußerung des Geldes in die

Warenproduktion ist es *nicht* erst die Realisierung ihrer Resultate durch eine maßgebliche Einheit, welche die Arbeit und die Ware ihrer doppelten Bestimmung aussetzt, es ist vielmehr die Verwertung dieser Einheit und die Kapitalform des Geldes, welche die Arbeit und die Ware einer doppelten Bestimmung aussetzen.

Es wird später noch darauf zurückzukommen sein, auf welche Weise die Arbeit und die Ware ihre doppelte Bestimmung durch die kapitalistische Bestimmung des Geldes erhalten und zum Inhalt seiner Kapitalform werden. Zuvor kommt es darauf an, *dass auch die ideelle, maßgebliche Werteinheit,* für die das Geld steht, nicht erst durch die Maß- und die Tauschmittelfunktion realisiert wird, sondern durch seine ebenso übergreifende wie selbstbezügliche Kapitalbewegung. Das Entscheidende für die Realisierung dieser Einheit ist, dass das Geld seine quantitative Bestimmung in ihr erhält: Dasselbe Geld, das ‚seinen' Wert in die Warenproduktion auslegt (also den bereits realisierten Wert wieder in die Produktion entäußert), kehrt durch die Realisierung ihrer Resultate daraus wieder zurück und sorgt so dafür, dass der Wert nicht nur gleichgültig gegenüber allen konkreten Gestalten des Daseins wird, sondern dass er, während er als Qualität im Prozessieren erhalten bleibt, allein seine *quantitative* Bestimmung verändert. Ja, der Wert *wird* überhaupt erst durch diesen Selbstbezug, worin auch immer das Geld ausgelegt wird und in welche Gestalt es sich auch immer verwandelt, zur identischen Qualität. Weil innerhalb des kapitalistischen Selbstbezugs des Geldes die Werteinheit, für die das Geld steht, nur ihre quantitative Bestimmung ändert, aber qualitativ identisch bleibt, ist es gleichsam nur noch die Identität selbst, die Identität nur als solche, die sich ändert. Ein und dieselbe Qualität geht demnach durch das Geld eine Identität und Nicht-Identität im Sinne rein quantitativer Veränderung ein, und diese Identität und Nicht-Identität werden dem Geld zum Inhalt seiner selbstbezüglichen Form.

Dass das Geld zur selbstbezüglichen, selbständigen Form wird für die Identität und Nicht-Identität des Werts, ließe sich in Analogie bringen zur vorrangigen, doppelten und übergreifenden Identität in Hegels Satz „der Identität von Identität und Nicht-Identität"[140]. Wieder drängt sich die Analogie zur *WdL* geradezu auf, denn wenn im Geld Identität und Nicht-Identität des Werts, des rein gesellschaftlichen Verhältnisses, rein quantitativ ‚begriffen' sind, dann steht es dieser Identität und Nicht-Identität – und mit ihm dem eigenen Werden – auf analoge Weise gegenüber, wie die erste Identität in Hegels Satz der „Identität von Identität und Nicht-Identität" ihrem Werden gegenübersteht. Diese mehr als vorrangige und mehr als widersprüchliche, weil zugleich übergreifende und doch gleichsam zusätzliche Identität, löst Hegel in

---

140 Zum Satz der Identität vgl. *WdL II*, S. 38ff. Der Identitätssatz ist eine Kritik daran, wie Identität von der formalen Logik und dem Verstandesdenken verstanden wird: „*Der Satz der Identität* lautet demnach: ‚Alles ist mit sich identisch; A=A'; und negativ: ‚*A kann nicht zugleich A und nicht A sein*'. – Dieser Satz, statt ein wahres Denkgesetz zu sein, ist nichts als das Gesetz des *abstrakten Verstandes*. Die *Form des Satzes* widerspricht ihm schon selbst, da ein Satz auch einen Unterschied zwischen Subjekt und Prädikat verspricht, dieser aber das nicht leistet, was seine Form fordert." (Hegel: *Enzyklopädie der philosophischen Wissenschaften im Grundrisse I*, S. 237.)

der Subjektivität des Begriffs ein. Im Begreifen erhalten Identität und Nicht-Identität erst ihre gemeinsame Identität, ganz so, als würden Identität und Nicht-Identität im Begriff eintreten und in seinen Bestimmungen sich selbst explizieren. Dasselbe Manifestieren wie im Begreifen geschieht im Geld. Auch im Geld muss es scheinen, als würde in dessen quantitativen Bestimmungen ein selbständiges Wertverhältnis in sich eintreten und seine Identität und Nicht-Identität explizieren. Es *scheint* nicht nur so, das Geld *ist* die Manifestierung dieses Scheins: Wenn sich im Geld, wie Marx sagt, die Identität-mit-sich des Werts „konstatirt", so geben die quantitativen Bestimmungen des Geldes die Identität eines Werts wieder, die sich beständig verändert und das Selbstverhältnis einer Ökonomie begründet, das im Übergehen und im Verwerten rein quantitativer Werte manifest wird. Marx vergleicht das zwar nicht direkt mit Hegels Logik des Begriffs, dafür aber mit dem Stein der Weisen: „Der Besitz des Geldes stellt mich im Verhältnis zu dem Reichtum (dem gesellschaftlichen) ganz in dasselbe Verhältnis, worein mich der Stein der Weisen in bezug auf die Wissenschaft stellen würde."[141]
Allerdings kommt für dieses bewusstlose Begreifen alles darauf an, dass das Geld selbst diese Identität und Nicht-Identität ‚durchlebt' und durchmacht. Das Geld steht der Identität und Nicht-Identität des Werts also nicht kontemplativ und passiv gegenüber. Im Gegenteil, es bildet die vorrangige und zugleich übergreifende Identität für die Identität und Nicht-Identität des Werts nur dadurch, dass es ihm durch seine Kapitalform G-W-G' den Freiraum einer selbständigen Verwertung einräumt, und für diesen Freiraum muss das Geld sich von sich selbst trennen. Seine Trennung von sich selbst muss zu derjenigen Entzweiung und zu derjenigen Entäußerung und Rückkehr werden, die den Freiraum einer selbständigen Verwertung einräumt, denjenigen Freiraum, in dem sich das Wesen des Werts und seiner Verwertung äußert. Ohne diese Entzweiung verliert es auch seine Identität als Gestalt des abstrakten Reichtums; ohne die Entäußerung in die Warenproduktion und ohne die Rückverwandlung und Rückkehr daraus ist die Verwertung nicht im Geld begriffen, und dann verwirklicht das Geld auch die eigene kapitalistische Bestimmung nicht.

2.5 Die Maßgeblichkeit des Geldes für die Verselbständigung des Werts
Während also die Maß- und Tauschmittelfunktion des Geldes dem Wert eine selbständige Form gibt, gibt seine Kapitalbewegung der Ver-selbständigung des Werts durch seine Verwertung eine Form. In dieser Form sind auf bewusstlose Weise die Identität und Nicht-Identität des Werts begriffen. Und damit diese quantitativen Unterschiede des Werts bewusstlos im Geld begriffen sind, muss das Geld aktiv in die Verwertung entäußert werden und seine eigene kapitalistische Bestimmung darin gründen.
Im sog. *Urtext* von *Zur Kritik der Politischen Ökonomie* hat Marx dem bewusstlosen, selbstbezüglichen Begreifen unter dem Titel „Geld als Geld" die wohl radikalste und dichteste Formulierung gegeben.

---

141 *Grundrisse*, S. 149.

Das Geld ist die Negation seiner als bloßer Realisierung der Preise der Waren, wo die besondre Ware immer das Wesentliche bleibt. Es wird vielmehr der in sich (ihm) selbst realisierte Preis und als solcher sowohl der materielle Repräsentant des allgemeinen Reichtums. Das Geld ist auch negiert in der Bestimmung, wo es nur Maß der Tauschwerte ist. Denn es selbst ist die adäquate Wirklichkeit des Tauschwerts und es ist diese in seinem metallischen Dasein. Die Maßbestimmung muss hier an ihm selbst gesetzt werden. Es ist seine eigne Einheit und das Maß seines Werts, das Maß seiner als Reichtums, Tauschwerts, ist die Quantität, die es von sich selbst darstellt. Die Anzahl seiner eignen Maßeinheit. Als Maß war seine Anzahl gleichgültig; als Zirkulationsmittel war seine Materialität, die Materie seiner Einheit gleichgültig; als Geld in dieser dritten Bestimmung ist die Anzahl seiner selbst als eines bestimmten materiellen Quantums [...] wesentlich.[142]

Auch wenn für Marx auf der Höhe des zitierten *Urtextes* die Entwicklung der Kapitalform des Geldes noch ansteht und auch wenn er die Entwicklung erst in *Zur Kritik der Politischen Ökonomie* und dann im *Kapital* systematisch durchführen wird, so bringt er doch bereits im *Urtext* den kapitalistischen Selbstbezug des Geldes auf den Punkt im Sinne eines bewusstlosen Begreifens: In der Kapitalform wird das Geld maßgeblich für die Maßeinheit, für die es zugleich steht, und nimmt Maß an sich selbst. Durch die realisierten Warenwerte ist es je quantitativ bestimmt, aber diese Quantität wird wieder in die Warenproduktion entäußert und auf ihre Vermehrung im Sinne des G' ausgerichtet, und so wird Maß daran genommen, was die Auslegung des Geldes in die Warenproduktion nach deren Realisierung wert gewesen sein wird. In den *Grundrissen* beschreibt Marx diesen Übergang der Maß- und Tauschmittelfunktion des Geldes in seine dritte Bestimmung (der ja der Eintritt der ersten beiden Bestimmungen *innerhalb* der dritten ist) so:

> *Drittens*: Ist das Geld auch negiert in der Bestimmung, wo es nur das *Maß* der Tauschwerte ist. Als allgemeine Form des Reichtums und als sein materieller Repräsentant ist es nicht mehr das ideelle Maß von andrem, von Tauschwerten. Denn es ist selbst die adäquate Wirklichkeit des Tauschwerts, und es ist diese in seinem metallischen Dasein. Die Maßbestimmung muß hier an ihm selbst gesetzt werden. Es ist seine eigne Einheit *und* das Maß seines Werts, das Maß *seiner* als Reichtum, als Tauschwert, ist die Quantität, die es von sich selbst darstellt [beide Hervorhebungen F.E.]. Die Anzahl eines Quantums seiner selbst, das als Einheit dient. Als Maß war seine Anzahl gleichgültig; als Zirkulationsmittel war seine Materialität, die Materie der Einheit, gleichgültig; als Geld in dieser dritten Bestimmung ist die Anzahl seiner selbst als eines bestimmten materiellen Quantums wesentlich. Seine Qualität als allgemeiner Reichtum vorausgesetzt, ist kein Unterschied mehr an ihm, als der quantitative. Es stellt mehr oder weniger des allgemeinen Reichtums dar [...] und der einzige wichtige Prozeß ist das *Aufhäufen* desselben, sowohl für das einzelne Individuum als für Nationen.[143]

Nun wird auch klarer, auf welche Weise das Geld durch seine dritte Bestimmung seine ersten beiden Bestimmungen übergreift und wie insbesondere seine Funktion als Maß des Werts mit seiner Kapitalform und der Verwertung des Werts zusammenhängt. Während Maß und Tauschmittel die Waren in ein quantitatives Verhältnis eintreten lassen und dadurch die Endlichkeit im Wortsinn feststellen, nämlich quantitativ fixieren, widerspricht die Kapitalform des Geldes eben dieser quantitativen Endlichkeit.

---

142 Karl Marx: Fragment des Urtextes von „Zur Kritik der Politischen Ökonomie" (1858). In: Ders.: *Grundrisse der Kritik der Politischen Ökonomie*. Berlin, DDR: Dietz 1953, S. 871–872.
143 *Grundrisse*, S. 156.

Maß und Tauschmittel fixieren, was durch die Kapitalbewegung beständig im Prozessieren begriffen sein muss und die Endlichkeit rein quantitativ vermehrt. Alle drei Funktionen zusammengenommen, trägt das Geld den Widerspruch aus, einerseits immer ein bestimmtes Quantum derjenigen Qualität zu sein, die andererseits durch ihre Verwertung unendlich ist, aber dafür beständig in diese Verwertung zurückkehren muss. Mit Marx' Worten:

> Wir haben schon gesehn beim Geld, wie der als solcher verselbständigte Wert – oder die allgemeine Form des Reichtums – keiner andren Bewegung fähig ist als einer quantitativen; sich zu vermehren. Seinem Begriff nach ist er der Inbegriff aller Gebrauchswerte; aber als immer nur ein bestimmtes Quantum Geld (hier Kapital) ist seine quantitative Schranke im Widerspruch zu seiner Qualität. Es liegt daher in seiner Natur, beständig über seine eigne Schranke hinauszutreiben.[144]

Wenn die Kapitalbewegung den Widerspruch austrägt, dass die Qualität des Werts je durch endliche Werte eintritt, diese Endlichkeit aber Moment einer unendlichen Verwertung ist, so ist allerdings wichtig zu begreifen, dass das Geld diesen Widerspruch durch einen rein *quantitativen* Unterschied austrägt und *dafür*, für diesen Unterschied, in die Produktion ausgelegt werden und der Verwertung einen Freiraum eröffnen muss: „Nicht die Form, sondern nur die Größe des vorgeschoßnen Werts ist am Schluß verändert. […] G' existiert jetzt selbständig für sich, unabhängig von der Bewegung, die es hervorbrachte. Sie ist vergangen, es ist da an ihrer Stelle."[145] Indem das erste G der Form G-W-G' spekulativ auf das G' übergreift, eröffnet das Geld genau denjenigen Unterschied zu sich, in den es entäußert und ausgelegt werden muss, um den Unterschied zwischen G und G' durch die Produktion und Zirkulation der Waren und das Prozessieren des Werts zu zeitigen:

> G' existiert als Kapitalverhältnis; G erscheint nicht mehr als bloßes Geld, sondern es ist ausdrücklich als Geldkapital gesetzt, ausgedrückt als Wert, der sich verwertet hat, also auch die Eigenschaft besitzt, sich zu verwerten, mehr Wert zu hecken als er selbst hat.[146]

Der Unterschied zwischen G und G' enthält folglich das *quantitative Umschlagen* des Geldes.

2.6 Das Auslegen des Werts in den Prozess seiner Herkunft als Kapitalumschlag des Geldes

Indem das Geld sich in die Warenproduktion entäußert und aus ihrer Realisierung zurückkehrt, hat der Wert *mehr* als nur eine selbständige Form für sich, mehr als nur eine Bewegung, innerhalb derer er seine Identität und Nicht-Identität quantitativ konstatiert. In der Kapitalform des Geldes gründet auch seine *Ver*-selbständigung. Die Verselbständigung klingt bereits in den ersten beiden Funktionen des Geldes an:

---

144 *Grundrisse*, S. 195; zum Widerspruch zwischen der Unendlichkeit der Qualität des Werts und seiner quantitativen Begrenzung im Geld vgl. hier auch die folgenden Seiten.
145 *Kapital II*, S. 49.
146 Vgl. *Kapital II*, S. 50.

> Das Produkt wird zur Ware; die Ware wird zum Tauschwert; der Tauschwert der Ware ist ihre immanente Geldeigenschaft; diese ihre Geldeigenschaft löst sich von ihr als Geld los, gewinnt eine allgemeine, von allen besondren Waren und ihrer natürlichen Existenzweise gesonderte soziale Existenz; das Verhältnis des Produkts zu sich als Tauschwert wird sein Verhältnis zu einem neben ihm existierenden Gelde oder aller Produkte zu dem außer ihnen allen existierenden Geld.[147]

Hier klingt an, dass durch die Aussonderung eines Wertmaßes nicht nur der Wert in der Geldware eine selbständige Existenz erhält, die Geldware kann durch die Kapitalform über dasselbe Wertverhältnis, das sie als Maß realisiert, hinausgehen. Das Geld überwindet mithin durch seine dritte Bestimmung dieselbe Entsprechung, die es durch seine ersten beiden Bestimmungen zwischen seiner quantitativen Bestimmung und dem Wertverhältnis der Waren begründet:

> Eine Ware wird also zunächst Geld als Einheit von Wertmaß und Zirkulationsmittel, oder die Einheit von Wertmaß und Zirkulationsmittel ist Geld. Als solche Einheit besitzt das Gold aber wieder selbständige und von seinem Dasein in beiden Funktionen unterschiedene Existenz. [...] Im Gegensatz zu den Waren, die das selbständige Dasein des Tauschwerts, der allgemeinen menschlichen Arbeit, des abstrakten Reichtums, nur vorstellen, ist Gold *das materielle Dasein des abstrakten Reichtums*.[148]

Das Geld wird im Kapitalismus demnach „das materielle Dasein des abstrakten Reichtums" nicht nur, weil es maßgebliche Einheit für die produzierten Waren ist und ihren Wert realisiert, sondern weil es für die Verwertung und Vermehrung dieses realisierten Werts maßgeblich ist. Und der realisierte Wert erhält im Geld darum mehr als nur eine selbständige Form für sich, weil er durch die Kapitalform des Geldes zur Maßgeblichkeit für sich selbst erhoben wird:

> Geld – hier genommen als selbständiger Ausdruck einer Wertsumme, ob sie tatsächlich in Geld oder in Ware existiere – kann auf Grundlage der kapitalistischen Produktion in Kapital verwandelt werden und wird durch diese Verwandlung aus einem gegebenen Wert zu einem sich selbst verwertenden, sich vermehrenden Wert. [...] Damit erhält es, außer dem Gebrauchswert, den es als Geld besitzt, einen zusätzlichen Gebrauchswert, nämlich den, als Kapital zu fungieren. Sein Gebrauchswert besteht hier eben in dem Profit, den es, in Kapital verwandelt, produziert.[149]

Nun wird auch deutlich, auf welche Weise das Geld sich in der Form G-W-G' so überwindet, dass gerade dadurch sein tautologischer Selbstbezug Geld-als-Geld eintritt: Das Verhältnis der Waren wird durch eine maßgebliche Einheit, für die das Geld steht, nicht nur quantitativ umgeschlagen, sondern darüber realisiert das Geld *seinen eigenen quantitativen Umschlag* und übersteigt beständig dasselbe Wertverhältnis, das es durch seine ersten beiden Bestimmungen realisiert.

> In seiner Gestalt als Mittler der Zirkulation erlitt es allerlei Unbill, wurde beschnitten und sogar zum bloß symbolischen Papierlappen verflacht. Als Geld [im Sinne seiner dritten Bestimmung, F.E.] wird ihm seine goldene Herrlichkeit zurückgegeben. Aus dem Knecht wird es der Herr. Aus dem bloßen Handlanger wird es zum Gott der Waren.[150]

---

147 *Grundrisse*, S. 81.
148 Marx: Zur Kritik, S. 102.
149 *Kapital III*, S. 350–351.
150 Marx: Zur Kritik, S. 103.

Das Geld ist Gott der Waren *nicht* durch ihre Vermittlung und Realisierung, nicht als Maß und Tauschmittel, sondern weil es sich in ihre Produktion entäußert und die Produktion auf die eigene Rückkehr und Vermehrung ausrichtet – aber es ist ein Gott, der den Wert in ein selbständiges Prozessieren entlässt, um seinen Selbstzweck in jener Verselbständigung des Werts zu verwirklichen und dadurch das eigene, endlich-quantitative Dasein zu überwinden:

> Wenn in der einfachen Zirkulation der Wert der Waren ihrem Gebrauchswert gegenüber höchstens die selbständige Form des Geldes erhält, so stellt er sich hier plötzlich dar als eine prozessierende, sich selbst bewegende Substanz, für welche Ware und Geld beide bloße Formen. Aber noch mehr. Statt Warenverhältnisse darzustellen, tritt er jetzt sozusagen in ein Privatverhältnis zu sich selbst. Er unterscheidet sich als ursprünglicher Wert von sich selbst als Mehrwert, als Gott Vater von sich selbst als Gott Sohn, und beide sind vom selben Alter und bilden in der Tat nur eine Person [...].[151]

Marx fasst das gesamte kapitalistische Umschlagen in wenigen Sätzen so zusammen:

> Im Geld als *Kapital* ist an ihm selbst gesetzt, 1. daß es ebenso Voraussetzung der Zirkulation wie ihr Resultat ist; 2. daß seine Selbständigkeit daher selbst nur *negative* Beziehung, aber stets Beziehung auf Zirkulation ist; 3. ist es selbst als *Produktionsinstrument* gesetzt, indem die Zirkulation nicht mehr in ihrer ersten Einfachheit erscheint als quantitativer Umtausch, sondern als Prozeß der Produktion, der reale Stoffwechsel. Und so ist denn das Geld selbst bestimmt als besondres Moment dieses Produktionsprozesses. In der Produktion handelt es sich nicht nur um einfache Preisbestimmung, d. h. um Übersetzen der Tauschwerte der Waren in eine gemeinschaftliche Einheit, sondern um Schaffen der *Bestimmtheit* der Preise. Nicht nur um bloßes Setzen der Form, sondern des Inhalts.[152]

Soweit zur dritten Bestimmung des Geldes. Auf welche Weise die Kapitalform des Geldes mit der Verwertung des Werts zusammenhängt, wird erst am Ende der Arbeit weiter ausgeführt, wenn Geld und Wert in eine Ökonomie der Zeit eingelöst werden. Hier ging es zunächst darum, dass das Geld in seiner Dreifaltigkeit als Maß, Tauschmittel und Geld-als-Geld diese produktive Verwertung auf praktische Weise durchführt. Es führt mithin die Identität und Nicht-Identität des Werts auf eine reine, aber quantitativ bestimmte und insofern eindeutige Weise durch; durch die Dreifaltigkeit seiner Funktionen ist die Verwertung immer im quantitativen Umschlagen des Geldes als Kapital ‚begriffen'. Das Geld ist ein sich spezifizierendes Quantum nicht nur, weil es, wie noch in Analogie zur Seinslogik entwickelt, das Verhältnis der Waren wie in einer bewusstlosen Reflexion quantitativ umschlägt und durch Werte realisiert und dadurch eine ideelle Einheit realisiert und maßgeblich werden lässt. Das Geld ist vielmehr ein sich spezifizierendes Quantum, weil es die realisierten Werte beständig in den Prozess ihrer Herkunft zurückführt und dadurch seinerseits quantitativ umschlägt.

Allerdings geht die Verwertung nicht nur durch die Kapitalbewegung des Geldes auf quantitative Weise im Geld um, vielmehr bringt das Geld die Verwertung auch zur *Erscheinung*. Die Erscheinung des Werts ist *mehr* als seine bislang gezeigte Realisierung.

---

151 *Kapital I*, S. 169.
152 *Grundrisse*, S. 146.

Die Realisierung des Werts wurde zuletzt ja bis zu dem Punkt entwickelt, dass die Produktion in Form des Austauschs ihrer Resultate realisiert wird und dass in den realisierten Warenwerten auch das in die Warenproduktion entäußerte Geld zurückkehrt und als Kapital umschlägt. Im Realisieren bringt das Geld den Wert aber zur Erscheinung im *Preis*, und Preis und Wert sind unbedingt auseinanderzuhalten.

3. Das Begreifen der Verwertung durch die Ermittlung des Maßes ihrer Produktivität

Die Entwicklung der Kapitalform des Geldes ergab, dass sein Umschlagen dem blindbewusstlosen Begreifen eines in die Selbständigkeit entlassenen Werts und seiner Verwertung in der Produktion entspricht, und diese bewusstlose, im Wert des Geldes begriffene Verwertung bringt das Geld, so wurde zuletzt angekündigt, zur *Erscheinung*. Die Erscheinung des Werts ist der *Preis*: „Der Preis ist die verwandelte Form, worin der Tauschwert der Waren innerhalb des Zirkulationsprozesses *erscheint*."[153]

Im Preis hat der Wert einen neuen Status. Die Statusänderung liegt darin, dass der Wert vom Geld so zur Erscheinung im buchstäblichen Sinne *gebracht* wird, dass im Preis ein in der Warenproduktion verwerteter und in ein gesamtgesellschaftliches Verhältnis gesetzter Wert auf gleichsam reflektierte Weise auf der Oberfläche der Gesellschaft zur Erscheinung kommt. Kurz, mit dem Zur-Erscheinung-Bringen geht eine Art Umwandlung des Werts in den Preis einher. Doch das ist nur die halbe Wahrheit, denn so sehr das Geld den Wert auf der gesellschaftlichen Oberfläche als Preis einer Ware zur Erscheinung bringt, so sehr geht eine Verkehrung und sogar eine Auslöschung seiner Verwertung und der Warenproduktion einher sowie des gesamtgesellschaftlichen Verhältnisses, in das die Verwertung durch das Geld gesetzt ist.[154]

Diese Verkehrung und Auslöschung gilt es als erstes zu bestimmen. Anschließend ist die Umwandlung des Werts näher zu betrachten, denn in ihr nimmt das Geld eine *Durchschnittsbildung* vor. Diese Durchschnittsbildung führt schließlich zu der Notwendigkeit, dass das Maß (das Geld) sich quantitativ ebenso entwickeln muss wie das Gemessene (die Verwertung), weil in der Bildung der Durchschnittsgrößen auf blindnaturwüchsige Weise die *produktive Kraft* der Verwertung im Geld ermittelt wird, und zwar die produktive Kraft derselben Verwertung, der das Geld in seiner Kapitalform seinerseits unterzogen wird.

Vor der Auslöschung und Verkehrung und vor der Ermittlung der Produktivkraft gilt es jedoch den Status zu klären, den die Erscheinung des Werts: der Preis, in Marx' Kritik der politischen Ökonomie einnimmt. Die Klärung ist allein schon darum

---

153 Marx: Zur Kritik, S. 51. „Der Preis ist eine Eigenschaft der Ware, eine Bestimmung, in der sie als Geld *vorgestellt* wird. Es ist nicht mehr eine unmittelbare, sondern reflektierte Bestimmtheit derselben. Neben dem reellen Geld existiert nun die Ware als ideell gesetztes Geld." (*Grundrisse*, S. 121.)

154 „Im Ganzen der vorhandnen bürgerlichen Gesellschaft erscheint dieses Setzen als Preise und ihre Zirkulation etc. als der oberflächliche Prozeß, unter dem aber in der Tiefe ganz andre Prozesse vorgehn […]." (*Grundrisse*, S. 173.)

vordringlich, weil Marx im *Kapital* die Entwicklung des Werts ja gerade nicht mit dessen Erscheinung anfängt. Statt vom Preis und der preisbestimmten Ware auszugehen, wie bis heute in der Ökonomietheorie üblich, beginnt Marx das *Kapital* mit einer Analyse der Wertform, es folgen der Austausch- und Zirkulationsprozess und die Bestimmung der variablen und konstanten Bestandteile der Verwertung sowie, in Band II, die Zirkulations- und Reproduktionskreisläufe des Kapitals, und all das geht der Erscheinung des gesellschaftlichen Verhältnisses auf der Oberfläche der Gesellschaft *voraus*. Oder vielmehr entwickelt Marx in den drei Funktionen des Geldes und in seinen zwei Kreisläufen, auf welche Weise das Geld den Wert *zur* Erscheinung erst *bringt*. Und in der Verwertung des Werts durch Arbeit und Kapital entwickelt er, *was* da überhaupt im Preis einer einzelnen Ware zur Erscheinung gebracht wird und sich nurmehr rein quantitativ und vereinzelt darstellt (und darum im Preis ebenso zur Erscheinung kommt wie verkehrt wird und verschwindet).

3.1 Die Umwandlung der Verwertung in Preise und Marx' kritische Unterscheidung zwischen Wert und Preis

Warum ist die Trennung zwischen Wert und Preis für die Kritik der politischen Ökonomie wesentlich? Was ereignet sich zwischen der Bildung des Werts in der Produktion und seiner Realisierung in der Zirkulation, wo er im Preis einer Ware durch das Geld allererst zur Erscheinung gebracht wird?

Auch für die Unterscheidung von Wert und Preis und das Verständnis ihres unterschiedlichen Status ist wieder die erste Funktion des Geldes als Maß des Werts entscheidend. Die Entwicklung der ersten Funktion zeigte bereits, dass das Geld nicht einfach vorhandene, fertig gegebene Wertgrößen unmittelbar wiedergibt. Stattdessen setzt das Geld alle Waren im Bezug auf eine maßgebliche, ideelle Einheit in ein und dasselbe gesellschaftliche *Verhältnis* und gibt, ineins, durch die Warenwerte dieses gesellschaftliche Verhältnis wieder. Zudem sind durch die Wiedergabe des Verhältnisses aller Waren auch alle Arbeiten auf dieselbe Einheit bezogen und ins Verhältnis gesetzt worden. Demnach gehört eine innere Trennung von Anfang an zur gesellschaftlichen Vermittlung unmittelbar dazu: Mit dem Geld tritt der Bezug auf eine gemeinsame Einheit ein, die alle Arbeiten und Waren vermittelnd ins Verhältnis setzt, und zwar so, dass die Realisierung des Verhältnisses der Waren durch eine maßgebliche Werteinheit auch alle Arbeiten ins Verhältnis setzt. Dieser Bruch aller Arbeiten und Waren durch eine maßgebliche Einheit bringt nicht nur die Differenz zwischen Wert und Preis hervor, der Bruch ist auch einerseits im Doppelcharakter der Arbeit und der Ware und andererseits in der quantitativen Bestimmung des Geldes reflektiert. Wenn die Waren und die Arbeiten durch das Geld im Preis zur Erscheinung gebracht worden sind, sind sie durch die maßgebliche Einheit gleichsam durch ihr gemeinsames Verhältnis gebrochen worden und kommen dadurch in-sich reflektiert zur Erscheinung.[155]

---

155 Das ist nicht mit dem sog. Transformationsproblem zu verwechseln, das in der marxistischen

Mit diesem Ins-Verhältnis-Setzen geht zudem eine Umwandlung einher. Marx weist sie an den drei „Eigentümlichkeiten" der Äquivalentform aus, die drei Verkehrungen hervorbringt: Der „Gebrauchswert der Ware wird zur Erscheinungsform seines Gegenteils", des Tauschwerts; die „konkrete Arbeit wird zur Erscheinungsform ihres Gegenteils, abstrakt-menschlicher Arbeit"; und die private Arbeit wird „zu Arbeit in

Diskussion vor allem der 1970er Jahre für Verwirrung gesorgt hat. Die Verwirrung entstand im Versuch einer durchgehenden Mathematisierung der Ökonomie durch die bloß rechnerische Umwandlung von Wertgrößen in Preise. Dabei wurde letztlich nur eine unhinterfragt gegebene, identische Qualität (Wert) in eine andere umgewandelt (Preis). Genau genommen wurden nicht zwei *verschiedene* Qualitäten verrechnet, sondern zwei je schon *quantitativ* bestimmte Verhältnisse. Denn das Problem der Transformation schien zu sein, dass ein und dieselbe Qualität: Wert anscheinend *quantitativ* unterschiedlich bestimmt ist insofern, als die durch Arbeit gebildeten Werte und die endgültigen (Produktions-)Preise voneinander abweichen. Die Umwandlung reduzierte sich dann auf den Versuch einer bloßen Umrechnung oder Verrechnung gegebener Quanta (Arbeitsquanta oder Arbeitszeit) in ebenso quantitative Produktionspreise. Sind aber von Anfang an auf beiden Seiten der Rechnung je bestimmte Größen gegeben, dann kann das Transformieren nur noch darauf hinauslaufen, Größen letztlich derselben Qualität miteinander zu verrechnen und darüber ihr Verhältnis zu erschließen. Zudem wird die Umwandlung von Werten in Preise wie ein raum-zeitlicher Vorgang verstanden. Die Umwandlung wird einerseits wie eine mathematische Verrechnung verstanden, die sich andererseits in Raum und Zeit vollziehen muss, um all die einzelnen Arbeiten ins Verhältnis zur Gesamtarbeit zu setzen und einen Durchschnitt daraus zu ziehen und um auch die Gesamtmehrwertsumme ins Verhältnis zu den individuellen Kapitalen zu setzen und eine allgemeine Profitrate zu bilden. Die Frage aber, die der Umwandlung zugrunde gelegt werden müsste: Warum die Arbeiten sowie ihre Resultate *überhaupt* in ein und dasselbe Verhältnis gesetzt und das Verhältnis wie eine *identische* Qualität realisiert werden kann (eine Qualität, die in nichts als ihrer *Quantifizierbarkeit* besteht), diese Frage wird unkritisch erledigt, zumal das Geld als ‚Ort' der Umwandlung gemeinhin völlig herausfällt. Andrew Kliman z. B. versucht weiterhin, auf mathematische Weise die Konsistenz der Umrechnung von Arbeitszeit in Preise nachzuweisen, wenn auch mithilfe einer „Temporal Single-System Interpretation" (TSSI), vgl. Andrew Kliman: *Reclaiming Marx' Capital. A Refutation of the Myth of Inconsistency*. Lanham: Lexington Books 2007. Christoph Deutschmann hat zu Recht darauf hingewiesen, dass der „Irrweg" der Transformation schon darin besteht, nicht zu begreifen, dass gerade die Unbestimmtheit und Unschärfe des Werts dessen Qualität *ist* und dass die Preisbildung auf genau diese Unbestimmtheit und Unschärfe angewiesen ist, vgl. Christoph Deutschmann: *Die Verheißung absoluten Reichtums. Zur religiösen Natur des Kapitalismus*. Frankfurt am Main/New York: Campus 2001, S. 99. (Allerdings wirft er auch Marx eine solche Vorstellung von Transformation vor.) Zur Frage, ob Marx überhaupt eine Transformation im Sinn gehabt habe und ob er im Verhältnis Wert-Preis inkonsistent geblieben sei, vgl. Hansgeorg Conert: *Vom Handelskapital zur Globalisierung. Entwicklung und Kritik der kapitalistischen Ökonomie*. Münster: Westfälisches Dampfboot 1998, bes. S. 139. Auch Michael Heinrich hat auf die Aporien hingewiesen, die in der Vorstellung einer Transformation liegen. Allerdings finden sich auch Heinrich zufolge schon bei Marx selbst, dort nämlich, wo er seine im ersten Band des *Kapitals* entwickelte Notwendigkeit des Austauschs der Waren durch das Geld nicht konsequent durchhält. Weil es „keine kapitalistische Produktion [gibt], die zunächst zu Werten produziert, die dann zeitlich anschließend in Produktionspreise verwandelt werden müssten", kommt Michael Heinrich zu dem Schluss, dass „ein *quantitativer Vergleich* von Werten und Produktionspreisen gar nicht möglich" sei und dass sich „im Rahmen der *monetären Werttheorie* von Marx […] das Problem einer *quantitativen Umrechnung* von Werten in Produktionspreise überhaupt nicht" stelle. (Heinrich: *Die Wissenschaft vom Wert*, S. 283, 281–282, 280.) Doch so richtig es ist, dass der Wert keine quantitative Bestimmtheit *vor* dem Preis hat und folglich für den Preis keine Wertquanta umgewandelt werden, so voreilig ist es, wenn Heinrich die Ebene des Werts als „rein begrifflich-logische" behandelt, als die eigentliche und zudem alleinige Ebene der Wissenschaft und der Kritik. Denn es ist ja gerade die Unbestimmtheit und Unschärfe des Werts, die (wie in der Analogie zum seinslogischen Übergehen gezeigt wurde) seine Bestimmtheit als *reines Verhältnis* auszeichnen und als Wirklichkeit gesellschaftlicher Vermittlung zu entwickeln sind.

unmittelbar gesellschaftlicher Form".[156] Marx greift diese Verkehrung ganz am Ende, wenn er im dritten Band zur preisbestimmten Ware gelangt, wieder auf. Nachdem er im weiteren Verlauf des *Kapitals* Bd. I sowie in Bd. II gezeigt hat, dass das Geld in Form der einfachen Zirkulation zwar den Wert der Ware realisiert, diese Form aber zum Schein herabgesetzt werden muss, weil das Geld die Waren als Produkte von Kapitalen realisiert und darüber als Kapital umschlägt,[157] setzt er in Bd. III schließlich an dem entscheidenden Punkt, an dem die gesamte Entwicklung auf der Oberfläche der Gesellschaft zur Erscheinung kommt, eine grundlegende Kritik an. Es ist die Kritik der Mystifizierung und Verkehrung der entwickelten Verwertung:

> Die fertige Gestalt der ökonomischen Verhältnisse, wie sie sich auf der Oberfläche zeigt, in ihrer realen Existenz, und daher auch in den Vorstellungen, worin die Träger und Agenten dieses Verhältnisses sich über dieselben klarzuwerden suchen, sind sehr verschieden von, und in der Tat verkehrt, gegensätzlich zu ihrer innern, wesentlichen, aber verhüllten Kerngestalt und dem ihr entsprechenden Begriff.[158]

In gewisser Weise *ist* die Unbestimmtheit und Unmittelbarkeit des Werts auch sein Übergehen und das Umwandeln in den Preis selbst. Die „Beziehung zwischen Werten und Produktionspreisen", die nach Heinrich „eine rein begriffliche und keine quantitative sein soll" (ebd., S. 283), eröffnet erst die Möglichkeit, diejenige Unschärfe zu bestimmen, die das Prozessieren des Werts und der Verwertung vor ihrer Feststellung durch das Geld und ihre Erscheinung im Preis auszeichnet. Dadurch wird auch erst eine Kritik der Negativität und Unverfügbarkeit des Wesens der kapitalistischen Vermittlung eröffnet, allerdings führt die Kritik dieses Wesens eher in eine Art Selbstkritik der Wissenschaft als zu einer Wissenschaft vom Wert. Eine solche Selbstkritik ist vielleicht sogar die wichtigste erkenntniskritische Konsequenz, die aus der von Heinrich entwickelten „monetären Werttheorie" zu ziehen wäre. Gerade weil das Geld die realisierte Qualität „Wert" erst mit sich bringt und der Wert unhintergehbar durch das Geld vermittelt und in den Preis umgewandelt worden ist, gerade darum stellt sich die Frage der Transformation. Sie muss allerdings anders als gewöhnlich gestellt werden, denn wenn der Wert unhintergehbar in Preise umgewandelt erscheint und nie anders zu erfahren ist, dann ist die Transformation von Wert und Preis *umzukehren*: Warum muss es durch die Erscheinung der Preise scheinen, als läge der Erscheinung ein unscharfes, aber nun entschiedenes Verhältnis voraus? Warum muss es durch den Preis scheinen, als sei er aus einer Umwandlung dieses Verhältnisses in einzelne Preise resultiert, aber aus einer Umwandlung, die nicht durch bestimmte, fertig gegebene Werte rekonstruiert werden kann, die quantitativ betrachtet vielmehr unbestimmt und unscharf bleiben muss und die insofern überhaupt nicht empirisch erfahrbar oder nachvollziehbar ist?

156 *Kapital I*, S. 70ff.

157 Folgerichtig muss der Anfang, den Marx im *Kapital* mit der Wertformanalyse machte: dass die Waren durch das Geld ins Verhältnis treten, am Ende der Entwicklung einerseits in die Verwertung zurückgenommen werden, andererseits muss die Verwertung als je in Preise umgewandelte herausgestellt werden: „Es zeigt sich [...] wie wichtig es ist, bei der kapitalistischen Produktion nicht die einzelne Ware oder das Warenprodukt eines beliebigen Zeitraums isoliert für sich, als bloße Ware zu betrachten, sondern als Produkt des vorgeschoßnen Kapitals im Verhältnis zum Gesamtkapital, das diese Ware produziert." (*Kapital III*, S. 238–239.) Erinnert sei auch an das Eingangszitat dieses zweiten Teils: „Die ganze Schwierigkeit kommt dadurch hinein, dass die Waren nicht einfach als *Waren* ausgetauscht werden, sondern als *Produkt von Kapitalen* [...]" (*Kapital III*, S. 184). Ähnlich auch *Kapital III*, S. 204–205: „[...] soweit die Waren Produkte des Kapitals sind, unterstellen sie kapitalistische Produktionsprozesse, also ganz anders verwickelte Verhältnisse als den bloßen Kauf und Verkauf von Waren."

158 *Kapital III*, S. 219. Dass auf der Oberfläche *alles*, das ganze Wesen der kapitalistischen Produktionsweise, verkehrt erscheint, wird von Marx immer wieder betont, etwa ebd.: „*Es erscheint also in der Konkurrenz alles verkehrt*". Vgl. zum falschen Schein der Oberfläche und den notwendig falschen Vorstellungen *Kapital III*, S. 324–325; allgemein zu den Verkehrungen bes. die Zusammenfassung *Kapital III*, S. 838–839.

Die Kritik des erscheinenden Werts und seiner Verkehrung und Mystifizierung auf der Oberfläche unterscheidet sich von der Kritik der genannten Umkehrung und Verkehrung, die Marx bereits am Anfang, auf der Ebene der Wertformanalyse, als die „drei Eigentümlichkeiten der Äquivalentform" bezeichnet, und die Kritik unterscheidet sich auch von der Kritik des Scheins des Austauschs und der einfachen Zirkulation, die auf diese Analyse folgt. Das Geld bringt nun ein Verwertungs- und Produktionsverhältnis zur Erscheinung, das die angesprochene kritische Unterscheidung zwischen Wert und Preis notwendig macht. Mit der Umwandlung von Wert in Preis geht sogar die grundlegende, konstitutive Verkehrung in der bürgerlich-kapitalistischen Gesellschaft schlechthin einher: Weil die Verwertung durch ihre Resultate, die Waren, reflektiert werden muss, erscheint die Verwertung, obwohl ein produktiver und die gesamte Gesellschaft durchziehender Prozess zwischen Arbeit und Kapital, lediglich als Preis einer einzelnen Ware; oder vielmehr *erscheint* die Verwertung gerade nicht im Preis, sie stellt sich im Preis verkehrt dar und verschwindet sogar.

Auch der Fetischismus, den Marx ebenfalls bereits auf der Ebene der Wertformanalyse in den drei Verkehrungen der Äquivalentform thematisiert hat, wird mit dieser Unterscheidung neu gefasst. Am Anfang des *Kapitals* besteht der Fetischismus noch darin, dass das gesellschaftliche Verhältnis *der Waren* durch eine maßgebliche Einheit realisiert wird und als Tauschwerte einer Ware reflektiert werden muss; das bringt die drei genannten Verkehrungen mit sich. Auf der Ebene des Preises liegt der Fetischismus dann darin, dass nicht die Ware, sondern ihre *Produktion* ins Verhältnis gesetzt ist, und dieses Produktionsverhältnis erscheint nicht im Tauschwert einer Ware, sondern in ihrem Preis. Das Wesen der kapitalistischen Gesellschaft: die Verwertung des Werts, *erscheint* und *muss* erscheinen, aber sie ist nicht nur durch eine maßgebliche Einheit je gebrochen und wird durch diesen Bruch zur Erscheinung gebracht – mit dem Bruch durch eine maßgebliche Einheit sind auch alle Arbeiten und alle Kapitale in ein gesamtgesellschaftliches Verhältnis gesetzt und in Preise umgewandelt worden. Der Bruch kommt in den preisbestimmten Waren sowie im Geld und seiner quantitativen Bestimmung ebenso zur Erscheinung, wie er in ihrer Entsprechung verschwindet.

Daraus folgt ein Fetischismus, der, wie von Marx angesprochen, die „fertige Gestalt der ökonomischen Verhältnisse" betrifft sowie die Vorstellungen, die sich die bürgerliche Ökonomietheorie und die Subjekte von ihrem eigenen Verhältnis machen.[159] Der Fetischismus ist nichts anderes als der für die Wirtschaftswissenschaften, aber auch für den bürgerlichen Alltagsverstand typische methodologische Individualismus, der die Preise der einzelnen Waren nicht auf ein gesamtgesellschaftliches Verhältnis zurück-

---

159 Die Verkehrung zwischen Wert und Preis verschärft sich im Verhältnis von Mehrwert und Profit. Auch für den Mehrwert zeigt Marx, dass er *erscheint* und erscheinen *muss*. Aber der Mehrwert erscheint rein als solcher nur im Geld, als bestimmtes Quantum Profit, genau wie der Wert, und wie der Wert im Preis, so kommt auch der Mehrwert im Profit nur zur Erscheinung durch eine Umwandlung und Vermittlung, in der seine Herkunft aus der Verwertung und das Ins-Verhältnis-Setzen verschwunden sind. Auch darauf wird näher einzugehen sein, wenn die Verwertung und ihre Produktivkraft näher betrachtet werden.

führt, sondern auf einzelne Kapitale und einzelne Produktionsfaktoren – und hier wiederum auf einzelne Preise. Letztlich führt er Preise auf Preise zurück, während das Ins-Verhältnis-Setzen der Arbeiten und der Kapitale (und die noch zu betrachtende Ermittlung von Durchschnittsgrößen und die Bildung einer allgemeinen Profitrate) gar nicht in den Blick kommen.

Die kritische Unterscheidung in Wert und Preis und die Verbindung von Kritik und Wissenschaft
Marx' Entwicklung des Werts ist nicht zuletzt darum *Kritik* statt Theorie der Ökonomie (einschließlich Kritik der Alltagsvorstellungen und der ökonomischen Wissenschaft), weil Marx den Wert, statt geradewegs seine positive, wissenschaftliche Darstellung hervorzubringen, durch einen *Bruch* entwickelt, durch einen Bruch, der den Wert gleichsam von sich selbst trennt, nämlich sein Werden durch das Wesen der Verwertung von seiner fertigen Erscheinung im Preis einer Ware. Der Bruch betraf zuerst, am Anfang des *Kapitals*, die in der Wertformanalyse behandelte Trennung, dass die Waren, gebrochen durch eine maßgebliche Einheit, in ein rein gesellschaftliches Verhältnis treten und eine selbständige Form für sich erhalten. Derselbe Bruch enthält dann im *Kapital* Bd. III auf der Ebene der Preise, nachdem Marx einerseits die Kapitalform des Geldes und andererseits die Verwertung des Werts entwickelt hat, die gesamte *Differenz* zwischen einerseits dem Werden des Werts durch seine Verwertung und andererseits seiner fertigen Erscheinung als Preis auf der gesellschaftlichen Oberfläche. Die drei Funktionen des Geldes und seine beiden Kreisläufe führen somit eine Art bewusstlose Reflexion des Wesens der Verwertung durch die Umwandlung der Verwertung in Preise durch. Doch auch wenn der Wert seine Identität nicht ohne diese bewusstlose Reflexion seines Wesens erhält, muss im Preis das *gesamte Wesen der Verwertung notwendigerweise verkehrt erscheinen* – allein schon dadurch, dass der Wert, obwohl unhintergehbar ein *gesamtgesellschaftliches* Verhältnis und ein gesamtgesellschaftlicher *Verwertungsprozess*, im Preis einer Ware auf eine unmittelbare und vereinzelte, eindeutige und endgültige Weise zur Erscheinung kommt.

Der Status der Marx'schen Kritik des Werts stellt sich erst endgültig durch diese Umwandlung und Verkehrung der Verwertung im Preis heraus. Marx entwickelt mit dieser Umwandlung und Verkehrung die Differenz zwischen der Verwertung des Werts und dem Preis, und im Zuge dieser Entwicklung zeigt er, auf welche Weise der Wert durch die Preise einzelner Waren positiv bestimmt und zur Erscheinung gebracht wird. Aber auch durch den Preis bestimmt Marx den Wert nicht als solchen. Er tritt vielmehr von einer positiven, gar wissenschaftlichen Bestimmung des Werts und seiner Verwertung zurück, wenn er zeigt, dass es das Geld ist, das diese Bestimmung trifft und im Preis einer Ware zur Erscheinung bringt. Es ist daher eben dieses Geld, das Marx entwickeln muss, und über die Funktionen des Geldes muss er die Methode entwickeln, auf welche Weise der Wert, also das (Selbst-)Verhältnis der kapitalistischen Gesellschaft und ihr Prozessieren, durch Preise einzelner Waren dargestellt wird und dadurch ebenso zur Erscheinung gebracht und zu denken gegeben wie entzogen und zum Verschwinden gebracht wird. Durch das Geld wird im Preis also nichts weniger als die Verwertung des Werts auf endgültige und positive, auf vereinzelte und in-sich reflektierte Weise zur Erscheinung gebracht – aber in dieser Erscheinung hat die Verwertung eine Umwandlung, Verkehrung und Auslöschung erfahren. Damit nicht genug, ist auch die Umwandlung kein raum-zeitlicher Vorgang, der irgendwie präsent wäre oder zur Verfügung stünde, weder dem Bewusstsein und dem Handeln noch der Wissenschaft. Die Umwandlung fällt ins Geld, und das Geld stellt nur die Resultate der Umwandlung zur Verfügung, also nur die Preise. Es bricht zwar die gesamte Verwertung durch eine maßgebliche Einheit, setzt sie in ein gesamtgesellschaftliches Verhältnis und bringt sie durch Preise zur Erscheinung, aber diese Umwandlung kann nur als Differenz zu ihrer Erscheinung zur ‚Erscheinung' kommen.

Das gesamte 3. Kapitel wird weiterhin dieses bewusstlose Begreifen der Verwertung durch ihre Umwandlung in Preise behandeln. Allerdings ist unbedingt zu beachten, dass die Umwandlung dasjenige negative Wesen ist, welches das Geld so zur Erscheinung bringt, dass es das Wesen nur *durch* die Erscheinung *gibt*. Das Bringen und Geben ist nicht so zu betrachten, als würde das Geld im Umwandeln eine *vorgängige, fertige* Verwertung ebenso zur Erscheinung bringen und zu denken geben wie zum Verschwinden bringen. Die Umwandlung bringt im Gegenteil ebenso dasjenige Wesen *überhaupt erst hervor*, welches der Wert ‚vor' seiner Erscheinung im Preis *gewesen zu sein scheint*. Die Verkehrung, welche die Umwandlung mit sich bringt, bringt notwendigerweise die Vorstellung hervor, es seien schon in der Produktion der Waren bestimmte, aber nicht exakt rekonstruierbare Wertgrößen verwertet und im Zuge der Preisbestimmung der Ware dann ins Verhältnis gesetzt worden. Diese Wertgrößen sind allein schon darum nicht quantitativ rekonstruierbar, weil sie mit Marx eben als ein gesellschaftliches *Verhältnis* ausgelegt werden müssen, letztlich als das Verhältnis der Verwertung von Arbeit und Kapital, und zwar *aller* Arbeiten und *aller* Kapitale. Die Erscheinung des Werts durch den Preis hat dadurch denselben Status wie die Erscheinung des Seins durch das Wesen in Hegels dialektischer Logik. So wenig der *WdL* zufolge in der Erscheinung ein vorgängiges Sein verkehrt wird, das Sein vielmehr nur *im* Wesen *ist* und *durch* das Wesen zur Erscheinung kommt, so wenig erscheint im Preis ein vorgängiger, durch die Verwertung fertig gegebener Wert auf eine verkehrte Weise. Der Wert *ist* vielmehr ein sich beständig im Zuge der Preisbildung bildendes, ins Verhältnis setzendes und rekonstituierendes Verhältnis, und das Verhältnis wird durch das Geld im Preis notwendigerweise so zur Erscheinung gebracht, dass es scheinen muss, als sei es in Preise übergegangen und ‚vor' der Erscheinung ein rein negatives, unbestimmtes Sein *gewesen*. Mit anderen Worten, durch das Geld tritt die Unterscheidung in Preis und Wert überhaupt erst ein, und mit ihr das negative Wesen einer Umwandlung, das den Schein erzeugt, als sei der Wert in der (oder in die) Erscheinung vergangen und bereits davor oder vorher da gewesen, aber davor ein noch vollkommen unbestimmtes Sein gewesen.

Die Unterscheidung zwischen Wert und Preis ist nicht allein für Marx' Entwicklung des Geldes sowie für den Status seiner Kritik wesentlich, mit der Unterscheidung grenzt Marx seine KdpÖ auch entscheidend von der ökonomischen Wissenschaft seiner Zeit ab. Die Unterscheidung betrifft vielleicht sogar das Unvermögen der ökonomischen Wissenschaft *schlechthin*, denn sie findet für die Differenz zwischen Wert und Preis bis heute keinen angemessenen Umgang (folgerichtig wird mittlerweile diese Unterscheidung gar nicht erst getroffen). Marx' KdpÖ unterscheidet sich daher allein schon dadurch von der ökonomischen Wissenschaft seiner Zeit, dass sie *überhaupt* diese Unterscheidung zwischen Wert und Preis trifft und gleichsam ‚in' ihr situiert ist. So geht Marx, wie in jeder (Einzel-)Wissenschaft normalerweise üblich, vom Unterschied zwischen Wesen und Erscheinung aus: „[…] und alle Wissenschaft wäre überflüssig, wenn die Erscheinungsform und das Wesen der Dinge unmittelbar zusammenfielen […]".[160] Aber er wirft speziell der ökonomischen Wissenschaft vor, dass sie sich, weil ihr diese Trennung entgeht und sie allein von der Erscheinung ausgeht (von den Preisen und der Sphäre der Zirkulation, aber auch von der sinnlich-stofflichen Seite der Ökonomie),[161] nicht auf der Höhe der übrigen Wissenschaften befinde. Marx orientiert die eigene Bestimmung des Werts dadurch in doppelter Hinsicht an der Wissenschaft. Einerseits zielt er auf eine Kritik speziell der ökonomischen Wissenschaft seiner Zeit, andererseits nimmt er dafür diejenige Kritik in Anspruch, die durch die neuzeitliche Wissenschaft erst möglich geworden ist.

Wichtiger als diese innerwissenschaftliche Auseinandersetzung ist indes, dass Marx auch eine Kritik von Wissenschaft *als solcher* gelingt, wenn er zeigt, dass es die kapitalistische Ökonomie selbst ist, die diese Unterscheidung von Wert und Preis für sich trifft und zugleich zum Verschwinden bringt. Dadurch führt Marx die Kritik der ökonomischen Wissenschaft seiner Zeit und ihre oberflächlichen Vorstellungen auf die Eigentümlichkeit ihres Gegenstandes zurück. Diese implizite Kritik der ökonomischen Wissenschaft kann Marx zwar durch die Sache selbst explizieren, durch die Entwicklung der politischen Ökonomie. Allerdings kann das keine bloße Angleichung der Ökonomietheorie an den Stand der übrigen Wissenschaften sein oder gar eine Überbietung der bürgerlichen Ökonomietheorie im Sinne einer besseren, richtigeren Wissenschaft. Marx' Entwicklung der Ökonomie führt vielmehr an die Grenzen der Wissenschaft und berührt vielleicht sogar ihre Möglichkeitsbedingungen. Es stellt sich im Anschluss an Marx sogar die Frage, ob die Ökonomie, ob mithin unser eigenes gesellschaftliches Verhältnis überhaupt ein Gegenstand der Wissenschaft im herkömmlichen Sinne sein kann.

Jedenfalls verbindet Marx eine kritische mit einer wissenschaftlichen Darstellung des Gegenstands, wenn er durch den Wert diejenige negative und unbestimmte, dem Sein der *WdL* analoge Qualität entwickelt, die sich gleichsam in den Preis entzieht und

---

160 *Kapital III*, S. 825.
161 Bei den bürgerlichen Ökonomen „[…] ist das stoffliche Element des Kapitals so verwachsen mit seiner sozialen Formbestimmung als Kapital […] daß sie keinen Satz aussprechen können, ohne sich selbst zu widersprechen." (Karl Marx: *Theorien über den Mehrwert. Dritter Teil. MEW*, Bd. 26.3, S. 316, im Folgenden *ThM III*.)

darum auch der ökonomischen Wissenschaft entgeht, wobei die Qualität allerdings nicht als solche erscheint, gerade *weil* sie durch das Geld *immer schon* in die Erscheinung des Preises übergegangen und umgewandelt ist: Es ist dieses Übergehen von Werten und das Umwandeln in Preise, das zum negativen Wesen der Gesellschaft wird. Mit der Umwandlung der Werte in Preise vollzieht das Geld eine Vermittlung, die nicht als solche, sondern nur im Bruch zwischen Wert und Preis erscheint, und mit einem solchen negativen Wesen kann eine ökonomische Wissenschaft, die auf bestimmte Erscheinungen – Preise – angewiesen ist und nur mit ihnen sinnvoll rechnen kann, nichts anfangen. Sie kann mithin mit den Voraussetzungen ihres eigenen Gegenstandes nichts anfangen. So wenig die Ökonomietheorie bis heute die spekulative Identität von Wert und Geld begründen kann, so wenig kann sie Wert und Preise auseinanderhalten und ihren Unterschied auf die Art und Weise zurückführen, wie das Geld ein gesamtgesellschaftliches Verhältnis zwischen allen Arbeiten und Kapitalen sowie ihren Resultaten herstellt und es durch Preise zur Erscheinung bringt. Konsequenterweise setzt sie Wert und Preis schlicht gleich, und damit entfällt dann auch das Wesen ihrer Umwandlung. Die Frage nach dem Wesen des Werts, gar nach einem Wesen des Werts im Geld, kann ihr dann nur noch wie unnütze Metaphysik erscheinen.

Das Umwandeln des Werts in Preise als Rechnen des Geldes mit dem (noch) Unbestimmten
Das Wesen der Umwandlung der Verwertung in Preise ist keineswegs rein ideell, auch wenn es negativ bleibt und kein raum-zeitlicher Vorgang ist. Es ist die Art und Weise, wie die Ökonomie durch die Geldfunktionen und -kreisläufe eine maßgebliche Einheit realisiert, dadurch mit sich selbst rechnet und auf blinde und bewusstlose Weise den Zusammenhang der Arbeiten und Kapitale bildet und zugleich für sich erschließt.
Doch auch wenn das Geld mit dem Realisieren einer maßgeblichen Einheit dafür sorgt, dass die Arbeiten und Kapitale als Werte in die Ökonomie eingehen, so erscheint doch ihr Wert allein im Preis und ist ohne diese Erscheinung unbestimmt und gleichsam unendlich unscharf, ein bloßes „Oszillieren".[162] Das ist auch der Grund, warum das Bewusstsein immer schon mit Preisen anfängt und allein mit Preisen rechnet, rechnen *muss*, und warum auch die Wissenschaft der Ökonomie, obwohl sie die Unterscheidung in Wert und Preis für sich gar nicht erst trifft, gleichwohl funktioniert, denn sie kann statt vom Wert immer schon von bestimmten Preisen ausgehen und das Wesen der Umwandlung der Verwertung in diese Preise außen vorlassen.
Und doch: Wo die Wissenschaft, genau wie das gewöhnliche, alltägliche Bewusstsein, von einzelnen, bestimmten Preisen ausgehen und allein mit Preisen rechnen kann, da, so zeigt Marx' *Kritik* statt Theorie der Ökonomie, ist es letztlich das Geld, das ihnen diese Preise zur Erscheinung bringen muss. Es ist das Geld, das die Arbeiten und die Kapitale ins Verhältnis setzen und insofern mit ihnen rechnen muss, und durch dieses Ins-Verhältnis-Setzen und Zur-Erscheinung-Bringen bringt es auch die Differenz von Wert und Preis mit sich.

162 *Kapital I*, S. 603; Karl Marx: Lohn, Preis und Profit. In: *MEW*, Bd. 16, S. 101–152, hier S. 119.

Dieses Ins-Verhältnis-Setzen wurde bereits in der Analogie von seinslogischem und wertförmigem Übergehen gezeigt, allerdings nur für die Waren, nicht für ihre Produktion durch Arbeit und Kapital, und nur für die erste Funktion des Geldes und ihren Übergang in die zweite, nicht für seine übergreifende Kapitalbewegung. Wenn aber die Waren als „Produkt von Kapitalen" realisiert werden, kommt noch alles darauf an, in diesem Rechnen mit dem Verhältnis der Waren das Rechnen mit den *Resultaten der Verwertung von Arbeit und Kapital* durchsichtig zu machen. Das Rechnen fällt dann weder in Kauf und Verkauf und in die einfache Zirkulation, noch wird es durch die ersten beiden Funktionen realisiert. Es fällt letztlich in alle drei Geldfunktionen und seine beiden Kreisläufe, und es fällt darein im Sinne eines ‚Umgehens' des Geldes mit dem realisierten Wert. Letztlich wird die Werteinheit, für die das Geld steht, beständig durch die realisierte Verwertung bestimmt, und durch die Kapitalform des Geldes wird die realisierte Verwertung beständig wieder in eben diejenige Warenproduktion zurückgeführt, durch die es seine quantitative Bestimmung oder seinen Wert erhält. So rechnet das Geld nicht nur, wie es noch in der Entwicklung seiner ersten beiden Funktionen schien, mit einer unbestimmten, reinen und leeren Werteinheit und konstituiert dadurch die Realität des Werts, einer rein gesellschaftlichen Qualität. Es rechnet mit einer Werteinheit, die durch die Verwertung je *bestimmt* ist – auch wenn das Rechnen nur ein bewusstloses Umgehen mit der Verwertung ist, ein Eingehen in die Produktion, eine Rückkehr daraus im Realisieren ihrer Resultate und ein Zur-Erscheinung-Bringen des gesamtgesellschaftlichen Verhältnisses der Arbeiten und der Kapitale in den Preisen einzelner Waren.

Auf das Rechnen wird im Abschnitt über die Ökonomie der Zeit noch genauer einzugehen sein. Hier soll nur die Pointe des Rechnens gegen die Ansprüche der Ökonomietheorie in Stellung gebracht werden sowie überhaupt gegen jeden Versuch einer ökonomischen *Wissenschaft*. Denn mit Marx lässt sich der ökonomischen Wissenschaft zwar nachweisen, dass sie in der Erscheinung der Preise den gesamtgesellschaftlichen Charakter der Verwertung von Arbeit und Kapital und das Wesen ihrer Umwandlung durch das Geld verkennt, und es lässt sich sowohl für Marx' eigene Entwicklung als auch für ihre implizite Kritik an der ökonomischen Wissenschaft ein wissenschaftlicher Status beanspruchen. Aber genau genommen kommt der Status, wie gesagt, nicht Marx zu, sondern dem Geld. Marx' Kritik des Werts ist keine Wissenschaft vom Wert, die vom Standpunkt des Wissens aus den wissenschaftlichen Anspruch der bürgerlichen Ökonomietheorie doch noch einlöste oder gar überböte. Aber die Kritik zeigt, auf welche Weise durch das Geld eine ideelle Einheit für die Arbeiten und die Kapitale in Anspruch genommen und mit dieser ideellen Werteinheit gerechnet wird. Das Geld löst dadurch gleichsam eine ‚Wissenschaft' vom Wert auf praktische Weise ein: Durch den Preis bringt es dem individuellen Bewusstsein das Verhältnis der Arbeiten und der Kapitale so zur Erscheinung, als habe es sie als Wertbestandteile einer gemeinsamen Verwertung aufeinander bezogen, und es bringt diese Verwertung im Preis auf umgewandelte und in-sich reflektierte Weise objektiv gültig so zur Erscheinung, als habe es mit ihnen, wenn auch bewusstlos, gerechnet. Die im Preis zur Erscheinung gebrachte Verwertung muss sogar als ‚Wissen' der Ökonomie von ihr selbst angenommen (und hingenommen) werden – die Ökonomie erlangt ein Wissen ihrer Verwertung, das im Geld naturwüchsig-blind begriffen ist und das in den Preisen zum erscheinenden Wissen wird.

Im Preis ist das gesellschaftliche Verhältnis sogar eindeutig bestimmt, nicht anders als in der Naturwissenschaft, wo die Naturverhältnisse ebenfalls durch Wertgrößen bestimmt werden, und insofern geschieht in der Ökonomie ein Rechnen im exakten, mathematischen Sinne. Aber dieses Wissen erlangt die Ökonomie eben nicht durch das individuelle Bewusstsein oder die Wissenschaft. Im Gegenteil, einerseits kann einzig und allein das Geld durch seine drei Funktionen und seine beiden Kreisläufe mit dem Verhältnis der Gesellschaft auf praktische Weise rechnen und in seinen quantitativen Bestimmungen ‚im Wissen' von dem Verhältnis von Arbeit und Kapital sein und die produktive Kraft ihrer Verwertung ‚begreifen'; andererseits ruft das Geld, wenn es dieses Wissen durch Preise zur Erscheinung bringt, im Alltagsverstand und in der Wissenschaft falsche Vorstellungen über den Wert und seine Genese geradezu notwendig hervor. Es gibt den Wert und sein Wesen in der Verwertung nur durch fertige Preise zu denken, und in den Preisen bringt das Geld objektiv gültige Resultate eines gesamtgesellschaftlichen Verhältnisses und einer Verwertung zur Erscheinung, die in diesen Preisen vergangen und spurlos verschwunden sind.[163] Dem Bewusstsein kommt im Preis einer Ware ein Rechnen zur Erscheinung, das nur wieder auf Preise zurückführt, auf die Preise anderer Waren und auf die Preise der Produktionsfaktoren, und nur auf diese je vereinzelte Weise ist für das Bewusstsein der gesamtgesellschaftliche Zusammenhang und die produktive Kraft der Verwertung zu erschließen und

---

163 Die notwendig „falscheste" Vorstellung des Werts gibt das Geld dadurch, dass es Preise auch *ohne* Werte zur Erscheinung bringt, d. h. ohne dass menschliche Arbeitskraft durch Kapital verwertet und in Preise umgewandelt würde. „Die Preisform läßt jedoch nicht nur die Möglichkeit quantitativer Inkongruenz zwischen Wertgröße und Preis, d. h. zwischen der Wertgröße und ihrem eignen Geldausdruck zu, sondern kann einen qualitativen Widerspruch beherbergen, so daß der Preis überhaupt aufhört, Wertausdruck zu sein, obgleich Geld nur die Wertform der Waren ist. Dinge, die an und für sich keine Waren sind, z. B. Gewissen, Ehre usw., können ihren Besitzern für Geld feil sein und so durch ihren Preis die Warenform erhalten. Ein Ding kann daher formell einen Preis haben, ohne einen Wert zu haben. […] Andererseits kann auch die imaginäre Preisform, wie z. B. der Preis des unkultivierten Bodens, der keinen Wert hat, weil keine menschliche Arbeit in ihm vergegenständlicht ist, ein wirkliches Wertverhältnis oder von ihm abgeleitete Beziehung verbergen." (*Kapital I*, S. 117; ähnlich auch *Kapital III*, S. 646.) Auch wenn Preise in die Ökonomie eingehen und Wirklichkeit erlangen, die nicht auf Arbeit und Kapital zurückgehen, so kommen diese Preise (ähnlich wie der Zins, der Preis des Geldes) nicht ohne diejenige Verwertung aus, aus der sie letztlich abgeleitet sind. Marx' Kritik der Umwandlung von Wert und Preis trifft vor allem all die (subjektiven) Wertlehren, die zwischen Wert und Preis entweder gar nicht unterscheiden oder Preise auf subjektive (Be-)Wertungen, Interessen und Nutzenüberlegungen zurückführen. Das Unvermögen, zwischen Wert und Preis zu unterscheiden, gilt Marx zufolge bereits für die klassische Ökonomie (Adam Smith, David Ricardo, Samuel Bailey) und verschärft sich noch in der „Vulgärökonomie" (vgl. *ThM III*, S. 490, 493; Karl Marx: *Zur Kritik der politischen Ökonomie (Manuskripte 1861–1863). MEGA* II/3.4, S. 1498ff.). Marx' KdpÖ lässt sich auch als eine einzige große, wenn auch nur implizite Kritik daran lesen, dass in der kapitalistischen Ökonomie das Geld auf gesamtgesellschaftliche, ja universelle Weise mit Werten rechnet, während die bürgerliche Wissenschaft und der einzelne Verstand nur mit einzelnen Preisen rechnen können, nur mit der fertigen, erscheinenden Wahrheit des Werts.

denkbar. Preise scheinen sich unhintergehbar aus Preisen zu ergeben und zusammenzusetzen, statt aus der Bildung eines gesamtgesellschaftlichen Verhältnisses. Im Preis, in der Erscheinung des Werts auf der Oberfläche der Gesellschaft, ist also genau diejenige Umwandlung je abgegolten und fertig gegeben, die Marx auf wissenschaftlichem *und* kritischem Weg zu bestimmen sucht. Die Schwierigkeit sowohl für eine wissenschaftliche wie für eine kritische Darstellung besteht offensichtlich darin, Wert und Preis überhaupt auseinanderzuhalten, mithin die Wirklichkeit, die der Wert in seiner Erscheinung im Preis erlangt hat, vom Werden dieser Wirklichkeit (oder der Wirklichkeit des Werdens) zu unterscheiden. So gibt auch Marx zu, dass das gesellschaftliche Verhältnis, der Wert, nur in der fertigen Gestalt der Preise seine „wirkliche Existenzform" hat. Insofern gesteht er also der Ökonomietheorie und dem Alltagsverstand ihr unkritisches, voraussetzungsvolles Bewusstsein zu, das sich nur auf die Wirklichkeit der Preise bezieht. Besonders deutlich weist er diese „wirkliche Existenzform" an der Mehrwertbildung als der am weitesten entwickelten Gestalt des Kapitalverhältnisses aus. Wie der Wert im Preis, ist auch der Mehrwert, wenn er auf der gesellschaftlichen Oberfläche im Profit erscheint, eine „fertige Voraussetzung" geworden:

> Und in dieser ganz entfremdeten Form des Profits, und in demselben Grade, wie die Gestalt des Profits seinen innren Kern versteckt, erhält das Kapital mehr und mehr eine sachliche Gestalt, wird aus Verhältnis immer mehr Ding, aber Ding, das das gesellschaftliche Verhältnis im Leib hat, in sich verschluckt hat, mit fiktivem Leben und Selbständigkeit sich zu sich selbst verhaltendes Ding, sinnlich-übersinnliches Wesen; und in dieser Form von *Kapital und Profit* erscheint es als fertige Voraussetzung auf der Oberfläche. Es ist die Form seiner Wirklichkeit oder vielmehr seine wirkliche Existenzform. Und es ist die Form, worin es im Bewußtsein seiner Träger, der Kapitalisten, lebt, sich in ihren Vorstellungen abspiegelt.[164]

Doch auch wenn Marx zugibt, dass die kapitalistische Verwertung, dass Wert und Mehrwert erst auf der Oberfläche der Erscheinungen eine „*wirkliche* Existenzform" haben, und auch wenn die Preisbestimmung sich wie eine unmittelbare Umwandlung der Verwertung in die Preise vollzieht und keine raum-zeitliche Dimension hat, so ist doch das Übergehen, das Umwandeln und Ins-Verhältnis-Setzen Wirklichkeit; jene Wirklichkeit, mit der das Geld umgeht und die *im* Geld quantitativ umgeht, diejenige Wirklichkeit, die Marx die gesamten (!) drei Bände des *Kapitals* hindurch zunächst als rein gesellschaftliches Verhältnis der Waren und dann als Verwertungsverhältnis der Arbeiten und der Kapitale entwickelt. Diese Wirklichkeit ist nicht rein ideell oder erlangt gar erst und allein in der theoretischen Rekonstruktion oder wissenschaftlichen Analyse Wirklichkeit. Aber sie ist auch (noch) nicht die in-sich reflektierte Existenz der Dinge auf der erscheinenden Oberfläche der Gesellschaft. Sie ist die Wirklichkeit des noch unbestimmten Verhältnisses, in dem sich alle Arbeiten und alle Kapitale befinden und das in der preisbestimmten Ware ‚scharf' gestellt und für einen Moment an einem bestimmten Ort eindeutig entschieden ist. Die Preisbestimmung ist dasjenige Ereignis, das, so wird im Folgenden genauer zu zeigen sein, den

---

[164] *ThM III*, S. 474.

inneren Zusammenhang der Ökonomie bildet und genau *das*, diesen inneren Zusammenhang, zur Erscheinung bringt – und nicht, wie der methodologische Individualismus der heutigen Wirtschaftswissenschaften meint, einzelne Produktionsfaktoren und ihre Preise. Das Geld gibt im Preis gerade nicht die einzelnen Arbeiten und die individuellen Kapitale und ihre Verwertung unvermittelt wieder, sondern im Gegenteil das *Allgemeine* ihres gesamtgesellschaftlichen *Zusammenhangs*.

3.2 Das Umwandeln der Verwertung in Preise: Das Geld als Ereignis der Differenz

Fassen wir den bisherigen Inhalt des dritten Kapitels über das bewusstlose Begreifen der Verwertung durch das Geld noch einmal zusammen, und zwar in Hinsicht darauf, welche Bedeutung die Unterscheidung zwischen Wert und Preis für die Kritik der politischen Ökonomie insgesamt hat!

Damit der Wert im Geld mit sich identisch bleiben kann, ist beides notwendig, eine Entsprechung zwischen dem Geld und dem Wert (die Entsprechung wurde in den ersten drei Abschnitten entwickelt), aber auch eine Differenz zwischen Wert und Preis, und diese hat sich erst im Zuge dieses vierten Abschnitts herausgestellt. Beide, Entsprechung wie Differenz, fallen in die drei Funktionen und die beiden Kreisläufe des Geldes. Es kommt beim Preis nicht auf die näheren Unterscheidungen an, die Marx zwischen Kost-, Produktions- und Marktpreis trifft.[165] Entscheidend ist, dass Marx *überhaupt* die grundsätzliche Unterscheidung zwischen Wert und Preis trifft, oder vielmehr, dass er durch die Entwicklung der Geldfunktionen und -kreisläufe zeigt, auf welche Weise diese Unterscheidung vom Geld getroffen wird. Das Geld bringt nicht die einzelnen Arbeiten und nicht die individuellen Kapitale im Preis der Ware zur Erscheinung, sondern ihr gemeinsames Verhältnis, sodass es scheinen muss, als habe es alle Arbeiten und Kapitale auf ein gemeinsames Maß bezogen und bringe im Preis ihren Zusammenhang, gebrochen durch dieses Maß, auf eine umgewandelte, in-sich reflektierte Weise zur Erscheinung; es ist unhintergehbar dieses gemeinsame gesamtgesellschaftliche Verhältnis, das durch das Geld (wieder-)gegeben wird. Die Erscheinung, der Preis, entspricht also gerade *nicht* den einzelnen Privatarbeiten und den individuellen Kapitalen – aber es ist ihr gemeinsamer innerer Zusammenhang, den das Geld im Preis herausstellt und der auf diese Weise zur Erscheinung kommt. Soweit zum Stand der Entwicklung der Methode, durch die das Geld den gesellschaftlichen Zusammenhang so herstellt und so herausstellt, dass er in den Warenpreisen erscheint und zugleich im Geld auf bewusstlose Weise begriffen ist.

Im Zur-Erscheinung-Bringen stellt das Geld den gesellschaftlichen Zusammenhang jedoch nicht nur allererst her und zugleich heraus, es bildet auch das Allgemeine der

---

165 „Der Kostpreis einer Ware bezieht sich nur auf das Quantum der in ihr enthaltnen bezahlten Arbeit, der Wert auf das Gesamtquantum der in ihr enthaltnen bezahlten und unbezahlten Arbeit; der Produktionspreis auf die Summe der bezahlten Arbeit plus einem, für die besondre Produktionssphäre unabhängig von ihr selbst, bestimmten Quantum unbezahlter Arbeit." (*Kapital III*, S. 175.)

kapitalistischen Gesellschaft. Auch die Bildung dieser Allgemeinheit ereignet sich dadurch, dass das Geld alle individuellen Privatarbeiten und Kapitale auf ein und dieselbe maßgebliche Werteinheit bezieht und sie dadurch in ein gemeinsames Verhältnis setzt. Gebrochen durch die Einheit erscheint dann statt der ‚wirklichen' Verwertung aller einzelnen Arbeiten und Kapitale die Wirklichkeit ihres gemeinsamen Zusammenhangs. Auch wenn diese Bildung des Allgemeinen erst angemessen zu bestimmen ist, wenn sie auf das Verwertungsverhältnis von toter und lebendiger sowie notwendiger und zusätzlicher Arbeitszeit zurückgeführt wird, so wird bereits klar, dass, solange die Verwertung von Arbeit und Kapital noch nicht endgültig durch die Preise der Waren entschieden ist, der gesellschaftliche Gesamtzusammenhang noch in seiner Bildung begriffen ist und darum *notwendigerweise* unscharf und in Indifferenz gehalten sein muss. Entsprechend muss die Preisbestimmung ein „Oszillieren" um den Wert sein.[166] Ohne diesen Zustand der Unschärfe, den das Geld der kapitalistischen Ökonomie einräumt, könnten die Arbeiten und die Kapitale nicht in ein Verhältnis treten, das noch unbestimmt ist, und sie könnten einen gesellschaftlichen Gesamtzusammenhang nicht im Prozessieren bilden.

Auf das Herstellen und Herausstellen des inneren Zusammenhangs und der gesellschaftlichen Allgemeinheit wird gleich, wenn es um die Ermittlung gesellschaftlich notwendiger Durchschnittsgrößen geht, genauer einzugehen sein; vorerst geht es nur um die Differenz, die dadurch hinterlassen wird. Ihr kommt ein eigentümlicher Status zu: Da sich die Differenz zwischen der Verwertung und dem Preis durch eine maßgebliche Einheit und eine Umwandlung zu ereignen scheint, fällt die Differenz sozusagen in das Auszeichnen des Preises, und so ist der Preis die einzige Spur, die der innere Zusammenhang aller Arbeiten und Kapitale hinterlässt. Weniger noch, die einzige Spur, die er hinterlässt, ist sein *Verschwinden* in dieser Erscheinung. Im Preis hält sich das umgewandelte und dadurch wiederhergestellte Verhältnis der Arbeiten und der Kapitale in einer bestimmten Größe gleichsam auf, aber vom Preis führt kein Weg zu diesem Verhältnis und seinem Zusammenhang zurück; obwohl der Zusammenhang im Preis quantitativ erscheint, ist er nicht quantitativ rekonstruierbar oder irgendwie mathematisch nachvollziehbar.[167] Diese Unverfügbarkeit der Differenz zwi-

---

166 Vgl. *Kapital I*, S. 603; Marx: Lohn, Preis und Profit, S. 119. So wie der Wert um den Preis oszilliert, so der Mehrwert um den Profit und die Profitrate um den Zinsfuß (vgl. *Kapital III*, S. 377). (Problematisch sind dagegen die Ausführungen von Friedrich Engels: Ergänzung und Nachtrag zum III. Buche des „Kapital". In: *MEW*, Bd. 25, S. 895–919, hier S. 909. Engels bezieht das Oszillieren hier auf eine historische „Periode der einfachen Warenproduktion".)

167 Hier, zwischen dem gesellschaftlichen Sein (Wert) und seiner Erscheinung (Preis), wäre der Ort, um denjenigen zentralen Begriff einzufügen, der in der Philosophiegeschichte von Heidegger bis Derrida als Gegenbegriff zu Hegels Identitätsbegriff konzipiert wurde: die – unverfügbare – Differenz. Die unverfügbare Differenz, die so zuerst von Heidegger ins Spiel gebracht wurde, hat Derrida auch als différance, Spur etc. thematisiert. Insofern der Wert ein gesellschaftliches Sein nur hat oder nur ist durch die Umwandlung der Verwertung in den Preis, sodass der Wert je vergangen, verschoben und verwandelt Präsenz erlangt, insofern hat oder ist auch der Wert ein Sein nicht ohne eine unverfügbare Differenz. Das Sein des Werts ist eine Gegenwart gewesen, die nur in ihrer Vergegenwärtigung existiert, nur im Preis. In dieser Vergegenwärtigung existiert der Wert, ohne dass er durch sie rekonstruierbar würde; es führt kein Weg vom Preis zum Wert und seiner Gegenwart zurück. Genauer gesagt, führt der Weg zurück in eine Unschärferelation: Preise

schen dem gesamtgesellschaftlichen Zusammenhang der Arbeiten und der Kapitale und den einzelnen Preisen lässt sich in zweifacher Hinsicht näher ausweisen. Erstens gehen mit der Umwandlung der Verwertung in Preise (sowie des Mehrwerts in Profit) eine Versachlichung und zugleich eine Mystifizierung einher; das betrifft vor allem die Vorstellungen vom Ursprung und von der Herkunft der Preise und Profite. Zweitens ermittelt dieselbe Umwandlung aus dem inneren Zusammenhang der Ökonomie durch Durchschnittsgrößen die eben angedeutete Allgemeinheit und mit ihr das allgemeine Maß für die Produktion der jeweiligen Waren.

Zunächst jedoch zur Versachlichung und Mystifizierung, die im Gegensatz zur Auslöschung der Verwertung und ihrer Präsenz in der Erscheinung geradezu offensichtlich ist.

Die Mystifizierung der Verwertung durch ihre Versachlichung: Die trinitarische Formel
Im Preis hat das Geld, vereinfacht gesagt, einen Strich unter die gesamte Verwertung gezogen: Sie ist durch das Geld im Preis einer Ware sowohl zur Erscheinung gekommen als auch im Erscheinen verschwunden. Was die materiell-stoffliche Dimension der Verwertung von Arbeit und Kapital angeht, ist ihr Verschwinden in der Erscheinung ganz offenbar, und diese Offensichtlichkeit ist der Grund, warum es scheint, dass die Preise auf eben diese verschwundenen Gestalten der Ökonomie und auf ihre Eigenschaften zurückgeführt werden müssten. Diese Notwendigkeit galt ja bereits am Anfang des *Kapitals* für den Wert als solchen, für das rein gesellschaftliche Verhältnis, das eben nicht rein als solches, sondern nur als Tauschwert einer Ware reflektiert werden kann und die Eigenschaft eines Dinges zu sein scheint. Diese Notwendigkeit der Verdinglichung lässt sich für das Verhältnis der *Verwertung* des Werts, für Arbeit und Kapital, konkreter fassen, denn die Verdinglichung des gesellschaftlichen Verhältnisses im Tauschwert einer Ware wird noch überboten durch die *Versachlichung* der Produktion der Waren sowie der Bestandteile der Verwertung.

Diese Versachlichung betrifft die Herkunft der Preise dieser Waren sowie der Profite. Marx kritisiert, dass Preise und Profite weder vom Alltagsbewusstsein noch von der ökonomischen Wissenschaft auf die einzige Quelle des Werts und des Mehrwerts zurückgeführt werden, auf die durch das Kapital produktiv in Kraft gesetzte Ware Arbeitskraft. Stattdessen scheinen Preise und Profite letztlich auf drei verschiedene Quellen zurückzuführen und mit ihren Eigenschaften unvermittelt zusammenzufallen, nämlich mit Arbeit, Boden und Kapital. Marx fasst das in der trinitarischen Formel

führen entweder nur wieder auf Preise bestimmter Dinge (dann ist der Wert quantitativ bestimmbar und lokalisierbar, aber seine Qualität als *Verhältnis* unscharf), oder er wird in das gesellschaftliche Verhältnis der Arbeiten und Kapitale auseinandergelegt, dann wird er *qualitativ* bestimmt, aber *quantitativ* unscharf. Insofern auch bei Marx der Wert seine Wirklichkeit erst verschoben und rückwirkend im Preis erhält, ist auch Marx' Kritik des Werts eher eine Dekonstruktion als eine Wissenschaft. Jedenfalls erhält der Wert bei Marx seine quantitative Bestimmung und Präsenz erst rückwirkend, erst wenn das gesamtgesellschaftliche, noch unbestimmte Verhältnis der Arbeiten und Kapitale durch das Geld auf eine maßgebliche Einheit bezogen und dadurch auf quantitativ bestimmte Weise so zur Erscheinung gebracht worden ist, dass im Bruch durch diese Einheit alles andere ausgelöscht, getilgt und abgegolten ist.

zusammen, die er gegen Ende des dritten Bandes des *Kapitals* behandelt. Hier kommen auch die erkenntniskritischen Implikationen zum Vorschein, die in der Wertformanalyse noch Implikationen *bleiben* mussten, weil auf dieser Ebene die Verwertung und ihre verkehrte Erscheinung auf der Oberfläche eben erst noch zur Entwicklung ansteht:

> Wir haben bereits bei den einfachsten Kategorien der kapitalistischen Produktionsweise, [...] bei der Ware und dem Geld den mystifizierenden Charakter nachgewiesen, der die gesellschaftlichen Verhältnisse, denen die stofflichen Elemente des Reichtums bei der Produktion als Träger dienen, in Eigenschaften dieser Dinge selbst verwandelt (Ware) und noch ausgesprochner das Produktionsverhältnis selbst in ein Ding (Geld).[168]

Doch auch wenn Marx bereits am Anfang des *Kapitals* diesen „einfachsten Kategorien" einen „mystifizierenden Charakter" nachweisen konnte, hat er auf der Ebene der Analyse der Wertform und der einfachen Zirkulation noch nicht den Bruch zwischen der Verwertung und den Preisen und noch nicht das Wesen ihrer Umwandlungen eingeholt. Anders dagegen am Ende des dritten Bandes des *Kapitals*. Hier erscheint die Verwertung nun einerseits auf der gesellschaftlichen Oberfläche, andererseits scheinen der Wert und seine Vermehrung dem Alltagsverstand wie der Wissenschaft gleichwohl *nicht* Resultat einer Verwertung von Arbeit und Kapital zu sein. Sie scheinen stattdessen eine isolierbare, eigenständige Eigenschaft des Kapitals (verstanden als Geld und Produktionsmittel) und des Bodens und der Arbeit zu sein. Genauer, sie scheinen jeweils ein Einkommen daraus zu sein:

> [...] in dieser ökonomischen Trinität als dem Zusammenhang der Bestandteile des Werts und des Reichtums überhaupt mit seinen Quellen ist die Mystifikation der kapitalistischen Produktionsweise, die Verdinglichung der gesellschaftlichen Verhältnisse, das unmittelbare Zusammenwachsen der stofflichen Produktionsverhältnisse mit ihrer geschichtlich-sozialen Bestimmtheit vollendet [...].[169]

In der Kritik der trinitarischen Formel enthält somit der Bruch, den Marx gleich am Anfang des *Kapitals* in der Wertformanalyse thematisiert (dass die Waren je gebrochen durch eine maßgebliche Einheit ins Verhältnis treten und sich daraus die drei Verkehrungen der Äquivalentform ergeben) – dieser Bruch enthält am Ende des dritten Bandes eine umfassende Verkehrung der gesamten Verwertung des Werts. Auch die zentralen erkenntniskritischen Begriffe, die bereits am Anfang des *Kapitals* angesprochen werden, können in der Kritik der gesellschaftlichen Oberfläche erneut auftauchen und nun ihre volle Bedeutung entfalten. Entfremdung, Verdinglichung, Verkehrung, Mystifizierung, Naturalisierung, Personifizierung, Schein, Verwandlung usw., all diese Begriffe kommen wieder zum Zuge, aber nun ist das Geld nicht mehr, wie zu Anfang in der Wertformanalyse, das Geheimnis des wertförmigen Übergehens

---

168 *Kapital III*, S. 835.
169 *Kapital III*, S. 838. Diese Vollendung wird noch überboten durch Kredit und Zins, die ein Verhältnis nur zwischen Kapitalisten zu sein scheinen, obwohl Kredit und Zins das Verhältnis des Kapitals zur Arbeit einschließen müssen, vgl. *Kapital III*, S. 395–396.

der Waren, vielmehr ist nun die kapitalistische Verwertung und Mehrwertproduktion zum *Geheimnis ihrer eigenen Erscheinungen geworden*. Das Geld ist als Geheimnis der Wertform also längst eingeholt worden, wenn Marx am Ende des dritten Bandes des *Kapitals* zeigt, dass die rätselhafte Bewegung des Geldes als Kapital erst die eigentlichen Geheimnisse hervorbringt, nämlich in den Erscheinungen auf der Oberfläche der Gesellschaft: „Kapital – Profit (Unternehmergewinn plus Zins), Boden – Rente, Arbeit – Arbeitslohn, dies ist die trinitarische Form, die alle Geheimnisse des gesellschaftlichen Produktionsprozesses einbegreift."[170]

3.3 Die Messung der Verwertung im Geld. Das Umwandeln des Werts in Preise als Bildung maßgeblicher Durchschnittsgrößen

Indessen liegt das Geheimnisvolle der Differenz zwischen Wert und Preis nicht darin, dass das Bewusstsein den Ursprung des Einkommens auf Arbeit, Boden und Kapital zurückführt und dass ihm das Einkommen geradezu eine produktive Eigenschaft dieser drei „Produktionsfaktoren" zu sein scheint. Die Verdinglichung des Werts in der Ware sowie die Versachlichung seiner Herkunft (trinitarische Formel Kapital, Boden, Arbeit) verdecken vielmehr die eigentliche Umwandlung und Differenz, sie verdecken geradezu die eigentliche Verdeckung. Denn während alle empirisch-materiellen, sinnlich-stofflichen Bestimmungen und Beschaffenheiten des Produktions- und Verwertungsprozesses im Preis ganz offensichtlich verschwunden sind und einerseits im Preis einer Ware eine ideell-übersinnliche Erscheinungs- und andererseits im Geld eine eigenständige Existenzform erhalten – während dieses Verschwindens geht verloren, dass auch das *nicht* Stofflich-Materielle, dass auch das produktive und gesamtgesellschaftliche *Verhältnis* der Verwertung von Arbeit und Kapital im Preis vollkommen ausgelöscht ist. Es ist also nicht allein das Materiell-Stoffliche und Qualitativ-Gebrauchswertige des Produktionsprozesses, das in seiner Erscheinung als Preis – ganz offensichtlich – je verschwunden und ausgelöscht ist, es ist auch das Prozesshafte der Produktion, es ist das ebenso produktive wie gesamtgesellschaftliche Ins-Verhältnis-Treten aller Arbeiten und aller individuellen Kapitale, das im Preis ausgelöscht ist und nicht erscheinen kann. Kurzum, der Wert kann *als solcher*, als rein gesellschaftliches Verhältnis sowie als gesamtgesellschaftliches Verhältnis einer produktiven Verwertung, nie zur Erscheinung kommen – dem ökonomischen Denken und Handeln kommen nur Preise zu Bewusstsein. Sie können nur mit Preisen rechnen, und diese Preise sind Resultate eines Werdens, das nie als solches anwesend war, weil die Verwertung erst in der Vergegenwärtigung im Preis einer Ware eine bestimmte Gegenwart hinterlässt.

Indes eröffnet genau diese Kritik der Verkehrung, der Mystifizierung und des Verschwindens auch die geradezu entgegengesetzte Perspektive, ist doch der ‚Ort', an dem die Verwertung ins Verhältnis gesetzt und endgültig und eindeutig zur Erscheinung gebracht wird, immer derselbe: das Geld. Es realisiert alle Arbeiten, alle Kapitale und alle ihre gemeinsamen Resultate, kurz, es realisiert die gesamte gesellschaftliche

---

[170] *Kapital III*, S. 822.

Verwertung durch immer ein und dieselbe Werteinheit, und dadurch rechnet es *für* die Gesellschaft, bildet ihren Gesamtzusammenhang und ermittelt zugleich dessen Allgemeinheit und innere Notwendigkeit.

Um zu begreifen, wie das Geld im Zuge der Preisbestimmung den gesellschaftlichen Gesamtzusammenhang der Arbeiten und Kapitale herstellt und zugleich dessen Allgemeinheit und innere Notwendigkeit erschließt, muss das Ganze tatsächlich im Sinne einer *Ermittlung* betrachtet werden. Dieses Ermitteln bringt die Warenproduktion auf der einen, ihre Realisierung durch das Geld auf der anderen Seite auf den Punkt durch eine *Durchschnittsbildung*, genauer, durch die Ermittlung der zur Produktion der jeweiligen Ware *maßgeblichen Durchschnittsgröße*; denn das Geld bringt ja die Differenz von Wert und Preis, wie gezeigt, hervor, weil es im Preis gerade *nicht* unmittelbar die einzelnen Arbeiten und Kapitale wiedergibt, es bildet *keine* direkte Entsprechung oder gar Identität zwischen den einzelnen Arbeiten und Kapitalen einerseits und den Preisen der einzelnen Waren andererseits. Stattdessen sorgt es nicht nur dafür, dass die Arbeiten und Kapitale durch ihre Resultate einerseits auf eine gemeinsame Werteinheit bezogen werden und dadurch andererseits in ein gemeinsames gesamtgesellschaftliches Verhältnis treten, es sorgt darüber hinaus auch dafür, dass dadurch Durchschnittsgrößen gebildet werden. Zudem treten die so ermittelten Größen durch den Kapitalkreislauf des Geldes erneut in die Warenproduktion und in die Verwertung ihrer Bestandteile ein, sodass die Umwandlung der Wertverwertung durch das Geld keine bloße Feststellung der Warenwerte bleibt, und auch der Kapitalkreislauf des Geldes ist keine bloße Wiederholung. Beides ist vielmehr eine Ermittlung und Verallgemeinerung der zur Warenproduktion *aktuell maßgeblichen Größen*, und durch diese Größen macht sich die produktive Kraft der vergangenen Verwertung gegenüber der zukünftigen geltend – die Durchschnittsbildung ist demgegenüber nurmehr Moment der ständigen Entwicklung einer durch das Geld und die Wertgrößen der Waren sich selbst bemaßenden Verwertung.

Um hinter die Bedeutung der Ermittlung für diese Entwicklung zu kommen, muss die Ermittlung wie ein gesamtgesellschaftliches *Messverfahren* betrachtet werden. Im *Kapital* ist von Beginn an thematisch, dass das Geld die Verwertung in den Wertgrößen der Waren nicht wiedergibt, ohne sie durch eine maßgebliche Einheit ins Verhältnis zu setzen und aus dem so gebildeten Gesamtzusammenhang zugleich wie in einer Messung bestimmte Wertgrößen zu realisieren. Marx betont bereits am Anfang des *Kapitals* Bd. I, mithin noch vor jeder Betrachtung der Verwertung und ihrer Umwandlung in Preise, dass im Tauschwert weder die einzelnen Arbeiten noch das Tauschverhältnis einzelner Waren wiedergegeben werden, sondern dass die Waren ein *Äquivalenzverhältnis* eingehen (auch die einfache Wertform x Ware A = y Ware B sagt das im „=" ja explizit aus). Als Äquivalente aber haben die einzelnen Waren nicht nur eine gemeinsame Einheit quantitativ umgeschlagen und sind dadurch ein gemeinsames Verhältnis als Quanta derselben Qualität eingegangen, sie gehen ihr Verhältnis auch durch äquivalente Größenrelationen ein.

Diese Relation scheint in die Realisierung der Waren zu fallen, in die einfache Zirkulation. Doch auch wenn die Waren im Zuge der Zirkulation als äquivalente Größen übergehen und dieses Verhältnis sich im Geld entspricht, so ist dafür *nicht* die unmittelbar für die jeweilige Ware verausgabte Arbeitszeit maßgeblich. So wenig ein unmittelbarer Äquivalententausch Ware gegen Ware stattfindet, so wenig führt das Äquivalenzverhältnis der Waren direkt auf die gleiche Größe oder die gleiche Dauer der für sie verausgabten Arbeitszeit zurück. Marx betont vielmehr von Beginn des *Kapitals* an, dass der Tauschwert der Ware durch die „gesellschaftlich notwendige Durchschnittsarbeitszeit" bestimmt ist, und folglich sind es diese Durchschnittsgrößen, die das Geld in Form des Zirkulierens der Waren realisiert: „Der wirkliche Wert einer Ware ist aber nicht ihr individueller, sondern ihr gesellschaftlicher Wert, d. h., er wird nicht durch die Arbeitszeit gemessen, die sie im einzelnen Fall dem Produzenten tatsächlich kostet, sondern durch die gesellschaftlich zu ihrer Produktion erheischte Arbeitszeit."[171] Die Durchschnittsgrößen werden aus dem Verhältnis *aller* Arbeiten gebildet, d. h. das Geld stellt im Zuge der Durchschnittsbildung auch eine gesellschaftliche *Gesamtarbeitszeit* her:

> Die gesamte Arbeitskraft der Gesellschaft, die sich in den Werten der Warenwelt darstellt, gilt hier als eine und dieselbe menschliche Arbeitskraft, obgleich sie aus zahllosen individuellen Arbeitskräften besteht. Jede dieser individuellen Arbeitskräfte ist dieselbe menschliche Arbeitskraft wie die andere, soweit sie den Charakter einer gesellschaftlichen Durchschnitts-Arbeitskraft besitzt und als solche gesellschaftliche Durchschnitts-Arbeitskraft wirkt, also in der Produktion einer Ware auch nur die im Durchschnitt notwendige oder gesellschaftlich notwendige Arbeitszeit braucht.[172]

Wenn also die Warenwerte durch bestimmte Preise erscheinen, haben sie je das (gesamt-)gesellschaftliche Verhältnis der Arbeitszeiten, aber auch dessen Bruch ansich; sie stellen durch ihre Größen diesen durch das Geld und im Geld eingetretenen Bruch vor. Der materialistische Ausgangspunkt des *Kapitals* besteht somit darin, von einer je durch den kapitalistischen Gesamtprozess konstituierten Daseinswelt auszugehen und in der „Elementarform" des gesellschaftlichen Daseins, der Waren und ihrem Wert, im Zuge der Entwicklung des *Kapitals* dieses (gesamt-)gesellschaftliche Verhältnis einzuholen und zu zeigen, dass der Warenwert den inneren gesellschaftlichen Zusammenhang der Arbeiten und der Kapitale wiedergibt. Die Ware ist „Elementarform" des gesellschaftlichen Reichtums, weil sie ein je durch die Verwertung bestimmtes und in-sich reflektiertes Dasein ist. In diesem materialistischen Ausgangspunkt ist auch eine radikale Kritik derjenigen ‚Präsenzmetaphysik' angelegt, die den Wert und seine Größe entweder auf die Arbeit oder auf das Tauschverhältnis der Waren zurückführt. Marx beginnt den ersten Band des *Kapitals* mit einer impliziten Kritik der Vorstellung einer unmittelbaren Bestimmtheit der Warenwerte entweder durch die Arbeit(-szeit) oder durch ihr Austauschverhältnis, wenn er darauf

---

171 *Kapital I*, S. 336; vgl. auch Heinrich: *Die Wissenschaft vom Wert*, S. 219.
172 *Kapital I*, S. 53. Vgl. dazu, dass nur gesellschaftlich notwendige Durchschnittsarbeitszeit als Wert gilt, auch *Kapital I*, S. 54–55, 210, 224, 336.

verweist, dass die Wertgröße durch die gesellschaftlich notwendige Durchschnittsarbeitszeit bestimmt wird und dass dafür eine maßgebliche Werteinheit notwendig ist, bevor er dann im Fortgang des ersten Bandes genauer entwickelt, woraus sich dieser Durchschnitt zusammensetzt und was genau in ihm ermittelt wird (nämlich, wie im Abschnitt über die Ökonomie der Zeit noch genauer zu zeigen sein wird, das Verhältnis von notwendiger und zusätzlicher Arbeitszeit innerhalb der Verwertung von lebendiger und toter Arbeitszeit). Außerdem gehört zur Bildung der gesellschaftlich notwendigen Durchschnittsarbeitszeit auch die Umwandlung des Mehrwerts in Profit und die Bildung des Durchschnitts*profits*.[173] Alle weiteren Einflüsse auf Preise und Profite, wie die Umschlagszeit der einzelnen Kapitale, Angebot und Nachfrage u. Ä., bleiben eben nur Einflüsse; sie gehen in die Realisierung der Verwertung und in die Bestimmung der Preise ein, aber maßgeblich für den Wert ist die produktive Verwertung von lebendiger und toter Arbeitszeit. Letztlich wird im Zuge der Zirkulation der Waren und in der Bildung von Durchschnittsgrößen die produktive Kraft des Verhältnisses der beiden Bestandteile ihrer Produktion realisiert, die produktive Kraft der Verwertung von Arbeit und Kapital, und im Realisieren kehrt das in diese Verwertung ausgelegte Geld zurück und schlägt als Kapital um. Das gesellschaftliche Verhältnis, das vom Geld ausgesagt wird und sich im Geld ent-spricht, ist nicht, obwohl es so scheint, das Verhältnis der Waren, sondern das Verhältnis von Arbeit und Kapital, genauer, von konstantem und variablem Kapital, c und v, sowie von notwendiger und zusätzlicher Arbeitszeit. Die Werteinheit, für die das Geld steht, wird sozusagen für den Bruch zwischen c/v sowie zwischen notwendiger/zusätzlicher

---

173 Marx macht immer wieder deutlich, dass die Umwandlung des Werts in Preise nicht nur die Ermittlung gesellschaftlich notwendiger Durchschnittsarbeitszeit mit sich bringt, sondern dass dabei auch der Mehrwert in die Profite umgewandelt wird und auch hier Durchschnittsgrößen ermittelt werden. Er stellt sogar grundsätzlich fest: „[…] bei *aller* Wertbestimmung bestimmt der Durchschnitt." (*Kapital II*, S. 176, Hervorhebung F.E.) Da Preise und Profite dieselbe Umwandlung teilen, teilen sie auch dieselbe oben geschilderte eigentümliche Differenz: Die Umwandlung in Preise und Profite ist ein Ins-Verhältnis-Setzen aller Arbeiten und Kapitale und ein Ausgleichs- und Regulierungsprozess, *ohne* dass auf ursprüngliche Größen zurückgerechnet werden könnte. Erst recht gilt das, wie für die trinitarische Formel gezeigt, für alle Arten des Einkommens (Lohn, Rendite, Zins etc.), die zwar immer schon Resultate sind einer (gesamtgesellschaftlichen) Umwandlung und Ausgleichsbewegung sowie einer Umverteilung und Abzweigung *allein* der Verwertung von Arbeit und Kapital, jedoch *ohne* dass ursprüngliche Wertgrößen rekonstruiert werden könnten. Die Umwandlung des Mehrwerts in Profit spricht Marx, wie oben angegeben, bereits im ersten Band des *Kapitals* an. Dagegen wird die Bildung der Durchschnittspreise, des Durchschnittsprofits und einer allgemeinen Profitrate erst im dritten Band entwickelt. Zur Bildung von durchschnittlichen Marktpreisen vgl. *Kapital III*, S. 653ff.; zur Kritik des bürgerlichen Verständnisses des Durchschnittsprofits vgl. *Kapital III*, S. 15ff.; allgemein zur Verwandlung des Profits in Durchschnittsprofit und zur Bildung einer allgemeinen Profitrate vgl. *Kapital III*, S. 164–209 (Kap. 9–10) sowie im 13. Kapitel die S. 230ff.; zur Ermittlung des Durchschnittsprofits aus der Mehrarbeitszeit und dem Gesamtkapital *Kapital III*, S. 828ff. Dazu, dass jedes Einkommen aus dem Verhältnis von Arbeit und Kapital sowie aus der Ausbeutung der Ware Arbeitskraft resultieren muss, sich aber immer schon abgezweigt darstellt (sodass etwa der Zins als Eigenschaft des Geldkapitals erscheint oder die Rente als Eigenschaft von Grund und Boden bzw. als In-Wert-Setzung des Rechts auf Eigentum an Grund und Boden), vgl. bes. die Abschnitte V–VII über den Zins, die Rente und die Revenue und ihre Quellen in *Kapital III*, S. 350–893.

Arbeitszeit eingesetzt. Das Geld steht dann weder für eine *un*bestimmte Werteinheit noch für deren je quantitative *Bestimmung* durch die realisierten Warenwerte, sondern es steht für den Bruch, der das Verhältnis von notwendiger und zusätzlicher Arbeitszeit bestimmt sowie für den Bruch, der das Verhältnis von variablem und konstantem Kapital bestimmt; die quantitative Bestimmung des Geldes oder sein Wert ermittelt sich aus diesem Verhältnis und ‚ist' dieser Bruch.[174]

3.4 Ermittlung gesellschaftlich notwendiger Durchschnittsarbeitszeit = Identifikation von Allgemeinheit und Totalität

Konsequenz der Teilnahme aller Arbeiten und Kapitale an einem einheitlichen Maß und einem gemeinsamen Messprozess ist, dass das Geld mit der Bildung gesellschaftlich notwendiger Durchschnittsgrößen nichts weniger herstellt als gesellschaftliche Allgemeinheit (die durchschnittlich notwendige Arbeitszeit und die Durchschnittsprofite) *und* gesellschaftliche Totalität (die Bildung einer Gesamtarbeitszeit aus allen Privatarbeiten und eines Gesamtkapitals aus allen eingesetzten Kapitalen sowie die Herstellung eines inneren Zusammenhangs). Die Umwandlung der Verwertung in Preise konnte daher zuletzt noch schärfer bestimmt werden, indem sie als *Messung* betrachtet wurde, als Messung aller geleisteten Arbeiten und eingesetzten Kapitale durch immer ein und dieselbe Werteinheit. Während das Geld wie in einer

---

[174] Im 7. Kapitel des *Kapital* Bd. I, „Die Rate des Mehrwerts", wird besonders deutlich, dass das Geld den Inhalt seiner Kapitalform wie verschiedene Wertbestandteile gleichsam sich selbst erschließen lässt und dadurch seinen Wert erhält, denn Marx fasst das Verhältnis der konstanten (c) und variablen (v) Bestandteile der Produktion wie einen mathematischen Bruch c/v, dasselbe gilt für den Bruch notwendige/zusätzliche Arbeitszeit, vgl.*Kapital I*, S. 226–244. Zur Bildung einer allgemeinen Profitrate und zum tendenziellen Fall der Profitrate vgl. *Kapital III*, S. 151–277 (Abschnitte II u. III); zum Verhältnis Produktion und Zirkulation vgl. *Grundrisse*, S. 637–669 („Dritter Abschnitt: Das Kapital als Frucht bringend. Zins. Profit. (Produktionskosten etc.)"). Dass die Kapitalform des Geldes ihren Inhalt durch die genannten Brüche sich selbst erschließen lässt und genau *das* in ihrem Selbstbezug G-W-G' aufhebt und in den Preisen der Waren zur Erscheinung bringt, macht noch einmal die Analogie zum Aufheben des Wesens im Selbstbezug des Begriffs deutlich. Die Objektivität, die durch das quantitative Umschlagen der Waren hergestellt wird, hebt im Realisieren der Waren das Wesen ihrer Produktion auf. Und dieses in der Objektivität aufgehobene Wesen besteht darin, dass alle Arbeiten und Kapitale im Zuge der Preisbestimmung in ein gesamtgesellschaftliches Verhältnis treten, sodass im Preis einer einzelnen Ware die Allgemeinheit und der innere Zusammenhang dieses gemeinsamen Verhältnisses zur Erscheinung kommen. Analog der Umwandlung der Verwertung in Preise ist auch die Reflexion bei Hegel eine Umwandlung, welche die Bestimmungen des Seins nur insofern verändert, als das Sein eben das Wesen dieser Umwandlung und die beständige Wiederherstellung *ist*, genau wie die Umwandlung der Verwertung in Preise das Wesen des Werts und seine Wiederherstellung *ist*. Nicht nur logisch, auch phänomenologisch und als raum-zeitlicher Vorgang betrachtet, ist Hegel zufolge das Reflektieren der Arbeit eines Begriffs, der das scheinbar sinnlich fertig Gegebene nicht einfach in ideelle Bestimmungen umwandelt, vielmehr lässt die Umwandlung das sinnlich Gegebene *in* der Umwandlung *sein* und stellt es *dadurch* wieder *her*. „Die empirische Welt denken heißt vielmehr wesentlich, ihre empirische Form umändern und sie in ein Allgemeines verwandeln; das Denken übt zugleich eine *negative* Tätigkeit auf jener Grundlage aus; der wahrgenommene Stoff, wenn er durch Allgemeinheit bestimmt wird, *bleibt nicht* in seiner ersten empirischen Gestalt." (Hegel: *Enzyklopädie der philosophischen Wissenschaften im Grundrisse I*, S 132.) Zum Wiederherstellen der Unmittelbarkeit und zur vermittelten Unmittelbarkeit vgl. Arndt: *Unmittelbarkeit*.

Messung die gesellschaftlich notwendige Durchschnittsarbeitszeit aus allen einzelnen Privatarbeiten und individuellen Kapitalen ermittelt, stellt es einen gesellschaftlichen Gesamtzusammenhang zwischen ihnen her und stellt ihn in den Preisen und Profiten durch Durchschnittsgrößen heraus: „Die Wertgröße der Ware drückt also ein notwendiges, ihrem Bildungsprozeß immanentes Verhältnis zur gesellschaftlichen Arbeitszeit aus."[175] Der ‚Ort', an dem die verschiedenen Privatarbeiten sowie eine in verschiedene individuelle Kapitale mit unterschiedlicher Wertzusammensetzung verzweigte Produktion zusammenkommen, einer gemeinsame Messung unterzogen und durch allgemeine Größen für einander maßgeblich werden, bleibt dabei immer derselbe: das Geld, genauer, seine Funktionen und seine Kreisläufe.

> Es bedarf vollständig entwickelter Warenproduktion, bevor aus der Erfahrung selbst die wissenschaftliche Einsicht herauswächst, daß die unabhängig voneinander betriebenen, aber als naturwüchsige Glieder der gesellschaftlichen Teilung der Arbeit allseitig voneinander abhängigen Privatarbeiten fortwährend auf ihr gesellschaftlich proportionelles Maß reduziert werden, weil sich in den zufälligen und stets schwankenden Austauschverhältnissen ihrer Produkte die zu deren Produktion gesellschaftlich notwendige Arbeitszeit als regelndes Naturgesetz gewaltsam durchsetzt, wie etwa das Gesetz der Schwere, wenn einem das Haus über dem Kopf zusammenpurzelt.[176]

Dieses „Gesetz der Schwere" ist durch den Materialismus des Maßes gegeben sowie durch die Logik der Identifikation, die sich aus den drei Funktionen und den zwei Kreisläufen des Geldes ergibt und in seinen quantitativen Bestimmungen einstellt – nur das Geld kann den gesellschaftlichen Zusammenhang durch dessen eigene Einheit gebrochen so zur Erscheinung bringen, wie er an-sich ist, d.h. so, dass er *an-sich* in seiner *Bildung begriffen ist*.

Indes sind diese Ermittlung gesellschaftlicher Allgemeinheit und die Herstellung einer gesellschaftlichen Totalität nur die eine Seite der Durchschnittsbildung. Die andere Seite ist die gesellschaftliche Teilung, Vereinzelung und Privatisierung der Arbeit und die Aufteilung in unterschiedliche Produktionsweisen und -zweige auf individuelle Kapitale mit je eigener organischer Zusammensetzung. Auch diese Teilung und Privatisierung der Arbeit und auch die Individualisierung der Kapitale und die Differenzierung der Warenproduktion sind nämlich überhaupt nur möglich, weil alle Arbeiten und alle Kapitale vom Geld durch die Realisierung ihrer Resultate auf immer ein und dieselbe maßgebliche Einheit bezogen und einem gemeinsamen Messprozess unterzogen sind, sodass sie auf *individuelle* Weise quantitativ Anteil nehmen an demselben Messprozess und an denselben Größen, zu denen sie zugleich beitragen. Maß und Messung stellen demnach beides her, die Allgemeinheit der kapitalistischen Verwertung ebenso wie deren Differenzierung und Vereinzelung. Genauer gesagt, stellen Maß und Messung Allgemeinheit *durch* Differenzierung und Vereinzelung her. Das Geld stellt im Zuge der Preisbildung einen gesellschaftlichen Gesamtzusammenhang her und ermittelt in Durchschnittsgrößen dessen Allgemeinheit, aber ebenso

---

175 *Kapital I*, S. 117.
176 *Kapital I*, S. 89.

hat auch, ineins, eine blindwirkende Aufteilung und Zuteilung der Verwertung auf die einzelnen geleisteten Arbeiten und die eingesetzten Kapitale und eine entsprechende Anteilnahme stattgefunden. Die quantitative Anteilnahme der Arbeiten und Kapitale an diesem gemeinsamen, gesamtgesellschaftlichen Messprozess muss dabei paradox ausfallen, weil im Zuge der Preisbildung diejenigen allgemein notwendigen Durchschnittsgrößen festgestellt werden, von denen die Warenwerte im Einzelnen zugleich abweichen; dadurch tragen die einzelnen Arbeitszeiten und die individuelle Kapitale im Zuge der Umwandlung in Preise und Profite paradoxerweise zu genau den allgemeinen Durchschnittsgrößen bei, von denen sie *zugleich* abweichen werden *und* individuell Anteil nehmen.

Ein so gebildeter Durchschnitt kann kein arithmetisches Mittel sein; seine Ermittlung kann nicht aus einer linearen, chronologischen Errechnung von durch die Produktion fertig gegebenen, einzelnen Größen auf gleichsam kausale Weise resultieren. Vielmehr ist logisch gesehen die Messung und Durchschnittsbildung das Erste, von dem aus die Unterscheidung in Wert und Preis allererst getroffen wird und ihre Differenz eintritt, und es ist diese Logik der Messung und der Unterscheidung von Wert und Preis, die auch zwei gesellschaftliche Zustände unterscheidet: Bevor er im Preis entschieden ist, befindet sich der Zusammenhang der Arbeiten und Kapitale im Zustand der Unschärfe. Diese Unschärfe wird durch das Geld zwar entschieden, aber dasselbe Verwertungsverhältnis der Arbeiten und Kapitale, das in den Preisen der Waren auf eine entschiedene, in-sich reflektierte Weise zur Erscheinung kommt, bleibt unmittelbar im Geld auch gegenwärtig und macht seinen Wert aus. So bewahrt das Geld durch die Ermittlung der Durchschnittsgrößen einzelner Waren die Produktivkraft eines gesamtgesellschaftlichen Verwertungsverhältnisses, das wie in einer Reflexion begriffen und eine entschiedene Vergangenheit geworden ist.

Es ist allerdings zu betonen, dass die Unschärfe der vergangenen Verwertung nicht nur in den Warenpreisen scharf gestellt worden ist und im Geld vergeht, dadurch ist die Unschärfe vergangener Verwertung *im Vergehen* auch *gegenwärtig* geworden. Das Geld stellt eine Vergangenheit heraus, die stets retroaktiv scharf gestellt ist und rückwirkend ihren Wert erst erhält, nämlich wenn für die Gegenwart einer bestimmten Ware festgestellt ist, was die Verwertung der Arbeiten und Kapitale jeweils wert gewesen sein wird, und es ist diese zukünftige Vergangenheit, die im Geld bewahrt bleibt. Marx hat den Status dieses gesamtgesellschaftlichen Messprozesses als „komplizierte[n] gesellschaftliche[n] Prozeß" gefasst:

> Es tritt hier ein komplizierter gesellschaftlicher Prozeß dazwischen, der Ausgleichungsprozeß der Kapitale, der die relativen Durchschnittspreise der Waren von ihren Werten und die Durchschnittsprofite in den verschiednen Produktionssphären (ganz abgesehn von den individuellen Kapitalanlagen in jeder besondren Produktionssphäre) von der wirklichen Exploitation der Arbeit durch die besondren Kapitale losscheidet. Es scheint nicht nur so, sondern es ist hier in der Tat der Durchschnittspreis der Waren verschieden von ihrem Wert, also von der in ihnen realisierten Arbeit, und der Durchschnittsprofit eines besondren Kapitals verschieden von dem Mehrwert, den dies Kapital aus den von ihm beschäftigten Arbeitern extrahiert hat.[177]

---

177 *Kapital III*, S. 836–837. Dass die einzelnen Arbeiten und die individuellen Kapitale, wenn sie durch

Die Schwierigkeit, diesen „komplizierte[n] gesellschaftliche[n] Prozeß" zu verstehen, liegt darin, dass das Geld alle Arbeiten und alle Kapitale durch die maßgebliche Werteinheit demselben gesellschaftlichen Zustand der Unschärfe aussetzt, der durch die Messung ebenso entschieden und im Preis ‚scharf' gestellt wird. Es versetzt die eingesetzten Arbeiten und die eingesetzten Kapitale in diesen Zustand, indem es sie einerseits wie eine Gesamtarbeitszeit und ein Gesamtkapital aufeinander bezieht und daraus andererseits Durchschnittsgrößen ermittelt, diejenigen Größen, zu denen die Arbeiten und Kapitale beitragen und von denen sie zugleich abweichen und an denen sie individuell Anteil nehmen:

> Die Möglichkeit quantitativer Inkongruenz zwischen Preis und Wertgröße, oder der Abweichung des Preises von der Wertgröße, liegt also in der Preisform selbst. Es ist dies kein Mangel dieser Form, sondern macht sie umgekehrt zur adäquaten Form einer Produktionsweise, worin sich die Regel nur als blindwirkendes Durchschnittsgesetz der Regellosigkeit durchsetzen kann.[178]

Das Geld kann die Ermittlung von Durchschnittsgrößen für (oder besser gegen) die einzelnen Arbeiten und die individuellen Kapitale wie eine allgemeine Norm geltend machen, gerade weil sie individuell Anteil darüber nehmen, *ohne* dass die Preise und Profite unmittelbar mit den einzelnen verausgabten Arbeitszeiten und den eingesetzten individuellen Kapitalen oder mit den ermittelten Durchschnittsgrößen zusammenfallen. Die ideelle Einheit, für die das Geld steht, macht in den Resultaten der Verwertung maßgebliche Durchschnittsgröße gegenüber derselben Verwertung geltend, aus der sie ermittelt wurden und in die sie zur weiteren Verwertung wieder eingehen müssen. Mehr noch, das Geld macht gegen die Verwertung nicht allein die ermittelten Durchschnittsgrößen geltend, es macht auch das Ermitteln selbst wie eine allgemeine Norm geltend: Es unterzieht alle Arbeiten und alle Kapitale durch einen gemeinsamen Messprozess auch der Notwendigkeit einer gemeinsamen Entwicklung und eines gemeinsamen Fortschritts der Produktivkraft ihrer Verwertung.

3.5 Das Erschließen der Produktivkraft im Geld: Das Erheben der Verwertung zum Maß ihrer selbst

Wenn im Zuge der Ermittlung der Durchschnittsgrößen alle Arbeiten und alle Kapitale in einen gemeinsamen Zusammenhang eingehen und genau derjenigen Allgemeinheit unterzogen werden, zu der sie selbst beitragen und von der sie zugleich im individuellen Anteilnehmen abweichen, so erheben sich die Durchschnittsgrößen darüber zum allgemein-notwendigen *Maß der produktiven Verwertung der Bestandteile der*

Preise und Profite erscheinen, immer schon in eine Allgemeinheit „umgewandelt" und „verwandelt" (Marx) sind, macht Marx besonders eindringlich an der Bildung einer „allgemeinen Profitrate" anschaulich. Zur Verwandlung des Mehrwerts in Profit und zur Verwandlung des Profits in Durchschnittsprofit sowie zum tendenziellen Fall der Profitrate vgl. *Kapital III*, S. 33–277 (Abschnitte 1–3); *Grundrisse*, S. 637–669 („Dritter Abschnitt. Das Kapital als Frucht bringend. Zins. Profit. (Produktionskosten etc.").

178 *Kapital I*, S. 117. Dass die Preis- und Durchschnittsbildung diejenige Verwertung von Arbeit und Kapital reguliert und regelt, die in diese Bildung eingeht und dabei im Einzelnen an ihr Anteil nimmt und zugleich abweicht, macht Marx des Näheren an der Differenz zwischen Wert einerseits und Marktpreis, Kostpreis, Produktionspreis etc. andererseits fest (vgl. *Kapital III*, bes. S. 182ff.).

Warenproduktion. Denn dass das Geld die für die Waren jeweils gesellschaftlich notwendige Durchschnittsarbeitszeit ermittelt, heißt ja, es ermittelt den Durchschnitt der *Produktivkraft* der Arbeiten, mithin die Produktivität ihrer Verwertung durch die einzelnen Kapitale. Das Geld misst zudem auch die ständige *Veränderung* der Produktivkraft (die im Kapitalismus ja eine beständige Entwicklung und Steigerung erfährt). Entsprechend stellt das Geld in den Wertgrößen der Waren auch beständig *neue* notwendige Durchschnittsgrößen heraus und lässt sie maßgeblich werden für die weitere Verwertung von Arbeit und Kapital und die Steigerung der Produktivkraft ihrer Verwertung sowie für die Vermehrung des Profits.[179]

In diesem Ermitteln der Produktivkraft der Verwertung erreicht das bewusstlose Begreifen der Verwertung einen Höhe- und Wendepunkt. Er besteht darin, dass die Verwertung nicht mehr nur, wie bislang entwickelt, auf ein Maß bezogen wird und sich im Wert des Geldes entspricht, sondern dass die Verwertung darüber maßgeblich wird für sich selbst, für ihre eigene immanente Entwicklung. Auch in dieser ständigen Entwicklung bleibt die Entsprechung zwar fortbestehen. Sie bleibt ein bewusstloses Begreifen, in welchem das Geld auf der Seite der Verwertung blind-naturwüchsig einen gesellschaftlichen Zusammenhang zwischen den Arbeiten und Kapitalen herstellt und durch Durchschnittsgrößen und die Bildung einer allgemeinen Profitrate das allgemeine Maß der Produktivität ermittelt, während es auf der Seite des Geldes eben diese selbständige Verwertung ist, die ihr Maß aus sich heraus setzt. Aber in diesem bewusstlosen Begreifen der Verwertung gründet eine gemeinsame Entwicklung, die dazu führt, dass die Verwertung sich über das Geld zum Maß ihrer selbst erhebt. Dieses Erheben der Verwertung zum Maß ihrer selbst vollzieht sich im Geld für alle Arbeiten und individuellen Kapitale gleichermaßen ‚hinterrücks', denn die Verwertung macht sich erst durch die Realisierung ihrer Resultate und nur durch die zuletzt gezeigte Bildung eines gesamtgesellschaftlichen Zusammenhangs und die Ermittlung von Durchschnittsgrößen geltend. Das Erheben fällt in die maßgebliche Einheit und ihre Spezifizierung, für die das Geld steht, sowie in die Kapitalbewegung des Geldes. In dieser Bewegung ermittelt es aus den Resultaten der vergangenen Verwertung diejenigen Durchschnittsgrößen, die das Maß der zukünftigen bilden und an die sich die Verwertung zurzeit gleichsam halten muss, und in seiner Kapitalbewegung hält das Geld die Verwertung ganz praktisch und automatisch an diese Größen. So erhebt der Kapitalkreislauf des Geldes die Verwertung einerseits zum Maß ihrer selbst, andererseits müssen die realisierten Werte durch denselben Kapitalkreislauf wieder in die Verwertung zurückgehen, sodass es das Geld ist, dass die Verwertung beständig der eigenen Produktivität unterzieht und sie an die maßgeblichen Größen hält.

In der Bildung maßgeblicher Größen erhebt sich letztlich die *Objektivität* derjenigen Verwertung zum Maß ihrer selbst, für die das Geld zur automatischen *Subjektivität* wird. Für diese Subjektivität müssen im Geld nicht nur diejenigen Durchschnittswerte

---

[179] „Um überhaupt von einem Überschuß über den Durchschnittsprofit sprechen zu können, muß dieser Durchschnittsprofit selbst als Maßstab und, wie es in der kapitalistischen Produktionsweise der Fall ist, als Regulator der Produktion überhaupt hergestellt sein." (*Kapital III*, S. 791.)

ermittelt werden, die für die weitere Verwertung maßgeblich sein werden, sondern dasselbe Geld, das eben noch Maß der Verwertung und Mittel ihrer Messung und Realisierung war, muss für die Verwirklichung der eigenen kapitalistischen Bestimmung in die Bestandteile dieser eben gemessenen Verwertung wieder ausgelegt werden und so die realisierten Resultate in Voraussetzungen weiterer Verwertung und erneuter Resultate wandeln. Während das Geld in seinen ersten beiden Funktionen ‚nur' blind-naturwüchsig mit der Realität einer ideellen Werteinheit zu rechnen scheint und sie im Wertverhältnis der Waren quantitativ einlöst, rechnet es durch seine eigene Bewegung mit dem Verhältnis der Bestandteile ihrer Produktion, erschließt ihre produktive Kraft durch maßgebliche Durchschnittsgrößen und wird darüber zu einem sich beständig spezifizierenden Quantum. So rekonstruiert das Geld durch die Realisierung der Resultate der Verwertung und durch die Ermittlung von Durchschnittsgrößen die Produktivkraft derselben Verwertung, in die es zur Rekonstitution des eigenen Werts beständig (wieder) eingehen und die es wieder in die Selbständigkeit entlassen muss.

3.6 Die Entwicklung der Produktivkraft: Der Wiedereintritt des Werts in seine Verwertung und der Messprozess des Geldes

Die Messung und die bewusstlose Ermittlung der Produktivkraft der Verwertung von Arbeit und Kapital lassen die drei Funktionen, die beiden Kreisläufe …W-G-W… und G-W-G' sowie die quantitativen Bestimmungen des Geldes zum *Produktionsverhältnis* der gemessenen, realisierten und praktisch durchgeführten Verwertung werden. Das Geld ist also nicht nur, wie bislang entwickelt, in seiner Maßfunktion konstitutiv für die gesellschaftliche Objektivität, es ist in seiner Kapitalform auch ein Messprozess, der dieser Objektivität zum Produktionsverhältnis wird.

Was die bloße Konstitution von Objektivität betrifft, so bestand ja bereits die Eigentümlichkeit seiner ersten Funktion darin, dass das Geld ein Maß ist, das als konstitutiv für die gemessene Qualität reflektiert werden muss. Das ergab die Notwendigkeit der Einheit von Erkenntnisweise und Gegenstandskonstitution, aber so, dass es, anders als in Sohn-Rethels Konzeption der Realabstraktion, ‚zuerst' die Geldware ist, der diejenige Warenwelt, aus der sie ausgeschlossen wird, zugleich zum Gegenstand einer bewusstlos-blinden ‚Erkenntnis' wird, ‚bevor' sie das Verhältnis der Waren realisiert und durch bestimmte Werte zu denken gibt. Dieses bewusstlose Erkennen muss nun, nachdem zum einen die Maß- und Tauschmittelfunktion in die Kapitalbewegung des Geldes und zum anderen der Wert in die Verwertung zurückgenommen wurden, in Rücksicht auf diese in der Kapitalform des Geldes begriffene und durch Preise zur Erscheinung gebrachte Verwertung betrachtet werden. Die volle Bedeutung der Wertgrößen der Waren und der quantitativen Bestimmung des Geldes kann erst jetzt deutlich werden, erst nachdem der gesamte Kapitalkreislauf einschließlich der Umwandlung der Verwertung in die Preise wie ein einheitlicher, gesamtgesellschaftlicher Messprozess bestimmt worden ist; erst dadurch tritt hervor, warum das Geld die realisierte Qualität mit sich bringt und eine Entsprechung zwischen Wert und Geld begründet, oder vielmehr, zwischen Verwertung und Kapitalbewegung. Die Entsprechung führt zu dem Widerspruch, dass das Geld einerseits im Verhältnis der Waren ermittelt und wiedergibt, was eine selbständige Verwertung des Werts an-sich ist, und dass andererseits für die Verwirklichung der kapitalistischen Bestimmung des Geldes an diesem Verwertungsprozess Maß genommen und das Geld selbst in dessen Bestandteile ausgelegt werden muss. Die Lösung scheint in der *Form* des Messprozesses selbst zu liegen, darin, dass das Geld andauernd bestimmt wird durch eben jene Verwertung von Arbeit und Kapital, in die der im Geld realisierte Wert beständig auslegt wird und an deren Produktivkraft seine zukünftige Rückkehr ausgerichtet sein muss. Dieser Messprozess scheint nur in der Form G-W-G' aufzugehen: Das Geld *muss*, um seine quantitative Bestimmung (aufrecht) zu erhalten und zu vermehren, immer wieder aufs Neue in das produktive Verhältnis von Arbeit und Kapital eingehen, um dann dieses Verhältnis durch dessen Resultate zu realisieren und zu sich zurückzukehren und innerhalb dieser Bewegung den Wert zu (re-)präsentieren. Die produktive Kraft der Verwertung kann nur im Zuge dieser Bewegung und nur in den quantitativen Bestimmungen des Geldes ‚begriffen' und ‚beurteilt', aber auch aufbewahrt und wieder auf sich zurückführt werden.

Indes ist die eigentliche Notwendigkeit der Messung hier noch gar nicht getroffen. Das Rätselhafte der kapitalistischen Ökonomie ist nicht, dass das Geld im Realisieren der Resultate der Verwertung die zur Produktion der jeweiligen Ware notwendige Durchschnittsgröße ermittelt und verallgemeinert. Das Rätselhafte ist auch nicht, dass die Verwertung durch die Geldfunktionen bewusstlos-naturwüchsig mit sich selbst rechnen kann und sich über dessen Kapitalbewegung zum Maß ihrer selbst erhebt. Das Rätselhafte ist, dass dieser Messvorgang *produktiv* zu sein scheint.
Eine Messung bedeutet ja normalerweise, nämlich in der (Natur-)Wissenschaft, dass ein Verhältnis durch ein Maß sowohl an es selbst gehalten als auch, ineins, durch die gemessenen Werte ‚herausgefordert' wird. Diese Logik wurde auch für die kapitalistische Ökonomie gezeigt: Indem die Waren durch das Geld an eine maßgebliche Einheit gehalten werden, realisiert das Geld die Waren als Resultate des Verhältnisses von Arbeit und Kapital und ermittelt auf quantitative Weise die produktive Kraft ihrer Verwertung. Im Unterschied zum Messprozess in der Naturwissenschaft wird allerdings die maßgebliche Werteinheit mit der gemessenen Verwertung gleichsam identifiziert; dadurch wird eine rein *ideelle* Einheit überhaupt erst zur *Realität maßgeblicher Wertgrößen*, und das Geld wird über diese Identifikation zum sich beständig spezifizierenden Quantum. Diese Verschränkung zwischen der maßgeblichen Werteinheit und der gemessenen Verwertung (und mit ihr der Unterschied zum Messprozess der Naturwissenschaft) ergibt sich daraus, dass das Geld die Verwertung zwar wie ein äußerliches, fertig gegebenes und unabhängiges Verhältnis misst, aber dabei verinnerlicht das Geld die Resultate einer Verwertung, in die es selbst eingegangen war und in die es erneut entäußert wird, und über diesen Prozess tritt die gemessene

Verwertung beständig in sich selbst ein. Weil also die maßgebliche Einheit durch die in den Warenwerten und im Geld realisierte Verwertung beständig spezifiziert wird, ist das Maß, im Gegensatz zum Maß in der Naturwissenschaft, nicht fertig gegeben. Das Geld ist weder ein bestimmtes, unveränderliches Quantum, wie das Maß in der Naturwissenschaft, noch steht es umgekehrt für eine leere, unbestimmte Werteinheit (wie das Maß in Hegels Seinslogik), sondern das Geld steht für diese unbestimmte Werteinheit, *indem* es im quantitativen Umschlagen der Waren *und* im eigenen Umschlagen als Kapital die Produktivität der Verwertung erschließt und sich *darum* beständig quantitativ spezifiziert. Und da das Geld beständig in dieselbe Verwertung eingeht, deren Resultate es realisiert, ist auch der gemessene Gegenstand, ist auch die Verwertung im Gegensatz zur Messung der Naturverhältnisse kein ‚fertig' gegebener Gegenstand. Im Gegenteil, auch die Verwertung, in die das Geld seinen Wert entäußert und aus der es seinen Wert erhält, ist durch beständig neue Verhältnisse zwischen lebendiger und toter Arbeit sowie notwendiger und zusätzlicher Arbeit bestimmt; das Geld geht in immer wieder neue Verhältnisse ein, und es ermittelt entsprechend beständig neue Durchschnittswerte und lässt neue Größen für die Warenproduktion und die Verwertung maßgeblich werden.

Damit nicht genug, entspringt dieser Verschränkung zwischen Geld und Wert, zwischen der Kapitalform des Geldes und der gemessenen Verwertung nun auch noch die genannte Rätselhaftigkeit, dass die Messung *produktiv* zu sein scheint: Der Messung entspringt ein *Mehr*. Es kommt schlicht mehr Wert aus der Realisierung der Warenwerte heraus, als durch das Geld in die Warenproduktion eingegangen ist. Wenn das Geld daher in Arbeit und Kapital entäußert wird, so wird nicht nur mit seiner Rückkehr gerechnet sowie damit, dass der Wert erhalten bleibt, es wird darüber hinaus auch mit einer *vermehrten Rückkehr* des Werts gerechnet (auch wenn nicht im Voraus berechnet werden kann, was die Verwertung von Arbeit und Kapital nach ihrer Realisierung wert gewesen sein wird).

Um zur Produktivität dieses Messprozesses durchzudringen und um den letzten Abschnitt über die Ökonomie der Zeit vorzubereiten, soll zum Abschluss dieses IV. Abschnitts ein weiteres Mal auf den Messprozess der Naturwissenschaft zurückgegriffen werden. Der Vergleich mit der Messung der Natur soll zeigen, warum die Messung der Ökonomie sich für die Gesellschaft rätselhafterweise produktiv auswirkt. Allerdings wird dann erst der V. Abschnitt, der die gemessene *Qualität*, aber auch die Qualität der *Messung* in eine Ökonomie der Zeit auflöst, genauer zeigen können, warum sich der Messvorgang im Fall der kapitalistischen Ökonomie, im Gegensatz zur Messung der Natur, produktiv auswirkt.

3.7 Die Wissenschaft als Subjekt des Wissens der ersten Natur, das Geld als Subjekt des Wissens der zweiten Natur

Im ersten, einleitenden Abschnitt dieser Arbeit wurde bereits auf den Messprozess der Naturwissenschaft eingegangen und gezeigt, auf welche Weise die Messung ihren Gegenstand konstituiert. Die Pointe in der Konstitution der neuzeitlichen

Naturwissenschaft bestand darin, dass sie die Maße zur Bestimmung der Natur dieser selbst entnehmen muss, um die Natur tautologisch an sie selbst zu halten und dadurch maßgeblich für sie selbst sein zu lassen. Genauer gesagt, muss die Naturwissenschaft die zu messende Qualität durch ein *bestimmtes Quantum* aussondern und fixieren, sodass ein spezifisches Quantum für die zu messende Qualität steht und zur Messung genau der Natur, der es entnommen wurde, als maßgebliches Mittel (wieder) eingesetzt werden kann. Auf diese Weise werden die zu messenden Naturverhältnisse durch ein bestimmtes Quantum an sie selbst gehalten und durch ihr eigenes Maß gebrochen (z. B., grob vereinfacht, die Zeit durch die Sekunde oder der Raum durch den Meter). Wird die Natur so ihren eigenen, ausgesonderten und herausgesetzten Maßen ausgesetzt und wird sie durch diese Maße gleichsam durch sich selbst gebrochen, werden ihre Eigenschaften durch die gemessenen Werte geradezu herausgefordert. Die Natur erscheint durch die gemessenen Werte dann, als sei sie ebenso bewusstlos wie objektiv reflektiert worden, und durch die ermittelten Werte können die Naturverhältnisse exakt erschlossen werden.

Kurz, durch das Maß wird dasjenige Selbstverhältnis gegenständlich, das Natur *ist*. Durch ihre eigenen Maße gebrochen, erscheinen die Verhältnisse der Natur durch die gemessenen Werte so, wie sie an-sich sind, und die Wissenschaft kann sich durch die Werte die Natur gleichsam fertig geben lassen. In einer einfachen, unmittelbaren Reflexion auf die ermittelten Werte kann sie die Natur objektiv gültig bestimmen, mehr noch, sie kann die Natur durch diese Werte formalisieren und zeitlose Gesetze formulieren, Gesetze, durch welche die Eigenschaften der Natur in der Zeit identisch gehalten werden.

Während die Naturwissenschaft ihre Maße unkritisch einer scheinbar fertig gegebenen und letztlich für sich selbst maßgeblichen Natur entnimmt, *ohne* darin die Setzung der Natur als eines Gegenstandes zu begreifen, stellt Marx' Wertformanalyse genau dieses Abgeben eines Maßes als gegenstandskonstitutiv heraus: Der Ausschluss einer beliebigen Ware (ver-)setzt alle anderen Waren überhaupt erst in ein gemeinsames Verhältnis, und zwar so, dass jener herausgesetzten Ware dieses Verhältnis aller anderen der Gegenstand einer rein quantitativen Realisierung ist. Die ausgesonderte Ware steht daher, was immer sie auch an-sich sein mag, für eine ideelle Werteinheit, und es ist diese ideelle Einheit, die maßgeblich wird für dasjenige Verhältnis, das nun aufseiten der Waren als Wertverhältnis zur Realisierung ansteht.

Die Wertformanalyse zeigt somit durch die Aussonderung einer beliebigen Ware die gemeinsame Konstitution oder sogar die Gleichursprünglichkeit des Maßes *und* der gemessenen Qualität, von Geld und Wert (darum die Notwendigkeit der *Einheit* von Wert- und Geldkritik). So wie das Naturverhältnis, so erscheint auch das gesellschaftliche Verhältnis, als sei es durch ein Maß wie in einer Reflexion gebrochen worden und als hätte das Maß dasselbe Verhältnis, das es aufseiten der Warenwerte realisiert, zugleich herausgefordert und durch bestimmte Werte buchstäblich heraus-gestellt. Doch auch wenn das Aussondern eines Maßes sowohl in der Naturwissenschaft als auch in der kapitalistischen Ökonomie die zu bestimmende Objektivität überhaupt erst konstituiert, gehen daraus zwei ganz unterschiedliche und sogar gegensätzliche Gegenstände hervor. Ihr Unterschied lässt sich am Maß selbst festmachen. In der Naturwissenschaft wird ein *bestimmtes Quantum* als Maß der zu messenden Naturverhältnisse eingesetzt, und auch die Naturverhältnisse werden durch die gemessenen Werte wie unveränderliche, eben natürliche Eigenschaften reflektiert. In der Ökonomie wird dagegen umgekehrt eine unbestimmt-reine und übersinnlich-ideelle Werteinheit eingesetzt, und die stellt durch die ständige Messung der Resultate der Verwertung überhaupt erst ein bestimmtes Wertverhältnis her, und sie erhält dadurch auch erst die eigene quantitative Bestimmung, den eigenen Wert. Als Maß des Werts steht das Geld daher, wie in der Analogie zum Sein in Hegels Seinslogik gezeigt, einerseits für nichts als die Qualität *rein als solche*, für das reine (gesellschaftliche) Sein und dessen Quantifizierbarkeit; andererseits wird das Maß im Realisieren des Daseins, also des gesellschaftlichen Verhältnisses der Waren, quantitativ bestimmt. Dabei wird durch das realisierte Wertverhältnis der Waren, so hat sich in diesem Abschnitt herausgestellt, die für die Warenproduktion durchschnittlich notwendige Arbeitszeit aus der Verwertung von Arbeit und Kapital ermittelt, und es sind diese ermittelten Größen, die für die Verwertung und die Warenproduktion wiederum maßgeblich werden. In dieser ständigen Ermittlung notwendiger Größen ist das Maß, das zur Messung eingesetzt wird, im Gegensatz zur Naturwissenschaft kein bestimmtes, identisch gehaltenes Quantum, das Maß ist ein in der Messung sich spezifizierendes Quantum und wird *dadurch* identisch gehalten.

Die durch das Geld realisierte und quantitativ in Wert gesetzte Qualität ist also nicht von dieser Realisierung zu trennen. Das Geld *ist* diese Verschränkung zwischen der Qualität des Messens und der gemessenen Qualität; dem Geld ist in den Waren dasjenige Verhältnis der Verwertung von Arbeit und Kapital Gegenstand einer Messung, das durch die Messung nicht nur im Geld durch bestimmte Werte eintritt, die realisierten Werte kehren durch die Kapitalform des Geldes in diese Verwertung auch wieder zurück. Während in der Naturwissenschaft die gemessenen Naturverhältnisse ebenso ‚von Natur aus' gegeben sind wie die Maße zu ihrer Messung, ist die kapitalistische Ökonomie ein im Geld sich selbst messendes und durch die Kapitalbewegung in sich selbst eintretendes Verhältnis.

Das Maß konstituiert daher nicht nur zwei unterschiedliche Gegenstände, Natur und Gesellschaft, es eröffnet auch zwei unterschiedliche Formen der Gegenständlichkeit. Denn wo das Maß in der Naturwissenschaft für eine *radikale Trennung* zwischen dem Subjekt des Wissens und dem gemessenen Objekt sorgt (das erst auf der Ebene der Quantenmechanik zur Verschränkung wird), tritt durch die Messung des gesellschaftlichen Verhältnisses der Waren zugleich dessen *praktische Vermittlung* ein. In der Naturwissenschaft konstituiert die Messung diejenige radikale Trennung, die überhaupt erst die Natur wie einen äußeren und fertig gegebenen Gegenstand reflektierbar macht; die Wissenschaft muss die Natur dasjenige Selbstverhältnis sein lassen, das durch quantitative Werte objektiv bestimmbar ist und identisch gehalten werden kann.[180] Die kapitalistische Gesellschaft ist dagegen durch die Messung paradoxerweise sich selbst der Gegenstand und tritt überhaupt erst durch die gemessenen Werte in ihr Selbstverhältnis ein; in dasjenige objektive Selbstverhältnis, das einerseits im Geld entäußert und gleichsam sich selbst äußerlich wird und das andererseits durch dasselbe Geld verinnerlicht wird und durch seine Kapitalform wieder in sich eintritt. Darum erhält die Gesellschaft ihre Identität nur im Zuge desselben Messprozesses, der ihr zum Produktionsverhältnis wird und durch den sie in die Entwicklung der Produktivkraft der Verwertung eintritt. Wo die Wissenschaft die Natur unbedingt ein äußerlich gegebenes Selbstverhältnis sein lassen *muss*, um sie durch bestimmte Werte sowohl identifizieren als auch durch Berechnung und Gesetze formalisieren zu können (denn Natur *ist* dieses Selbstverhältnis), muss die Gesellschaft durch ihre Messung in genau dasjenige Selbstverhältnis eintreten, das durch die Messung allererst entsteht und das die Gesellschaft durch die gemessenen Werte wie eine *zweite*, rein *gesellschaftliche* Natur unmittelbar an-sich hat.

Diese gegensätzliche Form der Gegenständlichkeit enthält zwar die zentrale Gemeinsamkeit, dass die Messung hier wie dort ein Subjekt des Wissens konstituiert. Aber die Stellung, welche die Naturwissenschaft im Messen gegenüber der Natur einnimmt, nimmt im gesellschaftlichen Messprozess statt der ökonomischen Wissenschaft das Geld gegenüber dem gesellschaftlichen Verhältnis ein. Die Stellung des Subjekts des Wissens muss denkbar unterschiedlich ausfallen, wenn die Messung im Fall der Naturwissenschaft mit der radikalen Trennung von Wissen und Natur auch für dasjenige Subjekt sorgt, dem die Natur als Objekt des Wissens gegenständlich wird, das Geld im Fall der Gesellschaft dagegen eine Verschränkung mit der gemessenen Verwertung mit sich bringt. Im Fall der Messung der Natur ist das Subjekt des Wissens eindeutig die Wissenschaft; sie muss die Natur qua Messung identifizieren und durch die gemessenen Werte formalisieren und diese Form des Wissens verarbeiten. Die Wissenschaft muss dadurch buchstäblich *im* Wissen einer an-sich bewusstlosen Natur sein und sie so zur Sprache bringen, als könne die Natur dadurch zu ‚ihrem' Bewusstsein kommen (oder besser, zum Bewusstsein der Bewusst*losigkeit* ihrer Verhältnisse). Im Fall der Ökonomie ist dagegen dasjenige Subjekt, das durch die gemessenen Werte ‚im Wissen' von dem realisierten Verhältnis ist, ‚zuerst' das Geld selbst: Weil das Geld im quantitativen Umschlagen der Waren eine ideelle Werteinheit realisiert und dem Wertverhältnis eine eigenständige Existenz gibt, identifiziert es sich gleichsam mit dem durch die Waren gemessenen Verwertungsverhältnis von Arbeit und Kapital, und dadurch ist es dann auch gleichsam unmittelbar *im* Wissen dieser Verwertung; im Ermitteln notwendiger Durchschnittsgrößen ist es sogar im Wissen um ihren Gesamtszusammenhang und ihre Produktivkraft. Folgerichtig ist es dann auch zuerst das Geld, das durch seine

---

[180] Abgesehen von der Zustandreduktion einer quantenmechanisch relevanten Messung, die dann dennoch als Natureffekt betrachtet werden kann, der so auch an vielen Stellen unbeobachtet stattgefunden haben könnte.

quantitativen Bestimmungen die gemessene Verwertung und ihre Produktivkraft zur Sprache und den Subjekten zur Erscheinung bringt, und es ist dann schließlich das Geld, das durch seinen Kapitalkreislauf mit den realisierten Werten, mithin mit seinem ‚Wissen', produktiv umgeht, wenn auch automatisch und bewusstlos.
Während es also im Fall der ‚ersten' Natur die Wissenschaft ist, die – mit Hegels Worten über die Methode des Wissens – im „Bewusstseins über die Form der inneren Selbstbewegung ihres Inhalts"[181] ist, ist es im Fall der zweiten Natur das Geld, das zur Form der inneren Selbstbewegung seines Inhalts wird, des Werts und seiner Verwertung. Das Geld steht dadurch gleichsam anstelle der Wissenschaft und wird, indem es für eine spekulative Identität zwischen seiner Kapitalbewegung und der darin begriffenen gesellschaftlichen Objektivität sorgt, zu einem automatischen, bewusstlosen und überindividuellen Subjekt des Wissens. Im Gegensatz zum Messprozess in der Naturwissenschaft kommt es zu einer Identifikation zwischen dem messenden Geld und dem Gemessenen, und diese Identifikation fällt in den Kreislauf einer Ökonomie, die durch diesen Kreislauf ihre Identität bildet und zugleich auseinanderlegt. Das Geld expliziert durch seinen Kapitalkreislauf und die realisierten Werte eine Identität, in der das Übergehen der Waren als Werte *zugleich* die Realisierung ihrer Produktion und die Ermittlung von Durchschnittsgrößen *und* die Rückkehr des in die Produktion ausgelegten Geldes ist. Letztlich muss das Geld in der Objektivität des Wertverhältnisses der Waren realisieren, was seine Auslegung in die Bestandteile der Verwertung wert gewesen sein wird und in diesem Wesen der Verwertung die eigene überindividuelle Subjektivität als Kapital erschließen; es muss Subjekt der Messung werden *und* die gemessene Substanz *gewesen sein*.
Entscheidend ist indes nicht, dass es im Fall der ersten Natur die Wissenschaft ist, die durch die ermittelten Werte mit der Identität der Natur und ihren Eigenschaften rechnen kann, während es im Fall der zweiten Natur zuerst (oder: letztlich) das Geld ist, das durch die ermittelten Werte mit der Identität und mit der Natur der Gesellschaft rechnet. Entscheidend ist, dass das Geld im Messen und Rechnen nicht nur ein Konstitutions-, sondern auch ein *Produktionsverhältnis* durchführt und dass im Fall der Ökonomie das Geld mit den gemessenen Werten *produktiv* umgeht. Seine drei Funktionen und seine Kreisläufe werden zum Produktionsverhältnis einer die eigene Produktivkraft messenden, ermittelnden und steigernden Ökonomie, sodass sich im Wert des Geldes dieselbe Verwertung entspricht und „konstatirt", mit der das Geld durch seinen Kapitalkreislauf produktiv umgeht und die es in der Form G-W-G' ebenso übergreift wie auseinanderlegt.
Ein solcher Messprozess kann die Gesellschaft nicht endgültig und abschließend bestimmen und identifizieren – nicht nur, weil das Geld beständig in diese Verwertung ausgelegt ist und wieder daraus zurückkehrt und darüber automatisch mit der gemessenen Verwertung identifiziert wird, sondern weil das Geld dadurch auf bewusstlosnaturwüchsige Weise auch mit der Verwertung des eigenen Werts rechnet. Es wird zur

---

[181] *WdL I*, S. 49.

Wirklichkeit derjenigen ideellen Einheit, die durch seine Funktionen und Kreisläufe quantitativ realisiert und verwertet wird, und im Zuge dieser Verwirklichung sorgt der kapitalistische Selbstbezug des Geldes statt für eine abschließende Identifikation der Verwertung für eine produktive Unschärfe in der kapitalistischen Gesellschaft und für eine unabschließbare Entwicklung der Produktivkraft. Im Gegensatz zum Messprozess in der Naturwissenschaft, die den gemessenen Werten äußerlich bleibt, wenn sie die Natur an ihre eigenen Maße hält und ihre Identität durch bestimmte Werte ermittelt, muss sich die kapitalistische Ökonomie beständig und immer wieder aufs Neue an die im Geld ermittelten Größen halten; die im Geld ermittelten Wertgrößen sind wiederum maßgeblich für dieselbe Entwicklung der Produktivkraft, in die das Geld entäußert gewesen ist und in die es erneut entäußert werden muss. Marx fasst die automatische Subjektivität, die sich daraus ergibt und für die kapitalistische Produktivkraft wirksam wird, wie folgt zusammen:

> Das Kapital, von sich als dem aktiven Subjekt ausgehend – dem Subjekt des Prozesses – […] verhält sich zu sich als sich vermehrendem Wert, d. h., es verhält sich zu dem Mehrwert als von ihm Gesetztem und Begründetem; sich als Produktionsquelle zu sich selbst als Produkt; als produzierender Wert zu sich selbst als produziertem Wert. Es mißt daher den neuproduzierten Wert nicht mehr durch sein reales Maß, das Verhältnis der Surplusarbeit zur notwendigen, sondern an sich selbst als seiner Voraussetzung. […] Der Mehrwert, so gemessen an dem Wert des vorausgesetzten Kapitals, das Kapital, so gesetzt als sich verwertender Wert – ist der *Profit* […].[182]
> Nachdem es [das Kapital, F.E.] den Profit als den neuproduzierten Wert von sich als vorausgesetztem sich verwertenden Wert unterschieden und den Profit als das Maß seiner Verwertung gesetzt hat, hebt es die Trennung wieder auf, und setzt ihn in seiner Identität mit sich als Kapital, das nun, angewachsen um den Profit, denselben Prozeß von neuem beginnt in größeren Dimensionen. Durch das Beschreiben seines Kreises erweitert es sich als Subjekt des Kreises und beschreibt so einen sich ausdehnenden Kreis, eine Spirale.[183]

Damit soll der Vergleich zwischen der Messung der Natur und der Messung der Ökonomie sein Bewenden haben. Auch die Analogie zwischen der Kapitalform des Geldes und Hegels absolutem Geist soll beendet werden. Jener Vergleich und diese Analogie haben das Geld ins Niemandsland zwischen Natur und Geist geführt und zugleich das *rein Gesellschaftliche* eröffnet. Die Entwicklung der Kapitalform des Geldes ließ sich zum einen mit Hegels Entwicklung eines überindividuellen Begreifens analog setzen, und dabei ließ sich auch Marx' Dialektik, genau wie die Hegel'sche, als eine immanente *Kritik* und zugleich als eine Grundlegung der neuzeitlichen Wissenschaft verstehen; zum anderen entwickelt Marx in der Kapitalform des Geldes einen Messprozess, der sich mit dieser neuzeitlichen Wissenschaft und insbesondere mit ihrer Messung der Natur ins Verhältnis setzen lässt. Die Identifikation der kapitalistischen Verwertung durch das Geld funktioniert einerseits analog der Logik der Identifikation

---

[182] *Grundrisse*, S. 638. In der von Marx autorisierten französischen Ausgabe des *Kapital* Bd. I ist Subjekt durch *Substanz* ersetzt: „substance automatique" (Karl Marx: *Le Capital*. MEGA II/7, S. 373) – sind demnach Subjekt und Substanz für Marx austauschbar? Oder hat er sich zu einer Verschiebung entschlossen? Oder geht es um ihre spekulative Identität im Sinne Hegels?
[183] *Grundrisse*, S. 639, vgl. auch S. 190.

des Seins durch den Begriff, andererseits wie ein übergreifender, gesamtgesellschaftlicher, automatischer und blind-naturwüchsiger Messprozess.
Marx' Entwicklung der Kapitalform des Geldes scheint somit durchgehend ein unentscheidbarer Status zuzukommen. Wie Hegels *WdL* ist sie eine wissenschaftliche Kritik der Wissenschaft (vor allem Kritik der ökonomischen Wissenschaft, implizit aber auch der Naturwissenschaft), und diese Entwicklung ist eher „Kritik durch Darstellung et vice versa" als positive wissenschaftliche Theorie – und doch entwickelt sie die kapitalistische Produktionsweise wie einen naturwüchsigen Messprozess, der die Verwertung und ihre Produktivkraft durch die Messung ihrer Resultate quantitativ exakt gleich einer zweiten Natur darstellt.
So unentscheidbar der Status des Geldes auch sein mag, letztlich stellt Marx durch die Entwicklung der Geldfunktionen die Methode dar, auf welche bewusstlose, aber objektive Weise das Geld die produktive Kraft der Verwertung ermittelt, quantitativ darstellt und in den Kreisläufen der Ökonomie auseinanderlegt, und letztlich muss es diese *Methode* sein, die den unentschiedenen Status des Geldes begründet. Um diese Methode einer rein quantitativen Darstellung der Ökonomie und eines bewusstlosen Rechnens mit einer unbestimmten Werteinheit sowie mit bestimmten Werten angemessen darstellen zu können, muss eine neue Dimension eingeführt werden. Die Dimension muss die Objektivität eines Prozesses bewältigen, der einerseits dem Messprozess der Naturwissenschaft und andererseits der von Hegel entwickelten Logik des Begreifens und der Subjektivität entspricht. Diese Dimension ist die *Zeit*: Die spekulative Identität zwischen Geld und Wert, Maß und Gemessenem, Kapitalform und Verwertung muss durch die Zeit eingelöst werden. Erst wenn das Geld auf der einen und die produktive Kraft der Verwertung auf der anderen Seite durch die Zeit eingelöst werden, lässt sich auch die Rätselhaftigkeit des Geldes, wenn nicht auflösen, so doch *als* Rätsel begründen.
Zuvor soll jedoch abschließend die dritte Bestimmung des Geldes zusammengefasst werden, mit der Sohn-Rethels Beschränkung einer Einheit von Gesellschafts- und Erkenntniskritik auf den individuellen Verstand und auf die Einheit von Warenform und Denkform überwunden werden sollte.

Resümee
Die Wertform als Transzendentalsubjekt (Alfred Sohn-Rethel) und die automatische Subjektivität einer in der Kapitalform begriffenen Verwertung (Marx)
Alfred Sohn-Rethels Versuch, im Kant'schen Transzendentalsubjekt die Wertform zu identifizieren, wurde zunächst einer immanenten Kritik unterzogen. Im ersten Teil wurde gezeigt, dass es zu kurz greift, die Einheit von Warenform und Denkform im Subjekt der Tauschhandlung zu suchen, wenn das eigentliche Subjekt des Austauschs das Geld ist. Das Geld wiederum scheint zwar das Mittel des Austauschs der Waren zu sein, aber diese Tauschmittelfunktion ist Realisierung einerseits einer

maßgeblichen Einheit und andererseits einer übergreifenden Kapitalbewegung. Wenn aber das Austauschen und Zirkulieren der Waren und die damit verbundenen Denknotwendigkeiten durch eine maßgebliche Werteinheit sowie durch die überindividuelle, übergreifende Kapitalform des Geldes eintreten, dann kann erst von dieser maßgeblichen Einheit sowie von der Kapitalform her sinnvoll nach dem Ursprung bestimmter Denknotwendigkeiten, aber auch bestimmter Verkehrungen, falscher Vorstellungen etc. gefragt werden. Entsprechend sind die erkenntniskritischen Implikationen der Wertformanalyse nicht, wie Sohn-Rethel meint, geradewegs im Subjekt einer – zudem prämonetär konzipierten – Tauschhandlung und in dessen Verstand aufzuheben, sondern sie sind ‚zuerst' zurückzuführen auf die Maßfunktion des Geldes sowie auf seine übergreifende Kapitalform und die darin begriffene Verwertung. Diese übergreifende kapitalistische Bestimmung muss, so wurde am Ende der Kritik an Sohn-Rethel gefordert, wie diejenige überindividuelle und übergreifende Subjektivität entwickelt werden, die analog Hegels spekulativer Identität von Substanz und Subjekt funktioniert.

Im zweiten Teil wurde diese Forderung dann eingelöst durch die Begründung der spekulativen Identität zwischen der automatischen Subjektivität des Geldes und der produktiven Verwertung von Arbeit und Kapital. Die dritte Bestimmung des Geld-*als*-Geld enthält in dem „als" einen unmittelbaren, tautologischen Selbstbezug, aus dem Marx die Kapitalform des Reichtums G-W-G' entwickelt. Wird aus dem „als" der Selbstbezug des Geldes entwickelt, so wird dadurch geradezu die Methode der Verwertung des Werts eingeholt – und genau diese Entwicklung führt Marx im Anschluss an die Analyse der Wertform und an die Kritik der einfachen Zirkulation durch (während Sohn-Rethel, aber auch Lukács und Adorno, auf eine ‚Logik' des Tauschs und der Abstraktion fixiert bleiben).

Diese Entwicklung der Verwertung steht indes nicht nur aufseiten der Marx'schen Kritik. Seine Kritik zielt vielmehr darauf, dass das Geld seine tautologische Identität Geld-als-Geld erst erlangt, wenn es sich in die produktiven Verhältnisse seines Übersich-Hinausgehens im Sinne des G-W-G' auslegt und in der Verwertung des Werts sowie in den Kreisläufen der Ökonomie seine Verwirklichung als Kapital gleichsam expliziert. In dieser Explikation vergeht der Schein der Warenwerte buchstäblich im Geld: Er vergeht, indem die Realität des Tauschwerts in ihren Grund zurückgeht, in den Kapitalkreislauf des Geldes, sodass all die Tauschwerte zu Durchgangsmomenten einer übergreifenden Bewegung herabgesetzt werden. Dabei erschließt das Geld in den Warenwerten ebenso bewusstlos wie automatisch die produktive Kraft der Verwertung der variablen und konstanten Bestandteile ihrer Produktion, und mit dem Erschließen geht die Ermittlung der notwendigen Durchschnittsarbeitszeit, des Durchschnittsprofits und der Produktivkraft der Arbeit einher sowie die Differenz von Wert und Preis. Dieses Erschließen der Produktivkraft der Verwertung verschwindet aufseiten der Waren in Preisen und aufseiten des Geldes in seiner quantitativen Bestimmung.

Entscheidend ist, dass das Erschließen der Produktivkraft so in den Warenpreisen einerseits und in den quantitativen Bestimmungen des Geldes (oder in seinem Wert) andererseits verschwindet, dass sich neben einer Entsprechung auch eine Art quantitative Ermittlung und Wiederherstellung des Verhältnisses von Arbeit und Kapital einstellt – aber nicht des Verhältnisses der einzelnen Arbeiten und der individuellen Kapitale, sondern des *gesamtgesellschaftlichen* Verhältnisses aller eingesetzten Arbeiten und Kapitale. Während im Zuge der Preisbestimmung der Waren alle Arbeiten und Kapitale durch das Geld in ein gemeinsames Verhältnis gesetzt werden und in diejenige Bildung allgemeiner Durchschnittsgrößen eingehen, von der sie zugleich im Einzelnen abweichen und quantitativ Anteil nehmen, kehrt das Geld aus der Entäußerung in die Bestandteile der Produktion der Waren zurück und schlägt als Kapital um. Dadurch wird die produktive Kraft der Verwertung nicht nur im Geld vergegenwärtigt und bleibt quantitativ anwesend, diese ständige Vergegenwärtigung führt auch dazu, dass der Wert des Geldes sich ebenso entwickeln muss wie die realisierte Verwertung und dass die Verwertung darüber maßgeblich wird für sich selbst.

Soweit das Resümee zu Sohn-Rethel sowie zur Analogie zwischen einerseits Hegels Logik der Identifikation des Seins durch das Wesen der Reflexion und ihrer Aufhebung in der Subjektivität des Begriffs und andererseits der Logik der Verwertung des Werts durch die Kapitalform des Geldes. Die Analogie hat noch einmal den entscheidenden Unterschied zu Sohn-Rethels Wertbegriff deutlich gemacht, aber auch zum Wertbegriff von Lukács und Adorno. Alle drei sitzen dem Schein der einfachen Zirkulation und einer Logik des Austauschs auf, wenn sie den Wert als Produkt einer (realen) Abstraktion und einer Logik des Austauschs verstehen, statt ihn auf das Geld und seine kapitalistische Bestimmung zurückzuführen, um ihn aus einer im Geld sowohl prozessierenden als auch gemessenen Verwertung zu entwickeln.

Indes ist Marx' „Kritik durch Darstellung et vice versa" noch nicht ausgeschöpft. Die paradoxe Situation, dass durch das Geld auf spekulative Weise nicht nur mit einer maßgeblichen Werteinheit gerechnet wird, sondern auch mit den durch sie ermittelten, maßgeblichen Durchschnittsgrößen, und zwar mit Durchschnittsgrößen einer Verwertung, in die das Geld selbst beständig eingeht und zurückkehrt – diese paradoxe Situation ist weder durch eine Wissenschaft noch durch eine Kritik des Geldes endgültig zu erfassen. Eine Ökonomie, die im Kapitalumschlag die eigene Produktivkraft ermittelt und darüber maßgeblich wird für sich selbst, ist weder durch eine Analogie zu demjenigen geistig-ideellen Rechnen zu erfassen, das nach Hegel der Begriff für die Identität von Denken und Sein durchführt, noch ist das Rechnen durch einen Vergleich mit demjenigen Rechnen zu erfassen, das die Naturwissenschaft durchführt, wenn sie durch die Messung der Natur Werte ermittelt und durch die ermittelten Werte mit der Identität ihrer Eigenschaften rechnet. Und nicht nur das Messen und Rechnen ist nicht endgültig zu fassen, dasselbe gilt auch für die Qualität, die das Geld misst und mit der es rechnet und die es dadurch erst mit sich bringt und identisch hält. Das ‚Unfassbare' *muss* für beide gelten, für das messende Geld ebenso wie für die gemessene und als Wert realisierte Produktivkraft, wenn beide überhaupt nur in ihrem gemeinsamen Prozessieren existieren.

Diese Verschränkung lässt sich jedenfalls nicht im Sinne einer herkömmlichen Wissenschaft des Werts oder des Geldes bewältigen, und die vorliegenden vier Abschnitte haben denn auch Geld und Wert eher in Widersprüche und Paradoxien als zu einer Lösung geführt. Indessen kommt es aber auch gar nicht auf die Suche nach einer Lösung im Sinne einer konsistenten wissenschaftlichen Theorie an. Es kommt umgekehrt darauf an zu begreifen, dass das Geld schon die Darstellung einer Lösung *ist*: Das Geld stellt schlicht, wenn es durch seine Funktionen die Verwertung rein quantitativ durchführt, die Identität der Gesellschaft her und zugleich dar. Die Frage muss daher lauten: Was ist das für eine Lösung, die im Geld rein quantitativ zur Darstellung kommt und durch das Geld objektiv gilt? Oder, noch direkter formuliert: Was ist das für eine Lösung, die im Geld in Wert ist und die im Geld quantitativ währt?

Die Lösung ist – zeitlich. Der kapitalistische Selbstbezug des Geldes und der durch Arbeit und Kapital verwertete Wert lassen sich letztlich nur adäquat bestimmen, wenn beides zeitlich gefasst wird, nämlich als Verzeitlichung der Zeit durch die im Geld realisierte Qualität quantitativer Verhältnisse.

V. Die Rätselhaftigkeit des Geldes durch die Auflösung der Ökonomie in Zeit

1. Die Naturalisierung des rein gesellschaftlichen Verhältnisses und das Abgeben seines Maßes

> Der Zusammenhang zwischen Wert, seinem immanenten Maß durch die Arbeitszeit und der Notwendigkeit eines *äußren* Maßes der Warenwerte nicht begriffen, nicht einmal als Frage aufgeworfen.
>
> (Karl Marx, *Theorien über den Mehrwert*)[1]

Die vorliegende Arbeit hat mit Marx' KdpÖ Zug um Zug die kapitalistische Bestimmung des Geldes entwickelt. Der Abschnitt über Lukács begann mit dem Verhältnis von Maß, Zeit und Arbeit, im Abschnitt über Adorno wurde dann die Maßfunktion des Geldes in Analogie zu Hegels Seinslogik und zur Konstitution von Objektivität gesetzt, und im Abschnitt über Sohn-Rethel wurde schließlich der Zusammenhang zwischen Maß und Gemessenem, zwischen Geld und Verwertung auf der Höhe der Kapitalform des Geldes diskutiert. Die drei Abschnitte ergaben zuletzt statt einer eindeutigen Bestimmung des Geldes einen unentschiedenen Status. Einerseits entspricht die Verschränkung von Kapitalbewegung und Verwertung der von Hegel entwickelten Logik der Identifikation der Objektivität durch den Selbstbezug des Begriffs; andererseits ist diese Identifikation der Objektivität durch den Selbstbezug des Geldes kein geistig-ideeller Prozess, sondern funktioniert in der kapitalistischen Gesellschaft wie ein blind wirkender, automatischer Messprozess.

---

1 Karl Marx: *Theorien über den Mehrwert. Zweiter Teil. Marx-Engels-Werke (MEW)*, Bd. 26.2. Berlin, DDR: Dietz 1953ff., S. 199 (im Folgenden *ThM II*).

Das Rätselhafte der kapitalistischen Produktionsweise aber ließ sich weder durch die Analogie zur Logik des Begriffs noch durch den Vergleich mit der Messung der Natur endgültig klären, nämlich dass die Messung für die kapitalistische Ökonomie, im Gegensatz zur Messung der Natur, *produktiv* ist: Am Ende des Kapitalkreislaufs kommt schlicht mehr Wert heraus, als durch das Geld in ihn ausgelegt wurde. Das Mehr ist ganz elementar zu verstehen und enthält doch das große Rätsel der kapitalistischen Ökonomie: „Mehr" heißt bloße quantitative Vermehrung, aber in dieser bloß quantitativen Vermehrung steckt die *produktive Kraft* der kapitalistischen Produktionsweise. Durch die Realisierung dieser produktiven Kraft stellt das Geld im Zuge seines Kapitalkreislaufs G-W-G' eine Differenz zu sich selbst fest, hebt sie in seinem Selbstbezug auf und geht über sich selbst quantitativ hinaus. Es stellt nicht nur eine quantitative Differenz zu derselben Verwertung fest, in die sein Wert eingegangen war, sondern dadurch bleibt die produktive Kraft, die in dieser Vermehrung steckt, im Geld quantitativ gleichsam (auf-)bewahrt und währt fort.

Um zu dieser produktiven Kraft zu gelangen, müssen Geld und Verwertung in die *Zeit* eingelöst werden. Die produktive Kraft kann vonseiten der Kritik erst erschlossen werden, wenn die im Geld qua Messung sich selbst erschließende Ökonomie *zeitlich* gefasst wird: „Ökonomie der Zeit, darin löst sich schließlich alle Ökonomie auf."[2]

Um zum Ausgangspunkt einer Ökonomie der Zeit zu gelangen, muss noch einmal genauer auf die Messung eingegangen werden und auf ihre Technik der Naturalisierung der Natur *und* der Gesellschaft, also auf die Konstitution einer ersten und einer zweiten, rein gesellschaftlichen Natur.

Der Naturwissenschaft, so wurde gesagt, muss es scheinen, als nehme sie die Maße, an welche die Natur gehalten wird, von den zu messenden Naturverhältnissen selbst. Durch diese Tautologie erhebt sie die Natur einerseits zum Maß ihrer selbst und lässt sie maßgeblich für sie selbst sein, andererseits fordert sie die Natureigenschaften, wenn sie die Natur durch deren eigene Maße bricht und durch die gemessenen Werte bestimmt, geradezu heraus. Der tautologische Akt ist auch der blinde Fleck der Naturwissenschaft, die nicht darauf angewiesen ist zu reflektieren, dass die Technik, die Natur durch deren eigene Maße an sie selbst zu halten und wie in einer Reflexion zu brechen, die Naturalisierung sowohl der Natur als auch ihrer Maße ist. Im Gegenteil, die Natur wird durch ihre Naturalisierung wie ein vom Subjekt des Wissens und von der Messung unabhängiges Selbstverhältnis zum Gegenstand. Gebrochen durch einen isolierten, exakt definierten und darum maßgeblichen Teil ihrer selbst, *muss* die gemessene Natur durch bestimmte Werte der Wissenschaft so erscheinen, wie sie unabhängig vom Denken und Handeln an-sich ist. Durch die qua Messung herausgeforderten Werte lassen sich die Eigenschaften der Natur dann nicht nur identifizieren, diese Eigenschaften können auch formalisiert und durch Gesetzte zeitlos gehalten oder in der Zeit identisch gehalten werden; d.h. die einmal identifizierten

---

2 Karl Marx: *Grundrisse der Kritik der politischen Ökonomie. MEW*, Bd. 42, S. 105 (im Folgenden *Grundrisse*).

Natureigenschaften sind nach ihrer Formalisierung jederzeit identifizierbar und theoretisch reproduzierbar. Dass die Wissenschaft durch bestimmte Werte mit zeitlos gültigen Eigenschaften der Naturverhältnisse rechnen kann, kurz, mit der Identität dieser Eigenschaften, das geht in die *gesellschaftliche* Natur dann ein und wird dann für die kapitalistische Ökonomie produktiv, wenn die Natureigenschaften in die Verwertungsverhältnisse der Produktion eingehen. (Ganz abgesehen davon, dass die Resultate der Wissensproduktion natürlich auch selbst als rein *ökonomische* Werte in den Produktionsprozess eingehen und diese ökonomischen Werte, wie alle Warenwerte, durch die zur Wissensproduktion notwendige Arbeitszeit bestimmt sind, also durch die Reproduktionskosten der Wissenschaftler einschließlich ihrer Qualifikation und Weiterbildung sowie durch ihre Produktionsmittel wie Forschungseinrichtungen u.Ä.) Im Folgenden geht es aber nicht darum, dass die Wissenschaft und die Wissensproduktion auch als schlichter ökonomischer Wert in die Produktion eingeht, sondern nur um die Frage, warum die Werte der *Natur*verhältnisse produktiv sind für die Verwertung rein *ökonomischer* Werte.) Die spezifisch kapitalistische Bestimmung der Naturwissenschaft ist darin zu suchen, dass die durch Werte bestimmten Naturverhältnisse in eine Ökonomie eingehen, deren Verhältnisse ebenfalls durch Werte bestimmt werden. Und die Übereinstimmung zwischen der ‚Naturalisierung der Natur' und der Naturalisierung gesellschaftlicher Verhältnisse ist darin zu suchen, dass Natur wie Gesellschaft durch eine Messung nicht nur jeweils einem Selbstverhältnis ausgesetzt sind, vielmehr werden die einmal identifizierten Verhältnisse der Natur im Produktionsprozess der Gesellschaft nicht nur in der Theorie reproduzierbar – wie in der Naturwissenschaft – sie werden hier auch *praktisch* reproduzierbar.

Dieses Einschreiben der durch Werte bestimmten Naturverhältnisse in das ebenfalls durch Werte bestimmte gesellschaftliche Verhältnis ist der Grund, warum der Produktionsprozess wie ein Naturprozess organisierbar ist. So ist bereits die quantitative Identifikation der Natureigenschaften durch eine Messapparatur oder durch ein Experiment der Prototyp einer Maschine und nimmt die Technik der Produktionsmittel vorweg. Wenn Messungen und Experimente die Naturverhältnisse durch die gemessenen Werte herausfordern, so machen sie die Natur zunächst auf theoretische Weise reproduzierbar, und das Produktionsmittel ist dann ‚nur' noch die praktische Umsetzung dieser Wissensproduktion durch die praktische Reproduktion der Natureigenschaften im Produktionsprozess. Zuerst, in der Wissensproduktion, wird die Natur durch die Messung und im Experiment so an sie selbst gehalten, dass ihre Eigenschaften herausgefordert werden, bevor dann das Produktionsmittel zu derjenigen Technik wird, durch welche die Natur so gegen sie selbst – in Anspielung auf Heideggers Begrifflichkeit – ge-stellt wird,[3] dass die bereits in der Wissensproduktion

---

[3] „Ge-stell heißt das Versammelnde jenes Stellens, das den Menschen stellt, d.h. herausfordert, das Wirkliche in der Weise des Bestellens als Bestand zu entbergen. Ge-stell heißt die Weise des Entbergens, die im Wesen der modernen Technik waltet und selber nichts Technisches ist." (Martin Heidegger: Die Frage nach der Technik. In: Ders.: *Vorträge und Aufsätze*. Pfullingen: Neske 1954, S.13–44, hier S.28.)

identifizierten Eigenschaften *praktisch* herausgefordert und im Produktionsprozess *praktisch* reproduziert werden.

Die Übereinkunft zwischen dem Messprozess in der Naturwissenschaft und dem ökonomischen Messprozess soll hier nicht weiter entwickelt werden. Worauf es allein ankommt, ist, dass das Wissen der Natur *nicht* produktiv ist, weil die materiellstofflichen Eigenschaften der Natur durch bestimmte Werte erfasst werden und in den Produktionsprozess eingehen. Die Naturwissenschaft ist überhaupt nicht aufgrund all ihrer inhaltlichen Erkenntnisse über die Naturverhältnisse produktiv, sondern dieses Wissen wird produktiv, wenn es in die *Verhältnisse der Verwertung* eingeht und diese Verwertung durch ihre Resultate dem Geld zum Gegenstand einer Messung wird. Genauer gesagt, wird die Naturwissenschaft erst produktiv – so wird in diesem Abschnitt über die Ökonomie der Zeit zu zeigen sein – wenn sie in das Verhältnis der Verwertung von lebendiger und toter Arbeitszeit eingeht, kurz von Arbeit und Kapital. Erst dieses zeitliche Verhältnis von lebendiger und toter Arbeitszeit wirkt sich, im Gegensatz zum Messprozess in der Naturwissenschaft, *produktiv* aus und bringt das rätselhafte Mehr hervor; denn während die Messung der Naturverhältnisse die Natureigenschaften durch die ermittelten Werte in der Zeit gerade identisch und somit zeit-*los* hält, besteht die gesellschaftliche Natur umgekehrt in einer *produktiven Auseinandersetzung der Zeit*.

Um in diese Messung einer produktiven Auseinandersetzung und Verwertung der Zeit einzusteigen, muss nach dem naturwissenschaftlichen Messprozess und seiner Naturalisierung der Natur als nächstes betrachtet werden, wie die Gesellschaft durch das Geld das eigene Verhältnis gleich einer *gesellschaftlichen* Natur misst, oder besser, wie sich die Gesellschaft einer Messung unterzieht, die ihr zur eigenen, rein gesellschaftlichen Natur wird.

Wird Marx' Wertformanalyse in der bislang gezeigten Weise als Konstitutionszusammenhang von Maß und zu messendem Verhältnis interpretiert, so befindet sie sich gleichsam im blinden Fleck der Naturwissenschaft, denn die Analyse zeigt ja, dass die Aussonderung eines Wertmaßes (Geldware) die zu messende Qualität (das gesellschaftliche Verhältnis der Waren) überhaupt erst konstituiert. Es ist in der Wertformanalyse allerdings nicht die Natur, die ihre Maße abgibt und ineins auf sie bezogen ist, sondern es sind die Waren, die durch die Aussonderung und Fixierung einer Geldware eine Werteinheit für sich ‚abgeben', und die Waren gehen durch das Aussondern einer Geldware und das Fixieren einer maßgeblichen Werteinheit überhaupt erst genau dasjenige Verhältnis ein, das der Geldware gleichsam zum Gegenstand einer Messung und das durch Werte zur Erscheinung gebracht wird.

Durch das Abgeben eines Maßes und die Quantifizierung des gesellschaftlichen Verhältnisses der Waren wird nun auch dieses Verhältnis naturalisiert – obwohl es doch ein rein *gesellschaftliches* Verhältnis ist! Auch wenn im Gegensatz zur Naturwissenschaft nicht die Natur, sondern die Gesellschaft das Maß für das eigene Verhältnis abgibt,

wird auch hier das Verhältnis wie eine Naturqualität gemessen und durch empirisch reine Werte quantitativ identifiziert. Wie im Fall der Natur erscheint auch das gesellschaftliche Verhältnis durch die gemessenen Werte so, als sei es ein unabhängiges, selbständiges Verhältnis, und dieses Selbstverhältnis *ist* auch hier nichts anderes als die Natur des Gemessenen selbst. Und wie in der Naturwissenschaft wird schließlich nicht nur das gemessene Verhältnis naturalisiert, sondern auch sein Maß, das Geld, denn das Geld muss, was immer es als Geld-*Ware* auch sein mag (Gold, Papier, elektronischer Impuls), als ein bestimmtes Quantum der gemessenen Qualität gelten. Auch wenn daher allseitig durchsichtig wäre, dass das Geld selbst nichts ist als nur irgendein beliebiges Etwas, das eine maßgebliche Werteinheit fixiert und nur *für* das gemessene Verhältnis steht und an-sich weder Wert ist noch Wert hat, auch dann bliebe die Werteinheit, für die das Geld steht, maßgeblich für dasselbe Verhältnis, das es durch die Messung naturalisiert wiedergibt. Kurz, das Geld wird ebenso naturalisiert wie das gesellschaftliche Verhältnis, das es realisiert und das sich im Geld quantitativ entspricht.
Doch mit dieser Übereinstimmung zwischen der Naturalisierung der Natur und der Naturalisierung des Verhältnisses der Gesellschaft beginnt auch ihr Unterschied, denn im Fall der Gesellschaft gehen das Maß und die gemessene Qualität, gehen Geld und Wert die oben skizzierte produktive Verschränkung ein. Während nämlich in der Naturwissenschaft ein *bestimmtes Quantum* ausgesondert und *unverändert* identisch gehalten wird, um mit ihm die gemessenen Verhältnisse der Natur nicht nur zu identifizieren, sondern auch in der Zeit identisch zu halten, steht die Geldware für eine noch *unbestimmte* Werteinheit, und die Werteinheit wird überhaupt erst zu einem *bestimmten* Quantum durch die Identifikation mit dem gemessenen Verhältnis der Waren. Im Messen identifiziert das Geld des Weiteren kein gesellschaftliches Verhältnis, das ihm äußerlich und fertig gegeben ist wie der Wissenschaft die Identität der Natur, sondern es ermittelt im Realisieren des Verhältnisses der Waren die zu ihrer Produktion maßgeblichen Wertgrößen. Mehr noch, das Geld realisiert in diesen Größen die Resultate einer Verwertung, in die es beständig eingeht und aus der es beständig zurückkehrt, und diese Bewegung im Messprozess sorgt dafür, dass die Gesellschaft ihre Identität nur erhält durch ihre beständige *Entwicklung* und ihren *Fortschritt*.
Dieselbe Technik des Messens und dieselbe Naturalisierung konstituieren also zwei geradezu gegensätzliche ‚Gegenstände'. Während die Naturwissenschaft die Naturverhältnisse durch die ermittelten Werte in der Zeit identisch und damit zeitlos hält (insbesondere im Rechnen mit diesen Werten und im Formulieren von Gesetzen), tritt das Verhältnis der Gesellschaft durch die ermittelten Werte nicht nur überhaupt erst ein, es tritt durch den Kapitalkreislauf des Geldes auch in seine eigene Entwicklung ein, und hier führt die Qualität quantitativer Verhältnisse, obwohl es sich wie im Fall der Natur um an-sich zeitlose Werte handelt, in nichts weniger als in eine *produktive Auseinandersetzung der Zeit*. Für diese produktive Auseinandersetzung muss als erstes betrachtet werden, wie die Naturalisierung eines zugleich rein gesellschaftlichen Verhältnisses mit der Zeit genau zusammenhängt.

2. Das Rechnen mit der Identität der Zeit.
Die Maßgeblichkeit des Geldes für die zeitlose, abstrakte Zeit

Trotz der unterschiedlichen Wertbegriffe, zu denen Marx' *Kapital* geführt hat, und trotz aller Ambivalenzen, die Marx selbst im Wertbegriff angelegt haben mag, sagt er ganz unmissverständlich, was das Geld in den Werten realisiert: Das Verhältnisse ihrer *Produktion,* und hier wiederum das Verhältnis der Arbeiten. Doch es ist ausdrücklich *nicht* das Körperliche, Geistige oder Immaterielle der Arbeit, das in den Waren in Wert gesetzt wird und die Wertsubstanz der abstrakten Arbeit bildet. Im Gegenteil, alle Arbeiten werden von ihrer konkreten Gestalt geschieden, indem sie vom Geld durch die Realisierung ihrer Resultate auf immer ein und dieselbe maßgebliche Werteinheit bezogen werden; beide, Arbeit und Ware, werden durch diese Werteinheit von aller konkreten Tätigkeit und aller gebrauchswertigen Gestalt geschieden und im quantitativen Teilen derselben Einheit zur Substanz und zur Form des Verhältnisses der kapitalistischen Gesellschaft.

Diese Form der Realisierung der Resultate der Arbeiten durch eine maßgebliche Einheit entspricht, so wird zu zeigen sein, *der Messung der Arbeit durch die Zeit.* Die Frage muss demnach lauten: Wie kommt durch das Geld die Zeit ins Spiel? Bislang stand das Geld ja ‚nur' für eine ideelle Werteinheit, mithin für die Qualität rein als solche oder die Quantifizierbarkeit. Wie bezieht das Geld nun durch diese ideelle Einheit die Arbeit auf die Zeit und lässt die Zeit maßgeblich werden?

Betrachten wir zunächst, was das für eine Zeit ist, die das Geld anscheinend für die Arbeit maßgeblich werden lässt. Auf den ersten Blick scheint es sich um die physikalische Zeit zu handeln, die von Newton in die moderne Naturwissenschaft eingeführt[4] und von Kant übernommen wurde (der sie – neben dem Raum – als eine der beiden „Anschauungsformen a priori"[5] bestimmt). Hier wie dort ist die Zeit eine von aller Empirie losgelöste, abstrakte, mit sich identische und homogene Zeit, unabhängig davon, ob die Zeit, wie in der Naturwissenschaft nach Newton, in der Natur ‚ist', oder ob die Zeit, wie Kant einwendet, der Natur durch eine transzendentale Subjektivität zugrunde gelegt wird und nicht mit der Natur an-sich gleichzusetzen ist.

Diese physikalische Zeit legt anscheinend auch Marx der Arbeit zugrunde. Genauer gesagt, zeigt er, dass es das Geld ist, *das der Arbeit diese Zeit zugrunde legt, wenn es für immer ein und dieselbe maßgebliche Einheit steht und die Resultate all der verschiedenen Arbeiten beständig der Realisierung durch diese Einheit aussetzt.* Durch die Werteinheit, für die das Geld steht, wird somit die Qualität nicht nur einer natürlich-physikalischen Zeit gegeben, es wird geradezu ihre Identität selbst gegeben – das Geld nimmt schlicht immer ein und dieselbe ideelle Einheit in Anspruch und hält durch sie die Zeit identisch. Genauer:

---

4 Vgl. Isaac Newton: *Mathematische Grundlagen der Naturphilosophie*. Hamburg: Meiner 1988, S. 44.

5 „Die Zeit ist eine notwendige Vorstellung, die allen Anschauungen zum Grunde liegt. […] Die Zeit ist also a priori gegeben. In ihr allein ist alle Wirklichkeit der Erscheinungen möglich." (Immanuel Kant: *Kritik der reinen Vernunft*. Nach der ersten und zweiten Originalausgabe. Hamburg: Meiner 2003, A 31, im Folgenden *KdrV*.)

Durch das Ausschließen einer Geldware wird diejenige ideelle, reine Werteinheit fixiert, die, wie in der Analogie zwischen Sein und Wert gezeigt, mit einem Schlag für die Realisierung des Seins alles Seienden da ist, mithin für die ideelle Identität des Daseins, und ineins mit dieser Einheit wird auch die Zeit identisch gehalten.

Das Geld hält also durch diese ideelle, maßgebliche Werteinheit auch die Zeit identisch, die physikalische Zeit im Sinne der neuzeitlichen Naturwissenschaft. Näher betrachtet, hält das Geld die Werteinheit im Realisieren der Warenwerte zwar in der Zeit identisch, aber die Identität der Zeit tritt durch die realisierten Werte je auf *endliche* Weise ein; die Zeit wird also gerade identisch gehalten durch ihre beständige *Quantifizierung*. Das Geld *gibt* Zeit im starken Sinne einer Gabe, aber es gibt die Zeit nur und immer schon durch die endlichen Werte, die es aufseiten der Waren realisiert.

In dieser Quantifizierung muss folgerichtig die ‚eigentliche' Qualität der Zeit liegen. Die Zeit tritt durch das Geld nicht ein, als wäre sie fertig vorhanden oder von der Natur gegeben und müsste vom Geld nur noch in Anspruch genommen werden, um für die Realisierung der Arbeit und der Warenproduktion maßgeblich zu werden. Die Zeit tritt *mit* dem Geld ein, und sie tritt immer schon auf quantitative Weise ein. (Das unterscheidet das kapitalistische Geld auch radikal vom Geld in vorkapitalistischen Gesellschaften. Was immer das Geld in vorkapitalistischen Zeiten gewesen sein mag, erst im Kapitalismus ist es Maß des Werts, und erst dadurch tritt diejenige physikalische Zeit ein, die maßgeblich wird für die Verwertung der Arbeit und für eine spezifisch kapitalistische Ökonomie – wenn für die vorherigen Gesellschaften überhaupt von einer Ökonomie im strengen Sinne gesprochen werden kann.)[6]

Die Identität der Zeit in der Quantität
Um den Zusammenhang von Wert und Zeit zu begreifen, den das Geld anscheinend stiftet, muss die Qualität der bislang physikalisch gefassten Zeit genauer bestimmt werden. Die Zeit, die das Geld durch die ideelle Werteinheit identisch hält und durch die Werte verendlicht, darf nicht vorschnell mit dem herkömmlichen Zeitbegriff gleichgesetzt werden, der an jener physikalischen Zeit orientiert ist und mit ihr eine ablaufende, aber im Vergehen stets gegenwärtige Zeit verbindet; eine gleichsam räumliche Zeit, *in* der sich alles ereignet. Die Zeit, die durch das Geld gegeben ist, geht diesem Zeitbegriff logisch voraus, denn durch das Geld ist zunächst nichts als die *Identität* der Zeit gegeben. Das Geld gibt mit dieser Identität ‚noch' nicht die Zeit in jenem ablaufenden Sinne, sondern im Gegenteil, es gibt das Zeit-lose der Zeit, und zwar dadurch, dass es sie *quantifiziert*.

Mit dieser Quantifizierung tritt erst die ‚eigentliche' Qualität der Zeit ein. Das Geld *gibt* Zeit im starken Sinne allein dadurch, dass es eine maßgebliche, ideelle Werteinheit identisch hält, aber es hält sie identisch, indem es das gesellschaftliche Verhältnis

---

6 Marx stellt wiederholt unmissverständlich fest, dass Geld als Moment der *Produktion* erst im modernen Kapitalismus existiert und dass es sich erst hier durch die Anwendung der Arbeit vermehren kann, z.B. *Grundrisse*, S. 150ff.

der Waren quantitativ umschlägt und, obwohl als Verhältnis ein rein negatives Wesen, durch endliche Werte gleichsam ins Positive wendet – und genau *darin* ist die Zeit identisch und zeitlos. Während das Geld dem realisierten Wertverhältnis der Waren entspricht, ist die Zeit im Geld gleichsam beständig angehalten und gegenwärtig und aufbewahrt, sodass sie im Geld immer auf je endliche und quantitativ bestimmte Weise anwesend ist und währt. Die ‚eigentliche' Qualität der Zeit *ist* nichts als dieses ständige rein quantitative Sein, das im Realisieren des Wertverhältnisses der Waren gleichsam im Geld eintritt und seinen gegenwärtigen Wert bestimmt.

Die quantitative Bestimmung des Geldes ist demnach keine Abstraktion *von* der Zeit, als ob die Zeit im qualitativen Sinne schon vorher da wäre und dann erst, durch ihre Quantifizierung im Geld, abstrakt würde. Die Zeit tritt vielmehr durch die quantitative Bestimmung des Geldes so ein, dass sie tatsächlich auf bestimmte Weise *da* ist im Sinne von anwesend und zeitlos gegenwärtig; die beste Formulierung dafür ist, dass die Zeit im Geld *quantitativ identisch gehalten ist*.

Diese Zeit ist auch noch nicht als geschichtliche Zeit zu verstehen, sie ist vielmehr noch ohne bestimmte Unterscheidungen und ohne Inhalt, ohne Bedeutung und ohne Sinn; die Zeit hat ihre Qualität nur darin, durch ihre Quantifizierung hindurch identisch zu bleiben und darin stets endlich bestimmt und doch zeitlos zu sein; sie ist nur dieses Sein und sonst nichts. Diese zeitlose Zeit wird im Folgenden, in Anlehnung an den Begriff der abstrakten Arbeit, als *abstrakte Zeit* bezeichnet.[7]

---

[7] Die gesamte Entwicklung der abstrakten Zeit lässt sich als implizite Kritik an derjenigen Kritik lesen, welche diese Zeit bereits erhalten hat, sei es im Anschluss an Marx' Gesellschaftskritik (von Lukács, Benjamin, Adorno und Sohn-Rethel über Althusser, Foucault, Deleuze und Derrida bis zu Postone und Negri), oder sei es im Kontext einer Zeit-Philosophie (hier im Anschluss an Bergson, Nietzsche und Heidegger). Stellvertretend sei die vielleicht radikalste, jedenfalls aber wirkungsmächtige Kritik der formalen Zeit erwähnt, diejenige Heideggers, welcher der gesamten Geistesgeschichte von Aristoteles bis einschließlich Hegel eine vulgäre, verräumlichte Vorstellung der Zeit unterstellt, vgl. Martin Heidegger: *Sein und Zeit*. Tübingen: Niemeyer 1993, bes. § 82, S. 428–436; vgl. dazu auch Jacques Derrida: Ousia und Gramme. Notiz über eine Fußnote in „Sein und Zeit". In: Ders.: *Randgänge der Philosophie*. Wien: Passagen 1988, S. 57–92. Eine (Anti-)Kritik an einer solchen Kritik an der vulgären, verräumlichten oder auch verfallenden Zeit ist aus drei Gründen notwendig. Erstens, weil die Kritik an einer solchen Zeit zwar gegen den modernen physikalischen Zeitbegriff angesetzt wurde, aber meist vorbeigegangen ist an der Technik eines Maßes und einer Messung, die eine solche Zeit erst konstituieren. Stattdessen hat sich die Kritik dagegen gerichtet, dass eine solche Zeit in der Ökonomie und darum auch in der Gesellschaft, in der Subjektivität und für das Leben wirksam wird; das gilt unabhängig davon, ob die kritisierte Zeit als räumlich-homogene Zeit gefasst wird (Bergson), als uneigentlich-vulgäre Zeit (Heidegger), formal-räumliche (Lukács), homogen-leere (Benjamin, Adorno), homogen-kontinuierliche (Althusser, Deleuze), aristotelische (Derrida), abstrakte (Postone, Holloway) oder ent-zeitlichte, de-potenzialisierte Zeit (Negri). Eine andere Zeit musste als Gegenentwurf herhalten: die Zeit des Ereignisses oder der qualitativen Erfüllung, die Zeit des Konkret-Gebrauchswertigen oder gar des Lebens. Lässt sich dagegen für das Geld der kapitalistischen Gesellschaft zeigen, dass es im Messen und Quantifizieren die dadurch realisierte abstrakte Zeit zugleich erst konstituiert und für die Gesellschaft maßgeblich werden lässt, dann ist mit der Kritik der Technik des Geldes auch die Möglichkeit gegeben, die Zeit ‚vor' der Natur und vor jeder ontologischen Ordnung zu situieren, mithin auch vor jeder (subjektiven oder geschichtlichen) Existenz ‚in' der Zeit. Der zweite Grund für eine Anti-Kritik ergibt sich aus dem ersten: Es ist notwendig, zwei Zeiten ebenso zu unterscheiden wie zu vermitteln, nämlich die zeitlose, rein quantitativ identisch gehaltene Zeit einerseits und ihre Verzeitlichung und Vergeschichtlichung

Wenn die Qualität des Werts in dieser abstrakten Zeit liegt, muss entsprechend all das, was über den Wert und seine übersinnliche, rein gesellschaftliche Qualität gesagt wurde, nun ebenso für die Qualität der abstrakten Zeit gelten. So hat auch die abstrakte Zeit ihre Bestimmung gerade in ihrer Un-bestimmtheit, nicht anders als der Wert, der ja auch, wie in der Analogie zu Hegels „reinem Sein" (das ebenso Nichts ist) gezeigt wurde, unbestimmt sein muss – aber darum, weil er zur *Qualität des Bestimmens selbst* entwickelt werden muss. Die Entwicklung des Bestimmens ergab dann die Qualität *schlechthin*. Sie bestand darin, dass die Qualität des Bestimmens – das Bestimmen des gesellschaftlichen Daseins durch Etwas und Anderes, Ware A und Ware B – dass diese Qualität des Bestimmens sich im Umschlagen in Quantität gleichsam selbst Eins ist und auf sich selbst anwendet und zugleich gegen sich wendet. Mit einem Wort, das Bestimmen wird im Umschlagen in Quantität ebenso unmittelbar wie bewusstlos *reflexiv*. Dass das Bestimmen reflexiv wird, bedeutet, Etwas und Anderes, Ware A und B bestimmen einander nicht, ohne zugleich ihr gemeinsames Verhältnis zu bestimmen und dieses Verhältnis, indem sie es umschlagen und ein *quantitatives* Verhältnis eingehen, durch bestimmte Werte rein als solches an-sich vorstellen (dasjenige Verhältnis, dessen Form Marx im „x Ware A = y Ware B" analysiert und das von den Waren in ihren Wertgrößen, dem „x" und „y", vorgestellt wird).

Es ist dieses Umschlagen von Qualität in Quantität, das anscheinend der Quantifizierung und In-Wert-Setzung einer abstrakten Zeit entspricht. Und es ist dieses von den Waren rein quantitativ vorgestellte Verhältnis, das im Geld zeitlos gehalten bleibt und übertragbar wird: Trat bislang durch das Geld die Qualität des Werts in Gestalt endlicher Werte ein, so tritt mit diesen Werten die Qualität der Zeit ein; und wurde bislang die ideelle Einheit, für die das Geld steht, durch das Wertverhältnis der Waren einerseits und seine quantitative Entsprechung im Geld andererseits zur Realität, so entspricht diese Realität der Idealität nun der abstrakten Zeit. Die abstrakte Zeit ist einerseits im Wertverhältnis der Waren, welches das Geld realisiert, anwesend, aber während die Waren mit ihren Gebrauchswerten vergehen, *währt* ihr Verhältnis andererseits im Geld auf eine zeitlose, aber je quantitativ bestimmte Weise kontinuierlich fort und wird durch das Geld übertragbar.[8]

andererseits (und es ist, so wird in diesem Abschnitt zu zeigen sein, die Messung durch das Geld, die beide Zeiten im starken Sinne *gibt* und ihre Vermittlung besorgt). Der dritte Grund ist, dass nicht gefragt wurde, wie eine scheinbar natürlich-physikalische Zeit maßgeblich für die Verwertung der Arbeitskraft und der Produktionsmittel werden und dadurch zugleich eine rein *gesellschaftliche* Qualität sein kann, sogar die gesellschaftliche Qualität schlechthin. Folgerichtig wurde die Technik des Geldes übergangen, einerseits eine naturalisierte, physikalische Zeit in der kapitalistischen Ökonomie in Wert zu setzen und gleichsam zu vergesellschaften und sie andererseits zu vergeschichtlichen. Einen knappen Überblick zur Diskussion um die Zeitproblematik in der an Marx orientierten Gesellschaftskritik gibt Peter Osborne: Marx and the Philosophy of Time. In: *Radical Philosophy* 147 (2008), S. 15–22; ausführlich ders.: *The Politics of Time. Modernity and Avant-Garde*. London/New York: Verso 1995; Siegfried Kracauer hat das Verhältnis von ereignishaft und chronologisch gefasster Zeit diskutiert und kommt zur Feststellung, „die Antinomie im Innersten der Zeit ist unlösbar", vgl. ders.: *Geschichte – Vor den letzten Dingen. Werke*, Bd. 4. Frankfurt am Main: Suhrkamp 2009, bes. S. 144ff., 377ff., hier S. 180.

8 Das Bilden einer Wertsubstanz: Dass die Resultate aller Arbeiten durch immer ein und dieselbe Einheit

3. Der Eintritt der abstrakten Zeit durch endliche Werte: Das Maß als Tauschmittel und das Währen der Zeit im Geld

Der Eintritt der abstrakten Zeit durch ihre quantitative Bestimmung entspricht dem Übergang der ersten in die zweite Bestimmung des Geldes, dem Übergang des Maßes des Werts ins Mittel seiner Realisierung. Die Maßfunktion besteht zunächst ‚nur' darin, dass durch den Ausschluss einer Geldware immer ein und dieselbe ideell-übersinnliche Werteinheit für die Realisierung der Resultate der Arbeiten in Anspruch genommen wird, sodass mit dieser Werteinheit die Zeit identisch gehalten wird und zeit-los gültig bleibt. Doch erst wenn das Geld in seiner Tauschmittelfunktion die Waren auf praktische Weise realisiert, tritt mit der ideellen Werteinheit auch die zeitlose Zeit durch bestimmte Werte auf endliche Weise ein und ist anwesend, einerseits im Wertverhältnis der Waren, andererseits im Geld. Der kapitalistischen Ökonomie ist somit zwar bereits durch die erste Geldfunktion das Maß der abstrakten Zeit gegeben, aber diese Zeit tritt erst ein, wenn das Geld durch seine zweite Funktion diese zeitlose Zeit in Form der Realisierung des Wertverhältnisses praktisch einlöst und durch bestimmte Werte rein quantitativ eintreten lässt.

Durch den Übergang des Maßes ins Tauschmittel wird, wie im Verlauf der Arbeit bereits gezeigt wurde, mit der maßgeblichen Einheit auf praktische Weise *gerechnet*. In die Ökonomie der Zeit übersetzt heißt das, dass durch die Maß- und Tauschmittelfunktion des Geldes auf ebenso bewusstlose wie praktische Weise mit der Identität der Zeit gerechnet wird. Dieses Einlösen der abstrakten Zeit durch die zweite Bestimmung des Geldes gilt es genauer zu betrachten.

Die Zeitpunkte der Messung und die Form ihres Währens.
Kauf und Verkauf (G-W/W-G) und einfache Warenzirkulation (...W-G-W...)
Indem das Geld die Waren als Werte realisiert, scheint auch die abstrakte Zeit auf unmittelbare Weise gegenwärtig zu sein. Diese Gegenwart kann sich quantitativ

gemessen werden und dadurch im Geld das zeitlose Sein einer zugleich quantitativ bestimmten, rein gesellschaftlichen Substanz bilden, der abstrakten Arbeit – dieses Bilden einer zeitlosen und doch endlich bestimmten und übertragbaren Wertsubstanz zeigt erneut, wie nah Marx' materialistischer Substanzbegriff Hegels geistig-ideellem Substanzbegriff steht. Die Bildung der Wertsubstanz zeigt auch, wie nah die abstrakte Arbeit Hegels geistig-ideeller Arbeit steht, der Arbeit des Begriffs und des Geistes, und wie fern dem Arbeitsbegriff der bürgerlichen Ökonomietheorie. (Das wird erst deutlich in der Bildung gesellschaftlich notwendiger Durchschnittsarbeitszeit sowie einer allgemeinen Profitrate. Dass diese Größen, wenn die kapitalistische Verwertung der Arbeit durch das Geld auf das universelle Maß der Zeit bezogen wird, nichts weniger bilden als gesellschaftliche Allgemeinheit und gesellschaftliche Totalität, entspricht endgültig eher dem Arbeitsbegriff Hegels als dem der klassischen Ökonomietheorie.) Marx' Begriff der abstrakten Arbeit steht aber auch den *nicht* an Hegel orientierten Arbeitsbegriffen der Philosophie fern, die in der Regel, wie etwa Heidegger und Hannah Arendt, am (aristotelischen) Poiesis-Begriff orientiert bleiben (auch wenn Hannah Arendt die Unterscheidung zwischen Arbeit und Herstellen sowie die Bedeutung des Messens für das Herstellen betont hat, vgl. Hannah Arendt: *Vita activa oder Vom tätigen Leben*. München/Zürich: Piper 2002, bes. S. 98–212 (Kap. 3–4). Dass ausgerechnet Heidegger am aristotelischen Arbeitsbegriff orientiert bleibt (und zwar auch noch im Spätwerk, wo er sich nicht mehr dem Handwerk, sondern der Technik zuwendet), ist insofern verwunderlich, als er sich ausdrücklich gegen den aristotelischen Zeitbegriff wendet, wenn er nach dem Sein des Seienden fragt, das Sein zeitlich bestimmt und die Zeitlichkeit des Seins schließlich als ein Existieren fasst.

beliebig ändern – einerseits im Verhältnis der Waren, andererseits im Geld – sie bleibt im Geld dennoch, während die Waren gemäß ihrer gebrauchswertigen Bestimmung im Konsum verschwinden, auf endliche Weise zeitlos gehalten. Dass die Zeit im Geld durch endliche Werte zeitlos gehalten wird und gegenwärtig bleibt, klingt im Begriff der „Währung" an: Die Zeit *währt* durch die Gestalt des Geldes auf quantitative Weise (fort).

Dieses Übergehen der Zeit durch ihr quantitatives Währen im Geld tritt allerdings durch bestimmte Zeitpunkte ein, dann nämlich, wenn die Waren durch die Tauschmittelfunktion auf ganz praktische Weise an ihr gemeinsames Maß gehalten werden und dadurch als Werte ins Verhältnis treten. Jeder Austausch Ware gegen Geld, jeder Kauf und Verkauf wird einer der Zeitpunkte, in denen die Zeit auf bestimmte Weise gegenwärtig wird. Jeder dieser Zeitpunkte ist selbst jeweils zwar zeitlos, genau wie der im Geld quantitativ realisierte Warenwert; aber jeder Zeitpunkt bleibt darum zeitlos, weil er genau die Gegenwart *ist*, durch die jene (oder *in* die jene) zeitlose Zeit quantitativ bestimmt eintritt.

Die beiden ersten Geldfunktionen sorgen somit dafür, dass die Identität einer abstrakt-zeitlosen Zeit durch die Realisierung desjenigen Wertverhältnisses auf endliche Weise eintritt, das sich im Geld ausdrückt und entspricht, wobei die Identität der Zeit durch all die Zeitpunkte eintritt, in denen das Geld gegen Ware ausgetauscht wird. Nimmt man diese Zeitpunkte zusammen, wird die abstrakte Zeit Realität durch eine *Formalisierung*. Die Formalisierung entsteht durch alle Zeitpunkte von Kauf und Verkauf G-W/W-G und nimmt die bereits ausgeführte Form …W-G-W… an, aber nun tritt hervor, dass die ausgeschlossene Geldware, wenn sie als Tauschmittel in die Vermittlung der Waren eintritt, tatsächlich auf buchstäbliche Weise *für* die abstrakte Zeit *da* ist. Das Tauschmittel steht für die abstrakte Zeit, weil es das Verhältnis der Waren *anstelle* eines unmittelbaren Austauschs Ware gegen Ware (W-W) realisiert, sodass, während die Waren aus der Zirkulation herausfallen und im Konsum verschwinden, das Mittel der Realisierung ihres Verhältnisses erhalten bleibt und dem durch Werte realisierten Verhältnis eine eigenständige Form gibt. Der Gegensatz zwischen den gewöhnlichen Waren und der besonderen Geldware ist dadurch auch ein Gegensatz in zeitlicher Hinsicht: Es ist geradezu die Bestimmung der gewöhnlichen Waren, einerseits im Herausfallen aus der Zirkulation und im Verschwinden im Konsum auch aus der Zeit zu fallen und zu vergehen, aber andererseits als Tauschwerte durch die Geldware in der Zeit zu bleiben und gegenwärtig zu sein; entsprechend liegt der Gebrauchswert der Geldware darin, statt wie die Waren aus der Zeit zu fallen und zu verschwinden, ihre Tauschwerte in der Zeit identisch zu halten. Es ist, als ob die ideelle Werteinheit, die durch den Ausschluss einer Geldware fixiert wird, zur Identität der Zeit wird, wenn die ideelle Einheit durch die Akte des Kaufs und Verkaufs praktisch eingelöst wird und dadurch auch der Zeit Raum gibt, Raum gibt in einem Verhältnis der Waren, das sich im Wert des Geldes entspricht. Es scheint, als würde das gesellschaftliche Dasein der Waren durch das Tauschmittel ganz unmittelbar in eine verräumlichte, homogene Zeit eintreten, und zwar so unmittelbar, dass das Geld, wenn es im Wertverhältnis der Waren dieselbe Qualität expliziert, die es zugleich mit sich bringt, dadurch auch die Zeit unmittelbar mit sich bringt. Das Mitsich-Bringen der Zeit hängt daran, dass das Tauschmittel für das quantitative Übergehen der Waren eingesetzt wird, denn dadurch kann es einen unmittelbaren Austausch unterbrechen und ihn durch Kauf und Verkauf und in Zeit und Raum auseinandersetzen. Diese trennende Vermittlung formalisiert diejenige abstrakte Zeit, die *zugleich* im Geld quantitativ währt, sodass dasselbe Geld, das für den zeitlosen Punkt des Austauschs steht und einen unmittelbaren Warentausch durch ihre Identität als Werte derselben Einheit ersetzt, für die Einlösung dieser spekulativen Identität da ist und für den Zeitpunkt dieser Einlösung eingesetzt werden kann. Durch dieses Einsetzen ist das Geld dann anstelle eines unmittelbaren Austauschs der Dinge da und setzt in der Unterbrechung eines unmittelbaren Austauschs (oder in *die* Unterbrechung) die Zeit gleich in einem doppelten Sinne aus. Zum einen setzt es die Zeit durch ein rein quantitativ realisiertes Wertverhältnis auf eine bestimmte Weise aus; dadurch ist die Zeit ausgesetzt im Sinne von angehalten, fixiert und aufbewahrt. Zum anderen setzen Kauf und Verkauf die Zeit aber auch aus in dem Sinne, dass genau dieses rein quantitative Zeitlos-Halten der Zeit weitergehen und fortdauern muss, und es ist dieses Weitergehen, dem die Gesellschaft ausgesetzt ist. Jeder Kauf und Verkauf stellt zwar quantitativ dasjenige gesellschaftliche Verhältnis fest, in welchem eine Ware zu allen anderen steht, aber diese Feststellung ist nur eine kurze Unterbrechung eines Verhältnisses, das durch weitere Käufe und Verkäufe fortgesetzt werden muss und das nur in dieser Fortsetzung existiert. Das Übergehen der Waren als Wertquanta steht ständig weiterhin aus und muss durch das Geld weitergehen; jeder Kauf und Verkauf ist die Unterbrechung eines unmittelbaren Warentauschs *durch* die Realisierung ihres Verhältnisses; jeder Kauf und Verkauf unterbricht das gesellschaftliche Verhältnis der Waren im Moment seiner Bestimmung und ist zugleich dessen Vermittlung; jeder Austausch Ware gegen Geld stellt für einen bestimmten Augenblick: den Augenblick der Bestimmung selbst, Gegenwart her und hält das Übergehen der Waren als Werte für diesen Moment auf quantitativ bestimmte Weise fest. Folgerichtig ergeben alle Tauschakte eine ständige Vergegenwärtigung des Wertverhältnisses der Waren und mit ihr die Identität des gesellschaftlichen Verhältnisses in Form seiner ständigen quantitativen Vermittlung durch das Geld in seiner quantitativen Unmittelbarkeit. Durch diese Unmittelbarkeit können die Waren in Zeit und Raum auseinanderfallen, *während* ihr Verhältnis auf quantitativ bestimmte Weise zeitlos gehalten bleibt und das Geld gleichsam der Übergang ist für das quantitative Übergehen dieser verendlichten Zeit.

Indessen scheint dieser Übergang in die *schlechte Unendlichkeit* einer endlosen Zeit zu führen. Es ist dieselbe schlechte Unendlichkeit, die bereits für den Wert gezeigt wurde, zuerst *qualitativ*, (in der totalen Entfaltung der einfachen Wertform im III. Abschnitt), dann *quantitativ* (in der Kritik der einfachen Zirkulation im IV. Abschnitt). Maß und Tauschmittelfunktion scheinen durch Kauf und Verkauf und deren ständige Wiederholung nur für das Übergehen an-sich zeitloser Quanta zu sorgen und in den ewigen Kreislauf …W-G-W… zu führen. In ihm scheint das Geld die Identität einer abstrakten Zeit eintreten zu lassen und quantitativ auseinanderzulegen, die im Übertragen von Werten beständig wiederholt und auf Dauer gestellt wird. Die kapitalistische Gesellschaft befände sich mithin andauernd in einer zeitlos gehaltenen Zeit, die allein rein quantitativ übertragen wird.

Doch erinnern wir uns: Marx, so wurde in der Analogie zwischen Seinslogik und Wertformanalyse im Abschnitt zu Adorno gezeigt, holt durch die schlechte Unendlichkeit der totalen Entfaltung der einfachen Wertform x Ware A = y Ware B zunächst gleichsam hinterrücks die Wahrheit ihres Verhältnisses ein, nämlich die ideelle Identität, für die das Geld da ist und durch die es die Qualität *quantitativer* Verhältnisse geltend macht. Anschließend macht er durch die Kritik der einfachen Zirkulation, wie im Abschnitt zu Sohn-Rethel gezeigt, wiederum durchsichtig, dass die schlechte Unendlichkeit des endlosen Zirkulierens …W-G-W… vom kapitalistischen Selbstbezug des Geldes G-W-G' übergriffen wird und dass in der Realisierung der Warenwerte ihre *Produktion* begriffen ist; das Wertverhältnis der Waren ist ein Schein, weil in ihrem Wert das Verhältnis der Bestandteile einer *Ver*wertung realisiert wird. Folgerichtig müsste die abstrakte Zeit, die durch endliche Quanta im Wertverhältnis der Waren auf der einen und in der quantitativen Spezifizierung des Geldes auf der anderen Seite eintritt und ihre Entsprechung und spekulative Identität begründet, dieses Wesen oder diese Anwesenheit der abstrakten Zeit müsste in die Kapitalbewegung des Geldes zurückgenommen werden. Wenn die Realisierung des Wertverhältnisses durch das Maß und das Tauschmittel sowie die schlechte Unendlichkeit des Zirkulierens der Waren je schon innerhalb dieser Kapitalbewegung eintreten und Momente dieser Bewegung sind, und wenn in der Kapitalbewegung wiederum das Verwertungsverhältnis der beiden Bestandteile der Warenproduktion begriffen ist, dann müsste auch das Eintreten und Übertragen der abstrakten Zeit, das Maß und Tauschmittel im Wertverhältnis realisieren, einerseits von der Kapitalbewegung und andererseits von der Verwertung her begründet werden.

Und in der Tat zeigt Marx, dass das Geld in den Wertgrößen der Waren die Verhältnisse ihrer Produktion vergegenwärtigt und gleichsam wiedergibt und wiederherstellt. Die Zeit, die durch die Realisierung des Verhältnisses der Waren auf quantitative Weise im Geld einzutreten scheint, ist ‚Zeitigung' desjenigen Verhältnisses, das aus der Verwertung von Arbeit und Kapital resultiert; das Übergehen der Waren als Werte und ihre In-Wert-Setzung im Geld ist eine Gegenwart, in der sich (oder durch die sich) das Verhältnis von Arbeit und Kapital durchsetzt. Die Zeit ist daher auch nicht maßgeblich für die Realisierung des gesellschaftlichen Verhältnisses der Waren, vielmehr ist die Zeit maßgeblich für die Verwertung der Bestandteile ihrer Produktion.

4. Die Verzeitlichung der Zeit durch die Verwertung von Kapital und Arbeit. Das Konstante und das Variable der Verzeitlichung

Die Gegenwart, die das Geld einerseits quantitativ aufhält und währen lässt und andererseits in den Wertgrößen der Waren expliziert, ist nicht, was sie zu sein scheint. Die Waren scheinen zwar durch eine maßgebliche Einheit an das Maß der abstrakten Zeit

gehalten zu werden und in Kauf und Verkauf eine gemeinsame Gegenwart zu teilen, und die Gegenwart scheint im Geld, wie immer sie sich in den Waren qualitativ darstellt, auf quantitative Weise zeitlos zu bleiben und übertragbar zu sein. Aber diese Gegenwart ist die Vergegenwärtigung des Verhältnisses nicht der Waren, sondern ihrer Produktion: Das Geld ist maßgeblich für dasjenige produktive Verhältnis, dessen Resultate in Form der Zirkulation nur noch realisiert werden.
Doch auf welche Weise wird durch das Geld die Zeit für die Verhältnisse der Warenproduktion maßgeblich? Was sind das für Produktionsverhältnisse, die durch das Geld auf die Zeit bezogen werden? Bislang scheint es schlicht die Arbeit zu sein, die das Geld der Messung ihrer Resultate aussetzt. Entsprechend scheint das Geld die Arbeit durch die Realisierung ihrer Resultate auf das Maß der Zeit zu beziehen und rein quantitativ wiederzugeben. Das Geld scheint der ‚Ort' zu sein, an dem alle Arbeiten durch ihre Resultate, die Waren, durch dieselbe abstrakte zeitlose Zeit einheitlich gebrochen werden, dadurch ein endliches und quantitativ eindeutig bestimmtes Verhältnis eingehen und als abstrakte Arbeit die zeitlich-zeitlose Substanz des Werts bilden.[9]
Allerdings ist es gerade nicht die Dauer oder die Länge der Arbeitszeit, die durch das Geld wie in einer Messung in den Warenwerten erschlossen wird. In den Warenwerten wird vielmehr das *produktive Verhältnis* ermittelt und wiedergegeben, das die lebendige Arbeit innerhalb der Warenproduktion mit ihrer in den Produktionsmitteln und -bedingungen bereits verendlichten Vergangenheit eingegangen ist.

4.1 Die lebendige Arbeit und ihr Übertragen der eigenen Vergangenheit – Die Konstante im Verhältnis lebendiger und toter Arbeitszeit

Um das Verhältnis von lebendiger und toter Arbeitszeit zu erschließen, kann auf den Abschnitt über Lukács zurückgegriffen werden, in dem das Entspringen des Kapitalverhältnisses aus der ursprünglichen Akkumulation in eine Analogie gebracht wurde zum Verhältnis von Herrschaft und Knechtschaft in Hegels *Phänomenologie des Geistes*.

Im Zuge der Analogie wurde gezeigt, dass die ursprüngliche Akkumulation für das Kapitalverhältnis ursprünglich ist, weil sie Produzent und Produktionsmittel radikal voneinander geschieden und beiden Seiten einen neuen, spezifisch kapitalistischen Status verliehen hat. Beide, die Arbeit und die Produktionsmittel, erhalten fortan nicht nur den Status von Waren, sie gehen auch als *zwei unterschiedliche Wertbestandteile* in die Produktion ein und bestimmen durch ihr Verhältnis die Werte der produzierten Waren.

Wenn das Geld nun für eine Werteinheit steht, die das Maß der abstrakten Zeit geltend macht, so setzt es in Arbeit und Kapital nicht nur zwei Bestandteile einer

---

[9] Marx unterscheidet zwischen dem „immanenten Maß" der Waren, „der Arbeitszeit" und dem Geld als „äußerem Wertmaß", und er kritisiert an der klassischen Ökonomietheorie, dass sie, wie eingangs des V. Abschnitts zitiert, den „Zusammenhang zwischen Wert, seinem immanenten Maß durch die Arbeitszeit und der Notwendigkeit eines *äußren* Maßes der Warenwerte nicht begriffen, nicht einmal als Frage aufgeworfen" habe. (*ThM II*, S. 199.)

Wertverwertung in Kraft, es setzt die beiden Bestandteile dem Maß der Zeit aus und setzt sie in ein *zeitliches Verhältnis*. In Arbeit und Kapital ist das zeitliche Verhältnis von lebendiger und toter Arbeitszeit in Kraft, und dessen Zeitlichkeit besteht allein schon darin, dass der Wert aufseiten der kapitalistischen Produktionsmittel als ein bereits durch Arbeit produzierter Wert in die Warenproduktion eingeht. Die Verwertung, die sich daraus ergibt, ist spezifisch allein für die kapitalistische Gesellschaft, denn auch wenn die Mittel der Produktion bereits in nicht- und vorkapitalistischen Zeiten durch Arbeit hergestellt sein mögen, so wird doch nur im Kapitalismus diese *vergangene Arbeitszeit in Wert gesetzt und geht aufseiten des Kapitals als Wertbestandteil in die Produktion der Waren ein, als vorgeschossener und auf neue Waren zu übertragender Wert*. Erst im Kapitalismus ist es dieses zeitliche Verhältnis, das die lebendige Arbeit mit ihrer bereits vergangenen, aber in die Produktionsmittel und -bedingungen eingegangenen und vergegenständlichten Arbeitszeit eingeht, welches durch das Geld in Wert gesetzt wird. Aufgrund dieser Übertragung der vergangenen, aber in den Produktionsmitteln akkumulierten Arbeitszeit führt Marx den Wert der Ware nicht geradewegs auf die einzelne konkrete Arbeit zurück. Die konkreten Arbeiten gehen im Kapitalismus ein zeitliches und gleichsam geschichtliches Verhältnis mit ihrer eigenen, aufseiten des Kapitals akkumulierten und zu übertragenden Vergangenheit ein, von Marx bezeichnet als „tote Arbeitszeit".

Mit einem Wort, durch das Geld wird die abstrakte Zeit maßgeblich für die *spekulative Identität* von lebendiger und toter Arbeitszeit. „Spekulative Identität", denn Kapital *ist* Arbeit, aber vergangene, in den Produktionsmitteln und -bedingungen vergegenständlichte und auf Übertragung wartende oder vielmehr drängende Arbeitszeit. Und ebenso *ist* Arbeit Kapital, aber Kapital in lebendiger, noch nicht vergegenständlichter Gestalt. Diese spekulative Identität fällt in eine produktive Auseinandersetzung der Zeit selbst, in eine Auseinandersetzung, die einerseits in der lebendigen Arbeitszeit aufseiten der Arbeitskraft und andererseits in der vergangenen Arbeitszeit aufseiten der bereits von ihr produzierten Produktionsmittel in Kraft ist und zwei unterschiedliche Gestalten annimmt.

Diese spekulative Identität von lebendiger und toter Arbeitszeit einerseits, ihre raumzeitliche Auseinandersetzung in zwei unterschiedlichen Gestalten andererseits, lässt lebendige und tote Arbeit zu zwei *Klassen* ein und derselben Zeit werden. Ja, es ist gleichsam die abstrakte Zeit selbst, die durch die Arbeitskraft und die kapitalistischen Produktionsmittel in zwei Klassen gespalten wird. Die Zeit nimmt in den beiden Klassen nicht nur zwei unterschiedliche Gestalten an, sie wird durch ihre Gestalten geradezu subjektiviert, zum einen durch den Arbeiter, zum anderen durch den Kapitalisten, die beide durch ihre ökonomischen und politischen Kämpfe und (Interessen-) Konflikte die Auseinandersetzung der abstrakten Zeit (re-)präsentieren. Wie immer diese ökonomischen und politischen Kämpfe und (Interessen-)Konflikte auch ausfallen, innerhalb des Kapitalismus setzen sie notwendigerweise ein und dieselbe Zeit auseinander und tagen eine spekulative Identität aus.

Durch das Verhältnis, das die lebendige Arbeit mit ihrer eigenen Vergangenheit aufseiten der kapitalistischen Produktionsmittel eingeht, wird die Zeit nicht nur in vergangene und gegenwärtige Arbeitszeit auseinandergesetzt, innerhalb dieser Auseinandersetzung wird die Vergangenheit auch *übertragen* und *bewahrt*, denn die produzierten Produktionsmittel gehen als Werte in die Warenproduktion ein, die auf ihre Übertragung durch die lebendige Arbeit warten oder vielmehr drängen. Entsprechend muss sich die lebendige Arbeit der Übertragung dieser Vergangenheit unterziehen. So wird die tote Arbeitszeit wieder lebendig durch das Gemeinsame und spezifisch Kapitalistische aller lebendigen Arbeit, nämlich durch die *Arbeit der Übertragung*. Im Kapitalismus ist die lebendige Arbeit, welche konkrete Gestalt sie auch immer annimmt und was immer sie auch produziert, die Arbeit des Übertragens ihrer Vergangenheit aufseiten des Kapitals, mithin Arbeit des Bewahrens vorhandenen Werts durch seine Übertragung auf neue Waren.[10] Sie kontinuiert im Bewahren desjenigen Werts, der bereits aus lebendiger Arbeitszeit hervorging, die eigene Vergangenheit und produziert eine *zeitliche Konstante*.[11] Die inhaltliche Bestimmung der konkreten Arbeit ist, wie immer sie im Produktionsprozess konkret auch ausfallen mag, nicht zu trennen von dieser kapitalistischen Bestimmung, den Wert der Produktionsmittel auf neue Waren zu übertragen und ihn dadurch zum konstanten Kapital werden zu lassen. Entsprechend sind die kapitalistischen Produktionsmittel, was immer sie auch produzieren und welche Gestalt sie auch immer annehmen, dazu bestimmt, dass ihr Wert auf Waren übertragen wird. Oder vielmehr können beide, die Arbeit und die Produktionsmittel, im Kapitalismus überhaupt nur darum gleichgültig gegen ihre konkrete Gestalt und gegen ihre inhaltliche Bestimmung werden und sich zudem getrennt voneinander differenzieren und entwickeln, *weil* die produktive Kraft ihrer Verwertung an dieser einen Bestimmung hängt, dass vorhandener Wert im Übertragen auf neue Waren in der Zeit bewahrt wird.

Die tote Arbeitszeit des Kapitals ist durch diese Notwendigkeit ihrer Übertragung weder tot noch lebendig, sie ist, wie im Abschnitt über Lukács bereits angeführt, *untot*. Sie lebt weiter durch die lebendige Arbeit und deren Arbeit der Übertragung, und sie west fort und bleibt anwesend, wenn das Geld die Resultate dieses Verhältnisses von lebendiger und toter Arbeit realisiert und als abstrakte Arbeit geltend macht.[12]

---

10 In Abschnitt II, Anm. 112 u. 182, wurde bereits darauf hingewiesen, dass die Unterscheidung in konstantes und variables Kapital nicht mit der Unterscheidung in fixes und zirkulierendes Kapital zu verwechseln ist. Die produktive Kraft der Verwertung tritt nur deutlich hervor, wenn sie als zeitliches Verhältnis von konstantem und variablem Kapital betrachtet wird; ihr zeitliches Verhältnis wird durch die Unterscheidung in fixes und zirkulierendes Kapital eher räumlich verortet und ausgelegt. Der räumlichen Verortung des Kapitals und ihrer Bedeutung für die Verzeitlichung des Raumes ist David Harvey in seinen Arbeiten nachgegangen, vgl. bes. David Harvey: *The Enigma of Capital*. Oxford: Oxford University Press 2009; ders.: *Räume der Neoliberalisierung*. Hamburg: VSA 2007.

11 „Der Teil des Kapitals also, der sich in Produktionsmittel, d. h. in Rohmaterial, Hilfsstoffe und Arbeitsmittel umsetzt, verändert seine Wertgröße nicht im Produktionsproseß. Ich nenne ihn daher konstanten Kapitalteil, oder kürzer: konstantes Kapital." (Karl Marx: *Das Kapital. Kritik der politischen Ökonomie. Erster Band. MEW*, Bd. 23, S. 223, im Folgenden *Kapital I*.)

12 Den Begriff des Untoten hat Slavoj Žižek von Sigmund Freud und Jacques Lacan her aufgenommen

Und doch ist die tote Arbeitszeit des konstanten Kapitals tot insofern, als dieser bereits vorhandene Wert eben lediglich durch die lebendige Arbeit in der Zeit bewahrt wird. Da die lebendige Arbeit im Produktionsprozess bloß die in den Produktionsmitteln akkumulierte tote Arbeitszeit auf neue Waren überträgt, sorgt sie nur für die Konstanz toter Arbeitszeit; die Vergangenheit bleibt gegenwärtig nur im Sinne einer tautologischen Wiederkehr des Werts. Ein und dieselbe Zeit ist zwar gleichsam in zwei Klassen geschieden und wird in Gegenwart und Vergangenheit auseinandergesetzt, aber das führt bislang nur zur beständigen Wiederkehr der vergangenen Arbeitszeit in den produzierten Warenwerten.

Die eigentlich *produktive* Auseinandersetzung der Zeit, und mit ihr der Fortschritt der Produktivkraft und die geschichtliche Dimension der Zeit, stellt sich daher erst heraus, wenn die lebendige Arbeitszeit und ihre Warenform betrachtet werden. Marx zeigt nämlich, dass die lebendige Arbeit die tote Arbeitszeit nicht nur als Wert überträgt, sondern dabei auch neue Arbeitszeit zusetzt, mithin neuen Wert und zukünftiges Kapital. Durch dieses Zusetzen neuer Arbeitszeit geht die Arbeitskraft nicht nur über den bereits bestehenden und übertragenen Wert hinaus, sie geht auch über ihren *eigenen* Wert hinaus, ihren Wert als Ware Arbeitskraft.

4.2 Die Warenform der Arbeitszeit als zeitliche Variable: Das Verhältnis von notwendiger und zusätzlicher Arbeitszeit

Bislang setzt das Produktionsmittel die lebendige Arbeit nur tautologisch zur Übertragung seines Werts in Kraft; das lässt den Wert der Produktionsmittel zu einer Konstanten werden. Das eigentlich Produktive liegt indessen darin, dass die Produktionsmittel die lebendige Arbeit in den Stand setzen, *neuen* Wert zuzusetzen:

> Der Arbeiter setzt dem Arbeitsgegenstand neuen Wert zu durch Zusatz eines bestimmten Quantums von Arbeit, abgesehn vom bestimmten Inhalt, Zweck und technischen Charatker seiner Arbeit. […] durch bloßes Zusetzen von neuem Wert erhält er den alten Wert. Da aber der Zusatz von neuem Wert zum Arbeitsgegenstand und die Erhaltung der alten Werte im Produkt zwei ganz verschiedne Resultate sind, die der Arbeiter in derselben Zeit arbeitet, kann diese Doppelseitigkeit des Resultats offenbar nur aus der Doppelseitigkeit seiner Arbeit selbst erklärt werden. In demselben Zeitpunkt muß sie in einer Eigenschaft Wert schaffen und in einer andren Eigenschaft Wert erhalten oder übertragen.[13]

Für diese doppelte Aufgabe, den Wert des Kapitals zu übertragen und dabei neuen Wert zuzusetzen, muss die Arbeitszeit selbst zu einer Ware werden, zur Ware Arbeitskraft.

---

und mit Kants Unterscheidung zwischen einem negativen und einem unendlichen Urteil in Verbindung gebracht. Žižek bezieht das Untote auch auf Marx' Ökonomiekritik, allerdings nicht auf das Verhältnis von lebendiger Arbeit und toter Arbeitszeit, sondern auf den Fetischismus der Ware, vgl. Slavoj Žižek: *Die gnadenlose Liebe*. Frankfurt am Main: Suhrkamp 2001, S. 133. Zum Begriff des Untoten vgl. Sigmund Freud: Das Unheimliche. In: Ders.: *Gesammelte Werke*, Bd. 12. Frankfurt am Main: Fischer 1999, S. 229–268, bes. S. 247; Jacques Lacan: *Seminar VII. Die Ethik der Psychoanalyse (1959–1960)*. Weinheim/Berlin: Quadriga 1996.

13 *Kapital I*, S. 214, ganz ähnlich S. 215–216: „Durch das bloß quantitative Zusetzen von Arbeit wird neuer Wert zugesetzt, durch die Qualität der zugesetzten Arbeit werden die alten Werte der Produktionsmittel im Produkt erhalten." Vgl. dazu auch *Grundrisse*, S. 274–275.

Die Ware Arbeitskraft ist dadurch keine gewöhnliche Ware, vielmehr ist sie durch das Vermögen, im Übertragen des Werts der Produktionsmittel auf neue Waren einerseits für die Konstanz des Werts sorgen zu können und dabei andererseits durch ihre Arbeit über die Konstanz hinauszugehen und neuen Wert zuzusetzen, eine *besondere* Ware. Zwar ist auch der Wert der Ware Arbeitskraft, genau wie bei jeder gewöhnlichen Ware, bestimmt durch die notwendige Arbeitszeit, d. h. im Fall der Ware Arbeitskraft durch die zu ihrer *R*eproduktion notwendige Arbeitszeit;[14] für diese Reproduktionskosten muss die Ware Arbeitskraft dem Kapital ein Äquivalent erarbeiten, dasjenige Äquivalent, für das sie ihren Lohn erhält. Aber dieses Äquivalent ist für das Kapital zugleich ein Nicht-Äquivalent, weil die Ware Arbeitskraft in den Waren mehr Wert produziert, als sie selbst zu ihrer Reproduktion benötigt und im Lohn erhält. Der *Gebrauchswert* der Ware Arbeitskraft liegt also zugleich in ihrem *Tauschwert*, nämlich indem sie in ihrer Arbeitszeit in den Waren mehr Tauschwert produziert, als sie selbst als Ware zur Reproduktion benötigt, oder, noch kürzer formuliert, ihr Gebrauchswert liegt in der Differenz zwischen dem Tauschwert, den ihre Arbeit produziert, und dem Tauschwert der Arbeits*kraft*.

Damit diese Differenz eintritt, muss die Ware Arbeitskraft bereits in der Warenproduktion, d. h. während oder unmittelbar in ihrer Arbeitszeit, eine Unterscheidung treffen. Sie muss die Arbeitszeit teilen in diejenige Arbeitszeit, die für das Wert-Äquivalent ihrer Reproduktion notwendig ist (das ist der Tauschwert der Ware Arbeitskraft, der Lohn), und in diejenige unbezahlte, zusätzliche Arbeitszeit, die über jene Notwendigkeit hinausgeht und das Kapital reproduziert und erweitert:

> Den Teil des Arbeitstags also, worin diese Reproduktion vorgeht, nenne ich notwendige Arbeitszeit, die während derselben verausgabte Arbeit notwendige Arbeit. […] Die zweite Periode des Arbeitsprozesses, die der Arbeiter über die Grenzen der notwendigen Arbeit hinaus schanzt, kostet ihm zwar Arbeit, Verausgabung von Arbeitskraft, bildet aber keinen Wert für ihn. Sie bildet Mehrwert, der den Kapitalisten mit allem Reiz einer Schöpfung aus Nichts anlacht.[15]

14 Marx zufolge ist der Tauschwert der Ware Arbeitskraft, genau wie bei jeder gewöhnlichen Ware, durch das Quantum Arbeit bestimmt, das ihre Produktion kostet, aber die Produktion schließt die gesamte Reproduktion der Ware Arbeitskraft ein, einschließlich Ausbildung und Qualifikation, Reproduktion der Familie und der Arbeiterklasse etc., vgl. *Kapital I*, S. 184ff.; *Grundrisse*, S. 208; vgl. auch Heinrich: *Die Wissenschaft vom Wert*, S. 258–259.

15 *Kapital I*, S. 230–231. Marx bezeichnet als „Wertbildungsprozeß" diejenige Arbeitszeit, während der die Ware Arbeitskraft ein Äquivalent für den vom Kapital bezahlten Lohn schafft und das Wertäquivalent ihrer Arbeitskraft produziert. Die eigentliche *Ver*wertung beginnt, wenn über diesen Punkt hinaus gearbeitet wird, vgl. *Kapital I*, S. 209. Gleichwohl wäre es eine positivistische Vorstellung anzunehmen, dass die notwendige Arbeitszeit den Anfang macht und die zusätzliche Arbeitszeit erst dann beginnt, wenn die notwendige getan wurde. Marx stellt klar, dass die Arbeitszeit unterschiedslos dieselbe ist; die Unterscheidung kann nur ex post getroffen werden (und sie muss letztlich auf bewusstlose Weise im Zuge der Realisierung der Waren getroffen werden durch das Geld). Abgesehen davon, dass eine individuelle Zurechnung von Arbeitszeit und Warenwert ohnehin von vornherein am gesamtgesellschaftlichen Charakter des Messens und In-Wert-Setzens aller Arbeiten vorbeigeht, und abgesehen davon, dass mit einem chronologisch-linearen Zeitbegriff das Verhältnis von notwendiger und zusätzlicher Arbeit nicht angemessen zu erfassen ist, ist es der Logik nach sogar die zusätzliche Arbeitszeit, die der notwendigen insofern vorausgeht, als die zusätzliche Arbeitszeit der Zweck der Produktion ist. Dass zusätzliche Arbeitszeit geleistet wird, ist

Weil die Ware Arbeitskraft im Übertragen des konstanten Wertbestandteils über dessen Wert und über den eigenen Wert als Ware Arbeitskraft hinausgeht, bezeichnet Marx sie als variables Kapital und das Verhältnis von variablem (v) und konstantem Kapital (c) als „die organische Zusammensetzung des Kapitals".[16] Der Begriff „organisch" ist dann treffend, wenn unter dem Organischen die Zeitlichkeit des Verhältnisses von Arbeit und Kapital verstanden wird, und für dieses Zeitliche kommt es wiederum darauf an, die Ware Arbeitskraft als diejenige zeitliche Variable zu bestimmen, die eintritt, wenn die Ware Arbeitskraft in der Warenproduktion über die zu ihrer Reproduktion notwendige Arbeitszeit hinausgeht und zusätzliche Arbeitszeit leistet.[17] Die eigentliche Variable liegt allerdings nicht im Hinausgehen über den konstanten Wertbestandteil des Kapitals und über den eigenen Wert, und sie liegt auch nicht in der bloßen Teilung in notwendige und zusätzliche Arbeitszeit. Die eigentliche Variable liegt darin, dass das *Verhältnis* zwischen notwendiger und zusätzlicher Arbeitszeit variabel ist, da der Anteil der notwendigen Arbeitszeit reduziert und der Anteil der zusätzlichen entsprechend vergrößert werden kann. Diese Umwandlung von notwendiger in zusätzliche Arbeitszeit tritt ein, wenn mehr oder bessere Waren in derselben Arbeitszeit produziert werden können als zuvor und dadurch nicht nur die Werte der Waren sinken, sondern mit ihnen auch die Reproduktionskosten der Ware Arbeitskraft, die

---

die Voraussetzung der notwendigen Arbeitszeit und zieht sie gleichsam nach sich: „Das Kapital zwingt die Arbeiter hinaus über die notwendige Arbeit zur Surplusarbeit. Nur so verwertet es sich und schafft Surpluswert. Aber andrerseits setzt es die notwendige Arbeit nur, *soweit* und *insofern* sie Surplusarbeit ist und diese *realisierbar* ist als *Surpluswert*. Es setzt also die Surplusarbeit als Bedingung für die notwendige und den Surpluswert als Grenze für vergegenständlichte Arbeit, Wert überhaupt." (*Grundrisse*, S. 336); und zuvor: „In der auf dem Kapital beruhnden Produktion ist die Existenz der *notwendigen* Arbeitszeit bedingt durch Schaffen *überflüssiger* Arbeitszeit." (*Grundrisse*, S. 312.) „Überflüssig" meint in den *Grundrissen* Arbeitszeit, die nicht zur Reproduktion der Ware Arbeitskraft notwendig ist und aufseiten des Kapital als „Surplusarbeit" und Mehrwert ausgebeutet werden kann.)

16 Näher betrachtet, fasst Marx in der organischen Zusammensetzung des Kapitals dessen Wertzusammensetzung und dessen stofflich-technische Zusammensetzung zusammen. Marx unterscheidet die Zusammensetzung „nach der Seite des Werts" in „konstantes Kapital oder Wert der Produktionsmittel und variables Kapital oder Wert der Arbeitskraft, Gesamtsumme der Arbeitslöhne. Nach der Seite des Stoffs, wie er im Produktionsprozeß fungiert, teilt sich jedes Kapital in Produktionsmittel und lebendige Arbeitskraft; diese Zusammensetzung bestimmt sich durch das Verhältnis zwischen der Masse der angewandten Produktionsmittel einerseits und der zu ihrer Anwendung erforderlichen Arbeitsmenge andererseits. Ich nenne die erstere die Wertzusammensetzung, die zweite die technische Zusammensetzung des Kapitals. Zwischen beiden besteht enge Wechselbeziehung. Um diese auszudrücken, nenne ich die Wertzusammensetzung des Kapitals, insofern sie durch seine technische Zusammensetzung bestimmt wird und deren Änderung widerspiegelt: die organische Zusammensetzung des Kapitals. Wo von der Zusammensetzung des Kapitals kurzweg die Rede ist, ist stets seine organische Zusammensetzung gemeint." (*Kapital I*, S. 640.) Zur Unterscheidung zwischen konstantem und variablem Kapital vgl. auch *Kapital I*, S. 214–225, u. ders.: *Das Kapital. Kritik der Politischen Ökonomie. Zweiter Band. MEW*, Bd. 24, S. 220ff. (im Folgenden *Kapital II*).

17 Weil die Reproduktionskosten variabel sind und von der Entwicklung der Produktivkräfte, aber auch von den Verteilungs- und Klassenkämpfen abhängen, bezeichnet Marx sie auch als „geschichtliches und moralisches Element": „Im Gegensatz zu den andren Waren enthält also die Wertbestimmung der Arbeitskraft ein historisches und moralisches Element." (*Kapital I*, S. 185; vgl. auch ders.: Lohn, Preis und Profit. In: *MEW*, Bd. 16, S. 101–152, hier S. 148.)

sich durch diese Waren reproduziert. Aufgrund dieser gesunkenen Warenwerte sinkt dann auch der Anteil an der Arbeitszeit, der zur Reproduktion der Ware Arbeitskraft notwendig ist und im Lohn ausgezahlt wird, und entsprechend steigt derjenige Anteil, der unbezahlt bleibt und zum Gewinn wird. Kurz, durch die Produktionsmittel aufseiten des Kapitals lässt sich ehemals notwendige Arbeitszeit in zusätzliche Arbeitszeit umwandeln, und entsprechend steigen Produktivkraft und Gewinn.

4.3 Der kapitalistische Selbstbezug des Geldes und das Rechnen mit der Konstanten und der Variablen

Es wird im Zusammenhang mit der Ausbeutung zusätzlicher Arbeitszeit noch ausführlich zu zeigen sein, auf welche Weise die Ware Arbeitskraft ‚ihre' Arbeitszeit (die dem Kapital verkauft wird) in notwendige und zusätzliche Arbeitszeit teilt, und auf welche Weise das Kapital notwendige in zusätzliche Arbeitszeit umwandelt und dadurch die Produktivkraft dieses Verhältnisses steigert. Hier kommt es zunächst nur darauf an festzuhalten, was genau das Geld im Wertverhältnis der Waren realisiert und im Übertragen bestimmter Quanta währen lässt: *das zeitliche Verhältnis ihrer Produktion*, nämlich die produktive Kraft, die im Verhältnis von lebendiger und toter Arbeitszeit steckt. Es ist folglich dieses Verhältnis, das im Geld in Wert gesetzt ist und in seinen Kreisläufen währt.

Dabei ist aber noch gar nicht berücksichtigt, dass das Geld ja selbst in diese Bestandteile der Verwertung verwandelt wird und in ihre Verwertung eingeht; das Geld realisiert die Resultate einer Verwertung, in die es entäußert gewesen ist und in die es nach der Realisierung erneut zurückkehrt. Das Verhältnis von toter und lebendiger sowie notwendiger und zusätzlicher Arbeitszeit muss also noch in Rücksicht auf denjenigen Selbstbezug des Geldes betrachtet werden, der durch das Eingehen in diese Verhältnisse und die Rückkehr daraus die gesamte Verwertung übergreift. Wenn daher zunächst betont wurde, dass das Geld mit der ideellen Werteinheit auch die Zeit identisch hält und dass es sie im Realisieren der Waren durch die Bildung der Substanz der abstrakten Arbeit auf endliche, quantitativ bestimmte Weise zeitlos hält, und wenn der Wert der Waren zuletzt auf die zeitliche Auseinandersetzung von lebendiger und toter Arbeitszeit zurückgeführt wurde, so muss dem nun hinzugefügt werden, dass die gesamte Bildung einer Wertsubstanz und die gesamte Auseinandersetzung der Verwertung vom Selbstbezug des Geldes zeitlich übergriffen wird.

Dieser zeit-übergreifende Selbstbezug des Geldes und das darin erschlossene und begriffene Verwertungsverhältnis lassen sich als ein Rechnen mit der Auseinandersetzung der Zeit fassen. Durch die maßgebliche Einheit, für die das Geld steht, wird mit den beiden Wertbestandteilen der Warenproduktion gerechnet, mit einem konstanten und einem variablen Wertbestandteil, und dieses Rechnen fällt in die dritte Bestimmung des Geldes, in seine Kapitalbewegung. Ein solches Rechnen unterscheidet sich vom mathematischen Rechnen, das mit einer Identität rechnet, die im Rechnen rein, leer und zeitlos bleibt. Es unterscheidet sich auch von der Naturwissenschaft, die mit der Natur insofern rechnet, als sie deren Eigenschaften durch Werte und Gesetze formalisiert und in der Zeit identisch hält. Das Rechnen des Geldes mit den beiden Bestandteilen der Verwertung passiert, indem es durch seine Funktionen und seine Kapitalbewegung bewusstlos, aber quantitativ exakt realisiert, dass die Ware Arbeitskraft durch ihre lebendige Arbeitszeit deren Vergangenheit aufseiten des Kapitals auf die Waren überträgt und für dessen Konstanz sorgt, und das Geld realisiert darüber hinaus, dass die Arbeitskraft über die zur eigenen Reproduktion notwendige Arbeitszeit hinausgeht und jene Vergangenheit vermehrt. Dieses Realisieren ergibt das spekulative Rechnen mit einem variablen und einem konstanten Wertbestandteil, und aus diesem Rechnen resultieren diejenigen Wertgrößen, die für die weitere Verwertung der beiden Bestandteile maßgeblich werden und zugleich im Geld gegenwärtig sind.

Wie immer dieses Rechnen mit den beiden Bestandteilen der Verwertung genau zu verstehen ist, entscheidend ist, dass es erstens durch die Funktionen des Geldes Realität wird, zweitens innerhalb seines kapitalistischen Selbstbezugs eintritt und drittens in seinen quantitativen Bestimmungen gegenwärtig ist. Nur das Geld kann die beiden Bestandteile der Warenproduktion in Wert setzen und dadurch ein Verhältnis begründen, das ein und dieselbe Zeit in lebendige und tote Arbeitszeit sowie in notwendige und zusätzliche teilt, und nur im Geld kann diese Auseinandersetzung ein und derselben Zeit einerseits eine quantitative, zeitlos gehaltene und selbständige Existenz annehmen und andererseits durch seinen Kapitalkreislauf erneut in Kraft gesetzt werden. Wie immer sich die beiden Verhältnisse von lebendiger und toter sowie von notwendiger und zusätzlicher Arbeitszeit verändern, und wie immer sie sich in den Waren verendlichen und in den Raum entäußern, es ist und bleibt das Geld, das durch seine Maßfunktion und seine übergreifende Kapitalbewegung mit den Verhältnissen rechnet, und dadurch wird die Zeit einerseits auf je bestimmte, rein quantitative Weise identisch gehalten und kann andererseits durch die Warenform der Arbeitszeit und durch die kapitalistische Bestimmung der Produktionsmittel auseinandergesetzt werden. Nur durch die Maß- und Tauschmittelfunktion des Geldes, nur durch seinen Kapitalkreislauf und nur durch seine quantitativen Bestimmungen kann die Zeit zur Qualität quantitativer Verhältnisse werden und in das Selbstverhältnis der Gesellschaft eingehen, ja, das Selbstverhältnis der Gesellschaft *sein*.

Diese drei Funktionen des Geldes ergeben nicht nur ein Rechnen mit der Identität der Zeit und werden zur Form der Identifikation mit den realisierten Verhältnissen der Verwertung, dadurch ereignet sich auch eine Art *Verzeitlichung* der maßgeblichen abstrakten Zeit. Gerade weil das Geld eine von allem Dasein abgelöste, abstrakte Zeit für eine Verwertung in Anspruch nimmt, in der diese Zeit wiederum durch tote und lebendige sowie notwendige und zusätzliche Arbeitszeit auseinandergesetzt und verwertet wird, muss diese abstrakte Zeit im Realisieren dieser Verwertung je quantitativ spezifiziert werden und durch die gemessenen Wertgrößen eintreten. Als Maß nimmt das Geld zwar eine noch unbestimmte und zeitlose Zeit in Anspruch, und es ist und bleibt diese abstrakte Zeit, die für die Verwertung maßgeblich ist. Aber da diese Zeit je schon durch die gemessene Verwertung eintritt und sich in den quantitativen

Verhältnissen der Waren einerseits und deren Entsprechung im Geld andererseits aufhält, sind es diese aus dem Verhältnis der Verwertung resultierenden Wertgrößen, die für die weitere Verwertung maßgeblich werden und die in der Kapitalbewegung im Umlauf sind und zur Verzeitlichung der maßgeblichen, abstrakten Zeit führen.

Nimmt man die Maßgeblichkeit der abstrakten Zeit auf der einen Seite und ihre Verzeitlichung durch die Verwertung und durch die gemessenen Verhältnisse von toter und lebendiger sowie notwendiger und zusätzlicher Arbeitszeit auf der anderen zusammen, ergibt sich eine *in-sich reflektierte* Zeit; in den quantitativen Bestimmungen des Geldes oder in seinem Wert ist eine Zeit anwesend, die je in-sich reflektiert ist. Die Reflexion scheint sich daraus zu ergeben, dass die Verhältnisse der Verwertung durch immer dasselbe Maß der Zeit gebrochen werden, aber dabei ist zu berücksichtigen, dass die im Geld realisierten Größen in dieselben Verhältnisse, aus denen sie wie in einer Messung realisiert wurden, wieder entäußert werden. Das beständige Auslegen des Geldes in die konstanten und variablen Bestandteile der Verwertung und die Rückkehr des Geldes durch die Realisierung ihrer Resultate werden zu einem Kreislauf, in dem das Geld auf unmittelbare und praktische Weise mit demjenigen zeitlichen Selbstverhältnis rechnet, das die kapitalistische Gesellschaft einerseits durch die Auseinandersetzung von lebendiger und toter Arbeitszeit, Gegenwart und Vergangenheit eingeht und das andererseits im Geld selbst in-sich reflektiert existiert. Das Geld rechnet also nicht einfach mit einer abstrakt-zeitlosen Zeit, obwohl diese Zeit maßgeblich für die gesamte Ökonomie der Verwertung bleibt, sondern es rechnet mit den durch sie ermittelten Wertgrößen, und es sind diese Größen, die wiederum für die Verwertung und Verzeitlichung jener abstrakten Zeit maßgeblich sind. Bevor jedoch das Rechnen des Geldes mit der Zeit und mit dem zeitlichen Selbstverhältnis der Gesellschaft weiter entwickelt wird, gilt es kurz auf den Status dieses Rechnens einzugehen.

5. Die automatische Subjektivität des Geldes als Übereinkunft zwischen dem individuellen und dem überindividuellen Rechnen mit der Identität der Zeit

Im letzten Kapitel wurde allein betrachtet, wie sich das Rechnen mit der Zeit auf bewusst*lose* und auf *über*individuelle Weise ereignet. Das Rechnen mit der Identität der Zeit betraf nur die übergreifende, automatische Subjektivität der Kapitalbewegung des Geldes, durch die auf bewusstlose Weise dasjenige zeitliche Selbstverhältnis erschlossen wird, das aus den Bestandteilen der Verwertung resultiert und das in den Wertgrößen der Waren dargestellt wird. Unberücksichtigt blieb, dass das Rechnen mit der Zeit sich ja auch durch das ökonomische Denken und Handeln aller einzelnen Subjekte, die mit dem Geld, seinen Funktionen und den ermittelten Werten umgehen, ereignen muss. Wenn das Geld nicht nur die überindividuelle, selbständige Form für die Verwertung ist und dadurch ein Selbstverhältnis der Gesellschaft, das zeitlich ist, konstituiert, sondern wenn es dasselbe zeitliche Selbstverhältnis auch durch seine Funktionen, seine Kreisläufe sowie durch endliche Werte zu denken gibt, dann *muss* auch das individuelle Bewusstsein sein ökonomisches Denken und seinen ökonomischen Umgang mit der Zeit mit dem Geld teilen. Das Geld rechnet zwar für und anstelle aller einzelnen Subjekte mit der Zeit, und es stellt das über-individuelle Selbstverhältnis der Gesellschaft auf eine ebenso über-individuelle und bewusstlose Weise her, aber genau dieses Rechnen mit der Zeit und genau dieses Selbstverhältnis der Gesellschaft wird den Subjekten durch ihren Umgang mit dem Geld durch die realisierten Werte gegeben.

Das individuelle Teilnehmen am überindividuellen Rechnen des Geldes mit der Zeit stellt sich auf dieselbe paradoxe Weise automatisch und hinterrücks ein wie das Teilnehmen der einzelnen Arbeiten und der individuellen Kapitale an der Ermittlung maßgeblicher Durchschnittsgrößen. Für diese Ermittlung wurde im letzten Abschnitt ja gezeigt, dass alle individuellen Arbeiten und Kapitale gemeinsam auf eine maßgebliche Zeit bezogen werden und im Bilden einer Gesamtarbeitszeit und eines Gesamtkapitals zu denselben Durchschnittsgrößen beitragen, von denen sie im Einzelnen abweichen und im Abweichen wiederum individuell Anteil nehmen. Vereinfacht gesagt, nehmen die einzelnen Arbeiten und die individuellen Kapitale auf quantitative Weise Anteil an demselben gesamtgesellschaftlichen Verhältnis, das durch das Maß der Zeit im Messprozess hergestellt wird; entsprechend wird in den Warenwerten und in den Profiten dasselbe gemeinsame Verhältnis wiedergegeben, in das die Arbeiten und die Kapitale durch das Geld eingehen. Auch den einzelnen Subjekten wird nun durch das Geld paradoxerweise dasselbe Verhältnis wiedergegeben, das sie durch das Geld eingehen. Genauer, ihnen wird dasselbe zeitliche Selbstverhältnis, das sie in der Gesellschaft eingehen, gleichsam hinterrücks (wieder-)gegeben: Allen Individuen muss im Umgang mit dem Geld genau dasjenige Selbstverhältnis (wieder-)gegeben werden, das aus dem gesellschaftlichen Verhältnis ihrer Arbeiten (das wiederum durch das Verhältnis ihrer Resultate durch das Geld realisiert wird), resultiert. In die Zeit übersetzt heißt das, die individuellen Subjekte nehmen durch das Geld an einer Zeit teil, die maßgeblich ist für das Verhältnis ihrer vergangenen und gegenwärtigen Arbeiten, und dieses Verhältnis wird ihnen über die Realisierung der Waren in den ermittelten Wertgrößen gegenwärtig und wieder-gegeben. Dass den Subjekten durch das Geld im Wertverhältnis der Waren die Auseinandersetzung gegenwärtiger und vergangener Arbeitszeit *wiedergegeben* wird, sagt bereits, dass die Arbeiten zwar ‚zuerst' durch das Geld auf die Zeit bezogen und in ein gesamtgesellschaftliches Verhältnis gesetzt werden und dass dieses Setzen in das überindividuelle Rechnen des Geldes fallen muss. Gleichwohl ist dieses Ins-Verhältnis-Setzen und Anteilnehmen an der Zeit und dem durch sie gestifteten Verhältnis nicht zu trennen vom individuellen Umgang mit dem Geld und vom individuellen Umgang mit den realisierten Werten sowie vom individuellen Arbeiten unter diesen Bedingungen, d.h. das Geld konstituiert auch eine ihm entsprechende Subjektivität, nämlich eben jene Subjektivität, die auf individuelle Weise mit dem Geld die Arbeit und die Ware auf die Zeit bezieht und ins Verhältnis setzt und die mit den darüber erschlossenen und (wieder-)gegebenen Werten rechnen muss.

Und doch ist das Rechnen des Geldes stets ‚früher'. Sein Ins-Verhältnis-Setzen der Arbeiten und sein Erschließen der Wertgrößen aus den Verhältnissen der Verwertung ist logisch ‚früher' und unbedingter als derjenige Umgang, den zugleich alle Subjekte individuell mit dem Geld durchführen, denn nur das Geld kann die Verwertung auf eine ideelle Einheit beziehen und dadurch die Zeit maßgeblich werden lassen, und nur durch das Geld kann dieser Bezug eine eigenständige Form annehmen und einem überindividuellen, gesamtgesellschaftlichen und letztlich universellen Rechnen mit der Zeit entsprechen. Das Geld rechnet, anders als der individuelle Verstand, auf ebenso überindividuelle wie gleichgültige und spekulative Weise mit der abstrakten Zeit, und es ist dieses bewusstlose Rechnen, es ist dieses mit den Geldfunktionen durchgeführte, in seinem Kapitalkreislauf auseinandergelegte und in seinen quantitativen Bestimmungen reflektierte Rechnen mit der Identität der Zeit, an dem die Subjekte auf vereinzelte Weise teilnehmen müssen; hier ist diejenige Verwertung vergangen und zugleich auf bestimmte Weise anwesend geworden, mit der das individuelle Rechnen erst anfangen kann. Kurz, dieses individuelle Rechnen muss mit jenem überindividuellen Rechnen rechnen.

Doch auch wenn das Geld einem vorrangigen und übergreifenden Rechnen entspricht, so teilen gleichwohl beide, das Geld auf gesamtgesellschaftlich-überindividuelle und das einzelne Subjekt auf individuelle Weise die Gemeinsamkeit, dass das Rechnen mit der Zeit nur ein *Umgehen-mit* der Ökonomie der Zeit ist und kein Umgang im Sinne eines äußerlichen Zugriffs auf eine irgendwie schon vorhandene oder naturgegebene Zeit. Dieses Umgehen ist gleichsam das Ökonomische der Ökonomie, und in diesem Ökonomischen fällt die Konstitution einer unverfügbaren Zeit mit ihrer quantitativen Bestimmung und Aneignung zusammen. Sowohl die überindividuelle Subjektivität des Geldes als auch die individuelle Subjektivität nehmen eine unverfügbare Zeit in Anspruch, die sie durch endliche Werte gleichwohl so teilen können, dass sie in die Zeit trotz ihrer Unverfügbarkeit durch bestimmte Werte eintreten und mit ihr praktisch umgehen können. So gründen beide, die automatische Subjektivität des Geldes und die individuelle des bürgerlich-kapitalistischen Subjekts, ihre Existenz im Umgang mit einerseits der Identität einer abstrakten, unverfügbaren Zeit, die andererseits maßgeblich ist für die praktische Auseinandersetzung von gegenwärtiger und vergangener sowie notwendiger und zusätzlicher Arbeitszeit.

Hier ist nicht der Ort, um diese Übereinkunft zwischen dem Rechnen mit der Zeit, welches das Geld automatisch-bewusstlos und überindividuell durchführt, und dem individuellen Umgehen mit Geld und Zeit im Einzelnen zu entwickeln; es muss genügen, auf diese Übereinkunft aufmerksam zu machen. Die vorliegende Arbeit hat die Übereinkunft aber insoweit expliziert, als die bisherige Entwicklung des Geldes zumindest implizit eben stets beides meinte, einerseits das überindividuelle Rechnen mit einer ideellen, zeitlosen Einheit, an dem andererseits wir alle auf individuelle Weise durch die drei Geldfunktionen, seine beiden Kreisläufe und seine quantitative Bestimmung teilnehmen.

6. Das Auslegen des Geldes in die Mittel seiner Rückkehr als Rechnen mit der Gewordenheit der Zukunft. Futur II/G-G'

Nachdem das Rechnen mit der Identität der Zeit unterbrochen wurde, um zunächst den Status des Rechnens zu klären, gilt es zum überindividuellen und übersinnlichen Rechnen des Geldes zurückzukehren. Bislang bestand das Rechnen mit der Identität der Zeit darin, dass das Geld die Arbeit und die Produktionsmittel auf das Maß der Zeit bezieht. Dadurch setzt es sie als zwei Bestandteile einer gemeinsamen Verwertung in Kraft. Die produktive Kraft der beiden Bestandteile bestand darin, zwei zeitliche Verhältnisse einzugehen: Die Zeit wird in tote und lebendige Arbeitszeit auseinandergesetzt, und im Rahmen dieser Auseinandersetzung sorgt das Kapital dafür, dass die Ware Arbeitskraft notwendige und zusätzliche Arbeitszeit ins Verhältnis setzt. Das Geld setzt diese beiden Verhältnisse nicht nur dem Maß der Zeit aus, es selbst geht in dieselben Verhältnisse ein und kehrt durch die Realisierung ihrer Resultate zurück; so wird sein kapitalistischer Selbstbezug zu einer zeit-übergreifenden Bewegung.

Somit wird seit der ursprünglichen Akkumulation durch das Geld und seine Technik der Verwertung von Werten auf dreifache Weise produktiv mit der Zeit umgegangen: Erstens, weil die vergangene Arbeitszeit im Produktionsmittel akkumuliert wird, zweitens, weil diese vergangene, aber akkumulierte Arbeitszeit durch die lebendige Arbeitszeit übertragen und bewahrt wird, und drittens, weil die vergangene Arbeitszeit im Übertragen vermehrt wird durch zusätzliche Arbeitszeit. Weil die vergangene Arbeitszeit durch Werte übertragen und bewahrt sowie vermehrt wird, bleibt die vergangene Arbeitszeit nicht nur gleichsam gegenwärtig und wird sogar vermehrt, mit diesem Übertragen und Vermehren von Werten wird auch eine Art vertikale Achse in die Ökonomie eingezogen. Die Zeit des Kapitalismus zeichnet sich gegenüber vorkapitalistischen Zeiten dadurch aus, das durch das Geld eine Übertragung, Vermehrung und Bewahrung von Werten entlang einer dadurch sich etablierenden vertikalen Zeitachse stattfinden.

Allerdings eröffnet dieselbe Übertragung und Vermehrung auch eine *zukünftige* Vergangenheit, denn wenn das Geld in die beiden Bestandteile der Verwertung ausgelegt wird, dann wird mit seiner *vermehrten Rückkehr* gerechnet. Wird aber damit gerechnet, dass der Wert des Geldes durch die Verwertung vermehrt wird, dann wird mit der Gewordenheit seiner zukünftigen Gegenwart gerechnet. Seine Entäußerung ist gleichsam der Entwurf dieser Zukunft, da die Entäußerung die Zukunft im Sinne des Futur Perfekt vorwegnimmt, des Futur II: Es wird damit gerechnet, was die Auslegung des Geldes in die Verwertung nach seiner Rückkehr daraus wert gewesen sein wird.[18]

---

18 Die Zeit des Futur II ist vor allem durch die neuere französische Philosophie bekannt geworden, zunächst durch Jacques Lacan und dann durch den Poststrukturalismus und die Dekonstruktion; zur Zeit wird sie vor allem von Slavoj Žižek und Alain Badiou gebraucht. Zu Lacans Gebrauch des „future antérieur" vgl. Jacques Derrida: *Vergessen wir nicht – die Psychoanalyse*. Frankfurt am Main: Suhrkamp 1980, bes. S. 15ff., 55ff. Da das Futur II schlechthin der Schlüssel zum Erschließen der Dekonstruktion ist, geben fast alle Schriften Derridas Aufschluss über das Wirken dieser Zeit, angefangen von seinen frühen Schriften

6.1 Die Zeitigung des Geldes durch seine Entäußerung in die Verwertung

Durch die Kapitalform des Geldes kann im doppelten Sinne von der Gewordenheit desjenigen Werts, der im Geld gegenwärtig gehalten ist, ausgegangen und sogar gerechnet werden. Zum einen im herkömmlichen Sinne: Die Gegenwart des Werts ist durch ‚ihre' Vergangenheit geworden, d. h. das Geld hat seinen Wert durch die vergangene Verwertung erhalten, durch die Verwertung von toter und lebendiger Arbeitszeit. Diese Gewordenheit des Werts kann zwar nicht durch einzelne Wertgrößen in einem linearen, chronologischen Sinne geschichtlich rekonstruiert werden, weil die Wertgrößen, wie im letzten Abschnitt gezeigt, statt einer linearen Geschichte einer Messung entspringen, in der das Geld die gesamte Verwertung auf das Maß der Zeit bezieht und dadurch einerseits ein gemeinsames gesellschaftliches Verhältnis herstellt und andererseits die zur Warenproduktion aktuell notwendige Durchschnittsarbeitszeit bildet. Gleichwohl rekonstruiert das Geld auf diese Weise die produktive Kraft einer Verwertung, die durch das Maß der Zeit gemessen worden und Vergangenheit geworden ist, und diese Vergangenheit ist zu einer Geschichte bestimmter Wertgrößen geworden, die im Geld quantitativ gegenwärtig wird und übertragbar ist.

Indes ist die Vergangenheit, die im Geld gegenwärtig geworden ist, seinen Wert ausmacht und in der Zeit übertragbar ist, ist nur die halbe Wahrheit. Die ‚andere Hälfte' ist, dass die Entäußerung des Werts in die Verwertung von dem her bestimmt wird, was diese Entäußerung des Geldes in Zukunft, nach seiner Rückkehr aus der Verwertung, wert gewesen sein soll. Die ‚ganze' Wahrheit besteht somit darin, dass die Gegenwart, die das Geld quantitativ festhält, einerseits durch einen solchen Entwurf gekommen ist und eine bereits *verwirklichte* Vergangenheit darstellt, dieselbe Wirklichkeit enthält aber auch die *Möglichkeit* einer *zukünftigen* Vergangenheit, und genau diese zukünftige Vergangenheit soll durch die Entäußerung des Geldes in ihm eintreten; sie wird von seiner Entäußerung in die Verwertung geradezu erwartet, aber auch bewirkt.

---

und ihrer Kritik des Logozentrismus und der Präsenzmetaphysik über die Auseinandersetzung mit der Psychoanalyse bis zu den späten ethisch-gesellschaftskritischen Schriften (denen auch *Marx'* *Gespenster* zuzurechnen ist). Allerdings lässt sich die Zeit des Futur II bis zu Heideggers subjektiv-existenzialer Fassung der Zeitlichkeit des Seins zurückverfolgen; hier ist sie vor allem in der „Sorge" und in der „ontologischen Differenz" wirksam, aber auch in der Angst, im Vorlauf zum Tode, in der Entschlossenheit sowie in der Differenz von Sein und Sollen. Entsprechend findet sich diese Zeit in dem von Heidegger ausgehenden Strang der Ideengeschichte wieder, etwa in der Thematik des späten Foucault, die ja auch um die „Sorge um sich" kreist. Ein weiterer Strang, in dem die Zeit des Futur II wirksam ist, kommt von Benjamins Kritik der Geschichte und dem Begriff der Retroaktivität her. Gemeinsam ist den verschiedenen Strängen, das chronologisch-lineare Fortschritts-, Entwicklungs- und Kausalitätsdenken im Geschichtsbegriff zu durchbrechen, ohne jedoch das Geschichtliche zugunsten einer zeitlos-logischen, rein systematischen Begründung der Gesellschaft aufzugeben. Grundsätzlich geht es darum, dass die Zeit nicht sich selbst präsentiert, als ob sie in der Gegenwart tautologisch die eigene Identität vorstellte, sondern dass zeitliche Präsenz in Bedeutung eingeschrieben ist und dadurch von einer ‚anderen', nämlich ebenso vorweggenommenen wie aufgeschobenen Präsenz her gegeben wird. Jede Bedeutung erhält ihre eigene Bestimmung nicht ohne diese Verschränkung mit der Zeit, und dadurch verweist Bedeutung auf eine zeitliche Verschiebung, denn sie ist verbunden mit derjenigen Bedeutung, die sie erst noch (gewesen) sein wird. Dasselbe soll in diesem Kapitel für die quantitative Bedeutung des Geldes gezeigt werden.

673

Doch auch wenn es im Auslegen des Geldes in die Warenproduktion stets darum geht, was diese Auslegung in Zukunft, d. h. nach der Rückkehr des Geldes aus den produzierten Waren, wert gewesen sein wird, so kann dies doch nicht im Voraus berechnet werden. So wenig die Wertgrößen der einzelnen Waren durch bestimmte Größen geschichtlich rekonstruierbar und nachvollziehbar sind (weil sie sich aus einem Messprozess ergeben und einem gesamtgesellschaftlichen Verhältnis entspringen), so wenig kann im Voraus entworfen werden, was die Entäußerung des Geldes in die Verwertung nach der Realisierung ihrer Resultate wert gewesen sein wird. Nur in einem *spekulativen* Sinne kann damit gerechnet werden, dass das Geld durch die Verwertung hindurch seinen Wert bewahren und vermehren wird. Das Rechnen ist allein schon darum spekulativ, weil das Auslegen des Geldes ja nicht einfach von Erwartungen an eine bestimmte Zukunft abhängt, vielmehr gehen die Erwartungen in die Auslegungen des Geldes ein und sollen genau *dadurch* für den Eintritt der erwarteten Zukunft sorgen. Das Auslegen des Geldes in die Verwertung geht also bestimmend in dieselbe Zukunft ein, die dadurch gleichsam entworfen wird, auch wenn sich dann erst durch die Messung der Resultate der Verwertung herausstellen wird, was die Auslegung und die Erwartungen wert gewesen sein werden.

Indessen kann dieses spekulative Rechnen, das die Kapitalform des Geldes vollzieht, auch unter Einbeziehung zukünftiger Vergangenheit immer noch nicht die ganze Wahrheit des Werts sein. Auch wenn das Geld seinen Wert nur erhalten und vermehren kann, wenn es beständig in die Verwertung eingeht und wieder zurückkehrt und darüber die Produktivkraft von Arbeit und Kapital gegenwärtig hält, so kann das Geld doch auch *ohne* diese Verwertung vermehrt werden. So können die Kapitale ihr Kapital durch Kreditgeld auch ohne vorherige Verwertung vermehren, ganz so, als würden die Verwertung und ihre Gewinne vorweggenommen oder gar übersprungen. Solches Kreditgeld kann entweder aus bereits realisiertem Mehrwert anderer Kapitale stammen oder gleichsam aus dem Nichts durch zusätzliches Kreditgeld geschöpft werden (das in der Regel auf existierende oder zumindest zu erwartende Werte gewährt wird und insofern ebenfalls auf die Verwertung bezogen und gedeckt ist). Des Weiteren kann zusätzliches Geldkapital durch die Produktion von Eigentumstiteln geschaffen werden, vor allem durch Aktien und Staatsanleihen, die ebenfalls das bestehende Kapital ohne unmittelbaren Rückgriff auf vorangegangene Verwertung erweitern können. Hier scheint sogar auch die weitere Vermehrung des Geldes ohne die Verwertung von Arbeit und Kapital zu gelingen, denn diese Eigentumstitel stellen nicht nur Ansprüche auf die zukünftigen Gewinne aus der Warenproduktion dar, nun werden diese Eigentumstitel selbst wie Waren gehandelt, wie Waren, deren bloßer Kauf und Verkauf Gewinn bringt und das Geld vermehrt – obwohl doch nach Marx diese Vermehrung nur einer einzigen Ware zukommt, der besonderen Ware Arbeitskraft und ihrer Verwertung durch die eigene Vergangenheit aufseiten des Kapitals.[19]

---

19 Und aus diesen Eigentumstiteln können, gleichsam in zweiter Potenz, weitere abgeleitet werden, etwa Derivate.

Wenngleich sowohl im Fall des Kreditgeldes als auch der Eigentumstitel die Vermehrung des Geldkapitals auf der In-Wert-Setzung existierender Werte beruht und das fiktiv vermehrte Geld dadurch gedeckt zu sein scheint, stellt dieses Geld doch eine Art Verdoppelung bestehender Werte dar, und dieser doppelt vorhandene Wert ist (noch) nicht durch die Verwertung gedeckt. Im Fall der Eigentumstitel stellt die Verdoppelung des Werts zudem die Möglichkeit der Verselbständigung dar, da diese Wertpapiere nun wie eigenständige Waren gehandelt werden können, deren Wert von der Warenproduktion des Unternehmens abgelöst ist. Ihr Wert bezieht sich nicht mehr unmittelbar auf die Verwertung und die Gewinne des betreffenden Unternehmens, sondern auf den Wert und den Gewinn, der aus dem Handel mit Eigentumstiteln und Ansprüchen resultiert.[20]

Es scheint also, als könne eine Vermehrung des Geldes bereits vor und sogar jenseits der Verwertung von Arbeit und Kapital stattfinden, sei es, dass durch die Zentralbanken Kreditgeld geschöpft und durch das (Recht auf) Eigentum (an Grund und Boden, Immobilien usw.) gewährt wird, oder sei es, dass durch Eigentumstitel und Wertpapiere fiktives Kapital geschaffen wird.

6.2 Der unbedingte Materialismus

So verschieden und verwickelt die Formen der Geldvermehrung im Einzelnen auch sein mögen, entscheidend ist, für sie – oder besser *gegen* sie – mit Marx eine Art Axiom zu formulieren: Einzig und allein durch die Verwertung von toter und lebendiger Arbeitszeit kann das Geld quantitativ umschlagen und vermehrt zurückkehren – nur hierdurch erhält das Geld seinen eigenen Wert und seine Deckung. Das Geld kann seine Bewegung von G zu G' – die „Mutter aller verrückten Formen"[21] – nur verwirklichen, wenn es in die kapitalistische Warenproduktion ausgelegt wird und über die Verwertung von Arbeit und Kapital umschlägt und (vermehrt) zu sich zurückkehrt.[22] Dieses Axiom ist eine Art unbedingter Materialismus, den das Geld für seine

---

20 „Die Eigentumstitel auf Gesellschaftsgeschäfte, Eisenbahnen, Bergwerke etc. sind, wie wir ebenfalls gesehn haben, zwar in der Tat Titel auf wirkliches Kapital. Indes geben sie keine Verfügung über dies Kapital. Es kann nicht entzogen werden. Sie geben nur Rechtsansprüche auf einen Teil des von demselben zu erwerbenden Mehrwerts. Aber diese Titel werden ebenfalls papierne Duplikate des wirklichen Kapitals, wie wenn der Ladungsschein einen Wert erhielte neben der Ladung und gleichzeitig mit ihr. Sie werden zu nominellen Repräsentanten nicht existierender Kapitale. Denn das wirkliche Kapital existiert daneben und ändert durchaus nicht die Hand dadurch, daß diese Duplikate die Hände wechseln. Sie werden zu Formen des zinstragenden Kapitals, weil sie nicht nur gewisse Erträge sichern, sondern auch, weil durch Verkauf ihre Rückzahlung als Kapitalwerte erhalten werden kann. Soweit die Akkumulation dieser Papiere die Akkumulation von Eisenbahnen, Bergwerken, Dampfschiffen etc. ausdrückt, drückt sie Erweiterung des wirklichen Reproduktionsprozesses aus, ganz wie die Erweiterung einer Steuerliste z. B. auf Mobilareigentum die Expansion dieses Mobilars anzeigt. Aber als Duplikate, die selbst als Waren verhandelbar sind und daher selbst als Kapitalwerte zirkulieren, sind sie illusorisch, und ihr Wertbetrag kann fallen und steigen ganz unabhängig von der Wertbewegung des wirklichen Kapitals, auf das sie Titel sind." (Karl Marx: *Das Kapital. Kritik der Politischen Ökonomie. Dritter Band. MEW*, Bd. 25, S. 494, im Folgenden *Kapital III*.)

21 *Kapital III*, S. 483.

22 Zur „Mutter aller verrückten Formen" führt Marx aus: „Im zinstragenden Kapital erreicht das

Vermehrung geltend macht, und es setzt diesen Materialismus automatisch auch (und gerade) gegen alle diejenigen Vermehrungen des Geldes durch, die sich *nicht* an die Notwendigkeit der Verwertung halten. Folgerichtig sind letztlich auch alle Möglichkeiten, das Geld gewinnbringend aus- und anzulegen, auf die Kapitalform des Geldes angewiesen: Alle Gewinne sind letztlich Ableitungen und Abzweigungen dieser Form; insbesondere Rente und Zins[23] sind Abzweigungen aus der Mehrwertproduktion und dem daraus gewonnenen Profit:

> Während der Zins nur ein Teil des Profits ist, d. h. des Mehrwerts, den der fungierende Kapitalist dem Arbeiter auspreßt, erscheint jetzt umgekehrt der Zins als die eigentliche Frucht des Kapitals, als das Ursprüngliche, und der Profit, nun in die Form des Unternehmergewinns verwandelt, als bloßes im Reproduktionsprozeß hinzukommendes Accessorium und Zutat. Hier ist die Fetischgestalt des Kapitals und die Vorstellung vom Kapitalfetisch fertig.[24]

Indem Marx darauf besteht, dass die Verwertung der Ware Arbeitskraft die *einzige* Quelle des Werts und des Mehrwerts ist und allen Gewinn darauf zurückführt, unterzieht er die kapitalistische Ökonomie einer radikalen Kritik ihres Scheins, eines Scheins, dem auch die bürgerliche Ökonomietheorie verfällt. Er besteht zudem nicht nur darauf, dass alle Gewinne letztlich aus der Verwertung resultieren und ihre Höhe der Produktivkraft der Arbeit und der Ausbeutung des Mehrwerts geschuldet sind, sondern dass sich innerhalb der konkurrierenden Kapitale, trotz oder vielmehr gerade wegen ihrer unterschiedlichen organischen Zusammensetzungen und ihrer Unterschiede in der Produktivkraft, eine „allgemeine Profitrate" bilden und die Höhe der Gewinne ausgleichen muss. *Alle* Gewinne, insbesondere auch die aus Grund und Boden sowie aus Aktien- und Finanzgeschäften, sind letztlich auf die Verwertung von Arbeit und Kapital und ihre Produktivität zurückzuführen und werden durch die Bildung einer allgemeinen Profitrate untereinander reguliert.[25]

Kapitalverhältnis seine äußerlichste und fetischartigste Form. [...] G-G': Wir haben hier den ursprünglichen Ausgangspunkt des Kapitals, das Geld in der Formel G-W-G' reduziert auf die beiden Extreme G-G' [...]. Es ist die ursprüngliche und allgemeine Formel des Kapitals, auf ein sinnloses Resumé zusammengezogen. Es ist das fertige Kapital, Einheit von Produktionsprozeß und Zirkulationsprozeß, und daher in bestimmter Zeitperiode bestimmten Mehrwert abwerfend. In der Form des zinstragenden Kapitals erscheint dies unmittelbar, unvermittelt durch den Produktionsprozeß und Zirkulationsprozeß. Das Kapital erscheint als mysteriöse und selbstschöpferische Quelle des Zinses, seiner eignen Vermehrung. [...] Im zinstragenden Kapital ist daher dieser automatische Fetisch rein herausgearbeitet, der sich selbst verwertende Wert, Geld heckendes Geld, und trägt es in dieser Form keine Narben seiner Entstehung mehr. Das gesellschaftliche Verhältnis ist vollendet als Verhältnis eines Dings, des Geldes, zu sich selbst." (*Kapital III*, S. 404–405; ähnlich auch ders.: *Theorien über den Mehrwert. Dritter Teil. MEW*, Bd. 26.3, S. 446–447, im Folgenden *ThM III*.)

23 „[...], daß der Zins reguliert wird durch den Profit, näher durch die allgemeine Profitrate." (*Kapital III*, S. 372.) Genauer gesagt, wird die Höhe des Zinses letztlich bestimmt und reguliert durch die Produktivkraft der Verwertung der Arbeit. Im Zinssatz wird das G', der Profit, spekulativ vorweggenommen, aber das G' muss im Zinssatz auf eine *quantitativ bestimmte*, nämlich an der Verwertung ausgerichtete Weise vorweggenommen werden, und gemäß des genannten Axioms muss es letztlich *diese* Verwertung sein, die im Zinssatz auf eine bestimmte Weise vorweggenommen und ‚erwartet' wird.

24 *Kapital III*, S. 405.

25 Zur Allgemeinheit des Profits durch die Bildung einer Profitrate und zur Notwendigkeit des Ausgleichs vgl. bes. *Kapital III*, S. 151–277 (Abschnitt II–III). Marx' Entwicklung einer allgemeinen Profitrate ist darum

Der unbedingte Materialismus verlangt folgerichtig nicht nur, dass der Wert des Geldes allein durch die in den Waren realisierte Verwertung von Arbeit und Kapital gedeckt werden kann, er verlangt auch, dass das Geld früher oder später zu *dieser* Verwertung ins Verhältnis gesetzt werden muss, damit sie sich im Wert des Geldes entspricht. Wenn daher das Geld, etwa durch Kreditschöpfung, durch Aktienkapital oder Staatsanleihen, *ohne* Verwertung vermehrt worden ist, dann muss es, wie immer es vermehrt wurde und worin immer dieses vermehrte Geld auch an- und ausgelegt worden ist, früher oder später diese Verwertung von Arbeit und Kapital mobilisieren und noch ‚nach sich ziehen' – das ist die Konsequenz daraus, dass sich die quantitative Bestimmung des Geldes in letzter Instanz allein aus der Verwertung von toter und lebendiger Arbeitszeit ergibt und dass das Geld die Vermehrung seines eigenen Werts durch diese Verwertung zeitigen muss.

Genauer gesagt, sind es die Kapitalbewegung des Geldes und seine quantitative Bestimmung, die diese ‚letzte Konsequenz' ganz praktisch ziehen und einen unbedingten Materialismus für die kapitalistische Gesellschaft geltend machen. Weil da Geld in seiner Bewegung und in seinen quantitativen Bestimmungen nicht nur das gesellschaftliche Verhältnis der Waren wiedergeben und ihm entsprechen, sondern darin wiederum die Verwertung von toter und lebendiger Arbeitszeit wiedergeben und gegenwärtig halten muss, braucht es diese letzte Konsequenz nicht wirklich ‚ziehen' – sie zeitigt sich in seiner Bewegung und in seinen quantitativen Bestimmungen ganz automatisch. Letztlich *muss* die produktive Kraft des Verhältnisses der beiden Bestandteile der Verwertung sich durch die Realisierung ihrer Resultate im Geld ausdrücken, sie *muss* in seinem Wert sich selbst entsprechen.

Insbesondere muss sich diese letzte Konsequenz zeitigen, wenn sich in den quantitativen Bestimmungen des Geldes jene gemessene und realisierte Verwertung *nicht* entspricht. Wenn das Geld, wie etwa in den Jahren des sog. Finanz(markt)kapitalismus und des Neoliberalismus, quantitativ vermehrt wurde, *ohne* eine entsprechende Verwertung zu mobilisieren und nach sich zu ziehen, dann entspricht das Geld schlicht nicht der Verwertung, die es doch darstellt, genauer, es entspricht nicht einer Verwertung, die doch im Geld sich selbst darstellen muss.

---

wichtig, weil sie zeigt, dass alle Formen des Einkommens immer schon, wie oben für die Differenz von Wert und Preis gezeigt, Resultate eines Ins-Verhältnis-Setzen aller Arbeiten und Kapitale sind, durch die unhintergehbar ein gesamtgesellschaftliches Verhältnis hergestellt wird und durch die Bildung von Durchschnittsgrößen das *Allgemeine* und die *innere Notwendigkeit* der Verwertung zur Erscheinung kommt. Durch die Entwicklung einer allgemeinen Profitrate kann Marx darüber hinaus die innere Verbindung herstellen zwischen der Mehrwertproduktion einerseits (durch die Verwertung von Arbeit und Kapital) und der Höhe des Zinses und der Rente andererseits (durch ihre Abzweigung aus der Mehrwertproduktion und die Bildung einer allgemeinen Profitrate). In der bürgerlichen Ökonomietheorie wird dagegen der innere Zusammenhang zwischen der Verwertung und den verschiedenen Arten des Einkommens positivistisch in eine Vielzahl einzelner Faktoren aufgelöst (die Arbeit ist Kostenfaktor, aber auch Quelle des Einkommens; der Profit stammt nicht allein aus einem Anteil unbezahlter Arbeitszeit, sondern kann letztlich aus jeder Art von Geschäft und Transaktion stammen; der Zins ist Entgelt für überlassenen Nutzen, entgangene Liquidität u.Ä., seine Höhe wird letztlich durch Angebot und Nachfrage geregelt usw.).

Dass sich die Verwertung im Geld überhaupt auch *nicht* entsprechen kann, dass mithin das Geld der Verwertung gegenüber gleichsam unverhältnismäßig und unzeitgemäß werden kann, zeigt sich an der Krise des Finanzkapitalismus besonders schlagend. Die Krise des Finanzkapitalismus ergibt sich, vereinfacht gesagt, aus der Differenz zwischen einerseits einem vermehrten Geld und fiktiven Kapital und andererseits einer Verwertung, die sich weiterhin im Geld darstellen muss, aber in ihm nicht mehr sich selbst entspricht. Es lohnt sich daher zum Verständnis der kapitalistischen Verzeitlichung, darauf einzugehen, wie die Krise dasjenige zeitliche Selbstverhältnis der kapitalistischen Gesellschaft gewaltsam (wieder-)herstellt, das sich letztlich aus der Auseinandersetzung lebendiger und toter Arbeitszeit ergibt, ergeben *muss*.

6.3 Die Differenz zwischen Verwertung und Geld.
Die Unverhältnismäßigkeit der Gesellschaft sich selbst gegenüber und die Schuld gegenüber der Zukunft

Wenn in der quantitativen Bestimmung des Geldes oder kurz, in seinem Wert, die produktive Kraft der Verwertung von Arbeit und Kapital in Wert gesetzt ist und diese quantitative Begrenzung der Gesellschaft ihrem zeitlichen Selbstverhältnis entspricht, dann kann die Erweiterung dieser Grenzen durch eine bloße Vermehrung des Geldes, etwa durch Kreditgeld oder die Techniken der Finanzialisierung und der Produktion von Eigentumstiteln, nur ein Vorgriff sein auf *zukünftige* Verwertung. Entsprechend muss das vermehrte Geld, damit sein Wert gedeckt wird, noch genau die Verwertung nach sich ziehen, die gleichsam vorweggenommen und übersprungen wurde. Kurz, fiktives Kapital muss noch zu fungierendem Kapital werden.[26]

---

[26] Marx fasst das Kreditkapital, das Aktienkapital und den Kapitalmarkt treffend als „*arbeitgebend*, die *Produktion regulierend*, in einem Wort, *Produktionsquelle*" (*Grundrisse*, S. 201) zusammen. Es ist zu beachten, dass sich Marx' Bestimmung des Kredits von den gängigen Kredittheorien grundsätzlich unterscheidet, und zwar allein schon dadurch, dass er den Kredit aus der kapitalistischen Bestimmung des Geldes *hervorgehen* lässt. Dagegen werden in den gängigen Theorien die Kredit- und Zinseigenschaften geradezu umgekehrt als logischer wie historischer Ursprung des Geldes und seiner Vermehrung aufgefasst, insbesondere dort, wo der historische Ursprung des Kredits nicht eindeutig unterschieden wird von der spezifischen Bedeutung, die er durch die kapitalistische Verwertung erhält. In den gängigen Kredittheorien wird bereits die Bewertung und In-Wert-Setzung von (Recht auf) Eigentum zu einer „Kapitalisierung", statt umgekehrt die Möglichkeit solcher Kreditschöpfung aus der Funktion des Kredits in der kapitalistischen Gesellschaft zu begründen und insbesondere die Deckung des Kreditgeldes auf die kapitalistische Verwertung zurückzuführen. Wird der geschichtliche Ursprung des Kredits nicht scharf von dessen Funktion in der kapitalistischen Gesellschaft unterschieden, geht zudem verloren, dass das Geld durch seine kapitalistische Bestimmung gerade von aller vorkapitalistischen Bestimmung ‚bereinigt' wird, mithin auch vom vorkapitalistischen Kredit. Da Marx zufolge Kredit und Zins in der kapitalistischen Gesellschaft durch die Verwertung eine spezifisch kapitalistische Bestimmung erhalten, tauchen sie innerhalb der KdPÖ auch erst nach der vollständigen Entwicklung des Geldes zum Kapital auf, nämlich erst im dritten Band des *Kapitals* (auch wenn Marx vorher gelegentlich darauf hinweist, dass, geschichtlich betrachtet, das Kreditgeld aus der Zahlungsmittelfunktion und aus Schuldverhältnissen hervorgegangen ist, vgl. *Kapital I*, S. 153–154). Seine KdPÖ schlägt damit einen Bogen von der Entwicklung der *Geld*-Ware, durch die der Wert eine selbständige Existenzform erhält (Wertformanalyse in *Kapital I*), zur *Ware* Geld (in Kapital III), durch die der Wert im Kredit eine ver-selbständigte Existenz erhält. Doch auch wenn sich der Wert durch Kreditgeld gegenüber

Auf die verschiedenen Techniken der Geldvermehrung sowie auf verschiedene Aus- und Anlagen, die das Geld in den Jahrzehnten des Finanzkapitalismus durchlaufen hat (Kreditschöpfung, Niedrigzinspolitik und „Keynesianismus der privaten Hand"[27], kreditfinanzierte Überproduktion und Überakkumulation einerseits und kreditfinanzierte Nachfrage andererseits, Aufblähung des fiktiven Kapitals und der Staatsverschuldung etc.),[28] braucht nicht im Einzelnen eingegangen zu werden, um zu erkennen, dass hier eine solche Differenz zwischen einerseits vermehrtem Geld und fiktivem Kapital und andererseits der Verwertung und dem tatsächlich fungierenden Kapital eingetreten ist. Es ist jene Differenz eingetreten, für die der genannte unbedingte Materialismus geltend gemacht werden muss: Das Geld kann nur durch die Auslegung in lebendige und tote Arbeitszeit seinen Wert erhalten und vermehren, es ist zuletzt immer diese Verwertung, genauer die Produktivkraft dieser Verwertung, die sich in der quantitativen Bestimmung des Geldes sowie in seiner Vermehrung zeitigen muss – eröffnet sich dagegen durch die Techniken der Geldvermehrung und der Schaffung fiktiven Kapitals eine Differenz, erscheint sie früher oder später als *Unverhältnismäßigkeit*. Die kapitalistische Ökonomie wird sich selbst gegenüber unverhältnismäßig, weil die Verwertung im Geld schlicht nicht mehr auf quantitative Weise sich selbst entspricht; das Geld stellt im gesellschaftlichen Verhältnis der Waren die Produktivkraft der Verwertung von Arbeit und Kapital nicht mehr adäquat dar und ‚behauptet' nur noch eine Entsprechung.

Es scheint dann, als habe die Gesellschaft, wie es durchaus treffend heißt, ‚über ihre Verhältnisse gelebt'. Über die Verhältnisse heißt, es wurde zu viel Kreditgeld aufgenommen und zu viel fiktives Kapital geschaffen im Verhältnis zur Verwertung und zum tatsächlich produktiv fungierenden Kapital; es gab dann zu viel Geldkapital, ohne zur Deckung und Tilgung entsprechende Verwertungsverhältnisse zur In-Wert-Setzung zu mobilisieren und nach sich zu ziehen. Stattdessen wurde Reichtum ohne vorherige Verwertung akkumuliert, und mit seiner Hilfe wurde zu viel produziert, ohne durch eine entsprechende Kaufkraft realisiert zu werden, sondern durch einen Konsum, der seinerseits auf Kreditgeld und fiktivem Kapital beruht. Weil die Verwertung gleichsam produziert und gesteuert wird durch einen Vorgriff auf zukünftige

---

der Verwertung verselbständigt: Bei Marx kann Kreditgeld in der kapitalistischen Gesellschaft letztlich nur *Eigentumstitel auf (zukünftige) Arbeitszeit* sein. Kredit mag auf noch so viel (Recht auf) Eigentum oder auf noch so viel erwartetes Einkommen oder auf erwartete Gewinne gewährt werden – letztlich erhält das Geld nur durch die Verwertung und durch seine Kapitalbewegung seine quantitative Bestimmung, kurz seinen Wert, vgl. dazu *Grundrisse*, S. 284; *Kapital III*, S. 481–492 (Abschnitt V, Kap. 29). Im gesamten V. Abschnitt des dritten Bandes kommt Marx auf Kreditgeld, fiktives Kapital und Zins zu sprechen (*Kapital III*, S. 350–626); hier findet sich auch die Kritik der angesprochenen Verkehrungen, wobei die Verkehrungen sowohl das Kredit- und Zinswesen selbst betreffen als auch die subjektiven (auch wissenschaftlichen) Vorstellungen davon. Zum Zins vgl. auch die *Beilagen* in *ThM III*, S. 445–528.

27 Colin Crouch: *Über das befremdliche Überleben des Neoliberalismus. Postdemokratie II*. Frankfurt am Main: Suhrkamp 2011, S. 164.

28 Zur systematischen Überproduktion als Reaktion auf die Krise des Fordismus vgl. Robert Brenner: *Boom and Bubble. Die USA in der Weltwirtschaft*. Hamburg: VSA 2002.

Verwertung und zukünftige Gewinne, der einerseits zur Überproduktion und Überkonsumtion führt, ohne dass andererseits das vermehrte Geld durch sie eingeholt und nachträglich gedeckt wird, ist es gleichsam das Geld selbst, das über seine Verhältnisse lebt, nämlich über diejenigen Verwertungsverhältnisse, die sich im Geld entsprechen und seinen Wert decken müssen. Durch seine Vermehrung *musste* das Geld tatsächlich die Ökonomie überbewerten, und es musste unmittelbar ‚über' die *eigenen* Verhältnisse leben, ‚über' der Produktivkraft der Verwertung von Arbeit und Kapital, die es darstellt. Das Geld ‚behauptet' nur noch, in den Waren die Produktivkraft der Verwertung zu realisieren und ihr zu entsprechen, aber diese Entsprechung ist ebenso unerfüllt oder unzeitgemäß wie unbegründet und ungedeckt – in der quantitativen Bestimmung des Geldes entspricht sich schlicht nicht (mehr) diejenige Verzeitlichung, die sich zurzeit aus der Verwertung von toter und lebendiger Arbeitszeit ergibt.

Mit einem zentralen Begriff der Volkswirtschaftslehre kann es auch so ausgedrückt werden, dass die Gesellschaft falsche „Erwartungen" von ihrer eigenen Entwicklung gehabt hat. Es wurde allerdings ganz praktisch von den falschen Erwartungen gelebt, denn die Erwartungen gingen ja in die Schöpfung von Kreditgeld, Aktienkapital, Staatsanleihen etc. ein, mithin in eine dadurch finanzierte Über-Produktion, Über-Konsumtion und Über-Akkumulation von Kapital. Die gesamte, auf bestimmten Annahmen und Erwartungen beruhende Geld- und Kapitalvermehrung war ein Vorgriff auf genau diejenige zukünftige Verwertung, die sie hätte in Kraft setzen und die hätte eintreten müssen, um im Nachhinein diese defizitäre Konjunktur zu rechtfertigen und abzugelten. Ist das nicht der Fall, dann sind Erwartungen auch nicht einfach unerfüllt geblieben, sondern *dass* sie unerfüllt geblieben sind, ist wiederum auf jene unverhältnismäßige Geldvermehrung zurückzuführen sowie auf all diejenigen Bereiche, in die das vermehrte Geld dann geflossen ist und die es durch Überproduktion und Überakkumulation einerseits, aber auch durch entsprechende Nachfrage und Konsum andererseits sozusagen überbewertet hat.[29]

---

29 Die vom Finanzkapital gesteuerte, ‚überbewertete' Phase des Kapitalismus hat zwar eine Reihe (vor allem technischer) Entwicklungsschübe in den einzelnen Zweigen des Kapitals sowie in der Wissenschaft angestoßen oder beschleunigt und daraus wiederum ökonomische Effekte erhalten. Aber die Phase des Finanzkapitalismus hat keine entsprechende, ‚nachhaltige' Entwicklung der Verwertung nach sich gezogen. Die fehlende ‚Nachhaltigkeit' betrifft einerseits die produktive Verwertung von Kapital (das aufgeblähte fiktive Kapital und Kreditgeld ist nur zum Teil fungierendes Kapital geworden) und andererseits die Verwertung der Ware Arbeitskraft und ihre Reproduktionsbedingungen (und hier wiederum besonders die Bereiche Bildung und Qualifikation sowie Gesundheit). Die Phase ging einher mit stagnierenden und sogar fallenden Reallöhnen, dem Umbau der Sozialsysteme und der rechtlichen Regelungen für Arbeits- und Beschäftigungsverhältnisse, mit Prekarisierung und Entsolidarisierung usw. Die fehlende Nachhaltigkeit wurde auf beiden Seiten befördert durch eine Politik der Liberalisierung und Deregulierung, der Flexibilisierung und Privatisierung. Diese Politik, so sehr sie auch krisenhaft gewirkt und zur Rückkehr von Methoden absoluter Mehrwertproduktion geführt hat, war allerdings bereits ihrerseits eine Krisenreaktion, nämlich Reaktion auf eine fordistische Produktionsweise, in der, neben weiteren Faktoren, ausgerechnet Methoden der relativen Mehrwertproduktion zu fallenden Profitraten geführt und krisenhaft gewirkt hatten. Die Phase des Finanzkapitalismus und des Neoliberalismus hat zwar beide Seiten, sowohl die Ware Arbeitskraft als auch das Kapital, den Kräften deregulierter, flexibilisierter und privatisierter Märkte ausgesetzt, allerdings ging

In diesem Sinne hat das Geld in den Jahren des Finanzkapitalismus ‚über' das von ihm zugleich dargestellte Verhältnis der Verwertung von Arbeit und Kapital ‚gelebt', und dadurch ist die kapitalistische Gesellschaft, zumindest phasenweise, unverhältnismäßig und unzeitgemäß gegenüber sich selbst geworden, d. h. sie ist ein Schuldverhältnis eingegangen, das sich nicht einfach zu einem Nullsummenspiel zwischen Guthaben und Schulden, Schuldner und Gläubiger ausgleicht. Stattdessen ist die Gesellschaft durch eine Geldvermehrung, die auf zukünftige Verwertung vorgreift und ‚wettet' oder setzt, die aber (noch) nicht durch sie in Wert gesetzt und gedeckt wurde, gleichsam als ganze ein Schuldverhältnis gegenüber sich selbst eingegangen, nämlich bei genau der Zukunft, die durch die fiktive Vermehrung vorweggenommen und vorgezogen wurde. So sehr dieser Vorgriff auch reale ökonomische Effekte gezeitigt haben mag, so wenig hat er doch diejenige Verwertung in Kraft gesetzt und diejenigen Gewinne nach sich gezogen, die jenen Vorgriff hätten einholen und so das vermehrte Geld im Nachhinein oder rückwirkend hätten decken können. Im Gegenteil, das Einlösen der Schuld wurde zum einen durch dieselben Verschuldungstechniken nur immer weiter in die Zukunft hinausgeschoben und dadurch ebenso verzögert wie verschärft, und zum anderen wurde die Verschuldung in andere (Welt-)Regionen und andere gesellschaftliche Bereiche und Sektoren (Staat, private Haushalte) verlagert.[30]

Wird die Verwertung, die durch die Geldvermehrung vorweggenommen wurde, nicht durch eine entsprechende Verwertung in Wert gesetzt, dann steht schlicht eine Entwertung an. Diese Entwertung bricht schlagartig durch eine Krise und Kapitalvernichtung ein (ganz so, wie sich 2008 die Differenz zwischen Geld und Verwertung durch eine schlagartige Entwertung zuerst des am meisten ‚überbewerteten' Bereichs geltend machte, des US-amerikanischen Immobilienmarktes, und dann weitere Bereiche nach sich zog.)[31] Wie immer diese Unverhältnismäßigkeit zwischen Wert und Geld,

das aufseiten der Ware Arbeitskraft mit einer Krise aller ihrer Repräsentationsformen einher, vom Legitimationsverlust und Zusammenbruch des Realsozialismus und der kommunistischen Parteien des Westens über die Krise der Gewerkschaften und die Transformation der Sozialdemokratie bis hin zu den Neuen Sozialen Bewegungen, die in nahezu allen westlichen Industrienationen mit der traditionellen Arbeiterbewegung gebrochen und sich bewusst anderen Themen als der Erwerbsarbeit zugewandt haben.

30 Zu diesen Verlagerungen vgl. Harvey: *Räume der Neoliberalisierung*.

31 Zu den Krisen, die sich aus vermehrtem, aber (noch) nicht durch die Verwertung gedecktem Geld und fiktivem Kapital ergeben, vgl. *Kapital III*, S. 481–535 (Abschnitt V, Kap. 29–32). Hier geht Marx auf die „Verdoppelung" des produktiven Kapitals durch Aktienkapital ein, dass „nicht doppelt (existiert), einmal als Kapitalwert der Eigentumstitel der Aktien, und das andre Mal als das in jenen Unternehmen angelegte oder anzulegende Kapital" (*Kapital III*, S. 484–485). Des Weiteren geht er ein auf die Staatsschulden, Staatspapiere und „Staatsschuldscheine, die für das ursprünglich geliehene und längst verausgabte Kapital ausgestellt sind", und diese „papiernen Duplikate von vernichtetem Kapital fungieren für ihre Besitzer soweit als Kapital, als sie verkaufbare Waren sind" (*Kapital III*, S. 494). Schließlich geht er auf das Kreditsystem ein, in dem entscheidend sei, „wieweit die Akkumulation des Kapitals in Form von leihbarem Geldkapital zusammenfällt mit der wirklichen Akkumulation, der Erweiterung des Reproduktionsprozesses" (*Kapital III*, S. 511). Zur Deckung des Geldes vgl. bes. *Kapital III*, S. 562ff. Alle drei Bereiche eint der Widerspruch, dass das rein gesellschaftliche Verhältnis, dass der Wert und seine Verwertung im Geld eine selbständige Form für sich haben, aber genau darum dieses Geld der Verwertung *zeitweise* auch *nicht* entsprechen und sich verselbständigen kann: „Solange der *gesellschaftliche* Charakter der Arbeit als das *Gelddasein* der Ware und daher

zwischen der Produktivkraft der Verwertung und dem tatsächlich fungierenden und sich verwertenden Kapital im Einzelnen zustande kommt – wenn daraus eine Krise entsteht, so deshalb, weil das vermehrte Geld wieder auf die Verhältnisse der Verwertung von Arbeit und Kapital zurückgeführt werden muss, und das vermehrte Geld selbst übernimmt dieses Zurückführen auf ebenso praktische wie automatische Weise. Es stellt in Krisenzeiten heraus, dass es der Verwertung nicht (mehr) entspricht, dass seine quantitativen Bestimmungen oder sein Wert der Verwertung gegenüber unzeitgemäß (geworden) sind, und indem sich diese Unverhältnismäßigkeit durch Prozesse der Entwertungen und der Kapitalvernichtung herausstellen, setzen sich auch schon Verwertung und Geld wieder ins Verhältnis und setzen das ‚normale' zeitliche Selbstverhältnis der kapitalistischen Gesellschaft, das sich aus der Verwertung von Arbeit und Kapital ergibt, fort.

6.4 Die Krise als Einbruch der Normalität und Rückkehr des Verdrängten

Vereinfacht gesagt, war es die Unverhältnismäßigkeit zwischen der Verwertung und dem Geld, die in der Krise des Finanzkapitalismus offen ausbrach. Allerdings ist auch hier auf die Besonderheit des Marx'schen Krisenbegriffs zu achten: Die Krise besteht darin, dass, wie bereits im Abschnitt über Lukács gezeigt, die Normalität der kapitalistischen Ökonomie *weiterhin gilt*. Die Verwertung von Arbeit und Kapital ist weiterhin durch das Geld dem Maß der Zeit ausgesetzt und wird weiterhin durch die Realisierung ihrer Resultate an dieses Maß gehalten; die produktive Kraft ihrer Verwertung tritt weiterhin durch das Geld rein quantitativ ein; und das Geld muss weiterhin in diese Verwertung wieder entäußert werden, die Warenproduktion in Kraft setzen und sich über ihre Realisierung ‚zeitigen'. Kurz, das Geld stellt weiterhin das zeitliche Selbstverhältnis der Gesellschaft her, und die Krise ist ‚nur' der gewaltsame Einbruch des aktuellen, zurzeit maßgeblichen Selbstverhältnisses. Die Krise ‚erinnert' durch Entwertung und Kapitalvernichtung schlagartig daran, dass Verwertung und Geld einander entsprechen müssen, und das Krisenhafte besteht darin, dass eine *fehlende* Entsprechung zwischen der Verwertung und dem Geld statt durch eine nachholende In-Wert-Setzung eben durch diese *Ent*wertung und Kapital*vernichtung* bewältigt wird. Diese stellen schlagartig dasjenige Selbstverhältnis wieder her, das durch die Geldvermehrung und die Verschuldung bei zukünftiger Verwertung temporär außer Kraft gesetzt war und durch die Verwertung nicht eingeholt und abgegolten werden konnte.[32]

---

als ein *Ding* außer der wirklichen Produktion erscheint, sind Geldkrisen, unabhängig oder als Verschärfung wirklicher Krisen, unvermeidlich." (*Kapital III*, S. 533, vgl. auch S. 620–621.)
32 Auch in der Entwertung und Kapitalvernichtung bleibt die Zeit maßgeblich für die Produktivkraft der Verhältnisse, die lebendige und tote Arbeitszeit eingehen, und überhaupt bleibt die gesamte Ökonomie der Zeit in Kraft und läuft weiter – aber gleichsam *rückwärts*. Sie liefe selbst dann noch rückwärts weiter, wenn die Verwertung komplett zum Stillstand käme. Dass die Ökonomie der Zeit rückwärts läuft, heißt, dass die Ware Arbeitskraft durch Senkung der Löhne entwertet wird, mehr noch, sie wird aus der Produktion wieder frei gesetzt und verursacht Kosten, ohne Wert zu übertragen und zuzusetzen; auch das konstante Kapital

Doch die Krise stellt zwar die Entsprechung von Wert und Geld schlagartig wieder her und bewältigt ihre Differenz, aber sie stellt dadurch keineswegs das Verhältnis von Geld und Verwertung in einer bruchslosen Entsprechung gleichsam wieder auf Null. Vielmehr stellt sich der Vorgriff auf zukünftige Gewinne als genau das heraus, was er nun erst gewesen ist oder vielmehr gewesen sein wird: Er stellt sich als Schulden und Verluste heraus. Die Krise verkehrt durch eine Entwertung und Kapitalvernichtung die durch Geldvermehrung vorweggenommenen Gewinne schlicht in Verluste und lässt die vergangene Verschuldung bei zukünftiger Verwertung zur Gegenwart werden. Sie lässt mithin wiederkehren, was in den vermeintlich ökonomisch stabilen, normalen Zeiten und besonders in den Zeiten des ökonomischen Wachstums durch eine exzessive Geldvermehrung und ihren Zugriff auf zukünftige Verwertungsgewinne verdrängt und aufgeschoben wurde: dass diese Gewinne von zukünftiger Verwertung erkauft wurden. Die Krise stellt mithin heraus, gleichsam im Nachhinein und rückwirkend, dass es schon jene vorangegangene, krisenfreie Zeit der kapitalistischen Ökonomie gewesen sein muss, die durch ihre Geldvermehrung unzeitgemäß und unangemessen gegenüber der eigenen Verwertung gewesen ist. Allerdings kommt einer Ökonomie, die durch einen Vorgriff auf zukünftige Verwertung über ihre Verhältnisse lebt, die bei der eigenen Zukunft verschuldet ist und sich im Geld unzeitgemäß darstellt – einer solchen Ökonomie kommt genau darum ihre Krise unzeitgemäß zu, erst im Nachhinein. So waren es im Falle des Finanzkapitalismus gerade die ‚guten alten Zeiten', die Zeiten des Wirtschaftswachstums und der hohen Gewinne, die durch Geldvermehrung von einer zukünftigen Verwertung im Wortsinn erkauft wurden und genau dadurch von ihr abhingen, und in der Krise kehrt diese unabgegoltene und unabgeschlossene Vergangenheit in Gestalt von Verlusten und Verschuldung wieder.

Doch damit nicht genug. Wenn sich in der Krise nachträglich und rückwirkend herausstellt, dass die ökonomisch scheinbar normalen Zeiten des Wachstums und des Fortschritts nicht gewesen sind, was sie zu sein schienen, dann kann nicht zu *dieser* Normalität zurückgekehrt werden. Die Krise besteht somit auch darin, dass keine Rückkehr zu jener Normalität möglich ist, von der sich herausgestellt hat, dass sie von falschen Erwartungen gelebt und durch jene Mechanismen der Geldvermehrung, der Überproduktion etc. über ihre Verhältnisse gelebt hat. (Darum auch die Notwendigkeit, die Krise als ‚Chance' auszugeben: weil es *kein Zurück* mehr gibt.[33])

---

kann seinen Wert nicht nur nicht abschreiben und auf Waren übertragen, sondern sein Wert verkommt; und auch produzierte, aber nicht realisierte Waren verkommen oder verursachen zusätzliche Kosten, statt ihren Wert zu realisieren. Gerade weil auch in der Krise das Maß der Zeit für die Verwertung maßgeblich bleibt, misst es statt Fortschritt und Wachstum Entwertung und Rückschritt.

33 Die Geschichte der Krisen des Kapitalismus zeigt, dass die Rückkehr der Normalität ebenso Lösung einer Krise wie ihr (erneutes) Aufschieben gewesen ist. So wird in der Krise des Finanzkapitalismus und des Neoliberalismus vergessen, dass er seinerseits bereits die ‚Lösung' oder zumindest die Reaktion auf eine Krise war, nämlich auf jene Krise, in die der Nachkriegsfordismus und der Keynesianismus in den 1970er Jahren eingetreten waren. Und Fordismus und Keynesianismus waren ihrerseits die Reaktion auf eine Krise, nämlich auf die große Weltwirtschaftskrise, die Ende der 1920er Jahre die Phase eines bereits

Die eigentliche Krise ist daher die Krise der Normalität: dass sie nicht gewesen ist, was sie zu sein schien; zumindest hat sie die an sie gestellten ‚Erwartungen' und das Vertrauen auf eine bestimmte Entwicklung nicht erfüllt. Die Vergangenheit stellt sich daher nicht nur als etwas anderes heraus, als sie zu sein schien, es findet auch eine Art rückwirkende Neubewertung statt. Die Neubewertung ist keine rein theoretische und keine moralische und auch keine politische, sie ist eine handfeste ökonomische Neubewertung, denn die Bewertung betrifft ja eine noch nicht durch die Verwertung gedeckte und abgegoltene Geldvermehrung, für die entweder eine In-Wert-Setzung durch die Verwertung von Arbeit und Kapital noch ansteht oder eine Entwertung und Kapitalvernichtung – so oder so muss die Entsprechung zwischen Geld und Verwertung wiederhergestellt werden. (Und da die Verwertung ja gerade von der Krise betroffen ist, muss in der Regel zunächst der Staat einspringen. Er muss für die verschuldeten und insolventen Banken, Kapitale und Privathaushalte bürgen oder gar für weitere Kredite sorgen, er muss Konjunkturprogramme auflegen und sich seinerseits verschulden usw.)[34]

In beiden Fällen greift eine unabgegoltene Vergangenheit auf ‚ihre' Zukunft über; weil die zukünftige Verwertung, die durch die Geldvermehrung gleichsam vorweggenommen wurde, nicht eingetreten ist, bleibt eine unabgegoltene Vergangenheit gegenwärtig und greift nun auf die Zukunft über. Die Zukunft ist so zur abhängigen Variablen ‚ihrer' Vergangenheit geworden. Das in der Vergangenheit vermehrte Geld greift auf eine zukünftige Ökonomie über, die für ‚ihre' Vergangenheit und deren falsche Erwartungen, deren Spekulationen und Wetten auf die Zukunft noch aufkommen und bezahlen muss, entweder durch eine Entwertung und Kapitalvernichtung oder, wenn das verhindert oder aufgehalten werden soll, durch eine entsprechende Verwertung und In-Wert-Setzung.[35]

damals globalisierten liberalen Kapitalismus beendet hatte. Die Rückkehr der normalen Verzeitlichung war also jeweils keine endgültige Überwindung der Krisenhaftigkeit des Kapitalismus, vielmehr ist eine Phase der politischen Ökonomie nach ihrer Krise durch eine andere Phase mit einer erneuten Krisentendenz eher *ab*gelöst als *ge*löst worden. Dass sich das zeitliche Selbstverhältnis des Kapitalismus krisenhaft durchsetzt, heißt nicht, dass er auf eine innere finale Schranke zuläuft, wie etwa Robert Kurz unermüdlich behauptete, vgl. etwa Robert Kurz: *Geld ohne Wert: Grundrisse zu einer Transformation der Kritik der politischen Ökonomie*. Berlin: Horlemann 2012.

34 Dementsprechend fiel die erste Reaktion auf die Krise gemeinhin aus, nämlich indem mithilfe des (in der Regel seinerseits hoch verschuldeten Staates) einerseits die schlagartige Entwertung des Finanz- und Industriekapitals (letztlich die Entwertung der gesamten Ökonomie und ihrer Währung im Geld) durch Bürgschaften, Kredite u.Ä. aufgefangen werden sollte und indem andererseits die sog. Realökonomie durch Konjunkturprogramme angekurbelt wurde, um der Entwertung durch Verwertung zu begegnen. Aus Sicht der Volkswirtschaftslehre bleiben jene Entwertungen indes lediglich unerfüllte Erwartungen; die Entwertung ist eine bloße Preisbereinigung und der Preisverfall sind individuelle Verluste (aus denen bekanntlich, spiegelbildlich zur Privatisierung der Gewinne, eine Verstaatlichung und Vergesellschaftung der Verluste wurde). Wenn der Staat die Verschuldung übernimmt und die anstehende Entwertung aufhält, ohne dass jedoch die Verwertung für ihre Deckung aufkommen kann, gerät folgerichtig als nächstes der Staat in eine Schulden- und Refinanzierungskrise, der die weiterhin anstehende Kapitalvernichtung (durch Wellen der Entwertung und der Inflation, durch Insolvenzen oder wie auch immer) nicht länger aufhalten kann und am Ende zu Entschuldungsprogrammen und Währungsreformen wird greifen müssen.

35 Ebensowenig bleibt die (rückwirkende) Entwertung eine im engen Sinne ökonomische Entwertung,

Auf welche Weise eine solche Krise auch bewältigt wird, entscheidend für die hier zu entwickelnde Ökonomie der Zeit ist, dass das Geld zwei unterschiedliche Möglichkeiten des Umgangs mit der Zukunft des Werts eröffnet. Es gibt zum einen die Möglichkeit, das Geld in die beiden Bestandteile der Verwertung zu entäußern und auf diese Weise mit der Gewordenheit der Zukunft zu rechnen, und es gibt zum anderen die Möglichkeit, durch die Techniken der Geldvermehrung auf genau diese Zukunft vorzugreifen – aber dann ist die Zukunft gleichsam vorherbestimmt durch diejenige Verwertung, die im Geld vorweggenommen wurde und für die entweder eine In-Wert-Setzung durch die Verwertung oder eine Entwertung und Kapitalvernichtung ansteht.

Es wäre einer eigenständigen Anstrengung wert, die verschiedenen Techniken der Geldvermehrung durch Kreditgeld und durch Eigentumstitel wie Aktienkapital, Staatsanleihen etc. auf ihre Bedeutung für das zeitliche Selbstverhältnis der kapitalistischen Gesellschaft hin zu untersuchen und gleichsam als vierte Bestimmung des Geldes zu entwickeln. Hier muss es ausreichen, mit Marx zu zeigen, dass durch solche Techniken der Vermehrungen des Geldes und des Kapitals zwar die Verwertung übersprungen und in zeitlicher Hinsicht gleichsam vorweggenommen werden kann. Doch das bleibt ein Vorgriff und eine Verschuldung bei derjenigen zukünftigen Verwertung, die genau *deshalb* in Gang gesetzt werden muss; die Verwertung kann nur aufgeschoben und verdrängt, aber nicht übergangen oder dauerhaft ausgesetzt werden.

Ein dauerhaftes Hinausgehen über die Grenzen der Verwertung gelingt nicht durch solche Vermehrungen des Geldes, sondern nur durch die *Steigerung der Produktivkraft der Verwertung*. Um zum Hinausgehen der Verwertung über ihre eigene Grenzen zu gelangen, müssen wir wieder zur produktiven Kraft zurückkehren, die im Verhältnis von lebendiger und toter sowie notwendiger und zusätzlicher Arbeitszeit steckt.

7. Die zwei Methoden zur Steigerung der Produktivkraft

Die Entwicklung der Ökonomie der Zeit ergab bisher, dass das Geld die Zeit maßgeblich werden lässt für die produktive Kraft, die in der Auseinandersetzung der Zeit durch lebendige und tote Arbeitszeit steckt. Diese Auseinandersetzung entsprang der Trennung der Produzenten von den Produktionsmitteln im Zuge der ursprünglichen Akkumulation. Die Trennung ist für die kapitalistische Produktionsweise ‚ursprünglich‘,

---

sie betrifft vielmehr die politische Ökonomie insgesamt. D. h. auch das Politische der Ökonomie wird im Nachhinein neu bewertet: Die Politik war schlicht doch nicht so fortschrittlich und ‚nachhaltig‘, wie es schien. So stellte die Krise des Finanzkapitalismus heraus, dass der Neoliberalismus mit seiner umfassenden Entgrenzung, Deregulierung und Privatisierung sowie seiner schuldenfinanzierten Defizitkonjunktur wohl doch einseitig war, dass der Markt die Ökonomie nicht allein bewältigen kann und darum der (staatlichen) Aufsicht und Regulierung bedarf etc. (ganz abgesehen davon, dass der Staat gerade für die Durchsetzung und Absicherung des Neoliberalismus und des freien Marktes sowie für die Beseitigung ihrer Folgen entscheidend ist). Aufgrund dieser Entwertung des Politischen gehen die Krisen des Kapitalismus meist einher mit einem Umbruch in seiner politischen Regulierung. Zur politischen Ökonomie der Verschuldung vgl. Maurizio Lazzarato: *Die Fabrik des verschuldeten Menschen. Essay über das neoliberale Leben*. Berlin: b_books 2012.

weil beide Seiten einen neuen und spezifisch kapitalistischen Status erhalten: Sie gehen als variable und konstante Wertbestandteile in ein gemeinsames Verhältnis ein, und dieses Verhältnis begründet wiederum dasjenige produktive (Selbst-)Verhältnis der Gesellschaft, das einerseits durch das Geld im Wertverhältnis der Waren realisiert wird und andererseits im Geld selbst quantitativ (auf-)bewahrt wird und hier gegenwärtig bleibt und übertragbar wird.

Die letzten Kapitel über die Verzeitlichung und das Rechnen mit der Zeit haben zudem deutlich gemacht, dass der Wert nicht nur dem produktiven, sondern auch dem *zeitlichen* Selbstverhältnis der kapitalistischen Gesellschaft entspricht und dass dieses Selbstverhältnis nur aufrechterhalten bleibt, wenn das Geld beständig in die beiden Bestandteile der Verwertung zurückkehrt und ihr Verwertungsverhältnis erneut in Kraft setzt; es ist ja die Kraft dieses zeitlichen Verhältnisses, die im Geld in Wert gesetzt ist. Durch die Kapitalbewegung des Geldes bleibt die Verwertung nicht nur in Kraft, das Geld kann sogar, wie zuletzt gezeigt, auch ohne die Verwertung vermehrt werden und insofern über sie hinausgehen – aber auch dann muss sich in seinem Wert letztlich das Verhältnis von lebendiger und toter Arbeitszeit zeigen, sonst steht eine Entwertung und Kapitalvernichtung an.

Eine dauerhafte Erweiterung der Verwertung sowie des darin gründenden zeitlichen Selbstverhältnisses der Gesellschaft gelingt daher nur durch diese Verwertung selbst, und zwar durch die *Steigerung ihrer Produktivkraft*. Die kapitalistische Ökonomie kann durch die Steigerung der produktiven Kraft der Verwertungsverhältnisse aus sich heraus ihre Grenzen erweitern und über die durch sie selbst gesetzten Grenzen hinausgehen; sie kann mithin das zeitliche Selbstverhältnis, das in der Verwertung in Kraft ist und das in den Waren verräumlicht wird, überwinden. Für die Steigerung der Produktivkraft ist die gezeigte Variable entscheidend: Die Produktivkraft hängt an demjenigen Verhältnis von notwendiger und zusätzlicher Arbeitszeit, das die Ware Arbeitskraft eingeht, und die produktive Kraft dieses Verhältnisses wird gesteigert durch die kapitalistischen Produktionsmittel und -bedingungen aufseiten des konstanten Kapitals:

> Der Wert der Ware ist bestimmt durch die Gesamtarbeitszeit, vergangne und lebendige, die in sie eingeht. Die Steigerung der Produktivität der Arbeit besteht eben darin, daß der Anteil der lebendigen Arbeit vermindert, der der vergangnen Arbeit vermehrt wird, aber so, daß die Gesamtsumme der in der Ware steckenden Arbeit abnimmt; daß also die lebendige Arbeit um mehr abnimmt, als die vergangne zunimmt.[36]

Marx unterscheidet zwei Methoden, die beiden Bestandteile ins Verhältnis zu setzen und die Produktivkraft zu steigern, nämlich die *absolute* und die *relative* Mehrwertproduktion.

---

36 *Kapital III*, S. 271. Erste Andeutungen zur Steigerung der Produktivkraft macht Marx bereits im Rahmen der Wertformanalyse, z. B. *Kapital I*, S. 54 ff.; ausgeführt wird das dann in den Abschnitten III–V, wo es um die Produktion des Mehrwerts geht (*Kapital I*, S. 192–556).

Die Methoden der absoluten Mehrwertproduktion laufen, so vielfältig sie sich auch darstellen mögen, letztlich auf die Vermehrung der Arbeitskräfte, auf die Verlängerung und Intensivierung ihrer Arbeitszeit sowie auf das Senken ihrer Entlohnung hinaus. Die *relative* Mehrwertproduktion wird dagegen erreicht, wenn diejenige Arbeitszeit gesenkt wird, die für die Warenproduktion notwendig ist. Hierdurch entsteht relativer Mehrwert, weil durch die Senkung der Warenwerte auch die Kosten zur Reproduktion der Ware Arbeitskraft sinken; die Ware Arbeitskraft wird gleichsam ‚entwertet', und entsprechend kann derjenige Anteil an der Arbeitszeit, der für ihre Reproduktion notwendig war und entlohnt wurde, gesenkt und die so ‚freigesetzte' Arbeitszeit in zusätzliche Arbeitszeit umgewandelt und für das Kapital gewonnen werden. Im Gegensatz zur absoluten Mehrwertproduktion wird diese zusätzliche Arbeitszeit *nicht* auf Kosten der Reproduktionsbedingungen der Ware Arbeitskraft gewonnen. Zu den Methoden dieser relativen Mehrwertproduktion gehören aufseiten des Kapitals vor allem die Verbesserung der Produktionsmittel und der Produktionsweise (dazu gehören auch Wissenschaft und Forschung, Arbeitsteilung, Kooperation und Arbeitsorganisation) und aufseiten der Ware Arbeitskraft vor allem die Verbesserung ihrer Erziehung und Ausbildung, ihrer Qualifikation und Weiterbildung, aber auch ihrer allgemeinen Reproduktionsbedingungen, vor allem die Gesundheitsversorgung und die soziale Absicherung.[37] Marx fasst die beiden Methoden so zusammen:

> Durch Verlängrung des Arbeitstags produzierten Mehrwert nenne ich absoluten Mehrwert; den Mehrwert dagegen, der aus Verkürzung der notwendigen Arbeitszeit und entsprechender Veränderung im Größenverhältnis der beiden Bestandteile des Arbeitstags entspringt – relativen Mehrwert.[38]

Die Produktion des absoluten Mehrwerts dreht sich nur um die Länge des Arbeitstags; die Produktion des relativen Mehrwerts revolutioniert durch und durch die technischen Prozesse der Arbeit und die gesellschaftlichen Gruppierungen.[39]
Auch wenn beide Formen koexistieren und miteinander verschränkt sind,[40] so ist doch die für die Steigerung der Produktivkraft entscheidende Methode die der relativen Mehrwertproduktion. Sie gilt es im Folgenden allein zu betrachten.

---

37 Das treibende Motiv zur Senkung notwendiger Arbeitszeit ist für das einzelne Kapital oder den einzelnen Warenproduzenten allerdings nicht, durch die Senkung der Warenwerte auch die Reproduktionskosten der Ware Arbeitskraft zu senken, sondern unter den Bedingungen der Konkurrenz und der Bildung von Durchschnittswerten einen Extra-Mehrwert zu erzielen. Nach der Steigerung der Produktivkraft kann nämlich die entsprechende Ware nun unter dem allgemeinen Durchschnittswert produziert, aber noch zu diesem alten Durchschnitt oder knapp darunter verkauft werden, sodass ein Extra-Mehrwert auf Kosten der anderen Kapitale aus dem von allen gebildeten Gesamtmehrwert realisiert werden kann – solange, bis die konkurrierenden Kapitale ebenfalls zu den neuen Bedingungen produzieren oder ihrerseits unter dem Durchschnitt produzieren und neue Wertgrößen maßgeblich werden lassen.
38 *Kapital I*, S. 334.
39 *Kapital I*, S. 532–533.
40 So kann die absolute Mehrwertproduktion in einem Bereich die Reproduktionskosten der Ware Arbeitskraft in anderen Bereichen aufgrund der (internationalen) Arbeitsteilung und der Gleichzeitigkeit unterschiedlicher Produktivkraftniveaus senken. Die absolute trägt dann zur relativen Mehrwertproduktion bei, etwa wenn Methoden der absoluten Mehrwertproduktion in Asien die Reproduktionskosten der Ware

Das In-Kraft-Setzen einer Variablen. Das Umwandeln notwendiger in zusätzliche Arbeitszeit als Steigerung der Produktivkraft
Marx führt den produktiven Umgang mit der Zeit darauf zurück, dass durch Arbeit und Kapital notwendige und zusätzliche Arbeitszeit ins Verhältnis gesetzt werden, und die produktive Kraft dieses Verhältnisses wird in der relativen Mehrwertproduktion gesteigert, wenn die zur Warenproduktion notwendige Arbeitszeit reduziert wird. Die Reduzierung schlägt sich zunächst zwar nur im Wert der gewöhnlichen, allgemeinen Waren nieder, aber über deren ‚Entwertung' sinken wiederum die Reproduktionskosten der sich durch diese Waren reproduzierenden Ware Arbeitskraft. Die Steigerung der Produktivkraft resultiert daher daraus, dass durch die Reduzierung der zur Warenproduktion notwendigen Arbeitszeit auch diejenige Arbeitszeit sinkt, die für die Reproduktion der Ware Arbeitskraft notwendig ist, und die Besonderheit der Warenform der Arbeitskraft zum Zuge kommt: dass sie in den Warenwerten auch die eigenen Reproduktionskosten produziert und dass sie in den Waren mehr Wert produziert, als zur Reproduktion der eigenen Ware Arbeitskraft notwendig ist.[41]

Arbeitskraft in den USA und in Europa senken und hier zur relativen Mehrwertproduktion beitragen. Dasselbe ist auch innerhalb einer Nationalökonomie und sogar innerhalb desselben ökonomischen Bereichs oder Sektors möglich, etwa wenn Methoden absoluter Mehrwertproduktion in den unteren Dienstleistungsbereichen die Reproduktionskosten der Ware Arbeitskraft in den oberen Dienstleistungsbereichen senken. Viel schwerwiegender ist aber der gleichsam umgekehrte Fall, nämlich dass die durch relative Mehrwertproduktion erreichte hohe Produktivkraft der Kapitale entwickelter Nationalökonomien eine weltweit maßgebliche Durchschnittsarbeitszeit etabliert, mit der ‚unterentwickelte' Ökonomien konkurrieren müssen und die sie nur durch Methoden absoluter Mehrwertproduktion ausgleichen oder unterbieten können. So zwingt die hohe Produktivität z.B. der industrialisierten europäischen und US-amerikanischen Landwirtschaft diejenige Afrikas, Indiens oder Chinas dazu, entweder zu derselben Industrialisierung der Landwirtschaft aufzuschließen (was meist mit einer finanziellen Verschuldung bei eben diesen fortgeschrittenen Nationen und entsprechender Abhängigkeit oder mit einer Öffnung für ausländische Investoren einhergeht) oder die hohe Produktivität durch absolute Formen auszugleichen oder zu unterlaufen und die Reproduktionskosten der Ware Arbeitskraft dauerhaft niedrig zu halten. Doch auch in den entwickelten (Post-) Industrienationen haben seit den 1970er Jahren durch verschiedenste Techniken die drei oben genannten Formen der absoluten Mehrwertproduktion (Vermehrung der Arbeitskräfte, Verlängerung und Verdichtung ihrer Arbeitszeit und Reduzierung ihrer Entlohnung) Einzug gehalten. Diese massive Rückkehr ist wiederum nicht zuletzt einem Produktivkraftfortschritt geschuldet, der in der Phase des Nachkriegsfordismus ausgerechnet durch Formen der relativen Mehrwertproduktion erreicht wurde (und zu Überproduktion bei sinkenden Profiten und einer Verwertungskrise geführt hat).
41 Da diese spekulative Identität der beiden Warenarten, also zwischen der allgemeinen Ware und der besonderen Ware Arbeitskraft, durch die einzige universelle Ware vermittelt wird, die Geldware, bilden die drei Waren eine Art Urteils- und Schlusslogik zwischen dem Geld als der *einzigen universellen* Ware, den gewöhnlichen Waren, die als Durchschnittsgrößen und Äquivalente übergehen und die *Allgemeinheit* der Gesellschaft bilden, und der *Besonderheit* der Ware Arbeitskraft, Äquivalent und Nicht-Äquivalent zu sein. Analog zu einer Urteils- und Schlusslogik ließe sich z.B. zeigen, dass das Geld zur universellen Ware wird, weil sie als einzige Ware das Verhältnis der allgemeinen Waren einerseits und der besonderen Ware Arbeitskraft andererseits erschließen kann. Die Besonderheit der Ware Arbeitskraft besteht wiederum darin, das Äquivalenzverhältnis der allgemeinen Waren zu produzieren, aber auch darüber hinauszugehen und Äquivalenz und Nicht-Äquivalenz zu sein (und genau dieses Hinausgehen wird wiederum durch die einzig universelle Ware, die Geldware, über die Realisierung der Warenwerte erschlossen und im Profit herausgestellt).

Folgerichtig macht Marx an dieser Steigerung der Produktivkraft der Arbeit durch das Kapital einerseits die Senkung der Warenwerte einschließlich der Reproduktionskosten der Ware Arbeitskraft fest, andererseits die Steigerung der Ausbeutung und des Gewinns sowie der Akkumulation. Er leitet daraus des Weiteren das „Gesetz des tendenziellen Falls der Profitrate"[42] ab sowie die Tendenz, notwendige Arbeitszeit nicht nur zu reduzieren (und in zusätzliche umzuwandeln), sondern die Ware Arbeitskraft durch die Gestalten des Kapitals zu ersetzen und die Arbeitskraft als solche aus der Produktion zu entlassen und (wieder) freizusetzen; er leitet mithin auch eine *Über*produktion aus der Produktivkraftsteigerung ab, eine Überproduktion der Ware Arbeitskraft und die Produktion einer „industriellen Reservearmee".[43] Für die Entwicklung einer Ökonomie der Zeit kommt es aber noch vor Ableitungen wie dem des tendenziellen Falls der Profitrate oder der Überproduktion der Ware Arbeitskraft darauf an, dass die kapitalistische Ökonomie *überhaupt* ihre Produktivkraft steigern und sich aus sich selbst heraus entwickeln kann, und für diese immanente Entwicklung der Produktivkraft muss das Kapital dafür sorgen, dass die Ware Arbeitskraft ‚ihre' Arbeitszeit (die dem Kapital verkauft werden muss), in die zu ihrer Reproduktion notwendige und in zusätzliche Arbeitszeit teilt, und das Kapital muss darüber hinaus beständig den notwendigen Anteil zugunsten des zusätzlichen Anteils reduzieren.[44]

Es ist diese Umwandlung notwendiger in zusätzliche Arbeitszeit, welche die Produktivkraft der Arbeit so steigert, dass sie der Verwertung eine *zeitliche Gerichtetheit* (mit-) gibt. Durch die Veränderung im Verhältnis von lebendiger und toter Arbeitszeit (der „organischen Zusammensetzung des Kapitals") sowie im Verhältnis von notwendiger und zusätzlicher Arbeitszeit scheint es, als ob es auch einen Fortschritt *in* der Zeit gäbe oder sogar einen Fortschritt *der* Zeit selbst. Dass überhaupt ein solcher Fortschritt erscheinen kann, liegt daran, dass das Geld einerseits immer ein und dieselbe zeitlose Zeit für dieses Verhältnis maßgeblich werden lässt und zur Messung ihrer Resultate in Anspruch nimmt, andererseits aber immer neue Verwertungsverhältnisse realisiert, mithin eine ständige Steigerung der Produktivkraft in Form der Realisierung der Waren misst und quantitativ gegenwärtig hält. Damit nicht genug, wird die im Geld realisierte Produktivkraft wieder in ihre beiden Bestandteile entäußert und die Verhältnisse der Verwertung werden wieder in Kraft gesetzt. So nimmt das Geld auf der einen Seite immer dieselbe Einheit zur Messung der Resultate der Verwertung in Anspruch und realisiert mit ihr auf der anderen Seite immer neue Produktionsverhältnisse sowie die

---

42 *Kapital III*, S. 215–250, aber auch S. 251–277 (Kap. 15).
43 *Kapital I*, S. 664; *Grundrisse*, S. 313.
44 Vgl. dazu bes. *Kapital I*, S. 333ff., wo Marx darauf eingeht, dass die Steigerung der Produktivkraft der Arbeit durch die Senkung der Reproduktionskosten der Ware Arbeitskraft bewirkt wird; durch eine Senkung, die wiederum durch eine „Revolution in den Produktionsbedingungen" eintreten muss, d. h. in der „Produktionsweise und daher im Arbeitsprozeß selbst. Unter Erhöhung der Produktivkraft der Arbeit verstehn wir hier überhaupt eine Veränderung im Arbeitsprozeß, wodurch die zur Produktion einer Ware gesellschaftlich erheischte Arbeitszeit verkürzt wird, ein kleinres Quantum Arbeit also die Kraft erwirbt, ein größres Quantum Gebrauchswert zu produzieren" (*Kapital I*, S. 333).

Steigerung ihrer Produktivkraft, und darüber hinaus realisiert es Verhältnisse, in die es selbst ausgelegt war und in die es beständig zurückkehrt. Diese Verschränkung ist auch der Grund, warum die gemessene Verwertung nicht *in* der Zeit eintritt, als ob ihr die Zeit äußerlich und fertig (natur-)gegeben sei. Die Verwertung tritt in dieselbe Zeit ein, welche die Verwertung auseinandersetzen muss und die dann im Geld je durch endliche Werte realisiert und auf quantitativ bestimmte Weise aufbewahrt wird, aber über das Geld auch wieder in die Verwertung zurückkehrt. Über diesen Kreislauf tritt die im Maß der abstrakten Zeit verendlichte Verwertung nicht nur beständig in sich selbst ein und bleibt in Kraft, über den Kreislauf wird auch die *Steigerung* der Produktivkraft realisiert und bewahrt; das Geld gibt in den realisierten Warenwerten denselben *Stand der Produktivkraft* wieder, den es durch seinen eigenen Kreislauf aufrechterhalten muss. Vereinfacht gesagt, führt die Vergegenwärtigung der Produktionsverhältnisse durch den Kapitalkreislauf des Geldes zur Aktualisierung des Stands oder des Niveaus der gegenwärtigen Produktivkraft, und in diesem Kreislauf und durch die in ihm explizierten Wertgrößen werden die Entwicklung und der Fortschritt der Produktivkraft weitergegeben .

Für das Verständnis der Ökonomie der Zeit sind somit vier Schritte auseinanderzuhalten.

1) Das Geld macht durch seine erste Funktion als Maß des Werts eine abstrakte Zeit für die beiden Bestandteile der Verwertung und ihre beiden Verhältnisse geltend.
2) Diese beiden Bestandteile setzen durch ihre Verhältnisse die Zeit produktiv auseinander.
3) Es ist diese produktive Auseinandersetzung, die das Geld im Wertverhältnis der Waren realisiert und in ihren Wertgrößen ermittelt.
4) Der im Geld realisierte Wert geht beständig in dieselben Bestandteile und ihre Verhältnisse zurück, die durch das Geld realisiert werden; erst durch diese übergreifende Bewegung bleibt die Produktivkraft der Verwertung erhalten.

Die vier Schritte ergeben eine Gegenständlichkeit von Maß und Gemessenem, von Geld und Verwertung, aber ihre Gegenständlichkeit ist ineinander verschränkt, weil das messende Geld selbst in das gemessene Verhältnis eingeht. Dem Geld wird in den Waren eine Verwertung Gegenstand einer Messung, in die es selbst eingeht, aus der es den eigenen Wert und dessen Vermehrung erhält und in die es zurückkehrt und seinen Wert wieder entäußert. Als Maß des Werts besetzt das Geld zwar die abstrakte Zeit und lässt sie für die Verwertung maßgeblich werden, aber durch seine Kapitalbewegung führt es die abstrakte Zeit buchstäblich durch die Verwertung (hin-)durch.
In dieser Bewegung gehört die Identität der Zeit, die das Geld durch endliche Werte gegenwärtig hält und aufrechterhält, gleich auf doppelte Weise ‚ihrem' Vergehen an. Zum einen, weil das Geld die produktive Kraft realisiert, die darin liegt, dass die Ware Arbeitskraft diejenige Arbeitszeit, die bereits im Kapital vergegenständlicht ist, auf

neue Waren überträgt und für eine Konstante sorgt und dabei auch die neu zugesetzte und die zusätzliche Arbeitszeit realisiert. Es ist somit dieses Übertragen vergangener und das Zusetzen neuer Arbeitszeit, das im Geld gegenwärtig bleibt und als Vermehrung und Akkumulation des Werts in Gestalt des Geldes erscheint. Zum anderen gehört diese Gegenwart vergangener Produktivkraft deren *zukünftiger* Vergangenheit an, da das Geld den vermehrten und akkumulierten Wert nur erhalten kann, wenn es ihn in jene Verhältnisse wieder entäußert (und dadurch auf die zukünftige Vergangenheit ‚übergreift'). Bereits im Erschließen der vergangenen Verwertung eröffnet es dem realisierten Wert und seiner Vermehrung eine Zukunft, wenn auch nur durch die Möglichkeit, den Wert in die Bestandteile seiner Verwertung zurückzuverwandeln und seine (vermehrte) Wiederkehr zu entwerfen.

Der Widerspruch, den das Geld dadurch an-sich hat: dass es einerseits die produktive Kraft der vergangenen Verwertung durch Werte wie in einer Rekonstruktion bewusstlos ermittelt und bewahrt, andererseits dieselben Werte in die zukünftige Verwertung gleichsam entwirft und die Verwertung erneut in Kraft setzt, dieser Widerspruch führt dazu, dass es die vergangene Verwertung und ihre Zukunft ebenso trennt wie vermittelt, ebenso unterbricht und aufhält wie fortsetzt; nur diese trennende Vermittlung von Vergangenheit und Zukunft löst das zeitliche Selbstverhältnis der Gesellschaft zeit*übergreifend* ein. Das Geld wird zeitübergreifend für dieselbe Verwertung, die es durch seinen Kapitalkreislauf durchführen und gleichsam (wieder) in sie selbst eintreten lassen muss.

Es deutet sich bereits an, dass die Kapitalform des Geldes nicht nur eine Art zeitübergreifende Klammer bildet für den produktiven Umgang mit den Verhältnissen von lebendiger und toter sowie notwendiger und zusätzlicher Arbeitszeit, sondern dass die Klammer auch die Steigerung der Produktivkraft dieser Verhältnisse übergreift sowie den Fortschritt und den Exzess, den die Steigerung mit sich bringt. Um jedoch diese exzessive Entwicklung weiter verfolgen zu können, gilt es noch einmal die Zeit selbst zu betrachten, diejenige abstrakte Zeit, die durch das Geld für die Verwertung maßgeblich ist und die durch die realisierten Werte zur Qualität der Gesellschaft schlechthin wird. Anscheinend besteht nämlich ihre Qualität nicht nur darin, in quantitativen Verhältnissen identisch und auf endliche Weise zeit-los zu bleiben, vielmehr scheint die Zeit durch die Auseinandersetzung in der Verwertung und durch deren produktive Kraft auch gleichsam sich selbst anders zu werden. Wenn die abstrakte Zeit je durch die Verwertungsverhältnisse und den Kapitalumschlag des Geldes verwertet wird, dann ist die Zeit je im Geld zur in-sich reflektierten Zeit geworden, und dadurch muss die abstrakt-zeitlose Zeit sich selbst anders geworden sein. Die abstrakte Zeit ist durch die drei Funktionen des Geldes quantitativ bestimmt, sie wird durch seinen Kreislauf durchgeführt und darüber qualifiziert, und das lässt sie zu einer Zeit werden, die gleichsam durch ihre *eigene Geschichte bestimmt ist*.

8. Das Geld als Schnittstelle von zeitlos-physikalischer und geschichtlich bestimmter Zeit – Die zwei Zeiten der kapitalistischen Gesellschaft

Marx übernimmt im *Kapital* nur auf den ersten Blick den physikalischen Zeitbegriff der modernen Naturwissenschaft. Auf den zweiten Blick zeigt sich, dass die abstrakte Zeit, wenn sie durch das Geld für die Messung der Resultate der Verwertung von Arbeit und Kapital in Anspruch genommen wird und durch bestimmte Werte anwesend wird und durch den Selbstbezug des Geldes eine Art Selbstverhältnis eingeht – dass die abstrakte physikalische Zeit der Naturwissenschaft ebenso eine rein *gesellschaftliche* Qualität ist. Mehr noch, die scheinbar naturgegebene Zeit wird in der kapitalistischen Gesellschaft durch die spekulative Identität von lebendiger und toter Arbeitszeit produktiv auseinandergesetzt; sie hat im Zuge der ursprünglichen Akkumulation in der Ware Arbeitskraft und in den kapitalistischen Produktionsmitteln zwei unterschiedliche Gestalten angenommen und wird seitdem durch zwei Klassen ökonomisch und politisch ebenso auseinandergesetzt wie geteilt.

8.1 Die Qualität quantitativer Verhältnisse und der Eintritt der Zeit in ‚ihre' Geschichte

Dass die produktive Kraft der Verwertungsverhältnisse im Geld gleichsam begriffen ist und dass das Geld die Gesellschaft durch die realisierten Werte in ein zeitliches Selbstverhältnis eintreten lässt, erinnert erneut an die Logik der Subjektivität des Begriffs in Hegels *WdL*. Wie der Begriff realisiert auch das Geld durch seine Funktionen das gesellschaftliche Sein und gibt dadurch die Objektivität wieder, und auch hier ist diese Objektivität die Qualität quantitativ gefasster (Selbst-)Verhältnisse. Und auch hier verinnerlicht und ‚erinnert' das Geld eine Objektivität, in die es sich selbst entäußert hat und erneut entäußern muss, nämlich das Wesen von toter und lebendiger Arbeit. Kurz, die gesellschaftliche Objektivität tritt durch die übergreifende und ebenso automatische wie bewusstlose Subjektivität seiner Kapitalbewegung ein.

Ob die Objektivität durch den Begriff oder durch das Geld realisiert und ebenso verinnerlicht wie wieder entäußert wird – hier wie dort wird sie dadurch sich selbst anders: Sie wird zu einer überindividuellen Subjektivität, wenn auch im Fall des Geldes zur einer automatischen und blind-naturwüchsigen Subjektivität. Und hier wie dort besteht die Subjektivität darin, mit einer im Begriff bzw. im Geld zeitlos gehaltenen Objektivität so umzugehen, dass sie zugleich in eine Entwicklung eintritt. Diese Entwicklung lässt sich als Verzeitlichung fassen: Im Begriff wird die Objektivität als solche reflektiert, und dadurch tritt eine logische Entwicklung des begrifflichen Wissens ein, die sich geschichtlich niederschlägt; in der Kapitalform des Geldes tritt eine gesellschaftliche Objektivität ein, die in ihrer ständigen Verwertung und Entwicklung begriffen ist und sich ebenfalls geschichtlich niederschlägt. Gleich dem Begriff ist das Geld durch seine quantitative Bestimmung im Wissen der gesellschaftlichen Objektivität, derjenigen Objektivität, die aus den zeitlichen Verhältnissen der Verwertung resultiert, und es gibt diese Objektivität nicht nur durch Werte wieder, es überträgt durch diese Werte auch sein ökonomisches Wissen und lässt es wieder in die Bestandteile der Verwertung eingehen und sorgt so für eine Verzeitlichung im Sinne einer geschichtlichen Entwicklung. Es scheint sogar, als würde das zeitliche Selbstverhältnis der Gesellschaft, indem es beständig im Geld begriffen ist, auf unmittelbare Weise in *seine eigene* Geschichte eintreten. Unmittelbarer noch, es scheint die abstrakte Zeit selbst zu sein, die, während sie vom Geld identisch gehalten wird und für die Verwertung toter und lebendiger Arbeitszeit maßgeblich ist, zugleich in dieser Verwertung auseinandergesetzt wird und geschichtlich bestimmt wird.

So wird das Geld als Maß und Tauschmittel zum Ort des Übergangs zwischen der abstrakten Zeit und ihrer endlichen Bestimmung durch die gemessene Verwertung, aber durch seine Kapitalform wird es zur Methode der Verzeitlichung im Sinne der spezifisch kapitalistischen Geschichte der Zeit selbst. Es ist, als ob die abstrakte Zeit, die das Geld als Maß für die Messung der Resultate der Verwertung von toter und lebendiger Arbeitszeit in Anspruch nimmt und die es als Tauschmittel realisiert, durch den Kapitalkreislauf des Geldes in ein Selbstverhältnis einträte und im Geld auf je gemessene und verendlichte Weise existierte; es ist, als ob mit dem Kapitalumschlag des Geldes auch die Zeit quantitativ umschlüge und in den quantitativen Verhältnissen der Gesellschaft eine immer neue Gegenwart geltend machte und darin zeitlos bliebe; und es ist, als ob die abstrakte Zeit durch diesen Prozess in ihre ‚eigentliche' Qualität einträte, in dasjenige geschichtliche Werden, das aus den quantitativen Verhältnissen der Gesellschaft resultiert und das in der Verwertung des Werts in Kraft ist, denn erst geschichtlich-geworden wird die abstrakte Zeit zur identischen Qualität der Gesellschaft.

Mit der geschichtlichen Bestimmung der Zeit wird der bisherigen Entwicklung der abstrakten Zeit eine dritte Qualität hinzugefügt. Zuerst wurde über die Zeit gesagt, dass Marx den physikalischen Zeitbegriff von der modernen Naturwissenschaft übernimmt und mit ihm die Qualität einer qualitäts*losen*, nämlich unbestimmt-leeren und formalisierbar homogenen, allein mit sich identischen Zeit. Dem zweiten Blick hat sich die Qualität dieser Qualitätslosigkeit in der *Quantität* gezeigt. Die abstrakt-zeitlose Zeit ist das Identische *quantitativer* Verhältnisse; die Zeit erhält ihre Identität nur, indem das Geld sie durch quantitative Verhältnisse eintreten lässt und sie im Übertragen dieser Werte zur gesellschaftlichen Qualität schlechthin werden lässt, zum zeitlichen Selbstverhältnis der kapitalistischen Gesellschaft. Diese quantitativen Verhältnisse ermöglichen eine Auseinandersetzung der abstrakten Zeit durch die Warenform der lebendigen Arbeit einerseits und die kapitalistische Bestimmung der in den Produktionsmitteln akkumulierten toten Arbeitszeit andererseits. In der Ware Arbeitskraft und in den kapitalistischen Produktionsmitteln nimmt ein und dieselbe abstrakte Zeit zwei unterschiedliche Gestalten an; sie wird durch zwei Klassen ebenso geteilt wie auseinandergesetzt, und die beiden Klassen bilden, der gemeinsamen Verwertung im Maß der Zeit ausgesetzt, eine zeitliche Konstante und eine zeitliche Variable. Dadurch wird die Zeit, sozusagen auf den dritten Blick, zu *ihrem* Anderen, sie wird zur in-sich reflektierten, qualifizierten, durch die ‚eigene' Geschichte gewordenen Zeit.

Die drei Dimensionen der Zeit lassen sich entlang der drei Geldfunktionen ordnen: Das Maß steht für die Identität der Zeit; das Tauschmittel realisiert diese Identität durch die Qualität quantitativer Verhältnisse; und durch den Kapitalumschlag des Geldes treten durch lebendige und tote Arbeitszeit eine Konstante und eine Variable ein und ergeben diejenige in-sich reflektierte Zeit, die Maß und Tauschmittel realisieren. Dieselbe abstrakte Zeit, die für die Verwertung maßgeblich ist, wird durch sie auch verzeitlicht und zu ihrem Anderen – sie wird geschichtliche Zeit.[45]

Dass die abstrakt-zeitlose Zeit durch die Kapitalform des Geldes zu *ihrem* Anderen wird, zur geschichtlich-gewordenen Zeit, soll betonen, dass alle drei Qualitäten der Zeit ein und dieselbe Zeit sind. Die Zeit ist immer ein und dasselbe rein gesellschaftliche Sein, von der ‚ersten' Qualität (der Maßgeblichkeit einer qualitätslosen Zeit) über die ‚zweite' Qualität der Zeit (dass die Zeit quantitativ exakt bestimmbar ist und das Identische quantitativer Verhältnisse wird) bis zu ihrer ‚dritten' Qualität (ihrer Verzeitlichung durch die beiden Bestandteile der Verwertung). Die abstrakte Zeit bleibt durchgängig für die Verwertung maßgeblich, sie bleibt immer ein und dieselbe Zeit, aber sie tritt durch die drei Funktionen und die gemessene Verwertung je durch endliche Werte ein, und diese Werte gehen durch den Kapitalkreislauf beständig in den Prozess ihrer Herkunft zurück und verzeitlichen die im Geld verendlichte Zeit durch ihr Prozessieren in den beiden Bestandteilen der Verwertung.

8.2 Das Geld als Schnittstelle *zwischen* Natur und Geschichte

Wenn ein und dieselbe Zeit sich anders wird, so sind in Marx' Ökonomiekritik offenbar zwei gegensätzliche Zeiten thematisch. Zum einen ist die anfangs genannte abstrakte physikalische Zeit der Naturwissenschaft thematisch, die das Geld für die Messung der Resultate der Verwertung in Anspruch nimmt, zum anderen wird diese Zeit durch den Eintritt quantitativer Verhältnisse sowie durch die Verwertung von Arbeit und Kapital zu einer rein gesellschaftlichen Qualität und darüber wiederum zu einer geschichtlich bestimmten Zeit.

Genauer gesagt, sind eben nicht zwei unterschiedliche, voneinander getrennte Zeiten thematisch, sondern ein und dieselbe Zeit ist *sowohl* eine naturalisierte *als auch* eine rein gesellschaftliche Qualität.[46] Und das rein *Gesellschaftliche* dieser Qualität *ist* der pro-

---

45 Massimiliano Tomba hat (im Anschluss an Stavros Tombazos: *Le temps dans l'analyse économique. Les catégories du temps dans le Capital*. Paris: Cahiers des saisons 1994, S. 9) darauf hingewiesen, dass die drei Bände des *Kapitals* drei unterschiedliche Zeiten behandeln: Band I die abstrakt-homogene, messbare Zeit der Produktion, Band II die zyklische Zeit der Zirkulation und Band III die Verbindung von Produktion und Zirkulation und die organische Zeit des Kapitals. Massimiliano Tomba: *Marx' Temporalities*. London: Haymarket Books 2013, S. 135.

46 Das ist auch der Grund, warum Marx die Verhältnisse von toter und lebendiger sowie notwendiger und zusätzlicher Arbeitszeit und die Steigerung der Produktivkraft, die aus der Veränderung dieser zeitlichen Verhältnisse resultiert, durchgehend auf dieselbe quantitative Weise beschreiben und sogar berechnen kann wie die Naturwissenschaft, die ‚ihre' Naturverhältnisse und -prozesse ebenfalls quantitativ fasst, z. B.: „Die vergrößerte Produktivkraft seiner Arbeit, soweit sie Abkürzung der Zeit für die Ersetzung der in ihm vergegenständlichten Arbeit [...], erscheint als Verlängerung seiner Arbeit für die Verwertung des Kapitals (für den Tauschwert)." (*Grundrisse*, S. 253.)

duktive Umgang des Geldes mit einer scheinbar von der *Natur* gegebenen, aber für die Produktivkraft der Gesellschaft maßgeblich gewordenen Zeit. Die Naturalisierung *und* die Vergesellschaftung der Zeit ereignen sich, indem die Verwertung beständig der Messung durch immer ein und dieselbe Werteinheit unterzogen und eine naturalisierte Zeit so identisch gehalten wird, dass sie dadurch wiederum maßgeblich wird für eine Verwertung, in der diese naturalisierte Zeit vergesellschaftet und zur gesellschaftlichen Qualität schlechthin wird; mehr noch, die natürliche Zeit begründet immer aufs Neue das Selbstverhältnis der Gesellschaft und führt sie in ein geschichtliches Werden. Und ebenso gilt umgekehrt, dass das Verhältnis von lebendiger und toter Arbeit sowie von notwendiger und zusätzlicher Arbeit, obwohl ein rein gesellschaftliches Verhältnis, durch eine scheinbar naturgegebene Zeit gemessen und wie eine Naturqualität durch Werte quantifiziert wird, und entsprechend naturwüchsig tritt auch die Geschichte der Gesellschaft ein.

Die Zeit ist dadurch *weder* naturgegeben *noch* rein gesellschaftlich konstituiert, sondern das Geld und seine Messung der Verwertung sorgen genau für diese Indifferenz: Es ist unentscheidbar, ob durch das Geld eine gesellschaftliche Naturalisierung der Zeit oder die Vergesellschaftung einer natürlichen Zeit stattfindet. Durch das Geld tritt ein gesellschaftliches Verhältnis durch quantitative Größen *wie* ein Naturverhältnis ein, und ebenso wird durch die Maßgeblichkeit einer *natürlichen* Zeit und die durch sie ermittelten Größenverhältnisse ein rein *gesellschaftliches* Verhältnis begründet. Dieses gesellschaftliche Verhältnis muss, obwohl oder vielmehr gerade weil es nach Marx ein „rein" gesellschaftliches ist, wie eine *zweite* Natur erscheinen. „Zweite Natur" heißt auch, dass der Gesellschaft das eigene (Selbst-)Verhältnis ebenso unverfügbar gehalten ist wie die erste Natur. Die Betonung liegt nicht nur auf unverfügbar, sondern auch auf „gehalten", denn das Verhältnis wird ja, genau wie die erste Natur, durch Werte exakt bestimmbar, und wie in der Naturwissenschaft kann mit diesen Werten sogar gerechnet werden. Und doch ist es im Fall der zweiten Natur letztlich das Geld, das durch seine Funktionen, seine Kapitalbewegung und seine quantitativen Bestimmungen die Gesellschaft an eine maßgebliche Zeit sowie an die durch sie ermittelten maßgeblichen (Durchschnitts-)Größen hält, indem es die Objektivität der Gesellschaft ineins trifft und realisiert, und es ist das Geld, das im Rechnen mit der Identität der Zeit und im Rechnen mit ihrer Auseinandersetzung durch den konstanten und den variablen Bestandteil der Verwertung an der Schnittstelle von Natur und Gesellschaft steht. Das Rechnen mit der Identität der Zeit ist die Methode, einerseits die Schnittstelle zweier Zeiten und den Gegensatz von natürlicher und geschichtlich bestimmter Zeit zu eröffnen, andererseits beide Zeiten zu verschränken und in ihrer Verschränkung eine Unschärfe zu bilden. Es ist diejenige Unschärfe, die das Geld zugleich wie in einer Messung entscheidet, wobei auch hier die Messung unentschieden beides ist, einerseits eine Messung, die wie in der Naturwissenschaft durch Werte Objektivität konstituiert, und die andererseits Form gesellschaftlicher Vermittlung ist. Im Gegensatz zur Naturwissenschaft, wo die Messung statt einer Unschärfe gerade diejenige Trennung erzeugt, durch welche die Natur einem Subjekt des Wissens zum

Gegenstand wird, ist die Gesellschaft sich im Geld auf bewusstlos-naturwüchsige Weise selbst Gegenstand der Messung. Und wo die Naturwissenschaft die Natur so an deren eigene Maße hält und durch die gemessenen Werte das Selbstverhältnis oder die Identität der Natur so identifiziert, dass das Wissen der Natur in die Wissenschaft fällt, tritt durch die im Maß der Zeit ermittelten Wertgrößen genau das gesellschaftliche Verhältnis ein, das der Gesellschaft zur zweiten Natur wird und an das sie sich in ihrer zukünftigen Verwertung und in der zukünftigen Warenproduktion halten muss. Während die Verhältnisse der Natur durch die gemessenen Werte die Form zeit*loser* Gesetze annehmen können, sodass mit der so gewonnenen zeitlos gültigen Identität der Natureigenschaften gerechnet und die Natur auf theoretische Weise jederzeit reproduziert werden kann, ist die Gesellschaft der Messung durch eine zeitlos-abstrakte Zeit ausgesetzt und reproduziert sich in ständiger Entwicklung der eigenen zweiten Natur.

So rechnet das Geld an der Schnittstelle von Natur und Gesellschaft *für* die Gesellschaft mit der Zeit und wird zum Subjekt für dieselbe gesellschaftliche Objektivität, die es im Rechnen mit der Zeit herstellt. Es erzeugt im Rechnen beständig diejenige Unschärfe im Verwertungs- und Reproduktionsprozess der Gesellschaft, die es zugleich objektiv bestimmt und entscheidet, und beides, die Unschärfe und deren Entscheidung, lässt den Messprozess, in den es die kapitalistische Gesellschaft im Rechnen versetzt, zu einer beständigen Identifikation der maßgeblichen Zeit mit der gemessenen Verwertung und ihrer Produktivkraft werden. Diese Identifikation ist nichts anderes als die bislang entwickelte ‚Ökonomie der Zeit', nur dass das Geld in dieser Ökonomie der Zeit anscheinend die Verschränkung *zweier* Zeiten mit sich bringt. Als Maß hält es die Verwertung und ihre Produktivität an immer ein und dieselbe, scheinbar natürlich-physikalische Zeit, aber durch seinen Kapitalkreislauf wird es durch die Verwertung derjenigen Verzeitlichung unterzogen, die es quantitativ bewahrt, und so geht die natürliche physikalische Zeit unmittelbar in ‚ihre' Vergesellschaftung ein sowie in ihre geschichtliche Qualifikation durch die Entwicklung der Produktivkraft. Beide Zeiten treten durch dasselbe Geld ein, beide sind im Geld miteinander verschränkt und letztlich ununterscheidbar ein und dieselbe Zeit – so sehr auch aus dem Geld sowohl eine naturalisierte als auch eine vergesellschaftete Zeit hervorgehen.

Ihr zeitliches Selbstverhältnis wird der Gesellschaft also nicht nur zu einer zweiten Natur, die Veränderung und Entwicklung dieses zeitlichen Selbstverhältnisses wird ihr auch zur Naturwüchsigkeit ihrer Geschichte. Auf dieselbe Weise, wie die Gesellschaft, durch das Geld gehalten an das Maß der Zeit, gleichsam hinterrücks in ihr eigenes gesellschaftliches Verhältnis eintritt und es wie eine zweite Natur an-sich hat, auf dieselbe Weise tritt sie durch die beständige Messung und Realisierung der Verwertung durch das Maß der Zeit auch naturwüchsig und hinterrücks in die eigene Geschichte ein. Das Selbstverhältnis der kapitalistischen Gesellschaft tritt zwar nicht so *in* die Zeit ein, als ob ihm eine leere, ungeschichtliche Zeit fertig von der Natur gegeben wäre, aber es tritt ‚zuerst' gemessen *durch* diese ungeschichtliche Zeit ein und wird durch das ständige Messen der Resultate der Bestandteile der Verwertung verzeitlicht. ‚Zuerst' heißt, das Geschichtliche tritt durch eine abstrakt-zeitlose Zeit ein, die für die Verwertung, schon bevor diese sich in den Waren entäußern und in die gesellschaftliche Reproduktion eingehen und sich niederschlagen kann, maßgeblich ist. Und es ist und bleibt diese Zeit, die in den verschiedenen Gestalten der Verwertung in Kraft ist, durch tote und lebendige Arbeit auseinandergesetzt wird und sich in die quantitativen Verhältnisse der Verwertungs- und Produktionsbedingungen einschreibt, und die Zeit schreibt sich durch den Kapitalkreislauf des Geldes und die Werte, die das Geld ermittelt und überträgt, beständig aufs Neue in die Reproduktionskreisläufe der Ökonomie wieder ein und setzt dadurch die (Durchsetzungs-)Geschichte des Kapitals fort.

Diese Logik einer Ökonomie der Zeit ist nicht zu verwechseln mit einer Logik in der Geschichte. Die Geschichte der kapitalistischen Gesellschaft lässt sich auf keine Logik zurückführen, und sei es auch die Logik ihrer Ökonomie. Aber es gibt gleichwohl eine unmittelbare Verbindung zwischen der Logik der ökonomischen Verwertung und dem Maß der Zeit, und diese Unmittelbarkeit führt zu einer Verzeitlichung der Zeit durch die Geschichte der Verhältnisse, in denen sie in Kraft ist und Gestalt annimmt. Die von Marx entwickelte Ökonomie der Zeit bricht dem Geschichtlichen der Zeit unmittelbar durch die Verwertung und die Steigerung ihrer Produktivkraft Bahn, und das Geschichtliche schlägt sich in der organischen Zusammensetzung der Verwertung und in ihren Resultaten nieder und wird vom Geld und seinem Kapitalkreislauf quantitativ registriert und aufgezeichnet und wieder in die Ökonomie eingeschrieben, und das alles geschieht, noch bevor diese gesellschaftliche Entwicklung zum Gegenstand der Geschichtsforschung und -schreibung wird. Allerdings wurde im Marxismus das Geschichtliche des Kapitalismus meist nur in dieser abgeleiteten Hinsicht betrachtet, d. h. nur im Sinne einer Rekonstruktion der geschichtlichen Gewordenheit des Kapitalismus *in* der Zeit. In einem solchen Nachweis kommt das Paradox, wie ein ökonomischer und produktiver Umgang mit einer ungeschichtlich-natürlichen Zeit zugleich in eben dieser Zeit geschichtlich geworden sein kann, gar nicht erst in den Blick. Jedenfalls bleibt eine geschichtliche Rekonstruktion des Kapitalismus dessen Ökonomie der Zeit äußerlich – eine Interpretation, die das Geschichtliche in Marx' Entwicklung des Kapitals ausschließlich als dessen historische Rekonstruktion sowie als Illustration seiner Systematik und Logik auslegt,[47] eine solche Interpretation kommt

---

47 Hegel hat mehrfach eine Kritik *geschichtlicher* Begründungsversuche formuliert, etwa am Beispiel der Rechtsbestimmungen, deren Systematik und Geltung nicht aus ihrer geschichtlichen Entwicklung hervorgehen, sondern aus dem *Begriff* des Rechts. „Das *in der Zeit erscheinende* Hervortreten und Entwickeln von Rechtsbestimmungen zu betrachten, diese *rein geschichtliche* Bemühung […] hat in ihrer eigenen Sphäre ihr Verdienst und ihre Würdigung und steht außer dem Verhältnis mit der philosophischen Betrachtung, insofern nämlich die Entwicklung aus historischen Gründen sich nicht selbst verwechselt mit der Entwicklung aus dem Begriffe und die geschichtliche Erklärung und Rechtfertigung nicht zur Bedeutung einer *an und für sich gültigen* Rechtfertigung ausgedehnt wird." (Georg Wilhelm Friedrich Hegel: *Grundlinien der Philosophie des Rechts. Werke*, Bd. 7. Frankfurt am Main: Suhrkamp 1986, S. 36–37). Hegel sagt hier das Grundsätzliche über das Verhältnis zwischen einer logisch-begrifflichen Begründung und einer bloßen „geschichtlichen

gleichsam von vornherein zu spät. Was hier als geschichtliche Entwicklung des Kapitalismus nachvollzogen wird, übergeht bereits jene in-sich reflektierte Zeit, die daraus resultiert, dass das Geld, was immer es in vorkapitalistischen Zeiten gewesen sein mag, im Kapitalismus zum Maß geworden ist für die produktive Kraft, die aus der Auseinandersetzung resultiert zwischen der in den Produktionsmitteln akkumulierten, vergangenen Arbeitszeit und der Warenform der lebendigen Arbeitszeit. Erst aus dieser Auseinandersetzung von vergangener und gegenwärtiger Arbeitszeit resultiert dasjenige zeitliche Selbstverhältnis der Gesellschaft, dem das Geld auf quantitative Weise den ‚Raum' der (geschichtlichen) Durchsetzung gibt. Die geschichtliche Rekonstruktion des Kapitalismus übersieht mithin, dass das Geld im Kapitalismus, wenn es durch die Realisierung der Resultate der Verwertung von toter und lebendiger Arbeit deren produktive Kraft wie in einem gesamtgesellschaftlichen Messprozess erschließt, gleichsam eine geschichtliche Rekonstruktion je schon vornimmt. Das Geld rekonstruiert *und* es entwirft im Zuge seiner Kapitalbewegung auf bewusstlose Weise das eigene Werden, das Werden seiner eigenen quantitativen Bestimmung und ihrer Bedeutung für die Reproduktion der Gesellschaft. Kurzum, die Zeit muss in Marx' KdpÖ nicht, wie in der Marx-Interpretation gemeinhin angenommen wird, in die Darstellung des Kapitals einspringen (jedenfalls nicht ‚zuerst'), um die kapitalistische Gesellschaft in der Zeit *historisch* situieren und die Kontingenz ihres Ursprungs, ihre geschichtlichen Tendenzen oder gar ein mögliches Ende bestimmen zu können. Die Zeit muss auch nicht einspringen, um die Grenzen einer ‚Logik des Kapitals' zu markieren. Die Zeit muss in Marx' Darstellung des Kapitals einspringen, um zu zeigen, dass das Geld für eine abstrakte Zeit einspringen muss, damit es für diese Zeit und ihre Verendlichung schlicht *da* ist und damit es die abstrakte Zeit durch seine Funktionen und seine Kapitalbewegung durch ihre eigene Verzeitlichung hindurchführt.

Vielleicht muss das Ganze sogar umgekehrt werden: Es sind die ökonomischen Kategorien, es sind die Kategorien der Arbeit und der Ware, des Gebrauchswerts und des Tauschwerts, der Arbeitskraft und der Produktionsmittel etc., die in die KdpÖ eintreten müssen, um eine Ökonomie der Zeit darstellen zu können. So betrachtet, würde die KdpÖ entwickeln, auf welche Weise in den verschiedenen Kategorien eine Ökonomie der Zeit in Kraft ist und auf welche Weise sie der Verzeitlichung Gestalt und Raum geben. Der innere Zusammenhang der Kategorien bestünde darin, diese Verzeitlichung der Zeit darzustellen und einzulösen, und Marx' Kritik bestünde

---

Erklärung", nämlich dass „die Entwicklung aus historischen Gründen sich nicht selbst verwechselt mit der Entwicklung aus dem Begriffe" und dass die „geschichtliche Erklärung nicht zur Bedeutung einer *an und für sich gültigen*" Begründung ausgedehnt wird. Auch Marx' Betrachtungen zur geschichtlichen Entstehung und Durchsetzung des Kapitalismus (so sehr sie auch in den logisch-systematischen Darstellungsgang des *Kapitals* integriert sind) dürfen nicht mit der logisch-systematischen Begründung des Kapitalismus und nicht mit seiner begrifflich-kategorialen Kritik verwechselt werden. Eine geschichtliche Rekonstruktion gerät zudem dann in eine unauflösbare Verlegenheit, wenn es darum geht zu rekonstruieren, wie die Zeit selbst (zumindest eine vermeintlich naturgegebene physikalische und als solche zeitlose und ungeschichtliche Zeit) zugleich ‚in' dieser Zeit geschichtlich geworden ist und nun durch den praktischen ökonomischen Umgang mit ihr für die eigene Verzeitlichung im Sinne der Geschichte wirksam ist.

folgerichtig darin, die Ökonomie der Zeit durchsichtig werden zu lassen (und in diesem Sinne wurde im Abschnitt über Lukács bereits in Analogie zu Hegels *Phänomenologie des Geistes* gezeigt, dass eine Ökonomie der Zeit erst als solche entstehen und wirksam sein kann, wenn sie in den ökonomischen Kategorien Gestalt annimmt und, gehemmt in die Gestalten ihres Werdens, als Eigenschaft bestimmter Gestalten reflektierbar wird – und sei es auch reflektierbar nur durch Geld.)

Doch gleichgültig, wie die Ökonomie der Zeit auch betrachtet wird, ob nun die produktive Kraft der Verwertung und der innere Zusammenhang der ökonomischen Kategorien durch die Zeit gestiftet und eingelöst wird oder ob umgekehrt diese Kategorien einer Ökonomie der Zeit Gestalt und Raum geben – der springende Punkt ist und bleibt, dass in der kapitalistischen Ökonomie das Geld buchstäblich *für* die Zeit einspringen und ihr eine rein quantitative Gestalt geben muss. Nur im Geld kann die Zeit Ausdruck einer *Lösung* der Ökonomie sein, und das Geld selbst muss rätselhaft bleiben, weil es durch seine Funktionen die gesellschaftliche Vermittlung durch dieselbe Zeit hindurchführt, die es in Wert setzt und quantitativ mit sich bringt. Die universelle, reine Geltung des Geldes ist, genauso wie seine jeweilige endlich-quantitative Bestimmung, die Lösung einer Ökonomie, die durch das Geld mit sich selbst rechnet und dadurch ein zeitliches Selbstverhältnis eingehen muss, und das Geld bleibt trotz dieser Lösung ebenso unberechenbar, weil es letztlich das Geld selbst ist, das durch seine drei Funktionen und seine Kapitalbewegung mit der Zeit rechnet und dadurch dieselbe Zeit im starken Sinne *gibt*, die es zugleich im ebenso starken Sinne entzieht.

Indes springt das Geld nicht nur für eine Zeit ein, die qua Entzug für eine Ökonomie der Zeit gegeben ist. Das Geld springt auch für einen *existenziellen Mangel* dieser Ökonomie ein, für denjenigen Mangel nämlich, der paradoxerweise der *Überschuss* der Ökonomie ist. Das Geld ist, so wird zu zeigen sein, die Lösung eines existenziellen Mangels, weil es keine Möglichkeit gibt, die zusätzliche Arbeitszeit auszubeuten, ohne dass das Geld für sie einspringen muss. Das Geld muss *ein*-springen, damit aus der Messung der Verwertung von toter und lebendiger Arbeitszeit die zusätzliche Arbeitszeit ausgebeutet werden und der kapitalistischen Ökonomie im Gewinn buchstäblich *ent*-springen kann.

9. Der Mehrwert. Die Ausbeutung der besonderen Ware Arbeitskraft und der Exzess der abstrakten Zeit

Bevor genauer betrachtet wird, auf welche Weise das Geld für die Ausbeutung da sein muss, gilt es noch einmal die Ökonomie der Zeit in ihrer Gesamtheit zu betrachten.

Die gesamte vorliegende Arbeit hat mit Marx gezeigt, dass die kritische Unterscheidung, die für eine kritische Darstellung der politischen Ökonomie schlechthin entscheidend ist, in der Trennung zwischen dem materiellen Arbeits- und (Re-)Produktionsprozess und der Verwertung rein quantitativer Werte liegt. Diese Trennung hängt an der maßgeblichen Einheit, für die das Geld da ist und durchzieht die gesamte Entwicklung der KdpÖ, vom Doppelcharakter der Arbeit und der Ware über die Einheit von Arbeits- und Verwertungsprozess bis zum Doppelcharakter des Reichtums, der einerseits stofflich-materiell und gebrauchswertig ist und andererseits akkumulierbarer Wert. Marx' Kritik bestand darin zu entwickeln, auf welche Weise das Geld, indem es für eine maßgebliche Werteinheit sowie deren Realisierung und Verwertung da ist, diese Trennung einerseits erzeugt und das Getrennte zugleich methodisch vermittelt. Die Entwicklung dieser Methode ergab einen gesamtgesellschaftlichen Messprozess, in welchem das Geld eine Entsprechung zwischen dem materiellen Arbeits- und (Re-) Produktionsprozess einerseits und der Verwertung andererseits herstellt und den Doppelcharakter der ökonomischen Kategorien und des Reichtums insgesamt begründet. Diese Entsprechung ist letztlich, so wurde in diesem V. Abschnitt entwickelt, zeitlich: Die stofflich-materielle Reproduktion der Gesellschaft entspricht einer quantitativen Verwertung von Werten, und die begründet wiederum das zeitliche Selbstverhältnis der Gesellschaft. Dieses zeitliche Selbstverhältnis fällt ins Geld.

Soweit zur bisherigen Ökonomie der Zeit. Das Rätselhafte der Ökonomie der Zeit bleibt indes, dass die Messung der Resultate des Verhältnisses von lebendiger und toter sowie notwendiger und zusätzlicher Arbeitszeit ein *Mehr* hervorbringt. Der bisherigen Entwicklung zufolge entspringt anscheinend dieses Mehr, indem die zusätzliche Arbeitszeit im Zuge der Realisierung der Waren im Geld zu einem Quantum wird, das gleichsam von den Warenwerten geschieden wird und in der Zeit stehen bleibt. Der im Gewinn realisierte Mehrwert geht mithin über das Äquivalenzverhältnis hinaus, das durch dieselbe Realisierung innerhalb der Waren hergestellt wird; der Mehrwert bleibt gleichsam stehen und ist in der Ökonomie als Gewinn im Spiel. Kurz, der Mehrwert ist geradezu das, was in der Ökonomie *nicht* aufgeht.[48] Mit dem Mehrwert muss sogar von einem *Unbegründeten* ausgegangen werden, nämlich von einem Überschuss, der einer Messung entspringt, die doch in Form der Realisierung der Warenwerte lediglich *Durchschnittsgrößen* ermittelt und *äquivalente* Größen ins Verhältnis setzt. Der Mehrwert müsste demnach das sein, womit die Ökonomie nicht fertig geworden ist – aber dadurch, dass eben im Zuge der Realisierung der Resultate der Verwertung diese Durchschnittswerte ermittelt worden und zu Äquivalenten übergegangen sind, sodass die Ökonomie ‚rein rechnerisch' eigentlich aufgegangen und mit ihrer Vermittlung fertig geworden ist.

Das Rätselhafte liegt also darin, dass gerade durch die Realisierung von Durchschnittsgrößen und gerade durch die Bildung von Äquivalenzrelationen jene zusätzliche Arbeitszeit einerseits aus der Ökonomie rein quantitativ gleichsam *herausfällt* und andererseits im Geld *anwesend* bleibt und zu einem Mehr wird. Wie ist das möglich? Wie kann zusätzliche Arbeitszeit im Geld so ausgebeutet werden, dass die kapitalistische Ökonomie durch ein bestimmtes Quantum von derjenigen zusätzlichen Zeit

---

48 „Die große geschichtliche Seite des Kapitals ist, diese Surplusarbeit […] zu schaffen." (*Grundrisse*, S. 244; ähnl. auch *Kapital III*, S. 827.)

profitiert, die über die zur Reproduktion der Arbeitskraft notwendige Zeit hinausgeht? Wie kann die kapitalistische Ökonomie diese Zeit im Geld buchstäblich für sich gewinnen?
Um die Ausbeutung der zusätzlichen Arbeitszeit zu begreifen, muss nach der abstraktzeitlosen Zeit und nach ihrer geschichtlichen Bestimmung durch die Qualität quantitativer Verhältnisse eine weitere, dritte Dimension der Zeit eingeführt werden. Es muss noch die herkömmliche und alltägliche ‚vulgäre' Dimension der Zeit eingeführt werden, denn für die Realisierung des Mehrwerts kommt noch alles darauf an, dass das Verhältnis von lebendiger und toter Arbeitszeit und dass die rein quantitative (Auf-) Teilung in notwendige und zusätzliche Arbeitszeit, welche die Ware Arbeitskraft mit der Arbeitszeit vornimmt, *in die Zeit fällt*. Hier, in diesem In-die-Zeit-Fallen, muss nun der alltägliche, auf Aristoteles zurückgehende Zeitbegriff ins Spiel kommen, denn die Unterscheidung in notwendige und zusätzliche Arbeitszeit wird erst Realität, wenn die Arbeitskraft tatsächlich mehr Wert produziert hat, als sie dann zur Reproduktion benötigt, und dafür muss das Verhältnis von notwendiger und zusätzlicher Arbeitszeit in die Zeit der Realisierung fallen, das heißt schlicht, in die Zirkulation der Waren, die das Geld realisiert, sowie in die Reproduktion der Ware Arbeitskraft. Die Arbeitskraft wird erst zu einer Variablen innerhalb der kapitalistischen Ökonomie, wenn die produzierten Waren durch ihre Realisierung *in* der Zeit gewesen sind, und wenn auch die Ware Arbeitskraft sich reproduziert hat, denn dann erst ist die zusätzliche von der notwendigen Arbeitszeit geschieden worden und der Mehrwert als solcher realisiert und im Geld zum Profit geworden.

Der Gebrauchswert der Ware Arbeitskraft, mehr Wert zu produzieren, als sie zur eigenen Reproduktion benötigt, wird für das Kapital und seine Akkumulation erst Realität, wenn der Gebrauchswert in die Zeit fällt. Denn für das Kapital liegt der Gebrauchswert der Ware Arbeitskraft zwar darin, dass sie aufgrund des Vermögens, in den Waren mehr Wert zu produzieren als sie selbst als Ware Arbeitskraft wert ist, Äquivalent *und* Nicht-Äquivalent ist, aber sie kann das nicht *gleichzeitig* sein – nur *in* der Zeit realisiert sich dieser unmittelbare Widerspruch, nur in derjenigen Zeit, welche einerseits die produzierten Waren und andererseits die Ware Arbeitskraft zur Realisierung ihrer Reproduktion brauchen.[49]

---

49 Marx hat den Gebrauchswert der Ware Arbeitskraft nicht nur als „Kraft", sondern auch als „Vermögen" und „reine Subjektivität" bezeichnet, vor allem in den *Grundrissen*, wo er sich noch nicht auf den Begriff „Arbeitskraft" festgelegt hatte. Entscheidend für die Bestimmung der Arbeitskraft ist aber, dass sowohl ihr Vermögen, als auch ihr Gebrauchswert, als auch ihre produktive Kraft sich erst *in* der Zeit und in ihrer quantitativen Fassung verwirklichen lassen. Das Vermögen, dass diese eine besondere Ware durch die Produktion aller gewöhnlichen Tauschwerte ihren eigenen Tauschwert übersteigt, dieses bloße Vermögen ist erst dann im Gewinn verwirklicht und zum abstrakten Reichtum geworden, wenn die gewöhnlichen Waren in der Zirkulation realisiert worden sind und die besondere Ware Arbeitskraft sich durch weniger Wert reproduziert hat, als sie in diesen Waren produzierte. Der Gebrauchswert der Ware Arbeitskraft *ist* also auch ihr Tauschwert, aber *dieser* Tauschwert: mehr Tauschwerte zu produzieren, als sie selbst zur Reproduktion benötigt und im Lohn erhält, und dieses Zusammenfallen von Gebrauchswert und Tauschwert liegt buchstäblich in der Zeit.

Näher betrachtet, müssen die Verhältnisse der Verwertung zwar *in* die Zeit ihrer Realisierung fallen, in die Zeit im herkömmlichen, ablaufenden oder vulgären Sinn – sie müssen aber darum in diese Zeit fallen, damit die zusätzliche Arbeitszeit herausfallen und die Zeit durch die ausgebeutete zusätzliche Arbeitszeit gleichsam außer sich geraten und tatsächlich als Mehr stehen bleiben kann. Dieses In-die-Zeit-Fallen ist notwendig, da die bloße Teilung in notwendige und zusätzliche Arbeitszeit, die bereits im Arbeitsprozess und seiner Warenproduktion getroffen wird, hier noch unterschiedslos in die Waren eingeht und erst durch die Realisierung der Waren und die Reproduktion der Ware Arbeitskraft zur Differenz zwischen den Reproduktionskosten dieser Ware Arbeitskraft und den von ihr produzierten Waren werden kann; dann erst, erst im Zuge dieser Realisierung wird die zusätzliche Arbeitszeit von der notwendigen geschieden, sodass sie aus der Zeit gleichsam herausfallen und im Profit erhalten bleiben kann. Die Scheidung der zusätzlichen von der notwendigen Arbeitszeit, und mit ihr das Ausbeuten und Herausfallen der zusätzlichen Arbeitszeit, fällt also in dieselbe Zeit der Realisierung, in die auch die produzierten Waren fallen – nur dass hierbei die *zusätzliche Arbeitszeit* von den Waren gleichsam *getrennt* wird, dadurch ins Geld fällt und hier einerseits aus der Zeit fällt, indem sie andererseits in der Zeit gleichsam stehen bleibt. Das Geld realisiert somit in Form der einfachen Zirkulation nicht nur das Produktionsverhältnis der Waren und stellt es in ihren Wertgrößen dar, es realisiert durch die Ausbeutung der zusätzlichen Arbeitszeit auch die Variable, die das Kapital aufseiten der Ware Arbeitskraft in Kraft setzt. Die Differenz zwischen dem Tauschwert der Waren und dem Tauschwert der Ware Arbeitskraft wird durch das Geld so ausgebeutet und im Profit buchstäblich so heraus-gestellt, als ob die im Arbeitsprozess geleistete zusätzliche Arbeitszeit durch die Zeit der Zirkulation hindurch zum Gewinn geworden wäre und nun in einem extra Quantum Geld existierte.

Der zeitliche Charakter des Gebrauchswerts der Ware Arbeitskraft lässt sich noch schärfer herausarbeiten, wenn auch die anderen beiden Warenarten in die Zeit übersetzt und zur Besonderheit der Ware Arbeitskraft ins Verhältnis gesetzt werden. Dann lassen sich mit der Unterscheidung der Ökonomie in drei Waren (in die *einzige universelle* Ware Geld, in die *besondere* Ware Arbeitskraft und in die gewöhnliche, *allgemeine* Ware) auch drei zeitliche Existenzweisen unterscheiden.

- Die Geldware steht, wie im Abschnitt über Adorno gezeigt, durch ihren Ausschluss aus der Warenwelt für die zeitlose Zeit, weil sie sich als einzige Ware in dem ‚Ausnahmezustand' befindet, in dem sich keine Ware befinden kann, nämlich *gleichzeitig* in der relativen Position *und* in der Äquivalentform zu stehen. Der Gebrauchswert der Geldware ist *gleichzeitig* der Wert, denn das Geld steht buchstäblich dafür, dass alle Gebrauchswerte zugleich Tauschwerte derselben Einheit sind, sodass das Geld die Waren rein quantitativ umschlagen und als bloße Werte ins Verhältnis setzen kann. Die Existenz der Geldware *in* der Zeit gründet somit paradoxerweise darin, qua Ausschluss für eine zeit*lose* Zeit maßgeblich zu werden, und zwar maßgeblich zu werden, indem sie als einzige Ware das gesellschaftliche Verhältnis aller anderen

auf einen Schlag in ein quantitatives Verhältnis (ver-)setzt: Während die gewöhnlichen Waren aus der Zirkulation herausfallen und im Konsum verschwinden, bleibt ihr realisiertes Verhältnis durch die Geldware in der Zeit auf quantitative Weise gegenwärtig gehalten.
– Diese verschwindende Gegenwart ist der zeitliche Status der gewöhnlichen Waren, die aus der Zirkulation herausfallen und im Konsum verschwinden. Auf ihrem Weg ins Verschwinden scheinen sie durch die Geldware als Werte derselben Einheit ausgezeichnet und als äquivalente Größen ins Verhältnis gesetzt zu werden, aber das ist ein Schein, weil währenddessen das Geld aus den vergangenen Produktionsverhältnissen die zu ihrer Produktion aktuell gesellschaftlich notwendige Durchschnittsarbeit ermittelt, sodass in den Warenwerten die produktive Kraft der Verhältnisse ihrer Produktion wiedergegeben wird. Es sind diese Produktionsverhältnisse, die das Geld in den realisierten Wertgrößen nicht nur vergegenwärtigt, sondern im Übertragen gegenwärtig hält. Darüber hinaus realisiert das Geld die zusätzliche Arbeitszeit, die in jenen Produktionsverhältnissen für die Warenproduktion verausgabt wurde, und dieser zusätzlichen Arbeitszeit gibt es im Profit eine von den Waren und ihrem Vergehen geschiedene, quantitativ zeitlos bleibende Gegenwart.
– Sowohl das Äquivalenzverhältnis der Waren als auch der darüber hinausgehende Profit gehen auf das Vermögen der besonderen Ware Arbeitskraft zurück, in den Waren mehr Wert zu produzieren, als sie selbst zur Reproduktion benötigt. Sie ist dadurch Äquivalent *und* Nicht-Äquivalent, allerdings kann sie das nicht *gleichzeitig* sein, sondern nur *in* der Zeit – dass die Ware Arbeitskraft in den Tauschwerten der produzierten Waren die eigenen Reproduktionskosten produziert und zugleich übersteigt (mithin das Äquivalent übersteigt, das sie im Lohn zur Reproduktion erhält), diese Äquivalenz und Nicht-Äquivalenz stellt sich erst im Zuge der Realisierung der Warenwerte und des Mehrwerts ein, einschließlich der Realisierung der Reproduktion der Ware Arbeitskraft. Die Ware Arbeitskraft wird dadurch in der Zeit zu einer *ekstatischen* Ware, zu derjenigen Ware, die in der Produktion der gewöhnlichen Waren dasjenige Quantum produziert, das über die Warenwerte hinausgeht und durch das Geld in der Zeit erhalten bleibt.

Der Unterschied zwischen der universellen Geld-Ware, den allgemeinen Waren und der besonderen Ware Arbeitskraft besteht somit darin, dass mit der Geld-Ware eine *unmittelbare* Identität von Gebrauchswert und Tauschwert gegeben ist (sie ist beides *gleichzeitig*); die gewöhnlichen Waren bilden im Zuge der Realisierung ihrer Gebrauchswerte als Tauschwerte Durchschnittgrößen einer Äquivalenzrelation und fallen als Gebrauchswerte aus der Zeit, während die aus der vergangenen Verwertung ermittelten Durchschnittgrößen im Geld gegenwärtig bleiben; und in der Ware Arbeitskraft fällt der Gebrauchswert, mehr Tauschwert zu produzieren, als sie selbst benötigt, *in* die Zeit (sie kann Äquivalent und Nicht-Äquivalent zwar nicht *zugleich* sein, aber *in* der Zeit). Sowohl die allgemeine als auch die besondere Ware teilen auf unterschiedliche

Weise in der einzig universellen Ware, dem Geld, ein und dieselbe Zeit, sodass die Geld-Ware beides realisiert: Sie vergegenwärtigt zum einen im Verhältnis der gewöhnlichen Waren die zu ihrer Produktion notwendige Durchschnittsarbeitszeit und hält eine Äquivalenzrelation gegenwärtig und übertragbar, sie realisiert währenddessen zum anderen im Profit aber auch, dass die Ware Arbeitskraft über das von ihr produzierte Wertverhältnis der allgemeinen Waren hinausgeht und ‚ekstatisch' wird.

9.1 Die exzessive Zeit der Produktion und die verlorene Zeit ihrer Realisierung

Weil die produktive Kraft des Verhältnisses von lebendiger und toter sowie notwendiger und zusätzlicher Arbeitszeit zwar schon im Arbeitsprozess in den Waren verendlicht und entäußert wird, aber noch in der Zirkulation realisiert werden muss, ist dieses In-die-Zeit-Fallen, ist die Zeit der Realisierung jener zeitlichen Verhältnisse der Produktion laut Marx für das Kapital *verlorene* Zeit. Diese Zeit der Zirkulation dient allein der Realisierung des Werts, schafft aber keinen neuen. Im Gegenteil, sie geht auf Kosten des bereits produzierten und zu realisierenden Werts.[50] Auch die Gewinne, die in der Zirkulation erzielt werden, etwa im Handel, können nur noch an der Realisierung des zuvor produzierten Werts Anteil nehmen.

Da die einfache Zirkulation einerseits keinen Wert zusetzt, andererseits aber zur Realisierung des Werts und des Mehrwerts unhintergehbar notwendig ist, ist es die Tendenz der individuellen Kapitale oder sogar ihr Ideal, ihre Zirkulationszeit auf Null zu setzen (und letztlich auch die Zeit ihres Kapitalumschlags).[51] Produktion und Zirku-

---

50 Vgl. *Kapital III*, S. 299ff. Ausführlich zur – für das Kapital – verlorenen Zeit der Zirkulation vgl. *Kapital II*, S. 131–153 (Kap. 6). Hier hebt Marx grundsätzlich hervor, „daß *alle Zirkulationskosten, die nur aus der Formverwandlung der Ware entspringen, dieser letztren keinen Wert hinzusetzen.*" (*Kapital II*, S. 150; vgl. auch S. 154–157 (Kap. 7 „Umschlagszeit und Umschlagszahl").)

51 „Alle Arbeit, die erheischt wird, um das fertige Produkt in Zirkulation zu werfen […], ist vom Standpunkt des Kapitals aus zu überwindende Schranke" (*Grundrisse*, S. 431). „Die Zirkulationszeit erscheint also als Schranke der Produktivität der Arbeit […]. Während das Kapital also einerseits dahin streben muß, jede örtliche Schranke des Verkehrs, i.e. des Austauschs niederzureißen, die ganze Erde als seinen Markt zu erobern, strebt es andrerseits danach, den Raum zu vernichten durch die Zeit […]." (*Grundrisse*, S. 445.) Am konsequentesten (und jenseits bloßer oberflächlicher Beschreibung als Beschleunigung, Verdichtung u.Ä.) hat wohl Hans-Joachim Lenger die Tendenz des Kapitals verfolgt, die Zirkulationszeit auf Null zu setzen, vgl. ders.: *Marx zufolge*. Bielefeld: Transcript 2004, bes. S. 200–248 (Kap. „Diesseits einer Zukunft"). Die Verkürzung von Zirkulationszeiten verkürzt auch die Umschlagszeit des Kapitals und bringt eine Vielzahl der Phänomene mit sich, die mittlerweile unter dem Begriff „Beschleunigung" gefasst werden, etwa von Hartmut Rosa: *Beschleunigung. Die Veränderung der Zeitstruktur in der Moderne*. Frankfurt am Main: Suhrkamp 2005. Rosa geht auf S. 89 sowie 256ff. auch auf Marx' KdpÖ ein und nennt entscheidende ökonomische Faktoren der Beschleunigung (effiziente und effektive Verwertung von Arbeit und Kapital, relative Mehrwertproduktion und Extraprofit, Verkürzung der Zirkulations- und Umschlagszeiten sowie Kredit- und Zinssystem). Allerdings fehlt, auf welche Weise der innere Zusammenhang darin durch Maß, Geld, Zeit und Wert gestiftet wird. Es fehlt, dass erst unter der Bedingung, dass die Zeit durch das Geld maßgeblich wird für die beiden Bestandteile der Verwertung und dass erst unter der Bedingung einer beständigen Messung und der Ermittlung bestimmter, zur Verwertung und zur Warenproduktion notwendiger Wertgrößen so etwas wie Beschleunigung messbar wird und erfahren werden kann. (Ganz abgesehen davon, dass erst

lation stehen sich dadurch auf eine nicht-chronologische, nicht-lineare Weise gegenüber. Aufseiten der Produktion wird die Ware Arbeitskraft durch die kapitalistischen Produktionsmittel so in Kraft gesetzt, dass sie in den Waren mehr Wert produziert, als sie selbst zur Reproduktion benötigt; aber dieses Hinausgehen, diese exzessive Dimension der Zeit wird erst durch die Zirkulation realisiert, und diese Realisierung ist für das Kapital, obwohl unbedingt notwendig, verlorene Zeit und wird daher möglichst verkürzt (was wiederum als Beschleunigung und Verdichtung erfahren wird). Der Bruch und die Nicht-Linearität kommt in das Verhältnis von Produktion und Zirkulation, weil die Zeit bereits durch die Verhältnisse in der Produktion und besonders durch die Steigerung ihrer produktiven Kraft eine exzessive Dimension erhält, die aber erst später, erst im Zuge der Zirkulation und im Realisieren der zusätzlichen Arbeitszeit, herausgestellt und ‚erfüllt' oder eingelöst wird. Notwendige und zusätzliche Arbeitszeit gehen, obwohl sie schon in der Produktion dasjenige Verhältnis bilden, das in der kapitalistischen Ökonomie der Zeit ausgebeutet wird und sich exzessiv auswirkt, zunächst noch *unterschiedslos* in die Waren ein, fallen dann aber in der Form der Warenzirkulation *in* die Zeit und bilden hier einerseits eine Äquivalenzrelation zwischen den Waren, andererseits wird die zusätzliche Arbeitszeit von der notwendigen geschieden und fällt aus der Zeit dadurch heraus, dass sie im Profit durch ein bloßes Quantum *in* der Zeit stehen bleibt und in der weiteren Kapitalbewegung des Geldes ‚ausgelebt' wird. Es ist, als ob durch die ausgebeutete zusätzliche Arbeitszeit ein Quantum abstrakter Zeit aus der gemessenen Verwertung herausfiele und doch durch das Geld wieder-gegeben würde und als Überschuss *der* Zeit zugleich *in* der Zeit existieren würde. Es gibt mithin im Kapitalismus durch den im Geld realisierten Mehrwert ein Quantum, das durch die Verhältnisse in der Produktion gewonnen wird, das in der Zirkulation Realität geworden ist und das durch beide hindurch *in* der Zeit existiert – und doch ist das Quantum abgelöst von Produktion wie Zirkulation und überhaupt von allem Seienden und existiert durch das Geld *in* der Zeit zugleich auf zeitlose, eben rein quantitative Weise. Das Geld hält für die kapitalistische Ökonomie ein Quantum aufrecht, das als Freiheit im Spiel ist und zur Verteilung zur Verfügung steht, und dieses Quantum ist durch die ausgebeutete, zusätzliche Arbeitszeit tatsächlich *gewonnen* worden, denn die zusätzliche Arbeitszeit ist, obwohl im Arbeitsprozess noch untrennbar von der notwendigen Arbeitszeit und unterschiedslos in die Waren eingegangen, im In-die-Zeit-Fallen zur Differenz zwischen den realisierten Warenwerten und den Reproduktionskosten der Ware Arbeitskraft geworden und schließlich zum Überschuss eines rein quantitativen Reichtums.
Es ist letztlich diese Differenz, die Marx im Strich des G-W-G' markiert und durch die er einen Begriff der Ausbeutung entwickelt, der radikal von allen nicht-kapitalistischen Formen der Aneignung, der Herrschaft und der Ausbeutung unterschieden ist, weil das ausgebeutete Vermögen, der Gebrauchswert und die produktive Kraft

dieses Messverfahren eine Produktivkraftsteigerung sinnvoll werden lässt und den Sinn einer Beschleunigung stiftet.)

der Ware Arbeitskraft – weil all das letztlich, wie immer es sich in den Arbeitskräften, in ihren Arbeiten und in deren Resultaten auch darstellt, zeitlich ist.[52] Nur die Ver-

[52] Moishe Postone sieht im zeitlichen Vermögen der Ware Arbeitskraft und in ihrer steigenden Produktivkraft den eigentlichen Gebrauchswert der kapitalistischen Produktionsweise, einen Gebrauchswert allerdings, dessen zeitlich-geschichtliche Dimension in einer Art „Tretmühlendialektik" gehalten bleibe und zu einem „Tretmühlenphänomen" führe. Weil die Produktivität der Arbeit durch immer dasselbe Maß gemessen werde – laut Postone immer dieselbe Zeiteinheit – bleibe trotz aller Steigerung der Produktivkraft dieses Maß unverändert dasselbe; aus der Produktivkraft werde durch immer ein und dieselbe maßgebliche Zeit nur eine je neue gesellschaftlich-notwendige Durchschnittsarbeitszeit ermittelt. Solange die Steigerung der Produktivkraft der Arbeit nur eine neue notwendige Durchschnittsarbeitszeit durchsetzt und sonst keinen anderen Ausdruck erhält, befindet sich Postone zufolge der Kapitalismus im Widerspruch zwischen einerseits einer wachsenden überflüssig und disponibel gewordenen Zeit, einem geschichtlichen Fortschritt und sogar einem Sinn in der geschichtlichen Entwicklung, die andererseits aber keinen Ausdruck für sich finden können, weil sie in einem immer neuen Durchschnitt gleichsam auf Null gestellt werden und gegenüber der weiteren Verwertung nur die gegenwärtige Norm geltend machen. Die steigende Produktivkraft und das Anwachsen einer an-sich überflüssig gewordenen disponiblen Zeit findet keinen anderen Ausdruck als jene Norm; sie bleiben eine bloße Möglichkeit ohne Wirklichkeit. Postone will den zeitlichen Gebrauchswert der Ware Arbeitskraft (mithin die Steigerung ihrer Produktivkraft und das Anwachsen disponibler Zeit) gegen die pessimistische Perspektive der ersten Generation der Kritischen Theorie richten, die einseitig nur den Verfall des Gebrauchswerts betont und die Eindimensionalität der gesellschaftlichen Entwicklung kritisiert habe; vgl. Moishe Postone: *Zeit, Arbeit und gesellschaftliche Herrschaft. Eine neue Interpretation der kritischen Theorie von Marx*. Freiburg: ça ira 2010, bes. S. 431–461 (Kap. 8), und kürzer ders.: Marx neu denken. In: Rahel Jaeggi und Daniel Loick (Hrsg.): *Nach Marx. Philosophie, Kritik und Praxis*. Frankfurt am Main: Suhrkamp, S. 364–393, zum Tretmühlenphänomen S. 379. Postone ist einer der wenigen Autoren, auf den sich die hier vertretene These berufen kann, dass der Kapitalismus sich durch ein Maß verzeitlicht, das selbst zeitlos bleibt. Allerdings geht Postone, wie bereits erwähnt, am Geld vollkommen vorbei. Er hat die Verschränkung zwischen dem Maß der abstrakten Zeit und der gemessenen Verwertung nicht am Geld festgemacht, folgerichtig hat er auch die eigentümliche Situation, dass die Messung die gemessene Qualität erst konstituiert, nicht am Geld festgemacht. Ohne das Geld ist er schließlich auch nicht hinter dessen Technik der Vermittlung zweier Zeiten gekommen: Es ist das Geld, in dem Messen der Verwertung die Zeit einerseits zur identischen Qualität erst werden lässt, indem es sie andererseits in der kapitalistischen Gesellschaft ein quantitatives Selbstverhältnis eingehen lässt und die produktive Kraft dieses zeitlichen Selbstverhältnisses der Gesellschaft durchsetzt im Sinne ihrer Geschichte. Stattdessen ist bei Postone auf der einen Seite die abstrakte, maßgebliche Zeit gleichsam ohne Geld da, und auf der anderen Seite ist auch die gemessene Arbeit eine Qualität und produktive Kraft, ohne dass sie im Geld gemessen und durch endliche Durchschnittsgrößen für die weitere Verwertung maßgeblich wird. Der fehlende Geldbegriff ist auch der Grund, warum seine Vorstellung eines wachsenden zeitlichen Potenzials, das durch denselben Kapitalismus, der es hervorbringt, (noch) keinen Ausdruck findet, schief ist: Das Geld beutet genau *dieses zeitliche Potenzial* aus, und es gibt dem Potenzial durchaus einen adäquaten Ausdruck, nämlich indem es die durch die Steigerung der Produktivkraft der Arbeit freigesetzte, aber in zusätzliche Arbeitszeit umgewandelte Arbeitszeit im Profit rein quantitativ ‚aufhält' und somit zeitlos hält. In dem so gewonnenen Profit ist die *Möglichkeit* des Geschichtlichen zur *Wirklichkeit geworden*, denn der Profit ist einerseits nichts als ein Quantum, gewonnen aus der Verwirklichung des Vermögens der Ware Arbeitskraft, also der Differenz zwischen dem Wert der Produkte ihrer Arbeit und dem Wert ihrer Arbeitskraft; andererseits ist im ausgebeuteten und rein quantitativ verwirklichten Vermögen dasjenige Potenzial bewahrt und ‚aufgehalten', das erneut in die Verwertung der Ware Arbeitskraft und die Ausbeutung ihres zeitlichen Vermögens eingehen kann. Der Gewinn besteht ja gerade darin, dass ersparte notwendige Zeit in zusätzliche umgewandelt und diese umgewandelte Zeit im Geld auf quantitative Weise im Profit zeitlos gehalten wird, und das geschichtliche Potenzial dieser ebenso ersparten wie gewonnenen Arbeitszeit wird eingelöst, wenn der Gewinn wieder in die Reproduktionskreisläufe der Ware Arbeitskraft und des Kapitals eingeht und in ihre Erweiterung führt; hier, in dieser Erweiterung der Reproduktionskreisläufe, wird das geschichtliche Potenzial verwirklicht, hier

wertung der Arbeitszeit durch ihre im Kapital akkumulierte Vergangenheit zeitigt die Differenz zwischen den von der Arbeitskraft produzierten Tauschwerten und ihrem eigenen Tauschwert, zwischen dem durch Arbeitszeit produzierten Wert und dem Wert der Arbeitskraft, diejenige Differenz, die derart ausgebeutet und im abstrakten Reichtum akkumuliert werden kann, dass die Differenz gleichsam aus der Zeit herausfällt und doch in der Zeit bleibt.

Im nächsten Kapital wird allerdings zu zeigen sein, dass die ausgebeutete Differenz, und mit ihr der abstrakte Reichtum, nur in der Zeit erhalten bleibt, wenn sie wieder in die Verwertung zurückkehrt und in die Erweiterung ihrer Reproduktionskreisläufe eingeht. Es ist aber bereits deutlich geworden, warum die Ware Arbeitskraft eine in zeitlicher Hinsicht ‚ekstatische' Ware ist und warum Marx allein die *menschliche* und keine andere Arbeit als produktiv im Sinne der Wert- und Mehrwertbildung bestimmt. Die produktive Kraft der Arbeit liegt nicht in ihrem Inhalt und nicht in ihren geistigen oder körperlichen oder immateriellen Kräften oder Eigenschaften, sondern in ihrer *Warenform*. Die Arbeit ist produktiv durch die Warenform der Arbeitskraft, und diese Form ist produktiv, weil die Arbeitskraft ein *zeitliches Verhältnis* eingehen kann, einerseits mit den von ihr produzierten Produktionsmitteln (im Übertragen der bereits vergangenen, aber akkumulierten und vergegenständlichten toten Arbeitszeit), und andererseits im Verhältnis von notwendiger und zusätzlicher Arbeitszeit.[53] Ob die

---

wird es auf unmittelbar praktische und exzessive Weise in der Zeit durchgeführt und gleichsam geschichtlich ausgelebt. Zwei weitere zu würdigende Autoren, die die Kategorien der KdpÖ auf die Zeit beziehen, aber ebenfalls den Zusammenhang von Wert und Zeit nicht an Geld und seiner Maßfunktion festmachen, wären Daniel Bensaïd: *Marx for Our Times*. London: Verso 2002, bes. S. 77ff., und Tomba: *Marx' Temporalities*, bes. Kap. 3, S. 92–158. Obwohl schon Althusser auf die verschiedenen Zeiten in der kapitalistischen Gesellschaft aufmerksam gemacht und die Aufgabe formuliert hat, „ausgehend von der marxistischen Konzeption der Totalität, den marxistischen Begriff der *geschichtlichen Zeit zu konstruieren*" (Althusser: *Das Kapital lesen*, S. 127), ist diese Aufgabe – vielleicht die Hauptaufgabe für eine wirksame Gesellschaftskritik – nur selten in Angriff genommen worden.

53 Obwohl im gesamten traditionellen Marxismus die Arbeitskraft durchgehend als die schlechthin produktive und schöpferische Kraft verherrlicht wurde, ist diese Kraft ebenso durchgehend nicht auf die Warenform der Arbeit und die Messung durch die Zeit sowie auf die spekulative Identität von lebendiger und toter Arbeitszeit und ihre Auseinandersetzung der Zeit zurückgeführt worden. Das betrifft nicht nur den traditionellen Marxismus, sondern mitunter auch noch die Abkehr von ihm. So verherrlichen beispielsweise Operaismus und Post-Operaismus die produktive Kraft des Wissens und der Kommunikation, der Sprache und der immateriellen Arbeit. Diese produktive Kraft wird von (Post-)Operaismus zwar nicht mehr in der Arbeiterklasse verortet (unter der er vor allem das Industrieproletariat und den fordistischen Massenarbeiter versteht), dafür aber im Vermögen der Multitude und ihrer Kommunikation und Vernetzung. Überhaupt wird hier der Wert weiterhin unmittelbar auf die lebendige Arbeit und sogar auf eine biopolitische In-Wert-Setzung der Subjektivität und des Lebens in einem ebenso umfassenden wie vielfältigen Sinne zurückgeführt. Weil Operaismus und Post-Operaismus lebendige und abstrakte Arbeit nicht scharf auseinanderhalten, kommt bei ihnen gar nicht erst in den Blick, dass immaterielle Arbeit, Wissen, Kommunikation, Vernetzung usw., aber auch die ganzen Techniken der Biopolitik nur für die Arbeit produktiv sind, wenn sie in die Reduzierung der zur Reproduktion der Arbeitskraft notwendigen Arbeitszeit und in die Umwandlung notwendiger in zusätzliche Arbeitszeit eingehen. Der (Post-)Operaismus übergeht in seiner letztlich soziologischen und mitunter geradezu positivistischen Betrachtung der lebendige Arbeit, dass

inhaltliche Bestimmung der Arbeit, ob das Geistige, das Körperliche oder das Immaterielle der Arbeit produktiv ist, hängt davon ab, auf welche Weise das durch die Warenform der Arbeitskraft in diese beiden Verhältnisse eingeht. Dasselbe wie für die produktive Kraft aufseiten der Arbeit gilt auch für die produktive Kraft aufseiten der Produktionsmittel. Auch sie werden zur produktiven Kraft nicht durch ihre Beschaffenheit und ihre Eigenschaften, sondern ihre Beschaffenheit und ihre Eigenschaften sind produktiv dadurch, dass sie in das zeitliche Verhältnis von toter und lebendiger sowie notwendiger und zusätzlicher Arbeit eingehen. Sie sind insbesondere produktiv, wenn sie durch die Reduzierung von zur Warenproduktion notwendiger Arbeitszeit zur Reduzierung der Warenwerte führen und darüber wiederum zur Reduzierung der Reproduktionskosten der Ware Arbeitskraft, und wenn sie dadurch notwendige in zusätzliche Arbeitszeit umwandeln, also zusätzliche Arbeitszeit produzieren. (Ganz abgesehen davon, dass durch die Reduzierung notwendiger Arbeitszeit nicht nur der Wert derjenigen Waren reduziert wird, welche die Reproduktionskosten der Ware Arbeitskraft bestimmen, sondern auch der Wert der produzierten Produktionsmittel; die Steigerung der Produktivkraft führt also zur Entwertung *beider* Bestandteile der

ihre produktive Kraft nicht in ihren kreativen, immateriellen etc. Tätigkeiten, sondern allein in ihrer spezifisch kapitalistischen Bestimmung liegt (nämlich im Übertragen und Bewahren ihrer eigenen, im Kapital akkumulierten Vergangenheit und im Zusetzen neuer Arbeitszeit), und er übergeht, dass auch die produktive Kraft der Produktions- und Kommunikationsmittel in deren spezifisch kapitalistischen Bestimmung liegt (nämlich diese Arbeit des Übertragens in Kraft zu setzen und deren Produktivität durch die Umwandlung notwendiger in zusätzliche Arbeitszeit zu steigern). Es wird nicht nur zwischen abstrakter und lebendiger Arbeit nicht klar unterschieden, beide Begriffe gehen mittlerweile im Begriff der immateriellen Arbeit derart durcheinander, dass es scheint, als würde lebendige Arbeit heute, im Post-Fordismus, Wert vor allem in der Kommunikation und in der Vernetzung, in der Sprache und in der Autopoiesis produzieren. Und das Produktionsverhältnis für dieses Produktive, das in der immateriellen Arbeit, in der Kommunikation etc. in Kraft sein soll, wird statt in der Warenform der Arbeit, statt in der kapitalistischen Bestimmung jener Vernetzung, Kommunikation etc. und statt in der Kapitalform des Geldes im general intellect und in der Multitude, aber auch im Empire und in der Biomacht und Biopolitik gesucht. Mehr noch, general intellect und Multitude sollen bereits Ausdruck einer Überwindung des Werts sein, ja, in ihnen soll der Kommunismus quasi schon angelegt sein, jedenfalls sind ihnen gegenüber Empire und Biomacht, genauso wie Geld und Kapital, nur noch Versuche einer nachträglichen Kontrolle und Disziplinierung, Aneignung und Territorialisierung, Ausbeutung und Blockierung (ganz wie dem traditionellen Marxismus zufolge den Produktivkräften ihre kapitalistischen Produktionsverhältnisse zu Fesseln werden). Folgerichtig wird die beständige Revolutionierung der kapitalistischen Produktionsweise der Multitude und dem general intellect gutgeschrieben; hier findet die (soziale, mikrologische) Revolutionierung des Kapitalismus bereits statt, oder hier *hat* sie sogar, insbesondere durch den Umbruch der fordistischen in die post-fordistische Produktionsweise, schon stattgefunden. Zum Begriff der (immateriellen) Arbeit und zum Wertbegriff des Post-Operaismus vgl. Carlo Vercellone: Vom Massenarbeiter zur kognitiven Arbeit. Eine historische und theoretische Betrachtung. In: Marcel van der Linden / Karl-Heinz Roth (Hrsg.): *Über Marx hinaus*. Berlin: Assoziation A 2009, S. 527–555; Y. Moulier Boutang (Hrsg.): *L'età del capitalismo cognitivo*. Verona: Ombre corte 2002; Enzo Rullani / Luca Romano: *Il postfordismo. Idee per il capitalismo prossimo venturo*. Mailand: Etas libri 1998; Enzo Rullani: La conoscenza come forza produttiva: autonomia del post-fordismo. In: Lorenzo Rullani / Riccardo Finelli (Hrsg.): *Capitalismo e conoscenza*. Rom: Manifestolibri 1998; ders.: *Economia della conoscenza: Creatività e valore nel capitalismo delle reti*. Mailand: Carocci 2004. Zur Kritik des post-operaistischen Wertbegriffs vgl. Phillip Metzger: *Die Werttheorie des Postoperaismus. Darstellung, Kritik und Annäherung*. Marburg: Tectum 2011.

Verwertung: „Genauer betrachtet erscheint nämlich der Verwertungsprozeß des Kapitals [...] zugleich als sein Entwertungsprozeß, its demonisation."[54])

Schließlich ist es auch unbedingt notwendig, dass beide, die Ware Arbeitskraft und die kapitalistischen Produktionsmittel, produktive Kraft sind für die Produktion ihres eigenen Produktions*verhältnisses*. Die Arbeitskraft muss ein Wert-Äquivalent für ihre eigenen Reproduktionskosten erarbeiten, aber sie erhält dieses Äquivalent dafür, im Übertragen vorhandenen und im Zusetzen neuen Werts über dieses Äquivalent hinauszugehen und das Kapital zu reproduzieren. Sie reproduziert dadurch die Trennung von toter und lebendiger Arbeitszeit sowie die Auseinandersetzung desjenigen zeitlichen Verhältnisses, dessen Variable sie ist, kurz, sie reproduziert das Produktionsverhältnis selbst:

> Endlich als Resultat des Produktions- und Verwertungsprozesses erscheint vor allem die Reproduktion und Neureproduktion des *Verhältnisses von Kapital und Arbeit selbst*, von *Kapitalist und Arbeiter*. Dies soziale Verhältnis, Produktionsverhältnis, erscheint in fact als ein noch wichtigeres Resultat des Prozesses als seine materiellen Resultate. Und zwar produziert innerhalb dieses Prozesses der Arbeiter sich selbst als Arbeitsvermögen und das ihm gegenüberstehende Kapital, wie andrerseits der Kapitalist sich reproduziert als Kapital und das ihm gegenüberstehende lebendige Arbeitsvermögen. Jedes reproduziert sich selbst, indem es sein andres, seine Negation reproduziert.[55]

Die Ware Arbeitskraft stellt in den kapitalistischen Produktionsmitteln sogar die Bedingungen zur Steigerung ihrer eigenen Produktivkraft her (nämlich wenn diese Produktionsmittel so beschaffen sind, dass sie ehemals zur Warenproduktion notwendige Arbeitszeit senken und ersparen), und mit ihnen produziert die Ware Arbeitskraft ihre eigene Entwertung durch die Senkung ihrer Reproduktionskosten – bis hin zur Ersetzung und Entlassung der Ware Arbeitskraft als solcher aus dem Produktionsprozess. (Es ist geradezu die zivilisatorische Mission des Kapitals, die Arbeitskraft an ihrer eigenen Überflüssigkeit arbeiten zu lassen, aber das führt verhängnisvollerweise zur *Überproduktion der Ware Arbeitskraft*). Und noch der Wert der Produktionsmittel, die durch die Reduzierung notwendiger Arbeitszeit die Produktivkraft der Ware Arbeitskraft steigern, noch dieser Wert der Produktionsmittel wird wiederum bestimmt von der für sie notwendigen Arbeitszeit.[56] Weil die Ware Arbeitskraft im Übertragen ihrer eigenen, aufseiten des Kapitals akkumulierten Vergangenheit diese Vergangenheit zur Konstanten werden lässt, aber durch dasselbe Kapital als Variable in Kraft gesetzt wird und als solche wiederum das Kapital vermehrt, mithin zukünftige Vergangenheit produziert, sind beide Bestandteile des Produktionsverhältnisses wie in einer Zeitschleife ineinander verschränkt. Wollte man die Logik des Verwertens chronologisch

---

54 *Grundrisse*, S. 316.
55 *Grundrisse*, S. 371, noch prägnanter S. 419–420: „Die *Produktion von Kapitalisten und Lohnarbeitern ist also ein Hauptprodukt des Verwertungsprozesses des Kapitals*."
56 „Die Proportion gegeben, worin die Maschinerie Wert auf das Produkt überträgt, hängt die Größe dieses Wertteils von ihrer eignen Wertgröße ab. Je weniger Arbeit sie selbst enthält, desto weniger Wert setzt sie dem Produkt zu. Je weniger Wert abgebend, desto produktiver ist sie und desto mehr nähert sich ihr Dienst dem der Naturkräfte." (*Kapital I*, S. 411.)

auseinanderzulegen, würde die ablaufende Zeit wie in einer Art Möbiusband wieder in die Logik ihrer Verzeitlichung hinüberführen. Zudem ist die produktive Kraft, die aus der Übertragung und Verwertung von lebendiger und toter Arbeitszeit resultiert, der Logik nach auf beiden Seiten der Verwertung wirksam und kehrt im Laufe der Zeit auf beiden Seiten wieder:

> Die Entwicklung der Produktivkraft der Arbeit […] ist notwendige Bedingung für das Wachstum des Werts oder die Vermehrung des Kapitals. Als unendlicher Trieb der Bereicherung strebt es also nach unendlicher Vermehrung der Produktivkräfte der Arbeit und ruft sie ins Leben. Aber andrerseits, jede Vermehrung der Produktivkraft der Arbeit […] ist Vermehrung der Produktivkraft des Kapitals und ist […] nur Produktivkraft der Arbeit, insofern sie Produktivkraft des Kapitals ist.[57]

Indes wurde bereits angekündigt, dass die produktive Kraft, wie immer sie auch gesteigert wird, nur erhalten bleibt, und mit ihr der gewonnene Mehrwert, wenn der realisierte (Mehr-)Wert wieder in die beiden Wertbestandteile zurückkehrt und ihre Verwertung erneut in Kraft tritt.

9.2 Die Zeit, die bleibt.
Der Wiedereintritt des Mehrwerts und die Erweiterung der Reproduktion
Der gewonnene Mehrwert entspringt zwar der Produktivkraft der Verwertung von Arbeit und Kapital, aber er bleibt nur erhalten, wenn er durch das Geld nicht nur realisiert und im Profit von den Waren geschieden wird, sondern wenn der im Geld realisierte Mehrwert wieder in den Prozess der Verwertung entäußert wird. Überhaupt bleibt die produktive Kraft der Verwertung nur in Kraft, wenn der Wert ihrer Resultate nach der Realisierung wieder in die beiden Bestandteile der Verwertung zurückverwandelt wird und auch der im Profit entsprungene Mehrwert in ihre Reproduktion eingeht.
Der kapitalistische Reproduktionsprozess entspricht dadurch folgender Verzeitlichung: Während die produzierten Waren aus der einfachen Zirkulation herausfallen und im Konsum verschwinden, ermittelt das Geld durch die realisierten Warenwerte die produktive Kraft der Verhältnisse ihrer Produktion und hält die Produktivkraft dieses Verhältnis gegenwärtig, und es stellt darüber hinaus auch denjenigen Mehrwert heraus und gibt ihm im Profit eine selbständige Existenz, durch den die Produktionsverhältnisse in ihre Erweiterung eintreten können. Der realisierte Mehrwert wird *in* der Zeit der Realisierung der Waren von diesen geschieden, und er *bleibt* in der Zeit dadurch, dass er zwischen Arbeit und Kapital so aufgeteilt wird, dass er in ihre Reproduktion eingeht und ihre gegenseitige Verwertung erweitert reproduziert.[58] Wenn aber

---

57 *Grundrisse*, S. 259. Arbeit und Kapital sind daher der „lebendige Widerspruch" (*Grundrisse*, S. 336).
58 „Eine Bedingung der auf dem Kapital basierten Produktion ist daher *die Produktion eines stets erweiterten Zirkels der Zirkulation* […]." (*Grundrisse*, S. 321). Dass die Ökonomie aus sich heraus in ihre Erweiterung eintritt, zeigt Marx schon in der bloßen Formalisierung ihrer (Reproduktions-)Kreisläufe, die er vor allem im zweiten Band des *Kapitals* behandelt. Hier markiert Marx jeden Kreislauf jeweils durch einen „Schluss-Strich" wie am G' des G-W-G': der Produktionskreislauf ist dann P…P', der Kreislauf des Warenkapitals W…W'. Durch den „Schluss-Strich" fällt bereits auf den ersten Blick auf, dass alle drei ökonomischen

die Verwertung durch den Mehrwert ihre eigene Erweiterung mit sich bringt und durch die Kapitalbewegung des Geldes immanent wieder in sich eingeht und zugleich quantitativ über sich hinausgeht, dann tritt dadurch auch die gesamte Ökonomie der Zeit gleichsam in ihren eigenen *Exzess* ein: Das zeitliche Selbstverhältnis der Gesellschaft, das in der Kapitalbewegung des Geldes gründet, ist ein über sich selbst hinausgehender Reproduktionskreislauf.

Entscheidend für diese immanente Erweiterung der gesellschaftlichen Reproduktion und für das exzessive Werden der Zeit bleibt, dass sie durch die Ausbeutung der ‚ekstatischen' Ware Arbeitskraft eintreten und ins Geld fallen, weil die kapitalistische Gesellschaft nicht ohne das Geld ihren Überschuss ausbeuten und nicht ohne den Kapitalkreislauf des Geldes in die Erweiterung ihrer Reproduktion eintreten kann. Diese Notwendigkeit erklärt, warum oben gesagt wurde, dass das Geld die Lösung eines existenziellen *Mangels* sei und dass der Mangel ausgerechnet den Überschuss der kapitalistischen Gesellschaft betreffe. Das Geld muss für die Zeit nicht allein einspringen, damit die Zeit maßgeblich werden kann für die Verwertung lebendiger und toter Arbeitszeit und damit die Zeit im Realisieren, im Übertragen und im Bewahren dieser Verwertung durch Werte zu derjenigen identischen Qualität (oder zur Qualität *der* Identität) werden kann, in der das Selbstverhältnis der Gesellschaft gründet. Das Geld muss darüber hinaus für die Zeit einspringen, weil nur im Geld die zusätzliche Arbeitszeit ausgebeutet und in einem eigenständigen Quantum derselben Verwertung zum Überschuss werden kann, der sie entsprungen ist. Die Reduzierung notwendiger Arbeitszeit und ihre Umwandlung in zusätzliche kann sich nur im Geld auszahlen; und auch nur das Geld kann den ausgebeuteten und aufgehaltenen Mehrwert wieder in die Bestandteile der Verwertung zurückverwandeln; nur das Geld kann der Steigerung der Produktivkraft vorübergehend Raum geben und die Verwertung in eine ebenso immanente wie exzessive Entwicklung (über-)führen. Außerhalb des Geldes kann die zeitliche Dimension des Mehrwerts dagegen nur eine stofflich-materielle und nur eine qualitativ-sinnliche Dimension annehmen. Außerhalb des Geldes muss der Mehrwert in der Ware Arbeitskraft und in den Produktionsmitteln im Sinne eines bloßen Vermögens oder Potenzials stecken, und dieses Vermögen muss sich in der Vielfalt der stofflich-sinnlichen Qualitäten der Waren entäußern und in ihrer Quantität im Sinne bloßer Menge verendlichen und aktualisieren. Auch die Vermehrung des Mehrwerts kann außerhalb des Geldes nur eine stofflich-räumliche Dimension annehmen, sie kann nur in der Verbesserung oder Vergrößerung des Vermögens der Arbeitskraft und der Produktionsmittel stecken, und diese Verbesserung und Vergrößerung kann sich nur äußern, indem dieselbe Arbeitszeit mehr oder bessere Waren produziert als zuvor, und diese Steigerung der Quantität oder Qualität der Waren muss erscheinen in der Erweiterung der ökonomischen Kreisläufe, in der Vergrößerung

Kreisläufe nicht unverändert zum Ausgangspunkt zurückkehren. Jeder Kreislauf findet sich durch sein Resultat, durch das er erneut in sich eintritt, verschoben vor. Zu den drei Kreisläufen und zum Gesamtzirkulationsprozess vgl. *Kapital II*, S. S. 104–123 (Kap. 4).

und Vervielfältigung der gesellschaftlichen Oberfläche, in der Ausdifferenzierung des „Systems der Bedürfnisse" (Hegel) etc.; hier, im Raum oder besser in der Verräumlichung, muss das zeitliche Vermögen, das in der Mehrwertproduktion steckt, ausgelebt werden. Für den Mangel aber, dass der Mehrwert rein *als solcher* kein materielles Dasein und keinen ‚Platz' im Raum für sich hat, muss das Geld einspringen: Allein das Geld kann die zusätzliche Arbeitszeit von allem empirischen Dasein scheiden und die Differenz zwischen den Reproduktionskosten der Arbeitskraft und dem Wert ihrer in den Waren verendlichten Arbeit ausbeuten; allein das Geld kann für die ersparte notwendige Arbeitszeit, die in zusätzliche umgewandelt wurde, einspringen, ihr auf quantitative Weise ‚Raum geben' und sie im Gewinn buchstäblich herausstellen; und die Produktivkraft bleibt nur in Kraft und der Gewinn bleibt nur in der Zeit erhalten, wenn das Geld ihnen durch die Entäußerung in die Verwertung und durch deren Erweiterung erneut Raum gibt. Nur das Geld kann, während es die Resultate der Verwertung in Form der Zirkulation realisiert, *wiedergeben*, was die zusätzliche Arbeitszeit gewesen sein wird und diese zusätzliche Arbeitszeit im Gewinn aufhalten und, indem es diesen Gewinn in die Erweiterung der Produktion auslegt, die gewonnene zusätzliche Arbeitszeit der Verwertung gleichsam wieder zurück-geben.[59] Der Mehrwert ist eine *exzessiv gewordene* Zeit, die als Überfluss vorhanden ist, aber mit der erneut ein (produktiver) Umgang gefunden werden muss.[60]

Zusammengefasst, springt das Geld in der kapitalistischen Gesellschaft in dreifacher Hinsicht für die Zeit ein und gibt ihr auf quantitative Weise Raum. Erstens, indem es als Maß des Werts eine abstrakte Zeit zeitlos und identisch hält; dadurch setzt es die Arbeit der Messung durch diese Zeit aus, setzt lebendige und tote Arbeit als zwei Bestandteile derselben Verwertung in Kraft und begründet ihre spekulative Identität.

---

59 Darum betont Marx immer wieder, dass die realisierte Verwertung am Ende des gesamten Kapitalkreislaufs G-W-G' wieder eine bloße Geldsumme geworden ist; fungierendes und sich verwertendes Kapital wird das Geld erst wieder, wenn es sich erneut in die Verwertung entäußert *oder* wenn es als Kreditgeld an das Kapital weitergegeben wird, vgl. *Kapital III*, S. 355 u. 817–818.

60 Die Notwendigkeit des produktiven Umgangs betrifft die Verwertung der beiden Bestandteile, Arbeit und Kapital, sie betrifft aber auch die Aufteilung des realisierten Werts zwischen ihnen. In der kapitalistischen Gesellschaft muss nicht nur ‚gerecht' mit der Verteilung des Reichtums umgegangen werden, die Verteilung muss auch seiner weiteren *Produktion* gerecht werden. Die ‚gerechte' Verteilung zwischen Arbeit und Kapital ist allein schon darum problematisch, weil die Verteilung des Reichtums, obwohl er im Geld eine rein quantitative und insofern beliebig aufteilbare Identität angenommen hat, immer auch Rückführung auf seine Herkunft ist. Diese Rückführung betrifft nicht nur die Frage, wo der bereits realisierte Reichtum herkommt und wem daher welches Einkommen zugerechnet werden kann, sondern sie betrifft seine *zukünftige* Herkunft, seine Herkunft aus derjenigen Zukunft, die durch diese Rückführung erst wird eintreten können. Es versteht sich allerdings nach dem Bisherigen von selbst, dass in der kapitalistischen Gesellschaft jede individuelle Auf- und Zuteilung ökonomischer Werte, welche Gestalt des Einkommens sie auch immer annehmen, unhintergehbar das Resultat eins gesamtgesellschaftlichen Verhältnisses und seiner Messung ist und jeder Versuch, eine unmittelbare Verbindung zwischen der Arbeitszeit und dem Einkommen im Sinne eines ‚richtigen' oder ‚gerechten' Verhältnisses auszurechnen, dem unkritischen methodologischen Individualismus der bürgerlichen Ökonomietheorie folgt (dem in der Regel auch ihre marxistischen Kritiker unterlagen).

Zweitens, weil es in Form der Realisierung der Resultate dieser Verwertung deren Produktivkraft vergegenwärtigt und in den ermittelten Wertgrößen die Zeit zur identischen Substanz quantitativer Verhältnisse werden lässt; dadurch begründet es das zeitliche Selbstverhältnis der Gesellschaft. Und drittens springt es für die Realisierung ersparter, aber in zusätzliche Arbeitszeit umgewandelte Zeit ein, indem es in der einfachen Zirkulation ...W-G-W... die zusätzliche Arbeitszeit von der notwendigen trennt, die Differenz zwischen dem Wert der Ware Arbeitskraft und den von ihr produzierten Warenwerten ausbeutet und über den Kapitalkreislauf G-W-G' die Verwertung in ihre erweiterte Reproduktion eintreten lässt; dadurch geht das Selbstverhältnis der kapitalistischen Gesellschaft immanent über sich hinaus.

Das dreifache Zeit-Geben des Geldes lässt sich seinen drei Funktionen zuordnen. Die zeitlose Identität der Zeit tritt durch das Ausschließen einer Geldware ein, die eine übersinnlich-ideelle Werteinheit fixiert und sie für die Realisierung der Resultate der Verwertung maßgeblich werden lässt; durch die Tauschmittelfunktion wird die Identität der Zeit gegeben in der Form der Realisierung der Verwertung durch endliche Werte sowie durch die Qualität quantitativer Verhältnisse; und der kapitalistische Selbstbezug des Geldes wird zu einem übergreifenden, methodischen Umgang mit der Identität der Zeit, innerhalb dessen die Zeit in Arbeit und Kapital die Gestalten der lebendigen und der toten Arbeitszeit annimmt und darin auseinandergesetzt wird und im Zuge der Erweiterung der Reproduktion exzessiv wird.

Alle drei Geldfunktionen führen zusammen ein und dasselbe zeitliche Selbstverhältnis der Gesellschaft durch, aber dieses zeitliche Selbstverhältnis kann nur im exzessiven Werden existieren. Im Geld wird eine Ökonomie bewältigt und quantitativ aufbewahrt, die ständig ‚ihre' Zeit durch die Gestalten von Arbeit und Kapital auseinandersetzen und die über die spekulative Identität von lebendiger und toter Arbeitszeit mit sich rechnen und mit sich selbst fertig werden muss, deren Rechnung aber, weil sie beständig mit einem Überschuss fertig werden muss, nicht aufgeht; die Rechnung der kapitalistischen Ökonomie geht nur auf, indem sie beständig in die Erweiterung ihrer Reproduktionskreisläufe eintritt. Im Geld ist buchstäblich immer *mehr* Wert aufgehalten, als es im gesellschaftlichen Verhältnis der Waren darstellt und in Form der ökonomischen Kreisläufe expliziert. Es enthält *mehr* als nur eine quantitativ bestimmte, in-sich reflektierte Zeit, es ermittelt in der Realisierung der Resultate von toter und lebendiger Arbeitszeit *mehr* als nur Durchschnittsgrößen und lässt *mehr* als nur Wertäquivalente im Zuge der Warenzirkulation übergehen. Im Strich der Kapitalform G-W-G' markiert Marx ein Mehr, das zwar dem Messen der Verwertung durch die abstrakte Zeit entsprungen ist und das in Form des Messens in die Zeit gefallen und durch die Zeit geworden ist – und doch muss die Gesellschaft mit dem Mehr erst noch fertig werden, und dafür muss das Mehr erneut in die Verwertungsverhältnisse eingehen und die Reproduktion ihrer beiden Bestandteile erweitern.

Auch die Kapitalismuskritik muss es dann nicht nur mit den zwei bereits genannten spezifisch kapitalistischen Zeiten aufnehmen, zum einen mit der abstrakten, scheinbar natürlich-physikalischen Zeit, die zum anderen durch ihre Maßgeblichkeit für die

Verwertung zur gesellschaftlichen Qualität schlechthin wird und schließlich durch die Qualität quantitativer Verhältnisse verzeitlicht wird im Sinne einer geschichtlichen Qualifizierung. Die Schwierigkeit für die Kritik besteht darüber hinaus darin, dass die Gesellschaft mit diesen zwei Zeiten nicht fertig wird, ohne dass die Produktionsverhältnisse durch ihre Realisierung einerseits in die Zeit im vulgären, herkömmlichen Sinne fallen müssen und ohne dass andererseits durch den realisierten Mehrwert ein Quantum in der Zeit bleibt und die Gesellschaft, um mit dieser ekstatisch gewordenen Zeit fertig zu werden, immer wieder aufs Neue in die Erweiterung ihrer Reproduktion eintreten muss.

Doch wie immer die Kapitalismuskritik die Ökonomie der Zeit auch begrifflich entwickeln und dabei die genannten Unterscheidungen treffen muss: Das Geld jedenfalls scheint durch seine Funktionen die Zeit sowohl mit sich zu bringen als auch naturwüchsig zu bewältigen. Daher steht die Kritik nun, nachdem die drei Bestimmungen des Geldes auf der einen Seite und die Verwertung von Arbeit und Kapital auf der anderen in eine Ökonomie der Zeit übersetzt wurden, vor der Frage, wie das Geld mit all den genannten Unterscheidungen und Bestimmungen im Zeitbegriff automatisch fertig wird, oder vielmehr, wie es die gesamte Ökonomie der Zeit so bewältigt, dass alle bislang getroffenen Unterscheidungen im Wert- und Zeitbegriff aufgehoben und gleichgültig geworden sind.

10. Das Erinnern der Verwertung und die Gleichzeitigkeit des Ungleichzeitigen: Die Ermittlung gesellschaftlich notwendiger Durchschnittsarbeitszeit und die Bildung einer allgemeinen Profitrate

Bislang wurde versucht, die Ökonomie der Zeit entlang der drei Geldfunktionen zu ordnen. Dadurch konnte die paradoxe Situation, dass das Geld im Realisieren der Produktivkraft der Verwertung die realisierte Qualität ‚Wert' überhaupt erst konstituiert und durch bestimmte Größen quantitativ mit sich bringt, systematisch durchgeführt und die Notwendigkeit der Einheit von Geld und Wert in eine Ökonomie der Zeit überführt werden. Doch eine zentrale Schwierigkeit wurde dabei übergangen. Sie besteht darin, dass die Verzeitlichung zwar entlang der drei Geldfunktionen in der gezeigten Weise auseinandergelegt werden kann – aber alle zeitlichen Verhältnisse und alle Unterscheidungen im Zeitbegriff lassen sich nur in der *kritischen Darstellung* treffen. Schon die grundlegende Unterscheidung zwischen einer zeitlos-abstrakten Zeit, die für die Verwertung maßgeblich ist, und ihrem quantitativen Eintritt durch die gemessene Verwertung, schon diese allererste und für die Ökonomie der Zeit vorrangige Unterscheidung ist nur durch eine begriffliche Kritik zu treffen. Dasselbe gilt für die Verwertungsverhältnisse und die Unterscheidung in tote und lebendige sowie notwendige und zusätzliche Arbeitszeit, und dasselbe gilt schließlich für ihre Messung in Form der Realisierung ihrer Resultate, die einerseits die für die Warenproduktion notwendige Arbeitszeit ermittelt und andererseits die zusätzliche Arbeitszeit im Profit von den Waren trennt und in einem bloßen Quantum Geld herausstellt: Alle diese zeitlichen Verhältnisse können nur begrifflich getroffen werden. Indessen wird, was sich in der Kritik analytisch trennen und begrifflich auseinanderhalten lässt, von den Geldfunktionen in der kapitalistischen Ökonomie (und vor allem *für* die Ökonomie) blind und bewusstlos getroffen.

Die Blindheit und Naturwüchsigkeit lag darin, dass dem Geld in den Waren die produktive Kraft der Bestandteile ihrer Produktion gleichsam zum Gegenstand wird, aber diese Gegenständlichkeit nimmt die Form einer Kapitalbewegung an, in der beide Seiten, das messende Geld und die durch die Waren realisierte und gemessene Verwertung, untrennbar ineinander verschränkt sind. Vom Geld aus betrachtet, lässt es die Zeit für die Verwertung von vergangener und gegenwärtiger Arbeitszeit maßgeblich werden, indem es als Tauschmittel ihre Resultate realisiert und durch endliche Werte währen lässt, aber in diese Verwertung ist es wiederum selbst ausgelegt gewesen, sodass die Realisierung ihrer Resultate eine *Rückkehr* und *Wiederkehr* des Geldes ist und zum Moment seiner zeit-übergreifenden Kapitalbewegung wird. Von der Verwertung aus betrachtet, tritt die produktive Kraft ihres Verhältnisses von toter und lebendiger Arbeitszeit im Moment der Realisierung ihrer Resultate ein und wird einerseits zur Realität des Wertverhältnisses der Waren, das sich andererseits im Wert des Geldes entspricht und in ihm wiederum zeitlos gehalten ist, aber durch seinen Kapitalkreislauf wird das Verwertungsverhältnis dann auch wieder in Kraft gesetzt.

Wie immer diese Verschränkung von Geld, Wert und Zeit zu entwickeln ist – die Entwicklung kann nicht zu einer kohärenten Theorie über die Ökonomie der Zeit führen, zumindest nicht zu einer wissenschaftlichen Theorie im herkömmlichen (volkswirtschaftlichen) Sinne. Die Theorie muss vielmehr darin bestehen, die gezeigten Verschränkungen mit ihren Überlagerungen und Unschärfen zu begründen, um zu zeigen, dass das Geld dieselbe Verschränkung, die es mit sich bringt, auch löst – das macht seine Rätselhaftigkeit aus und die notwendige ‚Unwissenschaftlichkeit' einer Theorie des Geldes. Im Geld ereignet sich die Verzeitlichung weder durch eine von der Natur fertig gegebene, quasi vorhandene und chronologisch ablaufende Zeit, noch führt das Geld die Verzeitlichung auf eine linear-sukzessive oder gar kausale Weise *in* der Zeit durch, noch könnte die Zeit ohne Geld unmittelbar vom Bewusstsein getroffen werden und Gegenstand des Wissens sein. Vielmehr überlagern sich die gesamte Dreiheit von Geld, Wert und Zeit in einem Verwertungsprozess, der durch seine Messung bewusstlos und vor jedem Wissen im Geld reflexiv wird und der im Geld die eigene Bestimmung zeitigt. Nichts wäre daher unsinniger, als aus der *Kritik* einer Ökonomie der Zeit eine *Theorie* machen zu wollen, etwa in dem Sinn, wie der traditionelle Marxismus aus Marx' *Kritik* der Arbeit und des Werts eine objektive Arbeitswertlehre gemacht hat. Auch Marx konnte die kritische Unterscheidung zwischen einerseits dem materiellen Arbeits- und (Re-)Produktionsprozess der Gesellschaft und andererseits der Verwertung des Werts nur treffen, indem er durch die Geldfunktionen die Methode entwickelte, wie das Geld diese Unterscheidung automatisch für sich wie für die Gesellschaft trifft und dabei die Unterscheidungen, ineins, vermittelt. Die vorliegende Entwicklung einer Ökonomie der Zeit konnte im Anschluss an Marx daher lediglich zeigen, dass die Unterscheidung in den materiellen Reproduktionsprozess einerseits und den Verwertungsprozess andererseits eine Entsprechung ergibt, die in einer gemeinsamen Ökonomie der Zeit gründet: Das Geld stellt blind-naturwüchsig und bewusstlos eine Entsprechung zwischen der materiell-stofflichen Reproduktion der Gesellschaft und der rein quantitativen Verwertung her, in der beide Seiten der Entsprechung, das stofflich-materielle Dasein und die Verwertung des Werts, nicht aufeinander rückführbar oder auseinander ableitbar sind, sondern gemeinsam in einem Selbstverhältnis gründen, das zeitlich ist.

Die Frage bleibt daher: Wie stellt das Geld auf bewusstlose und automatische Weise dasjenige zeitliche Selbstverhältnis der Gesellschaft her, in dem die genannten Unterscheidungen vermittelt und gelöst sind in einer Entsprechung zwischen der materiell-stofflichen Reproduktion der Gesellschaft und der Verwertung des Werts?

Während sich Wissenschaft und Kritik die Frage stellen müssen, wie eine Ökonomie der Zeit überhaupt angemessen bestimmbar ist, wird ihnen durch das Geld auf praktische Weise die Antwort gegeben. Wenn nämlich, wie oben für das Verhältnis von Wert und Preis gezeigt wurde, auf der gesellschaftlichen Oberfläche immer mit *Resultaten* angefangen wird: mit verwirklichten und erscheinenden *Preisen* und nicht mit Werten, so muss dasselbe auch für die Ökonomie der Zeit gelten, die in den Preisen auf gemessene und dadurch in-sich reflektierte Weise zur Erscheinung gebracht ist. Für diese Messung nimmt das Geld zwar eine abstrakte, noch unbestimmte und noch unreflektierte Zeit für die Realisierung der Verwertung von Arbeit und Kapital in Anspruch, aber diese gleichsam noch nicht zu-sich gekommene Zeit ist durch das Ins-Verhältnis-Setzen der Verwertung und das Ermitteln von Durchschnittsgrößen im Zuge der Preisbestimmung immer schon in Bestimmung gesetzt und gleichsam von Anfang an eine endlich bestimmte Zeit geworden. In diesem Ins-Verhältnis-Setzen der Verwertung durch das Maß der Zeit bewältigt das Geld die gesamten Verhältnisse von lebendiger und toter sowie notwendiger und zusätzlicher Arbeitszeit und bringt eine Zeit, die durch diese Verhältnisse auseinandergesetzt und verzeitlicht wurde, in den Warenpreisen sowie in den Profiten von vornherein auf endgültige Weise zur Erscheinung. Es ist diese in-sich reflektierte Zeit, mit der die Ökonomie einerseits automatisch ‚fertig' geworden ist und mit der sie andererseits quantitativ rechnen und weiterhin fertig werden muss, und es ist diese in-sich reflektierte Zeit, mit der die individuellen Subjekte denken und handeln müssen. Kurzum, weil das Geld in Preisen und Profiten mit der Ökonomie der Zeit je fertig geworden ist, kann die kapitalistische Ökonomie immer mit den eigenen Resultaten anfangen und können die einzelnen Subjekte in bestimmten Preisen und Profiten mit einer in-sich reflektierten Zeit rechnen. In Rücksicht auf das, was oben für Verhältnis von Wert und Preis gesagt wurde, lässt sich dann auch exakt angeben, was das für eine Zeit ist, die durch das Geld auf gemessene und quantitativ bestimmte Weise in-sich reflektiert ist. Da die Umwandlung der Verwertung in Preise die *gesellschaftlich notwendige Durchschnittsarbeitszeit* ermittelt, je ermittelt *hat*, muss dieselbe Umwandlung auch eine Art

Transsubstantiation der maßgeblichen, abstrakt-zeitlosen Zeit in diese maßgeblichen Durchschnittsgrößen der Arbeitszeit mit sich gebracht haben. Das Geld setzt im Messen der Verwertung von toter und lebendiger Arbeitszeit die maßgebliche abstrakte Zeit je schon durch als gesellschaftlich notwendige Durchschnittsarbeitszeit sowie im Bilden einer allgemeinen Profitrate und eines Durchschnittsprofits, und es macht in diesen maßgeblichen Durchschnittsgrößen eine *ebenso allgemeine* wie *spezifische Zeit* für die Gesellschaft in ihrer *Totalität* geltend. Das Geld ‚erinnert' in den ermittelten und ‚verinnerlichten' Durchschnittsgrößen nur mehr an die vergangene Verwertung und ihre Auseinandersetzung der Zeit, und ‚es erinnert' an das gemeinsame, gesamtgesellschaftliche Verhältnis der Verwertung. Ja, es ‚erinnert' diese Verwertung gleichsam an sie selbst, denn es sind ja diese aus der vergangenen Verwertung ermittelten und im Geld verinnerlichten Größen, die maßgeblich geworden sind und an die sich die Verwertung zukünftig halten muss, und es sind diese im Geld ermittelten und verinnerlichten Größen, die anschließend erneut in die Verwertung entäußert werden und auf eine reflektierte Weise wieder in sie eingehen.

Diese Erinnerung betrifft zwar die gemeinsame Verwertung beider Bestandteile, aber sie hält auch beide Bestandteile auseinander. Zum einen erinnert das Geld durch die Ermittlung gesellschaftlich notwendiger Durchschnittsarbeitszeit an die Produktivkraft der eingesetzten Arbeit, und zum anderen erinnert es durch die Bildung einer allgemeinen Profitrate und Durchschnittsbildung der Profite an das eingesetzte Kapital und die zusätzliche Arbeitszeit (wobei das Kapital wiederum nichts anderes ist als bereits vergangene und vergegenständlichte Arbeitszeit; das Geld erinnert also an diejenige tote Arbeitszeit, die durch lebendige Arbeit übertragen und in den Waren bewahrt wurde sowie an die dabei zugesetzte zusätzliche Arbeitszeit).[61] So erhebt sich im Zuge der Messung der Verwertung und im Ermitteln und im Erinnern der beiden Durchschnittsgrößen die Zeit im Geld zum abstrakt-allgemeinen und doch durch die beiden Durchschnittsgrößen je spezifischen Maß der Verwertung.

Durch das ständige Ermitteln von im Geld gegenwärtig gehaltenen maßgeblichen Größen erhält die Gesellschaft eine Art kollektives Gedächtnis. Das Gedächtnis ist insofern kollektiv, als das Geld gerade nicht an die *einzelnen* Arbeiten und nicht an ihre

---

61 Da der Verwertung das Maß ihrer Produktivität nicht nur in der Durchschnittsbildung der Arbeitszeit gegeben ist, sondern auch durch die Durchschnittsbildung der Profite, die aus dem eingesetzten Kapital und aus der zusätzlichen Arbeitszeit gewonnen werden, müsste des Weiteren gezeigt werden, dass durch die Durchschnittsbildung der Profite und die Bildung einer allgemeinen Profitrate das Maß der Produktivität in die Höhe des *Zinses* eingeht und dadurch für das Kreditsystem maßgeblich wird. Vom Zusammenhang zwischen einerseits dem eingesetzten Kapital und der zusätzlichen Arbeitszeit und andererseits der Bildung einer allgemeinen Profitrate und der Höhe des Zinssatzes (sowie dem Kreditsystem) muss zur Vereinfachung abstrahiert werden. Gleichwohl ist der Unterschied zu berücksichtigen zwischen demjenigen Maß oder besser denjenigen maßgeblichen Größen, welche die Verwertung durch die Preisbildung in den preisbestimmten Waren abgibt (hier fällt die Spezifizierung des Maßes in die durchschnittlich notwendige Arbeitszeit), und denjenigen maßgeblichen Größen, welche die Verwertung durch die Profite abgibt (hier fällt die Spezifizierung des Maßes in die Bildung einer allgemeinen Profitrate und bestimmt die Höhe der Anteile der individuellen Kapitale am Profit sowie die Höhe des Zinssatzes).

Verwertung durch die *individuellen* Kapitale erinnert, es erinnert stattdessen durch die Bildung maßgeblicher Durchschnittsgrößen an das Gemeinsame und Gesamtgesellschaftliche ihres Verhältnisses. Das Gedächtnis funktioniert zudem ebenso kollektiv wie blind und naturwüchsig, wenn sich die Verwertung an die aus ihrer Vergangenheit ermittelten Größen zukünftig halten muss und wenn sie durch den Wert, den das Geld im Realisieren eben jener Vergangenheit erhalten halt, sowie durch dessen Kapitalbewegung ganz unmittelbar und ganz praktisch an diese Größen gehalten wird. Die Kollektivität besteht indes auch darin, dass das Geld mit dem Bilden des gesamtgesellschaftlichen Verhältnisses und der Durchschnittsgrößen ebenso die *individuellen Abweichungen* vom Durchschnitt feststellt. Oder vielmehr kann diese Messung aller Arbeiten und aller Kapitale durch das gemeinsame Maß der abstrakten Zeit überhaupt erst *individuelle Unterschiede* innerhalb ihres *gemeinsamen* Verhältnisses machen.

Diese individuelle Teilnahme an ein und demselben Maß und einem gemeinsamen Messprozess stellt eine *Gleichzeitigkeit des Ungleichzeitigen* her. Gleichzeitigkeit des Ungleichzeitigen bedeutet, alle Arbeiten und alle Kapitale müssen, indem sie in einen gemeinsamen Messprozess eingehen und ein gemeinsames Maß teilen, zur Durchschnittsbildung individuell beitragen und zugleich individuell Anteil nehmen, und aus dieser Gleichzeitigkeit, welche Maß, Messung und Durchschnittsgrößen ergeben, resultieren im individuellen Beitragen, Anteil nehmen und Abweichen vom Durchschnitt diejenigen Unterschiede, welche die Ungleichzeitigkeit in dieser Gleichzeitigkeit ausmachen. Der Messprozess stellt somit beides her, wenn er aus allen teilnehmenden Arbeiten und Kapitalen die für ihre Verwertung gegenwärtig maßgeblichen Durchschnittsgrößen ermittelt. Er stellt zum einen für alle Teilnehmer diejenige Gleichzeitigkeit her, gegenüber der sich zum anderen ebenfalls alle Teilnehmer *zugleich* mit ihrem gegenwärtigen Beitrag sowie mit ihrer einzelnen Anteilnahme und Abweichung in Ungleichzeitigkeit befinden. Und da die individuellen Beiträge, die in die Durchschnittsbildung eingehen und die Abweichungen, die daraus hervorgehen, auf die Verhältnisse von lebendiger und toter sowie notwendiger und zusätzlicher Arbeitszeit zurückgehen, kurz auf die organische Zusammensetzung der Kapitale, gibt die Gleichzeitigkeit des Ungleichzeitigen letztlich die Unterschiede der Produktivkraft dieser „organischen" (und. eigentlich zeitlichen) Zusammensetzungen wieder.

Diese Unterschiede in der Produktivkraft entsprechen einer Art *Eigenzeit* der Arbeiten und der Kapitale und sogar ganzer Nationalökonomien, in die Arbeit und Kapital eingebettet sind. Diese Eigenzeiten, die sich aus der Produktivität der organischen Zusammensetzung der Kapitale ergeben, stellen sich auf dieselbe nicht-lineare Weise hinterrücks und retroaktiv ein, wie das im IV. Abschnitt bereits für die Umwandlung der Verwertung in Preise und Profite gezeigt wurde. So wie erst die Messung im Zuge der Preisbildung diejenigen Durchschnittsgrößen ermittelt, an denen die einzelnen Arbeiten und Kapitale im Beitragen zugleich quantitativ Anteil nehmen und von denen sie abweichen, so gehen auch die Eigenzeiten auf nicht lineare Weise aus dem Messprozess hervor. Die Nicht-Linearität liegt in dem Bruch, dass alle Arbeiten und

Kapitale erst im Messprozess durch das Maß der Zeit gebrochen werden und dasjenige gesamtgesellschaftliche Verhältnis teilen und quantitativ umschlagen, das sowohl eine Gesamtarbeit und ein Gesamtkapital als auch individuelle Abweichungen von den Durchschnittsgrößen hervorgehen lässt – und dadurch auch erst die Zusammensetzung der Kapitale zu bestimmte Eigenzeiten werden lässt. Die Eigenzeiten, die sich aus der Verwertung der einzelnen Arbeiten und der individuellen Kapitale ergeben, resultieren also paradoxerweise erst aus derjenigen Messung, von der sie *daraufhin* abweichen werden, nämlich erst, indem die Messung der Produktivkraft im Ermitteln der allgemein notwendigen Durchschnittsarbeitszeit auch diejenige Gleichzeitigkeit herstellt, gegenüber der die Produktivkraft aller einzelnen Privatarbeiten, aller individuellen Kapitale und ganzer Nationalökonomien abweicht im Sinne bestimmter Eigenzeiten. Erst im individuellen Abweichen von der allgemein notwendigen Durchschnittsarbeitszeit erhalten die Arbeiten, die Kapitale und die Nationalökonomien ihre spezifischen Eigenzeiten, und erst durch die Abweichungen entsprechen die Unterschiede in der Produktivkraft der Verwertung einem Verhältnis der Gleichzeitigkeit des Ungleichzeitigen.

Wird das ständige Messen der Produktivkraft als Form der Gleichzeitigkeit ungleichzeitiger Eigenzeiten betrachtet, wird noch einmal deutlich, warum trotz des unterschiedlichen Standes der Produktivkräfte – oder gerade darum – das zeitliche Selbstverhältnis der Gesellschaft auf eine naturwüchsig-blinde Weise eine Gerichtetheit annehmen kann und den eigenen Fortschritt durchsetzt: In der Messung werden nicht nur die Unterschiede in der Produktivkraft und die jeweiligen Eigenzeiten zum Gegenstand, zum Gegenstand wird auch die bereits oben beschriebene *Steigerung* der Produktivkraft des variablen Kapitals durch das konstante Kapital. Der Steigerung der Produktivkraft entspricht eine Produktion unter dem allgemeinen Durchschnitt, und von dieser Differenz können die individuellen Kapitale auf doppelte Weise profitieren. Zum einen durch die ‚normale' Ausbeutung der zusätzlichen Arbeitszeit der *eigenen* Arbeitskräfte, und zum anderen, indem auf Kosten der weniger produktiven Kapitale ein Extra-Profit aus der Gesamtarbeitszeit und dem Gesamtkapital gezogen wird.[62] So sehr die Gesellschaft auch sonst keinem linearen geschichtlichen Fortschritt

---

62 Der Universalismus der Messung und der gesamtgesellschaftliche Charakter der kapitalistischen Produktionsweise liegt ja gerade darin, dass sich für die einzelnen Kapitale die Steigerung ihrer Produktivkraft auch und gerade dann auszahlt, wenn sie mit einer Verringerung der Anwendung und Ausbeutung der *eigenen* Arbeitskräfte und ihrem Beitrag zur Gesamtmehrwertmasse einhergeht, etwa durch Entlassungen. Entscheidend ist, dass ein Extra-Profit auf Kosten der Mehrwertproduktion derjenigen Kapitale angeeignet wird, die – noch – nicht mit dieser gestiegenen Produktivität produzieren; dieser Extra-Profit (und nicht die Senkung der Reproduktionskosten der Ware Arbeitskraft) ist die Haupttriebkraft für die individuellen Kapitale, ihre Produktivität zu steigern. Allerdings betrifft dieser Extra-Profit nur die Konkurrenz der Kapitale um die *Realisierung* des Mehrwerts auf der Oberfläche der Gesellschaft; die Bildung und die Vermehrung des Mehrwerts sind Marx zufolge dagegen allein durch die Ware Arbeitskraft und die Steigerung ihrer Produktivkraft möglich (vgl. *Kapital III*, S. 275–276). Überhaupt konkurrieren die individuellen Kapitale um Anteile am gemeinsamen gesellschaftlichen Verhältnis, am Wert und seiner Verwertung und Vermehrung, und die Veränderungen in den Verhältnissen der Verwertung wirkt sich immer auf beides aus, auf

folgen mag, so sehr bringt die Steigerung der Produktivkraft durch die Senkung notwendiger Arbeitszeit und die daraus folgende Entwertung der beiden Bestandteile der Verwertung eine Gerichtetheit der Zeit mit sich, die alle Arbeiten und Kapitale sowie ihre national-ökonomischen Territorialisierungen in einen ebenso unaufhaltsamen wie unhintergehbaren Fortschritt führt.

11. Die geschichtliche Durchsetzung der Geschichtslosigkeit: Weltgeld und Globalisierung

Im letzten Kapitel hat sich bereits angedeutet, dass Globalisierung nicht, wie für gewöhnlich angenommen wird, die weltweite Durchsetzung des Kapitalismus *in* der Zeit ist. Globalisierung folgt aus der Maßgeblichkeit einer abstrakt-zeitlosen Zeit und aus dem gesamtgesellschaftlichen Charakter der Messung, und beides bringt der Kapitalismus gleichsam von Anfang an und „seiner Natur" nach mit sich: „Das Kapital treibt seiner Natur nach über jede räumliche Schranke hinaus. [...] – die Vernichtung des Raums durch die Zeit."[63] Eine globalisierte Welt steht nur darum chronologisch am Ende einer geschichtlichen Entwicklung, weil im Kapitalismus die Verwertung der Arbeit von Anfang an der Messung durch eine zeitlose Zeit ausgesetzt ist und diese ständige Messung die Produktivkraft durch die realisierten Durchschnittsgrößen gegenwärtig hält und für die Entwicklung der Ökonomie maßgeblich werden lässt. Die Nationalökonomien gehen daher auch nicht im Laufe der Zeit über alle räumlichen Grenzen hinaus, um in einer geschichtlichen Entwicklung schließlich eine globale Ökonomie durchzusetzen – umgekehrt, Nationalökonomien sind bereits Territorialisierungen einer Ökonomie, in der eine universelle Zeit auch einen unbegrenzten, homogenen ökonomischen Raum herstellt, und die Nationalökonomien lassen sich als Versuche auslegen, sich gegenüber der Maßgeblichkeit dieser unbegrenzten, universellen Zeit zurückzunehmen und durch homogen-einheitliche Reproduktionsräume Eigenzeiten zu ‚nehmen', diejenigen Eigenzeiten, die sich aus der Gleichzeitigkeit der Ungleichzeitigkeit, die der Messprozess herstellt, auf nationaler Ebene ergeben.

Das Geld wird dem Universalismus der maßgeblichen Werteinheit, für die es steht, adäquat als „Weltgeld".[64] D. h. wenn alle territorial und national begrenzten Währungen frei konvertibel sind oder sogar nur eine einzige Währung weltweit gilt, wird der Universalismus des Maßes sich durch das Weltgeld selbst im Raum adäquat. Die produktive Kraft der Verwertung von toter und lebendiger Arbeitszeit tritt dann nicht mehr zunächst in ein national begrenztes (und gerade durch diese Begrenzung

---

den Beitrag zur Mehrwertproduktion sowie auf die Anteilnahme daran. Vgl. zum Extramehrwert *Kapital I*, S. 336–337; zum Extraprofit *Kapital III*, S. 60, 177, 207ff., 248ff., 275, 654ff.

63 *Grundrisse*, S. 430, ähnl. auch S. 445.

64 „Im Welthandel entfalten die Waren ihren Wert universell. Ihre selbständige Wertgestalt tritt ihnen daher hier auch gegenüber als Weltgeld. Erst auf dem Weltmarkt funktioniert das Geld in vollem Umfang als die Ware, deren Naturalform zugleich unmittelbar gesellschaftliche Verwirklichungsform der menschlichen Arbeit in abstracto ist. Seine Daseinsweise wird seinem Begriff adäquat." (*Kapital I*, S. 156.)

‚souveränes') Geld ein, um dann erst, gleichsam verzögert, zu anderen Währungen (und den darin gemessenen Nationalökonomien) ins Verhältnis zu treten. Stattdessen wird der gesellschaftliche Raum weltweit durch dasselbe Geld auch durch dieselbe abstrakte Zeit gemessen, und die Verwertung und die Reproduktion von Arbeit und Kapital wird folglich weltweit derjenigen Gleichzeitigkeit ausgesetzt, welche die Messung im Ermitteln der maßgeblichen Durchschnittswerte notwendiger Arbeitszeit und im Bilden einer allgemeinen Profitrate mit sich bringt. Instantan treten durch das Weltgeld alle Arbeiten, alle Kapitale und alle Nationalökonomien ins Verhältnis der Gleichzeitigkeit, und dadurch machen sich wiederum die Unterschiede in der Produktivkraft ebenso instantan als Ungleichzeitigkeit bestimmter Eigenzeiten geltend.

Auch wenn das Geld heute immer noch nicht zum Weltgeld geworden ist, auch wenn selbst im sog. Zeitalter der Globalisierung weiterhin nationale Währungen (und die darin während Produktivkraft der Verwertung) umgerechnet werden, so werden die Währungen doch auf diese instantane Weise umgewandelt, d. h. ohne dass die Arbeitszeiten, die Kapitale und die Nationalökonomien noch innerhalb der einzelnen Währungen gleichsam ihre Eigenzeit nehmen können (etwa durch feste Wechselkurse wie im Bretton-Woods-System, oder indem sie auf das Gold oder eine Leitwährung wie den Dollar bezogen sind). Sie können sich vor der in den Durchschnittsgrößen ermittelten Gleichzeitigkeit nicht mehr gleichsam zurücknehmen, und sie können diese Gleichzeitigkeit auch nicht mehr durch eine eigenständige Währung aufhalten oder verzögern (wie das etwa der Realsozialismus im Zuge einer nachholenden Modernisierung viele Jahrzehnte lang getan hat. Der Realsozialismus musste seiner Eigenzeit gleichsam Raum geben, d. h. er musste seine geringere Produktivkraft gegen diejenige Gleichzeitigkeit verteidigen und durchsetzen, die in der Teilnahme aller Nationalökonomien am gemeinsamen Maß der Zeit und durch den Universalismus der Messung entsteht. Um seine Eigenzeit zu bewahren und auf ihr geradezu zu beharren, durfte die Produktivkraft nur in einem national begrenzten Geld gemessen werden und in Kraft bleiben, und sie durfte nur in nationalen (Reproduktions-)Kreisläufen übertragen werden und währen. Alle außerhalb des Realsozialismus produzierten Waren mussten dagegen ausgeschlossen bleiben, einschließlich der Ware Arbeitskraft und ihrer Verwertung durch die Produktionsmittel, ganz so, als ob die Waren und die dahinter stehende Produktivkraft in einen anderen Raum gehörten und einer anderen Zeit angehörten. Entsprechend war für den Realsozialismus der Zeitpunkt, an dem die gleichsam exterritorialisierte und aufgeschobene Gleichzeitigkeit eintrat, eine Art rückwirkende und nachholende Entwertung seiner Eigenzeit, während der Realsozialismus sich zuvor umgekehrt durch Abgrenzung und Autarkie gegenüber den kapitalistischen Nationalökonomien die Zeit für eine nach- und aufholende – im wesentlichen fordistische – Modernisierung eingeräumt hatte und sich diese Zeit gleichsam in seinen Produktionsverhältnissen, seinen Waren und in seiner Währung genommen hatte. Er konnte sich nach der Erschöpfung der fordistischen Produktionsweise zudem nur sehr begrenzt durch die beschriebenen Techniken des Kreditsystems und des Finanzkapitalismus im Vorgriff auf zukünftige Verwertung zusätzliche Zeit einräumen, oder vielmehr war er nicht auf dieselbe Weise wie sein Konkurrent in der Lage, sich solche Zeiträume gleichsam von der eigenen Zukunft zu erkaufen.[65])

Doch wie immer sich das Weltgeld auch geschichtlich durchzusetzen und dabei zu globalisieren scheint – ein zum Weltgeld gewordenes Geld setzt jedenfalls nur diejenige abstrakte Zeit durch, die ohnehin *zeitlos* gültig und die ohnehin in ihrer Geltung *grenzenlos* ist. „Die Tendenz, den *Weltmarkt* zu schaffen, ist unmittelbar im Begriff des Kapitals selbst gegeben."[66] So sehr das Geld national begrenzt sein mag und insofern noch nicht Weltgeld geworden ist, so sehr nimmt es in seiner Funktion als Maß des Werts doch immer schon eine zeitlos gültige, rein ideelle Einheit in Anspruch, und diese ist grenzenlos universell gültig. Es erhält seinen Wert zwar stets durch die gemessene Verwertung, insofern ist es stets quantitativ endlich begrenzt und hält in diesen Grenzen auch bestimmte nationale Reproduktionsräume und -kreisläufe fest. Aber das Geld hält in seiner quantitativen wie in seiner territorialen Begrenzung eine Werteinheit in der Zeit identisch, die auch dann bereits zeitlos und universell gültig ist, wenn das Geld noch nicht Weltgeld ist und Währungen noch (frei oder zu bestimmten festen Wechselkursen) ineinander umgerechnet werden oder sich gemeinsam auf das Gold oder eine Leitwährung wie den Dollar beziehen. Und noch in seiner quantitativen und in seiner territorialen Begrenzung macht das Geld diejenige Produktivkraft und diejenigen Durchschnittsgrößen geltend, die weltweit Maßstäbe für die Warenproduktion und die Verwertung von Arbeit und Kapital setzen. Folgerichtig setzt der Prozess der Globalisierung *in* der Zeit die Maßgeblichkeit der Zeit selbst durch sowie den Universalismus der Messung, den diese Zeit mit sich bringt. Im Messen bricht das Geld der gemessenen Produktivkraft Bahn, derjenigen Produktivkraft,

---

65 Nicht nur der national-staatlich gefasste Sozialismus, der Nationalismus schlechthin kann in all seinen Varianten als Zeit-Nehmen und Durchsetzung einer Eigenzeit interpretiert werden, wobei das Zeit-Nehmen und seine Durchsetzung gegen den Universalismus der abstrakten Zeit und gegen die Teilnahme an der Gleichzeitigkeit der Messung gerichtet sind. Überhaupt gilt: Wenn die Geschichte des Kapitalismus in einem ganz unmittelbaren Sinne der Durchsetzung seiner eigenen Ökonomie der Zeit angehört, dann gehören zur Durchsetzungsgeschichte einer Ökonomie der Zeit auch entsprechende Ideologien und politische Bewegungen. Dann müsste etwa der Kampf gegen die weltweite Ungleichheit und Ungerechtigkeit (den mittlerweile nicht mehr die Arbeiterbewegung und der Realsozialismus für sich beanspruchen, sondern z. B. die globalisierungskritischen Bewegungen) diejenige Ungleichzeitigkeit thematisieren, die aus der Notwendigkeit der Teilnahme aller Arbeiten, aller Kapitale und aller Nationalökonomien an einer gemeinsamen Messung durch immer ein und dieselbe Zeit resultiert sowie aus der Gleichzeitigkeit, die der Messprozess mit sich bringt. Wenn etwa kritisiert wird, dass das Kapital sich weitgehend unbegrenzt international reproduzieren kann, die Ware Arbeitskraft sich dagegen national und lokal verkaufen und reproduzieren muss; oder dass weltweit um die besten Bedingungen für die Verwertung von Arbeit und Kapital konkurriert wird und das für die Ware Arbeitskraft auf ihre politische Entmachtung, ökonomische Entwertung und rechtliche Entgrenzung hinausläuft, für das Kapital dagegen auf Entlastung von Auflagen, Abgaben und Steuern; oder dass Nationalökonomien mit hoher Produktivkraft bei solchen mit geringerer zu Entwertungen und Krisen führen (Entwertung der Ware Arbeitskraft und der nationalen Kapitale, negative Handelsbilanzen, Refinanzierungsprobleme des Staates usw.), so ist all das untrennbar mit der durch den Messprozess erzeugten Gleichzeitigkeit des Ungleichzeitigen verbunden.
66 *Grundrisse*, S. 321.

die entsteht, indem die Zeit auseinandergesetzt wird im Verhältnis von lebendiger und toter Arbeitszeit und indem diese Auseinandersetzung zweier Klassen ein und derselben Zeit in der Ware Arbeitkraft und im Kapitalisten zwei unterschiedliche Gestalten annimmt und in ihren ökonomischen und politischen Kämpfen ausgetragen wird. Diese Gestalten könnten sogar in eine geschichtliche Durchsetzung des Weltgeldes und des Weltmarktes und in Etappen ihres Zu-sich-Kommens analog dem Hegel'schen Weltgeist auseinanderlegt werden, aber nur, weil in diese Gestalten und in ihre Geschichte eben eine ungeschichtliche, zeitlose Zeit von Anfang an und unaufschiebbar eingeschrieben ist und weil es diese geschichtslose Zeit selbst ist, die durch Arbeit und Kapital produktiv auseinandergesetzt wird und in eine Geschichte im Singular führt. (Die abstrakte Zeit, für die das Geld steht, ist auch dadurch universell und geschichtslos, dass sie gleichsam unendlich schnell ist. Schon ‚bevor', aber auch damit sich jene Gestalten geschichtlich einschreiben können, muss das Geld durch seine Maßfunktion den Raum des Ökonomischen eröffnen, indem es den Raum durch die Zeit bricht und einer Ökonomie der Zeit Raum gibt.)

Zusammengefasst, ist das Geld im Kapitalismus von Anfang an Weltgeld, weil es für die Maßgeblichkeit einer abstrakten, geschichtslosen Zeit steht und durch sie denselben ökonomischen Raum eröffnet, den es zugleich durch diese Zeit bricht und durch sie erschließt. Es ist seiner Geltung nach schon Weltgeld, nicht nur bevor es sich *in* der Zeit als Weltgeld geschichtlich durchsetzt, sondern auch in Zeit und in der Geschichte hält das Geld eine Zeit aufrecht, die als Maß geschichtslos und zeitlos bleibt und die im Zuge des Messens der Verwertungsverhältnisse und der Ermittlung aktuell notwendiger Durchschnittsgrößen beständig aufs Neue weltweit Gleichzeitigkeit herstellt und darin die vergangene Produktivkraft gegenwärtig hält.

12. Die Umwandlung der Verwertung in Durchschnittsgrößen als Spezifizierung ihres Maßes

Dass das Geld im Messen der Resultate der Verwertung deren Produktivkraft ermittelt und die ermittelten Werte erneut in diese Verwertungsverhältnisse eingehen, führt dazu, dass sich der Wert des Geldes ebenso entwickeln muss wie die gemessene Verwertung und ihre Produktivkraft. Ein solcher Messprozess ist, im Gegensatz zur Messung der Natur, nicht nur ein Konstitutions-, sondern auch ein *Produktions*verhältnis. Der entscheidende Unterschied liegt darin, dass zwar auch der naturwissenschaftliche Messprozess durch die ermittelten Wertgrößen Objektivität konstituiert, aber er trennt dabei Wissen und Natur so, dass die Naturverhältnisse zu einem äußerlich gegebenen, exakt bestimmbaren Gegenstand objektiven Wissens werden. Hier ist der Messprozess konstitutiv für eine Gegenständlichkeit, in der beide Seiten, Geist und Natur, einander letztlich äußerlich bleiben und ‚Natur' genau das bewusstlose Selbstverhältnis ist, das sich, gebrochen durch seine eigenen Maße, durch bestimmte Werte und Größenverhältnisse äußert. Die Maße bleiben dabei ebenso unveränderlich wie die durch Werte gemessenen und bestimmten Naturverhältnisse; nur so kann die Identität der

Natur reflektiert und nur so können ihre Eigenschaften identisch gehalten werden. Dagegen sind im Fall der Ökonomie das Maß und die gemessenen Verhältnisse ineinander verschränkt. Die kapitalistische Ökonomie tritt überhaupt erst dadurch als solche ein, dass sie maßgeblich wird für sich selbst und im Geld ihre eigenen Verwertungsverhältnisse ermittelt; und die Ökonomie tritt überhaupt erst in eine immanente Entwicklung ein und steigert aus sich heraus ihre produktive Kraft, indem die im Geld ermittelten Größen durch den Kapitalkreislauf wieder in diese Verwertungsverhältnisse zurückkehren. Kurz, in diesem Messprozess wird die Gesellschaft durch das Geld, wenn auch bewusstlos, *reflexiv*. Im Kapitalismus werden der Gesellschaft die eigenen Verhältnisse und deren produktive Verwertung Gegenstand der Messung, und zugleich treten diese Verhältnisse durch die Messung allererst ein; darum nimmt der Messprozess die Form des Kapitalkreislaufs des Geldes an und führt dazu, dass die Gesellschaft durch die ermittelten Werte ihr Selbstverhältnis erschließt, dasjenige Selbstverhältnis, das ihr zu einer zweiten, rein gesellschaftlichen Natur wird. Ihre Identität fällt in diese bewusstlose gesamtgesellschaftliche Reflexion, sie fällt mithin in die darüber erschlossenen zeitlichen Verhältnisse und ihre produktive Kraft, und so ist das Selbstverhältnis der Gesellschaft durch den Messprozess im Gegensatz zu den Naturverhältnissen, die durch ihre Messung unverändert bleiben und durch zeitlose Gesetze und Konstanten formalisiert werden können, in einer ständigen Steigerung der Produktivkraft und Entwicklung begriffen und wird *geschichtlich*.

Entscheidend dafür, dass die maßgebliche Werteinheit einerseits und die gemessene Verwertung andererseits in eine gemeinsame Entwicklung eintreten und dass darüber die Produktivkraft der gemessenen Verwertung gesteigert und im Geld bewahrt wird, ist, dass die gemessene Verwertung auf *reflektierte Weise* wieder in sich eintritt. Letztlich führen die Geldfunktionen und die Kapitalbewegung eine Identifikation zwischen der maßgeblichen Werteinheit einerseits und der durch die Waren gemessenen Verwertung andererseits durch, und diese Identifikation lässt jeden einzelnen realisierten Wert zu einer in-sich reflektierten Größe, den Wert des Geldes dagegen zu einer einzigen Reflexionsbestimmung werden. Dieselbe Messung, die aufseiten der gemessenen Verwertung die Produktivkraft durch Durchschnittsgrößen ermittelt und in den Warenwerten expliziert, aber auch einen Profit herausstellt, dieselbe Messung schlägt aufseiten des Geldes auf quantitative Weise so um, dass die Verwertung einerseits im Geld und andererseits in den ermittelten Durchschnittswerten *ihr* Maß spezifiziert. Dass die Verwertung *ihr* Maß spezifiziert, heißt, dass die Produktivkraft der *vergangenen* Verwertung durch deren Vergegenwärtigung in Durchschnittsgrößen maßgeblich wird für die eigene *weitere* Verwertung. Der Messprozess begründet mithin diejenige gemeinsame Entwicklung, die sich in der Notwendigkeit der Entsprechung zwischen Maß und Gemessenem, Geld und Verwertung, Kapitalbewegung und Produktivkraft des Verhältnisses von Arbeit und Kapital äußert. Und weil sich das Geld andauernd quantitativ spezifizieren und eine Entsprechung bilden muss, wird darüber auch die abstrakte Zeit, obwohl sie durch das Geld zeitlos gehalten wird, immer schon maßgeblich durch die ermittelten Durchschnittsarbeitszeiten und entspricht der Produktivkraft der Verwertungsbestandteile, d. h. die abstrakte Zeit ist je quantitativ umgeschlagen und in Bestimmung gesetzt als *spezifisches* Maß. Das Geld nimmt zwar immer dieselbe, abstrakte und noch unreflektierte Zeit als universelles Maß für die Verwertung in Anspruch, doch *gebildet* und *entwickelt* wird das Maß der Verwertung durch ihre gemessene Produktivkraft, dadurch, dass die Realisierung der Waren und der Profite die Produktivkraft der vergangenen Verwertung durch maßgebliche Durchschnittsgrößen gegenwärtig hält. Einerseits tritt somit die Qualität einer mit sich identischen, abstrakten Zeit nur durch ihre endliche Bestimmung in quantitativen Verhältnissen ein, und diese endliche Bestimmung erhält sie letztlich im Messen des Verhältnisses von toter und lebendiger sowie notwendiger und zusätzlicher Arbeitszeit im Zuge der Kapitalbewegung des Geldes; andererseits zeitigt sich diese für die gesamte Ökonomie maßgebliche abstrakte Zeit immer durch die gemessenen Durchschnittswerte, und diese stellen eine immer neue Gegenwart für einen bestimmten Augenblick auf Dauer, einerseits im Wertverhältnis der Waren, das sich andererseits im Geld entspricht.

Fasst man die abstrakte Zeit und ihre beständige Bestimmung zusammen, *synchronisiert* das Geld mit der Bildung maßgeblicher Durchschnittsgrößen die gesamten Verhältnisse der Verwertung, d. h. das Geld stellt, wenn es alle Arbeiten und alle Kapitale durch dieselbe Zeit misst und in ein gesamtgesellschaftliches Verhältnis setzt und Durchschnittsgrößen ermittelt, die oben beschriebene Gleichzeitigkeit im Sinne einer Synchronisierung her. Diese Synchronisierung funktioniert wiederum *diachron*, denn alle Arbeiten und Kapitale werden synchronisiert, indem ihre *vergangenen* Verwertungsverhältnisse in *zukünftige* überführt werden; die zukünftige Verwertung muss sich an die im Geld ermittelten Größen vergangener Verwertung halten, auch und gerade, wenn die Produktivkraft gesteigert und insofern über die Vergangenheit hinausgegangen werden soll. Das Überführen vollzieht das Geld zwar im Lauf der Zeit, aber durch ein tatsächliches *Halten* an die zur Zeit maßgeblichen Größen, denn die Produktivkraft der vergangenen Verwertung wird, durch das Geld gehalten an das Maß der Zeit, im Bilden gesellschaftlich notwendiger Durchschnittsgrößen stets vergegenwärtigt, auf den Punkt gebracht und eindeutig bestimmt.[67] Dieses Halten an das Maß der abstrakten Zeit ist eine Art Nullpunkt, nämlich der Zeitpunkt derjenigen Messung, in der die vergangene Verwertung an die Zeit gehalten und diese Zeit durch die gesellschaftlich notwendige Durchschnittsarbeitszeit spezifiziert wird, und darin sind nun der Verwertung durch ihre verwirklichte Vergangenheit diejenigen maßgeblichen Größen abgegeben, an die sich zukünftig halten muss.

Der Nullpunkt der Messung wird so zur Gegenwart des Übergangs oder besser: des Übergreifens der vergangenen Verwertung auf *ihre* Zukunft. Obwohl die Gegenwart als Gegenwart nur ein toter Punkt ist, nämlich nur der Moment, in dem die

---

67 Das Geld synchronisiert nicht nur alle Arbeiten, Kapitale und Nationalökonomien durch die Ermittlung ihrer Produktivkraft sowie durch die Bildung maßgeblicher Durchschnittsgrößen, es synchronisiert dadurch auch die in Kap. 5 thematisierte Teilnahme der Individuen am überindividuell-objektiven Rechnen des Geldes mit der Identität der Zeit.

Verwertung im Realisieren ihrer Resultate durch das Geld ans Maß der Zeit gehalten wird, braucht die Synchronisierung der Verwertung aller Arbeiten und Kapitale diese Momente, braucht sie all diese Zeitpunkte des Messens, damit das gemeinsame Verhältnis der *vergangenen* Verwertung im Realisieren der Warenwerte *gegenwärtig* wird und damit in der im Geld realisierten vergangenen Verwertung auch schon die Möglichkeit *zukünftiger* Verwertung eine bestimmte Wirklichkeit erhält. In den realisierten Werten gibt das Geld einerseits das gemeinsame Verhältnis der vergangenen Verwertung wieder, andererseits ist in dieser Wiedergabe bereits der Möglichkeit zukünftiger Verwertung eine bestimmte Wirklichkeit gegeben, denn durch die erneute Entäußerung des im Geld gegenwärtig gehaltenen Werts in die Bestandteile der Verwertung kann die vergangene Produktivkraft wieder auf sich zurückkommen und gleichsam in ihren Fortgang eingehen. So wird der Verwertung die Messung zum toten Punkt einer Reflexion, durch die im Geld durch die Bildung von Durchschnittsgrößen an die vergangene Produktivität ‚erinnert' wird, und während diese Erinnerung einerseits im Geld buchstäblich verinnerlicht wird und eine quantitative Realität annimmt und andererseits den Wertgrößen der Waren gleich bewusstlosen Reflexionsbestimmungen entspricht, gibt das Geld eine vergangene Produktivkraft wieder, bevor es erneut in ihre beiden Bestandteile zurückverwandelt wird und seine Reflexionsbestimmungen verschwinden.

Vereinfacht gesagt, müssen alle Kapitale und alle Arbeiten durch die im Geld ermittelten Größen beständig am allgemeinen *Stand* der produktiven Kraft ihres gemeinsamen Verhältnisses Maß nehmen – allein schon darum, weil sie diesen Stand durch ihre Verhältnisse selbst ergeben. Es ist, als ob das Geld in der Ermittlung der gesellschaftlich notwendigen Durchschnittsarbeitszeit den Stand der Produktivkraft hervorgehen lassen und in den Wertgrößen herausstellen würde, und zwar so, dass sich alle Arbeiten und Kapitale in ihrer Verwertung an diese Größen, obwohl sie aus ihrem eigenen *inneren* Zusammenhang hervorgegangen sind, wie an ein *äußeres* oder ent-äußertes Maß halten müssen.

Auf der gesellschaftlichen Oberfläche stellt sich die diachrone Synchronisierung der produktiven Kraft des Verhältnisses aller Arbeiten und aller Kapitale durch die Bildung maßgeblicher Durchschnittsgrößen indessen verkehrt dar, nämlich als *Konkurrenz*. Die Konkurrenz verkehrt denselben gesamtgesellschaftlichen Charakter der Messung, den sie durchsetzt, denn das Ins-Verhältnis-Setzen der Produktionsverhältnisse und die Ermittlung allgemein maßgeblicher Durchschnittsgrößen erscheint auf der gesellschaftlichen Oberfläche stets vereinzelt und verdinglicht als individuelle Marktteilnahme und Konkurrieren um Marktanteile, als individuelle (Nutzen-)Entscheidungen der ökonomischen Subjekte, als Realisierung einzelner Produktionsfaktoren und von Kostenvorteilen, Schwanken von Angebot und Nachfrage usw.[68] Die Vereinzelung

---

[68] Marx hat in seinen ökonomiekritischen Schriften mehrfach auf die Ebene der Konkurrenz verwiesen, er ist aber nicht mehr zu einer eigenständigen Entwicklung gelangt. Die Kritik der Konkurrenz wird jedoch implizit in allen drei Bänden des *Kapitals* insofern durchgeführt, als Marx die empirische Ebene des Marktes und der Preise radikal vom Wert scheidet, um auf der Ebene des Übergehens und Verwertens von Werten diejenige Konstitution einer gesamtgesellschaftlichen und objektiven, aber naturwüchsigen Qualität zu

bildet sich in der ökonomischen Wissenschaft sowie im Alltagsverstand in einem methodologischen Individualismus ab, der die Preisbildung eben statt auf einen gesamtgesellschaftlichen Messprozess auf die individuellen Marktteilnehmer und einzelne Produktionsfaktoren sowie auf Angebot und Nachfrage zurückführt. Es braucht hier nicht näher darauf eingegangen zu werden, warum der gesamtgesellschaftliche Messprozess auf der Ebene der Konkurrenz und der empirischen Oberfläche auf eine individualisierte und somit verkehrte Weise erscheint. Wichtig ist allein, die Bedeutung des Maßes und der Messung für eine gesamtgesellschaftliche und für eine ebenso synchrone wie diachrone Entwicklung der Produktivkraft festzuhalten. Die Verwertung kann sich nur methodisch entwickeln und durch die Steigerung ihrer Produktivkraft der Zeit eine ebenso gesamtgesellschaftliche wie fortschrittliche Richtung geben, weil das Geld die Verhältnisse aller Arbeiten und aller Kapitale in Form der Messung ihrer Resultate erschließt und dabei ihre produktive Kraft durch die Bildung maßgeblicher Durchschnittsgrößen sowohl spezifiziert als auch verallgemeinert. Durch die Messung der Produktivkraft der Verwertung bleibt

entwickeln, die im logischen Sinne *vor* der raum-zeitlichen Bewegung auf der Oberfläche der Gesellschaft samt dem Handeln der einzelne Subjekten liegt, die aber empirisch nicht anders als durch diese Bewegung zu realisieren und zu erfahren ist. Marx zeigt des Weiteren, dass in den Preisen und Profiten zwar der innere Zusammenhang der Gesellschaft zur Erscheinung kommt, dass aber das Ins-Verhältnis-Setzen und das Bilden des inneren Zusammenhangs der Gesellschaft sich in der Zirkulation und in der Konkurrenz durch eine Form vollzieht, die ihren eigenen Inhalt verkehrt zu Erscheinung bringt, denn das (gesamt-)gesellschaftliche Verhältnis und sein innerer Zusammenhang scheinen sich aus je *individuellen* Größen und *individuellem* Handeln zu ergeben. Preise scheinen statt auf die Anteilnahme an einer Messung und an einem gesamtgesellschaftlichen Verhältnis sowie an einer Durchschnittsbildung nur wieder auf Einzelfaktoren und ihre Preise zurückzuführen. Diese implizite Kritik einer bürgerlichen Ökonomietheorie, aber auch eines Alltagsbewusstseins, die beide auf die oberflächlichen Erscheinungen der Empirie fixiert sind, auf Preise, Profite und individuelle Marktteilnehmer, zieht sich durch alle drei Bände des *Kapitals*, von der Kritik eines unmittelbaren Warenaustauschs wie eines objektiven Arbeitswerts im ersten Kapitel über die Kritik des Austauschs und der Zirkulation im zweiten und dritten Kapitel bis hin zur Kapitalform des Geldes sowie den Reproduktionskreisläufen, die dann im übrigen ersten Band sowie im zweiten Band behandelt werden. So wie der Wert ein rein „*gesellschaftliches*" Verhältnis" ist, so ist seine Verwertung eine *gesamt*gesellschaftliche Verwertung. Erst im dritten Band des *Kapitals* (und in den *Theorien über den Mehrwert*), wo diese gesamtgesellschaftliche Dimension des Werts vollständig entwickelt worden ist, ist jene Ebene der Erscheinung erreicht, mit der die Ökonomietheorie ihre Betrachtung in der Regel erst anfängt. Grundsätzlich gilt, dass Marx die Vermittlungs- und Ausgleichsbewegung der Preisbildung *nicht* auf das Verhältnis der Waren oder das ihrer Besitzer zurückführt und *nicht* auf die Konkurrenz einzelner Marktteilnehmer, sei es auf den homo oeconomicus oder auf die individuellen Kapitale und ihre Produktionsfaktoren. Er will umgekehrt all diesen Vereinzelungen ein vorausgesetztes, gesamtgesellschaftliches Verhältnis und eine Vermittlung nachweisen, aus denen die individuellen Größen der Preise und der Profite unhintergehbar, d.h. ohne dass je auf einzelne Werte zurückgerechnet werden könnte, hervorgehen. Diese Kritik der Konkurrenz ist von ganz anderer Art, als üblicherweise angenommen wird (ähnlich wie das für Marx' Kritik der Krise gezeigt wurde). Marx will die Konkurrenz *positiv* begründen, d.h. er will zeigen, was die Konkurrenz „für sich" ist, im Gegensatz zur bürgerlichen Ökonomietheorie, welche die „freie Konkurrenz [...] noch nie entwickelt" und sie nur „negativ verstanden" hat, als „Negation von Monopolen, Korporation, gesetzlichen Regulationen etc. [...] Begrifflich ist die *Konkurrenz* nichts als die innre *Natur des Kapitals*, seine wesentliche Bestimmung, erscheinend und realisiert als Wechselwirkung der vielen Kapitalien aufeinander, die innre Tendenz als äußerliche Notwendigkeit." (*Grundrisse*, S. 327).

die abstrakte Zeit in den ermittelten Durchschnittsgrößen der Waren einerseits und ihrer Entsprechung im Geld andererseits auf allgemeine und zugleich je spezifische Weise so gegenwärtig gehalten, dass die Messung im Maß der Zeit zur *Darstellung der Methode der Verzeitlichung der Zeit durch die Verhältnisse der variablen und konstanten Bestandteile der Verwertung* wird. In der Messung ist und bleibt die abstrakte Zeit zwar das abgelöste, ideell-übersinnliche und rein negative, kurz das universelle oder gar *absolute* Maß, aber das Maß ist *nicht* absolut, weil die abstrakte Zeit ein solch abgelöstes und unverfügbares, ein zeitloses und universelles Maß ist. Die Zeit ist das absolute Maß, weil sie zwar einerseits als eine solche abgelöste und unverfügbare, zeitlos-universelle Zeit vom Geld für die Messung der Produktivkraft der beiden Bestandteile der Verwertung in Anspruch genommen wird, andererseits aber durch dieselbe Messung quantitativ je endlich bestimmt ist, auf in-sich reflektierte Weise eintritt und allein in ihrer beständigen Verzeitlichung existiert – und dadurch überhaupt erst zu jener negativ-universellen Qualität wird, die der Wert *ist* und die ihn zum Sein eines rein gesellschaftlichen Verhältnisses werden lässt.

13. Die Relativität des absoluten Maßes

Indes wäre es einseitig, aus dem absoluten und doch je endlich bestimmten Maß und aus seiner Ermittlung der Produktivkraft allein die beständige Entwicklung der kapitalistischen Ökonomie im Sinne eines Fortschritts der Produktivkraft abzuleiten, denn so sehr die beständige Messung der Verwertung auch zur Steigerung ihrer Produktivkraft und zum Fortschritt führt, so sehr wird die Verwertung durch das Geld doch an immer ein und dieselbe abstrakte Zeit gehalten, und durch diese unveränderliche Zeit treten zwar immer neue Durchschnittsgrößen ein, und die werden wiederum für die weitere Verwertung von Arbeit und Kapital maßgeblich – aber auch durch diese Größen wird die Zeit gleichsam wieder auf Null gestellt. Wenn das Geld aus der vergangenen Verwertung die maßgeblichen Größen für die zukünftige Verwertung ermittelt, setzt es, bei aller Steigerung der Produktivkraft, im Verinnerlichen vergangener Verwertung nur immer wieder eine neue maßgebliche Gegenwart durch, und dieser Fortschritt führt die Produktivkraft nur in die Tautologie, maßgeblich zu bleiben für sich selbst. Die gesamte Produktivkraft der Verwertung tritt im Geld ein, und zugleich tritt sie auf der Stelle, weil sie sich beständig an das Maß einer abstrakten Zeit und an die durch sie ermittelten Durchschnittsgrößen halten muss und durch den Kapitalkreislauf des Geldes beständig auf ganz praktische Weise dieser Notwendigkeit unterzogen wird.

Die abstrakte Zeit ist dann das absolute Maß nur durch ihre beständige Relativierung, und relativiert wird die Zeit durch die ständige Wiederholung der aus der Produktivität der Verwertung resultierenden gesellschaftlich notwendigen Durchschnittsgrößen der Arbeitszeit und der Profite. Das Eintreten der Zeit durch quantitative Verhältnisse führt zwar zur produktiven Auseinandersetzung der Gesellschaft durch tote und lebendige Arbeit, und das zeitliche Selbstverhältnis der Gesellschaft existiert nur im gezeigten exzessiven Über-sich-Hinausgehen durch diese Auseinandersetzung und die Erweiterung ihrer Reproduktionskreisläufe. Aber selbst der Exzess und selbst die Erweiterung der Reproduktion setzen wieder nur die eigene Relativierung durch; sie werden beständig zu denjenigen neuen Durchschnittsgrößen herabgesetzt, an die sich die weitere Verwertung immer wieder aufs Neue halten muss, und darüber stellt sich eine ewig anhaltende, weil immer wieder für sich selbst maßgebliche Verwertung auf Dauer.

Der Messprozess des Geldes stellt im Realisieren der Resultate der Verwertung somit beides heraus, den Exzess und seine Normalität. Er scheidet im Zuge der Realisierung der Resultate der Verwertung die zusätzliche Arbeitszeit und stellt sie als (und im) Gewinn heraus, und diese quantitativ gewonnene Zeit bleibt in der Zeit, wenn sie in die Erweiterung der Reproduktion eingeht und in ein exzessives Werden führt; aber derselbe Messprozess stellt eine Zeit heraus, die stets durch die Ermittlung derjenigen Durchschnittsgrößen relativiert wurde, die für die gegenwärtige Verwertung der konstanten und variablen Verwertungsbestandteile gültig sind.

Die Schwierigkeit zu verstehen, warum die kapitalistische Gesellschaft in diesem gesamtgesellschaftlichen Messprozess gefangen bleibt und eine andere Gesellschaft geradezu undenkbar ist, hängt an der Verbindung zwischen dem transzendenten und sogar absoluten Maß: der abstrakten Zeit, und ihrer Relativierung durch das Gemessene, durch die Immanenz der Verwertungsverhältnisse. Es ist diese Verbindung zwischen Transzendenz und Immanenz, die das Geld auf sich nimmt und die wiederum die Schwierigkeit ausmacht, das Wesen des Geldes zu verstehen und überhaupt zu erkennen. Das Geld kann diese Verbindung nur herstellen, indem es als bestimmter Maßstab nur irgendein Etwas ist, irgendeine beliebige, sich selbst gegenüber gleichgültige und insofern nichtige Ware, die aber qua Ausschluss zwischen der Transzendenz einer äußeren, von allem empirischen Dasein abgelösten Zeit und der durch sie gemessenen Immanenz des Verwertungsverhältnis vermittelt. Es sorgt, die gesamte Gesellschaft auf diese Zeit beziehend, einerseits überhaupt erst für den Eintritt und die produktive Auseinandersetzung dieser Zeit und gibt sie doch zugleich durch die ermittelten Werte auf je schon endliche und relativierte Weise wieder. Die Gesellschaft befindet sich im Ermitteln dieser Werte und in der Vermittlung durch diese Werte beständig im Übergehen zwischen dem äußeren Maß der abstrakten Zeit und der Bildung gesellschaftlicher Immanenz durch maßgebliche Größen, und das Geld hält als sich beständig spezifizierendes Quantum diesen Übergang in ewiger Vergegenwärtigung aufrecht.

14. Die Maßlosigkeit des Maßes

Bevor es darum geht, dass das Geld Maß der Verwertung und zugleich für ihre Maß-*losigkeit* da ist, muss noch einmal seine Bedeutung für die Entwicklung der Produktivkraft der Verwertung und für die Ökonomie der Zeit betrachtet werden.

Das Geld nimmt immer ein und dieselbe abgelöste und absolute Zeit für die Messung der Resultate der Verwertung von toter und lebendiger Arbeitszeit in Anspruch, aber durch die Realisierung dieser Resultate tritt eine in Durchschnittsgrößen relativierte und in-sich reflektierte Zeit ein, und zwar einerseits im Wertverhältnis der Waren, das sich andererseits im Wert des Geldes entspricht; es ist die Produktivkraft dieser Verwertung, die in der Entsprechung zum Ausdruck kommt. Dabei werden aus den Resultaten der vergangenen Verwertung beständig die für die zukünftige Warenproduktion und die Verwertung ihrer beiden Bestandteile maßgeblichen Durchschnittsgrößen ermittelt; durch dieselbe Ermittlung wird aber auch ein Gewinn von den Waren geschieden, denn die Differenz zwischen dem von der Ware Arbeitskraft produzierten Tauschwert und ihrem eigenen Tauschwert wird in Gestalt des Profits ausgebeutet, und der Profit geht, indem er in die Erweiterung der Reproduktion des Kapitals ausgelegt wird, in seinen Grund zurück. So wird die abstrakte Zeit einerseits durch die beiden Bestandteile der Verwertung auseinandergesetzt, gerät durch die Ausbeutung der zusätzlichen Arbeitszeit gleichsam außer-sich und tritt in die Erweiterung der Reproduktionskreisläufe ein, andererseits ist die abstrakte Zeit in den Durchschnittsgrößen der Warenpreise und Profite in-sich relativiert und spezifiziert worden.

Entscheidend für alle drei Dimensionen der Zeit: erstens zeitlos als Maß, zweitens je bestimmt und relativiert durch die gemessene Verwertung und die gesellschaftlich notwendige Durchschnittsarbeitszeit, aber drittens exzessiv durch die Verwertung und die Ausbeutung zusätzlicher Arbeitszeit – entscheidend für alle drei Dimensionen ist, dass das messende Geld selbst beständig in die gemessene Verwertung (wieder) eingeht und dadurch in den Resultaten der Verwertung die eigene Entäußerung und Auslegung misst. Durch diese Kapitalbewegung sind Maß und Gemessenes, Geld und Verwertung in einem gemeinsamen Prozess begriffen, in dem eine im Geld sich selbst messende Verwertung maßlos wird gerade *durch* die beständige Spezifizierung ihres Maßes: „Das Geld als Geldsumme ist gemessen durch seine Quantität. Dies Gemessensein widerspricht seiner Bestimmung, die auf das Maßlose gerichtet sein muß. Alles das, was hier vom Geld gesagt ist, gilt noch mehr vom Kapital, worin das Geld in seiner vollendeten Bestimmung sich eigentlich erst entwickelt."[69] Demnach hat der Wert in der Kapitalform des Geldes nicht nur eine eigenständige Form, die ihn in seine Verwertung entlässt, in dieser Form geht er maßlos fort, nicht obwohl, sondern gerade *weil* die Verwertung des Werts im Geld ständig gemessen und begrenzt wird und gerade *weil* das Geld im Zuge der Realisierung der Resultate der Verwertung nicht nur die für die weitere Warenproduktion maßgeblichen Größen ermittelt, sondern diese Größen auch wieder in die Bestandteile der Verwertung zurückverwandelt und erneut in die Warenproduktion eingehen lässt.[70] Auf diese Weise wird der

---

69 *Grundrisse*, S. 197. Im *Kapital* stellt Marx fest: „Die Zirkulation des Geldes als Kapital ist dagegen Selbstzweck, denn die Verwertung des Werts existiert nur innerhalb dieser stets erneuerten Bewegung. Die Bewegung des Kapitals ist daher maßlos." (*Kapital I*, S. 167.)
70 Zur Maßlosigkeit der Zirkulation als Ort *qualitativ* maßloser Umsetzung von Ware in Geld und

Wert *qualitativ* dadurch unendlich, dass er im Geld je *quantitativ* begrenzt ist. Und das Geld wird maß*los*, gerade weil es das Maß für die ständige Verwertung dieser unendlichen Qualität des Werts sein muss und durch die gemessene Verwertung des Werts begrenzt wird, aber dieser Begrenzung dadurch widerspricht, dass es aufgrund der Entwicklung der Produktivkraft erstens ständig neue Wertgrößen ermittelt und sie zweitens nach ihrer Realisierung erneut in die Verwertung entäußert.[71] Kurz, es wandelt beständig Resultate der Verwertung in deren Voraussetzungen.

Das also ist der Grund, warum die Verwertung maßlos fortgehen kann: Weil sie im Geld eine Form der Messung für sich hat, die einer äußeren Reflexion durch eine maßgebliche Einheit entspricht und zur Methode wird, eine in die Selbständigkeit entlassene Verwertung zum Maß ihrer selbst zu erheben. Das eigentliche Abgeben des Maßes fällt dann nicht in das in der Wertformanalyse rein logisch gezeigte Ausschließen einer Geldware (dadurch wird ‚nur' die für alle anderen Waren maßgebliche Einheit fixiert), das Abgeben des Maßes fällt auch nicht in das praktische Ausschließen des Geldes als Tauschmittel und in die Form des Realisierens des Verhältnisses der Waren, das Marx im Anschluss an die Wertformanalyse zeigt (dadurch wird ‚nur' die Produktivkraft der vergangenen Verwertung ermittelt und im Wertverhältnis der Waren expliziert). Das eigentliche Abgeben des Maßes fällt in einen Messprozess, in dem das Geld beständig aufs Neue durch die Realisierung der Resultate der Verwertung ermittelt, was seine eigene Auslegung wert gewesen sein wird, und dadurch gibt die Produktivkraft der vergangenen Verwertung einerseits die für sie maßgeblichen Durchschnittsgrößen ab, andererseits wird sie durch die Kapitalform des Geldes zu einem sich selbst messenden und darin maßlos fortgehenden Prozess. Die Verwertung erhebt sich im Geld sogar in doppelter Hinsicht zum Maß ihrer selbst und tritt in eine maßlose Entwicklung ein: Zum einen ermittelt das Geld aus der vergangenen Warenproduktion diejenigen Durchschnittsgrößen notwendiger Arbeitszeit, die zur weiteren Produktion der jeweiligen Ware und zur Verwertung der Ware Arbeitskraft notwendig sind (sowie für die Steigerung der Produktivkraft der Arbeit); zum anderen bildet das Geld aus dem eingesetzten Kapital und der ausgebeuteten zusätzlichen Arbeitszeit durch eine allgemeine Profitrate diejenigen Durchschnittsgrößen der Profite, die für die weitere Verwertung des Kapitals in diesem Bereich der Warenproduktion maßgeblich sind. In der durchschnittlich notwendigen Arbeitszeit erhebt sich die *Normalität* der Verwertung zum Maß ihrer selbst, und in der Profitrate und den Durchschnittsgrößen des Profits wird das Hinausgehen über diese Normalität

---

umgekehrt, aber *quantitativ* je bestimmter und begrenzter Wirkung vgl. *Kapital I*, S. 147. Zum Verhältnis Produktion und Zirkulation vgl. *Grundrisse*, S. 336–337. Hier behandelt Marx das Verhältnis zwischen der maßlosen Vergrößerung des Werts durch die Verwertung einerseits, der andererseits ihre quantitative Begrenzung durch ihre Realisierung zur eigenen Schranke wird.

71 „Es [das Kapital, F.E.] setzt also seiner Natur nach eine *Schranke* für die Arbeit und Wertschöpfung, die im Widerspruch mit seiner Tendenz steht, sie ins maßlose zu erweitern. Und indem es ebensowohl eine ihm *spezifische* Schranke setzt wie anderseits über *jede* Schranke hinaustreibt, ist es der lebendige Widerspruch." (*Grundrisse*, S. 336).

zur Normalität erhoben. Erst beide Größen zusammen lassen das Maß der Zeit selbst maßlos werden in einer Maßlosigkeit, die in der Verzeitlichung der Zeit durch die gemessene Verwertung liegt, in der Verwertung des Verhältnisses von lebendiger und toter sowie notwendiger und zusätzlicher Arbeitszeit. In diesem gemeinsamen Prozess von Maß und Gemessenem setzt das Geld in seinem Kreislauf G-W-G' auf quantitative Weise in G und in G' einen Anfang und ein Ende *in* der Zeit für diejenige Verzeitlichung, die über diesen Kreislauf beständig wieder in sich selbst eintritt und zu einem sich selbst messenden und begrenzenden Prozess wird.

Letztlich ist das Geld, weil es durch die beständige Entäußerung in die Verwertung und die Rückkehr daraus sich selbst zeitigt und seinen Selbstbezug als Kapital erschließt, für die Maßlosigkeit der Verwertung in einem affirmativen und geradezu produktiven Sinne da. Die Maßlosigkeit dieses Prozesses ist von anderer Art, als sie dem Kapitalismus für gewöhnlich vorgeworfen wird. Die Maßlosigkeit des Kapitalismus ist gegen ihn selbst gerichtet und verlangt nur, dass er sich immer wieder aufs Neue an das in den Durchschnittswerten ermittelte allgemeine Maß der Produktivität halten muss, und er hält sich daran, indem die Größen durch dasselbe Geld, das sie ermittelt, auch wieder zugrunde gehen, sodass das Geld sie in Voraussetzungen erneuter Verwertung (zurück-)verwandelt. Es ist daher verkürzt, dem Kapitalismus zu unterstellen, seine Verwertung sei maßlos, weil sie keine natürlichen Grenzen kenne. Die Kritik ist selbst dann noch verkürzt, wenn sie unterstellt, die Verwertung sei zumindest *logisch* gesehen ein maßloser Prozess, weil er die eigenen Grenzen beständig setzt und wieder überschreitet und sich dabei erweitert reproduziert. Das Kapital ist ein maßloser Prozess ohne natürliche Grenze, und der Prozess kann logisch gesehen unendlich fortgehen und sogar aus sich heraus exzessiv werden, gerade *weil* er sich im Geld beständig begrenzt und dadurch seine Grenze ‚erkennt', und er ‚kennt' sie, weil durch das Geld das zeitliche Selbstverhältnis der Gesellschaft durch quantitative Begrenzungen ‚gekennzeichnet' wird. Durch die Messung der Verwertung ‚lernt' der Verwertungsprozess seine Schranken ‚kennen', aber er lernt Schranken kennen, die weder natürlich noch rein logisch, sondern die zeitlich sind: Der Verwertungsprozess von toter und lebendiger Arbeitszeit muss bewusstlos seine Grenzen erkennen, indem seine produktive Kraft durch die Realisierung ihrer Resultate quantitativ im Geld verinnerlicht und gegenwärtig gehalten wird; er muss in Rücksicht auf diese Begrenzung vorgehen, indem es diese im Geld quantitativ begrenzte und aufbewahrte Produktivkraft ist, die in die Verwertung erneut eingehen und für ihre Erweiterung sorgen muss; und diese verinnerlichten Grenzen müssen wieder entäußert werden in eine Verwertung, die bereits darauf ausgerichtet sein muss, dass ihre Resultate erneut in Geld zurückverwandelt werden und sich in Voraussetzung weiterer Verwertung wandeln.
Wenn Marx daher davon spricht, dass die Verwertung sich Grenzen setzt als zu überwindende Schranken, so ist das Setzen und das Überwinden zeitlich zu verstehen, aber das Setzen und Überwinden ist nicht *in* der Zeit, es geht um das Setzen und Überwinden der Zeit selbst, und das passiert allein dadurch, dass sie quantitativ gefasst ist.

Die Gesellschaft geht durch Arbeit und Kapital eine zeitliche Auseinandersetzung ein, die das *zeitliche* Selbstverhältnis der Gesellschaft in eine Ökonomie rein *quantitativer* Selbstbegrenzung führt, und in dieser sich selbst begrenzenden Ökonomie entspricht wiederum eine *quantitative* Bewegung und eine quantitative Vermehrung einer *zeitlichen* Bewegung und einem zeitlichen Hinausgehen. Hinter dieser Entsprechung von Zeit und Quantität steht, dass das Geld quantitative Werte in Zeit und umgekehrt *umrechnet*; dieses Umrechnen der Zeit in Werte und umgekehrt ist geradezu das Ökonomische der kapitalistischen Ökonomie. Es ist das Ökonomische einer Ökonomie, die die produktive Kraft von toter und lebendiger Arbeitszeit beständig im Geld auf quantitative Weise begrenzt und verinnerlicht, erinnert und kennen lernt, aber nur, um die so bewahrte Produktivkraft durch das Geld wieder zu entäußern. Durch das Umrechnen kehren die zeitlichen Verhältnisse der Gesellschaft nicht nur als quantitative Verhältnisse wieder und umgekehrt, darüber hinaus kann die Gesellschaft durch eine rein quantitative Vermehrung des Werts sowohl über ihre quantitativen Begrenzungen als auch über die darin gefasste Zeit hinausgehen und im beständigen Überwinden selbst gesetzter Grenzen die eigene, spezifisch kapitalistische Durchsetzungsgeschichte auf eine denkbar unmittelbare Weise schreiben, nämlich ganz so, als könnte die Zeit selbst auf eine quantitative Weise auf- oder niederschreiben werden.

15. Der Historische Materialismus des Geldes

Dass das Geld durch Werte eine Ökonomie der Zeit zur Darstellung bringt und darüber das zeitliche Selbstverhältnis der Gesellschaft begründet, kann als eine Art bewusst- und begriffsloser ‚Historischer Materialismus des Geldes' betrachtet werden.[72] Er entspricht insofern dem Historischen Materialismus im herkömmlichen Sinne, als dieser ebenfalls – im weitesten Sinne – die geschichtliche Entwicklung der Gesellschaft auf ihre Produktivkräfte zurückführt, eine Rekonstruktion der Produktivkräfte vornimmt und diese Kräfte im Bereich der materiellen Produktion, der Ökonomie und der gesellschaftlichen Praxis sucht. Allerdings besteht der Historische Materialismus

---

[72] Der Begriff „Historischer Materialismus" wird zwar Marx und Engels zugeschrieben, vor allem ihrer Auseinandersetzung mit dem deutschen Idealismus, geprägt wurde er aber erst durch den traditionellen Marxismus und seinen Versuch einer Systematisierung und Kanonisierung ihres Werks. Auch außerhalb des traditionellen Marxismus wurde ein Historischer Materialismus mit Marx allein schon darum nicht an der Verzeitlichung der Zeit durch das Geld festgemacht, weil der Historische Materialismus in der Regel anhand der Schriften *vor* der KdpÖ untersucht wurde, insbesondere anhand der Ökonomisch-philosophischen Manuskripte aus dem Jahre 1844. In: *MEW*, Bd. 40, S. 465–588 bzw. in: Karl Marx: *Werke. Artikel. Entwürfe. März 1843 bis August 1844. Marx-Engels-Gesamtausgabe* (MEGA) I/2. Berlin: Dietz 1975–1993 / Akademie 1998ff., S. 187–438. Selbst aktuelle Untersuchungen zum Historischen Materialismus kommen erstaunlicherweise ohne jeden Bezug auf die Bedeutung des Geldes für die geschichtliche Entwicklung der kapitalistischen Gesellschaft aus, vgl. z. B. Marco Iorio: *Karl Marx – Geschichte, Gesellschaft, Politik*. Berlin/New York: de Gruyter 2003. (Noch erstaunlicher ist allerdings, dass auch Iorios von der analytischen Philosophie beeinflusste Interpretation der KdpÖ und der Wertformanalyse an den Erkenntnissen der Neuen, mittlerweile aber bald 50 Jahre alten Marx-Lektüre nahezu vollständig vorbeigeht, vgl. Marco Iorio: Fetisch und Geheimnis. Zur Kritik der Kapitalismuskritik von Karl Marx. In: *Deutsche Zeitschrift für Philosophie* 58,2 (2010), S. 241–256.)

des Geldes darin, die produktive Kraft der beiden Produktionsbestandteile Arbeit und Kapital ganz unmittelbar und bewusstlos zu realisieren und zu rekonstruieren, und durch seine Entäußerung in dieses Verhältnis führt es die Bewegung und Entwicklung der Gesellschaft auf ebenso praktische wie bewusstlose Weise auf ihre Produktivkräfte zurück. Dieser Historische Materialismus funktioniert nicht nur ebenso bewusstlos wie unmittelbar-praktisch, die Durchführung und Darstellung der Produktivkräfte und ihres geschichtlichen Fortschritts fällt zudem rein quantitativ aus.

Mit seinem Historischen Materialismus bezieht das Geld also keinen Standpunkt einer (wissenschaftlichen) Weltanschauung, wie man das dem Historischen Materialismus des traditionellen Marxismus für gewöhnlich unterstellt. Gleichwohl nimmt das Geld einen *materialistischen* Standpunkt für die Gesellschaft ausgerechnet dadurch ein, dass es ihr gegenüber eine *ideelle* Werteinheit geltend macht. Mehr noch, es steht gleichsam auf dem Standpunkt des Selbstbewusstseins der Gesellschaft, wenn es sie durch seine Maßfunktion an diese ideelle Einheit und an die durch sie ermittelten Größen hält. Sein Materialismus besteht des Weiteren darin, durch seine Kapitalbewegung die Gesellschaft durch ihre Endlichkeit hindurchzuführen, nämlich ihr zeitliches Selbstverhältnis auf objektive Weise ineins herzustellen und quantitativ herauszustellen. In diesem Durchführen und Herausstellen unterzieht es die Gesellschaft einem Messprozess, der im Realisieren der Resultate der Verwertung deren produktive Kraft rekonstruiert und durch die ermittelten Werte das zeitliche Selbstverhältnis der Gesellschaft begründet.

Dieses Messen ist nicht nur das logisch Erste für das Entstehen und die Entwicklung der kapitalistische Produktionsweise, es lässt sich auch keine Geschichte einzelner Arbeiten und ihrer Verwertung durch die Kapitale rekonstruieren, die zeitlich vor der Messung liegt. Die im Geld realisierte Produktivkraft lässt sich nicht auf einzelne Verhältnisse und auf individuelle Beiträge zurückführen, sie führt stattdessen spurlos und unhintergehbar auf die Logik, die im Umschlagen einer maßgeblichen Einheit liegt und das Maß der Zeit durch quantitative Verhältnisse geltend macht. Die Geschichte von Arbeit und Kapital gründet in demjenigen gemeinsamen Messprozesses und seiner Konstitution eines gemeinsamen Verhältnisses samt dem quantitativen Anteilnehmen daran, der durch die Geldfunktionen durchgeführt wird und der eine *Ökonomie* der Zeit ganz unmittelbar in eine *Geschichte* der Zeit umsetzt, in eine Geschichte, die durch die zeitlichen Verhältnisse der Verwertung geschrieben und die im Realisieren des Werts und in der Kapitalbewegung des Geldes aufgezeichnet wird.

Das Historische des ebenso begrifflosen wie unmittelbar-praktischen Materialismus des Geldes liegt somit in der Darstellung des zeitlichen Selbstverhältnisses der Gesellschaft. Es stellt die Gesellschaft gebrochen durch das Maß der Zeit dar, und in den dadurch ermittelten Werten stellt es letztlich die blind-naturwüchsige Rekonstruktion derjenigen produktiven Kraft dar, die aus der Auseinandersetzung der Ware Arbeitskraft mit ihrer eigenen Vergangenheit aufseiten des Werts der kapitalistischen Produktionsmittel resultiert und in den Waren verräumlicht wird. Die Re-Konstruktion der Produktivkraft der vergangenen Verwertung ist zugleich die Re-Konstitution ihres

Maßes, nämlich Rekonstitution jener für die Verwertung von Arbeit und Kapital maßgeblichen Größen der gesellschaftlich notwendigen Durchschnittsarbeitszeit und des Durchschnittsprofits. Das Geld expliziert dieses Wissen von der Produktivkraft der beiden Bestandteile nicht nur in den Waren und legt in ihrem Wertverhältnis den inneren Zusammenhang der Gesellschaft auseinander, es sorgt durch das Übergehen des Werts auch für das Übertragen und Weitergeben dieses Wissens, und in diesem Sinne führt sein kapitalistischer Selbstbezug die Geschichte der Verwertung materialistisch durch die Zeit hindurch.

Dieser Materialismus des Maßes und der Messung ist für die kapitalistische Gesellschaft und ihre geschichtliche Entwicklung so unersetzbar wie uneinnehmbar, weil kein Bewusstsein und keine Wissenschaft, kein Subjekt und kein Staat, keine Institution und kein Kollektiv an der Stelle des Geldes stehen und für die Identität der Zeit da sein könnten. Nur das Geld kann die Gesellschaft dem Universalismus einer maßgeblichen Einheit aussetzen, durch den alle Arbeiten und Kapitale in ein Verhältnis gesellschaftlicher Totalität gesetzt werden, und nur das Geld kann durch die universelle Einheit zugleich den inneren Zusammenhang dieser Totalität wie in einem übergreifenden, gesamtgesellschaftlichen Messprozess quantitativ eindeutig erschließen und die Produktivkraft jener Arbeiten und Kapitale herausstellen. Das Geld ist in der Vereinigung von Qualität und Quantität (Maß und Tauschmittel) sowie in seinem eigenen quantitativen Umschlagen (Kapital) im Wissen über das zeitliche Verhältnis, das die Arbeit durch ihre Warenform mit ihrer eigenen Vergangenheit aufseiten des Kapitals eingeht; das Geld lernt im Umschlagen und in seiner Spezifizierung als Quantum dieses zeitliche Verhältnis kennen und ermittelt dessen produktive Kraft; und während es die vergangene Verwertung durch die Bildung von Durchschnittsgrößen verinnerlicht und die Ökonomie an ihre Grenzen erinnert, erhebt sich die produktive Kraft dieser Verwertung im Geld zum Maß ihrer selbst.

Das erklärt auch, warum das Geld der universelle Fetisch ist und durch kein höheres Wesen und durch keinen reineren Universalismus zu überbieten ist. Durch die Geldfunktionen können wir eine ebenso ideelle wie universelle Werteinheit als Maß der Ökonomie auf praktische Weise in Anspruch nehmen und sie durch die Realisierung der Verwertungsbestandteile gleichsam vergesellschaften, und die Vergesellschaftung der universellen Werteinheit ergibt Wertgrößen, die ebenso universell wie ihre Einheit sind und in denen der materielle Arbeits- und (Re-)Produktionsprozess der Gesellschaft rein quantitativ ebenso ermittelt wie vermittelt wird und dadurch die Zeit zum identischen Sein *und* zum geschichtlichen Wesen der Gesellschaft werden lässt.

Doch obwohl wir uns mit dem Geld durch das universelle Maß der Zeit vergesellschaften können, müssen wir durch das Geld mit einer Verzeitlichung praktisch umgehen, ohne sie zu durchschauen und zu begreifen. Und obwohl wir darüber in eine geschichtliche und sogar fortschrittliche Entwicklung eintreten, tritt sie nur blindlings und hinterrücks ein. Es scheint zudem, als würde diese widersprüchliche Form der Vergesellschaftung auch den Kommunismus gleichsam vorbereiten. Insbesondere die

Steigerung der produktiven Kraft, die aus den Verhältnissen von toter und lebendiger Arbeitszeit resultiert, scheint auch die Möglichkeit einer anderen, nicht-kapitalistischen Gesellschaft zu entwickeln. Ja, die Zeit selbst scheint durch ihren Fortschritt in diese Richtung zu gehen und eine andere Zeit vorzubereiten.

16. Das Vorenthalten des Kommunismus
Wird die Produktivkraft der kapitalistischen Produktionsweise als Ökonomie der Zeit betrachtet, wird deutlich, in welchem Sinn im Kapitalismus auch dessen Überwindung angelegt zu sein scheint. Der Kapitalismus scheint seine Überwindung geradezu von selbst nahezulegen, ganz wie das für eine immanente Kritik verlangt werden muss, nämlich insofern, als die produktive Kraft, die aus den Verhältnissen von toter und lebendiger Arbeitszeit resultiert, sich beständig systematisch aus diesen Verhältnissen heraus entwickelt und dadurch, so sehr die Geschichte auch sonst keinem Fortschritt folgen mag, in einen gerichteten, linearen Fortschritt zu führen scheint.
Entscheidend für den Fortschritt der Produktivkraft ist, so wurde gezeigt, dass die Produktion des stofflich-materiellen Reichtums durch die Zeit gemessen und quantitativ in Wert gesetzt wird, denn dadurch treten die beiden Bestandteile der Produktion, die Arbeitskraft und die Produktionsmittel, in ein zeitliches Verwertungsverhältnis. In den beiden Bestandteilen der Verwertung ist das Verhältnis von lebendiger und toter Arbeit in Kraft, und mit ihnen treten zwei Klassen derselben Zeit in eine ebenso gemeinsame wie gegenseitige Auseinandersetzung ein, und zwar so, dass die lebendige Arbeit im Übertragen der aufseiten der Produktionsmittel und -bedingungen akkumulierten und bereits in Wert gesetzten vergangenen Arbeitszeit für eine Konstante sorgt, während sie im Zusetzen neuer Arbeit neuen Wert produziert und dabei über ihre eigenen Reproduktionskosten hinausgeht und zur Variablen des Verwertungsverhältnisses wird. Wenn aber beide Dimensionen des Reichtums, der stofflich-materielle ebenso wie der abstrakt-wertförmige Reichtum, in derselben produktiven Kraft *zeitlicher* Verhältnisse gründen, dann liegt der eigentliche Reichtum der kapitalistischen Gesellschaft weder in seiner stofflich-materiellen noch in seiner abstrakten, rein quantitativen Gestalt, sondern in der Methode ihrer gemeinsamen Produktion durch diese zeitlichen Verhältnisse. Beide Seiten des Reichtums, die Marx am Doppelcharakter der Ware und der Arbeit sowie an der Einheit von materiellem Produktions- und abstraktem Verwertungsprozess ausweist, gründen in der Methode, durch die Geldfunktionen die produktive Kraft, die aus den Verhältnissen von Arbeit und Kapital resultiert, durch Werte zu realisieren und mit den ermittelten Werten produktiv umzugehen. Die Methode der Produktion des stofflich-materiellen wie des abstrakten Reichtums besteht des Weiteren darin, die produktive Kraft der Verwertung durch die Reduzierung notwendiger Arbeitszeit zu steigern, denn die Reduzierung führt wiederum zur Entwertung der beiden Bestandteile der Verwertung, einerseits zur Entwertung der Reproduktionskosten der Ware Arbeitskraft und andererseits zur Entwertung der von ihr produzierten Produktionsmittel. Wenn aber der eigentliche Reichtum der

kapitalistischen Produktionsweise in der *Methode* liegt, durch das Geld mit den zeitlichen Verhältnissen von Arbeit und Kapital produktiv umzugehen, dann liegt auch der eigentliche *Gewinn* darin, durch die Reduzierung notwendiger Arbeitszeit diejenige Arbeitszeit zu gewinnen, die im Kapitalismus in zusätzliche Arbeitszeit umgewandelt und im Profit ausgebeutet wird (um den Gewinn in die Erweiterung der Reproduktion des Verhältnisses von Arbeit und Kapital zu überführen, also in die Erweiterung des Prozesses seiner Herkunft):

> Sodann aber hängt es von der Produktivität der Arbeit ab, wieviel Gebrauchswert in bestimmter Zeit, also auch in bestimmter Mehrarbeitszeit hergestellt wird. Der wirkliche Reichtum der Gesellschaft und die Möglichkeit beständiger Erweiterung ihres Reproduktionsprozesses hängt also nicht ab von der Länge der Mehrarbeit, sondern von ihrer Produktivität und von den mehr oder minder reichhaltigen Produktionsbedingungen, worin sie sich vollzieht.[73]

Marx bringt die zeitliche Dimension der Reichtumsproduktion und des Gewinns hier auf den Punkt: Der eigentliche Reichtum der kapitalistischen Gesellschaft ist die Methode der *relativen* Mehrwertproduktion. Es ist diese *relative* Mehrwertproduktion, die durch die Reduzierung der zur Warenproduktion notwendigen Arbeitszeit auch diejenige Arbeitszeit reduziert, die für die Reproduktion der Ware Arbeitskraft notwendig ist. Sie sorgt somit auch für die Umwandlung der so ersparten Arbeitszeit in zusätzliche Arbeitszeit, mithin für die Erweiterung der Reproduktion eben jener Verwertung:

> Es ist eine der zivilisatorischen Seiten des Kapitals, daß es diese Mehrarbeit in einer Weise und unter Bedingungen erzwingt, die der Entwicklung der Produktivkräfte, der gesellschaftlichen Verhältnisse und der Schöpfung der Elemente für eine höhere Neubildung vorteilhafter sind als unter den frühern Formen der Sklaverei, Leibeigenschaft usw.[74]

Diese „zivilisatorische Seite des Kapitals", die in der relativen Mehrwertproduktion liegt, scheint auch die Möglichkeit einer anderen, nicht mehr kapitalistischen Gesellschaft zu entwickeln. Zumindest scheint die Produktivkraft durch ihre ständige Steigerung eine Richtung anzunehmen, und die Produktivkraftsteigerung scheint nicht nur in die Erweiterung der Reproduktion des kapitalistischen Verwertungsverhältnisses zu führen, sondern in dieser Richtung scheint auch der ‚eigentliche Sinn' der kapitalistischen Gesellschaft zu liegen. Ja, die Zeit selbst scheint durch die Entwicklung der Produktivkraft in die Richtung einer anderen Gesellschaft zu gehen.
Kurz, die Methode der Entwicklung der Produktivkraft, und zwar insbesondere die Methode der relativen Mehrwertproduktion, scheint auch den Kommunismus – und auch das wieder in einem zeitlichen Sinne – *aufzuhalten*. Der Kapitalismus scheint den Kommunismus allerdings weniger aufzuhalten in dem Sinne, dass er ihn bereits enthält, und sei es auch nur latent oder der Möglichkeit nach.[75] Der Kapitalismus

---

73 *Kapital III*, S. 828.
74 *Kapital III*, S. 827.
75 In den Abschnitten über Lukács und Sohn-Rethel ist bereits darauf hingewiesen (und an ihnen selbst ausgewiesen) worden, dass die immanente Kritik des Kapitalismus mitunter darauf hinauslief, dass der Kapitalismus den Kommunismus nicht nur durch bestimmte Widersprüche und (fortschrittliche oder krisenhafte) Tendenzen gleichsam vorbereitet oder zumindest der Möglichkeit nach enthält, der Kommunismus

scheint ihn vielmehr *vorzuenthalten* im Sinne eines Zurückhaltens und Entzugs, wenn er zwar die eigenen Grenzen durch die Steigerung der Produktivkraft, durch die Ausbeutung reduzierter und umgewandelter Arbeitszeit und durch die Akkumulation des Reichtums beständig überwindet, aber in aller Überwindung nur wieder auf sich selbst zurückkommt. Die durch die Steigerung der Produktivkraft ersparte und freigewordene Arbeitszeit geht, umgewandelt in zusätzliche Arbeitszeit und ausgebeutet im Profit, nur in die Erweiterung derselben Verhältnisse ein, der sie entsprungen ist; die Produktionsverhältnisse und die Steigerung ihrer Produktivkraft gehen in der Erweiterung ihrer Reproduktion im Hegel'schen Sinne zu Grunde, d. h., sie gehen in ihren Grund zurück. Sie *müssen* in ihren Grund zurückgehen, soll eine gesellschaftliche Reproduktion, die sich dadurch begründet, nicht zugrunde gehen im Sinne von: zusammenbrechen – es bleibt die ewige Wahrheit des Kapitalismus, dass Arbeit und Kapital ununterbrochen produktiv durcheinander verwertet werden müssen.

soll im Kapitalismus auch quasi schon *da* sein. So ist in der sozialistischen (Arbeiter-)Bewegung, aber auch in der Kritischen Theorie, im Situationismus, im (Post-)Operaismus und in anderen Richtungen radikaler Gesellschaftskritik die Vorstellung verbreitet, der Kapitalismus sei durch die stofflich-materielle Seite der Reichtumsproduktion und seine gewachsene Produktivität sowie durch den fortgeschrittenen Stand seiner Produktivkräfte nicht nur quasi reif für eine andere Gesellschaft, sondern diese werde mittlerweile durch die kapitalistische Form der Vermittlung geradezu *verhindert*, insbesondere durch die Warenform und den Tauschwert, durch die Eigentumsordnung sowie durch den Zwang der Verwertung und der Profitmaximierung, der Expansion und des Wachstums. Für den Situationismus vgl. z. B. Raoul Vaneigem: *Handbuch der Lebenskunst für die jungen Generationen*. Hamburg: Nautilus 1980; für die Kritische Theorie z. B. Theodor W. Adorno: *Ästhetische Theorie*. *Gesammelte Schriften* (*GS*), Bd. 7. Frankfurt am Main: Suhrkamp 1970, S. 55–56. Ähnlich wie Adorno geht auch Robert Kurz von einem Widerspruch zwischen dem stofflich-materiellen Inhalt der Vergesellschaftung und ihrer Form aus, er spricht sogar von einem „Kommunismus der Sachen", vgl. Robert Kurz: *Der Kollaps der Modernisierung*. *Vom Zusammenbruch des Kasernensozialismus zur Krise der Weltökonomie*. Frankfurt am Main: Eichborn 1991, bes. S. 265; ders.: Die Krise des Tauschwerts. In: *Marxistische Kritik* 1,1 (1986), S. 7–48. Ernst Lohoff und Norbert Trenkle gehen in ähnlicher Perspektive davon aus, dass die Gesellschaft durch ihr Potenzial zur stofflich-materiellen Reichtumsproduktion einerseits und andererseits durch die Vermehrung fiktiven, aber durch jene stofflich-materielle Produktion nicht mehr zu verwertenden und zu deckenden Reichtums in beiderlei Hinsicht zu reich geworden ist, d. h. sie kann den stofflich-materiellen *und* den fiktiv vermehrten abstrakten Reichtum nicht mehr ausreichend verwerten, vgl. Lohoff / Trenkle: *Die große Entwertung*, S. 285ff. Antonio Negri und Michael Hardt sprechen von einem „Kommunismus des Kapitals", vgl. Antonio Negri / Raf V. Scelsi: *Goodbye Mr. Socialism*. *Das Ungeheuer und die globale Linke*. Berlin: Tiamat 2009; Michael Hardt / Antonio Negri: *Commonwealth*. *Das Ende des Eigentums*. Frankfurt am Main/New York: Campus 2009. Eine Art Alltagskommunismus reklamiert David Graeber nicht nur für die kapitalistische Gesellschaft, sondern gleich für jede Form von Gesellschaftlichkeit überhaupt, allerdings in typisch anarchistischer Manier, vgl. David Graeber: *Schulden*. *Die ersten 5.000 Jahre*. Stuttgart: Klett-Cotta 2012, S. 100ff. Auch die meisten Beiträge der beiden Sammelbände zur „Idee des Kommunismus" gehen davon aus, dass im „Politischen" (Badiou), im „Common" (Negri), in der Sprache und im „Mit-Sein" (Jean-Luc Nancy) das Gemeinsame, Universelle schon vorhanden und doch sich selbst noch nicht angemessen ist, vgl. Costas Douzinas / Slavoj Žižek (Hrsg.): *Die Idee des Kommunismus*, Bd. I. Hamburg: Laika 2012; Alain Badiou / Slavoj Žižek (Hrsg.): *Die Idee des Kommunismus*, Bd. II. Hamburg: Laika 2012. Bezeichnenderweise geht kein einziger der Beiträge auch nur ansatzweise darauf ein, dass uns durch das Geld die Technik gegeben ist, uns durch eine universelle Einheit zu vergesellschaften und mit der Produktivkraft des Verhältnisses unserer vergangenen mit unserer gegenwärtigen Arbeitszeit auf ebenso universelle wie produktive Weise umzugehen.

Und doch: Auch und gerade wenn die im Wert realisierte Produktivkraft wieder in die Bestandteile der Verwertung zurückgehen muss, scheint es gleichwohl, als führe hier die Entwicklung ihrer Produktivkraft dazu, dass die lebendige Arbeit durch die von ihr produzierten Produktionsmittel von der eigenen Ersparnis und sogar von der eigenen Negation her auf sich zurückkommt. Die Produktionsmittel steigern die Produktivkraft der lebendigen Arbeit durch das Reduzieren der zur Reproduktion der Ware Arbeitskraft notwendigen Arbeitszeit so, dass die Arbeitskraft gleichsam stetig über diese zur eigenen Reproduktion notwendige Arbeitszeit hinausgeht.[76] Mehr noch, die Ware Arbeitskraft wird zunehmend auch als solche überflüssig und buchstäblich aus dem Produktionsprozess entlassen. Sie wird, wie zu Beginn der kapitalistischen Produktionsweise in der ursprünglichen Akkumulation, wieder freigesetzt, aber das führt statt zu einer von Arbeit befreiten, kommunistischen Gesellschaft zur Überproduktion der Ware Arbeitskraft.

Das Dilemma besteht somit darin, dass die Notwendigkeit lebendiger Arbeit durch die ständige Steigerung ihrer Produktivkraft zunehmend verringert wird und sogar die Existenz der Arbeitskraft selbst überflüssig zu werden scheint (dadurch wird eine andere Gesellschaft geradezu vorbereitet), dass aber die Arbeit diese produktive Kraft nur durch ihre Warenform erhält und nur durch die spezifisch kapitalistische Bestimmung ihrer Produktionsmittel als konstanter und zu übertragender und bewahrender Wertbestandteil. Aus diesem Dilemma ergibt sich die Frage, wie sich der eigentliche Reichtum der kapitalistischen Gesellschaft: die produktive Kraft des zeitlichen Verhältnisses toter und lebendiger Arbeitszeit und die in den Geldfunktionen liegende Methode ihrer Realisierung und Verwertung – wie sich dieser eigentliche Reichtum jenseits der kapitalistischen Verwertung und ihrer Gestalten aneignen lässt. Wie kann diejenige Arbeitszeit, die durch die Steigerung der Produktivkraft gewonnen wird, *als solche* frei gesetzt werden, d. h. ohne in zusätzliche und in die Gestalt des Profits umgewandelt zu werden und ohne darüber in die Erweiterung des Verhältnisses, dem sie entspringt, zurückkehren zu müssen? Wie kann der eigentliche Gebrauchswert der kapitalistischen Produktionsweise: die Reduzierung derjenigen Arbeitszeit, die zur

---

76 Wenn Marx irgendwo zu Recht geschichtsphilosophisch wird und den Sinn der Geschichte auf eine Logik zurückführt sowie auf die Notwendigkeit einer fortschrittlichen Entwicklung, dann dort, wo er die Entwicklung der Produktivkraft auf die Messung durch die Zeit und die gemessenen Werte auf das Verwertungsverhältnis von lebendiger und toter Arbeitszeit zurückführt. Und wenn in Marx' KdpÖ der Arbeitskraft zu Recht eine zentrale Stellung für den gesellschaftlichen Fortschritt und die geschichtliche Entwicklung zukommt (nachdem im traditionellen Marxismus über ein Jahrhundert lang eine Ontologie der Arbeit und ihres Subjekts betrieben wurde), dann dort, wo die Ware Arbeitskraft das Verhältnis von notwendiger und zusätzlicher Arbeitszeit eingeht und zu einer zeitlichen Variablen wird: „Wenn einerseits das Kapital die Surplusarbeit schafft, ist die Surplusarbeit ebensosehr Voraussetzung für die Existenz des Kapitals. Auf Schaffen disponibler Zeit beruht die ganze Entwicklung des Reichtums. Das Verhältnis der *notwendigen* Arbeitszeit zur *überflüssigen* […] ändert sich auf den verschiedenen Stufen der Entwicklung der Produktivkräfte. Auf den primitivern Stufen des Austauschs tauschen die Menschen nichts aus als ihre *überflüssige Arbeitszeit*; sie ist das Maß ihres Austauschs, der sich daher auch nur auf überflüssige Produkte erstreckt. In der auf dem Kapital beruhenden Produktion ist die Existenz der *notwendigen* Arbeitszeit bedingt durch Schaffen *überflüssiger* Arbeitszeit." (*Grundrisse*, S. 312.)

Reproduktion der Arbeitskraft und überhaupt aller Subjekte in der kapitalistischen Gesellschaft notwendig ist, angeeignet werden, wenn überhaupt nur im Kapitalismus die Arbeit durch die Zeit gemessen und zur identischen Qualität des gesellschaftlichen Zusammenhangs schlechthin wird und wenn die Steigerung der Produktivkraft sich überhaupt nur im Kapitalismus in einem Mehrwert quantitativ auszahlt? Oder, anders herum gefragt: Warum führt die Steigerung der Produktivkraft der Arbeit, obwohl das einer (Selbst-)Negation des Kapitalismus am nächsten zu kommen scheint, allein zum *kapitalistischen* Fortschritt, aber zu keiner endgültigen Überwindung der Notwendigkeit lebendiger Arbeit und Arbeitskräfte?

Die Überwindung des Kapitalismus hängt anscheinend an dem Problem, dass zum einen die Produktivkraft, die im Verhältnis der Arbeit und der Produktionsmittel liegt, *spezifisch kapitalistisch* bestimmt ist, und dass zum anderen die Methode, dieses Verhältnis in Kraft zu setzen, zu verwerten und seine Produktivkraft zu realisieren, an der *kapitalistischen Bestimmung* des Geldes hängt.[77] Die Produktivkraft auf der einen und das Geld auf der anderen Seite ergeben zudem eine spezifisch kapitalistische Verschränkung, nämlich die spekulative Identität zwischen dem *zeitlichen* Vermögen, das durch die Warenform der Arbeitszeit und die kapitalistische Bestimmung der Produktionsmittel und ihre gemeinsame Verwertung gegeben ist, und dem Vermögen der *Verzeitlichung*, das durch die Kapitalform des Geldes gegeben ist.

Doch die Produktivkraft und die Methode ihrer Realisierung sind nicht nur für den Kommunismus allein schon darum unverfügbar, weil beide eben spezifisch

---

[77] Marx hat die Möglichkeit der Revolutionierung des Kapitalismus vor allem daran festgemacht, dass die Entwicklung der Produktivkräfte in Widerspruch gerät zu ihren Produktionsverhältnissen: „In der gesellschaftlichen Produktion ihres Lebens gehen die Menschen bestimmte, notwendige, von ihrem Willen unabhängige Verhältnisse ein, Produktionsverhältnisse, die einer bestimmten Entwicklungsstufe ihrer materiellen Produktivkräfte entsprechen. [...] Auf einer gewissen Stufe ihrer Entwicklung geraten die materiellen Produktivkräfte der Gesellschaft in Widerspruch mit den vorhandenen Produktionsverhältnissen oder, was nur ein juristischer Ausdruck dafür ist, mit den Eigentumsverhältnissen, innerhalb deren sie sich bisher bewegt hatten. Aus Entwicklungsformen der Produktivkräfte schlagen diese Verhältnisse in Fesseln derselben um. Es tritt dann eine Epoche sozialer Revolution ein." (Karl Marx: Zur Kritik der politischen Ökonomie. In: *MEW*, Bd. 13, S. 3–160, hier S. 8–9.) Einen Überblick über die Diskussion um das Verhältnis Produktivkraft-Produktionsverhältnis im Marxismus-Leninismus, im Kritischen Marxismus und im strukturalen Marxismus geben die Beiträge in Urs Jaeggi / Axel Honneth (Hrsg.): *Theorien des Historischen Materialismus*. Frankfurt am Main: Suhrkamp 1977. Im traditionellen Marxismus wurde dieser Widerspruch allerdings ähnlich eingeschränkt wie im Zitat, er wurde nämlich zu einer juristischen Eigentumsfrage. Doch auch wenn Marx in der KdpÖ gelegentlich nahelegt, dass der Widerspruch zwischen Produktivkräften und Produktionsmitteln am Eigentum hängt, so hat er doch im Verhältnis zwischen der Produktivkraft der Ware Arbeitskraft und dem kapitalistischen Produktionsverhältnis eine widersprüchliche Dynamik entwickelt, die von vornherein über alle juristischen Eigentumsverhältnisse hinausgeht und die, wie in diesem V. Abschnitt gezeigt, überhaupt nur in einer Ökonomie der Zeit angemessen zu entwickeln ist. Die Veränderung der Eigentumsverhältnisse kann jedenfalls nicht revolutionär sein, solange sie die *zeitliche* Notwendigkeit, die in dem Verwertungsverhältnis liegt, nicht überwindet: dass die lebendige Arbeitszeit in den Produktionsmitteln die eigene Vergangenheit auf neue Waren übertragen und dabei über die zur Reproduktion der Ware Arbeitskraft notwendige Arbeitszeit hinausgehen und neue Arbeitszeit zusetzen muss. Die Arbeitszeit gehört durch diese Notwendigkeit sowohl der bereits verwirklichten als auch der zukünftigen Vergangenheit an und ist letztlich ‚Eigentum' eines Verwertungsverhältnisses und selbst Anteilnehmer daran.

kapitalistisch bestimmt sind. Die Ironie besteht darin, dass sie *auch im Kapitalismus unverfügbar sind*. (Darum lief im traditionellen Marxismus – und nicht nur hier – die Idee des Kommunismus ja auch darauf hinaus, die produktive Kraft und die gesellschaftliche Bestimmung der Arbeit nicht nur von ihrer Fremdbestimmung durch private Eigentums- und Aneignungsverhältnisse und private Interessen zu befreien, sondern von der Naturwüchsigkeit des kapitalistischen Produktionsverhältnisses insgesamt.) Die Unverfügbarkeit der Produktivkraft schon im Kapitalismus liegt ja gerade darin, dass alle Arbeiten und Kapitale nur durch das Geld wie in einem Messprozess in ein gesamtgesellschaftliches Verhältnis gesetzt werden können und dass nur durch die Werteinheit, für die das Geld steht, die zur Produktion der Waren und zur effektiven Verwertung von Arbeit und Kapital notwendigen Größen ermittelt werden können; nur durch Geld kann die Zeit maßgeblich werden für das Verhältnis der Bestandteile der Verwertung, und nur durch das Geld kann die Gesellschaft in denjenigen zeit-übergreifenden, gesamtgesellschaftlichen Messprozess eintreten, der ihr zur naturwüchsigen Form sowohl einer systematischen Produktivkraftentwicklung als auch einer geschichtlichen Bewegung wird.

Das Dilemma der kapitalistischen Gesellschaft ist also letztlich denkbar schlicht: Obwohl im Kapitalismus zum ersten Mal in der Geschichte der Menschheit die Arbeit und die Produktionsmittel durch das Geld systematisch als Wertbestandteile aufeinander bezogen werden können, und obwohl die daraus resultierende Produktivkraft durch das Geld eindeutig bestimmbar ist und durch die ermittelten Wertgrößen zur Verfügung steht, ist ausgerechnet das *Methodische* darin der Aneignung und Verfügung entzogen; das Methodische steht nur durch die Geldfunktionen und nur durch seine Kapitalform zur Verfügung. Das Methodische lässt sich wiederum festmachen am Maß, das durch den Bezug auf die Zeit zum Mittel ihrer quantitativen Realisierung und zur Form ihrer Verwertung im Sinne ihrer Verzeitlichung wird. Folgerichtig ist das Zeitliche der Reichtumsproduktion nur über das Geld aneignbar, und die Aneignung liegt allein in der *Technik* des Geldes, durch seine Funktionen mit der Zeit produktiv umzugehen.

Diese spezifisch kapitalistische, aber auch im Kapitalismus unverfügbare Verschränkung zwischen der Produktivkraft der Verwertung und dem Geld soll zum Abschluss dieses V. Abschnitts in zweifacher Hinsicht genauer ausgewiesen werden: erstens als Verschränkung zwischen dem Maß und dem Gemessenen und zweitens als Verschränkung von Gesellschafts- und Naturprozess.

Was die Verschränkung von Maß und Gemessenem betrifft, so lässt das Geld durch seine Funktionen und seinen Kapitalkreislauf die realisierten Wertgrößen für dieselben Verhältnisse maßgeblich werden, aus denen sie wie in einem gesamtgesellschaftlichen Messprozess ermittelt wurden. Darüber wird die abstrakte Zeit maßgeblich für diejenigen zeitlichen Verhältnisse, die in der Warenproduktion eingegangen werden und die eine je durch diese Verhältnisse in den Waren verendlichte Zeit für die weitere Verwertung von Arbeit und Kapital und die Steigerung ihrer Produktivkraft maßgeblich werden lassen. Dabei hält das Geld die gesamte Ökonomie der Zeit, die es durch seine drei Funktionen hindurch realisiert und der es durch die realisierten Werte eine quantitative Gestalt und durch seine Kapitalbewegung Form gibt, durchgängig unverfügbar. Die gesamte Verzeitlichung tritt unmittelbar im Geld ein und bleibt in ihm quantitativ zeitlos gehalten und dadurch in Kraft, von der Maßgeblichkeit der Zeit über die Vergegenwärtigung der zeitlichen Verhältnisse der Verwertung im Wertverhältnis der Waren bis zur zeitübergreifenden Form G-W-G' und schließlich dem Fortschritt *in* der Zeit, der durch die Steigerung der Produktivkraft und die Erweiterung der Reproduktionskreisläufe kommt – aber dieser Eintritt der Zeit im Geld entspricht einem ebenso gesamtgesellschaftlichen wie unverfügbaren Rechnen mit ihrer Identität. Durch die Maßfunktion wird mit der Identität der Zeit gerechnet; im Realisieren der Warenwerte wird dieses Rechnen praktisch umgesetzt und zum Ermitteln notwendiger Durchschnittsgrößen; und durch seine Kapitalform wird mit den Verhältnissen von toter und lebendiger sowie notwendiger und zusätzlicher Arbeitszeit und den daraus ermittelten, für die weitere Verwertung maßgeblichen Durchschnittsgrößen gerechnet – aber ohne, dass dieses naturwüchsig-spekulative und doch quantitativ eindeutige und geradezu mathematisch exakte Rechnen für irgendjemanden oder irgendetwas gleichsam noch einmal vollständig berechenbar wäre. Im Gegenteil, das Geld geht durch seine drei Funktionen so unmittelbar mit der produktiven Kraft zeitlicher Verhältnisse um, dass sie unmittelbar *im* Geld eintreten und unmittelbar *in* seinen quantitativen Bestimmungen und in seiner Kapitalbewegung existieren; das Geld muss diejenige Zeit rein quantitativ mit sich bringen, die es durch seine Funktionen im Realisieren der Resultate des zeitlichen Verwertungsverhältnisses ermittelt, die es im Wertverhältnis der Waren expliziert und die es durch seine Kapitalform in Kraft setzt. Kurzum, wenn die Unverfügbarkeit der kapitalistischen Vergesellschaftung einen ‚Ort' hat, dann hier, in der zeitlichen Dimension der Verschränkung zwischen dem Geld und der Produktivkraft der Verwertungsverhältnisse.

Dass die Verschränkung von Maß und Gemessenem einem unverfügbaren Rechnen mit der Identität der Zeit entspricht und das zeitliche Selbstverhältnis der Gesellschaft begründet, findet sich in der zweiten genannten Verschränkung wieder, in der Verschränkung von Gesellschafts- und Naturprozess. Die Verschränkung liegt allein schon darin, dass das Verhältnis von Geld und Wert, Kapitalform und Verwertung überhaupt wie ein Messprozess entwickelt werden muss, wenn auch im Gegensatz zum Messprozess in der Naturwissenschaft wie ein überindividuell-gesamtgesellschaftlicher und automatisch-bewusstloser Messprozess.
Die Verschränkung von Gesellschaft und Natur scheint bereits an der ersten Funktion des Geldes als Maß des Werts zu hängen, denn dadurch werden die Bestandteile der Verwertung auf eine Zeit bezogen, die unentschieden beides ist, eine *natürlich-physikalische* Zeit, die jedoch maßgeblich ist für ein rein *gesellschaftliches* Verhältnis. Auch dieses im Maß der natürlichen Zeit realisierte gesellschaftliche Verhältnis scheint unentschieden beides zu sein: die natürlich-physikalische Zeit wird durch lebendige und

tote Arbeit auseinandergesetzt und quantitativ in Wert gesetzt, aber dadurch wird die natürliche Zeit zur gesellschaftlichen Qualität schlechthin und bildet die maßgeblichen Größen für eine immanente Entwicklung der Gesellschaft.
Genau genommen, hängt die Verschränkung von natürlicher und gesellschaftlicher Zeit nicht an der maßgeblichen Einheit, sondern an ihrem Prozessieren im Verwerten und im Messen; es ist dieses Prozessieren, das eine natürliche Zeit vergesellschaftet und sie durch diese Vergesellschaftung zur zweiten, rein gesellschaftlichen Natur werden lässt. Das Geld unterzieht die Bestandteile der Verwertung durch seine Funktionen und seine Kapitalbewegung der Messung durch eine scheinbar natürliche Zeit, aber dadurch äußert sich die rein *gesellschaftliche* Natur der Verwertung, und diese wird wiederum in den Kreisläufen der Gesellschaft quantitativ wie eine *Natur*qualität übertragen und zur inneren Notwendigkeit wie zum geschichtlichen Wesen der Gesellschaft.
Dass die Zeit wie eine Naturqualität quantifiziert und in Wert gesetzt wird und darüber eine rein gesellschaftliche Qualität und eine zweite Natur wird, ist schließlich auch der Grund, warum das Verhältnis zwischen der Arbeit und ihren kapitalistischen Produktionsmitteln nicht nur wie ein Naturprozess gemessen und quantifiziert, sondern bereits wie ein Naturprozess formalisiert und organisiert werden kann – wie ein physikalischer Prozess, in dem die Reduzierung rein quantitativ gefasster Arbeitszeit die Produktivität steigert und in dem überhaupt die Produktivkraft der Ver-wertung gesteigert wird durch die quantitative Ent-wertung ihrer beiden Bestandteile.
Es sind eben nicht zwei Welten vorhanden, als ob in der Natur eine physikalische Zeit herrschte, die für die Gesellschaft und ihre Produktivkräfte erst dann maßgeblich würde, wenn sie zur Messung ihrer *Resultate* eingesetzt wird, sondern schon die Bestandteile der *Produktion* dieser Resultate gehen, als Werte gefasst, ein zeitliches Verhältnis ein. Es ist dieses zeitliche Verhältnis der Produktion, das dann durch die Realisierung seiner Resultate im Geld lediglich *wiederkehrt* und das durch die Kapitalform des Geldes erneut in sich eingeht und selbstbezüglich wird.
Diese Wiederkehr und Selbstbezüglichkeit zeitlicher Verwertungsverhältnisse ist endgültig durch keine Wissenschaft theoretisch oder gar praktisch zu bewältigen, weder durch eine Anwendung der Naturwissenschaft auf die Gesellschaft, noch durch eine Wissenschaft der Ökonomie (oder gar durch einen „wissenschaftlichen Sozialismus"). Allein das Geld kann zur Schnittstelle werden für die Vergesellschaftung einer natürlichen Zeit durch ihre Naturalisierung als rein gesellschaftliche Qualität und sich, während es die Zeit beides sein lässt, eine natürliche und eine rein gesellschaftliche Qualität, ins Niemandsland zwischen Natur, Gesellschaft und Geist entziehen.
Die Frage bleibt, wie die Möglichkeit des Kommunismus aus der kapitalistischen Entwicklung heraus begründet werden kann. Wie kann aus der kapitalistischen Produktionsweise eine kommunistische Gesellschaft hervorgehen, wenn doch sowohl die Produktionsmittel als auch die Arbeit ein spezifisch kapitalistisches Verhältnis mit der Zeit eingehen und aus ihm auch eine Bestimmung und eine produktive Kraft erhalten, die spezifisch kapitalistisch ist? Wie kann das Universelle und das Produktive der

kapitalistischen Produktionsweise aufgehoben werden, wenn die Methode, sowohl die lebendige als auch die bereits in den Produktionsmitteln vergegenständliche Arbeitszeit durch eine universelle Einheit in ein produktives Verhältnis zu setzen und dessen Produktivkraft durch universell maßgebliche Werte zu ermitteln – wenn diese Methode an den spezifisch kapitalistischen Funktionen und an der spezifisch kapitalistischen (Form-)Bestimmung des Geldes hängt? An einem Geld, das dieselbe produktive Kraft zeitlicher Verhältnisse, die es in Kraft setzt, die es durch Werte realisiert und der es Form gibt, dadurch auch unverfügbar hält und gleichsam entzieht? Gesetzt, der gesellschaftliche und geschichtliche Fortschritt besteht darin, dass durch die kapitalistische Bestimmung der Produktionsmittel notwendige in zusätzliche Arbeitszeit umwandelt wird, um die frei gewordene Zeit quantitativ auszubeuten und sie in die Erweiterung eben dieses Prozesses zurückführen – wie kann der Kommunismus die Notwendigkeit, dass die lebendige Arbeit dieses Produktionsverhältnis eingehen muss, überwinden und trotzdem dessen produktive Kraft für sich nutzen? Wie kann der Kommunismus der Tretmühle entkommen, dass die Verringerung notwendiger Arbeitszeit und die Steigerung der Produktivität nur neue Durchschnittswerte und ein neues Produktivkraftniveau in den Kreisläufen der Ökonomie vergegenwärtigen und verallgemeinern und dass auch die gewonnene Arbeitszeit, statt als disponible freigesetzt zu werden, nur in zusätzliche umgewandelt wird und nur in die Erweiterung desjenigen Produktionsverhältnisses führt, das es endgültig zu überwinden gilt? Kurz, wie kann ein Verwertungsprozess überwunden werden, der in seiner Maßgeblichkeit für sich selbst befangen ist?

Anscheinend hat die kapitalistische Gesellschaft sich durch ihre Ökonomie in dieselbe peinliche Situation gebracht, in die sich die Gesellschaft, Friedrich Nietzsche zufolge, auch durch ihre Moral und Sittlichkeit gebracht hat. Nietzsche fand die aufgeklärte Gesellschaft lächerlich und überzog sie einer spöttischen Kritik, weil sich der Mensch weiterhin von einem übersinnlichen Wesen her denken muss, von einem göttlichen Wesen, obwohl Gott doch durch die Aufklärung nicht nur zu Tode gekommen ist, sondern von Anfang an eine reine Erfindung war. Es wird der Mensch gewesen sein, der Gott erfand, aber sich umgekehrt als dessen Schöpfung geglaubt hat, und der Mensch hat sich nicht nur darüber aufklären können, sondern seine Erfindung dadurch auch getötet. Und doch unterwirft sich auch der aufgeklärte Mensch einer Moral und Sittlichkeit, als ob es noch ein höchstes Wesen gäbe. Schlimmer oder lächerlicher noch, der Mensch unterwirft darum: sich selbst, statt sich über sich zu erheben und mit dem Gott auch das eigene Menschsein zu überwinden.

Nietzsche ließ wegen dieser ebenso lächerlichen wie ausweglosen Situation Zarathustra den „Übermenschen" predigen.[78] Und produziert nicht auch die Ware Arbeitskraft

---

[78] Friedrich Nietzsche: *Also sprach Zarathustra. Ein Buch für Alle und Keinen* (1883–1885). *Werke.* Kritische Gesamtausgabe, hrsg v. Giorgio Colli / Mazzino Montinari, Abt. 6, Bd. 1. Berlin/New York: de Gruyter 1968; zur Interpretation vgl. Klaus Spiekermann: Nietzsches Beweise für die ewige Wiederkehr. In: *Nietzsche-Studien* 17 (1988), S. 496–538; zum Bewusstsein der Krise bei Marx und Nietzsche vgl. Hendrik Wallat: *Das Bewusstsein der Krise. Marx, Nietzsche und die Emanzipation des Nichtidentischen in der politischen Theorie.*

ein höheres Wesen, dem sie sich zugleich unterwerfen muss? Erschafft sie durch ihre Arbeit nicht in den Gestalten des Kapitals genau dasjenige übersinnliche Wesen einer toten Arbeitszeit, von der her sie sich erst ins Leben rufen und zu deren Übertragung, Bewahrung und Vermehrung sie sich anwenden lässt? Beherrscht die Arbeitskraft durch diese Vergangenheit, die ihr aufseiten des Kapitals gegenübertritt, nicht sich selbst, aber so, dass sie sich der eigenen Verwertung im Sinne jenes Übergehens, Bewahrens und Vermehrens unterziehen muss? Und erhält sie im Übertragen, Bewahren und Vermehren dieser Vergangenheit nicht die Kraft, auch über die zur eigenen Reproduktion notwendige Arbeitszeit hinauszugehen und insofern sich selbst zu überwinden – aber nur, um jene Vergangenheit zu reproduzieren und sogar für deren Erweiterung zu sorgen, während sie über sich selbst nur hinausgeht und überflüssig wird durch die eigene *Überproduktion*, die Überproduktion der Ware Arbeitskraft? Sorgt die Arbeitskraft im Übertragen vergangenen und Zusetzen neuen Werts also nur für die ewige Wiederkehr des Immergleichen, ohne die Notwendigkeit des eigenen Daseins endgültig zu überwinden: die Notwendigkeit, für die eigene Reproduktion als Arbeitskraft arbeiten zu müssen?

Bielefeld: Transcript 2009. Wallat ist, so weit ich sehe, der erste, der das Verhältnis Marx-Nietzsche von der Neuen Marx-Lektüre und ihren zentralen Einsichten aus (aber auch aus der Perspektive der Kritischen Theorie) aufgearbeitet hat.

VI. Schluss

Die Verlegenheit einer Kritik-durch-Darstellung und das Maß der Kritik
Die Frage der vorliegenden Arbeit war, wie eine Kritik der bürgerlich-kapitalistischen Gesellschaft möglich ist. Die Antwort lautete: Indem das Maß der Kritik der kapitalistischen Gesellschaft die Kritik ihres Maßes selbst ist, desjenigen Maßes, an das diese Gesellschaft sich hält. Die Kritik des Maßes muss demnach entwickeln, auf welche Weise die Gesellschaft, gebrochen durch das eigene Maß, reflexiv wird und sich durch Werte objektiv so zur Darstellung bringt, dass diese Werte ihrem Selbstverhältnis entsprechen und die Gesellschaft insofern sich selbst angemessen ist. Das Maß der kapitalistischen Gesellschaft aber ist das Geld, und folgerichtig muss eine immanente Kritik der Gesellschaft im Sinne einer „Kritik durch Darstellung et vice versa" (Marx) in die Entwicklung des Geldes und seiner Funktionen fallen, ausgehend von seiner ersten Funktion als Maß des Werts.

Eine solche Entwicklung gibt auch eine Antwort auf die Frage, wie eine *wissenschaftliche* Darstellung der politischen Ökonomie zugleich ihre *Kritik* sein kann, und zwar die Kritik nicht nur des Gegenstandes „politische Ökonomie", sondern auch der wissenschaftlichen Vorstellungen, die sie von sich hervorbringt und die ihr einerseits gerade nicht entsprechen und andererseits gerade dadurch Teil der politischen Ökonomie sind.

Auf diese innere Verbindung: dass die kapitalistische Gesellschaft durch ihr eigenes Maß auch ihre eigene Kritik ermöglicht, soll die Arbeit noch einmal zurückkommen. Nachdem Marx' Entwicklung des Geldes die Methode einer ebenso bewusstlos-automatischen wie objekt-praktischen, rein quantitativen (Selbst-)Darstellung der Produktivkraft der Verwertung ergab, und nachdem die Produktivkraft dieser Verwertung und deren quantitative Darstellung in das zeitliche (Selbst-)Verhältnis der Gesellschaft und in eine Ökonomie der Zeit geführt hat, soll zum Abschluss gezeigt werden, inwiefern eine Verwertung, die sich an das Maß der Zeit hält und darüber maßgeblich wird

für sich selbst, dadurch auch die Möglichkeit ihrer kritischen Darstellung aus sich heraussetzt.
Zuvor gilt es noch einmal den Weg immanenter Gesellschaftskritik von Lukács, Adorno und Sohn-Rethel nachzuvollziehen. Das soll zunächst zusammenfassen, inwiefern diese drei Kritiken einerseits in der Warenform statt im Geld die Bedingungen der Möglichkeit der Kritik selbst einholen, und zwar so, dass andererseits eben dadurch das Geld den blinden Fleck aller drei Kritiken bildet.

1. Ware Arbeitskraft, Nicht-Identisches und Realabstraktion.
Das Maß der Kapitalismuskritik bei Lukács, Adorno und Sohn-Rethel

Lukács, Adorno und Sohn-Rethel orientieren ihre Gesellschaftskritik am Kritikbegriff von Kant und Hegel. Sie folgen allerdings der Wendung, die der Kritikbegriff durch Marx erhalten hat. Mit Kant und Hegel ist die Wirklichkeit als transzendental-verstandesmäßig (Kant) vermittelt bzw. von ihrer geistig-begrifflichen Vermittlung her (Hegel) zu begreifen, ja, die Wirklichkeit *ist* unmittelbar: Vermittlung. Mit Marx ist die Wirklichkeit dagegen als *gesellschaftlich* vermittelt auszulegen, und die Wirklichkeit dieser gesellschaftlichen Vermittlung ist wiederum eine spezifisch kapitalistische, und diese muss von ihrer Gewordenheit und ihrer Veränderbarkeit her begriffen werden. Allerdings wird Marx' Wendung des Kritikbegriffs von Lukács, Adorno und Sohn-Rethel, so wurde in den jeweiligen Abschnitten der Arbeit gezeigt, unterschiedlich ausgelegt, und entsprechend unterschiedlich wird die Möglichkeit einer immanenten Kritik der kapitalistischen Gesellschaft ausgewiesen. Gleichwohl gibt es eine gemeinsame ‚Pointe'. Sie liegt darin, dass die kritisierte Gesellschaft durch die Form ihrer Vermittlung die Möglichkeit einer immanenten Kritik abgibt; die Form gesellschaftlicher Vermittlung ist also maßgeblich für ihre eigene Kritik. Diese Form ist die Warenform.

Im Abschnitt über Lukács wurde gezeigt, dass der Versuch der Arbeiterbewegung und der Sozialdemokratie der ersten Stunde, die Notwendigkeit der Überwindung des Kapitalismus auf seine objektiven Widersprüche und seine fortschrittliche und krisenhafte Entwicklung zurückzuführen, zuerst durch Lenin und dann durch Lukács eine ‚subjektive Zutat' erhalten hat. Lenin und Lukács problematisierten, dass sich die Überwindung des Kapitalismus nicht unmittelbar vom Standpunkt der Arbeit und ihrer Produktivkraft und ihrem Widerspruch zu den kapitalistischen Produktionsverhältnissen heraus ergeben könne. Beide zeigten unmittelbar im Reflektieren dieses Problems auch dessen Lösung: Es kommt eben noch alles darauf an, dass die Möglichkeit der Überwindung des Kapitalismus reflexiv wird und zu Bewusstsein kommt. Lenin zufolge muss dafür die Partei einspringen, genauer, sie muss für ein *fehlendes* revolutionäres Bewusstsein einspringen und für die Arbeit buchstäblich Partei ergreifen. Der ‚subjektive Faktor' nimmt dadurch die Gestalt der Kommunistischen Partei an, einer Partei neuen Typs, deren Aufgabe in der Politisierung und Organisierung des Bewusstseins der Arbeiterklasse besteht.

Durch den jungen Lukács erhielt der ‚subjektive Faktor' dagegen eine ganz unmittelbare, nämlich existenziell-erkenntniskritische Wendung. Es ist nicht mehr die gesellschaftliche Bestimmung und die produktive Kraft der Arbeit sowie ihre kapitalistische Beherrschung und Ausbeutung, sondern es ist die warenförmige Vermittlung und Verdinglichung der Arbeit, die in der Arbeiterklasse zu Bewusstsein kommen soll. Und sie kommt ganz existenziell zu Bewusstsein, weil die Arbeitskraft zum ersten Mal in der Geschichte der Menschheit gerade *durch* die Verdinglichung und *durch* die Entfremdung die eigene Arbeit wie ein dingliches, äußeres Objekt reflektieren und in diesem ‚Ding' zugleich das Wesen der Vermittlung von Subjekt und Objekt erkennen und den inneren Zusammenhang all der Einzelerscheinungen, in welche die gesellschaftliche Totalität durch die Waren zerfällt, durchschauen kann.

Adorno geht in seiner Kritik vom Scheitern solch einer emphatischen Kapitalismuskritik aus, und er will die Aufhebbarkeit des Kapitalismus auch gar nicht mehr auf konstruktiv-positive Weise begründen, zumindest nicht in einem systematisch-logischen Sinne. Es kommt ihm im Gegenteil darauf an, dass die Kritik der warenförmigen Vermittlung und der Identifikation durch den Tauschwert auch die durch sie hervorgebrachte Rationalität und Objektivität treffen muss. Ergibt sich die Kritik aus solch einer radikalen Abkehr von der gesellschaftlichen Vermittlung und aus einer Art selbstkritischen Wendung, muss sie sich konsequenterweise gegenüber der bestehenden Gesellschaft, aber auch gegenüber der Bestimmung einer (ganz) anderen, negativ verhalten. Adorno gesteht zwar zu, dass auch eine umfassende Negation der Gesellschaft zumindest dieses Negieren begründen muss; insofern muss die Kritik sich auf die negierte Gesellschaft einlassen und eine ebenso immanente wie bestimmte Kritik sein. Aber Adorno richtet seine Kritik in dem Widerspruch ein, dass die bürgerlich-kapitalistische Gesellschaft ihrer *eigenen* Bestimmung nicht gerecht werden kann. Weder wird sie in ihrer philosophischen Selbstvergewisserung der eigenen materiellen Bedingtheit gerecht, noch kann sie ihre universellen politischen Versprechen oder ihre gewaltige ökonomische Produktivkraft krisenfrei einlösen, noch kann die Gesellschaft durch ihre Wissenschaft sich selbst reflektieren und angemessen begreifen und zu *ihrem* Bewusstsein kommen – es sei denn durch Verkehrungen und Verkennungen hindurch. Adorno führt die Notwendigkeit negativer Kritik auf diese Widersprüche zurück und macht gegen deren Eindimensionalität und Ausweglosigkeit etwas Nicht-Aufgehendes unter verschiedenen Namen – das Nicht-Identische, der nicht-aufgehende Rest, die Präponderanz des Objekts, das Etwas, das Leiden, das ganz Andere – geltend.

Dagegen ist Sohn-Rethel zufolge die Kritik auf eine Warenform angewiesen, die der kapitalistischen Gesellschaft a priori als sowohl bewusstlos-praktische als auch verstandesmäßige Synthesis zugrunde liegt und zu einer für Praxis wie Theorie unhintergehbaren Aneignungslogik führt. Die doppelte Synthesis gründet darin, dass dieselbe reale Abstraktion des Tauschakts, welche die Dinge in einer praktischen gesellschaftlichen Synthesis als Werte gleichsetzt und in einem identischen Geltungsmodus austauscht, auch abgespalten in einem Verstandesvermögen in Kraft ist, dessen Synthesis

für die Gesellschaft und quasi an ihrer Stelle denkt. Die Realabstraktion des Tauschakts ist der Punkt, an dem die Abstraktion vom sinnlich-praktischen Gebrauch und von produktiver Praxis unmittelbar in Form der Affirmation dieser Abstraktion – im wahrsten Sinne – gedacht werden muss. Oder, was dasselbe ist, die Realabstraktion ist der Punkt, an dem die Affirmation der „praktischen Negation der Praxis"[1] unmittelbar die Form des synthetisierenden Denkens annimmt, wodurch die Form der gesellschaftlichen Synthesis des Dinglich-Materiellen auf abgespaltene Weise auch im individuellen, reinen Intellekt funktioniert: „Die synthetische Gesellschaft selbst ist es, die, abgekürzt gesprochen, in Gestalt des abgesonderten Intellekts denkt."[2]
Über diese zunächst noch vereinzelte und „funktionale Vergesellschaftung"[3] setzt die Einheit von Warenform und Denkform schließlich eine gesamtgesellschaftliche Synthesis durch, in der nichts weniger angelegt sein soll als eine rationale, sozialistische „Vollvergesellschaftung".[4] So soll die Kritik der Warenform einerseits die kapitalistische, funktional-synthetische Vergesellschaftung einholen, dieselbe Kritik der Warenform soll aber auch die Idee einer gesamtgesellschaftlichen und sozialistischen Synthesis eröffnen.

Alle drei Kritiken verstehen sich trotz ihrer Unterschiede als Einheit von Gesellschafts- und Erkenntniskritik. Alle drei zielen auf den Übergang zwischen Objektivität und Subjektivität, und alle drei machen diesen Übergang an der Warenform fest. Dagegen hatten die sozialistische Arbeiterbewegung und die Sozialdemokratie der ersten Stunde nicht in der Warenform, sondern noch unmittelbar in der Arbeit die materiell-praktische Vermittlung von Objekt und Subjekt gesehen. Allerdings hat bereits Lenin die Notwendigkeit eines ‚subjektiven Faktors' in Gestalt der Partei eingeführt, die, damit die gesamtgesellschaftliche Bestimmung und die produktive Kraft der Arbeit in der Arbeiterklasse zu Bewusstsein kommt, sich für die objektive gesellschaftliche Bestimmung der Arbeit einsetzen muss. Die Partei nimmt dadurch die zentrale Stellung der Vermittlung zwischen gesellschaftlicher Objektivität und Subjektivität ein und steht buchstäblich anstelle der Arbeit für das Maß der Kapitalismuskritik: Durch die Partei wird die kapitalistische Gesellschaft *im Namen* der Arbeit gleichsam an sie selbst gehalten, und das soll erweisen, dass die kapitalistischen Produktionsverhältnisse derselben gesellschaftlichen Bestimmung der Produktivkräfte, die sie hervorbringen und entwickeln, letztlich nicht angemessen sind und ihr sogar widersprechen.

---

1 Alfred Sohn-Rethel: Exposé zur Theorie der funktionalen Vergesellschaftung. Ein Brief an Theodor W. Adorno (1936). In: Ders.: *Geistige und körperliche Arbeit*. Rev. u. erg. Neuaufl. Weinheim: VCH 1989, S. 131–152, hier S. 140.
2 Alfred Sohn-Rethel: *Geistige und körperliche Arbeit*. 2. rev. u. überarb. Aufl. Frankfurt am Main: Suhrkamp 1973, S. 115 (im Folgenden *GukA*).
3 Vgl. Alfred Sohn-Rethel: *Soziologische Theorie der Erkenntnis*. Frankfurt am Main: Suhrkamp 1985, bes. S. 39–44 (Kap. I).
4 *GukA*, S. 203ff., 26ff.

Lukács dagegen lässt in seiner existenzialistischen Wendung des subjektiven Faktors die Idee des Kommunismus wie einen Geistesblitz in das Proletariat hineinfahren. Weil die warenförmige Verdinglichung und Entfremdung der Arbeit durch das Selbstbewusstsein der Ware Arbeitskraft reflexiv wird, kann das Proletariat in der eigenen Arbeit auf das Wesen der Vermittlung zwischen Subjekt-Objekt zurückkommen und zusammen mit der eigenen Arbeit dieses Wesen zum Objekt der Aneignung und der kollektiven, gesamtgesellschaftlich ausgerichteten Anwendung machen. Auch bei Lukács hängt somit die Idee des Kommunismus, nicht anders als in der Kapitalismuskritik seiner Zeit, an der Identifikation der objektiven gesellschaftlichen Bestimmung und der produktiven Kraft der Arbeit durch ihre Klasse. Und auch bei Lukács ist diese Idee sowohl in der Wirklichkeit als auch im Bewusstsein des Proletariats noch nicht zu sich gekommen. Aber die Revolutionierung des Bewusstseins ist bei Lukács nicht Aufgabe der Partei, sondern dem Bewusstsein ist die eigene Revolutionierung aufgegeben, und weil für diese Revolutionierung nicht mehr die Partei einspringen muss, weil vielmehr die warenförmige Vermittlung der Arbeit unmittelbar in der Ware Arbeitskraft zu Bewusstsein kommen kann, wird der subjektive Faktor bei Lukács zu einem revolutionären Sprung. In dem Moment nämlich, wo die Ware Arbeitskraft durch ihr Selbstbewusstsein auf subjektive Weise auf ihre eigene verdinglichte Produktivkraft wie auf ein Objekt, aber auch auf dessen Entfremdung und Verdinglichung zurückkommt, kann sie durch diese Selbsterkenntnis den Kapitalismus sowohl theoretisch erkennen und zum Gegenstand der Kritik machen als auch, ineins, praktisch überwinden. Dieser Übersprung von theoretischer Erkenntnis in praktische Überwindung ereignet sich durch eine Selbsterkenntnis, in der die *Kritik* der kapitalistischen Entfremdung und Verdinglichung der Produktivkraft in eben dieser Produktivkraft in die *Idee* des Kommunismus und in seine praktische Verwirklichung überspringt: Während Lukács zufolge der bürgerliche Standpunkt gegenüber der Produktivkraft kontemplativ und unpraktisch in der rein geistigen und äußerlichen Reflexion des Verstandesdenkens befangen bleibt, kann das Proletariat in seiner Praxis das Wesen der gesellschaftlichen Vermittlung zum Objekt machen und genau die gesellschaftliche Totalität entwerfen, in der es sich selbst verwirklicht, um eben diejenige Geschichte praktisch zu *machen*, in die es eintreten will.

Auch Adorno situiert seine Gesellschaftskritik im Übergang zwischen Objektivität und Subjektivität, und auch er kritisiert, dass dieser Übergang warenförmig vermittelt ist und diese Vermittlung Objektivität und Subjektivität gleichermaßen verdinglicht und nur dadurch in eine Entsprechung bringt. Aber er nimmt gegenüber Lukács eine entscheidende Abkehr vor. Zwar soll auch bei Adorno die kritische Reflexion des Subjekts auf die gesellschaftliche Objektivität ihre gemeinsame Verdinglichung durchbrechen und zur Aufklärung über die gesellschaftliche Konstitution dieser Gegenständlichkeit und ihrer warenförmigen Vermittlung führen – aber die kritische Reflexion auf diese Identifikation fällt weder in das Reflexiv-Werden der Arbeit durch die Warenform und in das Selbstbewusstsein eines qua Klassenzugehörigkeit privilegierten Erkenntnissubjekts, noch kann das gleichsam zur Selbsterfahrung einer eben darum nicht mehr bewusstlosen gesellschaftlichen Totalität und eines Gattungsinteresses geraten; die Kritik belässt es vielmehr bei der Unwahrheit der identifizierenden Vermittlung von Objektivität und Subjektivität durch Tauschwert und Begriff. Adornos Kritik setzt die tauschwertige und die begriffliche Synthesis auch nicht zum Schein herab durch die Präsentation der gesellschaftlichen Bestimmung und produktiven Kraft der Arbeit, wie das noch Lenin und Lukács taten; stattdessen ist es gerade die totale Immanenz des Tauschprinzips und des begrifflichen Identifikationsprinzips, die er zum Gegenstand macht. Von der Immanenz dieser Prinzipien mit all ihren Zumutungen will Adorno seine Kritik durch eine negative Konzeption der Dialektik bewahren, und so steht das Nicht-Identische nicht zuletzt für das Dilemma, die Kritik der Tausch- und Begriffslogik einerseits nicht ohne diese Logik begründen zu können, aus demselben Grund aber auch nicht über sie hinaus und zur Bestimmung einer (ganz) anderen Vergesellschaftung gelangen zu können.

Indes ist die Ausweglosigkeit auch die Stärke einer Kritik, die sich bewusst dem Dilemma aussetzt, die Überwindung der kapitalistischen Gesellschaft nicht immanent durch eine logische oder historische Notwendigkeit objektiv begründen zu können, und die dadurch sogar Stellung gegen ihre eigenen Konstitutionsbedingungen bezieht, gegen die spezifisch kapitalistischen Konstitutionsbedingungen eines Denkens, dem auch – und gerade – als kritisches die Überwindung der eigenen gesellschaftlichen Konstitutionsbedingungen das Undenkbare ist.

Gleichwohl bleibt es der Kraft individueller Reflexion vorbehalten, die Identifikation durch Tauschwert und Begriff als notwendig und doch falsch zu durchbrechen, um eine andere Art der Erfahrung eintreten zu lassen. In der Erfahrung des Nicht-Identischen richtet sich die Identifikation nicht nur gegen sich selbst, sie richtet sich auch gleichsam *durch* sich selbst, nämlich indem sich begriffliche und tauschwertige Identifikation ihrer eigenen Bedingtheit erinnern und die Bedingtheit das Andere sein lassen. Auf diese Weise sollen sich Subjekt und Objekt, Natur und Geist versöhnen, und auch wenn die Versöhnung bei Adorno keine vermeintlich verlorene, ursprüngliche Einheit oder Unmittelbarkeit wiederherstellen soll, so gilt es doch ein Versprechen einzulösen, das zu verwirklichen bereits die Aufklärung und die bürgerliche Gesellschaft angetreten waren.

In Sohn-Rethels Konzeption einer Einheit von Gesellschafts- und Erkenntniskritik findet sich eine Art Kompromiss zwischen Lukács' „identischem Subjekt-Objekt der Geschichte" und Adornos radikaler Kritik der Identifikation. Da die Realabstraktion diejenige Einheit von Warenform und Denkform hervorbringt, in der eine ebenso bewusstlos-praktische wie verstandesmäßige Synthesis aller Dinge als empirisch reiner Werte maßgeblich ist, ist bei Sohn-Rethel weder die gesellschaftliche Bestimmung und die produktive Kraft der Arbeit maßgeblich für die Gesellschaftskritik (wie in der Arbeiterbewegung und der Sozialdemokratie), noch muss für die Arbeit und ihre Klasse Partei ergriffen werden (wie bei Lenin), noch fällt die Kritik in das Selbstbewusstsein der Produktivkraft (wie bei Lukács) oder in die individuelle Erfahrung des Nicht-Identischen (wie bei Adorno). Direkter noch als bei Lukács, wo die gesellschaftliche und geschichtliche Produktivkraft durch ihre Warenform im proletarischen Bewusstsein geradezu existenziell zu sich kommen soll, zielt Sohn-Rethel darauf, dass mit der Realabstraktion und der warenförmigen Synthesis der Gesellschaft auch die produktive Kraft ihrer Ökonomie in der Erkenntnis unmittelbar zu sich kommt – nämlich als *Form* der Erkenntnis selbst. Die Realabstraktion ist in einer Erkenntnis in Kraft, die der Gesellschaft zur Produktivkraft wird durch die Erkenntnis des durch die Realabstraktion gewonnenen Anderen der Gesellschaft, das als Natur zum Gegenstand wird. Die naturwissenschaftliche Erkenntnis wiederum wird zur Form einer wissenschaftlichen Aneignungslogik, durch deren Umsetzung in der Produktion diejenige Synthesis, die im Verstandesdenken in Kraft ist, endgültig zur gesellschaftlichen Produktivkraft wird. Mehr noch, der nach Maßgabe der Naturwissenschaft organisierte Produktionsprozess greift auf die gesamte Gesellschaft über und richtet sie Sohn-Rethel zufolge auf ein endgültiges Zu-sich-Kommen in einer totalen gesellschaftlichen Synthesis aus. Die Synthesis, die in Warenform und Denkform in Kraft ist, soll zwar im Kapitalismus vorerst funktional für eine ausbeuterische Aneignungslogik bleiben, dieselbe Synthesis soll aber auch bereits funktional sein für den identifizierenden Objektbezug der wissenschaftlichen Erkenntnisweise, und eben diese wissenschaftliche Erkenntnis wird zur Produktivkraft und setzt über die Produktion eine sozialistische Vollvergesellschaftung durch, in der die Gesellschaft nicht mehr durch vereinzelte und abgespaltene Verstandestätigkeiten funktional synthetisiert werden muss, weil der einzelne Verstand sich dann unmittelbar als Gesamtarbeiter einer gesamtgesellschaftlichen Synthesis betätigt.

Lukács, Adorno und Sohn-Rethel machen an der warenförmigen Vermittlung nicht nur die Einheit von Gesellschafts- und Erkenntniskritik fest, sie zielen auch darauf, dass der Kapitalismus dadurch die eigene Kritik hervorbringt. Die Kritik der Warenform ist immanente Gesellschaftskritik im unmittelbarsten Sinne, wenn die warenförmige Vermittlung der Gesellschaft durch das Selbstbewusstsein der Ware Arbeitskraft, durch das Nicht-Identische sowie durch die Realabstraktion die Möglichkeit ihrer kritischen Erkenntnis heraussetzt, ganz so, als würde sie die eigene Kritik herausfordern.
Doch trotz dieser Immanenz soll die Kritik jeweils nicht geradewegs zur praktischen Umsetzung führen. Im Gegenteil, dass die warenförmige Vermittlung der Gesellschaft gerade *nicht* von selbst zu ihrer praktischen Überwindung führt, ist jeweils selbst noch Moment ihrer Kritik und zugleich der Grund, warum die Kritik überhaupt theoretisch-begrifflich ausfallen muss, statt ohne diesen ‚Umweg' unmittelbar praktisch zu werden. Die Kritik soll die Warenform zunächst ja als *unbewusste* und *unverfügbare* Vermittlung der Gesellschaft kritisieren und *das* wiederum zu Bewusstsein bringen. Wenn aber die Kritik die Bewusstlosigkeit und Unverfügbarkeit warenförmiger Vermittlung als solche darstellen will, dann braucht sie für dieses geradezu selbstkritische Vorhaben einen eigenständigen Ausdruck für das, was bereits dem Bewusstsein und der Theorie das Unbewusste und Unverfügbare an der gesellschaftlichen Vermittlung bleibt.

Sie erhält diesen eigenständigen Ausdruck durch eine ‚gesellschaftskritische Wendung‘ des Kant'schen *Dings-an-sich*. Die Wendung offenbart die Wahrheit der Erkenntnisjenseitigkeit des Dings-an-sich und richtet sie zugleich gegen die totale Immanenz der Hegel'schen Dialektik, der vorgeworfen wird, die Widersprüche der Gesellschaft auf philosophische Weise in einer spekulativen Identität zu versöhnen. Auch diese gesellschaftskritische Wendung des Dings-an-sich findet sich bei allen drei Autoren, aber wieder in ganz unterschiedlicher Weise.

Lukács zufolge hat Kant in der Erkenntnisjenseitigkeit des Dings-an-sich auf philosophische Weise Begrenzung wie Wahrheit des kontemplativen und unpraktischen Standpunkts derjenigen Klasse auf den Punkt gebracht, die sich die Arbeit anderer wie ein Ding aneignet und darum dem inneren Zusammenhang der Dinge und dem praktischen Wesen gesellschaftlicher Totalität begriffslos und ohnmächtig gegenüber steht. Nur das Proletariat kann das kontemplative, reflektierende Verstandesdenken überwinden und in der Erkenntnisjenseitigkeit des Dings-an-sich die eigene Wahrheit erkennen, nämlich die Entfremdung und Verdinglichung des gesellschaftlichen Wesens seiner Arbeit, und diese Wahrheit liegt in der praktischen geschichtlichen Selbstverwirklichung des Proletariats.[5] Der widersprüchliche Status, den das Ding-an-sich bereits bei Kant hat: dass es als das Jenseitige der Erkenntnis gleichwohl zumindest *als solches* erkannt wird, dieser widersprüchliche Status steht auch für die Unentschiedenheit einer im Klassenantagonismus gespaltenen Totalität; einer Totalität, deren Spaltung auch diejenige Klasse durchzieht und ihr selbst entfremdet, die an-sich selbst die gesellschaftliche Praxis und das geschichtliche Wesen der gesellschaftlichen Totalität reflektieren und dadurch das Ding-an-sich praktisch aneignen kann. So wird der Gesellschaft, ineins mit dem Klassenantagonismus, auch diejenige rationale Totalität eröffnet, für die sich das Proletariat darum entscheiden kann, weil es die eigene Existenz für die praktische Vermittlung der Gesellschaft buchstäblich einsetzen, ihre Totalität ebenso entwerfen wie erschließen und dadurch in die eigene Selbstverwirklichung eintreten kann.

Auch bei Adorno steht das Ding-an-sich für das unbewusste Gesellschaftliche in der Konstitution von Objektivität und Subjektivität. Das Ding-an-sich steht aber nicht, wie bei Lukács, für die Verdinglichung der gesellschaftlichen Produktivkraft des Proletariats und die Entfremdung seiner geschichtlichen Praxis. Es steht auch nicht, wie gleich für Sohn-Rethel zu zeigen sein wird, für die verschwundene gesellschaftliche Genesis der objektiven Geltungsform der Dinge wie des Verstandes. Bei Adorno steht das Ding-an-sich eher für das in der Identität Nicht-Aufgehende und für das Unversöhnte in der Vermittlung von Subjekt und Objekt, Geist und Natur. Es steht für das, was der begrifflichen und tauschwertigen Identifizierung der Natur unverfügbar bleibt, aber auch für das, was der Gesellschaft ihr selbst gegenüber unverfügbar ist und zur zweiten, gesellschaftlichen Natur wird: „Ohne Absehen von den

---

5 Vgl. Georg Lukács: *Geschichte und Klassenbewußtsein*. Neuwied: Luchterhand 1970 (Sonderausgabe), S. 226, 256 (135, 229) (im Folgenden *GuK*).

lebendigen Menschen wäre nicht zu tauschen. Das impliziert im realen Lebensprozess bis heute notwendig gesellschaftlichen Schein. Sein Kern ist der Wert als Ding an sich, als ‚Natur'."[6]
Sohn-Rethel schließlich hat die Einheit von Warenform und Denkform daran festgemacht, dass die Abstraktion, die im Tausch vom sinnlich-stofflichen Inhalt sowie von seinem Gebrauch vollzogen wird, in genau das Denken überspringt, dem sein Inhalt durch dieselbe Abstraktion gegenständlich ist. Die so aufseiten der Natur und der Gesellschaft und aufseiten der Subjektivität des Verstandes gewonnene objektive Geltung lässt sich nun in beiderlei Hinsicht mit dem Ding-an-sich konfrontieren: Die Genesis der Objektivität sowohl aufseiten der Natur und der Gesellschaft als auch aufseiten der Subjektivität des Verstandes ist in der Geltung dieser Objektivität verschwunden und Ding-an-sich. Dem Verstand muss zum einen Ding-an-sich bleiben, was sein Gegenstand, was Gesellschaft und Natur jenseits ihrer objektiven Geltung und ihrer Erscheinung durch Werte sind; dem Verstand muss aber vor allem die gesellschaftliche Konstitution seiner *eigenen* Geltung Ding-an-sich bleiben, und das nicht obwohl, sondern gerade *weil* diese gesellschaftlichen Konstitutionsbedingungen in seinem Denken ebenso verschwinden wie in Kraft gesetzt sind und Natur wie Gesellschaft durch diese Formen a priori bestimmen. Durch die Objektivität der Natur wird der Verstand sogar direkt mit der Gesellschaftlichkeit der eigenen objektiven Geltungsformen konfrontiert, aber nur durch die Konstitution des Anderen der Gesellschaft, des Gegenstandes ‚Natur', und ohne ‚hinter' diese Konstitution zu kommen, d. h. ohne die Objektivität aufseiten der Natur auf die in den eigenen Verstandesformen rein funktional umgesetzte Gesellschaftlichkeit einer realen Abstraktion zurückführen zu können. Ihm kehrt in der Erscheinung der Natur das verschwundene Gesellschaftliche wieder, aber so, dass die zweite, rein gesellschaftliche Natur die Form der Erkenntnis für die Erscheinung der ersten Natur gebildet hat.
Durch Sohn-Rethels Vergesellschaftung des Dings-an-sich erhält auch diejenige Vergesellschaftung, die zuvor Lukács' durch seine Entfremdungs- und Verdinglichungskritik vornahm, eine geradezu gegensätzliche Wendung. Bei Lukács bleiben dem Proletariat die eigene Produktivkraft und Geschichtsmächtigkeit durch ihre

---

6 Theodor W. Adorno: Negative Dialektik. In: Ders.: *Negative Dialektik. Jargon der Eigentlichkeit. GS*, Bd. 6. Frankfurt am Main 1970, S. 7–412, hier S. 348 (im Folgenden *ND*). In einer eher aufklärerischen Perspektive und näher an Lukács' Totalitätsbegriff: „Totalität ist, provokatorisch formuliert, die Gesellschaft als Ding an sich, mit aller Schuld der Verdinglichung. Gerade aber weil dies Ding an sich noch nicht gesellschaftliches Gesamtsubjekt, noch nicht Freiheit ist, sondern heteronom Natur fortsetzt, eignet ihm objektiv ein Moment von Unauflöslichkeit, wie es Durkheim, einseitig genug, zum Wesen des Sozialen schlechthin erklärte." (Theodor W. Adorno: Einleitung. In: Ders. et al.: *Der Positivismusstreit in der deutschen Soziologie*. Neuwied/Berlin: Luchterhand 1969, S. 19–20); zum Nicht-Identischen und Kants Ding-an-sich vgl. auch Theodor W. Adorno: Zu Subjekt und Objekt. In: Ders.: *Kulturkritik und Gesellschaft II. GS*, Bd. 10.2. Frankfurt am Main: Suhrkamp 1974, S. 741–758, bes. S. 752–753. Die zweite, gesellschaftliche Natur ist bereits in einem frühen Vortrag von 1932, in dem Adorno auch auf Lukács' Begriff der Entfremdung Bezug nimmt, thematisch in Theodor W. Adorno: Die Idee der Naturgeschichte. In: Ders.: *Philosophische Frühschriften. GS*, Bd. 1. Frankfurt am Main: Suhrkamp 1974, S. 345–365.

warenförmige Verdinglichung und Entfremdung Ding-an-sich, aber durch dieselbe Verdinglichung und Entfremdung werden sie dem Proletariat auch zum Gegenstand, und diesen Gegenstand kann es, im Gegensatz zur bürgerlichen Kontemplation und dessen reflektierendem Verstandesdenken, zum Objekt einer existenziellen Selbstermächtigung machen und so zum „identischen Subjekt-Objekt" werden – und die Form der Gegenständlichkeit *als solche* in Praxis auflösen und das äußerlich-reflektierende Verstandesdenken überwinden. Bei Sohn-Rethel dagegen wird das Unbewusste der gesellschaftlichen Praxis des Tauschakts, die reale Abstraktion, unmittelbar im Verstand und in Form seiner Erkenntnis in Kraft gesetzt, und dadurch wird ausgerechnet die *bloße Form* der Erkenntnis und wird ausgerechnet ihr kontemplativer Standpunkt zu einer produktiven Kraft, weil gerade die Trennung von unmittelbarer gesellschaftlicher Praxis und gerade die Abstraktion vom empirischen Dasein die Natur *rein* als solche zum Gegenstand der Erfahrung werden lassen und eine auf Naturwissenschaft beruhende Produktion ermöglichen.

Gleichwohl bleibt ähnlich wie bei Lukács zur Revolutionierung der kapitalistischen Gesellschaft ein letzter Akt der Selbsterkenntnis noch notwendig. Zu der letzten Einsicht, dass im Verstand dieselbe gesellschaftliche Synthesis wie im Warentausch wirksam ist und der Verstand auf abgespaltene und unbewusste, vereinzelte und funktionale Weise gleichwohl anstelle und sogar *für* die Gesellschaft denkt, zu dieser Selbsteinsicht muss auch bei Sohn-Rethel der Verstand noch gebracht werden, denn auch bei Sohn-Rethel synthetisiert die Einheit von Warenform und Denkform die Gesellschaft noch nicht im Sinne einer rationalen Totalität. Gesellschaftliche Totalität ergibt sich vorerst nur aus der Funktionalität vereinzelter Verstandestätigkeiten und aus der reinen Geltung der Dinge als Werte, und was darin nicht aufgeht und transzendent bleibt wie das Ding-an-sich, das ist, wie bei Lukács, letztlich der praktische, materielle, gesellschaftliche (Reproduktions-)Prozess in seiner Totalität, von Sohn-Rethel gefasst als totale gesellschaftliche Synthesis und „Vollvergesellschaftung".

Die Möglichkeit einer radikalen Kritik des Kapitalismus ist demnach mit Marx' Kritik der politischen Ökonomie auf ganz unterschiedliche und mitunter gegensätzliche Weise eingeholt worden:

– Arbeiterbewegung und Sozialdemokratie der ersten Stunde stellten sich im Namen der Arbeit auf den Standpunkt der *objektiven* kapitalistischen Widersprüche und ihrer geschichtlichen Entwicklung und Zuspitzung; sie stellten sich auf den Standpunkt einer quasi zwangsläufig anstehenden logischen wie historischen Selbstnegation des Kapitals.
– Lenin zufolge muss für die Revolution ein *subjektiver* Faktor einspringen; subjektiv, weil für die Organisierung und Führung eines *fehlenden* revolutionären Bewusstseins buchstäblich Partei ergriffen werden muss.
– Lukács zufolge kann die Arbeit durch ihre warenförmige Verdinglichung und Entfremdung zum ersten Mal in der Geschichte der Menschheit durch das

Selbstbewusstsein der Ware Arbeitskraft reflexiv werden. Die Arbeitskraft kann den Standpunkt eines identischen Subjekt-Objekts der Geschichte auf eine existenzielle Weise ergreifen und sich als das entfremdete Wesen der Gesellschaft und als der fehlende Sinn der bisherigen Geschichte erschließen und, ineins, die eigene Existenz für die Verwirklichung der Idee des Kommunismus einsetzen.

- Adorno zufolge erfährt die auf Identifikation zielende, begriffliche und tauschwertige Vermittlung im Nicht-Identischen auf negative Weise eine immanente und zugleich transzendierende Kritik.

- Bei Sohn-Rethel ist die Realabstraktion auf unbewusste Weise in der gesellschaftlichen Vermittlung und im Verstand in Kraft und stellt die Einheit von Warenform und Denkform her; die warenförmige Synthesis der Dinge konstituiert auf praktische Weise Objektivität, durch die verstandesmäßige Synthesis wird die Objektivität sowohl aufseiten der Gesellschaft als auch aufseiten der Natur auf subjektive Weise gegenständlich.

Doch trotz dieser ganz unterschiedlichen Methoden, die Möglichkeit der Gesellschaftskritik in der kritisierten Gesellschaft immanent einzuholen und zugleich auszuweisen, ist keiner Gesellschaftskritik aufgefallen, dass in der KdpÖ der für die Kritik ‚erste' Standpunkt entwickelt wird, nämlich der Standpunkt, den die Gesellschaft im Geld gegenüber sich selbst einnimmt. Entsprechend ist keine Kritik darauf gekommen, dass es um die Kritik *dieses* Standpunkts gehen muss, mithin um die Kritik der bewusstlosen Selbstdarstellung und ‚Selbstkritik' der Gesellschaft. Es muss um die Kritik derjenigen maßgeblichen Einheit gehen, an welche die kapitalistische Gesellschaft in ihrer Totalität durch das Geld gehalten und durch die sie reflexiv wird, und zwar reflexiv, indem die Verwertung von Arbeit und Kapital über die ermittelten Werte zum Maß ihrer selbst erhoben wird. Stattdessen ist das Geld bei Lukács, Adorno und Sohn-Rethel der blinde Fleck ihrer Kritik der Warenform geblieben. In gewisser Weise steht sogar buchstäblich etwas anderes an der Stelle einer Kritik des Geldes, wenn die Ware Arbeitskraft und das identische Subjekt-Objekt der Geschichte (Lukács) bzw. das Nicht-Identische und der nicht-aufgehende Rest (Adorno) bzw. die Realabstraktion und die Einheit von Warenform und Denkform (Sohn-Rethel) zum Maß der Kritik warenförmiger Vermittlung erhoben werden. Darum konnte das Geld durch eine immanente Kritik an Lukács, Adorno und Sohn-Rethel zwar jeweils eingeholt und dann einer eigenständigen Darstellung zugeführt werden. Das ursprüngliche Ziel aber, das alle drei mit ihrer Kritik verfolgten, nämlich die Überwindung warenförmiger Vermittlung, musste darüber verfallen. Stattdessen ist auf unterschiedlichem Wege ein und dasselbe *Problem* einer radikalen und auf Überwindung zielenden Kritik der Warenform hervorgetreten: Die Vermitteltheit der Kritik durch die kritisierte Gesellschaft kann weder positiv überwunden werden (Lukács), noch durch Verweis aufs Nicht-Identische auf negative Weise durchbrochen werden (Adorno), noch durch das Bewusstsein der geschichtlichen und gesellschaftlichen Gewordenheit der Erkenntnisweise und ihrer objektiven Geltung hintergangen und überboten werden

(Sohn-Rethel). Stattdessen muss die Kritik der Warenform ins Geld ‚verschoben' und durch die Entwicklung des Geldes ‚erledigt' werden. „Erledigt" heißt, die Vermittlung der Gesellschaft muss von demjenigen Maß her gedacht werden, durch das die kritisierte Gesellschaft sich ins Verhältnis setzt und reflexiv wird; reflexiv wird, indem sie aus dem Verhältnis der beiden Bestandteile der Warenproduktion die für ihre weitere Verwertung maßgeblichen Größen ermittelt und in den Warenwerten sowie im Profit herausstellt – darum wird die Gesellschaft ihr selbst entsprechend dargestellt, wenn durch die Entwicklung dieses gesamtgesellschaftlichen Messprozesses die Methode eingeholt wird, wie die Gesellschaft durch die im Geld ermittelten Werte sich selbst angemessen wird und sich selbst zur Darstellung bringt.

2. Maß der Kritik und Kritik des Maßes. Die Idee der Dialektik

Im ersten, noch vorbereitenden Abschnitt dieser Arbeit wurde die Dialektik von Hegel und Marx als Ausdruck einer Verlegenheit bestimmt.[7] Die Verlegenheit bestand nicht darin, den absoluten Geist (Hegel) oder die kapitalistische Gesellschaft (Marx) zu bestimmen, sondern zu bestimmen, wie der absolute Geist bzw. die kapitalistische Gesellschaft *sich selbst* bestimmt. Die Selbstbestimmung von Geist und kapitalistischer Gesellschaft gründet darin, maßgeblich zu sein für nichts als sich selbst. Diese Maßgeblichkeit holen Hegel und Marx gleich zu Beginn ihrer drei großen Werke *Phänomenologie des Geistes* und *Wissenschaft der Logik* bzw. *Das Kapital* durch das (Ab-)Geben des Maßes ein, und mit dem (Ab-)Geben holen sie auch die Möglichkeit einer immanenten, vom Gegenstand her denkenden „Kritik durch Darstellung et vice versa" ein: Hegels *Phänomenologie* beginnt mit einem Selbstbewusstsein, das maßgeblich ist für die Objektivität subjektiver Erfahrung und das Subjekt des Wissen konstituiert; seine *Wissenschaft der Logik* beginnt mit der Maßgeblichkeit des Seins für sich selbst und der Konstitution des Begriffs der Objektivität; Marx *Kapital* beginnt mit dem Maß des Werts, dem *Geld*, das die Arbeiten und die Waren in ein gemeinsames Verhältnis setzt und durch „Wertgegenständlichkeit"[8] gesellschaftliche Objektivität konstituiert.

Die *PhdG* zeigt zunächst, auf welche Weise dem Bewusstsein das Maß der Erfahrung schlechthin gegeben ist: Das Bewusstsein erhält kraft seiner Entfremdung ein Selbstbewusstsein und bringt sich hinterrücks zur Negativität derjenigen Vernunft, die darin liegt, die Welt in Bewusstsein und Gegenstand, Subjekt und Objekt zu trennen und in der Trennung ihre reflexive Vermittlung und Identifikation zu gründen. Kurz, mit dem Selbstbewusstsein tritt ein *Maß* für ein Wissen aus der Erfahrung ein. Weil das Bewusstsein durch das Selbstbewusstsein in aller Gegenstandserfahrung an das eigene

---

[7] Martin Heidegger hat in *Sein und Zeit* die Dialektik eine „echte philosophische Verlegenheit" genannt. Er bezog sich dabei allerdings auf die griechische Ontologie und nicht auf Hegel, vgl. Martin Heidegger: *Sein und Zeit [1927]*. Tübingen: Niemeyer 1993., §6, S. 19–27, hier S. 25. (Zur näheren Bestimmung vgl. Martin Heidegger: Colloquium über Dialektik. In: Friedhelm Nicolin / Otto Pöggeler (Hrsg.): *Hegel-Studien*, Bd. 25. Bonn: Bouvier 1990, S. 9–40.)

[8] Karl Marx: *Das Kapital. Kritik der Politischen Ökonomie. Erster Band. Marx-Engels-Werke (MEW)*, Bd. 23. Berlin, DDR: Dietz 1953ff., S. 62, 80–81 (im Folgenden Kapital I).

(Bewusst-)Sein gehalten wird und sich dadurch in aller Erfahrung zugleich selbst der Gegenstand ist, nimmt es im Selbstbewusstsein den Standpunkt eines absoluten Wissens für sich in Anspruch: Durch das Selbstbewusstsein identifiziert das Bewusstsein sich mit allen seinen Erfahrungen und wird zum Subjekt für die Objektivität eines Wissens aus diesen Erfahrungen; es erfährt sich in diesem Identifizieren als „alle Realität"[9] und bringt den Verstand zur Vernunft.

In der *WdL* zeigt Hegel dann, dass die Objektivität auf dieselbe negative Weise konstituiert wird wie die Subjektivität, nämlich dadurch, auch die Objektivität schlicht an ihr eigenes Sein zu halten. So wie das Bewusstsein durch das Selbstbewusstsein in aller Erfahrung beständig an das eigene (Bewusst-)Sein gehalten und dadurch der eigenen Identität als Subjekt aller Erfahrung ausgesetzt ist, so wird nun das Sein der Objektivität begriffen, wenn die Objektivität ebenfalls an sie selbst gehalten und darum der eigenen Identität ausgesetzt wird. Eine Objektivität, die der eigenen Identität ausgesetzt ist, *muss* maßgeblich für sich sein und die Notwendigkeit ihrer Bestimmung durch nichts als sie selbst erhalten, durch die eigene Unmittelbarkeit und aus innerer Notwendigkeit heraus. Aus dieser inneren Notwendigkeit entwickelt Hegel über das reine Übergehen, das Umschlagen in Quantität und das Vereinigen von Qualität und Quantität, auf welche Weise das Sein die eigene Bestimmung und die eigene Identität auf bewusstlos-naturwüchsige Weise einerseits herstellt und für sich erschließt und dabei andererseits indifferent und begriffslos gegenüber sich selbst ist, gegenüber der eigenen objektiven Bestimmtheit. Von dieser Logik her zu denken, heißt, vom Sein der Objektivität her zu denken und dabei das Denken mit den Bestimmungen des Seins gleichsam zu identifizieren. Der Begriff begreift einerseits, dass er die Objektivität maßgeblich für sie selbst sein lassen muss, andererseits hebt er die Objektivität, gerade weil er sie als maßgeblich für sie selbst reflektiert, im Wissen auf. Durch diesen Widerspruch wird die Identität von Sein und Denken zwar nur in Form der *Gegenständlichkeit* von Objektivität und Subjektivität verwirklicht, also durch eine Trennung und durch einen Gegensatz; aber gerade dadurch begreift der Begriff, dass die Objektivität durch ihn zu *ihrem* Bewusstsein kommt, oder vielmehr zum Bewusstsein ihrer Bewusst*losigkeit* (nämlich jenem bewusstlosen In-sich-Übergehen des Seins, dessen Negativität durch die Qualität quantitativer Größenverhältnisse ins Positive gewendet werden kann). Indem der Begriff das begreift, überwindet er die Form der Gegenständlichkeit in der *spekulativen* Identität von Denken und Sein.

Marx' Analyse der Wertform ließ sich sowohl zum Subjekt des Wissens der Erfahrung als auch zur Konstitution des Begriffs der Objektivität in eine Analogie bringen; die Analyse erlaubt somit eine Verbindung sowohl zum phänomenologischen (Ab-)Geben des Maßes im Sinne der Konstitution eines Subjekts des Wissens aus der Erfahrung (*PhdG*) als auch zur rein logischen Entwicklung des Maßes im Sinne der Konstitution des Begriffs der Objektivität (*WdL*).

---

9 Georg Wilhelm Friedrich Hegel: *Phänomenologie des Geistes. Werke,* Bd. 3. Frankfurt am Main: Suhrkamp 1986, S. 179.

Was den phänomenologischen Weg betrifft, so wird durch die Aussonderung einer beliebigen Ware diejenige maßgebliche Werteinheit (ab-)gegeben, die der Konstitution eines Subjekts des Wissens der Erfahrung insofern entspricht, als die Geldware gleich dem Selbstbewusstsein die für alle anderen Waren maßgebliche Einheit fixiert und denjenigen überindividuellen Standpunkt einnimmt, der maßgeblich ist für die Erfahrung des Verhältnisses einer jeden Ware zu allen anderen Waren. So wie Hegel zufolge das Bewusstsein kraft seiner Entfremdung sich je überwunden und zugleich im Selbstbewusstsein denjenigen überindividuellen Standpunkt eingenommen hat, der maßgeblich ist für die eigene Erfahrung *und* für alle Gegenstände der Erfahrung, so wird qua Ausschluss irgendeiner beliebigen Ware diejenige ideelle Einheit fixiert und anwesend, die gleich einem gesamtgesellschaftlichen Selbstbewusstsein alle Waren in ein und dasselbe Verhältnis (ver-)setzt und der Realisierung als Werte aussetzt, sodass die Waren immer schon von dieser ideellen Einheit her auf ihr Verhältnis zurückkommen. Die Geldware hat dadurch dasselbe Verhältnis zum Gegenstand, das sie nicht nur wie in einer bewusstlosen Reflexion realisiert, sondern das dadurch überhaupt erst *als* Verhältnis eintritt und zugleich in den quantitativen Bestimmungen des Geldes ausgesagt wird und sich entspricht. Es scheint darum, als werde durch die ausgeschlossene Geldware das Verhältnis aller anderen Waren wie durch eine bewusstlose Reflexion gebrochen und objektiv erfahrbar und als erfahre das Geld dadurch auch die eigene quantitative Bestimmung, den eigenen Wert. Während die Waren ihr Verhältnis durch die ideelle Werteinheit, für die das Geld steht, wie in einer bewusstlosen Reflexion umschlagen und daraus als Werte immer ein und derselben Qualität hervorgehen, wird das Geld zum überindividuellen Subjekt für dieselbe Objektivität, die gebrochen durch diese ideelle Einheit zur Realität wird. Kurz, durch die Maßfunktion des Geldes ist der Gesellschaft gleichsam das Selbstbewusstsein für die Realisierung ihrer Objektivität gegeben. Es wird zum bewusstlosen Selbstbewusstsein und steht für eine überindividuelle Subjektivität der kapitalistischen Gesellschaft, wenn es dieselbe Objektivität, die es durch Werte realisiert, wie in einer bewusstlosen Reflexion begreift und durch Werte buchstäblich zu denken gibt, mithin diejenige „Wertgegenständlichkeit" konstituiert, von der her die individuelle Subjektivität die eigenen ökonomischen Anschauungen und Kategorien denken muss.

Diese Wertgegenständlichkeit wurde in Analogie zu Hegels Logik des Seins und ihrer Konstitution von Objektivität entwickelt. Der Dreischritt der Seinslogik: Das seinslogische Übergehen, das Umschlagen in Quantität und das Reflexiv-Werden des Seins in der Qualität quantitativer Verhältnisse, ließ sich in Analogie bringen zur Analyse der Wertform x Ware A = y Ware B. So ist auch bei Marx, erstens, der Wert eine unbestimmte und übersinnliche Qualität wie Sein und Nichts bei Hegel, aber auch bei Marx ist die Qualität des Werts darum rein und unbestimmt, weil der Wert nichts *ist* als die Qualität des Bestimmens selbst und analog dem Sein Bestimmung durch *Negativität* ergibt. Zweitens ergibt sich auch hier die negative Qualität des Werts daraus, dass eine Ware A gerade nicht durch eine andere Ware B – und Ware C, Ware D und so weiter bis ins Unendliche[10] – bestimmt werden muss. Stattdessen können alle Waren durch jede einzelne Ware ihr rein gesellschaftliches Verhältnis quantitativ umschlagen, sodass ihr Verhältnis auf ebenso unmittelbar-schlagartige wie bewusstlose Weise reflexiv wird – dafür muss nur irgendeine beliebige Ware ausgesondert und als Geldware maßgeblich werden für alle anderen. Jede Ware kann dasjenige Verhältnis aller anderen quantitativ umschlagen, das im Umschlagen erst eintritt und darüber das Verhältnis *als* Verhältnis, d. h. als bloße Relation und insofern rein negative Qualität, durch bestimmte Größen ins Positive wenden und reflexiv werden lassen; jede Ware kann die Qualität quantitativer Verhältnisse erzeugen und gesellschaftliche Objektivität herausstellen. Dadurch lässt das Geld, drittens, die Waren maßgeblich sein für ihr gemeinsames Verhältnis und für die Objektivität der Gesellschaft durch die Qualität *quantitativer Größenverhältnisse*.

Somit ist es bei Marx nicht das begriffliche Denken, das die Objektivität einerseits maßgeblich sein lässt für sie selbst und sie andererseits wie ein selbständiges Verhältnis zum Gegenstand hat und durch das quantitative Umschlagen auf objektive Weise reflexiv werden lässt, sondern das Geld. Es ist das Geld, das den Wert gleich einem überindividuellen Begreifen realisiert und dadurch zur Wirklichkeit einer Logik wird, die dem quantitativen Umschlagen und der Qualität quantitativer Verhältnisse entspricht. Es verwirklicht die Idealität der Werteinheit, für die es steht, einerseits im Übergehen der Waren als Werte, andererseits wird es selbst dadurch zum sich spezifizierenden Quantum und beschließt im quantitativen Umschlagen der Waren die Maßgeblichkeit des gesellschaftlichen Verhältnisses für sich selbst, und dadurch wird die gesellschaftliche Objektivität nicht durch die Logik des begrifflichen Denkens gegeben, sie wird ‚zuerst' durch die Maßfunktion des Geldes und die realisierten Werte im Wortsinn zu denken gegeben; entsprechend muss das Denken seinen Begriff des Seins, der Identität und der Objektivität von genau der ökonomischen Gegenstandskonstitution her denken, die das Geld auf bewusstlose Weise herstellt und qua Entzug zu denken gibt. Mit Hegel phänomenologisch betrachtet, steht das Geld einerseits *für* ein bewusstloses, überindividuelles Selbstbewusstsein, und weil es dadurch andererseits Wertgegenständlichkeit konstituiert, steht es, mit Hegel rein logisch betrachtet, *für* das begriffslose Begreifen der Objektivität. Das „für" soll jeweils heißen, dass das Geld zwar nicht das Selbstbewusstsein der Gesellschaft *ist*, aber es *ersetzt* der Gesellschaft ein solches Selbstbewusstsein und steht an seiner Stelle; und das Geld *begreift* zwar nicht die gesellschaftliche Objektivität, aber es stellt sie im Eingehen in die Verwertung und im quantitativen Realisieren und Vermitteln ihrer Resultate her, und insofern ist die gesellschaftliche Objektivität im Geld und seiner Kapitalform beständig begriffen. Will das Denken kritisch Stellung zu den eigenen Denknotwendigkeiten beziehen, muss es sie von einer gesellschaftlichen Formbestimmung her begreifen, die nicht nur durch die Geldfunktionen praktisch vollzogen wird, das Geld steht dadurch

---

10 Vgl. *Kapital I*, S. 77ff.

auch anstelle eines Denkens, dem nur mehr die Resultate dieser Praxis zu denken gegeben werden, und es erhält darin diejenige gesellschaftliche Vermittlung, die ihm zu denken *erspart* wurde.

Die in den Wertgrößen der Waren dargestellte Objektivität muss indes auf die Verhältnisse der beiden Bestandteile ihrer Produktion zurückgeführt werden, auf Arbeit und Kapital. Das Geld ermittelt über die Realisierung der Warenwerte und der Profite aus dem konstanten und dem variablen Bestandteil der Verwertung die zur jeweiligen Warenproduktion notwendigen Durchschnittsgrößen, und es gibt in den Wertgrößen die produktive Kraft wieder, die im Verwerten dieser beiden Bestandteile liegt, d. h. im Übertragen vergangener, aber im Wert des Kapitals akkumulierter Arbeitszeit sowie im Zusetzen neuer Arbeitszeit.

Diese Verschränkung zwischen dem Geld und der produktiven Kraft der Verwertung wurde am Ende der Arbeit in eine Ökonomie der Zeit ausgelegt. Durch seine erste Funktionen setzt das Geld die beiden Bestandteile der Warenproduktion der Messung durch die Zeit aus und setzt sie als zwei Bestandteile einer zeitlichen Verwertung in Kraft, der Verwertung lebendiger und toter Arbeitszeit; in seiner zweiten Funktion realisiert es die in den Waren verendlichte Produktivkraft dieses zeitlichen Verwertungsverhältnisses und wendet es durch bloße Größen ins Positive; und in seiner Kapitalbewegung G-W-G' wird es zur zeit-übergreifenden Form für dieselbe Verwertung, deren Resultate es realisiert und in die es nach dem Realisieren zurückkehrt. Es rechnet durch seine Funktionen, seine Kapitalform und seine quantitativen Bestimmungen auf bewusstlose und automatische Weise mit der Identität der Zeit; es gibt der Auseinandersetzung dieser Zeit durch die Verhältnisse von toter und lebendiger Arbeitszeit Raum; und es erhebt diese in den Gestalten der Arbeit und der kapitalistischen Produktionsmittel ausgetragene Auseinandersetzung im Ermitteln notwendiger Größen zum Maß ihrer selbst. Die Größen werden maßgeblich für eine Verwertung, deren Resultate, wie immer sich deren materielle Beschaffenheit und gebrauchswertige Bestimmungen auch darstellen, als Wertgrößen in das zeitliche Selbstverhältnis der Gesellschaft eingehen und alles Materielle und Gebrauchswertige zu Trägern dieses zeitlichen Selbstverhältnisses und zu Momenten seiner Verzeitlichung machen.

Welcher Status dieser Ökonomie der Zeit auch immer zukommen mag, in jedem Fall ist Marx' Problem, die kapitalistische Ökonomie ihr selbst entsprechend darzustellen, nicht zu trennen von dem Problem der Darstellung, das die kapitalistische Ökonomie an und für sich hat, und die im Geld ermittelten und begriffenen Wertgrößen sind ebenso Ausdruck dieses Problems wie dessen Lösung. Die kapitalistische Ökonomie kann sich nur dann ihr selbst entsprechend auf objektive Weise zur Darstellung bringen und darüber maßgeblich werden für die Entwicklung und Steigerung der Produktivkraft der beiden Bestandteile der Verwertung, wenn deren Resultate durch das Geld gemessen und darüber die Produktivität ihres zeitlichen Verhältnisses ermittelt wird und wenn diese Produktivkraft einerseits im Geld auf quantitative Weise gegenwärtig gehalten wird und andererseits durch die Kapitalform des Geldes wieder in Kraft gesetzt wird. Das Geld muss im unmittelbarsten Sinne in seinen drei Funktionen: *im*

Fixieren einer maßgeblichen Werteinheit und *im* Realisieren des Werts auch ‚*im* Wissen' der gemessenen Verwertung sein, im Wissen der Produktivkraft, die aus dem Verwerten der beiden Bestandteile der Warenproduktion resultiert und im Geld eine eigenständige Existenzform annimmt.

Aufgrund dieser Verschränkung zwischen dem Maß der abstrakten Zeit, für die das Geld steht, und der Produktivkraft, die sich aus den zeitlichen Verhältnissen der Verwertung ergibt und die unmittelbar im Geld quantitativ eintritt und in seiner Kapitalbewegung existiert, kann es für die Kapitalismuskritik nicht darum gehen, im herkömmlichen Sinne des Historischen Materialismus nachzuweisen, dass die kapitalistische Produktionsweise einer nicht- oder vorkapitalistischen Gesellschaft entspringt (um sich dann, nach einer Phase der formellen und reellen Subsumtion vorgefundener, nicht-kapitalistischer Verhältnisse, aus sich heraus zu reproduzieren und zu entwickeln). Es kann auch nicht allein darum gehen zu untersuchen, ob der Kapitalismus über seine Gewordenheit hinaus Möglichkeiten oder Tendenzen der eigenen Überwindung hervorbringt, etwa durch die Krisenhaftigkeit oder die Fortschrittlichkeit oder die Widersprüchlichkeit seiner Entwicklung. Solch eine Kritik ordnet die kapitalistische Gesellschaft von vornherein in eine Zeit ein, die selbst ungeschichtlich bleiben muss. Es muss scheinen, als habe immer genau die abstrakt-physikalische Zeit der Natur gegolten, die dann erst im Kapitalismus maßgeblich für das produktive Verhältnis von Arbeit und Kapital wurde und die erst durch die Warenform der Arbeitszeit auf der einen und durch die kapitalistische Bestimmung der Produktionsmittel als in der Zeit zu bewahrender, konstanter Wertbestandteil auf der anderen Seite produktiv auseinandergesetzt wird. Die Kritik müsste es dagegen mit dem Paradox aufnehmen, dass erst die Maßgeblichkeit dieser vermeintlich ahistorischen, naturgegebenen Zeit und ihre in Wertsetzung durch das Verhältnis von toter und lebendiger Arbeit zu genau der geschichtlichen Entwicklung führt, die sich *in* dieser Zeit zu ereignen scheint. Des Weiteren wären sowohl die qualitäts- und geschichtslose Identität der Zeit als auch ihre endliche und geschichtliche Bestimmung auf die Qualität quantitativer Verhältnisse zurückzuführen und als spezifisch kapitalistische Unterscheidung auszuweisen. Mit Marx lässt sich jedenfalls etwas ganz anderes zeigen, als dass das Verhältnis von Arbeit und Kapital einer vor- oder nicht-kapitalistischen Gesellschaft entspringt, um sich dann allein aus sich heraus, kraft der Produktivkraft der Verwertung und ihrer Steigerung, fortzusetzen. Mit Marx lässt sich zeigen, dass lebendige und tote Arbeitszeit ein Verwertungsverhältnis eingehen und die Zeit produktiv auseinandersetzen durch die maßgebliche Einheit, die der Gesellschaft im Geld ‚entsprungen' ist und an die sich die Gesellschaft wie an ein äußerliches und vorgängiges Maß hält, und dass die Einheit die produktive Kraft, die im Verhältnis von Arbeit und Kapital liegt, durch bestimmte Werte quantitativ ins Positive wendet und dabei die für die Verwertung maßgeblichen Größen ermittelt. Erst diese Logik des Messens der Verwertung von Arbeit und Kapital vergesellschaftet durch ein Wertverhältnis eine Zeit, die von Natur gegeben und für die das Geld zu stehen scheint, und erst diese Vergesellschaftung der Zeit führt in ein zeitliches Selbstverhältnis, das sich als geschichtliches Werden ‚in' der Zeit äußert. Gleichwohl muss eingeräumt werden, dass Marx selbst die Möglichkeit einer kritischen Darstellung nicht auf das Maß der Zeit und auf die Methode der quantitativen (Selbst-)Darstellung der kritisierten Produktionsweise zurückgeführt hat, insbesondere dort nicht, wo er den gesellschaftlichen Charakter der Arbeit und die Praxis der Arbeiterklasse zum Maß der Kapitalismuskritik erheben oder sogar *über* das Geld als Maß des Werts und Form seiner Verwertung erheben wollte.[11] Und doch hat er im *Kapital* eine Kritik der kapitalistischen Produktionsweise vom Standpunkt des Geldes aus durchgeführt, wenn er zunächst den Doppelcharakter der Arbeit und der Ware und dann die Einheit von Arbeits- und Verwertungsprozess und schließlich den Doppelcharakter des Reichtums insgesamt, der einerseits stofflich-materieller Reichtum in Gestalt der „ungeheuren Warensammlung" und andererseits im Geld akkumulierter Wert ist – wenn er all das durch die drei Funktionen und die Kapitalbewegung des Geldes entwickelt.

Durch diese Entwicklung des Geldes ist Marx' KdpÖ zwar eine Darstellung vom Standpunkt des Geldes aus. Aber die Entwicklung stellt ebenso heraus, dass nichts außer dem Geld auf dem Standpunkt stehen kann, dass die Gesellschaft sich Eins sein muss, d. h. nichts außer dem Geld kann sich auf den ebenso universellen wie absolut gleichgültigen Standpunkt stellen, dass die Gesellschaft allein durch sie selbst bestimmt sein und durch die Messung ihrer Produktivkraft über die ermittelten Werte sich selbst angemessen werden muss. Nichts außer dem Geld kann im Zuge dieser Realisierung alle Arbeiten und alle Kapitale ins Verhältnis gesellschaftlicher Totalität setzten und aus ihrer Produktivkraft maßgebliche Wertgrößen ermitteln; nichts außer

---

11 „Stellen wir uns endlich, zur Abwechslung, einen Verein freier Menschen vor, die mit gemeinschaftlichen Produktionsmitteln arbeiten und ihre vielen individuellen Arbeitskräfte selbstbewußt als eine gesellschaftliche Arbeitskraft verausgaben. [...] Die Arbeitszeit würde [...] eine doppelte Rolle spielen. Ihre gesellschaftlich planmäßige Verteilung regelt die richtige Proportion der verschiednen Arbeitsfunktionen zu den verschiednen Bedürfnissen. Andererseits dient die Arbeitszeit zugleich als Maß des individuellen Anteils der Produzenten an der Gemeinarbeit und daher auch an dem individuell verzehrbaren Teil des Gemeinprodukts. Die gesellschaftlichen Beziehungen der Menschen zu ihren Arbeiten und ihren Arbeitsprodukten blieben hier durchsichtig einfach in der Produktion sowohl als in der Distribution." (*Kapital I*, S. 92–93; ähnl. auch Karl Marx: *Das Kapital. Kritik der Politischen Ökonomie. Dritter Band. MEW*, Bd. 25, S. 828 (im Folgenden Kapital III).) Marx' „Verein freier Menschen" erinnert eher an die im Abschnitt über Lukács beschriebene Himmelfahrt der besonderen Ware Arbeitskraft, die ihre Wiederauferstehung feiert, wenn sie die Geldfunktionen unmittelbar auf sich selbst anwendet und mit der universellen Geldware eins wird. Wie in Lukács' Idee des Kommunismus soll die Arbeiterklasse sich der gesamtgesellschaftlichen und geschichtlichen Bestimmung ihrer unmittelbar Arbeit bewusst werden und „ihre vielen individuellen Arbeitskräfte als eine [!] gesellschaftliche Arbeitskraft verausgaben" – dafür jedoch müsste die Arbeiterklasse sich zum Bewusstsein des Geldes erheben und an seiner Stelle diejenige maßgebliche Einheit besetzen, die alle Arbeiten und ihre Verwertung durch die Kapitale in ein gemeinsames, gesamtgesellschaftliches Verhältnis setzt und die produktive Kraft durch maßgebliche Größen ermittelt. Die Arbeiterklasse müsste die Geldfunktionen auf sich nehmen und sie im Denken und Handeln übernehmen, um im Kommunismus an Stelle des Geldes die Arbeiten und die Produktionsmittel zu vergesellschaften und darin die eigene Existenz zu gründen.

dem Geld kann die ermittelten Werte wieder in die Selbständigkeit der Verwertung entlassen und so mit derselben Identität rechnen, die es im Übertragen der Werte in den Kreisläufen der Ökonomie herstellt und zugleich in den Wertgrößen der Waren expliziert. Nichts außer dem Geld kann im Messen der Resultate der Verwertung gleichgültig und doch quantitativ exakt dieselbe gesellschaftliche Objektivität wiedergeben, in die sein Wert ausgelegt und in die Gestalten seines Prozessierens verwandelt war, in ein Prozessieren, das sich durch das Realisieren seiner Resultate wieder in Geld zurückverwandelt und im Wert des Geldes entspricht, entsprechen *muss*.
Nichts kann sich auf den Standpunkt stellen – weil das Geld nichts *ist*. Es ist nichts als irgendeine beliebige Ware, die durch ihre Aussonderung eine ideelle Einheit für die Realisierung der Resultate der Verwertung in Anspruch nimmt; nichts als dasjenige Etwas, das durch die realisierten Werte mit der Identität der Zeit rechnet, in diesen Werten das zeitliche Selbstverhältnis der Gesellschaft durch die Qualität quantitativer Verhältnisse verwirklicht und zur übergreifenden Form für den inneren Zusammenhang der Gesellschaft wird. Der unhintergehbare Materialismus des Geldes ist und bleibt, im Messen der Produktivkraft der Verwertung das Maß der Zeit identisch zu halten und durch die gemessene Produktivkraft beständig quantitativ bestimmt zu werden, und so ist das Geld weder Nichts, noch ist es Etwas, es ist ein *sich spezifizierendes Quantum*.
So sehr indes das Geld die Produktivkraft auch durch (und unmittelbar als) endliche Werte im gesellschaftlichen Selbstverhältnis einlöst und ihr objektive Geltung verleiht, so sehr ist die Produktivkraft ins Geld entzogen und im Wert des Geldes unverfügbar gehalten; letztlich ist der Wert nur die Entsprechung zwischen dem Geld und den zeitlichen Verhältnissen der Verwertung, die es durch die Warenwerte wiedergibt, und die Produktivkraft bleibt auch nur in Kraft und reproduziert die Gesellschaft, solange das Geld in die Verhältnisse eingeht und solange darin vergangene und gegenwärtige Arbeit produktiv verwertet werden können. Wir können durch die Funktionen des Geldes, durch seinen Kapitalkreislauf sowie durch seine quantitative Bestimmung zwar mit dieser Produktivkraft umgehen und mit ihr rechnen, in der quantitativen Bestimmung des Geldes erscheint die Produktivkraft sogar in-sich reflektiert und hat eine selbständige Form für sich, aber das Rechnen muss uns ein unverfügbares, *spekulatives Umgehen mit* der Zeit bleiben. Wir können nur mit dem Rechnen des Geldes rechnen und uns die Zeit mit-teilen lassen, die es mit sich bringt.
Doch gleichgültig, ob wir durch das Geld eine universelle Einheit vergesellschaften und an diesem Universalismus durch die Geldfunktionen und die realisierten Werte praktisch teilnehmen oder ob uns durch das Geld im Gegenteil die eigene Vergesellschaftung unverfügbar bleibt und das Geld uns denselben Universalismus, den es naturwüchsig-automatisch durchführt, entzieht: Solange das Geld uns durch diese maßgebliche Werteinheit vergesellschaftet, solange gibt es uns nicht nur die Suche nach der Methode einer radikalen Kapitalismuskritik auf, sondern auch, mit seiner Methode der Vergesellschaftung fertig zu werden. In dieses Dilemma der Gesellschaftskritik sollte die vorliegende Arbeit durch die Kritik des Maßes den Einstieg

finden. Entwickelt die Kritik das Maß als methodisches Mittel der Verwertung, so findet sich die kritische Darstellung der Gesellschaft insofern ins Geld ‚verschoben', als die Verwertung statt im Wissen ‚zuerst' im Geld begriffen wird und das Geld bewusstlos, mit Hegels Worten, im „Bewußtsein über die Form der inneren Selbstbewegung"[12] seines Inhalts ist. Daher muss die Kritik sich gleichsam auf den Standpunkt des Geldes stellen. Wie das Geld muss sie ‚neben' der gesellschaftlichen Totalität stehen und vom Standpunkt einer ideellen Werteinheit aus dasjenige blinde Reflektieren teilen, durch welches das Geld alle Arbeiten und alle Kapitale durch die Realisierung ihrer Resultate ins Verhältnis setzt, dabei die für ihre Verwertung maßgeblichen Größen ermittelt und darüber den eigenen Wert quantitativ erschließt, kurz, gesellschaftliche Immanenz herstellt – und doch kann die Kritik vom Standpunkt des Geldes aus nur von *dessen* Bewusstlosigkeit auf ihre *eigene* schließen, und die Kritik muss noch sich selbst von derjenigen Bewusstlosigkeit her denken, die das Geld durch seine Funktionen anstelle des Denkens herstellt, aber ihm durch die Realität des Werts zu denken gibt.

Die vorliegende Arbeit hat durch die Entwicklung der drei Funktionen des Geldes lediglich herausstellen können, auf welche Weise die kapitalistische Gesellschaft durch Geld und Wert maßgeblich wird für sich selbst; darum wird die Kritik der kritisierten Gesellschaft angemessen, wenn schlicht dargestellt wird, auf welche Weise die Gesellschaft durch das Geld sich selbst angemessen werden und durch Werte sich selbst bestimmen und darstellen muss. Diese Kritik hat das Geld ins Niemandsland zwischen Geist und Natur geführt und eine Lösung des Geldrätsels nur durch das Rätselhafte seiner Lösung zeigen können: Das Geld führt auf blind-naturwüchsige Weise das zeitliche Selbstverhältnis unserer Gesellschaft durch und stellt es durch Werte quantitativ dar.

---

12 Georg Wilhelm Friedrich Hegel: *Wissenschaft der Logik I. Werke*, Bd. 5. Frankfurt am Main: Suhrkamp 1986, S. 49.

Siglen

Adorno, Theodor W.: Negative Dialektik. In: Ders.: *Negative Dialektik. Jargon der Eigentlichkeit. Gesammelte Schriften*, Bd. 6. Frankfurt am Main 1970, S. 7–412 = *ND*

Hegel, Georg Wilhelm Friedrich: *Phänomenologie des Geistes. Werke*, Bd. 3. Frankfurt am Main: Suhrkamp 1986 = *PhdG*

—: *Wissenschaft der Logik I. Werke*, Bd. 5. Frankfurt am Main: Suhrkamp 1986 = *WdL I*

—: *Wissenschaft der Logik II. Werke*, Bd. 6. Frankfurt am Main: Suhrkamp 1986 = *WdL II*

Kant, Immanuel: *Kritik der reinen Vernunft*. Nach der ersten und zweiten Originalausgabe. Hamburg: Meiner 2003 = *KdrV*

Lukács, Georg: *Geschichte und Klassenbewusstsein*. Neuwied: Luchterhand 1970 (Sonderausgabe) = *GuK*

Marx-Engels-Werke. Berlin, DDR: Dietz 1953ff. = *MEW*

Marx, Karl: *Das Kapital. Kritik der Politischen Ökonomie. Erster Band*. *MEW*, Bd. 23 = *Kapital I*

—: *Das Kapital. Kritik der Politischen Ökonomie. Zweiter Band*. *MEW*, Bd. 24 = *Kapital II*

—: *Das Kapital. Kritik der Politischen Ökonomie. Dritter Band*. *MEW*, Bd. 25 = *Kapital III*

—: *Theorien über den Mehrwert. Erster Teil*. *MEW*, Bd. 26.1 = *ThM I*

—: *Theorien über den Mehrwert. Zweiter Teil*. *MEW*, Bd. 26.2 = *ThM II*

—: *Theorien über den Mehrwert. Dritter Teil*. *MEW*, Bd. 26.3 = *ThM III*

—: *Grundrisse der Kritik der politischen Ökonomie*. *MEW*, Bd. 42 = *Grundrisse*

Marx-Engels-Gesamtausgabe (MEGA²). Berlin: Dietz 1975–1993 / Akademie 1998ff. = *MEGA*

Marx, Karl: *Das Kapital. Kritik der politischen Ökonomie. Erster Band*. Hamburg 1867 = *MEGA* II/5

Sohn-Rethel, Alfred: *Von der Analytik des Wirtschaftens zur Theorie der Volkswirtschaft* [1936]. *Frühe Schriften (1927–1931)*. Freiburg: ça ira 2012 = *Frühe Schriften*

—: *Soziologische Theorie der Erkenntnis* [1936]. Frankfurt am Main: Suhrkamp 1985 = *Soziologische Theorie*

—: *Exposé zur Theorie der funktionalen Vergesellschaftung. Ein Brief an Theodor W. Adorno* [1936]. In: *GukA 1989*, S. 131–152 = *TfV*

—: *Zur kritischen Liquidierung des Apriorismus. Eine materialistische Untersuchung* [1937]. In: *GukA 1989*, S. 153–220 = *KLA*

—: *Warenform und Denkform* [1961]. Frankfurt am Main: Suhrkamp 1978 = *Warenform und Denkform*

—: *Materialistische Erkenntniskritik und Vergesellschaftung der Arbeit* [1965]. Berlin: Merve 1971 = *MEVA*

—: *Technische Intelligenz zwischen Kapitalismus und Sozialismus* [1971]. In: *MEVA*, S. 42–64 = *TI*

—: *Geistige und körperliche Arbeit* [1972]. 2. rev. u. überarb. Aufl. Frankfurt am Main: Suhrkamp 1972 = *GukA*

—: *Geistige und körperliche Arbeit*. Rev. u. erg. Neuaufl. Weinheim: VCH 1989 = *GukA 1989*

—: *Die ökonomische Doppelnatur des Spätkapitalismus* [1971]. Darmstadt/Neuwied: Luchterhand 1972 = *Doppelnatur*

—: *Das Geld, die bare Münze des Apriori* [1976]. Berlin: Wagenbach 1990 = *Das Geld*

Literaturverzeichnis

Adorno, Theodor W.: Über den Fetischcharakter der Musik und die Regression des Hörens [1931]. In: Ders.: *Dissonanzen. Gesammelte Schriften (GS)*, Bd. 14. Frankfurt am Main: Suhrkamp 1973, S. 14–50.

—: *Kierkegaard. Konstruktion des Ästhetischen* [1931]. *GS*, Bd. 2. Frankfurt am Main: Suhrkamp 1979.

—: *Die Aktualität der Philosophie* [1931]. In: Ders.: *Philosophische Frühschriften. GS*, Bd. 1. Frankfurt am Main: Suhrkamp 1973, S. 325–344.

—: Die Idee der Naturgeschichte [1932]. In: Ders.: *Philosophische Frühschriften. GS*, Bd. 1. Frankfurt am Main: Suhrkamp 1974, S. 345–365.

—: *Minima Moralia. Reflexionen aus dem beschädigten Leben* [1944–1949]. *GS*, Bd. 4. Frankfurt am Main: Suhrkamp 1970.

—: Ad Lukács [1949]. In: Ders.: *Vermischte Schriften. GS*, Bd. 20.1. Frankfurt am Main: Suhrkamp 1986, S. 251–256.

—: Zur Metakritik der Erkenntnistheorie. Studien über Husserl und die phänomenologischen Antinomien [1956]. In: Ders.: *Zur Metakritik der Erkenntnistheorie. Drei Studien zu Hegel. GS*, Bd. 5. Frankfurt am Main: Suhrkamp 1971, S. 7–245.

—: Soziologie und empirische Forschung [1957]. In: Ders. et al.: *Der Positivismusstreit in der deutschen Philosophie*. Neuwied/Berlin: Luchterhand 1969, S. 81–101.

—: *Ontologie und Dialektik* [1960/61]. *Nachgelassene Schriften*, Abt. IV, Bd. 7. Frankfurt am Main: Suhrkamp 2002.

—: Über Statik und Dynamik als soziologische Kategorien [1961]. In: Ders.: *Soziologische Schriften I. GS*, Bd. 8. Frankfurt am Main: Suhrkamp 1972, S. 217–237.

—: Erpreßte Versöhnung. Zu Georg Lukács: Wider den mißverstandenen Realismus [1961]. In: Ders.: *Noten zur Literatur II. GS*, Bd. 11. Frankfurt am Main: Suhrkamp 1974, S. 251–280.

—: Zur Logik der Sozialwissenschaften [1961]. In: Ders. et al.: *Der Positivismusstreit in der deutschen Soziologie*. Neuwied/Berlin: Luchterhand 1969, S. 125–143.

—: Drei Studien zu Hegel [1963]. In: Ders.: *Zur Metakritik der Erkenntnistheorie. Drei Studien zu Hegel. GS*, Bd. 5. Frankfurt am Main: Suhrkamp 1971, S. 247–381.

—: *Philosophische Terminologie. Zur Einleitung* [1962/63]. 2 Bde. Frankfurt am Main: Suhrkamp 1973–1974.

—: Jargon der Eigentlichkeit [1962–1964]. In: Ders.: *Negative Dialektik. Jargon der Eigentlichkeit. GS*, Bd. 6. Frankfurt am Main: Suhrkamp 1966, S. 413–526.

—: Gesellschaft [1965]. In: Ders.: *Soziologische Schriften I. GS*, Bd. 8. Frankfurt am Main: Suhrkamp 1972, S. 9–19.

—: Negative Dialektik [1966]. In: Ders.: *Negative Dialektik. Jargon der Eigentlichkeit. GS*, Bd. 6. Frankfurt am Main 1970, S. 7–412.

—: *Vorlesung über Negative Dialektik (1966/67)*. *Nachgelassene Schriften*, Abt. IV, Bd. 16. Frankfurt am Main: Suhrkamp 2003.

—: Stichwort: Gesellschaft [1967]. In: Evangelisches Staatslexikon. Stuttgart: Kreuz Verlag 1967, S. 639.

—: *Einleitung in die Soziologie (1968)*. *Nachgelassene Schriften*, Abt. IV, Bd. 15. Frankfurt am Main: Suhrkamp 1993.

—: Spätkapitalismus oder Industriegesellschaft? [1968]. In: Ders.: *Soziologische Schriften I. GS*, Bd. 8. Frankfurt am Main: Suhrkamp 1972, S. 354–370.

—: *Ästhetische Theorie* [1966–1969]. *GS*, Bd. 7. Frankfurt am Main: Suhrkamp 1970.

—: Zu Subjekt und Objekt [1969]. In: Ders.: *Kulturkritik und Gesellschaft II. GS*, Bd. 10.2. Frankfurt am Main: Suhrkamp 1974, S. 741–758.

—: Einleitung [1969]. In: Ders. et al.: *Der Positivismusstreit in der deutschen Soziologie*. Neuwied/Berlin: Luchterhand 1969, S. 7–9.

Adorno, Theodor W. et al.: *Der Positivismusstreit in der deutschen Soziologie*. Neuwied/Berlin: Luchterhand 1969.

Adorno, Theodor W. / Max Horkheimer: *Dialektik der Aufklärung. Philosophische Fragmente* [1947]. Frankfurt am Main: Fischer 1969.

Agamben, Giorgio: *Homo sacer. Die souveräne Macht und das nackte Leben*. Frankfurt am Main: Suhrkamp 2002.

—: *Die kommende Gemeinschaft*. Berlin: Merve 2003.

—: *Ausnahmezustand (Homo sacer II)*. Frankfurt am Main: Suhrkamp 2004.

—: *Profanierungen*. Frankfurt am Main: Suhrkamp 2005.

Agnoli, Johannes: *Subversive Theorie. „Die Sache selbst" und ihre Geschichte*. Freiburg: ça ira 1996.

—: *Politik und Geschichte*. Freiburg: ça ira 2001.

Alker, Andrea B.: *Das Andere im Selben*. Würzburg: Königshauen & Neumann 2007.

Althusser, Louis: *Marxismus und Ideologie*. Berlin: VSA 1973.

—: *Elemente der Selbstkritik*. Berlin: VSA 1975.

—: *Für Marx*. Frankfurt am Main: Suhrkamp 2011.

—: *Über die Reproduktion*. Hamburg: VSA 2012.

Althusser, Louis / Étienne Balibar: *Das Kapital lesen*. Reinbek: Rowohlt 1972.

Altvater, Elmar / Rolf Hecker / Michael Heinrich / Petra Schaper-Rinkel: *Kapital.doc. Das Kapital (Bd. I) in Schaubildern mit Kommentaren*. Münster: Westfälisches Dampfboot 1999.

Anderson, Perry: *Über den westlichen Marxismus*. Frankfurt am Main: Suhrkamp 1978.

Apel, Karl-Otto: *Transformation der Philosophie*. Frankfurt am Main: Suhrkamp 1976.

Arendt, Hannah: *Vita activa oder Vom tätigen Leben*. München/Zürich: Piper 2002.

—: *Elemente und Ursprünge totaler Herrschaft*. München: Piper 2006.

Aristoteles: *Nikomachische Ethik. Philosophische Schriften*, Bd. 3, aus d. Griech. v. Eugen Rolfes. Hamburg: Meiner 1984.

Arndt, Andreas: *Lenin – Politik und Philosophie. Zur Entwicklung einer Konzeption materialistischer Dialektik*. Bochum: Germinal 1982.

—: *Karl Marx. Versuch über den Zusammenhang seiner Theorie*. Bochum: Germinal 1985.

—: Zwischen Philosophie und Wissenschaften. Zur Ortsbestimmung der Dialektik im Bruch von Hegel zu Marx. In: *Hegel-Jahrbuch* 1992, S. 89–97.

—: *Dialektik und Reflexion. Zur Rekonstruktion des Vernunftbegriffs*. Hamburg: Meiner 1994.

—: Der Begriff des Materialismus bei Marx. In: Kurt Bayertz / Walter Jaeschke / Myriam Gerhard (Hrsg.): *Weltanschauung, Philosophie und Naturwissenschaft im 19. Jahrhundert*, Bd. 1: Der Materialismusstreit. Hamburg: Meiner 2007, S. 260–274.

—: *Unmittelbarkeit*. Bielefeld: Transcript 2004.

Arthur, Christopher J.: Marx, Orthodoxy, Labour, Value. In: *Beiträge zur Marx-Engels-Forschung. Neue Folge* 1999, S. 5–11.

Backhaus, Hans-Georg: Rezeptionsmängel bei der Marxschen Form-Analyse. In: *Marxistische Studien. Jahrbuch des IMSF* 13 (1987), S. 402–414.

—: *Dialektik der Wertform. Untersuchungen zur Marxschen Ökonomiekritik.* Freiburg: ça ira 1997.

—: Über den Begriff der Kritik im Marxschen Kapital und in der Kritischen Theorie. In: Joachim Bruhn / Manfred Dahlmann / Clemens Nachtmann (Hrsg.): *Kritik der Politik. Johannes Agnoli zum 75. Geburtstag.* Freiburg: ça ira 2000, S. 13–60.

—: Der widersprüchliche und monströse Kern der nationalökonomischen Begriffsbildung. In: Iring Fetscher / Alfred Schmidt (Hrsg.): *Emanzipation als Versöhnung.* Ljubljana: Neue Kritik 2002, S. 111–141.

—: Der widersprüchliche und monströse Kern der nationalökonomischen Begriffsbildung (Teil 2). In: Christine Kirchhoff / Lars Meyer / Hanno Pahl / Judith Heckel / Christoph Engemann (Hrsg.): *Gesellschaft als Verkehrung. Perspektiven einer neuen Marx-Lektüre.* Freiburg: ça ira 2004 S. 47–82.

Bader, Veit-Michael / Johannes Berger / Heiner Ganßmann / Thomas Hagelstange / Burkhard Hoffmann / Michael Krätke: *Krise und Kapitalismus bei Marx*, 2 Bde. Frankfurt am Main: EVA 1975.

Badiou, Alain: *Paulus. Die Begründung des Universalismus.* Zürich / Berlin: Diaphanes 2002.

—: *Ethik.* Wien: Turia & Kant 2003.

—: *Über Metapolitik.* Zürich / Berlin: Diaphanes 2003.

—: *Das Sein und das Ereignis.* Zürich / Berlin: Diaphanes 2005.

—: *Dritter Entwurf eines Manifestes für den Affirmationismus.* Berlin: Merve 2007.

—: *Wittgensteins Antiphilosophie.* Berlin: Merve 2008.

Badiou, Alain / Slavoj Žižek: *Philosophie und Aktualität. Ein Streitgespräch.* Wien: Turia & Kant 2005.

—: (Hrsg.): *Die Idee des Kommunismus*, Bd. II. Hamburg: Laika 2012.

Baecker, Dirk: Die Metamorphosen des Geldes. In: Jeff Kintzelé / Peter Schneider (Hrsg.): *Georg Simmels Philosophie des Geldes.* Meisenheim: Anton Hain 1993, S. 286–300.

—: Die Wirtschaft als selbstreferentielles soziales System. In: Elmar Lange (Hrsg.): *Der Wandel der Wirtschaft.* Berlin: Edition Sigma 1994, S. 17–45.

—: Die Unruhe des Geldes, der Einbruch der Frist. In: Waltraud Schelkle / Manfred Nitsch (Hrsg.): *Rätsel Geld. Annäherungen aus ökonomischer, historischer und soziologischer Sicht.* Marburg: Metropolis 1998, S. 107–124.

—: (Hrsg.): *Archäologie der Arbeit.* Berlin: Kadmos 2002.

—: (Hrsg.): *Kapitalismus als Religion.* Berlin: Kadmos 2003.

—: Volkszählung. In: Ders. (Hrsg.): *Kapitalismus als Religion.* Berlin: Kadmos 2003, S. 265–282.

—: Gott rechnet anders. Das Risikokalkül des Kapitalismus und der Fingerzeig des Unbestimmten. In: *Lettre International* 84 (2009), S. 84–88.

Bahr, Hans Dieter: *Kritik der ‚politischen Technologie'. Eine Auseinandersetzung mit Herbert Marcuse und Jürgen Habermas.* Frankfurt am Main: EVA 1970.

—: Die Klassenstruktur der Maschine. Anmerkungen zur Wertform. In: Richard Vahrenkamp (Hrsg.): *Technologie und Kapital.* Frankfurt am Main: Suhrkamp 1973, S. 39–72.

—: Zur Dialektik von Zeit und Geld. Anmerkungen zu einem Zeitbegriff Hegels. In: *Hegel-Jahrbuch* 1975, S. 463–468.

—: *Über den Umgang mit Maschinen.* Tübingen: Konkursbuch 1983.

Baier, Walter / Lisbeth N. Trallori / Derek Weber (Hrsg.): *Otto Bauer und der Austromarxismus. „Integraler Sozialismus" und die heutige Linke.* Berlin: Dietz 2008.

Balibar, Étienne: *Für Althusser.* Mainz: Decaton 1994.

Balibar, Étienne / Immanuel Wallerstein: *Rasse Klasse Nation. Ambivalente Identitäten.* Hamburg: VSA 1990.

Bammé, Arno: Fetisch Geld. In: Paul Kellermann (Hrsg.): *Geld und Gesellschaft. Interdisziplinäre Perspektiven.* Wiesbaden: VS 2006, S. 9–81.

Barkholz, Anette: Identität und objektiver Widerspruch. Zum Problem immanenter Kritik in Adornos Negativer Dialektik. In: Diethard Behrens (Hrsg.): *Materialistische Theorie und Praxis*. Freiburg: ça ira 2005, S. 157–215.

Bataille, Georges: *Die Aufhebung der Ökonomie*. München: Matthes & Seitz 2001.

Baudrillard, Jean: *KOOL KILLER oder Der Aufstand der Zeichen*. Berlin: Merve 1978.

—: *Der symbolische Tausch und der Tod*. München: Matthes & Seitz 1982.

—: *Der unmögliche Tausch*. Berlin: Merve 2000.

Becker, Gerhard: Vergesellschaftungsform und Zahlbegriff. In: Dombrowski, Heinz D. / Ulrich Krause / Paul Roos (Hrsg.): *Symposium Warenform und Denkform. Zur Erkenntnistheorie Sohn-Rethels*. Frankfurt am Main: Campus 1978, 139–159.

Becker, Jens / Heinz Brakemeier (Hrsg.): *Vereinigung freier Individuen. Kritik der Tauschgesellschaft und gesellschaftliches Gesamtsubjekt bei Theodor W. Adorno*. Hamburg: VSA 2004.

Behre, Jürgen: *Volkssouveränität und Demokratie. Zur Kritik staatszentrierter Demokratievorstellungen*. Hamburg: VSA 2004.

Behrens, Diethard (Hrsg.): *A. Pannekoek, P. Mattik u.a. Marxistischer Anti-Leninismus*. Freiburg: ça ira 1991.

—: (Hrsg.): *Gesellschaft und Erkenntnis. Zur materialistischen Erkenntnis und Ökonomiekritik*. Freiburg: ça ira 1993.

—: Der kritische Gehalt der Marxschen Wertformanalyse. In: Ders. (Hrsg.): *Gesellschaft und Erkenntnis. Zur materialistischen Erkenntnis und Ökonomiekritik*. Freiburg: ça ira 1993, S. 165–190.

—: Erkenntnis und Ökonomiekritik. Eine Auseinandersetzung mit neueren Ansätzen der Marx-Interpretation. In: Ders. (Hrsg.): *Gesellschaft und Erkenntnis. Zur materialistischen Erkenntnis und Ökonomiekritik*. Freiburg: ça ira 1993, S. 129–163.

—: *Westlicher Marxismus*. Stuttgart: Schmetterling, im Erscheinen.

Behrens, Diethard / Kornelia Hafner: Totalität und Kritik. In: Diethard Behrens (Hrsg.): *Gesellschaft und Erkenntnis. Zur materialistischen Erkenntnis und Ökonomiekritik*. Freiburg: ça ira 1993, S. 89–128.

Beier, Christel: *Zum Verhältnis von Gesellschaftstheorie und Erkenntnistheorie. Untersuchungen zum Totalitätsbegriff in der kritischen Theorie Adornos*. Frankfurt am Main: Suhrkamp 1977.

Benjamin, Walter: Zur Kritik der Gewalt. In: Ders.: *Gesammelte Schriften*, Bd. II.1. Frankfurt am Main: Suhrkamp 1977, S. 179–203.

—: Das *Passagen-Werk*. *Gesammelte Schriften*, Bd. V. Frankfurt am Main: Suhrkamp 1982.

—: Kapitalismus als Religion. In: Ders.: *Gesammelte Schriften*, Bd. VI. Frankfurt am Main: Suhrkamp 1985, S. 100–103.

Bensaïd, Daniel: *Marx for Our Times*. London: Verso 2002.

Berger, Michael: *Karl Marx*. Paderborn: UTB 2008.

Berliner, E. [d. i. Kurt Gossweiler]: Das monopolistische Problem der Massenbasis, die Deutschen ‚Führerbriefe' und Alfred Sohn-Rethel. Anmerkungen und Dokumentation zu einer unvollkommenen Enthüllung. In: *Blätter für deutsche und internationale Politik* 19,2 (1974), S. 154–174.

Bernini, Lorenzo: *Le Pecore e il Pastore. Critica, politica, etica nel pensiero di Michel Foucault*. Neapel: Liguori 2008.

Beuys, Joseph / Johann Phillip von Bethmann / Hans Binswanger / Werner Ehrlicher / Rainer Willert: *Was ist Geld? Eine Podiumsdiskussion*. Wangen: FIU 1991.

Beyer, Wilhelm Raimund: *Die Sünden der Frankfurter Schule. Ein Beitrag zur Kritik der ‚Kritischen Theorie'*. Frankfurt am Main: Marxistische Blätter 1971.

Bindseil, Ilse: *Es denkt. Für eine gesellschaftliche Definition des Geistes und einen Verzicht auf die Definition des Körpers*. Freiburg: ça ira 1995.

Bischoff, Joachim: Materielle und geistige Produktion. In: *Sozialistische Politik* 3,12 (1971), S. 1–9.

—: *Gesellschaftliche Arbeit als Systembegriff. Über wissenschaftliche Dialektik.* Berlin: VSA 1973.

Bischoff, Joachim / Sebastian Herkommer / Hasko Hüning: *Unsere Klassengesellschaft. Verdeckte und offene Strukturen sozialer Ungleichheit.* Hamburg: VSA 2002.

Blank, Hans-Joachim: Zur Marx-Rezeption des frühen Horkheimer. In: Iring Fetscher / Alfred Schmidt (Hrsg.): *Emanzipation als Versöhnung.* Ljubljana: Neue Kritik 2002, S. 50–88.

Blanke, Bernhard / Ulrich Jürgens / Hans Kastendiek: *Kritik der Politischen Wissenschaft. Analysen von Politik und Ökonomie in der bürgerlichen Gesellschaft.* Frankfurt am Main/New York: Campus 1975.

Bockelmann, Eske: *Im Takt des Geldes. Zur Genese modernen Denkens.* Springe: zu Klampen 2004.

—: Abschaffung des Geldes. In: Rudolf Heinz / Jochen Hörisch (Hrsg.): *Geld und Geltung.* Würzburg: Königshausen & Neumann 2006, S. 97–111.

Böhm, Andreas: *Zum Begriff der Kritik bei Marx. Über die philosophiegeschichtlichen und ökonomietheoretischen Grundlagen des Methodenverständnisses kritischer Gesellschaftstheorie* (= *Studientexte zur Sozialwissenschaft*, Sonderband 7). Frankfurt am Main: J. W. Goethe-Universität, FB Gesellschaftswissenschaften 1992.

Bolay, Eberhard / Bernhard Trieb: *Verkehrte Subjektivität. Kritik der individuellen Ich-Identität.* Frankfurt am Main/New York: Campus 1988.

Bolte, Gerhard: *Von Marx bis Horkheimer. Aspekte Kritischer Theorie im 19. und 20 Jahrhundert.* Darmstadt: WBG 1995.

Bondeli, Martin: Dialektische Methode und empirische Wissenschaft. Hegels Dialektische Methode in Marx' ‚Methode der politischen Ökonomie'. In: *Hegel Jahrbuch* 1989, S. 435–446.

Bonefeld, Werner / Michael Heinrich (Hrsg.): *Kapital & Kritik. Nach der „neuen" Marx-Lektüre.* Hamburg: VSA 2011.

Bonß, Werner: Psychoanalyse als Wissenschaft und Kritik. Zur Freudrezeption der Kritischen Theorie. In: Ders. / Axel Honneth (Hrsg.): *Sozialforschung als Kritik. Zum sozialwissenschaftlichen Potential der Kritischen Theorie.* Frankfurt am Main: Suhrkamp 1982, S. 367–427.

Boutang Y. Moulier (Hrsg.): *L'età del capitalismo cognitivo.* Verona: Ombre corte 2002.

Brakemeier, Heinz: Eine Assoziation freier Individuen als gesellschaftliches Gesamtsubjekt und Elemente einer gesamtwirtschaftlichen Planung in der „Marktwirtschaft". In: Jens Becker / Heinz Brakemeier (Hrsg.): *Vereinigung freier Individuen. Kritik der Tauschgesellschaft und gesellschaftliches Gesamtsubjekt bei Theodor W. Adorno.* Hamburg: VSA 2004, S. 122–199.

Brand, P. / N. Kotzias / H. J. Sandkühler / H. Schindler / F. Schumacher / W. Van Haren / M. Wilmes: *Der autonome Intellekt. Alfred Sohn-Rethels „kritische" Liquidierung der materialistischen Dialektik und Erkenntnistheorie.* Frankfurt am Main: Marxistische Blätter 1976.

Braun, Eberhard: *„Aufhebung der Philosophie'. Marx und die Folgen.* Stuttgart: Metzler 1992.

Braunstein, Dirk: *Adornos Kritik der politischen Ökonomie.* Bielefeld: Transcript 2011.

Brecht, Bertolt: *Me-ti. Buch der Wendungen. Fragment. Prosa,* Bd. 5. Frankfurt am Main: Suhrkamp 1965.

Brenner, Robert: *Boom and Bubble. Die USA in der Weltwirtschaft.* Hamburg: VSA 2002.

Brentel, Helmut: *Widerspruch und Entwicklung bei Marx und Hegel.* Frankfurt am Main: VS 1986.

—: *Soziale Form und ökonomisches Objekt. Studien zum Gegenstands- und Methodenverständnis der Kritik der politischen Ökonomie.* Opladen: VS 1989.

Breuer, Stefan: *Die Krise der Revolutionstheorie. Negative Vergesellschaftung und Arbeitsmetaphysik bei Herbert Marcuse.* Frankfurt am Main: Syndikat 1977.

—: Kein Zutritt zum Grand Hotel. Sohn-Rethel und die Frankfurter Schule. In: *Merkur. Deutsche Zeitschrift für europäisches Denken* 46,4 (1992), S. 340–344.

Brinkmann, Heinrich: *Methode und Geschichte. Die Analyse der Entfremdung in Georg Simmels Philosophie des Geldes*. Gießen: Focus 1974.

Bubner, Rüdiger: *Dialektik und Wissenschaft*. Frankfurt am Main: Suhrkamp 1973.

—: Dialektik und Dialog oder Plato und Hegel. In: Ders.: *Zur Sache der Dialektik*. Stuttgart: Reclam 1980, S. 124–161.

—: *Zur Sache der Dialektik*. Stuttgart: Reclam 1980.

—: Adornos Negative Dialektik. In: Ludwig von Friedeburg / Jürgen Habermas (Hrsg.): *Adorno Konferenz 1983*. Frankfurt am Main: Suhrkamp 1983, S. 35–40.

—: *Geschichtsprozesse und Handlungsnormen. Untersuchungen zur praktischen Philosophie*. Frankfurt am Main: Suhrkamp 1984.

Buchbinder, Reinhard: *Bibelzitate, Bibelanspielungen, Bibelparodien, theologische Vergleiche und Anspielungen bei Marx und Engels*. Berlin: Erich Schmidt 1976.

Bulthaup, Peter: Materialistische und idealistische Dialektik. In: *Gesellschaft. Beiträge zur Marxschen Theorie*, Bd. 3. Frankfurt am Main: Suhrkamp 1975, S. 160–177.

—: *Das Gesetz der Befreiung. Und andere Texte*. Lüneburg: zu Klampen 1998.

Castoriadis, Cornelius: *Durchs Labyrinth. Seele, Vernunft, Gesellschaft*. Frankfurt am Main/Wien: EVA 1981.

—: *Gesellschaft als imaginäre Institution*. Frankfurt am Main: Suhrkamp 1990.

Chakrabarty, Dipesh: *Provincializing Europe. Postcolonial Thought and Historical Difference*. Princeton/Oxford: Princeton University Press 2000.

Claussen, Detlev: *Unterm Konformitätszwang. Zum Verhältnis von Kritischer Theorie und Psychoanalyse*. Bremen: Bettina Wassmann 1988.

Cohn-Bendit, Daniel / Gabriel Cohn-Bendit: *Linksradikalismus – Gewaltkur gegen die Alterskrankheit des Kommunismus*. Reinbek: Rowohlt 1968.

Conert, Hansgeorg: *Vom Handelskapital zur Globalisierung. Entwicklung und Kritik der kapitalistischen Ökonomie*. Münster: Westfälisches Dampfboot 1998.

Crouch, Colin: *Über das befremdliche Überleben des Neoliberalismus. Postdemokratie II*. Frankfurt am Main: Suhrkamp 2011.

Dannemann, Rüdiger (Hrsg.): *Das Prinzip Verdinglichung. Studien zur Philosophie Georg Lukács'*. Frankfurt am Main: Sendler 1987.

—: *Lukács und 1968: Eine Spurensuche*. Bielefeld: Aisthesis 2009.

Deleuze, Gilles: *Differenz und Wiederholung*. München: Fink 1992.

—: *Die Falte. Leibniz und der Barock*. Frankfurt am Main: Suhrkamp 2000.

Deleuze, Gilles / Félix Guattari: *Anti-Ödipus. Kapitalismus und Schizophrenie I*. Frankfurt am Main: Suhrkamp 1974.

—: *Tausend Plateaus. Kapitalismus und Schizophrenie II*. Berlin: Merve 1992.

Demmerling, Christian / Friedrich Kambartel (Hrsg.): *Vernunftkritik nach Hegel. Analytisch-kritische Interpretation zur Dialektik*. Frankfurt am Main: Suhrkamp 1992.

Derrida, Jacques: *Die Schrift und die Differenz*. Frankfurt am Main: Suhrkamp 1972.

—: *Vergessen wir nicht – die Psychoanalyse*. Frankfurt am Main: Suhrkamp 1980.

—: Economimesis. In: *Diacritics* 11 (1981), S. 3–25.

—: Die différance. In: Ders.: *Randgänge der Philosophie*. Wien: Passagen 1988, S. 31–56.

—: Ousia und Gramme. Notiz über eine Fußnote in „Sein und Zeit". In: Ders.: *Randgänge der Philosophie*. Wien: Passagen 1988, S. 57–92.

—: Heideggers Hand (Geschlecht II). In: Ders.: *Geschlecht. Sexuelle Differenz, ontologische Differenz / Heideggers Hand (Geschlecht II)*. Wien: Passagen 1988, S. 45–99.

—: *Falschgeld. Zeit geben I*. München: Fink 1993.

—: *Marx' Gespenster. Der verschuldete Staat, die Trauerarbeit und die neue Internationale*. Frankfurt am Main: Fischer 1995.

—: *Über das Preislose oder: The Price is Right in der Transaktion*. Berlin: b_books 1999.

—: *Marx & Sons*. Frankfurt am Main: Suhrkamp 2004.

Deutschmann, Christoph: *Die Verheißung absoluten Reichtums. Zur religiösen Natur des Kapitalismus*. Frankfurt am Main/New York: Campus 2001.

Dörre, Klaus / Stephan Lessenich / Hartmut Rosa: *Soziologie – Kapitalismus – Kritik. Eine Debatte*. Frankfurt am Main: Suhrkamp 2009.

Dombrowski, Heinz D. / Ulrich Krause / Paul Roos (Hrsg.): *Symposium Warenform und Denkform. Zur Erkenntnistheorie Sohn-Rethels*. Frankfurt am Main: Campus 1978.

Dombrowski, Heinz D.: Gegenstand und Methode der exakten Wissenschaften in ihrem inneren Zusammenhang. In: Ders. / Ulrich Krause / Paul Roos (Hrsg.): *Symposium Warenform und Denkform. Zur Erkenntnistheorie Sohn-Rethels*. Frankfurt am Main: Campus 1978, S. 171–189.

Dossier: Geschichte und Klassenbewußtsein heute, Teil 1. In: *Jahrbuch der Internationalen Georg-Lukács-Gesellschaft* 3 (1998/99), S. 13–89.

Dossier: Geschichte und Klassenbewußtsein heute, Teil 2. In: *Jahrbuch der Internationalen Georg-Lukács-Gesellschaft* 4 (2000) S. 9–129.

Dossier: Georg Lukács und Theodor W. Adorno, Teil 1. In: *Jahrbuch der Internationalen Georg-Lukács-Gesellschaft* 8 (2004), S. 65–180.

Dossier: Georg Lukács und Theodor W. Adorno, Teil 2. In: *Jahrbuch der Internationalen Georg-Lukács-Gesellschaft* 9 (2005), S. 55–189.

Douzinas, Costas / Slavoj Žižek (Hrsg.): *Die Idee des Kommunismus*, Bd. I. Hamburg: Laika 2012.

Dutschke, Rudi: *Versuch, Lenin auf die Füße zu stellen. Über den halbasiatischen und westeuropäischen Weg zum Sozialismus. Lenin, Lukács und die Dritte Internationale*. Berlin: Wagenbach 1974.

Einige Unterbrechungen waren wirklich unnötig. Ein Gespräch mit Alfred Sohn-Rethel. In: Matthias Greffrath (Hrsg.): *Die Zerstörung einer Zukunft. Gespräche mit emigrierten Sozialwissenschaftlern*. Frankfurt am Main/ New York: Campus 1989, S. 213–262.

Eisenberg, Götz: *Marxismus und Arbeiterbewegung. Versuch über das Verhältnis von revolutionärer Theorie und Erfahrung*. Gießen: Focus 1974.

Elbe, Ingo: Zwischen Marx, Marxismus und Marxismen – Lesarten der marxschen Theorie. In: Jan Hoff / Alexis Petrioli / Ingo Stützle / Frieder Otto Wolf (Hrsg.): *Das Kapital neu lesen*. Münster: Westfälisches Dampfboot 2006, S. 52–71.

—: Die Beharrlichkeit des ‚Engelsismus'. Bemerkungen zum „Marx-Engels-Problem". In: *Marx-Engels-Jahrbuch* 2007, S. 92–105.

—: *Marx im Westen. Die neue Marx-Lektüre in der Bundesrepublik seit 1965*. Berlin: Akademie 2008.

—: Wertformanalyse und Geld. Zur Debatte über Popularisierungen, Brüche und Versteckspiele in der Marxschen Darstellung. In: Ders. / Tobias Reichardt / Dieter Wolf (Hrsg.): *Gesellschaftliche Praxis und ihre wissenschaftliche Darstellung. Beiträge zur ‚Kapital-Diskussion'*. Berlin: Argument 2008, S. 210–240.

Ellmers, Sven: *Die formanalytische Klassentheorie von Karl Marx. Ein Beitrag zur neuen Marx-Lektüre*. Duisburg: Universitätsverlag Rhein-Ruhr 2007.

Engelmann, Bernd: *Philosophie und Totalitarismus. Zur Kritik dialektischer Diskursivität. Eine Hegellektüre*. Wien: Passagen 1990.

—: Ist der Totalitätsanspruch der Dialektik der Ursprung des Totalitarismus? In: Peter Koslowski (Hrsg.): *Die Folgen des Hegelianismus*. München: Fink 1998, S. 45–53.

Engels, Friedrich: Umrisse zu einer Kritik der Nationalökonomie. In: *Marx-Engels-Werke (MEW)*, Bd. 1. Berlin, DDR: Dietz 1953ff., S. 499–524.

—: Karl Marx, ‚Zur Kritik der Politischen Ökonomie'. In: *MEW*, Bd. 13, S. 468–477.

—: Rezension des Ersten Bandes ‚Das Kapital' für die ‚Düsseldorfer Zeitung' (1967). In: *MEW*, Bd. 16, S. 216–218.

—: Die Entwicklung des Sozialismus von der Utopie zur Wissenschaft. In: *MEW*, Bd. 19, S. 186–228.

—: Dialektik der Natur. In: *MEW*, Bd. 20, S. 305–570.

—: Der Ursprung der Familie, des Privateigentums und des Staates. In: *MEW*, Bd. 21, S. 25–173.

—: Ergänzung und Nachtrag zum III. Buche des „Kapital". In: *MEW*, Bd. 25, S. 895–919.

—: Brief an Karl Marx, 16.06.1867. In: *MEW*, Bd. 31, S. 303–304.

—: Brief an Joseph Bloch, 21.09.1890. In: *MEW*, Bd. 37, S. 462–465.

—: Brief an W. Borgius, 25.01.1894. In: *MEW*, Bd. 39, S. 205–207.

Engels, Friedrich / Karl Marx: *Briefe über das Kapital*. Erlangen: Politladen 1972.

Engster, Frank: Die Idee des Kommunismus. In: *Phase 2. Zeitschrift gegen die Realität* 32 (2009), S. 40–42.

Euchner, Walter / Alfred Schmidt (Hrsg.): *Kritik der politischen Ökonomie heute. 100 Jahre ‚Kapital'*. Frankfurt am Main: Suhrkamp 1968.

Evangelisches Staatslexikon. Stuttgart: Kreuz 1967.

Federici, Silvia: *Caliban und die Hexe. Frauen, der Körper und die ursprüngliche Akkumulation*. Wien: Mandelbaum 2012.

Ferguson, Niall: *Der Aufstieg des Geldes. Die Währung der Geschichte*. Berlin: Econ 2009.

Fetscher, Iring: *Der Marxismus. Seine Geschichte in Dokumenten*. München: Piper 1967.

—: *Von Marx zur Sowjetideologie*. Frankfurt am Main: Diesterweg 1975.

Fineschi, Roberto: Nochmals zum Verhältnis Wertform – Geldform – Austauschprozess. In: *Beiträge zur Marx-Engels-Forschung, Neue Folge* 2004, S. 115–133.

Foucault, Michel: *Die Ordnung der Dinge*. Frankfurt am Main: Suhrkamp 1974.

—: *Die Ordnung des Diskurses*. München: Hanser 1974.

—: *Mikrophysik der Macht*. Berlin: Merve 1976.

—: *Überwachen und Strafen. Die Geburt des Gefängnisses*. Frankfurt am Main: Suhrkamp 1977.

—: Die Hermeneutik des Subjekts. In: Ders.: *Schriften in vier Bänden. Dits et Ecrits*, Bd. 4: 1980–1988. Frankfurt am Main: Suhrkamp 2005, S. 423–438.

Franz, Michael: Aneignungslogik und imaginäre Bedeutung. Alfred Sohn-Rethel und Cornelius Castoriadis. In: Rudolf Heinz / Jochen Hörisch (Hrsg.): *Geld und Geltung*. Würzburg: Königshausen & Neumann 2006, S. 112–121.

Freud, Sigmund: *Totem und Tabu. Gesammelte Werke*, Bd. 9. Frankfurt am Main: Fischer 1999.

—: Das Unheimliche. In: Ders.: *Gesammelte Werke* Bd. 12. Frankfurt am Main: Fischer 1999, S. 229–268.

Freytag, Carl: „Beobachter im Reich der Mitte". Alfred Sohn-Rethels Aufzeichnungen zur Ökonomie des deutschen Faschismus. In: Alfred Sohn-Rethel: *Industrie und Nationalsozialismus. Aufzeichnungen aus dem „Mitteleuropäischen Wirtschaftstag"*. Berlin. Wagenbach 1992, S. 7–34.

—: Die Sprache der Dinge. Alfred Sohn-Rethels „Zwischenexistenz" in Positano (1924–1927). In: Rudolf Heinz / Jochen Hörisch (Hrsg.): *Geld und Geltung*. Würzburg: Königshausen & Neumann 2006, S. 78–85.

—: Himmlisches Feuer – unwissende Nacht. Alfred Sohn-Rethel, die Vorsokratiker und der Warentausch. In: Rudolf Heinz / Jochen Hörisch (Hrsg.): *Geld und Geltung*. Würzburg: Königshausen & Neumann 2006, S. 86–96.

—: Von der ‚Burg der Philosophie' in die Welt der Waren. Alfred Sohn-Rethel in Heidelberg. In: Alfred Sohn-Rethel: *Von der Analytik des Wirtschaftens zur Theorie der Volkswirtschaft. Frühe Schriften*. Freiburg: ça ira 2012, S. 13–28.

—: *Deutschlands „Drang nach Südosten". Der Mitteleuropäische Wirtschaftstag und der „Ergänzungsraum Südosteuropa" 1931–1945*. Wien: V & R Unipress 2012.

Friedrich, Horst: *Hegels Wissenschaft der Logik. Ein marxistischer Kommentar*, 2 Bde. Berlin: Dietz 2000 u. 2006.

Friesinger, Günther / Johannes Grenzfurthner / Stephan Grigat (Hrsg.): *Spektakel-Kunst-Gesellschaft*. Berlin: Verbrecher 2006.

Fulda, Hans Friedrich: *G. W. F. Hegel*. München: C. H. Beck 2003.

Fulda, Hans Friedrich / Rolf-Peter Horstmann / Michael Theunissen: *Kritische Darstellung der Metaphysik. Eine Diskussion über Hegels ‚Logik'*. Frankfurt am Main: Suhrkamp 1980.

Furth, Peter: Rückblick auf den Marxismus. In: *Berliner Debatte INITIAL* 3 (1993), S. 3–18.

Gadamer, Hans-Georg (Hrsg.): *Heidelberger Hegel-Tage 1962* (= *Hegel-Studien*, Beiheft 1). Bonn: Bouvier 1964.

Ganßmann, Heiner: *Geld und Arbeit*. Frankfurt am Main/New York: Campus 1996.

Geene, Stephan: *MA i-D. Money Aided Ich-Design*. Berlin: b_books 1998.

Georges, Labica: *Der Marxismus-Leninismus. Elemente einer Kritik*. Hamburg: Argument 1986.

Gerloff, Wilhelm: *Geld und Gesellschaft*. Frankfurt am Main: Klostermann 1952.

Gernalzick, Nadja: *Kredit und Kultur. Ökonomie- und Geldbegriff bei Jacques Derrida und in der amerikanischen Literaturtheorie der Postmoderne*. Heidelberg: Winter 2000.

—: Medium Geld. In: Jens Schröter / Gregor Schwering / Urs Stäheli: *Media Marx. Ein Handbuch*. Bielefeld: Transcript 2006, S. 85–106.

Geschichte und Klassenbewußtsein heute. Frankfurt am Main: Materialis 1977.

Gesellschaftstheorie nach Marx und Foucault. PROKLA. Zeitschrift für kritische Sozialwissenschaft 151 (2008).

Giannotti, José Arthur: *Origens da dialética do trabalho*. São Paulo: Difusão européia do libro 1966.

Gilcher-Holtey, Ingrid: *Das Mandat der Intellektuellen. Karl Kautsky und die Sozialdemokratie*. Berlin: Siedler 1986.

—: Karl Kautsky. In: Walter Euchner (Hrsg.): *Klassiker des Sozialismus*, Bd. 1. München: C. H. Beck 1991, S. 233–249.

Godelier, Maurice: *Das Rätsel der Gabe. Geld, Geschenke und heilige Objekte*. München: C. H. Beck 1999.

Göhler, Gerhard: *Die Reduktion der Dialektik durch Marx. Strukturveränderungen der dialektischen Entwicklung in der Kritik der politischen Ökonomie*. Stuttgart: Klett-Cotta 1980.

Goldmann, Lucien: Georg Lukács: Der Essayist. In: Heinz Maus / Friedrich Fürstenberg (Hrsg.): *Dialektische Untersuchungen*. Neuwied/Berlin: Luchterhand 1966, S. 173–187.

—: Georg Lukács: Die Theorie des Romans. In: Heinz Maus / Friedrich Fürstenberg (Hrsg.): *Soziologische Untersuchungen*. Neuwied/Berlin: Luchterhand 1966, S. 283–313.

—: Reflexionen über Geschichte und Klassenbewußtsein. In: István Mészáros (Hrsg.): *Aspekte von Geschichte und Klassenbewußtsein*. München: List 1972, S. 96–123.

—: *Lukács und Heidegger, Nachgelassene Fragmente*. Darmstadt/Neuwied: Luchterhand 1975.

Goodchild, Philip: *Capitalism and Religion. The Price of Piety*. London/New York: Routledge 2002.

Gorz, André: *Arbeit zwischen Misere und Utopie*. Frankfurt am Main: Suhrkamp 2000.

Goux, Jean-Joseph: *Marx, Freud: Ökonomie und Symbolik*. Frankfurt am Main/Berlin/Wien: Fischer 1975.

Graeber, David: *Die falsche Münze unserer Träume. Wert, Tausch und menschliches Handeln*. Zürich: Diaphanes 2012.

—: *Schulden. Die ersten 5.000 Jahre*. Stuttgart: Klett-Cotta 2012.

Greiff, Bodo von: *Gesellschaftsform und Erkenntnisform. Zusammenhang von Erfahrung und gesellschaftlicher Entwicklung*. Frankfurt/New York: Campus 1977.

—: Die Aufgaben einer marxistischen Erkenntnistheorie nach Sohn-Rethels ‚Geistige und körperliche Arbeit'. In: Heinz D. Dombrowski / Ulrich Krause / Paul Roos (Hrsg.): *Symposium Warenform und Denkform. Zur Erkenntnistheorie Sohn-Rethels*. Frankfurt am Main: Campus 1978, S. 38–48.

Grossmann, Henryk: *Das Akkumulations- und Zusammenbruchsgesetz des kapitalistischen Systems*. Leipzig: C. L. Hirschfeld 1929.

Guattari, Félix: *Mikro-Politik des Wunsches*. Berlin: Merve 1977.

—: *La rivoluzione moleculare*. Turin: Einaudi 1978.

Gutiérrez Rodriguez, Encarnación / Hito Steyerl: Einleitung. In: Dies. (Hrsg.): *Spricht die Subalterne deutsch? Migration und postkoloniale Kritik*. Münster: Unrast 2012, S. 7–16.

Guzzoni, Ute: *Werden zu sich. Eine Untersuchung zu Hegels ‚Wissenschaft der Logik'*. Freiburg/München: Alber 1963.

Haag, Karl Heinz: Zur Lehre vom Sein in der modernen Philosophie. In: Ders. (Hrsg.): *Die Lehre vom Sein in der modernen Philosophie*. Frankfurt am Main: Akademische Verlagsgesellschaft 1963.

—: *Philosophischer Idealismus. Untersuchungen zur Hegel'schen Dialektik mit Beispielen aus der Wissenschaft der Logik*. Frankfurt am Main: EVA 1967.

Habermas, Jürgen: *Erkenntnis und Interesse*. Frankfurt am Main: Suhrkamp 1973.

—: *Legitimationsprobleme im Spätkapitalismus*. Frankfurt am Main: Suhrkamp 1973.

—: *Theorie und Praxis*. Frankfurt am Main: Suhrkamp 1974.

—: Handlung und System. Bemerkungen zu Parsons' Medientheorie. In: Wolfgang Schluchter (Hrsg.): *Verhalten, Handeln, System*. Frankfurt am Main: Suhrkamp 1980, S. 68–105.

—: *Theorie des kommunikativen Handelns*. Frankfurt am Main: Suhrkamp 1981.

—: *Philosophisch-politische Profile*. Frankfurt am Main: Suhrkamp 1987.

Hahn, Frank: *Money and Inflation*. Oxford: Basil Blackwell 1982.

Hafner, Kornelia: Gebrauchswertfetischismus. In: Diethard Behrens (Hrsg.): *Gesellschaft und Erkenntnis. Zur materialistischen Erkenntnis und Ökonomiekritik*. Freiburg: ça ira 1993, S. 59–87.

Halfmann, Jost / Tillman Rexroth: *Marxismus als Erkenntniskritik*. München/Wien: Hanser 1976.

Hall, Stuart: Das ‚Politische' und das ‚Ökonomische' in der Marxschen Klassentheorie. In: Ders.: *Ausgewählte Schriften*. Hamburg: Argument 1989.

Hanloser, Gerhard / Karl Reitter: *Der bewegte Marx. Eine einführende Kritik des Zirkulationsmarxismus*. Münster: Unrast 2008.

Hardt, Michael / Antonio Negri: *Empire. Die neue Weltordnung*. Frankfurt am Main/New York: Campus 2002.

—: *Multitude*. München: Campus 2004.

—: *Commonwealth. Das Ende des Eigentums*. Frankfurt am Main/New York: Campus 2010.

Hamacher, Werner: Schuldgeschichte. Benjamins Skizze ‚Kapitalismus als Religion'. In: Dirk Baecker (Hrsg.): *Kapitalismus als Religion*. Berlin: Kadmos 2003, S. 77–119.

Harms, Andreas: *Warenform und Rechtsform. Zur Rechtslehre von Eugen Paschukanis*. Baden-Baden: Nomos 1999.

Hartmann, Detlef: *Leben als Sabotage. Zur Krise der technologischen Gewalt*. Tübingen: Iva 1981.

—: Das gewaltige Werk des Nationalsozialismus. In: *Konkret* 3 (1990), S. 44–48.

Harvey, David: *Der neue Imperialismus*. Hamburg: VSA 2003.

—: *Räume der Neoliberalisierung*. Hamburg: VSA 2007.

—: *The Enigma of Capital*. Oxford: Oxford University Press 2009.

—: *A Companion to Marx's Capital*. London/New York: Verso 2010.

Haug, Frigga: Alfred Sohn-Rethels Revision des Marxismus und ihre Konsequenzen. In: *Das Argument* 13,65 (1971), S. 313–322.

Haug, Wolfgang Fritz: *Vorlesungen zur Einführung ins ‚Kapital'*. Köln: Pahl-Rugenstein 1989.

—: Wachsende Zweifel an der Monetären Werttheorie. Antwort auf Heinrich. In: *Das Argument* 45,251 (2003), S. 424–437.

—: Historisches/Logisches. In: Ders. (Hrsg.): *Historisch-kritisches Wörterbuch des Marxismus*. Hamburg: Argument 2004, S. 335–366.

—: *Das ‚Kapital' lesen – aber wie? Materialien*. Berlin: Argument 2013.

Haustein, Heinz-Dieter: *Quellen der Meßkunst. Zu Maß, Zahl, Geld und Gewicht*. Berlin/New York: de Gruyter 2004.

Hecker, Rolf: Hans-Georg Backhaus: Die Dialektik der Wertform. In: *Utopie Kreativ* 94 (1998), S. 89–92.

Hegel, Georg Wilhelm Friedrich: *Jenaer Realphilosophie*. Hamburg: Meiner 1967.

—: *Differenz des Fichteschen und Schellingschen Systems der Philosophie*. *Werke*, Bd. 2. Frankfurt am Main: Suhrkamp 1970.

—: *Grundlinien der Philosophie des Rechts*. *Werke*, Bd. 7. Frankfurt am Main: Suhrkamp 1986.

—: *Enzyklopädie der philosophischen Wissenschaften I (1830)*. *Werke*, Bd. 8. Frankfurt am Main: Suhrkamp 1986.

—: *Vorlesungen über die Philosophie der Geschichte*. *Werke*, Bd. 12. Frankfurt am Main: Suhrkamp 1986.

—: *Vorlesungen über die Ästhetik I*. *Werke*, Bd. 13. Frankfurt am Main: Suhrkamp 1986.

Heidegger, Martin: *Sein und Zeit* [1927]. Tübingen: Niemeyer 1993.

—: *Was ist Metaphysik?* [1928]. Frankfurt am Main: Klostermann 1949.

—: *Metaphysische Anfangsgründe der Logik im Ausgang von Leibniz* [1928]. Frankfurt am Main: Klostermann 1978.

—: *Vom Wesen des Grundes* [1929]. Frankfurt am Main: Klostermann 1939.

—: *Vom Wesen der Wahrheit* [1930]. Frankfurt am Main: Klostermann 1954.

—: *Die Frage nach dem Ding* [1935/36]. Tübingen: Niemeyer 1962.

—: *Einführung in die Metaphysik* [1935]. Tübingen: Niemeyer 1953.

—: *Über den Humanismus* [1946]. Frankfurt am Main: Klostermann 1947.

—: Colloquium über Dialektik [1952]. In: Friedhelm Nicolin / Otto Pöggeler (Hrsg.): *Hegel-Studien*, Bd. 25. Bonn: Bouvier 1990, S. 9–40.

—: Die Frage nach der Technik [1953]. In: Ders.: *Vorträge und Aufsätze*. Pfullingen: Neske 1954, S. 13–44.

—: *Der Satz vom Grund* [1956]. Stuttgart: Klett-Cotta 1957.

—: *Identität und Differenz* [1957]. Pfullingen: Neske 1957.

—: *Zur Sache des Denkens* [1961]. Tübingen: Niemeyer 1969.

—: Zeit und Sein [1962]. In: Ders.: *Zur Sache des Denkens*. Tübingen: Niemeyer 1969, S. 1–25.

Heidenreich, Ralph / Stephan Heidenreich: *Mehr Geld*. Berlin: Merve 2008.

Heinemann, Klaus: *Grundzüge einer Soziologie des Geldes*. Stuttgart: Enke 1969.

Heinrich, Michael: Engels' Edition of the 3rd Volume of Capital and Marx's Original Manuscript. In: *Science & Society* 60,4 (1996/97), S. 542–466.

—: *Die Wissenschaft vom Wert. Die Marxsche Kritik der politischen Ökonomie zwischen wissenschaftlicher Revolution und klassischer Tradition*. Münster: Westfälisches Dampfboot 1999.

—: Geld und Kredit in der Kritik der politischen Ökonomie. In: *Das Argument* 45,251 (2003), S. 397–409.

—: Einführung in die Kritik der Politischen Ökonomie. In: *Das Argument* 46,257 (2004), S. 701–709.

—: *Kritik der politischen Ökonomie. Eine Einführung*. Stuttgart: Schmetterling 2004.

—: Praxis und Fetischismus. Eine Anmerkung zu den Marxschen ‚Thesen über Feuerbach' und ihrer Verwendung. Christine Kirchoff / Lars Meyer / Hanno Pahl / Judith Heckel / Christoph Engemann (Hrsg.): *Gesellschaft als Verkehrung. Perspektiven einer neuen Marx-Lektüre*. Freiburg: ça ira 2004, S. 249–270.

—: Über ‚Praxeologie', ‚Ableitungen aus dem Begriff' und die Lektüre von Texten. Antwort auf W. F. Haug. In: *Das Argument* 46,254 (2004), S. 92–101.

—: Die „Neue Kapital-Lektüre" der monetären Werttheorie. In: *Das Argument* 49,257 (2007), S. 560–574.

Heinrichs, Johannes: Dialektik und Dialogik. Aktualität und Grenzen für systematische Philosophie heute. In: *Zeitschrift für philosophische Forschung* 25 (1981), S. 425–444.

—: *Die Logik der Vernunftkritik. Kants Kategorienlehre*. Tübingen: Francke 1986.

Heinsohn, Gunnar / Otto Steiger: *Eigentum, Zins und Geld. Ungelöste Rätsel der Wirtschaftswissenschaft*. Marburg: Metropolis 2002.

—: *Eigentumsökonomik*. Marburg: Metropolis 2006.

Hénaff, Marcel: *Der Preis der Wahrheit. Geld, Gabe und Philosophie*. Frankfurt am Main: Suhrkamp 2009.

Henning, Christoph: *Marx normative Sozialphilosophie*. Bielefeld: Transcript 2005.

Henrich, Dieter: Anfang und Methode der Logik. In: Hans-Georg Gadamer (Hrsg.): *Heidelberger Hegel-Tage 1962* (= Hegel-Studien, Beiheft 1). Bonn: Bouvier 1964, S. 19–35.

—: *Hegel im Kontext*. Frankfurt am Main: Suhrkamp 1971.

—: Hegels Grundoperation. Eine Einleitung in die Wissenschaft der Logik. In: Ute Guzzoni / Bernhard Rang / Ludwig Siep (Hrsg.): *Der Idealismus und seine Gegenwart. Festschrift für Werner Marx*. Hamburg: Meiner 1976, S. 208–230.

Henschel, Rüdiger: „Eine Korrespondenz aus Ost-Berlin". Zum Briefwechsel Alfred Sohn-Rethel – Ekkehard Schwarzkopf 1964–1972. In: Rudolf Heinz / Jochen Hörisch (Hrsg.): *Geld und Geltung*. Würzburg: Königshausen & Neumann 2006, S. 34–77.

Historisch-Kritisches Wörterbuch des Marxismus. Berlin: Argument 1994.

Hobbes, Thomas: *Leviathan oder Stoff, Form und Gewalt eines kirchlichen und bürgerlichen Staates*. Frankfurt am Main: Suhrkamp 1984.

Hoff, Jan: *Kritik der klassischen politischen Ökonomie. Zur Rezeption der werttheoretischen Ansätze ökonomischer Klassiker durch Karl Marx*. Köln: Papyrossa 2004.

—: *Marx Global*. Berlin: Akademie 2009.

Hoff, Jan / Alexis Petrioli / Ingo Stützle / Frieder Otto Wolf (Hrsg.): *Das Kapital neu lesen*. Münster: Westfälisches Dampfboot 2006.

Holzkamp, Klaus: Die historische Methode des wissenschaftlichen Sozialismus und ihre Verkennung durch J. Bischoff. In: *Das Argument* 16,84 (1974), S. 1–75.

Honneth, Axel: *Kampf und Anerkennung. Zur moralischen Grammatik sozialer Konflikte.* Frankfurt am Main: Suhrkamp 1994.

—: *Verdinglichung. Eine anerkennungstheoretische Studie.* Frankfurt am Main: Suhrkamp 2005.

Honneth, Axel / Urs Jaeggi (Hrsg.): *Theorien des Historischen Materialismus.* Frankfurt am Main: Suhrkamp 1977.

Hörisch, Jochen: *Benjamin zwischen Bataille und Sohn-Rethel.* Bremen: Wassmann 1983.

—: Vorwort. In: Alfred Sohn-Rethel: *Soziologische Theorie der Erkenntnis.* Frankfurt am Main: Suhrkamp 1985, S. 7–33.

—: Vorwort. In: Alfred Sohn-Rethel: *Das Geld, die bare Münze des Apriori.* Berlin: Wagenbach 1990, S. 7–12.

—: *Kopf oder Zahl. Die Poesie des Geldes.* Frankfurt am Main: Suhrkamp 1996.

Horkheimer, Max: Hegel und das Problem der Metaphysik. In: *Gesammelte Schriften*, Bd. 2. Frankfurt am Main: Fischer 1987, S. 295–308.

—: Autoritärer Staat. In: Ders.: *Gesellschaft im Übergang. Aufsätze, Reden, Vorträge 1942–1970.* Frankfurt am Main: Fischer 1974, S. 13–35.

—: Geschichte und Psychologie. In: Ders. *Gesammelte Schriften*, Bd. 3. Frankfurt am Main: Fischer 1988, S. 48–69.

—: Materialismus und Moral. In: Ders.: *Gesammelte Schriften*, Bd. 3. Frankfurt am Main: Fischer 1988, S. 111–149.

—: Traditionelle und kritische Theorie. In: *Gesammelte Schriften*, Bd. 4: Schriften 1936–1941. Frankfurt am Main: Fischer 1988, S. 162–255).

—: *Nachgelassene Schriften 1949–72. Gesammelte Schriften*, Bd. 14: Frankfurt am Main: Fischer 1988.

—: *Briefe 1913–1939. Gesammelte Schriften* Bd. 15. Frankfurt am Main: Fischer 1995.

Horn, Joachim Christian: *Monade und Begriff. Der Weg von Leibniz zu Hegel.* München: Oldenbourg 1965.

Horstmann, Rolf-Peter: *Seminar: Dialektik in der Philosophie Hegels.* Frankfurt am Main: Suhrkamp 1978.

—: *Wahrheit aus dem Begriff: Eine Einführung in Hegel.* Frankfurt am Main: Suhrkamp 1990.

Hutter, Michael: Signum non olet: Grundzüge einer Zeichentheorie des Geldes. In: Waltraud Schelkle / Manfred Nitsch (Hrsg.): *Rätsel Geld. Annäherungen aus ökonomischer, historischer und soziologischer Sicht.* Marburg: Metropolis 1998, S. 325–352.

Iber, Christian: *Grundzüge der Marx'schen Kapitalismustheorie.* Berlin: Parerga 2005.

Initiative Sozialistisches Forum (Hrsg.): *Der Theoretiker ist der Wert.* Freiburg: ça ira 2000.

Internationale wissenschaftliche Session (Hrsg.): *100 Jahre ‚Das Kapital'.* Neuss: Plambeck & Co 1967.

Iorio, Marco: *Karl Marx – Geschichte, Gesellschaft, Politik.* Berlin/New York: de Gruyter 2003.

—: Fetisch und Geheimnis. Zur Kritik der Kapitalismuskritik von Karl Marx. In: *Deutsche Zeitschrift für Philosophie* 58,2 (2010), S. 241–256.

Itoh, Makoto: *Value and Crisis. Essays on Marxian Oeconomics in Japan.* London: Pluto 1980.

Jacoby, Edmund: *Wissen und Reichtum. Zum Verhältnis universaler und partikularer Vergesellschaftung.* Frankfurt am Main/New York: Campus 1982.

Jaeggi, Rahel: *Entfremdung. Zur Aktualität eines sozialphilosophischen Problems.* Frankfurt am Main: Suhrkamp 2005.

Janich, Peter: *Das Maß der Dinge. Protophysik von Raum, Zeit und Materie.* Frankfurt am Main: Suhrkamp 1997.

Jappe, Anselm: *Die Abenteuer der Ware.* Münster: Unrast 2005.

Jay, Martin: *Dialektische Phantasie. Die Geschichte der Frankfurter Schule und des Instituts für Sozialforschung 1923–1950.* Frankfurt am Main: Fischer 1976.

Johannes, Rolf: Das ausgesparte Zentrum, Adornos Verhältnis zur Ökonomie. In: Gerhard Schweppenhäuser (Hrsg.): *Soziologie im Spätkapitalismus. Zur Gesellschaftsanalyse Theodor W. Adornos.* Darmstadt: WBG 1995, S. 41–68.

Kade, Gerhard: Politische Ökonomie – heute. In: Winfried Vogt (Hrsg.): *Seminar: Politische Ökonomie.* Frankfurt am Main: Suhrkamp 1973, S. 149–168.

Kammler, Jörg: Einleitung. In: Georg Lukács: *Taktik und Ethik. Politische Aufsätze I (1918–1920).* Darmstadt/Neuwied: Luchterhand 1975, S. 7–26.

Kang, Soon-Jeon: *Reflexion und Widerspruch. Reflexion und Widerspruch. Eine entwicklungsgeschichtliche und systematische Untersuchung des Hegelschen Begriffs des Widerspruchs* (= Hegel-Studien, Beiheft 41). Bonn: Bouvier 1999.

Kant, Immanuel: *Prolegomena zu einer jeden künftigen Metaphysik, die als Wissenschaft wird auftreten können.* Hamburg: Meiner 1965.

—: *Vorrede* (zur ersten Aufl. der *Kritik der reinen Vernunft* von 1781). In: *KdrV*, S. 5–14.

—: *Über eine Entdeckung, nach der alle Kritik der reinen Vernunft durch eine ältere entbehrlich gemacht werden soll.* In: Ders.: *Gesammelte Schriften*, Bd. 8. Berlin/Leipzig: de Gruyter 1969.

Kapferer, Norbert: Sohn-Rethels Weg von der Wissenschaftskritik zur Affirmation. In: Heinz D. Dombrowski / Ulrich Krause / Paul Roos (Hrsg.): *Symposium Warenform und Denkform. Zur Erkenntnistheorie Sohn-Rethels.* Frankfurt am Main: Campus 1978, S. 49–65.

Karatani, Kojin: *Transcritique. On Kant and Marx.* Cambridge, MA: MIT Press 2003.

Karl Marx und die Naturwissenschaft im 19. Jahrhundert. Beiträge zur Marx-Engels-Forschung. Neue Folge 2006.

Kautsky, Karl: *Karl Marx' Oekonomische Lehren. Gemeinverständlich dargestellt und erläutert.* Stuttgart: Dietz 1887.

Kensmann, Bodo: *Zur Dialektik der Macht bei Marx.* Münster: Westfälisches Dampfboot 1989.

Kellermann, Paul: Das Geldparadigma – Über die Dialektik zwischen Symbolglaube und Wirtschaftsleistung. In: *Schweizerische Zeitschrift für Soziologie* 21,2 (1995), S. 283–293.

—: *Geld und Gesellschaft. Interdisziplinäre Perspektiven.* Wiesbaden: VS 2006.

—: (Hrsg.): *Die Geldgesellschaft und ihr Glaube. Ein interdisziplinärer Polylog.* Wiesbaden: VS 2007.

Kerber, Harald: Erkenntnistheoretische und materialistische Gesellschaftstheorie. In: Diethard Behrens (Hrsg.): *Gesellschaft und Erkenntnis. Zur materialistischen Erkenntnis und Ökonomiekritik.* Freiburg: ça ira 1993, S. 13–38.

Kesselring, Thomas: *Die Produktivität der Antinomie. Hegels Dialektik im Lichte der Erkenntnistheorie und der formalen Logik.* Frankfurt am Main: Suhrkamp 1984.

Kettner, Fabian: In welchem Detail steckt der leibhaftige Gott? Über merkwürdige Genossenschaften. In: Joachim Bruhn / Manfred Dahlmann / Clemens Nachtmann (Hrsg.): *Kritik der Politik. Johannes Agnoli zum 75. Geburtstag.* Freiburg: ça ira 2000, S. 173–200.

Kettner, Fabian / Paul Mentz (Hrsg.): *Theorie als Kritik.* Freiburg: ça ira 2008.

Kierkegaard, Sören: *Die Krankheit zum Tode.* Frankfurt am Main/Hamburg: Fischer 1959.

—: *Furcht und Zittern.* Frankfurt am Main/Hamburg: Fischer 1959.

Kintzelé, Jeff / Peter Schneider (Hrsg.): *Georg Simmels Philosophie des Geldes.* Meisenheim: Anton Hain 1993.

Kirchhoff, Christine: Die Möglichkeit als eine der Wirklichkeit fassen. Über den Erfahrungsbegriff bei Theodor W. Adorno. In: Christine Kirchhoff / Lars Meyer / Hanno Pahl / Judith Heckel / Christoph Engemann (Hrsg.): *Gesellschaft als Verkehrung. Perspektiven einer neuen Marx-Lektüre.* Freiburg: ça ira 2004, S. 83–103.

Kittsteiner, Heinz Dieter: ‚Logisch' und ‚Historisch'. Über die Differenzen des Marxschen und Engelsschen Systems der Wissenschaft. (Engels' Rezeption ‚Zur Kritik der Politischen Ökonomie' von 1859). In: *Internationale wissenschaftliche Korrespondenz zur Geschichte der deutschen Arbeiterbewegung* 13 (1977), S. 1–47.

—: *Naturabsicht und unsichtbare Hand. Zur Kritik des geschichtsphilosophischen Denkens.* Frankfurt am Main/Berlin/Wien: Ullstein 1980.

—: *Listen der Vernunft. Motive geschichtsphilosophischen Denkens.* Frankfurt am Main: Fischer 1998.

—: *Mit Marx für Heidegger – Mit Heidegger für Marx.* München: Fink 2004.

—: *Weltgeist, Weltmarkt, Weltgericht.* München: Fink 2008.

Klein, Peter: *Die Illusion von 1917. Die alte Arbeiterbewegung als Entwicklungshelferin der modernen Demokratie.* Nürnberg: Horlemann 1992.

Kliman, Andrew: *Reclaiming Marx' Capital. A Refutation of the Myth of Inconsistency.* Lanham: Lexington Books 2007.

Klossowski, Pierre: *Die lebende Münze.* Berlin: Kadmos 1998.

Kojève, Alexandre: Zusammenfassender Kommentar zu den ersten sechs Kapiteln der „Phänomenologie des Geistes". In: Hans Friedrich Fulda / Dieter Henrich (Hrsg.): *Materialien zu Hegels „Phänomenologie des Geistes".* Frankfurt am Main: Suhrkamp 1973, S. 133–188.

Koltan, Michael: Adorno gegen seine Liebhaber verteidigen. In: Jour-fixe-Initiative Berlin (Hrsg.): *Kritische Theorie und Poststrukturalismus.* Berlin: Argument 1999, S. 14–29.

König, Helmut: *Geist und Revolution.* Stuttgart: Klett-Cotta 1981.

Kracauer, Siegfried: *Geschichte – Vor den letzten Dingen. Werke*, Bd. 4. Frankfurt am Main: Suhrkamp 2009.

Krahl, Hans-Jürgen: *Konstitution und Klassenkampf.* Frankfurt am Main: Neue Kritik 1971.

Kratz, Steffen: *Sohn-Rethel zur Einführung.* Hannover: SOAK 1980.

Krause, Ulrich: Über Gleichgültigkeit. In: Heinz D. Dombrowski / Ulrich Krause / Paul Roos (Hrsg.): *Symposium Warenform und Denkform. Zur Erkenntnistheorie Sohn-Rethels.* Frankfurt am Main: Campus 1978, S. 160–170.

Kuhne, Frank: *Begriff und Zitat bei Marx.* Lüneburg: zu Klampen 1995.

Kümmel, Friedrich: *Platon und Hegel zur ontologischen Begründung des Zirkels in der Erkenntnis.* Tübingen: Niemeyer 1968.

Kunzmann, Stefan: *Geld-Kredit-Krise. Monetäre Betrachtung einer Marxschen Konjunkturbetrachtung.* Münster: Lit 2001.

Kuruma, Samezō: *Marx's Theory of the Genesis of Money. How, Why and Through What Is a Commodity Money?* Denver: Outskirts Press 2009.

Kurz, Robert: Die Krise des Tauschwerts. In: *Marxistische Kritik* 1,1 (1986), S. 7–48.

—: Abstrakte Arbeit und Sozialismus. In: *Marxistische Kritik* 2,4 (1987), S. 57–108.

—: *Der Kollaps der Modernisierung. Vom Zusammenbruch des Kasernensozialismus zur Krise der Weltökonomie.* Frankfurt am Main: Eichborn 1991.

—: Die Verlorene Ehre der Arbeit. In: *Krisis* 6,10 (1991), S. 11–52.

—: Postmarxismus und Arbeitsfetisch. In: *Krisis* 10,15 (1995), S. 95–126.

—: Die Substanz des Kapitals. Abstrakte Arbeit als gesellschaftliche Realmetaphysik und die absolute Schranke der Verwertung. Teil I u. II. In: *Exit* 1 u. 2 (2004 u. 2005), S. 44–129 u. S. 162–235.

—: *Geld ohne Wert: Grundrisse zu einer Transformation der Kritik der politischen Ökonomie.* Berlin: Horlemann 2012.

Kurz, Robert / Ernst Lohoff / Norbert Trenkle (Hrsg.): *Feierabend. Elf Attacken gegen die Arbeit.* Hamburg: Konkret 1999.

Lacan, Jacques: Das Seminar über ‚Der entwendete Brief'. In: Ders.: *Schriften*, Bd. I. Frankfurt am Main: Suhrkamp 1975, S. 7–60.

—: *Seminar II. Das Ich in der Theorie Freuds und in der Technik der Psychoanalyse* (1954–55). Berlin/Weinheim: Quadriga 1978.

—: *Seminar III. Die Psychosen (1955–56).* Berlin/Weinheim: Quadriga 1997.

—: *Seminar VII. Die Ethik der Psychoanalyse (1959–1960).* Weinheim/Berlin: Quadriga 1996.

—: *Das Seminar XI. Die vier Grundbegriffe der Psychoanalyse (1964).* Weinheim/Berlin: Quadriga 1986.

Laclau, Ernesto: *Politik und Ideologie im Marxismus. Kapitalismus – Faschismus – Populismus.* Berlin: Argument 1981.

—: *Emanzipation und Differenz.* Wien: Passagen 2002.

Laclau, Ernesto / Chantal Mouffe / Michael Hintz / Gerd Vorwallner (Hrsg.): *Hegemonie und radikale Demokratie. Zur Dekonstruktion des Marxismus.* Wien: Passagen 1998.

Lauer, Enrik: *Literarischer Monismus. Studien zur Homologie von Sinn und Geld bei Goethe, Goux, Sohn-Rethel, Simmel und Luhmann.* St. Ingbert: Röhrig Universitätsverlag 1994.

Laum, Bernhard: *Heiliges Geld. Eine historische Untersuchung über den sakralen Ursprung des Geldes.* Tübingen: Mohr 1924.

Lazzarato, Maurizio: *Die Fabrik des verschuldeten Menschen. Essay über das neoliberale Leben.* Berlin: b_books 2012.

Lebowitz, Michael A.: *Beyond 'Capital': Marx's Political Economy of the Working Class.* London: Macmillan 1992.

Lenger, Hans-Joachim: *Marx zufolge.* Bielefeld: Transcript 2004.

Lenin, Wladimir I.: Unsere nächste Aufgabe. In: Ders.: *Werke*, Bd. 4. Berlin, DDR: Dietz 1955, S. 209–214.

—: Entwurf eines Programms unserer Partei. In: Ders.: *Werke*, Bd. 4. Berlin, DDR: Dietz 1955, S. 221–248.

—: Eine rückläufige Richtung in der russischen Sozialdemokratie. In: Ders.: *Werke*, Bd. 4. Berlin, DDR: Dietz 1955, S. 249–279.

—: Was tun? Brennende Fragen unserer Bewegung. In: Ders.: *Werke*, Bd. 5. Berlin, DDR: Dietz 1955, S. 355–551.

—: Zwei Taktiken der Sozialdemokratie in der demokratischen Revolution. In: Ders.: *Werke*, Bd. 9. Berlin, DDR: Dietz 1957, S. 1–130.

—: Materialismus und Empiriokritizismus. Kritische Bemerkungen über eine reaktionäre Philosophie. In: Ders.: *Werke*, Bd. 14. Berlin, DDR: Dietz 1962.

—: Staat und Revolution. In: Ders.: *Werke*, Bd. 25. Berlin, DDR: Dietz 1972, S. 393–507.

—: Der ‚linke Radikalismus', die Kinderkrankheit im Kommunismus. In: Ders.: *Werke*, Bd. 31. Berlin, DDR: Dietz 1964, S. 5–106.

—: Konspekt zu Hegels ‚Wissenschaft der Logik'. In: Ders.: *Werke*, Bd. 38. Berlin, DDR: Dietz 1964, S. 77–229.

Lenk, Kurt: *Marx in der Wissenssoziologie.* Neuwied/Berlin: Luchterhand 1972.

Lévi-Strauss, Claude: *Strukturale Anthropologie.* Frankfurt am Main: Suhrkamp 1975.

Linden, Marcel van der / Karl-Heinz Roth (Hrsg.): *Über Marx hinaus.* Berlin: Assoziation A 2009.

Lohoff, Ernst: Sexus und Arbeit. In: *Krisis* 7,12 (1992), S. 53–96.

Lohoff, Ernst / Norbert Trenkle: *Die große Entwertung. Warum Spekulation und Staatsverschuldung nicht die Ursachen der Krise sind.* Münster: Unrast 2012.

Luhmann, Niklas: Knappheit, Geld und die bürgerliche Gesellschaft. In: *Jahrbuch für Sozialwissenschaften* 23,2 (1972), S. 186–210.

—: Das sind Preise. Ein soziologisch-systemtheoretischer Klärungsversuch. In: *Soziale Welt* 34,2 (1983) S. 153–170.

—: Die Wirtschaft der Gesellschaft als autopoetisches System. In: *Zeitschrift für Soziologie* 13,4 (1984), S. 308–327.

—: *Die Wirtschaft der Gesellschaft*. Frankfurt am Main: Suhrkamp 1988.

Lukács, Georg: Metaphysik der Tragödie: Paul Ernst [1911]. In: *Logos. Internationale Zeitschrift für Philosophie und Kultur* 2,1 (1911/12), S. 79–91 (wieder abgedruckt in: Georg Lukács: *Die Seele und die Formen*. Neuwied: Luchterhand 1971, S. 218–250).

—: *Die Seele und die Formen* [1911]. Darmstadt/Neuwied: Luchterhand 1971.

—: *Die Theorie des Romans* [1916]. Darmstadt/Neuwied: Luchterhand 1971.

—: *Taktik und Ethik. Politische Aufsätze I (1918–1920)*. Darmstadt/Neuwied: Luchterhand 1975.

—: Der Bolschewismus als moralisches Problem [1918]. In: *Taktik und Ethik. Politische Aufsätze I (1918–1920)*. Darmstadt/Neuwied: Luchterhand 1975, S. 27–33.

—: Das Problem geistiger Führung und die „geistigen Arbeiter" [1919]. In: *Taktik und Ethik. Politische Aufsätze I (1918–1920)*. Darmstadt/Neuwied: Luchterhand 1975, S. 53–62.

—: Partei und Klasse [1919]. In: *Taktik und Ethik. Politische Aufsätze I (1918–1920)*. Darmstadt/Neuwied: Luchterhand 1975, 74–84.

—: Die Taktik des siegreichen Proletariats [1919]. In: *Taktik und Ethik. Politische Aufsätze I (1918–1920)*. Darmstadt/Neuwied: Luchterhand 1975, 89–92.

—: *Geschichte und Klassenbewusstsein* [1919–1922]. Neuwied: Luchterhand 1970 (Sonderausgabe).

—: Was ist orthodoxer Marxismus? [1919]. In: *Geschichte und Klassenbewusstsein*. Neuwied: Luchterhand 1970 (Sonderausgabe), S. 58–93.

—: Klassenbewußtsein [1920]. In: *Geschichte und Klassenbewusstsein*. Neuwied: Luchterhand 1970 (Sonderausgabe), S. 119–169.

—: Rosa Luxemburg als Marxistin [1921]. In: *Geschichte und Klassenbewusstsein*. Neuwied: Luchterhand 1970 (Sonderausgabe), S. 94–118.

—: *Lenin* [1924]. Berlin: Malik 1924.

—: *A Defence of History and Class Consciousness. Tailism and the Dialectic* [1925/26]. London/New York: Pluto 2000.

—: *Chvostismus und Dialektik* [1925/26]. In: *Jahrbuch der Internationalen Georg-Lukács-Gesellschaft* 3 (1998/'99), S. 119–159.

—: *Moses Hess und die Probleme der idealistischen Philosophie* [1926]. In: *Archiv für die Geschichte der Arbeiterbewegung und des Sozialismus* 12 (1926), S. 105–155.

—: Mein Weg zu Marx [1933]. In: *Schriften zur Ideologie und Politik*. Werkauswahl Bd. 2. Neuwied/Berlin: Luchterhand 1967, S. 323–329.

—: Aristokratische und demokratische Weltanschauung [1946]. In: Ders.: *Schriften zur Ideologie und Politik*. Werkauswahl Bd. 2. Neuwied/Berlin: Luchterhand 1967, S. 404–433.

—: Die Bedeutung von „Materialismus und Empiriokritizismus" für die Bolschewisierung der kommunistischen Parteien. Selbstkritik zu „Geschichte und Klassenbewußtsein" [1934]. In: *Geschichte und Klassenbewußtsein heute*, Bd. 2: Beiträge 1923–1969. Frankfurt am Main: Materialis 1977, S. 63–162.

—: *Marxismus oder Existenzialismus?* [1951]. Berlin, DDR: Aufbau 1951.

—: *Der junge Marx* [1954]. Pfullingen: Günther Neske 1965.

—: *Die Zerstörung der Vernunft. Der Weg des Irrationalismus von Schelling zu Hitler* [1954]. Berlin, DDR/Weimar: Aufbau 1955.

—: *Zur Ontologie des gesellschaftlichen Seins* [1963–1971]. Werke, Bde. 13–14. Darmstadt/Neuwied/Berlin: Luchterhand 1984.

—: *Sozialismus und Demokratisierung* [1968]. Frankfurt am Main: Sendler 1987.

Lütkehaus, Ludger: *Nichts*. Frankfurt am Main: Zweitausendeins 2003.

Lutz, Burkart: *Der kurze Traum immerwährender Prosperität*. Frankfurt am Main/New York: Campus 1984.

Luxemburg, Rosa: *Die Akkumulation des Kapitals. Gesammelte Werke*, Bd. 5. Berlin, DDR: Dietz 1975.

Lyotard, Jean-François: *Das postmoderne Wissen*. Wien: Passagen 1999.

Maihofer, Andrea: *Das Recht bei Marx. Zur dialektischen Struktur von Gerechtigkeit, Menschenrechten und Recht*. Baden-Baden: Nomos 1992.

Malorny, Heinz: Zum Problem des Verhältnisses von Logischem und Historischem im ‚Kapital'. In: Georg Mende/Erhard Lange (Hrsg.): *Die aktuelle philosophische Bedeutung des ‚KAPITAL' von Karl Marx*. Berlin, DDR: VEB Deutscher Verlag der Wissenschaften 1968.

Maluschke, Günther: *Kritik und absolute Methode in Hegels Dialektik* (= *Hegel-Studien*, Beiheft 13). Bonn: Bouvier 1974.

Mandel, Ernest: *Marxistische Wirtschaftstheorie*. Frankfurt am Main: Suhrkamp 1970.

Mannheim, Karl: *Ideologie und Utopie*. Bonn: Friedrich Cohen 1929.

Marchart, Oliver: *Die politische Differenz*. Frankfurt am Main: Suhrkamp 2010.

Marcuse, Herbert: Beiträge zu einer Phänomenologie des Historischen Materialismus. In: *Philosophische Hefte* 1,1 (1928), S. 45–68.

—: *Vernunft und Revolution*. Darmstadt/Neuwied: Luchterhand 1962.

—: *Triebstruktur und Gesellschaft*. Frankfurt am Main: Suhrkamp 1967.

—: *Hegels Ontologie und die Theorie der Geschichtlichkeit*. Frankfurt am Main: Klostermann 1968.

Marx, Karl: Verhandlungen des 6. rheinischen Landtags, 3. Artikel. In: *Marx-Engels-Werke* (*MEW*), Bd. 1. Berlin, DDR: Dietz 1953ff., S. 109–147.

—: Aus der Kritik der Hegel'schen Rechtsphilosophie. In: *MEW*, Bd. 1, S. 201–333.

—: Briefe aus den „Deutsch-Französischen Jahrbüchern". In: *MEW*, Bd. 1, S. 337–346.

—: Zur Kritik der Hegel'schen Rechtsphilosophie. In: *MEW*, Bd. 1, S. 378–391.

—: Thesen über Feuerbach. In: *MEW*, Bd. 3, S. 5–7.

—: Das Elend der Philosophie. In: *MEW*, Bd. 4, S. 63–182.

—: Zur Kritik der politischen Ökonomie. In: *MEW*, Bd. 13, S. 3–160.

—: Einleitung zur Kritik der Politischen Ökonomie. In: *MEW*, Bd. 13, S. 615–642.

—: Lohn, Preis und Profit. In: *MEW*, Bd. 16, S. 101–152.

—: Der Bürgerkrieg in Frankreich. In: *MEW*, Bd. 17, S. 313–365.

—: Brief an Ferdinand Lassalle, 22.02.1858. In: *MEW*, Bd. 29, S. 549–552.

—: Brief an Friedrich Engels, 09.12.1861. In: *MEW*, Bd. 30, S. 206–207.

—: Brief an Friedrich Engels, 22.06.1867. In: *MEW*, Bd. 31, S. 305–307.

—: Hefte zur epikureischen, stoischen und skeptischen Philosophie. In: *MEW*, Bd. 40, S. 13–255.

—: Ökonomisch-philosophische Manuskripte aus dem Jahre 1844. In: *MEW*, Bd. 40, S. 465–588.

Marx, Karl: Fragment des Urtextes von „Zur Kritik der Politischen Ökonomie" (1858). In: Ders.: *Grundrisse der Kritik der Politischen Ökonomie*. Berlin, DDR: Dietz 1953, S. 871–872.

Marx, Karl: *Werke. Artikel. Entwürfe. März 1843 bis August 1844. Marx-Engels-Gesamtausgabe* (*MEGA*) I/2. Berlin: Dietz 1975–1993 / Akademie 1998ff.

—: *Zur Kritik der politischen Ökonomie (Manuskripte 1861–1863)*. MEGA II/3.4.

—: *Ökonomische Manuskripte 1863–1867*. MEGA II/4.1.

—: *Das Kapital. Kritik der politischen Ökonomie. Erster Band*. Hamburg 1867. MEGA II/5.

—: *Kapital*, Bd. 1. 2. Auflage. Hamburg 1872. MEGA II/6.

—: *Le Capital*. MEGA II/7.

—: *Exzerpte und Notizen zur Geologie, Mineralogie und Agrikulturchemie, März bis September 1878*. MEGA IV/31.

Marx, Karl / Friedrich Engels: Die deutsche Ideologie. In: *Marx-Engels-Werke (MEW)*, Bd. 3. Berlin, DDR: Dietz 1953ff., S. 9–530.

—: Manifest der Kommunistischen Partei: In: *MEW*, Bd. 4, S. 459–493.

Marx, Wolfgang: Spekulative Wissenschaft und geschichtliche Kontinuität. Überlegungen zum Anfang der Hegel'schen Logik. In: *Kantstudien* Jg., 58. (1967), S. 63–74.

Marx-Arbeitsgruppe Historiker (Hrsg.): *Zur Kritik der Politischen Ökonomie. Einführung in das ‚Kapital' Band 1*. Frankfurt am Main: EVA 1972.

Mauke, Michael: *Die Klassentheorie von Marx und Engels*. Frankfurt am Main: EVA 1970.

Mauss, Marcel: *Die Gabe. Form und Funktion des Austauschs in archaischen Gesellschaften*. Frankfurt am Main: Suhrkamp 1968.

Metzger, Phillip: *Die Werttheorie des Postoperaismus. Darstellung, Kritik und Annäherung*. Marburg: Tectum 2011.

Mezzarda, Sandro: La ‚cosidetta' accumulazione originaria. In: Libera Università Metropolitana (Hrsg.): *Lessico Marxiano*. Rom: Manifestolibri 2008, S. 23–52.

Milios, Jannis: Rethinking Marx's Value-Form. Analysis from an Althusserian Perspective. In: *Rethinking Marxism* 21,2 (2009), S. 260–274.

Mörchen, Hermann: *Macht und Herrschaft im Denken von Adorno und Heidegger*. Stuttgart: Klett-Cotta 1980.

—: *Adorno und Heidegger. Untersuchung einer philosophischen Kommunikationsverweigerung*. Stuttgart: Klett-Cotta 1981.

Müller, Rudolf Wolfgang: *Geld und Geist. Zur Entstehungsgeschichte von Identitätsbewußtsein und Rationalität seit der Antike*. Frankfurt am Main/New York: Campus 1977.

Müller, Ulrich: *Erkenntniskritik und Negative Metaphysik bei Adorno*. Frankfurt am Main: Athenäum 1988.

Negri, Antonio: Elend der Gegenwart – Reichtum des Möglichen. In: *Die Beute. Neue Folge* 2,5 (1998), S. 170–180.

—: *Marx oltre Marx*. Rom: Manifestolibri 1998.

Negri, Antonio / Raf V. Scelsi: *Goodbye Mr. Socialism. Das Ungeheuer und die globale Linke*. Berlin: Tiamat 2009.

Negt, Oskar (Hrsg.): *Aktualität und Folgen der Philosophie Hegels*. Frankfurt am Main: Suhrkamp 1970.

—: *h.c.* Bremen: Wassmann 1988.

—: *Kant und Marx*. Göttingen: Steidl 2003.

Newton, Isaac: *Mathematische Grundlagen der Naturphilosophie*. Hamburg: Meiner 1988.

Nietzschke, Bernd: Marxismus und Psychoanalyse. Historische und aktuelle Aspekte der Marx-Freud-Debatte. In: *Luzifer-Amor* 2,3 (1989), S. 108–138.

Nietzsche, Friedrich: *Also sprach Zarathustra. Ein Buch für Alle und Keinen* (1883–1885). *Werke. Kritische Gesamtausgabe*, hrsg v. Giorgio Colli / Mazzino Montinari, Abt. 6, Bd. 1. Berlin/New York: de Gruyter 1968.

Oetzel, Klaus-Dieter: *Wertabstraktion und Erfahrung. Über das Problem einer historisch-materialistischen Erkenntniskritik*. Frankfurt am Main/New York: Campus 1978.

Ohashi, Ryosuke: *Zeitlichkeitsanalyse der Hegel'schen Logik. Zur Idee einer Phänomenologie des Ortes*. Freiburg/München: Alber 1984.

Osborne, Peter: *The Politics of Time. Modernity and Avant-Garde*. London/New York: Verso 1995.

—: Marx and the Philosophy of Time. In: *Radical Philosophy* 147 (2008), S. 15–22.

Pahl, Hanno: *Das Geld in der modernen Gesellschaft*. Frankfurt am Main: Campus 2008.

Pannekoek, Anton: *Lenin als Philosoph*. Frankfurt am Main: EVA 1969.

Parsons, Talcott: *Sociological Theory and Modern Society*. New York: Free Press 1967.

Paschukanis, Eugen: *Allgemeine Rechtslehre und Marxismus*. Frankfurt am Main: Neue Kritik 1966.

Paul, Axel T.: Sohn-Rethel auf dem Zauberberg. Über phantastische Ideen, intellektuelle Isolation und den Abstieg der Philosophie zur Wissenschaft. In: Ders. / Ulrich Bröckling / Stefan Kaufmann (Hrsg): *Vernunft – Entwicklung – Leben. Schlüsselbegriffe der Moderne*. München: Fink 2004, S. 73–96.

Petry, Franz: *Der soziale Gehalt der Marxschen Werttheorie*. Jena: Fischer 1916.

Pippin, Robert B.: *Hegel's Idealism. The Satisfaction of Self-Consciousness*. Cambridge: Cambridge University Press 1989.

Platon: *Politeia*. In: Ders.: *Sämtliche Werke*, Bd. 2, aus d. Griech. v. Friedrich Schleiermacher. Hamburg: Meiner 1959.

—: Theätet. In: Ders.: *Sämtliche Dialoge*, Bd. IV, aus d. Griech. v. Otto Apelt. Hamburg: Meiner 1988, S. 29–144.

Pohrt, Wolfgang: *Zur Theorie des Gebrauchswerts oder über die Vergänglichkeit des historischen Voraussetzungen, unter denen das Kapital Gebrauchswert setzt*. Frankfurt am Main: Syndikat 1976.

Popper, Karl: *Die offene Gesellschaft und ihre Feinde*. Bern: Francke 1958.

Postone, Moishe: *Zeit, Arbeit und gesellschaftliche Herrschaft. Eine neue Interpretation der kritischen Theorie von Marx*. Freiburg: ça ira 2010.

—: Marx neu denken. In: Rahel Jaeggi und Daniel Loick (Hrsg.): *Nach Marx. Philosophie, Kritik und Praxis*. Frankfurt am Main: Suhrkamp, S. 364–393.

Poulantzas, Nicos: *Zum marxistischen Klassenbegriff*. Berlin: Merve 1972.

—: *Klassen im Kapitalismus – heute*. Berlin: VSA 1975.

Projektgruppe Entwicklung des Marxschen Systems (Hrsg.): *Das Kapitel vom Geld. Interpretation verschiedener Entwürfe*. Berlin: VSA 1973.

Rabehl, Bernd: *Marx und Lenin. Widersprüche in einer ideologischen Konstruktion des ‚Marxismus Leninismus'*. Berlin: VSA 1973.

Rademacher, Hans: Kritische Theorie und Geschichte. In: Jürgen Naeher (Hrsg.): *Die Negative Dialektik Adornos*. Frankfurt am Main: Opladen 1984, S. 130–159.

Rakowitz, Nadja: *Einfache Warenproduktion. Ideal und Ideologie*. Freiburg: ça ira 2000.

Rancière, Jacques: *Der Begriff der Kritik und die Kritik der politischen Ökonomie von den ‚Pariser Manuskripten' zum ‚Kapital'*. Berlin: Merve 1972.

—: *Wider den akademischen Marxismus*. Berlin: Merve 1975.

Rantis, Konstantinos: *Psychoanalyse und ‚Dialektik der Aufklärung'*. Lüneburg: zu Klampen 2001.

Raunig, Gerald: *Tausend Maschinen*. Wien: Turia & Kant 2008.

Reichardt, Tobias: Aporien der soziologischen Erkenntnistheorie Alfred Sohn-Rethels. In: Ders. / Ingo Elbe / Dieter Wolf (Hrsg.): *Gesellschaftliche Praxis und ihre wissenschaftliche Darstellung. Beiträge zur ‚Kapital-Diskussion'*. Berlin: Argument 2008, S. 241–264.

Reichelt, Helmut: *Zur logischen Struktur des Kapitalbegriffs bei Karl Marx.* Frankfurt am Main: EVA 1970.

—: Warum hat Marx seine Methode versteckt? In: *Beiträge zur Marx-Engels-Forschung.* Neue Folge 1996, S. 73–110.

—: *Neue Marx-Lektüre.* Hamburg: VSA 2008.

Reinicke, Helmut: *Ware und Dialektik.* Darmstadt/Neuwied: Luchterhand 1974.

—: *Revolte im bürgerlichen Erbe. Gebrauchswert und Mikrologie.* Gießen: Achenbach 1975.

Reitter, Karl: *Prozesse der Befreiung. Marx, Spinoza und die Bedingungen eines freien Gemeinwesens.* Münster: Westfälisches Dampfboot 2011.

Révai, Josef: Rezension von G. Lukács' Geschichte und Klassenbewußtsein. In: *Archiv für die Geschichte des Sozialismus und der Arbeiterbewegung* 11 (1925), S. 227–236.

Richter, Gudrun: *Gesetzmäßigkeit und Geschichtsprozeß. Logisches und Historisches.* Berlin, DDR: Dietz 1985.

Riedel, Dieter: Grenzen der dialektischen Darstellungsform. In: *MEGA-Studien* 1 (1997), S. 3–40.

Rieger, Stefan: *Kybernetische Anthropologie. Eine Geschichte der Virtualität.* Frankfurt am Main: Suhrkamp 2003.

Riese, Hajo: Geld: das letzte Rätsel der Nationalökonomie. In: Waltraud Schelkle / Manfred Nitsch (Hrsg.): *Rätsel Geld. Annäherungen aus ökonomischer, historischer und soziologischer Sicht.* Marburg: Metropolis 1998, S. 45–62.

Rifkin, Jeremy: *Das Ende der Arbeit und ihre Zukunft.* Frankfurt am Main: Fischer 1997.

Ritsert, Jürgen: *Der Kampf um das Surplusprodukt. Einführung in den klassischen Klassenbegriff.* Frankfurt am Main: Campus 1988.

—: Realabstraktion. Ein zu recht abgewertetes Thema der kritischen Theorie? In: Christoph Görg / Roland Roth (Hrsg.): *Kein Staat zu machen. Zur Kritik der Sozialwissenschaften.* Münster: Westfälisches Dampfboot 1998, S. 324–348.

—: *Soziale Klassen.* Münster: Westfälisches Dampfboot 1998.

Robinson, Joan: *Doktrinen der Wirtschaftswissenschaft. Eine Auseinandersetzung mit ihren Grundgedanken und Ideologien.* München: C. H. Beck 1972.

Rohrmoser, Günter: *Das Elend der kritischen Theorie.* Freiburg: Rombach 1970.

Rosa, Hartmut: *Beschleunigung. Die Veränderung der Zeitstruktur in der Moderne.* Frankfurt am Main: Suhrkamp 2005.

Rosdolsky, Roman: *Zur Entstehungsgeschichte des Marxschen ‚Kapital'. Der Rohentwurf des Kapital 1857–1858,* 2 Bde. Frankfurt am Main: EVA 1968.

Rosental, Mark M.: *Die marxistische dialektische Methode.* Berlin, DDR: Dietz 1955.

—: *Die Dialektik in Marx' ‚Kapital'.* Berlin, DDR: Dietz 1957.

—: *Die Dialektische Methode der politischen Ökonomie von Karl Marx.* Berlin, DDR: Dietz 1973.

Roth, Karl Heinz: *Die ‚andere' Arbeiterbewegung und die Entwicklung der kapitalistischen Repression von 1880 bis zur Gegenwart. Ein Beitrag zum Neuverständnis der Klassengeschichte in Deutschland.* München: Trikont 1974.

Rothe, Matthias: *Kritik nach Kant. Foucaults und Adornos „gute Endlichkeit".* Philosophische Gespräche, 30. Berlin: Helle Panke, 2013, S. 25–38.

Ruben, Peter: Von der Wissenschaft der Logik und dem Verhältnis der Dialektik zur Logik. In: Hermann Ley (Hrsg.): *Zum Hegelverständnis unserer Zeit: Beiträge marxistisch-leninistischer Hegelforschung.* Berlin, DDR: VEB Deutscher Verlag der Wissenschaften 1972, S. 58–99.

—: Über Methodologie und Weltanschauung der Kapitallogik. In: *Sozialistische Politik (SOPO)* 42 (1977), S. 40–64.

—: *Philosophische Schriften.* Online-edition unter: www.peter-ruben.de, 2011.

Rubin, Isaak: *Die Marxsche Theorie des Warenfetischismus*. In: Devi Dumbadze / Ingo Elbe / Sven Ellmers (Hrsg.): *Kritik der politischen Philosophie. Eigentum, Gesellschaftsvertrag, Staat II*. Münster: Westfälisches Dampfboot 2010, S. 218–271.

Rühle, Volker: Die Zeitlichkeit des Absoluten. Formproblematik und Unbedingtheit spekulativer Erfahrungsprozesse. In: Jindřich Karásek / Jan Kunes / Ivan Landa (Hrsg.): *Hegels Einleitung in die Phänomenologie des Geistes*. Würzburg: Königshausen & Neumann 2006, S. 211–223.

—: Denken der Zeit und Zeitlichkeit des Denkens. Zur Genese spekulativer Erkenntnis in Hegels ‚Phänomenologie des Geistes'. In: *Deutsche Zeitschrift für Philosophie* 57,4 (2009), S. 551–570.

Rullani, Enzo: La conoscenza come forza produttiva: autonomia del post-fordismo. In: Lorenzo Rullani / Riccardo Finelli (Hrsg.): *Capitalismo e conoscenza*. Rom: Manifestolibri 1998.

—: *Economia della conoscenza: Creatività e valore nel capitalismo delle reti*. Mailand: Carocci 2004.

Rullani, Enzo / Luca Romano: *Il postfordismo. Idee per il capitalismo prossimo venturo*. Mailand: Etas libri 1998.

Sandkühler, Hans Jörg: *Praxis und Geschichtsbewußtsein*. Frankfurt am Main: Suhrkamp 1973.

—: Wissenschaftliches Weltbild und Rationalität empirischer Philosophie. Der Theorietypus Marx und die epistemologische Bedeutung der Naturwissenschaften. In: *Dialektik. Enzyklopädische Zeitschrift für Philosophie und Wissenschaften* 2 (1991), S. 43–60.

Saussure, Ferdinand de: *Grundfragen der allgemeinen Sprachwissenschaft*. Berlin: de Gruyter 1931.

Schlaudt, Oliver: *Messung als konkrete Handlung. Eine kritische Untersuchung über die Grundlagen der Bildung quantitativer Begriffe in den Naturwissenschaften*. Würzburg: Königshausen & Neumann 2009.

—: Marx als Messtheoretiker. In: Werner Bonefeld / Michael Heinrich (Hrsg.): *Kapital & Kritik. Nach der „neuen" Marx-Lektüre*. Hamburg: VSA 2011, S. 258–280.

Schmidt, Alfred (Hrsg): *Beiträge zur marxistischen Erkenntnistheorie*. Frankfurt am Main: Suhrkamp 1969.

—: Heidegger und die Frankfurter Schule – Herbert Marcuses Heidegger-Marxismus. In: Peter Kemper: *Martin Heidegger – Faszination und Erschrecken*. Frankfurt am Main/New York: Campus 1990, S. 153–177.

—: *Der Begriff der Natur in der Lehre von Marx*. Hamburg: EVA 1993.

—: Der Begriff des Materialismus bei Adorno. In: Ludwig von Friedeburg / Jürgen Habermas (Hrsg.): *Adorno Konferenz 1983*. Frankfurt am Main: Suhrkamp 1983, S. 14–31.

—: Adornos Spätwerk: Übergang zum Materialismus als Rettung des Nichtidentische. In: Iring Fetscher / Alfred Schmidt (Hrsg.): *Emanzipation als Versöhnung*. Ljubljana: Neue Kritik 2002, S. 89–110.

Schmieder, Falko: *Ludwig Feuerbach und der Eingang der klassischen Fotografie. Zum Verhältnis von anthropologischem und Historischem Materialismus*. Berlin/Wien: Philo 2004.

Schmitt, Carl: *Politische Theologie*. Berlin: Duncker & Humblot 1922.

Schnädelbach, Herbert: Zum Verhältnis von Logik und Gesellschaftstheorie bei Hegel. In: Oskar Negt (Hrsg.): *Hegel und die Folgen*. Frankfurt am Main: Suhrkamp 1970, S. 58–80.

Schrader-Kleber, Karin: *Das Problem des Anfangs in Hegels Philosophie*. Wien/München: Oldenbourg 1969.

Schwarz, Winfried: Die Geldform in der 1. und 2. Auflage des ‚Kapital'. Zur Diskussion um die Historisierung des Wertformanalyse. In: *Marxistische Studien. Jahrbuch des IMSF* 12 (1987), S. 200–213.

Schweppenhäuser, Gerhard / Dietrich zu Klampen / Rolf Johannes (Hrsg.): *Krise und Kritik. Zur Aktualität der Marxschen Theorie*. Lüneburg: zu Klampen 1987.

Seel, Peter Caspar: *Erkenntniskritik als Ökonomiekritik*. Gießen: Focus 1974.

Siep, Ludwig: *Anerkennung als Prinzip der praktischen Philosophie*. Freiburg: Alber 1979.

Simmel, Georg: *Philosophie des Geldes. Gesamtausgabe*, Bd. 6. Frankfurt am Main: Suhrkamp 1989.

Skredov, Vladimir Petrovic: Über Engels' Historismus in seinem ‚Kapital'-Verständnis. In: *Beiträge zur Marx-Engels-Forschung Neue Folge* 1997, S. 114–130.

Sohn-Rethel, Alfred: *Ökonomische Klassenstruktur des deutschen Faschismus* [1937–1941]. Frankfurt am Main: Suhrkamp 1973.

—: Brief 21. Alfred Sohn-Rethel an Ekkehard Schwarzkopf, 2.10.1967. In: Rudolf Heinz / Jochen Hörisch (Hrsg.): *Geld und Geltung*. Würzburg: Königshausen & Neumann 2006, S. 50–52.

—: Mental and Manual Labour in Marxism. In: Paul Walton / Stuart Hall: *Situation Marx*. London/Southampton: Human Context Books 1972, S. 44–71.

—: *Geistige und körperliche Arbeit* [1970]. 1. Aufl. Frankfurt am Main: Suhrkamp 1970.

—: Eine Kritik der Kantschen Erkenntnistheorie [1957/58]. In: *Neues Lotes Folum* 1(1975), S. 224–246.

—: Die soziale Rekonsolidierung des Kapitalismus (September 1932) – ein Kommentar nach 38 Jahren [1970]. In: *Kursbuch* 21 (1970), S. 17–35.

—: Die Formcharaktere der zweiten Natur [1974]. In: Peter Brückner et al. (Hrsg.): *Das Unvermögen der Realität. Beiträge zu einer anderen materialistischen Ästhetik*. Berlin: Wagenbach 1974, S. 185–207.

—: „Zum Artikel von E. Berliner: Das monopolistische…" [1974]. In: *Blätter für deutsche und internationale Politik* 19,12 (1974), S. 1285–1296.

—: *Das Geld, die bare Münze des Apriori* [1976]. In: Ders./ Paul Mattick / Hellmut G. Haasis (Hrsg.): *Beiträge zur Kritik des Geldes*. Frankfurt am Main: Suhrkamp 1976, S. 35–117.

—: *Von der Wiedergeburt der Antike zur neuzeitlichen Naturwissenschaft* [1987]. Bremen: Wassmann 1987.

—: Einige Unterbrechungen waren wirklich unnötig. Ein Gespräch mit Alfred Sohn-Rethel. In: Matthias Greffrath (Hrsg.): *Die Zerstörung einer Zukunft. Gespräche mit emigrierten Sozialwissenschaftlern*. Frankfurt/New York: Campus 1989, S. 213–262.

Specht, Ernst Konrad: *Der Analogiebegriff bei Kant und Hegel*. Köln 1952.

Sperber, Dan: *Über Symbolik*. Frankfurt am Main: Suhrkamp 1975.

Spiekermann, Klaus: Nietzsches Beweise für die ewige Wiederkehr. In: *Nietzsche-Studien* 17 (1988), S. 496–538.

Sprinkler, Michael (Hrsg.): *Ghostly Demarcations. A Symposium on Jacques Derrida's 'Specters of Marx'*. London: Verso 1999.

Städler, Michael: *Selbstbestimmung zwischen Natur und Technik*. In: *Deutsche Zeitschrift für Philosophie* 58,2 (2010), S. 257–271.

Stahlhut, Heinz / Juri Steiner / Stefan Zweifel (Hrsg.): *The International Situationist (1957–1972)*. Zürich: Nautilus 2007.

Stalin, Josef W.: *Ökonomische Probleme des Sozialismus in der UDSSR. Werke*, Bd. 15. Dortmund: Verlag roter Morgen 1976 (laut online scan: 1979), S. 195–217.

Steiner, Uwe: Kapitalismus als Religion. Anmerkungen zu einem Fragment Walter Benjamins. In: *Deutsche Vierteljahrsschrift für Literaturwissenschaft und Geistesgeschichte* 72 (1998), S. 147–171.

Stellungnahmen des Kommunismus. In: *Geschichte und Klassenbewußtsein heute*, Bd. 2: Beiträge 1923–1969. Frankfurt am Main: Materialis 1977, S. 63–162.

Strauß, Harald: *Signifikationen der Arbeit. Die Geltung des Differenzianten ‚Wert'*. Berlin: Parodos 2013.

Stützle, Ingo: Die Frage nach der konstitutiven Relevanz der Geldware in Marx' Kritik der politischen Ökonomie. In: Jan Hoff / Alexis Petrioli / Ingo Stützle / Frieder Otto Wolf (Hrsg.): *Das Kapital neu lesen*. Münster: Westfälisches Dampfboot 2006, S. 254–286.

Theunissen, Michael: *Gesellschaft und Geschichte. Zur Kritik der kritischen Theorie*. Berlin: de Gruyter 1969.

—: Begriff und Realität. Hegels Aufhebung des metaphysischen Wahrheitsbegriffs. In: Rolf-Peter Horstmann (Hrsg.): *Seminar: Dialektik in der Philosophie Hegels*. Frankfurt am Main: Suhrkamp 1978, S. 324–359.

—: *Sein und Schein. Die kritische Funktion der Hegel'schen Logik.* Frankfurt am Main: Suhrkamp 1978.

—: Negativität bei Adorno. In: Ludwig von Friedeburg / Jürgen Habermas (Hrsg.): *Adorno Konferenz 1983.* Frankfurt am Main: Suhrkamp 1983, S. 41–65.

Thiessen, Rudolf: Kapitalismus als Religion. In: *PROKLA. Zeitschrift für kritische Sozialwissenschaft* 96 (1994), S. 400–418.

Thyen, Anke: *Negative Dialektik und Erfahrung. Zur Rationalität des Nichtidentischen bei Adorno.* Frankfurt am Main: Suhrkamp 1989.

Tiqqun: *Kybernetik und Revolte.* Berlin/Zürich: Diaphanes 2007.

—: *Grundbausteine einer Theorie des Jungen-Mädchen.* Berlin: Merve 2009.

Toiviainen, Seppo: Die Parteitheorie des jungen Lukács. In: Georg Ahrweiler (Hrsg.): *Betr. Lukács. Dialektik zwischen Idealismus und Proletariat.* Köln: Pahl-Rugenstein 1978, S. 246–270.

Tomba, Massimiliano: *Marx' Temporalities.* London: Haymarket 2013.

Tombazos, Stavros: *Le temps dans l'analyse économique. Les catégories du temps dans le Capital.* Paris: Cahiers des saisons 1994.

Tronti, Mario: *Arbeiter und Kapital.* Frankfurt am Main: Suhrkamp 1974.

Trotzki, Leo: Die Lage der Republik und die Aufgabe der Arbeiterjugend. In: *Fragen des Alltagslebens.* Essen: Arbeiterpresse Verlag 2001, S. 121–144.

Tuschling, Burkhard: *Rechtsform und Produktionsverhältnisse. Zur materialistischen Theorie des Rechtsstaates.* Frankfurt am Main/Köln: EVA 1976.

Uchida, Hiroshi: *Logik der Produktion.* Hannover: Verlag für die Gesellschaft 1994.

Unsichtbares Komitee: *Der kommende Aufstand.* Berlin: Nautilus 2010.

Vaneigem, Raoul: *Handbuch der Lebenskunst für die jungen Generationen.* Hamburg: Nautilus 1980.

Vercellone, Carlo: Vom Massenarbeiter zur kognitiven Arbeit. Eine historische und theoretische Betrachtung. In: Marcel van der Linden / Karl-Heinz Roth (Hrsg.): *Über Marx hinaus.* Berlin: Assoziation A 2009, S. 527–555.

Virno, Paolo: *Grammatik der Multitude.* Wien: Turia & Kant 2005.

Vogt, Winfried (Hrsg.): *Seminar: Politische Ökonomie.* Frankfurt am Main: Suhrkamp 1973.

Vranicki, Predag: *Geschichte des Marxismus*, 2 Bde. Erw. Taschenbuchausgabe. Frankfurt am Main: Suhrkamp 1983.

Wallat, Hendrik: *Das Bewusstsein der Krise. Marx, Nietzsche und die Emanzipation des Nichtidentischen in der politischen Theorie.* Bielefeld: Transcript 2009.

—: *Staat oder Revolution. Aspekte und Probleme linker Bolschewismuskritik.* Münster: Edition Assemblage 2012.

Wassmann, Bettina (Hrsg.): *L'Invitation au Voyage zu Alfred Sohn-Rethel.* Bremen: Wassmann 1979.

Weber, Max: *Religion und Gesellschaft. Gesammelte Aufsätze zur Religionssoziologie.* Frankfurt am Main: Zweitausendeins 2006.

Weber, Samuel: *Benjamin's Abilities.* Cambridge, MA/London: Harvard University Press 2008.

Weiss, Andreas von: *Neomarxismus. Die Problemdiskussion im Nachfolgemarxismus der Jahre 1945 bis 1970.* Freiburg/München: Alber 1970.

Wittgenstein, Ludwig: *Tractatus logico-philosophicus.* Frankfurt am Main: Suhrkamp 1984.

Woesler, Christine: Für eine be-greifende Praxis in der Natur. Geldförmige Naturerkenntnis und kybernetische Natur. Lahn/Gießen: Focus 1978.

—: Wie ist die Realität beschaffen, die die Grundlage der exakt-mathematischen Naturerkenntnis bildet?

Zur Kritik an der Erlanger Gruppe, bes. an H. Wohlrapp. In: Bettina Wassmann (Hrsg.): *L'Invitation au Voyage zu Alfred Sohn-Rethel*. Bremen: Wassmann 1979.

—: Die Herausbildung des messenden Experiments im Übergang vom Kaufmannskapital zum produktiven Kapital im 16./17. Jahrhundert. In: Heinz D. Dombrowski / Ulrich Krause / Paul Roos (Hrsg.): *Symposium Warenform und Denkform. Zur Erkenntnistheorie Sohn-Rethels*. Frankfurt am Main: Campus 1978, S. 97–127.

Wohlrapp, Harald: Materialistische Erkenntniskritik? – Kritik an Alfred Sohn-Rethels Ableitung des abstrakten Denkens und Erörterungen einiger grundsätzlicher Gesichtspunkte für eine mögliche materialistische Erkenntnistheorie. In: Jürgen Mittelstraß (Hrsg.): *Methodologische Probleme einer normativ-kritischen Gesellschaftstheorie*. Frankfurt am Main: Suhrkamp 1975, S. 160–244.

Wolf, Dieter: Zur Methode in Marx' Kapital unter besonderer Berücksichtigung ihres logisch-systematischen Charakters. Zum Methodenstreit zwischen Wolfgang Fritz Haug und Michael Heinrich. In: Ingo Elbe / Tobias Reichardt / Dieter Wolf (Hrsg.): *Gesellschaftliche Praxis und ihre wissenschaftliche Darstellung. Beiträge zur 'Kapital-Diskussion'*. Berlin: Argument 2008, S. 7–186.

Wolff, Sören: *Eine kurze Geschichte des Geldes. Die Entstehung der Vertragsform Kredit und nominaler Geldzeichen in Antike und Neuzeit*. Marburg: Metropolis 2008.

Wright, Steve: *Den Himmel stürmen. Eine Theoriegeschichte des Operaismus*. Berlin/Hamburg: Assoziation A 2005.

Zelený, Jindřich: *Die Wissenschaftslogik bei Marx und 'Das Kapital'*. Berlin, DDR: Akademie 1968.

Zhok, Andrea: *Lo Spirito del Denaro e la Liquidazione del Mondo*. Mailand: Jaca Book 2006.

Žižek, Slavoj: *The Sublime Object of Ideology*. London: Verso 1989.

—: *Liebe Dein Symptom wie Dich selbst! Jacques Lacans Psychoanalyse und die Medien*. Berlin: Merve 1991.

—: *Die Pest der Phantasmen. Die Effizienz des Phantasmatischen in den Neuen Medien*. Wien: Passagen 1999.

—: *Das fragile Absolute. Warum es sich lohnt, das christliche Erbe zu verteidigen*. Berlin: Verlag Volk und Welt 2000.

—: Georg Lukács as the Philosopher of Leninism. In: Georg Lukács: *A Defence of History and Class Consciousness. Tailism and The Dialectic*. London/New York: Pluto 2000, S. 151–182.

—: *Die gnadenlose Liebe*. Frankfurt am Main: Suhrkamp 2001.

—: *Die Tücke des Subjekts*. Frankfurt am Main: Suhrkamp 2001.

—: *Die Revolution steht bevor. Dreizehn Versuche über Lenin*. Frankfurt am Main: Suhrkamp 2002.

—: *Die Puppe und der Zwerg. Das Christentum zwischen Perversion und Subversion*. Frankfurt am Main: Suhrkamp 2003.

—: *Parallaxe*. Frankfurt am Main: Suhrkamp 2006.

—: *Auf verlorenem Posten*. Frankfurt am Main: Suhrkamp 2009.